(Elymandros)
Skythen
Aralsee
Jaxartes
Khwaresm
(Chorasmien)
Oxus
Äußerstes Alexandria
(A. Eschate)
Samarkand
Kyropolis
Sogdiane
Kaspisches
Meer
Zadrakarta
Merv
Mesched
Balkh
Baktrien
Hekatompylos
Hindukusch
Alexandria im
Kaukasus
Indus
Medien
Alexandria-Herat
(A. Arion)
Parthien
Taxila
Gardez
Drangiana
Farrah-Prophtasia
Hydaspes
Chenab
Helmand
Pasargadai
Alexandria-Kandahar
(A. Arachoton)
Persepolis
See von
Seistan
Beas
Multan
Persis
Ravi
Karmanien
Arachosien
Reise
des Nearchos
Pura
scher
Golf
Straße von Hormuz
Gedrosien
Oreitanien
Alexandria
Pattala
Sindh
Karachi
Indischer Ozean

ROBIN LANE FOX

ALEXANDER DER GROSSE

ROBIN LANE FOX

ALEXANDER DER GROSSE

EINE BIOGRAPHIE

CLAASSEN

Die Originalausgabe erschien 1973 unter dem Titel
ALEXANDER THE GREAT
im Verlag Allen Lane, A Division of Penguin Books, London

Aus dem Englischen übertragen von Peter Zentner & Peter Dering
Der Praxis des Autors im Englischen entsprechend
haben die Übersetzer sich bemüht,
bei der Schreibung der Personen- und Ortsnamen
die jeweils geläufigere Form zu wählen

Bildteil:
Hirmer Photoarchiv (1)
Staatsbibliothek Preußischer Kulturbesitz, Berlin (11)
Greek Photo News, Athen (1)
Frances Mortimer (3)
Alan Hutchinson (1)
Josephine Powell (1)
Eremitage Leningrad (1)
Sammlung Mansell (1)
Kurt F. Müller *Der Leichenwagen Alexanders des Großen* (1)
Bodleian Library, Oxford (1)

1. Auflage 1974

Gesetzt aus der 10 Punkt Times der Linotype GmbH
Gesamtherstellung: Kleins Druck- und Verlagsanstalt, Lengerich
Printed in Germany
ISBN 3 546 429109

FÜR LOUISA

ἄτλητα τλᾶσα

Mit den Beutestücken wurde Alexander
auch eine Truhe überbracht.
Unter den Schatzkästen des Darius schien sie die kostbarste zu sein.
Er fragte seine Freunde,
was sie für so außergewöhnlich wertvoll hielten,
daß man es darin aufbewahren sollte.
Es gab dazu mehrere Meinungen,
doch Alexander selbst entschied und sagte,
er wolle seine Abschrift von der *Ilias* des Homer hineinlegen
und sie treulich hüten.

Plutarch, *Das Leben Alexanders*
Kapitel 10

INHALTSVERZEICHNIS

Viertes Buch

VORWORT

Homer und Alexander begegnete ich erstmals vor vierzehn Jahren. Seither haben sie aus unterschiedlichen Gründen nie aufgehört, mich zu faszinieren. Wenn auch nur ein Leser dieses Buch mit dem Wunsch aus der Hand legt, Homer zu lesen, oder ein wenig empfindet, was es bedeutet haben mag, Alexander zu folgen, so habe ich nicht vergeblich geschrieben. Ich will keine bestimmte Leserschaft ansprechen, glaube auch nicht, daß es besondere Lesergruppen gibt, und habe zu meinem eigenen Vergnügen geschrieben. Historische Bücher lese ich selbst gern. Allerdings, an menschlichen Nullen und Datentabellen finde ich keinen Geschmack; auch liegt mir nichts daran, die Meinungen anderer zu widerlegen. Wie die Gegenwart besteht auch die Vergangenheit aus Jahreszeiten und Gesichtern, aus Gefühlen, Enttäuschungen und Beobachtungen. Institutionen langweilen mich; an Systeme glaube ich nicht. Man mag anderer Meinung sein.

Eine Biographie im üblichen Sinne des Wortes ist dieses Buch nicht. Auch erhebe ich in Sachen Alexander der Große keinen Anspruch auf die absolute historische Wahrheit. Von den mehr als zwanzig zeitgenössischen Schriften über Alexander ist keine erhalten geblieben; man kennt sie aus Zitaten bei jüngeren Autoren, von denen nicht einer den ursprünglichen Wortlaut beibehielt. Diese Autoren wiederum sind nur in Handschriften späterer Kopisten überliefert und in den wichtigsten Quellen nicht einmal vollständig. Die ausführlichste Darstellung Alexanders geht auf eine einzige Handschrift zurück, deren Text nicht überprüft werden kann. Eine weitere, die ausgiebig benutzt und zitiert worden ist, existiert nur in oft unleserlichen Abschriften. Alexander hat keinen einzigen privaten Brief hinterlassen, dessen Echtheit unbestritten wäre, und die zwei Auszüge aus seinen Urkunden behandeln Politisches. Bei seinen Gegnern hat der Name Alexander sich in einer lykischen Grabinschrift erhalten, auf babylonischen Tafeln über Bauarbeiten und Astronomie sowie in ägyptischen Bildtexten zu Tempelweihen. Schon anzunehmen, daß die ferne Vergangenheit aus alten Aufzeichnungen wieder zum Leben erweckt werden könnte, ist naiv, doch im Falle Alexanders sind selbst die schriftlichen Zeugnisse spärlich und häufig seltsam. Gleichwohl sind mir 1472 einschlägige Bücher und Aufsätze allein aus den letzten 150 Jahren bekannt, von denen die meisten schon deshalb beiseitegelegt werden dürfen, weil sie sich der historischen Wahrheit zu sicher sind. Augustinus und Cicero – vielleicht noch Kaiser Julian – sind die einzigen Gestalten des Altertums, die wirklich biographisch erfaßt werden könnten. Für Alexander trifft das kaum zu, und dieses Buch beschreibt somit eine Suche. Ein Leser, der hier eine in jeder Hinsicht vollständige Darstellung vom Leben Alexanders vermutet, verlangt Unmögliches.

Vielfältig der Dank, den ich schulde: Am allermeisten für die Befreiung von Lehrverpflichtungen und für die großzügige Unterstützung, die mir anfangs als Student, später als Fellow das Magdalen College, Oxford, gewährt hat. Dort zeigte mir Mr. C. E. Stevens als erster, daß Geschichte keineswegs langweilig sein muß, um wahr zu sein. Mr. G. E. M. de St. Croix erneuerte mein Interesse an Alexander und förderte es durch so manchen faszinierenden Einblick in die Alte Geschichte. Dr. J. K. Davies hat mich unentwegt angeregt und mir mit scharfsinnigen Anmerkungen sehr geholfen. Dr. A. D. H. Bivar lenkte mein Augenmerk auf den Iran, der mich seither zunehmend beschäftigt. Stefan Weinstock lebt nicht mehr; seine Vorlesungen über die römische Religion warfen viele Fragen über Alexander auf, die ich gern beantwortet gesehen hätte; und sein bedeutendes Buch über Cäsar wäre, wenn ich es in seinem ganzen Umfang hätte verwerten können, ein noch größerer Anstoß gewesen. Zu einer Zeit aber, da so vieles in der Geschichte des Altertums ungeklärt ist, waren die Vorlesungen und Schriften Peter Browns für mich von größtem Nutzen. Leider fehlt es an Zeugnissen, das Zeitalter Alexanders so darzustellen, wie er die Spätantike beleuchtet hat.

Andere Verpflichtungen sind privater Natur. Nicht nur Alexanders Schatzmeister, auch mich haben ein Garten und eine Dame hilfreich durch einsame Jahre begleitet, und bei beiden war mir das Glück holder: Der Garten gedieh bereitwilliger, und die Dame, wenn auch keine Göttin, ist immerhin meine Frau.

ERSTES BUCH

FLUELLEN:
Ja, ich denke, es ist in Macedonien, wo Alexander gepohren ist.
Ich sage euch, Capitän, wenn ihr in die Karten der Welt hineinseht,
so stehe ich dafür, ihr werdet bei den Vergleichungen
zwischen Macedonien und Monmouth finden, daß die Lagen,
versteht ihr, von beiden gleich sein.
Es befindet sich ein Fluß in Macedonien,
und es befindet sich gleichfalls außerdem ein Fluß zu Monmouth.
Zu Monmouth heißt er Wye;
aber es will mir nicht in den Kopf fallen,
wie der Name des anderen Flusses ist;
aber es kommt auf eins heraus, es ist sich so gleich,
wie diese meine Finger meinen Fingern,
und es geben Lachse in beiden.

Shakespeare,
König Heinrich V. (1599),
4. Aufzug, 7. Szene*

* In der Übersetzung A. W. von Schlegels

1 MORD NACH DER HOCHZEIT

Als Alexanders Sarkophag aus seiner Grabkammer herbeigetragen wurde,
warf Augustus einen langen Blick auf den Toten,
legte sodann eine goldene Krone auf dessen gläsernen Sarg
und verstreute darüber eine Handvoll Blumen,
um seine Ehrerbietung zu bezeugen.
Als man ihn fragte, ob er auch Ptolemäus zu sehen wünsche,
entgegnete er: »Ich wollte einen König sehen;
nicht Leichnamen galt mein Begehr.«

Sueton,
Das Leben des Augustus, 18,1

Was zumal die wirklichen Gedanken in Alexanders Brust angeht,
so ist es nicht mein Talent noch mein Geschäft,
diese zu ergründen, doch dieses glaube ich dartun zu dürfen,
daß er nichts Niedriges oder Gemeines im Schilde geführt habe;
er hätte sich mit keiner seiner Eroberungen zufriedengegeben,
und hätte er dem europäischen Festland
die Britischen Inseln einverleibt; immerfort hätte er weiter
nach Unbekanntem geforscht, und wäre andrer Wettstreit
nicht gewesen, er hätte wider sich selbst gewetteifert.

Arrian (um 150 n. Chr.),
Der Feldzug Alexanders, 7,1

Vor zweitausenddreihundert Jahren, im Sommer 336 vor Christus, feierte der Herrscher der Makedonen wieder einmal eine königliche Vermählung. Für König Philipp war eine Hochzeit nichts Neues, hatte er doch bereits mit wenigstens sieben Ehefrauen unterschiedlichen Standes zusammengelebt, aber Brautvater war er niemals zuvor gewesen. Heute gab er die Hand seiner Tochter dem jungen Vasallenkönig von Epirus, der jenseits der Westgrenze von Philipps Königreich lebte. Die Heirat der beiden hatte nichts Romantisches an sich: der Bräutigam war zugleich Onkel der Braut. Doch die Griechen empfanden die Verbindung mit einer Nichte zu Recht als weder gefährlich noch unappetitlich, und für Philipp, der seine Leidenschaften meist mit zielstrebiger Politik verknüpft hatte, war dies ein günstiger Augenblick, eine Tochter innerhalb seines eigenen Hofkreises anzusiedeln und den Nachbarkönig in enger und anerkannter Verwandtschaft an sich zu binden.

Es mußte ein glanzvolles Ereignis werden, das dem Geschmack der Gäste entsprechen sollte. Lange Zeit schon hatten die makedonischen Könige von sich behauptet, griechischer Abstammung zu sein, doch selten hatten Griechen sich durch die Beharrlichkeit dieser Nordländer überzeugen lassen, und nur Schmeichler erblickten in Philipp mehr denn einen fremden, ungebetenen Außenseiter. Zwei Jahre zuvor hatte er den letzten seiner griechischen Widersacher unterworfen. Er wurde der erste ausländische König, der die Stadtstaaten des griechischen Festlandes beherrschte. Diesen Städten hatte er auferlegt, seine Verbündeten zu werden – Bundesgenossen, die sich in einen gemeinschaftlichen Frieden fügten und ihn, Philipp, als Führer anerkannten. Der neuartige Titel bestätigte, daß seine Eroberungen lediglich Begleitmusik weit ehrgeizigerer Pläne waren. Als Hegemon der griechischen Verbündeten hatte er nicht im Sinn, dort zu verweilen und die besetzten Städte zu unterdrücken, sondern mit Griechen gegen einen Feind jenseits der Grenzen zu ziehen. Im Frühling vor der Hochzeit hatte er seinem Titel Ehre gemacht und eine Vorausabteilung in den Osten entsandt, die dem persischen Reich in Asien erste Scharmützel lieferte. Jetzt, im Hochsommer, stand der eigentliche Einmarsch bevor: Die Ratsversammlung seiner griechischen Bundesgenossen hatte ihn zum Oberbefehlshaber über die Invasionstruppen gewählt, und die Vermählung seiner Tochter bot ihm Gelegenheit zu einem Abschied mit Prunk und Pomp. Freunde waren eingeladen worden aus eroberten Ländern, die sich vom Schwarzen Meer bis zur adriatischen Küste erstreckten, von der Donau bis zur Südspitze Griechenlands. Griechische Gäste kamen nach Norden, um einen Blick in das makedonische Königreich zu werfen, und diese Hochzeit von Nichte und Onkel mochte dazu beitragen, ihnen vor Augen zu führen, daß ihr makedonischer Führer doch nicht der Tyrann war, als den sie ihn bislang beklagt hatten.

Aber die Griechen und ihre Meinungen waren Philipps einzige Sorge nicht. In nächster Nähe, daheim, wurden unangenehme Erinnerungen wach, die seine eigene jüngste Vermählung vor etwas über einem Jahr heraufbeschworen. Unerwartete Nebenwirkungen hatten die königliche Familie entzweit. An der Schwelle seiner mittleren

Jahre hatte Philipp sich in Eurydike verliebt, ein Mädchen aus makedonischem Adel, und sie zu heiraten beschlossen – vielleicht weil sie alsbald ein Kind von ihm erwartete, vielleicht auch weil ihre Verwandten Machtstellungen bei Hofe und im Heer innehatten. Die übrigen fünf Gemahlinnen hatten der Romanze gleichgültig zugesehen, seine Königin Olympias jedoch konnte sie nach zahlreichen anderen nicht einfach als weiteres harmloses Zwischenspiel abtun. Als Mutter von Alexander, Philipps einzigem fähigem Sohn, und als Prinzessin des Nachbarlandes Epirus hatte sie während der vorhergehenden zwanzig Jahre die Anerkennung als Königin Makedoniens sehr wohl verdient. Eurydike aber war Makedonin und dem König ans Herz gewachsen; Kinder von einem makedonischen Mädchen konnten Olympias' Pläne für die Thronfolge ihres eigenen Sohnes, des Sohnes von einer landfremden Prinzessin, über den Haufen werfen.

Kaum waren an jenem Tag die Familien der beiden Ehefrauen an der Hochzeitstafel zusammengetroffen, ließ auch schon Eurydikes Onkel eben diese Andeutung fallen. Ein bitterer Streit war ausgebrochen, in dem Alexander sein Schwert gegen den Vater zog. Er und Olympias hatten den Hof fluchtartig verlassen. Alexander war bald wiedergekommen; sie hingegen war in ihre Heimat Epirus zurückgekehrt und dort geblieben. Mittlerweile hatte Eurydike eine Tochter geboren, der Philipp den Namen Europe gab, und war im Herbst erneut schwanger geworden. Diesmal, nur Tage vor Philipps Aufbruch nach Asien, hatte sie ihm einen Sohn geschenkt, und während Philipps ausländische Gäste zu den Vermählungsfeierlichkeiten eintrafen, warteten Hof und Königsfamilie auf einen Wechsel in der königlichen Gunst. Der Säugling hatte den Ausschlag gegeben. Daß Olympias ihre alte Stellung zurückgewinnen könne, schien nun ausgeschlossen.

Selbst in ihrer Abwesenheit waren Olympias ursprünglich zwei gewichtige Faustpfänder verblieben, die sie auf Philipps Respekt pochen ließen: ihr Sohn Alexander und ihre Verwandtschaft mit dem Nachbarstaat Epirus. Doch Alexander war nicht mehr Philipps einziger Sohn, und ihre epirotische Verwandtschaft sollte durch die Hochzeit wertlos werden, die Philipp zu seinem Abschied in Szene gesetzt hatte. Es war eine hübsche, aber einigermaßen verwickelte Angelegenheit. Olympias war Mutter der Braut und des Bräutigams ältere Schwester, doch die Verheiratung der beiden lief ihren Interessen eindeutig zuwider; aus eben dem Grund hatte Philipp die zarten Bande ja auch gesponnen. Ihr Bruder, der Bräutigam, war zugleich jener König von Epirus, bei dem sie Zuflucht gesucht hatte, um sich mit seiner Hilfe für Philipps neuerliche Heirat zu rächen. Ihre Hoffnung auf Beistand war enttäuscht worden; denn er hatte seine Jugend am makedonischen Hof zugebracht, wo der Klatsch wissen wollte, Philipp sei einmal sein Geliebter gewesen; zudem hatte er sein Königreich erst fünf Jahre zuvor durch Intrigen Philipps gewonnen. Olympias' Demütigung wurde mit seiner Bereitschaft, die eigene Nichte zu heiraten und somit Philipps Schwiegersohn zu werden, perfekt. Politischer Brauch erforderte eine eheliche Verbindung zwischen Philipp und seinen Untertanen im benachbarten Epirus, und während der vergangenen zwanzig Jahre hatte Olympias als epirotische Prinzessin dem genügt. Wenn jedoch ihr Bruder als König von Epirus in Philipps Familie einheiratete, wurde sie in Philipps politischem und privatem Leben entbehrlich. Bei den Festlichkeiten in Makedoniens alter Königshauptstadt sollten die Hochzeitsgäste nicht nur den Abschiedsgruß ihres Führers erleben. Sie halfen ihm seine Königin Olympias ausbooten, ein Schachzug, der Philipps Königreich und seine Grenzen festigen sollte, ehe er nach Asien aufbrach.

Sie waren nach Aigai gekommen, dem ältesten Palast Makedoniens, den Forscher der Neuzeit lange Zeit vergeblich gesucht haben. In Wirklichkeit aber war der Palast längst entdeckt, nur wurde sein Name mit einem falschen Ort in Beziehung gesetzt. Aigai findet man nicht auf den steilen grünen Berghängen des heutigen Edessa, nahe den Gebirgsketten Vermion und Barnous, wo Wasserfälle tief in die darunterliegenden Obstgärten stürzen und wo noch kein Archäologe einen besseren Anhaltspunkt finden konnte als eine Stadtmauer jenes Aigai, das griechische Landkarten unserer Tage dorthin versetzen. Es ist vielmehr der längst bekannte Palast von Vergina viel weiter im Süden, wo es makedonische Grabstätten gibt, die tausend Jahre vor Philipp errichtet wurden, und wo die nördlichen Vorgebirge des Olymps noch immer die Wolken von dem braunen Flachland Niedermakedoniens abwenden: eine Grille des Wetters, die ein griechischer Besucher Philipps in Aigai als örtliche Besonderheit vermerkte. Heute freilich zeigt Vergina die Mosaiken und den Grundriß späterer Könige, doch Philipps Ahnschloß muß in aller Nähe gelegen haben. Es war leicht zu erreichen von der griechischen Grenze aus, auf die sich seine Gäste in Schiffen und auf Pferden zubewegten. Ein kurzer Ritt landeinwärts hätte sie an den Rand von Makedoniens erster Flachebene gebracht. Ein tieferer Blick ins Land wäre ihnen verwehrt gewesen – sie wußten von seinen Silbertannenwäldern, seinen frei weidenden Pferden und seinen Königen, die ihr Wort brachen und niemals eines friedlichen Todes starben.

Sie merkten bald, daß die Hochzeit, deretwegen sie gekommen waren, nach ihnen vertrauter Art gefeiert werden sollte: in griechischem Stil. Es gab Festgelage und athletische Wettkämpfe, Siegespreise für Künstler aller Richtungen und den Vortrag berühmter athenischer Schauspieler, die an Philipps Hof seit langem als Gäste und Gesandte über alles geschätzt wurden. Tagelang floß der schwere makedonische Rotwein in Strömen, und verbündete griechische Städte, die wohl wußten, wo ihr Vorteil lag, brachten Philipp goldene Kronen dar. Sie wurden mit frohen Nachrichten von daheim und aus der Fremde belohnt. In Griechenland hatte das Delphische Orakel Philipps Sache seit langem vorangetrieben, und neue Botschaften aus dem Osten ließen die Weissagung für den geplanten Einmarsch nur noch günstiger erscheinen. Die griechischen Untertanen der Perser bis weit die Küste Kleinasiens hinunter hatten Philipps Expeditionstruppen freudig begrüßt. In Ägypten erhob sich das Volk, und es ging das Gerücht, im fernen Palast zu Susa, am Hofe der Perser, habe ein königlicher Eunuch den König vergiftet; daraufhin habe er den Thron zunächst einem Prinzen angeboten, den er ebenfalls vergiftete, und sodann einem Höfling minderen Ranges, der nun als König Darius III. bestätigt worden sei. Das Ende des alten Königsgeschlechts durch einen doppelten Giftmord würde die persischen Statthalter nicht eben ermutigen, die westlichen Ränder ihres Reiches zu verteidigen, und so waren in Asien weitere Erfolge zu erwarten. Es war ein erfreulicher Ausblick, und nach der Trauungszeremonie kündigte Philipp, Führer der Griechen, eine eigene Darbietung an: Am nächsten Tag würden die Spiele mit einem feierlichen Umzug im Amphitheater von Aigai beginnen. Jedermann mußte bei Sonnenaufgang seinen Sitzplatz eingenommen haben.

In der Morgendämmerung sollten die Standbilder der zwölf Götter des griechischen Olymps – Werke der besten Meister Griechenlands –

vor Volk und Hochzeitsgästen einhergetragen werden. Im städtischen Leben der klassischen Welt pflegten wenige Ereignisse einen nachhaltigeren Eindruck zu hinterlassen als die lange, andächtige Prozession zu Ehren der Götter, und es war nur allzu verständlich, daß Philipp dieser tiefverwurzelten Tradition treu blieb. Allerdings hatte er ein weniger vertrautes Detail hinzugefügt – eine Statue seiner selbst sollte mit den Unsterblichen geehrt werden. Es war eine kühne Gleichsetzung, und doch hätte sie seine auserwählten Gäste nicht abgestoßen. Zuvor schon hatten Griechen Ehren empfangen, die denen der Götter ebenbürtig waren, und in griechischen Städten fanden sich bereits Hinweise, daß Philipp seiner wohltätigen Ader wegen noch bei Lebzeiten gottähnliche Verehrung genießen werde. Dankbare Untertanen glaubten, Zeus, der Stammvater der makedonischen Könige, müsse ihn unter seinen besonderen Schutz gestellt haben, und es war einfach, sein schwarzbärtiges Porträt mit dem des Königs der Götter zu vergleichen oder es in Tempeln augenfällig zur Schau zu stellen. Seiner Statue feierlich einen heiligen Platz inmitten der Götter einzuräumen mag Philipps persönliche Neuerung gewesen sein, doch wollte er seine griechischen Gäste nicht etwa durch eine Gottlosigkeit vor den Kopf stoßen; er wollte ihnen ausdrücklich gefallen. Es gelang, denn sein Beispiel zu Aigai begründete einen Brauch. Er ging auf die makedonischen Könige über, die später in Griechisch-Asien angebetet wurden, von ihnen auf Julius Cäsar und somit auf die Kaiser Roms. Als die Standbilder in die Arena getragen wurden, befahl Philipp seiner Leibwache, ihn allein zu lassen. Es hätte sich nicht geschickt, unter bewaffneten Männern in der Öffentlichkeit zu erscheinen. Einem Tyrannen mochte das anstehen, nicht aber einem Führer verbündeter Mächte. Nur zwei junge Prinzen sollten ihn begleiten: sein Sohn Alexander und der König von Epirus, dessen Vermählung eben erst festlich begangen worden war. Zwischen Sohn und Schwiegersohn begann König Philipp auszuschreiten, wobei er seinen weißen Umhang über einem Körper glattstrich, der die vielen Verwundungen aus zwanzig durchkämpften Jahren zeigte, ein einäugiger, schwarzbärtiger Mann, den griechische Besucher kaum zehn Jahre früher noch wegen seiner Schönheit gerühmt hatten.

Er sollte sein Publikum niemals erreichen. Vor dem Eingang des Theaters hatte ein junger Leibwächter die Befehle mißachtet. Unbemerkt war er hinter seinen Offiziersgefährten zurückgeblieben. Als Philipp sich näherte, sprang der Mann vor, um ihn zu packen, und stieß ihm einen kurzen keltischen Dolch zwischen die Rippen. Dann rannte er fort. Weil alle vor Überraschung wie gelähmt waren, konnte er einen Vorsprung gewinnen. Jene königlichen Leibwächter, die ihm nicht nachstürzten, eilten zu der Stelle, wo Philipp lag. Doch es gab keine Hoffnung mehr. Der König war tot. Pausanias, der Leibwächter aus dem Königreich Orestis, einem Hügelland weiter westlich, hatte sich gerächt.

An den Toren der Stadt erwarteten ihn vereinbarungsgemäß Pferde und Gehilfen. Es schien sicher, daß Pausanias entkommen würde. Nur noch ein paar Schritte in vollem Lauf, und er hätte sie erreicht, doch er übernahm sich in seiner Hast, in den Sattel zu springen. Er strauchelte und schlug hin. Sein Stiefel hatte sich im rankenden Stamm einer wilden Weinrebe verfangen. Augenblicklich waren drei Verfolger auf ihm. Es waren Adelige aus dem Hochland, einer davon aus seinem heimatlichen Königreich, doch daß sie ihn gut kannten, hatte nichts zu bedeuten. Sie töteten ihn, wie einige aussagten, auf der Stelle. Andere behaupteten etwas einleuchtender, man hätte ihn zum Theater zurückgeschleppt, um ihn nach Mitverschwörern zu verhören und anschließend zum Tode zu verurteilen. Einem griechischen Brauch bei der Bestrafung von Räubern und Mördern entsprechend, wurden ihm fünf Eisenklammern um Hals, Arme und Beine gelegt und an hölzernen Bohlen befestigt, und man ließ ihn vor aller Welt verschmachten, ehe seine Leiche zur Bestattung abgenommen wurde.

»Bekränzt harrt der Stier; das End' ist nah, der Opferpriester ist zur Hand . . .« Philipps unvorhergesehene Ermordung schien seinen Gästen ein geheimnisvolles Rätsel, und man glaubte, das Orakel zu Delphi habe wieder einmal geheimnishaft die Wahrheit gesprochen. Das Orakel, so hieß es später, habe Philipp diese Antwort im Frühjahr vor seiner Ermordung gegeben. Er hatte angenommen, der Stier verkörpere den persischen König, der Opferpriester ihn selbst, und der Orakelvers bekräftige den Erfolg seines Einmarsches in Asien. Für Apollo, den Gott des Orakels hingegen, sei der Stier der für die Hochzeit seiner Tochter bekränzte Philipp gewesen und Pausanias der Opferpriester. Die Weissagung habe sich erfüllt. Doch ein Orakel ist keine Erklärung. In der Geschichte, vor allem in der Geschichte eines Mordes, genügt es nicht zu wissen, was geschehen ist. Es ist ebenso wichtig zu wissen, weshalb etwas geschah.

Neben viel Geschwätz und wirren Fabeln spricht nur ein einziger Bericht von den Beweggründen des Pausanias. Philipps Ermordung, schrieb der Philosoph Aristoteles, sei auf einen persönlichen Handel zurückzuführen, und da Aristoteles als Lehrer der königlichen Familie am makedonischen Hofe gelebt hat, verdient sein Urteil einige Betrachtung. Aristoteles zufolge tötete Pausanias den König, »weil er von den Gefolgsleuten des Attalos vergewaltigt und mißhandelt worden war«; Attalos aber stand als Onkel von Philipps neuer Gemahlin Eurydike bei Philipp in hohem Ansehen. Andere wußten die Geschichte ausführlicher zu schildern, und runde fünfzig Jahre später war sie um etliche Unglaubwürdigkeiten reicher geworden. Man erzählte sich, Pausanias sei Philipps Geliebter gewesen, bis ihn eines Tages die Eifersucht in einen Streit mit Attalos verwickelte, einem hohen Adeligen überdies, dem man nicht leichtfertig die Stirn bot. Attalos lud Pausanias zum Essen ein, machte ihn hoffnungslos betrunken und überließ es seinen Wildhütern, sich nach Lust und Laune an ihm auszulassen. Pausanias bat Philipp um Rache für diese Schmach, doch es war unmöglich, Philipp gegen den Onkel seiner jüngst Angetrauten aufzubringen, so daß Pausanias' Klagen auf taube Ohren stießen. Bald darauf war Attalos abkommandiert worden, um den Befehl über jene Truppenteile zu übernehmen, welche die Invasion Asiens einleiteten . . . und Pausanias, sagten die Leute, sei gegen die einzige Zielscheibe angerannt, die sich seinem Groll in Makedonien noch darbot. Wie von Sinnen habe er in einem plötzlichen Anfall von Rachgier den König getötet, von dem er sich im Stich gelassen fühlte.

Pausanias mag tatsächlich Grund zur Klage gehabt haben, doch die Schilderung, die Aristoteles vortrug, liefert keine vollständige oder auch nur hinreichende Erklärung. Er erwähnt sie flüchtig in einem philosophischen Buch, das neben Philipps Ermordung andere zeitgenössische Ereignisse berichtet, bei denen man ihm nachweisen kann, sie für die Geschichte zu oberflächlich beurteilt zu haben. Er kannte Makedonien gut, wenn auch nur als Hofbeamter, und in der Sache des Pausanias ist es leicht, seine Schlußfolgerungen zu bemängeln. Selbst wenn Pausanias so unausgeglichen war wie die meisten Bluttäter, mutet es sonderbar an, daß er sich an Philipp für eine sexuelle

Gewalttätigkeit gerächt haben soll, die er viele Wochen vorher angeblich durch einen anderen Menschen erlitten hatte. Der griechische Klatsch hat allzu viele Verbrechen fälschlich als Folge der Homosexualität dargestellt, als daß ein weiteres Beispiel noch viel Überzeugungskraft besäße. Und vielleicht entstand diese Geschichte aus einem ganz bestimmten Grunde. Innerhalb weniger Wochen nach Philipps Tod sollte Attalos auf Befehl Alexanders in Asien ermordet werden – Philipps Erbe, der frühere Schüler Aristoteles', ließ ihn beseitigen. Möglicherweise schoben die Freunde des neuen Königs die Schuld an Pausanias' Verbrechen der Vermessenheit eines Feindes zu, der nicht mehr widersprechen konnte. Sie mochten offiziell verbreitet haben, Pausanias sei von Attalos vergewaltigt worden, und Aristoteles glaubte ihnen, wodurch er Attalos in ein Verbrechen verwickelte, an welchem er völlig unschuldig war. Andere Feinde des Königs wurden nachweislich auf ähnliche Weise verleumdet, und den Freunden Alexanders war niemand verhaßter als Attalos.

Es bietet sich eine andere Aufschlüsselung an, die von Zeitpunkt und Nutznießern des Mordes ausgeht. Beides sind Elemente einer indirekten Beweisführung, aber sie werden durch Tatsachen in Pausanias' Herkunft gestützt, die weder mit Attalos noch mit irgendwelchen Legenden von unerwiderter Liebe etwas zu tun haben. Pausanias war ein Adeliger aus den weit westlich gelegenen Grenzgebieten Makedoniens, deren Stämme erst während Philipps Regierungszeit dem Königreich eingegliedert worden waren. Er war gar kein richtiger Makedone; denn seine Stammesgenossen hatten sich bis dahin zu Epirus bekannt, dem Staat jenseits der Grenze, und für ihr Volk eine epirotische Bezeichnung gebraucht. Epirus aber war Olympias' Heimat und Zufluchtsort. Sie mochte sich auf ihre einstige Verwandtschaft mit Pausanias' Volk berufen, mit dem sie selbst im freiwilligen Exil Kontakt aufnehmen konnte, und es konnte ihr nicht schwergefallen sein, auf einen Adeligen einzuwirken, den Philipp aus ihrem heimatlichen Freundeskreis angeworben hatte. Das Rätsel lag in der Zeitwahl des Mörders; denn ein rachesüchtiger Makedone würde wohl kaum zugewartet haben, bis er Philipp bei der Feier einer Familienhochzeit vor den neugierigen Augen eines ausländischen Publikums ermorden konnte. Pausanias, so wird manchmal berichtet, sei einer der sieben Königlichen Leibwächter gewesen, und dann hätte er viele

Gelegenheiten zu einem Mord in aller Stille gehabt. Für Olympias dagegen waren Zeitpunkt und Plan ideal abgestimmt. Philipp wurde bei der Hochzeit ermordet, die dazu ausersehen war, ihr den Laufpaß zu geben. Es geschah wenige Tage, nachdem Eurydike einen Sohn geboren hatte, und nur wenige Stunden nach der Familienheirat, die ihre epirotische Abstammung belanglos machte. Kaum hatte Philipp das Zeitliche gesegnet, so konnte ihr eigener Sohn auch schon das Königreich den Rivalen entreißen und den früheren Einfluß seiner Mutter wiederherstellen. Offiziell konnte die Schuld an Pausanias' Wutausbruch ja Attalos in die Schuhe geschoben werden – Olympias aber mag gewußt haben, daß die Tat einer tieferen Verzweiflung entsprungen war.

Sie selbst jedenfalls ließ keinen Zweifel daran, wie sehr ihr der Mord gelegen kam:

»Noch in der Nacht ihrer Heimkehr nach Makedonien setzte sie dem Kopf des Pausanias eine goldene Krone auf, obwohl er immer noch an seinem Mörderpfahl hing. Einige Tage später nahm sie seinen Leichnam ab und verbrannte ihn über den sterblichen Resten ihres toten Gemahls. Sie errichtete an dieser Stelle einen Grabhügel für Pausanias und sorgte dafür, daß die Leute, deren Aberglauben sie nach Kräften angestachelt hatte, dort alljährliche Opfer darbrachten. Unter ihrem Mädchennamen weihte sie dem Apollo das Schwert, mit dem Philipp durchbohrt worden war: All dies geschah so offenkundig, daß es schien, als befürchte sie, die Bluttat könne nicht von jedermann als ihr Werk angesehen werden.«

Diese Darstellung mag übertrieben sein, doch gibt es keinen Grund, sie in allen Einzelheiten als unwahr oder als arglistiges Gerücht abzutun. Ihre Quelle läßt sich nicht unabhängig überprüfen, aber Olympias war eine Frau von wilden, ungezähmten Gefühlen, die in der Folge nicht davor zurückschreckte, Rivalen in der eigenen Familie zu ermorden, die ihr gefährlich wurden. Die erwiesene Dankbarkeit allein kann sie nicht belasten, ist jedoch ein weiterer allgemeiner Hinweis, der sie in Dinge hineinzieht, die Aristoteles vielleicht absichtlich zu klären unterließ.

Die Anhaltspunkte lassen sich noch erweitern. Pausanias war offensichtlich unterstützt worden, nicht zuletzt von den Männern, die mit seinen anderen Pferden auf ihn warteten, und wenn Olympias nun seine Ratgeberin gewesen wäre, hätte sie sich mit dem Verbrechen allein nicht begnügen können. Sie schmiedete Pläne für ihre Rückkehr, und nur ihr Sohn, Philipps mutmaßlicher Erbe, konnte sie gewährleisten. Hatte sie Grund genug, sich an Pausanias zu wenden, konnte sie sich ebensogut an ihren Sohn Alexander halten, und wenngleich gegen ihn niemals ein auch nur entfernt glaubwürdiges Indiz angeführt wurde, ist es doch angebracht, auch seine Stellung zu beleuchten.

Als Philipp ein Jahr zuvor Eurydike geheiratet hatte, war Alexander mit seinem Vater in heftigen Streit geraten und seiner Mutter gefolgt, als sie dem Hof den Rücken kehrte. Er hatte sich bald versöhnen lassen und seinen alten Platz in der väterlichen Gunst wieder eingenommen, was durch sein Auftreten an Philipps Seite am Tag des Mordes bestätigt wird. Die Monate nach seiner Rückkehr allerdings hatten ihn nicht gerade in Sicherheit gewiegt. Trotz seiner Jugend ließen ihn Talent und Fähigkeit nach wie vor als Philipps wahrscheinlichen Nachfolger erscheinen, doch er lebte unter der Schande von Olympias' Verstoßung. In seiner großen Sorge um das Erbe hatte er kürzlich die Verbannung seiner engsten Freunde heraufbeschworen, und als Eurydike einen Sohn gebar, konnten seine Befürchtungen sich nur verstärkt haben. Attalos hatte es bereits ausgesprochen, daß Eurydikes Sohn ein rechtmäßigerer Erbe sein werde als Philipps Söhne von anderen Ehefrauen, und obgleich der Junge noch ein Säugling war, so hatte er doch mächtige Verwandte, die ihn auf einen Thron heben konnten, der niemals grundsätzlich auf den ältesten Sohn übergegangen war. Er stellte eine Bedrohung dar, wenn auch vielleicht keine unmittelbare, doch als Philipp ermordet wurde, befand Attalos sich in günstiger Entfernung, in Asien, und der Knabe war erst ein paar Wochen alt. Kaum war Alexander König, wurde der Säugling getötet und Attalos, der zu weit vom Hofe entfernt war, um seine Freunde um sich scharen zu können, ohne viel Federlesens als Verräter ermordet.

Die Sorge um die Thronfolge hatte Alexander zweimal gegen seinen Vater eingenommen, doch ist es etwas anderes, als Erbe eines toten Vaters das Beste aus der Situation zu machen oder den Vater um dieser Erbschaft willen umzubringen. Alexander wurde später bestenfalls von griechischem Klatsch verdächtigt; es gab nicht die geringsten Beweise gegen ihn, und Mutmaßungen über seine vermeintliche Gewissenlosigkeit vermögen sie schwerlich zu ersetzen. Ein gewissenloser Vatermörder hätte besser daran getan, einen geheimen Staatsstreich anzuzetteln; solche Taktik wäre um vieles sicherer und problemloser zur Gewinnung eines Thrones gewesen, der ihm beinahe entgangen wäre. Ein Hochzeitsfest für ausländische Gäste wäre für Alexander ein denkbar ungeschickter Augenblick gewesen, das Erbe durch den Mord am Vater an sich zu reißen. Die Augenzeugen würden die Nachricht schleunigst verbreiten und die vielen Untertanen in anderen Ländern aufwiegeln, die er seinem Reich erhalten mußte. Alexanders erstes Herrscherjahr zeigte, welche Gefahren das hätte nach sich ziehen können. Ob Alexander es jemals über sich gebracht hätte, die Ermordung seines Vaters stillschweigend gutzuheißen, ist eine Frage, die nur blinder Glaube oder Voreingenommenheit zu beantworten vorgeben können. Sie hatten Streit gehabt, gewiß, anderseits aber hatte Alexander seinem Vater bei früheren Gelegenheiten das Leben gerettet, und nichts deutet darauf hin, daß er Philipps Angedenken haßte, ganz zu schweigen davon, daß er etwa für sich in Anspruch nahm, ihn beseitigt zu haben. Schlußfolgerungen aus Zeitwahl und Nutzen machen Olympias' Schuld zur Wahrscheinlichkeit; Alexander zu beschuldigen ist bloße Spekulation. Viel wesentlicher ist, wie Alexander sehr wohl erkannte, daß diese Argumente nicht minder heftig gegen andere vorgebracht werden konnten.

»Die Perser sagen, daß noch kein Mensch seinen leiblichen Vater oder seine Mutter getötet hat, doch wann immer auch ein solches Verbrechen vorgefallen zu sein scheint, dann pflegen die Nachforschungen unweigerlich zu ergeben, der sogenannte Sohn sei entweder an Kindes Statt angenommen oder unehelich geboren worden. Denn sie sagen, es sei undenkbar, daß ein wahrhaftiger Vater oder eine wahrhaftige Mutter je von einem wahrhaftigen Sohne getötet werden könne.« Den Persern, wie ein griechischer Beobachter sie hier schildert, wäre aus ihrer Sicht der Grundbegriffe menschlicher Natur eine Mittäterschaft Alexanders unvorstellbar gewesen. Alexander selbst war der Gedanke daran aus gewichtigeren Beweggründen verwehrt. Die Perser selbst, sagte er, hätten den Mord angestiftet. »Mein Vater starb durch die Hand von Verschwörern, die von Dir und Deinem Volke ausgeschickt worden sind, wie Du Dich in Deinen Briefen an alle Welt gebrüstet hast.« Das sollte Alexander vier Jahre später in einer öffentlich kundgemachten Botschaft an den persischen König schreiben, und der Hinweis auf allgemein bekannte Briefe erhellt, daß zum mindesten die persische Prahlerei eine geschichtliche Tatsache war. Wenn der entstehende Vorteil allein schon als Schuldbeweis gilt, dann hatten die Perser ebenso triftige Gründe, Philipp zu ermorden, wie eine schmählich behandelte Ehefrau oder ein erzürnter Sohn. Ihr Reich, das nur elf mühelose Tagesmärsche von Makedonien entfernt lag, war soeben überfallen worden; und wenn es gelang, Philipp zu töten, so stand zu erwarten, sein Heer werde sich während des üblichen Familienzwists auflösen. Persische Großsprecherei bietet indessen keine Garantie für die Wahrheit, besonders wenn sie auch dem Zweck gedient haben mag, Bundesgenossen gegen den Erben Philipps zu gewinnen. Von den Nutznießern des Mordes, daheim und außer Landes, bleibt der schwerste Verdacht an Olympias haften. Beweisen läßt sich ihre Schuld nie, und über die Rolle ihres Sohnes sollte man keine leichtfertigen Vermutungen anstellen. Doch es erscheint nur allzu plausibel, daß Philipp von der Gemahlin ermordet wurde, derer er sich zu entledigen versucht hatte.

Völlig aufklären läßt der Mord sich wohl nie mehr. Auch seinen Zeitgenossen blieb er ein berühmtes Rätsel. Für die Folgen, die man erwartete, galt das nicht. Philipp war tot, der »vortrefflichste aller Männer; seinesgleichen war in Europa niemals erblickt worden«. Es gab keinen Grund zu der Annahme, sein zwanzigjähriger Sohn werde je aus den Fehden hervorgehen, die ein Königswechsel zwischen Brüdern und Verwandten stets ausgelöst hatte, um in sein Erbe einzutreten. Doch innerhalb fünf Jahren sollte ausgerechnet dieser Junge die außergewöhnlichen Leistungen seines Vaters weit in den Schatten gestellt haben. Mit Recht konnte er später auf Philipp als einen Mann von geringerer Statur zurückblicken. Er, Alexander, hatte ein Reich zu Fall gebracht, das zweihundert Jahre bestanden hatte; er war tausendmal reicher geworden als irgendein Mensch auf Erden, und er war für einen Marsch gerüstet, der Menschen, die ihn willig als Gott verehrten, übermenschlich vorkam. Die Geschichte scheint oft aus Tatsachen zu entstehen, die sich unserem Einfluß entziehen. Im Falle Alexanders sollte sie von den Launen und Neigungen eines Fünfundzwanzigjährigen abhängen, der schließlich über mehr als fünf Millionen Quadratkilometer herrschte.

Und wenn sein Wirken zwangsläufig kurz war, seine Folgen sollten dauerhafter bleiben. »Wir hocken um unser Meer herum«, hatte der Philosoph Sokrates zu seinen Freunden gesagt, »wie Frösche um einen Froschteich.« Griechische Kunst war bereits bis Paris vorgedrungen. Als Handwerker und Künstler hatten Griechen in der Nähe des heutigen München gearbeitet und an den adriatischen Lagunen südlich Venedigs gelebt, doch kein Grieche vom Festland war je östlich von Susa gewesen, keiner hatte die Steppen Zentralasiens gesehen. Ihr Froschteich blieb das Mittelmeer. Im Kielwasser Alexanders würde griechischer Sport in der sengenden Hitze des Persischen Golfs geübt werden. Am Oxus und unter den Eingeborenen im Pandschab sollte man sich die Geschichte vom Trojanischen Pferd erzählen. Weit von ihrem Froschteich entfernt sollten Griechen zu Buddhisten werden und Homer ins Indische übersetzt werden. Als eine nordwestindische Stadt ausgegraben wurde, fand man eine Elfenbeinschnitzerei mit der Liebesgeschichte von Amor und Psyche neben den Stachelstöcken, mit welchen ein indischer Mahout seine Elefanten gelenkt hatte. Die Geschichte Alexanders hört mit seinen Kriegen und den Rätseln seiner Persönlichkeit nicht auf. Hätte er sich anders besonnen, Asien wäre für immer ohne jene neuen Entwicklungen geblieben, die aus den Fußstapfen von Alexanders Armee erwuchsen.

Seine persönliche Faszination war unmittelbarer, und sie war mit seinem Tode keineswegs vorbei. Sein Zelt, seinen Ring, seine Becher, sein Pferd und seinen Leichnam zu besitzen blieb der Ehrgeiz seiner Nachfolger, die sogar seine Kopfhaltung nachahmten. Ein Beispiel mag hier genügen: Einmal erschien er am Vorabend einer Schlacht Pyrrhus, dem verwegensten der griechischen Generäle, im Traum. »Ich leihe dir«, antwortete er, als Pyrrhus wissen wollte, welchen Beistand ein Geist wohl verheißen könne, »meinen Namen.« Es war der Name, der über zweitausend Jahre seine lebendige Faszination behielt. Er reizte den jugendlichen Pompejus, der sich ihm sogar in der Kleidung anzugleichen suchte. Der junge Augustus liebäugelte mit ihm, und dem Kaiser Trajan wollte man daraus einen Strick drehen. Unter den Dichtern griff Petrarca ihn an, Shakespeare durchschaute ihn. Christen grollten ihm, Heiden hielten ihn hoch, doch einem

Bischof des 19. Jahrhunderts schien er der bewundernswerteste Name auf der Welt. Erhabene Größen konnten ihm nicht widerstehen. Der junge Ludwig XIV. tanzte in einem Ballett als Alexander. Michelangelo entwarf den Platz auf Roms Kapitolinischem Hügel nach dem Muster von Alexanders Schild. Napoleon führte die Geschichte Alexanders als Bettlektüre mit sich, wenngleich es nur eine Legende ist, daß er sich jeden Morgen vor einem Gemälde ankleidete, das Alexanders größten Sieg darstellte. Dieser Name besaß den Zauber von Jugend, Ruhm und Herrlichkeit. Julius Cäsar war es, der einmal von einer Geschichte Alexanders aufblickte, eine Weile nachdachte und dann in Tränen ausbrach, »weil Alexander im Alter von zweiunddreißig Jahren als König so vieler Völker starb, er selbst aber noch keinen einzigen strahlenden Erfolg errungen hatte«.

Alexander also ist jene seltene und vielschichtige Erscheinung, ein Held. Zu seinen Lebzeiten wollte er im Wettstreit mit dem heroischen Ideal seiner Gesellschaft gesehen werden. Durch ein bleibendes Interesse des Abendlands an der griechischen Vergangenheit und die Verbreitung einer legendenhaften Romanze von Alexanders Heldentaten, vor allem in orientalischen Sprachen, reichte sein Ruhm von Island bis China. Der Quell der Unsterblichkeit, Unterseeboote, das Tal der Diamanten und die Erfindung einer Flugmaschine sind nur einige der erdichteten Abenteuer, die mit seinem Namen verknüpft wurden – in einem Verfahren, das jedes Zeitalter nach seinen jeweiligen Vorurteilen weiterführte. Als die Drei Könige aus dem Morgenland kamen, um Jesus ihre Huldigung darzubringen, war Melchiors Gold – so die jüdische Legende – in Wahrheit ein Geschenk aus Alexanders Schatz. Und auch die einfachen Menschen an beiden Enden seines Reiches haben ihn nicht vergessen. Infolge der Verbreitung des *Alexanderromans** gibt es heute noch afghanische Häuptlinge, die von ihm abzustammen glauben. Vor siebzig Jahren noch pflegten sie mit der roten Fahne, die sie für sein Banner hielten, in den Krieg zu ziehen, während die Inselfischer von Lesbos in stürmischen Nächten auf der Ägäis in unseren Tagen noch ihre fragenden Rufe über das Meer schallen lassen: »Wo ist Alexander der Große?« Wenn sie sich

* Diese legendenhafte Erzählung entstand, im wesentlichen etwa fünf Jahrhunderte nach Alexanders Tod, in Ägypten. Inmitten wildbewegter Phantasie haben sich darin frühere Elemente und einige Tatsachen erhalten.

dann die beruhigende Antwort geben: »Alexander der Große lebt und ist König«, so sind sie gewiß, daß die Wogen sich glätten werden.

»Doch wo ist Alexander, der Krieger Alexander?« Ruhm und Legenden haben seiner Geschichte nicht genützt, und der junge Mann, der nach einem Mord in Aigai zum erstenmal die Macht ergriff, ist im Gewirr wechselhafter Erzählungen und halbwahrer Berichte verlorengegangen. Mehr als zwanzig Zeitgenossen haben seine Laufbahn beschrieben. Keines ihrer Bücher ist im Urtext erhalten, und nur ein einziger Auszug aus einem Brief Alexanders ist unbestritten echt. Vierhundert oder mehr Jahre nach seinem Tode kürzten und verwoben zwei Geschichtsschreiber und zwei Abbreviatoren die alten Berichte über Alexander; anhand ihrer langen Schilderungen muß Alexanders Leben hauptsächlich wiederentdeckt werden. Weil sie zur Zeit des Römischen Reiches schrieben, verstanden sie Alexanders Zeitalter nicht. Es ist, als könne die Geschichte Englands im 16. Jahrhundert lediglich aus den Essays von Macaulay und den Abhandlungen des Philosophen Hume zusammengesetzt werden. Und dennoch lassen sich die Umrisse jener ursprünglichen Berichte durch genaues Abwägen und Vergleichen größtenteils nachzeichnen, und Kunstwerke und Inschriften können die Voreingenommenheit der vier Bearbeiter abtragen helfen. Ein Bild entsteht. Baut man nun einen Rahmen aus jeder der Gesellschaften und Kulturen, in denen Alexander sich bewegte, kann dieses Bild häufig in einen überzeugenden Blickwinkel gerückt werden. Alexander ist das Thema einer Suche, nicht einer Lebensgeschichte; denn Stil und Inhalt der ersten schriftlichen Aufzeichnungen über seine Person haben dafür gesorgt, daß jede Darstellung, die Gewißheit vorgibt, nur fragwürdig sein kann. Weniger noch vermag er uns zu lehren oder zu moralischer Besinnung zu ermahnen. In der Vergangenheit nach menschlicher Torheit oder volkstümlichem Aberglauben zu suchen, heißt nur die eigenen, gleichen Hoffnungen und Ängste im Ausdruck einer anderen Zeit wiederfinden wollen. Der Wert der alten griechischen Geschichte liegt nicht in einer Moral, sondern in einer Erkundung, die über gewaltige Zeiträume zurückführt. Auch heute noch ist es möglich, daran teilzuhaben, was Menschen, und sogar ein Alexander, in solch weiter Ferne erlebten, und nach zweitausend Jahren ist die Suche, wenngleich niemals einfach, oft noch lebhafter, immer aber der Mühe wert.

2 DER MAKEDONISCHE THRON

Die Suche nach Alexander beginnt in dramatischem Dunkel. Mit Philipps Ermordung mußte sich der makedonische Hof auf einen weiteren jener blutigen Familienmachtkämpfe gefaßt machen, die das Königreich während der vorhergehenden hundert Jahre geschwächt hatten. Über derlei Fehden wird selten ausführlich berichtet, doch gibt es Anhaltspunkte – häufig an den unwahrscheinlichsten Stellen –, und alle zusammen lassen Konturen erkennen, die zwar unklar sind und daher möglicherweise irreführen, andererseits aber mit dem übereinstimmen, wie makedonische Könige sich stets verhalten mußten. Zunächst einmal muß der Hintergrund solcher Zwänge erläutert werden.

Zwischen dem nördlichen Griechenland und den Stämmen Europas gelegen, war Philipps Makedonien ein großer, bunt zusammengewürfelter Teppich aus Königreichen, die durch Eroberung und Heirat sowie die Bestechungen und Verlockungen seines aufsteigenden Sterns zusammengeflickt worden waren. Zu Alexanders Geburt war es wohl noch ein Land unvereinbarer Gegensätze, und selbst Philipp hatte die Interessenunterschiede, von denen frühere Könige geplagt worden waren, in dreizehn tatenvollen Jahren nicht gänzlich beseitigen können. Immer noch war es ein Gebiet aus Hochland und Tiefland, das Philipp und seine Vorfahren von den Ebenen im Südosten aus regierten – jenem Marschland der vier großen Flüsse, die den fruchtbaren hellen Lehmboden mit seinen Getreidefeldern und Winterweiden bewässerten. Diese sumpfigen und dichtbewaldeten Niederungen und angrenzenden Hügel waren ein Land für Pioniere, und Philipp und seine Vorfahren waren mit der richtigen Einstellung an die Sache herangegangen. Sie hatten Sümpfe trockengelegt, indem sie die stets angeschwollenen Flüsse in Bewässerungskanäle ableiteten. Straßen waren durch die dichten Kiefernwälder geschlagen worden, aus deren Stämmen nach einem heimischen Verfahren Pech gesotten und an griechische Schiffbauer im holzarmen Süden verkauft wurde. Alte Goldbergwerke an seiner Ostgrenze ließ Philipp beschlagnahmen; Heere neuer Sklaven und griechische Kunstfertigkeit in der Metallgewinnung brachten tausendfache Erträge. Zum Vergnügen und für

GRIECHENLAND, MAKEDONIEN UND DIE ÄGÄIS

0 75 150 km

Gebiete unter unmittelbarer Herrschaft Philipps II.

(Für Ionien und die Inseln der Ägäis gilt dies mit zeitweiligen Einschränkungen.)

den Bratspieß erlegten berittene Jäger Auerochsen, Bären und Löwen, und an der Küste hatten Makedonen die Kunst des Fliegenfischens erlernt, um in ihren Flüssen Forellen zu fangen. Sie hatten die Feige und die Olive in Landstrichen angesiedelt, wo sie zweimal jährlich Frucht trugen. »Liebliches Emathien« hatte Homer diese wogenden Ebenen genannt, die ein fettes Weideland für Rinderherden waren. Ein alter makedonischer Volkstanz stellte das Leben eines Rinderhirten dar, der unter den Bauern dieser Gegend fraglos oft vertreten war. Rinder hatte es in Griechenland, wo Fleisch abseits religiöser Opferhandlungen selten genossen wurde, nie im Überfluß gegeben, und der höhere Anteil von Fleisch in der Ernährung der Makedonen mag sehr wohl zu ihrer Zähigkeit auf dem Schlachtfeld beigetragen haben.

Diese Ebenen pflegten den Neid jedes griechischen Besuchers zu erwecken, der die Südgrenze Makedoniens nahe der schmalen Talsohle des Tempe am Fuß des Olymps überquerte. Und wenn er anschließend den Grenzposten von Heraklion, der Stadt des Herakles, hinter sich gebracht hatte, würde er in der Hafenstadt Dion verweilen, die nach dem griechischen Gott Zeus, dem Stammvater der makedonischen Könige, benannt und alljährlich Schauplatz neuntägiger Kunstfestspiele zu Ehren des Zeus und der neun griechischen Musen war. Dort konnte er durch die Tore einer Stadt spazieren, die von einer Backsteinmauer umgeben war, und zwischen einem Theater, den Turnhallen und einem Tempel mit dorischen Säulen die lange gepflasterte Strecke eines heiligen Weges entlanggehen. Die umliegenden Dörfer waren mit dem Mythos des Orpheus verbunden, des berühmten Barden der griechischen Sage. Der Gast aus dem Süden befand sich noch immer in einer Welt griechischer Götter und Opferbräuche, griechischer Dramen und griechischer Sprache, wenn auch die Leute ihr Griechisch mit einer nördlichen Klangfarbe sprechen mochten, die »ch« zu »g«, »th«* zu »d« verhärtete und aus dem Namen König Philipps einen »Bilip« machte.

Auf seiner Reise küstenaufwärts sollte er das ebene Land nicht minder üppig finden, die Städte auf trotzigere Weise griechisch. Die beiden nächsten Küstenstädte an den Gestaden des Thermaischen

* Der griechische Buchstabe Θ (Theta) ähnelt in der Aussprache dem stimmlosen englischen »th« (d. Übs.).

Golfs waren ursprünglich von griechischen Auswanderern gegründet worden, die seither unablässig auf eine Gelegenheit lauerten, sich von dem makedonischen Hof zu lösen, der sie nach und nach unter seine Herrschaft gebracht hatte. Bisweilen gelang es ihnen, und sie blieben inmitten wechselhafter Zeitläufte Städte von hohem Gemeinsinn, deren Anführer reich waren und deren Mittelstand sich aus eigenen Mitteln für Kriege rüsten konnte. Sie bebauten die saftigen Ländereien ringsumher, und die zusätzlichen Einkünfte, die sie so begehrenswert machten, kamen vom Meer und seinen Händlern. Eine belebte Handelsstraße führte von der Küste westwärts ins Innere Makedoniens, und die Küstenstädte besaßen Gerichtshöfe mit einer Rechtsordnung, der griechische Händler sich bereitwillig unterwarfen. Für den durchziehenden Warenverkehr mußten Hafengebühren entrichtet werden, und die Reichen sicherten sich das einträgliche Recht auf deren jährliche Eintreibung. Sie waren keineswegs die letzten Hüter der griechischen Kultur an der Schwelle einer barbarischen Welt. Die makedonischen Paläste von Pella und Aigai lagen auf kurzem Wege landeinwärts. Flüsse – im Altertum die rascheste und billigste Art der Beförderung schwerer Lasten – verbanden sie mit der Küste. Sie waren also gut erreichbar, und eine großzügige Förderung der besten griechischen Künstler hatte ihr äußeres Bild nicht weniger verfeinert als jenes der Küstenstädte, nach denen es ihre Herrscher so sehr gelüstete.

»Den König zu schauen, wird niemand je nach Makedonien reisen; doch viele würden von weither kommen, nur um sein Schloß zu sehen . . .« Sokrates soll diese Worte gesprochen haben, als er eine Aufforderung ausschlug, dem Athener Todesurteil durch Flucht zu entgehen und sich ins makedonische Pella zurückzuziehen. Um die Jahrhundertwende hieß der König dort Archelaos, und er förderte die griechische Kultur noch weitaus mehr als seine Ahnen; er war es auch, der die Hauptstadt des Königreichs von Aigai nordöstlich nach Pella verlegte, das besseren Zugang zum Meer hatte und an den neuerbauten Straßen seines Königreichs lag. Da sie am Fluß Laudias errichtet worden war, der sich dort zu einem trägen, schlammigen Gewässer dehnte, hatte Pella zu jener Zeit auch einen See und einen natürlichen Hafen. Bereits in den achtziger Jahren des dritten vorchristlichen Jahrhunderts war Pella zur größten Stadt Makedoniens angewachsen. Philipp baute sie noch weiter aus, und in den zwanzig

Jahren nach Alexanders Tod sollte sie durch die reichen Gewinne aus der Welteroberung einen schwindelnden Aufstieg nehmen. Stolz brüstete sie sich mit Tempeln und Palästen von mehr als neunzig Metern Länge, alle davon mit stattlichen Innenhöfen versehen, auf deren langen Reihen griechischer Säulen verschwenderisch gemalte Friese und Lehmziegelmauern über marmornen Türschwellen und Gesimsen ruhten; die Mosaikböden waren aus farbigen Kieselsteinen gefügt. Es war ein Ort, wo ein Mann schmausen und zechen konnte – in einer Umgebung zumal, die dem verwöhntesten griechischen Geschmack gerecht wurde. Die großen Stadthäuser waren um einen zentralen Hof herumgebaut, von dem aus man die Empfangsräume betrat, während das obere Stockwerk an seiner Nordseite die Schlafzimmer beherbergte und im Sommer willkommenen Schatten spendete. Jüngste Ausgrabungen haben uns mit diesen palastartigen Häusern vertraut gemacht; sie stammen wahrscheinlich aus der Zeit kurz nach Alexanders Tod. Alexander war in Archelaos' älterem Palast auf dem westlicheren der beiden Hügel Pellas aufgewachsen, dessen schwere Marmorsäulen ebenso vornehm griechisch waren wie jene der später entstandenen Häuser im unteren Stadtteil. Es war ein kultiviertes Heim, vermutlich ganz im Stil der Paläste, die an seine Stelle treten sollten. Einer ihrer Mosaikböden jüngeren Datums hatte ein Zentaurenmotiv, das wohl von einem Gemälde rührte, welches Archelaos bei einem griechischen Meister in Auftrag gegeben hatte. Diese berühmten Kieselmosaiken, ebenfalls das Werk griechischer Künstler, wurden wahrscheinlich bald nach Alexanders Jahren in Pella gelegt; denn eines zeigt eine Jagdszene aus seinem Leben, ein weiteres den Gott Dionysos, den Ahnherrn der Könige, und wieder ein anderes einen Löwengreif, der einen Hirsch anfällt – vielleicht handelte es sich hier um das Königssiegel des Reiches oder zum mindesten das Wappen Antipaters, den Alexander als seinen militärischen Statthalter in Makedonien zurückließ. Obwohl ausgiebig bewundert, bewegen sie sich am Rande der Geschmacklosigkeit. Auch der ältere Palast des Archelaos mag Mosaiken gehabt haben; denn die frühesten bekannten Arbeiten dieser Art finden sich in der nordgriechischen Stadt Olynth, die in den Einflußbereich des makedonischen Königshauses geraten war. Ihre Darstellungsweisen entwickelten sich aus den Schulen griechischer Maler, von denen man weiß, daß Archelaos sie freigebig unterstützte. Neben einer Liebe für Gärten gibt es keinen feineren Prüfstein für einen Mann von Kultur als seinen Sinn für die Malerei. In Alexanders Makedonien, an das man sich allzu oft nur wegen seiner Eroberungen erinnert, trugen die Stirnseiten der Säulengräber, in denen seine Adeligen bestattet wurden, die ersten bekannten *trompe-l'œil*-Gemälde der Kunstgeschichte, und im Palast von Aigai mag der mittlere Innenhof sogar als verborgener Garten entworfen worden sein. In der neuen Stadt Philippi hatten Philipps makedonische Siedler, »der Abschaum des Königreichs«, wie sie von kritischen Stimmen genannt wurden, wilde Rosen gepflanzt, um die Öde ihrer neuen Heimat an der entlegenen thrakischen Küste leichter zu ertragen.

Jenseits dieser gepflegten Ebenen der Küste und des Tieflandes, wo der Garten des Midas alles, wenn nicht in Gold, so doch in Grün verwandelte, lagen die Gebirgszüge Barnous und Vermion mit ihren schneebedeckten, unzugänglichen Kämmen; dahinter im Westen und Nordwesten die Welt des Hochlands mit seinen Gebirgsseen und bewaldeten Schluchten, die von Wohlstand und Luxus an der Küste und bei Hofe weit entfernt war. Hier hatten die Menschen nie ein Stadtleben gekannt, sondern ein Stammesleben geführt und ihre Dörfer an den Seeufern häufig auf hölzernen Pfählen errichtet; in Zeiten der Gefahr bot ihnen nur eine wasserlose, aus losen Steinen gefügte Schutzburg auf einer nahen Bergkuppe Zuflucht. Alexanders Offiziere und spätere Makedonen führten zur Unterscheidung die Stammesnamen, mit denen sie ihre jeweilige Heimat bezeichneten. Da den Hochlandbewohnern Städte fehlten, denen sie sich wie die Leute im Tiefland hätten zugehörig fühlen können, hingen sie an ihren Stämmen. Wie eine Nußschale umschloß die Landschaft jedes ihrer einzelnen Königreiche, und hinter dem Schutz ihrer zerklüfteten Felsen hielt sich die Stammesregierung von Dorfhäuptlingen über Jahrhunderte, viel länger als die Dynastie der Tieflandkönige und ihre Anstrengungen, wehrhafte Grenzstädte zu bauen. Holz, Bodenschätze, Bergweiden und Fischfang ernährten eine dichte Bevölkerung, deren Königsfamilien ihre Herkunft jeweils auf einen anderen griechischen Helden zurückführten. Weit im Südwesten nahe der Grenze zu Thessalien betete der Stamm der Tymphioten seine eigene primitive Form des Zeus an; vor Philipps Zeit waren sie genausowenig makedonisch wie die benachbarten Orestiden, die Orestes als ihren Begründer verehrten und früher zu den westlichen Stämmen von Epirus gehört hatten. Weiter nördlich lebten die reichen, rebellischen Könige von Lynkestis rittlings auf der Hauptdurchzugsstraße aus Europa im Gebiet der Seen Prespa und Kastoria. Sie führten ihre Ahnenreihe bis auf die berüchtigten Bacchiadenkönige von Korinth zurück und bildeten eine der festen Familiencliquen, die im Griechenland des siebten Jahrhunderts wie Pech und Schwefel zusammenhielten. Die Bacchiaden waren aus Korinth vertrieben worden und nordwärts nach Korfu geflohen, von wo aus sie – wie die korinthischen Handelswaren, die damals im nordwestlichen Makedonien auftauchten – an den Grenzen der europäischen illyrischen Königreiche auf dem Festland, in Lynkestis, tatsächlich eine Heimat gefunden haben mögen. Ihre selbsternannten Abkömmlinge hatten ihnen keine Schande bereitet. Wie andere Hochlandbewohner kleideten die Lynkesten sich in die verwaschen graubraune Wollkutte, die in der Walachei auch heute von den Hirten getragen wird, und sprachen einen primitiven griechischen Dialekt, den Südländer nicht mehr verstehen konnten. Sie bestellten das Land mit Ochsenkarren. Die Frauen arbeiteten mit, und es ist vielleicht kein Zufall, daß in den Aufstellungen beschlagnahmten Vermögens reicher Athener im fünften Jahrhundert der höchste Preis, den ein Sklave erzielte, für eine lynkestische Frau bezahlt wurde. Philipp hatte eine lynkestische Adelige zur Mutter, die erst in mittleren Jahren lesen und schreiben lernte. Ihr Verwandter Leonnatos ist einer der beiden einzigen bekannten Freunde Alexanders, die lynkestischen Familien entstammten, und seine Kriegslust war unvergeßlich. Er begeisterte sich dermaßen für den Ringkampf, daß er in Asien, so wird erzählt, überall Trainer und Kamelladungen von Sand mit sich führte.

Seit einem Jahrhundert war das Gebiet dieser Hochlandstämme größtenteils als oberes Makedonien bekannt, doch deren Sympathie für die Tieflandkönige war oberflächlich und nirgends sehr alt. Lynkestis beispielsweise wurde von den illyrischen Nachbarn im Norden härter bedrängt als von Philipps Vorfahren in der Ebene, und lynkestische Häuptlinge hatten illyrische Interessen häufig jenen des Hofes zu Aigai vorgezogen. Dies ließ sich allerdings ins Gleichgewicht bringen. Die Tiefländer waren auf die Loyalität der Hochländer angewiesen. Ihre Stämme beherrschten nämlich die Pässe und Flußläufe, über welche europäische Barbaren aus dem Norden und Nordwesten in die Küstenebenen einzudringen versucht hatten. Andererseits brauchten die Hochlandbewohner aus handfesten Gründen das Flachland der Schafe wegen. Schafherden waren das Band, das im Altertum die Landschaften des Binnenlandes zusammenbrachte. Im Sommer konnten die Hochländer sie hoch auf den zerklüfteten Bergen weiden, doch im Winter trieben sie ihre Tiere in das Weideland der Ebenen hinunter, und so war das Wanderleben des Hirten auch ein Leben endloser Streitigkeiten. Im Frühjahr zertrampelten seine Schafe die Getreidefelder der Flachlandbauern, und im Sommer zog er mit den Tieren durch die Berge, ohne sich darum zu scheren, wem der Boden gehörte, den er zu seiner vorübergehenden Heimat machte. Aus Orestis ist eine Inschrift überliefert, welche die Rechte der Bauern gegenüber den wandernden Herdenbesitzern regelt und das Holzfällen der Sommerhirten einschränkt. Vermutlich um seinen Flachlandbauern zu helfen, hatte Philipp versucht, den Bergstämmen die Lust an wandernden Schafherden zu nehmen und den seßhaften Ackerbau zu fördern, der den Ebenen angemessen war. Sollte ihm das gelingen, wäre jenes eine natürliche Bindeglied zwischen Hochland und Ebene zerstört worden; deshalb versuchte er später, die zwei Welten auf andere Weise um sich zu vereinen.

Wo es möglich war, hatten seine Vorfahren aus dem Tiefland die Bergstämme gänzlich vertrieben, so aus der Gegend um Dion in Pierien oder beispielsweise aus Eordäa, das »im Osten, Westen und Norden von steilen Felsabhängen ummauert ist wie ein Burgverlies«. Anderswo hatten sie politische Ehen geschlossen, am häufigsten mit Frauen aus dem südwestlichen Elimea, wo die Adeligen reich waren und die Stämme hart zu kämpfen wußten. Auch Philipp hatte sich eine elimiotische Mätresse gehalten; ebenso hatte er an seinen Grenzen im Bergland Städte gegründet und zu ihrer Sicherung Tiefländer zwangsweise umgesiedelt. Er brauchte diese neuen Kräfte an den Grenzen, da er gleichzeitig die alte Macht des Hochadels und seiner jungen Söhne an seinen Hof in Pella zog, wo er sie auf den verlockend reichen Gütern im saftigen Grasland seiner eroberten Gebiete im Osten und Südosten ansiedelte. So wurden Hochlandhäuptlinge enger an einen Hof und einen König gebunden, dem sie als Feudalherren auf eroberten Gütern dienten. Die ersten Herrschermonate Alexanders müssen im Licht einer neuen makedonischen Gesellschaft betrachtet werden, die allmählich aus den alten Banden von Verwandtschaft und ursprünglicher Heimat herausgelöst worden waren, weil der König sie an sich binden wollte. Wie sehr die alten Traditionen immer noch das politische Verhalten eines Mannes bestimmten, ist in unserem Zusammenhang wichtig.

Um zu überleben, waren die Könige im Tiefland seit langem gezwungen gewesen, diese alten Wurzeln auszureißen. Wie im Albanien jüngster Vergangenheit zogen jenseits der Nordgrenze Makedoniens illyrische Adelige nach wie vor mit der Gruppe ihrer Gefolgsleute und Verwandten in den Krieg. In dem Heer aber, das Philipp übernahm, waren die Hochländer nicht länger im engen Verband der Clans, sondern bereits durch die lockere Geographie der Stämme in Brigaden zusammengefaßt worden, die zwar immer noch von örtlichen Magnaten und königlichen Prinzen befehligt wurden, doch waren diese ihrem Privatgefolge bereits entwöhnt und während der vergangenen zweihundert Jahre selbst zu einem Gefolge des Königs geworden, dem sie als Getreue oder Gefährten dienten; in acht markanten Fällen sogar als Königliche Leibwächter zur Sicherung seines Lebens. Und so sah Alexander sich bei seiner Thronbesteigung mehr als sechzig Gefährten von Adel gegenüber, von denen einige bereits alt waren, die aber alle ihren Rang der Zeit seines Vaters verdankten. Ihre offizielle Funktion bestand darin, ihm zur Seite zu stehen und ihn zu beraten; und obwohl es ein Zufall sein mag, daß das makedonische Wort für Ratgeber aus der Bezeichnung für einen grauhaarigen Mann abgeleitet werden konnte, so war es auf jeden Fall zweckmäßig, daß die Könige ihre höfischen Ehrentitel seit geraumer Zeit auch auf Tausende von Untertanen geringen Standes ausgedehnt hatten, die sie in Freundschaft für sich gewinnen wollten. Unter den Begriff der Königlichen Leibwache fielen nunmehr auch dreitausend Schildträger minderen Ranges, die neuen Männer des Königs; der Begriff Getreuer Kampfgefährte wurde auch auf die Einheiten der Kleinbauern ausgedehnt, die als Kavaliere im Heer des Königs dienten. Einmal hatte es eine Königliche Reiterschwadron gegeben, doch – wie im Fall der Königlichen Leibregimenter in der britischen Armee, die allmählich nur mehr aus Schotten rekrutiert wurden – wurde jetzt die gesamte Reiterei als Kampfgefährten des Königs bezeichnet, und selbst die Hochland-Infanterie der Stämme durfte sich Kampfgefährten zu Fuß nennen, damit die Krone neue Freunde an sich band. Nur die ursprünglichen Gefährten hatten durch solche Erweiterung ihres ursprünglichen Titels verloren; gegen sie war sie freilich auch gerichtet gewesen, und die neuen Königsmannen hatten recht, wenn sie Alexander besonders vor Gegnern aus den Reihen dieser Aristokraten warnten.

Weil Macht in Makedonien persönlich bedingt war, hatten die Adeligen sie durch die ausgestreckten Fühler ihrer Familien ausgeübt. Seit urdenklichen Zeiten war ihr Recht das Gesetz der Blutrache, die ganze Familien in das tragische Los eines einzigen Missetäters verwickelte, denn die Überlebenden einer Familie hätten jedes Vorgehen gegen einen Angehörigen bitter gerächt. Für solche Feudalherrschaften, bei denen es auf Familienmacht und -besitz ankam, war die Ehe keine Sache des Gefühls, sondern Ausdruck des guten Verhältnisses zwischen der Gefolgschaft zweier großer Familien. Das Alter der Braut spielte keine Rolle; ein enger Verwandtschaftsgrad bildete kein Hindernis; es war nicht anders als bei den oberen Klassen Griechenlands. Die Bacchiadenkönige, auf deren Abstammung die lynkestischen Adeligen sich beriefen, waren für ihre Inzucht berühmt, und man darf Ähnliches für Philipps ehrenwerte Kampfgefährten aus dem Hochland vermuten. Dieses Labyrinth von Ehen und Blutsverwandtschaften konnte, wie es noch heute bei den Hirten Nordwestgriechenlands der Fall ist, allen Beteiligten harte Pflichten zu gegenseitiger Hilfe und Rache auferlegen, und solche Verpflichtungen sind für Außenstehende nicht immer deutlich erkennbar. Alexander war der Erbe eines Rudels von Feudalherren, denen die Einstellung eines Mafioso begreiflicher gewesen wäre als die Haltung eines Moralisten in einem Gesetzesstaat.

Und so hatten die Könige des Tieflands, unter anderem mit ihren breitgefächerten höfischen Titeln, versucht, diese Treueverhältnisse in persönlicher Hinsicht auszugleichen. Auch der König konnte sich auf Blutrache gegen einen Feind begeben, doch wenn er wollte, konnte er einem Adeligen vor einer Versammlung von Bürgerlichen oder Soldaten den Prozeß machen. Dringende Morde wurden solcherart nicht aufs Spiel gesetzt, obwohl der Prozeß nichts Demokratisches an sich hatte; denn die Versammlung drückte ihren Willen durch Speergerassel aus, ohne etwa die Hände zur Stimmenzählung zu erheben. Der König war es, der entschied, für welchen Wahrspruch die Männer lauter gerasselt hatten. Was Heiraten betraf, so stand es ihm frei, sich Frauen aus rivalisierenden Familien zu nehmen und seine Getreuen mit Frauen aus dem weiten Familienkreis zu verheiraten, dem er vorstand. Er konnte auch unter seinen Höflingen Heiraten stiften, und wenn er damit eine aussichtsreiche Zukunft zu verheißen schien, so würden sie die Damen, die er ihnen vorschlug, wohl kaum zurückweisen. Es war die Aufgabe des Königs, neben den Loyalitäten von Familie und Stamm einen zweiten, anderen Mittelpunkt der Macht zu bilden. Philipp und seine Vorfahren hatten diese Loyalitäten geschwächt, bis sie auf das Verhalten eines Mannes keinen bestimmenden Einfluß mehr hatten. Bei Alexanders Thronbesteigung wurden sie durch einen gewichtigeren Anlaß noch mehr belastet: durch die Verheißung, ganz einfach, des Menschen Alexander.

Alexanders königliches Blut forderte Respekt, aber er war nicht der einzige Prinz, in dessen Adern es floß. Der Thron war nicht immer auf den ältesten Sohn übergegangen, und der Brauch, daß der Thronfolger von königlichem Geblüt sein müsse, hatte nicht viel zu bedeuten, denn Magnaten konnten sich hinter einen königlichen Infanten stellen und durch ihn herrschen, während viele Magnaten ihrerseits sich auf ihre Abstammung von den Königsgeschlechtern ihrer Heimat berufen konnten. Der winzige Sohn Philipps und Eurydikes verkörperte eine solche Gefahr, denn Magnaten wie sein Großonkel Attalos mochten hoffen, in seinem Namen zu regieren. Eine Regentschaft aber, obwohl durchaus möglich, war unwahrscheinlich, solange andere Prinzen geeigneten Alters am Leben waren. Hier war Alexander am schwersten durch seinen Vetter Amyntas bedroht, der übrigens dreiundzwanzig Jahre zuvor selbst, als Kind, Erbe des Königreichs gewesen war. Sein Onkel Philipp war zum Regenten ernannt worden und hatte als König weiterregiert, als er seine außergewöhnliche Befähigung zu Eroberungen und Diplomatie bewies. Amyntas aber war am Leben geblieben. Er war, als Philipp starb, ein Mann von etwa fünfundzwanzig Jahren, und zum Zeichen seines ungeschmälerten Wohlwollens hatte Philipp ihn erst kürzlich mit einer Tochter verheiratet, die der Verbindung mit einer illyrischen Mätresse entstammte. Gegenüber Alexander hatte er den Vorteil höheren Alters und, sofern

Rechte zählten, einen Anspruch, die Königswürde zurückzuerlangen, die auszuüben er einst zu jung gewesen war. Außer Amyntas gab es die Hochlandprinzen, die nicht übel Lust haben mochten, ihre Stämme in Unabhängigkeit zu führen. Und da war schließlich Arrhidäos, den Philipp mit einer Mätresse aus Thessalien gezeugt hatte, die der Klatsch als leichtfertige Tänzerin beschrieb. Arrhidäos' Mutter also war alles andere denn königlich, und ihre niedrige Geburt würde sein Ansehen schmälern; überdies war er schwachsinnig. Und doch ist es ein deutlicher Beweis für Alexanders Unruhe, daß er wenige Monate vor Philipps Tod von Arrhidäos verdrängt zu werden fürchtete.

Im Vorspiel zum Einfall in Asien hatte sich der eingeborene Herrscher von Karien Philipp genähert. Karien lag weit im Süden an der Westküste des persischen Reiches und war für einen Eindringling mit einer so schwachen Flotte wie der Philipps von unschätzbarem Wert. Wie üblich sollte die Diplomatie durch eine Ehe besiegelt werden, und Philipp hatte beschlossen, seinen Arrhidäos der Tochter des Kariers anzubieten. Der Handel war, wie immer, delikat, denn ein schwachsinniger Sohn war ein Spottpreis für ein so wertvolles Bündnis. Ohne Alexander wäre auch alles gut gelaufen. Nach Monaten seines freiwilligen Exils soeben zurückgekehrt, hatte Alexander Olympias' Verstoßung noch nicht verwunden. In der ehrenvollen Verheiratung des Arrhidäos erblickte er eine weitere Gefährdung seiner Erbschaft, und so hatte er seine Freunde um sich versammelt und einen, den berühmten griechischen Schauspieler Thettalos, ausgeschickt, um seine Sache am karischen Hof zu vertreten: er sei kein unehelich geborener Idiot, er sei ein rechtmäßiger Sohn und Erbe, und deshalb möge der Karier ihm als Schwiegersohn den Vorzug geben. Der Mann war über alle Maßen entzückt, hatte er dergleichen doch nie zu hoffen gewagt, aber zunächst einmal bekam Philipp Nachricht von diesem Angebot. Er stampfte in Alexanders Gemächer, bezichtigte ihn der Einmischung in fremde Angelegenheiten und verbannte die Freunde, die sich an der Sache beteiligt hatten. Der karische Herrscher erschrak. Er witterte Unheil und gab seine Tochter augenblicklich einem persischen Aristokraten. Alexander hatte einen glänzenden Schachzug ruiniert, weil er in seiner Nervosität nicht verstehen wollte, daß Philipp seinen Erben nie an eine flüchtige orientalische Ehe verschwendet hätte.

Das karische Zwischenspiel verriet Alexanders Jugend und schlug die erste Note jenes schaurigen Mißklangs an, der nach Philipps Ermordung ertönen sollte. Der Ablauf der Ereignisse war nur zu vertraut. Alle anderen makedonischen Könige, auch Philipp, hatten ihre Herrschaft damit begonnen, sich der Rivalen in der eigenen Familie zu entledigen. In jeder Monarchie des Altertums, ob persisch, griechisch, römisch oder ägyptisch, war das eine zwingende Notwendigkeit. Auch Alexander konnte sich dem gewiß nicht entziehen. War diese Palastsäuberung einmal vorbei, so pflegte der Erbe sich an die Soldaten und Bürgerlichen zu wenden, die ihn umgaben. Ihre Unterstützung war gewöhnlich eine Selbstverständlichkeit, und sie konnte dazu benutzt werden, die Säuberung der Nebenbuhler abzurunden. Kein makedonischer König aber gelangte je durch die Unterstützung seiner Bürgerlichen allein auf den Thron. Sie war wichtig genug, weit wichtiger noch waren aber Familie und Adel. Sie für sich zu gewinnen fiel einem jungen Mann niemals leicht.

Alexander war zwanzig Jahre alt. Seine jungen Freunde waren verbannt. Wie sehr er, um in sein Erbe einzutreten, auf erfahrenere Männer angewiesen war, hatte sich bereits gezeigt. Im Theater zu Aigai wurde plötzlich klar, wo solche Unterstützung zu finden war. Philipp lag tot da, da erklärte sich schon als erster sein lynkestischer Namensvetter für Alexander. Er legte seinen Brustharnisch an und folgte dem König seiner Wahl in den Palast. Hier handelte es sich um mehr als ein Zeichen treuer Ergebenheit seitens eines Hochländers; denn dieser Alexander war der Schwiegersohn des betagten Antipater, der wiederum einer der beiden angesehensten Offiziere Philipps war und Feudalherr genug, um den neuen König auszurufen. Eine so übereilte Huldigung war an sich schon verdächtig. Die angeheiratete Verwandtschaft des Lynkesten mußte weitere Zweifel aufkommen lassen. Der Ablauf der Ereignisse läßt sich nicht genau rekonstruieren, doch bald nachdem Alexander seinen Namensvetter freudig willkommengeheißen hatte, wurden die beiden Brüder des lynkestischen Prinzen getötet. Sie wurden beschuldigt, an Philipps Ermordung beteiligt gewesen zu sein.

Der Lynkeste Alexander scheint – das sollte sich wiederholen – in einen Konflikt zweier makedonischer Familien hineingeraten zu sein, bis er schließlich zwischen seinen Brüdern und seiner Ehe wählen mußte. Möglicherweise kam seine Huldigung so prompt, weil er um die Pläne seiner Brüder wußte, doch hätte seine Verbindung mit der Familie Antipaters für ihn ausgereicht, sich der Verschwörung fernzuhalten. Die drei Brüder waren Söhne eines Mannes mit dem lynkestischen Namen Aeropos, und etwa zwei Jahre zuvor war ein Aeropos, wie man weiß, mit Philipp aneinandergeraten und für ein geringfügiges Vergehen in die Verbannung geschickt worden. Er hatte, so wurde erzählt, lieber mit einer Flötenspielerin getändelt, als zur Parade zu erscheinen. Mag sein, daß zwei seiner Söhne ihren Vater zu rächen geschworen hatten, ohne ihren Bruder mit einspannen zu können, der ihnen durch seine Heirat fremd geworden war. Dann mochten sie jedoch Pausanias' Verschwörung unterstützt haben, die Männer gewesen sein, die mit den Pferden auf ihn warteten. Vielleicht war es so, aber Bezichtigungen aus Feindesmund sind niemals ein Schuldbeweis, und die beiden Lynkesten könnten auch Rivalen ihres Bruders Alexander gewesen sein. Für die Männer hinter Alexander war der Unterschied nicht ausschlaggebend. Eine blasse Fährte von Freundschaft und Verwandtschaft genügt, um die Festnahme der beiden im Lichte früher makedonischer Vorfälle gerechtfertigt erscheinen zu lassen.

Als Philipp starb, so schrieb ein Biograph vierhundert Jahre nach dem Mord, »leckte Makedonien seine Wunden und blickte auf die Söhne des Aeropos mitsamt Amyntas«. Diese Vermutung mag angesichts Amyntas' Vergangenheit stimmen. Amyntas war als Kind einst formell der Thronfolger gewesen. Philipp hatte ihn kürzlich mit einer Frau verheiratet, die zur Hälfte Illyrerin war, vielleicht um ein Bindeglied zum nordwestlichen Stamm der Lynkesten zu schaffen, und wie Alexander konnte Amyntas auf eine lynkestische Großmutter verweisen. Nur zwei weitere Tatsachen sind über ihn bekannt; beide lassen schmerzlich viel offen. Irgendwann einmal, möglicherweise in früher Jugend, hatte er wohl das mittlere Griechenland bereist und die berühmte Höhle des Trophonios besucht, wo er sich erst nach einem umständlichen Zeremoniell hinuntergewagt hätte, um das dortige Orakel zu befragen und diesem, wie aus einer Inschrift hervorgeht, in eigenem Namen ein Opfer darzubringen. Erstaunlicherweise nennt die Inschrift ihn als »König der Makedonen« – vielleicht weil er den Titel beibehielt, nachdem Philipp ihn verdrängt hatte, möglicherweise auch weil sein Besuch in eine Zeit fiel, da Philipp noch sein Regent war. Dann aber taucht er wieder als makedonischer Beauftragter in einer böotischen Grenzstadt auf, und sein Mitbeauftragter, ungemein interessant, ist ein Makedone, der sich augenblicklich nach Persien absetzen sollte, als Alexander den Thron bestieg. Dies mag ein zufälliges Zusammentreffen sein, doch ist neuerlich auf dem Altarschrein derselben Grenzstadt die Widmung eines griechischen Zeitgenossen entdeckt worden, eines Generals aus Thessalien höchstwahrscheinlich, der nachweislich ebenfalls vor Alexander um sein Leben rannte und bald darauf für den persischen König zu den Waffen griff. Es sieht also aus, als habe Amyntas, »König der Makedonen«, alte Verbindungen mit Männern unterhalten, die gegen eine Thronbesteigung Alexanders waren, und sie in seine eigenen ehrgeizigen Pläne eingebaut. Möglicherweise hatten auch die beiden lynkestischen Brüder Amyntas' Sache unterstützt, weil er ihren Stammesinteressen näher stand, und so ihr Leben nicht als Philipps Mörder, sondern als Steigbügelhalter eines Gegenkönigs verwirkt. Anderen war das Glück holder; sie entkamen nach Persien, ehe man ihnen aus ihrer Assoziation mit Amyntas einen Strick drehen konnte. Mit ihnen floh bezeichnenderweise ein weiterer Lynkeste – vermutlich der Sohn eines der verdächtigen Brüder. Die flinke Bereitschaft, mit der diese Höflinge Makedonien den Rücken kehrten, um alsbald gegen ihre Landsleute zu kämpfen, beweist deutlich, wie sehr die Gemüter sich erhitzt hatten.

Gegen diese Gruppe ging Alexander mit den üblichen Schritten vor, doch ist das Datum nicht genau bekannt. Philipps Tod kann, wenn auch einiges für Juli spricht, nicht auf einen bestimmten Sommermonat datiert werden, und von Alexanders Thronbesteigung weiß man nur, daß sie vor dem Oktober stattfand. Während dieser drei Monate sind die ihm feindlichen Feudalherren unter Umständen sehr unruhig gewesen. So schnell wie möglich ließ er die beiden Lynkesten hinrichten. Bald darauf, wenngleich sich das nur innerhalb der zehn Monate nach Philipps Ermordung ansetzen läßt, ließ er auch seinen Rivalen Amyntas beseitigen. Eine wilde Verfolgung mag stattgefunden haben, ganz sicher gab es menschliche Dramen, und doch sind diese drei Toten nur die eine Seite der Medaille.

Selbst ohne diesen »König« Amyntas war Alexander immer noch an zwei verschiedenen Fronten gefährdet und gezwungen, an drei getrennte Gruppen zu appellieren – das Heer und die Bürgerlichen in Makedonien, den Hofadel und, drüben in Asien, jene Vorausabteilung von rund zehntausend Mann. Die wesentlichen Kräfte des Widerstands liefen in den drei hohen Befehlshabern zusammen, die in Asien abgeschnitten waren – ein günstiger Umstand, falls Alexander ihre Abwesenheit zu raschem Handeln benutzte. Einer der drei war der Magnat Attalos, dessen Interesse an Palastintrigen durch seine Nichte Eurydike und ihren kleinen Sohn bedingt war. Der zweite hieß ebenfalls Amyntas; wahrscheinlich war einer der beiden lynkestischen Brüder sein Vater. Der dritte war der über sechzigjährige Parmenion, des Königreichs angesehenster General. »Die Athener wählen jedes Jahr zehn Generäle«, soll Philipp einmal gesagt haben, »doch ich habe in meinem ganzen Leben erst einen gefunden: Parmenion.« Antipater war bereits auf seiner Seite; also brauchte Alexander nur noch einen der beiden übrigen Marschälle. Da Attalos wegen seiner Loyalität zur Familie der zweiten Frau Philipps ausschied und auf Grund seiner früheren Äußerung verhaßt war, Alexander sei nicht länger rechtmäßiger Erbe, mußte sich Alexander hoffnungsvoll an Parmenion wenden. Doch zweierlei drängte den betagten General von Alexander fort – seine Tochter war mit Attalos verheiratet, und sein Sohn Philotas war bekannt für seine Freundschaft mit »König« Amyntas, weshalb er vielleicht auch am Rande und nicht im Kern von Alexanders jungem Freundeskreis stand.

Alexander hatte einen großen Vorteil, und er nutzte ihn kaltblütig aus. Im Gegensatz zu seinen größten Feinden war er daheim – in Makedonien, am Hof und bei den Streitkräften. Bevor Attalos es vereiteln konnte, ließ er seinen Stiefbruder, den Säugling Eurydikes, umbringen. Die Frauen und den beschränkten Arrhidäos verschonte er, da niemand je auf den Gedanken kommen würde, in ihrem Namen zu herrschen. Dann präsentierte er sich dem Heer als der einzige entschlossene Erbe. Die Führung des Staates, so sprach er zu den Männern, ändere sich nur dem Namen nach; Philipps Beispiel werde in allem gültig bleiben, allerdings wolle er die Besteuerung geringfügig senken. Und so, allen Zweifeln zum Trotz, erkannte das Heer ihn an. Daheim hatte er nun nichts mehr zu befürchten. Er konnte das Begräbnis seines Vaters in aller Ruhe so gestalten, wie es Philipps Getreuen gefiel. Philipp würde in voller Rüstung hinter den bronzebeschlagenen Toren und der Säulenfassade eines makedonischen Mausoleums in der Nähe des ehrwürdigen Palastes von Aigai, dem Stammhaus der königlichen Dynastie, zur letzten Ruhe gebettet werden. Nach altem Herkommen fanden bei seinen Begräbnisfeierlichkeiten auch bewaffnete Zweikämpfe zwischen Kriegern statt, möglicherweise auch die Hinrichtung der Adeligen, die als seine Mörder angeklagt worden waren. Sodann würde das Heer in einem uralten Ritual gereinigt werden: unter Führung Alexanders marschierten die Soldaten zwischen den beiden Hälften eines Hundekadavers hindurch. Dieses Ritual würde das Heer an ihn binden. Selbst wenn »König« Amyntas zu dem Zeitpunkt noch nicht ergriffen worden war – nun müssen seine Freunde und die Lynkesten die Flucht ergriffen haben. Auch einer der erfahrensten Diplomaten wurde, vielleicht ihretwegen, getötet. Das Heer sah den Familienmorden, die den Beginn jeder neuen Regierungszeit kennzeichneten, teilnahmslos zu.

Von Asien aus betrachtet, sahen die Dinge weit weniger rosig aus als zuvor. Attalos hatte den einzigen Prinzen in seiner Familie, den Säugling seiner Nichte, verloren; die älteren Staatsmänner schwebten in Gefahr, Olympias kehrte zurück, und die Truppen hatte Alexander durch Versprechungen zu sich hinübergezogen. Bei seinen eigenen Leuten war Attalos beliebt; da er in Asien abgeschnitten war, blieb ihm nichts übrig, als abzuwarten. Wie viele Monate er harrte, ist ungewiß, doch bald schon, so sagten seine Feinde, empfing er einen Brief aus Athen, der einen gemeinsamen Aufstand vorschlug. Er ließ den Brief Alexander überbringen, doch der Beweis seiner Unschuld war allzu glatt, und Alexander nahm die Gelegenheit wahr. Er überzeugte einen Trupp seiner jüngst gewonnenen Soldaten davon, daß Attalos gefährlich sei, gab ihnen einen griechischen Freund als Anführer und entsandte die Männer ostwärts mit dem Befehl, Attalos festzunehmen oder, falls er sich zur Wehr setzte, zu töten. Dieser griechische Freund namens Hekatäos war für Alexander von entscheidender Bedeutung. Er mag des betagten Antipater, mit dem ihn später eine Freundschaft verband, erster Beitrag zur Herrschaft Alexanders gewesen sein. Hekatäos bahnte sich den Weg zum Hellespont, wo er als Tyrann regierte, setzte nach Asien über und tötete Attalos, der Widerstand leistete. Der einzige Mann, der noch zählte, beobachtete den Handstreich mit einer höchst willkommenen Gleichgültigkeit. Um seiner drei Söhne willen, die an einem Hof in der Falle saßen, der vor ihm abgesichert war, sah Parmenion tatenlos zu, wie sein Schwiegersohn Attalos in den Tod ging. Er gehorchte dem stärkeren Gefühl, und weder er noch seine Söhne sollten in naher Zukunft über mangelnde Belohnung zu klagen haben.

Mit Attalos' Tod ging die erste Phase der Thronbesteigung Alexanders zu Ende. Seine Mutter und seine engsten Freunde konnten zurückkehren, und mit den Stämmen des Hochlands konnte er durch die Bildung einer neuen Schar von Höflingen einen Kompromiß schließen. Die Lynkesten sahen *ihren* Alexander ehrenvoll begünstigt. Die Orestiden blickten auf ihr Band mit der Epirotin Olympias und die Würde, die drei Adelige aus Orestis als Kampfgefährten erhielten. Aus Eordäa kamen zwei Jugendfreunde und zukünftige Leibwachen. Elimea sah den Stern seines Adels mit Attalos' Fall steigen, und vielleicht wurde unter den heimkehrenden Freunden Alexanders auch ein Elimiote liebevoll aufgenommen. Der ältliche König der Tymphioten stellte sich hinter den neuen König; junge tymphiotische Adelige, mit denen sich Parmenion alsbald anfreunden sollte, unterstützten ihn darin. Jedes Königreich in den Bergen hatte seinen Interessenvertreter für die Zukunft, und über sie alle hinweg übten Parmenion und Antipater denselben Einfluß aus wie zuvor. Und dennoch gab es im Heere Männer, die ihrem König mißtrauten, wenn sie über ihn nachdachten.

Es ist leicht, sich Alexander vorzustellen, wie er durch die libysche Wüste marschiert, um dem Orakel von Siwah seine rätselhaften Fragen zu stellen; wie er die gefangene persische Königin und ihre Töchter empfängt; oder wie er in trunkenem Zustand einen vorwitzigen Freund in einem Augenblick blinder Wut mit dem Speer durchbohrt. Schwieriger ist es, Gewißheit darüber zu erlangen, wie er wirklich aussah. Die einzigen Beschreibungen entstanden nach seinem Tod und sollten eine vorgefaßte Meinung über seinen Charakter unterstreichen, oder sie stützen sich auf seine zahlreichen Statuen und Porträts. Von früh an lag Alexander daran, sie zu überwachen, und als erwachsener Mann pflegte er nur dem Maler Apelles, dem Bildhauer Lysippos oder aber dem Pyrgoteles Modell zu stehen, der sein Bild in Halbedelsteine ritzte. Einige Originale sind erhalten. Andere können aus Nachbildungen rekonstruiert werden. Alle jedoch sind stilisiert, wenn sie nicht ohnehin offiziellen Charakter haben, und Napoleon bemerkte einmal: »Alexander hat ganz bestimmt dem Apelles nie Modell gestanden.« Keine Darstellung zeigt ihn, wie er wirklich war, sozusagen mit Pickeln und Warzen.

Es gibt jedoch Details, die zu ungewöhnlich oder zu alltäglich sind, als daß sie der Phantasie eines Künstlers entsprungen sein könnten. Sein Körper hatte eine weiße Haut. Sein Gesicht war von einem wettergegerbten Rot. Anders als sein Vater und alle früheren makedonischen Könige pflegte er seinen Bart stets sauber abzurasieren, eine Gewohnheit, die seine Feinde als weibisch bezeichneten, die aber unter den Höflingen Philipps gang und gäbe war und von allen Nachfolgern Alexanders nachgeahmt wurde. Sein Haar erhob sich von der Stirn etwas widerborstig nach hinten und scheitelte sich in der Mitte. Es rahmte sein Gesicht ein, wuchs lang und tief bis in den Nacken – eine Haartracht, die in scharfem Gegensatz zu dem kurzen Haarschnitt der Athleten und Soldaten stand und schon im Altertum als Zeichen sittlichen Verfalls angegriffen wurde. Das Mosaik einer Löwenjagd in Pella zeigt ihn mit mittelblondem Haar und dunklen Augen, und in der frühen Kopie eines zeitgenössischen Gemäldes, das für einen römischen Auftraggeber angefertigt wurde, sind seine dunkelbraunen Augen denn auch prompt latinisch, während sein dunkelbraunes Haar einen helleren Einschlag aufweist, der der Wirklichkeit eher entsprach. Nichts kann das Zeugnis dieser Darstellungen in Frage stellen, wenn auch die Sage später behauptete, sein linkes Auge sei schwarz, sein rechtes blaugrün gewesen – eine Doppelfärbung, die magische Zauberkraft nahelegen sollte. Klarheit und Intensität seines festen Blicks waren berühmt und unbestritten, nicht zuletzt weil er selbst daran glaubte. Der Bildhauer Lysippos hat diesen Blick am besten eingefangen, und Alexanders Erben sollten ihn nachahmen – nicht nur bei sich selbst, sondern auch in den Porträts von Alexander, die sie anfertigen und die ihn himmelwärts starren ließen, um seine anerkannte Göttlichkeit hervorzuheben. Mit diesem vielgerühmten Blick untrennbar verbunden war die seitliche Neigung von Kopf und Hals, die in der Kunst wie im Leben betont war und seinen Nachfolgern ein weiteres Vorbild zum Nacheifern bot. Diese Haltung läßt sich nicht als Folge einer Verwundung erklären, sonst hätten Hofmaler und Hofbildhauer sie keinesfalls hervorgehoben. Sein Körper, so bemerkte ein Schüler des Aristoteles, sei von einem so ungewöhnlich süßen Wohlgeruch gewesen, daß der Duft seine Kleider durchdrang. Da ein süßer Duft als Merkmal eines Gottes galt, mögen solche Worte Alexanders Göttlichkeit gegolten haben, doch wahrscheinlicher ist, daß sie auf seine eigenartige Vorliebe für Salben und süße Duftstoffe anspielten.

Wie einst sein Vater, war er ein überaus hübscher junger Mann. Seine Nase war gerade, wie Statuen und Gemälde stets betonen; seine Stirn hoch und leicht gewölbt, das Kinn kurz, doch vorspringend. Sein Mund verriet ein stürmisches Gemüt, und seine Lippen sind häufig aufgeworfen, gekräuselt dargestellt worden. Sein allgemeines Auftreten aber, das für seine Untertanen weitaus wichtiger war, konnten die Künstler nicht vermitteln. Er ging und sprach schnell, und deswegen taten es auch die Diadochen. Seine Zeitgenossen fanden ihn löwenhaft in der Erscheinung, oft auch im Temperament. Bei einem jungen Mann mit wallenden Haaren und durchdringendem Blick lag dieser Vergleich nahe, um so mehr, als er unter dem Sternbild des Löwen zur Welt gekommen und den Menschen am vertrautesten durch die Kopfbilder seiner Münzen geworden war, die ihn mit der Löwenfellhaube seines Vorfahren Herakles zeigten, einer Kopfbedeckung, die er auch im alltäglichen Leben getragen haben mag. In späteren Tagen wurde der Vergleich überdehnt: sein Haar wurde nun lohfarben genannt, seine Zähne so scharf wie die Fänge eines jungen Löwen.

Schwierig jedoch ist seine Größe zu bestimmen, denn kein Gemälde verrät sie – ebensowenig, wie ein van Dyck den kleinen Wuchs von Charles I. enthüllt. Zweifellos war er kleiner als Hephaistion, den er liebte, und er mag sehr wohl kleiner gewesen sein als beinahe jedermann sonst. Wenn er auf dem Thron des persischen Königs saß, benötigte er statt des gebräuchlichen Schemels einen Tisch für seine Füße, und wenngleich dieser Thron bewußt sehr hoch gebaut war, offenbart dies doch ganz entschieden, daß seine Beine ziemlich kurz waren. Maße werden einzig in jenem großteils erdichteten *Alexanderroman* angegeben, wo zu lesen steht, er sei drei Ellen oder nicht ganz 140 Zentimeter groß gewesen, was ganz gewiß nicht stimmt, aber seinen geschichtlich erwiesenen kleinen Wuchs bestätigen mag – wenn auch die Sage gern mit dem verlockenden Motiv spielte, daß der große Welteneroberer letztlich mit ganzen drei Ellen Erde vorliebnehmen mußte, und germanische Mythen – freilich nur sie – ihn als König der Zwerge darstellten. Es wäre sicherlich voreilig, seinen ungestümen

Ehrgeiz mit der Tatsache seiner außergewöhnlich kleinen Statur zu erklären. In physischer Hinsicht indessen hatte Alexander die zähe Widerstandskraft seines Vaters gegen Verwundungen, Wind und Wetter geerbt.

Mehr als alles andere muß dieser neue König seinen Makedonen jung vorgekommen sein. Sein langes Haar, seine frische, glattrasierte Haut und sein ruheloser Tatendrang waren das Herzblut der Jugend, und kläglich wenig in seiner Vergangenheit deutete darauf hin, daß kecke Verwegenheit nun bald durch weise Umsicht gedämpft werden würde. Zwei Jahre zuvor war er an der Spitze der anstürmenden Reiterei galoppiert, die das Heer der griechischen Feinde besiegt hatte; nach der Schlacht war er als einer der drei Gesandten nach Athen gegangen, der Stadt, die seine spätere Politik in Griechenland so stark beeinflussen sollte. Er hatte unter seinem Vater an dem Marsch zur Donau teilgenommen. Wieder zwei Jahre zuvor, mit sechzehn, hatte er das Großsiegel des Reiches gehütet, während sein Vater in Byzanz weilte. Und er hatte, vielbewundert, ein Heer gegen einen aufsässigen thrakischen Stamm geführt und zum Gedenken an seinen glänzenden Erfolg seine erste Stadt gegründet – Alexandropolis. Derlei Taten berechtigten zu den größten Hoffnungen, doch mehr als Hoffnungen waren vonnöten, wenn das Erbe Philipps zusammengehalten werden sollte.

Die Stämme Illyriens bedrohten das Königreich im Norden und im Westen. Im Osten reichten Philipps zahlreiche neue Städte schwerlich aus, die Thraker an der Donau und an den Ufern des fernen Schwarzen Meeres im Zaum zu halten. In Asien waren die Expeditionstruppen der Armee durch einen Streit gespalten und in schwere Bedrängnis geraten. Im Süden gab es nur wenige griechische Staaten, die den Tod ihres Bundesfeldherrn nicht als den Anbruch einer neuen Unabhängigkeit betrachteten. Die Schwierigkeiten in Makedonien waren so rasch und so unbarmherzig ausgeräumt worden, daß das Hochland schließlich doch nicht vom Reich abgefallen war und die beiden angesehensten Generäle Philipps ihre Familien mißachtet hatten, um sich hinter Alexander zu stellen. Die bohrende Frage nach den wirklichen Fähigkeiten des neuen Königs jedoch blieb bestehen, und eine Antwort ließ sich nur aus der Erinnerung an seine frühen Jahre schöpfen. Die Menschen blickten zurück, und auch auf unserer Suche nach Alexander ist es nun an der Zeit, uns in diese Richtung zu wenden.

3 KINDHEIT UND JUGEND

In einer Zeit geboren, da Biographien noch nicht geschrieben wurden, hat Alexander das Glück, daß nähere Angaben über seine Kindheit fehlen. So sehr Kinder ihre Kindheit langweilig finden mögen, für Biographen trifft dies herzlich selten zu, denn heutzutage sieht man in der Kindheit die Quelle von so vielem, was folgt, und vielleicht haben die Erlebnisse der Jugend ja auch nachhaltige Bedeutung. Im Altertum gab es keine psychologischen Theorien, und erst seit Augustinus wurden Lebensbeschreibungen zu Papier gebracht, die das Kind als den Vater des Mannes behandelten. Die Perspektive des Lebens wurde umgedreht, so daß die Jugendjahre meist in einer Reihe von Anekdoten beschrieben wurden, welche fälschlich die Heldentaten des später Erwachsenen widerspiegelten. Wer König und Bischof wurde, den sah man im Rückblick schon in zartestem Kindesalter als König und Bischof, und so sagte man denn über den Knaben Alexander, den künftigen Eroberer Persiens, er habe einmal die persischen Botschafter am Hof seines Vaters durch altkluge Fragen über persische Straßen und Bodenschätze in Staunen versetzt. Solche Erzählungen sind zwar allgemein beliebt, deshalb aber nicht minder suspekt. Wenigstens drei von Alexanders Geschichtsschreibern waren mit ihm zusammen aufgewachsen. Einer schrieb ein Buch über seine Erziehung. Ein weiterer mag mit seinem ersten literarischen Lehrer in Verbindung gestanden haben. Doch keines ihrer Werke ist erhalten, und Alexanders Jugend bleibt größtenteils den Legenden und der Phantasie überlassen sowie drei berühmten Gestalten – seiner Mutter, seinem Pferd und seinen Lehrer –, die ihrerseits Gegenstand einer eigenen Legendenwelt wurden.

Alexander wurde als Sohn von Philipp und Olympias im Jahre 356 vor Christus geboren, zu einer Zeit, da seines Vaters Expansion nach Norden, Süden und Osten sich bereits als diplomatisch und ungemein gewinnbringend erwies. Für den Tag seiner Geburt werden drei verschiedene Daten genannt. Die genaue Aufzeichnung von Geburtsdaten wurde der Geschichte erst in der Moderne beschert, und die Griechen fanden es einst sehr merkwürdig, daß die Perser ihre Geburtstage überhaupt feierten. In Alexanders Fall aber lagen die widersprüchlichen Angaben nicht nur an mangelndem Interesse. Von den drei Daten ist Mitte Juli, am oder um den 20. Juli, das wahrscheinlichste. Einer seiner Offiziere verbürgte sich später für einen Tag im Oktober, doch mag dies eine Verwechslung mit Alexanders offiziellem Geburtstag sein, der in der Folge, wie in Persien auch, am Tag seiner Thronbesteigung feierlich begangen wurde. Das dritte Datum, der 6. Juli, spiegelt eine andere Sitte, denn dieser Tag war Artemis geweiht, der Göttin auch der Geburt, und deshalb besonders glückverheißend. In gleicher Weise konnte wohl auch behauptet werden, daß Alexanders Geburt mit dem Brand zusammenfiel, der den herrlichen Tempel dieser Göttin zu Ephesos vernichtete, weil sie fort war, um über Alexanders Ankunft zu wachen, und ihren Tempel so dem Zufall überließ – eine Fügung, die ihre orientalischen Priester veranlaßte, den asiatischen Völkern die Geburt ihres Verderbens zu prophezeien.

Auch über seine Eltern herrschte Uneinigkeit. Vieles davon war postume Legende. Die Perser reihten Alexander nachträglich in ihr eigenes Königsgeschlecht ein, indem sie die Fabel erfanden, Olympias habe einmal den persischen Hof besucht, wo der König mit ihr schlief und sie dann schleunigst nach Makedonien zurückschickte, weil ihr Atem von einem unerträglich üblen Geruch gewesen sei. Diese Geschichte war mehr als nur ein nationalistisches Märchen. Olympias, so wurde, wahrscheinlich von Alexanders eigenem Hofgeschichtsschreiber, berichtet, warf mit abenteuerlichen Erzählungen über die Art und Weise von Alexanders Geburt um sich und schrieb seine Herkunft einem Gott zu: das sollte ihn in seinem späteren Leben vor akute Probleme stellen, doch für den Augenblick genügt es, sich daran zu erinnern, daß Olympias eine verstoßene Frau war, die sehr wohl den Mann verleugnen mochte, der sie verraten hatte. Ihr früheres Verhalten und ihre Wesensart, letztere ein Rätsel für sich, legen es nur allzu nahe.

Als Philipp sie kennenlernte, war Olympias ein Waisenmädchen unter der Vormundschaft ihres Onkels. Die beiden, so ging die Geschichte, warfen ein Auge aufeinander, als sie auf der Insel Samothrake in eine Geheimreligion unterweltlicher Dämonen eingeführt wurden. Sie verliebten sich und heirateten unverzüglich. Für eine Liebesgeschichte konnte es kaum einen dramatischeren Hintergrund geben als eine nächtliche Weihehandlung bei Fackelschein in der riesigen dreitürigen Adelsburg auf Samothrake, und es ist sicher, daß die Makedonen und ihre Könige diesem Geheimkult später eifrig nachhingen – eine Sitte, die Philipp höchstpersönlich aus der Taufe gehoben haben mag. Ungeklärte Fragen von Alter und Zeitpunkt verwirren die Sache. Vielleicht sahen Philipp und Olympias einander zum erstenmal wirklich auf Samothrake; doch andere behaupteten etwas einleuchtender, daß sie erst im Jahr vor Alexanders Geburt heirateten, als Philipp seine Macht bereits in den Süden und Nordwesten Makedoniens ausgedehnt hatte und ihm eine politische Ehe mit der Prinzessin von Epirus sehr gelegen kam. Ihre samothrakische Romanze indessen paßte besser zu den landläufigen Ansichten über ihre Person, und diese sind noch etwas schwieriger zu beurteilen.

Olympias' königliche Ahnenreihe ging zurück auf den Helden Achilles, während das Blut der trojanischen Helena in den Adern ihres Vaters geflossen haben soll. Es gibt kein zeitgenössisches Porträt von ihr. Dafür aber rankten sich zahllose Geschichten um ihr wildes Betragen, die sich unmöglich überprüfen lassen. Die meisten drehten sich um religiöse Dinge. Dionysos, griechischer Gott der Lebenskräfte der Natur, wurde in Makedonien seit langem angebetet, und die Prozessionen zu seinen Ehren, die damit endeten, daß eine Ziege geschlachtet und ihr Blut getrunken wurde – in extremen Fällen gab es auch Menschenopfer –, waren den Frauen des Landes nicht neu. Die Griechen kannten Olympias als begeisterte Bacchantin, eine trinkfreudige Zecherin zu Ehren des Gottes also, und die griechischen Übertreibungen müssen ein Körnchen Wahrheit enthalten. Sie pflegte diese feierlichen Umzüge persönlich anzuführen. Auf Philipps makedonischen Münzen wird das Bild des Herakles, des Vorfahren der Könige, häufig mit den Trauben und Weinbechern des Dionysos verquickt, was niemals zuvor der Fall gewesen war. Freilich war die Verehrung des Dionysos in Makedonien längst heimisch; seine Symbole auf den Münzen aber waren sicherlich auch eine Anspielung auf die religiösen Vorlieben der Königin. »Während der Riten zu Ehren der Gottheit Dionysos«, so wurde berichtet, »zerrte Olympias lange, zahme Schlangen hervor, welche die Gläubigen in ihre Hände nehmen mußten. Erst lagen die Tiere im Efeu und in Weihekörben verborgen; sodann pflegten sie ihre Köpfe aufzubäumen und sich um die geflochtenen Ruten und Blumengewinde der bekränzten Frauen zu wickeln, was den Männern Schrecken einjagte.« Auch darin steckt ein Stück Wahrheit, denn laut Cicero hielt Olympias sich eine eigene Lieblingsschlange, und in den abenteuerlicheren Spielarten griechischer Religion ist der Umgang mit Schlangen ein wohlbekannter Brauch. Als Archäologen Dodona ausgruben, wo Olympias ihre Kindheit verbracht hatte, waren sie sehr beeindruckt von der Schlangenliebe der Menschen dort, die sich in vielen Anzeichen offenbarte.

»Andere mögen ja zehn, dreißig oder hundert Tiere opfern«, schrieb der scharfsinnigste Schüler des Aristoteles, »Olympias jedoch opfert sie zu Tausenden oder Zehntausenden.« Theophrast wird Olympias persönlich gekannt haben, und obwohl er Anlaß genug hatte, sie zu verleumden, erhärten seine Worte doch ihre starke Beziehung zu religiösen Ritualen. Dieser Hang kommt auch in einigen Briefen und Aufsätzen zweifelhafter Urheberschaft zum Vorschein. An Alexander sollte dieses Vorbild nicht spurlos vorübergehen. Der wilde Mystizismus seiner Mutter ging Hand in Hand mit einem streitbaren Temperament und einem Ruf der Grausamkeit, den sie zumindest teilweise verdiente. Sie zankte sich mit anderen Frauen der Familie und mit königlichen Beamten. Gewiß, und wie die Wahrheit um Philipps Ermordung auch immer aussehen mag, ebensowenig wie die übrigen Makedonen scheute sie davor zurück, Familienrivalen zu töten, die ihr gefährlich wurden. Art und Anzahl dieser Morde wurden von griechischem Klatsch aufgebläht, wogegen sie in Makedonien gar nicht so unbegreiflich klangen, doch auch hier beruhte das Gerede der Leute auf Wahrheit. Als Alexander erfuhr, wie verbissen seine Mutter in seiner Abwesenheit mit Antipater haderte, soll er geklagt haben, sie fordere seiner Geduld als Gegenleistung für die neun Monate, die sie ihn getragen habe, einen hohen Preis ab. Es kann keinen Zweifel darüber geben, daß Alexanders Mutter sowohl leidenschaftlich als auch starrköpfig war. Selten jedoch war sie dies ohne Grund.

Der Einfluß dieses überaus gefühlsbetonten Charakters auf Alexanders Entwicklung läßt sich vermuten, aber nicht nachweisen. In den letzten elf Jahren seines Lebens sah er sie kein einziges Mal. Sie hing immer noch sehr an ihm. So sollte sie beispielsweise der Göttin der Gesundheit in Athen eine Opferwidmung überbringen lassen, als sie vernahm, er sei von einer gefährlichen asiatischen Krankheit genesen. Mutter und Sohn schrieben einander Briefe, doch kein Original von nennenswerter Bedeutung ist erhalten. Als Säugling übergab sie ihn zwar einer makedonischen Amme aus angesehener Familie, nahm aber noch mütterlichen Anteil an seiner Erziehung. Die Spuren seiner frühesten Jahre sind verwischt. Nur über seine ersten Lehrer ist einiges bekannt. Olympias wählte sie zunächst aus. Aus ihrer eigenen Familie berief sie Leonidas, und aus dem nordwestlichen Griechenland – einem Gebiet in aller Nähe zu ihrer Heimat, allerdings nicht gerade der Gelehrsamkeit wegen gerühmt – kam Lysimachos, ein Mann in mittleren Jahren. Alexander nahm die beiden höchst unterschiedlich auf. Lysimachos wurde von Alexander sehr geliebt. Er folgte ihm später ins Innere Asiens, wo sein Schüler eines Tages sein Leben aufs Spiel setzte, um ihn zu retten. Leonidas war streng, kleinlich und naseweis. Er glaubte an harte Zucht und pflegte, so erzählten die Leute, Alexanders Kleiderschränke zu durchwühlen, um sich davon zu überzeugen, daß nichts eingeschmuggelt worden sei, was Alexander verweichlichen oder an den Luxus gewöhnen könne. Er warf seinem Schüler häufig vor, mit seinen Opfergaben allzu verschwenderisch zu sein. Im Alter von dreiundzwanzig Jahren fand Alexander Gelegenheit, ihm dies heimzuzahlen. Er hatte den persischen König bereits in die Flucht geschlagen, und nun sandte er Leonidas aus dem Libanon eine riesige Ladung kostbaren Weihrauchs und unterstrich sein Geschenk mit einer lächelnden Botschaft: »Wir haben Dir Opferweihrauch und Myrrhe in reicher Fülle gesandt, auf daß Du Dich den Göttern nicht länger geizend nähern mögest.« Nichts ist schlimmer als die Knauserigkeit eines alten Mannes, und Alexander nahm sie mit Humor und Großzügigkeit aufs Korn.

Über seine anderen griechischen Lehrer ist nichts Genaues bekannt, und erst mit zehn Jahren taucht Alexander in der zeitgenössischen Geschichtsschreibung auf. Das an sich ist schon ungewöhnlich und ein Zeichen dafür, daß seine Lehrer nicht untätig gewesen waren: Alexander wird in der öffentlichen Rede eines athenischen Politikers erwähnt. Im Frühjahr 346 v. Chr. war Philipps Hof voll von Gesandten aus allen Teilen Griechenlands, am augenfälligsten von jenen aus Athen, mit denen Philipp nach langen Verhandlungen einen Friedens- und Bündnisvertrag mit einem feierlichen Eid besiegeln wollte. Sie tafelten mit ihm, und nach dem Essen sahen sie Alexander zum erstenmal. »Er kam herein«, sagte der Gesandte Aischines, »um in unserer

Mitte die Lyra zu spielen; dann trug er auch Dichtung vor und führte ein Streitgespräch mit einem anderen Knaben.« Die Erinnerung daran wurde erst ein Jahr später in Athen wieder lebendig, als die Gesandten nämlich miteinander in Streit geraten waren; denn in der Öffentlichkeit schwirrten Anschuldigungen, daß der eine oder der andere Athener in Makedonien heimlich mit dem Knaben Alexander geliebäugelt habe. In diesen Verleumdungen wurde Alexanders Darbietung nach dem Essen vor den Gesandten in einem sexuell anzüglichen Sinne verwendet, und solch offene Unterstellungen der Homosexualität werfen ein interessantes Licht auf die athenische Gesellschaft. Zehn Jahre darauf, als ein erwachsener Alexander auf Athen marschierte und die Auslieferung der führenden Politiker forderte, müssen sie wie eine sehr feine Ironie gewirkt haben.

Dichtung und Musik hielten Alexander das ganze Leben lang in ihrem Bann. Seine musikalischen und literarischen Wettbewerbe wurden in ganz Asien gerühmt, und seine Gunst für Schauspieler, Musiker und befreundete Schriftsteller spricht für sich. Besonders in der Musik aber verriet sein Interesse vielleicht mehr Begeisterung als Kennerschaft. Er genoß die berauschenden Musikstücke des Dichters und Komponisten Timotheos, der Makedonien einmal besucht hatte, und wenn die Geschichte davon, wie er selbst ein Instrument erlernte, nicht wahr ist, so ist sie gut erfunden: Als Alexander seinen Musiklehrer fragte, weshalb es so wichtig sei, gerade diese eine Saite und nicht eine andere anzuschlagen, erklärte ihm der Lehrer, für einen künftigen König sei dies überhaupt nicht wichtig, wohl aber für einen jungen Mann, der Musiker werden wolle. Für die Makedonen zählte die Musik zu den luxuriösen Nebensächlichkeiten des Lebens, und als Alexander beim nächstenmal im Alter von etwa elf Jahren ins Blickfeld tritt, geschieht es auf eine etwas makedonische Art.

»Jeder Mensch, der die Jagd liebt«, so hatte der griechische General Xenophon kürzlich geschrieben, »ist auch ein guter Mensch.« An Philipps Hof wäre es niemandem in den Sinn gekommen, dieser Ansicht zu widersprechen; denn die Jagd war der Brennpunkt im Leben eines Makedonen. Immer noch durchstreiften Bären und Löwen die Berghänge, und in den anderen Teilen des Landes gab es Rotwild im Überfluß. Zur Jagd auf Reh und Hirsch schlossen die Makedonen sich in Jagdbrüderschaften zusammen, deren Schutzpatron der Held Herakles war, er wurde unter einem der Jagd entsprechenden Titel verehrt. Alexander hielt diesem heimatlichen Zeitvertreib die Treue. Wenn er eine Lieblingsbeschäftigung hatte, so war es die Jagd, und sofern es sich einrichten ließ, ging er täglich Vögel und Füchse jagen. Er legte großen Wert darauf, sich edle Hunde vorführen zu lassen, und einen indischen Hund liebte er so sehr, daß er eine seiner neuen Städte nach ihm benannte, um sein Andenken zu wahren. Er brauchte auch ein Pferd für Krieg und Erholung. Mit zwölf hatte er eines gefunden, denn schon in diesem frühen Alter begegnete er zum erstenmal seinem Rappen Bukephalos, auf dem er eines Tages nach Indien und weit in das Reich der Sage und fernsten Erinnerungen reiten sollte – Bukephalos, das erste Einhorn der westlichen Welt; der menschenfressende Bukephalos, dessen Herr die Welt eroberte; Bukephalos, aus demselben Samen wie sein Herr geboren, der, auf den Vorderbeinen tänzelnd, wieherte und schnaubte, wenn er den einen Menschen erblickte, dem er vertraute.

Die Geschichte, wie Bukephalos an den Hof kam, ist von unwiderstehlichem Reiz. Sie wurde wahrscheinlich von Alexanders späterem Zeremonienmeister erzählt, einem Mann, der zur Übertreibung neigte, aber stets bei den königlichen Tischgesellschaften zugegen war, wo er sie oft gehört haben mag. Der Korinther Demaratos, den Philipp unter seinen griechischen Freunden am meisten schätzte, hatte das Pferd von seinem thessalischen Züchter gekauft, angeblich zu dem hohen Preis von dreizehn Talenten, dem Dreifachen dessen, was je für ein anderes, uns bekanntes Pferd der Antike bezahlt wurde. Dieses Pferd machte er Philipp zum Geschenk. Bukephalos muß noch sehr jung gewesen sein, um diese Summe zu erzielen, und der Zeitpunkt des Geschenks ist ein heikler Punkt. Zwar glaubten Alexanders Offiziere später, Bukephalos sei im gleichen Jahr zur Welt gekommen wie sein Reiter, doch war das Tier da schon rechtschaffen alt, und ihre Daten können nicht mehr als eine Vermutung gewesen sein. Die Griechen wußten nämlich nicht, daß man einem erwachsenen Pferd das Alter von den Zähnen ablesen kann. Bukephalos' Eintreffen läßt sich leichter über seinen Spender als über das Tier selbst bestimmen; denn als Alexander zwölf Jahre alt war, reiste Demaratos als General nach Sizilien, wo er vier oder fünf Jahre lang kämpfte. Wahrscheinlich hatte er Bukephalos an Philipp verschenkt, ehe er sich einschiffte, als

Alexander somit erst ein Junge war, was die Geschichte noch bemerkenswerter macht.

Nach seinem Eintreffen in Makedonien wurde Bukephalos aufs flache Land geführt, wo Philipp sein Geschenk prüfen wollte, doch der Rappe bockte, bäumte sich auf und weigerte sich, irgend einem Befehl zu gehorchen. Philipp befahl, ihn fortzuschaffen. Alexander jedoch sah Bukephalos mit anderen Augen. Er versprach, das Tier zu meistern, lief drauf zu, ergriff es am Halfter und drehte es zur Sonne. Dieser Trick leuchtet ein. Mit dem geübten Auge eines Reiters hatte er erkannt, daß Bukephalos vor seinem eigenen Schatten scheute. Er tätschelte, streichelte und beruhigte ihn, sprang auf seinen Rücken und ritt zu den Beifallsrufen der Höflinge einige Runden in leichtem Galopp. Philipp, Freudentränen in den Augen, soll damals vorhergesagt haben, einem solchen Prinzen müsse Makedonien bald zu klein werden. Alexander durfte Bukephalos behalten. Er liebte dieses Pferd zwanzig Jahre lang. Er lehrte es sogar, in vollem Panzer vor ihm niederzuknien, so daß er in seiner Rüstung leichter aufsitzen konnte. Es war ein Kunstgriff, den die Griechen von den Persern übernahmen.

Reiten und musizieren konnte Alexander bereits in seinen jungen Jahren, die er in Pella verbrachte, und die Kontraste des Lebens in Makedonien waren nur noch schärfer, wenn man ihnen an Pellas Hof begegnete. Die makedonischen Könige, die ihre griechische Ahnenreihe bis auf Zeus zurückverfolgten, gewährten den hervorragendsten griechischen Künstlern seit langer Zeit Heimstätte und Förderung. Die Lyriker Pindar und Bacchylides; Hippokrates, der Vater der Medizin; Timotheos, der Chormusik und Verse schuf; der Maler Zeuxis, der Epiker Choerilos, der Dramatiker Agathon – sie alle hatten für makedonische Könige des vorangegangenen Jahrhunderts geschrieben und gearbeitet. Und auch der große Euripides war dagewesen, der Bühnendichter, der an der Schwelle des Alters sein Athen verlassen hatte und nach Pella gekommen war, an König Archelaos' Hof, wo er ehrenhalber zum Getreuen Tischgenossen ernannt wurde. Er starb, wie berichtet wird, durch eine Meute wilder Hunde, die einem lynkestischen Adeligen gehörten. »Laudias«, schrieb er über Pellas beherrschenden Fluß, »edelmütiger Spender und Vater des glücklichen Wohlergehens der Menschen, dessen liebliche Wasser ein Land umspülen, das reich so sehr an Pferden ist.« Alexander konnte

Verse aus Euripides' Stücken auswendig hersagen, und er ließ seine Werke, zusammen mit jenen des Sophokles und seines größeren Vorgängers Aischylos, als Lektüre für Mußestunden zu sich in den äußeren Iran bringen. Tieferen Eindruck als auf seine Bewohner machte Makedonien vielleicht auf den Besucher, denn hier wahrscheinlich schrieb Euripides seine *Bacchantinnen,* das mächtigste und erregendste Drama der griechischen Literatur, das die Verehrung des Dionysos behandelte, und der wilde Kult der Makedonen um diesen Gott, den Olympias später unterstützte, mag seine Phantasie nicht weniger beflügelt haben als die üppige grüne Landschaft, die ihn zu einigen jener wenigen Zeilen mit einem romantischen Gefühl für die Natur bewegten, die es in der griechischen Literatur gibt.

Die gastfreundliche Aufnahme dieser Künstler war nur Teil einer breiteren Förderung griechischer Ansiedler. Die makedonischen Könige hatten vielen griechischen Flüchtlingen eine Heimat gegeben, einmal sogar einer ganzen griechischen Stadt. Sie hatten verbannte Politiker aus Städten wie Athen willkommen geheißen, die sie mit Bauerngütern des Tieflands nutzbringend an sich ziehen konnten. Am Ende des fünften Jahrhunderts hatten makedonische Adelige in Athen Zuflucht gesucht. Ungefähr dreißig Jahre vor Alexanders Geburt wurde Pella von griechischen Nachbarn überrannt, und in Philipps Jugend mußten mehr als fünfzig Getreue Kampfgefährten als Geiseln nach Theben gehen. Diese Zwischenspiele innerhalb der griechischen Kultur müssen jeweils ihre Spuren hinterlassen haben, selbst wenn andere Berührungspunkte weniger erbaulich waren. »Während wir in Makedonien weilten«, erzählte der Athener Demosthenes seinen Zuhörern, als er von seiner Gesandtschaft in Philipps Pella zurückgekehrt war, »wurden wir zu einem weiteren Gelage eingeladen, diesmal im Hause von Xenophron, dem Sohne jenes Phaidimos, der einer der Dreißig gewesen ist; selbstverständlich blieb ich fern.« Der Redner spielte jedes Vorurteil seines demokratischen Publikums aus: Makedonien, ein Gelage, und, schlimmer noch, ein Sohn der Dreißig – denn die Dreißig, die um die Jahrhundertwende kurze Zeit als Tyrannen über Athen geherrscht hatten, waren die unangenehmste Junta in der Geschichte der Stadt. »Er ließ eine Gefangene aus Olynth hereinbringen, sehr reizvoll, doch frei geboren und sittsam, wie die Ereignisse zeigen sollten. Erst zwangen die Männer sie zu schweigendem Trinken, doch als sie in Fahrt kamen – so wenigstens hat Jatrokles mir es am nächsten Morgen erzählt –, nötigten sie die Frau, sich hinzulegen und ihnen ein Lied vorzusingen.« Der Wein tat seine Schuldigkeit, Diener rannten los, um Peitschen zu holen, die Dame büßte ihr Kleid ein und wurde zu guter Letzt gründlich versohlt. »In Thessalien war die Angelegenheit in aller Munde, desgleichen in Arkadien.« Demosthenes hatte seine Botschaft an den Mann gebracht: das Pella, in dem Alexander heranwuchs, war eine angemessene Heimat für ein Juntamitglied. Der Hof, der griechische Kunst umwarb und hegte, empfing auch persische Aristokraten im Exil und lud den Philosophen Sokrates ein, obwohl über ihn im demokratischen Athen wegen seiner allzu rechtsgerichteten Schülerschaft – Männer der höheren Kreise – die Todesstrafe verhängt worden war.

Menschen, die ihre gesamte Kunst importieren müssen, verlieren niemals einen Stich von Arroganz. »Sie trinken, spielen und werfen mit dem Geld um sich«, schrieb ein Pamphletist, zu Gast in Pella, über Philipps Getreue Kampfgefährten. »Wilder noch als die Zentauren, die zur Hälfte Bestien sind, lassen sie sich von der Unzucht mit Tieren auch durch die Tatsache nicht abhalten, daß sie Bärte tragen.« Theopompos, Verfasser dieser Zeilen, pflegte nicht Geschichte, sondern üble Nachrede niederzuschreiben, und sein Urteil ist gewiß übertrieben. Philipp nannte er »den Mann, wie es vor ihm in Europa keinen gegeben hat«, eine Bemerkung, die sich mehr auf Philipps angebliche Verderbtheit bezog als auf seine Energie und sein diplomatisches Geschick. Ein Körnchen Wahrheit allerdings ist darin enthalten; denn die Makedonen, besonders jene aus dem Hochland, waren in der Tat rauhe Gesellen, ebenso barbarisch wie der rohe, klobige Stil ihrer einheimischen Töpferei, die auch noch lange nach Alexanders Eroberungen ohne jeden künstlerischen Wert blieb. In dieser Umgebung würde der junge Alexander sehen müssen, wie er zurechtkam, doch seine Freunde und einige Episoden machen deutlich, daß die gehobene griechische Lebensart bei Hofe ihn bereits stärker anzog. Während seiner Regierungszeit, unter seiner fördernden Hand, erlebte die griechische Malerei ein goldenes Zeitalter; viele ihrer Meister wurden aus Städten herangezogen, die von seinen Freunden regiert wurden, und schon Erzählungen aus jungen Jahren zeigen, daß er wußte, wie man mit ihnen umging. Einmal, als er seinen Lieblingsmaler Apelles eine Aktstudie von Kampaspe malen ließ, seiner ersten griechischen Mätresse, bemerkte er, daß Apelles sich in das Mädchen verliebt hatte, das er malte. Und er machte ihm Kampaspe zum Geschenk – dem großmütigsten, das je ein Mäzen bescherte. Es sollte Mäzenen und Malern während der gesamten Renaissance, und so bis ins Venedig eines Tiepolo, ein Vorbild bleiben.

Mit Philipps aufsteigendem Stern wurde der Hof immer kosmopolitischer, eine Veränderung, die den raschen Erfolg seines Sohnes bis zu einem gewissen Grade erklärt. Aus den kürzlich eroberten Goldbergwerken an seiner Ostgrenze strömte ein plötzlicher Goldsegen herein, der Talente in der besten Tradition der makedonischen Monarchie anzulocken vermochte: griechische Künstler, griechische Sekretäre, Ärzte der hippokratischen Schule, Philosophen, Musiker und Ingenieure. Von überall aus der ägäischen Welt kamen sie her, ein Sekretär vom Hellespont, einige Maler aus Kleinasien, sogar ein Prophet aus dem fernen Lykien, der ein Buch über die geziemende Auslegung von Vorzeichen schrieb. Da gab es auch, wie es Philipp zukam, die Hofnarren, jene »unentbehrlichen Anhängsel der absoluten Monarchie«, und die Schmeichler, die gegen Bezahlung schrieben. Während Alexander heranwuchs, konnte er mit einem Mann sprechen, der in Ägypten gelebt hatte, mit einem Sophisten oder mit einem Sekretär aus den griechischen Städten an den Dardanellen. In den späten fünfziger Jahren des vierten Jahrhunderts brachte der verbannte persische Satrap Artabazos seine Familie aus Hellespont-Asien nach Pella, und hier ist Alexander dessen schöner Tochter Barsine wohl zum erstenmal begegnet. Etwa zehn Jahre älter als Alexander, hätte sie sich damals nicht träumen lassen, daß sie nach zwei Ehen mit griechischen Brüdern in persischen Diensten zu diesem Jungen zurückkehren würde – als Teil der Kriegsbeute nach einem Sieg über die Perser. Dann sollte sie als seine Mätresse zu hohen Ehren gelangen, während ihr Vater Artabazos sich später in der Nähe des Kaspischen Meers ergeben und dafür mit iranischen Satrapien in Alexanders Reich belohnt werden sollte. Barsines Aufenthalt in Pella war der erste Schritt auf einem sehr merkwürdigen Pfad in die Zukunft. Keine Beziehung war nützlicher als jene zu dieser zweisprachigen Generalsfamilie, die Alexander in Asien schließlich wieder in seine Dienste nahm.

Unter den Griechen in Pella schloß Alexander für ein Leben lang Freundschaft mit dem Kreter Nearchos, einem erfahrenen Kenner der Meere, und mit Laomedon von Lesbos, der eine orientalische Sprache beherrschte. Vom westlichen Ende der griechischen Welt, aus Sizilien, kehrte der alte Familienfreund Demaratos zurück und erzählte vom jüngsten Freiheitskampf der dort ansässigen Griechen. Sechs der vierzehn bekannten Kampfgefährten Alexanders waren erst unter Philipp nach Makedonien gekommen, und es gab auch andere, für den Krieg weniger begabt, mit denen er eine dauerhafte Freundschaft aufrechterhielt – Aristonikus zum Beispiel, seines Vaters Flötenspieler, der später in Afghanistan starb, »nicht kämpfend wie ein Musikant, als man möchte meinen, sondern als ein tapfrer Mann«, und dessen Statue Alexander in Delphi aufstellen ließ; oder der Tragöde Thettalos, der mit seiner Darstellung des Ödipus in Athen Preise errungen hatte und der von der Knabenzeit bis zum Tod ein enger Freund blieb.

Diese griechische Runde von Freunden war nach ihren Vorzügen ausgesucht worden. Die makedonische Aristokratie königlicher Kampfgefährten wurde durch Geburt begründet, und der wachsende Druck griechischer Außenseiter sorgte für eine der unbehaglicheren Spannungen am Hof Philipps und Alexanders. Unter Alexander definierten die Makedonen sich scharf als eine von den Griechen völlig getrennte Klasse, nicht nach rassischen Begriffen allerdings, denn die Makedonen pochten ja auf ihre griechische Abstammung. Eingewanderte Griechen wie der Kreter Nearchos oder Androsthenes, Sohn eines verbannten Athener Politikers, wurden als Makedonen anerkannt, als sie Landgüter nahe der Tieflandküste erhalten hatten. Die Unterscheidung lag im sozialen Ansehen, was die Kluft nur vertiefte. Der Sekretär Eumenes, der Arzt Kritabulos, der Kavallerist Medeios blieben nichts anderes als eben Griechen, gegen welche eine Stimmung makedonischer Überlegenheit stets dicht unter der Oberfläche schwelte. Und so wuchs Alexander als Makedone in einer harten makedonischen Welt heran – um so mehr, als sein Vater das Leben des makedonischen Hochlands unmittelbar in seinen täglichen Gesichtskreis gerückt hatte. Er hatte verfügt, die Söhne von Adeligen aus dem Hochland müßten als Pagen Dienst in Pella tun, wo sie auch ihre Erziehung erhalten würden. Dieses Verfahren brachte Philipp großen Vorteil. Die Pagen waren nämlich ein wertvolles Faustpfand für das loyale Verhalten ihrer Väter, der Magnaten. Sobald die jungen Männer flügge waren, erhielten sie neue Landgüter und Einkünfte aus neuerlich eroberten Bauernhöfen im Tiefland, um ihnen ihre zweite Heimat ans Herz wachsen zu lassen. Auch Alexander zog Nutzen daraus. Aus diesen Edelknaben, Menschen aus zwei Welten, wurden eines Tages Offiziere, deren Treue mit größerer Wahrscheinlichkeit zu erwarten stand; denn sie trafen im Alter von vierzehn Jahren im Tiefland ein und hielten sich auf der Suche nach einem Freund verständlicherweise an einen Prinzen ihres Alters. In vier überlieferten Fällen wurden aus Söhnen des Hochlandadels, nach Pella verpflanzt, später Mitglieder von Alexanders Leibwache, dieser verschworenen Clique von sieben oder acht seiner vertrautesten Freunde. Dieser Brückenschlag zwischen den Kontrasten Makedoniens sollte sich auf das folgende Zeitalter über alle Maßen auswirken.

Als königliche Pagen lebten und lernten sie im Brennpunkt des Geschehens. Sie aßen an der Tafel des Königs, wo sie den Gesprächen zuhörten. Sie bewachten sein Schlafgemach, halfen ihm aufs Pferd, begleiteten ihn auf der Jagd und im Krieg. Umgekehrt war es allein dem König gestattet, sie zu züchtigen. Ihr Leben war nach wie vor rauh und ungehemmt, hatte aber eine neue Seite. Selbst in den Städten, die Philipp im Hochland errichtete, gab es kein Anzeichen gebildeten Lebens. In Pella aber konnten die Söhne Obermakedoniens fast im Vorbeigehen die Handlung eines griechischen Dramas erfassen, ein griechisches Gedicht lernen, griechischen Rednern lauschen, sich zwischen griechischen Gemälden und Skulpturen bewegen, über die neueste Kriegskunst diskutieren und gleichzeitig deren Geschichte und Theorie erfahren, einen griechischen Arzt besuchen und griechischen Ingenieuren bei der Arbeit zusehen. Wie die Kriegsherren im Japan der Kyoto-Zeit, die ihre gesamten Fertigkeiten aus China übernahmen, verdankten die makedonischen Aristokraten ihren weiteren Horizont den Griechen. Zwar waren aus dem Hochland schon Männer von Rang gekommen, ein Diplomat zum Beispiel oder ein kraftvoller Reiterführer, und vor der langen Tradition der griechischen Kultur hatten Makedonen einer anderen Epoche sich längst ausgezeichnet. Antipater, Alexanders betagter Vizekönig, schrieb eine Militärgeschichte und veröffentlichte seinen Briefwechsel, und Philipp war ein mitreißender Redner. Doch Alexanders Altersgruppe entwickelte sich auf einer neuen Ebene. Wie der Kreter Nearchos schrieb Ptolemäos ein kunstvolles Geschichtswerk, das wegen seiner Haltung zu Alexander eher bemerkenswert ist als wegen seines rohen literarischen Stils, und Marsyas, Bruder des einäugigen Antigonos, gab drei Bücher über makedonische Angelegenheiten heraus. Zwei griechische Philosophen widmeten Hephaistion, dem geliebten Freund Alexanders, ihre Briefbände, während Lysimachos in Indien aufmerksam einem brahmanischen Guru lauschte und sich für Botanik und Bäume interessierte. Philipps Mutter hatte erst in mittleren Jahren lesen und schreiben gelernt. Peukestas meisterte die persische Sprache und zeigte eine besondere Vorliebe für Sitten und Kleidung der Perser, die er einmal regieren sollte. Wie es der neuen Generation wohl anstand, die Persien erobern wollte, wurde Herodots großartige Geschichte der Perserkriege von Alexanders Freunden förmlich verschlungen. Einer von Philipps griechischen Gästen hatte, vielleicht auf seinen Wunsch, eine gekürzte Fassung verfertigt, und Alexander kannte diese hinreichend, um daraus zu zitieren und ihren Episoden zu folgen. Sowohl Ptolemäos als auch Nearchos wurden durch Herodots Betrachtungsweise der fremden Stämme im Norden und Osten beeinflußt, obwohl sie seinen Stil keineswegs erreichten. Wo ihre Väter im Hochland grobe Töpferei besessen hatten, primitive Armbänder aus Bein und altehrwürdige Schwerter mit goldüberzogenen Knäufen, hatte diese neue Generation das Geld und den Geschmack für Gemälde und Mosaikböden. Ihre Mütter hatten Goldschmuck in rohen und primitiven Formen getragen und bei Schlachten gegen Barbaren mitgekämpft. Alexanders Freunde aber hielten sich athenische Mätressen, führten ihre Frauen in die Welt von Armbändern und Halsketten orientalischer Pracht ein und brachten ihren Künstlern iranische Teppiche, deren Muster jene in bemalten Friesen nachahmten. Das rauhe Leben des Trinkens, der Jagd und des Krieges dauerte an, doch in Alexanders Offizieren steckte mehr, als ihnen meist zugebilligt wird. Draußen in Babylon sollte Harpalos mithelfen, die größte Schatzkammer der Welt zu überwachen, während er neue Pflanzen für einen orientalischen Garten pflegte. Einer von Antipaters Söhnen kehrte seiner Welt völlig den Rücken und gründete auf dem Berg Athos ein Gemeinwesen mit eigenem Alphabet. Nichts konnte den Bräuchen des Hochlands, denen die Altersgenossen seines Vaters gefolgt waren, weiter entfernt sein. Wiederum entging Alexander einem rein makedonischen Leben.

Inmitten abenteuerlustiger Freunde also, in einer sich weitenden Welt, stellte Alexander sich langsam auf eigene Beine. Sein Vater Philipp mußte sich darauf beschränken, diese Entwicklung sanft zu steuern. In den Jahren, da er zwischen den Dardanellen und der dalmatischen Küste marschierte, kämpfte, Städte gründete und ständig um die Herrschaft über die griechischen Stadtstaaten im Süden verhandelte, hatte er nicht viel Zeit. Er konnte indessen den geeignetsten griechischen Lehrer für seinen Sohn berufen, der den Betreuern seiner Knabenzeit bereits über den Kopf gewachsen war. Der Posten war verlockend, und die Anwärter, die ihn erhofften, waren ein Maßstab für Philipps neue Macht. Als Knabe schon und als Politiker hatte er Verbindung mit den Schülern Platons unterhalten. In Athen war der berühmteste Lehrer und Redner des Zeitalters sein ständiger Briefpartner gewesen, der deshalb wohl erwarten mochte, der Lehrerposten würde – als Gegenleistung für seine einschmeichelnden Briefe etwa – an einen seiner vielen ehemaligen Schüler gehen. Kandidaten aus entlegenen ägäischen Inseln und aus ionischen Städten Asiens wurden unter die Lupe genommen. Es gab die üblichen akademischen Fehden. Doch während die Hoffnungsvollen ihre Lobgesänge auf Philipp anstimmten, hatte der König seine Wahl schon getroffen. Von der Insel Lesbos ließ er den klügsten Schüler Platons kommen – Aristoteles, Sohn des Nikomachos, »dünnbeinig und kleinäugig« und damals noch nicht durch philosophische Veröffentlichungen bekannt.

»Er lehrte ihn das Schreiben in griechischer, hebräischer, babylonischer und lateinischer Sprache. Er lehrte ihn die eigene Natur des Meeres und der Winde; er erklärte ihm die Bahn der Gestirne, die Umläufe des Himmelsgewölbes und die Lebensspanne der Welt. Er führte ihn ein in das Rechtswesen und in die Redekunst; er warnte ihn vor den leichtfertigeren Arten der Frauen.« Dies ist allerdings nur die Ansicht eines französischen Dichters aus dem Mittelalter, denn in seinen überlieferten Werken kommt Aristoteles kein einziges Mal auf Alexander zu sprechen und spielt nirgends ausdrücklich auf seinen Aufenthalt in Makedonien an. In den Augen Bertrand Russells »muß der langatmige alte Pedant Alexander höchstens angeödet haben«, doch auch das ist nur die Vermutung eines Fachkollegen. Persönliche Verbindungen mögen Aristoteles nach Makedonien gezogen haben; denn sein Vater war Arzt am Hofe von König Amyntas III. gewesen. Auch hatte Philipp mit seinem früheren Gönner Hermeias auf gutem Fuß gestanden, der an der Westküste Asiens eine eindrucksvolle Tyrannenherrschaft über einen Kleinstaat führte und dem Philosophen seine Tochter zur Frau gab. Später erzählten die Leute, Aristoteles habe die Berufung angenommen, um Philipp zu überreden, seine im Osten Makedoniens liegende zerstörte Heimatstadt Stageira wieder aufzubauen, die inzwischen annektiert worden war. Doch über zu viele Hofphilosophen wurde diese Geschichte verbreitet, als daß sie sonderliche Überzeugungskraft besäße, und die Zerstörung Stageiras ist wahrscheinlich ein Irrtum der Legende. Dieses Motiv hatten wohl jene als Antwort hochgespielt, die sich – ungerechtfertigt wahrscheinlich – darüber beschwerten, daß Aristoteles seinen Mitbürgern allmählich keine Beachtung mehr schenkte. Im geheimen empfing Aristoteles ein stattliches Honorar für seine Dienste, und er starb als reicher Mann, wie sein Testament beweist. Gerüchten zufolge unterstützten Philipp und Alexander auch seine naturgeschichtlichen Forschungen, indem sie ihm Wildhüter zur Verfügung stellten, die Makedoniens wilde Tiere beringten. Da sich aber nachweisen läßt, daß die Beobachtungen für seine erstaunlichen Werke über die Zoologie fast ausschließlich auf Lesbos gesammelt wurden, ist dieses Gerücht unwahr.

»Nach Aristoteles' Auffassung«, sagte der verläßlichste seiner Biographen, »soll der weise Mann sich verlieben, in der Politik tätig sein und am Hofe eines Königs leben.« Diese Bemerkung, sofern authentisch, läßt erkennen, daß der Aufenthalt in Makedonien eine gute Erinnerung hinterlassen hat. Kritiker beklagten, daß Aristoteles fortgegangen war, um in einem »Haus aus Schlamm und Dreck« zu wohnen – eine Anspielung auf Pellas Lage an einem See. Doch bald schon wurden Alexander und seine Freunde ins Tiefland nach Mieza geschickt, wo sie in der friedlichen Zurückgezogenheit von Felsgrotten und schattigen Spazierwegen lernen konnten. Die Pfade waren, so glaubte man, den Nymphen geweiht. Überreste ihrer schulischen Umgebung sind kürzlich in der Nähe des heutigen Naousa gefunden worden. Wie lange dieses Zwischenspiel währte und wie regelmäßig die jungen Männer unterrichtet wurden, ist keineswegs bekannt. Zwei Jahre später wurde Alexander an den Regierungsgeschäften beteiligt, und obgleich man weiß, daß Aristoteles auch im darauffolgenden Sommer in Makedonien war, so muß er nicht unbedingt mehr als Lehrer dort geweilt haben.

Ob über kurze oder lange Zeit, jedenfalls verbrachte Alexander diese Schulstunden mit einem der ruhelosesten und umfassendsten Geister, die je gelebt haben. Heute erinnert man sich an den Philosophen Aristoteles, doch neben seinen philosophischen Arbeiten schrieb er auch Bücher über die Verfassungen von 158 verschiedenen Staaten, gab eine Liste mit den Siegern der Spiele zu Delphi heraus, erörterte Musik und Medizin, Astronomie, Magnetismus und Optik, kommentierte Homer, analysierte die Rhetorik, umriß die Gattungen der Dichtung, studierte die irrationalen Seiten der menschlichen Natur und verankerte die Zoologie in einer experimentellen Richtung. Dies alles geschah in einer gedrängten Reihe von Meisterwerken, in denen die Liebe eines außergewöhnlichen Naturbeobachters Fakten zu Kunst werden ließ. Das Leben der Bienen fesselte ihn, und er begann das Studium der Embryologie, obwohl das Sezieren menschlicher Leichen verboten war und seine einzige Möglichkeit darin bestand, sich einen abgegangenen Fötus zu verschaffen und zu untersuchen. Der Kontakt zwischen dem größten Geist und dem größten Eroberer Griechenlands ist von unwiderstehlichem Reiz, und ihre wechselseitige Beeinflussung hat die Phantasie der Menschen nie mehr losgelassen.

»Es kommt dem jungen Mann nicht zu«, schrieb Aristoteles, »sich mit den politischen Wissenschaften zu befassen; er hat keine Lebenserfahrung, und weil er stets noch seinen Gefühlen gehorcht, lauscht er dem Lehrer völlig zwecklos, für nichts.« Hier spricht zweifellos ein Mann, der Alexander Philosophie beizubringen versuchte und damit keinen Erfolg hatte, denn wenig deutet darauf hin, daß Aristoteles seinen Schüler in dessen politischen Zielen oder seinen Methoden beeinflußt hätte. Er schrieb jedoch, vielleicht auf Wunsch, kurze Abhandlungen für ihn, wenn auch keine davon erhalten ist, so daß sie sich zeitlich nicht einreihen lassen. Ihre Titel, *Über das Königtum, Zum Lobe der Kolonien,* möglicherweise auch *Alexanders Ratsversammlung* und *Die Herrlichkeiten der Reichtümer,* scheinen treffende

Themen für einen jungen Mann, der einmal der reichste König und unerschöpfliche Städtegründer der Welt werden sollte. Doch Aristoteles hatte sich bereits als durchaus fähig erwiesen, seinem Herrn zu schmeicheln, und diese Arbeiten mögen eher Glückwünsche zu Alexanders Errungenschaften sein als ihm neue Gedanken nahegebracht haben. Viel Wind wurde um Aristoteles' angebliche Empfehlung gemacht, die »Barbaren wie Pflanzen und Tiere zu behandeln«, doch ist dieser Rat vielleicht erdichtet. Obwohl auch er die landläufige Ansicht seiner griechischen Zeitgenossen teilte, daß die griechische Kultur der Lebensart des barbarischen Ostens überlegen sei, kann man ihn nicht als ausgemachten Rassisten verdammen; denn beispielsweise schrieb er ein Buch über orientalische Religionen und pries die Verfassung, unter der die Karthager lebten, in den höchsten Tönen. Als Alexander Orientalen in hohe Stellungen seines Reiches berief, habe die Praxis, so wird oft gesagt, ihm die Engstirnigkeit der Anschauungen seines Lehrers über die Menschen in anderen Ländern gezeigt. Die beiden unterscheiden sich in ihrer Einstellung jedoch keineswegs sehr deutlich. Aristoteles' politisches Gedankengut wurde durch das Leben einer griechischen Stadt geprägt, und eben solche griechischen Städte pflanzte sein Schüler vom Nil bis zu den Berghängen des Himalaya, wo sie Bedeutung und Bestand hatten – viel länger als irgendeine Epoche des Königtums, dessen vermeintliche Wichtigkeit Aristoteles, wie ihm häufig vorgeworfen wird, nicht vorauserkannte. Nicht nur durch seine Städte blieb Alexander in der Welt des Ostens kulturell ein Grieche, und obgleich Politik und Freundschaft ihn veranlaßten, auch Orientalen in seine Reichsverwaltung aufzunehmen, widmete er sich nie der persischen Religion und mag niemals eine östliche Sprache fließend erlernt haben.

Die Politik also stand nicht auf dem Lehrplan. Aber es konnte keinen Jungen geben, der von Aristoteles nicht die Wißbegier gelernt hätte, und dem vierzehnjährigen Alexander muß er weniger als der abstrakte Philosoph vorgekommen sein als vielmehr der Mann, der die Lebenswege eines Tintenfischs kannte; der erklären konnte, warum ein Buntspecht eine Zunge hat, oder erzählte, wie die Igel sich im Stehen paaren; der eine Schildkröte lebendig aufgeschnitten und den Lebenskreis eines ägäischen Moskitos beschrieben hatte. Die Medizin, die Tierwelt, die Lage der Erdteile und die Form der

Meere – das waren die Interessen, die Aristoteles vermitteln konnte. Auf Philipp hatte das bereits Einfluß gehabt. Alle diese Interessen machten später ein Stück des erwachsenen Alexander aus. Er verordnete seinen Freunden Mittel gegen Schlangenbisse und schlug vor, daß eine neue Rinderrasse aus Indien nach Makedonien verschifft werden möge. Er teilte das Interesse seines Vaters an der Trockenlegung von Sümpfen, an der Bewässerung und Kultivierung von Brachland. Seine Landvermesser schritten die Straßen Asiens ab, und seine Flotte wurde abkommandiert, das Kaspische Meer und den Indischen Ozean zu erkunden. Sein Schatzmeister experimentierte in einem babylonischen Garten mit europäischen Pflanzen, und dank der eben erwähnten See-Expedition und ihrer Funde konnte der begabteste Schüler des Aristoteles den indischen Feigenbaum, den Zimt und einen Myrrhestrauch in Bücher aufnehmen, die die Anfänge der Botanik bedeuten. Alexander war mehr als ein Mann von Ehrgeiz und Härte. Er besaß das große Arsenal von Interessen eines wissensdurstigen Menschen, und die Tage in Mieza hatten diese reichlich angestachelt. »Der einzige Philosoph«, kommentierte ihn einmal ein Freund, »den ich je in Waffen gesehen habe.«

Aristoteles mag die Begegnung lästiger empfunden haben. »Die jungen Männer«, schrieb er, »sind ihren wechselhaften Gelüsten schutzlos ausgeliefert. Sie sind leidenschaftlich und schnell erregt, und sie gehorchen ihren Impulsen: sie werden von ihren Gefühlen beherrscht. Sie wetteifern um Ehre, besonders nach dem Sieg, und beides ersehnen sie viel mehr als Geld. Sie sind von einfachem Gemüt und vertrauensselig, weil sie die Kehrseite der Dinge nicht kennen. Ihre Hoffnungen sind so hochfliegend wie die eines Trunkenboldes, ihr Erinnerungsvermögen ist kurz. Sie sind mutig, bewegen sich aber auf herkömmlichen Bahnen und lassen sich daher leicht aus der Fassung bringen. Vom Leben noch nicht geläutert, ziehen sie äußeren Glanz dem Nützlichen vor: ihre Irrtümer, aus dem Überschwang geboren, sind groß. Sie lieben das Lachen, und sie haben Mitleid mit einem Menschen, weil sie immer das Beste von ihm glauben . . . anders als die Alten, glauben sie bereits alles zu wissen.«

Hinter einer solch überzeugten Analyse müssen Erinnerungen an Alexander und seine Mitschüler stecken. »Ein Kind muß bestraft werden«, schrieb Aristoteles. »Nicht aus eigenem Antrieb verhalten junge Menschen sich ruhig . . . doch die Erziehung dient als Gerassel, um die älteren Kinder abzulenken.« In Mieza Disziplin zu halten, so scheint es, war nicht gerade einfach.

Alexander war nicht sein einziger makedonischer Schüler. Aristoteles freundete sich mit Antipater an, einem Mann, dessen vielfältige Intelligenz nur zu leicht vergessen wird, und Antipaters Söhne kamen wohl zu einigen Unterrichtsstunden nach Mieza; so auch die königlichen Pagen; vielleicht auch Amyntors Sohn Hephaistion, dem Aristoteles einen Band seiner Briefe widmete. Hephaistion war der Mann, den Alexander liebte, und bis ans Ende ihrer beider Leben blieb ihre Beziehung ebenso innig und vertraut, wie sie forschenden Augen jetzt unwiederbringlich verloren ist. Alexander sei nur einmal besiegt worden, bemerkten die Philosophen aus der Schule der Zyniker lange nach seinem Tod, und zwar durch Hephaistions Schenkel. Es gibt eine einzige Statue, die darauf Anspruch erhebt, Hephaistion darzustellen. Kurzhaarig und mit langer Nase erscheint er und sieht nicht allzu beeindruckend aus, doch seine Anziehungskraft mag nicht im Äußeren gelegen haben. Philipp hatte auf seinen zahlreichen Feldzügen den Hof zu oft verlassen, als daß er seinem Sohn viel persönliche Zeit hätte widmen können, und es ist nicht immer ein Hirngespinst, wenn man die Homosexualität junger griechischer Männer mit dem Bedürfnis erklärt, einen abwesenden oder gleichgültigen Vater durch einen älteren Geliebten zu ersetzen. Hephaistions Alter ist nicht bekannt. Könnten wir es entdecken, so erschiene Hephaistions Verhältnis zu Alexander möglicherweise in einem unerwarteten Licht. Vielleicht war er sogar der Ältere der beiden: wie der homerische Held, mit dem seine Zeitgenossen ihn verglichen, ein älterer Patroklos für den Achilles Alexander.

Im alten Griechenland wurde eine gemäßigte Homosexualität als Variante des Geschlechtslebens mit Ehefrauen oder Dirnen gebilligt. Es war eine Mode, ein Brauch, aber keine Perversion, und ganz offen sagte Herodot, die Perser hätten die Homosexualität von den Griechen gelernt – ganz in der Art, wie ausgewanderte Engländer sie in der feinen australischen Gesellschaft zur Mode gemacht haben. Extreme Homosexualität oder männliche Prostitution waren damals so töricht oder abschreckend, wie sie heute oft erscheinen, doch zwischen zwei jungen Männern oder einem jungen und einem älteren Mann war ein Verhältnis nicht ungewöhnlich. Die Homosexualität, so hatte Xenophon neuerlich geschrieben, sei auch ein Teil der Erziehung und Bildung: ein junger Mann gehe bei einem älteren Liebhaber in die Lehre. Solche Geschichten konnten teuer werden, aber wenn sie sich romantisch verklären ließen, war nichts gegen sie einzuwenden.

Der makedonische Adel mag etwas extremer gewesen sein. Unter den Griechen herrschte der Glaube, die Homosexualität sei von den dorischen Eindringlingen ins Land gebracht worden, die um das Jahr 1000 vor Christus, so nahm man an, von Europa aus den Süden überschwemmten und die Staaten Kreta und Sparta gründeten. Es tut nichts zur Sache, daß diese Annahme wohl falsch war. Gebildete Griechen nahmen sie hin, der Dinge wegen, die sie rundum sahen, und sie verhielten sich ihren Auffassungen entsprechend. Von Abkömmlingen der Dorer glaubte und erwartete man sogar, daß sie ganz offen homosexuell seien, und die makedonischen Könige hatten lange Zeit auf ihrer rein dorischen Ahnenreihe beharrt. Der griechische Klatsch schrieb ihnen die üblichen Lustknaben zu, und dem König Archelaos wurde nachgesagt, er habe den Dichter Euripides geküßt. Als der Pamphletist Theopompos von einem Besuch an Philipps Hof zurückkehrte, erging er sich bissig über die Homosexualität der makedonischen Adeligen, die er als *hetairai*, nicht *hetairoi*, abkanzelte: Dirnen, nicht Kampfgefährten. Man mißtraute ihm zwar wegen seiner wilden Beschimpfungen, doch es ist wahrscheinlicher, daß er in seinen Behauptungen zwar zu weit ging, sie aber nicht gänzlich erdichtete. Wenn das stimmt, so mag Alexander an einem Hof aufgewachsen sein, wo die Konventionen des Alters weniger galten und die Homosexualität mit der zusätzlichen Entschlossenheit von Männern dorischer Abstammung praktiziert wurde. Noch mit dreißig Jahren war Alexander der Geliebte Hephaistions, obgleich die meisten jungen Griechen in diesem Alter der Gewohnheit entwachsen waren und ältere Männer entweder aufgegeben oder sich jüngeren Reizen zugewandt hatten. Die Liebesbeziehung der beiden war eine ungemein starke: aus Hephaistion wurde der überaus fähige Anführer der Kavallerie Alexanders und sein Vizekönig, ehe er als ein göttlicher Held starb, dem postume Verehrung gebührte.

»Allein das Geschlechtliche und der Schlaf«, soll Alexander bemerkt haben, »machen mir bewußt, daß ich sterblich bin.« Seine Ungeduld mit dem Schlaf wurde von seinem Lehrer geteilt, und es gab viele Geschichten, die seine geschlechtliche Enthaltsamkeit und seine Achtung vor Frauen unterstreichen sollten. Sie erzählten von Alexander, der einen Mann anschreit, der ihm kleine Jungen verschaffen will; Alexander, der Kampfgefährten wegen Schändung bestraft oder sich bereit erklärt, dem Werben eines Soldaten unter die Arme zu greifen, sofern es durch Taten und Worte geschieht, die einer freigeborenen Frau angemessen sind. Das Motiv mag der Wahrheit nahekommen, doch die Philosophen neigten dazu, es aufzublähen, und mit Gewißheit läßt sich lediglich sagen, daß Alexander die Frauen eher achtete als sie mißhandelte. Theophrast zufolge, dem Schüler des Aristoteles, hatten Philipp und Olympias sich einmal gesorgt, daß es ihrem Sohn an Interesse für das Geschlechtliche fehle. Sie fanden also eine teure Hure aus Thessalien, der sie einschärften, ihn auf den Geschmack zu bringen, doch Alexander verweigerte ihre Annäherungsversuche auf so eine störrische Art, als sei er impotent. Falls seine Eltern ihm ein Mädchen aufzuzwingen versucht hatten, so konnte man ihm schwerlich übelnehmen, wenn er es zurückwies. Von Theophrast hingegen ist bekannt, daß er gegen Alexander und Olympias völlig voreingenommen war, und sein Vorwurf der Impotenz ist eine Verleumdung – nicht zuletzt deshalb, weil Alexander vier oder fünf Kinder zeugte. Andere Erzählungen sind sachlicher. Als Alexander hörte, seine Schwester habe ein Verhältnis, soll er gesagt haben, er könne nicht einsehen, weshalb sie nicht ihren Spaß haben solle, nur weil sie eine Prinzessin sei. Aus dem Munde eines Mannes, der mit mindestens einem Mann, vier Mätressen, drei Ehefrauen, einem Eunuchen und, so glaubte der Klatsch, einer Amazone schlafen sollte, wirkt die Bemerkung aufrichtig genug.

Nicht daß die Jahre von Aristoteles' Aufenthalt nur wegen erster Lieben und körperlicher Freuden erinnernswert gewesen wären. Es gibt ein interessantes Streiflicht auf Alexanders Fortschritte – ein an ihn gerichtetes Schreiben des betagten Atheners Isokrates, der mit Philipp lange korrespondiert und gehofft hatte, einer seiner Schüler werde den Lehrerposten erhalten. »Ich höre alle Leute sagen«, schrieb er bald nach Aristoteles' Ankunft in Makedonien, »daß Du Deine Mitmenschen, Athen und die Philosophie auf eine vernünftige, nicht etwa unbedachte Weise liebst ...« Diesen Höflichkeiten ließ Isokrates den guten Rat nachfolgen, akademische Haarspaltereien zu meiden und seine Zeit der Kunst des angewandten Streitgesprächs zu widmen. Der Ratschlag war eine versteckte Beleidigung des Aristoteles, dessen Schule solch trockenen Diskussionen sehr wohl Zeit einräumte, doch die höfliche Wendung, die ihm vorangestellt war, war nicht ohne Belang. Die Erweiterung der Interessen, die bei Alexanders Freunden so ins Auge fällt, ging auf die griechische Kultur zurück. Hier steht Aristoteles als Symbol einer Entwicklung, die Alexander die wertvollsten Resultate bescherte. Die Söhne der Adeligen vom Hochland waren mit einer höheren Geisteswelt in Berührung gekommen, die ihren Vätern verwehrt gewesen war. Ptolemäos, ein Adeliger aus Eordäa, soll errötet sein, wenn man ihn nach dem Namen seiner Großmutter fragte, doch er starb als Pharao von Ägypten, als Herr über ein bürokratisch organisiertes Königreich und ein System von Staatsmonopolen, das Fertigkeiten erforderte, die nicht dem Stammesleben des Hochlands zu verdanken waren. Gleiches ließ sich von Perdikkas, Seleukos und den anderen Größen im Zeitalter der Diadochen sagen. Der junge Adel lernte ein bißchen, was es hieß, sich anzupassen; und wenn man Alexanders außergewöhnliche Erfolge erläutert, so muß seinen Offizieren eine große Rolle eingeräumt werden – denn die wachsende Einsicht ihrer jungen Jahre können ihren Anteil an Alexanders Laufbahn nur vergrößert haben. Alexanders eigene Generation teilte allmählich seine ehrgeizigen Pläne und unterstützte sie mit einem neuen Selbstbewußtsein, das beängstigend werden konnte, und mit einer Intelligenz, die sich oft weiter erstreckte als nur auf den Krieg. Wie nicht anders zu erwarten, war der einzige Makedone, der sich der persischen Lebensart völlig anpaßte, auch ein Mann aus Mieza.

Doch wenn Aristoteles auch ein Symbol neuer Horizonte darstellt, so hat er doch mehr zur Legende als zur Wahrheit über Alexanders Leben beigetragen. Auf den Osten, besonders arabischen Osten, übten die beiden, Aristoteles und Alexander, eine starke Faszination aus, und ihre Abenteuer schienen so unendlich wie die Welt: Aristoteles und das Tal der Diamanten, der Wunderstein oder der Quell der Unsterblichkeit, Aristoteles als Alexanders Wesir oder als sein Zauberer, der ihm eine Schatulle mit den Wachsmodellen seiner Gegner gibt und ihm so den Sieg sichert. In seinen Schriften hat Aristoteles nichts hinterlassen, was uns Alexander näherbringt, während seine ausführlichen Schilderungen von Pella und Olympias, von Hephaistion und Bukephalos eine Studie für sich sind, ohne freilich in ihrer Zersplitterung Alexanders Persönlichkeit fassen zu können. Es scheint, als müsse die Suche nach dem jungen Alexander scheitern, und doch führt kein Weg an dieser persönlichen Frage vorbei, denn sein ungewöhnlichster Beitrag zur Geschichte besteht wahrscheinlich in seiner Persönlichkeit. Als Eroberer zog er nicht so sehr aus, um zu verändern, sondern um zu übernehmen und wiederherzustellen. Als Mensch jedoch inspirierte und forderte er, was seither nur wenige Herrscher für möglich zu halten wagten. Aus seiner Kindheit gibt es nur Erzählungen – von einem Alexander, der sich beschwert, Philipp lasse ihm keine Gelegenheiten übrig, Ruhm zu erwerben; von Alexander, der eine lächerlich allgemeine Frage des Aristoteles kaltschnäuzig mit einer vernünftigen, praktischen Antwort quittiert, oder von einem Alexander, der sich weigert, an Wettläufen teilzunehmen, wenn nicht alle seine Gegner Könige seien. Diese Erzählungen sind farbenprächtig, doch größtenteils erfunden, und mit ihrem Blickwinkel hat das Problem seiner Persönlichkeit auch nichts zu tun.

Unter den verstreuten Stücken, die aus seiner Kindheit erhalten sind, mag eine Suche nach seiner Persönlichkeit ausgeschlossen erscheinen, und es ist in der Tat schon oft gesagt worden, daß persönliche Urteile über Alexander mehr in der Psychologie des Beurteilers wurzeln als in seiner eigenen. Eine einzige, feine Spur allerdings gilt es noch zu erforschen. Sie beginnt inmitten der Erzählungen um seine Jugend und führt über seine eigene Propaganda und das landläufige Bild, das die Menschen sich von ihm machten, zu der Art und Weise, wie er selbst gesehen zu werden wünschte. Auf unserer Suche ist es falsch vorzuschlagen, den Menschen Alexander vom Mythos Alexander zu lösen, denn den Mythos schafft der Mensch häufig selbst, und dann ist er der unmittelbare Schlüssel zu seiner Seele. Für unseren Fall wird das von zeitgenössischen Hinweisen bestätigt, und die Schmeichelei hat ihn genährt. Es gibt Gründe, viele davon in Makedonien, die vermuten lassen, daß Alexander das Bild, das sich so abzeichnet, ernstgenommen haben wollte. Es ist in jeder Weise ungewöhnlich, denn es beruht nicht auf Macht und Gewinn, sondern auf dem Dichter Homer.

»›Nimm diesen meinen Sohn hinweg‹«, läßt der großteils erdichtete *Alexander-Roman* König Philipp zu Aristoteles sagen, »›und lehre ihn die Verse Homers.‹ Und in der Tat ging dieser sein Sohn hinweg und versenkte sich den ganzen Tag lang in das Buch, so daß er die gesamte *Ilias* Homers auf einmal las.« In ihrem Geist kommt diese bezaubernde Erdichtung dem Leben nahe; denn das Motiv von Homers *Ilias,* und besonders ihres Helden Achilles, ist das verbindende Element, das die Gestalten und Geschichten von Alexanders Jugend umspannt. Durch seine Mutter Olympias war er ein Nachfahre des Achilles. Sein erster Lehrer Lysimachos verdankte einen Teil seiner lebenslangen Gunst der Tatsache, daß er seinem Schüler den Kosenamen Achilles gegeben hatte. Sein geliebter Hephaistion wurde von Zeitgenossen mit Patroklos verglichen, dem engsten Gefährten des homerischen Helden. Aristoteles lehrte ihn die Epen Homers und half auf Wunsch seines Schülers mit, eine besondere Fassung der *Ilias* niederzuschreiben, die Alexander über alle seine anderen Besitztümer schätzte. Er pflegte, sagte einer seiner Offiziere, mit einem Dolch und seiner privaten *Ilias* unter dem Kopf zu schlafen; er nannte sie sein Kriegstagebuch von höchster Vortrefflichkeit. Im zweiten Jahr seines Feldzugs, als der persische König in die Flucht geschlagen worden war, »wurde ihm ein Kästchen überbracht, offenbar die wertvollste unter den Schatztruhen des Darius, und er fragte seine Freunde, was nach ihrer Ansicht so besonders wertvoll sei, daß es darin aufbewahrt werden solle. Viele Meinungen wurden dargebracht, doch Alexander sagte selbst, er werde die *Ilias* hineinlegen. Dort sei sie sicher aufgehoben.« Doch die *Ilias* zählte zu den ältesten griechischen Versdichtungen. Sie ist mindestens dreihundert Jahre älter als Alexander und scheint ihm auf den ersten Blick so fern wie Shakespeare einem heutigen König.

Auf dem Weg zum Kern dieses Mythos besteht die Gefahr, ausgestreute Propaganda zu ernst zu nehmen oder irgendeinem Element der Schmeichelei zu weit zu folgen. Spitznamen aus Homers Werken waren in Griechenland sehr beliebt – Nestor für einen weisen Mann, Achilles für einen tapferen – und die Stimmung der *Ilias* zu neuem Leben zu erwecken konnte dem Erben von Philipps Thron keineswegs abwegig erscheinen. Homers Verse waren in Makedonien weithin bekannt. Einer von Antipaters Söhnen konnte Homer fließend zitieren, wie dies auch nachfolgende Könige konnten. Sogar in Philipps makedonischem Hochland fand man Tongegenstände, die mit Szenen von der Plünderung Trojas bemalt waren. Philipp war bereits in einem Atemzug mit Agamemnon genannt worden, dem Oberhaupt der griechischen Verbündeten, die zehn Jahre lang um Troja herum kämpften, und der Stil seiner Infanterie wurde mit jener Agamemnons verglichen. Den Trojanischen Krieg hatte Herodot als ersten Anlaß der uralten Feindschaft zwischen Griechenland und den Königtümern Asiens genannt, und Philipps Pamphletisten fuhren fort, Parallelen zwischen einem neuen griechischen Einmarsch in Asien und dem Feldzug zu ziehen, den Homer beschrieben hatte. Die Geschichte bezeugte, daß es sich für einen griechischen Eroberer in Asien stets lohnte, Agamemnon und den Trojanischen Krieg heraufzubeschwören und ihnen nachzueifern. Alexander aber betonte eine Verbindung zu Achilles, einem jüngeren und leidenschaftlicheren Helden, der schwerlich ein Symbol königlichen Führertums war. Da gab es auch öffentliche Obertöne; denn Achilles war ein Held Thessaliens, und Philipps Erbe war der Herrscher der Thessaler, eines Volkes, das für sein Heer und seine Herrschaft über das südliche Griechenland von ausschlaggebender Bedeutung war. Achilles war auch ein aufrüttelnder griechischer Held, was einem makedonischen König sehr nützlich war, dessen griechische Ahnenreihe die Griechen nicht davon abhielt, ihn einen Barbaren zu nennen. In einer ähnlichen Weise sollte der große Kolokotronis, der Held des griechischen Freiheitskampfes, sich als neuer Achilles kleiden und vorstellen, als er in den zwanziger Jahren des neunzehnten Jahrhunderts Griechenland von den Türken säuberte. Doch »Alexander war«, so wurde gesagt, »eifersüchtig auf Achilles, mit dem er seit frühester Jugend in Wettstreit stand«. Die Helden eines Knaben indessen werden nicht durch Politik und Propaganda bestimmt. Wenn nachgewiesen werden kann, daß Achilles zu Alexanders Jugend gehört und nicht nachträglich in diese hineingelesen wurde, dann vermögen wir dem Menschen Alexander immer noch nahezukommen.

Der Beweis ist schwierig, aber wiederum nicht unmöglich. Er stützt sich auf einen berühmten athenischen Witz. Im Jahr nach Philipps Ermordung kämpfte Alexander in der Nähe der Donau, und in Athen machte Demosthenes sich über ihn lustig, indem er ihn einen bloßen

Margites nannte. Diese obskure Beleidigung taucht im Geschichtsbuch eines makedonischen Höflings später wieder auf, und sie muß dazu geeignet gewesen sein, in Erinnerung gerufen und wiederholt zu werden. Nun war dieser Margites eine der ausgefalleneren Gestalten der griechischen Dichtung. Er war der Antiheld einer *Ilias*-Parodie, von der fälschlich angenommen wurde, sie stamme von Homer selbst. Margites war als berühmter Einfaltspinsel bekannt, der nicht weiter als bis zehn zählen konnte und – unter vielem anderen – so wenig Ahnung von den Tatsachen des Lebens hatte, daß man ihn nur dazu bewegen konnte, mit einer Frau zu schlafen, wenn man ihm sagte, dies würde eine Wunde in ihren Geschlechtsteilen heilen. Als Demosthenes Alexander den neuen Margites nannte, wollte er damit sagen, daß Alexander weit davon entfernt sei, ein Achilles zu sein; er sei nichts weiter als ein homerischer Hanswurst. Die beiden waren einander in Makedonien begegnet, und der Witz hatte nämlich nur dann eine Pointe, wenn Alexanders homerische Prätentionen schon lange bekannt gewesen wären, bevor er in Asien eindrang.

Überdies spricht alles dafür, daß andere, nicht zuletzt Alexander selbst, diese Prätentionen ernstnahmen. Er begann seinen Zug nach Asien mit einer Pilgerfahrt nach Troja, um das Grab des Achilles zu ehren, und er nahm heilige Rüstung aus Trojas Tempel mit sich, die ihn nach Indien und wieder zurück begleiten sollte. Sein eigener Hofhistoriker, der ihn so darstellen wollte, wie er es gern hatte, nahm sich des Themas an und betonte in Berichten über Alexanders Vormarsch an der asiatischen Küste stets die Parallelen mit Homers Epen. In der Kunst waren die Auswirkungen etwas subtiler; denn wenn Alexanders Aussehen mit Absicht dem eines jugendlichen griechischen Helden entsprach, so beeinflußten seine Züge wiederum die Porträts des Achilles, bis die beiden Helden aus dem Zusammenhang heraus kaum mehr unterschieden werden konnten. Der Hofbildhauer Lysippos meißelte Alexander mit einem homerischen Speer in der Hand, und auf den Münzen jener kleinen thessalischen Stadt, die von sich behauptete, der Geburtsort des Achilles zu sein, sahen die Bilder des jungen Achilles immer mehr nach Alexander aus. Der Vergleich zählte, und es war bekannt, daß er zählte. Als das Volk von Athen um die Freilassung von Alexanders athenischen Gefangenen bitten wollte, schickte es als Gesandten den einzigen Mann namens Achilles, von dem man im Athen des vierten Jahrhunderts wußte; frühere Abordnungen hatten nichts erreicht, doch ein Achilles gefiel dem anderen, und diesmal wurden die athenischen Gefangenen freigelassen. Es sind immer die kleinsten Details, die am meisten enthüllen.

Die Rivalität also bestand und fiel ins Gewicht, doch es ist eine ganz andere Frage, wie sie verstanden werden sollte. Ob niedergeschrieben, gesungen oder diktiert, Homers Epen waren nun einmal mindestens dreihundert Jahre älter als Alexander, und ihr heroischer Verhaltenskodex, unter welchem die Menschen nach persönlichem Ruhm strebten und keine größere Strafe kannten als öffentliche Schande und Entehrung, hatte wahrscheinlich einer Gesellschaft zugehört, die noch einmal mindestens sechshundert Jahre älter war. In dieser Welt der Helden, deren Vorfahren letztlich die zerstörten Burgen von Troja und Mykenä sind, ist keine Gestalt unwiderstehlicher als Alexanders auserwählter Achilles. Wie Alexander ist Achilles jung und stolz, ein Mann der Leidenschaft wie auch der Tat, mit einem Herzen, das – wenngleich oft erbarmungslos – immer noch für den augenfälligen Adel eines anderen empfänglich ist. Es gibt keinen, der ihm im Krieg ebenbürtig wäre, und selbst wenn er trotzig und mit einem Herzen voll finsterer Wut in einem Zelt schmollt, überstrahlt sein Ruf den Kampf, an dem teilzunehmen er sich weigert. Wie seine Mithelden kämpft er für persönlichen Ruhm, dessen erstes Ideal Tapferkeit und dessen Verrat Schande und Ehrlosigkeit ist, doch begeistert er sich nicht allein für Erfolg und Geltung. Mit seiner Ehrfurcht vor dem alternden Vater; seiner blinden Zuneigung für den Lieblingsgefährten und für eine Geliebte, die ihm sein oberster Feldherr weggenommen hat; mit seinem Schmerz, der nicht bloß das Selbstmitleid eines Helden ist, der um seinen Siegespreis betrogen wurde – mit all dem ist Homers Achilles mehr als alle anderen Gestalten der Dichtung ein Mann klarer, verständlicher Emotionen. Darüber hinaus ist er eine tragische Gestalt; denn – wie seine göttliche Mutter Thetis, die sein Unglück lange kennt, ehe er ihr davon erzählt, und ihn dennoch bittet, es noch einmal zu erzählen, ihm mitteilt – »Ihn führet zum Tod ein zwiefach endendes Schicksal: Wenn er allhier verharrend die Stadt der Trojer umkämpfet, Hin ist die Heimkehr dann, doch blühet ihm ewiger Nachruhm. Aber wenn heim er kehret zum lieben Lande der Väter, Dann ist verwelkt sein Ruhm, und nicht frühzeitig ans Ziel des Todes gelangt er.« Standhaft wählte Achilles statt der Rückkehr den Ruhm; wie Alexander starb er als junger Mann.

Dies also war Alexanders Held, und wenn er die Rivalität wörtlich nahm und selbst erreichen wollte, was er las, so können sein Ehrgeiz und sein Charakter auch heute veranschaulicht werden. Auf den ersten Blick erscheint das so unglaublich – diese Nacheiferung eines Epos, das auf ein Zeitalter von Königen und Tapferkeit tausend Jahre vorher zurückblickte. Aber der Wettstreit mit der Welt Homers war keine belanglose Schwärmerei. Homers Gedichte wurden von vielen Griechen noch immer als Quelle sittlicher Lehre betrachtet, und nach dem, was über das politische Leben in Alexanders Athen bekannt ist, war der kriegerische Kodex der *Ilias* in keiner Weise überholt. Es war eine entschlossen selbstbewußte Gesellschaft, und was im demokratischen Athen noch vorhanden war, lebte im Norden in größeren Proportionen fort. Im aristokratischen Thessalien pflegte man die Leichen von Mördern immer noch hinter einem Streitwagen um die Gräber ihrer Opfer zu schleifen, so wie Homers Achilles einst den toten Hektor zum Gedächtnis seines Opfers Patroklos durch den Staub geschleift hatte. Doch Homers Ethos gehört zu einer noch älteren Tradition. Für die Helden Homers war das Leben nicht so sehr eine Bühne als ein Wettkampf, und das Wort für dieses Streben nach Ehre, *to philotimo,* spielt auch im Leben des heutigen Griechenland eine wesentliche Rolle. Es ist ein Ideal für Extrovertierte. Moralisch ist daran nichts, und es verdankt Gefühlen und Streitigkeiten mehr als Vernunft und Strafe. Es gehört zum Leben im Freien, wo Ruhm der sicherste Weg zur Unsterblichkeit ist. Diese Haltung ist in Griechenland tief verwurzelt, und es war dieser Begriff *philotimo,* mit dem der homerische Ehrgeiz Alexanders beschrieben wurde. Homers Achilles faßte die Zweifel und Konflikte des *to philotimo,* des eifersüchtigen Kampfes eines Helden um den Ruhm, zusammen. Gegen den Hintergrund Makedoniens hätte dieses dauernde Ideal einen lebendigen Sinn ergeben.

Aristoteles und die erlesene griechische Kunst in Pella verführen leicht dazu, die eine Seite des Kontrasts im makedonischen Hintergrund Alexanders überzubetonen. Pella war auch eine Palastgesellschaft, und aus der griechischen Welt waren Könige und Paläste seit etwa drei Jahrhunderten verschwunden. Es war der Mittelpunkt einer Stammesaristokratie, zu dem die Häuptlinge des Hochlands aus ihrem städtelosen Raum sich hinunterbegaben, und es war in jedem Fall archaischer, als die Förderung griechischer Kunst und griechischen Geisteslebens vermuten ließ. »Du Idomeneus«, hatte Homers Agamemnon gesagt, während er einen Helden nach den Vorstellungen des alten Heldenzeitalters beurteilte, »bist mir geehrt vor den Reisigen allen, Du im Kriege sowohl als sonst in jedem Geschäfte, Auch beim Mahl, wann festlich den edleren Helden von Argos Funkelnder Ehrenwein in vollen Krügen gemischt wird.« Pferde und Jagd, Kampf und Feste, darin bewies sich die Tapferkeit eines Helden, aber in Makedonien hatten Könige und Herren solche Sitten auf eigene Weise fortgesetzt. Nach altem makedonischem Brauch hatte ein Makedone einst keinen richtigen Gürtel tragen dürfen, bis er einen Mann im Kampfe erschlug, und zu Alexanders Zeiten gehörte der Zweikampf zum Zeremoniell eines königlichen Begräbnisses. Im Leben der Offiziere, die in Duellen, wie sie homerischen Helden würdig gewesen wären, rangen und zu Pferde und mit Lanzen gegeneinander kämpften, war der Zweikampf eine immer wiederkehrende Angelegenheit. Die Jagd verhieß ähnlichen Ruhm, und vom Libanon bis zu den Bergen Afghanistans ließ Alexander ihr freien Lauf. Dem Brauch entsprechend durfte ein Makedone sich nicht zum Mahle legen, bevor er ein Wildschwein erlegt hatte – eine weitere Verbindung zur Welt Homers, denn nur dort, und nicht im zeitgenössischen Griechenland Alexanders, aßen Griechen je, ohne sich bequem niederzulassen.

Bei einem Mahle bewirtete der König seine Adeligen und persönlichen Freunde in einem zeremoniellen Stil, der an die großen Festtafeln des homerischen Lebens erinnerte. Der Klatsch wollte wissen, daß die Makedonen noch vor dem ersten Gang unweigerlich betrunken waren, aber das Trinken war mehr ein Wettstreit als eine zügellose Ausschweifung. Auf Siege wurde feierlich angestoßen, und ein Adeliger trank dem anderen mit einem Becher zu, was auf Ehrverlust erwidert werden mußte. Diese königlichen Feste bildeten in der lockeren Fügung des Königreichs ein wesentliches Element. Sie brachten König und Adelige formell zusammen, so wie Feste in den Palastsälen die homerischen Könige täglich mit ihren Ratgebern und adeligen Nachbarn zusammenführten. Es war eine persönliche, durch Gunst und Freundschaft bestimmte Beziehung. Die Traditionen königlicher Geschenke, von Großzügigkeit und von frommer Ehrfurcht vor Freunden unter den Toten lebten in Alexander fort, der alte Bande mit den makedonischen Königen stets ehrte, ob es sich nun um längst verstorbene griechische Dichter, einen athenischen General oder Verwandte seiner mythischen Vorfahren handelte – und das selbst dann, wenn über hundert Jahre verstrichen waren.

Diese Ehrerbietung für Gastfreunde war für die persönlichen Bande, die das Leben der homerischen Könige prägten, fundamental. Andere Beziehungen wie Familienbande und Blutfehden hatten in Alexanders makedonischer Heimat ebenfalls ihre Parallelen. Die Adeligen selbst aber hatten an einer anderen, nicht minder vergangenheitsträchtigen Ehre Anteil; denn am Hofe im Flachland dienten sie ihrem König als seine Gefährten, und für jeden, der Homer kennt, sind die Kampfgefährten ein unvergeßlicher Aspekt des heroischen Lebens. Generell gesprochen können Partner jeder Gruppe Gefährten sein – die Ruderer, die mit Odysseus ruderten, oder die Könige, die mit Agamemnon vor Troja kämpften –, aber sie dienen auch in einem strengeren Sinne. In Homers *Ilias* hat jeder König und jeder Held seine eigene Gruppe von Gefährten, die ihm aus Achtung und nicht durch Verwandtschaft verbunden ist. Emsig und standhaft speisen sie mit ihm in seinem Zelt oder lauschen, während er die Lyra spielt; sie warten seinen Streitwagen mit den bronzenen Radkränzen, treiben seine behuften Pferde in die Schlacht und kämpfen an seiner Seite, um ihm den Speer zu reichen oder ihn nach einer Verwundung zum Lager zurückzubringen. Dies sind die Männer, die ein Held liebt und deren Verlust er beklagt, wie Patroklos für den brütenden Achilles und Polydamas für den reizbaren Hektor. Mit dem Ende der Könige und Helden scheint es, als hätten sich die Gefährten gen Norden zurückgezogen, um nur am Rande Europas, in Makedonien, zu überleben. Als Alexanders Eroberungen die Makedonen auf die Höhe der Zeit bringen, ziehen sie sich, nun auch von dort vertrieben, aus einer sich wandelnden Welt noch weiter zurück und weichen in die Moore und Wälder der Germanen, um dann erst wieder mit dem harfen Beginn des ritterlichen Zeitalters als Knappen früher deutscher Könige und in gräflichen Gefolgen aufzutauchen.

In Alexanders Makedonien standen dem König in der Schlacht noch immer auserlesene Kampfgefährten bei, doch ihre Reihen waren um die Adeligen aus dem Hoch- und Tiefland erweitert worden, während ausländische Freunde, von Griechenland und anderswo, ihre Zahl auf fast einhundert anschwellen ließen. Nicht jeder Gefährte war der Freund des Königs. Sie speisten mit ihm und berieten ihn, und von ihrem Adelsstolz hatten sie nichts eingebüßt. Einmal jährlich wurde ihnen zu Ehren ein Fest gegeben, und wenn sie starben, wurden sie in unterirdischen Gewölben hinter einer Fassade spitz zulaufender griechischer Säulen und bronzebeschlagener Türen begraben. Es war ein hoher Stil, den sie mit sich nach Osten nahmen. Seine Wurzeln waren älter und entsprachen ausdrücklicher der Vorstellung vom Gefährten; denn die Gewölbegräber Makedoniens erinnern an die Grabhügel des königlichen Mykenä, dem Vorläufer der homerischen Heldenwelt.

Inmitten dieser turbulenten, hochgeborenen Gefährten mußte der makedonische König seinem Willen Achtung verschaffen, und er tat es wiederum auf eine Weise, die dem Stil des homerischen Königtums entsprach. Sitte und Brauchtum stützten, was kein Gesetz bestimmte, und wie in Homers Epen konnte ein außergewöhnlicher Wagemut das Überschreiten von Konventionen rechtfertigen. Die Könige hatten zunächst den Vorteil edler Geburt, und wie Homers Könige konnten sie beanspruchen, von Zeus abzustammen – für Alexander wie für seinen Vater ein Punkt von höchster Wichtigkeit. Adelige Geburt mußte durch den Stützpfeiler einer dauerhaften Leistung getragen werden. Keine Verfassung, keine Vorrechte beschützten den König. Seine Herrschaft war an seine Person gebunden, seine Macht so absolut, wie er sie gestalten konnte. Er prägte seine eigenen Münzen, band sein Volk an seine Verträge, führte es in die Schlacht, verteilte die Kriegsbeute, unterzog sich angemessenen Opfern und jährlichen Reinigungsritualen. Er hoffte, wie in jener beliebten Wendung Homers, »durch Gewalt« zu regieren und seinen Pflichten mit der geziemenden Tatkraft eines Königs über geringere Könige zu genügen. Es war eine anspruchsvolle Stellung, und wenn Alter oder Leistung gegen ihn sprachen, wurde er gestürzt oder ermordet; kein einziger von Alexanders Vorfahren war eines natürlichen Todes gestorben. Das einfache Volk, großteils in wilden Stämmen lebend, respektierte den Status des Königs und war für ihn meist ein Gegengewicht zu den ungestümen Adeligen. Behagte ihm der Wille des Volkes nicht, bot ein starker König ihm die Stirn. Wie Homers Agamemnon schlug Alexander zweimal die Meinung seiner versammelten Soldaten in den

Wind. Agamemnons Lohn war eine neuntägige Pest, vom Himmel gesandt. Alexander gelang es beim erstenmal nicht, beim zweitenmal setzte er seinen Willen durch. Er machte ihnen Angst. Nach drei Tagen stimmten sie ihm zu.

In der Welt dieses Königs, wo alte Sitten und Tapferkeit galten, wo alle Macht persönlich war und die Regierungsgeschäfte unter den Kampfgefährten ausgehandelt wurden, war Autorität durch Erfolg und Leistung begründet, und das ruhelose Ideal eines homerischen Helden war ein sehr realer Anspruch auf beides. In allen Briefen griechischer Akademiker an Philipp kehrt das Motiv persönlichen Ruhms in der Schlacht oder im Wettkampf stets wohlbedacht wieder; ein solcher Ruhm ist gottähnlich, einer königlichen Ahnenreihe würdig und der geziemende Lohn eines makedonischen Königs – und wie ein neuer Agamemnon sollte Philipp die Griechen zu Kriegsbeute und Rache mitten unter die Barbaren des Ostens führen. Dieser Ruhm war die Haupttriebfeder der homerischen Könige gewesen, doch wo Philipp gedrängt worden war, Agamemnon nachzueifern, nahm Alexander sich vor, ein neuer, leuchtenderer und persönlicherer Achilles zu werden, der weniger König und Anführer war. Seinen Makedonen leuchtete dieses kämpferische Ideal ein, aber Alexander hatte allmählich viel mehr Männer unter sich als nur seine Makedonen. Ein Teil seiner Laufbahn ist deshalb die Geschichte eines Achilles, der sich, nicht immer glücklich, mit den Problemen eines Agamemnon auseinandersetzen mußte.

Es wäre falsch, von einem neuen Achilles Frieden oder eine neue Philosophie zu erwarten. Sein wetteifernder Kampfgeist war die Antwort auf die Wertbegriffe seiner Gesellschaft. Angst, Gewinnstreben und Ruhm hatte Alexanders scharfsichtigster Beobachter als die drei grundlegenden menschlichen Motive herausgestellt, und das Leben eines Helden war durch das dritte bestimmt. Der auf eigener Leistung gründende Ruhm galt allgemein als der kürzeste Weg zum Himmel, und so führte Alexanders homerisches Wetteifern in seiner Tapferkeit dazu, daß seine Zeitgenossen ihn willig als lebenden Gott verehrten. Es war ein altes Ideal, das auch Aristoteles geteilt hatte, doch es hatte seine schwachen Stellen. Ein Held herrscht mehr durch seinen Ruf als durch eine ererbte Königswürde und darf es nicht zulassen, daß seine Tapferkeit allzu häufig herausgefordert oder gar übertroffen wird.

Versagt er einmal, so schiebt er einen Teil der Schuld oft auf andere oder auf Ursachen außerhalb seiner Kontrolle, denn eine Einbuße an Ansehen bedeutet auch eine Minderung des Titels, unter dem er lebt und regiert. Es muß ein kühner Diener sein, der darauf besteht, den Mut eines anderen mehr zu preisen als den seines Meisters. Alexanders Großzügigkeit wurde oft lobend erwähnt, doch sie unterstrich die unvergleichliche Stärke seiner eigenen Reichtümer und seiner Stellung; die Verleumdung von Rivalen und ein Hang, die Fehlschläge anderer zu verspotten, sind die natürlichen Kehrseiten dieses offenherzigen heldischen Sich-zur-Schau-Stellens. Alexanders eigener Geschichtsschreiber schmälerte – vermutlich nach dessen Tod – die Tapferkeit Parmenions. Sängerinnen unterhielten die jüngeren Offiziere mit Spottliedern auf diejenigen Generäle, die als Befehlshaber der einzigen schweren Niederlage in Alexanders Laufbahn gefallen waren. Alexander selbst wurde nachgesagt, er habe sich an einer heiteren Satire gegen einen engen Freund beteiligt, und das Stück sei zur Unterhaltung des Hofes aufgeführt worden, bald nachdem der Freund nach Athen übergelaufen war. Diese Schmeicheleien und Verleumdungen beweisen nicht, daß Wahrheit und ein Despot niemals nebeneinander regieren können. Sie gehören auf subtilere Weise zur notwendigen Ethik eines Helden. »Immer Bester sein und hoch über allen anderen stehn« – das war nach allgemeiner Übereinstimmung einer von Alexanders Lieblingsversen aus Homer. Persönliche Erhabenheit und die Möglichkeit, die Schuld am Versagen auf andere zu schieben, sind beständige Grundsätze des politischen Lebens geblieben. Am kompromißlosesten aber waren sie in einer Gesellschaft, die von einem heroischen Ideal beherrscht wurde.

Durch Homer wird Alexander heute noch lebendig: nur einer seiner Träume ist aufgezeichnet, und er könnte schwerlich passender sein. In Ägypten, als er sein neues Alexandria plante, soll ihm im Schlaf ein ehrwürdiger alter Mann mit dem Aussehen Homers erschienen sein und Verse aus der *Odyssee* vorgetragen haben, die ihm rieten, wo er die Stadt anlegen solle. Selbst in seinen Träumen, glaubte man später, habe Alexander die geliebten Epen nachgelebt, und einem Kenner Homers erscheint dieses Ideal schließlich doch so eigenartig nicht. Denn von allen Epen ist die *Ilias* immer noch das unmittelbarste: eine Welt, deren Realität, nicht nur von seinen Gleichnissen her gesehen, niemals wankt, wo Könige unter ihren Eichenbäumen ein Festmahl halten, wo Kinder Sandburgen bauen, wo Mütter die Fliegen von ihren schlafenden Säuglingen abhalten und alte Frauen von ihren Vorhallen aus zusehen, wie die Hochzeitszüge vorbeitanzen; auch durch den mühelosen Fortgang einer Erzählung, die so reich an Ritualen und wiederholten Wendungen und so täuschend einfach, doch unendlich wahr ist: wo Helden um den Ruhm wetteifern und wissen, daß sie dem Tod unentrinnbar ausgeliefert sind; wo eine weißarmige Dame durch ihre Tränen lacht und zurückgeht, um das Badewasser für ihren Mann zu erhitzen, von dem sie weiß, daß er aus der Schlacht niemals heimkehren wird; wo Götter und Göttinnen zwar mächtig, aber nicht fremd sind und eine Göttin beim Tod eines Lieblingshelden Tränen aus Blut weint, eine andere Spielzeug anfertigt, und eine schließlich den Schlaf mit dem Versprechen besticht, ihm eine der jüngeren Grazien zuzuführen, und sich dann ihrem Gatten Zeus auf einem Teppich aus Krokus und Hyazinthen hingibt. Homers einziger Zauber ist sein ureigenster, und wenn er immer noch zum Herzen spricht, um wieviel größeren Eindruck müssen seine Epen bei Alexander hinterlassen haben, der ihre Idealbilder um sich sah und sich entschloß, ihnen nachzuleben – nicht als entfernter Leser, sondern mehr im Geiste eines *marcher baron,* der die Balladen nachlebte, die ein Spiegelbild seiner Heimatwelt waren.

Einmal, sagten die Männer, als ein Kurier mit einer Meldung eintraf und seine Freude kaum verbergen konnte, unterbrach Alexander ihn lächelnd. »Was kannst du mir wohl sagen, das solcher Erregung wert ist«, fragte er, »außer daß Homer auferstanden ist?« Alexander konnte seinen Lieblingsdichter nicht zurückholen. Doch sein homerisches Wetteifern hat noch einen Aspekt, außergewöhnlicher vielleicht, als er je ahnte. In seiner Reiterei diente ein Regiment aus Männern des Tieflands, die seine Vorfahren den Ostgrenzen ihres Reiches einverleibt hatten. Sie waren, sagt Aristoteles, vor vielen hundert Jahren aus dem alten Kreta ausgewandert. In denselben Teilen des Tieflandes lebten auch griechische Flüchtlinge, denen seine Vorfahren eine Heimat geboten hatten: sie waren nach der Zerstörung ihrer Heimatstadt aus dem alten Dorf Mykenä gekommen. Die Palastgesellschaften von Kreta und Mykenä aber waren die Giganten jenes Heldenzeitalters, das Homer, Jahrhunderte später, als Motiv für sein Epos gebraucht hatte. Ihre einzigen Abkömmlinge lebten durch Zufall in Makedonien, und auf den Ruf eines neuen Achilles sollten sie sich zum letztenmal in der griechischen Geschichte rüsten, mit Homer zu wetteifern, rüsten für einen Marsch zu den Fernen des Oxus und des Pandschab – auf der Suche nach der persönlichen Tapferkeit, die einst ihre Könige zu einem so berühmten Thema der Dichtung gemacht hatte.

4 EIN HEER OHNE BEISPIEL

In Makedonien hatte Alexander bereits die schnelle Entschlossenheit eines homerischen Helden bewiesen. Mit dem Herbst war die Zeit gekommen, seine Autorität über die Grenzen hinaus auszudehnen; denn Philipp hatte ein ausländisches Erbe hinterlassen, das von der Donau und der dalmatischen Küste bis zu den Südspitzen Griechenlands und den Ägäischen Inseln reichte. Der makedonische Thron war gesichert. Nun forderte als erstes Griechenland die Aufmerksamkeit des Erben.

Alexander wurde später einmal gefragt, wie es ihm eigentlich gelungen sei, die Griechen zu beherrschen, und gab zur Antwort: »Weil ich nichts auf morgen verschob, was heute getan werden mußte.« Kaum hatte er die Palastangelegenheiten zu seinen Gunsten entschieden, da setzte er diese harte, aber bewundernswerte Maxime auch schon in die Praxis um. An der Spitze der makedonischen Soldaten, mit denen er sich befreundet hatte, marschierte er von Aigai aus südwärts zu dem nahegelegenen Vorgebirge des Olymps und weiter zur Grenze mit Griechisch-Thessalien, wo sein Vater seit langem als Herrscher anerkannt gewesen war. In das Tempe-Tal gelangte man über einen acht Kilometer langen, sehr schmalen Paß, den Reiter nur in einer Reihe passieren konnten, der jedoch von thessalischen Stammesleuten der Gegend bewacht wurde. Wenn die griechische Kriegsgeschichte eines zu lehren hatte, dann dies: Bergpässe konnten von Reiterei und Fußvolk im Verband nicht genommen werden, und selbst die damals beliebten Einheiten leichtbewaffneter Peltasten hatten keine große Chance. Alexander improvisierte auf kühne Weise. Er ließ in die Felswand des nahen Ossa Stufen schlagen und führte seine Makedonen wie Bergsteiger über den Gipfel. Der Paß war umgangen. Die thessalischen Edlen bewillkommneten den Mann, den fernzuhalten ihnen nicht gelungen war, und Alexander merkte sich eine Kriegslist, die ihm später noch einmal nützen konnte.

Wie auch sein Vater wurde Alexander sofort als Herrscher der Thessaler anerkannt – für einen Ausländer eine bemerkenswerte Ehre, doch war sie deshalb von entscheidender Bedeutung, weil sie ihm finanzielle Einkünfte und eine ausgebildete Reiterei sicherte. Zum

Dank erinnerte er seine Untertanen daran, daß sie über Herakles, den Ahnen der makedonischen Könige, mit ihm verwandt seien, wie auch über Achilles, auf den die Familie seiner Mutter ihre Herkunft zurückführte. Das Königreich Achilles' hatte in Thessalien gelegen. Ihm weihte Alexander das Gebiet als persönlichen Tribut. Er hatte dank der Diplomatie seines Vaters ein breit umrissenes Erbe angetreten, deutete es jedoch auf seine eigene heroische Art. Für seine frühen Jahre wurde solches Verhalten charakteristisch.

Da die Griechen Philipp hatten schwören müssen, seine Nachfolger in dem neugeschaffenen Amte eines Führers anzuerkennen, war Alexander nicht nur Herrscher über Thessalien, sondern erbrechtlich auch Führer der griechischen Verbündeten. Mit Philipps Tod begannen jedoch in jedem unzufriedenen Bündnisstaat Unruhen, und Alexander konnte sein Recht nur durch einen entsetzlichen Eilmarsch sichern. Er stürmte durch die Thermopylen, das enge Tor Griechenlands, gewann die zentralgriechischen Stämme für sich, ließ den Delphischen Rat einberufen, der mehr Prestige als Macht besaß, und weil er ihn in der Hand hatte, mußte der seine Führung bestätigen. Es hatte gegärt in Theben und in Athen, wo die Nachricht vom Tode Philipps durch nördliche Boten sehr rasch eintraf und das Volk veranlaßte, Pausanias mit einem Heiligtum zu ehren. Doch Alexander drang eilend bis an ihre Grenzen vor. Theben ergab sich ihm aus Furcht. Athen holte Herden und Bauern seines Gebiets aus Furcht vor einer Belagerung hinter die Stadtmauern zurück. Ehren, sogar das athenische Bürgerrecht, wurden ihm reichlich zuteil. Er nahm sie alle an und begab sich weiter südwärts nach Korinth, um den Verbündetenrat einzuberufen, dem er nunmehr nach Recht und Bewährung vorstand. Es war nicht das letzte Mal, daß er seinen Truppen den Wert zügiger Geschwindigkeit demonstrierte, und doch hatten athenische Politiker ausgerechnet von diesem Mann behauptet, er werde Pella nie verlassen.

Krieg war für die griechischen Städte ein Normalzustand. Abgesehen von besonderen Fällen einer vorübergehenden Allianz, befanden sich alle theoretisch im Kriegszustand miteinander, und dem Prinzip entsprach in der Regel auch die Wirklichkeit. Das Griechenland, das Philipp ausmanövriert und Alexander in Furcht versetzt hatte, war von Unbeständigkeit geplagt, eine Gesellschaft voller Aufruhr. Nicht daß es eine dekadente Gesellschaft gewesen wäre, die die Ideale des sogenannten Goldenen Zeitalters unter dem perikleischen Athen auf die eine oder andere Weise verraten hatte. Sie war nivellierter geworden – die Stadtstaaten waren ungefähr gleich stark geworden, und Ämter standen auch Männern offen, die nicht aus den herkömmlichen Führungsschichten stammten. Zugleich war alles verschiedenartiger geworden. Doch bei all ihrer Verschiedenartigkeit hatten die Griechen keine politische oder wirtschaftliche Form gefunden, die ein Gemeinwesen zusammenhalten konnte oder der Mehrzahl ihrer Bürger ein Leben bot, das in einer entsetzlich kargen Landschaft – und ohne eine nennenswerte Technik, um ihr mehr abzuringen – hätte erträglich sein können. Durch Fehden zwischen den Staaten und durch gesellschaftliche Umwälzungen war während der vergangenen 25 Jahre aus einem Gleichgewicht der Stärke ein unsicheres Gleichgewicht der Schwäche geworden. Als Außenseiter hatte Philipp das ausgenützt und im eigenen Interesse durchgesetzt, daß unter »freien und unabhängigen griechischen Verbündeten« ein Gemeinfriede herrschte, um inneren und äußeren Zwist zu beenden. Wo nötig, hatte er bereits ihm gewogene Regierungen eingesetzt, und Alexanders absolutes Verbot aller politischen Unruhen zementierte um der Ordnung willen ihre Stellung. Wie fünfzig Jahre zuvor die Spartaner, zerbrach er im Namen der Unabhängigkeit die Lokalreiche der größeren Städte, die soviel an wechselseitiger Aggression verursacht hatten, und das machte ihn bei ihren vielen kleineren Nachbarn beliebt. Umsichtige Maßnahmen sollten den Zwist unter griechischen Staaten schiedsgerichtlich schlichten, doch sind die genauen Klauseln des Gemeinfriedens leider nicht überliefert, obwohl sie gewiß keine spannendere Lektüre böten als andere tote Verfassungen der Vergangenheit. Wichtig war vor allem, daß Philipp und seine Makedonen, ihrer Ideologie griechischer Freiheit zum Trotz, die Macht fest in der Hand behielten, daß sie Griechenland nicht ausbeuteten oder über eine träge Zustimmung zu den asiatischen Eroberungsplänen hinaus zur Kollaboration zwangen.

»Bündnisse ohne das Schwert sind bloße Wörter und haben gar keine Kraft, einen Menschen zu sichern.« So schrieb Thomas Hobbes im England des 17. Jahrhunderts, und wie Plato und Aristoteles entwickelte er seine politische Philosophie in einer von Revolution und Unsicherheit geschüttelten Welt. Alle drei Philosophen erkannten, daß ihre Welt die Autorität brauchte, und nicht minder als Cromwell schätzten Philipp und Alexander die Wahrheit, die in der politischen Philosophie ihrer Zeit so groß verkündet wurde.

Makedonische Garnisonen hielten die Griechen in vier Schlüsselstädten an die Verpflichtungen ihres Bündnisses, und obgleich Alexander in einem Fall nachgab, um die Einheimischen zu besänftigen, die erfolgreich gegen die makedonische Besatzung rebelliert hatten, so ließ er sich trotz eines ähnlichen Volksaufstands in Theben nicht dazu bewegen, die dortige Garnison aufzuheben. Die Ereignisse sollten ihm bald schon recht geben. In der Zwischenzeit hatte der von seinem Vater begründete Bündnisrat ihn bei einer Zusammenkunft als Oberkommandierenden für einen Feldzug nach Asien bestätigt. Damit war das letzte Glied in der Kette des griechischen Vermächtnisses geschmiedet. »Durch seine Autorität ist ihm eine solche Ausübung von Macht und Stärke gegeben, daß ihr Schrecken es ihm gestattet, den Willen aller zu bewegen, zum Frieden daheim und gegenseitigem Beistand gegen auswärtige Feinde.« Hobbes' idealer Souverän veranschaulicht mehr als jede Klausel des griechischen Bündnisses die makedonische Führungsposition in Griechenland.

Nur ein einziger griechischer Staat sperrte sich gegen Alexanders Autorität. Die Spartaner übersandten ihm eine Botschaft, in der es hieß, es sei nicht Sitte ihrer Väter, zu folgen, sondern zu führen. Aber diese Dickköpfigkeit kam nicht so ungelegen, wie sie es erhofft haben mochten. Durch sein früheres Verhalten hatte Sparta bei seinen kleineren südgriechischen Nachbarn Furcht und Abscheu erregt; sie hatten nicht vergessen, wie spartanische Aufrufe zu Frieden und Unabhängigkeit stets ihre Unterwerfung herbeigeführt hatten. Die spartanische Macht war seit 35 Jahren gebrochen, zeigte jedoch unwillkommene Zeichen eines neuen Erwachens, und Philipp hatte mit den Befürchtungen kleiner Nachbarn vor einer neuerlichen Tyrannei Spartas ein kluges Spiel getrieben. Zwar gab es in den mächtigeren Staaten Stimmen, die Philipp und Alexander als Tyrannen Griechenlands bezeichneten, doch ihre kleinen, leichtverwundbaren Nachbarn sahen in dem Aufstieg Makedoniens keineswegs das Ende der griechischen Freiheit – ein ohnehin fragwürdiger Begriff. In Südgriechenland hatten verschiedene Gegner Spartas die Nachricht vom Tode Philipps bekümmert aufgenommen. Wie ihnen der fortdauernde Widerstand Spartas gegen Alexander deutlich machte, lag für sie der beste Schutz bei einem makedonischen Herrscher.

Es schadete Alexander also nicht, Sparta in Ruhe zu lassen, und er unterhielt sich statt dessen mit einem griechischen Philosophen, dem er in einer Vorstadt Korinths begegnete. Diogenes, der Zyniker, weilte in Korinth zu Besuch, und da er die Eitelkeit weltlicher Reichtümer erkannt hatte, lebte er in einem Holzfaß. Alexander kam vorbei, sah ihn und fragte, ob er ihm irgendeinen Gefallen tun könne. Ja, entgegnete Diogenes, tritt ein wenig beiseite, denn du stehst mir in der Sonne. Ein Schüler des Diogenes diente Alexander später als Admiral und schrieb eine farbenprächtige Chronik, die auch diese Geschichte enthielt. Wahrscheinlich hat er die Antwort erfunden, die Alexander Diogenes gegeben haben soll: »Wäre ich nicht Alexander, ich wollte Diogenes sein.« Und doch hatten die beiden eines gemeinsam, wenn sie es auch unterschiedlich benutzten: eine ungewöhnliche körperliche Ausdauerkraft.

Alexander verließ Korinth zu Beginn des Winters und wandte sich gen Norden. In Delphi verweilte er, um das Orakel zu ehren. Hier setzt ein Thema ein, das in Alexanders Laufbahn immer wiederkehrt. Die Priesterschaft hatte Philipps Gunstbeweise stets erwidert, Alexander aber soll eine Weissagung verweigert worden sein, weil er an einem ungünstigen Tag gekommen sei. Er faßte die Priesterin, zerrte sie zum Schrein, und während dieser Balgerei gestand sie ihm zu, er sei unbesiegbar. Solch »ungünstige Tage« sind vor der römischen Zeit nicht bekannt, und die Geschichte von Weigerung und tätlicher Auseinandersetzung ist vermutlich auf eine römische Verleumdung zurückzuführen, die Alexanders Unbesiegbarkeit im Vergleich mit den eigenen Kaisern schmälern sollte. Und doch hatte Alexanders Besuch große Folgen. Die Truppen glaubten, das Delphische Orakel habe Alexanders Unbesiegbarkeit garantiert, wahrscheinlich weil Alexander diesen Aspekt selbst in Delphi unterstützte. Als die Athener ihm später die Ehren eines unbesiegbaren Gottes anboten, mußten sie wohl gewußt haben, daß ihm dieser Titel am liebsten sei. Kein Mensch – und nur ein einziger Held – war vor ihm unbesiegbar genannt worden; der Held aber, den nur ein Dichter so gerühmt hatte, war Herakles, der Ahnherr der makedonischen Könige. Auf seinen Münzen, in seinen Widmungen und in den Namen seiner Stadtgründungen hob Alexander das Siegesthema hervor, und ein Ergebnis seiner Eroberungen war, daß ein neuer, stärkerer, unbesiegbarer Herakles die griechische und römische Religion bereicherte. In Persien führten seine Nachfolger den Anspruch fort, den er begründete, und die Vorstellung der Unbesiegbarkeit kam vom griechischen Osten auf Cäsar und schließlich auf die Sonne, deren Verehrung mit der Anbetung Christi wetteifern sollte. Als Alexander diese starke Bindung an Sieg und Herakles, dessen Beistand er immerfort erkannte, hervorzuheben anfing, war ein neuer Begriff vom Gott-Königtum geboren. Es war sein erstes und keineswegs sein unbedeutendstes Vermächtnis an die Religion und beweist seine Zuversicht. Bei der Rückkehr nach Makedonien kommandierte er das Heer seines Vaters zu Drill und Übungen ab, und es war dieses Heer, das ihn unschlagbar werden ließ. Moderne Feldherren haben im makedonischen Heer die beneidenswerteste Streitmacht der Geschichte gesehen. Seine raffinierte Struktur geht auf Philipp zurück, in dem der erste unmittelbare Grund gesehen werden muß, warum Alexander es zu solcher Größe brachte.

Dreiundzwanzig Jahre hatte Philipp sein wachsendes Land für den Krieg zusammengeschweißt. Härte war alles, und das spiegelt sich in zahlreichen Anekdoten. Philipp postierte Reiter hinter die Linien der Soldaten, um Deserteure niederzumachen, verbot Frauen den Zutritt zum Lager, beschimpfte einen Makedonen, der sich mit warmem Wasser gewaschen hatte, weil in Makedonien nur einer Frau nach der Geburt ihres Kindes ein bequemes Bad zustand. Beutegut, ausländischer Zehnttribut, neues Ackerland und die beschlagnahmten alten Goldminen an der Ostküste Makedoniens, die einen gediegenen Vorrat an Goldmünzen schufen, bildeten neben der Disziplin ein zweites wichtiges Element für den Aufbau. So konnte Makedonien sich ein stehendes Heer leisten – ein Luxus, den bei den Griechen nur Sparta mit Mühe aufgebracht hatte –, und Philipp machte sich sogleich daran, diesem Heer das Marschieren beizubringen. Während einen jeden Fußsoldaten der griechischen Bürgerheere ein Diener in den Krieg begleitete, bewilligte Philipp je zehn Soldaten nur einen. Seine Offiziere mußten ohne Fuhrwerke auskommen und im Hochsommer mit Proviant für dreißig Tage auf dem Rücken fünfzig Kilometer marschieren. Für den Transport gab es ein Minimum an Ochsenkarren und Mauleseln. Um im Lager Getreide mahlen zu können, wurden Handmühlen mitgeführt, und die Standardkost aus Brot und Oliven wurde nur durch geplündertes Vieh angereichert, obwohl es in Makedonien sehr viel Fisch und Obst – Feigen vor allem – gab, dessen hoher Zuckergehalt für Soldaten besonders geeignet erschien. Das Heer lernte, in jeder Jahreszeit vom Lande zu leben, selbst wenn es sich mühsam aus den zugefrorenen Vorratshöhlen der Einheimischen im harten bulgarischen Winter ernähren mußte. Zum ersten Male spielten auf dem Balkan im Krieg Entfernungen keine Rolle.

Dieses durchtrainierte Heer wurde noch gefährlicher durch Philipps taktische Geschicklichkeit. Eine hervorragende Taktik ist nicht so sehr originell, vielmehr entsteht sie aus einer klugen Nutzung zeitgenössischer Praktiken, und Philipps Heer kam nicht wie die Göttin Athene in voller Rüstung auf die Welt. Die Griechen hatten ihre Kriegskunst nur selten schriftlich analysiert, auch wenn es in dem Punkt um das Kriegswesen besser bestellt war als um solch elementare Dinge wie Bergbau oder Forstwirtschaft, und die Schriften von Männern wie dem Feldherrn Xenophon waren zugänglich und konnten von den Gefahren des Ostens und der Ausrüstung der Pferde, die er so liebte, immerhin einige Vorstellungen vermitteln. Die Taktik des Infanteriekriegs lernte man vor allem durch Beispiele und Erörterung. In den vorhergehenden sechzig Jahren war sie von den begüterten Adeligen Griechenlands auf eine neue Schicht von Berufssoldaten übergegangen, an Söhne von Schustern oder Kaufleuten, die sich ins Ausland verdingten und den größten Teil ihres Lebens in Heerlagern verbrachten. Makedonien lag nicht weit von ihren Aktionszentren entfernt, und wer Philipps Heer verstehen will, muß die Einflüsse griechischer Theorie und griechischer Berufssoldaten hoch veranschlagen. Philipp hatte von seinem Vorgänger einen Belagerungspark übernehmen können, heuerte aber einen eigenen griechischen Ingenieur an, Polyeidos aus Thessalien, und förderte seine Erfindungen. Es gibt ziemlich viele Hinweise dafür, daß das Prinzip der Torsion unter Philipp II. entdeckt wurde, der bei den kürzlich entwickelten Pfeilschleudern als erster Sehnen oder Roßhaar verwendete und ihre Stärke und Reichweite dadurch verdoppelte. Polyeidos entwarf auch ein System von Zinnen für Stadtmauern und einen 40 m hohen Belagerungsturm, und seine Schüler ergänzten Alexanders Belagerungsmaschinerie um immer neuere und stärkere Stücke. Auf sich gestellt, hätte ein Makedone das nie fertiggebracht.

Auf dem Schlachtfeld waren Fußvolk und Reiterei die beiden

Waffengattungen, die er in einer festgefügten Linie aufstellte. Am rechten Flügel versetzte die Reiterei dem Feind den ersten Schlag, und die Infanterie in der Mitte folgte mit massivem Druck. Das war die Grundtaktik Philipps und auch Alexanders, und sie wurde durch Truppenteile unterschiedlicher Bewaffnung getragen. Das brachte bereits einen handfesten Vorteil. Weil griechisches Fußvolk zur rechten Seite abzutreiben pflegte, wo es Deckung vorfand, pflegten die Feldherren ihre stärksten Einheiten jeweils links aufzustellen; deshalb trafen sie niemals aufeinander. Bei den Makedonen waren rechter und linker Flügel gleich stark, um die feindlichen Formationen auszuheben; die Infanterie blieb stets im Zentrum. Es mag sein, daß Philipp dies von dem thebanischen General Pammenes lernte, der ihn in seiner Jugend in Theben empfing. Eine Feldschlacht wurde durch die Stoßkraft galoppierender Reiterei entschieden. Es ist eine spektakuläre Methode, doch ist sie schwierig durchzuführen, weil Reitereinheiten aus jungen Hitzköpfen und Aristokraten bestehen, die nur Tollkühnheit gelten lassen. An Tollkühnheit übertraf Alexander sogar noch seinen Vater, und unter seiner Führung wurden diese Getreuen Kampfgefährten zur besten Kavallerie der Geschichte, die Truppen Dschingis Khans nicht ausgeschlossen. Allerdings brauchten sie dafür ein entsprechendes Heimatgebiet.

In Südgriechenland hatten die kargen Sommerweiden und die nur kleine Zahl von Männern, die sich ein Pferd leisten konnten, die Bildung einer starken Reitertruppe verhindert. Die Feudalherren Makedoniens aber waren fürs Reiten geboren. Täler und Ebenen gaben bei europäischem Klima sattes Weideland für Pferde ab. Aber auch im Hochland hatte es immer gute Pferde gegeben, und durch die Eroberung der Gebiete östlich von Makedonien hatte Philipp in den ersten zehn Jahren seiner Herrschaft breite Landstriche hinzugewonnen, in denen er Edle und eine neue Schicht von Landbesitzern auf einem für Pferde idealen Areal ansiedeln konnte, so daß 800 Kampfgefährten eine Fläche gehörte, wie sie in Griechenland die zehntausend Reichsten zusammen besaßen. Fruchtbare Güter bedeuteten mehr Pferde und Unterhalt für größere Gruppen von Reitern, und von Philipps Thronbesteigung bis zum Ende seiner Herrschaft wuchs die Zahl der Getreuen Kampfgefährten zu Pferde von etwa 600 auf über 4000. Die Pferde wurden um die erbeuteten Stuten aus dem barbarischen

Norden bereichert; es entstand eine Kreuzung, aus der wohl schnellere Tiere hervorgingen. Die Pferde des Altertums waren schwer und wirken grobschlächtig, wenn man an arabische Vollblüter gewöhnt ist. Bei einer näheren Betrachtung läßt sich einwandfrei erkennen, daß die makedonischen Pferderassen, den Abbildungen auf Münzen und in der Malerei nach zu urteilen, in den hundert Jahren vor Alexander schwerfälliger geworden waren. Es gab keine Zuchtbücher, daher auch keine Möglichkeit, die Zucht zu steuern. Die meisten griechischen Kriegspferde waren Wallache; sie wurden kastriert, indem zwei Holzblöcke an ihre Hoden gebunden wurden – in einer Welt, der es an Eunuchen nicht mangelte, ließ sich eine bessere oder modernere Methode kaum erwarten.

Der Berittene Kampfgefährte war nur unvollkommen geschützt. Sein Knappe mag einen Schild getragen haben; er selbst, soweit die Kunst der Zeit es erkennen läßt, jedoch nie. Er trug die in jener Zeit üblichen ledernen oder metallenen Brustplatten verschiedener Form, zu denen im Nahkampf, für den er sein Schwert oder den gebogenen Jagdsäbel benutzte, Armschienen gehörten. Steigbügel gab es nicht. Er saß auf einem Satteltuch, das um den Hals des Pferdes gebunden und zum Schutz der Knie manchmal gepolstert war. Über der Gürteltunika trug er einen wallenden makedonischen Mantel und einen Fransenrock aus Leder oder Metall, um die Weichteile zu schützen. Die typisch makedonische Schuhbekleidung war sandalenähnlich und bot keinen Schutz für die Füße. Sein Helm glich einem faltigen Südwester aus Metall und war manchmal mit einem metallenen Nackenschutz ausgestattet. Xenophon hatte diese Ausrüstung in seinen Kavalleriebüchern empfohlen, und der merkwürdige Helm, der eine weite Sicht erlaubte, war im griechischen Böotien entwickelt worden, wo Philipp seine frühen Jahre als Geisel verbrachte. Die metallenen Beinschienen und die von Xenophon empfohlene Pferderüstung wurden von den Makedonen nicht benutzt. Die Stoßtrupptechnik und das Schwenken – Methoden, die von Adeligen und Stämmen in den offenen Ebenen Siziliens und des europäischen Nordens entwickelt worden waren und wegen ihrer Beweglichkeit bei den Griechen eine leichtere Rüstung, den Wurfspeer sowie einen auf Abstand haltenden Einsatz der Reiterei begünstigten – berücksichtigte Philipp nicht. Die makedonischen Reiter mit ihrem Brustharnisch hatten griechische Truppen bei den im Jahrhundert zuvor eher raren Berührungen stets durch den schieren Schock ihrer Attacke überrumpelt, und Philipp hielt sich an diese dramatische Form des Angriffs. Da es Steigbügel nicht gab, fehlte den Reitern beim Aufprall der Halt für die Beine; ihre Lanzen durften nicht schwer sein und auch nicht unter dem Arm gehalten werden. Die Makedonen stürmten trotzdem mit eingelegter Lanze auf die Feinde ein. Diese Lanzen hatten eine Metallklinge und waren aus dem Holz der Kornelkirsche, dessen Härte Xenophon pries. Sie waren so dünn, daß sie beim Galopp vibrierten und beim Aufprall oft brachen. Ihr Hauptzweck lag darin, den Feind einzuschüchtern und seine Linien aufzureißen, worauf die Männer auf einen bereits ins Wanken geratenen Gegner eindrangen und unerbittlich einhieben. Die Wunden, die Alexander durch feindliche Reiterei erhielt, rührten von Dolchen und Schwertern, nicht etwa von Lanzen. Dem Feind jedoch fehlten Steigbügel ebenfalls, und die Erfahrung lehrt, daß ohne sie schon ein leichter Schlag einen Reiter – zumal einen Reiter in schwerer Rüstung – vom Pferd werfen kann.

Die Reiter hielten sich wohl an der Pferdemähne im Gleichgewicht, doch für einen wirksamen Angriff war das so unwesentlich wie die Steigbügel. Philipp hatte einen Trupp Berittener Späher zusammengestellt, die auf Erkundung ritten und danach – mit einer Lanze, die so lang war, daß sie beidhändig gehalten werden mußte – wieder in die Kampflinie zurückkehrten, um am Angriff teilzunehmen. Wie jeder kundige Reiter auch unserer Zeit lenkten sie ihre Pferde durch Schenkeldruck, und ihre beidhändige Lanzentechnik war kein eitles Spiel; sie wurde indes nicht nur von den römischen Reitertruppen in Afrika, sondern auch von den skythischen Nomaden der südrussischen Steppen fortgeführt. Was die Schrift für das Gedächtnis, bedeutete der Steigbügel für die Reitkunst: Ohne ihn mußte man härter zupacken und besser reiten können, als es in unserer Zeit üblich ist.

Ein Detail aber verhalf den makedonischen Reitern vor allem zum Sieg. Ihre Grundformation war nicht das Karree, sondern der nach vorn spitze, dreieckige Keil. Es ist der Kavallerie nie gelungen, eine feste Linie schwerer Infanterie im Frontalangriff zu nehmen, und die Makedonen versprengten deshalb zunächst die Reiterei des feindlichen Flügels oder lenkten sie ab, um dann die Richtung zu wechseln und diagonal in die Flanken der vorrückenden feindlichen Infanterie im Mittelteil einzustürzen. Der Keilverband hatte seiner Spitze wegen stärkere Durchschlagskraft und paßte zum diagonalen Angriff schon deshalb, weil alle Beteiligten »ihre Augen wie ein Zug Kraniche in Formation auf den Scharführer gerichtet hatten« und somit ihr Zeichen von einem deutlich erkennbaren Anführer erhielten. Selbst ein Keil ließ perfekte Wendungen jedoch nicht leicht werden. Zügel und Geschirr der Pferde hatten bei den Berittenen Kampfgefährten ein modernes Aussehen, konnten aber, da Schnallen fehlten, nicht rasch situationsgerecht angepaßt werden. Es gab keine Kinnketten, und die Gebisse, vor allem der mit Spitzen versehenen »Igel«-Art, waren sehr hart. Die Pferdemäuler wurden daher verhärtet und Martingale, die, falls zu heftig am Gebiß gezogen wurde, die Köpfe der Pferde herunterhielten, existierten nicht. Alexander schaffte es trotzdem, mit seinen Berittenen am rechten Flügel zu führen, einen Scheinangriff am äußersten Flügel vorzutäuschen und bei jeder offenen Feldschlacht dann ins Zentrum zurückzustoßen. Der Grund dafür lag sicherlich in der flexiblen Keilformation, die von den brillanten Reitern der Skythen und Thraker entwickelt und von Philipp, der mehrfach im Norden gegen sie gekämpft hatte, übernommen wurde.

Die Kampfgefährten stießen und drangen auf der Rechten durch. Die Kampfgefährten zu Fuß im Zentrum der Front waren für eine harte Nachstoßaktion gedacht. Ihre 9000 Mann kämpften in sechs Brigaden Schulter an Schulter; ihre mittleren Glieder scheinen als Bürgerliche Kampfgefährten bekannt gewesen zu sein – ein Titel, dessen Sinn unbekannt ist. Mit ihrer Rüstung verursachten sie einen berüchtigten Massenterror. Sie trugen eine bemerkenswerte Waffe – die makedonische Pike oder Sarissa. In ihrer längsten Form maß sie sechs Meter, hatte eine dreißig Zentimeter lange Eisenklinge an der Spitze und des besseren Gleichgewichts wegen am Ende den üblichen Schaftsporn, mit dem man sie bei einer Ruhepause oder als Schutzwall bei einem feindlichen Frontalangriff in die Erde rammen konnte. Sie mußte mit beiden Händen gehalten werden, und wie die Reiterlanze war sie aus dem Holz der Kornelkirsche gefertigt, einer Verwandten des Hartriegels, aus dem seiner harten Maserung wegen oft Spieker und Bratspieße gemacht wurden. Den Kornelbaum gibt es in verschiedenen Arten in großer Fülle nicht nur auf den Hängen makedonischer Berge, sondern auch in Griechenland und auf den

Hügeln Westasiens, die Philipp zu erobern gedachte. Seine verbreitetste Form, *cornus mas,* hat täuschend dünne, weitausladende Zweige und wird heutzutags von kundigen Gärtnern wegen seiner primelgelben Frühjahrsblüte bewundert. Die makedonischen Forstleute haben sie wahrscheinlich beschnitten, um dickere Stämme zu erzielen. Sie fertigten jede Sarissa in ihrer vollen Länge, indem sie Zweige und wird heutzutage von kundigen Gärtnern wegen seiner zusammenfügten, welches den Schwerpunkt balancieren half.

Bei der Länge der Sarissen ragten die Metallspitzen der ersten fünf Glieder, vielleicht in bemessenen Abständen, über die Angriffslinie der Kampfgefährten zu Fuß hinaus. Ob die mittleren Reihen ebenfalls Sarissen trugen, oder nur dazu dienten, der Formation größere Schlagkraft zu geben, ist nicht bekannt. Da sie wahrscheinlich, um die Front zu verbreitern, ausfächerten, werden sie wohl auch Sarissen getragen haben. Bei tieferen Verbänden hätten sie dann die Lanzen hochhalten können, um den Flug feindlicher Geschosse zu unterbrechen, während die Schlußglieder wenden konnten und die Speere senkten, so daß sich ein gespicktes Rechteck bildete. Der Drill mußte vollkommen sein; denn wenn ein solches Regiment zerfiel, war die Gefahr groß, und die wenigen bekannten Drillkommandos verraten nichts von den langen Jahren schwierigen Exerzierens. Sie konnten in Reihen, Rechtecken oder Keilen marschieren, ihre Angriffsfläche verbreitern, indem sie ihre Tiefe auf eine Grundstärke von acht Gliedern verringerten, oder sich massieren und auf sechzehn, zweiunddreißig und in Notsituationen selbst 120 Glieder tief zusammenziehen. Durch Zeitzählen konnten sie plötzlich schwenken und schräg angreifen, und wenn sie ihre Sarissen vertikal stellten, zurückmarschierten oder auf der Stelle traten und dann die Sarissen senkten, war eine Kehrtwendung möglich. Gegen einen feindlichen Angriff stießen sie ihre Sarissen in den Boden und schlossen dicht auf, so daß zwischen jedem ein Meter Abstand blieb und die Schilde, die an ihren Schultern angeschnallt waren, eine zusammenhängende Widerstandsfläche formten. Niemals aber waren sie bestechender, als wenn sie in eine feindliche Infanterie einbrachen, welche von den Reitern verwirrt worden war. Niemand, der ihnen gegenüberstand, sollte das je vergessen. Zum Gebrüll des alten griechischen Kriegsrufs »Allallalei« hielten sie Gleichschritt. Ihre scharlachfarbenen Mäntel bauschten sich, das gleichmäßige Schwingen der Sarissen auf und nieder, nach links, nach rechts, erschien erschreckten Beobachtern wie die Borsten eines metallenen Stachelschweins.

Die knopfförmigen Schilde der Kampfgefährten zu Fuß wurden zum Nationalsymbol der Makedonen, und doch mögen sie keine gänzlich makedonische Schöpfung gewesen sein. Schon vor Philipps Zeit hatten Kampfgefährten zu Fuß in Gliedern zu zehnt gekämpft, und obwohl er die Sarissen einführte und Formationen mit der Grundeinheit acht bildete, ist zu beachten, daß er seine Jugend als Geisel in der griechischen Stadt Theben verbracht hatte, wo Epaminondas und Pelopidas, die beiden verwegensten Generale des Zeitalters, bereits mit tiefen Reihen und schiefen Kampffronten experimentierten, wie Philipp und Alexander sie später bevorzugten. Was die langen Piken betraf, so sind sie mit denen der Soldaten Homers verglichen worden, doch liegt eine deutlichere Parallele in Ägypten, wo die Einheimischen immer mit Speeren und Bastschilden gekämpft hatten. Während der vorausgegangenen vierzig Jahre waren athenische Berufsoffiziere militärische Berater der Pharaonen gewesen, und einer von ihnen hatte schließlich die Länge der griechischen Speere verdoppelt. Ein anderer, Iphikrates, hatte in den offenen Ebenen Asiens gekämpft. Er war ein wohlbekannter Freund der königlichen Familie Makedoniens und vor allem der Mutter Philipps vertraut, der er wahrscheinlich bald diente, nachdem die ersten Kampfgefährten zu Fuß rekrutiert worden waren. Ein weiterer athenischer Berufssoldat, Charidemos, hatte oft Feldzüge an Makedoniens Grenzen befehligt, und es heißt, daß Philipp die dichte Schild-an-Schild-Formation, welche die Kampfgefährten zu Fuß in der Defensive anwandten, von ihm gelernt habe. Die Stadt Theben aber wurde von dem Heer ihres früheren Gastes zerstört und Charidemos auf Befehl Alexanders nach Asien verbannt, wo er die Perser gegen die Truppen beriet, die auszubilden er selbst einst geholfen hatte.

Im folgenden Zeitalter war es der Ehrgeiz jeder griechischen Stadt, eine mit Sarissen bewaffnete Infanterie zu besitzen, und die Kampfgefährten zu Fuß wurden die berühmtesten makedonischen Einheiten. Aber ihre Formation brachte Schwierigkeiten, und die Begleiter Alexanders wußten es. In all seinen großen Feldschlachten spielten diese Truppen kaum eine Rolle, oder sie gerieten auf unebenem Boden in Unordnung, und vor dem Einmarsch in Indien gaben sie ihre Sarissen gänzlich auf. Schlachtentscheidend wirkten sie nur, wenn die Reiter den Feind zuerst in Panik versetzt hatten, aber sie konnten nicht mithalten, wenn die Reiter im Galopp vorzurücken begannen; und wenn die Mauer ihrer Sarissen, sei es rauhen Terrains oder eigener Unfähigkeit wegen, einmal aufzusplittern begann, so waren die Männer äußerst verwundbar. Wahrscheinlich hatten sie stets metallene Beinschienen getragen und Brustplatten aus Leder oder Metall, ein teurer, aber notwendiger Schutz gegen Wurfgeschosse, der zumindest den Reihenältesten zukam. Auch ihre Helme waren aus Metall, und weil beide Hände die Sarissa hielten, mußten die Schilde klein sein, etwa 46 Zentimeter im Durchmesser, und sie wurden mit einem Riemen über die linke Schulter und den Oberarm geschnallt. Häufig waren sie aus Bronze, wie ein Knopf gewölbt und mit geometrischen Formen besetzt und bemalt, und sobald ihre Reihen brachen, waren sie gegen schwere Infanterie eine schlechte Verteidigung. Im Nahkampf waren Sarissen ohnehin fast nutzlos, und die kurzen Hüftdolche der Kampfgefährten waren wirklich nicht mehr als ein letzter Ausweg.

Die Kampfgefährten zu Pferde wie zu Fuß waren Truppen für gutes Terrain und Wetter. Wie bei der gesamten Reiterei des Altertums waren die Pferde der Kampfgefährten nicht beschlagen. Der Lederschutz, den man bei Eis über ihre Hufe stülpte, wurde rasch so dünn wie der Huf selbst. Rauhes Wetter aber gab es in Griechenland, Thrakien und Asien mehr als genug, und Philipp war ein viel zu kluger Planer, um lahmende Pferde, brüchige Reihen und deren Folgen hinzunehmen – so daß ein Angriff unmöglich wurde. Aus drei verschiedenen Einheiten bildete er Stoßtrupps, die auch an der Front kämpfen konnten. Keine andere Truppe war unerbittlicher oder häufiger im Einsatz. Früh schon warb er Bogenschützen aus Kreta an, der berühmten Heimat griechischer Bogenkunst. Sie wurden durch Schleuderer aus Rhodos ergänzt, deren Steingeschosse unter den Ruinen einer von Philipp zerstörten Stadt – sie tragen dementsprechend grobe Inschriften – gefunden worden sind. Die Elitetruppen waren die 3000 Infanteristen, die Philipp als Leibeinheiten rekrutiert und mit der Bezeichnung Königliche Schildträger geehrt hatte – eine Bezeichnung, die vorher auf Knappen und Leibwächter des Königs beschränkt gewesen war. Diesen besten Fußtruppen des Altertums gebührt das Verdienst, das allzuoft den Sarissaträgern zugeschrieben wird.

Die Schildträger hatten zwei militärische Aufgaben. Da die Fußtruppen ihre Schilde auf der linken Schulter trugen, wäre ihre rechte Flanke exponiert gewesen; gesichert war sie nur, weil dort die Schildträger kämpften, um sie mit jenen breiten Rundschilden zu schützen, denen sie ihren Namen verdankten. Sie dienten also innerhalb des Verbandes der Kampfgefährten zu Fuß und waren das Bindeglied zum Reiterflügel. Schnitzereien zufolge scheinen sie als Fronttruppen federgeschmückte Helme, Metallschienen und Brustplatten getragen und mit dem Schwert wie wahrscheinlich auch dem Speer gekämpft zu haben. Doch dienten sie andererseits als Kommandotruppe für nächtliche Überfälle, bei Gebirgsübergängen und Gewaltmärschen von mehr als fünfzig Kilometern pro Tag. Daß sie schneller waren als die Kampfgefährten zu Fuß, geht aus den historischen Berichten deutlich hervor. Selbstverständlich waren sie nicht mit Sarissen bewaffnet, und bei Kommandoaktionen ließen sie wohl auch ihre schweren Schilde und die Rüstung zurück. Die Ausdauer dieser Mehrzwecktruppen ist verblüffend.

Als viele von ihnen das 60. Lebensjahr bereits überschritten hatten, konnten sie an einem Sommertag dreißig Kilometer durch Wüstengebiet zurücklegen. Als erste kletterten sie die Belagerungsleitern hoch und in belagerte Städte oder die Bergfestungen des Hindukush. Als erste setzten sie den Elefanten zu, und sie waren die ersten, die die sichelbewehrten Wagen der Perser zerstörten. Nach Alexanders Tod kamen sie aus dem Ruhestand zurück und entschieden die bedeutendsten Schlachten seiner Nachfolger, weil sie improvisierten Fußtruppen zeigten, wie ihre Linien von Männern in Stücke zerschlagen werden konnten, die ihre Großväter hätten sein können. Für den Krieg und sonst nichts waren sie da. Er war ihre Leidenschaft.

Bogenschützen und Schleuderer mit großer Reichweite zur Provokation des Feindes; zur Deckung und gegen Stadtmauern Pfeilkatapulte; Kavalleristen, um in feindliche Reihen einzudringen; Kampfgefährten zu Fuß, um wankende Feindinfanterie zu zerschlagen; Schildträger für Kommandoaktionen und um Sarissen und Reiter in eine feste und gutflankierte Schlachtordnung zu binden – Philipp hatte das erste ausgewogene stehende Heer des Balkans ausgebildet, das er zudem durch ausländische Untertanen ergänzen konnte – die schwere thessalische Reiterei mit ihren diamantartigen Formationen, die leichtbewaffneten Reiter und Speerwerfer der thrakischen Stämme und griechische Söldnerinfanterie, die ohne ein Zeichen des Zauderns gegen ihre Landsleute antraten. Doch solche Ausgewogenheit war nichts ohne die Möglichkeit, jederzeit kämpfen zu können, und hier liegt die letzte und nicht unbedeutendste Neuerung Philipps.

Die Heere der griechischen Städte setzten sich meist aus Bürgern zusammen, die bei Bedarf herangezogen wurden, und weil diese wehrpflichtigen Bürger auch Ackerbau trieben, konnte das Heer in den Erntemonaten nicht in den Krieg ziehen. Nur in Sparta, wo tausend Aristokraten schließlich ein riesiges Heer von Griechen versklavten, gab es genügend Landarbeiter, um ein stehendes Heer unterhalten zu können. Durch Eroberungen und Beutezüge hatte Philipp Makedonien in eine Lage versetzt, die der Spartas vergleichbar war. Der offensichtlich starke Anstieg der Geburtenrate Makedoniens zwischen Philipps Thronbesteigung und Alexanders Tod ist überbetont worden. Die Zahlen sind irreführend und reflektieren auch die Grenzerweiterungen des Königreichs und möglicherweise sogar die Erfassung neuer Stämme und Gesellschaftsschichten. Viel wichtiger sind die Gefangenenimporte gewesen, da alle Gefangenen, die nicht verkauft wurden, wie gewöhnlich versklavt wurden; und in einer Agrargesellschaft ohne Maschinen, wo Muße sonst unmöglich gewesen wäre, beruhte die Fähigkeit der Griechen zu literarischem Leben, zu direkter Demokratie und zum Krieg mit Bürgerheeren immer auf der Ausnutzung von Sklavenarbeit. Philipp hatte Zehntausende von Sklaven zur Arbeit in den Minen und auf den Gütern seines Feudaladels heimgeschleppt. Wie athenische Besucher in Pella notierten, wurden sie scharenweise verschenkt; andere, darunter gar Landsleute aus Athen, wurden in Philipps eigene Weingärten entsandt. Ihr Zweck bestand hauptsächlich darin, die makedonischen Soldaten von den Verpflichtungen des Ackerbau- und Forstkalenders freizusetzen.

»Er unterscheidet gar nicht«, so beklagten sich Philipps Gegner, »zwischen Sommer und Winter. Für ihn ist keine Zeit des Jahres dem Nichtstun gewidmet.« Philipps Heer war ausgewogen; das nicht allein: es wurde von einer hinreichend großen Zahl von Sklaven getragen, die es stets bewegungsfähig machten. Im Spätherbst hatte Alexander es durch Griechenland getrieben. Im Frühjahr danach, im Erntemonat, sollte er es an die Donau führen, nach Illyrien hinein und wieder zurück gen Süden, um in Griechenland Rache zu nehmen. Rascher und mannigfaltiger war kein Feldzug Philipps gewesen. Dem Heer hatte nur eines gefehlt – das Genie eines geborenen Führers. Im Alter von einundzwanzig Jahren sollte Alexander zeigen, daß sein Anspruch auf Unbesiegbarkeit vielleicht doch berechtigt war.

5 UNBESIEGBAR?

Wenn Griechenland unterwürfig erschien, so gab es unter den Barbarenkönigreichen des Nordens noch alte Rechnungen zu begleichen. Philipp hatte die thrakischen Könige nordöstlich von Makedonien gegeneinander ausgespielt und im Gebiet des heutigen Bulgarien bis zur Donau hinauf und ans Schwarze Meer ein eindrucksvolles Netz neuer Städte errichtet. Das riesige, wilde Hinterland seiner Marschroute nach Asien, das ihm einen reichen, königlichen Zehnttribut einbrachte, hatte er größtenteils beherrscht. Keine seiner Eroberungen war glänzender, und doch: abgeschlossen hatte er sie nicht. Drei Jahre vor seinem Tod war Philipp im Herbst mit reicher Beute an Rindern, Mädchen, Knaben und Zuchtstuten aus dem Donaugebiet heimgekehrt, als in Thrakien der freiheitsliebende Stamm der Triballer seinen Zug überfiel, die ganze Beute raubte und ihm selbst eine schwere Schenkelwunde zufügte. Der Verlust traf ihn besonders schmerzlich, weil seine Finanzlage angespannt war und seine Truppen ihren Sold verlangten. Alexander hatte den Marsch begleitet, und im Frühjahr 335 v. Chr. brach er auf, um seinen Vater zu rächen und die Flanken der Route von Makedonien nach Asien zu sichern. Er wußte darum, wie wichtig die Nachschubwege sind, und sein Schatzamt konnte jedes Stück zurückgewonnener Beute dringend gebrauchen.

Zum ersten Male war er auf sich gestellt. Antipater blieb in Makedonien zurück. Parmenion und andere bewährte Generäle weilten wahrscheinlich in Asien. Alexander hatte Stämme und Landschaft Thrakiens bereits zweimal kennengelernt. Er wollte sich ihrer nunmehr – und darin liegt das wesentliche Geheimnis seines militärischen Erfolges – durch einen klugen Einsatz verschiedenartiger Waffen bemächtigen. Mit Ausnahme der Berittenen Späher und ihrer beidhändigen Lanzen – sie weilten bereits in Asien, wo die offenen Ebenen wie geschaffen für sie waren – brachte er sämtliche Einheiten seines Vaters ins Spiel. Eine einzige Einheit führte Alexander selbst neu ein, doch so klein sie sein mochte, ihre Bedeutung war groß. Er hatte sich noch zu Lebzeiten seines Vaters persönlich mit dem König der Agrianer angefreundet, eines Bergstamms am oberen Strymon nahe der Nordgrenze Makedoniens; nun stießen rund tausend der Wurfspießwerfer dieses

Stammes mit ihrem König zu Alexanders Stoßtrupps, und als Deckung für die Schildträger sollten sie eine bewundernswerte Kühnheit zeigen. Sie waren sozusagen die Gurkhas des Heeres, und damit hatte Alexander das Waffensystem seines Vaters bereits übertroffen.

Der Marsch wurde nach der vier Jahre früheren Expedition Philipps geplant und zielte auf das Donaugebiet und die Triballer. Die kleine Flotte langer Kriegsschiffe wurde aus Byzanz heranbeordert, wo sie die Dardanellen bewacht hatten, und sie kamen längs der Küste des Schwarzen Meeres bis zur Donaumündung und ruderten flußaufwärts, um auf das Heer zu treffen. Philipp war unter den griechischen Feldherren der einzige, der jemals die Donau erreicht hatte, doch Alexander hatte ihn dabei beobachtet. Das Beispiel seines Vaters brachte ihn bereits auf ehrgeizige Gedanken, und während der Opferhandlungen, die ein Feldherr zu beachten hatte, kam ihm ein Zufall zu Hilfe. Als er in dem berühmten Heiligtum von Krestonia im östlichen Makedonien, das am Wege lag, dem Dionysos opferte, loderte die Flamme ungewöhnlich hoch auf – solch ein Zeichen gehörte zu den Besonderheiten dieses Schreins –, und die Weissager erblickten darin sogleich das Omen eines siegreichen Königs. Es sollte nicht lange dauern, bis die Vorhersage sich auf dem Schlachtfeld bewahrheitete.

In einem entsetzlich zerklüfteten Land führte sein Weg ihn durch einen schmalen Engpaß, bei dem es sich vielleicht um den heutigen Schipkapaß handelte, wo die Stammesleute sich hinter einem Schutzwall aus Karren verschanzt hatten. Wie in Thessalien suchte Alexander zunächst nach einer Möglichkeit, ihn zu umgehen. Es war unmöglich, und er überlegte also, ob er ihn im Sturm nehmen konnte. Die Karren schienen der Verteidigung zu dienen, doch erkannte er sehr bald, daß sie auch hügelabwärts in seine dichtgedrängten Scharen gerollt werden konnten. Er befahl seinen Leuten vorzurücken. Sollten die Karren herabzurollen beginnen, so sollte, wer ausweichen konnte, beiseite springen, die Schildträger aber sollten sich unter der Deckung ihres Schildes auf den Boden legen. Tatsächlich, die Karren kamen heruntergerollt, und wie befohlen, öffneten sich einige Reihen, andere legten sich nieder, und die Karren rollten entweder durch die Lücken oder über die Schildmauer hinweg. »Kein einziger Makedone kam ums Leben«, wie Alexanders Freund Ptolemäos* in seiner Chronik über

* Zur Auswertung der Quellen siehe Anmerkungen am Ende des Bandes.

dieses Ereignis berichtet. Als Alexander sich vier Jahre später persischen Streitwagen gegenübersah, wurde er mit ihnen auf die gleiche Weise fertig wie mit diesen thrakischen Karren. Große Generäle erinnern sich einst erfolgreicher Kriegslisten, und Alexander sollte bald beweisen, daß er nicht nur vom Lesen, sondern auch aus der Erfahrung vieles im Gedächtnis behielt.

In Thrakien bildete die dicht bewaldete Landschaft ein größeres Hindernis als die ohne Rüstung kämpfenden Stammeskrieger, so daß Philipp einmal eine Hundemeute benutzte, um die Gegner aus den Dickichten zu jagen. Alexander ging so vor, daß er die verschiedenen Waffengattungen geschickt koordinierte. Die Schleuderer und Bogenschützen seines Vaters trieben die Barbaren aus den Wäldern. Dann fiel seine Infanterie über die Fliehenden her, notfalls sogar bergauf, und seine nachstoßende Reiterei bedrängte sie von der Seite, sofern Lichtungen es erlaubten. Es dauerte gar nicht lange, und die Triballer waren so gründlich in die Flucht geschlagen, daß ihr König mit wenigen Getreuen auf eine Donauinsel floh, wo Nomaden am Ufer auf ihn lauerten. Alexander schickte seine Beute nach Makedonien zurück, da er sich an die unglücklichen Verluste seines Vaters erinnerte, und marschierte bis zu dem großen Fluß vor, um seine erste ausländische Kampagne abzurunden.

Seine Kriegsschiffe waren wie vereinbart gekommen, doch waren es ihrer zu wenige, und sie waren zu schwach, um die Insel der Triballer zu nehmen. Alexander ließ also seine Seemacht fahren, die er, wie Napoleon, niemals meisterte, und beschloß, seine Truppen über die Donau zu setzen, um am anderen Ufer eine Demonstration des Schrekkens zu geben. Alexander ließ Fischerboote requirieren und befahl seinen Truppen, ihre ledernen Zelthäute mit Spreu auszustopfen und zusammenzunähen, so daß sie Flöße bildeten. Auf diesen behelfsmäßigen Transportmitteln überquerten sie den Fluß im Dunkel der Nacht; ihre Pferde schwammen neben ihnen her. Listig landeten sie im Schutz eines hohen Kornfelds, und sie wurden von Kampfgefährten zu Fuß durch die Felder geführt, die mit den flachen Klingen ihrer Sarissen einen Weg bahnten. Auf offenem Terrain führten sie eine klassische Attacke; von den Berittenen Kampfgefährten am rechten Flügel unterstützt, stießen sie in den Gegner hinein, während der Block ihrer Sarissen dem Angriff zusätzliche Wucht verlieh. Die Stammesleute flohen zunächst in eine Festung und zogen sich dann auf dem Rücken ihrer Pferde in die Steppen zurück. Alexander war zu klug, um einem flüchtigen Feind in unfruchtbares Steppenland zu folgen, und kehrte deshalb zurück, um die Beute zu zählen und dem Retter Zeus, Herakles und der Donau dafür zu opfern, daß sie ihm die Überquerung des Flusses gestattet hatten.

Die Art des Flußübergangs hing nicht nur von dem guten Willen der Götter ab. Es war bekannt, daß nomadische Vettern der Donaustämme die Häute toter Pferde mit Spreu füllten, aber es gibt keine Belege dafür, daß Alexanders spreugefüllte Flöße einer einheimischen Praxis folgten. Solche Flöße verweisen eher auf den Osten, auf Euphrat und Oxus und die Flüsse des Pandschab, wo Menschen auch heute noch ausgestopfte Häute als *Kilik*-Flöße benutzen, die bis zu zwei Zentner transportieren. Kein Makedone war jemals so weit in Asien vorgedrungen, und nur ein einziger General Griechenlands hatte es beschrieben. Das war der Athener Xenophon, der die 10 000 Griechen an der Wende des Jahrhunderts nach Mesopotamien geführt hatte und seinen Marsch in seinen Memoiren beschrieb. Als er den Euphrat erreichte, zeigte man ihm, wie er den Fluß auf ausgestopften Häuten überqueren konnte. An der Donau verließ Alexander sich offensichtlich auf einen Trick, den er in einer Militärgeschichte gelesen hatte.

Nach der ersten kühnen Überquerung der Donau durch balkanische Truppen schickten Stämme, die längs des Flusses wohnten, Freundschaftsgeschenke, und die Triballer übergaben ihre Insel. Zweitausend von ihnen begleiteten Alexander später auf seinem Marsch nach Asien. Sogar die sogenannten Kelten des westlichen Europa, die weiter flußaufwärts nahe der adriatischen Küste hausten, schickten Gesandte, um sich mit Alexander zu verbünden. Wie sein Freund Ptolemäos schrieb, fragte Alexander sie, wen in der Welt sie am meisten fürchteten, wobei er hoffte, sie würden seinen Namen nennen. Sie jedoch antworteten, ihnen sei davor am meisten Angst, daß der Himmel über ihren Häuptern zusammenstürze – ein alter keltischer Glaube, den bereits Herodot notiert hatte, und es war nicht das letzte Mal, daß ein Makedone einen unbekannten Stamm mit den Augen Herodots beschrieb. Doch mochten die Kelten sich auch weigern, Alexander zu schmeicheln, ihre Gegenwart war angenehmer als ihre Hartnäckigkeit; denn Makedonien diente der Geschichte in einer Weise, welche seine griechischen Untertanen nicht erkennen konnten. Ihre Stellung auf dem Balkan diente als Schutzwall gegen den Druck der ruhelosen Stämme Europas, und ein starkes Makedonien sicherte die griechischen Stadtkulturen im Süden. Fünfzig Jahre sollten vergehen, bevor die Horden der Kelten in Griechenland eindrangen und die griechische Kultur bedrohten, und das geschah zu einer Zeit, als die königliche Familie Makedoniens durch Wirren geschwächt war. Die europäischen Eroberungen Philipps und Alexanders gehören einer größeren Dimension an; ohne sie wäre, wenn nicht die Freiheit, so doch die Sicherheit Griechenlands undenkbar gewesen. Doch es gab noch eine zweite Durchbruchstelle nach Europa, und Alexander hatte die Kelten kaum empfangen, als ihm zugetragen wurde, daß auch dort Gefahren lauerten.

Westlich und nordöstlich des makedonischen Hochlands lebten die illyrischen Stämme, deren Dörfer den hauptsächlichen Einmarschweg von Europa nach Griechenland beherrschten und deren Könige selbst gefährlich genug waren. Als Philipp seine Herrschaft antrat, hatten sie einen großen Teil Makedoniens überrannt, den König getötet und hohe Tribute gefordert. Philipp trieb sie zurück und drang bis hoch an die Adriaküste vor, um sie in allen Jahreszeiten zu belästigen. Er hatte seine nordwestliche Grenze mit neuen Garnisonsstädten besiedelt und zu dem Zweck seine Untertanen ihrer Heimat entrissen »wie ein Schäfer, der seine Herden von Winter- auf Sommerweidegründe treibt«, aber er hatte nie wirklich sichern können. Die Illyrier bereiteten ihm einen seiner wenigen Mißerfolge. Der König, den er zu fürchten gelernt hatte, hieß Bardylis. Zweimal war Makedonien ihm tributpflichtig geworden. Bardylis, als ungewöhnlich reicher Mann bekannt gewesen, war jedoch kürzlich im Alter von 90 Jahren gestorben. Sein Sohn war es, der Alexander mit einem Grenzkrieg bedrohte.

Innerhalb weniger Wochen war die Donau vergessen. Alexander bewegte sich tief in den illyrischen Sümpfen und Grenzgebieten. Im Spätsommer schloß er den Sohn des Bardylis in einer Festung ein und bereitete sich auf eine Belagerung vor, als ein benachbarter König in voller Stärke an den Pässen auftauchte, die Alexanders Rückzug blokkierten. Es war eine sehr unangenehme Situation. Nahrung war knapp, und seine Furagiertrupps waren fortwährender Belästigung ausgesetzt. Kampflos abzuziehen war unmöglich, da Bardylis' Sohn aus der Festung ausbrechen und ihm in den Rücken fallen würde, und das mit Truppen, die ihren Geschmack an Menschenopfern oft bewiesen hatten. Der Fluchtweg war ein schmales, bewaldetes Tal zwischen dem Fuß eines steilen Berges und einem Fluß, und er war so schmal, daß nur vier Männer nebeneinander ihn passieren konnten. Alexander saß in der Falle. Er half sich mit einem unverschämten Bluff.

Auf seinem Stück offenen Terrains engte er seine Infanterie zu einer 120 Glieder tiefen Formation ein; an beiden Flanken befanden sich Reiter. Aufrecht sollten die Sarissen gehalten werden, und auf Befehl sollten die ersten fünf Glieder sie wie zum Angriff senken und in völligem Gleichmaß von links nach rechts peitschen. Alle Truppen sollten vormarschieren und sich von einem Flügel zum andern im Gleichmaß mit den vorderen Sarissaträgern wiegen, sich zum Keil gruppieren und auf den Gegner zurücken. Die Schilde sollten gegeneinander geschlagen werden, und der Kriegsruf »Allallallei« hallte durch das Tal. Bei den ersten raschen Schritten vorwärts verließen die meisten Feinde aus Furcht vor dem disziplinierten Drill und dem Tosen des Kriegsgeschreis fluchtartig die Hügel.

Es kam dann darauf an, die unteren Hänge des Berges von den wenigen verbleibenden Wachttruppen des Gegners zu säubern. Ein Trupp von Kampfgefährten galoppierte aufwärts, um abzusitzen und die Feinde anzugreifen, die aber wiederum davonliefen. Der Hügel ging an Alexander und seine Stoßtrupps aus Agrianern, Bogenschützen und Schildträgern. Während sie die Hänge gegen den höher gelegenen Feind sicherten, durchwatete das übrige Heer den Fluß, der zur einen Seite die Enge eingrenzte, und formierte sich unter stetigem Kriegsgeschreis um Angreifer abzuschrecken, rasch am anderen Ufer. Alexander übernahm mit seinen bewährten Stoßtrupps die Nachhut und rückte erst auf, als alles sicher schien. Neues Kriegsgeschrei und Exerzieren seitens der Infanterie hielten die schlimmste Gefahr ab, und als Alexander selbst schließlich den Fluß durchwaten mußte, ließ er sich vom anderen Ufer durch Pfeilschleudern Deckung geben. Indem seine Stoßtrupps den Feind fernhielten, unter Deckung seiner Geschütze und durch das drohende Gehabe seiner schweren Truppen entkam Alexander dem Unheil auf einem wohlausgewogenen Rückzug. Drei Tage später kehrte er bei Nacht unbemerkt über den Fluß zurück und überrannte mit zwei Brigaden seiner Kampfgefährten zu Fuß und den unersetzlichen Bogenschützen und Agrianern die Feinde, die ohne Absicherung, da sie ihn nicht wiederzusehen glaubten, leichtfertig lagerten. Auf gegnerischer Seite gab es viele Tote und noch mehr Gefangene. Die illyrischen Könige flohen gen Norden. Ihren Nimbus hatten sie verloren.

Doch unwillkommene Nachrichten verhinderten jede weitere Verfolgung. Es war bereits Mitte September, und während Alexander sich in den nördlichen Grenzgebieten aufhielt, hatte er den Gehorsam der Griechen und die Sicherheit der Vorausabteilung seines Vaters in Asien als gesichert angenommen. In beiden Punkten sah er sich getäuscht. Attalos war in Asien ermordet worden, und vielleicht war es diese Nachricht, die Olympias veranlaßt hatte, in Makedonien die Rache selbst in die Hand zu nehmen und Eurydike zu töten, die Nichte des Attalos und das Mädchen, das ihre Stelle in der Gunst Philipps eingenommen hatte. Um ganz sicher zu gehen, hatte sie auch die Tochter der Eurydike, Europe, ermorden lassen. Vielleicht lag es am Tode Attalos', auf jeden Fall war die Vorausabteilung in Asien ins Stocken geraten und durch ein energisches Vorgehen persischer Generäle sogar zurückgetrieben worden. Es war Teil einer umfassenden Strategie, daß sie, wie es hieß, dreihundert Talente an Demosthenes, den makedonenfeindlichsten unter den Politikern Athens, geschickt hatten, und für die Perser bestand Hoffnung, daß die Griechen sich gegen ihre Führer erhoben. Einen Aufstand gab es in der Tat, doch hatte er mit Persien oder den Politikern Athens nichts zu tun.

Drei Jahre zuvor hatte Philipp im mittleren Griechenland Theben für seinen militärischen Widerstand hart bestraft. Die Stadt war mit ihm verbündet gewesen und hatte dann, als sie sich ihrer Hoffnungen beraubt sah, die Seite gewechselt. Nach der Niederlage der Griechen mußte die Stadt zusehen, wie ihre Gefangenen als Sklaven verkauft wurden, und ihre Toten waren erst bestattet worden, nachdem für diese Ehre bezahlt worden war. In der Stadt selbst waren führende Thebaner getötet oder ins Exil geschickt worden; ihr Besitz wurde konfisziert. Eine makedonische Garnison rückte in die Festung Thebens ein. Die Macht erhielt ein Rat von 300 Thebanern, von denen viele früher einmal von ihren Mitbürgern in die Verbannung geschickt worden waren und die allgemein verhaßt blieben, weil sie Makedonien viel verdankten. Noch schlimmer, Philipp hatte versprochen, den kleineren Städten im benachbarten Böotien im Namen der Unabhängigkeit die Selbständigkeit zurückzugeben – Städten, die Theben um größerer Macht und mehr Land willen stets zu beherrschen versucht hatte, so daß die Geschichte Thebens über zwei Jahrhunderte unter dem Motto der Tyrannisierung kleiner widerstrebender Nachbarstädte geschrieben werden könnte. Nun aber sollten sie auf Befehl eines Makedonen unabhängig sein.

Es war also nicht Alexander, dem der letzte thebanische Aufstand zur Last gelegt werden konnte. Er hatte nun für die Härte seines Vaters zu büßen, und der Grund lag in der heimlichen Rückkehr von Thebanern, die Philipp drei Jahre früher aus der Stadt verbannt hatte. Sie sprachen von der Freiheit und davon, daß Alexander in einer Schlacht nahe der Donau gefallen sei. Das klang zu verlockend, um nicht geglaubt zu werden, und als die Heimkehrer von den Missetaten der makedonischen Garnison berichteten, die zu vertreiben die Thebaner im vorausgegangenen Herbst zu träge gewesen waren, wurden zwei führende Politiker ergriffen und meuchlings ermordet. Es war ein offener Aufstand, aber uneigennützig waren die ehemaligen Verbannten mit ihrem Gerede von Freiheit kaum. Unter ihnen befanden sich frühere Beamte jener Liga, durch die Theben die Nachbarstädte beherrscht hatte, und wenn sie gegen die makedonische Tyrannei protestierten, so auch aus Entrüstung darüber, daß die schönen Tage ihres eigenen kleinen Reiches zu Ende waren.

Alexander reagierte auf diese Nachrichten mit der Eile und dem Ernst, den sie verdienten. Er verschwendete keine Zeit damit, erst nach Makedonien zurückzukehren, sondern marschierte in furiosem Tempo längs der Westgrenze Makedoniens über die braunen Ebenen bei Trikkala, überwand alle Hügel und Bergpässe und stand innerhalb von vierzehn Tagen vor Theben. Theben hatte auf Truppen von Athen gehofft und mit Bürgerheeren aus Städten Südgriechenlands gerechnet, doch nur die Arkader rührten sich, während andere Städte neutral zu bleiben drohten oder sogar dem Makedonen zu helfen bereit schienen, mit dem sie sich ja durch einen Schwur verbündet hatten. Als von den Stadtmauern Nachricht kam, ein mehr als tausend Mann starkes makedonisches Heer nähere sich, wollten die Thebaner es nicht glauben. Dieser »Alexander«, so nahmen sie an, mußte Antipater sein, oder vielleicht der lynkestische Alexander, der den Befehl über Thrakien erhalten hatte. Zu ihrem Schaden jedoch war es wirklich Alexander, und binnen einer Woche hatte er »das schnellste und größte Unglück in Gang gebracht«, das jemals, so konnte behauptet werden, eine griechische Stadt getroffen hatte. Alexander handelte rasch entschlossen auf eine Art, die oft beklagt worden ist, und die Auseinandersetzung darüber hat sich, wie oft, in den Feinheiten seiner verschiedenen Chroniken niedergeschlagen. Sein Freund und Offizier Ptolemäos betont, daß Alexander mit dem Angriff auf die Stadt gezögert habe, in der Hoffnung, daß die Thebaner Unterhändler entsenden würden, da sie, und das ist sicherlich richtig, in zwei Lager gespalten waren, nämlich Männer, die zu Verhandlungen bereit waren, und andererseits die Aufwiegler, die solches Ansinnen ablehnten. Andere Quellen stimmen mit Ptolemäos hinsichtlich des Zögerns überein, behaupten jedoch, daß, als Alexander die Übergabe der Rebellenführer verlangte, Thebaner von einem hohen Turm um Hilfe zur Befreiung der Griechen von ihrem Tyrannen riefen, und daraufhin habe Alexander unverzüglich seinen Angriff geplant. Drei Tage später eröffnete er die Schlacht mit dem thebanischen Heer außerhalb der Stadtmauern, und weil die Thebaner in dem Gymnasium ihrer Stadt exerziert hatten, stieß er auf einen harten Gegner. Erst als Antipater die Reserve ins Feld führte, konnten die Makedonen verlorenen Boden zurückgewinnen. Dann, als seine Truppen sich neu formierten, bemerkte Alexander in der Stadtmauer ein unbewachtes Ausfalltor. Diese Entdeckung entschied die Schlacht. Eilends sandte er Perdikkas mit seinem Regiment, es zu besetzen, und als sie hinter dem Rücken der Thebaner erst einmal in die Stadt eingedrungen waren, blieb alle Verteidigung umsonst. An der Plünderung beteiligte sich die makedonische Garnison, die bis dahin in ihrer Festung eingeschlossen gewesen war. Die Beutegier kannte keine Grenzen.

Ptolemäos stellt die Geschichte raffinierter dar. Ihm zufolge hatte Alexander überhaupt nicht angreifen wollen und das Zögern fortgesetzt. Zur Schlacht sei es nur deshalb gekommen, weil Perdikkas ohne Befehl handelte und er sich in den Kopf setzte, eigenmächtig anzugreifen. Ohne dazu ermächtigt worden zu sein, versuchte Perdikkas es mit einem Beutezug und wurde dabei »gefährlich verwundet« und ging »fast verloren«. Erst als die Thebaner Perdikkas' Leute bis in Alexanders Lager zurücktrieben, fühlte Alexander sich verpflichtet, ihm zu Hilfe zu kommen. Fast zufällig nahmen einige Makedonen die Verfolgung mit einer solchen Hast auf, daß sie dabei selbst in die Stadt gelangten, wo sie kaum auf Widerstand stießen, und mit Hilfe der Garnison gelangte die Stadt gänzlich in ihre Hände – und das weniger in barbarischer Absicht als durch ein Mißgeschick. Solch raffinierte Entschuldigung ist höchst interessant. Ptolemäos, der nach Alexanders Tod schrieb, hatte seinen guten Grund, seinen Rivalen zu verleumden, und deshalb erklärte er den Fall Thebens als Folge einer Insubordination und daraus entstehender, zufälligen Gegenmaßnahmen seines Herrn. Da er sich selbst auch als Beschützer der griechischen Freiheit darstellte, hatte er allen Grund, den griechischen Widerstand gegen die Makedonen zu verheimlichen.

In einem Punkt, und zwar in einem wichtigen, stimmen die Berichte jedoch überein. Bei der grausamen Plünderung der Stadt zeichneten sich die griechischen Verbündeten aus Thebens Nachbarstädten durch ein Verhalten aus, das den Thrakern Ehre gemacht hätte, obwohl ihre Begeisterung in Anbetracht ihrer historischen Erfahrungen mit Theben durchaus verständlich ist. Philipp hatte in Griechenland die kleineren Städte wiederholt gegen ihre größeren Nachbarn unterstützt; als Alexander nunmehr die Macht Thebens zerstörte, waren es diese kleineren Städte, die sich rückhaltlos mit ihm verbündeten. Die Plünderung Thebens darf nicht als ein weiterer Verstoß gegen die Freiheit der Griechen betrachtet werden; denn Theben hatte durch seinen Imperialismus diese Freiheit selbst verletzt, und Griechen waren es, die im Namen Alexanders zurückzahlten, was ihnen Theben in der Vergangenheit angetan hatte. Alexander tat gut daran, seine griechischen Helfershelfer wahrscheinlich gleich an Ort und Stelle – anstatt im vollen Rat der Verbündeten ganz Griechenlands – über das Schicksal der Stadt entscheiden zu lassen. Sie plädierten, was er vorher bereits wußte, für eine totale Zerstörung. So wurde die Stadt also zerstört. Jeglicher privater Landbesitz wurde zur Belohnung den Verbündeten übergeben, und es heißt, daß 30 000 Thebaner, Frauen und Kinder eingeschlosen, versklavt wurden; und zieht man die plötzliche Schwemme auf dem örtlichen Markt in Betracht, so erzielten sie beträchtliche Preise. Ausgenommen waren Priester und solche, die für ihren Widerstand gegen die Rebellion bekannt waren, sowie alle Freunde und Vertreter makedonischer Interessen bis hinunter zu den

Nachfahren des Dichters Pindar, der 150 Jahre vorher dem makedonischen König Gedichte gewidmet hatte. Sein Haus wurde auf auffällige Weise inmitten der Zerstörung auf Befehl verschont.

Namens seiner griechischen Verbündeten zerstörte Alexander eine der drei großen Mächte Griechenlands, die ihn bedroht hatten. Wie es heißt, erinnerten sich die Leute noch daran, wie Theben einst in den lange zurückliegenden Zeiten der persischen Invasion die Perser unterstützt hatte, und diese Tatsache zu einem Zeitpunkt in Erinnerung zu bringen, als Alexander sich aufmachte, das persische Reich zu erobern, ganz als ob er deren alte Beleidigungen gegen die Griechen zu rächen gedachte – das war ein ungemein geschicktes Vorgehen. Falls der Rat der Verbündeten nicht sofort für die Zerstörung Thebens stimmen sollte, so würden sie doch selbstverständlich ihre Billigung einer Tat beschließen, die zu verdammen sie sich nicht getrauten. Nur die Arkader hatten Theben zu helfen versucht, aber die Arkader verurteilten ihre Anführer unverzüglich zum Tode und waren dankbar, daß ihre Truppen den Isthmus nie überschritten hatten. Andere Städte verhielten sich ähnlich, doch es blieb das Machtzentrum Athens, und hier schritt Alexander ein.

Athen hatte trotz der Gerüchte, ja sogar trotz Augenzeugenberichten vom Tode Alexanders an der Donau, keine Truppen zum Beistand Thebens entsandt. Alexander beherrschte nämlich durch seine Flotte und seine Vorausabteilung noch immer die wichtigen Häfen der Dardanellen, und wahrscheinlich hielten seine Schiffe bereits die Getreideflotte vom Schwarzen Meer zurück, von der Athen und seine Versorgung abhingen. Eine offene Unterstützung Thebens hätte mit Sicherheit dazu geführt, daß diese Versorgungslinie noch drastischer abgeschnitten worden wäre, und so war Athen neutral geblieben, auch wenn Demosthenes Geld und Waffen aus dem Geschenk des persischen Königs an die Thebaner schickte. Es muß auch beachtet werden, daß die Athener Theben über fast zwei Jahrhunderte bitter gehaßt und daß die beiden Städte sich erst in den letzten vier Jahren angenähert hatten, indes Theben nur siebzig Jahre vorher dafür gestimmt hatte, ein hilfloses Athen zu zerstören – ein Vorfall, den man nicht so rasch vergaß. Zur Zeit der Plünderung begingen die Athener ein religiöses Fest, und kein griechisches Heer wäre bereit gewesen, die Ehrung der Götter um eines Kriegsmarsches willen zu unterbrechen. Trotzdem wollte Alexander den Athenern nach dem Terror von Theben eine kleine Lehre erteilen. Eine Belagerung der langen Stadtmauern konnte er sich nicht leisten. Auch war er nicht bereit, eine Stadt, deren Flotte und Ansehen er gegen Persien benötigte, gegen sich aufzubringen, und so verlangte er lediglich die Übergabe jener Generäle und Politiker, die am deutlichsten gegen ihn eingenommen waren. Es kam zu einem Disput über die Liste seiner Opfer, doch ein Bittgesuch aus Athen veranlaßte ihn schließlich, seine Forderungen einzuschränken, und er war es zufrieden, daß allein Charidemos Athen verlassen sollte. Diese Änderung entsprach wahrscheinlich der Form des Gesetzes; denn unter den Feinden Alexanders war Charidemos der einzige, der nicht athenischer Geburt, vielleicht nicht einmal ein richtiger Ehrenbürger der Stadt war, weshalb er in die Verbannung geschickt werden konnte, ohne daß die Gesetze Athens verletzt wurden. Praktisch war das ein schlimmer Fehler; denn der erfahrenste General Athens floh, um dem persischen König zu dienen, und zwei andere Bürger, die Alexander verdächtig waren, folgten aus freien Stücken. Ob Vollbürger oder nicht, er hätte sie fassen sollen, solange er konnte. Ein Jahr später fachten sie in Asien den Widerstand an, und ihr Entkommen mag vom makedonischen Standpunkt aus bedauerlicher erschienen sein als die Zerstörung Thebens.

Nach solchen Maßnahmen kehrte Alexander im Oktober nach Makedonien zurück. Alle vier Grenzen waren inzwischen gesichert, und so konnte er die große Invasion Asiens vorbereiten. Wie sein Vater auch, leitete er seinen Ausmarsch mit großem Pomp ein. In der Grenzstadt Dion stand das jährliche Fest für Zeus und die Musen bevor, und in diesem Jahr lud er Freunde, Offiziere und sogar die Gesandten seiner griechischen Verbündeten ein, daran teilzunehmen. Ein riesiges Zelt wurde errichtet, das hundert Ruhebetten faßte, und neun Tage lang ergab der Hof sich dem Trunk und ergötzte sich an den Künsten, und das ohne finanzielle Skrupel, da Beute aus Theben und von der Donau die Schatzkammern wieder aufgefüllt hatte. Das ganze Heer erhielt für die Opferungen Geschenke und Tiere, die sie verzehrten, nachdem sie den Göttern ihren Teil gewidmet hatten. Die Offiziere erhielten ihrem Einfluß entsprechend wertvolle Geschenke und neue Ländereien, um sie noch enger in Treue an den König zu binden.

Es war zugleich eine gute Gelegenheit, um Hochzeiten zwischen den adeligen Familien des Hochlandes und des Flachlandes zu feiern. Parmenion wie auch Antipater hatten heiratsfähige Töchter, und beide schlugen Alexander vor, er selbst möge doch auch heiraten und einen Sohn und Erben zeugen, bevor er in Asien einbreche. Alexander wies das Ansinnen zurück, vielleicht weil ihn die Eheverwirrungen seines Vaters zur Vorsicht mahnten, vielleicht auch weil er verhindern wollte, daß seine älteren Generäle etwa versuchten, über einen unmündigen Erben die Herrschaft an sich zu reißen. Antipaters Tochter gab er einem seiner Leibwächter zur Frau. Ein elimiotischer Magnat, dessen Brüder im Heere hohe Stellen innehatten, wurde mit Parmenions Tochter verheiratet. Teils um alte Wunden zu heilen, teils um für die Zukunft eine neue Offiziersklasse zu begründen, schlossen sich viele andere Heiraten an, doch Parmenion und Antipater blieben nicht ohne Belohnung.

Der fast sechzigjährige Antipater erhielt das Kommando über den Balkan und Europa; der bereits fünfundsechzigjährige Parmenion wurde zum stellvertretenden Kommandeur des Heeres ernannt, dem der ganze linke Flügel der Schlachtordnung unterstellt wurde. Einer seiner Söhne, Philotas nämlich, erhielt den Befehl über die Berittenen Kampfgefährten, einem anderen wurden die Schildträger unterstellt. Ein Neffe oder Vetter Parmenions befehligte die Hälfte der Berittenen Späher, und der Anführer der Infanteriebrigade aus Elimea war nunmehr sein Schwiegersohn. Drei andere Infanterieoffiziere und ein prominenter Reiteroberst mögen bereits enge Freunde Parmenions gewesen sein. Und doch gibt es keinen Beweis dafür, daß Alexander die Freunde und Angehörigen des Parmenion gegen seinen Willen zu befördern gezwungen war. Das hohe Kommando entsprach Parmenions Einfluß, war jedoch kaum in eigener Macht begründet, und nichts weist darauf hin, daß der König und sein General schon zu diesem Zeitpunkt miteinander in Streit gelegen hätten.

Das Gegenteil war eher der Fall. Es gab unter den adeligen Kampfgefährten zahlreiche Männer, die gegen einen Einmarsch in Asien waren, und Parmenion allein riet Alexander zu – vielleicht weil er das Land schon mit eigenen Augen gesehen hatte. Es gab jedoch im entlegenen Westen eine Alternative. Alexander griff sie auf, indem er Pläne für einen Zweifrontenkrieg ausarbeitete. Während seine Hauptmacht über die Dardanellen nach Asien setzte, sollte eine Transportflotte mit Reiterei und Infanterie nach Süditalien segeln; den Oberbefehl erhielt sein Schwager und Onkel Alexander, der König von Epirus, der somit seine Frau mit einem Sohn und einer erst kürzlich geborenen Tochter bereits nach zwei Ehejahren verließ. Die politische Lage im griechischen Westen war Alexander durch griechische Kampfgefährten vertraut. Die griechische Kolonie Tarent hatte ihn gegen benachbarte Stämme um Hilfe gebeten, und er kommandierte seinen Schwager ab, um im Interesse griechischer Siedlungen in Italien zu intervenieren. Die Seeräuberei in der Adria hatte bereits seine Aufmerksamkeit erregt, und er hatte mit Rom über die Säuberung des Meeres korrespondiert. Innerhalb von drei Jahren sollte Rom, das Schüler des Aristoteles als eine griechische Stadt beschrieben, sich mit Alexanders in Italien einmarschierendem Schwager verbünden, und die makedonische Sache in Italien schien gesichert.

Es war ein großer Augenblick, da makedonische Heere an beiden Enden des Mittelmeeres in griechische Städte und gegen die Barbaren ausschwärmten, und natürlich gab es Höflinge, die dem Ganzen nicht trauten. Als Alexander seine letzten Geschenke an Geld und Land unter Freunde verteilte, konnte Perdikkas, der eine der beiden orestidischen Brigaden anführte, sich nicht zurückhalten und fragte: »Und was Euch angeht, mein Gebieter«, soll er gefragt haben, »was laßt Ihr zurück?« »Meine Hoffnungen«, antwortete Alexander. Es lohnt sich zu überprüfen, wie hoch diese Hoffnungen bewertet werden durften.

6 BLICK NACH OSTEN

Die Idee eines griechischen Feldzugs gegen Persien war nicht neu. Seit über sechs Jahrzehnten griffen Berufsredner und -pamphletisten sie immer wieder auf, und der alternde Isokrates, der freilich, wie er selbst zugab, nur rhetorisch schrieb und nicht ernstgenommen wurde, hatte Philipp und andere Ausländer in beredten Briefen mehrfach dazu aufgerufen. Diese rhetorischen Höhenflüge sahen am Kräfteverhältnis in einem zersplitterten Griechenland vorbei, und sie brachten Anspruch und Interessen eines auswärtigen Führers auch nicht mit den Erwartungen der griechischen Verbündeten in Einklang, die doch nur in untergeordneter Stellung gekämpft hätten. Akademisch also waren diese Ratschläge, und wie Katharina die Große einmal Diderot anvertraute: Was Akademiker raten, »steht nur auf dem Papier, das alles duldet«. Wie die Griechen nur zu bald erkennen mußten, als Alexander sich zu marschieren anschickte, sah die Wirklichkeit ganz anders aus.

Asien, so war zehn Jahre vor Philipps Herrschaftsbeginn geprahlt worden, sei leichter als Griechenland zu erobern. Das allerdings hing davon ab, wo man das Ende Asiens vermutete; für jeden Feldherrn aber, der über die Ägäis hinauswollte, war eine Unterwerfung Griechenlands ebenso schwierig wie unerläßlich. Alexanders Vater hatte den Korinthischen Bund begründet, und bis auf den Titel herrschte Alexander über Griechenland als Diktator; eine Diktatur jedoch braucht bekanntlich drei Stützen: eine Polizei, einen Mythos und ein Heer. Alexander nutzte, als er nach Asien aufbrach, alle drei Faktoren, um das politische Leben Griechenlands in seinem Sinne zu ordnen.

Seine Mutter Olympias sollte als Königin über Makedonien herrschen, ihre Tochter Kleopatra über Epirus. Mit 21 000 Mann makedonischer Infanterie, 1800 Reitern sowie der Vollmacht, bei Krisen weitere Soldaten in Makedonien und bei den griechischen Bündnisstädten zu rekrutieren, wurde Antipater als Feldherr über Griechenland und Europa eingesetzt. Beide, Olympias und Antipater, sollten keinen festen Sitz haben, doch Philipps Polizeimethoden machten ihnen in Griechenland die Sache leichter. Wenigstens drei strategisch wichtige Städte waren mit Garnisonen besetzt; anderwärts hielt Philipps Bündnissystem befreundete Regierungen fest im Sattel. Die griechischen Stadtstaaten hatten einen Gemeinfrieden geschlossen; ihr Bundesrat verbot internen Aufruhr und die Rückkehr der Verbannten. »Aufseher über die gemeinsame Stabilität« waren ernannt worden, um dafür zu sorgen, daß die drei herkömmlichen Ursachen gesellschaftlicher Unruhen – Bodenreform, Freilassung der Sklaven und Schuldenerlaß – in keinem Mitgliedstaat eintraten. Das politische Gleichgewicht außerhalb dieses Bündnissystems war vorteilhaft schwach. Die Macht Thebens war gebrochen; Sparta war verhaßt und seiner früheren Geschichte wegen von den Nachbarn gefürchtet; und so blieb von den größeren Mächten Griechenlands nur Athen. Alexanders Auseinandersetzungen mit Athen hatten zu keinem klaren Ergebnis geführt, doch solange er Dardanellen und angrenzende Städte, »die Korntafel des Piräus«, kontrollierte, beherrschte er auch die Getreidezufuhr vom Schwarzen Meer, auf die Athen angewiesen war, und somit hatte er die Stadt letztlich in seiner Hand. Das Verhältnis blieb problematisch. Obwohl der Rat der Bündnisstaaten die Ordnung der griechischen Städte stets garantierte, waren die Athener doch so besorgt, Philipp und nach ihm Alexander könnten ihre Gesetze antasten, daß sie zum Schutz ihrer Demokratie bereits extreme Vorsichtsmaßregeln eingeführt hatten. Für die Pläne dieser beiden Könige aber war die stark befestigte Stadt noch immer von zentraler Bedeutung. Was sie um dieser Stadt willen taten, ist aufschlußreich. Für sie war der Mythos, dessen sie sich bedienten, gedacht.

Die Goldmünzen Alexanders zeigten bereits die Göttin Athene und auf der Kehrseite eine Siegesfigur mit einem Seekriegsmotiv, das stilistisch auf die Siegesstatue der athenischen Akropolis verwies. Zwei große Statuen dieser Art hatte Alexander wahrscheinlich im ersten Herbst seiner Herrschaft auf der Akropolis wiederherstellen helfen – solche Propaganda entsprach seinen Leitbegriffen von Sieg und Unbesiegbarkeit und außerdem der Rolle, die Athen, wie er hoffte, beim Einmarsch in Asien übernehmen würde. Einen bevorstehenden Sieg suggerierten seine Münzen, und eine mit Athen verbundene Flotte würde ihn erringen. Auf dem Balkan verfügte Makedonien über das beste Schiffsholz, doch Schiffe hatte es selbst nur durch seine griechischen Hafenstädte. Die Werften Athens dagegen beherbergten 350 Kriegsschiffe und mehr, die allerdings voll zu bemannen die Stadt sich nicht leisten konnte. Dennoch aber war Athen jeder anderen Flotte im Ägäischen Meer überlegen, und in persische Hände durften die Schiffe auf keinen Fall geraten. Mit der Vorstellung eines Seesieges wollte Alexander sie für sich gewinnen, und wenn das auch fehlschlug, so blieb doch die athenische Flotte wenigstens neutral, als spartanische Könige und persische Admiräle sie in den folgenden vier Jahren umwarben. »Würdest du, Athen, jemals ahnen, welchen Gefahren ich mich aussetze, um dich zu gewinnen?« soll Alexander, wie uns sein Vizeadmiral berichtet, ausgerufen haben, und der Mythos vom Sieg war Teil seines wohldurchdachten Plans. Die ganze asiatische Invasion war darauf abgestellt; ihr Motto stützte diesen Mythos.

Der Krieg, so hatte Philipp verkündet, »wird im Namen der Griechen allen Persern erklärt, um diese Barbaren für ihre Frevel an den griechischen Tempeln zu bestrafen«. Einen Kreuzzug in griechischer Sache propagierte er, weil er viele feine Assoziationen weckte. Historisch erinnerte er an die dunklen Tage des Jahres 480 v. Chr., als der Perserkönig Xerxes in Griechenland einfiel und maßlos frevelte, Frevel beging, die erst mit seinen sensationellen Niederlagen bei Salamis und Plataä ein Ende fanden. Nutzlos war eine solche Erinnerung nicht; denn sie verschleierte in geschickter Form, daß es sich um eine von Makedonen geführte makedonische Angelegenheit handelte, und dann schmeichelte sie vor allem den Interessen Athens. Xerxes hatte die Tempel der athenischen Akropolis 480 niederbrennen lassen, und durch mehr als drei Jahrzehnte wurden sie nicht wiederhergestellt, um die Verbündeten an den Krieg zu gemahnen. Diese Verbündeten hatte Athen in einem Verteidigungsbündnis zusammengefaßt, das recht bald einem athenischen Imperialismus erlag, doch hatte es Sinn und Ziel eben in einem Kreuzzug der Rache gegen persische Frevel gehabt. Indem Philipp das alte politische Thema erneuerte, appellierte er unmittelbar an die lebendig gebliebene imperialistische Tradition Athens, und wie zeitgenössische Reden und Erlässe beweisen, lohnte es sich noch immer, den Ruhm der Vergangenheit und den Geist der Stunde Null zu beschwören. Seit der Niederlage gegen Philipp waren für Athen die Horizonte enger geworden. Die Stadt lebte nach rückwärts gewandt; die politische Atmosphäre dort verband Nostalgie mit Ausbrüchen bitterer Selbstbezichtigung. Ein griechischer Kreuzzug gegen die »Barbaren« Persiens beschwor Gerechtigkeit und religiöses Empfinden sowie auch die reiche Beute herauf, von der das griechische Kriegswesen lebte. Er färbte die Sicht, die die griechischen Verbündeten von der Aufgabe der Makedonen hatten, und diese Färbung drang bis ins Mark der Expedition. Die kleine griechische Stadt Thespiä hatte begeistert an der Zerstörung des benachbarten Theben mitgewirkt und schickte eine Schwadron Reiter. Als diese Reiter später siegreich und beutebeladen aus Hamadan zurückkehrten, opferten sie einen Teil des Beuteguts den Göttern, doch nicht etwa als Griechen, die für Alexanders makedonische Interessen gefochten hatten, sondern als Rächer ihrer durch asiatische Barbaren schmerzlich beleidigten Vorfahren. Der griechische Kreuzzug war ein Mythos; denn die Makedonen bestritten den Kampf mit thrakischer und illyrischer Unterstüzung, und Griechen nahmen an seinem Verlauf hauptsächlich als Geiseln Alexanders und als Verbündete der Perser teil. Nur rund 700 Athener gehörten zum Landheer Alexanders; nur ein Siebtel seiner ganzen Heeresmacht bestand aus Griechen; und dennoch war der Mythos nicht überholt oder wirkungslos.

Für die makedonischen Führer war er nicht nur des Ruhmes wegen reizvoll: Ein gründlicher Kreuzzug beginnt im eigenen Land, und dementsprechend erlaubte die Losung den Einsatz griechischer Verbündeter gegen unangenehme griechische Widerstandsnester, ob es sich nun um »treulose« Griechen in persischen Diensten handelte oder um aufrührerische Thebaner, denen keineswegs verziehen worden war, daß sie im Jahre 480 den Persern beigestanden hatten; ungesagt dabei blieb natürlich, daß die Makedonen und ihre thessalischen Verbündeten die Perser desgleichen unterstützt hatten – und zwar, als es am meisten darauf angekommen war. Der Mythos war mehr als ein dehnbarer Ruf zu den Waffen. Er schuf eine Stimmung, die alle Führer anzusprechen vermochte, und einer der Gründe, weshalb Philipp Korinth als Zentrum seines griechischen Rates gewählt hatte, war sicherlich der, daß Korinth als einzige griechische Stadt in jüngerer Zeit Barbaren der griechischen Welt verwiesen hatte. Freunde hatten Philipp davon berichtet, wie Korinth seinen Timoleon bei einer triumphalen Befreiung griechischer Städte vom Druck Karthagos unterstützt hatte – ein westliches Spiegelbild des Ziels, das Philipp ganz offiziell für den Osten bekanntgab. Mit Alexander war es ähnlich. Selbstverständlich standen die Interessen der griechischen Verbündeten hinter seinen eigenen zurück, doch das Motiv griechischer Rache und religiöser Erneuerung hat seine Handlungen beeinflußt, und es war keineswegs im Widerspruch zu griechischen Vorstellungen von einer solchen Expedition, daß er bald – als Gegengabe dafür, daß sie sich ihm ergaben – persische Adelige an seinen Hof aufnahm und »Barbaren« Befehlsstellungen übertrug, wenn ihre Kenntnis von Land und Landessprache dies sinnvoll erscheinen ließ. Es war durchaus möglich, die Perser zu bestrafen, indem man sich ihrer bediente, und ein Rachezug namens der griechischen Vergangenheit schloß den Ehrgeiz, ein asiatischer König der Zukunft zu sein, keinesfalls aus. Alexander ist nicht zuletzt deswegen so interessant, weil sich beobachten läßt, wie das zweite Ziel bald in den Vordergrund rückt; dennoch wäre es falsch, das Kreuzzugsmotiv als reine Propaganda zu betrachten, als sei sie, ohne daß er jemals daran geglaubt hätte, mit Zynismus und nur aus propagandistischen Gründen gewählt worden. Daß die Rolle der griechischen Verbündeten so stark betont wurde, war eine höfliche Formalität, doch an dem Aufruf, vergangene Frevel an Heiligtümern zu rächen, hielt Alexander fest, weil er ihn wirklich ernstnahm.

Alexander trug auch dafür Sorge, daß diese Grundstimmung sich in der Geschichtsschreibung niederschlug, denn der Anführer eines griechischen Rachefeldzuges brauchte seinen Haushistoriker, und mit Aristoteles' Hilfe suchte und fand er einen Mann für die lukrative Stellung des offiziellen Chronisten. Bei den Griechen war Kallisthenes, ein Vetter des Aristoteles, bereits durch sein Buch *Griechische Politik vom Königsfrieden bis zum Heiligen Krieg* bekannt geworden. Er hatte mit Aristoteles zusammengearbeitet und von ihm gelernt. Gemeinsam stellten sie eine Liste der Sieger bei den Pythischen Spielen in Delphi zusammen, deren chronologische Sorgfalt in krassem Widerspruch stand zu ihrer leichtsinnigen Behandlung der historischen Wahrheit in anderen, bekannteren Schriften. Kallisthenes war ein Mann mit recht akademischen Neigungen. Ihn interessierte die Herkunft von Ortsnamen; er theoretisierte über das Datum der Eroberung Trojas; und wie sein Mentor sah er in frühgriechischen Gedichten historische Beweise. Er besaß geographische, botanische, vielleicht sogar astronomische Kenntnisse, verfocht die Meinung, das Meer habe Einfluß auf Erdbeben, und belegte das nicht nur mit eigenen Beobachtungen, sondern auch mit dem Hinweis, Homer habe den Meeresgott als Erderschütterer bezeichnet. Wie es einem Schriftsteller anstand, der einen Marsch durch Asien zu beschreiben hatte, kannte er Herodot gut, und er war Grieche durch und durch. In der lebhaften Kontroverse über die Ursprünge der ägyptischen Pharaonen des Nildeltas hielt er es mit denen, die die lächerliche Theorie vertraten, ein Athener sei ihr Ahnherr gewesen. Wie so häufig waren akademische Interessen nicht ohne ein Element der Torheit, zumeist jener Art, wie es Aristoteles und seine Schüler auszeichnete. So erklärte er beispielsweise den Ausbruch des Krisäischen Krieges mit einem lachhaft persönlichen Anlaß – der Entführung einer Erbin. Wie viele griechische Intellektuelle, die dort nicht zu leben brauchten, bewunderte er die autoritäre Verfassung Spartas; mit Aristoteles stimmte er darin überein, Sokrates habe zwei Frauen gehabt; schlimmer noch, er behauptete, daß der größte griechische Dramatiker, Aischylos, seine Stücke im Zustand der Trunkenheit geschrieben habe. Er konnte, wenn es darauf ankam, seinen eigenen Kopf haben, aber daß Olynth, seine Heimatstadt an der Ostgrenze Makedoniens, von jenem Philipp zerstört worden war, dessen Sohn er nunmehr schmeichelte, beunruhigte sein Gewissen nie. Wahrscheinlich hatte Aristoteles ihn ursprünglich an den Hof gebracht, und nun beauftragte ihn Alexander, seine Eroberungen in angemessen heroischem Stil zu beschreiben. Wie Aristoteles hatte auch er bereits gezeigt, daß er wußte, wie ein Loblied verfaßt werden mußte, und er machte sich dadurch beliebt, daß er Alexanders heißgeliebte Sonderfassung der *Ilias* bearbeiten half.

»Alexanders Ruhm«, so soll Kallisthenes einmal gesagt haben, und das klingt nicht unwahrscheinlich, »beruht auf mir und meinem Geschichtswerk.« Das ist richtig, und die Suche nach Alexander hat unter anderem auch die Schwierigkeit, daß dieses Geschichtswerk nur in zehn aufschlußreichen Zitaten bei anderen Autoren überliefert ist. Die literarischen Vorbilder eines solchen Werkes standen dem Loblied näher als der Geschichte, und Kallisthenes schrieb in einem ausgewogenen rhetorischen Stil. Sein Werk hat eine äußerst positive Tendenz; es wurde ja auch verfaßt, um Alexander zu schmeicheln, der als glorreiches Ebenbild der Götter dargestellt wurde – ganz nach den Begriffen der griechischen Kultur, die den Blickwinkel des Kallisthenes prägte. Anfang und Schluß sind uns nicht bekannt. Auch scheint er sein Werk nicht in Fortsetzungen nach Hause geschickt zu haben, um die Griechen auf dem laufenden zu halten. Obwohl kein überlieferter Auszug das zu erkennen gibt, wurde das Thema des griechischen Kreuzzuges wahrscheinlich stark betont, und sicherlich war Alexander davon angetan, daß Kallisthenes mit den Epen Homers vertraut war und seine Ruhmestaten mit Zitaten aus der *Ilias* schmücken konnte. »Wer richtig schreiben will«, so hat Kallisthenes bemerkt, »darf den Mann, den er beschreibt, nicht verfehlen, sondern er muß sich bemühen, seine Worte diesem Manne und seinen Taten anzupassen.« Kallisthenes also zeigt Alexander, wie Alexander sich sehen wollte, und das bringt uns der Persönlichkeit Alexanders besonders nahe. Andere Schriftsteller, ganz gleich, ob Offiziere oder Literaten, verwendeten Kallisthenes' Fakten, ohne seine Sicht zu übernehmen. Den Tatsachen nach zu urteilen, die bei allen auftauchen, war sein Geschichtswerk ein detaillierter und schmeichelhafter Bericht über Alexanders Marschweg und seine Kühnheit, in dem Menschen wie Statistiken über Anzahl und Verluste der Gegner maßlos übertrieben dargestellt wurden, um die Leistungen des neuen homerischen Kreuzfahrers zu betonen. Kurzum, Kallisthenes wurde zum Propagandisten Alexanders, und wer Alexander folgt, bewegt sich zugleich auf den Spuren dieses akademischen Vetters des Aristoteles.

Solche Töne heroischer Übertreibung waren für Griechen, die in Asien einmarschieren sollten, keineswegs unangebracht. Wer nur die Westküste Kleinasiens, den Libanon und das Küstengebiet Ägyptens kannte, dem mochte die Eroberung Asiens in der Tat leichter vorkommen als die Einnahme Griechenlands. In der streng hierarchischen Gesellschaft Persiens konnten der König oder die Herren der Sieben Familien sogar einen Mann niederen Adels als Sklaven bezeichnen. »*Mana bandaka,* meine Sklaven«, so wandte sich der Großkönig an seine Satrapen, und doch war sein Reich niemals das tyrannisch geführte Königreich eines allmächtigen Souveräns gewesen. Wo Zeit und Entfernungen dies verhindern, kann ein Zentralismus nicht entstehen; in einem Reich, wo ein königlicher Brief aus Phrygien an den Persischen Golf drei Monate brauchte, mußte dezentralisiert regiert werden, weil Berge und beschwerliche Wege die Macht sonst gesprengt hätten. Die Griechen hatten beobachtet, wie die westasiatischen Satrapien zu privilegierten Herzogtümern wurden, die an anerkannte Familien übergingen, oder zu Unterkönigreichen einheimischer Herrscher, die Landessprache, Einwohner und Stammesfürsten der stets gegenwärtigen Berggegenden kannten. Es nützte dem Großkönig, sein Reich durch solche Statthalter regieren zu lassen, von denen keiner seine gleichrangigen Nachbarn liebte. Ebenso nützte es freilich einem Eindringling, der die verschiedenen Interessen der Statthalter gegeneinander ausspielen konnte und dem eben diese Zusammenhanglosigkeit des Reiches den Durchmarsch ermöglichte. Ein Eindringling, der eroberte Gebiete auch beherrschen wollte, hatte es allerdings nicht leicht; denn ein Reich, dessen Struktur nicht von einem zentralen Grundstein getragen wird, läßt sich im Kern nie vollends niederringen, sondern behauptet in seinen locker verbundenen Randgebieten seine Freiheit.

Je weiter ein Perser sich von der Kernprovinz des Reiches, von Parsa, entfernte, desto feindseliger schien ihm die Welt. Da der Hof sich in Begleitung des durch die Lande ziehenden Königs unentwegt von Palast zu Palast bewegte, war ihm die verschleißende Unabhängigkeit der Grenzzonen immer gegenwärtig. »Er nahm ein trockenes und hart gewordenes Ochsenfell, legte es auf den Boden und trat auf den Rand«, so wurde von einem Hindu-Philosophen berichtet, der in Indien mit Alexanders Offizieren sprach, »und während die eine Stelle in sich zusammensank, hoben andere Teile sich vom Erdboden ab. Er ging sodann von einer Stelle des Fells zur nächsten, um zu zeigen, daß sich immer dasselbe ereignete, wenn er nur ein Ende niederdrückte, bis er sich in die Mitte stellte und das ganze Fell am Boden liegen blieb. Er wollte Alexander damit zeigen, daß er im Mittelpunkt seines Reiches am stärksten gegenwärtig sein müsse und sich nie weit davon fortbewegen dürfe.« Der Großkönig wußte, daß es in erster Linie auf das Zentrum seines Reiches ankam, war aber nicht bereit, die Grenzzonen kampflos aufzugeben. Er hatte Ägypten nie als unabhängiges Königreich anerkannt, obwohl dieses Land erst in den letzten siebzig Jahren unter die Oberhoheit der Perser gefallen war. Der Suezkanal, den die Pharaonen geschaffen hatten, war nicht mehr passierbar, und die seefahrenden Könige Zyperns und Phönikiens hatten jüngst durch Rebellionen von sich reden gemacht. Zu Philipps Lebzeiten hatten die Satrapen und örtlichen Dynasten Westasiens zweimal gedroht, aus dem Reich auszubrechen, und einmal sogar, bis an den Euphrat zu marschieren und Babylon zu nehmen. Gegen solche aus dem Westen drohenden Gefahren waren königliche Feldherren entsandt worden, um Heere unterschiedlicher Größe aufzustellen, und nach wiederholten und gelegentlich spektakulär vergeblichen Anstrengungen hatten sie die Ränder des Reiches schließlich an ihren Platz zurückgestampft. Wenn die Erinnerung an diese Rebellion Alexander auch zugute kommen sollte, so war Westasien doch aufs neue an den Großkönig gebunden.

Das Interesse der Perser am Westen läßt sich nicht leicht erklären, es sei denn durch den Wunsch, die ursprüngliche Größe des Reiches zu wahren; denn bei seiner Lage zwischen China und dem Mittelmeer hat Persien am Mittelmeer kein natürliches Interesse. Ägäische Beobachter, die mit der Erinnerung an persische Einfälle in Griechenland groß geworden waren, vergaßen allzu leicht, daß das Reich für Perser existierte, die dreierlei von ihm verlangten. Sie wollten ihre Güter und Landfestungen gegen die Stämme der Berggegenden und Wälder beschützt wissen und Sicherheit vor den fürchterlichen Nomaden Zentralasiens, die bei Trockenheit und Mangel an Weideflächen über den Oxus oder südlich vom Kaspischen Meer her einfallen konnten. Sie brauchten einen Hof mit einem Hofzeremoniell, das die einzigartige Majestät ihres Königs veranschaulichte und ihn über den Kreis der Ehrenwerten Gleichgeborenen erhob. Sicherheit und Zeremoniell hingen von Nahrung und Edelmetallen ab, ohne die es Garnisonen und die Ehren des Hofes nicht geben konnte. Babylons fruchtbarer Halbmond war deshalb so wertvoll, weil der Hof ein Drittel seines jährlichen Nahrungsbedarfs diesem künstlich bewässerten Ackerland verdankte sowie einen Großteil des Rohsilbers, das ostwärts in die Paläste der Perser und Höflinge abgeführt wurde, die der rauheren Welt des persischen Hochplateaus entstammten. Sogar in Griechenland, wo man von dem östlichen Reich der Perser wenig wußte, gab es Männer, die den Euphrat oder die Kleinasien eingrenzenden Flüsse als die natürliche Grenze persischer Herrschaft ansahen; die Perser jedoch hatten viel Mühe darauf verwandt, solche

Vorstellungen zu widerlegen. Die Könige, die riesige Expeditionen gegen den Westen ausrüsteten, hatten frühere Eroberungen im indischen Pandschab in die Hände örtlicher Radschas zurückfallen lassen und Gebiete jenseits des Oxus an verbündete Fürsten, die sie von unangreifbaren Felsfestungen aus beherrschten, und am unteren Indus hatten sie nichts dagegen unternommen, daß jegliche Erinnerung an eine persische Herrschaft in Vergessenheit geriet. Doch solange das Ackerland Babylons gesichert blieb, hätten Ägypten, die Flotten des östlichen Mittelmeeres und die Städte Griechisch-Asiens den Persern eigentlich gleichgültig sein können.

Die Geographie mag die Prioritäten des Großkönigs erklären helfen; denn Persien mit den oberen Satrapien östlich des Tigris bestand aus zwei Hauptlandschaften, von denen keine für den Durchmarsch großer Heere geeignet war. Im Zentrum und im Norden des Reiches lagen die unüberschaubaren Wüstensteppen, wo niemand sich weit von seinen Herden entfernte. Nur der Kurier und die königlichen Arbeitstrupps bewegten sich in Eile von Station zu Station über die unwegsame Königsstraße. Nahrung gab es nur in den wenigen Oasen mit Wasser, das die Perser stets angebetet hatten. Sollte sich jemand in die Wüste hinauswagen, er würde ohne das baktrische Kamel, das Bergfrost wie Sommerhitze überstand, nicht weit kommen. »Wenn ein Wüstenwind aufkommt, ahnen nur die Kamele ihn im voraus«, schrieb ein chinesischer Reisender, der sie beobachtet hatte. »Sie bilden sofort Gruppen, murren und stecken ihr Maul in den Sand. Auch die Menschen bedecken Nasen und Mund mit Fell, und obwohl der Wind rasch vorübergeht, würden sie ohne solche Vorsicht den Tod finden.« Leicht zu verwalten war dieses Wüstengebiet nicht, doch war es immerhin leichter zu erreichen als die Bergketten rundum.

Das Zagrosgebirge im Westen, im Osten der Hindukusch, nördlich die undurchdringlichen Waldungen Gurgans und des Elbursgebirges und südlich das persische Bergland, eine Provinz, die Philipps Zeitgenosse Artaxerxes III. während seiner Regierungszeit nie besucht hatte – in diesen Regionen hausten Höhlenbewohner und Berghirten, Waldstämme und Nomaden, und ein Heer, sofern es überhaupt vorwärtskam, mußte sich in der kurzen schnee- und schlammfreien Zeit den Weg selbst bahnen. In den Randbezirken persischer Paläste konnte ein Reisender Nomaden antreffen, die von den Königen gegen die Zusage, die nomadischen Wanderrouten gefahrlos benützen zu dürfen, in Frieden gelassen wurden. Solche Routen waren älter und elementarer als jegliches Zentralreich. Wie Bodennebel breitete sich die Herrschaft der persischen Könige über Ebenen und Täler aus, und wo sie auf einen Berg stieß, konnte sie nur innehalten und ihre Macht um so nachdrücklicher am Fuße des Berges demonstrieren. Es war nicht das geringste Faustpfand von Persepolis, dem zeremoniellen Mittelpunkt des Reiches, daß es in einer Ebene inmitten von Bergketten lag, die der König nie in seiner Gewalt haben konnte.

Der Fortbestand dieses Reiches forderte vom König ungemein kühne und unerbittliche Demonstrationen der Stärke, doch im Westen waren sie um vieles leichter. Hier war die Königsstraße ebener und zügiger. Kein Hindukusch und kein undurchdringliches Wüstengebiet blockierte die wenigen Straßen des Flachlandes, über die die Autorität des Königs die Untertanen erreichte. Wenn ein königlicher Befehl im Westen eintraf, so war er oft um so grausamer, weil er aus der Ferne kam. Man erinnerte sich daran, daß den Griechen Asiens eine Massendeportation angedroht worden war, und wie in Sardis ein böser Richter getötet, enthäutet und auf den Richterstuhl gelegt wurde, der daraufhin seinem Sohn angeboten wurde. Wahrhaftigkeit und Gerechtigkeit waren die öffentlichen Tugenden des persischen Königs, und sie führten im Westen zu einer rigoros sachlichen Verwaltung. In den Provinzgarnisonen und an den Satrapenhöfen waren Richter und Vernehmungsbeamte tätig, um das königliche Recht, das über den Gesetzbüchern der Untertanen stand, in öffentlichen Streitfragen durchzusetzen. Die Verwaltung des Königs bediente sich einer Reihe von Schriftsprachen, welche die analphabetischen Perser nicht lesen konnten; Details ihrer Arbeitsweise werden oft heute erst entdeckt, und wenngleich die bereits wiedergefundenen Dokumente bestenfalls bis zu siebzig Jahre an Alexanders Einmarsch heranreichen, so dürfen sie doch nicht länger unterschätzt werden. Eine genau festgelegte Besteuerung aller Kronkolonisten, Berufungsverhandlungen an den Satrapenhöfen, einheitliche Maße und Gewichte und die ausführlichen Schriftstücke für Reisende auf der Königsstraße, die an den regulären Verpflegungszentren Tagesrationen beanspruchen durften, all diese Andeutungen einer verwickelten Verwaltung stellen Fragen nach der Rolle von Dolmetschern, Schreibern und Beamten, die erst durch neue Tontafeln und ägyptische Papyri beantwortet werden können. Solange detaillierte Zeugnisse fehlen, wäre es jedenfalls falsch, eine Verwaltung abzuschreiben, die in den königlichen Arbeitstrupps Müttern bei der Geburt eines Sohnes grundsätzlich die doppelte Ration zuteilte als bei der Geburt einer Tochter und die bei örtlichen Fronarbeitern auf ein Gleichgewicht zwischen Männern und Frauen achtete.

Doch trotz der Schreiber und der Gesetzesbücher war die Macht am persischen Hof persönlich; sie hing vom Zutritt zum König ab. Die persische Politik war eine Politik der Palastwache und des Türstehers, des Truchseß, des Eunuchen und der Frauen im königlichen Harem. Wie der König seine Macht der Gnade des guten Gottes Ahura Mazda verdankte, so empfing der Höfling seinen Rang vom König, und er wurde durch einen purpurnen Ehrenmantel, eine Goldbrosche, ein Halsband oder das Recht ausgezeichnet, dem König die Wange zu küssen oder ihm gegenüberzusitzen. Auch in Persien waren die alten Hoftitel auf neue Männer ausgedehnt worden; die Ehrenwerten Gleichgeborenen waren zu einer Schwadron des Heeres geworden, und von den Königlichen Verwandten waren nur wenige dem Herrscher blutsverwandt. Es gab dort die gleichen Gelage wie in Pella, deren Ausgaben genauestens festgehalten wurden und die den König mit seinen Ratgebern in tägliche Berührung brachten. »Und der König gab auch allem Volke, das in der Königsstadt Susa weilte und wohnte, hoch und niedrig, sieben Tage lang im Hofe des Gartens beim Königspalaste ein Gastmahl. An Byssus- und Purpurschnüren und an Silberringen und Marmorsäulen hingen Behänge von weißer und grüner Baumwolle und violettem Purpur. Auf dem roten und blauen Fußboden, der mit Smaragdstein, weißem Marmor und Perlmutter belegt war, standen goldene und silberne Ruhelager.« Nichts gewährt einen besseren Einblick in das Leben am persischen Königshofe als das biblische Buch Esther.

An diesem Hofe war der König eine Gestalt von übermenschlicher Majestät, von einer Heiligkeit, die aus seiner Stellung rührte und nicht durch die Größe eigener Erfolge bedingt war. Von Alexanders Gegner Darius III. ist bis auf seine vorherige Laufbahn, die allerdings bemerkenswert war, äußerst wenig bekannt. Sein Vater und seine Mutter waren Geschwister, was in Persien nicht selten vorkam; Darius selbst nahm, vielleicht weil die königliche Familie so wenig Prinzessinnen hatte, eine Schwester zur zweiten Frau. Der schwarzbärtige Mann mit dem scharfen Profil war für seine Schönheit weithin berühmt; auch tapfer soll er gewesen sein, denn es heißt, er habe sich im Kampf gegen den aufsässigsten Stamm Innerpersiens im Einzelkampf hervorgetan. Natürlich gab es Griechen, die diesen inzüchtigen König als den Sohn einer Sklavin oder als einen früheren Kurier auf der Königsstraße verleumdeten; in Wirklichkeit jedoch stammte sein Onkel aus einem Nebenzweig der königlichen Familie, und als Satrap des gebirgigen Armenien hatte er sich einen Namen gemacht. Während dieser Amtszeit mag er seine erste Frau aus dem benachbarten Kappadokien geheiratet haben; wie häufig dieses wilde, oft aufrührerische Stammeskönigtum für seine Sache kämpfte, ist bemerkenswert, und während der Eroberungen Alexanders und dem Diadochen-Zeitalter wurde es zur Zuflucht vieler adeliger persischer Flüchtlinge. Mit Gift hatte Darius sich seinen Weg von dieser recht unbedeutenden Satrapie bis zum Thron geebnet. Sein Freund, der Wesir Bagoas, hatte Einfluß und Härte genug, einen König auf den Thron zu heben oder zu stürzen, und mit seiner Hilfe hatte Darius die Rivalen in der eigenen Familie beiseite geschafft und, als es dann keine erwachsenen königlichen Prinzen mehr gab, den Thron bestiegen. Der junge Sohn des großen Artaxerxes III. blieb am Leben, und es mag Perser gegeben haben, die ihn einem Darius von so entfernt königlicher Verwandtschaft vorgezogen hätten. Da es an historischem Beweismaterial fehlt, läßt sich über die Fähigkeiten des Darius nichts sagen, doch hat die Art seiner Thronbesteigung wahrscheinlich dazu beigetragen, den Hof zu versprengen und die Loyalität mehrerer Provinzstatthalter zu schwächen. Alexander hatte seine Gründe, wenn er ihn öffentlich als bloßen Thronräuber anprangerte.

Der jüngste westasiatische Aufstand und das Intrigenspiel um die Nachfolge am persischen Hof konnten die riesige Streitmacht, die der König in Gang zu setzen vermochte, nicht schmälern. Alexanders Flotte zählte nicht mehr als 160 Schiffe, und das ist, zumal Athen allein rund 400 Schiffe besaß, für eine griechische Flotte wenig. Aus Zypern und Phönikien konnte der persische König über 300 Kriegsschiffe mit ausgebildeten Mannschaften aufbringen, deren technische Möglichkeiten alles in Griechenland Bekannte übertrafen. Alexanders finanzieller Aufwand hatte bereits die Höhe der Einkünfte Makedoniens unter seinem Vater erreicht, und für die Invasion hatte er 800 Talente Schulden eingehen müssen. Die persischen Könige dagegen empfingen – und das wahrscheinlich nach Abzug der Verwaltungskosten in den Provinzen – 10 000 Talente in kostbaren Metallen als jährlichen Tribut, und in ihren Palästen befanden sich Reserven im Werte von 235 000 Talenten, davon einiges in Münzen, das meiste jedoch in Goldbarren, die östlich von Babylon und nördlich des Oxus vermutlich als Währung dienten. Alexanders Heer zählte 50 000 Soldaten, darunter etwa 6000 Mann Kavallerie. Asien hatte Millionen von Einwohnern, und nur das Terrain, Nachschub- und Verpflegungsprobleme hielten die Heere des Großkönigs begrenzt. Für eine Entscheidungsschlacht konnten 120 000 Mann und mehr aufgeboten werden, darunter eine 30 000 Mann starke Reiterei aus Nomaden und Lehensmannen des Königs. An Pferden gab es die Ponys für die Streitwagen, berühmte Gestüte in Nordwestasien und Medien, dazu die Reiterstämme Armeniens, Kappadokiens und des Äußeren Iran, während allein die Luzernenweiden der Nisäischen Felder bei Hamadan 200 000 der schweren Kriegspferde ernährten, jener gefürchteten »Blutschwitzer«, an denen chinesischen Kaisern später so sehr gelegen war. Jeder persische Adelige lernte in seiner Jugend reiten, die Wahrheit zu sprechen und Bogenschießen. Alexander hatte lediglich tausend Bogenschützen und Schleuderer sowie tausend Wurfspeerwerfer, während das persische Kernland 30 000 ausgebildete Schleuderer und Bogenschützen stellen konnte, die mit ihren Bögen aus Holz und Eisen aus vierhundert Meter Entfernung tödlich treffen konnten.

Nur hinsichtlich der Infanterie befand der Großkönig sich im Nachteil. Er hatte seine ausgebildeten Palastwachen, 10 000 Mann in allem, aber das heiße Klima und das Fehlen einer Schicht von Kleinbauern sowie die Tradition des Bogenschießens und Reitens unter den Neuansiedlern hatten zur Folge, daß das Reich, mit Ausnahme der Ehrenwerten Gleichgeborenen bei Hofe, keine schwere Infanterie besaß. Griechische Infanterie hatte während der vergangenen 300 Jahre in den Heeren der ägyptischen Pharaonen gekämpft, und auch die persischen Könige hatten damit begonnen, sie anzuwerben. Daß 50 000 Griechen – das entspricht der Stärke der gesamten Streitmacht Alexanders – gegen den griechischen Kreuzzug gekämpft haben sollen, ist wohl nur eine geringfügige Übertreibung. Von ihnen waren die meisten eigens für diesen Zweck rekrutiert worden, ein kleiner Teil nur blieb in Garnisonen zurück, und für einen dauernden Dienst östlich des Euphrats kein einziger. Nichts könnte uns die Wirklichkeit des alten Griechenland deutlicher vor Augen führen. Aufgrund von Revolutionen und Bürgerkriegen waren über 50 Jahre hinweg Scharen von Verbannten entstanden; Philipps Diplomatie hatte das nur verstärkt. Eine unaufhörliche, bittere Armut in Griechenland ließ Besitzlose im Söldnerdienst in Asien die besten Überlebenschancen und Karrieren erkennen, und das gab ein sichereres Einkommen als der gefahrenreiche Seehandel oder die zeitweilige Lohnarbeit in einer Umwelt, der es an Sklaven nicht mangelte. Einfallsreiche Jünglinge wurden Seeräuber, die übrigen Söldner. Söhne ohne Erbe, enttäuschte oder unfähige Bauern, bankrotte Kaufleute, unehelich Geborene – sie alle konnten, sofern sie sich nach Asien verdingten, einen Neuanfang, Lebensunterhalt und Abenteuer erhoffen. Manch Verzweifelten trieb der Hunger, andere die Verbannung; viele waren vor den verhaßten Makedonen geflohen, andere einfach gern Soldat oder als Veteranen jüngster Feldzüge in Ägypten und im östlichen Mittelmeer zurückgeblieben. Die meisten hatten nicht seßhaft werden können; einige zogen überhaupt das unstete Leben vor. Das Umherziehen dieser rücksichtslosen Männer war seit langem der Schrecken landbesitzender Herren in Griechenland, und konservativ denkende Griechen bedauerten es keineswegs, daß Alexander, der Führer der Griechen, bei den Barbaren einfiel, um einen Infanteriekrieg gegen Griechen zu führen, die die Sicherheit allen Landbesitzes gefährdet hatten.

Persische Statistiken müssen stets mit Vorsicht genossen werden, doch eines ist über alle Zweifel erhaben: Die Perser beherrschten ein so großes Reich, daß die Griechen sein Ausmaß nicht kannten. Für Aristoteles hörte die Welt hinter dem Hindukuschgebirge in Afghanistan auf, und wenn er auch wußte, daß das Kaspische Meer kein Ozean war, so hatte er doch von der Tiefe Asiens zwischen dem Schwarzen Meer und dem Persischen Golf keinerlei Vorstellung. Und dennoch war das alles ein Herrschaftsbereich. Hohe persische Türme überwachten die Fuchsfellhändler des oberen Oxus wie die gewürzbeladenen Karawanen arabischer Scheiche aus Hadramaut. Die Teakwälder des Pandschab, die Tigerdschungel Gurgans, die Zedernwälder des Libanon und der Ida mit seinen Hängen von Pech, Zinien dienten über eine Weite von siebeneinhalbtausend Kilometern den Wünschen des Königs der Könige. Die Priester der libyschen Wüste schickten das Salz für seine Tafel. Lapislazuli aus den blauen Bergwerken von Badakschan schmückten seinen Palast. Zweihundert Jahre lang hatte das persische Reich den Kulturen des Ostens offengestanden. Durch sein militärisches Vordringen brachte es den Negern des Sudan Eisen, führte es griechische Brückenbauer von der Ägäis zum Euphrat, schenkte es den Tempeln und Dörfern Griechisch-Kleinasiens Pfirsiche, Pfauen und die Wassergöttin persischer Nomaden. Allerdings hatten die persischen Könige im Zentrum ihres Reiches ihren Hof zwischen Winter- und Sommerpalast hin- und herverlegt, eine dreimonatige Reise von der ägäischen Küste entfernt und dank der Königsstraße doch in enger Berührung mit Krisensituationen, zumal sie auch ein beneidenswert schnelles System von Feuersignalen besaßen, über dessen Leuchttürme und brennende Holzstöße Nachrichten in weniger als einer Woche von Sardis bis Susa weitergeleitet werden konnten. Weiter entfernt wechselten Gebirge und breite Grasprärie, Wüste und spiegelartige Felder von grünem Reis. Die Sprachen dieses Reiches waren so vielfältig wie seine Landschaften, und untereinander bedienten die persischen Statthalter sich der Einheitlichkeit halber einer offiziellen Sprache, die sie grammatisch korrekt weder sprechen noch schreiben konnten. Durch diese ganze Vielfalt wollte Alexander – ohne Landkarten und Dolmetscher bereit zu haben – sich seinen Weg bahnen und Unterhalt finden.

Es ist deshalb der Umfang seiner organisatorischen Leistung, der von allem am meisten beeindruckt und verwirrt. Er hatte – das ist bekannt – griechische Landvermesser mitgenommen: trainierte Langstreckenläufer, welche die Straßen Asiens zügig durchmaßen und ihre Entfernungen notierten. Einer von ihnen, ein Kreter, war bereits wegen seines Laufs durch Südgriechenland berühmt geworden, als er von Stadt zu Stadt die Nachricht von Alexanders Zerstörung der Stadt Theben überbrachte. Griechische Ärzte der hippokratischen Schule pflegten Kranke und Verwundete, und griechische Schürfer suchten nach Bodenschätzen, ob nun nach den Rubinen Indiens oder nach dem roten Gold von Kerman; denn Alexander hatte von seinem Vater den Sinn für Bodenschätze geerbt. Von den Köchen, den Pferdeknechten, den Lederern und Schustern berichtet die Geschichte mit keinem Wort. Griechische und phönikische Ingenieure sind bekannt, doch die Zimmerleute und Schreiner des Heeres, die die Planken des Schiffsholzes hobelten und die Heereswagen instandhielten, werden nirgends erwähnt, obwohl es Tausende gegeben haben muß. Da Diener selten waren, sind die eigentlichen Helden, die niemand feierte, wie immer unter dem Verpflegungspersonal zu vermuten; denn selbst wenn jeder einzelne Geld erhielt, um für sich zu kaufen, was er konnte, und es dann selbst zu kochen, so gab es in diesem Punkt immense Organisationsprobleme. Brot, Obst und Käse machten die Standardkost der Soldaten aus, und wenn das Heer auch Handmühlen mit sich führte, um auf dem Marsch sein eigenes Getreide mahlen zu können, so mußte das Getreide dennoch im Handel mit Privatleuten, Satrapen oder Städten erstanden werden. Eroberer können nicht stehenbleiben, um die Getreideernten des Gegners mit eigenen Händen einzuholen, und doch scheint das Heer während der ersten vier Jahre des Feldzugs nie Hunger gelitten zu haben. Das Kernstück einer solchen Leistung ist der Transport, und er war, den Verkehr zu Wasser ausgenommen, mühsam und lästig. Vom einen bis zum anderen Ende des Mittelmeeres zu segeln brauchte weniger Zeit, als im Binnenland eine Last 120 Kilometer zu befördern. Für die Vorräte von 30 Mann war schon ein Wagen erforderlich, und der endlose Zug von Ochsenkarren oder Mauleseln mit Tragkörben wäre ohne eine einigermaßen geebnete Straße unmöglich gewesen. Nichts war Alexander in Asien teurer als die Königsstraße, die längs der Poststationen zwischen Sardis und Susa verlief. Die Perser hatten ihr Reich mit dieser Straße, die sie übernahmen und verbesserten, Eroberern geöffnet, denn durch Asien gab es für Alexander keine genauere Wegweisung als Herodots Geschichte, Xenophons Feldzug-Memoiren und den gelegentlichen Rat kundiger Freunde und Führer. Aber er brauchte nur der Königsstraße und ihren Tagesrouten von Station zu Station zu folgen und mußte eines Tages bei einem Palast ankommen. Es wäre richtiger zu behaupten, daß Alexander die Hauptstraßen Asiens erobert hat, als Asien selbst.

Der Feldzug, den auszuführen er von seinem Vater übernahm, wurde als Marsch gegen Barbaren proklamiert; das aber war, wie er erkennen mußte, von allen Unwahrheiten die schlimmste. Zweihundert Jahre war es her, seit aus dem Nomadenvolk der Perser ein Herrschervolk geworden war, und das Empfangszelt und das Begrüßungsritual des Großkönigs erinnerten noch immer an die alten nomadischen Tage eines selbstgenügsamen Lebens unter Wanderherden. Seit sie aber den stolzesten Lebensstil der Geschichte aufgegeben hatten, hatten sie zu einer Gesellschaftsform gefunden, um deren Kultur viele sie beneideten: Sie war in dem Landleben der Begüterten verankert, das es den Menschen ermöglichte, Bäume zu pflanzen und Wildparks zu pflegen, zu jagen und Ziervögel zu halten. An den Höfen und Festungen der Satrapen verstand man es, vertraute Gärten anzulegen und deren Loggien durch Kreuzpflanzungen und verspielte Kanäle herauszustreichen. »Wo immer der persische König sich aufhält, liegt es ihm am Herzen, phantastische Gärten zu schaffen, die Paradiese genannt werden und der auserlesensten Früchte und Blumen des Landes voll sind ... Wie schön und gleichmäßig die Bäume sind und wie gerade ihre Reihen, wie genau sie im rechten Winkel zueinanderstehen, und wie der Duft der Blumen zu Kopf steigt!« Griechische Gemüse- und Kräutergärten haben diese hohe Kunst nie erreicht, und die Blumentöpfe, die in dem äußeren Umlauf eines athenischen Tempels eingesetzt waren, zeigten den schlimmsten Geschmack einer Stadtverwaltung. Ebenso schrieb kein Grieche je eine Prosa, die als Roman zu lesen sich gelohnt hätte, bevor nicht der Einfluß persischer Erzählungen und Liebesgeschichten die Phantasie der Griechen beflügelte. Wie die Schüler des Aristoteles bemerkten, hatten die persischen Könige den Erfindern neuen Vergnügens eine Belohnung versprochen und beschleunigten durch ihre Sinnlichkeit so ihren Untergang. Da gab es Harems, aber auch die Purpurfarben und wundervolle Teppiche, Gewürze, Kosmetika, eine Hohe Küche, verlockende Tänze, Pelze vom Hermelin und Schneeleoparden, goldenes und elfenbeinernes Pferdegeschirr und edelsteinbesetzte Ringe mit Karneolen und Lapislazuli. Man erinnerte sich, daß ein Satrap, wenn er Griechen besuchte, persische Diener mitnahm, die allein es verstanden, ein bequemes Bett zu richten. Die Gesellschaft, die von den Griechen als unterwürfig abgetan wurde, hatte aber auch ihr Geistesleben und war reich an Ausdruckskraft. Nacktheit galt als Schande. Das Recht war streng. Frauen wurden höflich behandelt, und es war nicht überraschend, daß die Perser, ein gehorsames Volk, das seinem Adel folgte, Anahita anbeteten und die Verehrung dieser vor der Jungfrau Maria bezauberndsten Göttin verbreiteten; die Wassergöttin des Oxus wanderte von ihrem Ursprungsland westwärts und formte bei den Griechen in Asien das Bild ihrer Göttin, der jagenden Artemis, um. Noch bemerkenswerter, wenn auch umstritten, ist es, daß die Weisheit des persischen Propheten Zarathustra die größten Geister Griechenlands beeinflußt haben mag.

»Wir leben kein normales menschliches Leben«, so schrieb ein athenischer Politiker während Alexanders Eroberungszügen, »denn wir wurden geboren, zukünftigen Zeiten ein Paradoxon zu lehren. Der persische König, der zu schreiben wagte, er sei der Herr aller Menschen, vom Aufgang der Sonne bis zu ihrem Niedergang, kämpft jetzt nicht um seine Herrschaft, nein, um sein eigenes Leben.« Für den gewöhnlichen Griechen fiel Alexanders Kreuzzug mit einer offenkundigen Tatsache zusammen. Sieben Jahre lang brachten in der Mittelmeerwelt sommerliche Trockenzeiten verheerende Ernten, während Seeräuber, politische Entwicklungen und neue Zentren der Nachfrage andere Getreidegebiete davon abhielten, den verzweifelten Nahrungsmangel zu lindern. Für die meisten griechischen Zeitgenossen war Alexander ein Name in einer Zeit des Hungers und der Not zu überleben, und dieser dauernde Existenzkampf bedingte jeglichen Ruhm, der Griechenland zufiel. Und doch war es eine paradoxe Zeit. So empfanden es die Perser. Für sie war es angesichts ihrer Vergangenheit eine um so schmerzlichere Erfahrung.

Wenn ein Perser in seinem großen Feuertempel stand und die Flamme von dem Holzstoß auflodern sah, der wie der Thron des Großkönigs aufgeschichtet war, so spürte er in jeder Bewegung der Flamme den ewigen *fravashi* oder Geist des Königs erzittern und doch niemals verlöschen. Während er in die Flamme schaute, fühlte er sich sicher in einem Reich, dem es bestimmt war, ewig zu währen. In einer normalen Zeit hielten sich die Preise der Nahrungsmittel für seine königlichen Arbeiter stets konstant, und die Münzen seiner örtlichen Statthalter sanken nie unter den Wert, den ihnen der König ursprünglich gegeben hatte. Es war, sofern Wetter und Feudalherren es gestatteten, eine heile, dauerhafte Welt: im fernen Babylon konnte ein Perser eines seiner Landhäuser für sechzig Jahre vermieten. Seine Vorfahren kannten die Makedonen nur als *yona takabara,* als »Griechen, die auf ihren Köpfen Schilder tragen« – eine Anspielung auf die breitrandigen Hüte. Sie waren ihnen zum ersten Male rund 170 Jahre zuvor begegnet, als der makedonische König zum Zeichen der Unterwerfung Darius I. Erde und Wasser versprach – oder, wie es in der persischen Verwaltungssprache hieß, *tin min*. Auf dem Grab Darius' I. wurden diese Makedonen unter dem Sitz des großköniglichen Throns eingemeißelt, den sie in unterwürfiger Stellung stützen halfen. Fast zwei Jahrhunderte später wurden die alten Reliefs am Grabe Artaxerxes' III. – er starb in dem Jahr, als Philipp die Griechen besiegte – unbesehen wiederholt; darunter auch die *yona takabara,* die dem Reiche längst verlorengegangen waren. »Wenn du nun fragen willst«, so lautete die Inschrift unter den eingemeißelten Figuren, »wie vieler Länder Darius der König sich bemächtigt hat, dann blicke auf jene, die seinen Thron stützen. Dann weißt du es, dann wirst du erfahren: der Speer der Perser hat weit getragen.« Innerhalb von vier Jahren sollte der Speer der *yoka takabara* tief ins Herz des persischen Reiches gedrungen sein. Es war die letzte, wenn auch nicht die geringste Prahlerei der Perser gewesen.

ZWEITES BUCH

Sie blickte über seine Schulter
Nach feierlichen, alten Riten,
Nach weißen, blumenbekränzten Kälbern,
Nach Opfertrank und Opferspeise.
Doch dort auf dem blitzenden Metall,
Wo der Altar sein sollte,
Sah sie in seinem geschmiedet flackernden Licht
Ein andres Schauspiel vor sich gehen.

W. H. Auden, *Der Schild des Achilles**

7 DIE LYRA DES ACHILLES

Anfang Mai 334 v. Chr. brach Alexander nach Asien auf. Über die Küstenwege nach Thrakien führte ihn ein zügiger Marsch ostwärts, sicher über die vier großen Flüsse. Nach etwa zwanzig Tagen erreichte er die Dardanellen, wo die kampfbereite, doch schon erheblich geschwächte Vorausabteilung seines Vaters wartete. Olympias hatte ihn zu der Expedition ermuntert und ihm »das Geheimnis seiner Geburt offenbart«, wie sie es verstand, und »ihm geboten, seiner Herkunft entsprechend würdig zu denken und zu handeln«. Im Zeichen dieses Privatgeheimnisses hatten Mutter und Sohn sich verabschiedet. Wiedersehen sollten sie einander nie.

In Sestos, an der Meerenge zwischen Europa und Asien, stießen die 160 Kriegsschiffe seiner griechischen Verbündeten zu ihm. Vor ihm lagen drei Meilen Wasser, das für seine starke Frühjahrsströmung bekannt war; Pferde und Belagerungsmaschinen mußten in flachbödigen Schiffen übergesetzt werden, und falls auf offener See die wesentlich stärkere persische Flotte aufgekreuzt wäre, so hätte die Überfahrt sehr wohl zu einer Katastrophe werden können. Alexander schien einer solchen Gefahr keinerlei Aufmerksamkeit zu schenken. Er überließ Parmenion den Transport und wandte sich einem persönlichen Abenteuer zu, um dem Hauptteil seines Heeres erst am anderen Ufer wieder zu begegnen. Wie sich zeigen sollte, wurde die Überquerung der Dardanellen in der Tat nicht gestört, ein Ereignis, das häufig nicht Alexander, sondern dem Glück zugeschrieben wurde. Ein Blick in die Hintergründe beweist aber, daß es sich dabei doch um mehr als pures Glück handelte.

Im Krieg hat jede Geschichte zwei Seiten, und hier muß ein Blick auf Alexanders Gegner in Asien geworfen werden: auf das persische Reich, dessen innere Angelegenheiten von den Chronisten im Stabe Alexanders zumeist übersehen wurden. Die Perser sind, da sie ihre Geschichte selbst nie schrieben – wie ihr Großkönig konnten die meisten von ihnen nicht lesen und nicht schreiben –, historisch schwer zu fassen. Von ihrer Kunst, den königlichen Inschriften und Geschäftsurkunden auf Ton, Papyrus oder Leder abgesehen, sind Einblicke in ihr Verhalten selten möglich. In diesem konkreten Zusammenhang

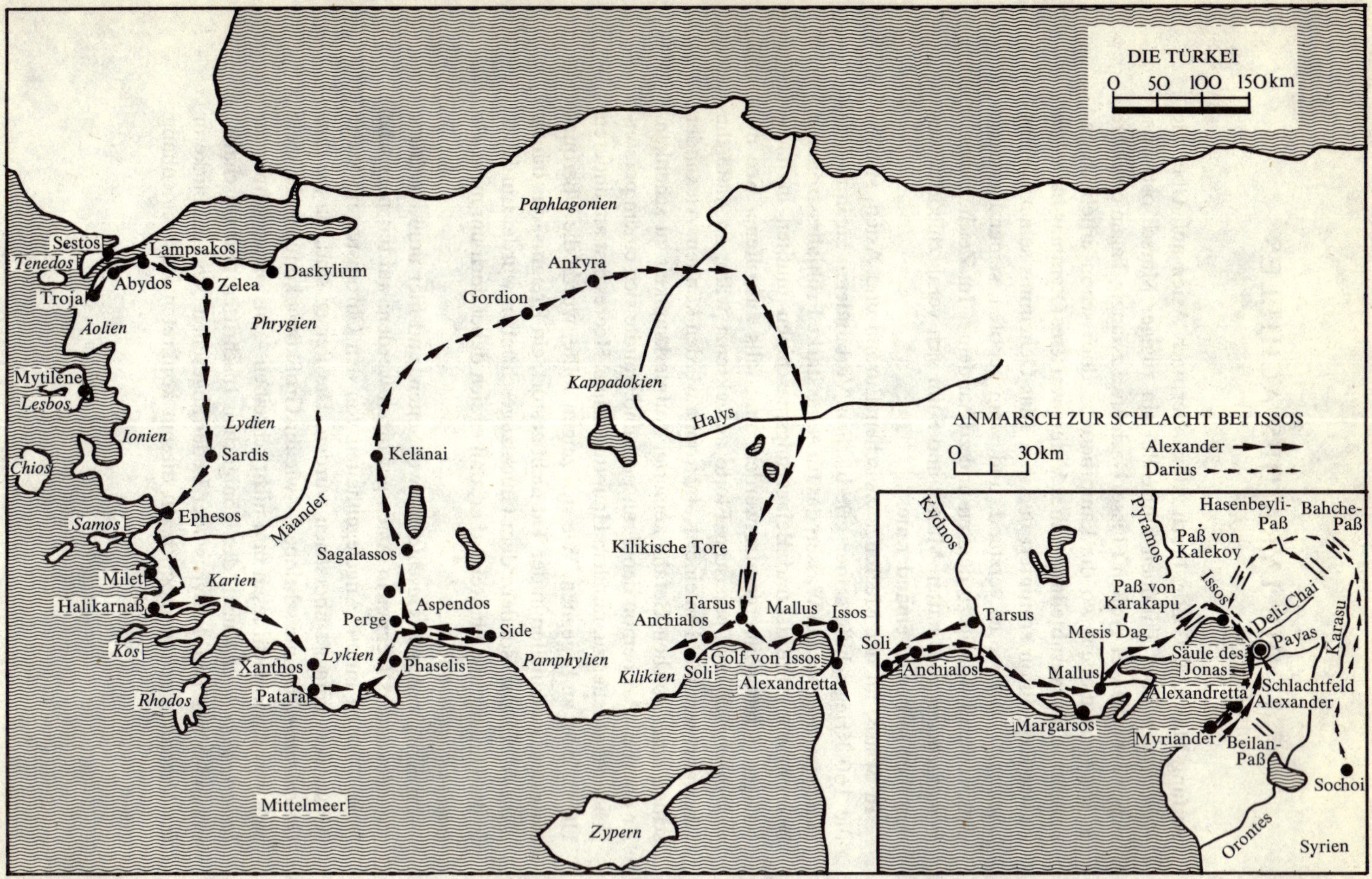
DIE TÜRKEI
0 50 100 150km
ANMARSCH ZUR SCHLACHT BEI ISSOS
0 30km
Alexander
Darius
Paphlagonien
Sestos
Tenedos
Lampsakos
Daskylium
Abydos
Zelea
Troja
Äolien
Phrygien
Ankyra
Gordion
Mytilene
Lesbos
Lydien
Ionien
Kappadokien
Halys
Chios
Sardis
Kelänai
Samos
Ephesos
Mäander
Sagalassos
Kilikische Tore
Milet
Karien
Halikarnaß
Aspendos
Perge
Side
Tarsus
Anchialos
Mallus
Issos
Kos
Xanthos
Lykien
Phaselis
Pamphylien
Golf von Issos
Kilikien
Soli
Alexandretta
Rhodos
Patara
Mittelmeer
Zypern
Kydnos
Pyramos
Hasenbeyli-Paß
Bahche-Paß
Paß von Kalekoy
Paß von Karakapu
Mesis Dag
Deli-Chai
Karasu
Säule des Jonas
Payas
Margarsos
Schlachtfeld Alexander
Myriander
Beilan-Paß
Sochoi
Orontes
Syrien

kann das Dunkel jedoch gelichtet werden, und man erkennt, daß Alexanders Gegner seine eigenen Sorgen hatte. Ihn band aber die eiternde Wunde des persischen Reiches: Ägypten. Ägypten aber ist ein Land, dessen Geschichte anhand der Papyri langsam erhellt werden kann.

»Im Süden«, so schrieb ein ägyptischer Chronist, »herrschte Unordnung; der Norden befand sich in offener Revolte.« Zwei Jahre zuvor hatte der aufrührerische Khabasch, ein Äthiopier wahrscheinlich, die Hauptstadt Memphis gestürmt – seine Schleudersteine sind bei den Fundamenten des zerstörten Palastes gefunden worden – und den persischen Statthalter vertrieben. Um sich vor Vergeltungsmaßnahmen zu schützen, hatte Khabasch daraufhin das Nildelta und die umliegenden Sümpfe inspiziert, doch nach einem Jahr der Gnade lief die persische Flotte aus, um ihm den Garaus zu machen; im Herbst, als der Nil nicht länger angeschwollen und unbefahrbar war, traf sie ein. Spätestens im Januar 335 v. Chr. war es um den aufrührerischen König des Oberen und Unteren Ägypten, den Unsterblichen, das Ebenbild des Gottes Tenen, den Auserwählten Ptahs, den Sohn Ras geschehen. Die persischen Schiffe blieben, den Frieden zu sichern, bis das Wetter zur See sich gebessert hatte, doch erreichte Alexander Anfang Mai im Jahr darauf bereits die Dardanellen, und wie so oft konnten die persischen Streitkräfte gegen diese zweite Gefahr nicht abgezogen werden. Alexanders Überfahrt war weder waghalsig noch auf Glück gebaut; denn in Pella lebte zumindest ein Beamter aus Ägypten, und ganz gewiß muß Alexander von dem ägyptischen Aufstand gehört haben, der ihm eine günstige Gelegenheit bot.

Vom Meer her drohte also keine Gefahr; dennoch aber war Alexanders Verhalten bemerkenswert. Er begab sich von Sestos aus zu einem bekannten Wahrzeichen des Landes, nämlich der Grabstätte des Protesilaos, jenes griechischen Helden, der in den fernen Tagen des Trojanischen Krieges als erster Grieche asiatischen Boden betreten hatte, solche Kühnheit allerdings, wie vorausgesagt worden war, mit dem Leben bezahlen mußte. Alexander brachte ihm ein Opfer dar in der Hoffnung, daß seine eigene erste Landung in Asien glücklicher verlaufen möge. Er wollte nämlich wie Protesilaos als erster asiatischen Boden betreten, ebenso wie er die eigene Invasion mit dem größten Ereignis der epischen Vergangenheit Griechenlands verglich, als griechische Verbündete wie die seinen endlich in Asien gelandet waren, um Troja zu belagern. Hier beachtete er ein genaues Ritual – Riten bilden den Kern der griechischen Epik –, das den Grundton alles weiteren bestimmte. Während Parmenion mit dem eigentlichen Heer von Sestos aus die Überquerung der Dardanellen vorbereitete, stach Alexander von der Grabstätte des Protesilaos aus in See. Zum ersten Mal – es sollte das einzige Mal bleiben – bewegte Alexander sich in einer Richtung, die taktischen Erfordernissen zuwiderlief. Doch war sein Ziel viel zu zwingend, als daß er es hätte versäumen wollen.

Sechzig Kriegsschiffe begleiteten Alexander auf der Fahrt über die Dardanellen, er aber bestand darauf, den königlichen Dreiruderer mit eigener Hand zu steuern. Auf offener See, als die Bäume der Grabstätte dem Gesichtsfeld entschwanden, hielt er inne, um den Ozean zu besänftigen. Zu Ehren des Seegottes Poseidon schlachtete er einen Stier, und aus einem goldenen Becher, den er seiner Rolle im Heldenkult halber ausgewählt hatte, spendete er den Nereiden, den Meeresnymphen, ein Trankopfer. Als die langgestreckte Küste Asiens schließlich näherrückte, legte er seine volle Kriegsrüstung an und übernahm den Platz des Steuermanns. Das Boot lief am Strand auf. Er schleuderte seinen Speer in die Erde des persischen Reiches, um es von da an als Geschenk der Götter und Eroberung sein eigen zu nennen. Wiederum war sein Handeln von der heroischen Vergangenheit vorgeprägt. Wie Protesilaos sprang er auf asiatisches Land, um als erster Makedone die Küste zu berühren, die noch heute als Hafen der Achäer bekannt ist.

Die Landschaft rundum hätte an Reminiszenzen reicher kaum sein können. Vom Hafen der Achäer aus konnte er die Küste überblicken, wo die Flotte der griechischen Helden gelegen hatte, als sie, die Söhne der Achäer, gekommen waren, die schöne Helena zurückzuholen und die Festung Troja niederzumachen. Jenseits der Küste erstreckten sich die Dünen und Hügel, wo, wie man glaubte, die Helden Homers begraben lagen. Weiter landeinwärts, in der immer noch vom Wind gepeitschten Ebene, lag Troja selbst. Auf den Schauplatz seiner geliebten *Ilias* hatte Alexander die Landung gerichtet. Mit auserwählten Gefährten konnte sich der neue Achilles auf die Suche nach der Welt Homers begeben. Sein Kreuzzug begann mit einer Pilgerfahrt.

Troja war zu jener Zeit nur mehr ein bloßes Dorf, das höchstens wegen seines Tempels und der Priester der Athene bekannt war. Die »heilige Stätte Ilions« des Homer, das Troja VII a Schliemanns, lag unter dem Schutt von acht Jahrhunderten begraben, und falls Troja für die Griechen Alexanders überhaupt noch etwas bedeutete, so eher als Ort eines mörderischen Versteckspiels denn als Mahnzeichen einer heroischen Vergangenheit. Mit dieser Geschichte hatte es eine merkwürdige Bewandtnis. Weil der thessalische Held Ajax gegen Ende des Trojanischen Krieges die Prophetin Kassandra erschlagen hatte, befahl das Orakel den Adeligen der Hundert Familien von Lokri in Thessalien, jährlich zwei Jungfrauen an die Dardanellen zu entsenden, von wo aus sie sich allein nach Troja durchschlagen mußten. Traditionsgemäß machten sich die mit Äxten und Steinen bewaffneten Einwohner des Landes auf, diese Jungfrauen zu fangen und zu töten, und nur wenn die Jungfrauen entkamen, erreichten sie durch einen geheimen Gang den Tempel der Athene. Dort blieben sie in Sklavengewändern und mit geschorenem Haar, bis andere durchzukommen vermochten, um ihre Stelle einzunehmen. Der Brauch sollte sich über tausend Jahre halten, doch wurde er in der Zeit Alexanders unterbrochen. Als Herrscher über Thessalien mag Alexander seine Untertanen von ihrer Pflicht entbunden haben.

Ansonsten hielt sich Alexander auf allen Stationen seines Weges ehrfürchtig an die Riten. Unter den Griechen herrschte der Glaube, daß die ganze Gruppe zu leiden hatte, wenn eines ihrer Mitglieder die waltenden Götter verletzte oder überging. Als König, Anführer der Verbündeten und als Feldherr achtete Alexander religiöse Bräuche stets gewissenhaft und brachte seine Opfer der jeweiligen Situation entsprechend. Auf dem Wege nach Troja gedachte er jener ersten Invasion aus homerischer Vergangenheit und brachte Heldenopfer an den Gräbern von Ajax und Achilles dar, um sie als würdige Vorläufer zu ehren, da er glaubte, vor allem die göttlichen Helden Griechenlands seien für seinen Feldzug wichtig.

In Troja wußten die Einwohner nicht recht, wie sie ihn empfangen sollten. Sie hörten, ein König namens Alexander nähere sich, und zweifelsohne, so nahmen sie an, wollte er die sterblichen Überreste seines Namensbruders aufsuchen, des homerischen Alexander, der besser unter dem Namen Paris bekannt ist. Als sie sich aber erboten, ihm die Lyra des Paris zu zeigen, soll er entgegnet haben: »Diese

Lyra kümmert mich wenig, bin ich doch der Lyra des Achilles halber gekommen, mit der er, wie Homer erzählt, Kühnheit und Ruhm tapferer Männer besang.« Der Makedone fand den Alexander Homers, dem an Frauen mehr lag als am Krieg, nicht nach seinem Herzen. Achilles war der Held, dem dieser Alexander sich gleichsetzte, doch fehlte ihm im Unterschied zu Achilles ein Homer, der seinen Namen unsterblich machte. Um so wichtiger war es also für ihn, bis ins kleinste Detail hinein zu verdeutlichen, wie er selbst sich sah, und der Besuch Trojas sollte an seiner Wahl keinen Zweifel lassen.

Beim Einzug ins Dorf setzte ihm sein Steuermann eine goldene Krone auf, vermutlich um ihn dafür zu ehren, daß er auf offener See das Steuer übernommen hatte. Der Name des Steuermannes hatte allerdings größere Bedeutung als die Krone. Er hieß nämlich Menoitios; und Menoitios, der nach Troja nie mehr in der Geschichte auftaucht, war aus Homers *Ilias* als Vater des Patroklos bekannt – des engsten Freundes Achilles'. Der Namensgleichheit wegen, die für diese besondere Situation von Belang war, hatte Alexander dieses eine Mal Menoitios zu seinem Steuermann gemacht, und nachdem ansässige griechische Würdenträger ihm zum Zeichen ihrer Unterwerfung weitere Goldkronen dargeboten hatten, begann Alexander zu zeigen, wie tief ihn solche homerischen Sitten berührten.

Er salbte sich mit Öl und lief nackt inmitten seiner Begleiter zum Grab des Achilles, um es mit einem Kranz zu ehren; Hephaistion tat dasselbe am Grabe des Patroklos. Es war eine bemerkenswerte, zugleich einzigartige Huldigung und das erste Mal, daß Hephaistions Name in der Laufbahn Alexanders auftauchte. Die beiden waren bereits eng befreundet und unter den Gefolgsleuten als Achilles und Patroklos bekannt – ein Vergleich, der sich bis zum Ende hielt und sie auch als Liebende kennzeichnet, da man zu Alexanders Zeiten allgemein annahm, Achilles und Patroklos hätten miteinander in jenem Verhältnis gestanden, das Homer selbst nie ausdrücklich erwähnt. Das Thema vom neuen Achilles wurde am Zeusaltar ein weiteres Mal betont. Alexander opferte Priamos, dem legendären König Trojas, um ihn zu bitten, seinen Zorn von dem neuen Abkömmling seines Mörders abzuwenden; denn der Sohn des Achilles hatte den alten Priamos eben an einem Altar des Zeus erschlagen.

Bei der Ehrung des Athenetempels führte Alexander den frommen Vergleich fort. Er opferte seine Kriegsausrüstung der Göttin und empfing von den Priestern als Gegengabe das schönste Relikt aus der Heldenzeit – Schild und Waffen, die angeblich aus den Tagen des Trojanischen Krieges stammten. Nichts konnte sein persönliches Ideal deutlicher bezeugen. Auch der homerische Achilles hatte nämlich vor dem Auszug zum Kampf göttliche Waffen erhalten, darunter den berühmten Schild: »auf allen Seiten gut gearbeitet, mit einem dreifachen Rand leuchtenden Metalls und durch eine Silberspange gehalten, fünf Schichten insgesamt, und die Außenseite mit vielen Wundern versetzt«. Alexander war seinem Helden nun gleich. Der trojanische Schild und die trojanischen Waffen waren ihm so teuer, daß er sie auf dem Marsch nach Indien und zurück bei sich führte und von seinem Leibwächter stets vor sich hertragen ließ. Die Nachwelt hat großen Einfallsreichtum darauf verwandt, die Embleme dieses Schilds zu erraten, der eindrucksvoll gewesen sein muß. Mit diesen geheiligten Waffen gerüstet, würde Alexander den Glanz eines anderen Zeitalters erneuern.

Mit dem Empfang des heiligen Schildes und der heiligen Waffen ging der Besuch Trojas zu Ende. In der ganzen Laufbahn Alexanders gibt es nichts Denkwürdigeres, nichts sollte seine persönlichen Leitvorstellungen deutlicher veranschaulichen. Nur der frei erfundene *Alexanderroman* stellt es so dar, als hätten ihn die Gaben enttäuscht: Der Fluß Skamander, so wurde ihm hier in den Mund gelegt, war so klein, daß er mit einem Sprung hinübersetzten konnte, und »der Schild aus siebenfacher Ochsenhaut« des Ajax sei kaum beachtlicher gewesen. Für die Zeitgenossen bestand an dem leidenschaftlichen Interesse des Königs an diesen Dingen kein Zweifel. Troja erhielt aus Dankbarkeit wertvolle Privilegien, darunter nicht zuletzt eine neue demokratische Verfassung, und später sollte ein Schüler des Aristoteles, ein ungemein scharfsinniger Mann, ein Pamphlet mit dem Titel *Das Opfer in Ilion* verfassen, das leider nicht erhalten geblieben ist; denn der Titel bezeugt, daß sein Verfasser die Bedeutung des Besuchs in Troja erkannte.

Der Sinn seines Verhaltens war eindeutig. Zwar stimmt es, daß der Perserkönig Xerxes, für dessen Taten Alexander Rache nahm, Troja 150 Jahre vorher besucht hatte und ebenfalls vor der Überquerung der Dardanellen Opfer darbrachte, aber die Opfer des Xerxes hatten einen anderen Zweck und ein anderes Ritual; nichts weist darauf hin, daß Alexander der früheren Handlung des Gegners nacheifern wollte. Kein persischer König hatte sein Schiff selbst gesteuert oder war nackt um das Grab seines Helden gelaufen. Alexanders Besuch war in der Auffassung griechisch und spontan; er lebte aus Bezug auf den Trojanischen Krieg und erinnerte mit jedem Opfer an Achilles, seinem Rivalen auf der Suche nach Ruhm und Ehre. Achilles hatte vor allem für die thessalischen Truppen auch eine öffentliche Bedeutung. Wie es heißt, waren es thessalische Reiter gewesen, die in der Vortäuschung eines Kampfes um das Grab geritten waren und die Namen der Pferde seines Streitwagens beschworen hatten, um sie für den bevorstehenden Kampf auf ihre Seite zu ziehen. Aber für Alexander selbst, den Bewunderer Homers und Rivalen Achilles, muß der Besuch in Troja eher persönliche als politische Bedeutung gehabt haben: Der neue Achilles wollte vor seiner härtesten Probe den alten ehren, und das nicht aus Machtmotiven oder um eitlen Glanzes willen, sondern weil Homers Achilles ihn angeregt und begeistert hatte, und als makedonischer König folgte er Idealen, die der homerischen Welt nahestanden. Der Besuch in Troja entsprach den Vorstellungen eines Romantikers, und diese romantische Episode zeigte, wie er von seinen Zeitgenossen gesehen werden wollte. In Vergessenheit sollte sein Beispiel nicht geraten.

Etwa 550 Jahre später wählte der römische Kaiser Caracalla Alexander zu seinem heroischen Ideal, dem er nacheifern wollte. Auf dem Marsch durch Thrakien trug er Kleidung und Waffen wie Alexander, warb Elefanten an und eine aus 16 000 Mann bestehende makedonische Phalanx. Er überquerte den Hellespont – allerdings weniger geschickt als sein Held, da sein Schiff kenterte – marschierte nach Troja und lief nicht nackt, sondern in voller Rüstung um das Grab des Achilles herum. Dieser Besuch aber hatte eine Folge, die zu erzählen noch unwiderstehlicher ist. Sieben Jahre danach ritt Alexander erneut einher, als ein Unbekannter vom Donaugebiet her in Begleitung von 400 Bacchanten durch Thrakien zog, die ihre Stäbe im frohen Umzug schwangen, als folgten sie Alexander selbst. Der Schwindler kündigte seine Marschroute täglich im voraus an und genoß Unterkunft wie Verpflegung auf öffentliche Kosten, da kein Beamter es wagte, an seiner Glaubwürdigkeit zu zweifeln. Als er

Byzanz erreichte, setzte er nach Asien über, baute aus Holz seinen letzten Scherz, ein hohles trojanisches Pferd, und verschwand. Offensichtlich hatte er sich als Caracalla ausgegeben, um auf der Grundlage von Prätentionen, die Caracalla für sich selbst in Anspruch nahm, eine zweite Reise des Kaisers im Stile Alexanders vorzutäuschen. Einen außergewöhnlicheren Tribut konnte es für das Andenken Alexanders kaum geben. Alexander – so wurde gesagt – hatte Achilles um Homer beneidet, der seinen Ruhm verbreitete, doch auch ohne einen solchen Dichter blieb sein Besuch in Troja eine bleibende Inspiration.

Was Alexander also zurückließ, als er sich von Troja aus ostwärts wandte, um sich Parmenion zuzugesellen, war eine Dimension von historischer Größe. Der heroischen Vergangenheit konnte er kaum entkommen – denn der Weg, den er beschritt, war so alt wie Homer und wurde in seinem Lieblingsepos ausdrücklich erwähnt. Sein persönlicher Mythos begleitete ihn; vor ihm wartete sein Heer. Götter und Helden hatte er zu seinem Beistand gerufen, doch die Zeit für Zeremonien und romantische Gesten war vorbei.

8 DURCH DIE TORE ASIENS

Als Alexander auf den Hauptteil des Heeres unter Parmenion stieß, das die Dardanellen auf üblicherem Wege überquert hatte, hofften alle auf eine rasche Begegnung mit dem Feind. Proviant für dreißig Tage soll das Heer bei sich gehabt haben – Philipp hatte seine Truppen mit dieser griechischen Praxis vertraut gemacht –, und so mußte man, um die Verpflegung sicherzustellen, binnen eines Monats also Land erobern oder sich mit genügend griechischen Städten ins Einvernehmen setzen. Die Perser hatten ihr Hauptquartier sehr wahrscheinlich 130 Kilometer östlich in der Festung des Satrapen. Bevor Alexander jedoch gen Osten marschierte, prüfte er die Stärke seiner vereinigten Truppen.

Er hatte rund 32 000 Mann Infanterie mit sich gebracht, darunter sechs Brigaden seiner makedonischen Kampfgefährten zu Fuß mit 9000 Mann, 3000 Schildträger, 1000 Mann ausländischer Stoßtrupps und nur 7000 griechische Verbündete. 7000 Mann wahrscheinlich leicht bewaffneter thrakischer und illyrischer Infanterie gaben dem Heer ein Element aggressiven Barbarentums; denn vor allem die Thraker waren Soldaten, die für *fair play* wenig übrig hatten – die Indianer in den britischen, französischen und amerikanischen Truppen des 18. Jahrhunderts bilden eine interessante Parallele. Thrakische Stammesfürsten waren aufgrund der Siege des vorhergehenden Sommers zu Alexander gestoßen; auch Triballer waren darunter, deren Zahl mit weiteren Verstärkungen wuchs. Bis sie in Indien als Besatzung zurückblieben, kann nicht jede Grausamkeit des Feldzugs Alexander und seinen Makedonen zugeschoben werden.

Sieht man einmal ab von den wenigen Reitern aus den griechischen Bündnisstaaten, von den leichtbewaffneten Thrakern und den geübten Reitern Päoniens, der nördlichen Grenzlandschaft Makedoniens, so bestand der Kern der Reiterei aus 1800 Kampfgefährten und 1800 schwerbewaffneten Thessalern – nicht einmal die Hälfte der Berittenen des einen griechischen Staates, der es dank seines Adels und seines Flachlands mit den makedonischen Reitern aufnehmen konnte. Rechnet man die Vorausabteilung hinzu, die den größten Teil der Berittenen Späher Makedoniens umfaßte, so war die Kavallerie insgesamt etwa 6000 Reiter stark; zur Vorausabteilung zählten auch makedonische Fußsoldaten und griechische Söldner, die nunmehr die ganze Infanterie auf 43 000 Mann anschwellen ließen. Auch in Alexanders Hauptstoß befanden sich griechische Söldner, 5000 an der Zahl, die wahrscheinlich für leichtere militärische Aufgaben ausgerüstet waren, da sie sich für einen Fronteinsatz gegen Perser auf offenem Terrain kaum eigneten. Nicht nur die Verpflegung, auch der Sold mußte also zu einem bedrückenden Problem werden, sofern ein rascher Sieg ausblieb.

Als die beiden Heere sich vereinigten, waren die Städte an der Nordwestküste des persischen Reiches bis auf geringe Ausnahmen wieder verlorengegangen. Nur ein treuer Verbündeter war noch bedeutsam, allerdings eher vom persischen Standpunkt aus betrachtet. Der westlich gelegene Inselstaat Kyzikos hielt zu den neuen Eindringlingen, und obwohl die Perser ihn zu erobern versucht hatten, wozu sie ihre Soldaten sogar mit den breiten Hüten der Makedonen verkleideten, gab Kyzikos den Widerstand nicht auf. Er kam die Perser teuer zu stehen. Die Satrapen der Provinz Hellespont hatten seltsamerweise nie eigene Münzen geprägt, und die Provinz konnte ihren jährlich mit Geld zu entrichtenden Tribut deshalb nur in örtlicher Ersatzwährung zahlen, höchstwahrscheinlich mit reichlich vorhandenem Münzgeld aus Kyzikos, das zu den bekanntesten Währungen der griechischen Welt zählte. Da Kyzikos aber abseits des asiatischen Festlandes lag, gehörte es nicht dem persischen König. Es konnte seine Tore schließen, und da es sie um der Makedonen willen tatsächlich vor den Persern schloß, war das persische Heer – ein Heer aus Söldnern hauptsächlich, die ihren Sold regelmäßig erhalten mußten – in Schwierigkeiten. Sein Feldherr war dafür bekannt, daß er pünktlich zahlte, doch ohne Kyzikos war das so leicht nicht mehr möglich.

Anderwärts mußte Alexander sich auf die Politik seines Vaters verlassen, griechische Städte in Asien zu befreien. Doch Befreiung ist stets ein zweifelhaftes Versprechen, und seine Vorausabteilung hatte derartige Versprechungen auch bereits verraten. Es dauerte gar nicht lange, und Alexander begegnete Einheimischen, die dem neuerlichen Freiheitsangebot mißtrauten. Die ersten drei Tage führten ihn nämlich nordostwärts die Meeresküste entlang, offensichtlich zur blühenden griechischen Hafenstadt Lampsakos; Lampsakos aber war keineswegs sofort gewillt, ihn einzulassen. Hier hatten, vielleicht weil Kyzikos sich ihnen verschloß, persische Satrapen Münzen prägen lassen, hatten persische Generäle sich der reichen Mittel dieser Stadt bedient, und den Freunden der Perser lag nichts daran, Alexander einen Gefallen zu tun – die erste griechische Stadt, die Alexander befreien wollte, kehrte ihm den Rücken zu. Später, als seine Siege dem Freiheitsversprechen wirklich Bedeutung verliehen, erschienen aus Lampsakos Gesandte, um Gnade für die Stadt zu erbitten, doch solange Alexander seine Macht nicht bewiesen hatte, konnte er die Führer der griechischen Stadtstaaten weder untergraben noch überzeugen; denn allzuoft hatten Eindringlinge ihnen eine unsichere »Freiheit« angetragen.

So schob Alexander also die Befreiung griechischer Städte hinaus und näherte sich, allerdings in der Hoffnung, daß es schon unterwegs zum Kampf kommen werde, der Festung des Satrapen. Einige unbedeutende Dörfer zeigten sich freundlich und gingen zu ihm über; doch so sehr die Berittenen Späher auch nach dem Gegner ausschauten, er war nirgends zu erblicken. Vor ihnen öffnete sich eine blühende Ebene, und wieder einmal kamen die Späher von der nahegelegenen Küste zurück, ohne – abgesehen von der Übergabe eines weiteren belanglosen Dorfes – etwas berichten zu können. Persische Truppen hatten sich jedoch mittlerweile etwa 32 Kilometer weiter südlich unbemerkt zusammengezogen.

Das persische Oberkommando hatte auf Nachrichten von der Invasion die an einem See gelegene Festung Daskylium verlassen und sich durch dichtbewachsene Parks und Wälder auf eine höhere Hügelkette im Westen zurückgezogen, wo der Tyrann der kleinen griechischen Stadt Zeleia es freundlich aufnahm. Dort überlegten die Perser, wie sie taktisch am klügsten vorgehen mochten. Es gab zwei Alternativen: Entweder warf man sich Alexander entgegen, oder man brannte die Ernten an seiner Marschroute ab, um ihn durch Proviantmangel zum Rückzug zu zwingen – letzteres der Vorschlag Memnons, eines Griechen aus Rhodos, der seinem Bruder in persische Dienste gefolgt war, fünfzehn Jahre politischer Wandlungen überdauerte und sich im Kampf gegen die makedonischen Vorausabteilungen als tüchtiger General bewährt hatte. Mit griechischer Söldner-Infanterie hatte er dem Gegner die ersten Erfolge wieder abgenommen; seine militärische Begabung mag man an einer einzigartigen Münzserie erkennen, die auf der Rückseite die Umgebung von Ephesos zeigt. Dort hatten Memnons Kämpfe stattgefunden, und wie es scheint, gab er seinen Soldaten mit dem Sold zugleich einen nützlichen Hinweis auf die geographische Lage. Der Entdecker der ersten Landkarten im griechischen Kriegswesen war ein Feldherr, dessen Rat nicht leichthin in den Wind geschlagen werden durfte, zumal er zehn Jahre vorher in makedonischem Exil gelebt und Philipps Truppen kennengelernt hatte.

Sein Plan war vernünftig, und als er ein Jahr später ausgeführt wurde, geschah dies mit Erfolg. Aber Memnon war trotz seiner Ehe mit einer Perserin eben ein Grieche, der die Perser im Kampf gegen Griechen beriet, und seine Strategie stieß auf Einwände. Was er den Satrapen vorschlug, bedeutete das Abbrennen eines äußerst fruchtbaren Landes, in dem übrigens die Satrapen und ihre persischen Gefolgsmänner die besten Güter an sich gerissen hatten. Um Zeleia beispielsweise lagen die Wälder und Parks der früheren lydischen Könige, die den Persern damals zu ihrem Lieblingssport dienten, der Jagd; auf den Marmorreliefs der Satrapenfestung kann man sie auch heute noch bei der Jagd zu Pferde beobachten. Und von der Festung aus überblickte man Seen und Wildparks, deren Bäume und Tiere den Griechen wie eine Offenbarung vorkamen; die Landschaft ist heute noch für ihre seltene Vogelwelt berühmt. Neben der Jagd betrieben die Perser aber auch Ackerbau. Persische Adelige lebten an der Küste auf Gütern, die von Scharen einheimischer Sklaven bestellt wurden; ihre hohen privaten Burgen waren riesige Kornspeicher, und ein lokaler Würdenträger konnte eine recht stattliche Armee fast ein Jahr lang mit Getreide versorgen. Wenn es um solch reiche Güter ging, mochte Memnon, indem er die Verwüstung des Landes vorschlug, wohl einen guten Rat geben, aber er war eben Ausländer, und sein Plan betraf den Besitz anderer. Ihm gehörte zwar selbst ein großes Gut, doch war es ihm erst vor kurzer Zeit geschenkt worden. Andere hatten ihre alten Heimatgüter schon einmal brennen sehen und wurden nur ungern daran erinnert. Es war außerdem zweifelhaft, ob ihnen die Untertanen durch das Niederbrennen ihrer eigenen Ernten helfen würden.

Die persischen Befehlshaber stimmten also gegen Memnon und beschlossen einen massiven Angriff. Genau das hatte Alexander sich gewünscht. Von Zeleia aus – »am Fuße des Berges Ida liegt sie«, so singt Homer, »wo die Menschen reich sind und von den dunklen Wassern des Aesop trinken« – marschierte die persische Armee westwärts zur Ebene hinab. Fünfzig Kilometer südlich ahnte Alexander an jenem Maimorgen noch immer nichts. Sein Fußvolk marschierte in doppelter Formation, zu beiden Seiten Reiterei, und der Troß folgte sicherheitshalber vor der Nachhut. Erst einen Tag später kamen seine Berittenen Späher über die Stoppeln der weiten Felder zurückgaloppiert. Das persische Heer, so konnten sie ihm endlich berichten, wartete am anderen Ufer des Granikos auf die Auseinandersetzung.

Nach sechs Tagen zermürbenden Suchens muß Alexander die Nachricht mit Erleichterung aufgenommen haben. Einige seiner Offiziere freilich waren weniger zuversichtlich. Den Fluß, so gaben sie zu bedenken, könne man nicht vor dem Nachmittag erreichen, und zudem hätten sich ihre Könige im makedonischen Monat Daisios niemals in eine Schlacht begeben. Das waren allerdings belanglose Skrupel, da derlei Bräuche sich daheim wahrscheinlich aus den Erfordernissen der Ernte ergeben hatte, und für diese Arbeiten hatte Makedonien inzwischen Sklaven. Alexander wies die Einwände deshalb zurück. Er reagierte auf charakteristische Weise mit einer Kalenderänderung; an die Stelle des Daisios schob er einen zweiten Monat Artemisios ein. Ohne Bedenken ließ er weitermarschieren. Am frühen Nachmittag gelangten sie an den Fluß Granikos, wo Alexander den Gegner beobachten konnte. Es war ein Anblick, der seine Weigerung, eine militärische Aktion hinauszuzögern, voll rechtfertigte.

Spätere Gerüchte haben die Feindstärke grotesk übertrieben. Es gibt keinen Zweifel daran, daß das persische Heer am Granikos erheblich schwächer war und gegen Alexanders 50 000 vielleicht nur 35 000 Soldaten ins Feld führte. Memnon ausgenommen, wurde es von persischen Adeligen befehligt, die meisten davon Statthalter oder Satrapen der Stämme Westasiens, in einigen Fällen echte oder adoptierte Verwandte des persischen Königs. Eine Einheit aus der Zentralprovinz des Reiches war nicht dabei, und die Reiterei bestand aus Kronkolonisten, die als Entgelt für frühere Leistungen, weit von ihrer ursprünglichen Heimat am Kaspischen Meer oder am Oxus entfernt, seit langem in den fruchtbaren Ebenen der asiatischen Küste Ländereien erhalten hatten; oder sie waren unter den Bergstämmen Kappadokiens und Paphlagoniens mit ihren berühmten Pferden rekrutiert worden. Dort hatten die Statthalter noch vor weniger als dreißig Jahren gegen das locker gefügte persische Reich rebelliert. Von ihnen hatte ein Teil schwere Rüstungen mit Schutzspangen aus Bronze, die Xenophon gesehen hat und die persische Skulpturen bestätigen. Die Flanken der Pferde, bei manchen Reitern auch die Beine, waren durch große Metallplatten geschützt, während andere vor Schwertschlägen gesichert waren, weil von den Sätteln ein Beinschutz eine Art von abstehenden Klappen bildete. Kopf und Brust der Pferde waren ebenfalls durch Bronzeplatten geschützt. Die reichen Reiter trugen eine metallbeschlagene Rüstung und einen den ganzen Kopf umgebenden Bronzehelm, Vorgänger der kettenhemdartigen Kataphrakte der Perser zur Sassanidenzeit, denen die Römer der Hitze und des Metalls halber den Spitznamen »Kochtopfjungs« gaben. Solche Reiter sind nicht sonderlich beweglich, doch an dem Flußufer, wo es eher eine Rempelei als ein Turnier geben würde, war die schwere Rüstung nützlicher als Mobilität. Alexander hatte allerdings den Vorteil, daß die sie begleitenden Reiter mit Wurfspeeren bewaffnet waren, während die Elite seiner eigenen Reiter mit den härteren Stoßlanzen aus dem Holz der Kornelkirsche kämpfte – ein Vorteil, der freilich nur galt, falls er das Terrain für eine Attacke fand, und das schien ein Flußbett kaum zu bieten.

Die persische Infanterie war gänzlich ohne Bogenschützen und bestand nur aus 20 000 Griechen, die auf übliche Weise rekrutiert worden waren. Sie standen vorläufig hinter der Angriffslinie, doch Memnon, ein erfahrener und geschickter Anführer von Söldnertruppen, würde sie bei einer offenen Schlacht rasch vorziehen. Alexanders Kampfgefährten zu Fuß konnten mit ihren Sarissen erst angreifen, wenn die Reiter die geschlossene Formation der feindlichen Infanterie durchbrochen hatten, und falls ihnen keine Attacke von der Flanke her gelang, würde ihnen das schwerfallen. Der Kampf versprach hart zu werden.

Der Fluß, der zwischen den beiden Heeren verlief, schloß einen fairen Kräftevergleich von vornherein aus. Die Perser am jenseitigen Ufer hatten eine hervorragende Defensivstellung bezogen, zumal der Granikos streckenweise zwischen Steilufern aus Lehm, den Alexanders Chronisten ausdrücklich als tückisch beschreiben, rasch dahinströmte. Der Fluß, etwa zwanzig Meter breit, bot Truppen wenig Bewegungsfreiheit. Das makedonische Heer hatte an jenem Tag vielleicht sechzehn Kilometer zurückgelegt, und weil die Befehle mündlich durch die Reihen weitergegeben wurden, brauchte es Zeit, sich in Schlachtordnung aufzustellen. Vor dem Spätnachmittag konnten sie für Alexanders Kampfweise nicht gerüstet sein. Als Alexander auf seinem Ersatzpferd – Bukephalos lahmte oder war für diesen Einsatz zu kostbar – das Flußufer abritt, schnitt er mit zwei Federn seines Helmes eine auffällige Figur. Welche Taktik er für den bevorstehenden Kampf erwog, ist schwer auszumachen.

Für einen Offizier, der nach Alexanders Tod schrieb, war die Sache klar. Ihm zufolge trat der alternde Parmenion mit einem Vorschlag an Alexander heran: Es scheine doch am vernünftigsten, so soll er gesagt haben, über Nacht am Flußufer zu kampieren, da der Feind eine schwächere Infanterie habe und es deshalb nicht wagen könne, in aller Nähe zu biwakieren. Bei Morgengrauen sollten die Makedonen dann den Fluß überschreiten, ehe die Perser sich in Schlachtordnung formieren könnten. Am gleichen Tage noch eine Schlacht zu wagen, sei nicht empfehlenswert, da die Truppen unmöglich durch ein so tiefes Wasser, über solch steile klippenähnliche Ufer hinaufgeführt werden könnten. »Beim ersten Angriff ohne Erfolg zu bleiben aber müßte die bevorstehende Schlacht gefährden und dem Feldzug überhaupt schaden.«

Alexander, so berichtet der Offizier, lehnte den Vorschlag ab. Er entgegnete, das alles sei ihm bekannt, doch müsse er sich nach der leichten Überfahrt über den Hellespont schämen, wenn er sich von einem unbedeutenden Bächlein wie dem Granikos zurückhalten lasse. Solche Verzögerung sei des Ruhmes seiner Makedonen und seiner Entschlossenheit im Angesicht der Gefahr unwürdig. Und falls die Perser nicht unverzüglich jenem Angriff ausgesetzt würden, den sie so sehr fürchteten, so würden sie nur ermuntert, sich seinen Kriegern für ebenbürtig zu halten. Parmenion wurde der linke Flügel unterstellt. Alexander selbst begab sich auf den rechten; lange Zeit geschah nichts. Dann ließ er seine Berittenen Späher, gefolgt von Kampfgefährten zu Pferde, die feindlichen Reiter am anderen Ufer angreifen. Sein heldenhafter persönlicher Einsatz gegen persische Heerführer, bei dem er die Lanze verlor und um ein Haar sein Leben gelassen hätte, bahnte noch am Nachmittag den Weg für seine Leibtruppen zu Fuß und sicherte den Sieg.

Die Unterhaltung zwischen Alexander und Parmenion ist höchstwahrscheinlich erfunden. In den Chroniken seiner Offiziere wie auch in der historischen Legende bei Griechen und Juden erscheint Parmenion nämlich verdächtig oft als »Ratgeber« Alexanders, wobei er zumeist widerlegt wird, so daß Kühnheit und Scharfsinn seines Herrn in helleres Licht gerückt werden. Noch schwerer wiegt es, daß Alexander seinen General Parmenion vier Jahre nach dieser Schlacht wegen der Verschwörung seines Sohnes ermorden ließ. Wie die wenigen erhalten gebliebenen Stellen aus der offiziellen Historie des Kallisthenes erkennen lassen, wurde Parmenion für seinen Anteil an der großen Schlacht bei Gaugamela heftig und womöglich zu Unrecht kritisiert, und seine Geschichte aus dem Kontext dieser Schlacht mag sehr wohl auch für den Granikos benutzt worden sein, entweder wiederum von Kallisthenes selbst oder von den anderen Geschichtsschreibern wie etwa Ptolemäos oder dem älteren Apologeten Aristobulos. Sollte die Geschichte auf Kallisthenes zurückgehen, so muß die Widerlegung Parmenions Alexander geschmeichelt haben, da sie eventuell nach Parmenions Tod niedergeschrieben wurde – unter Umständen, um sein Andenken zu diskreditieren. Mag die Geschichte nun aber Alexander geschmeichelt haben oder nicht, sie scheint jedenfalls erlogen, weil andere Darstellungen den Verlauf der Schlacht genauso beschreiben, wie Parmenion es empfohlen hatte, und mehrere Gründe sprechen dafür, daß diese Version der Wahrheit näherkommt.

Ein Geschichtsschreiber, der Alexander nichts schuldete, berichtet, daß Alexander in der Tat über Nacht am Ufer des Granikos kampierte. Ein Gespräch mit Parmenion wird nicht erwähnt, aber Alexander hat diesem Bericht zufolge den Fluß bei Morgengrauen überquert, weil die Perser wahrscheinlich doch auf einem Hügel zwei oder drei Kilometer entfernt ihr Nachtlager aufgeschlagen hatten. Es war persische Gepflogenheit nicht, vor Sonnenaufgang zu marschieren, und bereits Xenophon hatte notiert, daß sie in gewisser Entfernung vom Feind lagerten und ihre Pferde sogar vor dem Lager anpflockten: Einem Angreifer bot das eine günstige Gelegenheit. Nachdem Alexander seine Feinde mit einem Marsch im Morgengrauen übertölpelt hatte, fächerte er seine Truppen in Schlachtordnung auf und stieß mit Wucht gegen vorrückende persische Reiterei, die sich auf die Nachricht vom Flußübergang Alexanders auf ihre Pferde geschwungen hatte und vor den Fußtruppen einherpreschte. Gegen sie bewies Alexander einen Heldenmut, der eines Achilles würdig war. Mehrere Satrapen warf er vom Pferde. Sein Schild strotzte von feindlichen Waffen, doch am anderen Flügel standen Parmenion und die thessalische Reiterei ihm kaum etwas nach – eine Tatsache, die in den Geschichtsbüchern seiner Offiziere übergangen wird. Nach längerem Kampf, bei dem oft der Krummsäbel benutzt wurde, ergriff die persische Reiterei die Flucht, nachdem sie bereits mehrere Satrapen und Feldherren verloren hatte. Bei Anbruch des Tageslichts brach Alexanders Fußvolk ins persische Lager ein und umzingelte die griechischen Söldner, die Widerstand zu leisten versuchten, aber gegen die Übermacht nichts ausrichten konnten, wenn sie auch Alexanders Pferd verwundeten. Die meisten von ihnen kamen um. Nur zweitausend wurden gefangengenommen. Da Alexander es sich nicht leisten konnte, sie in Sold zu nehmen, beschloß er, an ihnen ein Exempel für alle übrigen griechischen Rebellen zu statuieren. Nach Schätzungen seiner Offiziere wurden mehr als 15 000 Mann brutal abgeschlachtet.

Die Schlacht wurde so geschlagen und gewonnen, wie Parmenion dies gewünscht hatte. Rückblickend mag die Kriegslist eines Überfalls bei Morgengrauen weniger tollkühn und heldenhaft erschienen sein, und so erfanden die Chronisten statt dessen die Geschichte vom nachmittäglichen Angriff, während sie die eigentliche Schlacht der übermäßigen Vorsicht Parmenions zur Last legten. Man muß die verschiedenen Legenden und Memoiren seiner Freunde mit der Darstellung des Literaten vergleichen, der fünfzehn Jahre nach Alexanders Tod schriftliche und mündliche Augenzeugenberichte zu seiner Erzählung verarbeitete; obwohl er selbst zur Verherrlichung und zur Übertreibung neigt, verrät seine Darstellung der Schlacht am Granikos zum erstenmal, daß er Wahrheiten kannte, die Alexanders Offiziere entstellten, um Unbesiegbarkeit und Wagemut ihres Königs zu propagieren. Wo es um militärischen Ruhm geht, sollten den Geschichtskenner private Motive nicht überraschen, und die Entstehung der Legende um einen berühmten König und seinen ermordeten General ist als Beispiel deshalb nicht weniger bedeutsam, weil es ferner Vergangenheit zugehört.

Was auf den Sieg folgte, darf als gesichert gelten. Als Heerführer hat Alexander einen Mythos begründet, der fest auf persönlicher

Leistung beruhte, und die Ereignisse am Granikos zeigen einen ersten beachtlichen Ansatz. Memnon und einigen Satrapen gelang die Flucht. Die gefallenen persischen Heerführer aber ließ Alexander bestatten – eine fromme griechische Geste, die die Toten aber beunruhigt hätte, da sie aus religiösen Gründen eine Bestattung abgelehnt hätten. Angemessener war sein Verhalten, als er »sich um die Verwundeten kümmerte, jeden einzelnen besuchte, seine Wunden betrachtete und nach den Ursachen fragte«. Er zeigte sich menschlich und »gab allen Gelegenheit, mit ihrer Tapferkeit in der Schlacht zu prahlen«. Fünfundzwanzig seiner Kampfgefährten waren bei der von ihm angeführten Attacke gefallen. Er ordnete an, sie am Morgen prunkvoll zu bestatten und ihre Eltern und Kinder von Steuern, Vermögensabgaben und militärischen Diensten zu befreien. In der Grenzstadt Dion ließ er ihre Bronzebüsten aufstellen, die sein Hofbildhauer, der berühmte Lysippos geschaffen hatte. Was die griechischen Söldner in persischen Diensten anbelangte, so ließ er Tausende von Gefallenen beerdigen, die Gefangenen aber in Fesseln werfen und zur Fronarbeit nach Makedonien schicken, »weil sie für Barbaren als Griechen gegen Griechen gekämpft hatten, und das im Widerspruch zu den allgemeinen Vereinbarungen der griechischen Verbündeten«. Unter Ausnutzung des Mythos, den Alexanders Vater Philipp begründet hatte, gewann Makedonien Arbeitskräfte, und dank eines gesetzlichen Vorwands wurde ein Exempel statuiert, um in Zukunft Griechen davon abzuhalten, sich als Soldaten vom Gegner anwerben zu lassen.

Ebenso klug und aufsehenerregend wurde die Beute verteilt. Was nicht benötigt wurde, übersandte man Königin Olympias nach Makedonien. Dreihundert persische Kriegsrüstungen jedoch wurden ausgesucht, um in Athen der Stadtgöttin geweiht zu werden, und zwar mit der Widmung: »Alexander, der Sohn Philipps, und die Griechen mit Ausnahme der Spartaner, von den Barbaren, die in Asien leben.« Mit diesem schlichten Text gelang Alexander eine der glänzendsten diplomatischen Formulierungen der Antike. *Alexander* nannte er sich, und nicht etwa König Alexander, Führer oder Feldherr, sondern schlicht und in unnachahmbarer Demut: *der Sohn Philipps. Die Griechen,* so ließ er schreiben – nicht die Makedonen, Agrianer oder die europäischen Stämme, die eine Schlacht gewonnen hatten, bei der Griechen sich nur auf gegnerischer Seite hervortaten. *Von den Bar-*

baren, deren Frevel er rächte, deren Heerführer er jedoch in allen Ehren bestattet hatte, und von einem Siege der Griechen *mit Ausnahme der Spartaner* sprach er – vier Wörter, die die ganze griechische Geschichte der vorausgegangenen zweihundert Jahre widerspiegelten. Einerseits: Spartaner hatten an dem Sieg keinen Anteil gehabt; es hatten also die bestausgebildeten Krieger Griechenlands gefehlt, die vor langer Zeit Xerxes bei den Thermopylen zurückgeworfen hatten, ohne sich von den Speeren, die die Sonne verdunkelten, schrecken zu lassen, weil »Sparta es nicht als Sitte der Väter ansah, zu folgen, sondern zu führen«. Andererseits: Ausgenommen war Sparta, das die kleineren Städte des südlichen Griechenland noch immer fürchteten und verabscheuten, dessen Unbeliebtheit schon Philipp in kluger Weise ausgenutzt hatte, dessen Schatten die Geschichte der demokratischen Stadtstaaten, über Athen hinaus, in der gesamten griechischen Welt verdunkelte; denn die Spartaner hatten die in Asien seßhaften Griechen siebzig Jahre vorher befreit und sie zynisch dem persischen König abgetreten. Es war eine Botschaft mit klarem, deutlichem Sinn. Daß sie an Athen gerichtet war, jene Stadt, deren Kultur Alexander wie sein Vater geachtet, deren Abtrünnigkeit sie jedoch zwei Jahrzehnte lang gefürchtet und bekämpft hatten, sagt ungemein viel.

Tausend Jahre, so schrieben die Historiker, standen zwischen dem Sieg am Granikos und der Eroberung Trojas, die Kallisthenes auf den gleichen Monat ansetzte wie Alexanders Einmarsch in Asien. Tausend Jahre lagen also zwischen dem ersten Achilles und der Ankunft des neuen in jener Ebene der Rachegöttin Nemesis, wie Kallisthenes den Schlachtort nannte. In der Tat, ein neues Zeitalter hatte begonnen, obwohl den Grund dafür niemand von denen hätte angeben können, die das Schlachtfeld verließen. Es lag nicht in einer neuen Wissenschaft oder Philosophie, sondern in der geographischen Weite der Eroberung und der mit ihr begründeten Verbreitung der Kultur eines Volkes.

»Alexander, Philipps Sohn, und die Griechen ohne
Lakedaimonier –«

Vorzustellen vermögen wir uns aufs beste,
Daß durchaus man in Sparta ob dieser Inschrift
Gleichgültigkeit wahrte. »Ohne Lakedaimonier«,

Aber natürlich. Das waren keine Spartiaten,
Die sich leiten ließen und sich befehlen
Wie kostbare Diener. Auf der andern Seite
Ein allgriechischer Feldzug ohne
Spartiatenkönig als Führer
Schien wohl kaum von hohem Belang bei ihnen.
Oh, ganz gewiß doch, »ohne Lakedaimonier«.

Auch ein Standpunkt ist es. Man fühlt ihn nach.

Also ohne Lakedaimonier zum Granikos.
Und nach Issos darauf und dann zur entscheidenden
Schlacht, wo sie wegfegten das furchtbare Heer,
Das zusammen nach Arbela zogen die Perser:
Das von Arbela aufbrach zum Sieg und hinweggefegt ward.

Und aus dem Wunder des allgriechischen Feldzugs,
Des siegtragenden, ringsum strahlenden,
Rings gepriesenen, hoch gefeierten,
Wie kein anderer je eine Feier gefunden,
Aus dem unübertreffbaren: Wir gingen hervor,
Eine hellenische neue Welt, eine große.

Wir: von Alexandrien, von Antiochien,
Von Seleukia, und die zahlreichen Scharen
Sonstiger Griechen Ägyptens und Syriens,
Und die in Medien und die in Persien und so viel andre.
Mit den weitgespannten Herrschergebieten,
Mit der bunten Wirkung umwandelnder Mächte.
Und die Gemeinsprache: Griechischer Zungenlaut –
Bis hinein nach Baktrien trugen wir sie, bis zu den Indern.

Reden wir jetzt von Lakedaimoniern!*

Konstantin Kavafis, »Um 200 v. Chr.«

* Lakedaimonier ist die im Griechischen übliche Bezeichnung für Spartaner. Das Gedicht ist dem Band entnommen: Konstantin Kavafis, *Gedichte*, 1953, Suhrkamp Verlag, Ffm. (BS 15).

9 DER GRIECHISCHE KREUZZUG

»Meine harte Entschlossenheit im Angesicht von Gefahren ...« – dieses Mottos, das ihm Geschichtsschreiber später in den Mund gelegt haben, hat sich Alexander in den Wochen nach dem Sieg am Granikos würdig erwiesen. Taktisch gesehen war seine Aufgabe nicht schwer. Er mußte seinen Vorteil nutzen, bevor die Perser sich fangen und ihm an einem der starken, strategisch wichtigen Stützpunkte an der Küste Widerstand bieten konnten. Entfernungen schreckten ihn nicht, und die asiatische Westküste war nie dicht mit königlichen Garnisonen und wehrpflichtigen Kronkolonisten besiedelt gewesen; doch er begab sich in eine Welt arg verflochtener, widersprüchlicher Interessen. Sie alle mußte er einzeln berücksichtigen, wenn er schnelle Fortschritte machen wollte.

In der Verwaltungssprache des persischen Reiches war das Küstengebiet Kleinasiens nach Land und Städten unterteilt. Unumstrittener Herr über das Land war der König, der genau festgesetzte Steuern erhielt und Landbesitz an Kolonisten, Verwaltungsleute, Perser oder griechische Adelige verteilte, die auf seine Gunst Anspruch hatten. Die dazwischenliegenden Hügelketten und die entlegeneren Gebiete landeinwärts wurden den ansässigen wilden Stämmen überlassen, die so unabhängig lebten, wie es ihnen ihre Stärke erlaubte.

Im Küstenstreifen aber gab es ein dichtes Netz griechischer Städte, deren politische Zugehörigkeit seit langem Gegenstand war von Auseinandersetzungen zwischen Staaten des griechischen Festlands, die sie beherrschen wollten, und dem persischen König, der ihre Steuern beanspruchte. Während der vorausgegangenen fünfzig Jahre waren diese Städte aufgrund eines Friedensabkommens Persien unterstellt gewesen. Im Sinne des Schlagworts, das sein Vater ausgegeben hatte, war Alexander nunmehr dem wohlvertrauten Ideal verpflichtet, sie zu befreien.

Die Perser waren in finanzieller und religiöser Hinsicht weder lästig noch erpresserisch; der Tributsatz war streng fixiert; die meisten Städte, namentlich solche mit einer florierenden Tempelkasse, waren dank ihrer Landwirtschaft reich; und ebenso wie von den zahlreichen Magiern Kleinasiens einige in Ephesos eine Heimat gefunden hatten, so achtete der persische König die Rechte der nahegelegenen heiligen Bezirke Apollos und Artemis', die er mit eigenen Gottheiten gleichsetzte. Politisch fanden es die Perser wie später die Römer und Briten am einfachsten, sich mit den Cliquen der Reichen und Mächtigen zu arrangieren. In den kleineren und entlegeneren griechischen Städten herrschten Tyrannen, die genau wußten, daß ihre knappe Macht die Unterstützung der persischen Verwaltung fand. In den größeren Städten residierten persische Hyparchen, Generäle, Richter und Garnisonskommandeure in Eintracht mit ortsansässigen Würdenträgern, was Freundschaften begründete, die in so manchem Fall die Unterschiede zwischen Ost und West mit empfehlenswerter Herzlichkeit überbrücken halfen. Da diese Städte vom Land umgeben waren, befanden sich die reicheren Bürger in einer merkwürdigen Doppelstellung; als Landbesitzer schuldeten sie dem persischen König Steuern, als Bürger konnten sie jedoch innerhalb der Stadtmauern für Ämter kandidieren. Es war unvermeidbar, daß sich in solchen Fällen die Linien verwischten, und für gewöhnlich litt darunter die Freiheit der Mitbürger; denn die Reichen und Mächtigen pflegten ihren Sympathien für Persien zu folgen und eine Tyrannenherrschaft zu errichten. Wo eine Regierung der Reichen im Interesse persischer Herrschaft lag – und oft auch durch persische Intervention gefördert wurde –, gab es in den Städten bitteren Bürgerzwist. Die Menschen lebten in einer an revolutionären Situationen besonders reichen Epoche des Altertums. Die Begüterten standen gegen die Armen, also Klasse gegen Klasse; der Demokrat haßte den Oligarchen mit einer Intensität, der verglichen sogar die berüchtigten Spaltungen in Griechenland, wo eben doch keine fremde Macht den Hader schürte, recht harmlos wirkten. »Die Städte«, so schrieb der in Asien lebende Sophist Lukian, als die Römer die Stellung der Perser übernommen hatten, »sind wie die Bienenstöcke. Jeder Mann hat einen Stachel und sticht damit auch seinen Nachbarn.« Dieser Vergleich paßte auf die Zeit Alexanders noch besser als auf das römische Zeitalter; denn die Stacheln waren nicht minder scharf, und die Städte waren in der Tat wie Bienenstöcke nach Klassen getrennt.

Als Alexander sich in diesen Wirrwarr von Bürgerzwist und Klassenhaß hineinbegab, mußte er eine rasche Lösung der Probleme herbeiführen. Der Feldzug seines Vaters hatte lediglich unter dem Motto gestanden, die Perser namens der Griechen zu bestrafen; zwar war auch von einer Befreiung griechischer Städte in Asien die Rede gewesen, doch mochten Strafe und Freiheit wenig mehr bedeuten als den Hinauswurf der persischen Herren. Der Führer der griechischen Verbündeten jedoch war auch ein makedonischer Eroberer, und es sollte Alexander nicht schwerfallen, in diesem Punkte einen Rollenkonflikt zu vermeiden.

Unmittelbar nach der Schlacht am Granikos traf er drei aufschlußreiche Entscheidungen. Er verbot seinen Truppen, das Land zu plündern – er wollte es also wie ein persischer König besitzen und ernannte deshalb auch den makedonischen Anführer seiner Vorausabteilung zum Satrapen des hellespontischen Phrygien. Die Maßnahme mag seine Makedonen überrascht haben und bedeutet jedenfalls ein Kompliment an die persische Verwaltung. Und ebenso wie es vor ihm persische Könige getan hatten, schickte er die Leute uneigennützig wieder zurück, die von den Bergen herunterkamen, um sich ihm zu unterwerfen. Für die ganze Provinz sollten die Tributsätze wie unter Darius gültig bleiben. Troja erhielt die Unabhängigkeit und eine demokratische Verfassung – ein Zeichen, wozu Alexanders Befreiung möglicherweise führen könnte, obwohl Alexander für die griechischen Städte bis dahin keine Generalregel festgelegt hatte. Die Bevölkerung von Zeleia, wo sich das persische Hauptquartier befand, wurde »von Schuld freigesprochen, da sie gezwungen worden war, sich für die persische Seite zu erklären«. Der dortige Tyrann sollte wahrscheinlich abgesetzt werden, falls er nicht schon geflüchtet war.

Parmenion wurde vom Schlachtfeld aus entsandt, um die Satrapen-Burg Daskylium zu nehmen. Da deren Wachtruppen geflohen waren, bildete das kein Problem. Unterdessen begab Alexander sich über die alte, die Ebene in südwestlicher Richtung durchlaufende Route nach Sardis, wo der Satrap der Lyder seinen Sitz hatte, deren Reich die Perser vor mehr als zweihundert Jahren nach der Niederlage des berühmten lydischen Königs Krösus an sich gerissen hatten. Doch Alexander, der rasch zuschlagen wollte, war nicht der einzige Mann in Eile. Etwa elf Kilometer vor den Stadtmauern begegnete ihm der Befehlshaber der persischen Festung, Mithrines, zusammen mit den führenden Männern von Sardis, die ihm ihre Stadt, ihre Festung und ihre Geldschätze anboten. Alexander nahm Mithrines als ehrenvollen

Freund in seinen Stab auf und gestattete Sardis und dem übrigen Lydien, »die alten Gesetze der Lyder anzuwenden und frei zu sein«. Da über die persische Herrschaftspraxis in Sardis nichts bekannt ist – abgesehen davon, daß die Lyder eine Garnison erhielten und entwaffnet worden waren –, läßt sich unmöglich entscheiden, welche Privilegien mit dieser Verleihung wiederhergestellt werden sollten; die Perser waren jedoch generell für ihre Provinzrichter berühmt, und Urkunden aus Babylon und Ägypten veranschaulichen, in welchem Ausmaß das Königsrecht gegen die Untertanen angewandt wurde. Obwohl ein griechischer Kreuzzug den Lydern nichts schuldete, ließ Alexander sich zu einer rücksichtsvollen Geste herbei. Er stieg den Akropolishügel hinauf, der sich heute noch, wenn auch entzweigespalten, über den Gräbern der alten Könige in der Ebene erhebt, und bewunderte die Stärke der persischen Festung, ihr dreifaches Mauerwerk und den Marmoreingang. Einen Augenblick lang überlegte er, ob er dem griechischen Zeus auf dem Gipfel einen Tempel errichten sollte, doch da hallten Donnerschläge vom sommerlichen Himmel, und der Regen strömte über den einstigen Palast der lydischen Könige herab. »Alexander erkannte, daß dies ein Zeichen des Gottes war, um ihm zu zeigen, wo er seinen Zeustempel bauen solle, und erließ entsprechende Anordnungen.« Auf dieses Zeichen des Donnerers Zeus ließ Alexander seine Pläne für einen Tempelbau an der Stelle früherer Herrschaft fahren, um die lydischen Könige zu ehren, die während der vorausgegangenen zwei Jahrhunderte von den Persern unterdrückt worden waren, und das war diplomatisch klüger, als einem Regenschauer zu gehorchen.

Alexander war ein Eroberer, der herrschen wollte. Ein Kampfgefährte wurde zurückgelassen, um die persische Festung zu befehligen; einer der Brüder Parmenions wurde Satrap von Lydien und Ionien und erhielt eine entsprechende Truppe zugeteilt. Solch eine Aufteilung der Befehlsposten entsprach zum Teil persischen Gepflogenheiten und teilte andererseits in einem Gebiet, das noch nicht sicher beherrscht wurde, die Last der Aufgaben auf. Wie später die Römer feststellen sollten, konnte ein Offizier das Verhalten des anderen überwachen und dem König Bericht erstatten. Ein Grieche wurde zusätzlich mit dem Einsammeln von »Tribut, Beiträgen und Geschenken« beauftragt. Als eine freie Stadt entrichtete Sardis wahrscheinlich eher

»Beiträge« denn einen kaiserlichen Tribut, und die Einsetzung einer Garnison Griechen aus Argos bedeutete nicht unbedingt eine Verletzung ihrer Freiheit, da Gegenschläge des Feindes zu erwarten waren und die Stadt unter Umständen verteidigt werden mußte. Während Sardis also Vorteile gewann, wechselte das übrige Lydien lediglich einen Herrn gegen einen anderen aus.

Es wäre nicht sinnvoll gewesen, mit weiteren Neuordnungen noch mehr Zeit zu verschwenden. Der Schatz der Festung war eine äußerst wertvolle Bereicherung der Heereskasse. Nächstes Ziel war das etwa achtzig Kilometer südwestlich gelegene Ephesos. Diese mächtige Stadt hatte zwei Jahre vorher die Vorausabteilung Philipps willkommen geheißen, und es bestand jede Aussicht, daß sie sich ein zweites Mal freundschaftlich verhalten würde. Zunächst einmal aber schickte Alexander seine griechischen Verbündetentruppen sämtlich nordwärts in das hinter ihm liegende »Land Memnons« und falls es sich dabei um die Güter des Generals Memnon gehandelt hat, so mochte Alexander hoffen, der Person seines Gegners selbst habhaft zu werden. Da diese Truppen militärisch wertvoll waren, sollten sie jedoch später wieder zu ihm stoßen.

In Ephesos war die Söldnergarnison auf die Nachricht vom Granikos geflohen. »Am vierten Tag« erreichte Alexander die Stadt, erstattete allen Verbannten, die seinetwegen ins Exil geschickt worden waren, ihren Besitz zurück und begründete an Stelle der Oligarchie eine Demokratie. Diese nach der Schlacht erste Berührung mit einer griechischen Stadt war ein wichtiger Augenblick vor allem deshalb, weil Ephesos die Bürgerunruhen in besonders krasser Form veranschaulichte. Zwei Jahre zuvor hatte in der Stadt eine persisch orientierte Junta geherrscht, die von Philipps Vorausabteilung vertrieben worden war, woraufhin erneut die demokratische Verfassung gültig wurde. Ein Jahr danach war die Junta zurückgekehrt, um die Demokraten des Vorjahres in die Verbannung zu schicken. Nunmehr gab Alexander den Ausschlag und setzte die demokratische Verfassung endgültig durch. Die Bevölkerung, die seinen Einmarsch begeistert feierte, rottete sich zusammen und begann, jene Familien zu steinigen, die mit persischer Unterstützung geherrscht hatten. Es war ein schöner Beweis für die Bitterkeit, die sie Tyrannen gegenüber empfand. Alexander kannte genug von der Welt, um zu wissen, daß eine Klasse nicht minder rachsüchtig ist als die andere, und verbot deshalb weitere Diskriminationen und Racheakte, weil im Namen einer demokratischen Vergeltung gewiß auch Unschuldige umgekommen wären. »Was Alexander in Ephesos tat, gab ihm mehr noch als alle seine Taten anderenorts zu jener Zeit einen guten Namen.«

Die Nachricht verbreitete sich rasch und hatte zur Folge, daß Alexanders Macht wuchs. Zwei nahegelegene Städte boten ihm die Übergabe an, vielleicht unter der Bedingung, daß auch sie wieder eine Demokratie erhielten; Parmenion wurde mit hinreichend Militär ausgesandt, um sie beim Wort zu nehmen. Alexander wurde mit seinem wachsenden Einfluß selbstbewußter und schickte einen seiner erfahrensten makedonischen Diplomaten »zu den äolischen Städten in seinem Rücken und zu all jenen ionischen Städten, die noch unter barbarischer Herrschaft standen«. Seine Anordnungen sind zu Recht berühmt; sein Gesandter sollte »die Oligarchien überall zerbrechen und an ihrer Stelle Demokratien einrichten; die Einwohner sollten wieder nach ihrem eigenen Recht leben und von dem Tribut befreit werden, den sie an Barbaren zahlten«. Alexander, der allzu oft nur als Eroberer berühmt ist, bereitete einen vorsichtigen Schachzug vor.

Er hatte mit einem Schlag die Widersprüche in seiner Stellung beseitigt. Die neuen Demokratien waren reichlicher Beweis, daß sein Freiheitsversprechen kein bloßes Schlagwort war; und indem er die persische Unterstützung für Tyrannen und Herren ins Gegenteil verkehrte, hatte er sich für die Eroberung der Städte Äoliens und Ioniens des Klassenhasses und des Eifers der Demokraten versichert. Er hatte sich keineswegs verpflichtet, weiter südlich gelegene griechische Städte in gleicher Weise zu behandeln, doch den Dank und die Treue der neuen griechischen Regierungen rundum hatte er gewonnen. Sein Vorgehen entsprach verläßlichen Präzedenzfällen. In Ephesos zumindest hatte Philipps Vorausabteilung eine Demokratie eingerichtet. In der ferneren Vergangenheit hatte der persische König Darius I. den starken Haß der griechischen Städte Kleinasiens gegen ihre Tyrannen erkannt und ihnen nach starken Protesten demokratische Verfassungen gegeben. Es war auch nicht so, als ob Alexander lediglich dem Augenblick gehorchte: Er nutzte die älteste politische Strömung Kleinasiens aus, ja die beständigste Sehnsucht aller gewöhnlichen Griechen, wo immer sie leben mochten. Nur fünf Jahre vorher hatte der korinthische Abenteurer Timoleon am anderen Ende der griechischen Welt die griechischen Städte Siziliens durch ein ähnliches Versprechen demokratischer Regierung erobert – ein Beispiel, dessen Bedeutung die Makedonen durchaus erkannt haben mochten. Philipps hochgeschätzter Gefährte Demaratos aus Korinth hatte an der Befreiung Siziliens teilgenommen, und da er Alexander in Asien begleitete, mochte er ihm die Augen dafür geöffnet haben, wie schwer in einer griechischen Stadt des Auslands demokratische Loyalität wog; denn Alexander persönlich soll aristokratische Machtausübung bevorzugt haben. Die Art seines Vorgehens in Kleinasien mag selbstverständlich erscheinen; aber andere hatten diese Möglichkeit nicht beachtet, am wenigsten die spartanischen Eroberer, die sechzig Jahre früher die kleinasiatischen griechischen Städte tyrannisiert oder im Stich gelassen hatten, obwohl sie zu ihrer »Befreiung« gekommen waren.

»Für Griechen gibt es keinen größeren Segen«, so proklamierte die griechische Stadt Priëne fünfzig Jahre nach Alexander, »als den Segen der Freiheit.« Die asiatische Bevölkerung – ein großer Teil davon Leibeigene der Griechen und ihrer Städte – überging man bei solcher Einstellung auf großzügige Weise, doch Alexander schlug aus ihr großen Nutzen. Seine Proklamation bedeutete das Ende einer Epoche und wurde entsprechend aufgenommen. Unter denen, die er in ihre alten Rechte einsetzte, herrschte ein Jubel, wie er Politikern eigen ist, die wider alle Erwartung erneut an die Macht kommen. Viele ionische Städte begannen ihren offiziellen Kalender sogar nach einem neuen Zeitalter zu berechnen, und ganz als ob die zwei Jahrhunderte persischer Tyranneien nur ein widersinniges Zwischenspiel gewesen wären, wurde Freiheit mit Demokratie gleichgesetzt. Das politische Vokabular änderte sich, und es ist wahrscheinlich, daß die neuen Regierungen Alexander sofort oder noch zu Lebzeiten Ehren einräumten, die sonst Göttern vorbehalten waren. Dieses erste Anklingen eines Themas, das in späteren Jahren eine große Bedeutung erhalten sollte, kann nicht genau datiert werden. Als Alexander – vielleicht bald nach seinem Besuch in Ephesos – forderte, daß der neuerrichtete Tempel der Artemis der Göttin in seinem Namen geweiht werden solle, verweigerten die Bürger dieses Ansinnen, »weil es sich nicht schickt, daß ein Gott einen anderen ehrt« – ein Beweis, falls das stimmt, daß sie ihn bereits als Gott zu verehren begonnen hatten. Für den gleichen Tempel in Ephesos malte der Hofkünstler Apelles ein Porträt Alexanders, in dem er den Donnerstrahl Zeus' hält; auch ein Hinweis darauf, daß Alexander als ein neuer Zeus vergöttlicht wurde, obwohl das Datum des Bildes nicht sicher ist. Der Hofbildhauer Lysippos soll eingewandt haben, der Speer eines Helden wäre angemessener als der Donnerstrahl des Zeus, aber er war Apelles' Rivale und auf seine eigene Statue Alexanders stolz, in der dieser einen solchen Speer in der Hand hielt. Er war eben auch kein demütiger Epheser, der seiner demokratischen Überzeugung wegen geächtet gewesen war und nun dank eines zweiundzwanzigjährigen Königs auf wunderbare Weise in seine Heimatstadt zurückkehren konnte. Alexander war keineswegs der erste Grieche, der politischer Gunst wegen als Gott verehrt wurde; selbst die kurzlebige Befreiung etlicher griechischer Städte Kleinasiens durch seinen Vater war mit hohen religiösen Ehren belohnt worden, die einer Anbetung nahekamen. Die Begeisterung des Augenblicks ließ dergleichen ganz natürlich erscheinen, doch ist es ein Zeichen tiefer Dankbarkeit, daß die göttliche Verehrung Alexanders keine vorübergehende oder erzwungene Geste darstellte. Mit eigenem Tempel, einer eigenen Priesterschaft und besonderen heiligen Spielen sollte sie sich aus eigenem Antrieb über vierhundert Jahre fortsetzen. Auch die Reichen sollten eines Tages den Wert ihrer verschiedenen Dienste begreifen lernen, doch hätten wenige Oligarchen ihre ersten Ansätze zur Zeit Alexanders anders als mit Abscheu und Widerwillen zur Kenntnis genommen.

Alexander sicherte die Demokratie; darüber hinaus schaffte er für seine griechischen Städte den Tribut ab. Es war ein großzügiges Privileg, das ihnen kein anderer Herrscher zuvor jemals verliehen hatte. Doch wie Regierungen der heutigen Zeit hatte er genug politischen Verstand, um der Steuer, die er angeblich aufhob, einen neuen Namen zu geben; denn anstelle des Tributs sollten einige, wenn nicht alle griechischen Städte »Beiträge« leisten, wobei es sich wahrscheinlich um vorübergehende Zahlungen handelte, bis er seine Flotte, sein Heer und seine Garnisonen gänzlich aus Beutegut unterhalten konnte. In Ephesos wurde der Tribut beibehalten und der Stadtgöttin Artemis gewidmet, die die Perser seit längerem mit ihrer Wassergöttin Anahita gleichgesetzt hatten; die Einkünfte sollten wahrscheinlich für die Wiedererrichtung ihres großartigen Tempels verwendet werden. Einem persischen Beamten wurden Kasse und Verwaltung des Tempels weiterhin überlassen, da es eine verantwortungsvolle Aufgabe war, für die ihn die östliche Herkunft des Kultes besonders empfahl, und der Göttin zu Ehren hielt Alexander eine Prozession seines Heeres in voller Schlachtordnung ab. Dann verließ er die Stadt, um sich nach Milet zu begeben, einer ionischen Küstenstadt, deren Statthalter brieflich die Übergabe versprochen hatte. Sobald Alexander über die ersten Hügel hinweg war, führte ihn sein Weg über flaches Grasland; sein leichtes Gepäck nahm er im Wagen mit, während Maschinen und schweres Gut in den Transportschiffen seiner Flotte die Küste entlangbewegt wurden. Unterwegs stieß Parmenion mit seinen Truppen zu ihm, und sie nahmen ihre Route durch das Mäandertal, wo kleinere Städte sich ihnen auslieferten und sie Demokratien einrichten und Beiträge fordern konnten.

In der ionischen Stadt Milet sollten ihre Hoffnungen enttäuscht werden. Die Stadt lag auf einer vorspringenden Landspitze, und sobald der Garnisonskommandeur vernahm, daß eine persische Flotte zu seinem Entsatz unterwegs war, hatte er seinen Entschluß geändert – eine beunruhigende Nachricht, weil Unterstützung vom Meer her diese mächtige Stellung für unbegrenzte Zeit halten konnte. Doch wie so oft vorher lag die Lösung des Problems für Alexander in der Geschwindigkeit. Er nahm das äußere Stadtgebiet ein, verlegte die Flotte seiner griechischen Verbündeten in den Hafen, um zu verhindern, daß die Perser dort vor Anker gingen, und richtete sich darauf ein, die übrige Stadt abzuriegeln und zu belagern, also durch langwierige, herkömmliche Mittel zur Unterwerfung zu zwingen. Drei Tage später erschien aus Ägypten eine starke persische Flotte – nach Auffassung der Offiziere Alexanders vierhundert Schiffe stark. Zum ersten Male war Alexander in Asien zahlenmäßig unterlegen. Da er jedoch eine starke Verteidigungsstellung innehatte, brauchte er den Hafen der Stadt nur gegen einen angreifenden Feind zu blockieren, um die Belagerung einfach fortsetzen zu können. Der Anblick persischer Schiffe, so heißt es, habe Parmenion jedoch bewogen, noch einmal seinen Rat anzubieten. Nach ihrer Unterhaltung am Granikos erhebt sich hier gleich ein unguter Verdacht.

»Parmenion riet Alexander aus zwei Gründen zum Angriff, einmal weil er erwartete, die griechische Flotte werde den Sieg davontragen, und weil er durch ein Zeichen des Himmels der Sache sicher war: Ein Adler hatte an der Küste achteraus bei Alexanders Schiffen gesessen. Sollten sie siegen, so müsse das für den ganzen weiteren Feldzug von großem Gewinn sein; im Falle einer Niederlage trete keine schlimme Katastrophe ein, da die Perser die See ohnehin beherrschten. Er selbst wolle an Bord gehen, um an der Gefahr teilzuhaben.«

Alexander jedoch gab zu bedenken: »Parmenion irre in seiner Beurteilung der Lage, und seine Deutung des Omens sei unwahrscheinlich. Es sei nicht sinnvoll, mit wenigen Schiffen gegen eine große Überzahl zu kämpfen, insbesondere weil die Zyprioten und Phoeniker auf seiten des Feindes eine erfahrene Mannschaft seien, während es seiner eigenen Flotte an Erfahrung mangle. In einer unsicheren Lage wolle er die Erfahrung und die Kühnheit seiner Makedonen nicht den Barbaren ausliefern. Eine Niederlage zur See müsse den anfänglichen Ruhm des Feldzugs schwer treffen, und das um so mehr, als die Griechen sich erheben könnten, sobald Nachricht einer verheerenden Seeschlacht sie erreiche.« Was das Omen betraf, so war »der Adler wirklich zu seinen Gunsten, doch daß er auf trockenem Land gesessen habe, bedeute seiner Auffassung nach, daß er die persische Flotte vom Lande aus besiegen werde«.

Die Weigerung, sich auf eine Seeschlacht einzulassen, war taktisch gesehen richtig. Es wäre tollkühn gewesen, sich einem so überlegenen Gegner zu stellen, zumal eine Anzahl der feindlichen Schiffe der Flotte Alexanders technisch überlegen war. Es handelte sich um eine hervorragende Flotte – selbst wenn ihre Mannschaften aus Zypern und Phoenikien kamen, Gebieten im Einflußbereich griechischer Kultur, wo erst kürzlich Aufstände gegen Persien stattgefunden hatten. Es ist unvorstellbar, daß der erfahrene Parmenion jemals zu solcher Dummheit geraten haben soll – außer auf den Seiten der Hofberichterstattung, wo zuerst Kallisthenes und danach Alexanders Freund Ptolemäos Parmenions »Vorschlag« als Verbrämung für ihren Mythos von Alexander entwickeln konnten. Die folgenden Ereignisse verdeutlichen, warum sie ein neuerliches Gespräch zwischen Alexander und Parmenion erfanden. Was aber den Adler betrifft – den Vogel des Zeus –, so war er für einen König unter dem Schutz Zeus' als Omen angemessen, und er war auch das Symbol der ersten Goldmünzen, die Alexander in Asien prägen ließ.

Milet versuchte es zunächst mit einem Hinweis auf seine Neutralität, was Alexander ganz zu Recht zurückwies. Er kämpfte sich mit Hilfe seiner Belagerungsmaschinen bis in die Straßen der Stadt vor. Zahlreiche milesische Bürger »fielen Alexander zu Füßen und baten ihn um seine Gunst, indem sie sich und ihre Stadt in seine Hand begaben«. Es handelte sich dabei ohne Zweifel um gewöhnliche Bürger, die eine Rückkehr zur Demokratie herbeisehnten. Einige wenige Milesier jedoch kämpften hart an der Seite der griechischen Söldnergarnison, bis ihnen kein Ausweg blieb, als sich ins Meer zu stürzen und schwimmend oder paddelnd die Zuflucht einer Meeresinsel zu erreichen. Es waren gewiß die reicheren Bürger, die die Stadt mit persischer Unterstützung beherrscht hatten, und selbst auf der Insel bereiteten sie heroischen Widerstand vor, bis Alexander eingriff und ihnen Schonung versprach, »da ihn Mitleid mit diesen Männern ergriff, weil sie ihm so edelmütig und treu erschienen«. Er nahm alle dreihundert, denen Verrat nicht länger vorgeworfen wurde, in sein Heer auf. Zum Unterschied von den Scharen, die er am Granikos bestraft hatte, hatte er ihnen als Belohnung für ihre Übergabe ein Versprechen gegeben, das er auch hielt, zumal dreihundert zusätzliche Soldaten die Heereskasse nicht ungebührlich belasteten.

Von den Söldnern abgesehen, gab es einen bemerkenswerten Sieg zur See. Wie alle Kriegsschiffe der alten Welt waren die persischen Kriegsschiffe »monströsen Wettkampfachtern« vergleichbar und hatten deswegen an Bord wenig Raum für Vorräte, so daß sie täglich einen Stützpunkt zu Lande ansteuern mußten. Während der Fahrt konnten Mahlzeiten nicht gekocht werden, und frisches Wasser mußte stets durch Abstecher in nahegelegene Flußmündungen besorgt werden. Scharfsinnig wie immer kam Alexander ihnen zuvor und schickte ihnen Einheiten zu Lande entgegen, um sie abzuschlagen. Die durstigen, überlisteten Perser schifften sich zur Insel Samos ein, wo sie wohl mit Hilfe dort ansässiger Athener ihre Vorräte aufstockten. Bei ihrer Rückkehr nach Milet ging es ihnen mit dem Wasser nicht besser, und so zogen sie denn schließlich die Bedürfnisse ihres Magens militärischen Pflichten vor. Sie fuhren gen Süden davon. Nachdem er also vom Lande aus, wie prophezeit worden war, die persische Flotte geschlagen hatte, traf Alexander die Entscheidung, die den Feldzug für die folgenden zwei Jahre bestimmen sollte. Bis auf zwanzig athenische

Schlachtschiffe, die er für den Küstentransport seines Belagerungsparks und als Faustpfand auf die Loyalität ihrer Heimatstadt zurückbehielt, entließ er die ganze Flotte.

Selbst in der Antike war der Sinn dieser kühnen Ordre heiß umstritten, und schon Geschichtsschreiber, die unter Alexander gedient hatten, fühlten sich verpflichtet, die militärische Vernunft ihres Königs in diesem Punkt zu verteidigen. Deshalb fügten sie als Vorspiel zur Auflösung der Flotte zu Beginn der Belagerung Milets die Diskussion zwischen Parmenion und Alexander über das Vorgehen zur See ein. Wie man Parmenion am Ufer des Granikos auftreten ließ, um Alexanders Kühnheit zu rühmen und die klügere Vorsicht herunterzuspielen, wurde er bei Milet aus umgekehrtem Grund benötigt. Man unterstrich die sachliche Logik Alexanders und überging das wirklich große Risiko, das er mit der Entlassung seiner Flotte einging.

»Er hielt dafür«, so schrieben seine Offiziere, »daß er eine Flotte nicht mehr brauche, da er Asien mit seiner Infanterie halte.« Das wird Alexanders Weitblick so wenig gerecht, daß hier nur gutgläubige Propaganda vorliegen kann. Daß Alexander eine Flotte, und gar eine griechische Flotte, nicht mehr benötigte, war so weit von der Wahrheit entfernt, daß er sieben Monate später angesichts eines persischen Gegenangriffs, den er immer befürchtet haben muß, die Schiffe seiner Verbündeten zurückzubeordern gezwungen war. Die ihm verbündete griechische Flotte umfaßte mindestens 32 000 Mann, die monatlich die ungeheure Summe von 160 Talenten kosteten, und trotz der Schätze von Sardis und der Hoffnung auf Tribute und Beiträge sorgte er sich ernsthaft um seine Finanzlage. Wahrscheinlich waren seine griechischen Verbündeten nicht verpflichtet, für den Unterhalt ihrer Mannschaften aufzukommen; mit einer solchen Auflage versuchte er es später einmal in einem Sonderfall. Im Frühjahr danach konnte er 600 Talente an Antipater daheim überweisen, und er war im Besitz von weiteren 500 Talenten, um seine zweite Verbündetenflotte rekrutieren zu können, aber solch einen Überschuß mag er in Milet nicht gehabt haben, und die Flotte wurde überdies aus taktischen wie finanziellen Gründen aufgelöst. In der Minderzahl und unfähig, eine direkte Auseinandersetzung mit besseren Mannschaften zu riskieren, »dachte Alexander, daß er die persische Flotte durch die Eroberung der Küstenstädte zerbrechen könne, indem er ihnen nirgendwo in

Asien eine Möglichkeit ließ, neue Mannschaften oder einen Hafen zu finden«. In Anbetracht der Abhängigkeit, in der sich ein Schlachtschiff der Antike für seine tägliche Versorgung vom Landstützpunkt befand, hatte Alexander seine Strategie klug überlegt. In geringerem Maße hatte sie sich in Milet bereits bewährt; auf neue Weise angewandt, sollte sie schließlich die zypriotischen und phönikischen Schiffe zwingen, sich ihm auszuliefern und auf seine Seite zu schlagen. Freunde haben diese Strategie später als sicher und risikolos dargestellt, aber es brauchte zwei Jahre Geduld und Zuversicht, um sie erfolgreich durchzuführen. Während dieser Zeit bedrohte die persische Flotte die gesamte Ägäis und gewann viele jener Häfen zu Stützpunkten zurück, von denen Alexander annahm, er habe sie seinen Feinden verschlossen. Und falls die Perser das Glück auf ihrer Seite gehabt hätten, so wäre es sehr wohl möglich gewesen, daß Alexander an die asiatische Küste hätte zurückkehren müssen. Dennoch war es auf Grund der Finanzlage und des Kräfteverhältnisses zu jenem Zeitpunkt eine vernünftige Entscheidung. Alexander hatte immerhin den Weitblick und den Mut, eine Strategie bis zu ihrem gewagten Ende fortzusetzen.

Wie sein Adler also ans Land gebunden, brach Alexander von Milet auf, um der Küste südwärts zu folgen. Milet als ionische Stadt empfing eine Demokratie, »Freiheit« und Befreiung von Tributzahlungen, doch alle ausländischen Gefangenen wurden auf übliche Weise versklavt und verkauft. Aus Dankbarkeit faßten die wieder eingesetzten Demokraten den Beschluß, Alexander solle für das erste Jahr ihrer neuen Epoche der Stadt als Ehrenmagistrat vorstehen. Er ließ sich jedoch nicht zurückhalten; denn in der Ferne erhoben sich die ersten Hügel der karischen Satrapie und er mußte damit rechnen, daß Memnon die Perser vom Granikos und seine ungeschlagene Flotte dort sammeln würde. Seit seinem Sieg waren die Perser kaum in Erscheinung getreten; in den Wochen seither hatte ein flüchtiger Sohn des Darius wahrscheinlich versucht, Alexanders Beistand zu gewinnen, worauf Darius ihn ermorden ließ. Auf weiteren Verrat innerhalb der königlichen Familie hoffte man sehr, doch solange Memnon lebte, mußte Alexander in Karien andersartige, härtere Begegnungen erwarten.

Wie in Ionien gab es an der zunehmend zerklüfteten Küste Kariens noch griechische Städte, doch waren ihre Bürger im Vergleich zu den Bewohnern der dichten Waldungen und des flachen Binnenlandes zweitrangig. Diese Leute des Landes waren in den vergangenen zwei Jahrzehnten zum großen Teil durch ihre Dynasten, die zugleich als persische Satrapen regierten, mit der hellenischen Lebensart vertraut geworden, und solch freiwillige Förderung griechischer Kultur war zu einem politischen Zündstoff geworden, denn sie hatte die karische Herrscherfamilie dazu ermutigt, sich in Zeiten eines schwachen persischen Reiches unabhängig zu machen. Selbst in entlegenen Teilen des Binnenlandes waren zu Ehren der griechischen Götter Säulentempel errichtet worden, und in den vier Kernstädten wurden Erlässe nach griechischer Weise beschlossen. Griechische Namen und die griechische Sprache hatten in den weniger abgelegenen Gegenden bereits Fuß gefaßt, so daß Alexander bislang keine ernsthaften Sprachschwierigkeiten zu überwinden hatte. Es gab jedoch Grenzen politischer Natur. Viele Dorfbewohner hatten vor rund zwanzig Jahren in der wiederaufgebauten Stadt Halikarnaß, einer hellenisierten Hauptstadt griechischen Ursprungs, Unterkunft gefunden, und der Hellenismus unterstützte stets Bestrebungen, sich von Asien zu lösen. Karien war jedoch nicht hinreichend in der griechischen Kultur verwurzelt, um durch eine Verheißung von Demokratie und griechischer Rache gewonnen werden zu können. In Karien gab es auch keinen Klassenhaß, der ausgenutzt werden konnte. Alexander brauchte eine Strategie, die, ohne ihn lange zu beanspruchen, den politischen Gegebenheiten des Landes entsprach. Beim Überschreiten der Grenze fand er, was ihm fehlte. Ihm begegnete eine edle Dame in Bedrängnis.

Die ehemalige karische Königin Ada konnte auf ein Leben zurückblicken, das ihr wenig Unabhängigkeit und viel Leid gebracht hatte. Sie war in eine Herrscherfamilie geboren, in der Frauen gewisse Erbfolgeansprüche behalten hatten, und hatte in den 350er Jahren vor Christus ihren bemerkenswerten Bruder Mausolos das heimatliche Königreich erweitern und zivilisieren sehen, bis sie dem Druck der Familienpolitik nachgab und seinen einzigen Sohn heiratete, wodurch sie an einen um zwanzig Jahre jüngeren Ehemann geriet, der dem Werben seiner alternden Tante kaum mit Leidenschaft begegnet sein dürfte. Wenngleich kinderlos, waren die Ehegatten zusammengeblieben, bis zuerst Adas Bruder, dann ihr Gemahl starb und Ada als Witwe und Erbin eines Königreichs übrigblieb, das für eine Frau in mittleren Jahren kaum verlockend war. Unterdessen war ihr jüngerer Bruder Pixodaros wohlauf und intrigierte. Er schickte Ada auf das Altenteil, nahm den Titel eines Satrapen an und warf sich mit der ganzen Energie eines Mannes in die Außenpolitik. Pixodaros war es gewesen, der drei Jahre zuvor mit König Philipp von Makedonien Gesandte ausgetauscht hatte, um eine Heirat zwischen seiner Tochter und einem der Söhne Philipps in die Wege zu leiten – es war eben der Plan, den Alexander in seiner Nervosität vereitelt hatte. Pixodaros hatte seine Tochter daraufhin mit einem persischen Bürokraten verheiratet, starb aber bald danach, und so ging die karische Satrapie zum ersten Male in 57 Jahren auf Perser über, nämlich auf den Schwiegersohn Orontobates, der Heirat und Stellung einer Jugendtorheit Alexanders verdankte. In ihrer Begrenzung auf eine einzige Festung hatte Ada Grund genug, über das Leid der Vergangenheit nachzudenken.

Doch aus dem Wirrwar der Familiengeschichte leuchtete seltsamerweise nunmehr ein Hoffnungsstrahl auf; denn es nahte eben jener Alexander, und er war keineswegs mehr ein nervöser neunzehnjähriger Jüngling. Ada verließ ihre Festung Alinda, um ihn an der Grenze zu empfangen, da sie das wenige, was ihr geblieben war, nicht auch noch verlieren wollte. Sie kannte die Bräuche ihrer Familie. Sie wußte auch, daß sie königlich und kinderlos war, und daß die Jahre an ihr vorübereilten. Sie kam deshalb mit einem vorsichtigen Vorschlag. In der Hoffnung, wieder in ihren Besitz eingesetzt zu werden, bot sie die Übergabe an und verlangte zusätzlich, daß Alexander ihr Adoptivsohn würde.

Alexander erkannte alsbald, welches Glück ihm dieser ungewöhnliche Zufall beschied, und empfing sie mit Ehrerbietung. Durch Ada konnte er den Karern als Beschützer ihrer Eigeninteressen gegen die Perser erscheinen. Dem Mitglied einer hellenisierenden Dynastie beizustehen fügte sich zudem ausgezeichnet in sein Modell einer Befreiung der Griechen von den Persern. Seine Adoption war volkstümlich. Binnen weniger Tage schickten nahegelegene Städte Kariens ihm goldene Kronen. Er »vertraute Ada die Festung Alinda an und verschmähte nicht den Titel des Sohnes«. Seine neue Mutter kehrte entzückt nach Hause zurück und »schickte Tag für Tag Fleisch und Köstlichkeiten, bot ihm schließlich solche Köche und Bäcker an, die als Meister ihres Handwerks galten«. Letzteres wies Alexander höflich zurück: »Er sagte, er könne keinen davon gebrauchen; was sein Frühstück angehe, so werde es durch einen Nachtmarsch vorbereitet; sein Mittagessen jedoch sei ein mageres Frühstück.« Es war ein taktvolles Umgehen asiatischer Gastfreundschaft; und seine Mutter erwiderte die Geste, indem sie ihre karische Festung zu Ehren ihres jüngst adoptierten Sohnes in Alexandria umbenannte.

Kulinarische Rücksichten waren die einzige Sorge Adas nicht. Sie bestätigte unheilverkündende Nachrichten, wonach Memnon und persische Flüchtlinge vom Granikos sich in Halikarnaß, der Küstenhauptstadt Kariens, gesammelt hätten. Durch Erlaß eines königlichen Briefes war Memnon befördert und mit der »Führung Niederasiens und der Flotte« beauftragt worden, und zum Zeichen seiner Ergebenheit hatte er seine Kinder an den Hof Darius' entsandt. Mit Schiffen, kaiserlichen Soldaten und einer starken Söldnergarnison hatte er Halikarnaß abgeriegelt und vertraute den Ringmauern und der Satrapen-Festung, die von Adas älterem Bruder erbaut worden war. Alexander mußte also ernsthaft an eine Belagerung denken. Die erforderlichen Geräte ließ er auf Schiffen zum nächsten offenen Hafen transportieren. Er selbst marschierte mit seinem Heer auf dem Binnenweg südwärts, um seine Belagerungsmaschinen in Empfang zu nehmen.

Die Belagerung von Halikarnaß bildet den Auftakt zu einem Hauptthema der militärischen Erfolge Alexanders. Heute denkt man vor allem an seine Feldschlachten und seine außergewöhnlich lange Marschroute, doch auf seine Zeitgenossen machte er vielleicht als Stürmer befestigter Städte einen noch stärkeren Eindruck. Niemand vor ihm oder nach ihm meisterte diese Kunst mit solchem Erfolg. Philipp hatte sich nachhaltig um die Belagerungstechnik gekümmert, ohne bei Belagerungen selbst Erfolg zu haben, und die unterschiedlichen Qualitäten von Vater und Sohn werden am schärfsten durch die Tatsache beleuchtet, daß, während der unnachgiebige Philipp versagte, Alexanders Stellung als Belagerer im Altertum einzigartig war. Obwohl eine Belagerung Männer und Maschinen erfordert – ein kompliziertes Wechselspiel, das in Alexanders Methodik sehr bald in den Vordergrund trat –, ist sie zugleich der härteste Prüfstein der Persönlichkeit eines Generals. Alexander war einfallsreich und in höchster Weise unerschrocken; deshalb war ihm das Glück auch wahrscheinlicher. Bei Halikarnaß verließ er sich nicht auf neue technische Waffen; seine Steinschleudern, die die einzige Neuerung darstellten, wurden eingesetzt, um feindliche Ausbrüche zurückzuschlagen und nicht um Mauern zu brechen – vermutlich, weil sie noch nicht mit Torsionsfedern aus Sehnen ausgestattet waren. Er hatte es mit der stärksten befestigten Stadt zu tun, die man damals in Kleinasien kannte; sie erhob sich »wie ein Theater« in halbkreisförmigen Reihen von ihrem geschützten Hafen, wo sich ein Arsenal mit Waffen und eine vorspringende Burg zum Schutz des Statthalters befanden. Da die persische Flotte Halikarnaß seewärts sicherte, war Alexander gezwungen, vom Nordosten oder vom Westen her anzugreifen, wo die Außenwälle zwar aus festem Stein waren, jedoch zu einem erträglich ebenen Streifen abfielen. Die Aussicht auf Erfolg war gering, zumal der Gegner die See beherrschte, und es ist nicht leicht zu entscheiden, warum Alexander Erfolg hatte, selbst wenn man seiner persönlichen Geschicklichkeit Rechnung trägt.

Zwei Darstellungen dieser Belagerung sind überliefert, und sie ergänzen sich auf höchst interessante Weise. Die eine, aus der Feder eines Offiziers, schmälert wiederum die Schwierigkeiten und bestätigt zugleich auch die Art und Weise, wie der Mythos von Alexanders Unbesiegbarkeit später von Zeitgenossen entwickelt wurde. Die andere basiert wahrscheinlich auf den Erinnerungen von Soldaten und den veröffentlichten Schmeicheleien des Kallisthenes; sie hebt ganz zu Recht den Widerstand der Stadt hervor und notiert, daß die Verteidiger von zwei athenischen Generalen mit den begeisternd demokratischen Namen Thrasybolos und Ephialtes angeführt wurden, deren Auslieferung Alexander im vorhergehenden Herbst gefordert hatte. Obwohl sie verschont worden waren, waren sie von Athen aus nach Asien hinübergewechselt, um dem Mann Widerpart zu bieten, der angeblich das einstige Unrecht ihrer Stadt rächen wollte. Ein dritter Anführer, darin herrscht Übereinstimmung, war ein desertierter Makedone, bei dem es sich wohl um den Sohn eines jener Lynkesten handelte, die bei Alexanders Thronbesteigung ermordet worden waren. Die drei bildeten eine starke Führungsgruppe, doch keine von beiden Kriegsbeschreibungen gibt zu erkennen, daß die Verteidigung der Hauptbefestigungswerke zwei Monate dauern sollte – und das einschließlich der Augusthitze.

Weil seine Belagerungsmaschinen den mühsamen Anmarsch vom zehn Kilometer weiter zurückgelegenen Hafen noch nicht überwunden hatten, lieferte Alexander zunächst nur kleine Scharmützel. Etwa einen Kilometer vom nordöstlichen Teil der Mauern entfernt, schlug er auf ebenem Grund ein Lager auf und beschäftigte seine Leute zunächst einmal vergeblich damit, bei Nacht einen Seehafen etwa zwanzig Kilometer westlich der Stadt zu nehmen, der eine Übergabe nur vorgetäuscht hatte; dann mit dem Auffüllen des fünfzehn Meter breiten und sieben Meter tiefen Grabens, der die nordöstliche Stadtmauer von Halikarnaß für seine rollenden Belagerungstürme unerreichbar machte. Die grabenden und auffüllenden Männer waren durch behelfsmäßige Hütten geschützt, bis der Graben geebnet war und die Belagerungstürme, die inzwischen angekommen waren, in Stellung gebracht werden konnten. Dann vertrieben Katapulte die Verteidiger von den Mauern; von den Belagerungstürmen aus wurden Mauerbrecher angesetzt – zwei Stützpfeiler und eine beachtliche Strecke der Verteidigungsanlagen waren bald dem Erdboden gleichgemacht. Unerschrocken wagten die Verteidiger unter Führung des lynkestischen Renegaten einen nächtlichen Ausbruch. Sie warfen Fackeln auf die hölzernen Belagerungsmaschinen, und die Makedonischen Wachen erlebten, bevor sie in der Dunkelheit Zeit fanden, ihre Rüstung anzulegen, eine unangenehme Überraschung. Die Verteidiger zogen sich zurück, um das Loch in der Außenmauer auszubessern und auf hügeligem Boden eine halbkreisförmige Blockade aus Steinziegeln zu errichten. Sie vollendeten ebenfalls einen bis an den Himmel aufragenden Turm, der von Pfeilschleuderkatapulten strotzte.

Der nächste Zwischenfall ist nach allgemeiner Übereinstimmung der Trunkenheit zuzuschreiben. Eines Nachts drängten zwei oder mehr Soldaten aus dem Bataillon des Perdikkas ihre Mitkämpfer dazu, ihre Stärke gegen den neuen halbkreisförmigen Schutzwall zu beweisen. Der Boden war nicht günstig; die Verteidiger lagen bereit, und inmitten eines Pfeilregens führte Memnon einen solchen Gegenangriff, daß Alexander selbst einschreiten mußte, um das vorwitzige Regiment zu retten. Aber wenn sich die Verteidiger schließlich auch zurückzogen, so taten sie es doch auf eigene Weise. Alexander mußte die Niederlage zugeben und um die Rückgabe der toten Makedonen bitten – das übliche Eingeständnis einer verlorenen Schlacht. König

Ptolemäos berichtet in seiner Geschichte die Entstehung dieses betrunkenen Ausfalls in dem Bewußtsein, daß sie seinen Rivalen Perdikkas diskreditierte, mit dem er nach Alexanders Tod kämpfte; doch er unterdrückt die anschließende Niederlage, weil er nicht bereit ist, ein Unterliegen seines Freundes Alexanders einzugestehen. Es wurde dementsprechend auch unterschlagen, daß der athenische Verbannte Ephialtes in der Stadt seine Mitstreiter bedrängte, die toten Gegner nicht auszuliefern – so glühend war sein Haß auf die Makedonen.

Über diesen Rückschlag erzürnt, rammte und schleuderte Alexander so vehement wie eh und je. Die Perser versuchten immer neue Ausbrüche, und da sie von ihren Gefährten auf höherem Boden Schützenhilfe erhielten, gelangen die Ausbrüche gut. Das aber war nur ein Vorspiel. Wenige Tage später planten sie ihren geschicktesten Ausfall, indem sie sich auf Ephialtes' Rat in drei getrennte Stoßwellen aufteilten. Die erste Welle sollte Fackeln in Alexanders Türme im nordöstlichen Bereich schleudern, die zweite aus einem weiter westwärts gelegenen Tor ausbrechen und die makedonischen Wachen von der Seite her angreifen, während eine dritte mit Memnon sich als Reserve zurückhielt, um – sobald eine hinreichende Zahl von Gegnern hervorgelockt worden sei – die Schlacht zu entscheiden. Alexanders Offizieren zufolge wurden diese Ausbrüche am westlichen und nordöstlichen Tor »ohne Schwierigkeit« zurückgewiesen; Tatsache ist, daß die beiden ersten Wellen ihre Aufgabe glänzend erfüllten und Alexander deren Wucht persönlich zu fühlen bekam. Das Eintreten der dritten Welle in die Schlacht beunruhigte selbst Alexander, und nur das berühmte Schild-an-Schild-Zusammenrücken eines Bataillons erfahrenster Veteranen aus Philipps Zeit hielt die jüngeren Makedonen davon ab, die Nerven zu verlieren und ins Lager zurückzuweichen. Ephialtes aber, der sich an der Spitze seiner griechischen Söldner ruhmreich schlug, wurde getötet; und weil die Verteidiger ihre Tore zu früh schlossen, waren von seinen Leuten viele draußen der Gnade der Makedonen ausgeliefert. »Die Stadt wäre beinahe genommen worden«, so schrieben die Offiziere, »hätte Alexander sein Heer nicht zurückgerufen, weil er Harlikarnaß noch immer schonen wollte für den Fall, daß die Bürger ein Zeichen ihrer freundlichen Gesinnung geben würden.« Die Nacht war hereingebrochen, und Alexanders Leute befanden sich wahrscheinlich in einiger Verwirrung. Hätte er geglaubt, erfolgreich angreifen zu können, so hätte er ähnlich wie in Milet gewiß einen Angriff gewagt – wie immer die Bürger eingestellt sein mochten.

In jener Nacht beschlossen die persischen Anführer, die äußere Stadt preiszugeben. Die Mauer war durchbrochen; Ephialtes war tot; ihre Verluste wogen schwer, und jetzt, da ihre Garnison schwächer geworden war, fürchteten sie vielleicht Verrat durch eine Gruppe innerhalb der Stadt. »Zur zweiten Nachtwache«, um zehn Uhr, setzten sie ihren Belagerungsturm in Brand, ihr Waffenarsenal und alle Häuser nahe der Mauer, und überließen das Schlimmste dem Wind. Der Satrap Orontobates beschloß, die zwei Vorgebirge am Eingang des Hafens zu halten, da er sich auf ihre Mauern und auf seine Beherrschung des Meeres verließ.

Als diese Nachricht Alexanders Lager erreichte, eilte er in die Stadt und gab Anweisung, so berichteten seine Offiziere, alle Brandstifter zu töten, Bürger von Harlikarnaß in ihren Häusern jedoch zu verschonen. Als er im Morgengrauen das Ausmaß des Schadens zu erkennen vermochte, »ließ er die Stadt schleifen« – ein Detail, das beide Quellen bringen, obwohl es eine Übertreibung darstellt, da die berühmten Denkmäler der Stadt keineswegs zerstört wurden. Wahrscheinlich ebnete Alexander nur eine Fläche, von der aus er die zwei restlichen Festungsbereiche unter Orontobates angreifen konnte; denn etwa 3000 Soldaten erhielten Befehl, die Belagerung weiterzuführen und die Stadt zu besetzen. Da Harlikarnaß hartnäckig ausgehalten hatte, bestand kein Anlaß, ihr eine demokratische Verfassung oder die Freiheit zu verleihen. Es war eine griechische Stadt, aber sie war nicht ionisch oder äolisch, und versprochen worden war ihr nichts. Die Vorgebirge sollten ein ganzes Jahr noch ausharren und der persischen Flotte als Vorratsstützpunkt dienen. Karien allerdings war gefallen; die Mutter Ada wurde zum Satrapen ernannt, und Truppen wurden ihr unter einem makedonischen Offizier zugeteilt, der alles zu tun hatte, was für eine alternde Frau der Mühe zu viel gewesen wäre. Und so wurde Alexanders Prinzip, eine Provinz zwischen einem ansässigen Satrapen und einem makedonischen General aufzuspalten, zum ersten Mal angewandt – unter den Augen einer Frau.

Die Belagerung von Harlikarnaß läßt einen zwiespältigen Eindruck zurück. Alexander hatte durchgehalten und persönlich mit dem ihm eigenen Mute gekämpft, doch sein Sieg – und es war nur ein begrenzter Sieg – war nicht so sehr kühner Einfallskraft oder einer technischen Raffinesse als vielmehr einer zahlenmäßigen Überlegenheit gegenüber einem Feind zu verdanken, der wiederholt ausbrechen konnte. Trotzdem war eine wichtige Versorgungsbasis für eine ägäische Flotte vorbereitet, wenn auch nicht ganz gewonnen, und da es bereits Spätherbst war, hätte man den meisten Generälen eine Atempause verziehen. Es war charakteristisch, daß Alexander daran überhaupt nicht dachte.

Vor dem weiteren Vormarsch erließ Alexander einen Befehl, aufgrund dessen alle Makedonen, die »kurz vor seinem asiatischen Feldzug« geheiratet hatten, nach Hause zurückkehrten, um den Winter mit ihren Frauen zu verbringen. »Von all seinen Handlungen machte dies Alexander bei seinen Makedonen besonders beliebt« – abgesehen davon, daß sie die Geburtsrate seines Heimatlandes steigerte und neue Männer zum Heeresdienst ermunterte. Angeführt von dem Gatten einer Tochter Parmenions eilten die jungen Ehemänner lärmend heimwärts, und Alexander lichtete seine Truppen. Parmenion wurde beauftragt, Vorratswagen, griechische Verbündete und zwei Kavallerieschwadronen auf dem Landweg nach Sardis zurückzuführen und ihn weiter östlich auf der Königsstraße zu erwarten. Der Belagerungspark wurde nach Thralles geschickt, und der stets unerschöpfliche Alexander gab bekannt, daß er sich südwärts an die Küste Lykiens und Pamphyliens begeben wolle, »um die Seeseite zu halten und den Gegner nutz- und mutlos zu machen«.

In Anwendung seiner Landstrategie wandte sich Alexander für immer von den griechischen Städten Kleinasiens ab, die zu befreien er gekommen war. Selbstverständlich hing ihre Freiheit von ihm ab und reichte nur so weit, wie er wollte; das konnte häufig weit genug sein, und er gönnte ihnen auch Pläne für neue Gebäude – hier einen Fahrdamm, dort einen neuen Straßenplan, und in der ionischen Stadt Priëne, dem Mittelpunkt des pan-ionischen Festes, weihte er den neuen Stadttempel der Athene und steuerte wahrscheinlich auch zu seiner Finanzierung bei. Ebenso, wie er in Sardis Zeus, in Ephesos Athene geehrt hatte, begünstigte er diese örtlichen Gottheiten der griechischen Städte bis ins kleinste Detail von Kult und Ausschmükkung. Von seinen Bauplänen wurden mehrere – wie beispielsweise seine Absicht, Troja wiederaufzubauen – verzögert oder dann örtlicher Entscheidung überlassen, aber wenn irgendwo, so wurde der griechische Kreuzzug in Griechisch-Asien ein heiliger Zug von Rache und Wiederherstellung. Der Eifer, der sich hier zeigte, darf nicht geschmälert werden.

Andere Pläne hatten eine längere Zukunft und waren berechnender. Mit Alexander scheint eine kluge Politik begonnen zu haben; königliche Günstlinge, die mit Landgütern belohnt worden waren, wurden nunmehr gezwungen, diese ins »freie« Territorium einer griechischen Stadt einzubringen und Ehrenbürger der Stadt zu werden; daraus entstand ein System örtlicher Patronage. Unter den Persern waren solche Landschenkungen ohne Auflagen gemacht worden; sie hatten daher einen Landadel geschaffen, der unabhängig vom König und ohne örtliche Bindungen sich zu einer Herrenschicht entwickelte, die nicht auf ihren Gütern residierte. Alexander und die Diadochen fügten es so, daß ihre Günstlinge ansässig und Bürger sein sollten, die königliche Interessen in der Verwaltung der Städte vertraten, während die griechischen Städte so wiederum einen reichen örtlichen Wohltäter und eine zusätzliche Landmasse erhielten. Durch diese Bindung von Landgütern an das Leben der Städte wurde ein ausgewogenes Gleichgewicht der Interessen geschaffen, das sich bewährte. Es ist charakteristisch, daß Alexander die Stadtkultur in seinem Reiche vorrangig behandelte.

Das Landleben wurde, wie stets, weniger verändert. Die Siedlerdörfer der Provinzsoldaten des persischen Königs blieben an ihren alten Stätten. Die gleichen Adelsburgen, die sich vielleicht in madedonischen Händen befanden, überblickten die Landschaft von Pisidien bis zur kysikenischen Ebene, und ihr Name hat sich in dem häufigen türkischen Ortsnamen Burgaz erhalten; ihr Land wurde weiterhin von Leibeigenen bestellt, die niemand befreite, obwohl viele von ihnen einigermaßen erträglich in eigenen Häusern wohnten. Durch diese Kontinuität aber floß eine neue Strömung. Im Kaikus-Tal beispielsweise lebten Kolonisten aus dem entfernten Hyrkanien, die unter ihrem Satrapen am Granikos gekämpft hatten, weiterhin in dem Gebiet, das als Hyrkanische Ebene bekannt ist, wo Cyrus sie zwei Jahrhunderte vorher angesiedelt hatte; aber mit den Jahren sollten ihre Dörfer zu einer Stadt zusammenwachsen und auch Makedonen aufnehmen. Ihre herkömmliche Anbetung des Feuers dauerte an, aber wenn sie in der römischen Geschichte auftauchen, so erscheinen sie als Bürger, die in Kleidung und Kriegsrüstung den Stil der Makedonen aus dem Westen zeigen.

Nach Alexander war die Kraft der griechischen Kultur im westlichen Asien gesichert. Und wenn die Städte den Anbruch eines neuen Zeitalters erkannten, so bedeutete das mehr als nur ein Detail ihrer Kalender; denn viele empfanden, daß Alexander genau das war, was er von sich behauptet hatte: ein Retter der Griechen vor persischer Sklaverei und ein Rächer persischer Frevel im Namen griechischer Freiheit. Unter den Iranern des früheren persischen Reiches wurde dieser Grund von Alexanders Feldmarsch deshalb auch am deutlichsten spürbar. Während der folgenden hundert Jahre nahmen in Kleinasien lebende Perser an den Stadtversammlungen und an der Versammlung der griechischen Städte teil, für deren Zukunft Alexander verantwortlich gezeichnet hatte; es war ein Leben mit bürgerlichen Verpflichtungen, das sich von der freiherrlichen Abkapselung ihrer Vergangenheit unterschied. Die Verehrung der Wassergöttin Anahita wurde von den Magiern weitergeführt, die zusammenkamen, um ihre heiligen Texte in Versammlungen persischer Gläubiger im Hinterland Kleinasiens zu lesen. Ein Perser mochte seiner Landburg nicht mehr sicher sein, aber er konnte noch immer an der Verehrung seiner Göttin teilhaben. Ein persischer Eunuch wurde damit beauftragt, die Tempelgeschäfte der Artemis in Ephesos zu übernehmen, und in einer kleinen karischen Stadt wurden zu Alexanders Lebzeiten zwei Perser Ehrenbürger, um als Priester der Anahita zu dienen, welche die Griechen als Artemis verehrten – es war eine Aufgabe, für die sie dank ihrer Herkunft besonders geeignet waren und die sie für die nächsten drei Generationen von Vater auf Sohn vererbten. Diese Priesterämter sollten ihnen die einzige Zuflucht vor einer Welt bürgerlicher Pflichten bieten, in der alles übrige sehr wenig mit der Vergangenheit vergleichbar war. Doch als Alexander sich südwärts nach Lykien wandte und damit seine griechischen Städte einer persischen Flotte überließ, deren Macht unbestritten war, da war es noch lange nicht gewiß, daß für einen Perser die Tage der Satrapenpolitik mehr als nur vorübergehend unterbrochen worden waren.

10 DER GORDISCHE KNOTEN

Während Parmenion sich um den Transport der Belagerungsmaschinen kümmerte und den Großteil der Reiterei und des Trosses nach Sardis zurückführte, rückte Alexander weiter nordwärts nach Lykien und Pamphylien vor. Ein Kriegsschiff konnte sich an einem Tag rund fünfundvierzig Kilometer von seiner Versogungsbasis entfernen. Alexander plante nun, jene Stützpunkte abzuschneiden, die der persischen Flotte auf ihrer Fahrt vom Ägäischen Meer nach Lykien und der Levante gedient hatten. Auf dem folgenden anstrengenden Winterfeldzug, über den bis auf umstrittene Details der Marschroute kaum etwas bekannt ist, gab er ein erstes Zeichen seiner wertvollsten Eigenschaft als Führer – sich durch keinerlei Schwierigkeiten einer Jahreszeit oder Landschaft zurückhalten zu lassen. Noch heute ist der südlichste Zipfel der türkischen Küste – der herrlichste Landstrich, der sich griechischer Ruinen rühmen kann – für den Reisenden eine starke Herausforderung. Das Hochland nördlich von Xanthos, die gewundenen Küstenstraßen Lykiens, die Festungen des langjährigen lykischen Verteidigungsbündnisses oder die Flußebenen Pamphyliens, all diese in ihrer Schönheit unverdorbenen Stätten können besichtigt werden; sind sie im Frühsommer beeindruckend, so während der Wintermonate furchterregend. Obwohl es Pfade und Pässe gibt, die auch bei Schneelage gangbar bleiben, können sie selbst ortskundige Hirten täuschen – Alexander aber hatte keine Landkarten, keinen Proviantzug und keine Flotte zur Unterstützung seines Vormarsches längs der Küste. Sein Schatz war zu schwer, um ihn auf seinen Reisen zu begleiten, und er verließ sich daher auf Einnahmen, die er von den Städten am Wege erheben konnte, um seine Soldaten zu bezahlen. Nahrung muß die ganze Zeit über äußerst knapp gewesen sein.

Auf diesem Marsch ohne viel Gepäck mußte er notwendigerweise wählerisch sein. Eine längere Belagerung durfte er nie wagen; anhalten konnte er nur, wo sich bereitwillig Verbündete anboten, oder an den wichtigeren Häfen. Der Boden war für Pferde gewöhnlich zu rauh, und Festungen in allzu starken Positionen ließ man unbehelligt. Bei Thermessos bluffte er seinen Weg durch die natürliche Verteidigungsanlage eines Engpasses, kümmerte sich jedoch nicht um die hochgelegene Stadt, während er die Einwohner von Aspendos, die, trotz der ihnen eingeräumten, äußerst gemäßigten Übergabebedingungen, von ihm abfielen, sobald er ihnen den Rücken kehrte, durch sein zweites Erscheinen in Stärke zu einer rückhaltloseren Unterwerfung zwang. Da er Ortskundigen ausgeliefert war, verließ er die Nähe von Freunden und lokalen Verbündeten nur selten. Sein Weissager Aristander, vielleicht auch sein kretischer Freund Nearchos, hatten Verbindung zu mehreren griechischen Städten, doch wie Ionien war auch Lykien ein Wirrwarr von feindlichen Parteien, so daß zwischen einer Stadt und der nächsten, zwischen einem wilden Stamm und seinem räubernden Nachbarn Zuneigung nicht bestand. Wenn Alexanders Heer auf die Ortskenntnisse der Einheimischen angewiesen war, so mußte es dafür zahlen. Es wurde über Routen geführt, die den Ortsansässigen aufgrund ihrer jeweiligen Streitlage genehm war. Daher rühren sicherlich auch die zögernden Schleifen und rückwärtigen Bewegungen im Vormarsch des makedonischen Heeres.

In Lykien waren zwar persische Kolonisten angesiedelt worden, doch waren Stämme und Berge nie wirklich bezwungen oder einem eigenen Satrapen unterstellt worden, und Alexander kam zügig voran, indem er Beistand gegen die persische Flotte erbat; Küstenstädten, die auch nur den allergeringsten Anspruch darauf erheben konnten, griechisch zu sein, schenkte er seine Gunst. In Gedanken jedoch weilte er bei Parmenion, der sich nördlich befand und nur über Straßen erreichbar war, die der Gegner abschneiden konnte. Als er zur Stadt Xanthos gelangte, wo die lykische Küste nach Süden abbiegt, machte er halt und überlegte, ob er umkehren sollte. Doch, so sagen seine Offiziere, »es wurde beobachtet, wie ein örtlicher Brunnen sich hob und aus seiner Tiefe eine Bronzetafel mit archaischen Buchstaben emportrug, aus denen hervorging, daß das persische Reich durch Griechen zerstört werden würde«. Das Omen – ein Hinweis auf Alexanders Unentschlossenheit – rechtfertigte seinen Entschluß, der abbiegenden Küste weiter ostwärts zu folgen. Wo immer es ging, schonte er die Kräfte seiner Leute; nur im gefrorenen lykischen Hochland schickte er sie einmal aus, wahrscheinlich um einen Durchbruch zu der Hauptstraße und den Ebenen des Binnenlandes bahnen zu lassen. Von Parmenion und den in Phrygien überwinternden Einheiten abgeschnitten zu werden konnte er sich auf keinen Fall leisten, und diese Sorge um seine Verbindungswege zum Norden sollte bald zu einer Intrige innerhalb seines Stabes führen. Es handelt sich dabei um eine seltsame Geschichte.

In der Küstenstadt Phaselis, die später einmal dafür berühmt wurde, daß sie den echten Achillesspeer in ihrem Besitz hatte, wollte Alexander sich ausruhen. Die Bürger waren freundlich, boten ihm zum Zeichen ihrer Unterwerfung goldene Kronen und versprachen Führer, die das Heer an der Seeküste längs ostwärts geleiten sollten. In solch angenehmer Umgebung entspannte sich Alexander und fand nach der Abendmahlzeit Muße zu einem Trinkgelage, währenddessen er auf die Statue des Theodectas drei Kränze warf – Theodectas war ein phaselischer Bürger, der zu seinen Lebzeiten in Griechenland als Redner wohlbekannt war, und wenigstens ein Offizier des Stabes kannte seine Schriften. Unter dem Einfluß des Weines begann der König zu scherzen; er bemerkte, dem Theodectas schulde er eine Ehrenbezeugung, »da sie sich beide mit Aristoteles und der Philosophie ihrer Zeit eingelassen hätten«. Bald aber sollten sich ernstere Geschäfte melden. Ein Orientale namens Sisines traf mit einer äußerst dringlichen Nachricht aus Parmenions Lager in Phrygien ein. Der König beriet sich mit seinen adeligen Gefährten; daraufhin wurde ein vertrauensvoller orestischer Offizier ganz als Einheimischer verkleidet und mit einer mündlichen Botschaft zu Parmenion geschickt. Örtliche Führer sollten ihn durch das Gebirge leiten: »In solch einer Angelegenheit hielt man es nicht für schicklich, schriftlich etwas niederzulegen.« Um welche Angelegenheit es dabei ging, ist eine andere Frage.

Dem Bericht des Ptolemäus zufolge war Sisines der Orientale von Darius entsandt worden, um mit dem Lynkesten Alexander in Berührung zu treten – jenem Bruder der zwei Prinzen aus dem makedonischen Hochland, die sich an der Ermordung König Philipps beteiligt hatten. Dieser Alexander war bis dahin im makedonischen Heer wohlgelitten; er hatte einen hohen Posten nach dem anderen erhalten, bis er schließlich die angesehene Stellung des Generals der thessalischen Reiterei übernahm. Sisines hatte sich »unter dem Vorwand, den Satrapen Phrygiens zu besuchen« aufgemacht, während er »in Wirklichkeit« den Lynkesten im Lager Parmenions aufzusuchen beordert war, um ihm tausend Talente Gold und das Königreich Makedonien anzubieten und ihn zu überreden, seinen königlichen

Namensvetter zu ermorden; man glaubte auch, daß dieser Alexander mit einem lynkestischen Verwandten, der zu den Persern übergelaufen war, in Briefwechsel gestanden hatte. Sisines aber war in Parmenions Hände gefallen und offenbarte die wahre Absicht seiner Reise, worauf Parmenion ihn durch feindliches Land gen Süden schickte, damit der König die Sache mit eigenen Ohren hörte. Alexander wurde von seinen Gefährten unterstützt, einen Befehl zur Gefangennahme des verdächtigen Lynkesten an Parmenion zurückzusenden. Nur wenige Wochen zuvor hatte in Harlikarnaß eine Schwalbe über dem Kopf des Königs gezwitschert und die Weissager hatten das als Warnung vor Verrat durch einen engen Freund gedeutet. Durch den Lynkesten hatte sich das Omen erfüllt.

So stellte nur Ptolemäos es dar, und überhaupt – für jeden, der bereit ist, das Wort eines Freundes Alexanders in Zweifel zu ziehen, trotzt sein Bericht vor Unwahrscheinlichkeiten. Ptolemäos liebte es, gute Omina in seine Geschichte einzuflechten, aber das Zeichen der Schwalbe ist vielleicht ein wenig zu fein, um keinen Verdacht zu wecken. Warum hätte Parmenion das Risiko eingehen sollen, einen so wertvollen Gefangenen wie Sisines kilometerweit durch Feindland zu schicken? Alexanders Vorsichtsmaßnahmen, die einheimischen Führer, die Verkleidung, die nur mündliche Botschaft beweisen doch, daß diese Reise, auch ohne einen Gefangenen und seinen Bewacher mitschleppen zu müssen, nicht leichtfertig unternommen werden konnte. Warum war die offizielle Gefangennahme des Lynkesten so wichtig, daß sie aus Angst, der Brief könnte vom Gegner abgefangen werden, nicht schriftlich niedergelegt werden durfte? Und selbst wenn der Gegner eine solche schriftliche Nachricht abfangen sollte, wie konnte er sie nutzen? Parmenion hatte die Geschichte des Sisines vernommen und er war sicherlich klug genug, einen ernsthaft Verdächtigen unter Arrest zu halten, bis sein König, der sich dreihundert Kilometer entfernt jenseits eines vereisten Gebirges befand, eine Entscheidung treffen konnte. Warum aber sollte Sisines überhaupt den »wahren Grund« seiner Reise enthüllen und nicht bloß den »Vorwand«, er wolle den phrygischen Satrapen besuchen? Das wäre eine plausible Geschichte, die Parmenion kaum hätte bezweifeln können. Die ganze Angelegenheit erscheint höchst unglaubwürdig und fordert Verdacht geradezu heraus, zumal der Lynkeste Alexander ein geheimnisumwitterter Offizier war, der Verlegenheit auslöste.

Nicht nur, daß seine Brüder unter der Beschuldigung getötet worden waren, Philipp ermordet zu haben. Als der Lynkeste vier Jahre später in Seistan aus enger Haft geholt wurde, befand die Heeresleitung sich in einer Krise; eine Zeit der Säuberungsaktionen war gekommen. Der Lynkeste wurde vor den versammelten Soldaten angeklagt, für schuldig befunden und sofort von Speeren tödlich durchbohrt – eine unangenehme Tatsache, die die Geschichtsbücher der Offiziere Alexanders verschweigen. Ptolemäos hat, wie es scheint, den Lynkesten niemals wieder erwähnt und gibt sich mit seiner Geschichte zufrieden, er sei wegen Verrats verhaftet worden. Aristobulos, der in seinen achtziger Jahren schrieb und Alexander geschickt verteidigt, scheint in dieser Angelegenheit einen noch extremeren Standpunkt eingenommen zu haben. Soweit sich feststellen läßt, suggerierte er, daß der Lynkeste umkam, bevor er Asien je erreichte. Während der Belagerung Thebens, so schreibt er, sei ein Makedone namens Alexander, Anführer einer thrakischen Schwadron, in das Haus einer edlen Dame eingebrochen und habe Geld gefordert. Er war ein »dummer und aufsässiger Mann, des gleichen Namens wie sein König, doch ihm völlig unähnlich«, und die stolze Tochter eines griechischen Generals führte ihn zu einem Brunnen im Garten, stieß ihn hinein und warf Felsbrocken hinterdrein, damit er auch wirklich tot war. Für diesen Mut der Selbstverteidigung verschonte Alexander sie vor der Sklaverei, ein Gnadenbeweis, der seine Ritterlichkeit bezeugte. Der Lynkeste Alexander war jedoch zu jener Zeit der kommandierende General Thrakiens und hielt sich tatsächlich mit einem Heer von Thrakern in Theben auf; zwei Makedonen mit dem Namen Alexander, die zur gleichen Zeit Thraker befehligten, dürfte es kaum gegeben haben, und in der Tat legt die Geschichte des Aristobolos nahe, daß er sich des Lynkesten, dessen wahres Schicksal er verschwieg, als eines prinzipienlosen Plünderers entledigte, dem ein gerechter Tod zuteil wurde. Aristobulos – Zeitgenosse und Augenzeuge – ist für Alexanders Lebensgeschichte als Autorität zitiert worden – und doch konnte er über einen Offizier, der als Reitergeneral in Asien und als Opfer der Säuberung in Seistan sehr wohl bekannt war, eine monströse Lüge in die Welt setzen, um Alexander zu entschuldigen. An genauen Details und Aufzählungen hoher Offiziere ist seine Chronik nicht eben reich – von den Offizieren nennt er nur jene, die bereits bei Kallisthenes erwähnt werden, doch Kallisthenes hätte die Verhaftung des Lynkesten ohnehin nie in seiner Ruhmesgeschichte über Alexander berichtet. Es sieht ganz so aus, als ob Aristobulos sich verpflichtet gefühlt hätte, die Wahrheit zu verbergen, und er verdient nicht, daß man ihm in irgendeinem anderen Punkt Glauben schenkt.

Gegen die Geschichte, wie sie von den Freunden Alexanders erzählt wurde, steht wiederum ein Bericht, der sich auf Erinnerungen der Soldaten gründet, und er beschreibt Sisines und den Lynkesten ganz anders. Sisines, so wird hier behauptet, war ein Orientale, der aus Ägypten an Philipps Hof geflohen war und Alexander in einer Vertrauensstellung begleitete; während jenes Winters in Lykien kann er demnach auch nicht als persischer Armee-Spion festgenommen worden sein. Bis zum folgenden Herbst erfahren wir nichts über sein Schicksal; kurz vor der Schlacht von Issos, als Perser auf allen Seiten drohten, wurde er dann verdächtigt, vom persischen Wesir einen Brief mit der Aufforderung erhalten zu haben, Alexander umzubringen, doch kretische Bogenschützen hätten ihn selbst getötet, »zweifellos auf Befehl Alexanders«. Der Verdacht mag berechtigt gewesen sein; seine Ermordung mag nur eine Sicherheitsmaßnahme dargestellt haben, aber daß er ein Höfling Alexanders war, läßt Ptolemäos' Geschichte von der lykischen Affäre in einem anderen Licht erscheinen. Wenn Sisines ein Freund und Höfling war, dann verschwinden die Unwahrscheinlichkeiten unverzüglich. Etwa 320 Kilometer nördlich von Phaselis entfernt, muß Parmenion über die Kommunikation mit seinem König sehr besorgt gewesen sein; zur Besorgnis bestand zudem Anlaß genug, da Alexander im lykischen Hochland persönlich an Scharmützeln teilnahm, um den einen Hauptdurchgangsweg zu seinen Generälen zu sichern. Vielleicht lag Parmenion daran, Pläne und Termine zu klären; vielleicht war plötzlich auch eine persische Drohung abgefangen worden. Nur ein einziger Offizier konnte mit Sicherheit vom Feinde unbemerkt durch eine Satrapie hindurch, die sich noch in persischen Händen befand, die Verbindung herstellen – und das war der treue Orientale Sisines, der kaum auffallen konnte, weil er die Sprachen beherrschte. Sisines also begab sich mit einer geheimen Botschaft nach Süden; Alexander schickte einen seiner Freunde in der Verkleidung eines Einheimischen zurück zum Zeichen, daß der vertrauensvolle Bote seine Sendung erfüllt hatte und die begleitenden Meldungen und Befehle echt waren. Es war ein Beispiel glänzender Nachrichtenarbeit, aber es betraf strategische Probleme. Mit dem Lynkesten hatte die Sache nichts zu tun und mit seinem Verrat schon gar nicht, und auch zu diesem Punkte gibt es eine zweite, abweichende Darstellung.

Neun oder zehn Monate später, als Sisines ermordet wurde, soll der Lynkeste aus einem ganz anderen Grund festgenommen worden sein. Kurz vor der Schlacht bei Issos trafen Briefe von Olympias ein, die vor dem Lynkesten warnten, woraufhin Alexander ihn, wie es heißt, in Ketten legte. Möglicherweise besaß Olympias belastendes Material, denn in Griechenland war dies eine Zeit vieler Rätsel und Unruhen, aber das Motiv mag auch pure Eifersucht auf den Lynkesten gewesen sein. Er war bekanntlich mit der Tochter des Antipater verheiratet, und die schlimmen Auseinandersetzungen zwischen dem General und der Königin sollten bald ernsthafte Schwierigkeiten verursachen. Die ganze Geschichte fiel, wie wir dank eines merkwürdigen Zufalls wissen, zeitlich so, daß letztere Vermutung glaubwürdig wird. Wenige Wochen nachdem Alexander Sisines empfing und Phaselis verließ, lieferte er eine Schlacht und stellte den ganzen hinteren linken Flügel des Heeres unter den Befehl eines Mannes, der höchstwahrscheinlich ein Neffe des Lynkesten war; solch ein Vertrauen aber wäre eine unmögliche Dummheit gewesen, falls eben erst eine Verschwörung des Lynkesten aufgedeckt worden wäre. Anläßlich dieser Schlacht taucht der Neffe zum letzten Mal in der Geschichte auf; zehn Monate danach wurde er für immer von einem hohen Befehl ausgeschlossen. Er war ein junger Mann, und in der Zwischenzeit hatte es kriegerische Auseinandersetzungen nicht gegeben, bei denen er hätte umkommen können; sein Sturz muß mit der Verhaftung seines Onkels zusammenhängen, die allerdings nicht durch den Besuch des Sisines bewirkt wurde – den überlebte er unbeschadet –, sondern durch Briefe von Olympias, die ihn selbst im folgenden Herbst seinen Befehl kosteten.

Für unsere Suche nach Alexander ist diese Intrige aufschlußreich. Es ist von einigem Interesse, daß Alexander kurz vor seiner Schlacht bei Issos die letzten lynkestischen Befehlshaber ihrer Stellung enthob, obwohl er ihnen zur Zeit der Thronbesteigung einiges zu verdanken hatte; noch interessanter wird es, weil sein Freund Ptolemäos und sein Offizier Aristobulos die Verhaftungen durch Täuschungsmanöver verschleierten. Möglicherweise konnten sie sich an die hohen Offiziere aus der Zeit des Einmarsches in Asien nicht erinnern – vielleicht; doch ist es viel wahrscheinlicher, daß sie die harte Wahrheit von der Hinrichtung des Lynkesten in der Säuberung zu Seistan, die sie überhaupt herunterspielten, einfach verschwiegen. Sie erwähnten die Sache nie wieder; Aristobulos redete sich damit heraus, der Mann habe bereits fünf Jahre vorher in Theben eine Frau umgebracht; Ptolemäos behauptete, der Lynkeste sei als Verräter überführt worden, und Ptolemäos hatte vielleicht seine Gründe für die falsche Behauptung. Sisines und der Lynkeste wurden aus unterschiedlichen Anlässen in ein und demselben Monat gefangengenommen und getötet. In Seistan erregte ein Faktum beim Tod des Lynkesten großes Aufsehen; als er nämlich angeklagt wurde, geriet er ins Stottern und konnte nichts zu seiner Verteidigung vorbringen. Vielleicht wurde Sisines gegen ihn angeführt, ein obskurer Orientale, der ihm unbekannt war und der, als der Lynkeste verhaftet und des Verrats beschuldigt wurde, bereits tot war. Ptolemäos mag von der Anklage gehört haben und sie irrigerweise mit der einzigen anderen bekannten Tat des Sisines auf dieser Etappe in Verbindung gebracht haben. Wie in Theben, Halikarnaß, am Granikos und bei der Entlassung der Flotte kann die Geschichte Alexanders nicht ausschließlich auf Historien aufgebaut werden, die seine Freunde und Offiziere schrieben. Ihr literarischer Rivale bewunderte – wie jeder Chronist dieses Marsches – Alexander und seine Erfolge nicht minder, doch behielt er auch eine entwaffnende Ehrlichkeit; wenn aber Offiziere fielen oder auf Grund merkwürdiger Anklagen abgeurteilt wurden, ging solche Aufrichtigkeit sehr leicht verloren.

Nach dem Aufbruch von Phaselis – und noch waren die Lynkesten in Ehren – setzte er seinen Küstenfeldzug für kurze Zeit energisch fort und kehrte nur einmal kurz um, weil er die abtrünnige Stadt Aspendos in die Schranken weisen wollte. Nahe dem Berg Klimax begab er sich an die Küste hinunter, um mit einem Ritt durch die Bucht den Weg abzukürzen und sich so einen sechsstündigen Anmarsch über die dahinterliegenden Berge zu ersparen. Als er das Vorgebirge umritt, legte sich der südliche Wind und öffnete den Reitern einen Weg durch die Wogen – ein glücklicher Umstand, der ihm »nicht ohne die

Oben: Alexander der Große mit Ammons Horn und Königsbinde. Die idealisierten Gesichtszüge deuten auf seine Göttlichkeit. Antikes Münzbild Tetradrachmon.
Unten: Spätrömische Goldmünze aus Ägypten, die wahrscheinlich Olympias nach einer zeitgenössischen Münze darstellt. Das Schlangenarmband bestätigt die Identifizierung.

Oben: Kieselmosaik aus Pella, ca. 300 v. Chr., Alexander, auf der Linken, wird auf der berühmten Löwenjagd in Sidon im Jahre 333 v. Chr. von Krateros vor einem Löwen gerettet. *Unten:* Der Alexander-Sarkophag, wahrscheinlich für Alexanders Gastgeber, den König von Sidon, hergestellt, ca. 320 v. Chr. Alexander trägt den Löwenkopfhelm des Herakles beim Angriff gegen persische Reiter bei Issos. Die Darstellung ist sehr genau und zeigt sogar das Geschirr von Bukephalos.

Türrelief aus dem Saal der 100 Säulen in Persepolis. Das Relief zeigt hoch oben das Symbol des Schutzgottes Ahura Mazda flankiert von den Königlichen Löwen. Darunter sitzt Darius I. (522–486 v. Chr.), hinter ihm der Königliche Fliegenfänger – ein altes und mühevolles Amt an orientalischen Höfen. Der vergrößerte Thron, der die unteren Darstellungen einrahmt, wird von untergebenen Völkern des Reiches getragen; unter ihnen befinden sich auch die Makedonen. Seine löwentatzigen Füße sind auf der Rechten sichtbar über den für persische Paläste typischen Glockenkapitälen, und dieser Stil blieb für die Throne im Iran selbst nach Alexanders Eroberung vorherrschend.

Oben: Relief auf der Südseite des Partikus. Persepolis. Audienz bei Darius I. (sitzend). Hinter ihm stehend der Kronprinz Xerxes.
Unten: Grab von Cyrus dem Großen bei Pasargadae, erbaut ca. 530 v. Chr.

Antikes Reiterbild Alexanders des Großen in Bronze.

Alexander der Große. Die Azara-Herme, eine römische Kopie der Marmorplastik von Alexanders Hofbildhauer Lysippos. Büste im Pariser Louvre.

Ansicht des Hochlands von Swat, das Alexander im Herbst 327 v. Chr. durchzog.

Die Alexander-Schlacht bei Issos. Das Meisterwerk Albrecht Altdorfers in der Pinakothek zu München.

Flankenangriff der Griechen durch Umgehungsmanöver. Ausschnitt aus Altdorfers Alexander-Schlacht.

Oben: Die Straße nach Herat, der Alexander folgte. Solche schwerbeladenen Maultiere dienten seinem Haupttroß in dem zunehmend rauheren Land, das einen Wagentransport unmöglich machte.
Unten: Überreste oder Ruinen bei Kandahar von Alexandria-in-Archosia, das Alexander begründete. Der heutige Name Kandahar leitet sich wahrscheinlich eher von dem alten persischen Namen Gandarara für die Region um die Stadt her als von Alexanders Stadtgründung.

Oben: Innenteil einer silbernen Platte aus Griechisch-Baktrien, die zum Zaumzeug gehörte. Wahrscheinlich spätes 3. Jahrhundert v. Chr. Die Türme der *Howdah* entsprechen möglichen griechischen Stadtmauern der Umgebung und sind eventuell eine griechische Erfindung. Der Stachelstock des *Mahout,* die Glocke des Elefanten und der Greif des Sattels wurden im Osten schon von Alexander verwendet.
Unten: Persischer Bogenschütze auf einer Sassanidenschüssel. Etwa 5. Jahrhundert v. Chr.

Die Schlacht zwischen Alexander dem Großen und dem Perserkönig Darius. Mosaik aus Pompeji.

Oben: Das Löwendenkmal Hephaistions.
Unten: Ein Floß aus Ziegenhäuten, wie es heute in der Gegend des Oxus benutzt wird. Diese Flöße bestehen aus zusammengenähten Häuten, die mit Spreu gefüllt werden. Diese Art Floß zählt zu den ältesten Erfindungen Asiens. Die assyrischen Armeen verwendeten es im 7. Jahrhundert v. Chr. Alexander überquerte die Donau und den Oxus mit ihnen. Römische Armeen enthielten eine Einheit von »Blasen-Träger«, um Flüsse mit dieser alten Methode rasch überqueren zu können. Eine Haut konnte schon einen Menschen tragen. Das große Floß auf diesem Bild könnte ein Gewicht bis zu vier Zentnern tragen.

Alexander läßt die *Ilias* in den Schatzkasten des Darius legen, den er bei Issos erbeutete. Vatikanisches Fresko von Raphael nach der Szene in Plutarchs *LEBEN ALEXANDERS*.

Legenden um Alexander bildeten sich bis ins Mittelalter hinein. Diese Miniatur aus einer Handschrift des Pfaffen Lamprecht aus dem 13. Jahrhundert (Brüssel) zeigt Alexander den Großen im Kampf mit Drachen und anderen phantastischen Untieren.

Oben: Der Prunkwagen, der Alexanders Leichnam von Babylon forttrug. Dieser rekonstruierte Umriß von G. Niemann fußt auf einer detaillierten antiken Beschreibung.
Unten: Weitverbreitete Legenden entwickelten das Thema von Alexander als einem großen Entdecker. Auf diesem Bild senkt er die Glaskapsel seines Unterseebootes auf den Meeresboden. Die Darstellung entstammt einem flandrischen Manuskript (13. Jahrhundert) des mittelalterlichen Alexanderromans.

Hilfe des Himmels« verständlich schien; Kallisthenes machte daraus eine förmliche Verbeugung des Meeres vor seinem neuen Herrn. In Thermessos und Sagalassos trieb er Stammeskrieger zurück und bahnte sich seinen Weg gen Norden, ohne die anliegenden Festungen zu erobern. Da es rundum keine weiteren Hafenstädte mehr gab und er getan hatte, was er konnte, um die lykischen Häfen zu schließen, wandte er sich zu Beginn des Frühjahrs nach Norden, um mit Parmenion zusammenzutreffen. Seine Anstrengungen jedoch sollten die persische Flotte im Sommer nicht davon abhalten, zwischen Syrien und den Ägäischen Inseln zu verkehren. Er hatte ihnen eine Küstenlinie halbwegs verschlossen, aber keine irgendwie bedeutsame Seeroute abgeschnitten, und es brauchte weitere lange Märsche, bevor seine Landtaktik Erfolge aufweisen konnte.

Immerhin, ein Anfang war gemacht und nach einem harten Winter mußte es ihn freuen, die Landschaft der phrygischen Satrapie zu erblicken, wie sie sich, ohne Deckung wider einen Feind, nördlich vor ihm erstreckte; denn ihre kieselsteinbesäten Ackerflächen waren nur gelegentlich durch einen Gürtel Pappeln unterbrochen. Für ein Heer, das vom winterlichen Hochland erschöpft war, bot das flache Land einen erfreulichen Anblick; die Soldaten wurden so guter Dinge, daß sie innerhalb von fünf Tagen das Innere Phrygiens erreichten und vor der Satrapen-Festung bei Kelänai ihr Lager aufschlugen. Sobald die Söldner-Garnison erkannte, daß sie im späten Winter mit keinem Entsatz durch persische Streitkräfte rechnen konnte – vielleicht, weil Parmenion sie abgeschnitten hatte –, übergaben sie ihre üppigen Paläste und Parks an die neuen Herren. Der alternde Antigonos, ein einäugiger, unter Philipps altgedienten Offizieren herausragender Mann, erhielt eine Satrapie, die für die Aufrechterhaltung der Nachrichtenwege von großer Bedeutung war. Ein anderer Offizier wurde gen Westen ausgesandt, um in Südgriechenland zusätzliche Truppen zu rekrutieren. Danach ritt Alexander durch reichere Ländereien nach Gordion, wo er sich verabredet hatte. Dort, hinter persischen Stadtbefestigungen, wartete er auf Parmenion.

Gordion lag am Königsweg, und da aus Makedonien Verstärkungen erwartet wurden, hatte man es als Treffpunkt für die Vereinigung mit dem Heere Parmenions und den neu rekrutrierten Truppen vom Balkan gewählt. Parmenion erschien bald, die Verstärkungen jedoch wollten nicht kommen. Da es keine Flotte zu ihrem Schutze gab, konnten sie auf dem Seeweg nicht anreisen und hatten von Pella bis Gordion also 800 Kilometer über Land zurückzulegen. Es wurde Frühjahr, und sie waren noch immer nicht unterwegs. Der Mai kam, und als beunruhigende Meldungen von einer bevorstehenden persischen See-Offensive eintrafen, waren die Verstärkungen noch immer nicht da; vielleicht wurden sie an den Dardanellen aufgehalten. Die alte Hauptstadt Gordion hatte wenig zu bieten. Die Truppen wurden unruhig und müßig. Alexander brauchte etwas, um ihre Kampfmoral aufrecht zu erhalten.

Da hörte er von einer lokalen Besonderheit, einem Streitwagen im Palast der früheren phrygischen Könige, der in der Legende mit der Thronbesteigung des König Midas in Gordion vor vierhundert Jahren verknüpft war. Er war einem phrygischen Gott gewidmet worden, den die Offiziere mit dem König Zeus identifizierten, dem königlichen Ahnherrn und Beschützer Alexanders, und mit einem Knoten aus Kornelrinde an sein Joch gebunden, den bislang niemand zu öffnen vermocht hatte. Schon das wäre eine Herausforderung gewesen, aber die Sache hatte noch einen besonderen Reiz. König Midas war in der Legende mit Makedonien verbunden, wo im Flachland die Gärten des Midas noch immer seinen Namen trugen, und es wurde mit Recht angenommen, daß phrygische Stämme einst in Makedonien gewesen waren; es war eine Erinnerung an die frühe Wanderung, als sie das Land beherrscht hatten und ihren Reichtum aus den Vermion-Bergen gewannen, wie Kallisthenes wissen will. Alexanders Wahrsager Aristander, ein Mann, dessen »Prophezeihungen er stets gern bekräftigte«, hatte an dem Streitwagen desgleichen Interesse; denn Midas' Vater soll Aristanders Volk, die Telmissianer Lykiens, die für ihre weissagerischen Fähigkeiten berühmt waren, seinetwegen befragt haben. An diesem Streitwagen also hing eine ergiebige Reihe von Themen, und Alexander reservierte ihn für eine größtmögliche Zuschauerschaft.

Es dauerte bis Ende Mai, bevor die Verstärkungen, etwa 3000 Makedonen sowie 1000 Griechen und Verbündete, endlich eintrafen – und mit ihnen die Scharen der jungverheirateten Makedonen, die bei ihren Frauen überwintert hatten. In ihrer Begleitung kamen Gesandte aus Athen, um die Freilassung der athenischen Gefangenen vom Granikos zu erbitten, doch Alexander blieb hart; »denn, solange der Krieg gegen Persien andauerte, hielte er es nicht für richtig, dem Schrecken der Griechen irgend etwas zu nehmen, die es nicht von sich wiesen, auf seiten der Barbaren gegen Griechenland zu kämpfen. Sie sollten sich später wieder an ihn wenden.« Nicht erwähnt wurde natürlich, daß in Sardis aufgefundene Briefe eines bewiesen – persische Generäle hatten Geld an den Athener Demosthenes geschickt, um im ersten Jahr der Herrschaft Alexanders einen Aufruhr anzuzetteln. Alexander verbarg sich hinter dem Mythos von einer griechischen Expedition, damit er diese eine griechische Stadt im allerwichtigsten Punkt an sich band.

Auch war die Zeit gekommen, seinen Mythos in eine neue Richtung zu lenken. Am Tag vor dem Abmarsch aus Gordion stieg er auf die Akropolis, um sich an dem Streitwagen zu versuchen, den er sich für den Abschied aufbewahrt hatte. Freunde gruppierten sich, um ihn zu beobachten; doch so hart er auch zog, der Knoten um das Joch blieb fest. Als sich kein Ende finden ließ, verlor Alexander die Geduld; denn ein Versagen würde ihm bei seinen Männern schaden. Also zog er sein Schwert, schlug den Knoten mittendurch, zog das gewünschte Ende hervor und behauptete ganz zu Recht, der Knoten sei gelöst, wenn auch nicht losgebunden. Der alte Aristobulos, der sich vielleicht weigerte, an die Verdrießlichkeit seines Königs zu glauben, erklärte später, daß Alexander einen Stift aus dem Gebinde des Streitwagens gezogen und das Joch seitwärts aus dem Knoten herausgezogen habe, doch das Durchschlagen mit dem Schwert ist verbürgt und der Apologie eines 80jährigen Historikers vorzuziehen. Wie dem auch sei, wenn Alexander sein Problem auch nicht überwunden hatte, so hatte er es immerhin gelöst. Auch hatte er es verstanden, Aufmerksamkeit auf seine Tat zu lenken. »Da gab es in jener Nacht Donnerschläge und Lichtblitze«, die in nützlicher Weise die Zustimmung des Zeus zu erkennen gaben, und so opferte denn Alexander den »Göttern, die die Zeichen geschickt hatten, und seine Lösung des Knotens guthießen«. Als König unter dem Schutze des Zeus ermutigte er danach die Gerüchte und Schmeicheleien, seine Tat auszuschmücken.

Wie gewöhnlich verbreiteten sie sich mit Windeseile. Vielleicht war mit der Lösung des Knotens, örtlicher Legende zufolge, ein Anspruch auf Herrschaft über die Phrygier verknüpft. Auf jeden Fall – das bestätigt jeder überlieferte Bericht über dieses Ereignis – galt sie als Beweis dafür, daß Alexander zum Herrscher über Asien bestimmt war. Dieses Thema scheint sein Historiker Kallisthenes als erster aufgegriffen zu haben. Daß der Sieg unausbleiblich sei, wird in den Geschichtswerken über den Feldzug wieder und wieder betont, und als das Heer sich am folgenden Tag von Gordion verabschiedete und die beunruhigende Nachricht von einem bevorstehenden persischen Angrifl zur See eintraf, gab es viele schlimmere Gerüchte, die Kallisthenes im ganzen Lager ermutigen sollte. »Herrschaft über Asien« war ein begeisterndes Wort, aber es war nützlich, weil es vage blieb. Denn wo endete die Herrschaft Asiens? In Kleinasien vielleicht; vielleicht auch jenseits des Tigris und bei den Palästen des persischen Königs. Wenn Asien erobert sei, so hatte Alexander erst kürzlich verkündet, so wolle er alle Griechen in ihre Heimat zurückschicken. Doch als die Verstärkungen eintrafen und die jungverheirateten Männer ihre Stellungen wieder übernahmen, da hätte niemand zu behaupten gewagt, am wenigsten Alexander selbst, daß Asien innerhalb von acht Jahren den Oxus, das Überschreiten des Hindukusch und einen Kampf mit den Elefanten eines nordwestindischen Radschas bedeuten würde.

11 DIE FALLE

»Den Magiern des Ostens zufolge«, so schrieb Aristoteles, der seine frühen Lebensjahre nicht umsonst in Kleinasien verbracht hatte, »gibt es in der Welt zwei erste Prinzipien, einen guten Geist nämlich und einen bösen; der Name des guten ist Zeus oder Ahura Mazda, der andere Hades oder Ahriman.« Als König Darius auf seinem Thron den Nachrichten über Alexanders Umtriebe während der vergangenen zwölf Monate lauschte, konnte es keinen Zweifel geben, welchem der beiden himmlischen Widersacher er seinen Gegner zuordnete. Der löwengleiche Alexander mit der Löwenfellmütze seines Ahnen Herakles war das genaue Abbild des löwenförmigen Ahriman. »Dreitausend Jahre lang, so sagen die Magier, wird ein Geist über den anderen herrschen; dreitausend Jahre mehr werden sie kämpfen und Schlachten schlagen, bis einer den anderen überwindet und Ahriman unterliegt.« In der Zwischenzeit pflegten einige Landsleute des Königs Darius Ahriman Opfer zu bringen und seine bedauernswerten Fähigkeiten im geheimen einzugestehen; doch Darius, der Auserwählte des großen Gottes Ahura Mazda, konnte sich auf ein solches Spiel mit den Mächten der Finsternis nicht einlassen. Im Namen des guten Geistes, der »die Erde schuf, der den Menschen schuf, und für den Menschen Friede«, mußte er die aufmarschierenden Kräfte der Lüge, der Ungerechtigkeit und des Bösen zurückweisen und ihnen von Susa aus einen Schlag versetzen, um die Zeitalter voranzubringen.

Noch herrschte Zuversicht, und man vertraute auf den bewährten Memnon, dem der Großkönig nunmehr das Oberkommando übertrug. Von seiner Basis auf der Insel Kos aus konnte er mit dreihundert Kriegsschiffen des Reiches die Ägäis beherrschen; sie waren mit Mannschaften aus der Levante und mit griechischen Söldnern bemannt – allerdings war ihre Zahl nach dem Massenüberlauf am Granikos und dem Verlust der Rekrutierungsgebiete Griechisch-Asiens begrenzt. Es war eine kostspielige Form der Kriegführung, aber die Flotte konnte überall hin, wo sie Versorgungsstützpunkte einrichten konnte, und Alexander fehlten die Schiffe für einen Gegenschlag. Memnon konnte die Nachrichtenwege über die Dardanellen abschneiden und Alexanders Verstärkungen vom Balkan aufhalten; er konnte

Handelsschiffe versenken oder requirieren, und mit einer Belästigung der im Herbst aus den Königreichen am Schwarzen Meer heimkehrenden Getreideflotte Athen unter Druck setzen, sich einem Aufstand anzuschließen, obwohl Alexander zwanzig athenische Bürger als Geiseln mit sich führte. Bestechungen und Geheimverhandlungen mit Sparta und anderen persischen Verbündeten hätten in Griechenland sehr wohl einen Aufstand gegen Antipater und in Asien eine Meuterei unter den makedonischen Truppen auslösen können, die ihre Heimat bedroht sahen. Dann aber müßte Alexander auf den Balkan zurückkehren, und dafür brauchte Darius kein Heer aufzustellen und ihn im Reichsinnern erst in einer Schlacht herauszufordern. Es war besser, ihn tief nach Asien zu locken und die Ernten an seinem Weg abzubrennen, während in seinem Rücken gleichzeitig die Nachrichtenwege ausfielen. Doch Alexander hatte seine Verstärkungen bekommen und war auf Nachschub nicht angewiesen. Es war denkbar, daß er einen Weitermarsch landeinwärts auch in dem Fall wagen würde, wenn ihm das Ägäische Meer und die Balkanländer verloren gingen – seine Soldaten jedoch würden es kaum hinnehmen.

Im Frühjahr 333 v. Chr. übernahm Memnon sein Kommando. Er eroberte zunächst Chios und die wichtigsten Städte auf Lesbos, allesamt verschworene Mitglieder des griechisch-makedonischen Bündnisses, wo er die demokratischen Regierungen stürzte, die seit dem Ende der Herrschaftszeit Philipps amtierten. Er setzte Tyrannen und Garnisonen an ihre Stelle – für den gewöhnlichen Inselbewohner die berüchtigten Zeichen persischer Unterdrückung und der drohend bevorstehenden Rückkehr ihrer verbannten Landbesitzer. Mit Ausnahme von Mitylene auf Lesbos, das Alexander mit Truppen ausgerüstet hatte, gaben die Städte beider Inseln ihre Demokratie auf und gehorchten, wenn auch zögernd.

Die Nachricht, mit der er eigentlich hätte rechnen müssen, erreichte Alexander in Gordion, als er noch auf Verstärkungen wartete. Sie stimmte ihn sorgenvoll. Fünfhundert Talente überwies er an Antipater; weitere sechshundert Talente übergab er dem Befehlshaber der Berittenen Späher und Amphoteros, dem Bruder des Orestiden Krateros, denen er befahl, »in Übereinstimmung mit den Abmachungen des Bündnisses« eine neue griechische Flotte auszurüsten. Dank des mit dem neuen Jahr eingetroffenen Tributs und der erbeuteten Schätze aus Sardis konnte die Auflösung der Verbündetenflotte so bald schon widerrufen werden – obwohl sechshundert Talente für eine Flotte der Größe, die sich mit Memnons messen konnte, nur zwei Monate langten. Von den beiden ausgewählten Offizieren ist nicht bekannt, ob sie in Marineangelegenheiten erfahren waren, und die Last des mitgeführten Geldes ließ ihre Reise nach Griechenland zur See gefährlich erscheinen; über Land würde sie sich hinziehen. Memnon war ihm um ganze Monate voraus; Alexander mochte wohl über seine Aussichten nachgrübeln. Andererseits hatte Memnon sich keine leichte Aufgabe gestellt: schließlich verfügte Antipater über ein Heer und über Garnisonen; Alexander hielt Athener als Geiseln; und viele Griechen mißtrauten Sparta und persischen Versprechungen, denn die frühere Grausamkeit der Perser war keineswegs in Vergessenheit geraten. Diese Gesichtspunkte konnten eine gesamtgriechische Rebellion sehr wohl verhindern helfen, und sofern diese unterblieb, mochte es zwar unangenehme Situationen geben, eine wirkliche Gefahr jedoch kaum. Und wäre Alexander sich nicht sicher gewesen, daß einige seiner Verbündeten gegen Persien kämpfen würden, so hätte er sie niemals um eine zweite Flotte gebeten. Außerdem hatte auch der Gegner Geldsorgen. Memnon hatte zwar vom König Mittel erhalten, aber der Tribut Kleinasiens war dahin; und da kein anderer Teil des persischen Reiches Tribute in Münzgeld zahlte, mochte dieser Verlust persische Pläne für einen Söldnerkrieg zur See beschränken. Memnon hatte sich bereits mit Plünderungen und Seeräuberei behelfen müssen, und beides konnte ihn bei den Griechen, die am Seehandel Interesse hatten, nicht eben beliebt machen. Ihm mochten örtliche Erfolge beschieden sein, doch für Griechenland insgesamt brauchte man eine durchgreifendere Strategie. Für eine Verteidigung konnte Alexander nichts weiter unternehmen als geduldig auf eine zweite griechische Flotte zu warten, und so verließ er im Juni Gordion und schickte sich an, der Königsstraße zuerst in östlicher Richtung, dann südwärts zu den Küstenstädten Kikiliens zu folgen, um weitere persische Häfen zu nehmen.

Es sollte offenbleiben, ob Memnon Aussicht auf Erfolg gehabt hätte; denn bei der Belagerung der Stadt Mitylene im Juni »wurde er krank und starb, und nichts schadete der Sache des Königs zu jener Zeit mehr«. Für Alexander bedeutete es einen wunderbaren Glücksfall, da kein anderer griechischer General Makedonien kannte, lange in persischen Diensten gestanden hatte und mit den griechischen Söldnern so gut umzugehen verstand wie er. Persien sollte das bald erkennen. Es dauerte einige Zeit, bis die Nachricht vom Tode Memnons Susa erreichte. Doch obwohl die schwerfällige Maschinerie des persischen Reiches nicht eilfertig in eine neue Richtung gedreht werden konnte, war Darius über den Verlust dieses einen Befehlshabers so entsetzt, daß er im späten Juni oder Juli, als die Nachricht eintraf, sofort die Kriegsstrategie radikal zu ändern beschloß. Einen vielsagenderen Epitaph als diese Änderung hätte Memnon sich nicht wünschen können, doch während die neuen Pläne in Kraft traten, sollte sich bis zum Spätjuli so manches ereignen, was Alexanders Chancen erhöhte und Persiens Aussichten auf eine rasche Wiederherstellung seines Prestige schwinden ließ.

Es ist nicht sicher, wann Alexander vom Tode Memnons erfuhr, aber die Nachricht konnte ihn nur in seinen Plänen bestätigen. Auf seinem Marsch über die Königsstraße ostwärts empfing er die symbolische Unterwerfung wandernder Bergstämme nördlich von Ankyra, die von den Persern nie behelligt worden waren, und die Kallisthenes durch schmeichelnde Zitate und Kommentare zu Versen Homers identifiziert haben mochte. Paphlagonien schloß Frieden mit ihm und wurde einer westlichen Satrapie einverleibt. Dann folgten die 50 000 Soldaten ihrem König den Rand der Salzwüste entlang, über den Halys hinweg und weiter über die Königsstraße, die für ihre Troßkarren am besten war. Kappadokien ist ein ödes Gebiet, grau und dürr wie die Haut eines toten Elefanten, und Alexander unterstellte sie deshalb einem Orientalen, der wahrscheinlich aus der Gegend kam; den Norden hatten die Perser als unbezähmbares Königreich abgetrennt, und obwohl Zentrum und Süden die Königsstraße berührten, verschwendete Alexander keine Zeit, um sich dieses Gebiet zu sichern. Die Berge blieben mehr oder weniger unabhängig, eine Zufluchtsstätte flüchtiger Perser, später eine unbezwungene Enklave in den Diadochen-Kriegen. Trotz ihrer dichten Bevölkerung kam ihnen keine besondere Bedeutung zu.

Etwa zwei Wochen nach der Überschreitung des Halys erreichte Alexander die südöstliche Grenze Phrygiens, wo sich die Lagerstätte der Soldaten Xenophons vom Jahre 401 v. Chr. befand. Anhand der

Werke Xenophons konnte er sich ausrechnen, daß er bald die Enge der Kilikischen Tore erreichen mußte, die »unüberquerbar waren, wenn ein Feind sie versperrte«. Es führen Wege über die angrenzenden Schultern der Golek-Boghaz-Berge, so daß die schwierige Paßenge umgangen werden kann, doch Alexander beschloß, den Durchgang zu erzwingen. Entweder hatte er nicht rekognosziert, da ihm ortskundige Führer fehlten, oder er glaubte dem Verteidiger wie Xenophon Angst einjagen und so zum Rückzug bewegen zu können – und damit hatte er recht. Seine leicht gerüsteten Einheiten von Bogenschützen, Schildträgern und Agrianern erhielten Befehl, sich bei Anbruch der Dunkelheit zu sammeln, und unter Alexanders persönlicher Führung versetzte ihr nächtlicher Angriff die Paßwachen in solchen Schrecken, daß ihr Satrap den Rückzug antrat und sich südwärts begab zu seiner Hauptstadt Tarsus, wobei er die Felder hinter sich abbrannte. Alexander atmete erleichtert auf und führte das übrige Heer sicher durch die Enge.

Jenseits des Passes untersuchte Alexander »die Lage und soll sich über sein gutes Glück gewundert haben«. Er gab zu: wenn Verteidiger dagewesen wären, die Felsbrocken auf seine Männer herabgerollt hätten, so hätten sie ihn durchaus überwältigen können. Die Straße war kaum breit genug für vier Männer nebeneinander. Sein Einmarsch in Kilikien, wahrscheinlich um Ende Juni, stand also unter einem glücklichen Stern. Er begab sich »in die weite und wohlbewässerte Ebene jenseits hinab, die voll war von verschiedenartigen Bäumen und Weinreben«, wie schon Xenophon festgestellt hatte, »und die von Sesam, Hirse, Weizen und Hafer überquoll«. Genug davon sollte den Brand überstehen, um die knurrenden Mägen zu füllen, als König und Heer eilends die etwa sechsundneunzig Kilometer bis Tarsus zurücklegten, während Kallisthenes auf die umliegenden Stätten alter homerischer Orte hinwies, die der schnellfüßige Achilles einst mit seinem Speer erobert hatte – eine Erinnerung, die Alexander zweifellos begeisterte.

Was immer Alexander gesagt haben mag, das Durchschreiten der Kilikischen Tore war nicht allein seinem Glück zu verdanken. Der Grund lag diesmal teilweise dort, wohin sein Blick nicht reichte – am Hof des Perserkönigs. Im Königspalast von Susa war in den Monaten Juni und Juli gar nichts glatt oder in homerischer Eile verlaufen. Man hatte anfänglich gehofft, daß die guten Nachrichten Memnons fortdauern würden, daß Alexander tief ins Innere Asiens hineingelockt werden könne und eine Konfrontation überflüssig sei, während das Land an seinem Wege verwüstet wurde, wie Memnon es zuerst am Granikos vorgeschlagen hatte. Genau das hatte der Satrap an den Kilikischen Toren getan. Als Alexander spät im Juni in Kilikien einfiel, galt noch die Strategie Memnons, doch sein Tod wurde dank eines bösen Zufalls in Susa erst bekannt, als Alexanders Heer widerstandslos durch die Enge zog. Auf die Nachricht vom Tod seines Generals hatte der König sich entschlosseneren Plänen zugewandt, doch da war die Bergenge des Kilikischen Tores bereits verschwendet. Alexander war um einer Politik willen durch sie gelockt worden, die nunmehr verworfen wurde.

Darius ließ besorgt einen Rat adeliger Ratgeber zusammenrufen, als er im späten Juni oder Juli von Memnons Tod hörte. Während Alexander sich dem fernen Tarsus näherte, verbreitete sich am Hof die Kunde, daß über Strategie beraten werde. Ehrenwerte Freunde und Königliche Verwandte – einige ehrenhalber, andere in der Tat Abkömmlinge des großköniglichen Harems, Satrapen und Stabträger, Tafelgenossen, Vitaxas, Wohltäter des Königs, Träger des Königlichen Purpurs, Kiliarchen der Unsterblichen, Orosangs und all die geringeren Hasarapaden trafen sorgenvoll zusammen in dem Wissen, daß in Susa über ihrer aller Zukunft entschieden werde. In der Ratskammer zollten die Versammelten der erhabenen Gegenwart ihres Königs Ehrerbietung. Man tauschte Meinungen aus, durchdachte strategische Details, doch pflichtete man allgemein Darius bei, daß sich der Krieg ohne Memnon schwerlich in den Balkan verpflanzen lasse. Auf einen neuen Schachzug gegen Alexander persönlich kam es an; die Diskussion entzündete sich an der Frage, wo eine Auseinandersetzung mit Alexander am günstigsten sei. Der athenische General Charidemos – er war in persische Dienste getreten, nachdem Alexander ihn aus Athen verbannen ließ – soll vorgeschlagen haben, er selbst wolle Alexander mit 100000 Mann, darunter 30000 griechischen Söldnern, allein eine Schlacht liefern. Darius hingegen war nicht bereit, sein Heer aufzusplittern, und über aufsässige Randbemerkungen des Charidemos so erbost, daß er ihn »nach persischem Brauch am Gürtel ergriff und seinen Aufwärtern zur Hinrichtung übergab«. Ein patriotischer Grieche mag diese Geschichte dramatisch überzogen haben, aber daß Darius und Charidemos eine Meinungsverschiedenheit hatten, mag wohl stimmen.

Darius bestand darauf, das Heer in größtmöglicher Stärke zu sammeln und persönlich an der Schlacht teilzunehmen, und ein dahergelaufener Athener würde ihn von seinem Entschluß nicht abbringen. Haushofmeister verbreiteten also die Kunde, Schreiber übersetzten die einzelnen Details ins Aramäische, Kuriere ritten mit ihren versiegelten Briefen aus; und Hyparchen wie Eparchen lasen es, machten sich auf das Schlimmste gefaßt und verließen ihre Bezirkshauptquartiere. Ohren und Augen des Königs schlichen umher, um Säumige aufzuspüren, während sich die königlichen Frauen und großköniglichen Konkubinen kleideten und auf ihre Wagen und Kamele warteten, um nach alter Sitte ein Heer auf dem Marsch zu begleiten.

In der drückenden Julihitze bewegte Darius sich gen Westen auf Babylon zu, einer drückenden Stadt mit tiefliegendem Palast, den seine Vorfahren im Hochsommer stets zu meiden gesucht hatten. Sonne und Sand brannten; aber der Großkönig wußte, daß er sich nun einmal sputen mußte. Er mußte bereits vernommen haben, daß Alexander in Kilikien eingedrungen war und innerhalb von sechs Wochen Babylons starke Mauern bedrohen konnte. Die Zeit reichte nicht, um Truppen aus den oberen Satrapien östlich und nordöstlich von Hamadan herbeizuschaffen und mit ihnen die Situation zu retten; aber im engeren Umkreis gab es genügend Wehrkraft. Die zwei wichtigsten Pferdezuchtgebiete des Reiches waren noch in Reichweite – die Nisäischen Felder der Meder mit ihren berühmten Luzernenweiden und die gleichermaßen ersprießlichen Weidegründe Armeniens, das 20000 Pferde jährlich als Tribut gezahlt haben soll. Unter den Kronkolonisten und den Adeligen der Umgebung konnten bewaffnete Reiter aufgeboten werden – problematisch war nur die sie stützende Infanterie; denn von Schleuderern und Bogenschützen abgesehen, waren die Zehntausend Unsterblichen der berühmten Palastwache die einzigen ausgebildeten Fußtruppen des Landes. Sie brauchten schwere Verbündete, und Darius blieb keine andere Möglichkeit, als die Seekampagne im Ägäischen Meer zu schwächen, indem er einen Großteil der griechischen Söldner von der Flotte abzog.

Auf dem Totenbett hatte Memnon seinen persischen Neffen und

seinen Stellvertreter zu kommissarischen Admirälen ernannt, und die beiden hatten den Kampf tapfer fortgesetzt. Im August hatten sie Mitylene endlich zur Übergabe gezwungen »und drängten die Mitylenenser, dem Frieden Antalkidas' mit Darius entsprechend, Verbündete des Darius zu werden« – ein ungewöhnlich durchtriebenes Abkommen, da dieser Frieden des Antalkidas, der dreiundfünfzig Jahre zuvor Ataxerxes II. geschworen worden war, den Ägäischen Inseln die Freiheit ließ und in keiner Weise Persien gegenüber verpflichtete. Vielleicht war dieser Friedensvertrag so oft verletzt worden, daß er bei einer neuen Generation von Inselbewohnern in Vergessenheit geriet, in dem Fall wurde Mitylene für seinen unterentwickelten Geschichtssinn belohnt – mit einer Garnison, einem ausländischen Kommandanten, der Rückkehr der reichen Verbannten, denen die Hälfte ihres Besitzes restituiert wurde, einem Tyrannen und einer hohen Geldstrafe. Die Einnahme von Lesbos öffnete der Flotte den Weg zu den Dardanellen, doch bevor die zwei Admirale dies Ziel verfolgen konnten, kam der Befehl, daß sie ihre griechischen Söldner zum größten Teil abgeben müßten. So wurden also wahrscheinlich Mitte August fast 200 Schiffe nach Osten abgezogen, die Route ihrer Stützpunkte entlang, von Kos und Halikarnaß bis nach Tripolis an der syrischen Küste, wo sie ihre Söldner einem anderen Neffen Memnons übergaben. Dort sollten die Schiffe auf den Strand gesetzt werden, und die Söldner marschierten landeinwärts zu Darius. Dem Stabe Alexanders zufolge handelte es sich um »30000 Griechen«. Eine kleinere Zahl, wenn nicht gar die Hälfte, ist wohl korrekt.

Die persischen Admiräle trafen im Ägäischen Meer wieder zusammen, um ihren Krieg mit nur dreitausend Söldnern und hundert Kriegsschiffen weiterzuführen. Um ihre Aussichten stand es wesentlich schlechter, doch Darius hatte sie nicht ohne Grund gestört; er brauchte alles, was an Infanterie verfügbar war, zu Lande. Er ließ sich die frischen Kadetten des persischen Jugendkorps schicken, Knaben, die mengenweise konskribiert wurden, um zur Vorbereitung auf den Heeresdienst Bäume zu fällen, zu jagen und zu ringen. In dieser Krise wurden sie ohne Rücksicht auf Unerfahrenheit und Alter plötzlich in das Leben erwachsener Männer hineingestoßen. Jeder fähige Mann in Reichweite wurde einberufen, und die Umgebung des königlichen Hauptquartiers in Babylon gibt die Nachwirkungen derartiger Hast noch immer zu erkennen. Heben wir den Vorhang des persischen Reiches, so lassen sich die Probleme einer Einberufung aufdecken, und wir blicken mitten ins Leben eines großköniglichen Soldaten.

Als die Perser Babylonien zweihundert Jahre früher eroberten, hatten sie das wundervoll fruchtbare Land im Sinne ihrer eigenen Interessen aufgeteilt; ein Großteil wurde ihren Dienern und Soldaten zum Unterhalt übertragen. Die Perser mußten sich auf eine teuere und komplizierte Waffentechnik umstellen, und da sie sich in einer ländlichen Gesellschaftsordnung ohne Münzgeld nur über Landvergaben finanzieren lassen konnten, hatten die Perser ein Feudalsystem eingeführt, das – wie vieles Hochentwickelte in Sprache und Methodik der persischen Verwaltung – auf ihre kaiserlichen Vorgänger, die Meder, zurückgeführt werden kann. Wie in den Ebenen Lydiens waren auch in der mesopotamischen Ebene die Familien ausländischer Soldaten aus fernen Zonen auf Höfen angesiedelt worden, die in den wenigen bekannten Fällen etwa siebzig Morgen groß waren, und nach Gesellschaftsschicht oder Volkszugehörigkeit in Kantone zusammengefaßt, je nachdem, ob es sich nun um Araber, Juden, Ägypter, Syrer oder Inder handelte; jeder Kanton unterstand einem Distriktsoffizier, der die Eintreibung der jährlichen Steuern besorgte, welche die Kolonisten ihrem König schuldeten. Im Unterschied zu den ausländischen Siedlern in Lydien und anderswo hielten die Siedler Babyloniens ihre Geschäfte in der toten akkadischen Sprache auf Tontafeln fest, und da gebrannter Lehm die Zeitalter überdauert, konnte nahe der Stadt Nippur eine Menge solcher Tafeln unversehrt aufgefunden werden. Sie beleuchten die Transaktionen skrupelloser örtlicher Geschäftsleute namens Murasu – »die Wildkatzen«, ein Name, der bei ihrer Profitgier angemessen erscheint –, und dank ihrer detaillierten Angaben läßt sich ein wichtiges Modell erkennen.

Es gab drei Typen der Landschenkung, nämlich Pferdeland, Bogenland und Streitwagenland; schon die Namen liefern einen Einblick in das persische Heer – diese Landbesitzer dienten als Bogenschützen, in der schwereren Kavallerie und als Wagenlenker; Pferd und Streitwagen mußten sie stellen. Sie mußten allesamt jährliche Steuern entrichten, »Mehl für den König«, »einen Soldaten für den König« und »Steuern für die königliche Hofhaltung«, die in Gewichten ungemünzten Silbers gezahlt wurden. Niemand durfte einen Teil seines

Bodens veräußern. Da aber viele den Müßiggang der Landarbeit vorzogen, trafen sie in wachsendem Maße Abmachungen mit Einheimischen wie den Murasus, die bereit waren, Land zu pachten, aus den Erträgen die Steuern zu bezahlen und es zu ihrem eigenen Profit zu bestellen. Die Murasus waren eine Art Familienbank, und im Unterschied zu den Kolonisten verfügten sie über Reserven an Leuten, Silber, Ochsen, Saatgut, Wasserrechten und Kettenpumpen. Doch obwohl Steuern und Land an solche wild spekulativen Unternehmer vermietet werden konnten, so waren die Siedler in einigen, wenn nicht in allen Kantonen nach wie vor verpflichtet, ihren Militärdienst zu tun. Diese Pflicht war persönlich und mußte von der landbesitzenden Familie selbst geleistet werden; sie war nicht mit dem Land vermietbar, und wie Urkunden der Murasu so fein belegen, hatte es mit diesem System bereits neunzig Jahre vor Alexander seine Schwierigkeiten, dies auch bis zum Einmarsch der Makedonen, da das System sich bis in die Diadochenzeit hielt.

Ein bemerkenswertes Dokument schildert solche Probleme im Detail. Im Jahre 422 v. Chr. berief König Artaxerxes seine Kolonisten ein, um die Stadt Uruk anzugreifen, aber für den jüdischen Besitzer eines Landlehens kam der Einberufungsbefehl zum unerwarteten Augenblick. Wahrscheinlich war der Vater des Juden in finanzielle Schwierigkeiten geraten, die ihn zwangen, einen Sohn der Murasu-Familie zu adoptieren, so daß der Bankier einen Teil der Familienparzelle erben würde; da das Land nur auf ein Familienmitglied vererbt werden konnte, war das königliche Gesetz nur durch die Adoption zu umgehen. Beim Tod des Vaters erbte der adoptierte Bankier seinen Anteil, die echten männlichen Erben den Rest. Im Jahre 422 forderte der König Silber, Waffen und den persönlichen Dienst eines Familienmitgliedes als voll ausgerüsteter Kavallerist mit eigenem Pferd. Glücklich dann, einen Bankier zum »Bruder« zu haben, machte der Jude ein vorteilhaftes Geschäft; den »Wildkatzen« lag das Kämpfen nicht, und so bezahlte denn der Adoptierte Rüstung, Silbersteuer, Pferd und wahrscheinlich auch den Diener, während der Jude unter Einsatz seines Lebens zu Felde ritt.

»In der Freude seines Herzens hat Gadal-Jama, der Jude, so zum Sohn des Murasu gesprochen: Die bepflanzten und gepflügten Felder, das Pferdeland meines Vaters, hast du in der Hand, weil mein Vater einst deinen Vater adoptiert hat. So gib mir ein Pferd mit Diener und Rüstung, eine eiserne Satteldecke, einen Helm, eine lederne Brustplatte, einen Schild, 150 Pfeile zweier verschiedener Arten, eine Eisenspange für meinen Schild, zwei Eisenspeere und eine Mine Silber zur Verpflegung, und ich will die militärischen Dienste erfüllen, die auf unserem Lande liegen.« Da Reiter keine Bogen besaßen, wurden die Pfeile wahrscheinlich dem Zahlmeister überreicht und dann an Eigentümer von Bogen- und Streitwagenland verteilt.

Im Sommer des Jahres 333 v. Chr. jedoch teilte kaum jeder Kolonist sein Lehen mit einem reichen »Wildkatz« von Bankier, der ihm eine Heeresrüstung bezahlen konnte – die Adoption des Bankiers wie auch die wachsende Zahl von Verpachtungen und Hypotheken in den Murasu-Urkunden aber belegen, daß die Siedler das Leben mit den Jahren anstrengender oder schwieriger fanden. Die jährliche Steuer war fixiert, berücksichtigte also niemals schlechte Ernten; schlimmer noch, obwohl es alle männlichen Nachkommen unter sich teilen mußten, blieb das einmal zugeteilte Land einer Familie stets gleich groß. Bereits um 420 v. Chr. lebten Kolonisten auf Dritteln, Vierteln, Achteln oder gar Fünfzehnteln ihres ursprünglichen Besitzes. Ihre Verpflichtungen blieben die gleichen – ein voll ausgerüsteter Soldat pro Lehen –, aber die Zahl der Münder, die von dem Land ernährt werden mußten, war drastisch gestiegen. Für sich stehende Inder oder Syrer konnten diese Wachstumsrate nicht durch intensiven Ackerbau nach der Art der Murasus steigern, und so nahm der jährliche Mehrertrag ab, während der Bedarf daheim wuchs. Sie mochten verschulden oder den Sohn eines Bankiers adoptieren; beides aber beeinträchtigte sie in der Möglichkeit, sich für den König auf angemessene, doch kostspielige Weise zu rüsten. Pferde und Streitwagen müssen gepflegt und gewartet werden, und eine in fünfzehn Teile aufgesplitterte Landmasse ist für keines von beiden das richtige Zuhause. Nun darf man die historischen Zeugnisse eines kleinen Gebiets zwar nicht überbewerten, zumal Babylonien mehr Städte hatte als andere Satrapien, doch ein Grund dafür, daß der Großkönig sich im vierten Jahrhundert v. Chr. auf griechische Söldnertruppen stützen mußte, muß in den minderen Fähigkeiten seiner übervölkerten Siedler gesehen werden.

Als Darius auf das Eintreffen seiner Bogenschützen und Reiter wartete, mag ihm deshalb für den Traum verziehen werden, den griechische Historiker ihm zuschrieben – die Vision vom hellerleuchteten makedonischen Heerlager und von einem Alexander, der in der königlichen Robe Persiens einen babylonischen Tempel betritt. Bekümmerte Kronkolonisten zu Pferde und das königliche Jugendcorps waren gegen makedonische Infanterie und berittene Kampfgefährten wohl kaum ein ideales Aufgebot, doch auf den Feldern in Stadtnähe suchte der Großkönig Trost in der Quantität, und er beruhigte sich im Zählen seiner einberufenen Truppen. Ein kreisförmig eingezäuntes Areal vermochte mit einem Mal rund zehntausend Mann zu fassen. Es füllte und leerte sich, bis das ganze Heer durchmarschiert und nach zehntausenden gezählt war. Meder, Armenier, Hyrkaner, Nordafrikaner und auch Perser: »vom Morgengrauen bis zum Zwielicht« passierten 400 000 Soldaten dieser Völker die Einzäunung – den übertriebenen Angaben der Geschichtsschreiber zufolge; ihre wahre Stärke kann nicht geschätzt werden, und für das Weitere spielt diese auch keine Rolle. Eines frühen Morgens im späten August oder im September aber verließen sie in ihren Tausenden das Lager und bewegten sich inmitten der Kanäle des reichen assyrischen Landes schwerfällig gen Westen.

Zum Schall der Trompete wurde das Heilige Feuer auf seinen silbernen Altären emporgetragen. Priesterliche Magier, die ihren herkömmlichen Hymnus sangen, folgten, nach ihnen 365 junge Träger des Purpur, »gleich an Zahl den Tagen des persischen Jahres«. Schimmel aus Medien tänzelten und stampften vor dem Streitwagen Ahura Mazdas, dessen Lenker mit ihren goldenen Peitschen weißgekleidet waren. Das stattlichste Roß von allen schickte sich an, den Heiligen Wagen der Sonne zu ziehen. Unsterbliche Wachen – so genannt von den Griechen, weil ihre Zahl nie unterhalb von 10 000 herabsank, marschierten in feierlicher Ordnung hinterdrein, während Königliche Verwandte und Speerträger einen Weg bahnten für den Wagen des Königs. Seine Karosse glänzte von unendlichem Gold; das Joch erglühte von den verschiedensten Edelsteinen; zu beiden Seiten standen Bilder der Götter, und unter ihnen breitete ein goldener Adler, das Symbol Ahura Mazdas, gütig seine Flügel aus. Drinnen stand König Darius mageren Gesichts in einer purpurumrandeten weißen Tunika. Von seinen Schultern wallte ein bestickter Mantel herab, »auf dem goldene Falken mit ihren gebogenen Schnäbeln kämpften«. An seinem goldenen Gürtel hing ein Krummsäbel, dessen Scheide aus einem einzigen Edelstein gefertigt war. Auf seinem Haupt trug er die geschwungene Krone des Königs der Könige, gebunden mit einem Band blauen und weißen Tuches. Begleitende Reiterei und Fußvolk paradierten zum Schutze der Königin und der Königinmutter in den folgenden Wagen. Weiter hinten im Zug trugen fünfzehn von Maultieren gezogene Wagen die Eunuchen und die Gouvernanten sowie die königlichen Kinder in ihrer Obhut. In gebührendem Abstand schlossen 365 Königliche Konkubinen sich an, die der Gelegenheit entsprechend gekleidet waren; hinter ihnen drängten sechshundert Maultiere und dreihundert Kamele mit einem Teil der großköniglichen Schätze.

In den beiden Monaten, da Darius sein Heer aufstellte, hatten die Ereignisse eine unglückliche Wendung genommen. Nach seinem Marsch durch die Kilikischen Tore war Alexander eilends auf Tarsus zumarschiert, das er noch vor einem Niederbrennen durch die Perser zu retten vermochte. Es war ein Eilmarsch bei großer Hitze; er begab sich etwa tausend Meter tiefer in eine luftlose Ebene hinab, und als er die Stadt erreichte, war er begreiflicherweise müde und staubig. Durch Tarsus flossen die gelben Wasser des Kydnos, eines breiten, angeblich kühlen Flusses. Alexander, der den Gedanken eines kühlen Bades verlockend fand, entkleidete sich vor seinem Heer und stürzte sich in die Fluten. Aber der Kydnos hat einen schlechten Ruf – im Jahre 1189 n. Chr. sollte er Friedrich Barbarossa dahinraffen, der ebenfalls so kühn war, auf einem Kreuzzug in diesem Fluß zu schwimmen. Binnen weniger Stunden nach dem Verlassen des kalten Wassers befiel Alexander ein Frösteln. Seine Begleiter legten den Schlaflosen und Zitternden in sein königliches Zelt. Die Ärzte verzweifelten, als sein Körper sich zunehmend verkrampfte; bis Philipp der Grieche hervortrat, ein Mann, »der in medizinischen Fragen großes Vertrauen genoß und im Heere nicht unbekannt war«. Er hatte Alexander schon als Knaben begleitet und kannte sein Temperament und schlug deshalb ein starkes Mittel zu einer Reinigungskur vor. Alexander brannte darauf, rasch zu genesen, und willigte ein.

Während Philipp sich die notwendigen Arzneimittel beschaffte, soll Alexander ein Brief von Parmenion überreicht worden sein; nach der unwahrscheinlichen Behauptung einiger Leute soll er zwei Tage zuvor eingetroffen sein, und Alexander soll ihn unter seinem Kissen verborgen haben. Der Arzt Philipp, so warnte der Brief, sei von Darius bestochen worden, seinen königlichen Patienten zu töten. Als Philipp ins Zelt zurückkehrte, schlug Alexander solche Warnungen in den Wind. Er überreichte Philipp den Brief, nahm das Glas Medizin und trank es, während Philipp den Brief las. Philipp machte sofort »klar, daß mit seiner Medizin alles stimmte. Er war durch den Brief gar nicht beunruhigt, sondern ordnete an, daß Alexander alle seine weiteren Instruktionen befolgen solle. Wenn er sich so verhielte, werde er genesen.« Die Reinigungskur wirkte schließlich. Alexanders Fieber ließ nach. »Daraufhin gab Alexander Philipp einen Beweis seines Vertrauens, um seine Begleiter davon zu überzeugen, daß er seinen Freunden allen Verdächtigungen zum Trotz die Treue hielt und im Angesicht des Todes tapfer war.«

Man hat der Geschichte dieses Briefes hauptsächlich deswegen nicht getraut, weil sie zu dramatisch klingt. Aber Geschichte ist nicht nur dann wahr, wenn sie langweilig ist. Und obwohl man beim Eingreifen Parmenions vorsichtig sein muß, so liegen hier keinerlei äußere Umstände vor, welche den aufschlußreichen Vorfall in Frage stellen könnten. Gewiß, die Legende hat Parmenion später zu einem persönlichen Feind des Arztes werden lassen, ja selbst zu einem listigen Giftmischer, der Alexander zu töten hoffte und sich durch die vorherige briefliche Warnung nur selbst von Schuld freizusprechen versucht hätte. Aber solche Ausschmückungen der Legende beweisen nicht, daß die Geschichte entstand, um Philipp zu diskreditieren. Vertrauen und Tollkühnheit sind Tugenden, die man von jedem großen General erwarten darf, und selbst wenn Alexander in seiner Treue gegenüber Freunden nicht so wahllos war, wie Schmeichler es wollten, so konnte er doch zwischen wahren und falschen Freunden unterscheiden, schätzte die ersteren und entledigte sich der letzteren. Die Geschichte um Brief und Arzt gewinnt dadurch, daß sie dieser seiner Charaktereigenschaft entspricht.

Die Krankheit Alexanders in Tarsus bedeutete eine größere Verzögerung, als irgendeiner seiner Historiker zugibt. Die langen Wochen vom Juli und August bis Mitte September war der König bettlägerig und anscheinend ohne Kenntnis davon, daß Darius sein Heer einberufen hatte, um gar nicht erst zu erwähnen, daß es gezählt und von

Babylon gen Westen geführt worden war. In Alexanders Strategie stand noch immer die Küstenlinie im Vordergrund, und das Meer brachte während seiner allmählichen Genesung an Problemen genug. Selbst ohne griechische Söldner machten Memnons Nachfolger sich bemerkbar. Sie waren nördlich gesegelt, nach Tenedos, einem Anlegehafen für Handelsschiffe nahe den Dardanellen, und hatten es wiederum unter falscher Berufung auf einen alten Friedensvertrag genommen. Zehn Schiffe waren zu den Kykladen-Inseln vor der Südküste Griechenlands abbeordert worden, wo sie auf Nachrichten von Sparta und anderen verprellten Griechen warten sollten. Antipater sorgte sich um die Sicherheit der griechischen Küsten und sammelte so viele Kriegsschiffe wie eben möglich, die er unter den Befehl eines Makedonen stellte – wahrscheinlich eines Neffen der Amme Alexanders. Acht Schiffe der persischen Vorausflotte wurden bei einem Ausfall gekapert, die übrigen fortgescheucht, doch lange konnte es nicht dauern, bis alle die hundert feindlichen Schiffe im Süden aufkreuzen mußten. Die zwei Rekrutierungsoffiziere Alexanders kamen mit ihrer schwierigen Aufgabe nur langsam voran, weil die meisten griechischen Städte die Neutralität vorziehen mochten. Alexander blieb nichts übrig, als weitere asiatische Landstützpunkte zu erobern; es war ein beschwerlicher Vormarsch, der ihn den syrischen und phönikischen Häfen näher und näher brachte, obwohl Inselhäfen und der Hafen von Halikarnaß seinem Gegner im Rücken noch offenstanden.

Von da an fehlten ihm detaillierte Landkarten und örtliche Kontakte, und für eine Kenntnis der vor ihm liegenden Gebiete mußte er sich auf die Beschreibung des Xenophon-Marsches verlassen, die Marschstunden und Entfernungen genau aufzeichnete. Aus ihr konnte Alexander folgern, daß die nächste feindliche Festung, der Paß der Jonas-Säule zwischen Kilikien und Syrien, etwa 120 Kilometer entfernt lag, und auf der Grundlage seiner Lektüre Xenophons schickte er Parmenion in mäßiger Eile aus, sie zu nehmen – in der Hoffnung, daß die Festung mit ihrer doppelten Turmmauer und dem Fluß dazwischen nicht allzu stark bewacht war. Er selbst wollte in entgegengesetzter Richtung westwärts marschieren, sobald er sich wieder wohlauf fühlte.

Wie ironisch diese sorgfältigen Planungen heute wirken! Die ganze Zeit über hatte sich Darius den syrischen Ebenen genähert, wo er lagern und warten wollte, um sofort anzugreifen, wenn Alexander durch die Amanus-Berge in die Ebene herabstieg. Inzwischen ließ Alexander marschieren und gegenmarschieren, ganz sicherlich ohne zu wissen, wo der Großkönig sich aufhielt – um von seinen veränderten Plänen erst gar nicht zu reden; denn sonst hätte er es niemals gewagt, sein Heer aufzuteilen. Den Makedonen erschien solch ein Routinevorgehen ein weiteres Stadium in der mühsamen Eroberung der Küste. Sie warteten, bis es ihrem König besser ging; sie sahen Parmenion mit der Reiterei ostwärts entschwinden, und spät im September, als Alexander endlich genesen war, zogen sie sich zur verfallenden Stadt Anchialos zurück, ohne die Gefahr zu ahnen, in der sie sich bald befinden sollten. Im Mittelpunkt dieser hoch ummauerten Stadt befand sich das Grab ihres Gründers, des assyrischen Königs Assurbanipal, aus der Mitte des siebten Jahrhunderts v. Chr., mit einer eingemeißelten Zeichnung des Königs, der seine Hände über dem Haupt zusammenschlägt, und darüber eine assyrische Inschrift. Alexander ließ sie sich von assyrischen Einwohnern übersetzen. Sie lautete: »Sardanapalos, der Sohn des Anakyndaraxes, erbaute Anchialos und Tarsus an einem einzigen Tag; Fremdling, iß, trink und liebe, da andere menschliche Beschäftigungen nicht mehr wert sind als dies« – »dies« war ein Hinweis auf das Händeklatschen des Königs. Den Historiker Aristobulos, der sein Buch in seinem achten Lebensjahrzehnt verfaßte, störte eine solch offene Anspielung auf das Geschlechtliche dermaßen, daß er den Ratschlag mit »iß, trink und sei lustig« übersetzte ... Alexander dagegen war zu jung, um puritanisch zu sein, bemerkte die Unschicklichkeit mit Vergnügen und marschierte weiter – eine lebendige Widerlegung solch weltabgekehrter Philosophie.

Die nächsten zehn Tage bewiesen, daß der König seine Gesundheit wieder hatte. Ein Sieben-Tage-Feldzug schlug wilde Stämme in die Flucht, bestrafte eine mit Persien sympathisierende Stadt, und es kam die höchst willkommene Nachricht, daß die restlichen Befestigungsanlagen von Halikarnaß, seiner Küste einschließlich der Insel Kos, endlich an die Makedonen gefallen waren. Alexander brannte darauf, diesen seinen ersten Erfolg im Seekrieg zu feiern, und so brachte er dem griechischen Gott der Heilung ein Dankopfer für seine Genesung und veranstaltete einen Fackelzug, athletische Spiele und einen Wettstreit der Dichter. Der Erfolg, hätte er es gewußt, war von kurzer Dauer, da Kos und Halikarnaß bald erneut vom Feind bedroht und erobert werden sollten. Immerhin, Alexander bewegte sich südostwärts nach Mallus, wo er den Bürgerstreit der Stadt beendete und auf Grund der ihm genehmen angeblichen Verbindung mit seinen legendären griechischen Vorfahren den Tribut erließ. Seine Großzügigkeit und sein dem Mythos verpflichtetes Handeln zeigen: er war ganz offensichtlich wieder in seinem Element. Der Oktober ging zu Ende, als völlig unerwartet von dem an der syrisch-kilikischen Grenze weilenden Parmenion eine Botschaft eintraf – Darius war mit einem großen Heer nur zwei Tagemärsche von den Syrischen Toren und der Jonas-Säule entfernt beim Lagern erspäht worden.

Es muß Alexander schwergefallen sein, bei dieser Kunde die Ruhe zu bewahren; denn er hatte während des verstrichenen Monats an der Südküste der heutigen Türkei mit weit zerstreuten Truppen geplänkelt, und der Winter stand unmittelbar bevor. Die persische Flotte und ihre gefährlich unbehelligten Manöver gegen Griechenland hatten ihn beschäftigt, und er mußte sich rauhes Herbstwetter gewünscht haben, damit das Meer nicht länger befahrbar blieb. Außerdem gab es in seinem Oberkommando Schwierigkeiten. Und nicht nur dort.

Er hatte erst kürzlich Olympias' Briefe erhalten, die ihn vor dem Lynkesten Alexander warnten, und zu diesem Zeitpunkt, nicht ein Jahr früher, ließ er ihn in seinem Befehl bei der Reiterei festnehmen. Gleichzeitig brach sein enger, aber lahmer und gänzlich unsoldatischer Freund Harpalos über das von Feinden beherrschte Meer nach Griechenland auf, um wahrscheinlich mit der südgriechischen Hafenstadt Megara Gespräche über die Abwehr der persischen Flotte zu führen. Mit ihm war ein anderer Bote ausgezogen, auf eine noch gefährlichere Fahrt über das Meer, nämlich über Griechenland hinaus nach Süditalien, um dort mit dem Bruder Olympias', dem König Alexander von Epirus, Vereinbarungen zu treffen, wiederum gewiß in der Absicht, Hilfe zur See für Griechenland zu gewinnen. Es war an allen Fronten eine beunruhigende Zeit, und nun war auch noch die Drohung der großen persischen Armee hinzugekommen.

Alexander, den nichts glücklicher machte als eine Herausforderung, »versammelte seine adeligen Gefährten und teilte ihnen die Nachricht mit; sie baten ihn, er möge sie, so wie sie seien, gleich anführen. Er beendete die Versammlung, indem er sie lobte, und am nächsten Tage führte er sie ostwärts gegen Darius und die Perser.« Mit Hilfe des Xenophon-Berichts konnte Alexander berechnen, daß sein Heer bei einem vernünftigen Marschtempo die syrische Grenze in drei Tagen oder 25 ganz normalen Marschstunden erreichen könnte. Es war aber nicht die Zeit für vernünftiges Verhalten, und die Armee war durch Parmenions Abwesenheit geschwächt – ja, das Heer sollte die knapp 120 Kilometer tatsächlich mit doppelter Geschwindigkeit innerhalb zwei Tagen und zwei Nächten zurücklegen. Die Küstenstraße nach Osten war eben und angenehm, mit üppigem Ackerland zu beiden Seiten; wo die Mittelmeerküste einen scharfen Südknick nach Syrien macht, folgt die Straße der Biegung, so daß zur Rechten Alexanders immer noch das Meer und zur Linken die schattigen Amaniden-Berge sich befanden. Genau an der Grenze Kilikiens, in Blickrichtung auf die syrische Satrapie und den Süden, lag die Stadt Issos. Alle Invaliden und Säumigen, für die der Marsch sich als zu forciert erwiesen hatte, ließ Alexander dort zurück. Inzwischen war auch Parmenion vom Rekognoszieren zurückgekommen. König und General eilten auf die befestigten Tore Syriens zu – die heutige Jonas-Säule –, die seine Voraustrupps bereits genommen hatten. Wenige Kilometer südlich dieses Grenzpostens hielten sie bei Myriander; sie wußten, daß sie endlich in der Nähe des Beilan-Passes angelangt waren. Von hier aus konnten sie den Rand des Amaniden-Gebirges überschreiten und ins östlich gelegene Assyrien und damit, wie sie hofften, in das Lager des Königs Darius einmarschieren, ehe er von ihrem Herbeieilen Kunde erhielt. Der Abend des zweiten Tages brach an; die Truppen waren bis an die Grenze ihrer Strapazierfähigkeit getrieben worden. Es war eine Gnade, als während der Nacht »ein starker Sturm ausbrach und bei heftigem Wind Regen vom Himmel fiel. Das hielt Alexander in seinem Lager«. Das heißt – andernfalls wäre Alexander vor Anbruch der Dämmerung wieder unterwegs gewesen.

Er konnte noch nicht wissen, welch ein Geschenk des Himmels dieser spätherbstliche Sturm war. Wenigstens vier Tage waren vergangen, seit Parmenions Späher Darius östlich in den Ebenen bei Sochoi ausgekundschaftet hatten, und die Taktik des Großkönigs verdient genauere Beachtung, als die Makedonen ihr gaben. Er hatte Sochoi vielleicht im Spätseptember erreicht und auf den Rat seiner Offiziere im offenen Lande gewartet, um seine ganze Stärke gegen

Alexander ins Feld zu führen, der von den Küstenbergen über den Beilan-Paß kommen mußte. Aber Darius verlor die Geduld. Er hatte seinen Troß südwestlich nach Damaskus fortgeschickt, eine merkwürdig entfernte Lage, die jedoch vielleicht die Versorgungslast der Ebene Sochoi erleichtern sollte und die Troßleute näher zu den Transportschiffen der Söldner brachte, die nahe dem Hafen Tripolis auf die Küste aufgesetzt worden waren; vielleicht wäre diese Wahl begreiflicher, wenn sich die Lage des antiken Sochoi genauer bestimmen ließe. Nachdem er sich seines Gepäcks entledigt hatte, bewegte Darius seine Truppen in nördlicher Richtung, um Alexander zu suchen, obwohl ihn der makedonische Deserteur Amyntas gerade davor gewarnt hatte.

Seine vorherigen militärischen Erkundigungen lassen sich nur erraten. Vielleicht hatte er von Alexanders Krankheit gehört; vielleicht hatten Späher oder Flüchtlinge bereits vor dem Anmarsch Parmenions, längs der Küste auf die Jonas-Säule zu, gewarnt. Falls dem so war, so schien Alexander fern in Kilikien aufgehalten zu sein und seine Truppen in unkluger Weise geteilt zu haben. Es schien der geeignete Augenblick, um sich auf der Binnenseite der Amaniden-Berge gen Norden zu begeben und den Hasenbeyli-Paß auf einer Höhe von rund 1200 Metern zu überqueren, um das Heer dann südlich auf die Hauptstraße zurückzuführen und über den Kalekoy-Paß nach Issos. Falls Darius bereits vom Vormarsch Parmenions wußte, so mag ihm auch bekannt gewesen sein, daß diese Pässe unbewacht waren. Wußte er es nicht, so sollte das Glück ihn über sie hinweggeleiten.

Er muß seinen Marsch nordwärts begonnen haben, kurz nachdem Parmenions Kundschafter mit Nachricht von seinem Aufenthaltsort abgezogen waren. In vier oder fünf Tagen würde er den Hasenbeyli-Paß erreichen, noch immer mit dem Vorsatz, auf die Hauptstraße einzuschwenken und Issos zu besetzen. Dort wollte Darius entweder abwarten, um Alexander anzugreifen, wenn er von Tarsus her die Straße über den Karakapu-Paß in östlicher Richtung anmarschierte; oder aber er würde nach Westen auf Tarsus einschwenken und Alexander auf seinem Krankenlager zu überraschen hoffen. Darius konnte es nicht wissen: während er auf der Binnenseite der Amaniden-Kette in nördlicher Richtung marschierte, marschierte Alexander auf der anderen Seite des Gebirges an der Küste entlang; und noch weniger konnte er wissen, daß Alexander in einem Eilschritt marschierte, der denen, die nie einen Eilmarsch mitgemacht haben, stets unglaublich vorgekommen ist. In einer Nacht brachte Alexander ein gutes Stück der Küstenstraße hinter sich, während Darius auf der anderen Seite der Berge entweder lagerte oder parallel marschierte. Es gibt in der Kriegsgeschichte der Antike kaum einen merkwürdigeren Beweis für das Fehlen einer richtigen Feldaufklärung. In der gleichen Nacht, da Darius über den Kalekoi-Paß nach Issos durchbrach, wo er Alexander auf einem Marsch in östlicher Richtung zu begegnen hoffte, überquerte Alexander die Säule Jonas' in der Annahme, Darius in seinem Lager östlich von Sochoi zu finden. Keiner von beiden wußte, wo der andere sich befand.

Als Darius zu Issos hinabstieg, fand er die makedonischen Invaliden, die Alexander bereits zurückgelassen hatte. Er befand sich in dem Augenblick rund fünfundzwanzig Kilometer nördlich von Alexander, mit Richtung auf dessen Nachhut, und doch hatte Alexander diesen Vorteil nur durch seinen ungewöhnlichen Eilmarsch gewonnen. Darius konnte bestenfalls hoffen, Alexander und Parmenion zu trennen. Dafür, daß er in beider Rücken eintraf, gebührt ihm kein Verdienst. Ganz als sähe er einen Grund zu feiern, ließ er den kranken Makedonen die Hände abschlagen – eine sinnlose Greueltat, die ihn teuer zu stehen kam, denn einige entflohen auf Schiffen und benachrichtigten Alexander, der König der Könige habe hinter ihm sein Lager aufgeschlagen. Alexander befand sich in Myriander an der Küste und mochte nicht glauben, was sie ihm da erzählten, doch schickte er dann einige Kampfgefährten in einem Boot mit dreißig Rudern die Küstenlinie aufwärts, um die Meldung zu überprüfen; als sie in den Golf von Alexandretta einruderten, erblickten sie die Lagerfeuer des persischen Heeres und erkannten, daß sich das Schlimmste ereignet hatte. Zu guter Letzt schien Alexander von seinem legendären Glück verlassen.

Fußwund und von dem Regen des Vortages durchnäßt war Alexander, und bei den Ansässigen, die das Heer Darius' in jeder Weise unterstützten, hatte er keine Chance. Eine Hoffnung aber gab es, der Falle zu entkommen, in die ihn sein eiliger Vormarsch geführt hatte. Darius würde sich vermutlich in südlicher Richtung über die Küstenenge bewegen und in Alexanders Nachhut einzufallen planen, nachdem er jenseits des Beilan-Passes das offene Land erreicht hatte. Was aber, falls Alexander eine Kehrtwendung machte und dem Großkönig vorher schon in dem kilikischen Engpaß begegnete?

Es ist nicht leicht, einer erschöpften und durchnäßten Truppe solche Order zu geben, doch wie der makedonische Deserteur Amyntas Darius erklärte, als er ihm riet, die Ebene auf keinen Fall zu verlassen – »Alexander werde gewiß dorthin kommen, wo er Darius wüßte«. Binnen weniger Stunden waren die Sarissen eingelegt, die Pferde geschwenkt geordnet; eine Auseinandersetzung nach Alexanders Vorstellungen stand bevor. Alexander kam in der Tat dorthin, wo er Darius wußte. Darius aber hatte von Alexanders Kehrtwendung noch nichts vernommen, und in der Schlacht des folgenden Tages sollte das Überraschungsmoment nicht den geringsten Nachteil des Großkönigs bedeuten.

12 AUF MESSERS SCHNEIDE

In Myriander schwenkte Alexander um und nahm Richtung auf Darius. Dort richtete er zunächst einmal eindringliche Worte an seine Soldaten. Bei jedem einzelnen Truppenverband, so wird erzählt, brachte er anderes vor. Die Götter, versicherte er den Männern, seien auf ihrer Seite. »Er rief ihnen auch ihre vergangenen Siege als verschworene Gemeinschaft in Erinnerung und erwähnte alle verwegenen Einzeltaten, die besonders rühmlich oder augenfällig waren, wobei er in jedem Fall den Namen des Mannes nannte. Auf die untadeligste Weise beschrieb er auch seinen eigenen rückhaltlosen Anteil an den Kämpfen.« Er soll die Männer auch mit geschichtlichen Hinweisen aufgemuntert und sie an Xenophons langen, wohlbehaltenen Marsch durch das persische Reich erinnert haben, der siebzig Jahre zurücklag. Als Antwort, sagten seine makedonischen Geschichtsschreiber, die hier vermutlich wieder einmal übertrieben, »scharten seine Männer sich um ihn, umklammerten die Hand ihres Königs und beschworen ihn, sie auf der Stelle gegen den Feind zu führen.« Alexander befahl ihnen, fürs erste ihr Abendbrot zu essen, während ein Vortrupp wieder in den Winterabend hinauszog, um die Syrischen Tore zu besetzen, die sie nachts zuvor passiert hatten.

Nach Einbruch der Dunkelheit vollzog auch der Rest des Heeres die Kehrtwendung und rückte zur syrisch-kilikischen Grenze vor, die denn auch um Mitternacht erreicht wurde. Feldwachen sicherten das Lager. Auf den Berghängen um die Tore, den Strand des Mittelmeers zur Linken unter sich, genossen die Männer eine kühle, aber wohlverdiente Ruhepause. Bei Fackelschein soll Alexander gewisse Opferhandlungen geleitet haben. In einer späten historischen Erzählung, von der nur ein paar kurze Sätze auf Papyrus erhalten sind, werden diese Opfer aufgezählt: »In großer Furcht nahm Alexander Zuflucht zu Gebeten, rief Thetis, Nereus und die Nereiden an, die Nymphen des Meeres, und er flehte zu Poseidon, dem Meeresgott, zu dessen Ehren er einen vierspännigen Streitwagen in die Wellen stürzen ließ; er opferte auch der Nacht.« Dieses Bruchstück einer Schilderung kann nicht überprüft werden, doch wäre es nur zu angebracht gewesen, wenn der neue Achilles wirklich zur Mutter seines Helden gebetet hätte, zur silberfüßigen Thetis in ihrer Höhle unter den Wellen, der Trösterin von Homers Achilles in ähnlichen Augenblicken der Krise.

Um halb sechs dämmerte der Morgen. Es war am oder um den 1. November 333 vor Christus, und die Trompete verkündete den Aufbruch zum alles entscheidenden Marsch. In Kolonnen gingen die Soldaten mit langen Schritten die Straße des schmalen felsigen Passes an der Säule des Jonas hinunter, das Meer zu ihrer Linken und die Berge zur Rechten. Etwa sechseinhalb Kilometer vor Darius' gemeldeter Position öffnete sich die Landschaft ein wenig, und die Infanterie fand Platz, sich in Verbandsformation aufzufächern, während die Kavallerie in der herkömmlichen Ordnung hinterdreintrabte. Wo die Berge sich landeinwärts krümmten und vom Meeresufer zurücktraten, um zwischen ihrem Fuß und der Küste eine gewundene Ebene freizugeben, verbreiterte Alexander seine Fußtruppen noch mehr und brachte sie in ihre klassische Schlachtordnung. Schildträger schützten auf der Rechten die verwundbare Flanke der Infanterie; in der Mitte befanden sich die Kampfgefährten zu Fuß, und links schlossen die ausländischen Söldner auf. Sowie die Bergriegel erneut wichen und die Ebene sich noch weiter dehnte, ließ Alexander seinen Formationen den Befehl übermitteln, sich abermals zu verbreitern, wodurch sich ihre Tiefe von sechzehn auf bloße acht Mann verringerte – sofern diese dünne Staffelung nicht von Schmeichlern übertrieben wurde. Gleichzeitig rückte die Kavallerie aus dem Hintergrund auf: verbündete Brigaden nach links außen, Berittene Kampfgefährten, Thessaler und Lanzenreiter an den rechten Flügel. Die Frontlinie erstreckte sich nun von den Vorgebirgen bis zum Meeresufer. Alexander befehligte den rechten Abschnitt, Parmenion den linken, und man sah einer Schlacht entgegen, die an einer vorteilhaft schmalen Front entbrennen würde. Um die Mittagsstunde würde ihnen Darius' Heer gegenüberstehen.

An diesem Punkt mischt die Geographie sich ein. Wie damals am Granikos, hatte die persische Armee ihre Verteidigungsstellung hinter einem Fluß bezogen, im Süden der Stadt Issos. Diesmal aber ist der Fluß nicht zweifelsfrei identifiziert worden, obgleich dem Problem ungeheurer Fleiß gewidmet wurde, der in 690 unveröffentlichten Seiten eines französischen Kommandanten gipfelt, die freilich von der falschen Voraussetzung ausgehen. Drei große Flüsse und fünf dazwischenliegende Bäche sind in Erwägung zu ziehen, und eine so reiche Auswahl ist höchst peinlich für alle, die da behaupten, des Rätsels Lösung gefunden zu haben. Doch ehe man das Gelände zu Rate zieht, muß eine wichtigere Entscheidung getroffen werden. Teile der Kampfschilderungen des Kallisthenes sind erhalten; aber darf man den Angaben von Alexanders eigenem Geschichtsschreiber trauen?

Schon im Altertum wurden Kallisthenes' Kriegsberichte bemängelt, und wenngleich die Kritik unlogisch ist, gibt sie den einzigen Hinweis auf den Wortlaut dieser Texte: drei seiner Maßangaben werden aufgezählt, und die Flußböschungen des Kampfplatzes beschreibt er als »steil und schwierig zu überwinden«. Die vielen Fachleute, welche die Schlacht am nördlichsten der vorhandenen Flüsse ansiedeln, befinden sich im Widerspruch zu den Hinweisen, die Kallisthenes geliefert hat. Ihre Ausflüchte sind nicht sonderlich überzeugend. Es ist möglich, geben sie zu bedenken, daß Kallisthenes die Schroffheit der Flußbänke übertrieb, und daß zwei seiner Maße, die er in runden Zahlen anführt, nur Schätzungen sind. Das macht sie aber nicht sofort gänzlich falsch, und seine dritte Maßangabe, die für das Folgende von höchster Wichtigkeit ist, läßt sich nicht so einfach abtun. Das Schlachtfeld, so behauptet er, war vierzehn Stadien breit, und wenn man sich auch über die genaue Länge eines Stadions bis auf zwei Dezimalstellen streiten kann, so entsprechen vierzehn Stadien doch runden zweitausendvierhundert Metern. Ein Schmeichler hätte das Schlachtfeld zweifellos verbreitert und nicht verengt, da die unvorhergesehene Enge der einzige Zufall zu Alexanders Gunsten war. Ein Beobachter hätte nicht so überzeugt eine Ziffer wie vierzehn Stadien angegeben, wenn er sie nur von einem Hügel hinter den Linien mit dem Auge hätte schätzen müssen. Da Alexander berufsmäßige griechische Landvermesser dafür bezahlte, die genauen Entfernungen zwischen vielen Punkten Asiens abzuschreiten, ist es sehr wohl möglich, daß ihr Mithöfling ihre Ergebnisse in seiner Geschichte benützte und so auf die Zahl vierzehn kam. Selbst wenn das nicht zutreffen sollte, ist es immer noch schlechter Stil, die einzige genaue Aussage eines Augenzeugen zu verwerfen, nur um die Theorien deutscher Generäle zu retten, die die Schlacht rational vereinfacht und ihre heillose Aufregung preisgegeben haben, indem sie den Schauplatz zu weit nördlich anordneten.

Wer Kallisthenes glaubt, sagt den breiteren Ufern des Deli ade und wendet sich dem südlicher gelegenen Payas zu. Alexander und Darius müssen auf einer sehr schmalen Front gekämpft haben, schmäler noch, als die meisten ihrer Kritiker annehmen. Da die Makedonen wahrscheinlich nur acht Glieder tief angetreten waren, ist ihre tatsächliche Stärke eher niedrig anzusetzen, eher bei 25 000 als bei 35 000 Mann. Am Tag der Schlacht war ihr Anmarsch vom Lager nun zwar kürzer, aber sie sahen sich einem wilderen Fluß mit steilerem Gefälle gegenüber, als es der nördliche Deli war. Was Darius angeht, so muß auch seine Taktik neu hervorgehoben werden, obwohl Alexanders Geschichtsschreiber ihr keine Beachtung schenkten. Zwei Abende vor der Schlacht war er aus den Bergen im Nordosten von Issos aufgetaucht, in Alexanders Rücken. In seiner Unkenntnis der Dinge rechnete er zweifellos damit, nach einem weiteren Marsch in westlicher Richtung, Kilikien durchquerend, seinen Feind immer noch müßig oder geteilt an der Südküste der heutigen Türkei vorzufinden, vielleicht in der Umgebung von Tarsus. Als ihn die Einwohner des Landes mit der Nachricht überraschten, daß Alexander bereits tags zuvor in südlicher Richtung durchgezogen war, auf Syrien zu, muß er sein Glück gepriesen haben und Alexander sofort nachgeeilt sein – die freien Ebenen Assyriens waren sein Ziel, ein voll entfalteter Angriff auf den Rücken des Feindes seine Absicht. Am Tag der Schlacht konnte sein Heer ohne Schwierigkeit in den frühen Morgenstunden südlich von Issos eintreffen, auf der Höhe des schmalen Flusses Payas. Dort bereitete Darius sich darauf vor, Alexander tags darauf im offenen Gelände anzufallen. Mit der Kehrtwendung seines Feindes aber hätte er nie gerechnet, und so muß das Wiedererscheinen Alexanders, der unverdrossen auf seiner eigenen Fährte von Myriander zurückkam, für den Großkönig ein viel härterer Schlag gewesen sein, als gewöhnlich eingeräumt wird. Nun, Issos war vielleicht die Schlacht, die Alexander auf dem Papier hätte verlieren müssen; es war aber auch die Schlacht, die früher geschlagen wurde, als Darius erwartet hatte. Als Darius von der unvermuteten makedonischen Kehrtwendung erfuhr, beschloß er, an den Ufern des Payas auszuharren und darauf zu verzichten, sich nach Norden wieder näher an Issos zurückzuziehen, wo die Ebene etwas breiter war. Seine Armee konnte sich auffächern, wo sie lagerte, während eine Vorhut den

Flußlauf halten würde, bis man kampfbereit war. In weiser Voraussicht ließ er an den ebenen Stellen der Flußbänke Palisadenverhaue setzen, um einen feindlichen Angriff zu erschweren. »An diesem Punkt«, schrieb ein makedonischer Geschichtsschreiber, »erkannten die Männer um Alexander deutlich, daß Darius in seiner Denkungsweise sklavisch war.« In einer kilikischen Landenge festsitzend, wo seine Zahlen – größer zwar als jene Alexanders, doch nicht annähernd so groß, wie sein Gegner vorgab – keinen Nutzen brachten, mag man dem Großkönig seine zusätzliche Verteidigungsmaßnahme nachsehen.

Die charakteristischen Merkmale des Schlachtfeldes, wo es auch gelegen haben mag, sind unbestritten. In der Nacht war Alexander von seinem Lager aus etwa sechzehn Kilometer nordwärts marschiert und durch hügeliges Land in jene kleine Ebene hinuntergekommen, die sich zwischen dem Mittelmeer und der etwas landeinwärts liegenden Amanidischen Bergkette öffnete. Perser und Makedonen waren nun durch einen Fluß getrennt, der sich quer durch Alexanders Stoßrichtung zog und ein natürliches Hindernis bildete, das Darius als den Verteidiger begünstigte. Die Enge der Ebene war sehr zu Alexanders Vorteil, da eine Frontbreite von nur vierzehn Stadien Darius daran hindern würde, seine zahlenmäßige Überlegenheit auszuspielen. Der Großkönig indessen, obwohl beengt, hatte sofort entsprechend geplant. Er mußte sich die beiden natürlichen Begrenzungen des Schlachtfeldes zunutze machen: zur Rechten Alexanders die geschwungenen Ausläufer der Gebirgskette, zur Linken Alexanders den flachen Strand des Mittelmeers. Dort konnte er sein Übergewicht an Menschen so wirksam wie möglich verteilen und hoffen, die Flanken seines Feindes zu durchbrechen und ihn einzukreisen. Schließlich lag immer noch der Fluß dazwischen, der die makedonische Infanterie beträchtlich hemmte.

Bevor Alexander auf diesen Gedanken kam, hatte Darius Truppen hinauf in die Berge entsandt, wo sie Alexanders rechten Flügel unbemerkt umgehen konnten, um dann herunterzukommen und ihn von rückwärts anzugreifen. Diese Taktik wäre möglicherweise schlachtentscheidend gewesen – hätte nicht Alexander seinen Agrianern und Bogenschützen befohlen, zurückzubleiben und die feindlichen Einheiten aufzuhalten. War somit die Kriegslist auf der rechten Seite fehlgeschlagen, ließ die Tücke auf der linken mehr erwarten. Obwohl die Meeresküste für einen feindlichen Angriff wie geschaffen war, hatte Alexander überraschend wenig Kavallerie am linken Außenflügel postiert, wo das Flußbett flach auslaufend ins Meer mündete. Darius bemerkte dies und zog seine Reiterei zusammen, um die schwache Stelle zu nützen; doch wiederum erkannte Alexander seinen Fehler rechtzeitig und verlagerte seine thessalischen Reiter unbemerkt hinter den Linien, um seine Abwehr zu stärken. Da ihre Verlagerung den rechten Flügel schwächte, wo die persische Front breiter war als Alexanders Reihen, wurden – ebenfalls im verborgenen, hinter den Linien – zwei Einheiten Berittener Kampfgefährten nach rechts geworfen; dorthin kehrten auch die Agrianer und Bogenschützen zurück, als sie ihre Aufgabe in den Bergen erfüllt hatten. Interessanterweise reichten diese Verstärkungen aus, Alexanders Schlachtlinie breiter als die seines Gegners werden zu lassen, wiewohl Darius angeblich so zahlreich angetreten war. Doch beide Heere waren von Meer und Bergen umschlossen, und besonders Darius hielt viel Infanterie in Reserve.

Nach diesen verstohlenen Zügen auf dem militärischen Schachbrett mußte Alexander sich über seine neue Lage vergewissern. Er war wohl froh, daß seine rasche Rückkehr nachts zuvor Darius an dieser Schmalstelle festgenagelt hatte, aber er hatte Sorgen genug. Seine Linke mochte sich immer noch vom Strand abdrängen lassen und es so den Persern gestatten, seinen Flügel seitlich zu umgehen und ihm in den Rücken zu galoppieren. Nur der vertrauenswürdige Parmenion konnte das verhindern. Unmittelbarer war das Problem, daß ihm in der Mitte und auf seiner Rechten ein Fluß mit steinigen Ufern im Weg stand, der vom kürzlichen Sturmregen angeschwollen war. Diesmal schoben ihm die Berge einen Riegel vor; er konnte nicht flußaufwärts ziehen und das Schwenkmanöver wiederholen, das ihm am Granikos so nützlich gewesen war. Mit dem schlüpfrigen Boden wurde seine Kavallerie vielleicht noch fertig, ohne an Stoßkraft gegen die persischen Bogenschützen und die leichte Infanterie zu verlieren; seine Kampfgefährten zu Fuß aber würden sich nur unter Mühen fortbewegen können. Ihre Formation drohte auf unebenem Gelände stets auseinanderzubrechen, und wenn der Feind in ihre Reihen einhacken konnte, so boten kurze Dolche und kleine Schilde wenig Schutz. Es war am vernünftigsten, diese schwache Stelle in Kauf zu nehmen und den Hauptangriff seiner Kavallerie zu überlassen, die den Fluß verbissen durchqueren würde – in der Hoffnung, den gegenüberliegenden Flügel des Feindes auseinanderzutreiben. Gelang das, so würde sie herumschwenken und die griechischen Söldner an Darius' Mittelfront davon abhalten, die mühsam voranwatenden Fußtruppen Alexanders anzufallen, die von den Söldnern als Symbol makedonischer Tyrannei so verabscheut wurden. Somit hing alles von der Reiterei ab, und für berittene Truppen sind Kampfmoral und Führung von grundlegender Bedeutung. Die Kavallerie würde in ihrem König ein Vorbild suchen. Die Schlacht bei Issos sollte im wahrsten Sinne von Alexanders Persönlichkeit abhängen.

Pläne und Umstellungen erfordern mehr Zeit, als Historiker häufig berücksichtigen, besonders in einem Heer, in dem Meldungen von einem Flügel zum anderen nur mündlich weitergegeben werden können. Und so muß es schon hoher Novembernachmittag gewesen sein, als Alexander seinen letzten mahnenden Ruf erschallen ließ. Er erinnerte die Männer in jeder Einheit an ihre persönlichen Glanzleistungen und rief die Truppenführer einzeln mit Namen und Titel an. »Da kam von allen Seiten der Antwortschrei: Wartet länger nicht mehr, stürmt in den Feind.« Zuerst schritten die Soldaten langsam vor, während ihr *Allallallallai* über die Ebene gellte und von den Bergen widerhallte. Sodann, auf ein Zeichen ihres Königs, trat die Kavallerie zur Rechten ihren Pferden hart in die Weichen und preschte mit Alexander an der Spitze auf den Fluß zu; aller Augen waren auf die persischen Bogenschützen gerichtet. Auf beiden Flügeln jedoch war Darius' Reiterei als erste zum Angriff übergegangen; die beiden Seiten stießen aufeinander, und die folgende Schlacht ist der Nachwelt ebenso unverständlich, wie sie es zweifellos ihren Teilnehmern war, die mannhaft durch Wasser, Schlamm und Gischt spritzten. Detaillierte Rekonstruktionen einer antiken Schlacht sind immer eine Sache des Glaubens, aber vier wesentliche Tatsachen können nicht bestritten werden, und diesmal ist es unwahrscheinlich, daß Alexanders Rolle von seinen Geschichtsschreibern übertrieben wurde. Auf ihn sollte es in der Tat sehr ankommen.

Zur Rechten, am Fuß der Berge, war Alexanders Begegnung mit Darius' Kavallerie tollkühn und ein voller Erfolg. Die feindlichen Bogenschützen, die leichte Infanterie und die schwere Kavallerie wichen schon dem ersten Ansturm; es wurde wie wild gerempelt, gehackt, gestoßen, und danach brachten die Berittenen Kampfgefährten es fertig – indem sie mit aller Kraft an den Gebißstangen der Tiere zerrten –, ihre Pferde nach links zu wenden und ins persische Zentrum vorzustoßen, wo nach königlicher Sitte Darius seinen Streitwagen in Stellung gebracht hatte. Ihre reiterliche Virtuosität kam im richtigen Augenblick. Hinter ihnen, im makedonischen Zentrum am Flußufer, geriet die Phalanx ins Wanken und wurde von Wellen und Strömung erfaßt, während sie sich der Geschwindigkeit von König und Kavallerie anzupassen suchte. Die Reihen brachen auf, der Wall von Sarissen teilte sich, und schon hatten sich Darius' gedungene Griechen über den Fluß geworfen, drangen wild in die Breschen ein »und stellten den weithin bekannten Anspruch der Phalanx auf Unbezwingbarkeit in Frage«. Es war ein erbitterter, grausamer Kampf, und die makedonischen Verluste wären schwerer gewesen, hätten nicht Alexanders Reiter, die kreisförmig auf das persische Zentrum einschwenkten, die griechischen Söldner von hinten abgeschnitten und gezwungen, sich ihrer eingekesselten Nachhut zuzuwenden.

Am Meeresstrand zur Linken hielten Parmenions Brigaden sich tapfer gegen orientalische Schleuderer und schwere Kavallerie. Weit davon entfernt, neben dem Meer eine Bresche aufzureißen, fanden Darius' Reiter sich unversehens zurückgeworfen und wieder mit ihrem Zentrum vereint, während die Thessaler an ihnen vorbeifegten, den linken Flügel hinunter; sie wollten ihn umreiten und dabei zu Alexander aufschließen. Als die winterliche Dunkelheit sich langsam über das Schlachtfeld senkte und feindliche Kavallerie auf beiden Seiten zu ihm vordrang, erkannte der Großkönig die Gefahr, in der er schwebte – und er beschloß, seinen Streitwagen zu wenden und zu fliehen. Seinen Bruder Oxathres ließ er zurück; der mußte inmitten der anrückenden makedonischen Reiter heldenhaft für sich selbst sorgen. Einen einzigen faszinierenden Augenblick lang – eingefangen in einem antiken Mosaik von der Schlacht, das wahrscheinlich auf dem Originalgemälde eines Zeitgenossen fußt – fing sich der Blick der beiden Könige ... Darius, der seine um sich schlagenden Pferde zum Schwenken antreibt; Alexander, der sich wild entschlossen durch das Gedränge schiebt, um den Rivalen auf seinen Speer zu spießen. Diesen Wettstreit wenigstens sollte Darius gewinnen. Sein Bruder Oxathres und andere persische Adelige setzten sich wacker gegen die Makedonen zur Wehr, und hinter der Deckung seiner Königlichen Verwandten konnte Darius in seinem Streitwagen ungehindert über das wellige Gelände davonrasseln, bis Bäche und Rinnen seine Fahrt hemmten und er gezwungen war, sein Pferd zu besteigen. Schild und Königsmantel ließ er in dem leeren Streitwagen zurück, den Alexander fand. Da er seinen Vorsprung bestens nutzte, hinderte der Einbruch der Nacht Makedonen und Thessaler an einer nachdrücklicheren Verfolgung.

In der Schlacht seien 110 000 Perser gefallen, berichteten die Geschichtsschreiber; auf makedonischer Seite dagegen nur 302 Mann. Die allgemeine Übereinstimmung dieser Historiker läßt vermuten, daß die absurden Ziffern auf Kallisthenes zurückgehen, der den Triumph dramatisierte, um seinem König Freude zu bereiten. Ptolemäos, der an der Verfolgung teilnahm, übertraf Kallisthenes sogar noch und behauptete, er sei auf gefallenen Persern »über« eine Bergschlucht geritten, da sie mit Leichen aufgefüllt gewesen sei. Den offiziellen Angaben zum Trotz hatte die zersplitterte und deckungslose makedonische Infanterie durch die angreifenden Griechen zweifelsohne schwere Verluste erlitten. Es ist vielleicht von Belang, daß außer solchen glanzvollen Flunkereien auch viertausend makedonische Verwundete verzeichnet sind, was der schmerzlichen Wahrheit näherkommen dürfte. Denn die Schlacht von Issos zeigte die immer wieder deutlichen Grenzen der Kampfgefährten zu Fuß auf schwierigem Gelände. Wie in der griechischen Kriegsgeschichte niemals zuvor – auch später, selbst in der Neuzeit, war das selten – wurde nämlich der Sieg einzig und allein dank der hervorragenden Kavallerie errungen. Obwohl sie zahlenmäßig unterlegen und durch die landschaftlichen Verhältnisse ernstlich behindert war, gelang es ihr dennoch, mit der persischen Rechten fertigzuwerden, nach links zu schwenken und die Flanken des feindlichen Zentrums aufzureißen. Eine derartige reiterische Kunstfertigkeit sollte erst wieder bei dem Doppelangriff der Karthager in Cannae vorexerziert werden, und dort war das Gelände eben und die römischen Gegner weder so geschickt noch so schwer gewappnet wie die Orientalen des Darius. Einer nennenswerten Überlegenheit seiner Waffen kann Alexanders Sieg nicht zugeschrieben werden, wenngleich viele, wenn nicht alle, persischen Pferde und Reiter so schwer gepanzert waren, daß das Gewicht ihren Rückzug schließlich verlangsamte. Die Perser wurden geschlagen, weil ein Sturmangriff sie überrannte und sie im anschließenden Nahkampf aus dem Gleichgewicht gerempelt wurden; diese Überrumpelung aber war das Ergebnis jener Ausbildung, Durchschlagskraft und hohen Kampfmoral, welche die Berittenen Kampfgefährten zur besten Kavallerie der Geschichte machen – und dafür ist ihr Befehlshaber Alexander unmittelbar verantwortlich.

Vom Schlachtfeld aus zerstreuten die Perser sich in alle vier Himmelsrichtungen. Viele folgten Darius ostwärts in das sichere Kernland des Reiches; viele nahmen die Gefahren der nördlichen Route durch Kilikien auf sich, um die Festungen des Taurosgebirges zu erreichen; andere strebten nach Westen, zur Küste Kleinasiens; und wieder andere, ungefähr viertausend Glücksritter, sammelten sich unter Amyntas, dem makedonischen Überläufer, und zogen gen Süden, um ihre Hand nach jenem üppigsten Preis Asiens auszustrecken, der Satrapie Ägypten. Etwa dreißig Kilometer weit wurden die Männer, die mit Darius flohen, von Alexander und seinen Berittenen Kampfgefährten in der Hoffnung auf die Beute, die ihren Sieg in einen Triumph verwandeln würde, unnachgiebig verfolgt. Doch mit fast einem Kilometer Vorsprung in unvertrautem Land hatte der Großkönig Zeit, in östlicher Richtung durch die Amanidischen Berge zu entkommen, und schließlich gab Alexander die Jagd auf. Es war beinahe Mitternacht, als er in sein Lager zurückkehrte. Daß er Darius nicht gestellt hatte, war eine schwere Enttäuschung. Doch auf dem Siegesfeld gab es Beute genug, den Verlust der Person Darius' wettzumachen.

Selbst in seinem Heerlager hatte Darius sich mit Reichtümern und königlichem Popanz belastet, wenngleich diese Dinge nur ein Vorgeschmack dessen waren, was er in Damaskus, seiner Etappe, zurückgelassen hatte. Die Makedonen plünderten alles Greifbare; das königliche Zelt aber überließen sie dem Mann, dem es jetzt zustand. Als Alexander um Mitternacht blutbefleckt und schmutzbedeckt zurückkehrte und den Wunsch äußerte, seinen Schweiß in Darius' Bad abzuwaschen, konnten sie ihn zu seiner rechtmäßigen Siegesbeute führen; ein Kampfgefährte erinnerte ihn daran, daß Darius' Bad zukünftig als Alexanders Bad zu gelten habe. An der Schwelle des Königszeltes blieb Alexander überrascht stehen, überwältigt von einem Anblick, den kein junger Mann aus Pella sich je hätte vorstellen können: »Als er die Schalen, Krüge, Zuber und Kästchen erblickte, allesamt aus Gold, höchst erlesen gearbeitet und in einem Gemach aufgereiht, das einen wunderbaren Wohlgeruch von Weihrauch und Duftsalzen atmete; als er hindurchschritt in ein Zelt, dessen Weite und Höhe nicht minder rühmlich waren, dessen Ruhebänke bereitet, dessen Tische sogar für ihn zum Mahle gedeckt waren, da blickte er lange und fest auf seine Kampfgefährten und sprach: ›Dies also, will mir scheinen, heißt König sein.‹«

Aber die Königswürde besteht nicht nur in Schätzen. Alexander war müde. Er brauchte sein Bad und sein Essen. Er hinkte von einer Dolchwunde im Oberschenkel, die der Hofklatsch einem Stoß von König Darius höchst persönlich zuschrieb. Und dennoch kümmerten ihn Frauenstimmen, die ganz in der Nähe wehklagten, und als er fragte, welche Damen dafür wohl verantwortlich sein mochten, gab man ihm zur Antwort, es seien Darius' Gemahlin, seine Mutter und seine Kinder, die den König beweinten; sie glaubten ihn tot. Unverzüglich sandte er einen Kampfgefährten hinüber – Leonnatos sollte sie beruhigen und ihnen mitteilen, auf persisch vielleicht, daß Darius lebte, wenn auch sein Mantel und seine Waffen in seinem Streitwagen erbeutet worden seien; er, Alexander, wolle den Damen königliche Würde einräumen, und die Königin werde ihren Rang behalten; denn Darius sei es, gegen den er Krieg führe, nicht seine Familie.

Morgens darauf rief Alexander Hephaistion zu sich und besuchte seine königlichen Gefangenen. Als die beiden das Zelt betraten, so wird berichtet, machte die Königinmutter ihren Kniefall vor Hephaistion, den sie für Alexander hielt, zumal er so offenkundig der Größere war. Hephaistion schrak zurück, und ein Diener verbesserte sie; da trat sie zur Seite, ganz bestürzt über ihren Irrtum. Wie bei seiner karischen Mutter Ada hatte Alexander das Taktgefühl, einer Dame über eine Peinlichkeit hinwegzuhelfen: »Kein Irrtum«, antwortete er, »denn auch er ist ein Alexander.« Dann beglückwünschte er Darius' Gemahlin zu ihrem sechsjährigen Sohn und bestätigte die Privilegien der Damen, wobei er sie mit Kleidern und Juwelen beschenkte und ihnen gestattete, von den persischen Gefallenen zu beerdigen, wen immer sie bestatten wollten. Sie durften unbehelligt in einem eigenen Quartier wohnen und wurden für ihre Schönheit geehrt. Wieder einmal hatte Alexander sich sehr wohl imstande gezeigt, weiblichen Adel zu achten; seine Gefangenen hätten ihm als wertvolle Geiseln dienen können, doch er benutzte sie nie zu politischem Handel, und neun Jahre sollten verstreichen, ehe er Darius' Tochter heiratete. Höfliche Achtung vor gefangenen Mitgliedern eines Königshauses war im Osten der Antike eine alte Tradition und Alexander nicht der Mann, der diese mißachtet hätte; besonders die persischen Königinmutter sollte seine Güte lobend anerkennen.

Wie damals am Granikos wurde dem Heer diese Eigenschaft auf Alexanders unnachahmliche Weise vor Augen geführt: »Seiner Wunde zum Trotz ging er unter all den anderen Verwundeten umher und sprach mit ihnen; er ließ die Gefallenen feierlich einholen und mit würdiger Pracht verbrennen, während sein Heer in voller Kriegsrüstung angetreten war. Er hatte Glückwünsche für alle jene bereit, die er mit eigenen Augen gesehen, als sie sich durch besondere Tapferkeit auszeichneten, oder von deren Heldenmut er aus übereinstimmenden Berichten erfahren hatte: mit zusätzlichen Geldgeschenken ehrte er sie alle nach ihren Verdiensten.« Das ist die Art, wie man seine Männer führt.

Das Zelt des Großkönigs und die königliche Familie bildeten nicht den einzigen Siegeslohn Alexanders. Parmenion war mit dem Befehl, Darius' Schätze einzuziehen, nach Damaskus abkommandiert worden. Dort lieferten ihm die Wachen 2600 Talente in Münzgeld und 500 Pfund Silber aus, letzteres nach der Gewohnheit des Großkönigs ungeprägt. Das Münzgeld allein entsprach den Jahreseinkünften aus Philipps Makedonien und reichte aus, alle Soldschulden der Armee und Sold für sechs weitere Monate zu bezahlen; siebentausend wertvolle Packtiere schleppten es zum Hauptlager zurück. Parmenion berichtete weiter, es seien auch »329 Musikantinnen, 306 Köche verschiedenartigen Könnens, 13 Zuckerbäcker, 70 Weinträger und Mundschenke sowie 40 Duftsalbenmischer« gefangen worden. Mit ihnen trafen zwei persönlichere Beutestücke ein: als erstes jenes kostbare Kästchen, in welchem Alexander nach längerem Überlegen seine Fassung der *Ilias* aufzubewahren beschloß, als zweites die etwa dreißigjährige persische Dame Barsine, die eine reizvolle Familiengeschichte hatte. Sie war zuerst mit Memnons Bruder, dann mit Memnon selbst verheiratet gewesen und so in die griechische Lebensart hineingewachsen. Sie war die Tochter des angesehenen persischen Satrapen Artabazos, der mütterlicherseits von königlichem Geblüt war, und vor runden zwanzig Jahren hatte sie während der Verbannung ihres Vaters aus Kleinasien in Philipps Pella Zuflucht gefunden. Barsine hatte Alexander noch als Knaben kennengelernt. »Auf Parmenions Rat«, schrieb Aristobulos, »ging Alexander mit dieser wohlerzogenen und schönen Edelfrau eine Verbindung ein.« Es war der passende Höhepunkt einer Beziehung, die als Kinderfreundschaft begonnen haben mag, und während der folgenden fünf Jahre hielt Alexander zu seiner zweisprachigen Mätresse.

Diese Zuneigung zu Barsine war verständlich, doch Barsine war nur eine unter etlichen Frauen von Stand und unterschiedlicher Herkunft. In Damaskus hatte Parmenion die Gemahlin und drei Töchter des früheren persischen Königs gefangengenommen, ferner die Frau und den Sohn des Artabazos, die beiden anderen Nichten Memnons, die von Geburt halb griechisch waren, und Memnons Sohn. Diese zweisprachigen Familien sollten eines Tages im Rahmen von Alexanders Plänen zur Verheiratung seiner Truppenführer bedeutungsvoll werden; im Augenblick aber waren sie wichtig, weil sie Alexander eine Handhabe gegen die Loyalität ihrer Familienoberhäupter boten – nicht zuletzt bei Memnons Neffen und Artabazos' Sohn, die gemeinsam die persische Ägäisflotte befehligten.

Diese Ansammlung persischer Frauen und untereinander verwandter Kinder war das erste schwache Anzeichen einer zukünftigen Entwicklung, die auf Alexander warten mochte. »In Kilikien«, schrieb ihm später ein höflicher griechischer Briefpartner, »haben Männer für Deine Königswürde und für die griechische Freiheit ihr Leben gelassen.« Es ist gut, daran erinnert zu werden, daß Schmeichler immer noch von der griechischen Freiheit sprechen konnten; die Königswürde aber begann Freiheitsgedanken allmählich zu überschatten. An den Ufern des Payas weihte Alexander dem Zeus, der Athene und dem Herakles Altäre; er legte auch den Grundstein zur ersten seiner vielen Gedächtnisstädte, Alexandria bei Issos, in der Küstenlandschaft des heutigen Alexandretta gelegen. Sein Vater Philipp diente ihm für solche Neugründungen als Beispiel, und diese Städte in Kilikien sollten als königliche Münzstätten dienen und für Alexander eigene Silbermünzen schlagen. Das Gewicht dieser Münzen sollte dem Richtmaß entsprechen, das durch Athen verbreitet worden war und in diesem Gebiet bereits sehr geschätzt wurde. Auch Philipp hatte es benützt, und so waren Makedonien, die Ägäis und Asien nun durch einen gemeinsamen Nenner für den Handels- und Heeresgeldverkehr verbunden. Nach und nach strebte der König einem festen, dauerhaften Imperium zu – und mit einem griechischen Rachefeldzug konnte sich der Herr dieses Imperiums nicht zufriedengeben.

13 TECHNISCH ÜBERLEGEN

Auf dem Festland brachte der Sieg von Issos keine wesentliche Wendung, nicht zuletzt weil Darius entkommen war. Zur See waren seine Auswirkungen weitaus entscheidender. Des Großkönigs griechische Flüchtlinge hatten die ungefähr hundert Schiffe, die für sie in Tripolis an den Strand gezogen worden waren, gekapert oder verbrannt, und weder Schiffe noch Griechen sollten je wieder in persischen Diensten gesehen werden. Westasien war gefallen, und in Damaskus hatte der Feind den gesamten Troß erbeutet. Weitere Lieferungen von Münzgeld an die persischen Admiräle waren damit unmöglich geworden; denn nur Westasien hatte dem König seinen Tribut in Münzgeld entrichtet, und eine offene Route, über die er Mittel aus seinen Münzgeldreserven an die Ägäis schaffen lassen konnte, war Darius nicht verblieben. Vor allem aber hatten Alexanders griechische Verbündete nun weniger Vorbehalte, eine neue Flotte zur Verfügung zu stellen – nun, da er sich in einer Schlacht bewährt hatte, von der sie erwartet hatten, er werde sie verlieren. Die persischen Admiräle mußten mit einem schwierigen Frühling rechnen. Sie würden selbst sehen müssen, wie sie zu Männern, Schiffen und Geld kamen. Ihre Annäherungen an Agis, den König von Sparta, waren ein kümmerlicher Trost, und Agis' Pläne, die Flüchtlinge von Issos anzuwerben, hatten einen entschiedenen Anflug von Verzweiflung.

Der Sieg öffnete Alexander den Weg zu den Küstenstädten Phönikiens, wo seine Strategie, die gegnerische Flotte vom Festland aus zu schlagen, endlich Ergebnisse bringen konnte. Zwar stellten diese Städte und das nahe Zypern die Mannschaften für die persische Flotte, doch waren sie keine ihm gänzlich verschlossene Welt. Bei ihren Königen und Kaufleuten war bereits eine natürliche Neigung zur griechischen Kultur und Sprache zu erkennen; und die Zyprioten sprachen ohnehin griechisch und wollten als Griechen gelten. Besser noch – vor zwölf Jahren erst hatten Zypern und die führende Hafenstadt Sidon energisch gegen ihre persischen Herren rebelliert; die Erinnerung an diesen Aufstand war wach, auch lebten noch etliche Männer, die an ihm teilgenommen hatten, und ohne diesen Faktor hätte Alexanders Strategie sehr wohl fehlschlagen können. Die Könige der Gegend und

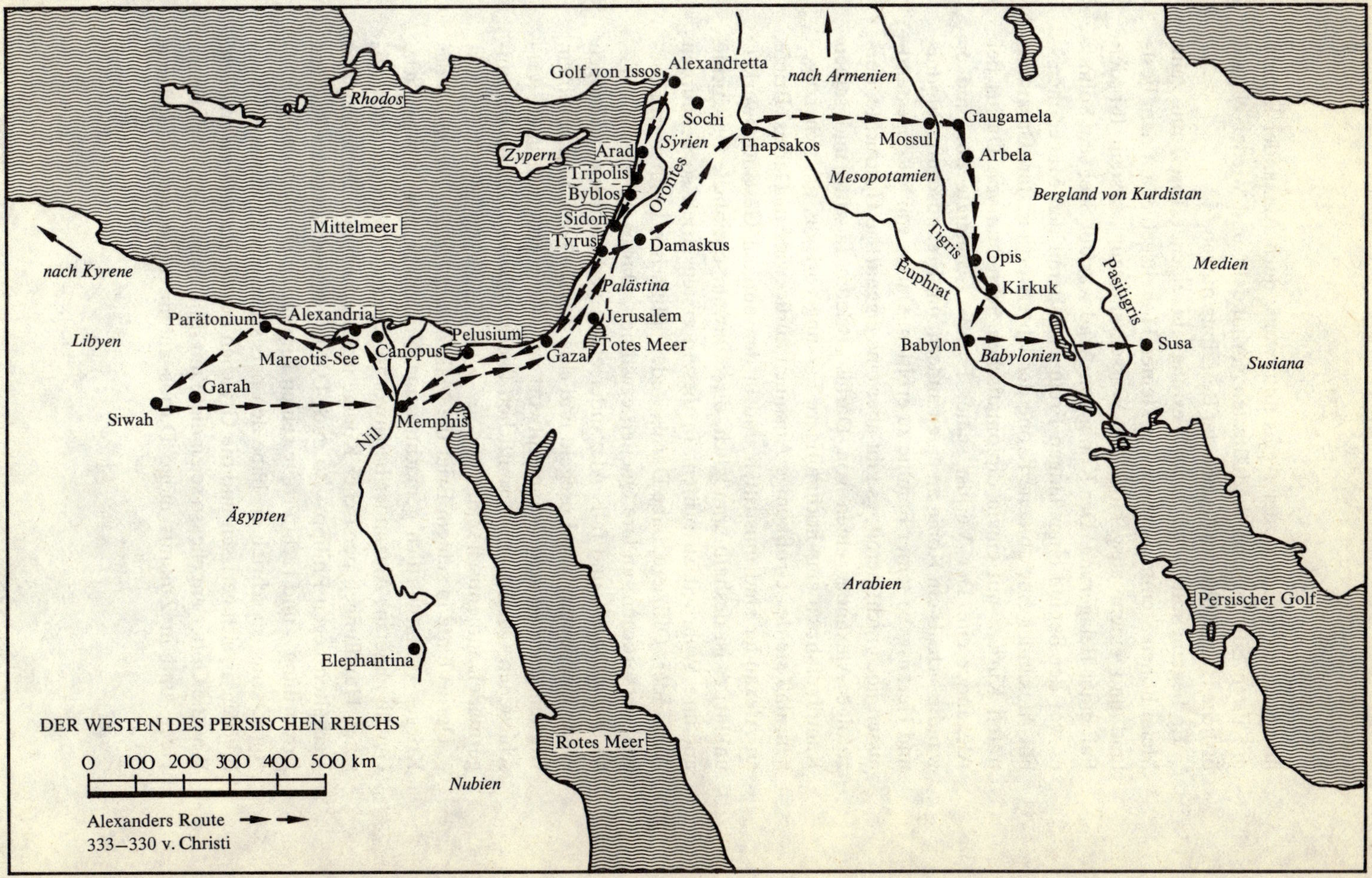
DER WESTEN DES PERSISCHEN REICHS
0 100 200 300 400 500 km
Alexanders Route
333–330 v. Christi
Golf von Issos
Alexandretta
nach Armenien
Rhodos
Sochi
Gaugamela
Zypern
Arad
Syrien
Thapsakos
Mossul
Arbela
Tripolis
Byblos
Orontes
Mesopotamien
Bergland von Kurdistan
Sidon
Mittelmeer
Tyrus
Damaskus
Tigris
Opis
Medien
nach Kyrene
Palästina
Euphrat
Kirkuk
Pasitigris
Jerusalem
Parätonium
Alexandria
Pelusium
Babylon
Susa
Libyen
Totes Meer
Babylonien
Susiana
Mareotis-See
Canopus
Gaza
Garah
Siwah
Memphis
Nil
Ägypten
Arabien
Persischer Golf
Elephantina
Rotes Meer
Nubien

ihre Seeleute waren in der Ägäis unterwegs, doch Alexander konnte mit ihren Söhnen und Stadtältesten verhandeln und wieder einmal örtliche Haßgefühle im Namen der Befreiung nutzen.

Er begann mit Arad, einer Festung auf eigener Insel, mit zehn Meter hohen Steinmauern, einem kleinen Hoheitsgebiet auf dem Festland und einem ausgeklügelten Wasserversorgungssystem für den Fall einer Belagerung. Der König von Arad war auf See; sein Sohn – es war der Beginn einer langen Freundschaft mit den Makedonen – bot Alexander eine goldene Krone der Unterwerfung dar. Daraufhin trafen Kuriere mit einem diplomatischen Schreiben von Darius bei Alexander ein. Der Verlust seiner Familie schmerzte ihn, und er wandte sich als ein König an einen andern, um Freundschaft, Bündnis und Herausgabe seiner Familie zu erbitten. Darius war zu Zugeständnissen noch nicht bereit; es gibt aber eine eigenartige Geschichte, derzufolge Alexander einen von Darius' Briefen fälschte und seinen Kampfgefährten eine hochmütigere Fassung vorlegte, um sicherzugehen, daß sie des Großkönigs Ansinnen zurückwiesen. Darius' Briefe an Alexander sind umstritten und in den antiken Geschichtswerken unklar; es ist deshalb unmöglich, diese unwahrscheinliche Geschichte auf ihre Wahrheit zu prüfen. In diesem ersten Brief, so behaupten Alexanders Offiziere, habe Darius weder politischen Lohn noch Lösegeld versprochen; andere Quellen erwähnen, Darius habe 10 000 Talente angeboten, und falls Alexander etwas verheimlichte, so mögen es die Erwähnung von Lösegeld und eine Zusage von Land in seinem Rücken gewesen sein. Seine Antwort ist überliefert, und da die verschiedenen Quellen im wesentlichen übereinstimmen, dürfte sie einigermaßen authentisch sein.

Darius hatte in seinem Brief die Makedonen für den Ausbruch des Krieges verantwortlich gemacht, seine Niederlage aber als göttliche Gewalt abgetan; Alexander beschwor in seiner Antwort die sakrilegischen Handlungen persischer Könige in Griechenland, ihr feindliches Verhalten gegen Philipp – so auch Darius' eigenen Plan zu Philipps Ermordung – und rechtfertigte seinen Einmarsch als Vergeltungsfeldzug. Darius, so schrieb er, habe den persischen Thron durch ein Verbrechen an sich gerissen und die Griechen bestochen, sich zu erheben. Was die Götter angehe, so seien diese mit ihm, Alexander, und seinem Heer, und in Zukunft möge Darius an ihn als König von Asien herantreten. Seine Familie werde ihm nur dann zurückgegeben, wenn er sich als demütiger Bittsteller an ihn wende. »Wenn Du um Dein Recht auf das Königreich streiten willst, so stell Dich, es zu erkämpfen; lauf nicht davon, denn ich werde Dir folgen, wohin Du auch gehen magst.« Das war ein deutliches Manifest – die Rache für Griechenland begann bereits der größeren Perspektive einer Königsherrschaft über Asien zu weichen. Doch der junge Mann, der Asiens König werden wollte, hätte noch auf die Westküste des Erdteils beschränkt bleiben können. Es hing alles von seiner Strategie für die Seehäfen ab, und darüber war er sich im klaren.

Für den Augenblick gelang alles glänzend. In Byblos nahm er den Sohn eines weiteren abwesenden Königs freundlich auf. In Sidon, einem Hafen von ausschlaggebender Bedeutung, verhalf ihm die jüngste Vergangenheit zu einem entscheidenden Streich. Etwa zwölf Jahre zuvor hatten die Perser Sidons Unabhängigkeitsstreben unterdrückt und die Stadt nach dem üblichen Gemetzel einem gefügigen König überlassen. Die Erinnerung an die berauschenden Tage, als Sidons Bürgerschaft die Bäume im Park des persischen Statthalters fällten, war noch nicht tot, und da Alexander versprechen konnte, der Herrschaft der Perser und ihres Strohmannes ein Ende zu setzen, stellte die Stadt sich ohne Einschränkung auf seine Seite. Etwa fünfzig von Sidon bemannte Schiffe kreuzten in der persischen Flotte, und die Seeleute mußten sich nach der kampflosen Übergabe ihrer Heimatstadt zweifellos veranlaßt sehen, aus den persischen Verbänden auszuscheren oder einfach heimwärts zu steuern. Wie es heißt, wurde Hephaistion damit beauftragt, einen neuen König zu finden. Seine Wahl fiel auf einen Mann, der bis dahin einen Garten gepflegt hatte. Und selbst wenn die Episode einen alten semitischen Königsmythos spiegelt – wer könnte besser zum Regieren geschaffen sein als ein Gärtner? Der vom Blumenbeet zum Königsthron avancierende Abdalonymos war bei der Bevölkerung Sidons so beliebt, wie Alexander es beabsichtigt hatte. Zum Dank lud Abdalonymos die Kampfgefährten zu einer Löwenjagd in den nahen königlichen Wildpark ein; Szenen dieser Jagd wurden bei seinem Tode – längst war er selbst ein Kampfgefährte – in seinen Sarkophag gemeißelt.

Freundschaft mit Sidon machte jedoch Schwierigkeiten mit der alten Hafenstadt Tyrus wahrscheinlich; während nämlich Sidon in jüngster Zeit unter Persien gelitten hatte, war es ihrer Nebenbuhlerin Tyrus blendend ergangen, und sie lag, mächtig und abweisend, auf Alexanders Küstenroute nach dem Süden. Als Alexander nahte, empfingen ihn die Stadtältesten und der Sohn des abwesenden Königs mit Geschenken und einer goldenen Krone; sie versprachen, aber auch alles zu tun, was Alexander gebieten möge. Alexander antwortete, er wünsche Melkarth – einem tyrischen Gott, den er mit seinem Ahnen Herakles gleichsetzte – ein Opfer darzubringen, wie ihm ein Orakel geraten habe. Er hatte seinen Vater einmal den gleichen Vorwand zu einem unvermeidlichen Krieg nutzen sehen. Es war ein klug berechnender Schachzug, da er das Anerbieten der Tyrer bloßlegte und enthüllte, daß sie im Grunde neutral bleiben wollten. Wenn Alexander zu opfern wünsche, so entgegneten die Tyrer, dann stehe dafür ein angemessener, dem Herakles geweihter Tempel im Alten Tyrus auf dem Festland zur Verfügung; die neue Inselstadt dürfe er nicht betreten. Die Erwiderung erregte den Zorn Alexanders, und binnen weniger Tage begann er, das Alte Tyrus niederzureißen, um dessen Steine und Bauholz für einen Sturm auf die Position des Neuen Tyrus vor der Küste zu verwenden.

Zorn war freilich nicht sein Hauptmotiv. Wie Sidon war Tyrus einer der Heimathäfen für die Mannschaften der persischen Flotte, und da Alexander bereits beschlossen hatte, gen Süden nach Ägypten vorzustoßen, konnte er diese Stadt an seiner Hauptverbindungsstraße nicht unbezwungen lassen – zumal von den Kriegsschiffen der Stadt viele daheimgeblieben waren. Und da war noch etwas zu berücksichtigen: zu den großen Festlichkeiten, die Tyrus eben zu Ehren Melkarths abgehalten hatte, waren Vertreter Karthagos erschienen – einer einst von Tyrus gegründeten Stadt –, und diese Karthager versprachen den Tyrern für den Fall einer Belagerung ihren Beistand. Ihre Versprechungen mögen Alexander nicht bekannt gewesen sein, doch der Verbindung Karthagos mit Tyrus war es sich zweifelsohne ebenso bewußt wie einer möglichen Unterstützung Tyrus' durch die karthagische Flotte, sobald er der Stadt den Rücken zuwandte. Es konnte wichtig werden, diese neue Bedrohung aus dem Westen im Keim zu ersticken.

Leicht zu bewerkstelligen war das auf keinen Fall. Das Neue Tyrus stand auf einer ummauerten Insel von viereinhalb Kilometern Umfang und war von der Küste durch achthundert Meter Meer getrennt, das nach anfänglich seichtem Wasser bald zu einer Tiefe von etwa 200 Metern abfiel. Die Stadt hatte zwei Häfen, einen im Norden der Stadt, den anderen südöstlich vor den Mauern. Die Mauer selbst reckte sich, so glaubten jedenfalls die Belagerer, bis zu fünfundvierzig Meter hoch. Zwar hatte vierzig Jahre zuvor ein zypriotischer König Tyrus gewaltsam genommen – eine außergewöhnliche Leistung, über die leider wenig bekannt ist –, doch hatte er eine starke Flotte. Und Anfang Januar, in einem Monat stürmischen Seegangs, wollte nun Alexander eine Inselstadt und ihre Restflotte angreifen, obwohl er selbst keine Schiffe hatte. Über dreizehn Jahre hatte Tyrus im frühen sechsten Jahrhundert einer Belagerung des babylonischen Königs Nebukadnezar getrotzt, und die Stadt muß ihre Chancen gegen einen landgebundenen Alexander nicht minder hoch eingeschätzt haben. Offensichtlich gab es auch bei der makedonischen Soldatenschaft Vorbehalte. Alexander sah sich gezwungen, den Männern zu erzählen, im Traum sei ihm Herakles erschienen, der ihn mit der ausgestreckten Rechten in die Stadt einlud; und sein Lieblingsprophet Aristander verkündete zur gleichen Zeit ermutigende Auslegungen von mancherlei Vorzeichen, so auch von bluttriefenden Brotrationen. Es gab handfestere Gründe zur Zuversicht, wenngleich die Chronisten sie niemals erklärten.

Schon im Altertum erforderte der Angriff auf eine befestigte Stadt ein Zusammenspiel von Menschen und Maschinen. Es ist naiv, Erfindungen höher einzuschätzen als Stimmungen und Meinungen von Menschen. Griechen in Alexandria sollten später die Dampfkraft entdecken, sie aber nur zum Antreiben von Spielzeugmaschinen verwenden; und Buddhisten waren es zufrieden, wenn die neuentdeckte Wasserkraft friedlich ihre Gebetsmühlen drehte. Auf dem Schlachtfeld aber werden Erfindungen bereitwilliger angewandt, und dort können sie die schönste soldatische Tapferkeit lähmen helfen. Und wie Menschen, so haben Maschinen ihren eigenen hin- und herwogenden Kampf ausgefochten. Jener primitiven Zerschmetterungswaffe, der Keule, setzte zunächst der Helm ein Ende; dem Helm schnitt die Streitaxt die Antwort ab, nur um ihrerseits von einer neuen Entdeckung, nämlich Pfeil und Bogen, auf Distanz gehalten zu werden. Die Pfeile führten zu Körperharnischen; der Harnisch verkleinerte den ehemals mannshohen Schild, und kleinere Schilde machten eine Hand für die Stoßlanze frei. Im siebzehnten vorchristlichen Jahrhundert kam eine Entdeckung aus Mesopotamien – der aus Holz und Eisen gefügte, weitreichende Bogen, zumal mit dem fahrbaren Schießstand des Streitwagens – in ihrer Wirkung der Erfindung von Schießpulver und Muskete gleich. Nicht anders verlief der Wettlauf zwischen Belagerungsmaschinen und Stadtmauern. Beile, Pfähle und Leitern waren im dritten Jahrtausend den Ziegel- und Lehmmauern gefährlich, doch im zweiten Jahrtausend stand es dann um die Mauern besser, und sie gewannen wieder die Oberhand. Sturmböcke und Belagerungstürme erreichten ihre vorläufig höchste Entwicklungsstufe im Assyrien des siebenten Jahrhunderts, woraufhin die von diesen Geräten arg erschütterten und überragten Mauern sich abschüssige Böschungen vor ihren Fundamenten wachsen ließen, ihre Formen um Bollwerke, Bastionen und Nischen erweiterten und ihre wasserlöslichen Ziegel häufig gegen massive Lagen von Stein eintauschten. Seit der Blütezeit Assyriens war die Belagerungstechnik aus dem Osten ans Mittelmeer exportiert worden, jedoch bis vor kurzer Zeit nicht weiter fortgeschritten; die Stadtmauern waren eigenwillig geworden, und in den griechischen Städten waren Steinmaterial und Verteidigungsanlagen nicht einheitlich. Im Jahre 332 v. Chr. lag Alexander – wie seinerzeit König Tiglath-Pileser III. von Assyrien mit seinem leicht und elegant gebauten Rammbock – im Wettkampf der Waffen um eine Nasenlänge voraus: er war Herr über ein steinschleuderndes Katapult, das mit Arretierungsringen ausgerüstet war; seine treibende Kraft waren gebündelte Sehnen, zu Fedesträngen eingedreht.

Eine leise Ironie schwingt in der Tatsache mit, daß jene Mauern vor Tyrus die ersten Befestigungen sein sollten, die die Schlagkraft von Felsbrocken aus griechischen Maschinen zu spüren bekamen. Die Griechen hatten, verglichen mit den Königreichen des Ostens, lange gebraucht, fortschrittliche Belagerungsgeräte hervorzubringen, und ihre Kenntnisse über Belagerungstürme und Rammböcke erst im Verlauf des fünften vorchristlichen Jahrhunderts aus der Berührung mit dem Orient gewonnen; diese Techniken gingen wahrscheinlich von Assyrien auf Tyrus über, von Tyrus auf Karthago, von Karthago auf die Schlachtfelder Siziliens, wo die dort ansässigen Griechen sie ihren karthagischen Feinden abgeschaut haben mochten. Tyrus war also auf der umständlichen Reise der Belagerungsgeräte bis hin zu den Griechen eine entscheidende Zwischenstation gewesen. Doch diese Route war auch in umgekehrter Richtung benützt worden; um die Jahrhundertwende ließ Dionysos I., Herrscher von Syrakus, als erster eine elementare Form von pfeilverschießender Artillerie entwickeln, die er sodann gegen die verblüfften Karthager einsetzte; Karthago wiederum berichtete sicherlich den Tyrern über dieses neue Ärgernis, und so hatten im Jahre 332 v. Chr. die tyrischen Ingenieure Dionysos' Idee kopiert und eigene Pfeilkatapulte hergestellt. Mit Philipp aber und dem einschneidenden Aufstieg Makedoniens hatten sie nicht gerechnet. Spätestens im Jahre 340 entdeckten griechische Ingenieure unter Philipps zielstrebiger Förderung die Kräfte der Torsionsfeder; die Männer bauten ihre Erfindung fürs erste in die alte sizilianische Form der Katapulte ein, doch bald schon begannen Schüler des Thessalers Polyeidus, des leitenden Ingenieurs unter Philipp, zu Alexanders Vorteil mit torsionsbetriebenen Steinschleudermaschinen zu experimentieren. Das alte syrakusische Katapult, das Tyrus vermutlich noch einsetzte, schoß aus einer Art Magazin, aber ohne Torsionsfeder; seine Reichweite betrug etwa zweihundert Meter, sein Geschoß war ein Bolzen mit Metallspitze. Alexanders neuen Steinschleudermaschinen, die seit ihrem ersten Einsatz vor Halikarnaß Verbesserungen aufwiesen, konnten die Ränge von Verteidigern aus vierhundert Metern Distanz aufreißen und eine Stadtmauer aus hundertfünfzig Metern schwer beschädigen. Nach etlichen Berichten zu urteilen, war die Treffsicherheit der antiken Artillerie höchst eindrucksvoll. »Beim Herakles«, vermerkte der spartanische König Archidamos, als man ihm zum erstenmal ein Pfeilbündelkatapult vorführte, »nun gehört menschliche Tapferkeit der Vergangenheit an.«

Alexanders Techniker hatten nicht bei Steinschleudermaschinen haltgemacht; stärkere und höhere Belagerungstürme denn je warteten nur darauf, zusammengesetzt zu werden. Sie boten Bogenschützen und Sturmböcken auf maximal zwanzig Plattformen Platz und waren bis zu fünfundfünfzig Meter hoch. Sie stellten eine außergewöhnliche Leistung der Zimmermannskunst dar; denn ihre Achsen waren aus Eiche, ihre Plankenwände aus Fichte, und ihre hölzernen Türme waren mit Kalk überzogen und mit Lammfellen verhängt, um feindliche Geschosse abzuhalten. Verbesserte Enterhaken waren geschmiedet worden, wenngleich Alexanders leitender Ingenieur ihren Wert bestritt; es gab auch einen Bohrer auf Rädern, dessen langer, mit einer Eisenspitze versehener Pfahl nach einer jüngst verbesserten Methode in Lehmziegelmauern gestoßen wurde. Von allen Stockwerken der Türme senkten sich breite Zugbrücken hernieder, über die mehr Soldaten strömen konnten als bei gebräuchlichen Baumustern. Auf eine höhere Form der »Schildkröte«, die fünfzehn Meter im Quadrat maß, wurden Sturmböcke montiert; darunter befanden sich die Soldaten, die sie mit Seilen und einer Walze bedienten, während die Rammen durch Tierhäute und einen dreistöckigen Turm geschützt wurden, dessen erster Stock Katapulte trug; auf den beiden unteren befanden sich Eimer mit Wasser, damit eventuelle Flammen gelöscht werden konnten. Ohne außergewöhnliche Führung jedoch konnte auch die größte Anzahl neuer Maschinen Tyrus nicht zu Fall bringen. Männer und Maultiere mußten diese gigantischen Türme in Stellung hieven; antreiben mußte sie Alexander, den achthundert Meter Wasser von der Stelle trennten, wo herkömmliche Belagerungsgeräte angesetzt werden konnten. »Das Genie«, bemerkte Napoleon einmal, »ist der unerklärliche Maßstab des großen Truppenführers.« Vor dem Kampf gegen Tyrus war Alexanders Feldherrnkunst eher gut denn groß; mit einem bezeichnenden Schritt vorwärts, um einer Herausforderung zu begegnen, sollte er nun zum erstenmal jenes Genie erkennen lassen, das ihm seinen besonderen Rang in der Militärgeschichte zuweist. Vor Beginn der Belagerung sandte er Herolde aus, die Tyrus im Falle einer Übergabe Frieden versprachen. Die Tyrer ergriffen Alexanders Boten, töteten sie und warfen die Leichen vor den Augen des Gegners von den Stadtmauern. »Eine Waffenruhe darf nicht gebrochen, ein Herold nicht getötet werden; ein Mann, der sich einem Überlegenen ergeben hat, darf nicht geschändet werden . . .« Die Tyrer hatten ein ungeschriebenes Gesetz griechischer Kriegführung verhöhnt.

Alexanders Antwort war ein verwegener Plan. Er hatte keine Schiffe, die ihn nach Tyrus bringen konnten; also würde er eine Mole durch die Wellen bauen und trockenen Fußes hinübergehen. Die Idee hatte sich schon einmal als erfolgreich erwiesen. Im Jahre 398 v. Chr. hatte Dionysos I. die Stadt Motya im nordwestlichen Sizilien erobert, nachdem er ihren versunkenen Verbindungsdamm durch mehr als anderthalb Kilometer stürmischer See wiederaufgebaut hatte. Tyrus lag nur halb so weit von der Küste entfernt, doch war hier kein einstiger Erdwall als Fundament erhalten; indessen war die dazwischenliegende Meeresenge zum allergrößten Teil so seicht, daß ihr Schlick verwendet werden konnte, das Mauerwerk aus Steinen zu binden. Es wäre interessant zu wissen, wie – falls überhaupt – Alexander zuvor die Tiefe des Meeres geschätzt hatte, da das Wasser sich hundert Meter vor der Insel plötzlich jäh vertieft. Doch selbst bis zu dem Punkt hätte Alexanders Damm seinen Zweck erfüllt: seine Belagerungstürme würden die Mauer immer noch überragen, so daß die Bogenschützen ihre Pfeile auf die Verteidiger herabregnen lassen konnten, während seine neuen Steinschleudermaschinen die Befestigungen beschossen. Glücklicherweise lieferten die nahen Wälder des Libanon Holz genug, während die emsig demolierte Altstadt für die nötigen Steine sorgte. Jeder längere Transport von Baumaterial wäre unerträglich langsam vorangegangen, besonders in Abwesenheit einer Flotte. Das alte Griechenland kannte kein brauchbares Kummet für Zugpferde und hatte sich nicht einmal eine Schubkarre einfallen lassen.

Über den seichten Teil schritt die Arbeit zügig voran, überwacht von Alexander, der »jeden baulichen Schritt persönlich erläuterte«, wie seine Offiziere später sagten, »und die einen mit freundlichen Worten aufmunterte, die Mühen anderer wieder, die auffallend brav gearbeitet hatten, mit einem Geldgeschenk linderte«. Die Leute von Tyrus waren skeptisch; sie belästigten die arbeitenden Soldaten von ihren Kriegsschiffen aus und verspotteten Alexander, weil er es wagte, mit dem Gott des Meeres zu wetteifern. Doch trotz Poseidons rückte die Mole näher, und die Tyrer gingen bald dazu über, Bolzen aus ihren Pfeilkatapulten darauf niederprasseln zu lassen. Alexander ließ Lederhäute aufhängen, um seine Männer zu schützen; er befahl, zwei hohe Belagerungstürme aufzustellen, um zurückzuschießen. Die Tyrer, selbst Ingenieure mit einer achtbaren Geschichte, antworteten mit einem Meisterstück technischer List.

In ihrem verborgenen Stadthafen bauten sie ein Lastenschiff derart um, daß es so viel trockenes Holz, Späne und Kiefernfackeln wie möglich aufnehmen konnte; dem Holz mengten sie Pech, Schwefel und andere leicht entzündbare Stoffe bei. Der Gedanke eines Feuerschiffs war nicht neu. Doch sie banden an beiden Masten in Bugnähe zwei Balken fest, an denen sie große Kessel mit Öl aufhängten; brannten die Balken erst, so mußten die Kessel überkippen und das Feuer anfachen – wie die berühmten Feuerkessel, die Rhodos mehr als ein Jahrhundert später verbreiten sollte. Nachdem sie das Heck mit Ballast beschwert hatten, so daß der Bug weit aus dem Wasser ragte, warteten die tyrischen Matrosen auf einen günstigen Wind und ließen sich dann von Dreiruderern zur Mole schleppen. In Reichweite der Mole steckten sie ihre Fracht in Brand, sprangen ins Wasser, brachten sich in Sicherheit und ließen das Schiff genau in Alexanders Belagerungstürme treiben. Von den Dreiruderern aus wurden makedonische Verteidiger beschossen, und an anderen Stellen der Mole legten kleine Beiboote an und vernichteten die Katapulte. Alexander war Opfer eines scharfsinnigen Manövers. Er befahl, neue Maschinen zu bauen und die Mole auf etwa sechzig Meter zu verbreitern, damit mehr Belagerungstürme darauf Platz hatten. Auf die gute Nachricht, daß die phönikische Flotte endlich aus persischen Diensten heimkehrte, begab er sich selbst nach Sidon; die Flotte mochte nunmehr sehr wohl genötigt sein, auf seine Seite zu treten – nun, da ihre Mannschaften gehört hatten, *wie* ihre Stützpunkte sich ergeben hatten. Und da in den Zedernwäldern des Libanon Einheimische seine Holzfäller belästigten, kamen seine Schildträger und die Agrianer zu einer kurzen scharfen Gefechtsübung mit.

Als er in Sidon eintraf, wurde Alexander für das langsame und unselige Vorankommen seiner Mole mehr als entschädigt. Die Könige von Byblos und Arad waren heimgekehrt, um ihm die Schiffe zu unterstellen, die sie den persischen Admirälen entzogen hatten. Die Stadt Sidon, die sich ihres neuen Königs freute, tat ein gleiches, und Rhodos sandte neun Kriegsschiffe – eine wertvolle Geste von einer Insel, deren unternehmerisches Geschick im Handel des südöstlichen Mittelmeers allmählich unentbehrlich wurde. Alles in allem waren hundert Kriegsschiffe zu ihm gestoßen – genug, um die Flotte der Perser gleich zu Beginn ihrer aktiven Jahreszeit lahmzulegen und um seine langfristige Politik, die Seehäfen einen nach dem anderen zu nehmen, zu rechtfertigen. Es schien nicht allzu besorgniserregend, als von Antipater eine fünfzigrudrige Pinasse einlief, deren Kapitän eine dringliche Botschaft überbrachte. Die Reise durch feindbeherrschte

Gewässer, im Kampf gegen einen schneidenden Märzwind, mußte dramatisch verlaufen sein; einer Kleinigkeit wegen war sie sicherlich nicht unternommen worden. Da der Kapitän im vergangenen Herbst der Held jener Überrumpelung von zehn persischen Dreiruderern in den Kykladen gewesen war, betraf seine Botschaft wahrscheinlich die durchsichtigen Bestrebungen des spartanischen Königs Agis, sich mit der Unterstützung persischer Schiffe und persischen Geldes aufzulehnen. Alexander war sich der spartanischen Unzufriedenheit durchaus bewußt, machte sich aber keine großen Sorgen, daß die griechischen Verbündeten sich ihr anschließen würden; die persischen Schiffe waren eine Bedrohung, die inzwischen abklang. Und so verließ er Sidon für zehn Tage und setzte, um seine Holzfäller zu sichern, den Stämmen in den Zedernwäldern des Libanon zu. Dabei schenkte er sich selbst nichts, wie aus einem entzückenden Zwischenfall hervorgeht.

Lysimachos, Alexanders Lieblingslehrer aus der Knabenzeit, hatte darauf bestanden, sich dem Marsch in die Wälder anzuschließen. Als indessen die Dunkelheit hereinbrach, die in den Bergen kalt und ungewohnt kam, fiel er weit hinter die Berufssoldaten zurück. Dem Feind sollte er nicht in die Hände geraten, und so blieb Alexander an seiner Seite, und beide, Schüler und Lehrer, fanden sich plötzlich bis auf eine Handvoll Soldaten von ihren Truppen abgeschnitten. Die Nacht wurde kälter und kälter, und sie hatten nichts bei sich, um ein Feuer anzuzünden. In der Ferne erblickte Alexander die Lagerfeuer des Feindes, und »auf seine eigene Behendigkeit vertrauend – denn wie immer tröstete er seine Makedonen, indem er ihre Ungemach persönlich teilte« – zog er aus, um seinen Männern Feuer zu besorgen. Am Lagerfeuer überraschte er zwei feindliche Wachen, die er mit dem Dolch erstach, schnappte sich eine Fackel aus der Glut und kehrte mit ihr zurück, um seine Begleiter zu wärmen. Lehrer, Schüler und Freunde verbrachten, nachdem sie feindliche Vergeltungsangriffe abgeschlagen hatten, die Nacht bei einem lodernden Feuer. Auf der Suche nach Alexanders Persönlichkeit darf diese Episode nicht unbeachtet bleiben; ihr Erzähler Chares war Alexanders Hofmarschall, der sie bei Tisch des öfteren aus dem Munde seines Königs hörte, und die möglichen Übertreibungen entspringen vielleicht nicht seiner, sondern der Phantasie der anderen Tafelgäste. Besorgte Anteilnahme am Schicksal seiner Soldaten, ein persönliches Wagnis, das bei einem geringeren Mann nur eine dumme Verschwendung des eigenen Lebens bedeutet hätte – es war nur recht und billig, daß der neue Achilles sein Leben nach der Art seines Helden für den Lehrer aufs Spiel setzte, der ihm als erster seinen homerischen Kosenamen gegeben hatte.

Bei der Rückkehr nach Sidon muß er gedacht haben, die guten Nachrichten würden nie ein Ende nehmen. Einhundertzwanzig zypriotische Kriegsschiffe und drei prominente Könige zypriotischer Städte hatten die Perser verlassen, um ihm ihre Dienste anzubieten. Da besaß er eine Flotte, die dreimal so groß war wie die tyrische, und er konnte sich überdies auf die neueste Erfindung in der Seekriegführung stützen: auf den Fünfruderer. Zyprioten und Phönikier nutzten sie geschickt; denn sie bedeutete, daß sie ihr übliches Kriegsschiff mit seinen drei übereinanderliegenden Ruderbänken in den beiden unteren Reihen mit zwei Mann pro Riemen besetzten, in der obersten Reihe mit einem. Der verdoppelte Einsatz von Menschenkraft in den beiden unteren Bänken erhöhte Geschwindigkeit und Durchschlagskraft beim Rammstoß, und der Fünfruderer war dem gewöhnlichen Dreiruderer erheblich überlegen. Die zypriotischen Könige behielten sich dieses Prestigeschiff als persönliches Vorrecht vor; im Zeitalter nach Alexander sollte die Quinquireme mit der üblichen königlichen Pompositat ein Wettrüsten auslösen, bei dem ein König den anderen zu übertrumpfen suchte, bis der Mummenschanz eines Ungetüms mit dreißig Ruderbänken mühsam in die Ägäis auslief. Kein König schätzte den Fünfruderer mehr als der betagte Pnytagoras von Salamis, ein Mann, dessen Vergangenheit das Schicksal der zypriotischen Flotte bestimmt haben mag; denn sein Großvater, der kühne Euagoras, hatte um Unabhängigkeit vom persischen Reich gekämpft, und als sein Enkel war Pnytagoras zwölf Jahre zuvor auf den Thron von Salamis gehoben worden, um die persische Herrschaft zu einer Zeit der Erhebungen in Ägypten und Phönikien abzuschütteln. Er sicherte sich jedoch schließlich um eines günstigen Handels mit Persien willen durch einen politischen Seitenwechsel; doch seine Unabhängigkeit war ihm in frischer Erinnerung geblieben, und als er sich an Alexander wandte, wurden seine Hoffnungen nicht enttäuscht. Als einziger der zypriotischen Könige herrschte Pnytagoras über eine

Stadt ohne Bodenschätze, und so sprach ihm Alexander auf Zypern eine nahegelegene Kupfermine zu. Wie die Könige der phönikischen Städte wurden die zypriotischen Herrscher bestätigt und als Verbündete anerkannt. Sie mußten zwar Münzen mit Namen und Kopfbild Alexanders schlagen, eine strenge Einheitlichkeit aber wurde nicht erzwungen, und so tauchte weiterhin, in geringen Mengen allerdings, auch Geld in ihrem eigenen Namen auf.

Nach den Zyprioten traf in Sidon ein letzter Segen ein – viertausend Mann griechischer Verstärkungstruppen, Söldner, die im vorhergehenden Frühling aus Südgriechenland angeworben worden waren. Waren sie auf dem Landweg angereist, so mögen sie Nachrichten mitgebracht haben, die noch willkommener waren als ihre Truppenstärke; denn während des Winters hatte Alexander von einer schlimmen Gefahr nichts gewußt, die Kleinasien und der Königsstraße in seinem Rücken drohte. Persische Truppen waren von Issos nach Norden geflohen, in die trostlose Wildnis Kappadokiens, die zu unterwerfen er in eben diesem Herbst versäumt hatte, und in den Wintermonaten waren sie mit der Hilfe einheimischer Stämme und Reiterei nach Westen geströmt, um zur Küste durchzubrechen, wo sie sich mit den persischen Admirälen vereinigen wollten. Drei schwere Schlachten von großer Tragweite hatten stattgefunden, und der altgediente Offizier aus Philipps Zeiten, der einäugige Antigonos, hatte sich von seiner benachbarten Satrapie in Phrygien aus ruhmreich geschlagen. Jedesmal waren die Perser in alle Winde versprengt worden, vielleicht mit der Hilfe dieser frischen griechischen Verstärkung; und jedesmal war der feindliche Plan in Darius' Abwesenheit sehr bemerkenswert wegen seines energischen Sinns für das Mögliche, und dennoch war er durchkreuzt worden, ehe Alexander davon überhaupt gehört hatte. Antigonos hatte den Sieg davongetragen, und Iraner überlebten nur in anatolischen Schlupfwinkeln, wo ihrer zu wenige geworden waren, als daß sie hätten stören können. Es war ein Winter äußerster Gefahr und Grausamkeit gewesen, und die Siege, die ihn retteten, verdienen ebenso große Anerkennug wie die meisten Feldschlachten vorne an der Front.

Bei seiner Rückkehr nach Tyrus fand Alexander die Mole durch einen Frühlingssturm schwer beschädigt. Seine neue Stärke zur See machte diesen Schlag jedoch wieder wett, und so ging er denn auch als nächstes daran, die zahlenmäßig unterlegenen tyrischen Kriegsschiffe anzugreifen. Da die Tyrer aber ihren Hafen abgeriegelt hatten, konnten sie ohne Gefahr eine Schlacht verweigern; ihre Verluste beschränkten sich auf drei Schiffe, die in Grund gerammt wurden. Da Alexander eine entschiedene neue Strategie fehlte, schien es gewiß, daß Tyrus standhalten werde – so lange zumindest, bis eine völlige Blockade, ihrerseits nicht leicht durchführbar, die Stadt aushungern und zur Kapitulation zwingen würde. Hinter den Linien aber rauchten die Köpfe bei einer der vielen internationalen Begegnungen in Alexanders Laufbahn. Mit den Seeleuten waren auch Ingenieure aus Zypern und Phönikien zu Alexander gekommen, und nun pflegten sie einen Gedankenaustausch mit ihren griechischen Kollegen. Schon die erste Anregung war so wertvoll, daß etliche spätere Könige sie nachahmten. Zwei große Schiffe sollten Bug an Bug vertäut, über ihren Decks schwebend aber je ein mauerbrechender Sturmbock aufgehängt werden, so daß die Bootsmannschaften sie an die Mauern der Insel heranrudern konnten. Zweifellos durch Dächer aus Tierhäuten geschützt, wollten sie unten an den Mauern ankern und ihre Rammen gegen das Mauerwerk ansetzen, als befänden sie sich auf trockenem Land.

Wenngleich diese Rammenschiffe eine durchgehende Mole nicht mehr so notwendig machten, war Alexander ein zu tüchtiger Belagerer, als daß er seinen Angriff auf einen Punkt beschränkt hätte. Die Kombination unterschiedlicher Truppenteile und Waffen war sein militärisches Handwerkszeug, und deshalb wurde die Mole in einem Winkel zur vorherrschenden Windrichtung wiederaufgebaut, wurden die überhaupt höchsten Belagerungstürme, komplett mit Zugbrücken, in Auftrag gegeben, und während all der Zeit sollten Steinschleuderkatapulte sowohl von den Schiffen als auch von der Mole aus ein pausenloses Sperrfeuer gegen die Mauern richten. Die Tyrer waren nicht minder emsig. Sie reparierten die Breschen in ihrer Mauer und verwirklichten die Entwürfe ihrer eigenen Ingenieure.

Um sich gegen Pfeile und Felsbrocken abzuschirmen, hängten sie lange, mit Seegras ausgestopfte Säcke aus Tierhäuten vor ihre Brustwehren und stellten große Marmorräder auf, die sie mit einem nicht näher bekannten Mechanismus in Drehung versetzten; die schwirrenden Speichen der Räder reichten aus, die Bahn der Geschosse zu unterbrechen. Vor den Rammenschiffen, die in dem stürmischen Gewässer bereits zu sinken drohten, warfen sie Felsen ins Meer und hofften, die Bootsbesatzungen auf diese Art zu hindern, in günstiger Entfernung zu ankern. Alexanders Männer antworteten mit einem meisterhaften Streich – sie hievten die Felsen mit Stricken und Lassos hoch, luden damit ihre Steinkatapulte und schleuderten sie weit fort, so daß sie die Bahn ihrer Schiffe nicht länger blockieren konnten. Unverzagt, ließen die Tyrer gepanzerte Schiffe auslaufen, um die Ankertaue der Makedonen zu zerschneiden, und als diese Schiffe von Wachmannschaften zurückgeschlagen wurden, setzten sie Taucher ein, eine Truppe, die im griechischen Kriegswesen häufig verwendet wurde. Die Taucher durchschnitten die Seile, bis die Makedonen ihre Ankerkabel durch kräftige Ketten ersetzten. Langsam ging die Geduld zu Ende. Eine Blockade hatte Tyrus der Kapitulation keinen Schritt näher gebracht.

Als die Rammenschiffe tatsächlich am Fuß der Mauern Anker werfen konnten, ging es ihnen kaum besser. Die Tyrer benützten scharf zugespitzte Pfähle und faserten die Seile auf, mit denen die Rammen vorgetrieben wurden. Den Pfählen ließen sie Feuerwände aus ihren Flammenwerfern folgen. Auch gegen die Belagerungstürme auf der Mole wußten sie Rat – an lange Seile banden sie dreizackige Speere, und sie harpunierten die Feinde auf ihren zahlreichen Stockwerken, um sie dann wie gespeerte Fische ins Meer zu zerren. Wer sich auf die Zugbrücken der Türme wagte, wurde mit großen Fischnetzen eingefangen und auf die Felsen hinuntergeschleudert. Arbeiter am Fuß der Mauer wurden mit Sand überschüttet, der in umgedrehten Schilden erhitzt worden war; glühendheiß rieselte er ihnen unter die Harnische und trieb sie zur Raserei.

Dieser ritterliche Widerstand gegen Seeblockade und Sturmangriff dauerte von April bis Anfang Juli, und gegen ihn vermochten die Steinkatapulte wenig auszurichten. Jetzt, da die phönikischen Flotten sich ihm unterworfen hatten, sprach einiges dafür, mit Tyrus einen Waffenstillstand auszuhandeln und nach Ägypten weiterzuziehen. Doch Alexander lehnte es ab, eine feindliche Stadt hinter sich zurückzulassen, solange die persischen Admiräle unbehelligt in der Ägäis kreuzten und das südliche Griechenland durch Sparta in Unruhe versetzt wurde. Diesem Standpunkt, so wird erzählt, schloß sich bei der Beratung nur ein einziger von Alexanders Kampfgefährten an.

Eine verführerische Alternative war nicht schwer zu finden. Während Tyrus sich noch behauptete, sandte Darius eine zweite Botschaft, in der er Alexander ein hohes Lösegeld anbot, die Hand seiner Tochter, Freundschaft, Bündnis und alle Länder bis hinauf zum Euphrat, der später einmal die östlichste Grenze des Römischen Reichs werden sollte. Die Mitteilung kam in einem höchst passenden Augenblick, und bevor Alexander sie seinen Freunden vorlegte, mag er sehr wohl zunächst an jene wohlüberlegte Fälschung gedacht haben, die in Verbindung mit einem von Darius' Briefen häufig erwähnt wird. Wie der aufgenommen wurde, darüber herrscht Übereinstimmung – vermutlich, weil Kallisthenes zur Feder griff, um seinem Herrn wieder einmal Freude zu bereiten. »Wenn ich Alexander wäre«, soll Parmenion geäußert haben, »würde ich die Waffenruhe annehmen und den Krieg beenden, ohne uns weiteren Gefahren auszusetzen.« So zumindest lautete die offizielle Fabel. »Auch ich würde das tun«, antwortete Alexander, und darauf war Widerspruch unmöglich, »wenn ich Parmenion wäre.«

In diesem Sinne ging eine abschlägige Antwort an Darius, der über einen aus dem makedonischen Lager entflohenen Eunchen dann auch erfuhr, daß seine Gemahlin im Kindbett gestorben war und von Alexander mit Prunk bestattet worden sei – eine Huldigung, für die keine politische Notwendigkeit bestand. Die Nachricht von ihrem Tod und Alexanders Ablehnung des Friedensangebots veranlaßten Darius schließlich, vom Pandschab bis zum Persischen Golf ein wahrhaft gewaltiges Heer auszuheben, eine Aufgabe, die ein ganzes Jahr beanspruchen würde. Daß die ägäische Offensive fehlschlagen werde, lag inzwischen auf der Hand, wenngleich seine Admiräle mit Hilfe der Geißel der griechischen Seeleute und des Seehandels, den Piraten noch immer einen wendigen Kampf führten. Die Küste Westasiens war in den vergangenen neun Monaten von der See und vom Hinterland aus gründlich gezaust worden, trotz der angestrebten Schließung ihrer Häfen. Kos war zurückerobert worden, und Piraten mit fünfzig Langbooten hatten geholfen, die vermeintlich starke Festung Milet zu überfallen, wobei sie den persischen Statthalter wieder in sein Amt einsetzten und bitter benötigtes Geld erpreßten. Die neue Demokratie in Ephesus mag ähnlich gelitten haben; und wie auf ein verabredetes Zeichen hatten die wilden Bergstämme dreier kleinasiatischer Satrapien die Generäle Alexanders zu Strafexpeditionen herausgefordert und somit abgezogen. Es waren die letzten bemerkenswerten Erfolge der Feinde; denn Alexanders zweite griechische Flotte war endlich in See gestochen. Im Handumdrehen säuberte sie den Hellespont, befreite sodann die umliegenden Inseln und setzte den Persern in den Süden nach. Mit den Persern wurden auch deren Mitläufer aufgestöbert, nicht zuletzt der athenische Glücksritter Chares, der sich, weniger als drei Jahre nachdem er Alexander in Troja gekrönt hatte, in Mitylene festgesetzt hatte; er gedieh bei Chaos und Aufruhr, doch nicht zum letztenmal hatte er die Seiten zu spät gewechselt. Die makedonischen Admiräle wiesen ihn aus.

In Tyrus handelt das nächste Ereignis, das die Geschichtsschreiber zu berichten haben, von Alexander selbst. Nach behutsamen Vorbereitungen hinter Abschirmungen aus Tierfellen liefen die Tyrer an einem Julivormittag mit dreizehn ihrer schnittigsten Kriegsschiffe aus, um Alexanders zypriotische Flotte zu überrumpeln, die im Nordhafen am Strand lag, während ihre Mannschaften wie üblich zum Mittagessen gegangen waren. Das tyrische Abenteuer begann vielversprechend. Sie näherten sich völlig lautlos. Dann aber ließen sie auf das Kommando ihrer Bootsführer die Riemen ins Wasser klatschen, pullten an und rammten drei königliche zypriotische Fünfruderer in Stücke, ehe deren Mannschaften zurückkehren konnten. Alexander war nicht wie gewöhnlich in sein Königszelt gegangen, sondern aß im Südhafen zu Mittag. Sowie er von dem Ausfall hörte, lief er schleunigst zu seiner Quinquireme und rauschte mit ihr und anderen Schiffen zur Rettung um die Inselstadt herum, stellte die tyrischen Angreifer, rammte und versenkte sie. Seine eigene Rolle war auffällig, die Folgen wichtig; denn der überraschende Vergeltungsschlag beraubte Tyrus seiner schnellsten Schiffe. Angeblich war der tyrische Ausfall durch ein festliches Trinkgelage ausgelöst worden; wahrscheinlicher hingegen ist, daß Hunger die Männer trieb, zumal Alexander seit längerem beide Häfen mit einer Blockade belegt hatte. Ohne ihre besten Kriegsschiffe waren die Tyrer nun eingeschlossener denn je. Karthago hatte seine Hilfsangebote zurückgezogen.

Nach zwei Tagen Ruhepause konnten die Makedonen ihren Seesieg nützen. Alexanders Methoden entsprechend sollte der letzte, entscheidende Schlag mit unterschiedlichen Waffen an verschiedenen

Stellen geführt werden. Rammenschiffe sollten vorgegebene Punkte der Mauer aufbrechen; Schiffe mit Schleudermaschinen würden ihnen Deckung geben, und zwei Schiffsladungen Infanterie würden über neuentworfene Zugbrücken herniederstürmen und sich einen Weg durch die Breschen bahnen. In der Zwischenzeit sollte die Flotte beide Häfen angreifen, den nördlichen und den südlichen; Bogenschützen und Katapulte sollten auf einer Flottille von Kriegsschiffen die Insel umkreisen und für ungemütliche Ablenkungsmanöver sorgen. Eine derartige Verquickung von konzentrierter und verzettelnder Taktik ist das Kennzeichen eines großen Feldherrn, der die entscheidende Chance erkennt und ergreift. Wie geplant wurden Mauern gerammt, bis sie in sich zusammensanken. Die Artillerie rundete den Schaden auf. Kriegsschiffe und Bogenschützen lenkten die Verteidiger ab. Zugbrücken klappten herunter, und die Königlichen Schildträger unter ihrem Hauptmann Admetos strömten in die Bresche, während Alexander die zweite Welle kommandierte. Admetos, der die Mauer als erster erkletterte, starb einen heldenhaften Tod. Augenblicklich saß Alexander rittlings auf der Brustwehr, um seinen Platz auszufüllen. Hervorstechend in Rüstung und Kampfweise, tötete er einige Gegner mit dem Speer, erstach andere mit dem Dolch und schleuderte so manchen Tyrer ins Meer. Die Infanterie drang unter seiner Führung nach, und nun fiel Tyrus unaufhaltsam in makedonische Hand. Schiffe, um sich die Angreifer vom Leibe zu halten, hatte es keine mehr. Auch ein letzter Widerstand am Heiligtum des Stadtgründers konnte das Unglück nicht mehr abwenden.

Voll Zorn über tyrische Greueltaten und über die siebenmonatige Dauer der Belagerung, tötete Alexanders Heer etwa achttausend Bürger der Stadt und versklavte dreißigtausend Menschen, die sich nicht in Schiffen nach Karthago oder Sidon in Sicherheit gebracht hatten; weitere zweitausend wurden auf Befehl Alexanders entlang der Küste gekreuzigt. Die Grausamkeit war nicht ganz willkürlich; denn als die Armee über die Stadt hereinbrach, war für alle, die in Heiligtümern oder Tempeln Zuflucht nahmen, ein Gottesfriede verkündet worden. Obgleich die meisten Tyrer nun zu starrköpfig waren, sich darein zu fügen, wurden tatsächlich alle verschont, die den Gottesfrieden wahrnahmen – darunter der tyrische König Azemilk und die dreißig Karthagischen Abgesandten, die anzutasten unklug gewesen wäre. Azemilk wurde als König wiedereingesetzt, die Stadt mit loyalen Garnisonstruppen und Überlebenden neu besiedelt. Ein Zeichen der Zeit: die Stadt erhielt eine griechische Verfassung.

Tags darauf brachte Alexander Herakles beziehungsweise Melkarth sein überfälliges Opfer dar. Er weihte ihnen das Katapult, das die erste Bresche in die Stadtmauer geschlagen hatte, und widmete ihnen auch das heilige Schiff von Tyrus, für dessen Versenkung er selbst verantwortlich gewesen war. Nie zuvor kann ein Gott solch ein blutbeflecktes Opfer empfangen haben. »Tyrus«, sagte ein makedonischer Geschichtsschreiber, möglicherweise Kallisthenes, »fiel im Monat Juli, als Aniketos der Archon von Athen war.« Es ist aber hinlänglich bekannt, daß des Archonten Name Nikeratos lautete; das Wort *aniketos* heißt »unbesiegbar« . . . In einem verzeihlichen Ausbruch von Begeisterung wurde sogar das Namensdatum des Jahres verändert, um Alexanders Unbesiegbarkeit als Belagerer Genüge zu tun.

Mit seinen anspornenden Worten, seinen geduldigen Erklärungen, »die Ungemach persönlich teilend«, hatte Alexander diesen Anflug einer historischen Verherrlichung wirklich verdient. Wie gewöhnlich kreisten die Erzählungen der Geschichtsschreiber allein um den König, doch ein beiläufiger Hinweis erinnert daran, daß der neue Achilles nicht länger im Stil seines homerischen Ahnherrn Städte zerstören konnte, »sie durch die Macht seiner Lanze in Schutt und Asche legend«. In einem späteren Werk über technisches Ingenieurwesen wird der thessalische Grieche Diades, ein Schüler des Erfinders an König Philipps Hof, als »jener Mann« bezeichnet, »der mit Alexander Tyrus belagerte«. Der Fall der Stadt verdankt dem Zeichenbrett vielleicht mehr, als jemals bekannt sein wird.

Sobald Tyrus bezwungen war, konnte Alexander seinen Weg nach Süden, durch die Küstenebenen nach Ägypten fortsetzen. Daß kleinere Städte in Syrien und Palästina kapitulierten, war sicher. Dor, Aschdod und Stratons Burg ergaben sich willig, weil sie von Tyrus und Sidon abhingen; doch nur hundertsechzig Kilometer weiter südlich traf er auf neue Halsstarrigkeit. Gaza – jene große, altehrwürdige Stadt der Philister, drei Kilometer von der Küste entfernt – verwehrte ihm den Weitermarsch; der Weihrauchhandel des Libanon und der Gewürzhandel der Araber hatte die Stadt seit langem sehr reich gemacht. Sie wurde von einer Garnison arabischer Söldner gehalten, von ihrem orientalischen Statthalter Batis zum Widerstand gedrängt – einem Mann, der als fetter und häßlicher Eunuch in die Geschichte einging.

Die abschreckendste Befestigung war in Gaza der Hügel, auf dem es stand; denn wie viele Städte in biblischen Landstrichen war Gaza auf einem »Tell« errichtet, einer Anhäufung seiner früheren Besiedlungsschichten. Die Stadt war für eine Belagerung wohlversorgt. Als Alexander den Maschinenpark, der aus Tyrus, in Teile zerlegt, hierher verschifft worden war, wieder zusammenzubauen befahl, widersetzten sich seine Ingenieure: die Stadt sei »zu hoch, um sie gewaltsam zu nehmen«. Alexander ließ sich nicht davon abbringen. »Je unmöglicher es scheine, um so notwendiger sei eine Eroberung«, erklärte er. »Die Tat wäre so außergewöhnlich, daß sie seine Feinde über alle Maßen entmutigen werde, wogegen ein Mißlingen Schande sei, falls je die Griechen oder Darius davon erführen.« Wie Tyrus war Gaza zu stark, als daß er es ungeschoren an seiner einzigen Verbindungsstraße hätte zurücklassen können, und das muß ebenso schwer gewogen haben wie der Reiz des Unmöglichen.

Alexanders Lösung war bezeichnend. Die Bürger Gazas rühmten sich ihrer steil aufragenden Festung; schön, wenn die Stadt zu hoch lag, dann mußte eben das Bodenniveau angehoben werden, um an die Stadt heranzukommen. Es wurde Befehl gegeben, an der südlichen Stadtmauer einen Hügel aufzuschütten, der nach makedonischen Schätzungen 120 Meter breit und 76 Meter hoch war – wenngleich diese Ziffern sicherlich übertrieben sind; denn die Belagerung dauerte nur zwei Monate, und in der verfügbaren Zeit wäre es unmöglich, sogar unnötig gewesen, derartige Sandmengen aufzuhäufen. Der Kunstgriff eines solchen Hügels war sehr alt; schon zwei Jahrhunderte früher hatten persische Generäle ihn angewandt. Doch nun mußte er einem neuen Zweck dienen – Katapulte und Belagerungstürme sollten vermutlich über hölzerne Rampen auf die Kuppe dieses Hügels gehievt werden, die Verteidiger so von einem sie überragenden Punkt aus unter Beschuß genommen werden. Gleichzeitig würden Pioniere die Mauern durch Tunnels untergraben und zum Einsturz bringen – das war bei Städten, die auf einem Schuttkegel ruhten, eine wirksame und allgemein übliche Methode. Als die Römer im Jahre 83 v. Chr. eine kleinasiatische Stadt belagerten, stahlen die Verteidiger sich sogar aus ihren Mauern und ließen im feindlichen Belagerungstunnel einen Bären und einen Wespenschwarm los, um den grabenden Soldaten eine etwas eigenwillige Kurzweil zu bereiten.

Unter dem Beschuß der Artillerie und erschüttert vom Rammen der Belagerungstürme, gaben die Stadtmauern von Gaza alsbald nach und sanken in die Tunnels der Pioniere. Die Bewohner setzten sich den eindringenden Makedonen heroisch zur Wehr, und auch Alexander erlitt zwei Verwundungen – eine von einem Araber, der vor ihm niederkniete, als wolle er sich ergeben, nur um dann mit einem Dolch zuzustechen, den er in seiner linken Hand verborgen gehalten hatte. Die andere, etwas ernstere Wunde rührte von einem feindlichen Pfeilkatapult, dessen Bolzen den Schild des Königs und seinen Brustharnisch durchschlug und sich in seine Schulter grub, wo er eine Wunde verursachte, die »nur schwierig zu behandeln war«. Dessen ungeachtet sah Alexander seine Absicht erfüllt. Beim vierten Versuch gelang es seinen Makedonen, den Schuttkegel zu erklettern und die schwer angeschlagenen Mauern auf verstellbaren Leitern zu erklimmen. Einmal darüber hinweg, öffneten sie die Stadttore für das gesamte Heer. Trotz beherzter Gegenwehr war Gaza Ende Oktober gefallen.

Wären mehr Einzelheiten bekannt, so dürfte die Einnahme Gazas sicherlich zu Alexanders bemerkenswertesten Taten gerechnet werden. Wie in Tyrus hatte er allen Widrigkeiten zum Trotz einen komplex aufgebauten technischen Plan von bewundernswertem Wagemut mit einem beinahe schändlichen Instinkt für das Mögliche durchgesetzt. Eine Armee, die von den Heimsuchungen vor Tyrus völlig erschöpft war, dahin zu bringen, in der Spätsommerhitze einen riesigen Sandhügel aufzuhäufen – das ist kein geringer Beweis für Alexanders Fähigkeit, Menschen zu begeistern. Was seine Feldherrnkunst angeht, so hatte er wieder einmal jenen kampflustigen Stil und jene Bereitschaft gezeigt, mit verschiedenen Mitteln zugleich anzugreifen, die den großen Belagerer auszeichnet. Kein Feldherr in der Geschichte des Altertums kann sich rühmen, innerhalb von zehn Monaten zwei Belagerungssiege errungen zu haben, die jenen von Tyrus und Gaza vergleichbar wären.

Mehr ist hingegen über die Behandlung Gazas nach dem Sieg bekannt, und selbst in der Antike lösten die Berichte darüber Erregung aus. Die männlichen Bewohner wurden ausnahmslos getötet – die meisten schon während der Eroberung der Stadt –, während alle Frauen und Kinder in die Sklaverei wanderten – was nicht nur dem allgemeinen Brauch jener Zeit, sondern auch Alexanders gewohnheitsmäßiger Behandlung von »Rebellen« entsprach. Die Stadt wurde mit Menschen der Umgebung neu bevölkert und für die Dauer des Krieges als Festung verwendet – ein Zeichen dafür, wie hoch Alexander die strategische Lage der Stadt bewertete. Das Schicksal des Batis bildete größeren Gesprächsstoff; von Alexanders Offizieren ist nicht bekannt, daß sie je darauf zu sprechen gekommen wären, doch der Klatsch im Heerlager wollte wissen, man habe Batis Peitschenschnüre um die Füße geschlungen und mit dem anderen Ende an Alexanders Streitwagen geknotet, worauf die Pferde ihn um die Stadt schleiften, und Alexander habe Batis' Bestrafung mit dem Los verglichen, das der homerische Hektor auf das Geheiß seines rasenden Bezwingers Achilles erlitten hatte. Mit der Zeit wurden die Beschreibungen immer blutrünstiger, doch ist das kein Grund, den Vorfall selbst zu bezweifeln. In Thessalien zum Beispiel pflegten immer noch Pferdegespanne die Leiche eines Mörders um das Grab seines Opfers zu schleifen, und Alexander wurde von einem großen Kontingent thessalischer Reiterei begleitet. Diese Männer könnten sehr wohl eine Bestrafung vorgeschlagen haben, welche die homerischen Neigungen ihres Meisters ansprach; in Gaza war Alexander zweimal verwundet worden, und an Städten, die ihm eine Wunde beigebracht hatten, übte sein Heer stets besonders erbitterte Vergeltung.

Der Fall Gazas hatte den Weg nach Süden geöffnet, durch Sumpfland und Wüste nach Ägypten, und so konnte Alexander nach neun Monaten des Blutvergießens unangefochten in das mächtigste Königreich unter Darius' Herrschaft eindringen. Während des verstrichenen Dreivierteljahres hatte er Syrien und Palästina mit den makedonischen Waffen bekanntgemacht, die ihnen mehr als ein Jahrhundert lang, hin und her, im Kampf um ihre Wälder, Flotten und Edelmetalle, vertraut bleiben sollten. Gaza und Tyrus waren unter einer griechischen Regierungsform neu besiedelt worden; nur wenig Dank aber können die vielen tausend Familien empfunden haben, deren Männer und Söhne ihr Leben gelassen hatten für die ersten kleinen Wellen jener Flut griechischer Kultur, von der diese Landschaften im Verlauf der folgenden hundert Jahre mit segensreichen Auswirkungen bedacht werden sollte.

Einmal, so berichtet eine hübsche Geschichte, befanden sich Alexander und sein ältlicher Geschichtsschreiber Aristobulos in demselben Boot auf dem indischen Fluß Jhelum, und um die Zeit zu verkürzen, las Aristobulos laut aus seinem Geschichtswerk vor. Da er annahm, er werde dem König am besten gefallen, wenn er die Ereignisse um erfundene Heldentaten bereicherte, ging er mit der Wahrheit recht poetisch um. Alexander aber ergriff das Buch und warf es in den Fluß mit der Bemerkung: »Und das gleiche verdienst du, Aristobulos, der du diese Kämpfe in meinem Namen führst und all diese Elefanten mit einem Wurfspeer tötest.« Wäre Alexander im Hinblick auf die Monate, die der Belagerung Gazas folgten, ebenso aufrichtig gewesen, so hätten seine Geschichtsschreiber wohl mit einem ähnlichen Geschick rechnen müssen. Im November 332 v. Chr. durchquerte Alexander die Wüste nach Ägypten; im April des folgenden Jahres hatte sein Mythos eine neue, merkwürdige Wendung genommen. Legende und Schmeichelei begannen sich bald dieser Verschiebung zu bemächtigen, doch hinter allem tauchen tiefste Fragen über Alexanders Persönlichkeit auf: War Alexander in irgendeiner Weise ein Mystiker? Wie ernst nahm er die göttlichen Ehren, die ihm zu Lebzeiten erwiesen wurden? Sollte er wirklich seinen Vater verleugnen, und wenn dem so wäre, welcher Grund mochte ihn dazu bewogen haben? All das ist von den Sarissen und Belagerungswerken des Vorjahres weit entfernt und bildet zu dem Blutbild in Tyrus und Gaza einen scharfen Kontrast. Wenn ein Teil der Bannkraft Alexanders in seiner Jugend begründet liegt und ein weiterer in seiner ungestümen Neugier, so beruht der ungewöhnlichste Aspekt seiner Faszination auf den Ereignissen der folgenden fünf Monate.

Die Straße von Gaza nach Ägypten war besonders gefährlich, da sie zunächst drei Tage durch die Wüste und dann durch die berüchtigten Barathra- oder Serbonischen Sümpfe führte, die nur zwölf Jahre vorher einem persischen Heer Unglück brachten. Es ist nicht bekannt, wie Alexander das Problem der Wasserversorgung löste – vielleicht mit Hilfe seiner Flotte –, oder wie er diese Küstensümpfe umging; jedenfalls war er im November am östlichen Arm des Nildeltas. Das reiche Ägypten lag vor ihm und ein Winter, der für sein Heer Verpflegung in Fülle bot. Der Nil war im November nicht mehr überschwemmt und überschreitbar, und der Winter war für den ägyptischen Landmann eine Zeit der Muße. Der ehemalige Satrap von Ägypten war in Issos an der Spitze seiner Truppen gefallen, und nach dieser Schlacht war der abtrünnige Makedone Amyntas mit etwa viertausend flüchtigen Söldnern des Großkönigs auf Schiffen nach Zypern gefahren, dann weiter südlich an den Nil, wo sie zur herzlichen Begrüßung durch die einheimische Bevölkerung an Land gingen. Später, als Amyntas' Griechen ägyptische Bauernhöfe auszuplündern begannen, verloren sie ihre Beliebtheit. Amyntas und seine Soldaten wurden, vielleicht auf persische Anstiftung, umgebracht, doch sein Beispiel blieb für den nächsten Abenteurer ein Ansporn – Ägypten wartete, seine Leute begegneten taktvollem Verhalten freundlich, und wie immer war vom ägyptischen Heer nichts zu befürchten.

Die ägyptische Kultur war so alt wie die Welt selbst, und Ägypten war darauf stolz. Wie seine Priesterschaft behauptete, war die griechische Philosophie 48 863 Jahre vor Alexanders Ankunft von einem Ägypter, einem Sohn des Nils, begründet worden. Fast zweihundert Jahre war es her, seit die Perser den ägyptischen Pharao zum ersten Male besiegt hatten und das an Menschen und Getreide so reiche Königreich besetzten. Der persische König war als neuer Pharao anerkannt worden, und als sein Stellvertreter regierte ein Satrap mit der Unterstützung von Kronkolonisten aus allen Teilen des persischen Reiches, ob es nun Juden sein mochten oder Nomaden aus Khwarezm, die in Garnisons-Enklaven bis zum Ersten Katarakt im tiefen Süden, an der Grenze zwischen Ägypten und dem unabhängigen Nubien lebten. Trotz der Legenden von persischer Grausamkeit, die sich bei der Priesterschaft hielten, hatte die persische Herrschaft doch nicht so schwer auf dem Lande gelastet, wie es denkbar gewesen wäre. Persische Adelige erfreuten sich ägyptischer Landgüter, die sie durch ägyptische Verwalter mit einheimischen Sklaven bestellen ließen. Der jährliche Tribut war im Höchstfall die geringe Summe von 700 Silbertalenten, und die Entrichtung von Naturalien war nicht drückend. Ein Staatsmonopol und die Besteuerung aller Erzeugnisse sollten die Einkünfte der Ptolemäer später um das Zwanzigfache steigern, doch unter den Persern betraf die Steuer nur Teilbereiche; einige lebenswichtige Handelszweige und Landprodukte waren überhaupt noch nicht erfaßt. Die Adeligen der Delta-Städte hatten nach der persischen Eroberung ihre hohen Ämter behalten. Ein Tempel konnte noch immer dreißig Quadratkilometer Land besitzen. Und doch waren die Perser von den gebildeten Schichten niemals lange akzeptiert worden. Immer wieder waren Aufstände aufgeflackert, und während der sieben Jahrzehnte vor Alexanders Ankunft hatte Ägypten bis auf fünf Jahre seine Unabhängigkeit unter verschiedenen Pharaonen behauptet, von denen einige, wahrscheinlich aus Äthiopien stammend, im Delta neue Dynastien begründet hatten. Die Perser hatten mehrfach versucht, das Land zurückzuerobern, manchmal mit großem Aufwand. Viermal waren sie eingedrungen und hatten das Land doch nicht vor dem Winter des Jahres 343 v. Chr. wiedergewonnen. Selbst dann war der Erfolg von kurzer Dauer. Fünf Jahre nach dem Sturz des Pharaonen im Delta hatte der Prätendent Khabasch das Land wiederum zum Aufstand geschürt, und ihn hatten die Perser vor drei Jahren erst niederzwingen können.

Alexander, der gewissermaßen als Erbe jüngster, wiederholter Revolten erschien, wurde von den Leuten des Landes mit Begeisterung aufgenommen. Der persische Satrap kam ihm bei der Festung von Pelusium entgegen und bot ihm 800 Talente und sein gesamtes Mobiliar für ein freies Geleit. Makedonen wurden auf Schiffen den Nil hinunter zur Hauptstadt Memphis geschickt, und dorthin begab Alexander sich auf einem Landmarsch. Binnen einer Woche betrat er den riesigen Palast des Oberen Ägypten, seit mehr als tausend Jahren das Stammschloß der Pharaonen.

Die ägyptische Gesellschaft, die ihn freudig aufnahm, war so streng gestuft wie ihre Pyramiden. Unten befanden sich Millionen einheimischer Leibeigener – die Fellachen –, die, weil sie nicht entkommen konnten, von Eroberern und Adeligen besteuert und geknechtet wurden. Nahe der Spitze standen die Familiendynastien der Delta-Regionen, Männer wie Semtutefnakhte oder Patesi, die mit Alexander Frieden schlossen und unbeeinträchtigt die priesterliche Stellung und die örtlichen Gouverneursämter beibehielten, die ihre Familien über zweihundert Jahre lang innegehabt hatten. Oben an der Spitze waren der Pharao und um ihn die Priester, die dank ihrer Erziehung und ihrer Bräuche die herausragendste Schicht der ägyptischen Geschichte bildeten. »In Ägypten«, so hatte Platon geschrieben und damit die Sicht der Priester selbst ausgesprochen, »kann ein König ohne die Kunst der Priester nicht regieren; wenn er aus einer anderen Schicht emporgekommen ist, muß er erst in die Priesterklasse aufgenommen werden, bevor er regieren kann.« Den Priestern oblag die Krönung, und sie beurteilten jeden Träger der Krone nach den Bestimmungen ihres eigenen Gesetzes, dem Ma'at oder Gesellschaftskodex, der an Riten und komplizierten Verordnungen reich war. Selbst die tapferen einheimischen Pharaonen der jüngsten Aufstände waren von der Priesterschaft als »Sünder« gebrandmarkt worden, weil sie den hohen Anforderungen eines rechtschaffenen Lebens nicht genügt hatten. Die zweihundert Jahre persischer »Mißherrschaft und Vernachlässigung« verurteilten die Priester mit aller Schärfe; die persischen Frevel übertrieben sie maßlos. Dem Großkönig Artaxerxes III., der Ägypten elf Jahre vorher zurückerobert hatte, gaben die Priester den Namen »das Schwert«, und er wurde beschuldigt, den heiligen Stier des Gottes Apis getötet, geröstet, verspeist und an seine Stelle den verfluchten Esel gesetzt zu haben. Es mag sein, daß unter persischer Herrschaft die Schenkungen und Privilegien der Tempel abnahmen, aber solche Legenden über das grausame Verhalten von Persien hatten mit der Wahrheit nicht mehr viel zu tun. Alexander, dem anerkannten Rächer persischer Frevel, kamen sie allerdings gelegen.

In Memphis zögerte er nicht, seine wahrscheinlichsten Kritiker für sich einzunehmen. »Er opferte anderen Göttern und vor allem Apis.« Durch dieses eine Opfer wandte er alle Erinnerungen an persische Ungerechtigkeit von sich ab; er ehrte den ägyptischen Gott Apis in der Gestalt seines heiligen Stiers, des berühmtesten unter den zahlreichen religiösen Tieren Ägyptens, der den Gott in Memphis verkörperte, bis er im Alter von etwa zwanzig Jahren durch einen jüngeren Stier ersetzt wurde, starb und in einem glänzenden Sarkophag mit Pomp bestattet wurde. Als Gegengabe scheint Alexander als Pharao des Oberen und Unteren Ägypten gekrönt worden zu sein, wenngleich diese Ehrung nur in dem frei erfundenen *Alexander-Roman* erwähnt wird. Die Krönung kann nicht auf einen Monat genau datiert werden, gestützt wird sie aber durch die Pharaonentitel, die ihm in den ägyptischen Tempelinschriften zugeschrieben sind. Als Pharao war er der anerkannte Vertreter Gottes auf Erden und von seinen ägyptischen Untertanen als lebendiger und erreichbarer Gott betrachtet. Er wurde als Horus angebetet, als der göttliche Sohn des Sonnengottes Ra, dessen Kult im Unteren Ägypten vorherrschte, und als geliebter Sohn Amuns, der das Universum schuf und dessen Kult in den Tempeln Oberägyptens blühte, wo er die Verehrung des südlicheren Ra allmählich einbezog. Diese Gottessohnschaft fügte Alexander in die dynastische Vergangenheit der Pharaonen des Landes ein; denn so konnte von ihm gesagt werden, mit ihnen teile er den gemeinsamen Vater der Pharaonen, Amun-Ra, der die Mutter des Pharaos besuchte, um den nächsten König zu zeugen. Höflinge würden Alexander mit dieser Lehre vertraut gemacht haben und sich unter den mit ihr begründeten Titeln an ihn wenden. Es sollten nicht viele Monate vergehen, bis die in dieser Lehre verborgenen Möglichkeiten deutlich hervortraten.

»Pharao, Pharao«, so hatte ein ägyptischer Priester anläßlich der Rückeroberung des Landes durch die Perser geschrieben, »komm und tu die Arbeit, die dich erwartet«. Als gekrönter König beider Länder, »Herr des Schilfs und der Biene«, sollte Alexander in der Tat die Hoffnungen der Tempel und den täglichen Lauf des priesterlichen Ma'at erfüllen. Seine Krönung erfolgte in verwirrter Zeit. Der letzte Pharao, Nektanebo II., war vor den eindringenden Persern gen Süden, wahrscheinlich nach Äthiopien, entflohen, doch die Ägypter glaubten, er halte sich zur Rückkehr bereit, um seine Herrschaft wieder aufzunehmen. Alexander war an seine Stelle getreten, und es war vielleicht mehr als nur ein Gerücht, daß er einen Marsch nach Äthiopien erwog, der Grenzlandschaft von Nektanebos eventuellen Gefolgsleuten. Statt dessen aber soll sein Geschichtsschreiber Kallisthenes den Nil flußaufwärts gereist sein, um die Ursachen der sommerlichen Überflutungen zu ergründen, und diese Geschichte hat einiges für sich. Die Überschwemmungen beschäftigten seit langem den Scharfsinn griechischer Autoren; einige hatten sogar des Rätsels Lösung erraten, doch blieb es Aristobulos zu schreiben überlassen, diese Angelegenheit stelle nun kein Problem mehr dar, da jetzt griechische Besucher die Ursache der äthiopischen Sommerregen mit eigenen Augen gesehen hätten – seine Zeugen waren vermutlich der ihm verwandte Kallisthenes und Soldaten des makedonischen Heeres.

Was Alexander angeht, so bestieg er früh im Jahre 331 v. Chr. in

Memphis ein Schiff und segelte nilaufwärts, um seinen dauerhaftesten kulturellen Beitrag zu leisten. An der Flußmündung besuchte er das pharaonische Grenzfort Rhakotis und erforschte die übrigen Mündungsarme des Deltas. Von den Möglichkeiten, die sich am westlichen Deltarand boten, war er sehr beeindruckt: »Ihm schien, daß dieser Ort sich wunderschön zu einer Stadtgründung eigne und die Stadt sehr begünstigt werde. Ihn ergriff Begeisterung für diese Arbeit, und er machte den Plan selbst, indem er zeigte, wo der Versammlungsplatz gebaut werden sollte und welche Götter ihre Tempel wo haben sollten: griechische Götter wurden neben der ägyptischen Isis auserwählt. Er ordnete auch an, wo die Außenmauer errichtet werden sollte.« So entstand Alexandria, ein neuer Schwerpunkt für die gesamte folgende Geschichte des Mittelmeerraumes, der »wie ein Nabel im Mittelpunkt der Zivilisation ruhen sollte«.

Wie jedes andere Alexandrien wuchs auch dieses um eine Festung herum, die von den Persern verwendet worden war. Rhakotis wurde ein Stadtteil der neuen Gründung und nahm die Herdentreiber auf, die seit langem in den umliegenden Dörfern gelebt hatten. Der Ort war eine hervorragende Wahl, und die Ägypter hatten seinen natürlichen Hafen unter Umständen bereits vorher genutzt. Für Alexander versprach er ein besonders angenehmes Klima, Schutz vor der Insel Pharos und einen überragenden Punkt an der Küstenlinie, der den nordwestlichen Sommerwind fangen mußte. Eine Lage weiter östlich im Delta wäre bald von dem Schlamm zerstört worden, den die natürliche Strömung an der Flußmündung vom Westen her ans Ufer wäscht.

Abgesehen vom Ruhm und von dem Wunsch, daß die Stadt gedeihen möge, können die Motive zur Gründung Alexandrias nur erraten werden. Eine gutgeschützte Lage besaß es nicht, und seine Position am Rande der ägyptischen Verwaltung legt nahe, daß seine hauptsächliche Attraktion vielleicht im Wirtschaftlichen, in der Öffnung zum Ägäischen Meer hin bestand. Die Griechen hatten im Delta seit langem einen Handelsstützpunkt in Naukratis unterhalten, und es ist nicht bekannt, daß ihr Handel mit Ägypten vor Alexanders Ankunft abnahm, obwohl persische Einmärsche ihn nicht eben günstig beeinflußt haben können; inwieweit geschäftliche Verbindungen mit Griechenland und ihr mögliches Wachstum Alexander bewogen haben könnten, läßt sich nicht feststellen. Als er die Stadt gründete, war das Ägäische Meer von Seeräubern verseucht und entschieden zu feindlich, um eine solche Entwicklung zu befürworten; selbst in der Blütezeit soll mehr Handelsgut vom ägyptischen Binnenland her als vom ganzen Mittelmeer Alexandrien passiert haben. Aus den landeinwärts gelegenen Getreidegebieten Ägyptens konnte das Korn rasch zur Ernährung der großen Bevölkerung flußabwärts nach Alexandria verschifft werden, und an dem problemlosen Nahrungsnachschub mußte seinem Gründer mehr liegen als an der wirtschaftlichen Nutzung des Überflusses oder an den Hafensteuern, die auf dem Handel der Stadt lagen. Wie in anderen Städten waren auch in Alexandrien Kaufleute nur selten Bürger, und ihre Organisierung zu offiziellen Verbänden begann erst langsam. Der Handel war deshalb kein selbstverständlicher Faktor städtischer Politik, und während des folgenden Jahrhunderts nahm Alexandrias Handel stärker durch Händler aus Rhodos zu als auf Grund der Geschäftigkeit seiner eigenen Bürgerschaft. Rhodos jedoch war kein sicherer Freund Alexanders, als er Alexandria gründete.

Die Bürgerschaft war eher ausgesucht als dem Handel verbunden. Makedonische Veteranen, Griechen, Gefangene – vielleicht auch eine Gruppe von Juden – wurden hier zu Bürgern gemacht; hinzu kamen Landeskinder, hauptsächlich als Menschen geringeren Standes. Gesetze und Gründungsstatuten sind längst nicht gesichert; möglicherweise hat die Stadt von Anfang an Versammlung und Stadtrat gehabt, aber die Voraussetzungen für eine Mitgliedschaft sind ungewiß. Der Architekt war ein Grieche aus Rhodos; die Bauarbeiten wurden Kleomenes übertragen, einem Griechen aus Naukratis mit einem gutentwickelten Sinn für Finanzen. Als Hafermehl ausgestreut wurde, um die Umrisse der Stadt in der Form eines militärischen Mantels makedonischer Machart zu bezeichnen, soll der Prophet Aristander geweissagt haben, daß »Alexandria in so mancherlei Weise gedeihen werde, vor allem aber von den Früchten der Erde«. Erstes Anliegen dieser Stadt war die Versorgung aus dem Hinterland, keinesfalls ein ausgewogener Handel, der Export ägyptischer Schiffsseile, Drogen und Gewürze oder der Import griechischer Weine und bemalter Töpfereien.

Beim Beginn der Bauarbeiten gab es für Alexander eine angenehme Überraschung. Wider Erwarten früh kam aus dem Ägäischen Meer einer seiner Admiräle, um Gefangene abzuliefern und über seine Feindfahrt Bericht zu erstatten. Nach dem Übertritt zypriotischer, rhodischer und phönikischer Flotten konnten dies nur gute Nachrichten sein. Den persischen Admirälen ging das Geld aus; sie verfügten nur noch über dreitausend griechischer Söldner und nur so viele Schiffe, als sie von ägäischen Seeräubern anzuheuern vermochten. Tenedos, Lesbos, Chios und Kos hatten – meist zum Applaus der Bevölkerung – ihre Tyrannen und Oligarchen verbannt. Im Hafen von Chios waren Seeräuber und einer der beiden persischen Admiräle in eine Falle gelockt worden, wenn in der Zwischenzeit auch der persische Admiral entkommen war und sein Kollege sich irgendwo versteckt hielt. Der Athener Chares, der eine der lesbischen Städte ergriffen hatte, war ebenfalls auf freiem Fuße, und zum letztenmal sollte man von ihm keineswegs gehört haben. Beunruhigender schien zu dieser Zeit, daß das Schiffswesen in der Ägäis noch immer seeräuberischen Langschiffen ausgeliefert war. Weniger ernsthaft war die Nachricht, daß der spartanische König Agis, nach fruchtlosen Verhandlungen mit persischen Generälen, inzwischen achttausend flüchtige Griechen von Issos nach Kreta übergesetzt und die kretischen Städte und Festungen mit persischer Hilfe an sich gerissen hatte. Mit dem Ende des Ägäischen Krieges würden verzweifelte Perser nunmehr dorthin flüchten, doch falls Agis seine Banditen nach Griechenland zurückschiffen sollte, so konnten sie dort eine gefährliche Revolte kaum anzetteln. Verglichen mit Antipater und seinen Verbündeten war ihre Stärke gering, und Soldfragen würden bald zu Streit führen, vor allem da Sparta keine eigene Münze hatte und die Mittel fehlten, eine Söldnerarmee zu unterhalten. Bei Issos waren Alexander auch Gesandte Spartas an Darius in die Hände gefallen; seither waren zwei weitere Boten entsandt worden, doch schien es unwahrscheinlich, daß sie bei einem König Gehör finden könnten, der sich in wachsendem Maße auf Asien konzentrierte.

Als Führer der griechischen Verbündeten veranlaßte Alexander die Bestrafung aller seiner ägäischen Gefangenen. Die Seeräuber wurden hingerichtet, die meisten Tyrannen zur Aburteilung in ihre Heimatstädte zurückgeschickt, wo die demokratischen Verfassungen wiederhergestellt worden waren und ihnen die Legalität wenig Trost bieten sollte; in einer befreiten Stadt wurden zwei mit Persien sympathisierende Terroristen mit 883 gegen 7 Stimmen zum Tode verurteilt – ein glasklarer Beweis des Hasses, den ein demokratisches Gericht ihnen entgegenbrachte. Die Rädelsführer der Aufstände auf Chios waren so gefährlich, daß Alexander selbst über sie zu Gericht saß – er schickte sie in Ketten an den Ersten Katarakt, wo sie in einer alten persischen Garnison gefangengesetzt wurden; weitere Rebellen aus Chios sollten an Ort und Stelle abgeurteilt werden, und falls sie flohen, war ihnen Asyl zu geben verboten. Alexander wartete ihre Verurteilung nicht ab. Im Frühjahr, als in Alexandria die Bauarbeiten begannen, marschierte er an der Mittelmeerküste westwärts; was er vorhatte, blieb den Mutmaßungen seiner Soldaten überlassen. Mit ihren Mutmaßungen beginnen die Probleme hinsichtlich Alexanders Persönlichkeit.

Im Folgemonat reiste Alexander mit einer kleinen Schar von Begleitern westwärts und dann etwa 450 Kilometer gen Süden durch eine unheimliche Wüstenstrecke, um gewisse Fragen an das Orakel des stierköpfigen Gottes Ammon zu richten, der in der Oase Siwah an der fernen Westküste zwischen Ägypten und Libyen verehrt wurde. Alexander selbst hat nie verraten, welche Fragen er stellte und welche Antworten er erhielt, doch hat man aus seinem Verhalten und der Art, wie seine Geschichtsschreiber es darstellten, manche Schlußfolgerungen gezogen. Nur einmal vorher – und zwar zu seiner Pilgerfahrt nach Troja – war Alexander von der strategisch richtigen Route abgewichen. Was immer ihn zur Oase Ammons geführt haben mag, es muß also schwer zu erfüllen gewesen sein.

Dem ausführlichsten überlieferten Bericht über seine Beweggründe zufolge, den fünfhundert Jahre später Arrian auf der Grundlage einer weiten und verschiedenartigen Lektüre verfaßte, begab er sich dorthin aus brennendem Verlangen, »weil er Ammon bereits teilweise mit seiner Erzeugung in Beziehung brachte . . . und er entweder etwas über sich selbst zu erfahren hoffte oder zumindest behaupten wollte, daß er es getan habe.«

Diese herausfordernde Bemerkung bringt uns zu dem seltsamsten Faden im Leben und Legende Alexanders. Als Folge seines Besuches in der Oase wird in den verschiedenen Geschichtswerken über ihn behauptet, er habe seinen Vater Philipp verleugnet und Ammon als

Vater beansprucht. Vor allem auf Münzen der Diadochenzeit erscheint er rundäugig, mystisch und mit dem Schmuck eines sich kräuselnden Widderhorns, dem Symbol Ammons. Im *Alexander-Roman* schreibt er Briefe, in denen er sich als Sohn Ammons bezeichnet. Das biblische Buch Daniel erwähnt ihn als widderhörnigen Eroberer. Vom frühen moslemischen Syrien bis zum heutigen Afghanistan wird er in der Legende als Iskander Dhulkarnein, als Alexander der Zweigehörnte, auftreten, der mit dem Zweigehörnten Propheten des Korans gleichgesetzt wird, der die Quellen der Unsterblichkeit sucht, den Barbaren bis weit über Persien hinaus trotzt und heute noch immer die nordöstliche Grenze gegen eine russische Invasion schützt. Wegen dieses einen Wüstenabenteuers hat Alexander seine Väter ausgetauscht und sind ihm Hörner gewachsen, aber ist es eine andere Frage, inwieweit diese späteren Entwicklungen seinem Charakter entsprechen.

Historisch ist sein Besuch in der Oase Ammons seit langem ein Opfer nachträglicher Legende geblieben, und nirgends wird dies deutlicher als hinsichtlich der umstrittenen Beweggründe zu dieser Expedition. Kallisthenes, der schrieb, was Alexander kund und zu wissen geben wollte, macht Alexanders rühmlichen Ehrgeiz verantwortlich – »er habe sich zu Ammon begeben wollen, weil er gehört hatte, daß Perseus und Herakles vor ihm dort gewesen seien«. Obwohl solch ein Wettstreit mit zwei griechischen Heroen nach Alexanders Geschmack war, schrieb Kallisthenes doch etwa zwanzig Monate nach dem Ereignis. Perseus wie Herakles waren allgemein als Söhne des Gottes Zeus anerkannt, und da Alexander nach dem Besuch als Zeus' Sohn gewürdigt wurde, mußte es einem Schmeichler sinnvoll erscheinen, das Ergebnis des Besuches in die Beweggründe vor der Expedition hineinzulegen. Kallisthenes »versuchte, aus Alexander einen Gott zu machen« und verlieh ihm die Eigenschaften Zeus', und so stellte er die Pilgerfahrt nach Siwah als die Rivalität des einen Sohnes Zeus' mit einem anderen dar. Während es von äußerster Wichtigkeit ist, daß dieser Beweggrund Alexander später gefiel, so sind Perseus und Herakles doch auch an sich interessant. Herakles war als Ahnherr der makedonischen Könige stets von Alexander geehrt worden, doch Perseus erscheint nirgends sonst in seinem Mythos. Es ist noch nicht einmal sicher, daß man vordem an seinen Besuch in Siwan geglaubt hatte. Vielleicht spielten da andere Dinge mit. Bei den Griechen fällt auf, daß sie dem einfachsten Wortspiel Glauben schenken konnten, vor allem wenn es sich um Ortsnamen und ausländische Völker handelte. Durch ein Wortspiel konnten ausländische Namen mit dem griechischen Kulturkreis verknüpft werden, und in diesem Sinne glaubten die Griechen allen Ernstes, daß die Perser von ihrem eigenen griechischen Helden Perseus abstammten, genauso wie die Meder sich ihrer Meinung nach von Medea herleiteten. Xenophon, der die Perser kannte und bewunderte, teilte diesen Glauben ebenso wie Platon und Herodot. Ja, die Perser selbst unterstützten diese Annahme, während nach Alexander Perseus als Symbol städtischer Mythen und Münzen vieler Städte Kleinasiens wiederkehrte, wo Perser und Griechen nebeneinander lebten. Um es kurz zu sagen, Perseus wurde der Held einer Integration zwischen Ost und West, und für Alexander – den ersten König, der beide Völker zusammen regieren sollte – war ein Wettstreit mit Perseus und Herakles nicht bedeutungslos. In den Augen der Griechen waren beide als die Ahnherren des persischen und des makedonischen Königs seine Vorfahren, und als Kallisthenes den Besuch in Siwah beschrieb, hatte Alexander bereits Darius als König Asiens ersetzt und war somit Erbe beider Helden in einem geworden. Eineinhalb Jahre vorher, als Alexander sich nach Siwah aufmachte, können diese beiden Helden in seinem Denken allerdings kaum einen großen Raum eingenommen haben.

Andere spannen das Thema fort. Den Wettstreit mit griechischen Helden ausgenommen, »begab Alexander sich zu Ammon mit der zusätzlichen Absicht«, so schrieb der Römer Arrian, der möglicherweise diesen Ansatz aus der ptolemäischen Geschichte übernahm, »um Genaueres über sich selbst zu erfahren oder wenigstens zu sagen, daß er es erfahren habe«. Dieses persönliche Problem war bereits mit der Frage nach seinen Eltern verknüpft, »denn er wies Ammon Anteil an seiner Geburt zu«, welche Annahme auf ganz natürliche Weise durch seine neue Stellung als Pharao erklärt werden kann, die Ptolemäos schließlich übernahm. Denn der Pharao war der »gezeugte Sohn Amun-Ras, der Geliebte Amuns«. Dieser Deutung zufolge reiste Alexander zur libyschen Oase Siwah, um die Bedeutung der Pharaonentitel zu erfahren – ein Beweggrund, der nicht minder verwirrt scheint wie sein Wetteifern mit Helden der griechischen Legende.

Warum sollte der libysche Ammon die Wahrheit des ägyptischen Amun-Ra kennen, und warum sollte die entfernte Oase Siwah Alexander als der Ort einer Wahrheitsfindung genannt worden sein? Nur wenn Ammon und Siwah in einem gemeinsamen Rahmen gesehen werden können, mögen die Gründe für diese Pilgerfahrt plausibel werden. Von Ptolemäos ist bekannt, daß er diesen Besuch um Wunder bereicherte, und sein Bericht über Alexanders Beweggründe ist kaum dazu angetan, für unparteiisch zu gelten.

Im Gotte Ammon trafen sich die Traditionen dreier verschiedener Völker. Ursprünglich war die Oase Siwah die Heimat eines örtlichen libyschen Gottes gewesen, der dem Baal Haman der Karthager an der westlichen Grenze verwandt sein mag. Sein Schrein lag eine vierwöchige Reise vom Mittelpunkt des ägyptischen Königreichs entfernt, und es ist sehr gut möglich, daß er über tausend Jahre niemals in den Herrschaftsbereich der Pharaonen fiel. Die Bauweise des Tempels ist nicht eindeutig ägyptisch, und seine Schnitzereien zeigen den einheimischen libyschen König der Oase im Range der Unabhängigkeit. Ägypten scheint mit Libyen zusammengewachsen zu sein, ohne es völlig zu übernehmen, und mußte deshalb einen fremden Gott deuten. Ägypten identifizierte ihn mit seinem eigenen Herrn Amun, dem Widdergott und Schöpfer des Universums, der mit Mut verheiratet war und Khonsu zeugte. Die Riten in Siwah nahmen ägyptische Form an, und die Orakel erfolgten auf ägyptische Weise.

Dann hatte sich noch der Einfluß eines dritten Volkes bemerkbar gemacht. Während der Herrschaftszeit von Amasis waren Siedler aus Griechenland in Kyrene eingetroffen, einer libyschen Stadt westlich der Siwah-Wüste, wo sie sich mit den dort ansässigen Berbern vermischten und von den örtlichen Gottheiten hörten. Die Griechen, die stets von Orakeln angezogen wurden, besuchten Siwah in der ägyptischen Phase und gaben seinem Gott den griechischen Namen Ammon, der sowohl auf den Amun der Ägypter als auf das griechische *»ammos«* oder Sand verwies, wie es einem Gott der Wüste zukam. Und so, wie die Ägypter den Gott Siwahs bereits mit ihrem obersten Widdergott Amun gleichgesetzt hatten, so deuteten die Griechen diesen hochverehrten Amun als Form ihres olympischen Götterkönigs Zeus. In Kyrene errichteten sie bald einen herrlichen dorischen Tempel für Zeus Ammon und prägten seine Zeichen, vor allem das Widderhorn, auf die reichlichen Münzen der Stadt. Die Herkunft des Gottes war vielschichtig und aus griechischen, libyschen und ägyptischen Quellen gespeist. Es kam nur noch darauf an, seine Verehrung auszubreiten.

Seit 500 v. Chr. war Ammons Verbreitung erstaunlich gewesen. Es war die griechische Stadt Kyrene, die den Namen des Gottes nach Griechenland weitergab, und der erste Ägypter, der unseres Wissens an Siwah Interesse fand, war der Pharao Amasis, der eine kyrenische Mätresse hatte. Da viele der griechischen Siedler Kyrenes familiär mit dem Sparta des griechischen Festlandes in Verbindung standen, gelangte die Verehrung Ammons über Spartas südliche Hafenstadt bald ins Landesinnere. Der große Zeus-Schrein in Olympia begründete den Kult dieses neuen Zeus, den Kyrene entdeckt hatte, und in dem thebanischen Dichter Pindar fand Ammon 130 Jahre vor Alexanders Besuch seinen glänzendsten Publizisten. Pindar hatte den König Kyrenes aufgesucht, um ihm zu Ehren eine Hymne zu dichten, und war von Zeus Ammon so beeindruckt, daß er nach seiner Rückkehr in seiner Heimatstadt eine Statue des Gottes errichten ließ und ihn in einem Gedicht besang. Die Priester Siwahs sollen, wie es heißt, für Pindar den größten Segen des Lebens erfleht haben, worauf der Dichter in Erfüllung des Gebetes friedlich gestorben sei. Und Pindar hatte zudem ehrwürdige Verbindungen zu den makedonischen Königen.

Von den berühmten griechischen Bewunderern Ammons war Pindar nicht der letzte. Die Familie des spartanischen Generals Lysander stand vermutlich über Kyrene mit Siwah in Berührung, und Lysander sollte den Gott während seiner Laufbahn im späten fünften Jahrhundert vor Chr. verwenden. Als er an der Ostgrenze Makedoniens eine Stadt belagerte, gab er vor, Ammon sei ihm in einem Traum erschienen, und auf Rat des Gottes gab er die Belagerung so überraschend auf, daß die Stadt aus Dankbarkeit einen Kult Ammons einrichtete – eine Tatsache, die Alexander lange vor seinem Zug nach Ägypten gekannt haben mag, da seine Heimat nicht weit entfernt lag. In der Zwischenzeit hatte sich Athen nicht minder empfänglich gezeigt. In den 460er Jahren v. Chr. versuchte der athenische General Kimon das Siwah-Orakel zu befragen, als seine Flotte vor Zypern lag; vor dem Einfall in Sizilien schickten die Athener Gesandte mit eben solchem Auftrag aus, und wenigstens dreißig Jahre vor Alexanders Besuch war Zeus Ammon im Hafen Piräus ein Tempel errichtet worden, vielleicht von Kaufleuten, die den Gott durch ihren Kornhandel mit Kyrene kannten. Von Athen aus war Gold nach Siwah überbracht worden. Bei den athenischen Dichtern war Ammon ein anerkanntes Orakel, und das war nicht überraschend, da sich der Ruhm des Gottes seit langem in Kleinasien verbreitet hatte, von Kyzikos am Schwarzen Meer bis hin zu den lykischen Königen im fernen Süden, und schließlich auch die Inseln der griechischen Ägäis erfaßte. Bevor Alexander ihn suchen ging, hatte Zeus Ammon die griechische Welt über hundert Jahre lang umspannt, und dieser Hintergrund läßt seinen Entschluß verständlich werden.

Ganz unabhängig davon, ob er Pharao in Memphis geworden wäre, hätte Ammon als wohlbekannter griechischer Gott Alexanders Aufmerksamkeit gefunden. Obwohl die Riten in Siwah einem ägyptischen Vorbild folgten, so hatten Ägypten und seine Pharaonen doch die Priesterschaft der Oase kaum angetastet, und von keinem Pharao wird berichtet, daß er eine 750 Kilometer lange Wüstenreise von Memphis nach Siwah getan habe; für einen Menschen, dem dieser halblibysche Gott eine Gestalt seines eigenen Herrn Amun darstellte, war das sowieso eine unnötige Anstrengung, da berühmtere Tempel Amuns nur eine Bootsreise auf dem Nil entfernt lagen. Auch galt dies Orakel keineswegs als ägyptische Marionette. Wenn benachbarte Grenzstämme zu wissen begehrten, ob sie zum Pharao halten sollten oder nicht, so baten sie Ammon um unparteiischen Rat. Nur ein einziges Mal hatte ein Pharao sich für Siwah interessiert. Einige Jahre vor der Ankunft Alexanders ließ der letzte unabhängige Pharao, Nektanebo II., dem ägyptischen Amun-Ra in der Oase Siwah einen Nebentempel errichten; da Nektanebo jedoch libyscher Herkunft gewesen sein mag, war das für die ägyptische Politik oder den Makedonen Alexander ohne Bedeutung.

Die Oase lag weder günstig, noch war es in irgendeiner Weise naheliegend, dort das Geheimnis Amuns zu suchen, selbst wenn Alexander mit solcher Absicht aufgebrochen sein sollte. Es war das Delphi des griechischen Ostens; und nicht als Pharao, sondern als Hellene mußte ihn ein Gott neugierig machen, der bei den Griechen für seine Wahrhaftigkeit berühmt war. Zeus Ammon in Siwah war das letzte den Griechen bekannte Orakel, bevor Alexander seine

Truppen tief ins Innere Asiens führte, und aus diesem Grunde allein wünschte er es zu befragen. Es wird allgemein angenommen, daß außer der Neugier der Hang zum Abenteuer die Reise für Alexander verlockend werden ließ. Es erscheint in dem Zusammenhang sinnvoll, daß Alexanders Lehrer Aristoteles in einer Abhandlung über den Durst die Geschichte von einem Pilger aus Argos erzählte, der seinen Leib bis zum Letzten aushungerte und die Wüste nach Siwah in langen Wochen durchquerte, ohne auch nur einen Schluck Wasser unterwegs zu trinken. Es war ein Beispiel von Ausdauer, das die Schüler hatte anfeuern müssen, falls Aristoteles ihnen während des Unterrichts davon berichtete.

Doch in Ägypten schien Aristoteles weit entfernt, und eine konkretere Erinnerung an Ammon war erforderlich, die allerdings den Pharaonentitel Alexanders als Sohn des Amun-Ra nichts verdankte. Als Alexander noch mit den Plänen zu seiner neuen Stadt beschäftigt war, kamen Boten aus Kyrene, die ihn zu einem Besuch ihrer Stadt einluden. Sie boten ihm Freundschaft und Bündnis, dreihundert Pferde und fünf vierspännige Streitwagen. Arrian, der zur Begründung der Reise nach Siwah auf Alexanders plötzlichen Wunsch verweist, mehr über sich selbst zu erfahren, unterdrückt dieses Detail – wahrscheinlich, weil er dem Wortlaut des Ptolemäos folgte; Ptolemäos aber schrieb seine Geschichte, als er – statt mit Kyrene verbündet zu sein – diese Stadt beherrschte, und ein Hinweis auf das Bündnis seines Vorgängers mit Kyrene mochte ihm nicht opportun erscheinen. Aber es ist ein wichtiger Hinweis, da Ammon seine besondere Stellung in der griechischen Welt ursprünglich Kyrene verdankte, und es waren sicherlich die Gesandten dieser Stadt, die Alexander zuerst an die Existenz dieses Gottes erinnerten. Es ist sehr gut möglich, daß sie die Oase erst erwähnten, nachdem Alexander ihr Angebot angenommen hatte, zum Besuch ihrer Stadt aufgebrochen war und die Stadt Parätonium erreichte; diese liegt etwa 260 Kilometer westlich von Alexandria und sechzehn Kilometer über den Wendepunkt hinaus, wo Pilger nach Siwah abbogen. Dann aber hätte sich Alexander gen Westen gewandt, nicht um den Gott zu befragen, sondern weil er den Kyrenern folgte, und um die Grenze mit Libyen zu sichern – eine Absicht, die seinen militärischen Gepflogenheiten entspricht. Erst als die strategischen Gesichtspunkte berücksichtigt waren, dachte er an einen Abstecher zu dem bekannten und wahren Orakel Ammons. Er verließ Alexandria nicht mit festem Vorsatz als Mystiker, und da das Thema seines göttlichen Vaters nur in Siwah wie zufällig aufkam, nämlich durch einen unvorhersehbaren Zwischenfall auf den Stufen des Tempels, kann es nicht der Beweggrund gewesen sein, der ihn von Alexandria fort und in die Wüste führte.

Mit einer kleinen Gruppe von Freunden verließ er also Alexandria, um sich an der Küste entlang in westlicher Richtung zu begeben. Er folgte den bleichenden Wegrinnen nach Parätonium. Dort, wo sich eines Tages Antonius von Kleopatra verabschieden sollte, verließ er die Gesandten Kyrenes und begab sich mit seinen Begleitern auf Kamelen und mit Wasser für eine Viertagesreise südwärts in das Wüstengebiet. Was folgt, läßt sich ohne genaue Kenntnis jener Landschaft nicht rekonstruieren, doch sind glücklicherweise viele Menschen Alexanders Spuren gefolgt, um sie dann zu beschreiben, und der beste Bericht stammt von Mr. Bayle St. John, der sich nämlich wie Alexander verirrte und vom Wege abkam. Im September 1847 rüstete sich Bayle St. John nach einem sorgfältigen Studium der alten Schriften mit Kamelen, Beduinenführern und einem mäßigen Wasservorrat aus, ergänzte das allerdings um den Luxus von Branntwein und Zigarren. Seine Aufzeichnungen sind für das Weitere von großem Nutzen.

Bald nach Verlassen Parätoniums fand Alexander sich in einer weiten Sandwüste, weil seine Führer ihn wahrscheinlich zu weit westlich von dem direkten Weg abgeführt hatten, der, wie St. John und andere mehr festgestellt haben, eigentlich über Schieferhügel hätte führen sollen. Den Irrtum bekam er auf unangenehme Weise zu spüren, da ein Südwind aufkam und über die Wüste fegte, so daß die Reisenden vom Sandsturm geblendet wurden. Vier Tage lang wanderten sie weiter, so gut es ging, und erschöpften ihren Wasservorrat, während der Durst wuchs. Der Vorrat war fast zu Ende, als Wolken sich zusammenballten und ein plötzlicher Sturm ausbrach – »nicht ohne die Hilfe der Götter«, so glaubten sie; denn er erlaubte ihnen, die ledernen Wasserbehälter neu zu füllen.

Als sie aus dem Sandsturm hervorkamen, fanden sie zu jener langausgestreckten Hügelkette zurück, die sich von der Küste landeinwärts hinzieht, von Tal zu Tal steigt und fällt, bis die bizarren rötlichen Felsen mit ihren weißen Streifen aufschließen, und ein letzter Paßpfad sich eine Schlucht hinunterschlängelt und in jene sandigen Ebenen dahinter führt. Der Kühle wegen zog Alexander es vor, bei Nacht zu reisen, wobei er sich von der Klarheit der Wüstensterne leiten und vom Mondschein leuchten ließ; näher vermag ein Mensch dem verschwindenden Ideal des Schweigens nicht zu kommen; bis auf einen schwachen Wüstenwind war alles still. In dieser Stille wurde selbst der Boden lebendig, da Seiten und Untergrund des Passes mit ausgetrockneten Muscheln besetzt waren, die die Aufmerksamkeit der Reisenden erregten und St. John zufolge den Mondschein widerspiegelten, bis der ganze Weg aufleuchtete wie ein mythisches Tal der Diamanten.

»Eine Schlucht, schwarz wie Erebus, liegt über dem Pfad«, so schreibt St. John, »und zur Rechten erhebt sich eine riesige Felshäufung, die den Befestigungsanlagen einer riesigen legendären Stadt ähnelt, wie Martin* diese gemalt oder Beckford** sie beschrieben haben könnte. Da waren gähnende Tore mit erschreckend hohen Bastionen zu jeder Seite; da gab es Türme und Pyramiden, Halbrunde, Wölbungen, schwindelerregende Gipfel und majestätische Kranzhöhen, und allem verlieh das magische Licht des Mondes eine überirdische Majestät, zeigte aber an weiten Brüchen und unbeschreiblichem Ruin, daß sie zerstört und untergraben worden waren vom Sturm, vom Donner, von den Sturzbächen des Winters und von der mächtigen Artillerie der Zeit.«

In dieser geheimnisvoll herrlichen Landschaft verlor Alexander seinen Weg ein zweites Mal aus den Augen.

Kallisthenes zufolge kamen zu seiner Rettung zwei Krähen, die krächzend auf die Verirrten stießen und beständig vor ihnen herflogen, bis sie Alexander auf den rechten Weg zurückgebracht hatten. Ptolemäos, der sich nie gern überbieten ließ, behauptet in seiner Geschichte, daß zwei sprechende Schlangen Alexander als Führer leite-

* Homer Dodge Martin (1836–97) war ein amerikanischer Maler, dessen Landschaften, oft schwermütigen Charakters, einen Höhepunkt der Malerei in den Vereinigten Staaten vor dem Impressionismus bilden. D. Übers.

** William Beckford (1760–1844) ist der Autor der in der englischen Literatur des 18. Jahrhunderts epochalen Erzählung *Vathek* – ein Buch, das für seine bizarren »romantischen« Schilderungen berühmt ist. D. Übers.

ten, nicht nur nach Siwah, sondern auch den ganzen Weg zurück. Man darf diese Wunder nicht einfach beiseiteschieben, obwohl sie ein Warnzeichen sind, daß so wie Alexander auch die Wahrheit über den Besuch in Siwah von Anbeginn verlorenging. Auf dem Weg zum Orakel bemerkten die Reisenden in der Tat zahlreiche Schlangen, eine Tatsache, die wir dem Aristoteles-Schüler Theophrast verdanken, der ihr häufiges Auftreten in seiner Schrift über die Botanik erwähnt, die auf Informationen von Mitgliedern der alexandrinischen Expedition fußt. Was die Krähen des Kallisthenes angeht, so sind sie in der Zwischenzeit wieder bemerkt worden; denn auch St. John kam in diesen Hügeln vom Weg ab und beobachtete, während er auf seine Beduinenführer wartete, südwestlich zwei in den Lüften kreisende Krähen. Wäre er ihnen gefolgt, so hätte er genau den Weg gefunden, den er suchte, und so ist es vielleicht kein Zufall, daß das fragliche Tal bei den Einheimischen noch heute als der Paß der Krähe bekannt ist.

Nach den Schrecken des Passes stieg Alexander in eine Sandebene hinunter, die sich, für Vegetation zu heiß, über etwa sechzehn Kilometer bis zum Fuß der Milchberge erstreckt. Hier, inmitten weiterer Klippen wildester architektonischer Formen, folgte Alexander über ein flaches Becken grauen Kieselsteins der Straße ins Offene. Mit einer für diese Wüste so typischen Veränderung fällt die Kieselfläche plötzlich abrupt in eine Ebene üppiger Palmen, die beidseitig von Klippen umfaßt und in der Mitte eingerahmt wird durch vereinzelte Felsen massiver Formen und Größen. Hier, in der Oase von Garah, lagen die ersten Städte des Volkes Ammons. Wasser, Gastfreundschaft und Schatten waren endlich gegeben, und »der lebhafte Kontrast zwischen Unfruchtbarkeit und Fruchtbarkeit«, so schreibt St. John, »wo Leben und Tod ihre Herrschaft unter dem unendlichen Symbol unsterblicher Heiterkeit verstecken, erweckte die zusammenliegenden Gefühle von Staunen und Entzücken.«

Von diesen vorgelagerten Städten Ammons gelangte Alexander in einer Tagesreise zur zweiten Oase, dem Sitz des Siwah-Orakels. Obwohl die Reise schneller voranging, war sie doch nicht leichter; denn nach dem Verlassen der Palmenhaine von Garah mußte ihn sein Weg durch eine weitere Reihe von Schluchten führen, und er befand sich erneut auf einem vor Hitze glühenden Kiesplateau. Es ist eine

Gegend, die keinen Trost bietet, bis auch sie wieder in eine letzte Schlucht abfällt, die nur sechzehn Kilometer von Siwah entfernt liegt, wohin man zunächst über weiße Sanddünen, dann über eine verhärtete Kruste wandert, die stellenweise von Klumpen natürlichen Salzes aufgebrochen wird – eine reiche Ablagerung, aus der Ammon-Priester Salz in Körbe packten und den Königen Persiens für ihre Tafel schickten. Die Landschaft überwältigt das Auge, da Salzfelder und ausgetrocknete Salzseen den Glast schneebedeckter Gletscher entwickeln. Doch bevor der Reisende sich an dieses Weiß gewöhnt hat, tauchen die Umrisse der Oase von Siwah auf, die sich grün zwischen die letzten Flecken der Unfruchtbarkeit schiebt. Palmen und Obstbäume gruppieren sich an den Flüssen und bilden eine Heimat für Wachteln und Falken, Granatäpfel und Wiesengräser wie auch für den widdergehörnten Ammon und seine Priester – es war eines der vier Orakel, welche die Griechen wegen ihrer Wahrhaftigkeit besonders hoch einschätzten.

Salzfelder und Marschen trennten die Oase über ein Gebiet von etwa neun Kilometer Länge und fünf Kilometer Breite von der Außenwelt ab. In der Nähe des östlichen Randes erreichte Alexander das Ziel seiner Reise – jene Festung, die heute unter dem Namen Aghurmi bekannt ist und auf einem nackten Felsen rund fünfundzwanzig Meter über die Ebene emporragt. Zu Alexanders Zeiten war sie in drei Bezirke aufgeteilt – den inneren Bereich mit dem Palast der Herrscher; einen nächsten für ihre Familie, ihren Harem, den Schrein des Gottes, und einen äußeren für die Wachen und Soldaten. Neben dem Tempel befand sich der heilige Quell, in dem Opfergaben für den Gott gereinigt wurden. Er ist noch sichtbar und mit dem inneren Bereich des Tempels verbunden. Etwa einen halben Kilometer südöstlich stand ein zweiter Schrein, der den Ägyptern auch bekannt war, aber von griechischen Pilgern weniger besucht wurde, obwohl sie von seinem Quell wußten und ihn irrtümlicherweise für wundertätig hielten, da sie annahmen, daß er zu verschiedenen Tageszeiten zwischen heiß und kalt wechselte; die Griechen aber hatten keine Thermometer. Alexanders Offiziere griffen seinen örtlichen Namen, Quell der Sonne, auf und verknüpften ihn auf charakteristische Weise mit ihrem griechischen Mythos von Phaëthon, dem herabgestürzten Führer des Sonnenwagens.

Für Besucher wie für Besuchte war die plötzliche Ankunft überwältigend. Alexander war mindestens acht Tage lang durch ein Land der erstaunlichsten Konturen gereist und hatte bei jeder Wegbiegung Fata Morganen und Wunder erlebt. Er konnte von Glück reden, daß er überlebte, und man kann sich vorstellen, wie groß seine Erleichterung war, als er Siwah endlich erreichte. Die Leute in Siwah konnten nicht minder erregt sein. Historisch gesehen, war ihre Oase seit langem ein stilles Wasser, das die Pharaonen nie besuchten und das durch die umliegenden Wüstengebiete vom zeitgenössischen Leben abgetrennt war. Selbst im zwanzigsten Jahrhundert haben sich die örtlichen Bräuche noch gehalten – einschließlich einer Homosexualität, die fast einer Ehe zwischen Männern gleichkommt. Der Besuch eines makedonischen Eroberers hätte alle Eingeborenen aus ihren Häusern gelockt, und Alexander hatte sich zweifelsohne zu der herrschenden Familie begeben, die wie alle Libyer eine Kopfbedeckung mit einer Feder trugen, die ins Haar eingebunden war. Der Klatsch behauptet, daß Alexander Ammons Priester bestochen habe, um sich der Antworten zu versichern, die er wünschte, doch jeder Bittsteller eines griechischen Orakels mußte dem Gott zunächst einmal Ehren erweisen, und daß Alexander Fragen und erwünschte Antworten im voraus bekanntgab, ist unvorstellbar. Seine gesamte Befragung des Orakels beruhte auf Geheimhaltung und Doppeldeutigkeit.

Durch Geschenke also erfuhren die Priester von Alexanders Absicht, und die Einwohner geleiteten Alexander durch ihre Häuserreihen am Fuße der Festung und ließen ihn an den Stufen des Tempels allein, von dem einige Spuren erhalten geblieben sind. Mit seinen Freunden stieg er wohl zum äußeren Tempelhof hinauf. Am Eingang, oder eben innerhalb des äußersten Hofes, trat der älteste Priester hervor und begrüßte den König in Anwesenheit seiner Begleiter. Über den hohen Rang seines Besuches muß er sich im klaren gewesen sein, da er außer Alexander niemandem erlaubte, die inneren Höfe zu betreten und ihn auch nicht aufforderte, sich umzukleiden. Alle übrigen Makedonen warteten draußen – wahrscheinlich auf den Tempelstufen und nicht im inneren Hof – und konnten das Orakel nur durch zwei, wenn nicht drei Steinmauern vernehmen.

»Die Orakel wurden nicht wie in Delphi oder Milet gesprochen«, schrieb Kallisthenes, der wiederholte, was Alexander publik zu wissen wünschte, »sondern zumeist durch Nicken und Zeichen gegeben, so wie auch bei Homer ›Zeus, der Sohn des Chronos, sprach und nickte seinen dunklen Augenbrauen‹. Der Priester pflegte danach im Namen Zeus' zu antworten.« Diese Erklärung ist aufschlußreich. Es gibt vier Möglichkeiten, fremden Göttern zu begegnen – sie zu bekämpfen; ihnen nicht zu glauben; sie anzunehmen; oder sie mit den eigenen Göttern daheim zu identifizieren. In Siwah zog Alexander letzteres vor, so wie die Athener und andere Griechen Ammon seit langem in Verbindung mit ihrem Gott Zeus verehrten. Es ist ein Zeichen für den Takt des Kallisthenes und vermittelt einen Einblick in das Wesen seines Herrn und Meisters, daß das Verhalten des Gottes für den neuen Achilles mit einem Hinweis auf Zeus in Homers *Ilias* gedeutet wurde.

Was das Nicken und die Zeichen angeht, so stimmten sie mit allem überein, was über das Wirken ägyptischer Orakel bekannt ist. Wie Griechen und Römer stellten sich auch die Ägypter ihre Götter im Bilde ihrer eigenen Gesellschaft vor. Ganz wie Christus im Römischen Reich mit dem Protokoll eines römischen Kaisers umgeben war, so glaubte man, daß sich der Herr Gott Amun nach der Art eines ägyptischen Pharao verhielte. Man durfte ihn in seinen eigenen Räumen nicht aufsuchen; wenn einer aus seinem Volk ein Problem hatte, so konnte er es ihm nur an den hohen Tagen und Festtagen vortragen, wenn der Gott wie ein Herrscher seinen Hof verließ und auf die Straße hinausging. Und so, wie der Pharao auf einer Plattform an die Öffentlichkeit hinausgetragen wurde, die auf den Schultern seiner Begleiter ruhte, so wurde das Ebenbild Amuns in einem heiligen Boot auf ein Podest hochgehoben und durch seine gereinigten Träger vor die Leute getragen; wie der Pharao wurde auch der Gott auf seiner Reise mit Federn und Fächern gekühlt. Seit die Ägypter in Siwah den lokalen Gott mit Amun gleichgesetzt hatten, war es dort genauso geschehen. Der Gott wurde wie ein Pharao behandelt. »Wenn ein Orakel gewünscht wird«, so erklärten Zeugen, »dann tragen die Priester das juwelenbesetzte Symbol des Gottes in einem vergoldeten Boot, an dessen Seiten Silberfächer hängen; Jungfrauen und Damen folgen dem Boot und singen den üblichen Hymnus zu Ehren der Gottheit.«

All das würde Alexander erschreckt haben, und die Art und Weise, wie die Orakel gegeben wurden, war dementsprechend exzentrisch. Nach ägyptischem Brauch konnte der Bittsteller dem Gott seine Fragen vorlesen, sie in einfacher Form auch auf eine Tonscherbe schreiben oder sie zunächst dem Priester mitteilen, der sie dann an das Boot wiederholte. Die Träger erhoben das heilige Zeichen auf ihre Schultern und schickten sich an, wie Tafelträger sich in jeweils der Richtung zu bewegen, zu der sie sich gedrängt fühlten. Wenn der Gott ›nein‹ meinte, pflegte er die Schiffsträger rückwärts, bei einem ›Ja‹ vorwärts zu drängen. Machte eine Frage ihn unwirsch, so pflegten sie sich zornig von Seite zu Seite zu schütteln. Der Priester deutete diese Bewegungen und »antwortete im Namen des Zeus«. Es konnten auch schriftliche Fragen so auf dem Boden ausgebreitet werden, daß der Gott sich in Richtung zu ›ja‹ oder ›nein‹ bewegen konnte. Dieser Ritus hielt sich in Ägypten zweitausend Jahre, bis zur Ankunft des Islams, und bei einigen afrikanischen Stämmen gibt es noch heute Entsprechungen. So wie Scheiche in ihren Särgen manchmal schwer auf ihren Trägern gelastet haben, um ihren Körper vor dem Begräbnis zu bewahren, so werden noch heute Gläubige von dem Gesicht eines heiligen Bildes auf ihren Schultern hin- und hergetrieben.

In Siwah wurden Zeichen und Nicken nur »in den meisten Teilen« gegeben, und Alexander schritt also durch den kleinen Hof des Bootes und trat in jenen dahinterliegenden heiligsten Schrein ein, einen kleinen Raum von drei Meter Breite und sieben Meter Länge, der mit den Palmstämmen überdacht war. In dieser heiligen Kammer konnte er seine Fragen direkt an den Gott richten, ein Privileg, das vielleicht dem Pharao vorbehalten war. Er hätte nicht bemerkt, daß hinter der Mauer zur Rechten ein enger Gang verlief, der noch heute auf der Tempelstätte erkennbar ist und zum Schrein eine Reihe kleiner Löcher aufwies. Hier konnte der Priester in einem kleinen Loch verborgen stehen und dem Besucher wie von Ammon selbst durch die Mauer Antworten geben. Vielleicht offenbarte Alexander seine Fragen im Schrein dem Hohepriester allein, der sie dann an das Boot draußen weitergeben würde und zurückkam, um die Antwort zu verkünden; vielleicht auch wandte Alexander sich zunächst an das Boot und stellte danach in der Kammer des Schreins vertrauliche Fragen. Wie immer aber der Ablauf der Ereignisse gewesen sein mag, seine Freunde wußten nicht, was der König erfragen wollte. Sie vernahmen höchstens die Gesänge der Jungfrauen und das Trampeln der Bootsträger. Die Erwähnung von »Zeichen« läßt vermuten, daß Alexander nicht sprach, sondern seine Fragen auf eine Tonscherbe kritzelte und sie dann zur Beantwortung zum Boot hinausbringen ließ. Seine Freunde können dies nur mit Staunen beobachtet haben.

Alexander enthüllte niemals, was er da gefragt hatte, aber »er pflegte zu sagen, was er vernommen, habe ihm gefallen«. Auf einige seiner Fragen jedoch läßt sich schließen. Vier Jahre später opferte er an der Mündung des Indus in Indien den »Göttern, die Ammon ihm zu ehren auferlegt hatte«, und tat am folgenden Tage, diesmal anderen Göttern, ein Gleiches; offensichtlich hatte er das Orakel gebeten, ihm die Götter zu nennen, die er auf bestimmten Punkten seiner Reise gen Osten günstig stimmen sollte – eine Bitte, die Xenophon in Delphi vorgebracht hatte, und Xenophon war der letzte griechische General, der auf dem Landweg in Asien eingedrungen war. Ammon nannte unter anderem Poseidon und die übrigen Flußgötter, weil Alexander vielleicht ganz besonders gefragt hatte, wen er denn beim Erreichen des offenen Meeres ehren sollte. Die einzige Frage Alexanders war das kaum, da seine Geheimnistuerei und seine fortdauernde Ehrung Ammons nur sinnvoll erscheinen, wenn er persönlichere Fragen stellte – etwa, ob und wann er siegreich sein werde.

Der Lagerklatsch hatte seine eigenen Vorstellungen; binnen zwölf Jahren nach Alexanders Tod waren zwei Fragen an Ammon besonders beliebt: Alexander, so hieß es, habe den Gott gefragt, ob er die ganze Erde beherrschen werde und ob er alle Mörder seines Vaters bestraft hätte; der Priester jedoch habe ihn daraufhin gewarnt, Ammon, und nicht Philipp, sei nun sein Vater. Diese einfallsreiche Raterei ist insofern interessant, als sie zu erkennen gibt, wie sich die Soldaten an Alexander erinnerten. Die ersten schmückten die Themen von Unbesiegbarkeit und Weltherrschaft aus, die von Alexander selbst gefördert wurden. Beachtenswert ist ferner, daß die »Opferungen nach Ammons Orakel« am Ende seines Marsches nach Indien erwähnt wurden, als er erreichte, was nach seiner Auffassung der offene Ozean war; auch weihte er zwei unterschiedliche Opfer, als ob Ammon für diesen besonderen Fall ausführliche Anweisungen gegeben hätte. Die zweite »Frage« zeigte nichts von der Verachtung für Philipp, die andere Leute ihm später nachsagten, erhöht aber das Problem seiner

Beziehung zu Ammon, und dieser Punkt verleiht seiner Befragung des Orakels eine besondere Bedeutung.

Nach dem Besuch der Oase schloß Alexander Zeus Ammon für den Rest seines Lebens ins Herz. Unter vertrauten Freunden nannte er den Namen des Gottes häufig. Er opferte ihm während des ganzen Feldzuges als einem der üblichen Götter. Während eines besonderen persönlichen Augenblicks, als seine genauen Worte überliefert wurden, schwor er in Ammons Namen einen Eid zum Zeichen seiner tiefen Dankbarkeit. In der schmerzhaftesten Krise seines Lebens wandte er sich an Zeus Ammon, und als sein geliebter Hephaistion starb, schickte er mitten aus dem Iran Boten zur Oase nach Siwah, um zu fragen, ob sein toter Geliebter als Gott oder als Held verehrt werden solle. Bei seinem Tod wurde bekanntgegeben, daß er in Siwah bestattet werden wollte, und obwohl diese Bitte so zweifelhaft ist wie andere angeblich letzte Pläne, war Siwah für seine Diadochen offensichtlich eine Wahl, die man den Truppen mitteilen sollte. Kein makedonischer König, auch nicht Alexander selbst, hatte vorher eine Beziehung zu Ammon oder Siwah gehabt, und dieses persönliche Band kann nur von dem Besuch des Orakels herrühren. In der Kunst wurde es besonders eng dargestellt; denn das Münzgeld der örtlichen Städte zeigte Alexander mit dem symbolischen Widderhorn Ammons, und das vermutlich bald nach seinem Besuch. Binnen dreier Jahre nach seinem Tode stellte sein lebenslanger Freund Ptolemäos ihn auf seinen frühesten ägyptischen Münzen mit dem Widderhorn dar, und Ptolemäos kannte Alexander so gut wie irgend einer. Zeus Ammon und Alexander sollten für folgende Zeitalter auf selbstverständliche Weise zusammengehören, und Alexander selbst bestätigte diese enge Zusammengehörigkeit. Er begünstigte den Gott der Oase, nach Siwah aber gab er kund und zu wissen, daß er der eingeborene Sohn Zeus' war.

Es war ein beunruhigendes Thema. In Siwah, so schrieb Kallisthenes, teilte der Priester Alexander ausdrücklich mit, daß er der Sohn Zeus' war, und bei seiner Rückkehr nach Memphis trafen Boten ein von griechischen Orakeln in Kleinasien, von denen Kallisthenes zufolge eines nach hundertfünfzigjährigem Schweigen sprach, um den neuen Rächer persischen Unrechts als Zeus' Sohn zu begrüßen. Sechs Monate später, so teilte Kallisthenes mit, betete Alexander vor einer seiner größten Schlachten zu den Göttern, ihm beizustehen, »so er denn wirklich Zeus entsprungen sei«.

Kallisthenes schrieb, wie wir wissen, um Alexander zu gefallen, und er mochte diese Gottessohnschaft nur deshalb hervorgehoben haben, weil es nach Alexanders Geschmack war. Andere Zeitgenossen taten es ihm nach, und das Bindeglied zwischen dem Besuch in Siwah und der Gottessohnschaft blieb lebendig. Seleukos, der schließlich Alexanders Nachfolger in Asien wurde, setzte sogar dreißig Jahre später eine Geschichte in die Welt, der zufolge er ein griechisches Orakel in seinem asiatischen Königreich besuchte und ebenfalls als anerkannter Sohn Apollons begrüßt worden sei. Für diejenigen, die Alexander persönlich gekannt hatten, blieb die Szene in Siwah stets glaubwürdig.

Später wurde die Gottessohnschaft Alexanders irrtümlicherweise von den Antworten abgeleitet, die er im Inneren des Ammon-Schreines erhalten haben soll, doch da er niemals enthüllte, welche Fragen er stellte und welche Antworten ihm zuteil wurden, kann das dem Kallisthenes seinen Ansatzpunkt nicht gegeben haben. Wenn Kallisthenes schrieb, daß »der Priester Alexander ausdrücklich sagte, er sei ein Sohn des Zeus'«, so muß der Priester das öffentlich ausgesprochen haben, als Kallisthenes mithören konnte; wahrscheinlich geschah es bei der Begrüßung auf den Stufen des Tempels. Der Priester hatte entweder vernommen, daß Alexander der neue Pharao sei, und ihn deshalb als »Sohn Amuns« – also mit einem der fünf ägyptischen Königstitel Ägyptens – begrüßt, was Kallisthenes dann für seine griechischen Leser als »Sohn Zeus'« übersetzte. Oder aber, und das ist wahrscheinlicher, der Priester beabsichtigte, Alexander auf griechisch mit »mein Junge« *(o paidion)* zu begrüßen, vertat sich jedoch und sagte statt dessen *»o paidios«,* was den zuhörenden Makedonen wie die zwei Wörter *pai dios* oder »Sohn des Zeus« klang. Versprecher wurden in der griechischen Welt weithin ernstgenommen, und da die Griechen solche glücklichen Irrtümer im feierlichen Moment als günstige Omina deuteten, würde Alexander das als ein weiteres Zeichen des Himmels gewertet haben. Sicherlich konnte die Tempeldienerschaft auf Grund häufiger Besuche durch griechische Gesandte einige Worte Griechisch, aber es besteht kein Grund zu der Annahme, daß der Priester je fließend griechisch sprechen lernte.

Das genaue Grußwort des Priesters ist unwesentlich; wichtiger ist, wie Alexander es verstanden wissen wollte. Seinem eigenen Geschichtsschreiber zufolge war er auf Grund dieses Besuchs der eingeborene Sohn Zeus', und man kann darüber streiten, wie und warum dieser Glaube aufkam. Auf den ersten Blick scheint das ägyptische Königtum eine Erklärung zu bieten. In Ober-Ägypten war der Pharao stets als ein »Sohn Amuns« verehrt worden, und wann immer ein dynastischer Wechsel eintrat – ob nun bei der Usurpation Tuthmosis' III., mit dem einheimischen Saites oder den persischen Eroberern – so hatte sich jede neue Linie der vorhergehenden durch den Mythos göttlicher Vaterschaft angeschlossen. Mehr als dreihundert Jahre vor Alexander hatte Psamtik I. einen neuen Zweig begründet, doch an Stelle seiner irdischen Mutter, die wahrscheinlich Libyerin war, hob er Amun hervor, »der mich selbst gezeugt hat, zu seines Herzens Freude«; denn Amun war ein Vater, den er mit den landgeborenen Pharaonen vor ihm teilen konnte. Wie Psamtik war Alexander der Begründer einer neuen, ausländischen Linie; die Priester mußten seine Sohnschaft Amuns erfunden haben, um den alten Traditionen zu entsprechen. Alexanders Stab wird das aufgegriffen haben, indem Amun griechischem Brauch entsprechend in Zeus übersetzt wurde. In diesem Sinne wäre Alexanders Gottessohnschaft vor der Reise nach Siwah bereits bekannt gewesen. Als er nach Memphis zurückkehrte, begegneten ihm Boten von den kleinasiatischen Orakeln mit Botschaften, um seinen göttlichen Vater zu bestätigen, und falls »der Sohn des Zeus« nicht mehr bedeutet als ein auf griechische Weise erklärter Pharaonentitel, so mochten sie das erfahren haben, bevor Alexander Alexandria verließ, um in die Wüste zu reisen.

Dieser ägyptische Einfluß mag sehr wohl einen Teil der Wahrheit darstellen; die ganze Wahrheit bedeutet er nicht unbedingt. Alexanders anhaltende Verehrung des Zeus Ammon spricht dafür, daß in Siwah tatsächlich eine Art von Offenbarung stattfand, und das wäre überflüssig gewesen, falls seine Gottessohnschaft lediglich aus einer griechischen Übersetzung des Pharaonentitels entstanden wäre. Pharao war er wohl schon bei seiner Ankunft in Siwah, und ob er nun offiziell in Memphis gekrönt worden war oder nicht, auf jeden Fall wäre ihm dieser neue königliche Titel vertraut gewesen. Vielleicht hat er ihn nicht gänzlich verstanden, doch gewußt hat er davon sicher, weil Priester, Ägypter bei Hofe oder Griechen aus der Umgebung Alexandrias ihn darauf verwiesen hätten. Gewiß, eine Ptolemäerin wurde später als »Kind Ammons« angesprochen, und das einfach aus einer gewissen Höflichkeit ihres offiziellen, durch den Ehemann gegebenen pharaonischen Status wegen. Auch die römischen Kaiser wurden in Ägypten als »Sohn Ammons« bezeichnet, nur weil sie als Pharaonen herrschten. Doch diese schwachen Parallelen mit westlichen Herrschern gehören einer späteren Zeit an, als Ägypten schon hellenisiert war und Alexander die königliche Geltung als Sohn Ammons berühmt gemacht hatte. Alexander selbst zeigt nur eine einzige, postume griechische Statue mit Krone und den Symbolen eines Pharaos. Soweit bekannt, hat keiner von seinen Freunden und Geschichtsschreibern wieder auf sein Königtum in Ägypten verwiesen, und auf sein Leben insgesamt hat es genau so wenig Einfluß genommen wie später die persische Königsherrschaft, als er die nicht minder heiligen Lehren von Ahura Mazda auch kaum beachtete oder verstand. Doch Siwah und seine Gottessohnschaft durch Zeus blieben bis zum letzten Jahr seines herrschaftlichen Lebens lebendig, als Ägypten längst vergessen war. Dafür gibt es einen tieferen Grund, und der liegt außerdem seiner Heimat näher.

Auch unter den Griechen gab es einen generellen und verständlichen Anspruch, »von Zeus gezeugt« zu sein. So wurde beispielsweise der erste Makedone als Zeus' Sohn betrachtet; die Könige Homers werden oftmals als »zeusgeboren« bezeichnet, und zu Alexanders Lebzeiten bestand das ausländische Königshaus auf Zypern darauf, seinen Stammbaum mit Zeus zu beginnen, während die Könige Spartas als Samen des Zeus beschrieben werden konnten. Abstammung von einem Gott konnte auch metaphorisch verwendet werden. Der Dichter und Philosoph Platon wurde von seinem klügsten athenischen Schüler als »Sohn Apollos« bezeichnet, aber dies mag nicht mehr bedeuten, als daß Platon eine göttliche Meisterschaft der Künste besaß. Alexanders Abstammung von Zeus jedoch wurde mit dem griechischen Wort *genesis* umschrieben, und das hieß natürlich, er sei wirklich von Zeus gezeugt worden und nicht ein entfernter Abkömmling.

Aber auch für diesen Anspruch gibt es überraschenderweise einen griechischen Präzedenzfall. In den Epen Homers hatten verschiedene Könige und Helden anerkanntermaßen einen Gott zum Vater, und solch unüberbietbar blaublütige Abstammung war ein besonderer Ehrenpunkt ihres Rufs. Zehn Jahre vor Alexanders Geburt fand diese heroische Phantasie im griechischen Sizilien ihren entsprechenden Ausdruck. Der syrakusische Herrscher Dionysos II. behauptete, von Apollo gezeugt worden zu sein, und verfaßte für seine Statue eine Versinschrift, um dies in aller Öffentlichkeit und unmißverständlich kundzugeben. Auch ohne den Einfluß Ägyptens war also der Anspruch, von einem Gott gezeugt worden zu sein, den Griechen verständlich. Es muß daher bedacht werden, daß Alexander seine neue Sohnschaft nicht ebensosehr von seinem griechischen Hintergrund her entwickelt haben konnte als aus dem Titel eines Pharaos, den er kaum verstand.

Eine enge Beziehung zu Zeus war für Alexander in keiner Weise bemerkenswert. Sein Vater galt als besonderer Schützling des Gottes, und Philipps bärtige Gesichtszüge wurden auf Münzen so dargestellt, daß sie dem Götterkönig deutlich glichen. Makedonische Könige zählten Zeus zu ihren Vorfahren, und sie mochten seine symbolische Aegis, den Ziegenfellmantel, täglich getragen haben, so wie Alexander ihn auf postumen Statuen in Ägypten trug; sein Freund Ptolemäos trug ihn als Pharao auf seinen Münzportraits noch bei Lebzeiten. In seinen Opferungen und Widmungen ehrte Alexander Zeus häufig. Er blieb in seinem Leben der wichtigste Gott. Als er in seinen letzten Monaten Gesandte von griechischen Tempeln aus dem ganzen Mittelmeerraum empfing und sie nach der Rangfolge ihrer Bedeutung zu sich einließ, kamen zuerst die Vertreter des olympischen Zeus, dann die des Ammon aus Siwah, da er Ammon noch immer als griechischen Zeus in libyscher Gestalt verehrte. Es ist nicht wahr, daß Alexander sich nach seinem Besuch Siwahs selbst als Sohn eines fremden libyschen Gottes betrachtete, den er vor allen griechischen Göttern seiner Kindheit bis zum Tode verehrte. Es war eher so, daß das libysche Orakel, welches für den griechischen Zeus sprach, Alexanders Glauben untermauerte, er sei der Sohn des griechischen Zeus. Lange vor seiner Reise war er mit diesem Zeus, wenn auch nicht mit Ammon, vertraut gewesen, und es ist deshalb gut möglich, daß Ammons Orakel nur einen langgehegten Glauben bestätigte. Ein glücklicher Versprecher des Priesters auf dem Hintergrund seiner neuen mystischen Rolle als Pharao mag einen bloßen Verdacht in einen festen Glauben verwandelt haben, der ihn nach Siwah sein ganzes Leben begleitete.

Es gibt dafür Hinweise, die keineswegs zu verachten sind. Während Alexanders Jugend hatte ein gebildeter Grieche berichtet, der Mutterleib der Olympias sei im Augenblick der Empfängnis mit dem Zeichen eines Löwen versiegelt worden, ein Zeichen, daß ihr Sohn löwenähnlich werden würde. Andere behaupteten, ein Donnerschlag, das Zeichen des Zeus, habe ihren Leib getroffen, und Alexander selbst mag diese Ungewißheiten erfahren haben. In einem Brief, der jedoch eine Fälschung sein könnte, soll er Olympias mitgeteilt haben, daß er ihr die »geheimen Prophezeiungen« des Siwah-Orakels mitteilen wolle, sobald er nach Makedonien zurückkehre. Er starb vor seiner Rückkehr, doch weil er seiner Mutter ein solches Versprechen gab, liegt es nahe, daß er dem Orakel eine Frage hinsichtlich seiner Eltern stellte, und daß dieses Problem bereits zwischen Mutter und Sohn diskutiert worden war. Olympias scheint hierzu überdies ihre eigenen Meinungen gehabt zu haben.

»Alexanders Ruhm«, so schrieb Kallisthenes, »hängt von mir und meinem Geschichtswerk ab, und nicht von den Lügen, die Olympias über seine Zeugung verbreitet.« Es hat solche Lügen also gegeben, und beim Aufbruch nach Asien soll Alexander von seiner Mutter in »das Geheimnis seiner Geburt« eingeweiht und aufgefordert worden sein, »sich dessen würdig zu erweisen«. Nun wäre dies eine höchst zweifelhafte Geschichte, hätte sie nicht einer der bedeutendsten Gelehrten der Generation nach Alexanders Tod aufrechterhalten – überdies ein Mann, der alle Berichte von Alexanders Göttlichkeit mit Skepsis aufnahm. Doch wie irrig sie seiner Meinung nach auch sein mochten – er war offensichtlich bereit, Olympias ihre eigenen Auffassungen von der Zeugung Alexanders zuzugestehen. Und hier mag ein athenischer Witz nicht uninteressant sein. Anläßlich der Thronbesteigung hatte Demosthenes Alexander als einen bloßen Margites abgetan, doch Margites war nur als ein homerischer Clown bekannt: Er war ein geschlechtlicher Einfaltspinsel, der weder die Lebenswahrheiten kannte noch Vater und Mutter. Der Scherz blieb der Geschichte erhalten, vielleicht weil er wirklich angebracht war. Während er einerseits Alexander als neuen Achilles verhöhnte, mag er auch das geläufige Gerücht aufs Korn genommen haben, daß sein Vater nicht Philipp, sondern ein Gott in Verkleidung, vielleicht Zeus selbst gewesen sei. Alexander, ein bloßer Margites, wußte nicht, wer seine Eltern waren; Demosthenes hatte Pella in Alexanders Jugend besucht und für den Klatsch über Alexanders Kindheit konnte es keinen besseren griechischen Zeugen geben.

Das Ganze ist vielleicht zu ingeniös, um die Frage zu entscheiden, aber es gibt Anknüpfungspunkte mit dem sizilianischen Dionysos, die diesen Hintergrund möglich erscheinen lassen. Der Vater des Dionysos hatte von seinen zwei Frauen zwei Söhne bekommen; die eine stammte aus Syrakus, die andere war eine Fremde aus Süditalien. Es wurde allgemein angenommen, daß beide Söhne in ein und derselben Nacht gezeugt wurden und daß Dionysos die beiden Frauen an ein und demselben Tag zur Frau nahm. Und nun wurde Dionysos, der Sohn einer Fremden, Nachfolger seines Vaters, obwohl er von beiden Söhnen der jüngere war. Sein Nachfolgerecht war nicht unbestritten, und ein aufrichtiger Glaube, daß ein Gott ihn gezeugt hatte, mochte ihm den fehlenden, doch notwendigen Vorrang vor seinem Bruder einräumen. Vielleicht bezeichnete er sich deshalb in aller Öffentlichkeit als »im Verkehr mit Phöbus Apollon gezeugt«. Er war auch ein Dichter, der allerdings mehr sein wollte, als er wirklich war, und deshalb mag Apollon als Gott der Künstler für ihn besonders viel bedeutet haben. Die Umstände Olympias' zwanzig Jahre später waren vergleichbar. Obwohl Mutter eines vielversprechenden Sohnes, war sie einer adeligen makedonischen Rivalin wegen entlassen worden, und sie hatte selbst erkennen müssen, daß die Nachfolge ihres Sohnes umstritten war. Wie Dionysos' Mutter war sie Ausländerin; aber sie war auch eine Königin, die von Helden abstammte. Ihre Ehe war wohl eine Enttäuschung, oder es mochte ihr daran liegen, den Vorrang vor Philipps anderen Frauen zu haben, und sie mag deswegen eine Geschichte in die Welt gesetzt haben, daß ihr Sohn etwas Besonderes sei, weil er Philipp nichts verdanke und Kind des griechischen Gottes Zeus sei. Das geschlechtliche Wissen war in der Antike nicht so weit fortgeschritten, um ihre Geschichte von vornherein unsinnig erscheinen zu lassen. Die Rolle der Frau bei der Zeugung war nämlich nicht bekannt, und das blieb so bis zum neunzehnten Jahrhundert; und wenn in Thessalien nach allgemeiner

Annahme Stuten durch die Dienste eines hübschen Westwinds befruchtet wurden, so bestand auch kein Grund, warum eine Königin Makedoniens nicht vom Gotte in ähnlicher Verkleidung Besuch empfangen sollte. Die Könige und Helden des Mythos und der Epen Homers waren nach allgemeiner Auffassung Kinder des Zeus. Wie so viele Menschen mag Alexander für sich beansprucht haben, was er über andere gelesen hatte.

Es war ein homerischer Glaube, der gänzlich dem Wetteifern mit Achilles entsprach, das Alexanders Hauptmotiv war. Falls er bei seinem Einmarsch in Ägypten nur latent war, so mochten die Traditionen pharaonischer Gottessohnherrschaft und die Ereignisse am Orakel in Siwah zusammengewirkt haben, diesen verborgenen Glauben zu bestätigen und in der griechischen Welt durch Kallisthenes bekannt werden zu lassen. Vielleicht durch einen glücklichen Versprecher, vielleicht auf Grund eines privaten Hinweises am Schrein des Orakels wie auch durch die Begrüßung auf den Tempelstufen – auf jeden Fall hatte Ammons Priester bekräftigt, was Alexander seit langem aufgrund von Äußerungen seiner Mutter vermutete, und jene offensichtliche Zufälligkeit ihrer Bestätigung durch Ammon braucht Alexanders Aufrichtigkeit nicht in Zweifel zu ziehen. Zu Ammon wie zu seiner neuen Sohnschaft hielt er danach stets. Als seine Makedonen am Ende des Marsches meuterten, sollen sie ihn lächerlich gemacht und ihm geraten haben, »doch abzumarschieren und einzig mit seinem Vater zusammen zu kämpfen« – ein deutlicher Hinweis auf Zeus und nicht auf Philipp. Die Verleumdungen von Meuterern werden selten genau wiedergegeben, und da über diesen Aufruhr keine Augenzeugenberichte vorliegen, gibt es von diesen Beleidigungen verschiedene Fassungen. Aber die Zeus-Ammon-Sohnschaft Alexanders ist nach unabhängigen Quellen ein Gegenstand des Hofgespräches geblieben, und unzufriedene Leute haben eine eigene Art, eine Beleidigung aufzugreifen, die am empfindlichsten trifft. Alexander, so scheint es, hatte seinen göttlichen Vater ins Herz geschlossen, und seine Soldaten wußten davon; aber diese Sohnschaft war zuerst durch die Ereignisse in Siwah und nicht aufgrund der pharaonischen Titel bestätigt worden.

Diese Vorliebe für Zeus mag als Schmälerung seiner Achtung für Philipp gedeutet werden, und das um so mehr, falls Alexander von den Plänen zur Ermordung seines Vaters wußte; Psychologen wären auch bereit, in Alexanders Liebe zu Hephaistion das Suchen nach einer Vaterfigur zu erkennen, die er später in Zeus fand. »Ihr erklärt euch selbst als von Ammon abstammend«, so sagt ein betrunkener und erzürnter Offizier Alexanders in einer hundert Jahre später verfaßten Biographie vorwurfsvoll, »und Ihr habt den Anspruch Philipps verleugnet.« Und doch gibt es keinen Beweis dafür, daß diese angebliche Klage wirklich je gerechtfertigt war. Vier Jahrhunderte später konnte ein Brief zitiert werden, der wie ein Brief Alexanders an die Athener über das vertrackteste Problem athenischer Politik geschrieben war, in dem Alexander Philipp als seinen »sogenannten Vater« bezeichnet haben soll. Angesichts der umfangreichen Korrespondenz, die irrtümlich Alexander zugeschrieben wurde, kann solch ein Brief nicht als verläßliche Quelle gelten, schon gar nicht, wenn er einen so emotionsgeladenen Punkt berührt; und es spricht vieles dafür, ihn als spätere athenische Propaganda abzutun. Bezeichnender ist, daß Alexanders Nachfolger nach seinem Tod das Heer überzeugten, zu seinen letzten Plänen habe auch die Absicht gehört, in Makedonien eine gigantische Pyramide zu Ehren Philipps zu errichten. Diese Pläne waren möglicherweise von seinen Offizieren gefälscht, damit sie von den Truppen abgelehnt wurden – und doch, den Truppen mußten sie plausibel erscheinen. Der Plan zum Bau einer Pyramide belegt, daß bei seinem Lebensende gewöhnliche Menschen die beiden Aspekte der Einstellung Alexanders zu seinem Vater akzeptierten. Sie konnten einerseits glauben, daß er Philipp auf grandiose Weise zu ehren gedachte; denn einen Beweis dafür, daß er Philipp verleugnete, gab es nicht. Es erschien aber auch glaubhaft, daß er ihn nach ägyptischer Art ehren wollte, nämlich mit einer Pyramide, »so groß wie jene Cheops', des Pharaonen«; und so waren die Menschen durchaus gewärtig, daß er in Ägypten einen echteren Vater gefunden hatte, der selbst die Ehrungen für Philipp beeinflussen konnte. Der Plan zur Errichtung einer Pyramide zeigt, wie die Truppen Alexander sahen, und nicht, was Alexander selbst von sich glaubte. Bald jedoch sollte er Philipps Erfolge weit in den Schatten stellen, und je weiter er sich darüber hinausbewegte, um so mehr muß der besondere Schutz von Zeus Ammon ihm bedeutet haben.

Inzwischen bemächtigte sich die Legende des Ganzen, bis schließlich gar angenommen wurde, Ammon habe Olympias besucht, um ihren Sohn zu zeugen. Manche Leute glaubten, Ammon sei in der Verkleidung des letzten ägyptischen Pharao erschienen, andere, in der Gestalt ihrer Lieblingsschlange, und selbst solche Abwegigkeiten waren für die Zukunft bedeutungsvoll. So wurde beispielsweise hundert Jahre später in Rom ausgestreut, Scipio, der Eroberer Karthagos, sei von einer Schlange gezeugt worden, da sein Ruhm dem Alexanders gleiche. Ähnliche Gerüchte betrafen Aristomenes – einen Helden im Kampf Südgriechenlands gegen Sparta – und den zukünftigen Kaiser Augustus nach seiner Adoption durch Julius Cäsar, der selbst vorübergehend mit Alexander wetteiferte. Es war nicht das letzte Mal, daß der Königsmythos Alexanders über drei Jahrhunderte ehrgeizigen Männern als Ansporn diente. Der Mythos selbst jedoch wies zurück auf die Welt Homers.

In dieser Fähigkeit, solche persönlichen Leitvorstellungen zu begründen und sie durch seine eigenen Leistungen zu rechtfertigen, liegt Alexanders stärkster Reiz. Der Besuch Siwahs war nicht im voraus um des schließlichen Ergebnisses willen geplant worden; er war verborgen und zufällig, und doch liegt in seinem Abschluß vielleicht das wichtigste Element für einen Versuch, Alexanders Persönlichkeit zu begreifen. »Zeus«, so soll Alexander später einmal gesagt haben, »ist der Vater aller Menschen, doch die besten macht er sich auf besondere Weise zu eigen.« Wie viele römische Kaiser nach ihm, gelangte Alexander zu der Gewißheit, daß ein Gott ihn als seinen göttlichen »Gefährten« beschützte – nicht als einen Freund des Gottes, wie bedeutende Heiden der römischen Spätzeit es verstanden, und nicht, in der grausigeren Wendung der Christen, die ihren Platz einnahmen, als Sklaven, sondern als Sohn Gottes. Es war ein Glaube, der sich überzeugend in seine homerische Sicht des Lebens und in seine geliebte *Ilias* fügte, in der Söhne des Zeus noch immer unter dem Auge ihres himmlischen Vaters kämpften und starben.

Alexander hatte nicht die Absicht, daß sein Besuch in Siwah allgemein bekanntwerden sollte, und deshalb läßt sich unmöglich genau feststellen, in welcher Weise seine öffentliche Deutung seiner selbst dort ihre Bestätigung fand. Nur das Ergebnis ist gesichert, und als er das Orakel verließ und über eine andere Karawanenroute durch die Wüste nach Memphis heimwärts eilte, konnte seine Befragung des

Orakels nicht als Täuschung oder berechneter Hochmut gedeutet werden. Es ist allzu leicht, ein Zeitalter, das seine menschlichen Erfordernisse so gänzlich anders ausdrückt, als wir es heute tun, rational zu interpretieren, und was den Hochmut angeht, den die Römer bei Alexander hervorhoben und der seither ausführlicher begründet worden ist, so kann ein solcher Vorwurf auch auf den zurückfallen, der ihn erhebt. Die Geschichte von Zeus Ammon und Alexander sollte sich lange auswirken und nur gewaltsam ein Ende finden.

Fast neunhundert Jahre später, im Jahre 529 nach Christus, verehrten die Einwohner einer kleinen Oase bei Siwah nach wie vor Alexander und Zeus Ammon, obgleich das Christentum bereits über zwei Jahrhunderte die anerkannte Religion des Reiches war, in dem sie lebten. Der römischer Kaiser Justinian glaubte eingreifen und eine so abwegige Praxis beenden zu müssen, um damit, so könnte man sagen, einen Schlußpunkt unter die Geschichte eines vorwitzigen jugendlichen Prahlers zu setzen. Aber dieser Mythos hatte einen Makedonen bis nach Indien und an die östlichen Ränder der Erde vorangetrieben und hielt sich an seinem Entstehungsort, in einer sich rasch wandelnden Welt, als Brennpunkt einer Loyalität über neun Jahrhunderte. Solange heute wie damals Millionen ihre Hoffnung auf einen Sohn Gottes setzen, kann ein Historiker sich nicht vermessen, den Glauben hinwegzudeuten, der Alexander vorantrieb. Da ist es klüger, sich daran zu erinnern, daß der Anspruch auf Gottessohnschaft schon oft vorher erhoben und von Gefährten getragen wurde – und, wie Menschen zu erzählen wissen, unter Buhrufen einer zornigen Meute sein Ende fand.

15 AUF ZUR SCHLACHT

Den Weg von Ammon nach Memphis legte Alexander direkt auf einem Karawanenpfad in östlicher Richtung durch vierhundertachtzig Kilometer Wüste zurück. Die Reise dauerte achtzehn Tage oder länger, brachte aber keine nennenswerten Gefahren mit sich – von zwei sprechenden Schlangen abgesehen, die nach Ptolemäos' Meinung den Zug treulich geleiteten. In Memphis entspannte sich der neue Sohn des Zeus und ließ seiner Großzügigkeit und seinem Hang zum Mythos die Zügel schießen. Opfer wurden dem königlichen Zeus dargebracht, dem griechischen Gott, dessen libysche Form Alexander in Siwah besucht zu haben glaubte, und zu Zeus' Ehren schritt das Heer in feierlichem Zug – ein Vorspiel zu literarischen Festlichkeiten und weiteren athletischen Spielen. Mittlerweile trafen nun Abgesandte von griechischen Orakeln in Kleinasien ein und begegneten einem Heer, das von Gerüchten über die geheimnisvolle Pilgerfahrt seines Königs schwirrte. »Vor dem Tempel der Branchiden in der Nähe Milets«, schrieb Kallisthenes, nicht zum letztenmal seinem Herrn schmeichelnd, »hatte der heilige Quell wieder zu fließen begonnen, obwohl Apollon ihn aufgegeben hatte, seit sein Heiligtum durch den Perser Xerxes vor einhundertfünfzig Jahren geplündert worden war. Die Tempelboten brachten viele Orakel über Alexanders Geburt als Sohn Zeus' und Einzelheiten seiner künftigen Siege. Auch die Sibylla zu Erythrä, eine betagte griechische Prophetin, hatte über seine hehre Abkunft gesprochen.« Die Beendigung des persischen Gottesfrevels, die Weissagungen von Sieg und göttlicher Geburt, und was anderthalb Jahre später eintraf: das waren die Themen, die Alexanders Geschichtsschreiber verflocht. Die Abgesandten der Tempel mögen sich nach Ägypten eingeschifft haben, ehe Alexander aus Siwah zurückkehrte, doch sie mußten nicht vorher auf seine göttliche Abstammung aufmerksam gemacht werden. Nach dem jüngsten Seekrieg hatten sie ohnedies Grund, ihn zu besuchen, zumal Alexander sich mit einem großzügigen Bauplan für Erythrä beschäftigte. Vielleicht paßten sie bei ihrer Ankunft in Memphis ihre Botschaft dem neuen Motiv der Pilgerfahrt an; doch in Erythrä wurde Alexander, vermutlich schon bald nachdem er die Stadt befreit hatte, als Gott verehrt, und es war ganz natürlich, ihm mit dem Namen des Zeus zu schmeicheln.

Nachdem er von Antipater, der bereits um die Sicherheit Thrakiens und Südgriechenlands gebangt haben mag, neunhundert Mann Verstärkung erhalten hatte, richtete Alexander seine ägyptische Verwaltung ein. Die erhaltene Liste kann unvollständig sein, liest sich aber sehr interessant. Wie schon unter den Persern und den heimischen Pharaonen wurde das Land zweigeteilt, vermutlich in Ober- und Unterägypten. Kein Satrap wird genannt, vielleicht weil der persische Titel Anstoß erregte, doch wurden zwei Nomarchen ausgewählt, und wenn das der offizielle Titel ist, so hatte er in der ägyptischen Vergangenheit bereits eine lange Geschichte. Der eine Nomarch, Petisis, trug einen angesehenen ägyptischen Namen und gehörte wahrscheinlich zur höchsten landesansässigen Aristokratie Unterägyptens; er stammte aus einem Gebiet, dessen zweite wohlbekannte Adelsfamilie von Alexander bereits ihren alten Rang zurückerhalten hatte. Der andere Nomarch, Doloaspis, hatte einen iranischen Namen und war wahrscheinlich dazu ausersehen, Ober- oder Südägypten zu verwalten, wo er zweifellos auch zuvor schon im Amt gewesen war. Ihre Pflichten umfaßten neben der Verwaltung auch die örtliche Rechtsprechung, doch da beide Orientalen waren, wurde ihnen für die zwei Teile des Landes je ein makedonischer General zur Seite gestellt. Wie früher blieb ein Admiral mit einer kleinen Flotte im Nildelta zurück. Die beiden Zentren Memphis und Pelusium wurden mit Garnisonen besetzt, die aus Söldnern, einigen Kampfgefährten und verschiedenen Truppenkommandeuren bestanden, darunter ein Offizier aus einem zurückgebliebenen Teil Griechenlands, dem man – vielleicht weil er Analphabet war – einen Sekretär zuteilte. Libyen, soweit Alexander dort eingedrungen war, erhielt einen Bezirksstatthalter; das gleiche galt für das Gebiet östlich von Memphis, wo Araber lebten. Wie es in Alexanders Reich üblich war, berührten diese Befehlsgewalten das alte, von den Persern ererbte Verwaltungsmodell kaum.

Alexander, der über Größe und Kraft des Landes staunte, soll gesagt haben, er wünsche nicht, daß ein einzelner Mann es beherrsche. Und doch, der Ägypter Petisis lehnte seine Berufung zum Nomarchen ab – weil die militärischen und finanziellen Stellen möglicherweise ein zu großes Übergewicht hatten –, und Doloaspis soll als alleiniger oberster Amtsträger zurückgeblieben sein, während es in Unterägypten einen griechischen Offizier gab, der klug und tatkräftig genug war, bis auf den Titel über alles zu herrschen. Der Grieche Kleomenes hatte vor dem Einmarsch Alexanders in der Deltastadt Naukratis gelebt; er war ein strenger Mann und für sein neues Amt als Alexanders Steuereintreiber in Ägypten und Libyen bestens geeignet. Es war eine Stellung von besonderer Schwierigkeit. Das ägyptische Wirtschaftsleben hatte stets auf der Grundlage von Naturalien, nicht von Münzgeld, funktioniert, und seit die Pharaonen die nubischen Goldbergwerke eingebüßt hatten, war dem Land der Zugang zu Edelmetallen verwehrt geblieben, die als Währung hätten dienen können. Die käuflichen Dienste von Flotten und Söldnerheeren aber hatten bares Geld erfordert, und vor Alexander hatte schon der Pharao Tachos seine Militärfinanzen einem erfahrenen athenischen General anvertraut, der von den Tempelpriestern und Adeligen Steuern in Form von Barrengold eintrieb. Priester und Adelige waren als einzige noch im Besitz von Gold, und der Athener schlug zur Besoldung der Truppen daraus Münzen. Kleomenes hatte ein offenes Herz für diese griechische Unternehmertradition. Seine Befehle lauteten, Ägyptens Steuern einzutreiben, ohne in die Machtbefugnisse der Nomarchen einzugreifen, und da er Münzgeld für Flotte, Söldnergarnisonen und für den Bau Alexandrias – den er überwachte – beschaffen mußte, begann er dieselbe Art der Besteuerung durchzusetzen wie sein athenischer Vorgänger. Seine finanzielle Gewalt machte ihn zum alleinigen Gebieter Ägyptens, auch wenn man ihn nicht als Satrapen bezeichnete; er schlug eigene Münzen und mag auch das System staatlicher Monopole vorbereitet haben, mit welchem seine Nachfolger, die Ptolemäer, Ägypten endlich zu einer zentralisierten Wirtschaft emporführten. Seine Beamten freilich waren keineswegs menschenfreundlicher als alle anderen, die im Altertum über Ägypten herrschten.

Einmischung in finanzielle Angelegenheiten hatte den Tempeln niemals behagt, doch Alexander hatte ihre Empfindungen pflichtbewußt berücksichtigt. In den Augen der Priesterschaft zählte es zu den Aufgaben eines tugendhaften Pharaos, die altehrwürdigen Tempel des Landes zu restaurieren und zu verschönern, und es war eine deutliche Verbeugung vor ihren Wünschen, als Alexander befahl, in zwei alten Amun-Tempeln je eine neue Kammer zu bauen. Beide Bauvorhaben ehrten überdies Pharaonen, die seit tausend Jahren tot waren, aber als vollkommene Vorbilder priesterlicher Regierung geachtet wurden.

Es waren klug gewählte Ehren; Ägypten jedoch mußte sich mit seinem ausländischen Pharao auf eigene Weise vertraut machen, und das geschah wie so oft mit einem Mythos aus der Vergangenheit.

Der letzte heimische Pharao, Nektanebo II., war zwölf Jahre vor Alexanders Eintreffen in den Süden geflohen, um den einmarschierenden Persern zu entkommen. Doch wie bei König Harald von England oder Friedrich Barbarossa glaubte man, er werde als Jüngling zurückkehren, um sein Versagen im Krieg wiedergutzumachen, das ohnehin mit Zauberei oder dem Zorn der Götter entschuldigt wurde. Die Befreiung Ägyptens durch Alexander war der Wink, Nektanebo zu neuem Leben zu erwecken. Der neue Pharao, wenngleich nicht Nektanebo persönlich, war immerhin jung genug, sein Sohn zu sein, und noch zu Alexanders Lebzeiten oder jedenfalls bald danach ging die Rede, Nektanebo sei nach seinem Verschwinden in Pella gewesen; dort habe er Olympias überredet, mit ihm zu schlafen, indem er sie mit seinen astrologischen Künsten beeindruckte und – so eine spätere Version – sich mit den Gewändern Ammons verkleidete, um wie Alexanders göttlicher Vater zu erscheinen. Wenn Alexander adoptiert werden konnte, so ließ er sich auch schmälern. Als Reaktion auf die Herrschaft der Perser hatten sie bereits einen früheren Pharao namens Sesostris idealisiert und ihm eine Erobererlaufbahn angedichtet, die die Taten des persischen Darius I. zum Vorbild hatte und übertraf. Als nun Alexander einen neuen Erfolgsmaßstab setzte, rückte auch Sesostris auf, um ihn auszustechen: er war mild gegenüber Unterworfenen, nahm mehr Gefangene als jeder andere König, und im Unterschied zu Alexander war er »über zwei Meter groß«. Er sei, wie behauptet wurde, nach einem neunjährigen Feldzug wie Alexander im Alter von zweiunddreißig Jahren gestorben – nicht durch Trinken oder Gift, sondern durch Selbstmord. Es war ein Ende, das den Gerüchten um Alexanders Tod die Krone aufsetzte.

Ehe Alexander das heilige Gesetz der Priesterschaft verletzen konnte, hatte er Memphis Anfang Mai 331 schon verlassen und auf seinem Rückweg nach Phönikien eine Brücke über den Nil geschlagen. Er selbst war mit einigen Begleitern in einem Boot über den Fluß unterwegs, als sich ein Unglück ereignete. Parmenions junger Sohn Hektor fiel über Bord und wurde allein durch das Gewicht seiner Kleidung fast zum Ertrinken gebracht; zu Alexanders großem Kummer starb der Junge, während er sich mühsam dem Ufer zukämpfte. Ein prunkvolles Begräbnis wurde angeordnet. Es blieb dem römischen Kaiser Julian vorbehalten, Alexander siebenhundert Jahre später des Mordes an diesem Jungen zu bezichtigen; böswillige Vermutungen mit dem Zweck, Alexander in Verruf zu bringen, sind nicht nur eine Mode unserer Tage. Von Ptolemäos stammt auch der – vielleicht zutreffende – Hinweis, daß ein anderer Sohn Parmenions, Philotas, in Ägypten einer Verschwörung verdächtigt wurde, und dieses »Komplott« mag mit dem Ertrinken seines Bruders verknüpft worden sein. Gegen Philotas wurde nichts unternommen, und beim Verlassen von Memphis sollte Alexander dauerhaftere Beweise seines Umgangs mit Rebellen liefern.

Ein Grund für den raschen Abmarsch aus Ägypten war die Nachricht von einem winterlichen Aufstand im Norden, in Samaria. Der persische Statthalter von Samaria hatte sich und seine Truppen während der Belagerung Gazas Alexander unterworfen. Kurz darauf starb er, und an seine Stelle trat ein Makedone, den die Bevölkerung, als Alexander in Ägypten weilte, ohne viel Federlesens bei lebendigem Leibe verbrannte. Alexander war kurz und bündig. Er zerstörte die Hauptstadt Samarias und ließ alle ausgelieferten Rädelsführer hinrichten; die restlichen Aufrührer wurden in ihrem Wüstenversteck aufgespürt und niedergemacht, wo ihre Leichen, Siegel und Dokumente erst kürzlich entdeckt worden sind. Alexander kannte Rebellen gegenüber kein Erbarmen, und die Funde in den Höhlen von Wadi Dalayeh veranschaulichen auf drastische Weise, was es bedeutete, sich einem Sohn des Zeus in den Weg zu stellen.

Was den Samaritern schadete, machte den Juden Freude, und es stimmt wahrscheinlich, daß Alexander den Juden im Rahmen einer Neubesiedlung des Landes einen Teil als steuerfreies Geschenk vermachte. In Jerusalem hatte man sich heftig erregt, weil der persische Statthalter Samarias jüngst die Tochter des Hohepriesters geheiratet hatte; nun brachen die beiden Völker auseinander, und die Zerstörung Samarias mag die Errichtung eines rivalisierenden samaritischen Tempels auf dem nahen Berg Garizim beschleunigt haben. Obschon Alexander mit den Führern der Juden wohl zusammentraf, ist jene Geschichte, wonach er dem jüdischen Hohepriester huldigte, offenkundig eine jüdische Legende. Perdikkas erhielt wahrscheinlich die Anweisung, makedonische Veteranen in Gerasa und anderen umliegenden Orten anzusiedeln – es waren die ersten von zahlreichen Siedlern, die das Gebiet nachmals in ein zweites Makedonien verwandelten.

Von Samaria zog Alexander nach Norden zu den Ruinen von Tyrus, wo ihn seine levantinische Flotte erwartete. Es war bereits Mitte Mai, doch Tyrus sollte ihn bis Ende Juli festhalten; seine Tatenlosigkeit hatte jedoch ihren Sinn. Er wollte nicht landeinwärts vorstoßen, ehe Darius ein gewaltiges Heer aus allen seinen Ostprovinzen aufgeboten hatte; denn er wollte kein zweites Issos, sondern eine entscheidende Auseinandersetzung, bei der die Herrschaft über Asien in einem vernichtenden Sieg über die gesamten Truppen des Reiches klargestellt würde. Wie die »Eroberung« der persischen Flotte vom Festland aus war diese kühne Strategie klug überlegt. Hätte Darius die Herausforderung nicht angenommen, so hätte er Städte wie Babylon oder Hamadan im Kernland seines Reiches halten und Alexander zermürben können, indem er ihn von Belagerung zu Belagerung ziehen und, wo immer es möglich war, die Nahrungsvorräte vor ihm her verbrennen ließ. Alexander mochte bereits erfahren haben, daß Darius ein umfassendes Reichsheer aufstellte; wenn nicht, so konnte Säumigkeit nichts schaden, zumal er zu Recht annahm, der Großkönig werde beizeiten den Versuchungen einer gewaltigen Feldschlacht nachgeben. Der einzige Fehler wäre gewesen, im Binnenland gegen einen entschwindenden Feind zu marschieren, und Alexander war ein zu kluger Stratege, um ihn zu begehen.

In dieser Zeit des Verharrens wuchsen vor ihm und in seinem Rücken Gefahren. Während der vorhergehenden fünfzehn Monate war er sich der Unruhe im südlichen Griechenland bewußt gewesen, die von Sparta und seinem unermüdlichem König Agis geschürt wurde, doch hatte er Agis bislang nicht ernster genommen als die persischen Admiräle, die mit dem Spartaner verhandelten. Seit seiner Landung in Asien hatte er seiner Streitmacht 11 000 Mann frischer Truppen aus den Balkanländern einverleibt und jüngst die Aufstellung eines weiteren großen Kontingents angeordnet, das zu einem großen Teil in Südgriechenland rekrutiert werden sollte. Vielleicht war es die Nachricht von dieser vierten Aushebung, die Agis schließlich zum offenen Aufstand ermutigte; von seinen Siegen auf Kreta hatte er eine kleine Schar von Söldnern mitgebracht; die griechischen Überlebenden von Issos waren auf seiner Seite, und mit ihrem wie üblich schlechten Spürsinn für den richtigen Augenblick hatte die spartanische Heeresversammlung offensichtlich für einen Krieg gestimmt.

Alexander leitete die erforderlichen Maßnahmen in Tyrus ein. Er entsandte hundert zypriotische und phönikische Schiffe nach Kreta, um Agis' Werk zunichte zu machen und das Meer von der Piratenplage zu säubern, während einer seiner erprobten Admiräle nach Griechenland auslaufen sollte, um »allen jenen Griechen im Peloponnes beizustehen, denen man über den persischen Krieg hinweg trauen konnte und die den Spartanern keine Aufmerksamkeit schenkten«. Dieser eine Befehl schon traf genau den Kern der Sache. Ihm war klar, daß viele Griechen Sparta aus historischen Gründen zu tief haßten, als daß sie Agis helfen würden. Nun, da Issos einen Sieg gebracht und die persische Flotte sich aufgelöst hatte, kam die offene Rebellion ein Jahr zu spät, und die Mehrzahl der Griechen würden sich lieber Antipater als Agis anschließen, falls es zu einer offenen Feldschlacht kommen sollte.

Durch Diplomatie bekam Alexander die Lage noch fester in den Griff. Während des Seekrieges waren die strategisch wichtigen Flottenstützpunkte auf Chios und Rhodos durch Garnisonen verstärkt worden; man klagte dort über die Besatzung, und sie wurden daraufhin abgezogen. Das loyale Mytilene, das der persischen Marine länger getrotzt hatte als irgendeine andere Stadt auf Lesbos, wurde für die Kosten dieses Widerstands entschädigt und erhielt umliegende Ländereien. Wieder einmal sandte Athen eine Abordnung, um die Freilassung der athenischen Gefangenen zu erbitten, und diesmal hatte die Stadt als besonderen Beweis ihrer Aufrichtigkeit der Flottille ihrer Abgesandten eine ihrer Prunkgaleeren hinzugefügt. Diesmal war es auch jener Athener namens Achilles, der ausgeschickt wurde, um bei dem Rivalen seines Namensvetters vorzusprechen. Der Name stimmte Alexander günstig. Er entließ die Gefangenen, mäßigte sein Entgegenkommen aber durch Umsicht, indem er die Mannschaften der zwanzig athenischen Kriegsschiffe als Geiseln zurückbehielt und Athen auf diese Weise zwang, Agis' Vorstellungen um Beistand abzulehnen. Die Stadt fürchtete schließlich auch noch um das Leben von rund viertausend athenischen Bürgern, die unter Alexanders Befehlsgewalt standen. Freilich wußte man auch in Athen, daß ein spartanischer Aufruf zur Befreiung der Griechen auf zuviel Mißtrauen stoßen würde, um Erfolg haben zu können.

Die Gefälligkeiten wurden erwidert, wie es der Stimmung des Augenblicks entsprach. Es ist bekannt, daß Athens zweite Staatsgaleere innerhalb eines Jahres nach der erfolgreichen Mission ihres Schwesterschiffs von *Salaminia* auf *Ammonias* umgetauft wurde. Es gibt keinen Präzedenzfall dafür, ein Schiff so offenkundig nach einem Gott zu benennen, und obwohl es vielleicht dazu benutzt worden war, Geschenke von Athen nach Ammon zu bringen, ist es viel wahrscheinlicher, daß sein neuer Name sich auf Alexanders neue Begünstigung des Ammon bezog, von der die Schiffsbesatzung im Lager von Tyrus erfahren haben mag. Auf künftige Gunstbeweise hoffend, waren solch kleine Schmeicheleien der Mühe wert, was auch Mytilene in einer aufrichtigeren Stimmung der Dankbarkeit zu erkennen gab; auf dem Münzgeld der Stadt wurde Alexander alsbald mit einem Helm dargestellt, den nicht nur ein Federbusch, sondern auch ein Widderhorn, das Symbol Ammons, schmückte. Diese Münzen bezeugen, wie rasch die Nachricht von seiner Pilgerfahrt sich verbreitete und wie deutlich die Menschen erkannten, daß sie für ihn einen besonderen Sinn hatte. Die Stadt erließ eine Verordnung, wonach Alexander an seinem Geburtstag mit einem Opfer zu ehren sei – eine Huldigung, die sonst Göttern vorbehalten war. Mytilene verehrte Alexander über alles. Das ist verständlich. Wieder einmal war seine »Göttlichkeit« nicht eigener Forderung oder Anmaßung entsprungen, sondern der Dankbarkeit einer Stadt für eine denkwürdige Wohltat, die er ihren Bürgern erwiesen hatte.

Da gegen Sparta nichts mehr unternommen zu werden brauchte, ließ Alexander die Monate Mai, Juni und Juli in Tyrus gemächlich verstreichen. Er brachte Melkarth ein weiteres Opfer dar; führte Neuerungen in seiner Finanzverwaltung durch, indem er zwei Steuereinsammler für Westasien ernannte, deren Aufgabenkreis den Gelehrten seither viel Kopfzerbrechen beschert hat, da nichts vorliegt, ihn genau zu bestimmen. Die Geduld seines Heeres war ein drängenderes Problem für Alexander, da beinahe zwei Jahre verstrichen waren, seit die Kampfgefährten zu Fuß in Schlachtordnung gekämpft hatten oder die Kampfgefährten der Kavallerie gegen den Feind geritten waren. Aus dem Lager kam die Meldung, daß die Soldaten sich in zwei Parteien gespalten hatten, die eine unter einem Anführer, den sie Alexander nannten, die andere unter einem Mann, der Darius gerufen wurde. Die beiden Gruppen hatten einander zunächst mit Erdklumpen beworfen, waren dann zu Faustkämpfen übergegangen und kämpften nunmehr bereits mit Stöcken und Steinen gegeneinander. Genau das war es, was Alexander befürchtet haben muß. Er trennte die beiden Seiten und verfügte, die beiden Anführer sollten sich vor dem Heer einen Zweikampf liefern: er werde Alexander ausrüsten, und Parmenions Sohn Philotas werde Darius mit allem Nötigen versehen. Der Alexander errang den Sieg und erhielt von seinem Herrn, der guter Laune war, zwölf ländliche Dörfer zum Geschenk sowie das Recht, persische Kleidung zu tragen. Flink und geschickt war eine mögliche Katastrophe in eine Kurzweil verwandelt, und der Lohn des Siegers war die erste Andeutung jener orientalischen Ehren, die Alexander nach dem Tode Darius' für sich in Anspruch nehmen sollte.

Um die Belustigungen fortzusetzen, hielt Alexander Prozessionen ab und bereitete literarische Festlichkeiten und athletische Spiele vor. Unter den Königen Zyperns, die sich seiner Flotte angeschlossen hatten, war die Förderung griechischer Kultur seit langem eine lebhafte politische Streitfrage gewesen. In Zypern hatten griechische Musik und griechisches Drama bereits eine Heimstätte gefunden, und der einzige zypriotische König, den Alexander bestrafte, war der Herrscher des einen phönikischen Hafens auf der Insel, wo der griechische Einfluß auf unnachgiebigen Widerstand gestoßen war. In kluger Einschätzung ihres Charakters lud Alexander seine zypriotischen Könige ein, Finanzierung und Schirmherrschaft feierlicher Kunstfestspiele zu übernehmen. Mit jener leidenschaftlichen Extravaganz, die der Geschichte Zyperns seit langem ihren Stempel aufgedrückt hatte, übertrumpften sie einander in der Veranstaltung der großartigsten Schauspielaufführungen und Dichterlesungen; Chöre sangen griechische Dithyramben; die namhaftesten griechischen Schauspieler führten griechische Tragödien auf; und wenngleich Alexander enttäuscht war, weil sein Freund Thettalos nicht den ersten Preis errang, muß er sich über die Unterhaltung seiner Soldaten gefreut haben. Etliche zypriotische Könige und Adelige begleiteten ihn auf seinem Marsch nach Indien, und einer von ihnen sollte sich als fähigster seiner Statthalter in einer iranischen Provinz auszeichnen; nicht zum letztenmal hatte Zypern Alexander aus der Patsche geholfen. In der Zwischenzeit mochten seine Gedanken wohl um zwei hervorstechende Probleme kreisen.

Das erste betraf Nachschub und Versorgung. Verstärkungen aus dem Balkan und die Verwendung von Eingeborenen und Kriegsgefangenen hatten mehr oder weniger alle Verluste und die Einrichtung örtlicher Garnisonen wettgemacht. Das Verhältnis von Kavallerie zu Infanterie war zugunsten der Reiterei angestiegen, da die Fußtruppen Verwundungen und Krankheiten stärker ausgesetzt waren; und so warteten etwa 40 000 Mann Infanterie und 7000 Mann Kavallerie darauf, durch die Wüste an den Euphrat zu marschieren – eine dreiwöchige Reise, für die 2000 Versorgungsfuhrwerke nicht zu niedrig gegriffen waren, wenn man annahm, daß die Armee ihren Bedarf nicht zur Gänze aus dem umliegenden Land decken konnte. Kornscheunen der Landesbewohner mögen am Wege gelegen haben, während jenseits des Flusses zwei Routen zur Auswahl standen, die beide durch Gebiete von weithin gerühmter Fruchtbarkeit führten; zudem gab es wieder die Möglichkeit, auf die Königsstraße einzuschwenken, wo die Stationen der Pferdepost genug Vorräte enthielten, um wenigstens die Offiziere zufriedenzustellen. In jedem Fall mußte für umfangreiche Nachschubgüter vorgesorgt werden. Die Region um Tyrus bot den Wagentischlern des Heeres Holz im Überfluß, während Ochsen und Kamele bei den Einheimischen requiriert werden konnten. Ein Beweis aber für die Befürchtungen Alexanders ist der Umstand, daß er vor dem Aufbruch »den Satrapen von Syrien entließ, weil dieser versäumt hatte, seinen Anteil an der Heeresversorgung beizustellen«. Aber all diese Vorkehrungen waren mit einem tieferen Problem verknüpft – wann sollte er landeinwärts marschieren, und wie konnte er sichergehen, daß Darius zu der notwendigen Feldschlacht bereit war?

Die einzige augenfällige Schwäche von Alexanders Heer lag im Fehlen eines Nachrichtendienstes, einer gründlichen Aufklärung und Erkundung, und die Berittenen Kundschafter reichten nicht aus, diese Lücke zu füllen. Das Heer des Darius hatte sein Hauptquartier mehr als elfhundert Kilometer weiter östlich aufgeschlagen, in Babylon, einer Stadt, die keiner von Alexanders Offizieren je gesehen hatte.

Falls Darius nicht zu erkennen gab, wann er zur Schlacht bereit sei, so mochte Alexander bald entdecken, daß sein Marsch ins Binnenland nicht zu der erwünschten Auseinandersetzung führte.

Darius jedoch hatte allen Grund, seine Absichten verlauten zu lassen. Sobald er sein gigantisches Heer einmal gemustert hatte, lag es nicht in seinem Interesse, es in den babylonischen Ebenen warten zu lassen, wenngleich es großzügig versorgt war; denn Langeweile und Verfall der Disziplin mußten bald schädliche Wirkungen zeitigen. In den konfusen Berichten über Darius' Friedensangebote ist für die Zeit, die Alexander in Tyrus untätig verstreichen ließ, ein letztes vermerkt: Frieden hat Darius mit großer Gewißheit Alexander nicht zum dritten Male angetragen, aber es ist wahrscheinlich, daß Darius in der Tat eine Botschaft sandte, in der allerdings von seiner Bereitschaft zur Schlacht die Rede war – um den Zeitpunkt zu seinen Gunsten zu beeinflussen. Alexander handelte sofort, war dadurch aber gezwungen, Tyrus in einem Augenblick zu verlassen, der ihm nicht ganz gelegen kam. Seine letzten Verstärkungen aus dem Balkan, die er im vorhergehenden Winter angefordert hatte, waren noch nicht eingetroffen, obwohl sie wahrscheinlich auf dem Landweg nach Asien aufgebrochen waren. Die etwa 15 000 Mann saßen zwischen Asien und Europa fest und waren nicht in der Lage, Alexander gegen Darius oder Antipater gegen den spartanischen König Agis in den bevorstehenden zwei erbitterten Feldschlachten zu helfen.

Mitte Juli schickte Alexander Hephaistion voraus, um an zwei Stellen Brücken über die breiten Fluten des Euphrat zu schlagen, und hielt sich bereit, ihm zu folgen, sobald die Zimmerleute und Ingenieure ihre Arbeit getan hatten. Für Darius konnte es – vorausgesetzt, daß er umsichtig plante – keine Überraschungen geben. Alexander mußte den Euphrat an der gebräuchlichen Stelle bei Thapsakos überqueren. Daraufhin konnte er unter zwei verschiedenen Routen wählen. Entweder wandte er sich nach rechts und folgte in den Fußstapfen Xenophons dem Euphrat in südöstlicher Richtung nach Babylon, ein Tal längs, das Nahrung in Fülle bot, aber von Kanälen durchsetzt war, die gegen Eindringlinge mit Dämmen aufgestaut werden konnten. Oder er zog vom Euphrat nach Norden und schwenkte sodann nach rechts, um an den Bergen Armeniens vorbeizumarschieren und den etwas weiter entfernten Wasserlauf des Tigris zu überschreiten, worauf er sich auf der Königsstraße in südlicher Richtung nach Babylon wenden konnte. Daß er den Versuch wagen werde, durch jene ungastliche Wüste zu marschieren, die den Winkel zwischen diesen beiden Strecken ausfüllte, war unvorstellbar. Eine der beiden Routen mußte er nehmen, doch Darius konnte sein Schlachtfeld erst auswählen, wenn er Alexanders Entscheidung kannte. Die nördliche Schleife auf den Tigris zu war länger und gefährlicher, da sie die Überquerung des Flusses mit seiner reißenden Strömung bedingte. Die Chance, Alexander auf diese Route zu zwingen, lag darin, ihn der einzigen Alternative durch Verwüstung des Landes zu berauben. Dann konnte es keinen Zweifel geben, daß die Schlacht in günstiger Nähe zur Hauptstraße aus den Oberen Satrapien im Norden Babylons stattfinden wurde. Und so entsandte Darius seinen erfahrensten Satrapen, Mazäos, mit dreitausend Reitern, viele davon griechische Söldner, in eine Wartestellung am Euphrat, um die südöstliche Talroute zu brandschatzen, sobald Alexander auf den Fluß vorrückte. Die Verwüstung vor Augen, konnte Alexander sich um der Mägen seiner Soldaten willen nur nach Norden wenden, worauf Mazäos zur Hauptarmee zurückkehren würde. Der Schauplatz der Schlacht aber wäre damit festgelegt.

Der Satrap Mazäos brach auf wie befohlen. Er war nicht mehr der Jüngste, wahrscheinlich Ende der Fünfzig, und blickte auf eine äußerst verdienstvolle Vergangenheit zurück. Dreißig Jahre lang hatte er als Satrap im Westen geherrscht, zuerst in Kilikien und dann als Oberster Satrap von Phönikien, Kilikien und »Syrien sowohl jenseits als auch innerhalb des Euphrats«. Für seine neue Aufgabe mußten ihm seine an Ort und Stelle gesammelten Erfahrungen von hohem Nutzen sein. Möglicherweise hatte er Familienbeziehungen zu Babylon, unter Umständen sprach er gar Griechisch, zumal griechische Söldner zwei Drittel seines Vortrupps stellten und die Münzen, die er als Satrap schlagen ließ, lange Zeit griechischen Einfluß gezeigt hatten. Die unverwechselbare Brückenstelle des Euphrat in aller Nähe der Stadt Thapsakos, wahrscheinlich an der Flußbiegung bei Meskene, kannte er gewiß, und bevor Hephaistion seine beiden Brücken für Alexanders Flußüberquerung vorbereiten konnte, hatte Mazäos schon seine Stellung am anderen Ufer bezogen. So standen Satrap und königlicher Günstling einander etliche Tage gegenüber: Hephaistion, der seine

Brücken nicht fertigzustellen wagte, weil er fürchtete, Mazäos werde sie zerstören; und Mazäos, der darauf wartete, Alexander selbst von Tyrus her durch die Wüste anmarschieren zu sehen. Als Alexander schließlich eintraf, drehte Mazäos mit seinen Reitern ab und verschwand, um wie befohlen das Euphrattal niederzubrennen und so gegen Alexanders Vormarsch zu versperren. Seine Aufgabe war erfüllt, doch bleibt Raum für ein klein wenig Phantasie. Mit ihm hatten zweitausend Griechen auf dem einen Flußufer gewartet; gegenüber hatten wiederum etliche tausend Griechen über die Verzögerung geflucht, die er verursachte. Während sie warteten, mochten die beiden Einheiten sich über den Fluß durch Rufe in ihrer gemeinsamen Sprache verständigt haben. Hephaistion hatte vielleicht Versprechen gegeben, und die beiden Truppenführer mögen bis zu dem Zeitpunkt, da Alexander eintraf, sogar Botschaften ausgetauscht haben. Von Mazäos hörte man hier keineswegs zum letztenmal; in der kommenden Schlacht sollte er den gesamten rechten Flügel befehligen, und kein Frontabschnitt verhielt sich unbegreiflicher als die persische Rechte, die einen offenbar sicheren Sieg verschenkte und aus dem Feld flüchtete, das sie hätte einkreisen sollen. Mazäos zog mit seinen Truppen nach Babylon, wo er etwa eine Woche darauf als Satrap wiedereingesetzt wurde und das Recht behielt, seine Silbermünzen in Umlauf zu bringen. Es ist denkbar, daß die Schlacht von Gaugamela zu Teilen an den Ufern des Euphrat gewonnen wurde und daß Mazäos' Wiedereinsetzung nicht so sehr Alexanders Großmut, sondern vielmehr einen im voraus abgesprochenen Lohn offenbarte.

Nach dem Abzug von Mazäos stellte Alexander die beiden Brücken fertig, indem er Flöße mit eisernen Ketten aneinanderbinden ließ, von denen einige nach vierhundert Jahren an dieser Stelle gefunden wurden – rostig zwar, doch hielt man sie für echt. Nach der Flußüberschreitung schlug er die einzige unverbrannte Wegstrecke ein, wie Darius es beabsichtigt hatte, wobei er »sich an den Euphrat und die armenischen Berge zur Linken hielt und nach Norden marschierte, weil dort alles seinem Heer besser gelegen kam; die Pferde fanden Futter, das Land verpflegte die Soldaten, und die Hitze war nicht so sengend«. Ortskundige Führer müssen Alexander den Weg gewiesen haben, da kein griechisches Handbuch diese Route beschrieb. Am Fuß der armenischen Berge schwenkte er nach rechts und folgte der schon ziemlich ausgetretenen Straße zum Tigris. Er machte halt, sooft weitere Verpflegung benötigt wurde. In Armenien hatte sein griechischer Metallschürfer mittlerweile von den ergiebigen Goldadern gehört.

Euphrat und Tigris waren durch knapp fünfhundert Kilometer getrennt; die Entfernung war wie gewöhnlich von den makedonischen Landvermessern abgeschritten worden. Und doch verweilte Alexander zwischen fünf und sieben Wochen auf einer Reise, die nach vierzehn Tagen hätte zu Ende sein können. Unterwegs nahm er Kundschafter aus Darius' Heer gefangen, die ihm berichteten, »daß Darius am Flusse Tigris sein Lager aufgeschlagen hatte, entschlossen, ihn aufzuhalten, falls er übersetzte. Sein Heer war viel größer als bei Issos.« Erst da eilte Alexander voran. Als er am Tigris eintraf, war Darius nirgends zu sehen, und die Makedonen konnten unangefochten den Fluß überqueren. Die Infanterie watete durch die ungestüme Strömung, während die Kavallerie sich zu beiden Seiten aufreihte, um die rauschende Kraft des Wassers zu brechen, das den Soldaten bis an die Brust reichte. Am anderen Ufer gewährte Alexander seiner Armee eine Ruhepause; sie durften sich an den Erzeugnissen des fruchtbaren Landes gütlich tun. Am 20. September gab es eine Mondfinsternis, und Alexander opferte der Sonne, dem Mond und der Erde; das beweist, daß er die natürliche Ursache dieses Vorzeichens kannte. Es war immer noch möglich, diese natürlichen Gründe wiederum als Auswirkungen eines Omens zu verstehen, und die Propheten und Seher stimmten darin überein, daß noch während dieses Monds die Schlacht geschlagen werde und die Mondfinsternis den Niedergang Persiens verheiße.

Alexanders sichere und gemächliche Überschreitung des Tigris erscheint in ihrem reibungslosen Verlauf beinahe unglaubhaft. Siebenhundert Jahre später standen dem römischen Kaiser Julian am anderen Ufer desselben Flusses kampfkräftige Einheiten persischer Kavallerie gegenüber, und das Land in seinem Rücken war so gründlich niedergebrannt worden, daß sein Heer einen Rückzug nur auf die Gefahr des Verhungerns hin wagen konnte; und die Flußströmung vor ihm war so pfeilschnell, daß er seine zahlreichen Schiffe zerstören mußte, weil er erkannte, sie würden den Fluß nie bezwingen. Alexander setzte an der üblichen Furt über, ganz in der Nähe des heutigen Abu Dhahir, wo die persische Königsstraße den Fluß kreuzte und in südöstlicher Richtung nach Gaugamela und Arbela führte – in das Gebiet, das Darius für die Schlacht ausersehen hatte. Alexanders Bewegungen waren von Anfang bis Ende absehbar gewesen; denn zum Tigris führten nur zwei Wege, und einer davon war bereits verbrannt worden. Kundschafter hatten ihn sogar vor Widerstand am Tigris gewarnt, und doch hatte ihm Darius nach einem Monat völliger Bewegungsfreiheit immer noch Nahrung und einen freien Flußübergang gelassen.

Zeitmangel kann den Großkönig nicht rechtfertigen. Vielleicht hatte er sich unklugerweise im Hauptquartier verzettelt, bis Mazäos aus fast tausend Kilometern Entfernung vom Euphrat zurückgaloppiert kam, um Darius zu melden, daß Alexander sich erwartungsgemäß nach Norden gewandt hatte; vielleicht befand sein Hauptquartier sich auch nach wie vor zu weit im Süden, in Babylon. Doch selbst dann, in der zweiten Augusthälfte, blieben ihm noch drei Wochen oder mehr, ehe Alexander den Tigris erreichen konnte – Zeit genug für einen großen Kavallerieverband, jene bestenfalls 650 Kilometer in Eilritten zurückzulegen und den Flußübergang der Königsstraße zu besetzen, die Alexander unter den vier möglichen Furten wählen mußte. Wie Kaiser Julian schmerzlich feststellen sollte, konnte Reiterei den Fluß mit Hilfe seiner Strömung verteidigen, und eine entschiedene Verwüstung des Landes mußte jeden Feind aus Hunger zum Rückzug treiben. Wie es scheint, muß ein solcher Plan zur Debatte gestanden haben; denn Darius' Späher warnten Alexander nach ihrer Gefangennahme vor einem Widerstand am Tigris; als waschechte Spione mochten sie allerdings den Plan nur erfunden haben, um den Feind zu täuschen, der sie gefangennahm, doch tauchte drei Tage später am anderen Ufer tatsächlich eine kleine Kavallerieabteilung auf und versuchte, die Getreidescheuern in Brand zu stecken. Vielleicht hatte Darius erst gezögert, dann die Truppe zu spät in den Norden, an den Fluß, entsandt. Rasch verwirklicht, hätte der Gedanke sich als wirksam erweisen können, besonders wenn damit die Vernichtung des Korns auf den Feldern und jene Taktik der verbrannten Erde verbunden gewesen wäre, die König Schahpur II. im gleichen Gebiet so erfolgreich gegen Julians Römer anwenden sollte. Hier zumindest gab es keine Entschuldigung; Darius, so will es scheinen, war nicht nur langsam gewesen, sondern auch dumm.

Dummheit allerdings läßt sich leichter entlarven, wenn die Folgen bekannt sind. Zu jener Zeit war Darius' offensichtliche Torheit ein Ausdruck seiner Laune, jenes unwägbaren Elements, das die Geschichte so gern vergißt. Einem König der Könige, dem Auserwählten Ahura Mazdas und Gebieter eines Heeres, dessen Stärke die Sieger später mit einer Million Mann veranschlagten, müssen Alexanders 47 000 Soldaten wie Bettler vorgekommen sein, die zerschmettert zu werden flehten. Bei Issos waren ihm Gelände und Götter nicht gewogen gewesen, doch in dem ausgesuchten Gebiet von Gaugamela, einhundertzwanzig Kilometer südöstlich des Tigrisübergangs, wurde das Schlachtfeld für die traditionellen Waffengattungen des großköniglichen Reiches geglättet – für die Reiterei und die sensenbewehrten Streitwagen, deren Erhaltung die Feudalstruktur seines Heeres diente. Hyrkanier vom Kaspischen Meer, Inder aus dem Pandschab, Meder aus dem Herzland des Reiches und verbündete Skythen aus den Gegenden jenseits des Oxus – solch stämmisch gegliederte Kavallerie aus den Dörfern der Oberen Satrapien machte die geringe Zahl der griechischen Söldnerinfanterie wieder wett, die durch Verluste und Desertion auf bloße 4000 Treugesinnte zusammengeschrumpft war. Wenn diese Männer und viele andere mit ihrer mehr als fünffachen Überlegenheit den Kampf erwarteten, was sollte dann die Verwüstung des Landes oder eine verwirrende Teilung der Truppen? Sie mochten Alexander nur davon abhalten, gegen einen Feind vorzurücken, der viel stärker war, als er ahnte. Doch wenn Alexander die Zahlen der Perser unterschätzt hatte, so unterschätzte Darius eines nicht minder – das militärische Genie seines Widersachers.

Einen Tag nach der Mondfinsternis, am Abend des 21. September, brach Alexander sein Lager ab und marschierte jenseits des Tigris durch eine Landschaft, die seine Führer Aturien nannten, wobei sie den aramäischen Namen ins Griechische übertrugen. Seine Route war die deutlich gekennzeichnete Königsstraße; zu seiner Rechten strömte der Fluß dahin; zu seiner Linken erhoben sich die Kurdischen Berge, die das Land der Meder abgrenzten; vor ihm galoppierten seine Berittenen Späher, die angestrengt nach dem Feind suchten. Drei ganze Tage lang durchstreiften sie den Südosten über hundert Kilometer, ohne auch nur Spuren der Perser auszumachen. Doch als am 25. September der Morgen graute, kamen sie voller Aufregung zurück und berichteten, endlich hätten sie Darius' Heer auf dem Marsch gesehen – wiederum ein Versagen der Aufklärung, da sich das sogenannte Heer bei näherer Betrachtung als eine Tausendschaft Reiterei entpuppte, die abkommandiert worden war, um die Getreidescheunen der Gegend niederzubrennen. Die Reiter waren zu spät gekommen, um den Tigris halten zu können, und ehe ihre Brandfackeln viel Schaden anzurichten vermochten, wurden sie in einem bezeichnend scharfen Angriff von Alexander und seinen Lanzenreitern in die Flucht geschlagen. Es wurden Gefangene gemacht, und sie brachten die Aufklärung ins rechte Lot, indem sie Alexander warnten, Darius sei »nicht weit und mit einer gewaltigen Streitmacht versehen«. Am Abend des 25. September ordnete Alexander eine Marschpause an, um die Lage in Augenschein zu nehmen. Ein Graben sollte gezogen und von einem Palisadenverhau umgeben werden, um für den Troß und das Gefolge des Heeres ein Ausgangslager zu schaffen.

Die folgenden vier Tage verbrachte Alexander in diesem Lager, mindestens elf Kilometer vom Feind entfernt; unter Versorgungsmangel litt er keinesfalls. Die Zeit war zweifellos wie geschaffen, um die Gesundheit der Pferde zu überprüfen, Schäfte und Klingen der Sarissen zu polieren. Als dann endlich die Nacht des 29. September hereinbrach, ließ Alexander sein Heer in Schlachtordnung antreten und brach – offensichtlich in der Absicht, Darius bei Tagesanbruch zu überrumpeln – kurz vor Mitternacht aus dem Lager auf. Ohne es zu wissen, war er von den vor ihm liegenden Hügeln aus bereits erspäht worden, möglicherweise von Mazäos und einer kleinen Vorausabteilung. Sechs Kilometer vor den Linien des Darius überstieg Alexander den Bergrücken, der die Ebenen im Norden des Dschebel Maqlub überblickt. Er blickte auf das Dorf Gaugamela – im Vordergrund – hinunter; daneben lag der Tell Gomel oder »Kamelhöcker«, von dem es seinen Namen hatte. Hier hielt er seine Schlachtlinie an. Er berief seine Truppenführer samt und sonders zu einem unerwarteten Kriegsrat zu sich. Anhaltspunkte, die diesen Schritt erklären könnten, sind nicht überliefert, doch machte ihm sein Angriffsplan offensichtlich im letzten Augenblick noch Sorgen. Die Mehrzahl der Beratenden empfahl ihm einen sofortigen Weitermarsch. Nur Parmenion drängte, man solle doch lagern und die feindlichen Einheiten und das Gelände erkunden, da der Feind immerhin verborgene Hindernisse wie Pfähle und Fallgruben angelegt haben könnte. Dieses eine Mal soll Parmenions Rat den Ausschlag gegeben haben, vielleicht weil er authentisch ist. Die Soldaten erhielten Befehl, ihr Lager aufzuschlagen, ihre Schlachtordnung dabei aber zu bewahren.

Es fällt nicht schwer, Gründe für Alexanders Zaudern zu finden; daraus folgt indes nicht, daß diese Gründe zutreffen. Er hatte ohne Zweifel gehofft, den Feind bei Tagesanbruch überraschen zu können, und dann von seiner Bergkuppe aus erkennen müssen, daß Darius bereits gewarnt und zur Schlacht angetreten war; möglicherweise hatte er sich vorher auch nie klargemacht, welch überwältigende Menschenmassen Darius ins Feld werfen konnte. Ohne das Überraschungsmoment war Eile jetzt wenig sinnvoll, und dies um so weniger, als Parmenions Rat, das Terrain auszukundschaften, Hand und Fuß hatte. Es gab viel zu tun – einen zusätzlichen Tag würde es beanspruchen –, und eine Verzögerung konnte Darius für seine Vorsorge bestrafen. Sollten des Großkönigs Untertanen getrost noch einen Tag und eine Nacht in bewaffneter Bereitschaft verharren.

Aus all diesen Gründen schien ein Halt ratsam, doch erwies sich der Nervenkrieg unter Umständen als zweischneidiges Schwert – nicht nur in den Rängen der wartenden Perser, sondern auch dort, wo die Geschichtsschreiber es später nicht zugeben wollten, nämlich innerhalb des makedonischen Heeres. Die Männer waren im Dunkeln auf einen Feind zumarschiert, der um ein Vielfaches größer war als jeder andere Gegner, den sie je zu Gesicht bekommen hatten; sie wußten, daß ihr König in der bevorstehenden Schlacht alles aufs Spiel setzte. Es kam, so wird berichtet, ein Augenblick, da eine solche Panik sie erfaßte, daß Alexander eine Rast anordnen mußte und sie ihre Waffen niederlegen konnten, bis sie sich wieder gefangen hatten. Das ereignete sich wahrscheinlich in der Nacht des 29. September, als Alexander tatsächlich die Waffen ablegen ließ und die Soldaten beim Anblick der hunderttausend Lagerfeuer des Feindes allen Grund hatten, in Angst und Schrecken zu fallen. Am folgenden Abend sollte Alexander im Beisein seines Propheten Aristander bestimmte geheime Opferhandlungen vollziehen, und zum erstenmal in seinem Leben – es war auch, soweit bekannt, das letzte Mal – tötete er ein Opfertier zu Ehren der Furcht. Diese rätselhafte Geste mag seine Aussöhnung mit einer Macht gewesen sein, die sich nachts zuvor allzu deutlich gezeigt hatte.

Die wertvolle Aufklärungstätigkeit eines Tages ließ die Kampfmoral wieder aufleben. Am 30. September umgab Alexander sich mit einer Gruppe von Kampfgefährten und galoppierte in einem weiten Bogen um das Schlachtfeld. Sie sahen Schlingen, Fallstricke und Pfähle, die zum Auffangen eines Reiterangriffs in den Boden getrieben worden waren, während der Untergrund an anderen Stellen für die zweihundert sensenbewehrten Streitwagen geebnet war. Darius' Schlachtplan ließ sich in groben Zügen ausmachen, und dies war einmal eine Vorauserkundung, die Alexander auswerten konnte. Er kehrte ins Lager zurück, und zog, als die Dunkelheit sich senkte, mit dem Wahrsager Aristander aus, die erforderlichen Opfer darzubringen. Nach den Weihehandlungen kamen Parmenion und die älteren der Kampfgefährten, um ihn im Königszelt zu besuchen. Einhellig drängten sie Alexander, im Schutz der Nacht anzugreifen. Parmenion brachte Argumente dafür. Der König aber gab eine denkwürdige Antwort. »Ein Alexander«, erwiderte er, »stiehlt seine Siege nicht.« Ob nun auf Wahrheit beruhend oder wie so häufig Schmeichelei, um den König zu freuen – die Antwort war so maßlos, wie der Augenblick es verdiente. Ein Nachtangriff hätte ein schwer überschaubares Risiko bedeutet; besser, man ließ es sein. Als echter Hellene hatte Alexander sich nie gescheut, für sein Heer Listen und Kniffe anzuwenden: war er nicht in der vorhergehenden Nacht ausgezogen, um, wenn schon nicht in der Dunkelheit, so doch in der Morgendämmerung anzugreifen? Er antwortete kühn, damit die Männer es vernahmen oder wenigstens in seinem öffentlichen Mythos aufzeichnen konnten. Nachdem er für den folgenden Morgen noch einen Marsch angeordnet hatte, wandte er sich um, schritt in sein Zelt und ließ sich zu einer Nacht des Pläneschmiedens nieder. Er siebte und wägte alles, was er gesehen hatte, und arbeitete bis in die frühen Morgenstunden, während inmitten der feindlichen Heerscharen, die zu stellen er so lange getrachtet hatte, die Lagerfeuer mit kleinen Flammen niederbrannten.

16 ALEXANDERS GRÖSSTE STUNDE

Tief in Gedanken saß Alexander im Fackelschein und sann über seine Taktik für den kommenden Tag nach. Draußen, vor dem Königszelt, war die Mitternacht gekommen und vorbei, er jedoch ging erst in den frühen Morgenstunden zu Bett, wo er alsbald einschlummerte. Der 1. Oktober dämmerte heran, aber Alexander schlief immer noch. Die Morgensonne erstrahlte rund und voll; da, so wird erzählt, begannen die Offiziere sich zu sorgen, bis endlich Parmenion den Truppen ihre Befehle erteilte und eine Gruppe von Generälen um sich scharte, um Alexander zu wecken.

Sie fanden ihn entspannt und ruhig in seinem Zelt. Gegen ihre Vorwürfe war er gewappnet.

»Wie kannst du schlafen«, sollen sie ihn gefragt haben, »als hättest du die Schlacht bereits gewonnen?«

»Was?« entgegnete er lächelnd, »glaubt ihr denn nicht, daß die Schlacht bereits gewonnen ist – nun, da wir davor verschont sind, einen Darius zu verfolgen, der sein Land abbrennt und kämpft, indem er zurückweicht?«

Diese Geschichte mag schwärmerisch klingen, doch Alexander muß wirklich Erleichterung darüber empfunden haben, daß die Herrschaft über Asien nun endlich, wie so lange geplant, vom Ausgang einer großen Feldschlacht abhängen sollte.

Der Gedanke an die Schlacht selbst war zunächst entmutigend. Den Berichten zufolge war die Zahl des Feindes unermeßlich – mindestens eine runde Viertelmillion Mann, wenngleich eine genaue Zählung unmöglich gewesen wäre. In der offenen Ebene, wo keine natürlichen Begrenzungen seine Flanken schützten, mußte Alexander zwangsläufig von der großköniglichen Reiterei eingekesselt werden . . . Nicht nur aus den Pferdezuchtgebieten seines Reiches, aus Medien, Armenien und sogar aus Kappadokien hinter Alexanders Linien hatte Darius Kavallerie zu Tausenden zusammengezogen; auch von den Stämmen der Oberen Satrapien waren sie gekommen, Inder, Afghanen und andere mehr, darunter etliche berittene Bogenschützen. Alle aber waren zum Reiten geboren, am eindrucksvollsten die verbündeten skythischen Nomaden aus den Steppen jenseits des Oxus.

Gegen ihre Gesamtstärke von vielleicht 30 000 konnte Alexanders Kavallerie nur bloße 7000 Mann aufbieten, und nicht einmal die Bewaffnung sprach zu seinen Gunsten. Viele der feindlichen Reiter waren schwer gepanzert – was allerdings ein zweifelhafter Vorteil war, wenn die Reihen aus den Fugen gerieten und in offener Bewegung gekämpft wurde –, und seit Issos hatte Darius die Angriffswaffen seiner Truppen verbessert, ihnen größere Schilde, Schwerter und schwere Stoßlanzen anstelle der Wurfspieße gegeben, um sie Alexanders Kampfgefährten-Einheiten anzupassen. Selbst Alexanders berittene Sarissenträger hatten ihr Gegenstück gefunden. Einige der skythischen Reiter konnten mit einer Lanze kämpfen, die mit beiden Händen geführt werden mußte, und wahrscheinlich aus diesem Grund hatte Darius sie gegenüber Alexanders rechtem Flügel aufgestellt, wo er ihre makedonischen Vorbilder zwei Jahre zuvor kämpfen sehen hatte. Nur seine Infanterie war auffällig schwach, denn wenn auch zahlreich, besaß sie nicht im entferntesten den exakten Drill von Alexanders Kampfgefährten zu Fuß. Doch Darius rechnete nicht damit, daß Fußtruppen dieses Treffen entscheiden würden.

Abgesehen von dieser grundsätzlichen Gefahr einer Einkesselung berichteten Späher Einzelheiten, die größte Aufmerksamkeit erforderten. In der Mitte der persischen Kampflinie, wo nach alter Tradition der persische König seinen Platz einzunehmen pflegte, hatte Darius etwa fünfzehn indische Elefanten in Stellung gebracht. Ihr schrilles Trompeten und ihre Stoßzähne mußten makedonische Pferde und Reiter, die Elefanten noch nie gesehen oder gerochen hatten, bei einem Frontalangriff in Panik versetzen.

Als weitere Vorkehrung gegen Alexanders Kavallerie hatten die Perser etwas vor ihrer Frontlinie Pfähle und Astknorren in den Boden getrieben, während weiter hinten der Boden für einen Gegenstoß der persischen Streitwagen geebnet worden war. Griechen hatten die veraltete Angriffsformation der Streitwagen zwar schon öfter erfolgreich umgangen, doch unter den gegebenen Umständen bedeuteten sie eine zusätzliche Gefahr. Sie bedrohten Phalanx wie Kavallerie, und Alexander konnte sich ihren schwirrenden Sensen am besten dadurch entziehen, daß er dem holprigen Gelände abseits ihrer geebneten Bahn zusteuerte. Dieses holprige Gelände aber – ganz zu schweigen von der Auswirkung eines Schwenks dorthin – würde wahrscheinlich die dicht aneinandergereihten Sarissen seiner eigenen Phalanx in Unordnung bringen, die wie Streitwagen auf ebenem Boden am wirksamsten waren.

Wenige Dinge unterstreichen Alexanders Intelligenz deutlicher als sein Plan, diesen Gefahren zuvorzukommen.

Seine Schlachtlinie ruhte immer noch auf jenen Hauptpfeilern, die er und sein Vater seit langem perfektioniert hatten. In der Mitte hielten rund 10 000 Kampfgefährten zu Fuß ihre Sarissen stoßbereit. Ihre ungeschützte rechte Flanke wurde von den 3000 Schildträgern gedeckt, die sich ihrerseits nahtlos an den offensiven Kavallerieflügel fügten – an die Berittenen Kampfgefährten, vor denen etwa 2000 Bogenschützen, Schleuderer und Agrianer mit Wurfspeeren aufgereiht waren, die den Feind auf größere Entfernung unter Beschuß nehmen konnten. Auf dem linken Flügel verband sich die schildbewehrte Flanke der Kampfgefährten zu Fuß unmittelbar mit Parmenion und der griechischen Reiterei, die als Angelpunkt der schiefen Schlachtordnung ihren gewohnten Verteidigungskampf führte.

Die Gefahr einer Überflügelung und Einkreisung machte besondere Vorsichtsmaßnahmen erforderlich. An den Spitzen der beiden Flügel hatte Alexander zusätzlich gemischte Einheiten aus schwerer Kavallerie und leichter Infanterie angeordnet, wobei er die Fußsoldaten zwischen den Pferden verbarg und diese Pulks in einem schrägen Winkel zu seiner ohnedies schon schiefen Frontlinie knickte. Sie erstreckten sich somit hinter seiner leicht vorgerückten Kavallerie klappenförmig nach rückwärts und konnten seine Flanken und seinen Rücken einigermaßen schützen, wenn die vorderen Einheiten eingekreist zu werden begannen.

Dauerte die Einkreisung an, so hatten diese gemischten Truppen Befehl, in einem noch schärferen Knick rückwärts zu schwenken, bis sie in einem jeweils rechten Winkel zur Frontlinie standen und sich an ihren äußeren Enden mit Alexanders zweiter Sicherungsstellung vereinigten. Diese lag in einiger Entfernung hinter dem Rücken der rechteckigen Formation der Kampfgefährten zu Fuß und bestand aus rund 20 000 Mann griechischer und Barbaren-Infanterie, die als Reserveverband angetreten waren. Sie würden eine rasche Kehrtwendung vollziehen, falls die feindliche Reiterei den Flankensicherungen entkam und auf den Rücken der makedonischen Linien zugaloppieren wollte. Die Kehrtwendung der Reserven würde Alexanders Heer in ein hohles Rechteck verwandeln, das vorne, hinten und seitlich von Speeren strotzte. Und obgleich offenkundige Gefahren entstehen mußten, falls die hinteren Einheiten bis an die vordere Linie zurückgedrängt und jeder Rückzugsmöglichkeit beraubt wurden, so stellten Einsatz von Reserven und hohle Formation doch Verfeinerungen dar, die im griechischen Kriegswesen unüblich, wenn nicht überhaupt beispiellos waren.

Als Antwort auf eine gewaltige Übermacht sollte diese Taktik ein unvergeßliches Vorbild setzen. Detailpläne gegen Elefanten, Fußangeln und Streitwagen sollten im Verlauf der Kampfhandlungen deutlich werden.

Nach tiefem, doch nicht übermäßigem Schlaf erteilte Alexander seinen Truppen Anweisung, die neuen Positionen einzunehmen. Dann kehrte er zurück, um seine Rüstung anzulegen, wie es eines homerischen Helden würdig war.

»Sein Hemd war in Sizilien gewoben worden; sein Brustschild, bei Issos erbeutet, bestand aus doppelten Lagen Leder. Sein eiserner Helm, ein Werk des Theophilos, erstrahlte wie reines Silber, während sich eng um seinen Hals der Ringkragen legte, ebenfalls aus Eisen und mit wertvollen Steinen besetzt. Sein Schwert war verblüffend leicht und wohlgehärtet, das Geschenk eines zypriotischen Königs; er trug auch einen Umhang, der noch sorgfältiger gearbeitet war als seine übrige Rüstung. Helikon hatte ihn gefärbt, der berühmte Weber auf Zypern, und die Stadt Rhodos hatte Alexander das Gewand zum Geschenk gemacht.«

In dieser weltbürgerlichen Kleidung bestieg er eines seiner Ersatzpferde und ritt zur Besichtigung seiner Truppen aus. Erst nach den Präliminarien sollte der alternde Bukephalos herbeigeführt werden.

Die Soldaten waren angetreten. Alexander ritt ihre Front ab. Er ermunterte jede Einheit, wie er es für angemessen hielt. Den thessalischen Reitern und den anderen Griechen am äußeren linken Flügel unter Parmenions Befehl hatte er viel zu sagen.

»Und als sie ihn anfeuerten und ihm zuschrien, er möge sie gegen die Barbaren führen, da nahm er seine Lanze von der rechten in die linke Hand und begann die Götter anzurufen«, wie Kallisthenes erzählte, »flehte zu ihnen, die Griechen zu beschützen und zu stärken; so er wahrhaftig aus Zeus' Geblüt stamme, müßten sie es tun.«

Das Gebet sagt viel darüber aus, wie Alexander gesehen werden wollte. Ohne auch nur im geringsten blasphemisch oder unglaubwürdig zu wirken, war ein Hinweis auf seine besondere göttliche Abstammung als Höhepunkt seiner Ansprache vor griechischen Truppen in einem Augenblick hoher Erregung passend. Ähnlich sollte Julius Cäsar am Vorabend einer Schlacht seine Soldaten an seine Abstammung von der Göttin Venus erinnern, die er auch als Schutzpatronin seiner Familie ausgab. Generell betrachtet, brauchten Alexanders Worte nicht mehr zu bedeuten, als daß Zeus als Vorfahre aller makedonischen Könige auch sein Ahnherr war, und in diesem gewöhnlichen Sinn konnte dieselbe Wendung auch auf die Könige Griechisch-Siziliens oder des halbbarbarischen Zypern angewandt werden. Doch solche Deutung war unbestritten, und weder Alexander noch sein Hofgeschichtsschreiber hätten *das* je mit den Worten beschlossen: »So er wahrhaftig aus Zeus' Geblüt stamme . . .« Der vorsichtige Bezug gibt eine tiefere Bedeutung zu erkennen – und eine Zuhörerschaft, die mit den seit Siwah üppig gedeihenden Gerüchten und Schmeicheleien gelebt hatte, konnte diese Äußerung nur so verstehen, daß Alexander des Gottes leibhaftiger Sohn war. So gesehen, diente sie der Ermutigung und deutete keineswegs Unmögliches an. Die vorsichtige Wortwahl beweist nicht, daß Alexander an den Geschichten über seine göttliche Abkunft zweifelte. Nur war ihm im Gegensatz zu anderen klar, daß solch subtile Vorstellungen nie als gegeben vorausgesetzt werden durften.

Der gefügige Prophet Aristander, der ihn auf seinem Ritt vor den Reihen der Soldaten begleitete, kam ihm zur Hilfe. Aristander war in einen weißen Umhang gehüllt und trug auf dem Kopf eine goldene Krone. Er »deutete auf einen Adler« – das Symbol des Zeus und der königlichen Münzen Alexanders –, »der sich über Alexanders Haupt in die Lüfte emporschwang und seinen Flug geradewegs gegen den Feind nahm«. Darauf gefaßt, um das nackte Leben kämpfen zu müssen, war wohl keinem einzigen Soldaten danach, dem Vogel hoch am Himmel weniger Bedeutung beizumessen.

Befehle und anspornende Reden brauchen ihre Zeit. Es muß auf Mittag zugegangen sein, als Alexander schließlich mit seinen 47000

Mann in die Ebene hinabmarschierte, einem Feind entgegen, der ungefähr sechsmal stärker war und den er zwei Tage lang unter Waffen, verdrossen und schlaflos hatte warten lassen. Auf die folgenden Ereignisse ist ungemeiner Einfallsreichtum verwendet worden, doch traten beim Aufmarsch Umstände ein, die alle Versuche einer genauen Rekonstruktion lächerlich erscheinen lassen. Kein General, am allerwenigsten ein Rivale des Achilles, war auf einem günstigen Aussichtspunkt verblieben, um die gesamte Auseinandersetzung zu schildern, und kein Geschichtsschreiber, am allerwenigsten ein Kallisthenes, konnte die Szene mit bloßem Auge beobachten. Ein solcher Überblick war überhaupt unmöglich. Beide Seiten stützten sich vornehmlich auf Reiter, die nun einmal unentwegt in rasendem Wettstreit anstürmen und umherjagen, und die Ebene unterhalb des Tell Gomel ist staubig und trocken.

Alle Berichte stimmen darin überein, daß die Schlacht in einer hochwogenden Staubwolke enden mußte. Wenn aber Befehle nur mündlich oder durch Trompetensignal an entfernte Truppenführer weitergegeben werden konnten, und wenn die Schlachtordnung ihnen die Wahl zwischen mehreren Alternativvorstellungen ließ, so war eine solche Staubentwicklung ein Zersetzungsfaktor erster Ordnung.

»Wer bei trockenem Wetter einmal einer Kavallerieattacke über einen indischen *maidan* zugesehen hat, kann sich ein Bild davon machen, was für ein Staub das in Gaugamela war. Der Verfasser entsinnt sich, daß bei einer solchen Gelegenheit die Sichtweite auf vier bis fünf Meter zusammenschrumpfte.«*

Alle Schlachtbeschreibungen – ganz gleich, ob antik oder modern – lassen den Staub erst ganz am Ende der Schlacht aufkommen. Wenn aber der Rückzug von einer Staubwolke in Dunkelheit gehüllt wurde, dann muß es beim Vormarsch auf völlig gleichartigem Boden genauso gewesen sein. Hinsichtlich Gaugamela wären die Historiker gut beraten, es wie die Philosophen zu tun: Zuerst Staub aufzuwirbeln und sich nachher darüber zu beklagen, daß sie – wie Alexander – von Anfang an nicht sehen konnten.

* Generalmajor J. F. C. Fuller, *The Generalship of Alexander the Great* (1958), S. 178.
Maidan (Indien, Persien): freier, öffentlicher Platz, der häufig auch zu Paraden und militärischen Übungen benützt wird. (Anm. d. Übs.)

Je weiter der Historiker von den Tatsachen entfernt ist, um so stärker schematisiert er den Wirrwarr. Zeitgenossen sollten bald eine Schlacht beschreiben, die an Kehrtwendungen und Flankierungsmanövern reich war, doch binnen zwanzig Jahren hatte ein literarischer Geschichtsschreiber ihre Details durcheinandergebracht und verfälscht. Vierhundert Jahre danach verflocht ein Römer unbeholfen diese verschiedenartigen Erzählungen, und heute, zweitausend Jahre später, werden Landkarten gezeichnet zur Eliminierung von Unstimmigkeiten, die bestehen bleiben sollten. Für die Teilnehmer ist eine Schlacht weder hübsch geordnet noch erklärbar, und die frühesten Berichte über Gaugamela sagen mehr über die Stimmung an Alexanders Hof als über die Ereignisse auf dem Schlachtfeld. Was berichtet wurde, war bedingt durch Heldenverehrung und Schmeichelei. Und selbst ein einschlägiges Dokument – ein Plan der persischen Schlachtordnung, der sich unter der Kriegsbeute befand – darf nicht vorbehaltlos akzeptiert werden. Es war vielleicht nur einer von vielen Entwürfen, der nie in die Praxis umgesetzt wurde.

Trotz Staub und Verwirrung ist man sich indes über eine entscheidende Truppenbewegung einig, die um so glaubwürdiger ist, als sie einer Gewohnheit entsprach. Als Alexander – vielleicht anderthalb Kilometer vor der feindlichen Frontlinie – das Signal zum endgültigen Vorrücken geben ließ, die seine Reihen mühelos überlappte, ging Alexander schräg vor, wie seine Männer es von Philipp gelernt hatten: auf der Rechten warf er seine Berittenen Kampfgefährten nach vorne, während er Parmenion und die Griechen an der Linken zurückhielt. Doch bei näherem Herankommen begann er seine gesamte Schlachtreihe zügig nach rechts zu führen – eine seitliche Bewegung, die durch die Keilform seiner Einheiten ermöglicht wurde. Parmenion und die Linke wurden dadurch zwar einer noch gefährlicheren Einkreisung ausgesetzt; falls es Alexander jedoch gelänge, über den äußersten Flügel der persischen Linken hinauszureiten, so hätte er damit seinen eigenen angreifenden Kavallerieflügel vor einer Umgehung durch den Feind bewahrt. Ihn abzufangen, würden die Perser sich wahrscheinlich zu ihrer Linken hin verlagern, und in ihrer Front, die nicht in säuberlichen keilförmigen Dreiecken angeordnet war, mochte auf Grund des eiligen Manövers eine Bresche entstehen. Ganz zur äußeren Rechten bewegte sich Alexander dann, wo der Boden wellig und ungeeignet für sichelbewehrte Streitwagen war, und damit war er auch weit von den Pfählen und Fallschlingen entfernt, die gegen einen herkömmlichen frontalen Ansturm in die Erde gerammt worden waren. Alexanders Vormarschlinie war gut gewählt, doch sie wurde durch die flinken Anpassungsbewegungen der Perser teilweise zunichte gemacht.

Auch Darius konnte rasch Reiterei an die Linke werfen. Wenn ihn das auch die Kontrolle über die Schlacht kosten sollte, so dauerte es nicht lange, bis seine Kavalleriespitze parallel zu den Einheiten an Alexanders Rechte voransprengte, sie überflügelte und wieder die äußere Position errang. Durch diesen rasenden Galopp wurde Alexanders Vorstoß nach rechts aufgehalten, ehe er das holprige Gelände erreichte, und augenblicklich setzten etwa zweitausend schwerbewaffnete skythische und baktrische Reiter zum erwarteten Angriff an, um Alexanders Flügel zu umgehen und einzukreisen. Mit einem klug überlegten Gegenschlag der beweglichen Flankensicherung Alexanders aber hatten sie nicht gerechnet. Zunächst wurden sie von den etwa siebenhundert berittenen Söldnern zu einem direkten Angriff herausgefordert, der einen leichten Sieg versprach und sie davon abhielt, in den Rücken der makedonischen Schlachtlinie vorzustoßen. Als sie sich dann unwiderruflich in einen Kampf verwickelt hatten, wurden die restlichen Truppen der Flankensicherung losgelassen, um sie zurückzuwerfen – erst die berittenen Päonen, dann die Tausenden altgedienten Söldner, die sich zwischen ihnen verborgen gehalten hatten.

»Wenn jede Kavallerieeinheit auch Infanteristen enthielte«, hatte Xenophon in einem Handbuch über Kavallerieführung geschrieben, »und diese wären zwischen den Reitern versteckt, so könnten sie durch plötzliches Auftauchen und Losschlagen um so mehr zum Sieg beitragen.« Dieser taktische Kunstgriff war von den thebanischen Generälen angewandt worden, die Philipp oft kopiert hatte. Alexander, der seinen Xenophon gelesen hatte, war ähnlicher Auffassung, und die Skythen, die in einen zunächst so einfach erscheinenden Strauß verfangen waren, befanden sich nun ihrerseits in der Minderzahl und mußten sich zurückziehen.

Während die Skythen an der äußersten Flanke abprallten, strömte die verbleibende persische Linke vor, um sie zu unterstützen. An den Innenflügeln und im Zentrum zischten die Sensenwagen voran, solange ihre Räder noch über glatten Untergrund rollten; doch wieder war man ihnen in der Weise Xenophons zuvorgekommen. Vor den Kampfgefährten zu Pferde hatte Alexander etwa zweitausend Agrianer und Speerwerfer aufgestellt, um sie aus der Distanz abzuschießen. Ihre Salve traf recht genau. Die Wagenlenker, die durchkamen, fanden sich sogleich von ihren Gefährten heruntergezerrt, während auf ihre Pferde mit langen Messern eingehackt wurde. Was diesen zweifachen Angriff überdauerte, wurde weiter hinten von den Kampfgefährten empfangen. Die Reihen hatten sich weit geöffnet, und die Streitwagen fegten, ohne Schaden anzurichten, hindurch, auf das Troßlager hinter den Linien zu, wo ihnen zu guter Letzt von den Pferdeknechten und den königlichen Junkern der Garaus gemacht wurde.

Ein Streitwagen muß in einer geraden, ungestörten Linie angreifen können, ohne ins Stocken zu geraten; sonst bleibt er wirkungslos. Alexander wußte das. Er unterbrach ihre Fahrt zunächst durch gezielte Schüsse. Danach machte er ihnen – was Xenophon empfohlen und Alexander bereits vier Jahre zuvor gegen thrakische Wagen praktiziert hatte – eine breite Gasse frei, durch die ihre Sensenräder schwirren konnten, ohne Schaden anzurichten. Den makedonischen Offizieren zufolge »verursachten die Streitwagen keinerlei Verluste«. Andere Berichterstatter mit einem Hang zum Dramatischen behaupteten, daß »vielen die Arme entzweigeschnitten wurden, mitsamt Schilden und allem; nicht wenige Hälse wurden durchgeschlitzt, da Köpfe mit geöffneten Augen und unverändertem Gesichtsausdruck auf die Erde fielen«. In der Mitte und links außen mag das in der Tat so gewesen sein; denn dort – das wissen wir, wenn auch über die Wirkung nichts bekannt ist – griff der größere Teil der Streitwagen an. Doch was immer ihre Sensen anrichteten – Staub wirbelte auf, und das Schlachtfeld muß allmählich unüberschaubar geworden sein.

Im Kreise Alexanders blieb das entscheidende Manöver in Erinnerung; es wurde auch berichtet. »Die gesamte Kriegskunst«, schrieb Napoleon, »besteht in einer wohldurchdachten und umsichtigen Verteidigung, der ein jäher und verwegener Angriff folgt.« Skythen und Streitwagen *war* klug begegnet worden, und was immer sich am linken Außenflügel ereignete, den niemand klar beschrieb – eine zahlenmäßig unterlegene Flankensicherung brachte den massierten Angriff gegen die Rechte heldenhaft zum Stehen, so daß Tempo und Verwegenheit ins Spiel gebracht werden konnten. Die hektischen Bewegungen der persischen Linken, die anfangs auf die eine Seite galoppierte, um Alexander einzuholen, dann mit aller Kraft vorpreschte, um ihn zu umreiten, hatten dort eine Lücke geöffnet, wo der linke Flügel an das linke Zentrum anschloß. Diese Stelle – dort stand auch Darius' königlicher Streitwagen – forderte einen Durchbruch geradezu heraus. »Das zweite Prinzip der Kriegskunst«, schrieb Clausewitz, ein Meister ihrer Theorie, »besteht darin, die Kräfte an jenem Punkt zu konzentrieren, wo die entscheidenden Schläge geführt werden sollen; denn ein Erfolg an dieser Stelle wiegt alle Niederlagen an untergeordneten Schauplätzen auf.« Clausewitz und Napoleon vorwegnehmend, brachte Alexander die Kampfgefährten zu Pferde in ihre gewohnte Keilform und wies den nächsten Fußbrigaden den Weg zu einer Offensive auf ein persisches Zentrum, das entblößt, aufgeweicht und zahlenmäßig fürs erste nicht allzu drückend überlegen war. Wie ein geübter Flügelstürmer auf dem Fußballplatz hatte er die gegnerische Verteidigung zunächst einmal weit nach rechts abgelenkt; nun hielt er inne, wechselte die Richtung, stürmte zur Mitte zurück und zielte auf den Großkönig selbst, wobei er die schwerbeweglichen Elefanten mied.

Die Kampfgefährten griffen an, kamen unter feindlichen Speermännern zum Stillstand, schoben und rempelten. Die Schildträger stießen nach. Unterstützt wurden sie von den drei rechten Brigaden der Kampfgefährten zu Fuß, die im Sturmschritt marschierten, »dicht wogend, umstachelt von Sarissen«, und ihren *Allallallallai*-Kriegsruf erschallen ließen. In edlem homerischen Stil, so wird erzählt, schleuderte Alexander einen Speer nach Darius, verfehlte ihn jedoch und tötete den Wagenlenker neben ihm. Den Unsterblichen und den Königlichen Verwandten bereitete die durchdringende Attacke sicherlich Unbehagen; und während Leiche sich auf Leiche türmte, setzte Darius seinen Streitwagen zurück und entschlüpfte durch die alles verhüllende Staubwolke nach Südosten in Sicherheit und zur Königsstraße. Etwa 3000 Berittene Kampfgefährten und 8000 Mann Fußtruppen hatten die Schlacht tatsächlich entschieden, indem sie ihren Druck auf eine schwache Stelle konzentrierten. Doch zweitrangige Positionen schwebten noch immer in Gefahr, und die wichtigste Siegesbeute, Darius, würde sich nicht so leicht aufspüren und einholen lassen.

Da die Geschichte Alexander – von dem sogar gesagt wird, er habe

»die ganze Sache«, eine Million Mann oder nicht, »allein durch seinen eigenen Heldenmut erledigen« wollen – in den Mittelpunkt rückt, bleiben die Ereignisse an den übrigen Sektionen der Schlachtlinie mehr oder weniger ungeklärt. Während Darius floh, hatte eine starke Abteilung iranischer Kavallerie an der Rechten begonnen, mit drükkender Übermacht auf eine Flankensicherung einzustürmen; und dennoch soll sie sich schleunigst zur Flucht gewandt haben, als etwa sechshundert berittene Sarissenträger in den Kampf eingriffen. Auf der linken Seite muß Parmenion jeder denkbaren Bedrohung ausgesetzt gewesen sein, von den Einheiten unter Mazäos eingekesselt zu werden; das einzige Ergebnis indessen war ein Umgehungsangriff von ungefähr dreitausend feindlichen Reitern, die Hals über Kopf in das Troßlager hinter den Linien weiterstürmten, wo sie, wie erzählt wird, die Gefangenen und die persische Königinmutter zu befreien versuchten. »Nicht ein Wort kam über ihre Lippen; weder ihre Gesichtsfarbe noch ihr Ausdruck veränderte sich, während sie bewegungslos verharrte, so daß die Betrachter im ungewissen blieben, welche Handlungsweise sie bevorzugte.« Ehe sie sich entschließen konnte, waren ihre Erretter schon wieder verschwunden – vielleicht weil sie von Darius' Flucht hörten, vielleicht weil die Reserven zurückgekehrt waren, um ihnen auf den Leib zu rücken.

Nur im Zentrum war die Lage eindeutig. Bei seinem ungestümen Vorstoß auf Darius hatte Alexander die rechts angeordneten Einheiten seiner Kampfgefährten-Infanterie mit sich vorgezogen, die drei Reihen zur Linken aber hatten größte Mühe, mitzuhalten. Ihre Formation kam aus dem Tritt, und wie bei Issos entstand dadurch in ihrer Mitte eine breite Lücke. In diese Bresche strömten hocherfreute Perser und Inder, indem sie dem durch die Mauer der Sarissen durchstrahlenden Tageslicht folgten. Wären sie gegen die schlecht bewaffneten Flanken der Kampfgefährten zu Fuß vorgegangen, hätten sie ungeheuren Schaden anrichten können, doch auch sie hatten das Feldlager des Trosses in der Ferne gerochen, und so sprengten sie mitten hinein. Die unbewaffneten Wärter und Diener metzelten sie in der Hoffnung nieder, die Familie des Großkönigs herauszuholen; sie mochten eine solche Ordre haben. Mit Alexanders Reserveverbänden, deren Rolle in den ganzen Schlachten schwer zu verstehen ist, hatten sie allerdings nicht gerechnet. Ob sie nun, wie die vorderste Schlachtlinie, vielleicht auseinandergetrieben worden waren und die Inder zunächst durchgelassen hatten oder nicht – auf jeden Fall schlossen sie jetzt ihre Reihen kräftig genug zusammen, um kehrtzumachen und den Plünderern in den Rücken zu fallen. Dank der ursprünglichen Sicherheitsvorkehrungen Alexanders konnte der Troß zu guter Letzt vor verschiedenen Angreifern gerettet werden. Darius' Familie blieb in sicherem Gewahrsam.

Während Alexander das persische Zentrum in die Flucht schlug, mußte ihm unbekannt bleiben, daß die anderen Teile seiner Schlachtreihe in großer Gefahr schwebten, dann aber glücklicherweise ihre schwachen Stellen konsolidieren und sich zu neuer Kraft aufraffen konnten. Er mag so etwas geahnt haben; beobachtet hat er es kaum. Rings um ihn her wirbelte Staub hoch, und es galt, um am Leben zu bleiben, den Krummsäbeln auszuweichen und auf nur halb sichtbare Turbane loszuschlagen. Sein schräger Angriff hatte hinter den Elefanten vorbeigeführt und sie abgeschnitten, und nun setzten ihnen auch die mutigeren Fußsoldaten zu, angeblich mit besonderen bronzenen Dreispitzen, um die Tiere zu erstechen. Dieses Scharmützel kann die Verwirrung nur gesteigert haben. Das einzige feststehende Ziel war Darius, und er hatte sich, wie man bereits wußte, aus dem Staube gemacht. Also ließ Alexander alle geringeren Gefahren unbeachtet und stürzte sich mit einer Gruppe von Reitern in die Verfolgung. Das scheint nicht minder unüberlegt wie das verhängnisvolle Betragen des Prinzen Rupert bei Edgehill*; Alexander verhielt sich einfach verantwortungslos. Staub und verbissen kämpfende Orientalen hätten es ihm unmöglich gemacht, rechtzeitig zurückzukehren, um seiner Linken oder seinem Zentrum beizustehen – selbst wenn er gewußt hätte, daß sie seine Hilfe brauchten. Wenn aber später die Geschichtsschreiber etwas entschuldigen zu müssen glaubten, so war es keineswegs sein Aufbruch zur Verfolgung, sondern daß ihm ein so entscheidender Preis entkommen sein sollte. Dafür brauchte man einen Sündenbock,

* Erste Schlacht (23. Okt. 1642) der Englischen Revolution. Prinz Rupert, Kavalleriegeneral König Charles' I., entfernte sich bei der Verfolgung der halb zerschlagenen gegnerischen Reiterei aus dem Kampfgebiet, so daß Graf Essex, sein Widerpart, seine Streitkräfte, darunter auch Teile seiner Kavallerie, wieder sammeln konnte und die Infanterie der Königstruppen fast völlig aufrieb: die Schlacht nahm einen unentschiedenen Ausgang. (Anm. d. Übs.)

und wie so oft wurde Parmenion verantwortlich gemacht. Als Alexander mit zweitausend Reitern zu dieser Jagd ausritt, da, so wurde berichtet, traf ein Meldereiter von Parmenion ein, der ihn um Unterstützung für den linken Frontabschnitt ersuchte.

Dieser Meldereiter ist ein Problem für sich. Die verschiedenen Chroniken lassen ihn zu anderen Zeiten auftreten, verändern seine Botschaft und Alexanders Antwort. Einige stellen es so dar, Parmenion habe Befürchtungen für Troß und Gepäck ausgesprochen, worauf Alexander Parmenion mitteilen ließ, er möge die Proviantsäcke vergessen und gegen den Feind kämpfen. Andere wiederum behaupteten, er habe um Verstärkung gebeten, so daß Alexander mit den Zähnen knirschte und sich zur Umkehr verpflichtet fühlte. Es ist höchst unwahrscheinlich, daß durch die Wirren einer wild wogenden Schlacht eine Botschaft Alexander überhaupt erreichen konnte. Unter den Geschichtsschreibern herrschte – vermutlich weil Kallisthenes es zuerst so dargestellt hatte – allgemeine Übereinstimmung, daß Parmenion sich im Kampf langsam und unfähig verhalten habe, und auf diese Art konnten Schmeichler das Märchen von Parmenions »Meldereiter« in Umlauf bringen, um Alexanders Zeitverlust und die Tatsache zu erklären, daß ihm Darius zu fangen mißlang. Sein stellvertretender Befehlshaber habe ihn aufgehalten, so wurde geltend gemacht – da aber war Parmenion schon aus Furcht vor Verrat umgebracht worden. Wieder einmal konnte die Geschichte zu Alexanders Gunsten umgeschrieben werden, indem der General verleumdet wurde, den er in den Tod geschickt hatte.

Wenn die Verfolgung fehlschlug, so lag das am Staub und an der persischen Kavallerie, die in hellen Scharen hinter Darius her flüchtete, so daß Alexander sich einen Weg durch ihre Reihen bahnen mußte, und in der verzweifelten Verquickung von Verfolgung und Flucht war der Kampf zwischen diesen beiden Seiten besonders grausam. Sechzig Kampfgefährten um Alexander wurden verwundet – darunter auch Hephaistion –, ehe die Perser endlich aus dem Wege geräumt waren. Da aber war Darius schon weit und hatte den Kleineren Zab bereits überquert. Dort wechselte er seinen Streitwagen gegen ein Pferd und ritt auf die Königsstraße in der Nähe von Arbela zu; dort, fast fünfzig Kilometer vom Schlachtfeld entfernt, konnte Darius unter einer Reihe von Wegen ins Herzland seines Reiches wählen. Alexander folgte verspätet. Als er das andere Ufer des Zab erreichte, brach langsam die Dunkelheit des Oktoberabends herein. Eine rasche Gefangennahme schien nicht länger möglich. Deshalb ließ man die Pferde etwas verschnaufen, weil das Tempo der Verfolgung sie ohnehin schon überfordert hatte. Erst um Mitternacht setzte der Trupp seinen Weg in südöstlicher Richtung nach Arbela fort, wo er nach einem Ritt über die Königsstraße am folgenden Morgen eintraf. Nachforschungen ergaben, daß Darius längst durchgezogen war; er hatte auch die große Straße verlassen, die ihn südostwärts nach Babylon hätte bringen müssen, und eine kürzere, weniger bekannte Bergroute nach Hamadan eingeschlagen, wo die Straßen zu seinen Oberen Satrapien zusammenliefen. Sein Pfad führte über Pässe von fast dreitausend Meter durch die kaum bekannten Kurdischen Berge. Alexander wollte sich und seine Männer nicht der Gefahr aussetzen, sich inmitten feindseliger Nomaden in den Bergen zu verirren, und begnügte sich in Arbela mit der ansehnlichen Schatzkammer und dem Ausblick auf einen unangefochtenen Marsch nach Süden zu den Reichtümern Babylons. Daß Darius entkommen war, bedeutete eine schwere Enttäuschung. Trotzdem nannten seine Soldaten ihn den neuen König Asiens.

Auf dem Schlachtfeld hatte der Gegner bald nach der Flucht des königlichen Feldherrn seine Kampflust verloren. Auf der rechten Seite waren die von den Sarissenträgern zermürbten Baktrer und Skythen davongeritten. Im Zentrum hatten die Kampfgefährten zu Fuß sich wieder gefangen, und auf der Linken war es Parmenion irgendwie gelungen, anstürmende Reiterei trotz ihrer gewaltigen Überzahl und geschickter Stellungswechsel abzuwehren. Eine abweichende Quelle betont, Parmenion und seine thessalischen Reiter hätten sich fürwahr hervorragend geschlagen, wogegen andere ihn der Trägheit und Unfähigkeit bezichtigten; doch wird es wohl stimmen, daß er glänzend kämpfte. Auch mag ihm die Nachricht von Darius' Flucht zugute gekommen sein – desgleichen die Anwesenheit des Mazäos, der sich sehr wohl seiner Kontakte mit Hephaistion entsonnen haben mochte, die vielleicht nur einen Monat zuvor am Euphrat angeknüpft worden waren. Der Befehlshaber der gesamten persischen Rechten zögerte nicht lange, Darius den Rücken zu kehren und nach Babylon zurückzureiten, wo er sich wenige Wochen später ergab und wieder in alle seine Würden eingesetzt wurde. Er wußte auf höchst verdächtige Weise, wo sein Vorteil lag.

Bei der wilden Verfolgung des Gegners »wurden beinahe 300 000 persische Gefallene gezählt, und viele weitere wurden gefangengenommen, darunter auch alle überlebenden Elefanten und alle Streitwagen, die unversehrt geblieben waren. Von den Mannen um Alexander waren ungefähr hundert gefallen, doch über tausend Pferde verendeten während der Verfolgung des Darius an ihren Wunden oder an Erschöpfung.«

Diese absurden Ziffern bilden zu dieser Schlacht den abschließenden Kommentar einer Geschichtsschreibung, die verworren bleibt, wo sie sich nicht in bloßer Schmeichelei erschöpft. Alexanders plötzlicher Sturmangriff von rechts auf die Mitte war offensichtlich schlachtentscheidend und in der besten Tradition offensiver Feldherrnkunst vorgetragen worden. Entwicklungen in anderen Sektionen seiner Schlachtlinie – das vorrangige persische Interesse an Schätzen und Gefangenen seines Troßlagers und ihre seltsame Unfähigkeit, ihre zahlenmäßige Überlegenheit zu nutzen – waren Geschenke des Himmels, die er seiner Tüchtigkeit schwerlich zuschreiben konnte. Ein großer Feldherr läßt seinen Gegner unbedeutend scheinen; Alexanders Planung, Kühnheit und rasche Entscheidungskraft übertrafen bei weitem die Qualitäten der feindlichen Führung. Er hatte einen herrlichen Sieg errungen, und er sollte nie wieder auf vergleichbare Weise um Asien kämpfen müssen.

Als er von seiner vergeblichen Verfolgungsjagd zurückkehrte, schien seine Position noch nicht so entscheidend. Bei Gaugamela hatte Alexander das erobert, was Darius' Untertanen als den Westen des persischen Reiches ansahen. Das sogenannte Heimatland der Perser war längst nicht sein. Im Osten und Südosten dehnten sich die Provinzen der Meder und Perser, der Baktrer, Sogdianer und der Bergstämme, bei denen Darius von Hamadan aus Zuflucht nehmen und eine zweite Verteidigungslinie aufbauen konnte. Bevor er Darius nicht gefangengenommen hatte, war er nicht König von Asien. Und das wußte Alexander durchaus. Im ersten Taumel des Sieges wollte er immer noch in der Rolle des griechischen Rächers gesehen werden. Er schrieb seinen griechischen Verbündeten, daß »alle Tyrannenherrschaften abgeschafft worden sind und daß die Menschen nun von ihren eigenen Gesetzen regiert werden« – eine Behauptung, die für Asien eher zutraf als für das griechische Festland, wo unter seinem Schutzbündnis immer noch Juntas gediehen. Er bekräftigte die Größe seiner Nachrichten. So sandte er Beutestücke des Sieges ans andere Ende des Mittelmeers, in eine süditalienische Stadt. Sie war die Heimat – daran erinnerten ihn Kampfgefährten, die den Westen kannten – eines griechischen Athleten, der vor hundertfünfzig Jahren nach Griechenland gekommen war, um gegen den gottesschändenden Perser Xerxes zu kämpfen. Solche Aufmerksamkeit für fast vergessene Dinge spricht teilweise für seine rege Öffentlichkeitsarbeit, ist aber gewiß auch ein Zeichen dafür, daß das Motiv der Vergeltung ernstgenommen wurde.

Nicht einmal der Landschaft blieben die Zeichen des Gedenkens erspart. Hinter dem Schlachtfeld erhob sich der Hügel von Tell Gomel, den die Einheimischen »Kamelhöcker« nannten. Für den Schauplatz eines glorreichen Sieges reichte dieser Name natürlich nicht aus, und so taufte Alexander ihn um in Nakatorion – griechisch für Berg des Sieges, und dieser Name allein sollte sich halten, als die Einzelheiten der großen Schlacht längst vergessen waren. Es war ein Name, der im Osten alte Gedankenassoziationen weckte, und er sollte auf syrisch als *awana Niqator* weiterleben, als Posthaus des Sieges – die Bezeichnung einer Pferdewechselstation auf der Landstraße, wo einst die Königsstraße der Perser verlief.

Es war in der Tat ein denkwürdiger Sieg, doch sollte es nicht der letzte bleiben. Der Ortsname, der sein Entstehen einem Augenblick des Jubels verdankte, bestand sechshundert Jahre lang fort und sollte bei Pompejus und anderen siegreichen Römern eine Mode begründen. Darius aber war entkommen, und diese Tatsache konnte keine angebliche Botschaft Parmenions je verdecken. Ehe der neue Herr über Asien sich rechtmäßig Asiens König nennen durfte, mußte ein längerer und noch beschwerlicherer Marsch bestanden werden.

17 DIE BEUTE

Am 2. Oktober verließ Alexander das Lager des Darius in Arbela und marschierte, den Tigris zur Rechten, auf der Königsstraße südwärts, die nach wie vor seine Route bestimmte. Er hatte alle Hoffnung verloren, Darius im ersten Anlauf der Verfolgung einzuholen, und wie vor Gaugamela empfahl es sich, wiederum abzuwarten, ob der Großkönig noch ein letztes Heer für eine offene Feldschlacht aufbieten werde.

Versorgung und Aussicht auf Schätze veranlaßten Alexander in der Zwischenzeit, Richtung auf Babylon zu nehmen, wo auch seine Soldaten wohlverdienten Lohn erhoffen konnten. Das Schlachtfeld räumte er rasch – ein Entschluß, den Schmeichler mit dem Gestank der gefallenen Feinde begründeten, doch das Gebiet war auch weithin bekannt für seine Mücken und seine giftigen Asphaltdämpfe – und schon nach kurzer Zeit hielt er inne, um diese Dämpfe zu untersuchen.

In Kirkuk, wo die Straße nach Osten abzweigte, »bewunderte er einen Erdspalt, aus welchem ununterbrochen Feuer hervorschlug wie aus einer Quelle, und er staunte über die Flut von Naphta rundum, die reich genug strömte, einen See zu bilden«. Um seine Wirkung zu zeigen, »besprengten die Einheimischen den Weg zu den königlichen Quartieren mit einer dünnen Schicht der Flüssigkeit, stellten sich ans obere Ende und hielten Fackeln an die befeuchteten Flecken. Die Dunkelheit brach schon herein. Mit Gedankenschnelle schossen die Flammen vom einen Ende der Straße zum anderen und brannten anhaltend weiter.«

Zum erstenmal sahen Griechen die Ewigen Feuer von Baba Gurgan, und auf Anregung eines Atheners, der ihn in seinem Bad bediente, gestattete Alexander einen zweiten Versuch. Im Hofstaat gab es einen Jungen, der »geradezu absurd gewöhnlich aussah, aber eine angenehme Singstimme besaß«, und damit festgestellt werden konnte, ob Naphta nicht nur zu brennen, sondern auch zu sengen vermochte, ließ er sich aus freien Stücken in die Flüssigkeit tauchen und in Brand stecken. Die Flammen fügten ihm ernste Verbrennungen zu und konnten nur mühsam mit etlichen Eimern Wasser gelöscht werden. Mit einem Schock und mit Brandnarben kam der Junge davon – ein warnendes Beispiel für alle, die glauben, daß die Griechen in naturwissenschaftlichen Dingen die Theorie dem Experiment vorzogen.

Als Alexander die Ewigen Feuer verließ, schickte er einen Kurier nach dem östlichen Susa, dem nächsten Palast an seiner offensichtlichen Route. Er selbst bog von der Königsstraße ab und schlug die andere große historische Straße der Geschichte ein, die ihn in südlicher Richtung nach Babylon bringen sollte. In der Nähe von Tuz-Kharmatu fielen ihm die Erdpechvorkommen auf, und wie er hörte, war das Bitumen zum Bau der Mauern Babylons verwendet worden. Bei Opis kehrte er auf die andere Seite des Tigris zurück, und an den Kanälen des Westufers entlang marschierte er durch ein an Gerste und Hirse so reiches Ackerland, daß seine Soldaten nach Herzenslust essen konnten. Überall sahen sie Dattelpalmen, den Stolz babylonischer Wirtschaft, die Holz, Bier, Nahrung und Lagerstätten lieferten; bei den Persern gab es ein volkstümliches Lied über ihre Verwendungsmöglichkeiten – angeblich 360, für jeden Tag des babylonischen Jahres eine.

Alexander durchzog ein Land, das Persien Getreide, neue Landgüter, Tribut und Abgaben lieferte, mit denen sich kein anderes Gebiet des Königsreiches messen konnte. Seit zwei Jahrhunderten gehörte Babylon dem persischen König, und in all der Zeit war die wunderbare Fruchtbarkeit des Landes ausgebeutet worden. Iranische Stämme hatten ihre Wüsten und Gebirge verlassen, um Babylon reicher Nutzflächen, seiner Wasserwege und Stadthäuser zu berauben, und nur die heimischen Geschäftsurkunden können das Ausmaß solch einer gesellschaftlichen Veränderung veranschaulichen. Nicht daß die Iraner Babylon angenehmer gefunden hätten als ihre heimatlichen Landstriche; denn die Hitze war fürchterlich, und fünf Jahrhunderte später sollte ein chinesischer Besucher ihre Nachkommen noch immer in unterirdischen, eisgekühlten Häusern vorfinden – ein stichhaltiger Hinweis darauf, was ihre Ahnen erlitten haben müssen. Nein, die meisten waren gekommen, weil sie mußten. Wer in der verhältnismäßigen Kühle des persischen Hofes lebte, und seine Landgüter – steuerfreie Geschenke des Königs – durch eingeborene Sklaven und Gutsverwalter bestellen lassen konnte, war glücklicher dran. Die übrigen aber – Regierungsbeamte, Richter, Aufseher, Eintreiber der jährlichen Steuern – mußten sich niederlassen, wo immer sie arbeiteten.

Es handelte sich bei ihnen auch nicht unbedingt nur um Iraner. Unter ihnen lebten Gruppen jener ausländischen Soldaten, die der König als Gegenleistung für Steuern oder Militärdienst in Landgemeinden ansiedelte. Inder, Araber, Juden und einstige Nomaden hatten auf diese Weise über lange Jahre das Antlitz ganzer Regionen der babylonischen Landschaft verändert, so daß Alexander auf seinem Weg zur herrlichsten Stadt des Ostens meist durch Bauerngüter von Ausländern und Günstlingen des persischen Hofes marschierte.

Aus diesen babylonischen Ebenen hatten Hof und Reich seit langem den Überfluß geschöpft, von dem ihr Wohlergehen und eine reibungslose Verwaltung abhingen. Im Osten, im Kernland des Iran, ist Ackerland knapp, und Wasser dort stets ein kostbares Gut. In Babylonien jedoch waren von Landesbewohnern und Kronkolonisten alljährlich tausend Talente Silber, fünfhundert Eunuchen und ein Drittel der Lebensmittel für den persischen Hof erhoben worden. Das Zeremoniell des Großkönigs inmitten seiner Königlichen Verwandten war auf den Überfluß angewiesen, den er den Schlickböden Babyloniens abverlangte. Vom Satrapen der Region wurde einmal behauptet, er halte in seinen Ställen 16 800 eigene Pferde – die Tiere für den Krieg nicht eingerechnet – und unterhalte aus den Erträgen von vier Dörfern, die ihm eigens für diesen Zweck zugeteilt worden waren, eine Hundemeute. Private Würdenträger hatten keine minder augenfälligen Vorteile aus einem Land gezogen, in dem große Königsgüter eine alte Tradition darstellten. Parysatis, die Königin Darius' II., hatte babylonische Dörfer besessen, die Steuern für ihre Garderobe zahlten; einige kamen für ihre Schuhe auf, wieder andere für ihre Strumpfbänder, während ihre riesigen Landgüter in der Nähe Babylons von Sklavensippen bestellt und von ihren eigenen Schwertträgern und Richtern verwaltet wurden. In der Umgebung der Stadt mochte ein persischer Eunuch oder ein paphlagonischer Günstling es zu einem dicht mit Bäumen bewachsenen Park und zu einer Pflanzung erlesener Dattelpalmen bringen, während seine Nachbarn ebenfalls zugewanderte Landfremde waren, die ihren Bauerngütern in der neuen Heimat nach Art der Landedelleute ihre eigenen iranischen Namen gaben. Ein persischer Prinz konnte durch seine Verwalter an einem einzigen Tag in Babylon 2380 Schafe und Ziegen verpachten und landwirtschaftlichen Grundbesitz in nicht weniger als sechs verschiedenen

Bezirken von Ägypten bis Persien sein eigen nennen, alles von ortsansässigen Förstern und Verwaltern betreut. Es war ein aristokratischer Lebensstil, wie ihn nur wenige Makedonen und noch weniger Griechen je hatten genießen können.

»In Babylonien«, schrieb der Botaniker Theophrast anhand der Berichte von Alexanders Soldaten, »wirft schlecht aufbereiteter Boden eine fünfzigfache Ernte ab, gut aufbereiteter Boden eine hundertfache. Aufbereiten heißt das Wasser so lange wie möglich auf der Erde liegen lassen, damit es Schlamm bildet; es gibt sehr wenig Regen, aber an seiner Stelle nährt der Tau die angebauten Pflanzen. Grundsätzlich schneiden sie das wachsende Getreide zweimal nieder«, ein Verfahren, das die meisten Bauern auf griechischer Erde sehr erstaunen mußte, »und ein drittes Mal wird es von ihren Herden abgegrast, die man zu diesem Zweck auf die Felder läßt; anders als in Ägypten gibt es in Babylonien sehr wenig Unkraut und sprödes Gras.«

In Babylon also wartete reiche Beute, nicht zuletzt auf Alexander selbst, zumal der lange Schatten des persischen Königs über so vielen der üppigsten Perlen in den ländlichen Gebieten lag: Er hatte nicht nur seine Günstlinge reich ausgestattet, sondern wie die Könige Assyriens vor ihm hatte er die gepflegten königlichen Landgüter selbst an sich genommen; bei privaten Grundgeschäften pflegte der Käufer sogar eine Garantie zu fordern, daß nichts von dem betreffenden Land dem König gehöre.

Für den König war es nichts, ein einziges Bauerngut für jährlich 9000 Scheffel Getreide, einen Ochsen und zehn Widder zu verpachten. Er besaß und vermietete Kornspeicher, Hühnerfarmen komplett mit einem Betreuer des königlichen Geflügels, Dorfhäuser, Stallungen und sogar das Fischrecht. Häufig lagen seine großflächigen Güter an den Ufern von Kanälen, wo sie durch die nahe Bewässerung prächtig gediehen – eine Vergünstigung, die einen einheimischen Bauern ein Viertel seiner jährlichen Dattelernte kosten konnte. Was die Kanäle anging, diese Arterien babylonischen Lebens, so gehörten viele davon ebenfalls ihm, und er verpachtete sie an heimische Firmen freier Unternehmer, die für Transport und Bewässerung eine Maut erhoben, die Fischereierträge verkauften und ihre Spesen aus den Gewinnen deckten. Mittlerweile verschlammten allerdings die Kanäle, was den Ackerbau langsam erstickte, von dem das babylonische Leben abhing.

Niemand hatte den Willen oder die Geräte, sie wieder in Ordnung zu bringen.

Alexander war der Erbe des Königs, und Babylon bedeutete den ersten Schritt in seinem stetigen Aufstieg zum reichsten Mann auf Erden. Babylon, seine Weiden und sein Ackerland konnten den verschwenderischen Prunk am Hof eines Königs von Asien bestreiten. Neben den Landgütern, die sich so oft in persischen Händen befanden, gab es die Stadt selbst und ihren Schatz, einen Siegeslohn von unermeßlichem Wert. Seine Begegnung mit Babylon war von entscheidender Bedeutung. Seit er dank seines Sieges zum Herrn über den Westen des persischen Reichs geworden war, stieß er erstmals wieder auf eine Stadt Asiens, und der Anfang hätte nicht vielversprechender sein können.

Etliche Kilometer vor den turmbewehrten Mauern der Stadt kam Mazäos angeritten, um ihn zu begrüßen. Als Unterpfand seiner Ergebenheit brachte er seine Söhne mit. Der Mann, der erst sieben Tage zuvor den rechten Flügel des persischen Heeres befehligt hatte, machte sich nun erbötig, Babylon – vielleicht wie abgesprochen – zu übergeben.

Alexander war sich der Dinge, die nun folgten, keineswegs so gewiß, wie seine Chronisten glauben machten. Als die mächtigen Ziegelmauern Babylons in Sicht kamen, ließ er seine Armee wie zur Schlacht antreten und befahl einen vorsichtigen Anmarsch, weil er als Befreier erscheinen wollte und nicht als irgendein neuer plündernder König. Er bluffte, und er fürchtete auch eine Falle, aber er sollte in seinen Hoffnungen nicht enttäuscht werden. Als er näher kam, wurden die Tore Babylons aufgestoßen, und die Amtsträger der Stadt strömten über eine Straße herbei, die mit Blumen und Kränzen bestreut und mit silbernen, weihrauchbeladenen Altären gesäumt war. Der persische Festungskommandant brachte Pferde- und Rinderherden, Leoparden in Käfigen und zahme Löwen. Hinter ihm tanzten die Priester und Propheten, die zum Klang von Lauten und Posaunen ihre Hymnen sangen. Schon weniger mißtrauisch, ließ Alexander die bewaffnete Wache nicht von seiner Seite weichen und bestieg den königlichen Streitwagen. Die Stadtbewohner folgten ihm durch das Haupttor bis zum Palast der Perser, wo ihre Huldigungen die ganze Nacht über andauerten.

Alexanders Empfang in Babylon war überwältigend. In seiner Laufbahn war er nicht minder eindrucksvoll als ein großer Sieg über Darius. Angst und der Wunsch, einen Eroberer milde zu stimmen, erklären die demütige Unterwerfung der persischen Statthalter, doch waren die Bürger daran nicht unbeteiligt, und ihre Beweggründe waren viel älter.

Es wäre falsch, hier ökonomische Gründe ins Spiel zu bringen und auf die lange persische Herrschaft über Babylons Grund und Boden, Rohstoffe und Bodenschätze zu verweisen. Zwar läßt sich demonstrieren, daß unter persischer Herrschaft die Handelsabgaben oder die Bankzinsen in Babylon wie auch in Ägypten sich vervierfacht oder noch kräftiger erhöht haben – in einer Gesellschaft ohne Geldwährung aber, wo die riesige Masse der Bevölkerung von Ackerbau oder den Geschenken der Herren lebte, darf ein Ansteigen der Preise für Luxusgüter oder die sinkende Kaufkraft eines Schekels Silber nicht überbetont werden. Unter der persischen Regierung nehmen auch die Urkunden über den Verkauf von Sklaven stark zu, und es gab eine eigene Klasse von Leibeigenen ausschließlich für die persischen Königsgüter; die Verträge bauen ihren möglichen Fluchtversuchen immer schärfer vor. Doch viele Sklaven mögen ausländische Kriegsgefangene gewesen sein, und Sklaverei auf den Gütern eines landesfremden Königs war den Babyloniern nichts Neues. Alexander kam nicht die Erhebung eines lange unterdrückten Proletariats zugute. In einer Gesellschaft mit starken religiösen Bindungen hätte die Unzufriedenheit eine weniger krasse Form angenommen und wäre eher durch das offensichtlich blühende Gedeihen der Ungerechten oder Gottlosen denn durch Visionen eines unaufhörlichen Klassenkampfes gespeist worden. Von einem solchen Dogma war nichts vorhanden, um einen solchen Protest auszulösen. Die geistige Kraft Babylons hatte im Kompilieren bestanden; die Griechen vollzogen den nächsten Schritt einer Deutung. Man sammelte Tatsachen, ohne dabei von abstrakten Theorien geleitet zu sein, und daher gab es nie eine Doktrin der Klassenrevolution, die auf eine Sklavenschaft hätte einwirken können, die die Babylonier als Selbstverständlichkeit hinnahmen. Beinahe zweitausend Jahre lang hatte Babylon nicht erklärt, sondern beobachtet. Ein Babylonier hatte bereits die Akademie Platons in Athen besucht, und Kallisthenes hat angeblich die Aufzeichnungen der vielen Astronomen Babylons abgeschrieben, die sich, Gerüchten zufolge, über 34 000 Jahre erstreckten. Die Abschriften schickte er seinem Verwandten Aristoteles, und erst in Griechenland sollten diese Aufzeichnungen als Grundlage einer umfassenden Theorie des Himmelsgewölbes dienen. Die Folgen treten rasch zutage; denn der Astronom Kallippos stellte alsbald eine genauere Berechnung über die Dauer des griechischen Jahres an, wobei er seinen Zyklus im Juli 330 v. Chr. beginnen ließ. Er soll dazu babylonische Unterlagen verwendet haben, und der Zeitpunkt legt nahe, daß es jene Alexanders waren.

Babylons Unterwerfung läßt sich besser aus den Gegenleistungen Alexanders erklären. Bald nach seinem Eintreffen in der Stadt gewährte er der Priesterschaft eine Audienz und ordnete die Restaurierung der Tempel an, die Xerxes arg beschädigt hatte. Besonderen Wert legte er auf den berühmten E-sagila, der »so gestaltet war, daß er vor Gold und Juwelen wie die Sonne erstrahlte«, wie sein Stifter Nebukadnezar geschrieben hatte, »während seine Deckentäfelungen aus vergoldeter Libanonzeder angefertigt waren und der Boden des Allerheiligsten mit rotem Gold eingelegt war«. Auf Empfehlung der Priester opferte er dem Stadtgott Bel-Marduk, wobei er wahrscheinlich die Hand der Statue ergriff, um darzutun, daß *er* seine Macht wie die alten babylonischen Könige empfangen hatte – in einer persönlichen Begegnung mit dem Gott. Wieder einmal hatte er Xerxes' vergangene Missetaten für sich genutzt. Wie in Lydien, Karien, Ägypten, hatte er klar erkannt, wo man für Takt am empfänglichsten war.

In Babylon war die Achtung vor den Tempelgemeinden seit alter Zeit eine Richtschnur weiser und majestätischer Regierung. Selbst unter der brutalen Reichsherrschaft der Assyrer im achten vorchristlichen Jahrhundert blieb sie gewahrt, doch persische Statthalter hatten das historische Vorbild ignoriert. Um die Bediensteten und die Besitztümer der Tempel bildeten sich Stadtkörperschaften, die von einem Priesterkollegium verwaltet wurden; die Mitglieder stammten aber aus einem größeren Kreis von Menschen, deren Bindung an den Tempel häufig schwach oder von Ahnvätern ererbt worden war. Diese heimischen Körperschaften waren gezwungen worden, dem persischen König Steuern zu entrichten; sie mußten Wein, Bier, landwirtschaftliche Produkte und Arbeiterpartien für die königlichen Herden, Gebäude und Gärten abführen. Von keinem persischen König ist bekannt, daß er den Tempeln den gebräuchlichen Zehent gewährt hätte; auf ganz unübliche Weise war den Tempelsklaven befohlen worden, das Schilfrohr des Königs zu schneiden, seine Ziegel zu brennen und seine Schafe zu scheren, während königliche Beamte darüber wachten, daß die Arbeiter und Steuern weisungsgemäß geliefert wurden. Innerhalb von sechzig Jahren nach seiner Eroberung erhob Babylon sich viermal gegen derartige Einmischungen, und im Jahre 482 vor Christus hatte Xerxes seinen Schwager ausgeschickt, um die Stadt Babylon für immer zu bestrafen, indem er ihre Mauern niederbrach, ihr den Status einer Satrapenhauptstadt verwehrte und ihren Ehrentitel aus seinem königlichen Protokoll strich. Landbesitz der Tempel war beschlagnahmt worden, wenn auch nur für kurze Zeit. Die heiligen Gebäude des E-sagila und der hohe, geweihte Ziggurat des Etemenanki erlitten schwere Beschädigungen. Die Statue des Gottes Bel-Marduk, aus massivem Gold, wurde zum Einschmelzen fortgeschleppt.

In der Prozession, die Alexander willkommen hieß, tanzten Priesterschaft und städtische Amtsträger hinter dem persischen Kommandanten, und die Haltung dieser Gebildeten war in Anbetracht der Vergangenheit nicht überraschend. Als Gegenleistung wurden ihnen Vergünstigungen gewährt, und wie so oft setzte Alexander damit seinen Nachfolgern ein Vorbild. Die makedonischen Könige sollten auch in Zukunft für den Wiederaufbau der Tempel Geld zur Verfügung stellen; sie pflegten sich Könige der Lande zu nennen – ein alter Ehrentitel, der sich im besonderen auf Babylonien bezog, den die persischen Könige seit Xerxes aber fallengelassen hatten. Sie achteten die Tempelbürgerschaft, gestatteten ihr, ihre Urkunden in ihrer geheimnisvollen Gelehrtensprache aufzuzeichnen, und nahmen sie von gewissen Umsatzsteuern aus, die allen anderen griechischsprechenden Bürgern von einem königlichen Aufsichtsbeamten über das Vertragswesen auferlegt wurden. Als bevorrechtete Gemeinwesen in der riesigen Weite königlichen Landbesitzes erinnerten die Tempelkörperschaften an die freien griechischen Städte Asiens, mit denen sie auch gewisse königliche Begünstigungen teilten. Wie in Griechisch-Asien mußten nun auch in Babylon jene Grundstücke, die einem königlichen Höfling gewährt wurden, als Teil des Landbesitzes einer nahen Tempelstadt registriert werden, was einen Gegensatz zu den Geschenken eines persischen Königs bildete, der sie aufs Geratewohl vergeben hatte;

wahrscheinlich kam auch dieses Vorrecht erstmalig unter Alexander auf.

Und doch gab es Vorbehalte. Alexander hatte zwar den Wiederaufbau des größten Tempels der Stadt, des E-sagila, angeordnet, der mehr als sechzig Meter hoch gewesen war, doch er hatte nicht versprochen, für die Kosten aufzukommen. Für die Finanzierung, so schien es, müßten die Tempelländereien aufkommen. Doch die Priesterschaft hatte sich schon allzu lange an diesen zusätzlichen Einkünften gütlich getan, zumal keine Tempelgebäude übriggeblieben waren, die das Geld aufgebraucht hätten.

Überdies hatte Alexander immer noch im Sinn, zu regieren, und seine Pläne vereinten Taktgefühl mit Härte. Babylon wurde wieder in seinen lange verlorenen Status als Satrapenhauptstadt eingesetzt, doch Tribut sollte die Stadt nach wie vor zahlen, und Garnisonen würden die Festung besetzt halten. Diese Truppen wurden auf zwei Offiziere aufgeteilt, die beide noch in Philipps Makedonien Landgüter erhalten hatten, und einer davon war der Bruder eines Wahrsagers, der mit den vielen Astrologen Babylons viel gemeinsam haben mochte. Die Wahl des Satrapen war da etwas anfechtbarer – Mazäos, Königs Darius' abtrünniger Vizekönig Syriens, wurde dazu ernannt, die Provinz zu regieren, zu deren Unterwerfung er wesentlich beigetragen hatte. Zwar sollten diesen abgehärteten persischen Staatsdiener zwei Generäle und ein königlicher Steuerbeamter überwachen, doch schien er in den Augen der Öffentlichkeit nur wenig von seiner Würde eingebüßt zu haben. Er war wieder einmal Satrap, und wahrscheinlich wurden auch weiterhin Silbermünzen mit seinem Namen geschlagen – ein persisches Privileg, das Alexander in späteren Jahren durch eigene Münzfußentwürfe zu ersetzen neigte. Diese Wiedereinsetzung war außergewöhnlich und stellte unter Umständen den Lohn für einen abgesprochenen Verrat der Stadt dar: wie der Perserkönig Cyrus, der Eroberer Babylons, mag Alexander seinen ersten Statthalter auch seiner einheimischen Verbindungen wegen gewählt haben; denn beide Söhne Mazäos' waren nach Bel benannt worden, dem vorherrschenden Gott Babylons, und er war möglicherweise mit einer Babylonierin verheiratet.

In ähnlicher Grundstimmung vergab Alexander die Satrapie von Armenien an Mithrines, jenen Iraner, der drei Jahre zuvor Sardis übergeben hatte, und setzte in Babylon den persischen Festungskommandanten wieder ein. So gab er für die Zukunft seinem Reich einen Kurs; denn unterwürfige persische Satrapen konnten nun erwarten, wieder in Provinzen eingesetzt zu werden, die sie schon für Darius beherrscht hatten. Allerdings wurde ihnen, wie in Ägypten oder Karien, stets ein makedonischer General zur Seite gestellt, damit die Landestruppen in loyaler Hand blieben. Diese Methode förderte Unterwerfungen und löste unnötige Probleme von Sprache und Organisation. Wo immer möglich, sollten persische Verwaltungsbeamte im Amt bleiben. Angesichts der Herrschaft über ein gewaltiges Reich mochte das Motto von Bestrafung und griechischer Rache getrost in Vergessenheit geraten.

Nachdem er seine Verfügungen bekanntgegeben hatte, erholte sich Alexander beinahe fünf Wochen in Babylon. In der Stadt, deren Größe die Griechen lange überschätzt hatten, gab es viel zu sehen: die riesigen, annähernd zwanzig Kilometer langen Doppelmauern aus Backstein und Bitumen; das mit Wehrtürmen befestigte Ishtar-Tor, dessen emaillierte Schmuckplatten Tiere zeigten; den heiligen Ziggurat, der mit seinen sieben Stockwerken eine Höhe von zweiundachtzig Metern erreichte – das waren außerordentliche Sehenswürdigkeiten, und sie alle sollten später in verschiedenen Listen der Weltwunder auftauchen. Zwischen hohen, schmalen Häusern, die keine Fenster hatten, damit die Hitze nicht eindringen konnte, verliefen die Hauptstraßen der Stadt in fast kerzengeraden Linien. Ihr Grundriß wurde nur durch den gekrümmten Lauf des Euphrat unterbrochen, über den sich ein berühmtes Steinviadukt spannte. Einem Griechen erschienen die Ausmaße der Stadt unbegreiflich groß, und das Regierungsviertel zwischen dem Ishtar-Tor und dem Euphrat war nicht minder überraschend. Alexander schlug sein Quartier im südlicheren der beiden Paläste auf, einem Labyrinth mit rund sechshundert Zimmern, dessen vier Hauptempfangsräume in einen Thronsaal und einen Innenhof mündeten – Nebukadnezar hatte sie in Ausmaßen erbaut, die einem Herzog zu Mantua oder einem venezianischen Dogen keine Schande bereitet hätten. Vom Palast aus besuchte er die nördliche Festung, wo Nebukadnezar einst seine Schätze verwahrt und seine Kuntwerke wie in einem Museum ausgebreitet hatte, »daß alle Menschen sie sahen«. Diese Schätze betrachtete er wohl als persisches Eigentum, »während er die Schätze und die Möbel des Königs Darius bewunderte«. Eine riesige Menge von ungeprägtem Gold und Silber rundete seinen Siegeslohn ab. Damit waren alle finanziellen Sorgen seiner Laufbahn vorbei. Münzen waren in Babylon nie verwendet worden. Eine neue Münzanstalt aber sollte dazu beitragen, die massiven Barren für die Soldaten in eine brauchbare Form zu verwandeln.

Reichtümer jedoch bewegten ihn nicht allein. Um die Palastbauten herum lagen die Hängenden Gärten, deren künstliche Terrassen so dicht mit Bäumen bepflanzt waren, daß die Griechen, ihrerseits nur mittelmäßige Gärtner, einen in der Luft schwebenden Wald zu sehen vermeinten. Die Zedern und Rottannen der Hängenden Gärten, so wurde erzählt, seien von Nebukadnezar hierher verpflanzt worden, um seine syrische Königin in einem kahlen, fremden Land über ihr Heimweh hinwegzutrösten. Alexander interessierte sich sehr für diesen Terrassenpark und schlug vor, daß inmitten der zahlreichen orientalischen Bäume griechische Pflanzen eingesetzt werden sollten. Es war ein löblicher Wunsch, dem kein großes Glück beschieden war, da nur der Efeu im neuen Klima gedieh.

Die Vergnügungen des Heeres waren unterdessen rauher. Während Alexander seine Gärten besichtigte, machten seine Soldaten den Frauenmangel dreier Jahre wett. In den Freudenhäusern der Stadt vergnügten sie sich mit den Striptease-Tänzerinnen. Ein über alle Maßen großzügiger Sold aus den Schätzen Babylons – eine Belohnung, die vielleicht längst überfällig war – brachte sie in Stimmung. Inmitten der Annehmlichkeiten Babylons mochten sie vergessen, daß der Krieg noch keineswegs zu Ende war.

Darius lebte und scharte in den Bergen um Hamadan zweifellos Truppen um sich. Doch es war zwecklos, ihn im Winter durch ein wildes und unvertrautes Land zu verfolgen, und je länger er unbehelligt blieb, um so eher mochte er sich einer neuen offenen Auseinandersetzung stellen. Die schatzreichen, leicht zu nehmenden Paläste des Reiches lagen östlich. Ihre Eroberung würde Darius von seinen zahlreichen überlebenden Anhängern abschneiden und ihn zum Rückzug in immer östlichere Wüsten zwingen, wo seine Königswürde nicht unangefochten bleiben mochte.

Für Alexander war es taktisch und in finanzieller Hinsicht vernünftig, auf der Königsstraße weiterzuziehen. Ende November brach er auf. Es ging durch Landstriche, die reichlich mit dem Proviant versehen waren, den der mittlere Iran im Winter nicht zu bieten hatte. Marschziel war Susa, und er hoffte auf eine weitere Unterwerfung. An den Satrapen der Stadt hatte er einen Kurier mit einem Brief geschickt.

Er hatte sich noch nicht weit von Babylon entfernt, als ihm vor Augen geführt wurde, was er alles hinter sich zurückließ. Auf der Königsstraße stießen endlich die Verstärkungen zu ihm, die er einen Herbst zuvor aus Griechenland angefordert hatte. Es waren Makedonen, Griechen und etwa viertausend Thraker, die für ihre Grausamkeit bekannt waren – insgesamt fast 15 000 Mann, und sie vergrößerten seine Streitmacht um fast ein Drittel. In einer Landschaft, deren Üppigkeit berühmt war, hielt er an, um sie in sein Heer einzureihen.

Die Infanteristen wurden nach Nationalitäten aufgeteilt, und die Kampfgefährten zu Fuß um eine siebte Brigade Makedonen erweitert. Innerhalb der Kavallerie wurden die Schwadronen in Züge unterteilt, und die Zugkommandeure wurden nicht nach Rasse oder Geburt, sondern nach persönlichen Verdiensten gewählt. Solche kleinen Einheiten waren beweglicher, ihre getrennte Führung zuverlässiger.

In demselben tatkräftigen Geist wurden Wettkämpfe veranstaltet. Die Signalmethoden des Heeres änderten sich. Das Horn wurde durch das persische Signalfeuer ersetzt, dessen Rauch im Getöse von Menschen, Waffen und Pferden nicht untergehen konnte.

Die Verstärkungen hatten Seltsames erlebt. Vor ihnen und hinter ihnen war Not am Mann gewesen, und sie hatten stets dazwischen gestanden. Sie hatten die Schlachten versäumt, bei denen ihre Anwesenheit von größtem Nutzen gewesen wäre. Für Gaugamela kamen sie zu spät, und sie hatten Griechenland zu früh verlassen, um Antipater gegen die spartanische Revolte aushelfen zu können, die sich endlich voll entfaltet hatte. Im Herbst von Gaugamela waren 40 000 Makedonen und Verbündete nach den Hügeln nahe Megalopolis in Südgriechenland marschiert und hatten die Spartaner und ihre Söldner, denen sie doppelt überlegen waren, zu einer großen Feldschlacht herausgefordert. Der spartanische König Agis war in grimmigem Kampf gefallen. Seine Truppen wurden in die Flucht geschlagen. Doch das Verdienst gebührte mehr den griechischen Verbündeten Antipaters als den recht wenigen waffenfähigen Makedonen, die daheim zurückgeblieben waren. Agis' Aufstand war heldenhaft, kam aber auf echte spartanische Weise zu spät. Ihn zu unterdrücken hatten mehr Griechen mitgeholfen, als sich seinem Kampf für eine Freiheit anschlossen, die von Sparta so oft verraten worden war. In den Ohren der Verbündeten klang die Sache eines spartanischen Königs noch weniger vertrauenswürdig als die Alexanders.

Als die Verstärkungen bei Alexander eintrafen, war ihnen vom Ausgang der Rebellion noch nichts bekannt. Sie konnten nur von der Gefahr in Südgriechenland berichten, und es war ein besorgter Alexander, der seine neuen Truppen besichtigte und auf einen Brief oder ein Zeichen aus Susa wartete. Nur Tage später erschien der Sohn des Satrapen und linderte Alexanders Sorgen. Er stellte sich als Führer zum Kara Su zur Verfügung – jenem Fluß, aus dem, wie die Griechen wußten, der persische König sein Trinkwasser bezog. Dort wartete der Satrap, als Beweis seiner Freundschaft, mit zwölf indischen Elefanten und einer Kamelherde. Und so gelangte Alexander zwanzig Tage nach dem Abmarsch aus Babylon in die Provinz und in den Palast von Susa ein. Es war Anfang Dezember. Er hatte das Ende der Königsstraße erreicht, die seine Route während der vorausgehenden drei Jahre bestimmt hatte.

»Susa«, schrieb einer seiner Offiziere, »ist fruchtbar, doch sengend heiß. Um die Mittagsstunde können die Schlangen und Eidechsen die Straße nicht überqueren, weil sie fürchten müssen, bei lebendigem Leibe zu verbrennen. Wenn die Menschen ein Bad nehmen wollen, stellen sie das Wasser zum Erhitzen einfach vor ihre Türen. Wenn sie die Gerste in der Sonne ausgebreitet lassen, springen die Körner hoch wie in einem Backofen.«

Anfang Dezember freilich war das schlimmste Wetter vorbei, doch seine Auswirkungen ließen sich am äußeren Bild der Stadt ablesen: »Wegen der Hitze sind die Häuser einen Meter dick mit Erde überdacht und geräumig, schmal und lang gebaut. Dachsparren der richtigen Länge sind selten, doch man verwendet die Palme, die eine seltsame Eigenart besitzt: sie ist hart und starr, doch wenn sie altert, hängt sie nicht durch. Im Gegenteil: das Gewicht des Daches biegt sich nach oben, so daß es viel besser trägt.« Selbst Babylon schien einem solchen Klima vorzuziehen.

Den Palästen fehlte es nicht an Pracht. »Die Stadt«, so notierte ein thessalischer Kampfgefährte, »hat keine Mauern.« Trotz allem, was viele Griechen geglaubt hatten, »beträgt ihr Umfang über dreißig Kilometer, und sie liegt am jenseitigen Ende der Brücke über den Kara Su.« Die Griechen waren der Meinung, Susa sei von Tithonos gegründet worden, dem Helden eines längst versunkenen Zeitalters, doch in Wirklichkeit hatte der erste Darius die Stadt etwa zweihundert Jahre vor Alexander erbaut, und sie lag im Lande der Elamiter, die einst Herren eines großen Reiches gewesen, doch von den Persern seit langem auf Dienste als Schreiber, Palastwachen und Streitwagenlenker beschränkt worden waren. Jede einzelne Provinz des Großkönigs hatte mitgeholfen, Susa zu errichten. Indien hatte das Sissooholz für die Säulen geliefert; Handwerker, Künstler und Goldschmiede waren aus den Städten Griechisch-Asiens gekommen.

Inmitten ihrer Schnitzereien und Goldverzierungen, ihren Emaillen, Teppiche und Edelholzarbeiten, sah Alexander sich plötzlich als Herr über einen weiteren riesenhaften Schatz von Gold- und Silberbarren. Diesmal war es ein etwas persönlicheres Vermächtnis der persischen Könige. Auf der mittleren Terrasse der Stadt hatte jeder König seine eigene Schatzkammer errichtet; in den königlichen Schlafgemächern standen am Kopf- und am Fußende des Betts zwei private Schatztruhen, während das Bett von jenem alten Symbol persischen Reichtums behütet wurde – der gefeierten goldenen Platane. Keine Kostbarkeit war eindrucksvoller als die Stapel von Purpurstickereien, die trotz ihrer 190 Jahre frisch und wie neu leuchteten, weil Honig und Olivenöl in ihre Farben gemischt worden waren. Als Erbe des großartigsten Vermögens seiner Zeit hatte Alexander nun eine neue Machtstellung. Es war nur ein Anfang, als er Antipater 3000 Talente übersenden ließ – das sechsfache Jahreseinkommen Athens im vierten vorchristlichen Jahrhundert – um ihm zu helfen, die spartanische Revolte zu ersticken, deren günstiger Ausgang noch immer unbekannt war.

Alexanders Einzug in Susa war ein gefühlvoller Augenblick; denn die Griechen feierten den Fall eines Palastes, dessen Drohungen und Geld während der vergangenen achtzig Jahre so sehr in ihr Leben eingegriffen hatten. Auch Alexander ließen diese Stunden nicht unberührt. In Susa opferte er den griechischen Göttern und hielt griechische Spiele ab. Als er den inneren Palast betrat, wurde er zu dem hohen goldenen Thron der persischen Könige geleitet, wo er seinen Platz unter dem goldenen Thronhimmel einnahm. Demaratos, der treueste seiner griechischen Kampfgefährten, der ihm Bukaphalos geschenkt hatte, »brach bei diesem Anblick in Tränen aus, wie alte Männer dies gerne tun. Eine große Freude, sagte er, hätten alle Griechen versäumt, die gestorben seien, ehe es ihnen vergönnt war, Alexander auf dem Thron des Darius sitzen zu sehen«.

Die Höhe des Thrones erwies sich indessen als ein peinliches Hindernis. Während ein persischer König seine Füße auf einem Schemel aufzusetzen pflegte – war seine Person doch viel zu ehrwürdig, als daß seine Füße den Boden hätten berühren dürfen –, benötigte der kleingewachsene Alexander keinen Fußschemel, sondern einen Tisch. Also wurde ein Tisch an den Thron geschoben. Solche Beleidigung von Darius' Möbeln brachte wiederum einen anwesenden persischen Eunuchen so aus der Fassung, daß er in Tränen ausbrach. Alexander zögerte. Auf einen Wink des Philotas aber, des älteren Sohnes Parmenions, so wird erzählt, nahm er sich ein Herz und ließ Darius' Tisch unter seinen Füßen stehen.

Der geringfügige Augenblick einer Unschlüssigkeit stellte Alexander erstmals vor ein neues Problem, wenn er es auch überging. Ein Grieche vergoß Freudentränen über etwas, worüber ein Perser bitter klagte, und Alexander, der erste Herrscher über beide Völker, würde bald zwischen beiden vermitteln müssen.

In Susa blieb seine Haltung noch unerschrocken griechisch. Seiner neuen Regelung entsprechend, wurde der Bezirk wieder dem persischen Satrapen übertragen, der ihn übergeben hatte. Aus Sicherheitsgründen und zur besseren Verständigung wurden ihm ein makedonischer General, ein Schatzmeister, eine Garnison und ein Stadtkommandant beigegeben, alles Makedonen. Andere Einzelheiten beweisen um so deutlicher, daß das Rachethema des Feldzugs sich nicht gewandelt hatte, weil sie wie zufällig am Rande auftauchen. Im Palastinneren fand Alexander Statuen der beiden berühmtesten athenischen Volkshelden, die Xerxes im Jahre 480 v. Chr. als Kriegsbeute aus Athen mitgebracht hatte, und er, der Xerxes strafen wollte, verfügte, die Statuen ihrer Stadt nach 150 Jahren zurückzuerstatten. Dafür aber ließ er Darius' Mutter, Töchter und Sohn, die er bei Issos gefangengenommen hatte, in Susa zurück und bestellte Lehrer, die sie in der griechischen Sprache unterrichten sollten. Seinen Vorschlag, die Töchter der Königin sollten von makedonischen Frauen auch Handarbeit und Purpurfärberei lernen, ließ er fallen – er hatte die Königin entsetzt.

Bisher, in Susa und in Babylon, war seine Deutung von sich selbst und seinem Feldzug noch keiner Prüfung unterworfen worden. In Babylon konnte er weiterhin das Motiv der Rache für Xerxes' Taten ausspielen, das sein Vater einst für die Griechen ersonnen hatte. In Susa hatten die Perser ihren Palast ursprünglich deshalb errichtet, »weil die Stadt vor allem noch niemals etwas Wichtiges zustandegebracht hatte, sondern offenbar stets anderen Menschen untertan war«. Nach Susa aber konnte er nicht mehr durch ein lang unterwürfiges Königreich ziehen. Mit Recht unterließ er es, Darius zu verfolgen, bis seine Flanken und sein Rücken geschützt waren und die Jahreszeit es ihm gestattete, seine Vorräte in der Nähe Hamadans zu erneuern. Sein Weg führte ihn nun genau nach Osten in das Kernland der persischen Herrscher, zur Provinz Persis, wo niemand befreit oder gerächt werden wollte. Alexander mußte mit der Gegenwehr von Menschen rechnen, die um ihre Heimat kämpften.

Es war Mitte Dezember, als er Susa verließ. Nach vier Tagen überschritt er den Kuran, wo ihm die Andersartigkeit der Welt jenseits von Susa zum ersten Mal deutlich vor Augen trat. In den Bergen oberhalb der Straße lebte ein großer Nomadenstamm, dem die persischen Könige stets Abgaben gegen die Zusicherung entrichtet hatten, das Weideland der Nomaden unbehelligt durchreisen zu dürfen. Dieses Übereinkommen war Alexander neu. Es gefiel ihm gar nicht. In einem Angriff bei Morgengrauen – über welchen zwei Beschreibungen vorliegen, die wenig Ähnlichkeit miteinander haben – schlug er den Stamm in die Flucht. Den Nomaden blieb nichts übrig, als um ihren Grund und Boden zu flehen. Sie wandten sich an die persische Königinmutter Sisygambis, eine Tante ihres Anführers; Alexander fügte sich ihrem Wunsch und gewährte den Nomaden den weiteren Gebrauch ihrer Ländereien – zum Preise von 100 Pferden, 300 Packtieren und 30 000 Schafen, der einzigen Währung, in der sie zahlen konnten. Der Sieg war eindrucksvoll, doch in dem unveränderlichen Kräftegleichgewicht des Ostens, wo Nomade und Dorfbewohner um ihre Rechte feilschen und gegeneinander kämpfen, war dies kein Weg, ein Problem zu lösen, das so alt war wie die Landschaft selbst.

Die Gefahr nahm eine neue Wendung, als er die Nomaden drei Tagesmärsche hinter sich gelassen hatte. Daß es an der Schwelle der angestammten Heimat der Perser Schwierigkeiten geben mußte, war nicht überraschend. Alexander stellte sich darauf ein, indem er seine Streitkräfte aufteilte. Wo die Straße nach Südosten abzweigte, sollte Parmenion den Troß und die schwerbewaffneten Truppen durch die heutigen Orte Behbehan und Karzarun nach Persepolis führen. Zur gleichen Zeit würden die Berittenen Kampfgefährten, die Kampfgefährten zu Fuß und die leichtbewaffneten Einheiten ihrem König über die holprige, aber direkte Route gen Osten in die Provinz folgen. Auf diese Weise konnten alle persischen Feldwachen gefangengenommen werden, ehe sie mit einer Warnung vor Parmenion zu ihren Einheiten zurücksickerten. Die folgenden Ereignisse sind durch Gaugamela überschattet worden, doch waren sie schwerlich die liebenswertesten Erinnerungen in Alexanders Laufbahn.

Die Straße wand sich durch eine enge Bergschlucht bis zu einer Höhe von 2100 Metern. Auf beiden Seiten wurde sie von dichten Eichenwäldern gesäumt, und Schneefälle hatten dazu beigetragen, ihre tiefen Schlaglöcher zu verbergen. Am vierten Tag wiesen die einheimischen Führer auf die sogenannten Tore Persiens hin, eine steil aufragende Barriere von Bergen, die arabische Geographen später als irdisches Paradies feierten. Der Weg dorthin führte durch eine besonders schmale Hohlkehle, an deren Ende die Felsen eine Mauer zu bilden schienen. Alexander war kaum vorsichtig in den Hohlweg eingedrungen, als sich bereits zeigte: die Mauer war künstlich aufgerichtet worden. Hinter ihr waren persische Katapulte in Stellung gebracht, und die Berghöhen auf beiden Seiten wimmelten von Persern – »in einer Stärke von mindestens 40 000 Mann«, wie Alexanders erschrockene Offiziere zu zählen vermeinten.

Die persischen Feldwachen lösten eine Lawine aus, indem sie Felsbrocken von den Klippen rollten. Bogenschützen und Katapulte feuerten in einen Feind hinein, der »in der Falle saß wie Bären in einer Höhle«. Viele Makedonen krallten sich verzweifelt an die Felswände, um hochzuklettern, fanden aber keinen Halt. Alexander blieb nichts als ein Rückzug, und so führte er die Überlebenden über fünfeinhalb Kilometer in westlicher Richtung zu jener Waldlichtung, die heute den Namen Mullah Susan trägt. Er weigerte sich zu Recht, eine bekannte, längst nicht so beschwerliche Straße zu nehmen, die in einer weitgezogenen nordöstlichen Schleife um die Bergschlucht herumführte. Er »wollte seine Toten nicht unbegraben zurücklassen« – in den Schlachten des Altertums das Eingeständnis einer Niederlage – und durfte einen Rückzug der Perser nach Persepolis und einen hinterhältigen Überfall Parmenions und des herannahenden Trosses nicht riskieren. Einen Ausweg schien es nicht zu geben; bis ein gefangengenommener Hirte von einem Trampelpfad für Schafe erzählte, der in einem Bogen hinter die Mauer der Perser führte. Wie so viele ortskundige Führer und Übersetzer in der Geschichte gehörte er der Gesellschaft, die er verriet, nur zur Hälfte an; er war ein halber Lyker und kannte die Berge nur als Außenseiter. Informationen dieser Art waren heikel, doch Alexander mußte sich darauf verlassen.

Wie bei einer Belagerung teilte er zuerst seine Streitkräfte auf, um vielfältige Angriffspunkte zu setzen. Etwa viertausend Mann sollten die Lagerfeuer beständig weiterbrennen lassen und den Argwohn der Perser einschläfern; die übrigen sollten Verpflegung für drei Tage bringen und ihm über den Hirtenpfad hinauf zum Kamm des 2250 Meter hohen Bolsoru-Passes folgen. Ein kräftiger Ostwind trieb ihnen in der Dezemberdunkelheit den Schnee ins Gesicht und drückte sie gegen schneebedeckte Eichen, doch nach etwa acht Kilometern eines steilen Weges, der für Maultiere kaum mehr gangbar war, erreichten sie die Paßhöhe, wo Alexander seine Truppen erneut unterteilte. Vier Brigaden Kampfgefährten zu Fuß, die für den geplanten Angriff aus dem Hinterhalt zu schwerfällig waren, sollten in die jenseitige Ebene hinabsteigen und den Fluß überbrücken, der Alexander von Persepolis trennte. Der Rest mußte für weitere zehn Kilometer über steinigen Grund höher hinaufeilen, bis sie die drei vorgeschobenen persischen Feldwachen überrumpelt und niedergemacht hatten.

In den frühen Morgenstunden fielen sie den Truppen hinter der persischen Mauer in den Rücken. Dem Heer, das sich jenseits der Mauer im Ausgangslager befand, gab ein Trompetenstoß das Signal zum Losschlagen. Von vorne und hinten wurden die Perser erbarmungslos niedergemetzelt. Nur einige wenige entkamen in Richtung Persepolis, wo die Einwohner schon wußten, daß ihr Schicksal besiegelt war, und Beistand verweigerten. Von den übrigen Persern stürzten sich viele aus Verzweiflung von den Felsklippen. Ein kleiner

Rest lief den Einheiten in die Arme, die hinter dem Ort des Überfalls Stellung bezogen hatten, um die Flüchtenden abzufangen. Nach einem der wenigen Verhängnisse seines Marsches konnte Alexander Anfang Januar unbehelligt in Persien einziehen.

Die Art und Weise seines Einzugs bedeutete eine Warnung für die Zukunft. Zum erstenmal hatte sich Alexander mit den Iranern auf ihrem eigenen Boden auseinandersetzen müssen. Sie erwarteten weder Befreiung noch Rächung, und sie waren auch nicht durch diplomatische Parolen zu gewinnen. Und doch – jenseits der Persis, dem gebirgigen »tiefen Süden« iranischer Untertanentreue, lag das lose gefügte Reich der iranischen Stämme, das sich, den Griechen ganz und gar unbekannt, im Osten weit bis in den Pandschab, im Norden bis Samarkand erstreckte. Zum erstenmal bewegte sich Alexanders Zug gänzlich jenseits der Losung von Rache und Freiheit, unter welcher er aufgebrochen war.

In Persien machte dieser Gegensatz sich bemerkbar, ohne eine Lösung zu erfahren. Immer noch war Alexander der griechische Rächer persischer Gottesfrevel, der, wie berichtet wurde, seinen Truppen erzählte, »daß Persepolis die hassenswerteste Stadt auf Erden sei«. Auf der Straße dorthin traf er mit den Familien von Griechen zusammen, die frühere Könige nach Persien deportiert hatten, und seinem Motto getreu ließ er ihnen auffällige Ehren erweisen. Er gab ihnen Geld, fünf Garnituren Bekleidung, landwirtschaftliche Nutztiere, eine freie Überfahrt in die Heimat; er versprach ihnen Steuerfreiheit und Ruhe vor bürokratischen Belästigungen. Am Pulvar-Fluß wurde ein Dorf der Einheimischen niedergerissen, um Bauholz für eine Brücke zu schaffen. Jenseits des Flusses konnte der Statthalter von Persepolis nur eine Botschaft der Unterwerfung schicken und dieselbe Aufnahme erhoffen wie seine Kollegen im Westen. Nach Erhalt des Briefes durcheilte Alexander eine Ebene namens Marv-i-Dasht und sah in der Ferne die säulengeschmückten Paläste auf einer achtzehn Meter hohen Erhebung vor sich liegen.

»Dieses Land Parsa«, schrieb Darius I., der Erbauer von Persepolis, in seiner Inschrift auf der Südmauer, »das Ahura Mazda mir gegeben hat, das schön ist und reich an edlen Pferden und guten Menschen nach dem Willen Ahura Mazdas und nach meinem, dem Wunsch von Darius, dem König, es zittert vor keinem Feinde . . . Durch die

Gnade von Ahura Mazda habe ich diese Festung erbaut, und Ahura Mazda erließ das Gebot, daß diese Festung erbaut werden möge; und so habe ich sie sicher, fest, schön und geziemend gebaut, wie es meinem Wunsch entsprach.«

Doch Anfang Januar 330 vor Christus war der rituelle Mittelpunkt des persischen Reiches an einen makedonischen Eindringling gefallen. Das Schicksal von Persepolis lag auf der Waagschale, und Ahura Mazda vermochte es nicht abzuwenden.

18 PERSEPOLIS BRENNT

Zwischen dem Berg der Gnade und dem Fluß Araxes standen auf einer künstlichen Terrasse von achtzehn Metern Höhe die Palastgebäude von Persepolis, dem zeremoniellen Mittelpunkt des persischen Reichs. Sie sollten beeindrucken; dazu waren sie erbaut – ein ungeheurer Ausdruck königlicher Macht am Fuße der Berge, die sich der persischen Herrschaft stets entzogen. Da gab es zwei Audienzsäle und eine Schatzkammer, die Zimmerfluchten des Königs und Tore, die mit Bronze gepanzert waren. Es gab Treppenaufgänge, Bereitschaftsräume für die Wachen und einen königlichen Harem. Die Lehmziegelmauern erreichten eine Höhe von zwanzig Metern und waren mit Gold und Glasuren verziert. Hohe Säulen aus Holz oder Marmor, ausgekehlt und auf glockenförmigen Sockeln ruhend, trugen die Dächer aus Zedernholz. Die Säulentrommeln waren ungleichmäßig, ihre Kapitelle grotesk zu Paaren von Stieren oder Ungeheuern geformt, die Rücken an Rücken knieten. Die Türen waren klobig, die Pflasterung der Böden uneben und wackelig, und das ganze Bauwerk war überhaupt zu bunt zusammengewürfelt, um das Auge zu erfreuen.

Einmal im Jahr war Persepolis der Schauplatz eines großen Ereignisses. Abgesandte aller Völker des Reiches erschienen mit ihren Geschenken zum Fest des Tributes und der Huldigung. An den Wänden der steinernen Treppenaufgänge und an der Stirnseite der Terrassenmauern beschrieben gemeißelte Reliefs die Handlung des feierlichen Zeremoniells.

Reihen von Unsterblichen Leibwächtern standen stramm; die abgerundeten Enden ihrer Lanzenschäfte ruhten auf ihren Zehen. Adelige Meder und Perser erklommen die Treppen. Einige plauderten, andere hielten Lotosblumen oder Lilien in ihren Händen, die unentbehrlichen Zierden einer königlichen Festtafel. Und während die Abgesandten aus dem Reich in ihren Landestrachten darauf warteten, nach und nach von Höflingen ausgerufen und eingelassen zu werden, saß in seiner Halle der Hundert Säulen der König der Könige auf einem goldenen Thron und hielt seinen Königsstab. Neben ihm der Königliche Fliegenfänger.

Beinahe zweihundert Jahre lang hatte sich die Macht Persiens in Persepolis zu diesem alljährlichen Fest zusammengefunden.

Und nun, im Januar 330 vor Christus, näherte sich Alexander mit seinem Heer von etwa 60 000 Mann, die sich nach dem Zug durch die Berge wieder vereinigt hatten. Er schritt über die langen, niedrigen Stufen des nordwestlichen Treppenaufgangs hinauf, dem Tor des Xerxes mit seinen beiden monumental aus Stein gehauenen Stieren zu. Es war ein steiler Aufstieg in eine Welt unermeßlichem Pomps, die den Griechen bisher unbekannt war, doch der persische Statthalter erwartete ihn zum Willkomm. Er wurde in die Säulenhalle von Darius I. geleitet, ein Quadrat von 45 Metern Seitenlänge, das durch einen schmalen Flur mit den königlichen Wohngemächern verbunden war. Alexander ging durch die kleine mittlere Kammer in die Hundertsäulige Halle des Xerxes, an deren Eingang der persische König dargestellt war, wie er die Untiere des Bösen durchbohrte – den geflügelten Löwengreif und den löwenköpfigen Dämon, jene schicksalsbeladenen Vorfahren des Teufels der westlichen Welt. Hinter dieser Halle stand die Schatzkammer, ein Gebäude aus Lehmziegeln, dessen rotgetünchter Boden und hellvergipste Säulen durch zwei kleine Dachfenster beleuchtet wurden. Hier fand Alexander seinen Siegespreis – 120 000 Talente Gold- und Silberbarren, das größte Einzelvermögen der Welt.

Alexander hatte seine Soldaten mit Reden, daß Persepolis die hassenswerteste Stadt Asiens sei, bereits nach Kräften angestachelt, und sie hatten ihr Leben während der vergangenen vier Jahre in der Hoffnung auf Kriegsbeute aufs Spiel gesetzt. Er konnte sie deshalb nicht vor der Terrasse untätig warten lassen und sprach also, als er aus dem Palast wieder hervortrat, das Wort aus, für das sie so lange Zeit gedient hatten. In einer Orgie von Raub und Plünderung strömten sie die Treppenaufgänge hinauf – die Archäologie hat es inzwischen bestätigt.

Unter den Ruinen von Persepolis wurden zerschmetterte Töpfe und Gläser gefunden, verstümmelte Köpfe von eingemeißelten Reliefs; es sind Hinweise auf eine Zerstörungswut zum Vorschein gekommen, die der Zahn der Zeit nicht erklären kann.

Der Palastschatz wurde als Alexanders Eigentum ausgenommen; an anderen Stellen wurden Marmorstatuen von ihren Sockeln gezerrt, ihre Glieder zerschlagen und über den Boden verstreut. Wachen und Bewohner wurden wahllos getötet, den Frauen Kleider und Juwelen vom Leib gerissen, bis Alexander, so wird erzählt, befahl, die Menschen zu verschonen. Wahnsinnig vor Gier nach einem Anteil an der begrenzten Beute, begannen die Krieger schließlich untereinander zu kämpfen.

Die Rache an Persien war über hundert Jahre lang ein Thema der griechischen Politik gewesen. In dieser Plünderung von Persepolis erreichte es seinen Höhepunkt – bei einem Heer aus makedonischen Bergstämmen und wachsenden Mengen von Thrakern hätte der Kreuzzug gar nicht anders enden können.

Doch an den Problemen, die Alexanders eigene Position betrafen, änderte dieser Höhepunkt nichts, und wie so oft zeigten sich auf dem Gipfel der Begeisterung bereits die ersten Spuren einer Skepsis. Eine kleine Geschichte am Rande veranschaulicht diese neue Gemütsverfassung: »Als er ein riesiges Standbild des Xerxes erblickte, das die Horden umgestürzt hatten, als sie sich gewaltsam einen Weg in den Palast gebahnt hatten, blieb er stehen und sprach zu der Statue, als sei sie lebendig. ›Sollen wir achtlos an dir vorübergehen‹, sagte er, ›und dich auf dem Boden liegenlassen, weil du einen Feldzug gegen die Griechen geführt hast? Oder sollten wir dich deiner ansonsten hochherzigen Wesensart halber wieder aufrichten?‹ Lange, lange Zeit stand er da ganz allein und dachte schweigend darüber nach; doch schließlich wandte er sich ab und ging fort.«

Den Racheengel der Griechen begannen Zweifel heimzusuchen. War er nun die Geißel oder der Erbe des Xerxes? Wie, wenn überhaupt, sollte er als König über Asien herrschen? Dies waren die drängenden Fragen, und für den Augenblick ließ er sie wie die Statue liegen, wo sie waren. Darius befand sich immer noch in seiner Bergzuflucht bei Hamadan, und eine weitere große Feldschlacht schien sehr wahrscheinlich. Er konnte nicht ahnen, daß Darius binnen sechs Monaten tot sein würde und die Fragen in aller Schärfe wiederkehrten, ohne sich dann vom Tisch fegen zu lassen.

Wenn er Persepolis auch plündern ließ, so hatte er die allgemeine Raublust doch mit seiner gewohnten Sorge um die Sicherheit und das Sammeln der Schätze gedämpft; sie mußten ordnungsgemäß eingesammelt werden. Truppen waren in den Osten entsandt worden, zum nahen Berg der Gnade und auch nach Pasargadai, wo Cyrus der Große etwa zwanzig Jahre vor Persepolis einen kleinen Palast erbaut hatte. Der persische Statthalter dort ergab sich, und ein Schatz von 6000 Talenten wurde Alexander gemeldet, der bereits daran dachte, seine Schätze an einem zentralen Ort zu verwahren. Aus Susa waren zehntausend Packtiere und fünftausend Kamele angefordert worden, um alle Schätze aus Persiens Herzland fortzuschaffen; denn Persepolis sollte nicht länger das Lagerhaus des Reiches sein. Während die Truppen mit dieser Gepäck-Karawane erwartet wurden, konnte sich die Hauptarmee erholen. Nicht so Alexander, der mit einem ausgesuchten Trupp Fußsoldaten und tausend Reitern in die Berge um Persepolis ausschwärmte.

Er wollte den Rest der Provinz Persis unterwerfen, die, wild und dicht besiedelt, von ihrem König selten besucht worden war. Der Schnee des beginnenden Frühlings war einem solchen Gebirgsfeldzug nicht eben förderlich, doch wo immer das Eis zu dick für das Heer schien, stieg Alexander vom Pferd und begann es mit einer Queraxt zu zerschlagen – ein Beispiel, dem zu folgen seine Männer sich verpflichtet fühlten. Und wiederum war seine Entschlossenheit ausschlaggebend; denn die Berghirten der Persis hatten niemals einen Winterangriff erwartet, und sie ließen mit sich reden, sobald sie hörten, man werde sie gerecht behandeln. Benachbarte Nomaden, denen die persischen Könige ihre Unabhängigkeit gelassen hatten, wurden in ihren Höhlen überrascht; ihre Unterwerfung, die ihre Lebensart kaum berührte, wurde angenommen. Nach dreißig Tagen harter Strapazen hatten die Männer genug von Bergen und Stämmen, und Alexander kehrte nach Persepolis zurück, wo er fortfuhr, überaus großmütige Geschenke »an seine Freunde und seine anderen Helfer je nach ihren Verdiensten« zu verteilen. Es gab Festgelage und Spiele, und den Göttern wurden Opfer dargebracht – und dennoch war dies alles nur die Ruhe vor einem zweiten Sturm.

Während der Schatz aus dem Palast abtransportiert wurde, traf Alexander Neuregelungen, als sei Persepolis nach wie vor ein Ort von tragender Bedeutung. Der persische Statthalter wurde wieder in seinen Rang eingesetzt, und einer der Männer aus Alexanders engerem Kreis wurde zum Kommandanten einer Garnison aus dreitausend Makedonen ernannt. Die Provinz Persis entpuppte sich als größeres Hindernis, da sie naturgemäß niemals besteuert oder unterworfen worden war, solange sie das Reich beherrscht hatte. Wieder einmal zeigte sich

Alexanders Taktgefühl an einem unbequemen Opfer – zum Satrapen der Provinz ernannte er einen persischen Aristokraten, den Sohn einer der Sieben Familien, dessen Vater in der Schlacht am Granikos gefallen war. In einer Region, wo die Verbitterung groß war, bedeutete das eine weise Entscheidung. Und dann, an einem späten Frühlingsabend, ereignete sich etwas, was alle soeben ergangenen Verfügungen und Ernennungen zu verhöhnen schien.

Die Paläste von Persepolis gingen in Flammen auf. Man war sich darin einig, das Feuer sei mit Alexanders Billigung gelegt worden.

Auf seinem Feldzug hat kein Ereignis mehr Streitigkeiten und Spekulationen ausgelöst, und erst mit den Ausgrabungen in Persepolis trat das Ausmaß des Brandes klar zutage. In Xerxes' Halle der Hundert Säulen war der Boden bis zu einem Meter hoch mit Holzasche bedeckt, und eine Analyse ergab, daß es sich um die Asche von Zedernholz handelte, dem Material der Tragbalken im Dach des Gebäudes. Dachsparren müssen aus einer Höhe von achtzehn Metern in ein Flammenmeer hinuntergekracht sein, das von Lehmziegelmauern und hölzernen Säulen nur noch genährt wurde.

Die Folgen waren verheerend. Die Schatzkammer und große Teile des Audienzsaals verbrannten zur gleichen Zeit. Als Akt der Zerstörung steht dieses Feuer gleichwertig neben jedem Theben oder Gaza in Alexanders Laufbahn. Soviel zu den Tatsachen. Ihre Deutung steht auf einem anderen Blatt.

Nach den Worten von Alexanders Offizieren war der Palastbrand ein wohlüberlegter Racheakt, und wahrscheinlich läßt sich das umfassendste Motiv auf die Geschichte des Ptolemäos zurückverfolgen:

»Alexander steckte die persischen Paläste in Brand, obwohl Parmenion ihm riet, sie zu verschonen, besonders weil es nicht angebracht sei, zu zerstören, was jetzt sein persönlicher Besitz sei: die Völker Asiens würden sich nicht auf seine Seite schlagen, wenn er sich so verhalte, als habe er beschlossen, über Asien nicht zu herrschen, sondern nur wie ein triumphierender Sieger darüber hinwegzueilen. Doch Alexander gab ihm zur Antwort, er wünsche an den Persern dafür Rache zu nehmen, daß sie Griechenland überfallen, Athen zerstört und die Tempel dieser Stadt niedergebrannt hätten.«

Demnach war der Brand also der Gipfelpunkt der Rache der Griechen.

Nach der schrankenlosen Plünderung und dem Abtransport der Gold- und Silberbarren könnte es in der Tat logisch anmuten, einen Palast in Brand zu stecken, der keinem nützlichen Zweck mehr diente. Alexander mochte also gewartet haben, bis die Edelmetalle auf seine Packtiere geladen waren, um dann eine abschließende Verbeugung vor den Gefühlen seiner griechischen Verbündeten zu machen, die er in einem Monat entlassen sollte. Doch der unglückliche Parmenion ist in den Erzählungen eine Gestalt, die durch ständige Wiederholung etwas fadenscheinig geworden ist – zumal der Alexander des wirklichen Lebens sich bald als bleibender König Asiens aufführen sollte, während Parmenion umgebracht wurde, und zwar auch deshalb vielleicht, weil er eben jenem Verhalten mißtraute, das er in Persepolis empfohlen haben soll. Überdies, wäre der Brand wirklich sorgfältig geplant gewesen, dann erscheint der vorherige Befehl, in Persepolis eine Garnison zu errichten, höchst widersinnig. »Übereinstimmend vernahm man«, schrieb Plutarch, allerdings irrend, »daß Alexander sehr bald schon Reue empfand und das Feuer zu löschen befahl.« Also gab es eine Gegenversion, die den Brand als Versehen darstellte. Auch sie verdient einige Betrachtung.

Im Unterschied zu Ptolemäos war ihr Autor kein persönlicher Freund Alexanders, doch veröffentlichte er binnen zwanzig Jahren nach dem Ereignis ein Buch, das häufig übertrieb, manchmal irrte und teilweise aus Geschichten bestand, die ihm von Soldaten aus Alexanders Heer erzählt worden waren; teilweise bezog er seine Darstellungen aus den Schriften anderer; es mögen auch Dinge darunter sein, die er mit eigenen Augen gesehen hatte.

In der Nacht des Brandes, so schrieb er, hätten der König und seine Kampfgefährten ein festliches Gelage gehalten. Frauen saßen bei Tische, der Wein floß in Strömen, und Musikanten trugen das Ihre zur Ausgelassenheit bei.

Eitel ward der König durch den Klang der Lieder,
  Focht alle seine alten Schlachten wieder,
Und dreimal schlug er seine Feinde, dreimal die Gefall'nen nieder.
  Der Meister sah die Tollheit steigen . . .

Inmitten der Frauen saß die schöne Thais, eine Kurtisane aus Athen, die dem Heer quer durch Asien gefolgt war. Als das Gelage weit fortgeschritten war, hielt sie eine Rede, lobte Alexander und neckte ihn. Sie forderte ihn heraus, bei einem nächtlichen Scherz mitzumachen. An den Frauen liege es, führte sie ins Treffen, Persien für seine Frevel an Griechenland zu bestrafen, es härter zu bestrafen, als die Soldaten es täten – und so müsse die Halle des Xerxes, des Schänders ihrer Heimatstadt Athen, in Brand gesteckt werden. Beifallsrufe begrüßten ihre Worte, während die Kampfgefährten nach Rache für die Zerstörung griechischer Tempel brüllten. Alexander sprang auf, einen Blumenkranz auf dem Kopf, eine Fackel in der Hand, und rief nach einer Freudenprozession zu Ehren des Gottes Dionysos.

Hier kommt der munt're Gott voll Stolz herein:
Blast die Trompeten, laßt Pauken g'schlagen sein . . .
Bacchus' Segen ist wie ein Geschmeide,
Das Trinken ist des Kriegers Freude.
  Reich das Geschmeide,
  Süß ist die Freude,
Süß ist die Freude nach der Qual der Müh'.

Während die Dudelsackpfeiferinnen und die Flötenspielerinnen die Gesellschaft zum Mitsingen ermunterten, ergriffen die Gäste Fackeln, und der angeheiterte Umzug schwankte hinter Thais zur Terrasse hinauf. Am oberen Ende des Treppenaufgangs angelangt, schleuderten erst Alexander, dann Thais ihre Fackeln auf den Boden der Halle der Hundert Säulen. Die anderen, die ihnen folgten, machten es ebenso. Bald loderten die ersten Flammen hoch. Die Säulen fingen Feuer und begannen zu schwelen. Funken stoben über die Terrasse. Die einfachen Soldaten kamen aus dem Lager angelaufen, weil sie einen Unglücksfall befürchteten. Sie sahen die Tragbäume Feuer fangen und die Palastdächer einstürzen. Persepolis hatte eine eigene Wasserversorgung und eine Kanalisation, aber es war hoffnungslos, solch eine Feuersbrunst unter Kontrolle zu bringen. Alexander hatte mehr Schaden angerichtet, als er im Sinn gehabt hatte. Der Ernüchterung folgte die Reue.

So klingt die Geschichte, die drei Autoren mehr als dreihundert Jahre später nach dem Original bearbeitet haben, jeder auf seine besondere Weise. Ein Römer hob den Wein hervor und spielte die Frau herunter. Zwei Griechen unterstrichen die Frau und die Raserei, womit sie ihrer gemeinsamen Quelle treuer blieben. Jahrhunderte darauf gaben sie Dryden* das Stichwort, der die Macht der Musik betonte und *Alexander's Feast* schrieb, eine der schönsten Oden englischer Sprache. Die Geschichte, die sie alle verwendeten, stellte das Motiv der griechischen Rache in den Hintergrund, gründete sich aber nicht auf Alexanders Gespräche mit Parmenion oder auf eine planmäßige Zerstörung mit politischen Zielen. Was Ptolemäos auf einen festen Vorsatz zurückführte, haben andere Wein, Weib und Gesang zugeschrieben. An diesem tiefen Zwiespalt muß die Suche nach der Wahrheit beginnen.

Wo Geschichten einander widersprechen, ist es immer verlockend, der spannendsten Version zu glauben, doch die von Alexanders Offizieren unterdrückte Erzählung über Thais wurde oft gewogen und für zu leicht befunden. »Selbstverständlich«, hieß es beispielsweise, »braucht man kein Wort davon zu glauben«, oder »Freilich wurde das Märchen von späteren Schriftstellern eifrig nacherzählt und findet sogar heute noch Glauben.« Doch Thais ist mehr als eine hübsche Legende. Die Geschichte ist immer menschlich, und hinter dem Brand von Persepolis liegt eine zutiefst menschliche Verstrickung.

Die Athenerin Thais hatte sich der makedonischen Armee nicht aus einer flüchtigen Laune heraus angeschlossen. Sie hatte sich erst einmal ihres Kunden vergewissert, und dieses eine Mal ist eine so private Angelegenheit zufällig bekannt. In einem Buch über festliche Tischgespräche wird er genannt – es ist kein Geringerer als Ptolemäos, Freund Alexanders, Geschichtsschreiber und künftiger Pharao Ägyptens. Das ist ein zufälliger Hinweis, doch er wird durch eine Inschrift untermauert, die einen Sohn von Ptolemäos und Thais als Sieger einer Wettfahrt zweispänniger Streitwagen in Griechenland feiert. Und auf einmal sieht das Rätsel ganz anders aus.

Alle waren sich einig, daß die Zerstörung von Persepolis einen Racheakt darstellte – doch Ptolemäos war es, der jede Erwähnung der Thais unterließ und die Angelegenheit mit einer Debatte zwischen

* John Dryden (1631–1700) war einer der berühmtesten englischen Dichter, Dramatiker, Satiriker und Essayisten des 17. Jahrhunderts. Unter den Stuarts wurde er zum Poet Laureate ernannt. *Alexander's Feast* wurde von Händel vertont. D. Übers.

Alexander und Parmenion erklärte. Es ist bekannt, daß Ptolemäos geschichtliche Ereignisse zu verändern oder zu verschweigen pflegte, um seine persönlichen Rivalen in ein schiefes Licht zu rücken; was er einem Feind angedeihen lassen konnte, das konnte er zweifellos um so mehr einer Dame angedeihen lassen, die er geliebt hatte. Nach Alexanders Tod heiratete er aus politischen Gründen, doch Thais hatte ihm schon drei Kinder geboren, und sie war keine Mätresse, die man so leicht vergaß.

Sie mag ihrem Geliebten sogar über die Schulter geblickt haben, während er die Vergangenheit zu Papier brachte. »Ja, nur die Rechtschaff'nen, nur die Rechtschaff'nen verdienen das schöne Geschlecht . . .« Wie konnte er je die Mutter von dreien seiner Kinder in einen Akt der Zerstörungswut verwickeln, den selbst Alexander bereute? Es war bei weitem besser, sie aus der Geschichte herauszuhalten und dafür einen Augenblick der Trunkenheit einzusetzen, natürlich nicht ohne einen nüchternen Zeigefinger gegen den toten und in Verruf geratenen Parmenion zu erheben. Durch diese selbstsichere Lösung des Problems mußte Alexander überaus planvoll erscheinen, und niemand könnte auf den Gedanken verfallen, daß des Geschichtsschreibers Mätresse sich hinter der rächenden Geste verbarg.

Und doch blieben die Belanglosigkeit der Gebärde selbst, die vorherigen Ernennungen, die Erzählungen von Reue und Bedenken erhalten, um die Aufrichtigkeit seiner Geschichte anzufechten. Alexander hatte – wenn auch nur tastend – begonnen, seine Rolle als Bestrafer Persiens anzuzweifeln, und es ist nur zu wahrscheinlich, daß Wein und die anspornenden Worte einer Frau vonnöten waren, ihn zu einer Handlung zu bewegen, der er schon entwachsen war:

Der Prinz, er wurde seiner Pein nicht Herr,
Starrt' auf die Schöne immerdar,
Die schuld an seinem Kummer war,
Und seufzt' und blickte, seufzt' und blickte,
Seufzt' und blickte, seufzte immer mehr:
Bedrängt durch lange Zeit mit Liebe, Wein und Lust,
Sank der bezwung'ne Sieger nun an ihre Brust.

In einer Zeit der Unentschlossenheit brannte der Palast nieder, weil ein zukünftiger Pharao sich eine Mätresse hielt, weil der Wein floß, weil die Frau neckte und ein weiterer König sich vor ihr brüsten wollte. Der Brand konnte im Licht vergangener Politik erklärt werden, doch drei Monate später, als Alexander nicht mehr der Bestrafer, sondern der Erbe des Xerxes war, wurde der Vorfall als unüberlegter Fehltritt bereut.

Nur die Dame, so möchte es scheinen, war dem Tadel für die Zerstörung, die sie angebahnt hatte, entgangen. So schien es vielleicht, doch langsam und auf verschlungenen Pfaden widerfuhr auch ihrem Namen Gerechtigkeit. Ptolemäos' Geschichtswerk war zu zurückhaltend, als daß es einen großen Leserkreis gefunden hätte, doch der Autor, der die Wahrheit über Thais erzählte, war lebhafter und mehr nach dem Geschmack eines römischen Publikums. Über Rom fand seine Erzählung den Weg ins mittelalterliche Italien, als Ptolemäos' Schriften schon lange keine Beachtung mehr fanden. Mittlerweile war in der römischen Komödie eine andere Thais aufgetaucht, ein Sklavenmädchen, das seinen Herrn treulos hinterging. Der Dichter Dante ließ die beiden Damen ineinanderfließen, und das Ergebnis verdiente einen Platz in der Hölle. Im Achtzehnten Kreis, in dem Dämonen Heuchler geißeln, findet Thais endlich ihre Strafe. »Bevor wir diesen Ort verlassen«, sagt Dantes Führer Vergil,

»Noch etwas dring ein,
Bis daß du weiter vorne kannst gewahren
Das Antlitz, das dir dann wird sichtbar sein

Der schmutzigen Dirne mit zerzausten Haaren,
Die sich dort kratzt mit ihren kotigen Klaun,
Bald sich zu kauern pflegt, bald aufzufahren.

Die Hure Thais ist da anzuschaun.
›Weißt du mir großen Dank?‹ so frug ihr Buhle;
Da sagte sie: ›Ganz wunderbaren, traun!‹

Damit sahn wir genug von diesem Pfuhle.«*

* Dante, Die Göttliche Komödie. Übertragen von Wilhelm G. Hertz. Fischer-Bücherei, Frankfurt/M. 1955.

Hinter dieser Frage und Antwort liegt eine feinere Ironie, als Dante wahrnahm. Ptolemäos hatte sich in der Tat den Dank der Thais verdient – durch ein feinfühliges Schweigen, das zweitausend Jahre lang überzeugend schien. Der Pharao belohnte seine Geliebte. Die Brandstiftung zu Persepolis wurde auf die Stufe wohldurchdachter Politik erhoben, und nur durch die Verwechslung eines Dichters erhielt der Name des Mädchens seinen gerechten Lohn. Thais wurde endlich schuldig gesprochen . . . doch die Gerechtigkeit der Poesie ist nie ein Teil der prosaischen Politik und prosaischer Könige gewesen.

DRITTES BUCH

KLEITOS:
O laßt verfaulen lieber mich in makedon'schen Hadern
Als strahlen heut im modisch Tand des Ostens.
Ach was! Anbetung soll ihm werden, die er fordert:
Schmort meinen alten Leib in Höllenflammen
Oder laßt ihn einen Käfig bau'n mir . . . wie dem Kallisthenes.

Nathaniel Lee, *Rival Queens* (1677), 4. Aufzug, 1. Szene

19 DER NEUE DARIUS

Wie so viele Gesten der Herausforderung schien der Brand von Persepolis bald überholt. Im darauffolgenden Sommer sollte Alexander mit der Vergangenheit brechen; es war eine so deutliche Veränderung, daß man sie mit einem entsprechenden Wandel in seinem Charakter zu erklären versuchte. Und so beschrieb die Geschichte der anschließenden drei Jahre sowohl Alexanders Sieg gegen die Stämme des Iran, als auch die Niederlage, die er durch seinen wachsenden Stolz und seine eigene Disziplinlosigkeit erlitt. Fesselnder von den beiden Auseinandersetzungen ist der Kampf, den er gegen sich selbst führte; denn obwohl mit dem Feldzug neue Belastungen und Konflikte entstanden, sollte die Geschichte Alexander in eine Rolle pressen, die ihren Vorurteilen entsprach. Die Wahrheit lag vermutlich tiefer, war in manchen Dingen nicht minder dunkel, in anderen ganz gewiß subtiler.

Mitte Mai hatte Alexander Persepolis verlassen und die Hauptstraße in nördlicher Richtung eingeschlagen, um die 720 Kilometer nach Hamadan zurückzulegen; denn er rechnete mit einer großen Feldschlacht, ehe er Darius gefangensetzen könnte. Auf dem Weg stießen 6000 Mann Verstärkung zu ihm, die er im vorhergehenden November angefordert hatte; sein Heer wuchs damit – ohne die Schatzkarawane und den stetig zunehmenden Troß – auf über 50 000 Mann an.

Das war eine schwerfällige Streitmacht, wenn der Lauf der Dinge statt zu einer offenen Schlacht zu einer Verfolgung des Darius führte.

Darius jedoch konnte sich nicht entschließen. Nach Gaugamela war er mit etwa zehntausend Getreuen, darunter auch seinen berittenen griechischen Söldnern, über eine Bergstraße nach Hamadan geflohen. Dort hatte er zunächst abgewartet, da er auf Uneinigkeit in Alexanders Lager hoffte. Doch als seine Verfolger sich dann nach Norden wandten, um ihn in die Enge zu treiben, plante er eine Flucht nach Balkh in Afghanistan, der entfernten Heimat vieler adeliger Familien des Reiches, mußte jedoch feststellen, daß Alexander sich zu rasch näherte. Also wechselte er erneut seinen Kurs und beschloß, sich aus Hamadan zurückzuziehen und mit skythischen und kadusischen Truppen, die er zu diesem Zweck ausheben wollte, die nahen Kaspischen Tore zu halten. Gerüchte davon erreichten Alexander, doch weder Skythen noch Kadusier eilten Darius zu Hilfe. Unter seinen Gefolgsleuten gab es daraufhin Streit. Jene, deren Heimat in der Nähe von Balkh lag, waren fest entschlossen, sich dahin zurückzuziehen, und so nahmen sie ihren König in der fruchtbaren Ebene des heutigen Kabul fest; sie hatten die Absicht, sich in den Osten abzusetzen, so schnell sie konnten. Mangel an Entscheidungskraft war stets das Grundproblem bei Darius gewesen. Das sollte ihn nun das Leben kosten.

Mittlerweile wechselten Alexanders Aktionen je nach den neuesten Informationen. Bis zum heutigen Isfahan rückte er stetig vor und nahm unterwegs die ansässigen Stämme und einen persischen Palast. Dann hörte er zum ersten Mal von Darius' Flucht. Er eilte, mit einem Wochenmarsch Verspätung hinter dem Gejagten, nach Hamadan und traf dort Mitte Juni ein, um Proviant aufzunehmen und so rasch wie möglich nach Norden weiterzuziehen, doch selbst in der Eile fand er Zeit, zwei weitreichende Entscheidungen zu treffen. Der Teil der Palastschätze, die aus der Persis fortgeschafft wurden, sollten unter dem vorläufigen Schutz von 6000 Makedonen in Hamadan zentral verwahrt werden; und zweitens, die gesamten Truppen griechischer Verbündeter und die thessalische Reiterei wurden entlassen. Da er diese Heeresteile durch die jüngsten Verstärkungen ersetzen konnte, nahm er Abschied von einem Mythos, der seine Wirklichkeit verloren hatte. Nach seinem berauschenden Höhepunkt in Persepolis sollte die Parole von der griechischen Rache nicht auf die Verfolgung und Gefangennahme des persischen Königs ausgedehnt werden. In Zukunft sollte der Krieg nicht länger eine öffentliche Blutrache, sondern ein persönliches Abenteuer sein.

Auf privater Basis allerdings konnten verbündete Krieger sich als Abenteurer wieder verpflichten und an dem aufregenden Weitermarsch teilnehmen. Wen das nicht lockte, der erhielt den vereinbarten Sold, ein enormes Geldgeschenk und mit den Souvenirs und Beutestücken freies Geleit an die Küste. Viele Soldaten aber blieben, weil Alexander ihnen ein Dreifaches davon als Prämie versprach. Neuntausend Talente und viele Kostbarkeiten wurden in einem einzigen Augenblick aus der Hand gegeben. Weniger berühmte Generäle, die ihre Einheiten plötzlich in alle Winde verweht sahen, erhielten neue

Befehle, und Parmenion sollte den Schatz für Alexanders Freund Harpalos in Hamadan hinterlegen und sodann mit einer großen Streitmacht in den Nordwesten gegen die Kadusier marschieren, auf deren Hilfe Darius sich verlassen hatte. In der Erwartung, sich in Gurgan wieder zu vereinigen, nahmen Alexander und sein General flüchtig Abschied voneinander. Sie sahen sich niemals wieder.

Durch einen Vormarsch in nördlicher Richtung setzte Alexander seine Proviantmeister einer schweren Belastung aus. Wie persische Dokumente beweisen, hatten die Hauptstraßen bis zum Oxus für jede Reiseetappe Stationen, so daß die Beamten mit den entsprechenden Beglaubigungsschreiben regelmäßige Mahlzeiten zu sich nehmen konnten, wie auch die Landschaft sein mochte. Alexanders Generäle brauchten sich also um Nahrung nicht zu sorgen; die Soldaten aber hatten ihre Fuhrwerke und wenig sonst; denn die Händler im Gefolge des Heeres konnten ihnen in einem Land der Wüstenstämme, ohne Städte, das Gewohnte kaum mehr anbieten. Monate der knappen Rationen kamen auf die Soldaten zu, in denen sie am besten überleben konnten, wenn das Heer geteilt war, und da war ferner das Soldproblem. Die verschwenderischen Geschenke in Hamadan ließen für die Zukunft hoffen, aber auch gar nichts weist darauf hin, wie Alexander seine Soldaten in den folgenden sechs Jahren bezahlte. Irgendein Teil seiner Schätze scheint ihn begleitet zu haben, und spätere Könige sollten einen transportablen Prägestock benützen. Die Goldbarren für einen Jahressold des Heeres waren nicht so sperrig, als daß man sie unmöglich von Hamadan nach Indien hätte schaffen können, und unter den persischen Königen scheint eine Währung von Silberstükken, deren Wert vom Gewicht abhing, auf dem Wege durch den oberen Iran verwendet worden zu sein. Die Truppen mögen in diesem Rohmetall bezahlt worden sein; denn die Funde von Alexanders Münzen im oberen Iran sind nicht eben eindrucksvoll, und die kleinen Stücke des täglichen Geschäftsverkehrs sind besonders selten. Beutegut und Soldzahlungen in Naturalien müssen eine ungewöhnlich große Rolle gespielt haben; Länder, die von einem fremden Heer betreten werden, müssen dafür stets aufkommen; vielleicht dienten die Männer auch auf ein Versprechen großer Belohnungen bei der Heimkehr. Wie dem auch sei, Beträge und Verfügbarkeit von Geld können niemals berechnet werden, und so bleibt ein entscheidender

Aspekt im Verhältnis zwischen dem König und seinen Soldaten unaufklärbar. Auf der Grundlage von herkömmlichen Soldsätzen – und die hatte Alexander zweifellos erhöht – waren die folgenden sechs Jahre über alle Maßen kostspielig. Das Schatzamt konnte die Kosten tragen, doch selbst wenn die Methoden seiner Geldbeschaffung unbekannt sind und wahrscheinlich auch bleiben werden, ihre Schwierigkeiten und die der Buchführung sollten nicht vergessen werden.

Elf Tage lang führte Alexander eine Truppe, die nach dem Kriterium der Beweglichkeit ausgesucht war, von Hamadan aus in wildem Tempo nach Norden; da arabische Karawanen später neun Tage für die Wegstrecke vorsahen, muß er von der Hauptstraße abgebogen sein, vielleicht in der Hoffnung, Darius abseits zu fangen. Enttäuscht kehrte er auf die Königsstraße zurück und ritt nach Rhagae, wo er eine Rast von fünf Tagen einlegte. Viele Soldaten waren bereits durch Erschöpfung ausgefallen und etliche Pferde zu Tode geritten.

Und wieder einmal waren es die Nachzügler, die enthüllten, was sich ereignet hatte. Zwei Babylonier, darunter ein Sohn des Mazäos, brachten die Nachricht, daß Darius gefangen sei, und mit einigen wenigen ausgesuchten Reitern eilte Alexander sofort ostwärts, um die Verräter einzuholen. Nach rücksichtslosem zweitägigen Galopp – gerastet wurde nur in der Nachmittagshitze – erreichte er Darius' letztes bekanntes Lager am Rande der Dascht-i-Kewir. Darius, so vernahm er, war in ein Fuhrwerk verfrachtet und von Mördern, die ihn als letzten Ausweg einfach liegenlassen würden, offenbar in die Richtung von Schahrud abtransportiert worden.

Jede Minute, die in der Wüste eingespart wurde, konnte entscheidend werden, und so mußten die kräftigsten Männer der leichten Infanterie Pferde besteigen und Alexander auf einer gewagten Abkürzung durch die Randgebiete folgen. Zwischen Abenddämmerung und Morgengrauen brachten sie 65 Kilometer Salzwüste hinter sich und als die Morgenhitze ihre Kraft entfaltete, war in der grünen Ferne endlich ein Wagenkonvoi zu sehen, der sich auf der Hauptstraße nahe dem heutigen Damghan in östlicher Richtung fortbewegte. Zum letzten Mal rafften sich die Pferde mühsam zu einem leichten Galopp auf, der wenigstens ausreichte, eine Staubwolke aufzuwirbeln und die nichtsahnenden Gejagten zu erschrecken. Nur sechzig Männer waren an Alexanders Seite, als der Konvoi angehalten wurde, um die Fahrzeuge zu durchsuchen. Doch so sehr sie auch suchten, Darius war nirgends zu sehen.

Ein erschöpfter makedonischer Offizier sonderte sich ab, um nachzusehen, ob es vielleicht irgendwo am Straßenrand etwas Wasser gäbe. Da stieß er auf einen schlammverschmierten Karren, den Kutscher und Gespann im Stich gelassen hatten. Er blickte hinein, und da lag ein Leichnam in goldenen Ketten, wie sie einen persischen König kennzeichneten: So wie tausend Jahre später Yazdagird III., der Letzte der Sassanidendynastie, auf seiner Flucht vor arabischen Eroberern, so war Darius III. von seinen eigenen Höflingen erstochen und verlassen worden. Nur die Legende ließ ihm noch Atem genug, seinen Finder zu begrüßen und an Alexanders Adel zu appellieren. Diensttuende Offiziere bestanden zweckdienlicherweise darauf, Darius sei gestorben, ehe Alexander ihn sehen konnte. Die Mörder waren zu weit, als daß man sie noch hätte fangen können.

Mit der Leiche seines Feindes alleingelassen, zeigte Alexander ein erstaunliches Verhalten. Er entledigte sich seines Umhangs und hüllte ihn um den Leichnam. Darius sollte zu einem angemessenen königlichen Begräbnis nach Persepolis gebracht werden. Die persischen Gefangenen wurden verhört, die Adeligen darunter zur Freilassung ausgesondert. Die Enkeltochter von Darius' königlichem Vorgänger wurde ihrem Manne zurückgegeben, einem Aristokraten der Gegend, und nur Tage danach wurde der Bruder des Darius unter die makedonischen Gefährten aufgenommen. Und dennoch war Darius bei Lebzeiten als Alexanders Feind gebrandmarkt worden, »der die Feindschaft vom Zaune brach«, der »seine Familie und seine Besitztümer nur zurückerhalten würde, wenn er sich ergäbe und um sie bäte«. Es war ein radikaler Stilwechsel, den die Soldatenschaft mit Verwunderung beobachtet haben muß. Sie wurde mit maßlos großzügigen Geschenken aus dem Schatz, der mit dem Wagenkonvoi erbeutet wurde, wieder beruhigt.

Tod und Auffindung des Darius ließen Alexander plötzlich zum Erben des Reiches werden, das zu bestrafen er einst ausgezogen war. Doch die persische Königswürde konnte man nicht einfach so übernehmen. Sie hatte tiefe historische Wurzeln, und wie die Verwaltung des Reiches hatte sie großzügig vom Nährboden der unterworfenen Völker angenommen. Alexander begann die Nachfolge von Traditionen, die er bereits beleidigt hatte. Er würde sich niemals auf sie verstehen, doch es ist wichtig zu erkennen, was ihr Beispiel bedeutete und weshalb er ihnen nicht gerecht werden konnte.

Wenn auch die Griechen die persische Monarchie lange als sklavisch gebrandmarkt und das sogar mit dem entkräftenden Klima Asiens erklärt hatten, so war sie doch eine rühmlich flexible Regierung. »Die Perser«, so schrieb Herodot, »lassen fremde Sitten bereitwilliger in ihr Reich als andere Menschen«, und je mehr über die Perser bekannt wird, um so deutlicher erweist sich, daß Herodot recht hatte. Zweihundert Jahre vor Alexander hatten sie das Reich der Meder gestürzt und die alte Zivilisation Babylons ihrem Reich einverleibt, doch in beiden Fällen machten sie sich die Erfahrung ihrer neuen Untertanen zunutze. Von den Medern übernahmen sie die angenehmen Künste höfischer Lebensart und abgeschiedenen Königtums, dazu ein Vermächtnis in Sprache und Architektur, das erst heute allmählich ans Tageslicht tritt. Aus Babylon und Syrien entliehen sie die alten Königsmythen, ob den Baum des Lebens oder das Erschlagen des geflügelten Löwen, des Bösen, die Persepolis eine solche Erhabenheit schenkten, während sie auf einer bescheideneren Ebene Rechtswesen und Bürokratie absorbierten, für die sie auf Grund ihres analphabetischen Hirtendaseins nicht befähigt waren. Neue Bedürfnise wurden wie immer auf internationale Weise gestillt. Schreiber aus Babylon und Susa führten des Königs Bücher in einer ihm fremden Sprache; Griechen dienten ihm als Ärzte, Bildhauer, Dolmetscher und Tänzer; Karier und Phöniker stellten die Mannschaften seiner Marine; die Magier der Meder waren, zumindest am Anfang, für seine Gebete und Opfer verantwortlich, während der Garnisondienst der Satrapien Inder nach Babylon brachte, Männer vom Oxus nach Ägypten, griechische Seeleute an den Persischen Golf und Baktrer aus dem Äußeren Iran nach Kleinasien. Doch dieser Austausch umfaßte mehr als Kunstfertigkeit und Regierungsdienst.

Um über das babylonische Ausland zu herrschen, zog der persische Adel westwärts und verheiratete sich dort häufig mit den neuen Untertanen. Nach zwei Generationen bereits sind die heimischen Geschäftsurkunden voll von persisch-babylonischen Mischnamen, während selbst in Adelskreisen ein Perser eine Jüdin, eine Armenierin oder Ägypterin heiraten und zur Vermählung babylonische, arabische und hebräische Trauzeugen hinzuziehen mochte. Unter persischer Herrschaft wurde Babylonien ein Land der Mischlinge; sogar vom persischen König war bekannt, daß er sich eine babylonische Mätresse hielt. In den Hauptstädten des Reiches, in Memphis wie in Babylon, gab es wie in den Städten Alexanders und der griechischen Könige nach ihm Ausländerviertel, die nach der Nationalität ihrer Einwohner benannt waren, doch diese abgetrennten Distrikte isolierten nicht ein Volk vom anderen, und insbesondere das persische Babylon war eine integrierte Welt.

Diese Integration machte nicht bei der Ehe halt. Am persischen Hof kann man sie noch an den gemeißelten Reliefs von Persepolis mit ihrer genauen Aufzeichnung der Beamten des persischen Reiches ablesen. Die königlichen Wachen der privaten Wohngemächer des Palastes unter dem Befehl persischer Stabträger waren ausnahmslos Perser und auch äußerlich durch ihre goldenen Lanzenschäfte kenntlich. Doch gleich davor, in den öffentlichen Hallen und an den großen Treppenaufgängen, sind die Stabträger oft Meder, während in den übrigen neuntausend Unsterblichen, die als königliche Elitetruppe dienten, medische Speerwerfer mit Bürgern aus Susa vermischt sind, dem Sitz des alten alamitischen Reiches.

Bei der Hofpolizei ist das alles sogar noch eindrucksvoller. Der König beschäftigte Peitschenträger, die bei seinen öffentlichen Prozessionen die Mengen im Zaum hielten; auf den Reliefs tragen sie neben den Peitschen ihres Amtes zusätzlich Teppiche und den königlichen Sessel – ein Beweis, daß sie auch über die Bequemlichkeit des Königs wachten. Und doch erweist sich in den Darstellungen zu Persepolis jeder einzelne dieser hohen Beamten durch seinen Umhang und seine kugelförmige Kopfbedeckung als Meder. Ebenso, wie Meder den Fußschemel des Königs überwachen, so sorgen auch medische Stallknechte für seine Pferde, während Elamiter aus Susa seine Streitwagen warten. Die Abgesandten aus dem Reich werden zur einen Hälfte von persischen Türstehern zum König hineingeleitet, zur anderen von Medern. Vor dem König erstattet der Haushofmeister Bericht, wobei er sich bei der Audienz leicht verbeugt, und doch ist auch er, der höchste Hofbeamte, ein Meder. Die Perser verdrängten die Völker nicht, deren Reiche sie erobert hatten. Unter den Einwohnern

Susas rekrutierten sie Schreiber und Infanteriegardisten, übernahmen auch ihre plissierten Umhänge und ärmellosen Mäntel, ihre Dolche, Bogenköcher und geknöpften Schuhe. Von den Medern, die für ihren reichen Gebrauch von Kosmetika, für ihre buntgefärbten Hosen, Ohrringe und hochhackigen Stiefel bekannt sind, haben sie Offiziere an sich gezogen, die den Hof angenehm gestalten und den König in einem würdig abgeschiedenen Stil pflegen sollten.

Alexanders Regierungspläne sind bei einer mangelnden Berücksichtigung dieses persischen Hintergrundes oft als unnötig radikal empfunden worden. Bereits im Sommer 330 v. Chr. gab es Anzeichen dafür, daß die Weisheit einer solchen Integration an Alexander ebensowenig vorüberging wie an seinen persischen Vorgängern.

Östlich von Babylon stellte er Orientalen erneut an die Spitze von Satrapien, wo sie Sprache und Stämme kannten, und eine solche Politik hatte der konservativste griechische Pamphletist sogar bereits Alexanders Vater für den griechischen Kreuzzug empfohlen. Er behielt Perser als Ehrenwerte Freunde um sich; und so wie Darius' Vorfahren einst die Könige achteten, ob tot oder lebendig, an deren Stelle sie getreten waren, so zollte jetzt er dem Darius Ehrerbietung. Zur Verwaltung seiner Eroberungen benötigte er denselben Erfahrungsschatz wie zuvor die Perser, sowohl in Babylonien, wo die Steuern über eine komplexe Rangfolge von Steuereinnehmern und Bezirksbeamten gesammelt wurden, wie in Regierungssitzen, in Susa oder in Hamadan, wo die von griechischen Geschichtsschreibern völlig übersehene schweigende Mehrheit von Nachschuboffizieren, Schatzmeistern, Vorarbeitern, Gutsverwaltern und Buchhaltern lange Zeit dem persischen Adel gedient hatte. Dokumente belegen, daß unter persischer Herrschaft die große Zahl von 1350 Arbeitern der Schatzkammer in einem Zug aus Persepolis abbeordert werden konnte, während die Schreiber in manchen Kanzleien bis zu sechs Jahren hinter ihren Quittungen und Eintragungen im Rückstand waren. Wie die Perser würde Alexander diese ausländische Bürokratie und das Arbeitsheer der Leibeigenen wieder verwenden, wenn auch nur um seiner Steuern und Vorräte willen. Was er aber für seine Kanzleien tat, das mußte er logischerweise nun auch für seinen Hof tun, und so wie die Perser einst die Meder behandelt hatten, so würde er nun seinerseits die Perser behandeln müssen.

Doch dies ging nicht so glatt vor sich wie es klang. Auf der eigenen Seite standen die häufig noch unter Philipp aufgewachsenen Veteranen aus dreißig Jahren des Kampfes, die oft noch den Griechen gram waren, von den Orientalen ganz zu schweigen. Sie hatten ihre Jugend nicht mit Freunden verbracht, die persisch sprachen, oder mit Lehrern, die Aufsätze über die Magier schrieben. Sie wünschten sich Macht, Schätze, vielleicht ein Ende des Marschierens. Sie hatten ebensowenig damit gerechnet, ihren Monarchen teilen zu müssen, wie die Griechen erwartet hatten, daß der Führer ihres Kreuzzugs persischer König werden würde. Gebildete Griechen mochten die Barbaren genausowenig leiden wie die Menschen der unteren Klassen. Es gab makedonische Offiziere, die ähnlich empfinden mochten, vor allem wenn Alexander ihren Status durch Orientalen beeinträchtigte.

Die Eigenart der persischen Königswürde würde den Zusammenschluß der Mißlaunigen nur fördern können. Denn der persische Hof mochte eine gemischte Gesellschaft sein, der König selbst aber war in seiner Abgeschiedenheit über alles erhaben. Stabträger und Hofkämmerer überwachten den Zutritt zu ihm, und während einer Audienz mußte der Besucher seine Hände strengstens unter seinem Umhang verborgen halten. Wie die Griechen glaubten, durfte kein Mensch vorgelassen werden, wenn er sich nicht zuvor gewaschen und ein weißes Gewand angelegt hatte; und ganz gewiß hatte ein Untertan sein Leben verwirkt, falls er sich auf den goldenen Königsthron setzte oder über den königlichen Teppich schritt. War er einmal vorgelassen, so führte er in einer respektvollen Bewegung, die die Griechen ihren Göttern vorbehielten, seine Hand an die Lippen, während Bittsteller oder die untersten Schichten auch auf ihre Knie niedersanken.

Während der offiziellen Mahlzeiten bei Hofe saß der König hinter einem Schleier in der Gesellschaft seiner Gemahlin, seiner Mutter und seiner Königlichen Brüder; er trank eigens für ihn abgekochtes Wasser, aß einen Kuchen aus Gerste und trank seinen Wein nur aus einem eiförmigen Goldbecher. Die Hofadeligen stellten Speisen von ihren Tischen als Opfergabe an seinen verherrlichten Geist beiseite, und selbst Städte im westlichen Asien mochten seinem königlichen Vermögen ein Opfer darbringen. Während der Lebensdauer des Königs blieb ein königliches Feuer zu seinen Ehren am Brennen; es wurde erst bei seinem Tode gelöscht. Bei seiner Bestattung wurden die überlebenden Stabträger neben seinem Scheiterhaufen getötet. Obwohl er nicht als lebender Gott verehrt wurde, war er der Erwählte und Schützling Ahura Mazdas, und er kleidete sich seiner Majestät entsprechend. Er fuhr in einem reich verzierten Streitwagen, der von weißen Pferden gezogen wurde. Seine Tunika war weiß und purpurn gestreift und wurde unter dem Königsmantel aus Goldstickerei getragen, der 12 000 Talente wert gewesen sein soll. Sein Halsband und seine Armbänder waren aus Gold. Er wurde von einem Sonnenschirm beschattet und von einem Mann begleitet, der den Fliegenwedel schwang, während seine Kopfbedeckung weich und rund war, wie ein hoher, aber krempenloser Zylinder. Seine Schuhe waren wattiert und von blasser Safranfarbe, ohne Schnallen oder Knöpfe, und sein Gürtel war aus Fäden reinsten Goldes gewebt. Er bewegte sich wie ein Gott unter den Menschen, erhaben und entfernt, doch einsam und oft unsicher.

Wie sehr er den toten Darius auch achtete, mit dieser religiösen Aura konnte Alexander es niemals aufnehmen. Seine Offiziere hätten sie nicht verstanden, und nach Gaugamela bereits verhöhnte seine Propaganda sie in voller Absicht – Alexanders Münzen aus Münzanstalten in Westasien zeigten einen Löwengreif, das persische Symbol des Chaos und des Bösen, den jedoch nicht wie in Persepolis der persische König durchbohrte; sondern der Löwengreif durchbohrte nun seinerseits Perser. Es bedeutete eine genaue Verkehrung des persischen Königsmythos.

Wenn ein persischer König den Thron bestieg, so besuchte er Pasargadai, wo das Grabmahl von König Cyrus stand, und er kleidete sich in eine rauhe Lederuniform, um ein rituelles Mahl aus Feigen, saurer Milch und den Blättern von Terpentinpistazien zu sich zu nehmen – eine ehrwürdige Zeremonie, die alte Legenden von Cyrus' Jugend in der einst nomadischen Gesellschaft Persiens wachrief. Nach seiner Mahlzeit übernahm der neue König sogar den Mantel des Königs Cyrus.

Alexander wußte aus den Büchern griechischer Autoren und von persischen Freunden, wie sehr Cyrus' Andenken von den Persern verehrt wurde, und bald würde er in seiner eigenen Öffentlichkeitsarbeit sein Augenmerk auf Kyros richten. Doch nur im *Alexanderroman* wird von ihm gesagt, daß er als neuer König Asiens allen Persern in einer Proklamation versprochen habe, er werde ihre Traditionen wie zuvor aufrecht erhalten. Es ist nicht bekannt, daß er je die persische Sprache fließend erlernt hätte, und obwohl er bald Magier aus dem Osten beschäftigte, ordnete er diese traditionelle königliche Zeremonie für sich selbst nie an. Er war ein Ausländer, der Persepolis gebrandschatzt hatte, und ihm fehlte das Verständnis für solch alte nomadische Rituale, die jedoch noch lange fortdauerten, nachdem Alexanders Errungenschaften bereits vergessen waren.

Er näherte sich zudem aber dem Äußeren Iran, wo ein gutes Maß an Tradition von jedem erwartet wurde, der auf die persische Königswürde Anspruch erhob. Eine Anpassung an solche Traditionen mochte seine betagten Generäle vor den Kopf stoßen, doch es mußte möglich sein, einen Kompromiß zwischen makedonischen Bedenken und orientalischen Erwartungen zu finden. Wäre er schwächlich oder phantasielos gewesen, hätte er es nie versucht. Er war jedoch keines von beiden, und schon nach wenigen Wochen schwirrte sein Hof von Klatsch und Mutmaßungen.

Zunächst einmal versicherte er sich der äußeren Umstände. Als er den Schauplatz von Darius' Ermordung verließ, kehrte er zum Hauptteil seiner Truppen zurück und führte sie nach einer kurzen Rastpause von den Rändern der Wüste zu den Pässen des Elburs-Gebirges empor und strebte durch Eichen- und Kastanienwälder, Bergschluchten und die Ruheplätze von Wölfen und Tigern nach Norden auf das Kaspische Meer zu. Die Höflinge des Darius und die griechischen Truppen, die ihm bis zuletzt gedient, hatten, wie man wußte, in diesen Dickichten Zuflucht genommen. Innerhalb einer Woche versprach der ehemalige Wesir, der zu Darius' Mördern zählte, seine Unterwerfung als Gegenleistung für eine Straffreiheit, die später den Reizen des ihn begleitenden Eunuchen zugeschrieben wurde. Die Straffreiheit entsprach allerdings einer weniger selbstgefälligen Politik, die allen, die sich unterwarfen, Verschonung gewährte, da Alexander immer weniger Wert darauf legte, die Mörder des Darius zu bestrafen. Ihm lag vielmehr daran, die persischen Adeligen aus den Wäldern in seinen Stab zu locken, wo sie ihm bei seinen Problemen von Sprache und Regierung dienlich sein konnten. Der besagte Eunuch war in der Tat eine Achtung heischende Gestalt; denn von allem, was Alexander in diesen Monaten in der Nähe des Kaspischen Meeres fand, sollte sich nichts als wertvoller oder außergewöhnlicher erweisen. Mit dem Perser Bagoas begann für Alexander eine Liebesromanze, die ein Leben lang dauerte.

Der Name Bagoas war reich an jüngsten, unerfreulichen Erinnerungen. Etwa zehn Jahre zuvor hatte ein Bagoas, ebenfalls ein Eunuch, sich als persischer General in Ägypten rühmlich hervorgetan und dann in Westasien gedient, wo er Hermeias, den ersten Förderer des Aristoteles, in den Tod geschickt hatte. Sodann hatte er den Vorgänger des Darius vergiftet und Darius zum König gemacht, nur um – wie einige behaupten, als Dank selbst vergiftet zu werden. Sein berühmter Baumpark in Babylon war inzwischen Parmenion zugesprochen worden. Doch von Alexanders Bagoas wird erzählt, er sei jung und außergewöhnlich hübsch gewesen, der Sohn eines gewissen Pharnuches, der vielleicht mit der hellenisierten Küste Asiens in Verbindung gestanden hatte. Er mag zweisprachig gewesen sein und war wahrscheinlich nicht mehr als ein junger Hof-Eunuch, der seines Aussehens und seines Liebreizes wegen beliebt war. Was Hephaistion von ihm hielt, können wir uns nur vorstellen; denn Alexanders Freunde übergingen den hohen Einfluß des Bagoas mit einem vornehmen Schweigen, und so ist also der ungewöhnlichste von allen engen Freunden Alexanders der am wenigsten bekannte. Seine Rolle aber darf nicht unterschätzt werden. Er zögerte nicht, Informationen über Persien preiszugeben, und er war der augenfälligste Beweis dafür, daß Alexander die Gesellschaft von Orientalen förderlich fand. Innerhalb weniger Wochen konnte Bagoas als das erste Zeichen neuer Zeiten betrachtet werden.

In seinem weiteren Bemühen, Helfer und Unterstützer aus der Wildnis anzulocken, bot Alexander den 1500 griechischen Söldnern, die ergeben an der Seite Darius' verharrt hatten, ein neues Dienstverhältnis an. Zuerst sträubten sie sich; dann nahmen sie den vorgeschlagenen Handel an, der Alexander noch als Führer der griechischen Verbündeten anerkannte. Diejenigen Männer, die in persische Dienste getreten waren, bevor Philipp den Krieg erklärt hatte, sollten freigelassen werden; wer gegen die Erlässe der griechischen Verbündeten gekämpft hatte, mußte zu den gleichen Soldsätzen in Alexanders Heer eintreten. Reich und unangefochten, hatte sich Alexander weit von dem Massaker griechischer »Rebellen« am Granikos entfernt.

Danach zog er für kurze Zeit aus, die Bergstämme der Umgebung aus ihren Verstecken zu treiben; in einem ruhmreichen Augenblick gelang es ihnen, Bukephalos einen Hinterhalt zu legen und das Tier zu fangen, doch als Alexander ihnen wutentbrannt drohte, er werde ihr Land verwüsten, da ergaben sie sich und lieferten das Pferd aus. Diese rauhe Behandlung der Bergstämme konnte seine neuen persischen Freunde nur beeindrucken; denn die Autorität *ihres* Königs war gegen solche unnahbaren Völker lange gebrochen gewesen.

Wieder vereint, marschierten Alexander und seine Soldaten die Berghänge nach Zadrakarta hinunter, der Hauptstadt von Gurgan nahe der Südküste des Kaspischen Meeres. Er hatte den üppigen Dschungel einer tropischen Landschaft betreten, die Proviant im Überfluß bot und durch den Luxus von Sommerregen erfrischend wirkte. Kein Grieche hatte sie je zuvor gesehen, und seine Offiziere waren entsprechend überrascht. Ihnen fielen die Silbertannen auf, die weichen, lappigen Eichenbäume und die Abgründe am Meeresufer, über welche die »Flüsse hinabstürzten, Raum lassend für die Eingeborenen, in den darunterliegenden Höhlen zu feiern und zu opfern, im Sonnenlicht zu baden und zu den Wassern emporzublicken, die über ihnen harmlos vorbeischossen, während vor ihnen sich das Meer und eine Wüste erstreckten, die so grasig und lebendig mit Blumen war«.

Das Meer selbst war nicht weniger reizvoll. Auf Befehl von Darius I. war es zweihundert Jahre zuvor von dem karischen Seemann Skylax erforscht worden, der mit seinem Schiff die Nordküste des Gewässers erreicht und bewiesen hatte, daß jenseits eine weitere Landmasse lag. Die Tatsache war in Griechenland nicht sehr bekannt, obwohl Aristoteles sie seinem früheren Schüler sehr wohl hätte mitteilen können; und da viele annahmen, der äußere Ozean der Welt fließe um die Nordküste Asiens herum, fragte sich Alexander nun, ob das Kaspische Meer wohl der Golf eines Ozeans sei. Zum ersten Male erlebte er das erregende Gefühl, am möglichen Ende der Welt zu stehen, und ob ihm nun solche erregenden Augenblicke etwas bedeuteten oder nicht – am Ende seines Lebens sollte er einen Plan wiederaufnehmen, die Wahrheit über dieses Gewässer zu erkunden. Sein Gefolge hatte mittlerweile das Wasser des Kaspischen Meeres gekostet und – das gilt noch heute – seine außergewöhnliche Süße festgestellt; auch erregte die große Anzahl der kleinen Wasserschlangen ihre Verwunderung. Über die Ausdehnung des Kaspischen Meeres aber blieben sie im ungewissen. Fünfzehn Tage lang erholten sie sich in Zadrakarta, während Alexander seinen gewohnten Göttern opferte und die ersten athletischen Festspiele abhielt, die die Menschen von Gurgan je gesehen hatten. Aus diesen beiden Wochen werden zwei Ereignisse berichtet, das eine so romantisch wie das andere folgenschwer.

An die Küste des Kaspischen Meeres, so wird erzählt, kam die Königin der Amazonen in Begleitung von dreihundert Frauen, die sie in weiser Voraussicht vor dem makedonischen Lager zurückließ. Die einbrüstige und kriegserfahrene Amazonin teilte Alexander mit, sie wünsche von ihm ein Kind. Ohne sich darum zu kümmern, was Bagoas dazu sagen mochte, »bewegte die Leidenschaft der Frau, die größer war als die des Königs, ihn dazu, dreizehn Tage zu verweilen, um ihre Lüste zu befriedigen«. Doch keiner der Hofhistoriker Alexanders zeigte sich bereit, diese umstrittene Geschichte zu bestätigen, nicht einmal sein erster Hofpförtner, der die Königin doch immerhin hätte einlassen müssen, und daher darf die Episode der Legende zugerechnet werden. Die Griechen hatten die Amazonen längst in der Nähe des Schwarzen Meeres angesiedelt – nicht ohne Grund, da die Stämme dort matriarchalisch waren und von Frauen regiert wurden. Doch das Schwarze Meer war viele hundert Kilometer vom Kaspischen Meer entfernt, und der Besuch der Amazonenkönigin wurde von zwei Historikern erdichtet, die zunächst die Geographie durcheinandergebracht hatten. Vielleicht war es eine Königin aus der Nähe, die dem Lager einen Besuch abstattete; doch ganz gewiß waren die Amazonen zu berühmt, als daß Romantiker hätten zugeben können, sie wären nicht bei Alexander gewesen.

Obwohl also vor einem Liebeshandel mit einer Amazone verschont, war Alexander nicht untätig gewesen. In Zadrakarta kamen immer noch persische Adelige aus ihren Zufluchtsorten in den Vorgebirgen des Elburs zu ihm. Darunter befanden sich auch ehemalige Satrapen, und einer von ihnen, Artabazos, hatte einst als Gastfreund an Philipps Hof geweilt. Als Vater der persischen Mätresse Barsine, die Alexander sich bei Issos genommen hatte, brachte er nicht weniger als sieben Söhne mit, die Dolmetscher und kleineren Beamten der Zukunft. Eine Politik der Straffreiheit und die Liebesbeziehung zu Barsine hatten

Alexanders wachsenden Grundstock an Orientalen nützlich erweitert. Diese Gruppe von persischen Mitarbeitern blieb sein ganzes Leben hindurch im Mittelpunkt der Pläne für sein Reich. Es war klug und höflich, diesem neuen Adel eine vertraute Umgebung zu bieten, und diese Menschen mochten sich öfter über die Dinge geäußert haben, die sie in den Tagen eines persischen Königs schon immer gekannt hatten. Alexander zögerte nicht länger. Als Erbe des Darius und Bewunderer des Bagoas begann er, gewisse Teile des persischen Königsornats zu tragen.

Es ist wichtig zu wissen, wie er es tat. Medische Auswüchse wie die königlichen Hosen oder den Mantel mit den langen Ärmeln lehnte er ab, und daß er die runde Tiara oder die königliche Kopfbedeckung getragen hätte, wird nirgends erwähnt. Er begnügte sich mit der purpurn und weiß gestreiften Tunika, dem Gürtel und dem Stirnband oder Diadem, das früher vom König und von seinen Königlichen Verwandten getragen worden war. Nun blieb das Diadem auf den König allein beschränkt; es wurde entweder um den purpurfarbenen makedonischen Hut oder, gelegentlich, um den unbedeckten Kopf gelegt. Seine treuen Gefährten erhielten ähnliche Purpurhüte und mit Purpur eingefaßte Umhänge wie die offiziellen Purpurträger am persischen Hofe. Sie wurden aufgefordert, ihre Pferde mit reichverzierten persischen Panzern und Zaumzeugen zu schmücken. Der Zutritt zu Alexander war nunmehr wie bei den Persern einer strengen Kontrolle durch Türsteher und Stabträger unterworfen, deren kommandierender Offizier der vermutlich zweisprachige Grieche Chares aus Lesbos war, der später farbige Lebenserinnerungen niederschrieb. Auch die Damen des Darius, so wird erzählt, wurden erneut in den Rang königlicher Konkubinen erhoben, »dreihundertundfünfundsechzig in allem«, wie die Griechen berichteten, die persische Gewohnheiten gerne mit der Anzahl der Tage des babylonischen Jahres verknüpften, das die Grundlage des persischen Kalenders bildete. Diese Konkubinen werden nie wieder erwähnt; es ist auch unwahrscheinlich, daß sie in der Wildnis des Kaspischen Meeres zur Hand waren. Doch früher oder später nahm Alexander sie zweifelsohne wieder auf.

Eine solche Neuerung mußte Kritik geradezu herausfordern. »Dies war der Zeitpunkt«, schrieb sein römischer Historiker vierhundert Jahre später, »da Alexander in der Öffentlichkeit seinen Leidenschaften freien Lauf ließ und seine Enthaltsamkeit, seine Selbstbeherrschung in Hochmut und Verschwendungssucht verkehrte.« Dieses einigermaßen abgedroschene Thema ging völlig am Kern der Sache vorbei; denn Alexander war nicht einmal der erste griechische König, der das Diadem oder die persische Kleidung trug. Während der vergangenen sechzig Jahre waren die Tyrannen von Syrakus auf Sizilien nach und nach dazu übergegangen, nicht wegen einer Verbindung mit Persien, sondern weil sie fälschlich annahmen, der persische König werde für einen lebenden Gott gehalten, und auch sie wollten sich nur mittels ihrer Kleidung als Vertreter des Zeus auf Erden ausgeben. Diese religiösen Feinheiten waren nicht für einen zufälligen griechischen Beobachter gedacht, der Alexander nun mit einem Diadem erblickte und bereits wußte, wie stark er seine Verwandtschaft mit Zeus betonte. Dahinter steckte eine politische, aber trotzdem bescheidene Absicht Alexanders.

Die auffälligste persische Kleidung zu tragen hatte er sich geweigert, weil sie bei seinen Offizieren Mißfallen erregt hätte; er hatte lediglich vor, die übrigen Kleidungsstücke in Anwesenheit von Orientalen zu tragen. Doch schon mit dem Tragen des Diadems begründete er einen anhaltenden Brauch. Es wurde von seinen Diadochen getragen, als jeder von ihnen auf seine asiatische Erbschaft Anspruch erhob, und 150 Jahre nach seinem Tod ahmten die fernen griechischen Könige Baktriens, die im Äußeren Iran vom Westen abgeschnitten waren, die Sitte noch immer nach. Er selbst soll es »die Siegesbeute« genannt haben, doch es war auch ein Zugeständnis an seine neue Position. Als König, nicht mehr als Sachwalter griechischer Rache, führte sein Weg in das Herzland der iranischen Stämme, und er nahm zu sparsamem Gebrauch einen Teil der Kleidung an, die seine Untertanen gewohnt waren. Nach drei großen Siegen mögen diese wenigen persischen Bräuche eine belanglose Geste scheinen, doch mehr sollten folgen, und selbst diese wenigen wirkten nach. Als Julius Cäsar plante, auf Alexanders Spuren in das Reich der Parther einzudringen, gab es Stimmen in Rom, die ihm als geeignete Vorkehrung empfahlen, das Diadem und die persische Kleidung anzulegen, ehe er einen Fuß auf asiatischen Boden setzte.

Dem Stab Alexanders offenbarten diese Veränderungen neuen Ehrgeiz. Alexander hatte bereits davon gesprochen, daß er Asien erobern wolle, doch als Erben des Darius sahen die Männer nun, daß Asien das ganze persische Reich bedeuten mußte und daß sie nicht umkehren konnten, ehe zumindest soviel in ihren Besitz übergegangen war. Ein harter Marsch stand bevor; denn Alexander hatte sein Herz an zwei Königreiche gehängt, und ein Detail aus seiner Kanzlei erhellt dies allzu deutlich. Wie immer beanspruchten Briefe seine tägliche Aufmerksamkeit, doch er setzte ihnen nicht mehr die höflichen Grußformeln voran, außer wenn er an Antipater schrieb oder an den athenischen Politiker Phokion, dem er sehr vertraute. In anderen Schreiben verwendete er durchwegs das königliche »Wir«, den Titel eines absoluten Monarchen. Briefe, die nach Europa gingen, versiegelte er mit seinem früheren Ring, doch auf jene, die innerhalb Asiens ausgeschickt wurden, drückte er das altehrwürdige Siegel der persischen Könige.

Solch ehrgeizige Pläne wären kaum entstanden, hätte Alexander sich nicht im voraus abgesichert. Drei Wochen zuvor, nach der Gefangennahme Darius' in der Nähe von Damghan, hatte er den Rest seines Heeres erwartet. Er war müde; soeben hatte er die Nachricht erhalten, daß sein Schwager, Alexander König von Epirus, in einer Schlacht in Süditalien gefallen war. In der Straße, die nach Khawar führte, hielt er seine Soldaten an, um zu trauern.

Für drei Tage schlugen sie ihr Lager in einer Festung auf, die sie wegen ihrer Lage an den örtlichen Straßen in Hekatompylos umtauften: »Stadt der hundert Tore.« Ein Jahrhundert später war diese Festung zur größten Hauptstadt des parthischen Reiches geworden, und obwohl oft nach der berühmten Stelle gesucht wurde, fand man die Stadt erst im Jahre 1966, wobei die umstrittenen Angaben von Alexanders Landvermessern wesentlich zu ihrer Wiederentdeckung beitrugen.

Drei Meilen südlich der Straße zu den Kaspischen Toren steht eine Gruppe von groben Grabhügeln bei Schah-i-Qumis, die durch die Flachheit der wasserlosen Ebene ringsum wie Felsklippen herausragen. Im Norden und Westen erheben sich die fernen Gipfel des Elburs-Gebirges, doch an allen anderen Seiten ist die Landschaft kahl, bis hin zur baumlosen Hochebene und der Salzwüste von Dascht-i-Kewir.

Hier versammelte Alexander seine Truppen unter der Julisonne um sich und bat um Ruhe. In der Stadt der Hundert Tore erzählte er seinen Männern von ihren vielen Siegen der Vergangenheit; von der Notwendigkeit, die Eroberung zu vollenden; von der Leichtigkeit, mit der der Osten ihnen gehören würde. Sie hatten ihren Kreuzzug enden sehen, und schon nach Darius' Tod hatten sie begonnen, von zu Hause zu sprechen. Doch Alexander wischte solche Gerüchte einfach fort. Er riß seine Soldaten mit sich, bis ihre Erschöpfung sie verließ und ihre ehrgeizigen Pläne sich bis zum weiten Horizont zu erstrecken schienen. Dann, als er ihren Eifer angestachelt hatte, hielt er inne. Schweigen herrschte der Lohn der größten Reden. Wie die Dünung des Meeres erhob sich der zustimmende Antwortschrei: »Führe uns; führe uns, wohin du willst.«

20 VORSICHTSMASSNAHMEN

Durch das Anlegen des Stirnreifs hatte Alexander seinen Anspruch auf das gesamte Reich des Darius öffentlich kundgetan. Um es zu erringen, würde er in den Osten vordringen müssen, in die Bollwerke Afghanistans, über Bergpässe und durch Sandsteppen. »In Khorasan«, so geht das persische Sprichwort, »sind die Wegstrecken zwischen den Pferdewechselhäusern der Königsstraße so endlos wie das Geschwätz der Weiber.« Vor ihm lag eine Welt unermeßlicher Weite, Trägheit und Öde, in der nur der königliche Kurier auf der Königsstraße etwas Geschäftigkeit verbreitete. Das zentrale Becken des Iran, vor ihm im Süden und Südosten, war nicht der Mühe wert, da es sich in der Großen Salzwüste und der Todeswüste erschöpfte und von Straßen und Siedlern gemieden wurde. Wie jeder Reisende würde auch Alexander es umgehen, und so marschierte er östlich seines Ausgangslagers in Gurgan durch eine unendlich flache Landschaft, erhitzt und hungrig, doch in dem Bewußtsein, daß dies nur das Vorspiel zu einer Welt der Stämme und des Landadels sei, die den Griechen bislang unbekannt war.

Proviant war rar. Er mußte schnell marschieren, und es traf sich gut, daß das Heer nach wie vor um jene Abteilungen leichter war, die nach Hamadan beordert worden waren. Nach etwa sechshundertfünfzig Kilometern hielt er im heutigen Mesched an, wo seine persischen Kampfgefährten den Landvermessern des Lagers erläuterten, daß sie nun die Wahl zwischen zwei Routen hätten. Eine, die spätere Seidenstraße aus China, führte in nordöstlicher Richtung durch Berge und Wüste, an der Oase von Merv vorbei, in die Provinz Baktrien; dort, so wurde berichtet, hatte der Rebell Bessos, einer von Darius' Mördern, »seine Tiara aufgereckt getragen«, ein Symbol der Königswürde, »und sich« mit der Hilfe persischer Flüchtlinge, von Nomaden und des dortigen Landadels »zum König von Asien ausgerufen«. Die andere Wegstrecke, ebenfalls nach Baktrien führend, bog bei Mesched genau nach Süden, den Sanddünen und Prärien von Seistan zu, und krümmte sich dann nordöstlich in das Tal des Helmand, kletterte in das Herz des Hindukuschgebirges empor, wo sie dem Reisenden vier hohe Bergpässe zur Wahl stellte, um sich anschließend in die neuen Herrschaftsgebiete des Bessos an den Ufern des Oxus herabzuwinden. Für den Augenblick gab Alexander der ersteren dieser beiden Möglichkeiten den Vorzug, die halb so lang war wie der Umweg über den Süden.

Eine glückliche Wendung bestärkte ihn in seiner Wahl. Mesched lag an der Grenze der uralten Satrapie Arien, von den Persern Hariva genannt, und wie ihr Name andeutete, war sie das Kernland iranischer Stämme, die dort seit mindestens fünfhundert Jahren lebten; die Bezeichnung Ariana, von welcher der heutige Landesname Iran stammt, wurde bereits auf die Landstriche weiter östlich angewandt, sogar bis an die Grenzen des Pandschab. Von Arien aus, dessen Mittelpunkt die Oase Hariva bildete und das von dem Fluß Hari-Rud bewässert wurde, waren die Iraner möglicherweise zum erstenmal auf ihren frühen Stammeszügen nach dem Westen ausgeschwärmt: eine solche Vergangenheit hätte sie zu einer heiklen Provinz für den Erben des Darius gemacht, schwer zu durchreisen, ganz davon zu schweigen, sie je zu beherrschen – wäre nicht ihr Satrap Satibarzanes nach Mesched gekommen, um sich an der Grenze zu ergeben. Obgleich er bei Gaugamela die Kavallerie der Arianer befehligt und später wie Bessos zu den Mördern Darius' gezählt hatte, wurde er wieder in sein hohes Amt eingesetzt und erhielt eine vorgeschobene Schwadron berittener Wurfspießwerfer, die wie er Iraner waren. Mit ihrer Hilfe sollte er die Makedonen überwachen, während sie am Rand seiner Provinz vorüberzogen; denn sie waren nur allzu erpicht, die Proviantvorräte des Landes zu plündern.

Während Alexander so einem Königsmörder Gunst erwies, machte er sich daran, einen anderen scharf zu verfolgen. Zunächst aber wurde alles überschüssige Gepäck auf Fuhrwerke gestapelt und in der Mitte des Lagers zusammengestellt; sodann steckte Alexander alles in Brand, seinen eigenen Wagen als ersten – die anderen erst, als sein Beispiel beobachtet worden war. Von nun an würden Packtiere den Transport auf Straßen übernehmen, die für Räder zu holprig waren. Die Soldaten schickten sich in den plötzlichen Verlust ihres Gepäcks, da sie wußten, daß auch Alexander davon betroffen worden war. Immerhin durften sie ihre eingeborenen Konkubinen behalten.

Satibarzanes brach mit seinen Wachtruppen nach der fernen Hauptstadt seiner Provinz auf, und Mitte August setzte Alexander seinen Weg nach Osten fort, der Seidenstraße entgegen – immer noch in der Absicht, den Prätendenten Bessos aus seinem fernen Stützpunkt in Balkh zu vertreiben. Er hatte sich an den Rändern der arianischen Satrapie nicht weit voranbewegt, als eine schlimme Nachricht ihn zwang, gen Süden in das Zentrum zu eilen. Satibarzanes hatte seine Wachtruppen ermordet, einen Aufstand vom Zaun gebrochen, für den er 2000 Reiter um sich scharte, und die Festung seiner Hauptstadt abgeriegelt.

Innerhalb von zwei Tagen hetzte Alexander eine ausgewählte Truppe in südöstlicher Richtung über die hundertzehn Kilometer nach Artakoana, der Hauptstadt, wo seine Vergeltungsschläge nur gnadenlos sein konnten, da sein Vertrauen schändlich mißbraucht worden war. Die Rebellen suchten Zuflucht auf einem steilen, bewaldeten Hügel, doch das Unterholz wurde so lange in Brand gesteckt, bis auch jene, die sich noch hielten, geräuchert und schließlich lebendigen Leibes verbrannt wurden. In Artakoana zerschmetterten Belagerungsstürme die Stadtmauern, und alle Unruhestifter wurden ausgesondert, um getötet oder versklavt zu werden. Den Rest ließ Alexander wieder in der Stadt ansiedeln, die in Alexandria umgetauft und durch neue Mauern und makedonische Veteranen verstärkt werden sollte. Die Neugründung hat sich im heutigen Herat erhalten, doch nicht zum letztenmal im Osten hatte sich ein Alexandria lediglich aus den Gebäuden einer alten persischen Zitadelle und eines Satrapenhofes entwickelt.

Mittlerweile war Satibarzanes nirgends zu finden. Auf die Nachricht von Alexanders Anmarsch hin war er in das Tal des Hari-Rud geflohen und in den Vorgebirgen des Hindukusch untergetaucht, um sich mit Bessos zusammenzutun. Das Vertrauen in ihn war ein schwerer Irrtum gewesen, und Satibarzanes sollte sich als hartnäckig erweisen.

Alexander verfolgte ihn nicht, sondern zog es vor, seine Pläne umzustoßen. Er würde nicht mehr auf die nordöstlich gelegene Seidenstraße zurückkehren, um den Gefolgsleuten des Bessos auf direktem Wege zu nahen; er würde Arien dem Sohn des Artabazos anvertrauen, der sein zuverlässigster Freund unter den persischen Adeligen war, und der abgelegeneren Route folgen, die genau nach Süden führte, nach Seistan, ins Helmand-Tal und allmählich zu den Pässen

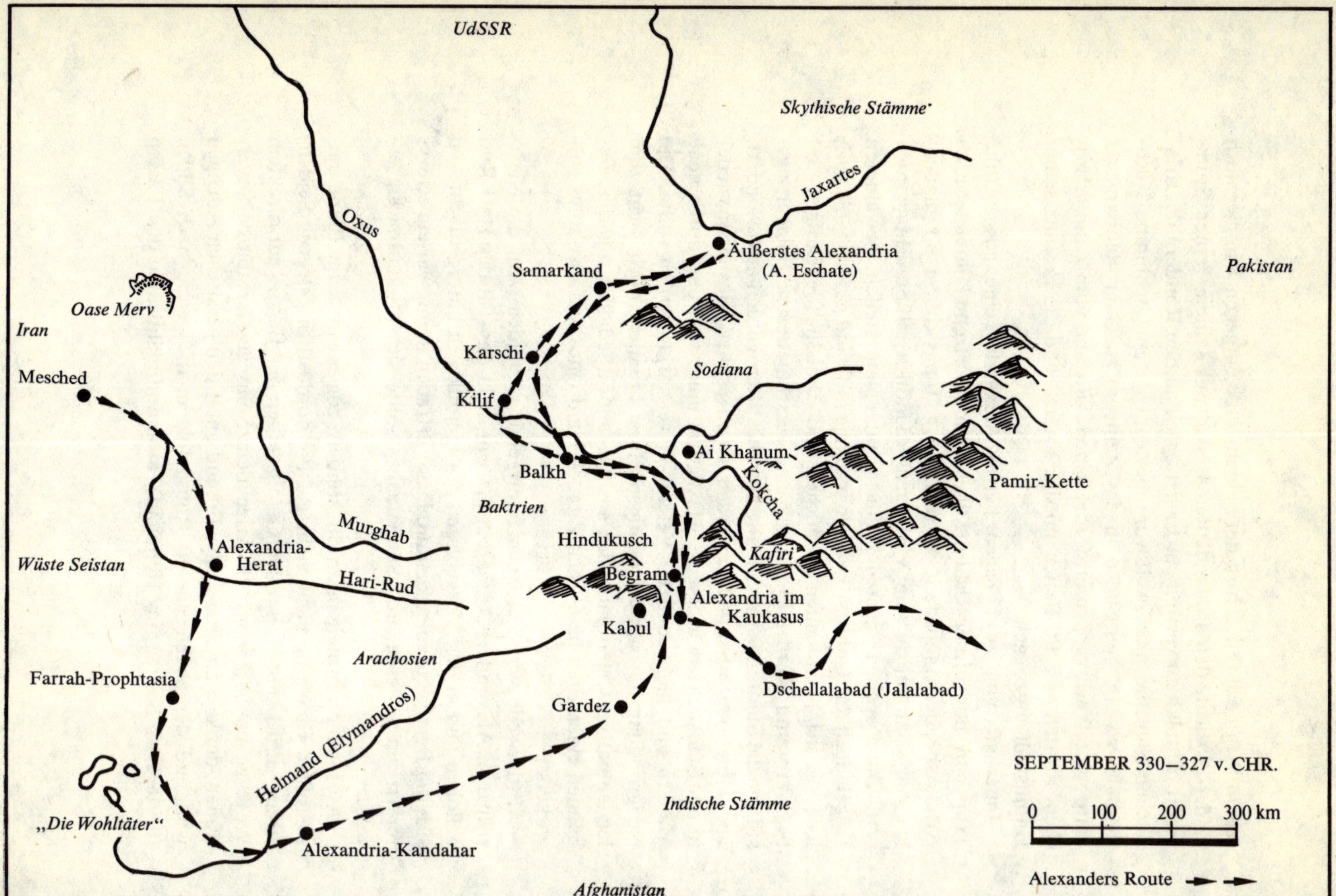
UdSSR
Skythische Stämme
Jaxartes
Oxus
Äußerstes Alexandria
(A. Eschate)
Samarkand
Pakistan
Oase Merv
Iran
Karschi
Sodiana
Mesched
Kilif
Ai Khanum
Balkh
Kokcha
Pamir-Kette
Baktrien
Murghab
Hindukusch
Kafiri
Alexandria-
Herat
Wüste Seistan
Begram
Hari-Rud
Alexandria im
Kaukasus
Kabul
Arachosien
Farrah-Prophtasia
Gardez
Dschellalabad (Jalalabad)
Helmand (Elymandros)
SEPTEMBER 330–327 v. CHR.
Indische Stämme
„Die Wohltäter“
0
100
200
300 km
Alexandria-Kandahar
Alexanders Route
Afghanistan

des mittleren Hindukusch. Es war eine folgenschwere Entscheidung, reich an Überraschungen und Härten, doch nicht ohne taktische Vernunft. Satibarzanes befand sich auf der kürzeren Alternativroute immer noch auf freiem Fuß, und es mochte Alexander nicht danach gewesen sein, ihm und Bessos zum erstenmal im Spätherbst gegenüberzustehen – in einem unfruchtbaren, dürren Tal, das an vielen Punkten Möglichkeiten für einen Überfall aus dem Hinterhalt bot. Doch einen Monat lang war es schwer, in diesem plötzlichen Wechsel des Anmarschweges einen sonderlichen Vorteil zu erblicken.

Ermutigt durch 6000 Mann Verstärkungen, die von Antipater aus dem Westen eingetroffen waren, marschierte Alexander frischweg von Herat an die Grenzen von Seistan, was den Satrapen der Region, desgleichen ein Mörder des Darius, so verschreckte, daß der Mann zu den allernächsten Indern im Pandschab floh; die jedoch nahmen ihn fest und ließen ihn zurückschaffen, damit er »für sein Verbrechen an Darius« hingerichtet würde. Alexander aber hatte mittlerweile die Fallstricke des Erbarmens erkannt und zog es vor, als gerechter Rächer des Darius aufzutreten.

Im frühen Herbst ist Seistan kein Ort, wo man Feinden eine zweite Chance gibt. Seine staubigen Ebenen werden um diese Jahreszeit stets vom Wind der Hundertzwanzig Tage aufgepeitscht, der durch die Felsklippen und Sanddünen des Nordwestens herunterpfeift und die Erde mit solcher Kraft zu grauen Wolken aufwirbelt, daß ein Mann zu kämpfen hat, um auf den Beinen zu bleiben – ganz davon zu schweigen, mit einer Sarissa zu marschieren. Büsche und belaubtes Gesträuch werden ihrer Blätter beraubt . . . damals sehr zum Mißvergnügen von Alexanders Pferden, die inmitten der giftigen Wolfsmilchgewächse um Herat bereits voreilig gegrast hatten. Was die 32 000 Soldaten anging, so hatten sie wenig zu beißen in einem Land, wo die Ernte früh in die Kornspeicher gebracht wird, um sie vor den schneidenden Stürmen zu bewahren. Daher wurden die Zelte abgeschnallt – für eine neuntägige Ruhepause in Farrah, Sitz und Palast des Satrapen am Nordrand des heutigen Seistan.

Hungrig und vom Wind arg gezaust, mochte man den Soldaten verzeihen, daß sie Parmenion um seine Geborgenheit im entlegenen Hamadan beneideten. Während der drei vergangenen Monate war der betagte General an den Nachschublinien verblieben; es mochte ein

Zeichen seiner bevorstehenden Versetzung in den Ruhestand sein, da er sich bereits im siebzigsten Lebensjahr befand. Seine Abwesenheit nährte diese Vermutung. Sein letzter bekanntgewordener Befehl hatte gelautet, im Juli in Gurgan zu Alexander zu stoßen, doch er war nie eingetroffen, und es war nachsichtig anzunehmen, der Befehl sei widerrufen worden, damit er seine Stellung halten könnte. Er war mit etwa 25 000 Mann zurückgelassen worden – den Thrakern, den altgedienten Söldnern, den Thessalern, den päonischen Reitern und 6000 Kampfgefährten zu Fuß, deren vier Bataillone Anweisung erhalten hatten, das Eintreffen des Schatzes in Hamadan zu überwachen. Kleitos war beauftragt worden, diese vier Bataillone nachzuziehen, sobald ihre Aufgabe abgeschlossen sei, doch sie hatten Alexander immer noch nicht erreicht, als er in Seistan eintraf. Selbst wenn sie bereits aus Hamadan aufgebrochen waren, verblieb Parmenion eine beträchtliche Streitmacht. Er befehligte nach wie vor fast zwanzigtausend Mann zu einer Zeit, da Alexander in seinem eigenen Lager wenig mehr als dreißigtausend stehen hatte. Zwischen König und General herrschte fast ein Gleichgewicht der Kräfte. In Farrah sollte der General zum letztenmal denkwürdig in den Vordergrund treten: »Von außenhin ungefährdet, wurde Alexander unvermittelt aus seinem engsten Kreise angefallen.« Es war eine höchst rätselhafte Angelegenheit. Jene, die die Wahrheit gekannt haben mochten, sagten darüber wenig; andere mutmaßten und spekulierten nach Herzenslust, gestützt auf Gerüchte und Hörensagen.

Laut Ptolemäos wurde Philotas, dem Sohn Parmenions, von einer Verschwörung mitgeteilt, und obwohl Philotas das Zelt des Königs zweimal täglich besuchte, unterließ er es, den Bericht an Alexander weiterzugeben. Eine zweite Quelle ergänzt die Einzelheiten, und da nichts Überzeugenderes vorliegt, muß man ihr Glauben schenken. Die Affäre, so wurde erzählt, habe begonnen, als ein Makedone namens Dimnos seinem jungen Geliebten erzählte, daß ein Komplott zur Ermordung des Königs im Gange sei. Er nannte ihm die Namen der Verschwörer, und er enthüllte ihm unter dem Gebot äußerster Verschwiegenheit, daß der Anschlag in drei Tagen erfolgen solle. Sein Geliebter aber war noch sehr jung und unbesonnen. Er erzählte das Geheimnis seinem Bruder Kebalinos, und wie alle jungen Männer, die

Geheimnisse verraten, trug er ihm etwas auf, was er selbst unterlassen hatte: die Verschwörung für sich zu behalten. Doch Kebalinos verlor die Nerven. Er war zutiefst betroffen. Er wollte auch nicht an einem Mord mitschuldig sein, und so ging er denn zu dem höchsten Offizier, den er kannte, und erzählte ihm alles, was seinem Bruder entschlüpft war. Dieser Offizier war Philotas, der Sohn des Parmenion.

Zweimal täglich pflegte Philotas in Alexanders Zelt zu gehen, doch zwei Tage lang hielt er Kebalinos hin, der ihn mit eifrigen Fragen bedrängte. Der König sei beschäftigt gewesen, sagte Philotas, und es habe sich keine Gelegenheit gefunden, die Angelegenheit in seiner Gegenwart zu erwähnen. Kebalinos wurde argwöhnisch. Die Zeit wurde knapp, und so wandte er sich an einen der königlichen Pagen, den er in der Rüstkammer auf Wache fand. Der Page stand mit dem König auf vertrautem Fuß und hatte jederzeit Zutritt. Augenblicklich begab er sich also zu dem königlichen Badegemach, wo er Alexander vorfand, der eben sein Bad nahm. Er meldete ihm das Komplott, und Alexander befahl, alle festzunehmen, die damit zu tun hatten.

Kebalinos erzählte seine Geschichte und rechtfertigte sich als treuergebener Denunziant. Dimnos, die Quelle der Hinweise, wurde herbeigerufen, doch er brachte sich um – wahrscheinlich noch ehe er vernommen werden konnte. Der König hatte seinen Hauptzeugen eingebüßt. Alles, was ihm blieb, war eine verstümmelte Namensliste, die von Dimnos an seinen Geliebten und von diesem an seinen Bruder weitergereicht worden war. Nur eine klare Tatsache war zutage getreten – Philotas hatte von einer Verschwörung erfahren, die Nachricht darüber aber während der zwei verstrichenen Tage verschwiegen. Das erforderte eine rasche Untersuchung.

An dieser Stelle gewinnt das Drama, wahrscheinlich ungerechtfertigt, in der Darstellung des römischen Geschichtsschreibers an Tempo, der die ursprünglichen Chroniken vierhundert Jahre nach dem Ereignis kunstvoll umarbeitete.

Fürs erste, so wird erzählt, empfing Alexander Philotas zu einem Gespräch unter vier Augen, und als Philotas um Verzeihung bat, reichte Alexander ihm seine rechte Hand zum Zeichen, daß solche Nachlässigkeit nicht bestraft werden solle. Philotas verließ das Zelt, und Alexander berief augenblicklich seine engsten Freunde zu sich, um sie nach ihrer Meinung zu befragen. Sie hatten keine sonderliche Vorliebe für Philotas, und der loyale Krateros beredete sie dazu, die Gelegenheit zu nützen und den König gegen Philotas aufzubringen. Dieser Antrieb war es, der sich als ausschlaggebend entpuppte.

An diesem Abend wurde Philotas zum Essen im königlichen Zelt erwartet. Er erschien pünktlich, wurde kommentarlos von Freunden empfangen, die ihn haßten, und nahm seinen Platz in der Nähe Alexanders ein. Mit keinem Wort wurde ihm zu erkennen gegeben, daß die Stimmung gewechselt hatte. Während ein Gang dem anderen folgte, plauderten die Gäste über ihre Befehle für den morgigen Tag. Das Heer sollte das Lager bei Tagesanbruch verlassen, und in Erwartung eines harten Marschtages löste die Gesellschaft sich zu angemessener Stunde auf. Philotas begab sich in seinem Zelt zur Ruhe, wurde aber um Mitternacht durch das Stampfen der königlichen Schildträger aus dem Schlaf geweckt. Sie waren gekommen, ihn in Ketten zu legen. Alle Wege aus dem Lager waren bereits abgeriegelt worden, um sein Entkommen zu verhindern.

Wenngleich dieses Bühnenbild wildbewegt ist, so liegt es doch näher, daß es für eine römische Lesergemeinde entworfen wurde, die derartige Verstellungskünste von ihren Kaisern sehr wohl gewohnt war. Alexander konnte sich erlauben, ohne Umschweife zu handeln, und Ptolemäos, der einzige Augenzeuge, sagt denn auch nicht mehr, als daß Philotas festgenommen und vor die versammelten Makedonen geschleppt wurde, wo Alexander ihn »lebhaft« beschuldigte. Philotas verteidigte sich, doch »die Spitzel traten vor und überführten ihn und seine Genossen in etlichen eindeutigen Anklagepunkten«, darunter zweifellos auch der Verschwörung, »und verurteilten ihn besonders der Tatsache wegen, daß Philotas seinerseits von einem Komplott erfahren hatte, wie er eingestand, sich aber jeder Erwähnung darüber entschlug«. Philotas und »jene, die seiner Verschwörung Vorschub geleistet hatten«, wurden von den Makedonen mit Speeren getötet. Andere sagten, wahrscheinlich zu Unrecht, daß Philotas nach seinem Gerichtsverfahren gefoltert wurde, bis er gestand, und erst dann getötet worden sei; man habe ihn gesteinigt. Sein Geständnis, falls es wirklich erfolgte, würde mehr für eine Folterung denn für seine Schuld sprechen. Ptolemäos, so scheint es, fügte seiner Darstellung keinen solchen »Beweis« der Mittäterschaft des Opfers hinzu, nicht einmal die Steinigung, die Philotas' Schuld vorausgesetzt hätte – die einzige Todesstrafe, die gemeinschaftlich vollstreckt wird und so eine größere Menschenmenge bedingt, erfordert auch den Glauben an das Verbrechen ihres Opfers.

Mit sieben Bösewichten nicht zufrieden, dehnte Alexander seine Nachforschungen aus. Unter seinen Offizieren befanden sich vier Brüder aus einer Familie im tymphiotischen Hochland, die wegen ihrer Freundschaft mit Philotas gefährlich waren. Einer von ihnen hatte lange Zeit als Kommandeur eines Bataillons der Phalanx einen hohen Rang bekleidet. Ein anderer hatte die Flucht ergriffen, als die Festnahme Philotas' bekanntgeworden war, und seine Flucht erregte solchen Verdacht, daß die drei anderen vor die Soldatenschaft gezerrt und einem Prozeß auf Leben und Tod unterzogen wurden. Doch sie verteidigten sich beherzt, und es gelang ihnen, ihre Unschuld zu beweisen; unverzüglich baten sie um Urlaub, um ihren anderen Bruder zurückzuholen – eine Bitte, die ihre Unschuld zu untermauern schien, und so behielten sie ihre Vertrauensstellungen ohne irgendeinen Makel bei. Amyntas starb zwei Monate darauf an einer Pfeilwunde. Attalos übernahm die Brigade seines toten Bruders und heiratete eines Tages eine Tochter des Perdikkas, was eine wohlüberlegte Verbindung war. Polemon schöpfte Gewinn aus der Ehe seines Bruders und tauchte nach Alexanders Tod als Admiral in Perdikkas' Flotte wieder auf. Sie sind das seltene Beispiel einer Familie, die eine Krise überdauerte und sich hinter einen aufsteigenden Stern stellte.

Wieder einmal steckte mehr hinter der Geschichte, als Ptolemäos durchblicken ließ. Drei Jahre waren verstrichen, seit Alexander von Lynkestis als möglicher Verräter in Gewahrsam genommen war, und in der Zwischenzeit war er als Gefangener, der zu gefährlich war, um in Freiheit zu bleiben, in der Nähe des Königs mitgeführt worden. Der Augenblick war gekommen, ihn in aller Öffentlichkeit zu beseitigen; vielleicht war er in das Komplott verwickelt gewesen, vielleicht war er nicht mehr als ein offensichtlich Verdächtiger. Doch Alexander verfügte, der Führer der Schildträger solle vor den Augen eines Heeres, das geneigt war, Verrat in jeder Ecke zu wittern, mit der Anklageerhebung beginnen. Alexander von Lynkestis vernahm die Vorwürfe, geriet ins Stammeln und hatte nichts darauf zu erwidern – vielleicht weil die Beschuldigungen über die Wahrheit hinausgingen, vielleicht weil er in die Verschwörung eines unscheinbaren Orientalen namens Sisines verstrickt war, an den er sich in keiner Weise erinnern zu können glaubte. Die Umstehenden speerten ihn zu Tode. Ptolemäos und Aristobulos war der Vorfall zu widerlich, um ihn in ihre Geschichtswerke aufzunehmen, und dies bezeugt wiederum, welche Gefühle er hätte schüren können.

Was folgte, war zu niederträchtig, um vertuscht werden zu können. In dieser Krise wandte Alexander seine Gedanken dem Gefährlichsten aller Verdächtigen zu. Philotas war Parmenions Sohn; Parmenion war viele Kilometer weit fort, in Hamadan, hatte die Gewalt über die Schatzkammern, die Verkehrsknotenpunkte des Reiches und über rund 20 000 Soldaten. Auch Kleitos und die 6000 Makedonen konnten gefährlich werden; sie waren noch nicht wieder zur Armee gestoßen und jetzt bestenfalls ein paar Kilometer auf der Straße von Hamadan unterwegs. Parmenion konnte sie zurückbeordern und das Kräfteverhältnis der beiden Heereshälften zu seinen Gunsten neigen, wenn es zu einem offenen Kampf kam. Der einmonatige Marsch zurück nach Hamadan jedoch mußte über eine Straße führen, die immer noch von Satibarzanes bedroht wurde.

Wie üblich wußte Alexander einen Weg und einen Mann für die Aufgabe. Er schickte nach Polydamas, einem Freund Parmenions, der schlotternd eintraf, weil er befürchtete, seine Freundschaft werde ihn nun das Leben kosten. Alexander nützte die Verängstigung des Mannes weidlich aus und teilte ihm nur so viel mit, wie zu wissen für ihn gut war. Als Polydamas vernahm, was von ihm gewünscht wurde, gehorchte er und dankte seinem Geschick, daß ihm aus der Vergangenheit kein Strick gedreht worden war. Er sollte Briefe zu Parmenion befördern, einen von Alexander und einen anderen, der mit Philotas' Siegel unterzeichnet war; Generälen, die Parmenion unterstellt waren, sollte er schriftliche Befehle übermitteln.

Die Reise war dringlich, die Hauptstraße weder der kürzeste Weg noch sicher; er sollte sich daher als Eingeborener kleiden und die dazwischenliegende Wüste Dascht-i-Lut auf direkter Route mit Eilkamelen durchqueren. Zwei Führer würden ihm den Weg weisen, während seine jüngeren Brüder als Geiseln festgehalten wurden.

Polydamas machte sich eilends an sein unschuldiges Geschäft. Die Kamele wurden bereitgemacht. Ihnen bereitete die Wüste keinen

Kummer. Am elften Tag erreichten sie Hamadan; sie hatten damit die Reise um drei Wochen verkürzt und jene bemerkenswerte Geschwindigkeit bei der Überwindung von Wüsten und Steppen gezeigt, die sie später zur Sturmspitze arabischer Heere machen sollte. Parmenions Generäle wurden wie befohlen aufgesucht und erhielten ihre schriftlichen Botschaften. Ihr Anführer, ein makedonischer Adeliger, sagte, am besten sei es, sich Parmenion am nächsten Morgen zu nähern. Die Generäle berieten, während der Bote sich zurückzog.

Bald nach Tagesanbruch war Parmenion bereit, seinen Besucher zu empfangen. Er machte, so wurde berichtet, einen Spaziergang in den Palastgärten Hamadans. Die Generäle schritten an seiner Seite. Das Erscheinen seines Freundes bereitete ihm Freude, und nachdem er ihn in die Arme geschlossen hatte, ging er daran, seine Post zu öffnen – zuerst das Schreiben Alexanders, das Mitteilungen über einen weiteren Feldzug enthielt, sodann den Brief, der versiegelt war, als stamme er von seinem Sohn Philotas. Er begann ihn eben »mit einem Ausdruck augenfälligen Vergnügens« zu lesen, als seine Generäle ihre Dolche zogen und wiederholt auf ihn einstachen. Erst jetzt erkannte Polydamas den Greuel seiner Mission. Er war nicht mit einer taktischen Anweisung ausgeschickt worden, sondern mit Befehlen zur Ermordung seines Freundes. Da er für Parmenion ein vertrauter Anblick war, hatte er keinen Verdacht erweckt.

Das Ereignis führte in Hamadan zu einem Tumult. Die Soldaten drohten mit Meuterei, wenn die Mörder sich nicht ergäben, und waren erst zu besänftigen, als ihnen Alexanders Briefe laut vorgelesen worden waren; so erfuhren sie, daß Parmenion und Philotas sich auf schändliche Weise gegen das Leben des Königs verschworen hätten. Das reichte hin, biedere Männer zufriedenzustellen; ruhig, innerhalb von fünf Wochen, sollten viele von ihnen zu Alexanders Haupttruppen in Seistan stoßen. Was aber gut genug für das Heer war, ist nicht gut genug für die Geschichte. Der Tod Philotas' und Parmenions bedeutete zwei höchst kritische Momente, deren Auswirkungen das gesamte Oberkommando berührten. Die beiden Todesfälle bedürfen einer genauen Untersuchung.

Es kann keinen Zweifel daran geben, daß tatsächlich ein Komplott gegen den König geschmiedet worden war. Dimnos, der erste, der es enthüllte, hatte sich umgebracht, als er herbeizitiert wurde. Ein solch prompter Selbstmord kann nur einem schuldigen Gewissen entsprungen sein; denn Dimnos wußte, daß ihm der Tod gewiß war, und er hatte nicht im Sinn, als erster aus der Schule zu plaudern. Was die Namen angeht, die er seinem Geliebten bereits offenbart hatte, so sind sie sämtlich anderweitig unbekannt, wenngleich es sich um Männer eines gewissen Ranges handelte. Sie geben keinen Hinweis auf ein Motiv. Ihre ehrgeizigen Ziele aber sind weniger bestreitbar.

Die Gruppe umfaßte sechs Mitglieder, und sie müssen die Zukunft besprochen haben, ehe sie handelten. Sie hatten sich vorgenommen, den außergewöhnlichsten König und Feldherrn der gesamten Geschichte des Altertums zu töten und sein Heer geteilt und führerlos in den Wüsten von Seistan sich selbst zu überlassen, während im Vorfeld ein Rebell Truppen gegen dieses Heer um sich scharte und das Hinterland alles andere denn friedlich war. Wäre ein Mann allein verantwortlich gewesen, der sich in persönlicher Hinsicht vernachlässigt fühlte, er hätte in unberechenbarer Weise zuschlagen können, um eine rasende Leidenschaft zu befriedigen. Eine Gruppe von sechs Männern indessen mußte Pläne für einen Nachfolger gehabt haben, besonders in Anbetracht von Alexanders innig ergebenen Leibwachen, von denen nicht zu erwarten war, sie würden nach einem Mord untätig herumsitzen. Hier kommt Philotas, Sohn des Parmenion, ins Spiel.

Philotas war trotz seiner Macht lange Zeit der Gegenstand von Klatsch und Argwohn gewesen. Er war mit dem König seit seiner Knabenzeit befreundet, doch die Vergangenheit läßt vermuten, daß die beiden einander nie sehr nahe standen. Als Alexanders junger Freundeskreis sieben Jahre zuvor von Philipp verbannt worden war, hatte Philotas am Rande der Gruppe gestanden, vielleicht als Spitzel gegen andere. Dann, während der Ränkespiele in Alexanders ersten Monaten, hätte er sich um ein Haar auf die falsche Seite geschlagen – er war ein Freund von Amyntas gewesen, dem einstigen König, den Philipp vom Thron gedrängt und den Alexander in den Tod geschickt hatte, und seine Schwester hatte er mit Attalos verheiratet, dem erbittertsten Feind Alexanders.

Im Gegensatz zu anderen jedoch hatte er seine Irrtümer hinter sich gelassen. Nach Monaten schon war er aufgefordert worden, den Befehl über die Kampfgefährten-Kavallerie zu übernehmen – eine außergewöhnliche Ehre für einen jungen Mann und ohne Zweifel auf den Einfluß seines Vaters zurückzuführen. Es war eine Aufgabe, die hohe Anforderungen stellte, und in all den großen Feldschlachten hatte er unter Alexanders eigenem Kommando gekämpft. Vermutlich gerieten sie auf Grund ihrer beiderseitigen Überschwenglichkeiten in Streit. Keiner neigte dazu, die eigenen Fähigkeiten zu schmälern, und bald war ihre Beziehung durch Spannungen getrübt worden.

Unter den Gefangenen, die nach Issos gemacht wurden, hatte Parmenion eine vornehme makedonische Dame namens Antigone entdeckt, die im Sommer vor der Schlacht, als sie ihre Heimat verlassen hatte, um sich der Geheimreligion auf der ägäischen Insel Samothrake anzuschließen, mit ihrem Schiff der persischen Flotte in die Hände gefallen war. Philotas hatte ein Auge auf sie geworfen und sie zu seiner Mätresse gemacht; des Abends im Bett pflegten sie einander zu necken und übertriebene Geschichten mit all der Albernheit vollkommener Intimität zu erzählen. Philotas trank wohl oft und brüstete sich seiner eigenen unvergleichlichen Tapferkeit: er und Parmenion, um ganz ehrlich zu sein, hätten die ganze Arbeit getan, während Alexander nur ein kleiner Junge sei, der in ihrer beider Namen regiere. Antigone fand ihn vorwitzig und amüsant, und sie erzählte derlei Dinge ihren Bekannten weiter. Die Bekannten erzählten sich's desgleichen von Mund zu Mund, bis endlich Krateros, des Königs treuergebener General, davon Wind bekam. Antigone wurde herbeigeholt und erhielt die Weisung, ihre Liebesaffäre fortzusetzen. Doch nun wurden alle diese Prahlereien und Unverschämtheiten an Alexander weitergereicht.

Ein Jahr später war es, in Ägypten, sagte Ptolemäos, als über Philotas zum erstenmal berichtet wurde, er schmiede ein Komplott, doch Alexander hatte dem Gerücht »wegen ihrer langen Freundschaft und wegen seiner hohen Wertschätzung Parmenions« keinen Glauben geschenkt. Wie man dies auffassen soll, ist schwer zu sagen. Möglicherweise wurde das Gerücht nachträglich erdichtet, um die Verschwörung späteren Datums wahrscheinlicher erscheinen zu lassen – möglicherweise; doch Philotas' jüngster Bruder war kürzlich im Nil ertrunken, ein Unfall, der seine Familie sehr verbittert und Philotas dazu bewegt haben mag, seinem Verdruß in den Ohren seiner Geliebten Ausdruck zu verleihen. Und dennoch hatten diese vagen Verdächtigungen seit Ägypten ihn nicht zu Fall gebracht. Er führte das große Wort und war reich. Über seine Jagdnetze wurde gemunkelt, sie erstreckten sich über mehr als zwanzig Kilometer, und selbst Parmenion hatte ihn ermahnt, »vom hohen Roß herabzusteigen«. Doch dieser Rat war schmerzlich, als die Macht der Familie abzubröckeln begann.

Als Seistan erreicht wurde, war Parmenion über siebzig und Philotas sein einziger Sohn, der am Leben geblieben war. Einen Monat zuvor war sein zweitgeborener Sohn, der die Schildträger befehligte, in der Wüste von Arien gestorben, und Alexander hatte zu sehr an Proviantmangel gelitten, um anzuhalten und ihm die letzten Ehren zu erweisen. Philotas war zurückgelassen worden, um die Bestattung seines Bruders vorzunehmen, und wie in Ägypten mag er mit Abscheu über einen schmerzlichen Verlust der Familie gegrübelt haben. Zwei andere engvertraute Gefährten waren kürzlich gestorben oder in die Provinzen abkommandiert worden, und Parmenion selbst war weit entfernt in Hamadan, wo er alsbald in den Ruhestand versetzt werden mochte.

Für kurze Zeit aber beherrschte er die Straßen, den Schatz und 20 000 Mann ausländische Truppen – genug, um gefährlich zu sein, selbst wenn vier selbständige Befehlshaber ihn umgaben. Auch die 6000 altgedienten Soldaten des Kleitos waren zu bedenken, die sich zum ersten und letzten Mal außerhalb Alexanders Reichweite befanden. Alexander hatte bestenfalls 32 000 Mann bei sich, doch bereits in zwei Monaten konnte die Hauptarmee wieder mit Kleitos und den anderen Truppen vereint und Parmenion gestorben sein. Es war eine letzte Gelegenheit. Wenn Alexander einmal beseitigt war, konnten Vater und Sohn sich zusammentun, um einen neuen König auf den Thron zu heben – keinen wahrscheinlicher als Alexander von Lynkestis, den Schwiegersohn des Vizekönigs Antipater, selbst von fürstlichem Geblüt. Nach seiner Rückkehr von der Bestattung seines Bruders hatte Philotas wohl Gelegenheit, zu planen und die sechs Komplizen einzuweihen, die ihn schließlich im Stich ließen.

Die Verschwörer mußten allerdings noch überredet werden, und dafür konnte Grundsätzliches ins Spiel gebracht werden. Nur sechs Wochen zuvor hatte Alexander zum erstenmal persische Kleidung getragen, nachdem er seine griechische Strafexpedition beendet und die griechischen Verbündeten entlassen hatte, die so oft unter Parmenion in die Schlacht gezogen waren. Die neue Kleidung und das neue höfische Leben waren Symbole neuer hochfliegender Pläne, die erst befriedigt sein würden, wenn ganz Asien überrannt war; mittlerweile würden die Perser nicht Strafe, sondern Achtung erfahren – vielleicht vor den angewiderten Augen desselben Philotas, der Alexander in Susa gedrängt hatte, sich den Tisch des persischen Königs als bloßen Fußschemel unter die Beine schieben zu lassen. Im Verlauf der Gerichtsverhandlung soll ein kleines Detail zur Sprache gekommen sein, zu ungewöhnlich vielleicht, als daß es nur einer phantasievollen Erzählung entsprungen sein könnte – Alexander warf Philotas vor, sich der griechischen Sprache zu bedienen und den makedonischen Dialekt der zuhörenden Soldatenschaft zu verschmähen. Alexander mag hier eine Anklage vorweggenommen haben, die anderenfalls gegen ihn selbst hätte vorgebracht werden können. Wenn irgendein Soldat fand, die persischen Sitten seines Königs übten Verrat an makedonischen Traditionen, so sollte er sich erst über den Fall des Philotas erhitzen, der sogar zu hochmütig war, den heimatlichen Dialekt zu sprechen.

Die Anklage des Königs mag mehr als eindringlich gewesen sein; denn sie spielte das Vorurteil der einfachen Männer aus. Ähnliche Vorurteile indessen mögen die Verschwörer bewegt haben. Sie hatten nichts übrig für die Tändelei mit dem Diadem, sondern wünschten sich eine makedonische Monarchie und eine Rückkehr nach Westasien, sobald die Kriegsbeute eingebracht war. Die Verschwörung folgte dem Wandel in Alexanders Mythos auf dem Fuße: »Alexander hatte recht«, schrieb Napoleon, als er auf St. Helena seine Tage beschloß, »Parmenion und dessen Sohn töten zu lassen; denn sie waren Dummköpfe, die es für falsch hielten, die Sitten und Gebräuche der Griechen aufzugeben.« Wenn zwei Ereignisse zeitlich so eng aneinanderliegen, ist es fürwahr reizvoll, sie als Ursache und Wirkung miteinander zu verflechten.

Dieser Hintergrund von Grundsätzen und Persönlichkeiten macht Philotas' Schuld sehr einleuchtend, reicht aber nicht aus, sie zu beweisen. Denn in Philotas' Fall, soweit bekannt ist, gab es wenige stichfeste Vorwürfe, die die Informanten hätten ins Treffen führen können. Sie können nicht gewußt haben, daß er in die Verschwörung verwickelt war; denn sie wählten ihn als den geeigneten Mann, der Alexander diesen Plan aufdecken sollte. Es gab weitere Komplizen, von denen sie zu diesem Zeitpunkt nichts ahnten, doch ihre Unwissenheit über Philotas kann ihre anderen Beweise nicht untermauert haben. Hätte Philotas tatsächlich ein Komplott geschmiedet, wären ihm die Annäherungen der Informanten als ungewöhnlicher Glücksfall willkommen gewesen. Er hätte dafür sorgen können, daß sie zum Schweigen gebracht wurden, oder aber zumindest schnell gehandelt, ehe sie sich an jemand anders wandten.

Er aber hatte nichts von alledem getan. Er hatte einfach ihr Gerücht für sich behalten, und wenngleich ihm diese Nachlässigkeit zur Last gelegt wurde, bringt sie nahe, daß er keinen Anteil an der Verschwörung hatte. Er nahm sie nicht ernst, weil sie ihm gleichgültig war. Dies vielleicht war erst recht ein Verbrechen, besonders in den Augen von Alexanders Freunden, die ihn ohnedies haßten. In Seistan lag der stärkste Einfluß bei den Leibwachen und den landadeligen Anführern der Phalanx, unter denen wiederum Krateros eine herausragende Stellung innehatte. Philotas hingegen war ein Kavallerist, dessen Züge ein Jahr zuvor unterteilt und keineswegs an Adelige vergeben worden waren, deren Auszeichnung in ihrer Geburt bestand, sondern an Günstlinge, die ihrer Verdienste wegen dazu bestimmt wurden. Er war also verletzbar und unbeliebt. Seine Feinde, Krateros an der Spitze, mögen die Gelegenheit dazu genutzt haben, ihn zu Fall zu bringen.

Doch auch so ist die Angelegenheit mehr Rätsel als Skandal. Ein Brief soll zur Sprache gekommen sein, von Parmenion mindestens einen Monat zuvor an seine beiden Söhne geschrieben: »Als erstes achtet auf Euch selbst, denn auf diese Weise werden wir unsere Pläne zum Erfolg führen.« Selbst wenn das Schreiben echt gewesen sein sollte, war es höchst doppeldeutig. Es half wenig, daß Philotas, der darin seinen letzten Ausweg erblickte, die Anschlagpläne einem gewissen Hegelochos in die Schuhe schob, da Hegelochos vor kurzer Zeit gestorben war. Keiner glaubte an die Unschuld des Philotas, und es ist absurd, ihn als Märtyrer der Unbarmherzigkeit Alexanders mit einem Heiligenschein zu versehen – einfach weil die Chroniken so wenig erklären. Weder Zeitwahl noch Art seines Todes lassen vermuten, es habe sich dabei um eine grausame Säuberung gehandelt. Wäre es Alexanders Wunsch gewesen, einen Unschuldigen zu töten, hätte er ihn vergiften, ihn in der Schlacht tödlichen Gefahren aussetzen oder ihn auf dem nächsten Gebirgsmarsch stillschweigend verlieren können. Er hatte es nicht nötig, ihm in einem öffentlichen Verfahren umständlich den Prozeß zu machen, in dessen Verlauf andere es fertigbrachten, sich von Vorwürfen reinzuwaschen.

Überdies war der Zeitpunkt für einen klug eingefädelten Mord alles andere denn geeignet. Ein skrupelloser Ränkeschmied hätte zuerst Parmenion seiner Verfügungsgewalt über Truppen, Schatz und Straßen enthoben, auf Kleitos mit seinen 6000 Veteranen gewartet und sodann im verborgenen zugeschlagen. Der Mann, der in Seistan einen unzeitgemäßen Prozeß führte, muß mit Sicherheit geglaubt haben, daß das Recht und ein Grund zur Klage plötzlich auf seiner Seite waren. Die Zahlen waren es zweifellos nicht.

Gleichgültig, ob sie nun recht und billig war oder nicht, die Verurteilung des Philotas machte Parmenions Ermordung unvermeidlich. Sie war ein schweres Risiko, das aber in Kauf genommen werden mußte; denn Parmenion war die mächtigste Gestalt in der gesamten Armee. Er beherrschte die Kunst des gerichtlichen Mordes seinerseits ausgezeichnet, und es war ausgeschlossen, ihn am Leben zu lassen, so daß er seine Hilfsmittel und seine Anhänger zu einer Rebellion benutzen konnte, die von Hamadan ausging. Ein Kampf gegen Kleitos' Veteranen und 20 000 Mann anderer Truppen konnte kein Honiglecken sein – besonders wenn sie über das Geld und größere Proviantreserven verfügten. Parmenion, der mächtige Vater eines verurteilten Sohnes, war eine Bedrohung, die seit Alexanders Thronbesteigung ihresgleichen nicht gehabt hatte, und es überrascht nicht im mindesten, daß Alexander aus Gründen der Selbstverteidigung seine Ermordung in die Wege leitete.

Es ist sinnlos, sich darüber zu beklagen, daß er die Bestrebungen seines Generals verkannt haben mochte. Unter den Makedonen pflegte ein König, der um sicherzugehen, abwartete, sich selbst als erste Leiche vorzufinden. Es gab kein Gesetz, das die Monarchie beschützte oder eingrenzte. Eine starke Persönlichkeit konnte die alten Bräuche mißachten, und die Selbsterhaltung des Königs ging genau so weit, wie sein Volk es zuließ. Es wurde vielleicht zu Recht gesagt, daß die Soldatenschaft in Seistan den Mord an Parmenion gebilligt habe, noch ehe er angeordnet worden war; gewiß scherten die meisten sich nur wenig darum, als sie davon erfuhren, und selbst die Truppen in Hamadan konnten besänftigt werden. Alexander hatte Freunde dort, darunter auch den Schatzmeister Harpalos, und sie hatten ihm über die Runden geholfen. Dies war der Zeitpunkt, von dem an – zweifellos auf königlichen Wunsch – das Andenken Parmenions in den Hofchroniken geschwärzt werden sollte. Der Sieg am Granikos und der Brand von Persepolis wurden wahrscheinlich nochmals niedergeschrieben, um ein schlechtes Licht auf einen ermordeten General zu werfen.

Unter den Offizieren herrschte Bestürzung. Die Adeligen in der Reiterei gerieten in Panik und begannen in die Wüste zu fliehen. Im Licht der Ereignisse fürchteten sie die Freundschaften ihrer Vergangenheit. Alexander war gezwungen zu verkünden, Verwandte der Verschwörer würden jetzt nicht bestraft werden, wenngleich sein rasches Zuschlagen im Fall von Philotas' Vater haargenau das Gegenteil durchblicken ließ. In einem Notstand zerbricht nichts schneller als eine Clique von Familie und Freunden. Philotas beispielsweise war von seinem eigenen Schwager höchst erbittert bezichtigt worden, während der Bruder desselben wetterwendischen Zeitgenossen in Hamadan an Parmenions Ermordung teilnahm. Solche Männer hatten nun Angst vor ihren früheren Verbindungen, und sie verrieten diese mit aller Entschlossenheit. Andere, die sich aus dem Lager entfernt hatten, konnten so dreist nicht sein. Asander, möglicherweise der Bruder oder ein Neffe Parmenions, war im Westen unterwegs, um Verstärkungen auszuheben; es ist aber nicht bekannt, daß er nochmals eine Aufgabe erhielt, als er anderthalb Jahre darauf wieder im Lager eintraf. Möglicherweise starb er an einer Krankheit oder einer Verwundung, doch mit größerer Wahrscheinlichkeit wurde ihm Parmenions Name zur Last gelegt.

Zumal das Komplott nur halb aufgedeckt worden war, konnte Alexander sich nicht erlauben, allzu großmütig zu sein. Einige Monate lang waren die Briefe, welche die Soldaten nach Hause schrieben, geöffnet und im geheimen zensiert worden. Jetzt wurden die wenigen bekannten Sympathisanten Parmenions zusammen mit jenen, die sich in ihren Briefen über den Militärdienst beschwert hatten, in einer Einheit abgesondert, die den Namen ›Die Unbotmäßigen‹ erhielt. Ihre Bestrafung sollte streng sein, doch »keine Gruppe war je eifriger auf den Krieg bedacht: sie waren um so tapferer, weil man sie in Ungnade gestürzt hatte, denn sie wollten sich wieder zu Ehren erheben; und weil Mut in einer kleinen Einheit deutlicher zutage trat«. Alle, die sich krankstellten, konnten immer noch im nächsten Alexandria zurückgelassen werden.

Es blieb die Reiterei der Kampfgefährten. Sie war von Philotas angeführt worden, »doch aus Gründen der Sicherheit neigte man nun nicht mehr dazu, sie einem einzigen Mann anzuvertrauen«. Als Offizier, der über jeden Verdacht erhaben und von dem bekannt war, daß er mit Alexanders persischen Gebräuchen sympathisierte, übernahm Hephaistion das halbe Kommando. Die andere Hälfte wurde offengelassen, bis die fehlenden 6000 Makedonen aus Hamadan einlangten. Ihre Loyalität – oder ihre Ahnungslosigkeit – hatte dazu beigetragen, Parmenions Los zu besiegeln. Viele von ihnen waren Veteranen, die noch unter Philipp gedient hatten, und als sie eintrafen, fanden sie einen ganz anderen Hof vor als jenen, den sie in Hamadan verlassen hatten; ihr König hatte nunmehr seine Eunuchen, seine Türsteher und sein Diadem. Ihre Treue mußte belohnt, ihre möglichen Zweifel beruhigt werden. Sie waren von Kleitos ins Lager geleitet worden, selbst ein altgedienter Krieger und der erfahrenste Reiterführer. Kleitos wurde zum zweiten Hipparchen neben Hephaistion ernannt, der noch nie Reiterei befehligt hatte. Seine Beförderung mußte ein brüchiges Oberkommando festigen, doch sie war keine Belohnung, die auf Alexanders freier Wahl beruhte.

Das letzte und einzige unfehlbare Wort erging an Alexander selbst. Ehe er Farrah verließ, beschloß er, die Stadt in Prophthasia umzutaufen; dieser Name ist nur so lange ein Rätsel, wie er unübersetzt bleibt. Denn *prophthasia* ist das griechische Wort für Vorgefühl, Vorwegnahme. Hier also findet sich, wie Alexander sich selbst verstand – nicht als Richter mit unzweifelhaften Beweisen, sondern als König, der einen Schlag gegen andere geführt hatte, ehe sie ihn treffen konnten. Nie wird man mit Sicherheit wissen, ob das Komplott zu Recht oder zu Unrecht Philotas angelastet wurde – ebensowenig wie Alexander wartete, bis er es mit Sicherheit wußte. Doch zum erstenmal in der Geschichte war eine Verschwörung offenkundig geworden; der Mann, der sie überlebte, hatte schnell gehandelt. Und während in Seistan der Wind der Hundertzwanzig Tage abzuflauen begann, war es für ihn an der Zeit, sich zu überlegen, wie er seine Voraussicht am besten in andere Richtungen lenken konnte.

21 ÜBER DEN HINDUKUSCH

Schon wenige Tage nach seinem Vorgefühl brach Alexander zu einem unvergleichlich wagemutigen Marsch auf. Es galt nicht, versteckte Meuterer zu demütigen, sondern Bessos gefangenzunehmen und seine baktrische Provinz zu unterwerfen, und dafür gab er die iranischen Provinzen hinter sich auf, obwohl Satibarzanes noch auf freiem Fuße war, und bereitete sich auf solche Kälte und solchen Hunger vor, mit denen er es nie hätte aufnehmen können, wäre er sich der Vertrauenswürdigkeit von Soldaten und Offizieren nicht sicher gewesen. Die allgemeine Kampfmoral und sein persönliches Vorbild allein würden die Truppe durchbringen. Weder Heer noch Anführer enttäuschten.

Ende September 330 v. Chr. verließ er Farrah und folgte der herkömmlichen Wüstenstraße in den Osten, nach Kandahar und zu den entlegenen Gipfeln des Hindukusch-Gebirges. Die 6000 Mann von Kleitos waren innerhalb eines Monats zu ihm gestoßen, und so führte er mehr als 40 000 Mann in ein Land, wo Proviant und Nachschub nicht mit Fuhrwerken transportiert werden konnten, wo Packtiere einen trügerischen Boden vorfinden würden und wo der herannahende Winter ihn daran hindern würde, vom Land zu leben. Während der vergangenen beiden Monate hatte seine Armee unter Proviantmangel gelitten, und so war es keine Überraschung, als Alexander einen Stamm an der Grenze von Seistan umwarb, wobei er »persönlich feststellte, daß sie sich nicht wie andere Barbaren des Gebietes regierten, sondern für sich in Anspruch nahmen, die Gerechtigkeit anzuwenden wie die Griechen«. Diese ehrlichen Menschen waren die Arimaspoi oder die Wohltäter, die Cyrus und seine persische Armee zweihundert Jahre zuvor vor dem Hungertod errettet hatten. Der Herkunft nach waren sie nomadische Skythen, die möglicherweise die frühe Stadtkultur von Seistan vernichtet hatten. Bei ihrem zweiten Auftauchen in der Geschichte indessen bewegten sowohl Proviant als auch politische Theorie den selbsternannten Erben des Cyrus, ihnen Geld und Land nach Wunsch zu geben. Regieren sollte sie Darius' ehemaliger Sekretär.

In der weiteren Umgebung Kandahars, am Unterlauf des Flusses Helmand, wird die Wüstenlandschaft vergleichsweise fruchtbar. Die

Provinz namens Arachosien war den Persern als Land bekannt, in dem es an Wasser nicht fehlte, und Alexanders Stab übertrug diesen Namen ins Griechische. Aber die Landschaft beherrscht auch den schmalen Korridor zwischen den Berggipfeln, die sich in nordöstlicher Richtung ins Innere Afghanistans erstrecken. In der persischen Geschichte war die Bedeutung des örtlichen Satrapen seit langem zutage getreten, und zum ersten Mal seit Gaugamela nahm Alexander eine Provinz völlig aus orientalischen Händen; an ihre Spitze setzte er einen erfahrenen Makedonen, der sie möglicherweise allein verwaltete. Vielleicht trug diese Neuerung auch einigen der Ressentiments Rechnung, die zu der jüngsten Verschwörung geführt hatten. Streitkräfte wurden zurückgelassen, um die Verbindungswege offenzuhalten, und der Satrap erhielt den Befehl, sich im heutigen Kandahar niederzulassen, das um 4000 Mann größer wurde und den Namen Alexandria erhielt.

Spät im November verließ Alexander die Wärme dieses tiefliegenden Landes und schlug die schwierigere Route durch das Hochland ein. Er würde die Berge des Hindukusch überqueren und die Umgebung von Balkh nach Bessos durchsuchen. Der Marsch hatte taktische Gründe, war deshalb aber nicht weniger bemerkenswert.

Der Hindukusch verläuft zwischen Indien und dem Iran von Norden nach Süden wie das Rückgrat eines Drachen. Die Araber erklärten den heutigen Namen des Gebirges, der Hindu-Töter bedeutet, aus der hohen Sterberate der indischen Sklavinnen, welche von mittelalterlichen Unternehmern in Herden über seine Pässe nach dem Iran getrieben wurden. Heute wird der Ehrenplatz unter den Bergsteigern des Altertums Hannibal für seine Überquerung der Alpen eingeräumt. Doch Alexanders Heer war größer als das des Karthagers, und sein Weg war nicht minder spektakulär. Anders als Hannibal war er vernünftig genug, Elefanten von einem Abenteuer auszuschließen, für das sie ungeeignet waren; waren solche Tiere in seiner Armee vorhanden, so konnten sie in den Elefantenparks im Westen Kandahars losgelassen werden, die den Persern bekannt waren und noch etwa 1500 Jahre später von den Ghasnaviden-Königen gepflegt wurden, wo sie sich in warmen Schlammtümpeln suhlen und sich den Winter über in jener Behaglichkeit wohlfühlen konnten, die sie brauchten.

Die Soldaten und ihre Packtiere hatten es weniger gut. Es traf die unerfreuliche Nachricht ein, daß Satibarzanes in der Tat zu den Stämmen in Herat zurückgekehrt war und unter den Iranern von Parthien und Arien einen neuen Aufstand anzufachen begonnen hatte. Alexander muß es bereut haben, diesem Mann anfänglich vertraut zu haben; denn nun bedrohte ihn dieser wertvolle Bundesgenosse des Bessos im Rücken, nachdem er den Rebellen von seinem Stützpunkt in Balkh aus bereits Hilfe und Reiter hatte zukommen lassen. Da es Alexander an Truppen mangelte, konnte er zum Schutz der Garnison in Herat lediglich 6000 Mann abkommandieren. Das übrige Heer von höchstens 32 000 Mann erhielt den Befehl, seinen langen, beschwerlichen Weg durch das Helmand-Tal hinauf fortzusetzen, von Winter, Hungersnot und Aufständen bedroht. Die Anzahl seiner Soldaten war wohl noch nie so gering gewesen. Es ist unwahrscheinlich, daß Alexanders Streitmacht die Richtung der heutigen Straße von Kandahar nach Kabul eingeschlagen hat, jene 510 Kilometer lange Strecke, die den Engländern in den achtziger Jahren des 19. Jahrhunderts durch den Entsatzmarsch des Generals Roberts vertraut werden sollte. Einheimische Führer und die alte persische Straße hielten Alexander weiter östlich in schwierigem und gebirgigem Gelände und müssen ihn über die alte Straße durch Gardez hinaufgeführt haben, das später eine griechische Stadt wurde; und so muß er für kurze Zeit auf die Bergschultern gelangt sein, deren Osthänge sich in die Täler des Pandschab hinabsenken.

Hier traf er auf einen Stamm, den die Perser »Inder« nannten – eine vage Bezeichnung für ein entlegenes Volk der Ebenen Westpakistans –, doch da der Proviant bereits äußerst knapp war, durfte Alexander auf solche ersten Vorboten einer neuen Welt keine Zeit verschwenden. Der Winterhimmel hing grau über tiefem Schnee, und je höher die Soldaten stiegen, desto mehr setzte ihnen die dünne Luft zu. Nachzügler verirrten sich bald in dem trüben Licht und waren Erfrierungen und einem sicheren Tod ausgesetzt; andere gerieten in Schneewehen, die in dem monotonen Weiß der Bergriegel nicht auszumachen waren. Wo immer möglich, suchte das Heer Schutz und Unterstand, doch es bedurfte wahrhaft scharfer Augen, um die Lehmziegelhütten der Bevölkerung zu erkennen, deren Dächer – nicht anders als heute – über dem immer tieferen Schnee kleine Kuppeln bildeten. Erst einmal aufgefunden, waren die Einheimischen freundlich und entgegenkommend; sie brachten soviel Proviant heran, wie sie entbehren konnten. »Nahrung«, schrieben die Offiziere, »fand sich in Fülle, bis auf«, wie sie heimwehkrank ergänzten, »Olivenöl.« Doch in den Schluchten, die nach Begram und Kabul führen, gibt es keine Möglichkeit, 32 000 Mann sicher und warm vor dem Winter zu bergen. Nur durch unablässiges Sichfortbewegen konnte das Heer hoffen, bessere Verhältnisse vorzufinden, während Alexander tat, was er konnte, um die Moral aufrechtzuerhalten: Er half jenen weiter, die ins Taumeln gerieten, und er richtete jeden auf, der stürzte. Selbstverleugnung war seit langer Zeit ein Grundprinzip seiner Führung.

Doch der Marsch war kein willkürlicher Kampf gegen die Natur. Mit seinem winterlichen Vormarsch hatte Alexander die Bergstämme überrascht – und wie britische Truppen entdecken sollten, waren Schnee und Eis den Überfällen aus dem Hinterhalt durch Eingeborene vorzuziehen, die sich in den umliegenden Bergen auskannten und sie für sich behalten wollten. So bestand ferner auch die Chance, einen nichtsahnenden Bessos zu überrumpeln. Er mochte sich jenseits des Hindukusch in Sicherheit wähnen und damit rechnen, in Ruhe gelassen oder wenigstens nicht vor dem Spätsommer überfallen zu werden; in der Zwischenzeit konnte er nach der Schneeschmelze in westlicher Richtung – über die Pässe, die er geschlossen hatte – nach Herat reiten, um Satibarzanes in der Revolte beizustehen, die nun hinter Alexanders Linien eine Bedrohung darstellte. Falls Alexander dann nach Baktrien hinunterziehen sollte, konnten seine Verbindungswege nach dem Westen abgeschnitten werden, so daß er in den heißen Satrapien der Nomaden an den Ufern des Oxus isoliert bliebe. Bessos – das war dumm, aber verständlich – hatte in dieser frühen Jahreszeit keinen Versuch unternommen, die nördlichen Pässe des Hindukusch abzuriegeln. Er glaubte nicht, sein Feind werde sich hinüberwagen, doch bei Alexander durfte nichts getrost für unglaublich gelten: Seine Vorahnung war nicht auf Mitglieder der Familie Parmenions beschränkt, und deshalb nahm er sobald wie möglich den Kampf mit der Gebirgsbarriere auf.

Im Osten des heutigen Kabul kehrte das Heer in die Täler zurück, die sich entlang der heutigen Hauptstraße nach Indien ziehen, und erholte sich in ebenerem Gelände. Ringsum erhoben sich immer noch

Berge, doch da der beschwerlichste Teil der Reise vor ihnen lag, gestattete Alexander ihnen ein dreimonatiges Winterlager in der persischen Satrapenhauptstadt Kapisa. Und wieder sah Alexander sich veranlaßt, ein persisches Bollwerk neu zu beleben. Er machte eine griechische Stadt daraus und bevölkerte sie mit 7000 Einheimischen, mit altgedienten Soldaten und Söldnertruppen, die er in seiner rasch dahinschwindenden Armee noch entbehren konnte. Das Ergebnis, als Alexandria-im-Kaukasus bekannt, wurde nie gefunden, wenngleich kurze französische Ausgrabungen bei Bordsch-i-Abdullah im Süden des heutigen Begram Spuren griechischer Türme und der Mauer jener Stadt freigelegt haben, welche hundertfünfzig Jahre später die Nachfolge Alexandrias antrat.

An den sanften Abhängen dieser Vorgebirge gelegen, die das fruchtbarste Becken der Gegend bilden, war die Stadt zweifellos dazu ausersehen, die uralten Routen über den Hindukusch zu schützen; denn in den Tälern von Begram und Kabul laufen nicht weniger als drei Hauptstraßen zusammen, während die Zitadelle den Zusammenfluß zweier großer Flüsse beherrschte, eine Lage, welche die Perser als Standort solcher Bollwerke stets bevorzugten. Während der zweihundert Jahre, die seit Cyrus verstrichen waren, hatten die Perser an demselben strategischen Punkt eine Garnison aufrechterhalten, und wie so oft im fernen Osten hatte Alexander den Fingerzeig für ein neues Alexandria von seinen persischen Vorgängern erhalten.

Die Lage der Gründung war also nicht neu; ihr Lebensstil aber war ein völlig anderer. Nie hatte es in einer persischen Vorposten-Siedlung ein Theater gegeben, doch hundertfünfzig Jahre nach Alexander gab es in Alexandria-am-Kaukasus immer noch gemeißelte Reliefs, die griechische Komödienschauspieler darstellten – für die Bühne kostümiert, die innerhalb der Stadtmauern zu blühendem Leben erwacht war. Selbst an einem Straßenstützpunkt der Karawanen, in einem afghanischen Tal, wurde das Banner der griechischen Kultur trotzig gehißt.

Erst im Mai, mit siebenmonatiger Verzögerung, mochte Alexander – das östlichste Opfer, das den Olympiern je geboten ward – »den üblichen Göttern geopfert« haben; sodann ermunterte er sein Heer für den Höhepunkt des Marsches. Wie lange nach ihm Timur Lenk, sollte er den Nordpfeiler des Hindukusch auf dem Weg über den Khaiwak-

Paß erklimmen, der sich zur Höhe 3350 aufschwingt, ehe er sich in die Ebenen Baktriens und weiter ins äußere Asien herabsenkt. Dem südlichen und näheren Berghang, der sich jenseits Begram in den Himmel reckt, näherte man sich erst nach dem Einsetzen der Schneeschmelze. Der Hunger, nicht die Kälte, war die große Sorge. Der Marsch auf den Gipfel dauerte eine Woche, und während seiner gesamten Dauer war Proviant hoffnungslos knapp, von Terpentinpistazien und Teufelsdreck abgesehen – wohlschmeckenden, doch gehaltlosen Pflanzen.

Wenngleich die Chroniken über dieses Erlebnis flüchtig hinweggehen, kann der Hintergrund der Landschaft immer noch zu neuem Leben erweckt werden. Sonnenaufgang und Sonnenuntergang in diesen afghanischen Bergen sind von einer Intensität, die selbst die Bergbauern Obermakedoniens nicht ohne innere Bewegung beobachtet haben können. Das Licht wirft blaue und violette Farbtupfen auf den schmelzenden Schnee, streicht über die blaßroten Bergfelsen und über die grauen Büschel der stacheligen Grasnelken, einer Pflanze, die so spitz und wehrhaft wie ein Igel ist, die Hänge wie ein Teppich bedeckt und dem unachtsamen Reisenden höchst ungemütlich wird. »Ein dünner Purpurschleier«, hat ein deutscher Forscher geschrieben, der wie Alexander in der frühen Jahreszeit den Hindukusch durchstreifte, »sehr gedämpft und verschwommen wie ein leichter Wind, zog sich alltäglich über den östlichen Himmel. Als ich meinen Blick wandte, flammten die Wolken blutigrot auf. Die schneebedeckten Gipfel erglühten, während eine tiefe und unerklärliche Sehnsucht mich durch und durch erfüllte.«

Denselben Anflug von Sehnsucht erkannte, vielleicht zu Recht, der römische Geschichtsschreiber in Alexander, der ihm am gerechtesten wurde. Es war ein Gefühl, das ihn auf die Suche nach Mythen und geheimnisvollen Orten trieb und einem König angemessen war, der die homerische Vergangenheit nachlebte. Im Hindukusch vereinten sich Mythos und Landschaft, als wollten sie diese Vergangenheit ins Spiel bringen.

»Inmitten der Berge gab es einen Felsen von etwa 800 Meter Höhe, wo sie von Einheimischen zum Grabe des Prometheus geführt wurden; auch das Nest des mythischen Adlers und die Spuren seiner Ketten wurden dort vorgefunden.« In der griechischen Legende wurde der Held Prometheus für seine erfindungsreiche Intelligenz bestraft und von Zeus auf einem Felsen im Osten gefangengehalten, wo ein Adler seine Leber zerfraß; hier im Hindukusch schien der Ort seiner Bestrafung endlich entdeckt worden zu sein. Doch dieser größte aller Mythen war stets weit im Nordwesten, im Kaukasus, angesiedelt gewesen, und um Mythos und Geographie auf einen Nenner zu bringen, vertrat Alexanders Stab die Ansicht, daß der Hindukusch sich als östliche Fortsetzung an den Kaukasus anschloß.

Gelehrte antiker wie neuerer Zeiten haben diesen Irrtum sehr unfreundlich behandelt; sie taten ihn als Schmeichelei ab, die Alexander vorsätzlich mit dem fernen Kaukasus-Gebirge, das er nie erreichte, in Verbindung brachte. Doch das heißt einen sehr menschlichen Irrtum mißverstehen. Der griechische Name für den Hindukusch, nämlich Paropamisos, stammte aus dem persischen Wort *uparisena* – der »Gipfel, den der Adler nicht überfliegen kann«. Mit dem Adler war man in jenen Landstrichen vertraut, und wie Prometheus war er ein Symbol mit einer eigenen Geschichte. In den iranischen Mythen dieser Region hatte der Adler Sena den Helden Dastan, den Sohn des Sam, vor grausamer Gefangenschaft bewahrt, und Alexanders Gefährten wurde die Geschichte offenbar von den Einheimischen erzählt, und sie wiederum setzten die Einzelheiten augenblicklich mit ihrem angestammten Prometheus-Mythos gleich: Wenn in diesem Gebirge der mythische Adler hauste, so mußte es der Kaukasus sein, wie immer die Geographie beschaffen sein mochte; denn alle Welt wußte, daß dessen Felsen Prometheus und seinen Adler beherbergten. Die Spuren der Ketten konnten in den schroffen Zacken einer Bergwand im Hindukusch leicht entdeckt werden: Für Alexanders Offiziere stimmte die Geographie nur dann genau, wenn sie den Mythen entsprach, und obschon der Hindukusch größer und eindrucksvoller als griechische Gebirge und von einem so wettergegerbten Braun wie das Brot seiner Bewohner ist, so erinnert die Landschaft doch merklich an Griechenland.

Während die Vorgebirge des Südhangs Mythen spendeten, so war der Gipfel des sogenannten Kaukasus von noch höherem Anreiz. Aristoteles, der von China und Ostasien nichts wußte, hatte geglaubt, von den Gipfeln des Hindukusch aus könne das östliche Ende der Welt erblickt werden, und sofern sein Unterricht je Geographie umfaßte, mochte sein ehemaliger Schüler sich daran erinnern, zumal diese Annahme auch unter weniger gebildeten Griechen weit verbreitet gewesen sein mag. Und für einen Mann von 26 Jahren konnte es kein gewichtigeres Ziel geben. Nur ein kurzer Marsch gen Osten, und er konnte das Ende der Welt erblicken und beobachten, wie die Grenzländer Indiens in den strudelnden Ozean übergingen. Für einen Forscher braucht solcher Ehrgeiz keine weitere Begründung; einem Achilles aber war jeder Kampf zur Erfüllung dieses Ehrgeizes ein um so größerer Ruhm. Auf dem Scheitelpunkt des Kaiwak-Passes mochte die Geographie des Aristoteles bereits jedem im Heer verdächtig scheinen, der sich ihrer erinnerte. Im Osten erhob sich Bergkette um Bergkette, doch für den Augenblick zählte Bessos mehr als die Frage, wo das Ende der Welt sei, und auf der Suche nach ihm wurde die Armee nordwärts gelockt, den jenseitigen Berghang des Hindukusch hinab.

Der Abstieg währte höchstens zehn Tage. Sie waren unerträglich. Der Schnee, nach Norden aufgeweht, lag immer noch tief und verbarg den Verlauf des Passes. Nur eine Parallele kann zeigen, was das bedeuten konnte. Im April des Jahres 1398 überquerte Timur Lenk denselben Hang des Kaiwak, wobei er sich selbst und seine Mongolen dazu zwang, auf Händen und Knien über die Gletscher zu kriechen, ihre Packtiere auf Holzschlitten nachzuziehen und über die klaffenden Gebirgsschluchten auf Seilbrücken zu schaukeln, die um vorspringende Felsen geschlungen wurden – er verlor bei der einen Überquerung mehr Männer als im gesamten Jahr des Feldzugs. Alexanders Pferde mochten mit ledernen Schneestiefeln ausgerüstet worden sein, die griechische Generäle gegen tiefe oder schlüpfrige Schneewächten als nützlich empfanden; trotzdem litten sie über alle Maßen, da ihre Bedürfnisse hinter jenen ihrer Reiter zurückstanden. Die einheimische Bevölkerung hatte ihre Vorräte in unterirdischen Höhlen gelagert, die schwer zu finden und noch schwerer aufzubrechen waren, und so machte sich im Heer eine Hungersnot breit, da auch die wenigen verfügbaren Krüge Wein und Honig zu irrsinnig hohen Preisen verkauft wurden. Auf den unteren Hängen, wo Kräuter und die berühmten braunen Forellen der Flüsse die Nahrung der Soldaten etwas aufbesserten, fanden die Tiere kein Futter, so daß alsbald Befehl gegeben wurde, sie zu schlachten und ihr Fleisch zu essen. Die struppigen

Grasnelkenbüsche, die den Einheimischen als Feuerholz dienten, waren immer noch unter dem Schnee begraben; jeder andere Brennstoff fehlte, und so wurden Pferd und Packesel mit dem Saft des Pfrimenkrautes gewürzt und roh verzehrt.

Was die Soldaten rettete, war Bessos' Unfähigkeit. Denn Alexander fehlten Truppen und Pferde, und beim erschöpften Abstieg vom Hindukusch hätte ein forscher Reiterangriff ihn völlig aus dem Konzept bringen können, zumal Bessos in den Ebenen die Felder abzubrennen begonnen hatte. Anstatt die Verwüstung auszunützen, bekam Bessos Angst – wahrscheinlich auf Grund schlechter Nachrichten von Satibarzanas und aus dem Westen – und galoppierte etwa 320 km in nördlicher Richtung und über den Oxus hinweg. Nur einmal hielt er an – um am anderen Ufer des Flusses seine Boote zu verbrennen. Klägliche Feldherrnschaft war es, die er bot, und davon angeekelt desertierten seine 8000 Mann baktrischer Reiterei. Es blieb ihnen kaum eine andere Möglichkeit, als sich der raschen Unterwerfung ihrer reichen Heimatprovinz anzuschließen. Anfang Juni stieg Alexander aus den Vorgebirgen zu Tal und bahnte sich seinen Weg unangefochten durch Kunduz zur Hauptstadt Balkh, der Mutter der Städte, und gestattete seinen Truppen, sich in ihrer vergleichsweise üppigen Oase zu erfrischen. Er mußte ohnehin warten, bis der Rest des Troßzuges und die Belagerungsmaschinen seine Vorhut eingeholt hatten.

Balkh, an einem kleinen Wasserlauf gelegen, war weitaus älter als das Reich der Perser, und ehe es an den Großkönig fiel, muß es schon mindestens tausend Jahre den frühesten Händlern Baktriens als Knotenpunkt gedient haben. »Trägerin des Banners« hatten die heiligen Epen der Perser die Stadt genannt, und ihr Palast war nicht nur mit der persischen Flagge geschmückt, sondern auch mit dem Bildnis der Anahita, der Wassergöttin des Oxus, wie dies der Oase von Balkh angemessen war, wo die Göttin in ihrer Sternenkrone und ihrem Umhang aus Otterpelzen verehrt wurde.

Wer vom Kaiwak-Paß herabsteigt, sieht die Provinz Balkh, »Land der tausend Städte«, vor sich wie einen verblassenden Teppich ausgebreitet. Ihr geschichtlicher Rang tritt schon deutlich an ihrer Oberfläche hervor – Ebenen wechseln mit Kieswüsten und fruchtbaren Einbuchtungen, Heimat für Nomaden die einen, die anderen Siedlungsgebiet für Dörfer, und diese unterschiedlichen Landschaftsräume haben einander nie vertraut. Wer die Provinz beherrschte, dem barg sie reiche Schätze – Flußgold, hervorragende Pferde, Silber- und Rubinbergwerke, und in den nordöstlichen Hügeln von Badakschan befand sich Persiens einziger bekannter Fundort von Lapislazuli, dessen blaue Bruchsteine mit Seistan und dem Süden gehandelt wurden, wo sie während der vorausgegangenen zweitausend Jahre als Augenfreude und Währung gedient hatten. Die Dörfer hatten sich auf die ihrer Landschaft innewohnende Spannung eingerichtet. Zur Selbstverteidigung waren sie von einer quadratischen Lehmziegelmauer umgeben, an deren Innenflächen die Häuser sich aneinanderschmiegten, die aber in der Mitte des Dorfes einen Platz freiließen, auf dem zu Zeiten eines feindlichen Überfalles die Herden in Sicherheit gebracht werden konnten. Kleine befestigte Wehrtürme beschirmten alle vier Ecken der Mauer, während ein hoher Wachtturm den Eingang des mittleren Tores überschaute. Der Grundriß ähnelt einem Spielzeug-Fort und hat sich bei den *Qual'eh*-Dörfern des äußeren Iran erhalten, die als Zufluchtsort gegen Nomaden entstanden. Nomaden also, sowohl innerhalb der Provinz als auch im Norden und Nordwesten ihrer Grenze am Oxus, stellten die Gefahr dar, wie Alexander bereits beim Anblick der Dörfer ringsum erkennen konnte.

In dieser eigenartigen und fernen Welt hatten die Perser ihre Herrschaft durch den örtlichen Landadel ausgeübt, der mit Gefolge in der Sicherheit von Burgen und Felsenfestungen lebte. Häufig war ihr Satrap ein Blutsverwandter des Königs, der jedoch in den baktrischen Adel einheiratete und sich auf die ihm verschwägerten ansässigen Familien stützte. Alexander, der die Vorzüge der persischen Verwaltung erkannte, wollte nicht an Vergangenem rühren und hoffte nur, einen Perser zu finden, der die alte Praxis fortsetzen konnte. Im günstigsten Augenblick traf da, Anfang Juni, der betagte Perser Artabazos in Balkh ein. Er hatte im Westen des Reiches als Satrap reiche Erfahrungen gesammelt, er war der makedonischen Königsfamilie seit langer Zeit verbunden, und eine engere Blutsverwandtschaft mit Persern als mit ihm gab es für Alexander nicht; denn Artabazos war der Vater Barsines, der Mätresse, die Alexander sich nach Issos genommen hatte.

Ihn wiederzusehen tat gut, zumal er mit erfreulichen militärischen Nachrichten eintraf. Er hatte die Kavallerie gegen den Aufstand des

Satibarzanes in der Gegend um Herat angeführt und berichtete, er und die übrigen drei Generäle hätten die rebellischen Genossen des Bessos in einem grimmigen und ruhmreichen Reiterangriff in die Flucht geschlagen und Satibarzanes selbst mit der Lanze getötet. Es war vermutlich die gleiche Nachricht, die Bessos zu seinem so übereilten Rückzug bewogen hatte. Alexanders unbegründetes Vertrauen in einen Rebellen war endlich gesühnt. Aus dem Rücken stand nun nichts mehr zu befürchten, und er konnte den bewährten Artabazos, den Vater seiner Mätresse, zum Regenten seiner iranischen Landsleute in Baktrien ernennen und auf diese Art die Tradition des Landes wahren.

Unter den ersten wärmenden Strahlen der späten Junisonne verließ das Heer Balkh auf den sich verlierenden Spuren des Bessos, einem härteren Geschick entgegen, als die Männer ahnen konnten. Sie waren kaum dreißigtausend, doch sie folgten ohne Murren; wären sie unzufrieden gewesen über die kürzliche Säuberungswelle, die Pläne ihres Anführers oder damit, daß er bisweilen einige persische Bräuche übernahm, hätte alles anders aussehen müssen. Aber er war immer noch der Alexander, den sie liebten, für den sie aus Persepolis abmarschiert waren, sich durch fast 5000 Kilometer Wüste geschlängelt, gehungert und die Schneebarriere zwischen zwei Welten in einem einzigen Jahr überquert hatten.

Von Balkh aus zog sich die Spur des Bessos in nördlicher Richtung durch achtzig Kilometer steiniger Wüste bis an den Oxus. Dieselben Soldaten und Pferde, die einen Monat zuvor gefroren hatten, litten fürchterlich unter hochsommerlicher Hitze. Sie waren nicht einmal in der Lage, das wenige Wasser zu trinken, das mitzunehmen ihre Führer ihnen empfohlen hatten. Es war unmöglich, am Tage zu reisen, wenn der Hitzedunst täuschend über dem Sand schimmerte und selbst die Eidechsen unter den Kieselsteinen Zuflucht suchten; die Nacht war schwerlich angenehmer, wenn auch die frommeren Chroniken jede Erwähnung von Verlusten unter den Soldaten vermeiden. Auf der gesamten Strecke zeigte Alexander, weshalb er seiner Armee soviel abverlangen konnte. Als ihm in einem Helm Wasser gebracht wurde, das aus einer kleinen Wüstenquelle geschöpft worden war, weigerte er sich, so bevorzugt zu sein, und schüttete es aus – er wollte die Härten seiner Soldaten teilen. Als endlich der Oxus erreicht wurde, war das Heer dermaßen versprengt, daß ein Feuerzeichen auf einem nahen Hügel sie ins Lager leiten mußte. Alexander »stand an ihrem Wege und weigerte sich, Nahrung oder Getränk zu sich zu nehmen oder sich auf irgendeine andere Weise zu erfrischen, ehe das gesamte Heer an ihm vorübergezogen war«. Sein Beispiel gab den Männern neuen Mut, und erst spät an diesem Abend schliefen Alexander und seine Truppen im Lager nahe der Stadt Khilif, wo die gelblichen Fluten des Oxus sich verengen und ihre Strömung sich, von Schilf, gehemmt, träge vorüberwälzt.

Ehe die Armee am nächsten Tag übersetzte, wurden die ältesten Makedonen, die Kränklichen und die wenigen thessalischen Reiter, die sich in Hamadam freiwillig gemeldet hatten, großzügig bezahlt und nach Hause geschickt mit dem Befehl, Kinder zu zeugen, die Soldaten der Zukunft – lieber wäre es ihnen gewesen, die letzten achtzig Kilometer nicht dabeigewesen zu sein.

Der Oxus ist ein breiter und träger Fluß, und fünf Tage nach der Abreise ihrer Kameraden befand sich der Rest des Heeres bereits am anderen Ufer; eine wohlbekannte orientalische Transportmethode hatte ihnen geholfen. Bessos hatte die Boote der Einheimischen verbrannt; Holz zum Brückenbau gab es in der Umgebung nicht; und so nähten die Soldaten wie an der Donau ihre ledernen Zelthäute zusammen und stopften sie mit Heu aus, um Schwimmflöße daraus zu machen – so wie im Osten bis zum heutigen Tage ein Fluß auf althergebrachte Weise überquert wird. Einmal über den Oxus hinweg, waren die Soldaten sofort in Sogdiane, der nordöstlichen Provinz des persischen Reiches, von wo aus eine der lange üblichen Routen durch die Wüste nach China abbiegt – die Lebensader, über die die sogdischen Kaufleute stets zu reisen und alles, von Pfirsichen und Lotosblüten bis zu Tänzen und radikalen Religionen in die Häuser ihrer chinesischen Kundschaft zu gelangen pflegten. Die Männer Alexanders wußten nichts von einem China, und Sogdiane war ihnen nicht mehr als ein sandiges Steppenland aus Steinen und struppigen Tamarisken, eine Landschaft, die nur Krankheit, Scharmützel mit Stammeskriegern oder weitere Alexandrias, Welten entfernt von den Olivenbäumen ihrer Heimat, zu versprechen schien. Nur einem Bessos war es gelungen, sie in diese Gegend zu locken.

Zunächst einmal zahlte die Verfolgung sich aus. Bessos war unfähig gewesen, und wie Darius auch mußte er dafür büßen. Als Alexander den Oxus überschritt, ergriffen eigensinnige Höflinge Bessos und erklärten sich bereit, ihn auszuliefern. Ptolemäos wurde ausgesandt, den Verräter aus einem entlegenen Dorf abzuholen und ihn, nackt und in ein hölzernes Kummet gefesselt, herbeizuschaffen. Als Bessos an der rechten Seite von Alexanders Straße abgesetzt worden war, fuhr Alexander heran, hielt seinen Streitwagen an und wollte von Bessos erfahren, warum er Darius, seinen rechtmäßigen König und Wohltäter, ermordet habe. Vergebens schob Bessos die Schuld auf seine Helfershelfer: Er sollte ausgepeitscht und öffentlich als Mörder gebrandmarkt werden, bevor man ihn zur weiteren Bestrafung nach Balkh brachte.

Der Vorfall sagt mehr über Alexanders Klugheit als über seine Strenge. Als sich nur ein Jahr zuvor Satibarzanes, ein weiterer Mörder des Darius, ergeben hatte, war ihm in auffälliger Weise verziehen worden; doch anders als Satibarzanes hatte Bessos seinem Verrat des Königs eine Rebellion folgen lassen, und nach Alexanders Ethik konnten Rebellen nur mit der grimmigsten Behandlung rechnen. Bessos' Verbrechen bestand weniger darin, daß er mitgeholfen hatte, Darius zu ermorden, als in der Behauptung, der neue König Asiens zu sein. Dennoch aber wurde er als Mörder verurteilt – im Sommer des Jahres 329 v. Chr. dienten in Alexanders Heer Orientalen, und er wollte sie von seiner neuen Position überzeugen. Er kämpfte noch immer, um Rache auszuüben, doch es war nicht so sehr griechische Rache für persischen Gottesfrevel, als vielmehr persische Rache für die Ermordung des Darius. Bessos, der auf den Thron Anspruch erhoben hatte, wurde unter dem Schatten von Alexanders jüngstem Mythos seiner Prätentionen beraubt.

Jetzt, da Bessos unschädlich gemacht und in Ketten gelegt war, wäre der Marsch in den Norden eigentlich zu Ende gewesen, hätte es nicht auf der Hand gelegen, an den nahen Fluß Jaxartes zu reiten und das persische Reich bis an seine Nordostgrenze zu erobern. In der Nähe von Karschi bereicherte Alexander sein Heer um die edelblütigen Pferde des Landes, da die vielen in der Wüste verendeten Tiere ersetzt werden mußten. In der Nähe des Kungur-Tao, des einzigen Hügels in der sandigen Eintönigkeit der Landschaft, wurden seine Soldaten auf einer vielleicht allzu verzweifelten Proviantsuche von einheimischen Verbänden gestört, die bei Vergeltungsschlägen etwa 20 000 Mann verloren haben sollen, obgleich es ihnen gelang, Alexander mit einem Pfeil am Bein zu verwunden und sein Wadenbein zu brechen – im Wüstenklima eine hohe Gefahr, da ein Wundbrand entstehen konnte. Eine Verzögerung verursachte die Wunde nicht, wohl aber Streit; denn um den Weitermarsch nicht zu verzögern, war Alexander fest entschlossen, sich auf einer Tragbahre befördern zu lassen, und die Wahl von geeigneten Trägern spaltete das Heer. Kavallerie und Infanterie stritten sich um das Vorrecht; es war eine Kluft, die sich sechs Jahre später, nach Alexanders Tod, wieder auftun sollte. Doch hier, in Sogdiane, war Alexander noch da, um den Streit beizulegen. Er verfügte, daß Kavallerie und Infanterie ihn abwechselnd tragen sollten. Der Stolz der Treuen wurde zufriedengestellt, und nach einem viertägigen Wüstenmarsch erreichte die Armee Samarkand, bis dahin lediglich ein aus Lehmmauern errichteter Sommerpalast der herrschenden Iraner, von einem Fluß bewässert, den die Truppen Polytimetos nannten, das griechische Wort für »sehr wertvoll« – zweifellos eine Anspielung auf das Gold, das durch das Flußbett gespült wurde und sich noch in seinem heutigen Namen Zarafshan wiederspiegelt, der »Verstreuer des Goldes« bedeutet. Von hier waren es nur mehr 290 Kilometer bis zum Grenzfluß. Um Nahrungsmittel zu erhalten, wurden die Dörfer der Einheimischen geplündert und verbrannt, wo Widerstand geleistet wurde. Vermutlich konnte Alexander noch immer nicht wieder gehen.

Man erreichte die Grenze im Juli, wenn die Luftfeuchtigkeit bis auf fünf Prozent herabsinkt und die Temperatur im Schatten bis auf 43 °C ansteigt. Im heutigen Kurkath, wenige Kilometer südlich der Hauptfurt, wurde der Fluß von einer persischen Vorpostensiedlung bewacht, die Cyrus zweihundert Jahre zuvor dort begründet hatte, und wie im Hindukusch befahl Alexander, den Ort durch ein neues Alexandria zu ersetzen: »Er fand, der Standort der Stadt sei gut, und sie sei wohlgeeignet, Zuwachs zu erfahren, besonders als Sicherung wider die Stämme am jenseitigen Ufer, und er erwartete, sie werde sowohl durch die Anzahl der Siedler, die in ihr aufgingen, als auch durch den Glanz ihres Namens eine große Stadt werden.«

Im letzten Punkt irrte er. Das Äußerste Alexandria wurde alsbald von Nomaden angefallen und von seinem Diadochen als Antiochia wiederbegründet. Unsere Tage lernten es als Khodjend kennen und dann, als andere Namen mehr Glanz zu besitzen schienen, als Stalinabad, schließlich als Leninabad.

Der Zweck der Stadt war unmißverständlich – die bessere Verteidigung einer Grenze, die in der persischen Vergangenheit von kritischer Bedeutung gewesen war. Da Persien oft mit griechischen Augen, aus dem Westen, betrachtet wurde, hat man diese Besorgnis nicht hinreichend gewürdigt. Doch beunruhigend blieb in der Erinnerung von Persern über Generationen weniger die Niederlage gegen die Griechen bei Marathon als vielmehr die Tatsache, daß ihr großer König Darius wie ihr Prophet Zoroaster beide im Kampf gegen Nomaden der nördlichen Steppen gefallen waren. Für Asien war Sogdiane, was Makedonien für Griechenland war – Pufferzone zwischen einer brüchig gewordenen Kultur und den ruhelosen Barbaren jenseits, ob nun den Skythen zu Alexanders und späterer Zeit oder den Weißen Hunnen, Türken oder Mongolen, die eines Tages nach Süden strömten, um die dünne Kruste der iranischen Gesellschaft zu zerbrechen. In dieser Grenzprovinz folgte Alexander naturgemäß dem Beispiel seines Vaters; wie Philipp es mit Makedonien getan hatte, verstärkte er Sogdiane mit verbesserten Städten und Militärsiedlungen, um die Skythen zu halten, wo sie hingehörten. Bereits hatten Abgesandte den Jaxartes überquert, um mit dem skythischen König zu sprechen und seine Völker auszuspähen – die tüchtigsten Reiter, die dem östlichen Iran bekannt waren. Sie waren flink, beweglich, gefährlich, und die herrliche Kunst ihres Zaumzeugs, ihrer Becher, Teppiche und Zelte gemahnt daran, daß die Palastwelt Asiens und des städtischen Lebens seiner Griechen nur flüchtige Zeichen in einer weit älteren Welt der Nomaden waren, leicht wie Staub, doch nicht minder unverwüstlich, und keinesfalls eine Gesellschaft, die man unterbewerten sollte. Es war ein Zeichen der Zeit, daß der Bösewicht einer persischen Liebesgeschichte, die Alexanders Hofpförtner ins Griechische übersetzte, sich um die Mitte des sechsten vorchristlichen Jahrhunderts von einem baktrischen Aristokraten in einen skythischen Häuptling verwandelt hatte.

Ehe der Bau des Äußersten Alexandria beginnen konnte, traf die Nachricht einer Rebellion ein, einer Erhebung nicht unter den Skythen, sondern im Rücken. Seit seiner Landung in Asien hatte Alexander seine Soldaten zu entsetzlich harten Märschen angehalten, oftmals ohne Nahrung, doch noch nie hatte er sie in einen langwierigen Kampf gegen Guerrillas verwickelt, bei dem sie ganz auf sich selbst gestellt waren. Zum ersten Male sollte sein Tempo gebremst werden. Diese sogdianische Rebellion sollte die Ausdauer seines Heeres über achtzehn frustrierende Monate bis zur Neige erschöpfen, neue Anforderungen an seine Feldherrnkunst stellen und in seiner Mannschaft Untertöne des Zweifels anklingen lassen. Die Ursachen waren einfach. Vier von Bessos' Parteigängern trieben sich noch immer ungehindert herum. Angeführt wurden sie von dem Perser Spitamenes, dessen Name an die zoroastrische Religion erinnert.

Alle vier begannen das einheimische Mißtrauen gegen die Makedonen zu schüren. Anlaß dazu gab es in Fülle. Das Heer hatte auf seiner sorgenvollen Proviantsuche in der sogdianischen Wüste Reisfelder geplündert, Herden geraubt, auch Pferde requiriert, und jeden Widerstand unbarmherzig geahndet. Aus anderen Quellen konnte Alexander seine dreißigtausend Mann nicht verpflegen, doch es war eine gefährliche Vorgangsweise. In der Zwischenzeit sah die einheimische Bevölkerung in ihren Hauptdörfern Garnisonen eingerichtete; die alte Stadt des Cyrus wurde in ein Alexandria umgewandelt, und wie in Baktrien hatte Alexander bereits verboten, die Leichen Verstorbener den Geiern darzubieten, weil dies sein griechisches Feingefühl anwiderte. Nicht anders, als es den Briten ergehen sollte, die den freiwilligen Feuertod indischer Witwen bei der Bestattung ihrer Ehemänner untersagten, taten diese moralischen Bedenken seiner Beliebtheit Abbruch – denn die Sogdianer hatten den Fall Persiens nicht hingenommen, um von dessen Bezwingern schlimmere Einmischungen zu erdulden. Es war an der Zeit, sich jeglicher Fremdherrschaft zu entledigen, besonders als in Balkh eine Konferenz anberaumt wurde, zu der Alexander den ansässigen Landadel erwartete. Folgten die Adeligen diesem Ruf, mochten sie als Geiseln zurückgehalten werden, und deshalb schlossen die Baktrer sich der Widerstandsbewegung an – dieselben Baktrer zweifellos, die Bessos zaghaft im Stich gelassen hatte, und so sah Alexander sich von Balkh bis an den Jaxartes gefährdet.

Ohne sich um die Störtrupps der Nomaden zu kümmern, die sich zusammengerottet hatten, um im Süden entlang des Oxus Unruhe zu schüren, wandte Alexander sich den nächsten aufständischen Dorfgemeinschaften zu, die seine Besatzungen niedergemacht hatten; drei Wochen reichten, den sieben Siedlungen das Kompliment zu erwidern.

Die Lehmziegelbefestigungen der *qal'ehs* behandelte man mit Verachtung. Wenngleich noch keine Belagerungstürme über den Hindukusch geschafft worden waren, so warteten doch zerlegbare Steinkatapulte darauf, zusammengebaut zu werden, falls man sie benötigte.

Bei den ersten drei Dörfern war dies nicht der Fall; in zwei Tagen erlagen sie der altmodischen Taktik kletternder Stoßtrupps, welche mit Unterstützung von Pfeilen und Wurfgeschossen die Mauern erstürmten. Die beiden nächsten wurden von ihren Bewohnern, die einer wartenden Sperrkette der Reiterei in die Arme liefen, fluchtartig preisgegeben, und in allen fünf Dörfern wurden jene abgeschlachtet, die Widerstand leisteten, alle Überlebenden versklavt. Das sechste, Cyrus' Grenzgarnison zu Kurkath, war bei weitem das stärkste, weil es auf einem hohen Hügel errichtet war. Hier waren die Lehmmauern ein angemessenes Ziel für die Wurfmaschinen, doch deren Leistung blieb hinter den Erwartungen zurück – vielleicht aus Mangel an Munition; in den Wüsten Turkestans sind Steine ungemein rar, und es kann nicht möglich gewesen sein, viele Schuß Felsbrocken über den Hindukusch zu transportieren. Indessen bemerkte Alexander, daß der Wasserlauf, der noch heute unter Kurkaths Mauern hindurchfließt, infolge der Hitze eingetrocknet war und den Soldaten, so sie ihn auf Händen und Knien benutzten, einen überraschenden Zugang eröffnete. Der übliche Feuerschutz wurde angeordnet, und der König, so wird erzählt, schlängelte sich wurmgleich mit seinen Mannen durch das Bachbett, was auch beweist, daß sein gebrochenes Bein bemerkenswert rasch geheilt war. Die List war in Griechenland altvertraut, und sobald der Trupp ins Dorf vorgedrungen war, wurden den Belagerern die Tore aufgestoßen, wenngleich die Einwohner ihre Gegenwehr fortsetzten und selbst Alexander ins Wanken brachten, als sie ihn mit einem Stein in den Hals trafen. Achttausend wurden getötet, weitere siebentausend ergaben sich. Alexanders Achtung vor seinem neuentdeckten Ahnen Cyrus erstreckte sich nicht auf rebellische Dörfler, die ihn verwundet hatten, und so wurde Kurkath, Stadt des Cyrus, dem Erdboden gleichgemacht. Das siebente und letzte Dorf machte weniger Schwierigkeiten; seine Bewohner wurden lediglich deportiert.

Von Wunden und Augustsonne anscheinend unberührt, verließ Alexander die Erhebung am Oxus und kehrte zu seinen Plänen für ein neues Alexandria zurück. Die einzig verfügbaren Baumaterialien waren Erde und Lehmziegel; daher waren Mauern und Hauptgrundriß in weniger als drei Wochen fertiggestellt. Nach den jüngsten Belagerungen und Schleifungen von Ortschaften herrschte auch keinerlei Mangel an Siedlern. Überlebende aus Kurkath und anderen Dörfern wurden mit freiwillig dazu bereiten Söldnern und makedonischen Veteranen zusammengespannt und einem Leben im heißesten aller Orte am Jaxartes überlassen, wo die Sonne von den steil aufragenden Bergen des jenseitigen Ufers mit doppelter Hitze zurückgeworfen wird. Die Häuser waren flachdächig und fensterlos, um etwas Kühle zu spenden; von den Annehmlichkeiten des Lebens, den Tempeln und den Stätten gesellschaftlichen Zusammentreffens läßt sich heute nichts mehr entdecken. Die neuen Bürger wurden aus Gefangenen wie auch aus Freiwilligen ausgewählt und erhielten die Freiheit als Gegenleistung für ihren Garnisonsdienst. Sie mußten lernen, mit Griechen und alten makedonischen Haudegen zusammenzuleben, die zäh an ihren heimatlichen Gewohnheiten festhielten und genau wußten, daß sie gleichermaßen ihrer Unbeliebtheit bei den Zugskommandeuren wie ihrer teilweisen Invalidität wegen ausgesucht worden waren.

Die Rebellen weiter im Süden waren in der ersten Begeisterung für Alexandria zwar unklugerweise vergessen worden, doch es währte nicht lange, bis sie sich jäh in den Vordergrund drängten. Die Zerstörung der sieben nahen Dörfer hatte den eigentlichen Brennpunkt der Erhebung nicht berührt. Immer noch konnten Spitamenes und seine nomadischen Reiter ihr Unwesen ungestört hinter den Linien treiben, und während der Bauarbeiten traf die Nachricht ein, daß sie die tausend Mann starke Garnison von Samarkand belagerten. Auch zu den Skythen am anderen Ufer des Grenzflusses drang die Kunde. Sie rotteten sich zu bedrohlichen Truppenverbänden zusammen, zumal sie spürten, daß Alexander einem Druck ausgesetzt war, sich zurückzuziehen.

Die Lage war bedenklich; Alexanders Streitkräfte hatten nach den jüngsten Alexandrias und Truppenabstellungen ihren niedrigsten Stand seit Beginn des Feldzugs erreicht. Zwischen zwei Feinden eingeklemmt, beschloß Alexander, sich mit dem näheren Gegner zu befassen, und kommandierte lediglich 2000 Mann Söldnertruppen zum Entsatz Samarkands ab. Damit blieben ihm 25 000 Mann, keinesfalls mehr, um einen Schlag gegen die Skythen zu führen. In das Kommando über die Abteilung für Samarkand teilten sich zwei Generäle aus der Söldnerreiterei mit einem zweisprachigen Orientalen, der als Dolmetsch und Stabsoffizier diente.

Während die Entsatztruppe in den Süden ritt, ging Alexander daran, den Skythen eine Lehre zu erteilen. Fürs erste mißachtete er ihre Herausforderungen und fuhr mit seinen Bauarbeiten fort, »opferte den üblichen Göttern und hielt sodann Wettkämpfe der Reiterei und in den Leibesübungen ab«, um seine Stärke zu demonstrieren. Doch die Skythen scherten sich wenig um griechische Götter, weniger noch um die Wettkämpfer, und begannen derbe Bemerkungen über den Fluß zu brüllen. Alexander ordnete an, die ausgestopften Lederflöße bereitzumachen, während er abermals opferte und die Vorzeichen zu Rate zog. Die Zeichen jedoch wurden als ungünstig erachtet, und Alexanders Prophet weigerte sich, sie falsch zu deuten. Von den Göttern abgewiesen, wandte Alexander sich seinen Pfeilkatapulten zu, die am Flußufer aufgebaut wurden und über das dazwischenliegende Gewässer hielten. Dieser erste bekannte Einsatz von Artillerie in ihrem Gebiet verschreckte die Skythen so sehr, daß sie das Hasenpanier ergriffen, als ein Häuptling von einem der geheimnisvollen Bolzen getötet wurde. Alexander überquerte den Fluß, wobei Schildträger seinen Soldaten auf den aufgeblasenen Flößen Deckung gaben, die Pferde nebenherschwammen, Bogenschützen und Steinschleuderer die Skythen auf Distanz hielten.

Der Kampf am anderen Ufer war kurz, aber meisterhaft. Die Taktik der Skythen war ausschließlich auf Einkreisung ausgerichtet. Ihre mit langen Hosen bekleideten und überwiegend ungepanzerten Reiter pflegten um den Feind herumzugaloppieren und ihre Pfeile im Vorbeireiten abzuschießen; andere vielleicht hielten den Gegner mit Lanzen in Schach. Auch Alexander hatte Lanzenreiter, und er hatte seit einem Jahr ferner Berittene Bogenschützen aus Skythien. Er war mit ihrer Taktik vertraut und verfuhr mit ihr auf dieselbe Weise wie bei Gaugamela. Erst lockte er die Skythen mit einer täuschend schwachen Sturmspitze in die Schlacht; dann, als sie diese zu umzingeln versuchten, zog er das Hauptgewicht seiner Reiterei und die leichtbewaffnete Infanterie nach und griff nun seinerseits an, wobei er dem Gegner seine eigenen Kampfbedingungen aufzwang.

Für Lanzenreiter, denen die größere Reichweite der Pfeile fehlte, war das der einzige Weg, nomadische Bogenschützen zurückzuschlagen, und die Skythen wurden abgedrängt, bis ihnen jegliche Bewegungsfreiheit fehlte, ihre Taktik zu entfalten. Als sie tausend Mann verloren hatten, flohen sie auf die nahen Hügel, deren Höhe von etwa neunhundert Metern ihnen Sicherheit bot. Über zwölf Kilometer weit setzte Alexander ihnen scharf nach, hielt aber kurz an, um etwas Wasser zu trinken, »das verdorben war und ihm anhaltenden Durchfall bescherte, so daß der Rest der Skythen entkam«. Er litt noch unter seiner frischen Halswunde, die ihn auch für eine Weile seiner Stimme beraubte, und ein verdorbener Magen war eine bequeme Ausrede dafür, eine hoffnungslose Verfolgung aufgegeben zu haben – um so mehr, als seine Höflinge verkündeten, er habe bereits »die Schranken überschritten, die der Gott Dionysos gesetzt hat«.

Wie die Höhle des Prometheus darf auch dieses mythische Motiv, das für die Zukunft wichtig wurde, nicht allzu skeptisch betrachtet werden. In Cyrus' Vorposten, den Alexander gestürmt hatte, hatte man Altäre für orientalische Kulthandlungen gefunden, welche die Makedonen mit den Riten ihrer Götter Herakles und Dionysos gleichsetzten. Wenn nicht einmal Dionysos über Cyrus' Vorposten hinausgedrungen war, den entlegensten Ort seiner Entsprechung im orientalischen Kult, dann konnte Alexander sich fürwahr darüber hinwegtrösten, die Skythen nicht eingeholt zu haben. Die Richtigkeit der Vorzeichen war durch seine Übelkeit und die fehlgeschlagene Verfolgung erwiesen worden.

Die Grenzen des Dionysos gesprengt zu haben, war eine kärgliche Entschädigung für die Dinge, die folgten. Es trafen Abgesandte des skythischen Königs ein, die den Angriff als das Werk von Störtrupps verwarfen, die auf eigene Faust gehandelt hätten. Gleichzeitig aber vernahm Alexander einen höchst unwillkommenen Bericht aus dem Gebiet hinter den Linien.

Jene zweitausend Mann, die nach Samarkand ausgeschickt worden waren, um es mit dem Rebellen Spitamenes aufzunehmen, waren müde und unter ernstem Proviantmangel eingetroffen. Ihre Generäle hatten zu streiten begonnen, als plötzlich Spitamenes auftauchte und ihnen eine scharfe Lektion erteilte, wie eine bewegliche Schlacht zu Pferde zu schlagen sei. Im Gegensatz zu Alexander wußten die kleineren Generäle nicht, wie man mit der fließenden Taktik der aufgesessenen skythischen Bogenschützen fertig wurde – um so weniger, als sie es mit einer mehr als doppelten Übermacht aufzunehmen hatten. Ihre gesamte Entsatztruppe war dem Feind auf einer Flußinsel im Zarafschan in die Falle gegangen und bis zum letzten Mann niedergemacht worden.

Der Unterschied zwischen Frontgenerälen und Männern aus dem zweiten Glied hätte deutlicher kaum dargelegt werden können – besonders zu einem Zeitpunkt, da Alexander einen Gegner, weniger als in seiner zahlenmäßigen Stärke als in seinen Fähigkeiten, falsch eingeschätzt hatte. Selbst wenn es möglich gewesen wäre, eine größere Streitmacht aus den schütteren vorderen Linien abzuzweigen, die Geschwindigkeit Spitamenes' hätte auch diese vernichten können. Ein erstklassiger General mit alleiniger Befehlsgewalt wäre vonnöten gewesen; Alexander aber hatte die drei falschen Männer ernannt und sie ihren Streitigkeiten überlassen. Es war ein ärgerlicher Mißgriff, und keine Mühe wurde gescheut, die Scharte auszuwetzen.

Auf die erste Nachricht von der Katastrophe hin versammelte Alexander etwa 7000 Kampfgefährten zu Pferde und leichte Infanterie und hetzte sie in nur drei Tagen und Nächten durch die 290 Kilometer Wüste nach Samarkand. Ein solches Tempo in der Hitze des Frühherbstes ist erstaunlich, aber nicht ausgeschlossen, und doch entkam Spitamenes mit Leichtigkeit einem weiteren übermüdeten und durstigen Feind. Er setzte sich nach Westen ab und verschwand in den kahlen Grenzlandstrichen der Nomaden, die mit ihm waren. Es blieb nichts anderes übrig, als die zweitausend Gefallenen zu begraben, die umliegenden Dörfer zu bestrafen, die zum Sieg der Nomaden beigetragen hatten, und den Flußlauf des Zarafschan nach Spuren von Rebellen abzusuchen. Die Suche lohnte nicht, und allmählich gab selbst Alexander auf: er kehrte um, führte seine Truppen über den Oxus zurück und schlug seine Winterquartiere in Balkh auf, wo er nun über das einschneidendste Mißgeschick seines Zuges und über das Schrumpfen seiner Streitkräfte grübeln konnte, deren Stärke nunmehr beinahe auf 25 000 gesunken war.

Zwei Verwundungen, eine anhaltende Rebellion und Mangel an

Soldaten und Proviant ließen ihm die vorausgehenden sechs Monate zu einer herben Enttäuschung werden. Doch als seine Aussichten eben ihren Tiefpunkt erreicht zu haben schienen, erfüllte sein Winterlager sich im günstigsten Augenblick mit der Hoffnung auf eine neue Strategie.

Aus Griechenland und den westlichen Satrapien hatten 21 000 Mann Verstärkungen, zumeist griechische Söldner, sich endlich ihren Weg nach Baktrien gebahnt – unter dem Befehl Asanders, bei dem es sich möglicherweise um einen Bruder Parmenions handelte, und des treuen Nearchos, der seine ruhmlose Satrapie in Lykien aufgegeben hatte, um sich wieder seinem Freund an der vordersten Linie anzuschließen. Es war bei weitem das größte Kriegsaufgebot, das bisher eingetroffen war, und es brachte die Armee wieder auf ihre alte Stärke. Die Männer konnten in kleinere Einzeltrupps aufgeteilt werden; dadurch verringerten sich Alexanders Sorgen mit einem Schlag. Vereinzelte feindliche Stoßtrupps konnten nun durch unabhängige Einheiten selbständig abgewehrt werden, und der Kriegsschauplatz würde sich entsprechend verengen. Über den Felshügeln und Wehrburgen des Ostens herrschte glücklicherweise bald Ruhe; im Norden, jenseits des Jaxartes, hatte ein Überfall die Skythen so sehr beeindruckt, daß sie eine Abordnung in Marsch setzten, die Alexander die Hand ihrer Prinzessin anbot. In Mittelsogdiane verstärkten zusätzliche 3000 Mann Garnisonstruppen die Besatzung eines Gebietes, das zweimal bestraft worden war; die neuen Söldner konnten Balkh und den Oxus nun halten, so daß Spitamenes nur mehr zu den angrenzenden Steppen im Westen und Nordwesten freien Zugang hatte. Doch selbst dort war seine Freiheit neuerdings beschränkt.

In Balkh trafen Abgesandte des Königs von Chorasmien ein. Dieses Land war nicht etwa eine schweigende, kahle Wüste, wie Dichter glauben machten, sondern das mächtigste damals bekannte Königreich im Nordwesten des Oxus, wo der Fluß sich verbreitert, um in den Aralsee zu münden. Chrorasmien hat in der Geschichtsschreibung wenig Niederschlag gefunden, bis russische Ausgrabungen enthüllten, daß es spätestens seit der Mitte des siebten vorchristlichen Jahrhunderts ein dauerhaftes und zentralisiertes Königreich gewesen war, verteidigt von seinen eigenen berittenen Truppen, die Kettenpanzer trugen: jetzt schwebt es wie ein verschwommen abgegrenzter

Schatten über tausend Jahren Geschichte des Äußeren Iran. In Kunst und Schrifttum zeigt es den Einfluß des persischen Reiches, dem es einst untertan gewesen war; es war die Heimat ortsfest angesiedelter Bauern, und seine Interessen waren nicht die der Nomaden, die es in der Roten und in der Schwarzen Sandwüste umgaben.

Spitamenes benützte diese Wüsten als Ausgangsgebiet, und die eigene Sicherheit drängte Chorasmien auf Alexanders Seite. Sein König unternahm sogar den Versuch, die Makedonen gegen seine eigenen Feinde zu wenden; er machte sich erbötig, sie auf einem Feldzug gegen den Westen ans Schwarze Meer zu führen. Alexander lehnte taktvoll ab, wenn er sich auch über einen dauerhaften neuen Verbündeten freute: »Es kam ihm zu diesem Zeitpunkt nicht gelegen, ans Schwarze Meer zu marschieren; denn Indien galt gegenwärtig all sein Augenmerk.« Es war der erste Hinweis auf seine Zukunft: »Hätte er erst ganz Asien in seinen Besitz gebracht, werde er nach Griechenland zurückkehren, und von dort aus wolle er seine gesamte Flotte und das ganze Heer an den Hellespont führen und wie vorgeschlagen das Schwarze Meer erobern.«

Zum erstenmal also wurde die Ansicht vertreten, Asien schließe auch Indien ein, und zwar nicht nur das Indien des persischen Reiches. Höfliche Worte der Ablehnung aber sind kein sicherer Beweis für Alexanders Pläne, und in einem Winterlager ließ sich leicht über die Zukunft sprechen – in jener Jahreszeit, da Feldherren müßige Reden zu führen pflegen. Auf den König Chorasmiens wurde nur Wert gelegt, um Spitamenes im Zaum zu halten. In dieser Richtung waren Hoffnungen auf einen frühen Sieg erwachsen: die neuen Verstärkungen wurden in die Brigaden eingegliedert, und vier sogdianische Gefangene wurden zwangsweise den Schildträgern einverleibt, weil sie Alexander aufgefallen waren, als sie mit außergewöhnlicher Tapferkeit zu ihrer Hinrichtung gegangen waren. Im Verlauf des Winters wurde der Verräter Bessos nach Hamadan gebracht, wo die Perser in einer Abstimmung entschieden, ihm sollten Ohren und Nase abgeschnitten werden. Es war die herkömmliche Bestrafung für einen orientalischen Rebellen.

22 MORD VOR DER HOCHZEIT

Nichts sagt mehr über die Stimmungen im Menschen aus als die Art und Weise, wie er ein Vorzeichen deutet – und als Alexander im Frühjahr 328 v. Chr. aus Balkh in ein neues Jahr der Kämpfe aufbrach, bescherte ihm der Zufall ein sehr aufschlußreiches Omen.

Während am Ufer des Oxus das Lager aufgeschlagen wurde, sprudelten in der Nähe des königlichen Zeltes zwei Quellen aus der Erde; die eine bestand aus Wasser, die andere aus einer Flüssigkeit, »die üppig hervorschoß, sich weder in Geruch, Geschmack, noch Helligkeit von Olivenöl unterscheidend, obgleich der Boden für Olivenbäume nicht geeignet war«.

Die Offiziere, die ein Leben mit den Öllampen und der heimatlichen Küche des Mittelmeers vermißten, hatten Petroleum als Olivenöl gedeutet. Alexander ließ den königlichen Propheten Aristander holen, der erklärte, diese Quelle verheiße harte Mühen und Beschwerden, doch nach den Mühen werde der Sieg sich einstellen.

Zum ersten Male waren Menschen aus dem Westen im Iran auf Erdöl gestoßen, und sie benützten es dazu, eine beharrliche Hoffnung auf das beste zu untermauern.

Wie die Ölquelle versprach auch ihre Strategie den Sieg nach mühsamem Beginnen. Auf der Suche nach Spitamenes hatte das Heer seine neue Kampfkraft in sechs Einheiten aufgeteilt: Zwei sollten bleiben und Baktrien sichern, drei sollten den Oxus überschreiten, und eine war dazu ausersehen, die westlich gelegene Oase von Merv zu befestigen, die seit langem der Satrapie von Balkh angegliedert war. Wenngleich durch mehr als 320 aufreibende Wüsten-Kilometer von Balkh getrennt, war Merv eine fruchtbare und strategisch wichtige Enklave der Zivilisation, die bei einer Stärkung Spitamenes fernhalten konnte, falls er versuchen sollte, seine Rebellion westwärts ans Kaspische Meer auszudehnen. Krateros erhielt den Befehl, dort ein Alexandria zu gründen und kleinere Siedlungen innerhalb der Oase zu befestigen. Es ergab sich, daß seine Abteilung den Krieg entscheiden sollte.

Jenseits des Oxus mußte sich Alexander zu seinem Mißvergnügen wieder einmal mit den Sogdianern auseinandersetzen, die sich auch durch die makedonischen Garnisonen nicht von einem dritten Aufstand abhalten ließen, und so mußte denn eine Stadt nach der anderen abermals erobert, durch Schleifung bestraft und mit loyalen Bewohnern neu besiedelt werden. Das war Arbeit genug für einen langen heißen Sommer, und erst im August vereinten sich die aufgeteilten Einheiten endlich in der Nähe Samarkands. Spitamenes hatte sich noch immer nicht aus den westlichen Steppen herbeilocken lassen, doch während man auf neue Nachrichten über ihn wartete, widmeten die Offiziere sich der hart verdienten Zerstreuung.

In der Umgebung von Bazeira befand sich ein waldiges Wildreservat, von natürlichen Quellen bewässert und dicht mit Buschwerk bepflanzt. Die Iraner hatten dort einst für die Jäger Türme zu Hochsitzen errichtet, doch gejagt worden war in den Revieren seit hundert Jahren nicht mehr. Alexander genoß die Gelegenheit zu Vergnügen und nahrhaftem Gewinn, und mit dem Befehl, alles zu erlegen, was da kreuchte und fleuchte, ließ er seiner Männer die Wälder nach Herzenslust durchstreifen. Die Strecke, so wird erzählt, erbrachte 4000 Tiere; es war weniger ein Massaker als vielmehr die notwendige Ergänzung eines Proviantbeutels, dem es seit mehr als einem Jahr bitter an Fleisch gemangelt hatte. In der Legende hinterließ die Jagd merkwürdige Spuren. Ein Brief wurde erdichtet, in welchem Alexander seinem Lehrer Aristoteles seine indischen Abenteuer und einen Kampf mit wilden Tieren beschrieb, den er seine Nacht des Schreckens nannte. Die Geschichte fußt vielleicht auf diesem Schlachtfest in Sogdiane, doch nach kurzer Zeit schon sollte eine wirkliche Nacht des Schreckens anbrechen. Sie verlief schwerlich so, wie der *Alexander-Roman* es haben wollte.

Wenige Abende später saß Alexander mit seinen griechischen Freunden und Heeresoffizieren in Samarkand bei einem Festgelage. Man darf nicht vergessen, daß es ein besonders quälender Augenblick seiner Laufbahn war. Ein ganzes Jahr lang hatte Spitamenes ihn vom Einmarsch in Indien abgehalten, und es bestand wenig Aussicht, ihn in Bälde unschädlich machen zu können. Das einzige Scharmützel, das die Makedonen ihm bisher geliefert hatten, hatte mit einer Katastrophe geendet, und seither hatte er in der Hitze der Hochsommersonne unablässig sogdianische Dörfer zurückerobert, und ein Ende war nicht abzusehen. Beim Festessen floß der einheimische Wein in

Strömen; es war mehr ein Zeichen zermürbter Nerven als der neu erwachten Barbarei, die Historiker später in Alexander zu entdecken beliebten; denn wie Philipp hatte er immer Spaß an einer feuchtfröhlichen Gesellschaft gefunden, und diesmal lieferten ihm die Umstände einige Rechtfertigung.

Grundbedingung des Überlebens in einem sogdianischen Sommer ist für einen Reisenden ausgiebiges Trinken, und das Wasser jener wenigen Quellen, die nicht versiegen, ist naturgemäß schal, brackig und mit Salpetersalz vergällt. Einziger Ausweg ist Wein, und er wurde in für Europäer unvorstellbaren Mengen genossen: Wie die Einheimischen tranken die Makedonen ihn pur – eine Trinkweise, die den Griechen zu stark erschien; sie gingen mit ihrem Wein sparsam um, indem sie ihn mit einem Drittel Wasser mischten. Die Umstände mögen das Trinken entschuldigen; unentschuldbar aber bleiben die folgenden Ereignisse. Während Alexander aß und zechte, bahnte sich ein Vorfall an, der so schändlich war, daß die Lebenserinnerungen des Ptolemäos ihn offenkundig verschweigen, während der achtzigjährige Aristobulos sich wieder einmal gezwungen sah, zu besonderen Ausflüchten zu greifen.

Wenn zwei Zeitgenossen sich so verschlossen, ist es schwer, Gewißheit über das Geschehen zu erlangen. Sicherlich entwickelte sich aus dem zügellosen Trinken ein Streit, als der Wein einige Männer zu Prahlereien und Schmeicheleien bewegte, während andere entrüstet zurückwiesen, was sie nicht gerne hörten. Der streitbare Gast war Kleitos – Bruder der Amme Alexanders, Hipparch der Kampfgefährten zu Pferde und wahrscheinlich in den Fünfzigern. Erhitzt durch die vielen Becher, die sie geleert hatten, begannen er und der König zu schreien und einander herauszufordern; es läßt sich nicht feststellen, wer von den beiden mehr dazu beitrug, den Streit anzufachen. Alexanders Temperament sollte als erstes durchgehen, und wie immer in solchen Fällen verlor er alle Beherrschung. Die Festgäste in seiner Nähe versuchten, ihn zurückzuhalten – davon zumindest überzeugten sie später die Geschichtsschreiber –, doch die Sticheleien des Kleitos wollten nicht aufhören, und Alexander suchte wie wild nach einer greifbaren Waffe. Er nahm, so wird erzählt, einen Apfel vom Tisch und schleuderte ihn nach Kleitos. Dann griff er nach seinem Schwert. Doch ein Leibwächter, so wird behauptet, hatte es umsichtig und verstohlen zur Seite gestellt. Da brüllte Alexander in makedonischem Dialekt, »was eine besonders gefährliche Erregung bezeugte«, nach seinen eigenen Schildträgern. Er befahl seinem Signaltrompeter, Alarm zu blasen, und als der Mann sich weigerte, schlug er ihm mit der Faust ins Gesicht.

In der Zwischenzeit blieb Kleitos' Schicksal in der Schwebe. Einigen Berichten zufolge wurde er von seinen Freunden hastig aus dem Raum gedrängt und auf der anderen Seite eines Grabens und einer Lehmziegelmauer in Sicherheit gebracht. Doch er trotzte allen, die ihn zurückhalten wollten, und bahnte sich auf eigene Faust einen Weg zurück ins Eßzimmer, wo er durch die Tür schwankte, als Alexander eben in rasender Wut nach ihm schrie: »Kleitos.« – »Kleitos ist hier, Alexander«, antwortete er, worauf Alexander mit einer Sarissa gegen ihn anrannte und ihn durchbohrte. Andere bestritten, und das ist einleuchtender, daß Kleitos den Raum je verlassen hatte; Alexander entriß ihnen zufolge lediglich einem Leibwächter den Speer und tötete Kleitos auf der Stelle. Die Fabel von Kleitos' Rückkehr, in der sogar Kleitos allein die Schuld zugeschoben wird, ist ein warnendes Beispiel dafür, daß die Schönfärbereien des Hofes keine Grenzen kannten.

Der Mord soll im König einen unsagbaren Gefühlsumschwung hervorgerufen haben. Starr vor Entsetzen, sagten seine Verteidiger, lehnte er die blutige Sarissa gegen eine Mauer und machte Anstalten, sich auf ihre Spitze zu werfen; im letzten Augenblick versagten dann seine Nerven, und er begab sich zu Bett. Darin sind sich die meisten Berichte einig. Drei ganze Tage lag er außer sich auf seinem Lager und wiederholte in zusammenhängenden Satzfetzen zwischen Schluchzen und Selbsterniedrigung immer wieder die Worte »Der Mörder meiner Freunde«. Drei Tage verstrichen, ehe er wieder zu essen und zu trinken bereit war und seinen Körper beachtete. Erst dann ließ er sich nach langem, gütigem Zureden seiner Freunde zur Einsicht bewegen. Die Schande war unerträglich; der Mörder Alexander war sein eigener, grausamster Richter. Kallisthenes und andere kluge Höflinge suchten nach einer Erklärung, die einem zutiefst verletzten Ehrgefühl gegenüber der Welt Schutz bieten mochte. Schwierigkeiten machte ihnen das nie.

Die Makedonen pflegten seit langer Zeit ein jährliches Fest für Dionysos abzuhalten, den griechischen Gott des Weines und der lebensspendenden Kräfte: Alexander hatte dem Gott der Jahreszeit nicht das gebührende Opfer dargebracht, sondern an seiner Stelle Kastor und Pollux, Söhnen des Zeus, geopfert. Darob war Dionysos erzürnt und hatte den Mann, der ihn vernachlässigt hatte, durch seinen irdischen Sachwalter, den Wein, bestraft. Geschichtsschreiber fanden an dieser faden Verteidigung großes Gefallen; das Heer, das seinen König mehr als Kleitos schätzte, flehte Alexander an, sein Mißgeschick zu vergessen. Kleitos, sagten die Männer, habe seinen Tod verdient.

Ein solcher Streit vermag die Vergangenheit wie ein plötzlich aufflammender Blitzstrahl zu beleuchten und ein Unwetter auszulösen, das seit langem in der Luft schwebte. Doch im Falle Kleitos/Alexander hatte der Blitzstrahl mehrere Zacken, und der Donner ist oft mißverstanden worden. Von den Speisezimmern in Samarkand weit entfernt, konnten Griechen nach Belieben Mutmaßungen über die Ursachen des Streites anstellen: Sie empfanden keine Liebe für Alexander, und wo Historiker nur einen persönlichen Zank gesehen hatten, ausgelöst durch Angriffe auf kriegerischen Ruf, idealisierten sie den Konflikt und stellten Alexander als Tyrannen dar, Kleitos dagegen als einen Verfechter der Freiheit, der unablässig alle orientalischen Sitten bekämpfte; er leistete Widerstand, weil er Schmeichelei und ihre widerwärtigen Parallelen mit Ammon, Göttern und Helden haßte. »Die zwei Freunde, die sich da stritten, waren in Wirklichkeit nicht zwei Männer; es waren vielmehr die beiden verschiedenen Weltanschauungen, die mit elementarer Gewalt zum Ausdruck kamen.« Wenn dies zuträfe, würde es im höflichen Leben der vergangenen beiden Jahre eine tiefe Welle von Konflikstoffen bloßlegen; doch der Hinweis ist frei erfunden; die Streitenden waren schwer betrunken, und anstelle hoher Prinzipien spielten hier im Hintergrund handgreifliche Tatsachen mit, die übersehen wurden.

Tage vor dem Trinkgelage war der Offizier Kleitos zu einem neuen Dienst bestellt worden. Er sollte Baktrien regieren, eine Satrapie hinter den Linien. Für einen ehemaligen Hipparchen der Berittenen Kampfgefährten war dies ein kärglicher Lohn: Zwar sollte Baktrien mit etwa 15 000 griechischen Soldaten besetzt werden und somit eine gewichtige Verantwortung darstellen, aber das Soldatenleben in Baktriens Hinterwäldern war allgemein als gräßlich verschrien, und die Aussicht wurde noch dadurch verschlimmert, daß Alexander seine engsten Freunde niemals in eine Satrapie und vom Hofe fort abkommandierte. Kleitos wurde also in gewisser Weise degradiert; ein anderer Offizier, der ebenfalls einen Posten in Baktrien erhalten hatte, zog es vor, das Ansinnen abzulehnen und sich ruhig hinrichten zu lassen, als dem Mittelpunkt des Geschehens den Rücken zu kehren. Während seine Freunde unter den Kampfgefährten Alexanders in Indien zu Ruhm gelangten, hätte Kleitos am Oxus alt werden müssen, wo die einzige Hoffnung eines Mannes auf Auszeichnung sich daran erschöpfte, hin und wieder unbekannte Nomaden zurückzuschlagen. Der gegen seinen Willen in den Ruhestand Versetzte suchte Trost im Trinken und hatte sich nach etlichen Bechern mit Schimpfworten Luft gemacht.

Sein Niedergang muß einen Grund gehabt haben. Nach der Verschwörung des Philotas war er zusammen mit Hephaistion zum Oberbefehlshaber der Berittenen Kampfgefährten ernannt worden, und das möglicherweise aus Gründen, die nicht gänzlich in Alexanders Entscheidungsgewalt lagen. Kleitos war der erfahrenste Kavallerieführer. Er befehligte auch die 6000 Makedonen, die damals für kurze Zeit in Hamadan gewesen waren. Sie waren für Parmenions Beseitigung entscheidend gewesen, und bei ihrem Eintreffen mußten sie feststellen, daß ihnen eine neue persische Monarchie beschert und die Familie des Generals gesäubert worden war. Ihre loyale Ergebenheit bedurfte der Anerkennung, und möglicherweise ging Alexander vorsichtig zu Werke. Hephaistion sympathisierte mit den persischen Sitten; viele Makedonen taten das nicht. Der zweite Hipparch mußte also ein eingefleischter Makedone sein und ein Mann aus der Zeit Philipps. Kleitos war beides, und so bekam er die Stellung. Immerhin hatte er seinem König den Vorzug vor Parmenion gegeben, und seit Seistan war Alexanders Verhalten nicht orientalischer geworden. Vielleicht hätte es Kleitos auch nichts ausgemacht, wenn es anders gewesen wäre; denn er wäre nie nach Baktrien versetzt worden, dem Bollwerk des iranischen Landadels, wenn er die Iraner wirklich verachtet hätte. Andere eingefleischte Makedonen dienten weiterhin loyal.

Kleitos' Sorgen waren etwas persönlicherer Natur. Er alterte, auch war er krank gewesen. Im Jahr zuvor hatte man ihm die höchsten Kommanden auf dem Feld nicht mehr anvertraut, und als die Verstärkungen Balkh erreichten, wurden wahrscheinlich sechs oder mehr Hipparchen ernannt, um ihn zu ersetzen. Vielleicht war er verwundet worden; vielleicht war er grob zu Hephaistion gewesen, den auch andere verabscheuten. Seine Degradierung mag sehr wohl aus persönlichen Gründen erfolgt sein. Ganz gewiß entsprang sie nicht einem Haß gegen Diademe und persische Türsteher oder einer plötzlichen Leidenschaft für die Freiheit, wie philosophische Griechen vorgaben. Er war vorübergehend befördert worden, um die Krise von Seistan ins Lot zu bringen, um gleich darauf zum alten Eisen geworfen zu werden.

»Der Wein«, so sagt ein griechisches Sprichwort, »ist der Spiegel der Seele«, und während eines Streits bei übermäßigem Rausch sind ihre Spiegelbilder ganz besonders klar; wir bedauern nur deshalb so sehr, was wir in einem Augenblick der Erregung sagen, weil wir so viel mehr von uns selbst preisgeben als von unseren Opfern. Der Kern der Sticheleien, die Kleitos' Mord zur Folge hatten, läßt sich noch erkennen, doch ihre Einzelheiten bleiben dunkel. Wie alle Bemerkungen, die zufällig treffen, erzürnten sie ihren Hörer, weil sie lange schwelende Probleme ins offene brachten – und ganz zweifellos ging es dabei nicht um Politik, sondern um Ansehen und Ruf. Alexander, sagten einige, lauschte nach dem Essen einer Ballade, welche die Generäle verhöhnte, die Spitamenes ein Jahr zuvor vernichtet hatte. Solche Verspottungen heikler Mißgeschicke gab es in Alexanders Kreis sonst auch, und in einem Fall, bei dem Alexander sich im geheimen selbst die Schuld am Verhängnis geben konnte, mochten sie eine willkommene Erleichterung bieten.

Andere behaupteten, nicht eben plausibler, Alexander habe seinen Vater Philipp schlecht gemacht und Schmeichlern Beifall gezollt, die ein Gleiches taten. Sicherlich kam die Vergangenheit zur Sprache, wenngleich Philipps Name kaum so plump geschmäht wurde. Bald aber stand Kleitos auf, um die Wahrheit ins Licht zu rücken. Er war ein altgedienter Krieger und hatte Alexander am Granikos das Leben gerettet; er hörte es nicht gern, wenn vergangene Ruhmestaten geschmälert wurden, und rühmte deshalb die Leistungen der älteren Soldaten – Alexanders Ruhm, so stellte er fest, sei makedonischer Ruhm; der König beanspruche Ehre, wo Ehre ihm persönlich gar nicht gebühre. Nach einem langen Jahr heißer und zermürbender

Kämpfe gegen Aufständische nährte die Kritik dieses alten Mannes die Wut um so mehr, als sie gut gezielt war; Alexanders Wetteifern mit Helden und die Schmeicheleien des Kallisthenes beweisen, wie sehr er sich um seinen persönlichen Ruf sorgte, und in Samarkand, in einem Jahr geringer Fortschritte, konnte ihm leicht vorgeworfen werden, daß sein Stolz auf seine Feldherrnkunst möglicherweise ein wenig verfrüht sei.

Eine tiefe Empfindsamkeit war berührt worden. Der junge und der alte Mann begannen einander anzubrüllen, bis sie über die gegenseitigen Angriffe auf ihre eigene Überheblichkeit völlig außer sich gerieten. Es tut nichts zur Sache, daß die schließlichen Grobheiten nicht überliefert worden sind; denn beide Männer waren betrunken und hatten begonnen, Eigenschaften und Leistungen des anderen in den Schmutz zu ziehen. Sexuelle Unfähigkeit, Alexanders kleiner Wuchs, Kleitos' mit dem Alter nachlassender Mut, die fehlgeschlagene Verfolgung des Spitamenes – sie hatten einander fürwahr genug an den Kopf zu werfen, wie sehr die älteren Gäste auch versuchen mochten, ihre Zügellosigkeit zu dämmen. Kleitos machte sich zweifellos auch lustig über Vater Ammon und fand sich dann plötzlich, als ein Zurücknehmen nicht mehr möglich war, von einer Sarissa durchbohrt.

Alexanders Zornesausbruch war unverzeihliche Maßlosigkeit. Und es half wenig, daß Aristoteles ihm gelehrt haben mochte: »Der Mann, der betrunken sündigt, sollte zweimal bestraft werden – einmal für seine Sünde, einmal für seine Trunkenheit.« Dennoch läßt er sich begreifen. Alexander folgte den Idealen des homerischen Achilles, dem ein durch persönliche Leistung getragener Ruhm über alles ging, wie gewalttätig sie auch sein mochte; in Homers *Illias* hatte selbst Patroklos, der Geliebte des Achilles, sein Vaterhaus ursprünglich eines Mordes in der Jugend wegen verlassen. Den Mord an Kleitos homerisch zu nennen, heißt mitnichten ihn beschönigen, doch es bestimmt den Umriß der Dinge, die folgten. Wie Homers Archilles nach dem Tod des Patroklos zog Alexander sich auf sein Lager zurück, und

> Dessen gedacht' er im Geist, und häufige Tränen vergoß er.
> Bald nun legt' auf die Seiten er sich, und bald auf den Rücken,
> Bald auf das Antlitz hin; dann plötzlich empor sich erhebend,
> Schweift er am Ufer des Meers, voll Bangigkeit . . .

Schlimmer als Achilles hatte er einen Gefährten nicht in den Tod auf dem Schlachtfeld geschickt: er hatte ihn beim Mahle vor seinen Gästen ermordet. Apologeten übertrieben vielleicht seinen unmittelbaren Wunsch zu sterben, doch widerspräche man den wenigen bekannten Charakterzügen Alexanders, wollte man seine dreitägige Selbstbestrafung herunterspielen oder sie als berechnetes Schauspiel abtun. Er täuschte nicht etwa vor, sich selbst zu quälen, ganz als wollte er seinen Soldaten und Offizieren Furcht davor einjagen, daß er vielleicht nie wieder unter sie träte. Die gewöhnlichen Infanteristen hatten verständlicherweise nicht den geringsten Kummer über den unglücklichen Tod eines alternden Kavalleristen erkennen lassen, und falls eine Offiziersverschwörung wahrscheinlich gewesen wäre, so hätte Alexander nichts Dümmeres tun können, als sich drei ganze Tage ins Bett zu flüchten und sie mit ihren Plänen allein zu lassen. Es sah nicht danach aus, als wäre Kleitos der Sprecher einer von hohen Grundsätzen getragenen Opposition gewesen; und kein Offizier scheint seine Stellung wegen der Freundschaft mit ihm eingebüßt zu haben, und wie um Alexanders Gewissen zu beruhigen, verblieb der Neffe des Kleitos bis zuletzt unter hohen Gunstbezeigungen im Freundeskreis des Königs.

Der Mord war deshalb so schmerzlich, weil er eine persönliche und gleichsam zufällige Schande darstellte. Wie Alexander lebte, so litt er auch in höchstem Maße und eine persönliche Krise trieb ihn nicht zu orientalischer Tyrannei, sondern zu seiner homerischen Lebenshaltung zurück.

Jene Nacht des Schreckens aber enthüllte auch, was jeder junge Mann weiß: Zwischen alt und jung liegt eine tiefere Kluft als zwischen Klassen oder Religionen, und kein erfolgreicher Sohn vermag es zu ertragen, wenn ihm vorgehalten wird, wieviel mehr die Generation seines Vaters geleistet hat. Nicht daß die Veteranen der Meinung gewesen wären, Alexander habe sich zu seinem Nachteil verändert: Sie dienten ihm weiterhin und rückten sogar zu hohen Kommandostellen auf. Aber von nun an mußten sie zögern, ihre Vergangenheit mit Philipp einem Mann gegenüber zu rühmen, der zu Recht annahm, daß er seiner eigenen Initiative und der lenkenden Hand von Zeus Ammon ebensoviel verdankte wie seinem irdischen Vater. Alexander verleugnete Philipp nicht, ebensowenig wie er die Ziele seines Vaters verraten hatte; er übertraf ihn eben nur. Es gibt keinen Grund anzunehmen, daß nicht auch Philipp mit Freuden ganz Asien überrannt, das persische Diadem getragen und seine Verwandtschaft mit Zeus betont hätte. Doch man darf bezweifeln, daß er je den nötigen Elan besessen hätte, es auch zu tun. Was immer Kleitos vorgebracht, Alexander hatte bewiesen, was er konnte, und sein erstaunlicher Erfolg machte die Vergleiche eines alten Mannes um so verletzender, weil sie nicht auf Wahrheit beruhten. Die Tüchtigkeit von Philipps Soldaten ist unbestreitbar, doch sie hatten in fünf Jahren unter Alexander weit mehr erreicht als mit Philipp in zwanzig. Die Monate nach dem Mord an Kleitos zeigen überaus deutlich, weshalb Alexanders Stilgefühl die klassische Welt noch faszinierte, als das Wirken seines Vaters schon längst vergessen war.

Nach dem Tode Kleitos begann Alexanders Mißgeschick abzuebben. In wenigen Wochen wurden die restlichen Sogdianer unterworfen und mit wehrhaften Festungen in Schach gehalten. Ihre Unterwerfung beraubte Spitamenes mit einem Schlag seines Rückhalts. Da seine 8000 nomadischen Reiter nun einer erdrückenden Übermacht gegenüberstanden, mußte er sich darauf beschränken, hinter den Linien Balkh zu überfallen, wo er den wenigen Soldaten und den Invaliden der Stadt einen Hinterhalt legte und die meisten tötete – darunter auch Aristonikos, der Philipps wie auch Alexanders Harfenspieler gewesen war und dort starb, »nicht kämpfend wie ein Musikant, wie man meinen möchte, sondern als ein tapferer Mann«. Es war ein gut überlegter Überrumpelungsangriff, doch er trug wenig dazu bei, die Sache des Spitamenes zu fördern. Als er versuchte, sich nach Westen zurückzuziehen und in der Wüste unterzutauchen, wurde er von Krateros abgefangen, der sich auf dem Rückweg von der Oase Merv befand und die Skythen des Spitamenes in einer stürmischen Kavallerie-Attacke hinwegfegte. Um diese Zeit dienten bereits Sogdianer und Baktrer in Alexanders Heer, und Spitamenes schien mehr als Bandit denn als Rebellenführer.

Um die Aussichten des Spitamenes stand es schlecht. Er konnte nur seine Überfälle hinter den Linien wiederholen. Beim ersten Versuch lief er Alexanders Nachhut-Division in die Arme, die ihn völlig in die Flucht schlug, obwohl er zusätzlich 3000 vagabundierende Skythen angeworben hatte. Selbst den überlebenden Glücksrittern begann nun der Mut zu sinken. Zum dritten Mal in zwei Jahren wurde ein Feind

Alexanders von seinen Mitstreitern verraten. Sie brachten ihren persischen Anführer kaltblütig um, und als der Herbst zu Ende ging, schickten sie Spitamenes' Kopf als Beweis zum makedonischen Heer.

Es war für Alexander bezeichnend, daß er sich damit nicht zufriedengab. Von den Parteigängern Spitamenes' befanden sich noch drei – alle ehemalige Günstlinge des Bessos – in der Gegend auf freiem Fuß, während die östliche Hälfte von Sogdiane sich überhaupt noch nie unterworfen hatte. Rebellen hatten sich dort in Sicherheit gebracht, und so wurde die Armee nach lediglich zwei Monaten im Winterlager ostwärts in Marsch gesetzt. Nach wie vor plagte der Hunger die Soldaten, da die Proviantvorräte der Umgebung seit langem dahingeschwunden waren. Während des Marsches lag auf den Berghängen hoher Schnee, und nach drei Tagen trieb ein schweres Gewitter – Blitze zuckten, und Hagel trommelte auf ihre Rüstungen – sie zurück, um Deckung zu suchen. Alexander setzte sich an die Spitze und führte sie zu Hütten der Landesbewohner, wo aus dem Holz der umliegenden Wälder ein Feuer angefacht werden konnte. Er machte sogar seinen Königssessel am Feuer für einen gewöhnlichen Soldaten frei, den er zähneklappernd und erschöpft neben sich stehen sah. Doch 2000 seiner Männer waren umgekommen, und »es wurde erzählt, daß man die Opfer immer noch an den Baumstämmen angefroren sehen konnte, an die sie sich gelehnt hatten«.

In der Nähe des heutigen Hissar erreichte Alexander die Nachricht, im Koh-i-Noor-Gebirge habe ein letzter Haufe sogdianischer Rebellen bei den dortigen Landadeligen Zuflucht gefunden. Ihre natürliche Festung schien den Kundschaftern unbezwingbar; sie schätzten, daß die Festung »mehr als fünf Kilometer hoch war und ihr Umfang mindestens vierundzwanzig Kilometer betrug«. Als Alexander die gegnerischen Anführer zu einer Verhandlung einlud und ihnen durch einen von Artabazos' Söhnen im Falle freiwilliger Ergebung freien Abzug versprach, lachten sie nur und ließen ihm sagen, er möge gehen und sich Soldaten mit Flügeln suchen. Alexander haßte es, verhöhnt zu werden, ganz zu schweigen davon, sich vorwerfen zu lassen, er bringe etwas nicht zustande. Und wenn seine Männer schon nicht fliegen konnten, so konnten sie immerhin klettern.

Als die feindlichen Unterhändler abgezogen waren, forderten seine Herolde alle Bergsteiger unter den Soldaten auf hervorzutreten. Ihre

Belohnung stand im Verhältnis zur Gefahr. Der erste, der den Felsen erstieg, sollte zwölf Talente bekommen – das Zwölffache der Prämie, die an die Verbündeten Truppen für vier Dienstjahre in Asien ausbezahlt worden war. Die übrigen würden je nach ihrer Stelle im Wettklettern den Gipfel hinauf belohnt. Die dreihundert erfahrenen, freiwilligen Kletterer erhielten Anweisung, sich mit Flachseilen und eisernen Zeltpflöcken auszustatten, und noch in derselben Winternacht begaben sie sich im blassen Schein der Sterne zu einer Felswand, die bei weitem zu gefährlich war, als daß der Feind sie bewacht hätte.

Sie kletterten mit der Geduld abgehärteter Alpinisten. Etwa jeden Meter hämmerten sie Zeltpflöcke in die Felsspalten und in die gefrorenen Schneewächten, schlangen ihre Seile darum und zogen sich daran hoch. Dreißig glitten auf dem Weg hinauf aus, stürzten in den Tod und begruben sich so tief im Schnee des Abgrundes, daß nicht daran zu denken war, ihre Leichen je zu bergen. Als aber die ersten Streifen der Morgendämmerung sich am Himmel zeigten, erreichten die übrigen 270 Mann den Gipfel. Es war keine Zeit, den Gipfelsieg zu feiern. Aufkräuselnder Rauch aus den Felskaminen tief unter ihren Füßen gab zu erkennen, daß die Sogdianer bereits munter waren. Die Makedonen mußten rasch handeln, wenn sie nicht unterlegen sein wollten; sie hatten mit Alexander vereinbart, ihm mit Leinenflaggen ein Zeichen zu geben. Er hatte seinen Beobachtungsposten am Fuß der Felswand während der ganzen Nacht nicht verlassen. Wieder einmal versuchte er es mit einem Trick. Er schickte Herolde zu den Wachposten der Gegner: Sie möchten doch hinaufschauen, so wurde ihnen bestellt, und Alexanders fliegende Soldaten betrachten. Die Wachposten drehten sich um, und als sie die Kletterer hoch über sich erblickten, ergaben sie sich in dem Glauben, eine ganze Armee habe die Felswand erstiegen. Die landadeligen Familien, die ihre Festung verließen, wurden für die Zukunft verschont. Doch so gründlich die Soldaten auch suchten, große Nahrungsmittelverstecke vermochten sie nirgends zu entdecken.

Ein zweiter Felsen war kaum weniger aufsehenerregend. Etwa achtzig Kilometer südöstlich von Leninabad, wo die Straße nach Buldzuan den Vachshi-Fluß überquert, erhebt sich ein Felsriegel namens Koh-i-noor – in der Gegend ein allgemein gebräuchlicher Name, der nichts über die extreme Höhe und Unzugänglichkeit des

Berges aussagt. »Ungefähr dreieinhalbtausend Meter hoch und zehn Kilometer an Umfang«, wurde er von einer tiefen Bergschlucht geschützt, deren einzige Brücke zerstört worden war. Angesichts einer Belagerung zeigte sich Alexanders Kühnheit stets am deutlichsten. Die Soldaten erhielten Befehl, in Tag- und Nachtschichten zu arbeiten, bis sie genug Föhren gefällt hatten, um den Abgrund mit einem Behelfssteg zu überbrücken. Zuerst kletterten sie auf Leitern die Felsen hinunter und trieben an der schmalsten Stelle der Schlucht Pfähle in die Felswand; sodann wurden Schanzkörbe aus Weidenholz auf das Netzwerk gelegt und mit einer dicken Erdschicht bedeckt, die für das Heer und seine Waffen eine ebene Straße bildete. »Anfangs machten die Barbaren sich fortwährend über das Bemühen lustig, das in ihren Augen völlig hoffnungslos war«, doch wie die Leute von Tyrus mußten sie alsbald sehen, was ein Sohn des Zeus mit der Landschaft anstellen konnte.

Die Brücke über die Bergschlucht war vollendet, und Pfeile, vielleicht aus Katapulten, begannen ins Lager der Feinde hinüberzuschwirren, die das Feuer erwiderten; doch ihre Geschosse prallten harmlos an den makedonischen Wetterdächern und Schutzvorhängen ab. Wenngleich die Festung sich dem Zugriff von Alexanders Soldaten nach wie vor entzog, so machte die Arbeit der Ingenieure den Belagerten angst, und der adelige Oxyartes, ein Gefangener vom ersten Felsen, brauchte dem feindlichen Anführer nur zuzurufen, er solle sich ergeben und seine Haut retten. Es gäbe nichts, rief er, was Alexanders Heer nicht erobern könne – wieder ein beachtlicher Bluff, da der Felsen, wenngleich jetzt dem Beschuß durch die Katapulte ausgesetzt, immer noch unbezwingbar war. Sisimethres, der feindliche Anführer, erklärte sich zur Übergabe bereit. Als Alexander mit fünfhundert Wachen einmarschierte, um die Festung zu besichtigen, ergab er sich widerstandslos. Um seine Bezwinger zu erfreuen, erwähnte er nebenher auch seine Proviantkammer, die mit Getreide, Wein und getrocknetem Fleisch gefüllt war, ganz abgesehen von den Herden fetten Nutzviehs in den Ställen. Genug sei da, so rühmte sich Sisimethres, um das ganze Heer Alexanders mindestens zwei Jahre lang zu ernähren. Willkommeneres hätte er nicht sagen können. Nach zwei durchhungerten Jahren war die ständig wiederkehrende Sorge um Proviant für das Lager endlich vorbei. Man brauchte den Hunger nicht länger zu fürchten, und Sisimethres – ein Herr, der seine eigene Mutter geheiratet hatte, vielleicht weil er der zoroastrischen Religion angehörte – wurde von einem König, der Grund genug hatte, Milde walten zu lassen, voller Dankbarkeit wieder im Besitz seiner Felsfestung bestätigt.

Mit diesen glücklichen Siegen war der Kampf um den Äußeren Iran beendet, und nach zwei Jahren unmäßigen Blutvergießens und einer willkürlichen Entvölkerung großen Ausmaßes war es an der Zeit, nach Balkh zurückzukehren und die Zukunft von Provinzen zu regeln, welche die persischen Könige im fernen Susa stets gerne Mitgliedern ihrer eigenen Familien anvertraut hatten. Iraner sollten die umliegenden Festungen als sogdianische Statthalter behalten. Die alte persische Zitadelle neben Oxus und Kokcha sollte als riesiges Alexandria mit einem Palast und einem strengen Straßenplan wieder aufgebaut werden. Da von Alexanders Verwandten niemand für diese Statthalterschaft in Frage gekommen wäre, band er den sogdianischen Adel nach althergebrachter Weise an seine Person. Unter den Gefangenen von der ersten Felsenfestung befanden sich auch die Töchter des sogdianischen Fürsten Oxyartes; von diesen Töchtern wurde Roxane von allen, die sie kennenlernten, als die schönste Frau ganz Asiens bezeichnet; sie verdiente ihren iranischen Namen – »kleiner Stern« – ganz zu Recht. Daß Alexander ihrem Zauber erlag, darüber war man sich einig. Er soll ihr einigen Berichten zufolge zuallererst bei einem Festmahl in die Augen geblickt und sich auf der Stelle leidenschaftlich in sie verliebt haben. Heutzutage gehört es zum guten Ton, die Leidenschaft hinwegzudeuten und politische Aspekte zu betonen, doch Zeitgenossen empfanden es anders. Gewiß war die Ehe politisch sinnvoll, doch andere iranische Damen hätten dem Zweck ebenso gut dienen können. Alexander mag seinem Verstand gefolgt sein, doch diesmal, im Alter von 29 Jahren, erwählte er das Mädchen, das sein Herz entflammte. Daran zweifelte niemand.

Mit Vorräten reich gesegnet, sorgte Alexander auf Sisimethres' bis an den Himmel ragender Festung für eine verschwenderische Hochzeitstafel. Er hatte seinen Sinn für einen der Situation gemäßen Stil nicht verloren, und die Festlichkeit hatte ganz deutlich einen ritterlichen Zug – denn Alexander und Roxane versinnbildlichten ihre Verbindung vor den Augen ihrer Gäste, indem sie einen Laib Brot mit dem Schwert durchschnitten; als eben Getraute aß jeder eine Hälfte. Das Teilen des Brotlaibes war eine iranische Sitte, die heute noch in Turkestan geübt wird, wenn auch das Schwert ein militärisches Detail gewesen sein mochte, das Alexander einführte. Am besten wurde die Stimmung des Augenblicks von dem erfahrenen zeitgenössischen griechischen Maler Ätion eingefangen. Sein Gemälde von Alexanders Hochzeit, das leider verlorengegangen ist, beschrieb farbenprächtig »ein herrliches Schlafzimmer mit einem Hochzeitsbett, auf dem Roxane saß. Sie war ein außergewöhnlich schönes Mädchen, doch sittsam blickte sie zu Boden; denn sie empfand Schüchternheit vor Alexander, der neben ihr stand. Lächelnde Liebesengel betreuten die beiden: Einer stand im Hintergrund und zog ihr den Schleier vom Gesicht; ein anderer zog ihr den Schuh aus, während ein dritter Alexander am Mantel zog, um ihn ihr zuzuführen. Mittlerweile bot Alexander ihr ein Blumengebinde dar, während Hephaistion, sein Beistand, eine lodernde Fackel hielt und sich gegen einen jungen Knaben lehnte, wahrscheinlich Hymenäos, den Gott der Vermählungen. Auf der anderen Seite tummelten sich weitere Liebesengel, diesmal unter Alexanders Rüstung: Zwei hoben seinen Speer empor, zwei andere schleppten seinen Schild an den Handgriffen herbei, auf welchem ein dritter saß, vermutlich ihr König. Ein weiterer Liebesengel hatte sich unter dem Brustharnisch verborgen, als wolle er sie aus dem Hinterhalt überfallen.«

Es war die barocke Phantasie eines griechischen Meisters. Sein Bild »Alexanders Vermählung mit Roxane« wurde bei den griechischen Festspielen in Olympia preisgekrönt und überlebte in der Beschreibung eines römischen Besuchers, die Sodoma und Boticelli beeinflußte.

Wie Achilles, sagten die Soldaten, habe Alexander eine Dame geheiratet, die in Kriegsgefangenschaft geraten sei. Doch in der Politik, vielleicht auch in seiner Persönlichkeit, hatte der neue Achilles seit seiner Pilgerfahrt nach Troja einen weiten Weg zurückgelegt. Niemand hätte ahnen können, daß ein Schüler des Aristoteles, der sich einst geweigert hatte, eine Frau zu nehmen, sich leidenschaftlich in eine Dame aus dem Äußeren Iran verlieben, sie heiraten und als Beweis seiner friedlichen Absichten dem besiegten iranischen Landadel präsentieren werde. Überdies war sein Schwiegervater Bessos' enger Verbündeter in einem Aufstand gewesen, der ihn, Alexander, zwei peinliche Jahre lang festgenagelt hatte.

Nur eins störte. Als Vater von Barsine, Alexanders erster persischer Mätresse, mochte Artabazos über die Ehe mit Roxane enttäuscht sein – besonders, da bekannt war, daß Barsine ihr erstes Kind erwartete. Aber noch bevor sich die Möglichkeit einer solchen Ehe abzeichnete, hatte Artabazos sein Kommando in Baktrien aus Altersgründen niedergelegt; die Satrapie, die ursprünglich Kleitos angeboten war, ging an einen anderen Makedonen, der mit einer angemessenen großen Truppe griechischer Söldner ausgestattet wurde. Artabazos würde nie Großvater von Alexanders anerkanntem Erben werden, doch es ist nicht bekannt, daß er bleibenden Groll gehegt hätte, und seinen Söhnen wurden weiterhin hohe Ehren zuteil. Im Ruhestand übernahm er die Statthalterschaft über den ersten sogdianischen Felsen, dessen Herrscher Ariamazes gekreuzigt worden war. Leise Ironie liegt darin, daß Roxane ausgerechnet in dieser Festung Alexanders Gefangene wurde.

Alexanders Pläne aber reichten bereits über die Ehe hinaus. In Balkh ließ er dreißigtausend Jungen für eine militärische Ausbildung auswählen; ihre Waffen sollten makedonisch sein, ihre Sprache griechisch. Es war der entschlossenste Versuch einer weitreichenden Hellenisierung des Iran, der je von einem König aus dem Westen unternommen wurde. Wie die königlichen Pagen Philipps würden die Knaben nicht nur Faustpfänder für das Wohlverhalten ihrer Väter sein, sondern auch die zuverlässige Soldatenklasse der Zukunft bilden, wenn die makedonischen Veteranen einmal in den Ruhestand traten; dann konnte die Armee mit Orientalen westlicher Lebensart aufgefüllt werden.

Nach einem Jahr der Enttäuschungen, sogar des Mordes, nahm endlich ein schöpferischer Plan Gestalt an. Die Iraner, weit davon entfernt, »wie Pflanzen und Tiere« behandelt zu werden, würden herangezogen werden, Anteil am Reich zu nehmen, nur Alexander allein verpflichtet und abseits ihres Stammeshintergrundes erzogen. Ob die Knaben und ihre Eltern dafür dankbar waren, ist eine andere Frage.

Zur gleichen Zeit bekamen auch Alexanders Höflinge die Veränderung zu spüren. Während die Offiziersstellen in der Reiterei umbesetzt wurden, war für Hephaistion zur Wahrung seiner besonderen Würde eine Beförderung notwendig geworden, und dies war vielleicht der Zeitpunkt, da er offiziell zu Alexanders stellvertretendem Befehlshaber wurde. Sein Titel war Chiliarch, seine Stellung reich an militärischer Verantwortung. Doch sowohl Stellung als auch Titel waren von den persischen Königen geschaffen worden.

Jede Veränderung dieser Art mußte einfach Komplikationen mit sich bringen.

»In meinem Fall war es so, daß die Anstrengungen all dieser Jahre, in der Kleidung der Araber zu leben und ihre geistigen Grundlagen nachzuvollziehen, mich meines englischen Ichs beraubten ... Zur selben Zeit konnte ich nicht aufrichtig die arabische Haut überstreifen. Es war nur eine Verstellung ... Manchmal sprachen diese beiden Ichs im leeren Raum miteinander, und dann war ich dem Wahnsinn sehr nahe – so nahe, glaube ich, wie der Mann ihm kommen mußte, der alle Dinge gleichzeitig durch die Schleier zweier Gewohnheiten, zweier Erziehungen, zweier Welten sehen konnte.«

Wenngleich Lawrence von Arabien der einen Seite Alexanders näher kommt als je ein Mensch seither, so stellte er Theorien auf, wo Alexander nur für den Augenblick handelte. Doch auch Alexander sah das Leben nun durch zwei verschiedene Schleier, und die zwei Identitäten traten tatsächlich miteinander ins Wechselgespräch, wenn schon nicht im leeren Raum des Wahnsinns, so immerhin auf einer Alltagsebene, wo die Spannungen deshalb nicht weniger real waren, weil sie in aller Öffentlichkeit auftraten. Das Frühjahr 327 v. Chr. verbrachte Alexander in Balkh. Roxane war eben seine Frau und Hephaistion möglicherweise sein Vizekönig geworden, und die Spannung sollte in einen offenen Konflikt umschlagen, dessen Opfer ein Mann wurde, den die Auseinandersetzungen der vergangenen zwei Jahre bisher verschont hatten.

23 DAS KOMPLOTT DER PAGEN

In der persischen Legende hat Alexander Roxane bald nach Seistan geschickt, wo er ihr die Festung zum Hochzeitsgeschenk machte, damit sie sich nach dem Weitermarsch des Heeres zum Pandschab in Sicherheit befände. Da Roxane aber nach Indien mitzog und die Mauern der Hauptstadt Seistans wohl einer späteren Zeit zugehören, darf die Legende bezweifelt werden. Roxane blieb vermutlich im Heerlager, wo sie an einer der Episoden im Leben ihres Mannes teilnahm, die mißverstanden worden sind. Die Episode, die einen Wandel in Alexanders politischen Plänen veranschaulicht, läßt sich ohne ihren persischen Hintergrund nicht begreifen, vermittelt dann aber einen kleinen, doch bezeichnenden Einblick in seine Stimmung. Es geht um einen höfischen Kuß.

Im Gegensatz zu den Chinesen, die für das Küssen kein Wort hatten, gab es im höfischen Vokabular der Königreiche des antiken Ostens längst einen Begriff für eine Kußgeste, die bei den assyrischen Königen üblich wurde, und darauf zunächst von den Medern, dann von den Persern übernommen wurde. In Griechenland gab es eine entsprechende Geste, die höchstwahrscheinlich dem Osten entlehnt war, und die Griechen verwendeten für die beiden verschiedenen Gesten ein und dasselbe Wort – *proskynesis*. Beschreibungen dieser Geste gibt es zwar erst aus römischer Zeit niedergelegt, aber sie passen recht gut zu Darstellungen früher griechischer und persischer Skulpturen: der Darbringer der Proskynese führte eine Hand, gewöhnlich seine Rechte, an die Lippen und küßte seine Fingerspitzen, wobei er seinem König oder Gott den Kuß wahrscheinlich hinhauchte, obwohl das Zuwerfen von Handküssen erst für die römische Gesellschaft wirklich gesichert ist. Die Steinzeichnungen von Persepolis zeigen die Würdenträger beim Emporsteigen der Palasttreppe, die Meißeleien am Grabstein des Artaxerxes die Diener beim Ausführen der Geste, während der Majordomus des königlichen Haushalts vor dem Großkönig seine Hand küßt und sich dabei ein wenig vorbeugt.

Die persischen Bilder und die besonderen griechischen Hinweise belegen, daß zur Zeit Alexanders die Proskynese in aufrechter, gebeugter oder auch ehrfürchtig liegender Stellung vollzogen werden konnte. Alexander, so nahmen die Römer an, wollte seine engsten Freunde vor sich kriechen sehen, als er ihnen die Proskynese abverlangte – aber in Griechenland wie auch in Persien ließ sich nur der Bittsteller oder der gemeinste Untergebene auf Händen und Knien nieder. Höflinge und Aristokraten warfen sich vor dem König nur zu Boden, wenn sie in Ungnade gefallen waren oder etwas erbaten. Die eigentliche Proskynese erforderte solche Haltung nicht.

Ihre Anwendung war in Persien und Griechenland unterschiedlich. In Griechenland wurde sie nur den Göttern zuteil, in Persien jedoch auch vor Menschen vollführt. »Wenn die Perser sich auf der Straße begegnen«, schrieb Herodot in einem jener tiefen Einblicke in fremde Sitten, die ihn zum weitaus besten griechischen Historiker machen, »kann man auf folgende Weise erkennen, ob sie sich als gesellschaftlich Gleichstehende gegenübertreten. Sind sie gleich, küssen sie einander anstelle eines Grußwortes auf den Mund; steht der eine etwas unter dem anderem, küßt er ihn nur auf die Wange; ist er erheblich geringeren Standes, so fällt er vor ihm nieder und entbietet dem Höherstehenden die Proskynese.« Es gab ferner eine Abart, die auf der Straße nicht zu sehen war: eine Begegnung mit dem Großkönig selbst. Da der König in seiner Majestät übermenschlich war, empfing er von jedermann die Proskynese; allerdings galten Höflinge und Mitglieder der Königsfamilie als so vornehm, daß ihnen das sonst unerläßliche Hinwerfen erspart blieb; sie verbeugten sich nur.

Die Griechen bemerkten diesen Brauch, und weil sie selbst nur Göttern die Proskynese erwiesen, mochten einige mit gewisser Spitzfindigkeit behaupten, daß der persische König als Gott betrachtet wurde. Kluge Griechen wußten, daß dem nicht so war; denn in Persien begegneten auch die niederen Klassen den höheren Klassen mit der Proskynese, und nicht einmal in Persien war die gesamte Oberschicht göttlich. Es war eine gesellschaftliche, wenn auch in der Tradition tief verwurzelte Geste.

In Balkh beschloß Alexander, die Proskynese bei seinen makedonischen Freunden auszuprobieren. Es bedeutete eine kühne Entscheidung; denn bei Begegnungen zwischen Griechen und Persern hatte die Proskynese bereits Schwierigkeiten verursacht, und sie konnte mißverstanden werden – was die Perser auch denken mochten, ein freier Grieche wollte einen Sterblichen so nicht begrüßen. Es war dem radikalsten athenischen Dramatiker, Euripides, vorbehalten geblieben, auf der Bühne die Proskynese vor einem Menschen zu zeigen, und selbst er zeigte sie als ausländische Extravaganz. An den sonst recht gut erhaltenen Skulpturen der Schatzkammer zu Persepolis sind die proskynetisch erhobenen Hände der Beamten die am schwersten beschädigten Körperteile: diese Geste als absurd empfindend, mag Alexanders Heer sie absichtlich verstümmelt haben. Griechische Gesandte am persischen Hof sollen gelegentlich ähnlich halsstarrig aufgetreten sein. Um sich vor der Proskynese zu drücken, ließ einer dem König seine Botschaft schriftlich überbringen, und ein anderer soll seinen Siegelring fallengelassen haben, so daß er sich danach bücken und Ehrerbietung vortäuschen konnte, obwohl die eigentliche Kußgeste beim Vorbeugen unterblieb. Solch eigensinnige Weigerungen waren weniger religiös bedingt, sondern eher ein Zeichen des Stolzes. Wenn Griechen als Gefangene oder Bittsteller – so sah es der König jedenfalls – nach Persien kamen, so wurde von ihnen über die bloße Proskynese hinaus auch ein Niedergehen auf Hände und Knie erwartet, und diese doppelte Schande muß für sie oft zuviel gewesen sein. Aristoteles hörte von einem Elefanten, der abgerichtet war, einem König die Proskynese zu erweisen – und da Aristoteles nicht glaubte, daß Elefanten beide Vorderbeine zugleich einknicken konnten, nahm er sicherlich an, daß es sich um einen mit dem Rüssel zugeworfenen Kuß handelte. Aber freie Griechen waren keine Tiere, und was einem Elefanten anstand, schickte sich für einen Hellenen noch lange nicht.

Trotzdem waren Griechen wie Themistokles und Alkibiades so vernünftig gewesen, sich in Persien wie Perser zu verhalten, und in diesem Sinne brachte Alexander seinen Gefährten das Thema der Proskynese nahe. Als Darius' Erbe war ihm in den letzten drei Jahren die Ehrung von seinen Iranern auf ganz natürliche Weise bestimmt schon zuteil geworden, wie ihm auch Darius' Königin nach ihrer Gefangennahme bei Issos wie selbstverständlich mit der Proskynese begegnete. Mehr und mehr Iraner hatte Alexander inzwischen als Geiseln oder Helfer an sich gezogen. Für den Feldzug nach Indien waren iranische Brigaden rekrutiert worden, und am Hofe befanden sich neben den sieben Söhnen des Artabazos die drei Brüder und Schwestern Roxanes, Spitamenes' Tochter, viele Adlige aus der Umgebung und ein Enkel des letzten Königs namens Artaxerxes. Alexander hatte sogar zwei eigene Magier und einen flüchtigen Radscha aus dem Pandschab bei sich. Falls diese Orientalen sahen, daß ihn die Makedonen ohne vorherige Ehrerweisung begrüßten, so mochten ihnen Zweifel kommen, ob er überhaupt ein echter König wäre – Zweifel, die »bei den Bediensteten begonnen und sich schnell überallhin ausgebreitet hätten«, und nach einem langen und blutigen Landesaufstand war das ein Risiko, das einzugehen sich nicht lohnte. Die Truppenverstärkungen und die Anwerbung von Griechen und Orientalen ließen die Makedonen im Heer zur Minderheit werden; und die makedonischen Höflinge sollten vor der Invasion in Indien auf ihre neuen Gefährten eingehen und ihre Bräuche um der gesellschaftlichen Einheit willen übernehmen. Doch wie im Falle Kleitos' deuteten spätere Geschichtsschreiber die Spannung anders. Indem Alexander die Proskynese anordnete, so betonten sie, mißachtete er die Hofetikette – er habe sich als Gott verehren lassen wollen.

Nun gut, die Proskynese wurde in Griechenland nur Göttern erwiesen, und das war Alexander auch sicherlich bekannt. Aber hier im Äußeren Iran ging es nicht um griechische Gepflogenheiten. Er war König von Asien, und seine Höflinge sollten einen asiatischen Umgangsbrauch tolerieren. Aus gleichem Grund hatte er das Diadem getragen, das bei den Griechen als Anspruch auf die Verkörperung Zeus' galt, bei Persern als Zeichen der Königswürde, und er hatte die Angelegenheit ganz aus persischer Sicht betrachtet – als Erbe Darius' und nicht als Rivale der Götter. Mit der Proskynese sollte es ebenso sein. Alexanders Zeremonienmeister beschrieb den ersten Versuch der Einführung, und da dies bei einem Abendessen geschah, war er zweifellos zugegen und konnte den Ausgang selbst verfolgen. Alexander zeigte sich hier wirklich nicht als der Tyrann, der die Gottwerdung suchte.

Alexander, so berichtet sein Diener, gab ein Bankett und saß bei dem anschließenden Trinkgelage obenan. Die Gäste waren sorgfältig ausgesucht. Sie wußten, was von ihnen erwartet wurde. Ein goldener Kelch mit Wein wurde, nachdem Alexander zuerst getrunken, weitergereicht. Jeder Gast erhob sich und trank, wobei er zur Feuerstelle schaute, die sich vielleicht hinter dem Königstisch befand. Jeder brachte Trinkspruch oder -opfer, und zunächst war alles wie bei einem gewöhnlichen griechischen Trinkgelage. Dann aber wurde es orientalisch. Die Gäste erwiesen Alexander die Proskynese, küßten ihre Hand und verbeugten sich wohl ein wenig wie die persischen Beamten der Skulpturen. Danach begaben sie sich zum königlichen Tisch und tauschten mit Alexander Küsse, vielleicht auf die Lippen, wahrscheinlich jedoch auf die Wange. An der ungezwungenen kleinen Zeremonie nahmen reihum alle teil. Jeder trank, küßte seine Hand und wurde seinerseits vom König geküßt – bis die Reihe an Kallisthenes kam, den Vetter Aristoteles'. Er trank aus dem Kelch, überging die Proskynese und schritt, in der Erwartung, einen richtigen Kuß zu erhalten, geradewegs auf Alexander zu, der sich eben mit Hephaistion unterhielt und nicht bemerkte, daß sein Hofhistoriker ihn getäuscht hatte. Aber ein Leibwächter beugte sich vor und machte ihn auf das Versäumnis aufmerksam, und da Kallisthenes nicht gehorcht hatte, verweigerte Alexander ihm den Kuß. »Also gut«, sagte Kallisthenes, »so gehe ich um einen Kuß ärmer wieder fort.«

Diese Episode veranschaulicht ganz zweifellos Alexanders Absichten. Er wollte, ehe er die Proskynese allgemein anordnete, in privatem Kreis mit einigen ausgewählten Freunden einen Versuch machen. Zuerst sollten sie ihm huldigen, wie die gewöhnlichen Perser es ihren Königen gegenüber getan hatten, und weil sie seine Makedonen waren, mit denen er soviel geteilt hatte, sollten sie danach mit einem Kuß belohnt werden, wie er bei den Persern nur zwischen gesellschaftlich Gleichstehenden oder zwischen dem König und seinen Verwandten üblich war. Der Kuß gab ihnen ihre alte Würde wieder und widerlegte jeden Argwohn, Alexander strebe die Proskynese an, weil er göttlich erscheinen wolle – kein Gott hat seinen Schein selbst zerstört, indem er seinen Gläubigen einen so privilegierten Kuß gewährte. Sein Plan hätte kaum vernünftiger eingeleitet werden können, und trotz der späteren Entrüstung von Römern, Philosophen und anderen, die den persischen Hintergrund übersahen, gelang er bemerkenswert gut. Es war ein gesellschaftliches Experiment, und ausnahmsweise hat ein Augenzeuge den Verlauf genau beschrieben.

Blieb nur der widerstrebende Kallisthenes. Als »Schmeichler, der versucht hatte, Alexander zum Gott zu machen« wäre er am Hofe wohl der Letzte gewesen, sich gegen göttliche Ehren für einen lebenden Menschen zu wenden; dieser gesellschaftliche Brauch aber stand für ihn als Griechen, der mit Aristoteles zusammengearbeitet hatte, auf einem anderen Blatt. Bei den Griechen zumindest galt es seit langem als sklavisch, einem Menschen Proskynese zu erweisen, und Kallisthenes war im Glauben an die Werte griechischer Kultur aufgewachsen. Er kannte und analysierte die griechischen Mythen bis in alle Einzelheiten; er teilte die Ansicht, daß bestimmte Ägypter in Wahrheit von einem Athener abstammten; er behauptete sogar, daß sich der Name Phönikien von dem griechischen Wort für Palme *(phoinix)* ableitete. In Übereinstimmung mit seinem Verwandten und Mentor Aristoteles hielt er die barbarische Welt im Vergleich zu den Griechen für minderwertig, und in diesem Sinne scheint er in einem früheren Teil seiner Berichte auch die Wellen des Lykischen Meeres so beschrieben zu haben, als verbeugten sie sich vor dem Könige, um ihm die Proskynese zu erweisen. Das mochte bei »barbarischen« Wellen angehen, aber für einen Griechen, der ganz in der griechischen Tradition wurzelte, war es eine Geste, die nach sklavischer Unterwürfigkeit roch. Gebildete Griechen sollten sich mit orientalischer Dekadenz nicht einlassen: Fluch über das Händeküssen; er wollte sich weigern; komme, was da wolle.

Es ist nicht leicht, Kallisthenes' neuerliches Verhältnis zu Alexander aufzuzeichnen, und zwar allein deshalb, weil Alexanders Offiziere nichts darüber berichten. Sechs Monate zuvor, so wissen wir aus anderen Quellen, war Kallisthenes' Trost Alexander noch sehr willkommen gewesen – als Alexander nach dem Mord an Kleitos am Leben verzweifelte. Nun ist dem später von Griechen und Philosophen widersprochen worden, weil sie es nicht wahrhaben wollten, daß ein Verwandter des Aristoteles je einen Mann getröstet hätte, den sie als Tyrannen schmähten, und da gab es am Hofe einen anderen griechischen Philosophen, Anaxarchos aus Thrakien, seiner Ansichten wegen als »der Zufriedene« bekannt. Er war es, so behaupteten Anhänger des Aristoteles, der Alexander nach dem Mord mit der klassischen Lehre orientalischer Despoten wieder aufrichtete, daß nämlich alles, was ein König tut, gerecht und gut sei. »Anaxarchos«, so schrieb ein späterer Aristotelesschüler, »stieg nur durch die Unwissenheit seiner Gönner zu einer einflußreichen Stellung auf: der Wein wurde ihm von einem nackten Mädchen serviert, das um seiner

Schönheit willen ausgesucht worden war, obwohl sie in Wirklichkeit nur die Lust jener offenbarte, denen sie diente.« Kallisthenes dagegen wurde eine Nüchternheit und Selbstgenügsamkeit nachgesagt, wie es sich für einen Verwandten von Aristoteles geziemte; sein Ruf als wortgewandter Schmeichler wurde der Bequemlichkeit halber ignoriert.

Mit der Beschimpfung des Anaxarchos und der Idealisierung des Kallisthenes wirkte sich eine akademische Rivalität nicht zum letzten Male in der Geschichtsschreibung aus; doch Anaxarchos sollte eines Tages den Tod eines Helden sterben, ohne Aristoteles' Jüngern etwas schuldig zu bleiben, während Kallisthenes noch am ehesten deswegen dafür bekannt blieb, daß er seinen Herrn als neuen Sohn des Zeus gepriesen hatte.

Nachdem Kallisthenes Alexander über den Mord an Kleitos hinweggeholfen hatte, ereignete sich manches, nicht genau Datierbares, das auch sonst auf Uneinigkeit zwischen dem König und seinem Geschichtsschreiber schließen läßt. Einmal, so schrieb Alexanders Zeremonienmeister, machte bei einem Abendessen ein Kelch unvermischten Weins die Runde bis Kallisthenes, als ihn ein Nachbar anstieß und fragte, warum er nicht trinken wollte. »Ich möchte nicht von Alexander trinken«, erwiderte er, »und dann des Gottes der Medizin bedürfen.«

Wie die Proskynese war auch der Genuß unverdünnten Weins in Griechenland unüblich, und wieder einmal hatte sich Kallisthenes geweigert, seine griechischen Sitten abzulegen. Philosophen erzählen eine zweite Geschichte, die Kallisthenes angeblich seinem Vorlesesklaven anvertraut hatte. Bei einem Trinkgelage nach dem Abendessen wurde Kallisthenes gebeten, eine Rede zum Ruhme der Makedonen zu halten, die so überschwenglich ausfiel, daß alle Gäste applaudierten und ihn mit Blumen überschütteten. Alexander bat ihn daraufhin, die Makedonen nicht minder wortgewandt zu schmähen, und Kallisthenes stürzte sich geradezu auf das neue Thema; das Publikum war über die offenkundige Begeisterung des Kallisthenes entsetzt. Sofern die eigentlich unwahrscheinliche Geschichte stimmt, ist sie für Kallisthenes' Spitzfindigkeit charakteristisch. Als Aristoteles davon hörte, soll er bemerkt haben, sein Vetter sei zwar ein fähiger Redner, doch fehle es ihm leider an gesundem Menschenverstand;

und falls sich der Vorfall nach der Proskynese-Affäre ereignet haben sollte, so mochte Alexander die bezeichnende Schwäche des Geschichtsschreibers ausspielen, um ihn öffentlich zu diskreditieren.

Denn es war zweifellos die Proskynese-Affäre, welche die wachsende Kluft zwischen den beiden Männern offenbarte. Kallisthenes war vorher bei den Makedonen gewiß nicht sonderlich beliebt, da er bei ihren Geselligkeiten ein Spielverderber war und ihre Heldentaten mangelhaft beschrieb – zumal er selbst sich stets dem Schlachtfeld fernhielt. Doch auch andere Männer gaben sich inzwischen kurzsichtig. Da machte sich einer der älteren Makedonen über einen Perser und seine Proskynese lustig – als der Gute auf Händen und Knien die übertriebene Ehrerbietung eines gewöhnlichen Untergebenen darbrachte, riet ihm der Makedone, das Kinn doch noch fester auf den Boden zu drücken. Als solche Vorfälle unter den Offizieren sich häuften und Alexander davon hörte, soll er die Betroffenen jedesmal heftig zurechtgewiesen haben. Das ist verständlich. Wenn Makedonen sich über das orientalische Leben zu mokieren anfingen, konnte es nie zu der höfischen Harmonie kommen, auf die Alexander Wert legte. Hinsichtlich dieser Anpassung an orientalische Bräuche machten die älteren Makedonen die größten Schwierigkeiten; dennoch taten mehrere tausend Veteranen weiterhin zufrieden ihren Dienst, und ein Offizier wie Krateros, der zäh an seinen makedonischen Angewohnheiten festhielt, machte trotz seiner Prinzipien schnell Karriere. Es war nicht so, als wäre das Heer durch und durch gespalten gewesen – wenn ein falsches Vorgehen Alexanders in der Situation auch sehr unangenehme Folgen hätte heraufbeschwören können. Mochten die Älteren auch murren – als sie einige Wochen später die Wahl hatten, da ließen sie, ohne mit der Wimper zu zucken, Kallisthenes in den Tod gehen. Obwohl der Legende zufolge Kallisthenes mit seiner einsamen Weigerung alle Pläne, die Proskynese einzuführen, scheitern ließ, ist es doch keineswegs sicher, ob der Brauch je aufgegeben wurde. Weder Ptolemäos noch Aristobulos erwähnten den ersten Versuch. Vielleicht hielten sie ihn für unwichtig, doch wahrscheinlich schwiegen sie absichtlich – ein erneuter Hinweis auf die Reaktionen, die man im Zusammenhang mit dieser Geschichte in bestimmten Kreisen befürchtete. Die griechische Öffentlichkeit hätte bei einer offenen Berichterstattung das folgende Geschehen übel vermerkt, und keiner der beiden Geschichtsschreiber wollte Alexander der Kritik von Leuten aussetzen, die nicht unter ihm gedient hatten.

Einige Zeit nach dem Gelage und den anderen unliebsamen Vorfällen – vielleicht Tage, vielleicht auch Monate später – lagerte die Hauptarmee in der Nähe eines kleinen baktrischen Dorfes. Während vier Divisionen ausschwärmten, um am Rande der Roten Wüste die letzten Komplizen Spitamenes' festzusetzen, wurde im Lager ein ernstes Komplott zur Ermordung des Königs aufgedeckt. Mit den alten und anpassungsschwierigen Kriegern hatte die Sache aber nicht im mindesten zu tun. Zur Verschwörung kam es bei den makedonischen Königspagen, etwa fünfzehnjährigen Jungen, die drei Jahre zuvor beim Heer eingetroffen waren. Den Berichten zufolge – es kann sich dabei auch um bloße Vermutungen handeln – hatte sich einer der Pagen, der Sohn eines prominenten Reitergenerals, bei der Jagd die königliche Gunst verscherzt. Ein Wildschwein war in Alexanders Richtung getrieben worden, doch ehe der König noch anlegen konnte, hatte der Page das Tier mit dem Speer erlegt. Alexander ärgerte sich, daß jemand schneller gewesen war als er selbst. Er ließ den Pagen vor den anderen Jungen auspeitschen. Er nahm ihm sogar sein Pferd.

Auch hier mögen persische Gebräuche mitgewirkt sein. Auf einer persischen Jagd war es selbstverständlich, daß der König den ersten Speerwurf auf das Wild hatte. Wer diese Regel verletzte, wurde ausgepeitscht; Beispiele dafür sind überliefert. Wahrscheinlich verfuhren makedonische Könige mit ungehorsamen Jungen aber nicht anders als ihre orientalischen Kollegen. Opfer einer persischen Ungeheuerlichkeit oder nicht – der Page meinte jedenfalls ein Unrecht erlitten zu haben und verwickelte sieben Genossen in ein Komplott zur Ermordung des Königs.

Nun befanden die königlichen Pagen sich dafür in einer wirklich günstigen Position. Sie versahen den Nachtdienst vor Alexanders Zelt und standen mit ihm täglich in engem Kontakt. Da es insgesamt etwa fünfzig Pagen gab, hatte jeder nur einmal wöchentlich Dienst. Die Dienstlisten für den folgenden Monat waren bereits aufgestellt. Die Verschwörer mußten also warten; denn es brauchte nahezu fünf Wochen, bis sie den monatlichen Turnus so hinbiegen konnten, daß sie zusammen Dienst hatten. In der Zwischenzeit kam Mißtrauen unter ihnen auf. Sie hatten Angst, daß einer von ihnen aus der Schule plaudern könnte.

Schließlich rückte die entscheidende Nacht heran. Der Plan war einfach – man wollte in das königliche Schlafzimmer eindringen und Alexander im Schlaf erstechen; Roxane wird in dem Zusammenhang nicht erwähnt, weil sie wahrscheinlich bereits in einem eigenen Quartier schlief, sich vielleicht auch gar nicht beim Heer befand. Besorgniserregender als die Gegenwart einer Frau war aber Alexanders Angewohnheit, sich erst bei Morgengrauen schlafen zu legen; denn bei Anbruch der Dämmerung wurden die Wachen abgelöst. Die Sache schien jedoch das Risiko wert, und als Alexander am frühen Abend zu dem üblichen Essen mit seinen Freunden aufbrach, waren die Pagen wohlgemut.

Das Abendessen war äußerst angenehm. Der König blieb, trank und ließ sich unterhalten. Und was zum Brand von Persepolis und zum Mord an Kleitos geführt hatte, rettete ihm – beim drittenmal Glück – das Leben. Der Morgen dämmerte herauf. Alexander zechte immer noch mit seinen Gefährten, eine Tatsache, die den achtzigjährigen Aristobulos dermaßen schockierte, daß er in seiner Geschichte für ein so langes Aufbleiben eine Entschuldigung erfand.

Alexander, so schrieb Aristobulos, verließ die Tafel zu angemessener Stunde, nur begegnete er auf seinem Heimweg einer syrischen Prophetin. Sie war dem Heer schon seit längerer Zeit gefolgt und schrie Warnungen. Alexander und seine Freunde fanden das zunächst amüsant. Als sich die Warnungen jedoch jedesmal erfüllten, begann Alexander sie ernst zu nehmen. Er gestattete ihr sogar, während seines Schlafes an seinem Bett zu wachen. Diesmal nun beschwörte sie ihn, sein Trinkgelage fortzusetzen. Er gehorchte, nicht weil ihm am Wein gelegen wäre, sondern weil er der Frau vertraute, und so betrank er sich eigentlich gegen seinen Willen bis in den Morgen hinein immer mehr. Eine solche apologetische Erklärung seiner nächtlichen Gepflogenheit ist äußerst aufschlußreich – Alexander, so behauptete Aristobulos, saß nur um des Gesprächs willen beim Wein, wie ein würdevoller Gelehrter. Die Tatsachen sprachen dagegen, aber selbst nach Alexanders Tod hielt, wer ihn persönlich gekannt hatte, solche Beteuerungen für erforderlich.

Betrunken – und keineswegs einem Aberglauben gehorchend – kehrte Alexander bei Tageslicht in sein Zelt zurück. Eine neue Gruppe von Pagen war zum Wachdienst angetreten. Sicherer, als er ahnte, konnte Alexander sich zur Ruhe begeben. Und wieder einmal konnten seine Feinde nicht stillschweigen. Wenige Stunden später – so ging das Gerücht – erzählte einer der Pagen seinem Freund von dem Komplott. Der Freund erzählte es dem Bruder des Pagen, der Bruder zwei Leibwächtern. Einer der beiden Leibwächter war Ptolemäos. Sofort wurde Alexander die Nachricht überbracht, der alle namentlich Genannten verhaften und foltern ließ. Die Informanten wurden freigesprochen, die übrigen vor die versammelten Mannschaften geschleppt, öffentlich angeklagt und zu Tode gesteinigt. Die Art der Strafe beweist, daß das Publikum von ihrer Schuld fest überzeugt war.

Die Schuld der Pagen mochte über alle Zweifel erhaben sein – aber aus welchem Motiv hatten sie gehandelt? Wieder einmal kreisten die Mutmaßungen der Nachwelt um die Politik, indem Alexander die Rolle eines östlichen Tyrannen zugeschoben wurde. Zu seiner Verteidigung soll der Rädelsführer der Pagen wider die Tyrannei gesprochen haben, gegen das Tragen persischer Kleidung, gegen die fortgesetzte Übung der Proskynese, gegen das schwere Zechen und die Morde an Kleitos, Parmenion und den andern. Er und seine Freunde brächen eine Lanze für die Freiheit, und außerdem, so meinte ihr römischer Texter, konnten sie all das Ammongerede nicht länger ertragen.

Aber solche Reden entbehrten jeder Grundlage, und es gibt Tatsachen, nicht Erfindungen, die die Pagen in ganz anderem Licht erscheinen lassen. Ihr Anführer war auf erniedrigende Weise ausgepeitscht worden. Er hatte außerdem einen Vater, der seit Alexanders Thronbesteigung ein hohes Kommando in der Kavallerie königlicher Gefährten innegehabt hatte, erst einen Monat vor der Verschwörung seiner Position beraubt und nach Makedonien zurückgeschickt worden war, »um Verstärkung zu holen«; er kehrte nie wieder zum Lager zurück. Ein zweiter Verschwörer war Sohn des früheren Satrapen von Syrien, der seine Provinz kurz zuvor verlassen hatte und mit den jüngsten Verstärkungen zu Alexander gestoßen war, ohne in seiner Statthalterschaft bestätigt zu werden oder ein anderes Kommando zu erhalten. Bei den zwei Pagen, über deren Väter Genaueres bekannt ist, läßt sich festhalten: die Väter waren innerhalb der letzten drei Monate von ihren Posten abgelöst worden. Ein dritter Page war Sohn eines Thrakers, eines Mannes also, den ein Verrat makedonischer Traditionen kaum berührt hätte. Der vierte Page – er war es, der schließlich redete – mag sehr wohl die Hinrichtung seines Vaters erlebt haben, der sich kürzlich geweigert hatte, einen Posten in der baktrischen Wüste anzutreten.

Wie bei den Todesfällen Parmenions und Kleitos' drehte sich die Verschwörung der Pagen letztlich wohl um das gleiche alte Problem – die Degradierung von Offizieren, die eine bessere oder längere Stellung verdient zu haben meinten. Parmenion war alt gewesen, Kleitos, was immer die persönlichen Gründe sein mochten, in Ungnade gefallen. Die Väter der Pagen fielen unbekannten Veränderungen im Oberkommando zum Opfer. Fünfzehnjährigen Jungen liegt ihr eigenes Schicksal und der Status ihrer Väter mehr am Herzen als die Prinzipien des politischen Denkens bei den Griechen. Darüber hinaus lassen sich Motive nicht erkennen.

Die Verschwörung selbst zog noch weitere Kreise. Das große Rätsel blieb ihr Hintergrund; denn wie hätten fünf junge Männer einen Mord beschließen und sorgfältig planen können, ohne die Folgen zu bedenken? Vielleicht waren sie nur ihren Gefühlen gefolgt, kamen einem beleidigten Freund zu Hilfe und setzten sich für den Ruf ihrer Väter ein. Das schien möglich. Es war jedoch auch plausibel, nach einem älteren Anstifter zu suchen, und diesmal fiel die Wahl nicht auf einen Makedonen. Es war Kallisthenes, der verhaftet, gefoltert und hingerichtet wurde. »Die Pagen gestanden«, so schrieb Aristobulos, »daß Kallisthenes sie zu ihrer wagemutigen Tat gedrängt hatte.« Ptolemäos stimmte damit im wesentlichen überein. Es gab jedoch auch vorsichtigere Meinungen.

Die Verhaftung des Historikers ist an sich begreiflich. Als Anstifter, nicht als Mittäter wurde er verurteilt, und der Anführer der Verschwörung soll sein Schüler gewesen sein, so daß einige Griechen später behaupteten, der Junge sei durch seine liberalen philosophischen Studien auf die Idee gekommen, Alexander den Tyrannen zu töten. Das Schüler-Lehrer-Verhältnis stimmt wahrscheinlich, da Kallisthenes seine *Taten des Alexander* mit der Beendigung des Dienstes der griechischen Verbündeten wohl abgeschlossen hatte; das mußte für seinen Panegyros den natürlichen Abschluß bilden; und da die Pagen erst im Lager eintrafen, als die faktischen Grundlagen für dieses Buch fast komplett waren, hätte er Zeit gehabt, die Erziehung des jungen Adels zu übernehmen. Angewidert von der Proskynese, vom Genuß unverdünnten Weins und von Alexanders orientalischer Politik, mochte er die Gefühle von sechs jungen Schülern beeinflußt haben, die wiederum eigene Gründe hatten, gegen Alexander eingenommen zu sein. Aber außer den Aussagen von Alexanders diensthabenden Offizieren beweist nichts des Kallisthenes' Schuld, und da ihr Wort allein nicht ausreicht, bleibt die Wahrheit im Ungewissen.

Es ist denkbar, daß Alexander die Opposition des Kallisthenes übelnahm; das seine heftige Antwort – »um einen Kuß ärmer« – zu sehr ins Schwarze traf, um rasch wieder vergessen zu werden, und daß somit die erste Gelegenheit genutzt wurde, den Hof von der Gegenwart eines Feindes zu befreien. Denkbar ist das wohl, bewiesen aber keineswegs. Kallisthenes' maß man gern zu viel Bedeutung bei, und es ist doch sehr zu bezweifeln, ob sein isoliertes Beispiel von Dickköpfigkeit genügte, um seine Ermordung zu veranlassen. Aber die Pagen hatten sich nun einmal verschworen, und ihr Plan wurde nur verständlicher, wenn ihr unmutiger Lehrer dahinter gesehen werden konnte.

Vierhundert Jahre später sollte ein angeblicher Brief Alexanders zitiert werden, der, wenn er echt ist, die Unschuld des Geschichtsschreibers unterstreicht. Das Schreiben war an die drei Kommandeure der Infanterie-Phalanxen gerichtet, die sich zur Zeit der Verschwörung mit ziemlicher Sicherheit nicht im Lager aufhielten. »Unter der Folter«, so lautete es, »haben die Pagen gestanden, daß sie sich allein verschworen haben und daß niemand sonst von ihren Plänen wußte.« Es ist jedoch sehr unwahrscheinlich, daß eine vertrauliche Korrespondenz zwischen Alexander und seinen Offizieren, und gar ein auf so gefährliche Weise offener Brief, zum Nutzen der Historiker überliefert ist. Fälschungen gab es im Überfluß, und was den umstrittenen Tod des Verwandten von Aristoteles angeht, so hatten die Griechen jeden Grund, einen Beweis für seine Unschuld zu erfinden. Alexander hatte jedenfalls keinen Anlaß, an drei Generäle zu schreiben, die nur eine Woche vom Lager entfernt waren, und sich indirekt selbst des Mordes zu bezichtigen. Wenn es aus dieser Zeit ein echtes Schreiben gibt, so mag das der angeblich an Antipater gerichtete Brief sein, der seine eigene Korrespondenz übrigens bearbeitet haben soll. Darin beschuldigt Alexander Kallisthenes der Verschwörung und droht, er wolle die bestrafen, »die den Sophisten überhaupt geschickt haben« – vermutlich eine Drohung gegen Aristoteles. Die Hinrichtung von Aristoteles' Familienangehörigen kann dem Verhältnis zwischen Alexander und seinem früheren Erzieher nicht gerade förderlich gewesen sein, und in einer ersten wütenden Gegenreaktion mochte Alexander tatsächlich Rache geschworen haben. Aber Aristoteles' Schwiegersohn blieb bei Hofe in hoher Gunst, und die Drohungen wurden nie ausgeführt. Bei einem derart beliebten Gegenstand der Legende mag auch dieser Drohbrief nur eine spätere Erfindung sein.

Die letzte, und einzig gesicherte, Äußerung stand, wie angemessen, Anaxarchos dem Zufriedenen zu. »Große Bildung«, so schrieb er, »ist für einen Menschen entweder von großem Nutzen oder ein großer Schaden. Sie hilft dem Klugen, schadet aber dem leichtfertig Gesprächigen, der überall sagt, was ihm in den Kopf kommt. Man muß das richtige Maß für alle Dinge erkennen. Das ist die Definition der Weisheit.« Mißtrauen gegenüber Akademikern war im griechischen Geistesleben seit langem hervorgetreten, und es ist verlockend, in diesem Fall seine Bestätigung zu erblicken. Anaxarchos' Rivale war der kluge Mann gewesen, der über Erdbeben diskutieren, aus bekannten griechischen Worten Ortsbezeichnungen ableiten und ein Datum für den Fall Trojas aufstellen konnte; am Ende starb er wegen seiner Unbedachtheit – er widersetzte sich einer Politik, die er für barbarisch hielt, weil er wie andere Aristotelesanhänger auf Grund seines engen griechischen Horizonts das der Zeit Angemessene nicht zu erkennen vermochte.

Er hatte eine seltsame Geschichte. Der Schmeichler, der einen Kreuzzug griechischer Rache in glühenden Worten beschrieb, pries den Führer des Zuges als Gottessohn, verleumdete Parmenion, den sein Herr töten ließ, und änderte schließlich seine Meinung, als der Kreuzfahrer König wurde. Wegen ihrer frühen gemeinsamen Jahre sollten er und Alexander im Gedächtnis bleiben; als sich König und Aristoteles-Jünger gemeinsam durch Kleinasien schlugen – der König im Wetteifern mit seinem geliebten Achilles, während der Gelehrte seinen homerischen Text ausbesserte und auf Stätten verwies, die mit Homers Epen verknüpft waren. Aber die Patronage wurde unerträglich, wie so oft. »Alexander und Alexanders Taten«, soll Kallisthenes bemerkt haben, »hängen von mir und meinem Geschichtswerk ab.

Ich bin nicht gekommen, um Alexanders Achtung zu gewinnen, sondern um ihn vor den Menschen ruhmreich zu machen.« Als der Geschichtsschreiber starb, waren sich nicht einmal die, die die Wahrheit kannten, über die Art seines Todes einig.

Ptolemäos zufolge wurde Kallisthenes gefoltert und gehenkt, wie es ein überführter Verschwörer verdiente. Nach Aristobulos, der Alexander weniger direkt in die Angelegenheit verwickelte, wurde Kallisthenes in Fesseln gelegt und mit der Armee herumgeschleppt, bis er schließlich starb – nicht auf Alexanders Befehl, sondern an einer Krankheit. Hofmarschall Chares widersprach dieser Darstellung – Kallisthenes wurde »sieben Monate in Fesseln gehalten, so daß er vor dem Verbündetenrat in Griechenland in der Gegenwart Aristoteles' angeklagt werden konnte«, eine vorsichtige Entgegnung an die Adresse von Aristotelesanhängern, die sich bereits beschwerten, daß Kallisthenes ohne gerechten Prozeß ermordet worden sei.

Theophrast, der Schüler des Aristoteles, verfaßte sogar ein Pamphlet mit dem Titel *Kallisthenes oder Über die Trauer,* worin er klagte, Alexander sei ein »Mann von höchster Macht und höchstem Glück, wisse seine Vorzüge aber nicht zu nutzen«. Nichts dergleichen, beharrte Marschall Chares: Kallisthenes sei »irrsinnig fett geworden und verlaust«, nachdem er vorher ohnehin massig und voller Läuse gewesen war, und über ein Jahr nach seiner Schande wäre er gestorben, ehe er öffentlich vor Gericht gestellt werden konnte. Doch Berichte, die, um Alexander vor Vorwürfen zu schützen, von einer schleichenden Krankheit des Kallisthenes sprachen, wurden schon recht bald widerrufen. Kallisthenes, so erzählten einige Leute, sei Glied um Glied in Stücke zerrissen worden; Ohren, Nase und Lippen sollen ihm abgeschnitten worden sein; man habe ihn mit einem Hund, oder auch mit einem Löwen, in eine Grube geworfen, beziehungsweise in einen Käfig gesperrt; der gutwillige Lysisimachos, ein späterer König in Europa, habe ihm geholfen und ihm eine Portion Gift zugesteckt.

Wenn Augenzeugen und Zeitgenossen derartige Geschichten erfinden konnten, so muß der Eindruck vom Tode des Kallisthenes auf griechische Gelehrte alles andere als kurzlebig oder blaß gewesen sein. Sowohl Ptolemäos wie auch Aristobulos verschweigen, daß Kallisthenes sich geweigert hatte, Alexander die Proskynese zu erweisen, weil sie ihm nicht auch noch den Glanz eines aufrechten Märtyrertums zubilligen wollten. Kallisthenes war ein Schmeichler gewesen; so verdiente er sein Brot. Die Art seines Todes blieb umstritten. Es gibt kaum einen deutlicheren Hinweis auf die Schwierigkeiten, mit denen die Forschung zu kämpfen hat, wenn sie Licht in die Geschichte Alexanders bringen will, als die Tatsache – daß Alexanders eigener Geschichtsschreiber, wenn man den detaillierten Ausführungen informierter Zeitgenossen glauben soll, auf fünf ganz und gar unterschiedliche Arten das Zeitliche gesegnet haben müßte.

24 DIE HEROEN

Die Unruhen am Hof bei Balkh brachten die Makedonen nicht gegen ihren König auf. Die Mannschaften blieben ruhig. Die Offiziere wurden nicht ausgewechselt. Trotz der letzten beiden Jahre und ihrer Mühen glaubte Alexander, sich getrost auf das große Abenteuer seines Lebens begeben zu können. Er wollte den Hindukusch überqueren und ostwärts, nach Indien, marschieren – in ein Königreich, dessen Händler und Gewürzpflanzen man schon am Oxus kennengelernt, von dessen Lebensart die Griechen aber nur durch die märchenhaften Erzählungen früher Dichter gehört hatten.

Bisher war Alexanders Ehrgeiz durchaus verständlich gewesen. Er hatte zunächst Darius besiegt und dann sein Reich beansprucht – bis zur nordöstlichen Reichsgrenze war er marschiert, weiter nicht. Westpakistan, das die Menschen der Antike Indien nannten, war auch ein Teil des persischen Reiches gewesen, aber die Grenze, die sich einst bis in den Pandschab erstreckte, war seit hundert Jahren verloren, und falls Alexander von diesem Faktum der persischen Geschichte wußte, seine indischen Pläne hätte das kaum beeinflußt.

In Indien sollte er bald die alten Grenzen der Perser überschreiten; da konnte kein früheres Reichsgebiet mehr zurückgefordert werden. Seine Motive zu erahnen, fordert ein wenig Phantasie; völlig sichern lassen sie sich nie, da Historiker die Dokumente eines Menschen, nicht aber seinen Geist studieren können. Immer wieder, wie von einer Dauerebbe, sind im Verlaufe der Geschichte Heere aus Kabul nach Indien gesogen worden. Nach Alexander kamen Mongolen und Mogule, baktrische Griechen, Kuschiten, Weiße Hunnen und all die anderen, die über den Hindukusch strömten, um Indien zu erobern. Ihn leitete beim Einmarsch in Indien weder Sendungsbewußtsein noch eine Idee, aber das gilt für alle erfolgreichen Eroberer – die Schlagworte sind nur das Mäntelchen des Ehrgeizes, für die Einfältigen. »Du, Zeus, hältst den Olymp«, so lautete auf einem seiner offiziellen Denkmäler die Inschrift, »ich festigte die Erde unter mir.«

»Die Wahrheit«, so schrieb ein Offizier voller Bewunderung, »bestand darin, daß Alexander immer nach mehr strebte.« Außer einer angeblichen Zusicherung Ammons, daß Alexander die Welt erobern würde – und das ist sicherlich eine posthume Vermutung seiner Soldaten – weist nichts darauf hin, daß Alexander von der Weltherrschaft träumte oder kämpfte, um eine derart vage Vorstellung zu verwirklichen. Der Wahrheit näher scheint die Tatsache zu kommen, daß er alle besiegten Radschas im Amt beließ. Er drängte seine Überlegenheit den Untertanen nicht auf und reagierte auch keine dauernde – ob nationale, ob persönliche – Frustration ab, die ihnen das Leben gekostet hätte. Patrioten und Aufständische wurden wie stets zu Tausenden getötet und versklavt, aber die Geschichte dieses Feldzuges zeigt eigentlich mehr einen Forscher als einen Tyrannen. Langeweile ist nämlich eine Triebkraft des Lebens, die die Geschichtsbücher stets vergessen.

Alexander war neunundzwanzig Jahre alt und unbesiegbar. Er stand am Rande eines unbekannten Kontinents. Umzukehren wäre unglaublich lasch gewesen – das Leben in Asien verhieß kaum mehr als Jagen und die langweilige Routinearbeit, die Aufstände und provinzielle Erlässe erfordern. Nur in einer Rede an seine Truppen ist von einem Marsch zum östlichen Ozean die Rede, zum – wie die Griechen meinten – Rand der Welt. Obwohl die Rede sicherlich nicht authentisch überliefert ist, ist es doch verlockend anzunehmen, nicht nur weil es romantisch klingt, daß dieses Detail auf Tatsachen beruht. Und falls Alexanders Ehrgeiz wirklich dem Rand der Welt galt, so war das ein Ziel, das seine Neugier nicht minder reizte als ein Streben nach Macht.

Für einen neugierigen Geist war diese fremdartige neue Welt unwiderstehlich, und an der Neugier Alexanders kann kein Zweifel bestehen. »Seine Truppen«, so berichtete ein Zeitgenosse, der es wohl wissen mußte, »gewannen von Indien nur einen flüchtigen Eindruck, Alexander selbst aber wollte es genauer kennenlernen und sorgte dafür, daß ihm das Land von Kundigen beschrieben wurde.« Die griechischen Märchen über Indien gehörten zur Erziehung jedes Prinzen. Sein Stab hatte die Gerüchte über Indiens Gold vernommen, das angeblich von Riesenameisen ausgegraben oder von wachsamen Greifvögeln bewacht wurde. Sie interessierten sich gewiß brennend für die Wahrheit über die Skiapoden – Menschen, die auf dem Rücken lagen und sich mit ihrem einzigen, großen Fuß vor der Sonne schirmten. In Indien, so hieß es, wurden Menschen zweihundert Jahre alt,

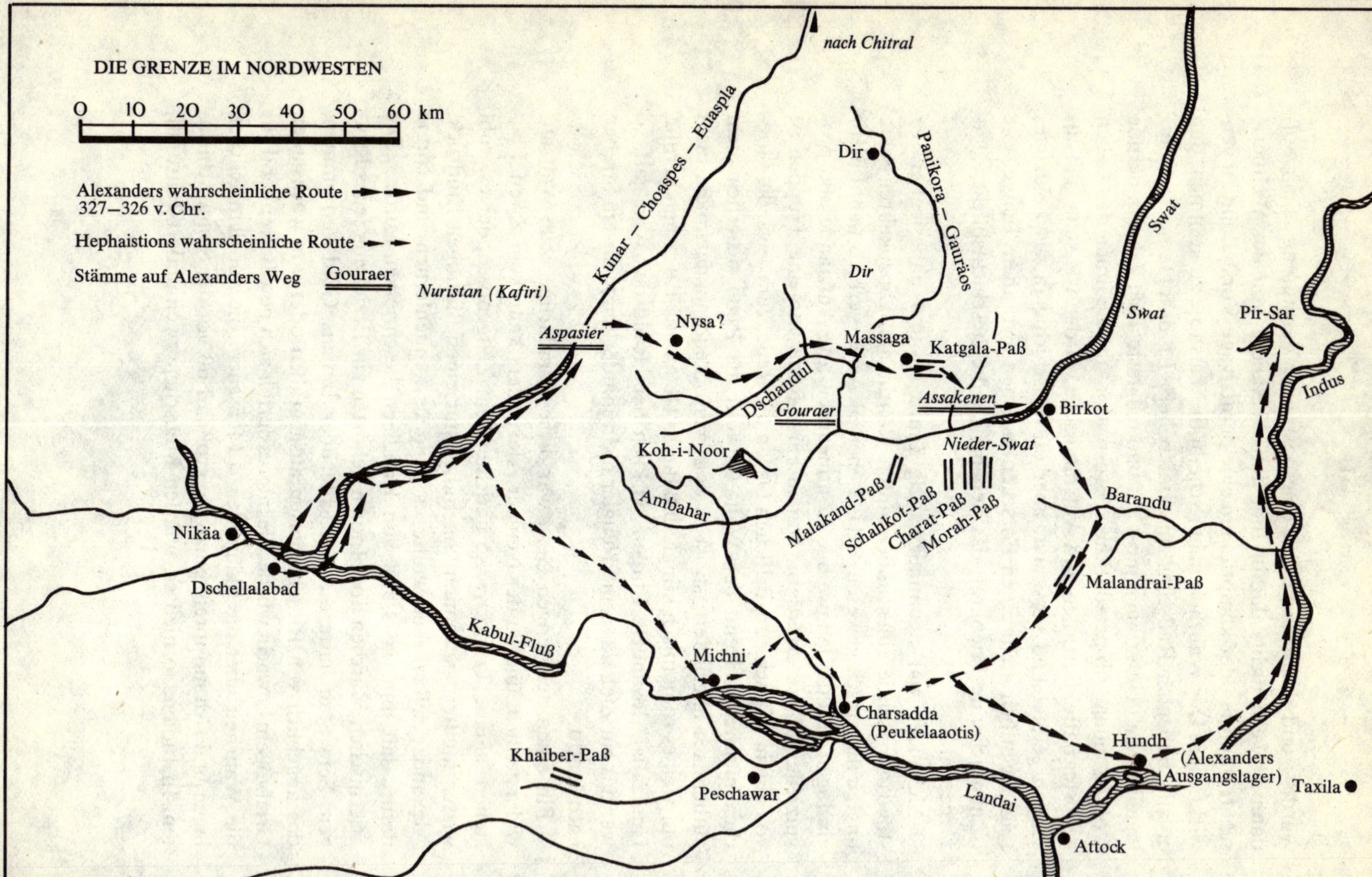
DIE GRENZE IM NORDWESTEN
0 10 20 30 40 50 60 km
Alexanders wahrscheinliche Route 327–326 v. Chr.
Hephaistions wahrscheinliche Route
Stämme auf Alexanders Weg Gouraer
nach Chitral
Kunar – Choaspes – Euaspla
Nuristan (Kafiri)
Aspasier
Nysa?
Dir
Dir
Panikora – Gauräos
Massaga
Katgala-Paß
Dschandul
Gouraer
Assakenen
Birkot
Swat
Swat
Pir-Sar
Indus
Koh-i-Noor
Nieder-Swat
Ambahar
Malakand-Paß
Schahkot-Paß
Charat-Paß
Morah-Paß
Barandu
Malandrai-Paß
Nikäa
Dschellalabad
Kabul-Fluß
Michni
Charsadda (Peukelaaotis)
Khaiber-Paß
Peschawar
Landai
Hundh
(Alexanders Ausgangslager)
Taxila
Attock

begatteten sich in aller Öffentlichkeit, lebten je nach Kaste verschieden und webten ihre Kleidung von wolletragenden Bäumen. Da gab es Erzählungen über Falkenjagd, herrlichen Purpur, Düfte und Silber, Einhörner mit roten Köpfen und blauen Augen, Pygmäen und eine Art von Stahl, der ein Unwetter abwenden konnte. Wie die ersten christlichen Missionare in Indien, die in den Hindus Abkömmlinge des Heiligen Thomas sahen, zogen die Griechen mit ihren Mythen und ihrer eigenen Geschichte in den Osten und bezogen ihre Entdeckungen auf Dinge, die sie bereits wußten. Niemand bereitete sie darauf besser vor als ihr Herodot. Das Anschwellen der Flüsse, die Kleidung der Inder und ihre wilden Pflanzen wurden mit Herodots Worten beschrieben, und über die Goldgräberameisen berichtete Alexanders Offizier Nearchos: »Ich selbst habe keine gesehen, aber von ihren Bälgen wurden viele in das makedonische Lager gebracht.« Mehr als ein persönlicher Besuch war erforderlich, um solche griechischen Fabelwesen verschwinden zu lassen: »In einem Himalayatal«, notierte ein Landvermesser Alexanders nach seiner Rückkehr, »lebt ein Stamm von Menschen, deren Füße verkehrt herum stehen. Sie laufen sehr schnell. Da sie aber nicht in einem anderen Klima atmen können, konnte keiner zu Alexander gebracht werden.«

Menschen aus dem Westen waren bereits vorher im Pandschab gewesen – nicht nur der kühnste Mann der griechischen Frühgeschichte, der karische Seefahrer Skylax, sondern, wie die Truppen bald glauben sollten, in fernster Vergangenheit auch die griechischen Götter Herakles und Dionysos. Sechstausendundzweiundvierzig Jahre, so behaupteten die Inder, lagen zwischen der Ankunft Dionysos' und dem Einmarsch Alexanders; man wies auf die seitdem ununterbrochene Selbstregierung hin, ein Thema, das Alexander aufgriff – das persische Reich wurde überhaupt nicht erwähnt. Was Herakles angeht, so war er ein wenig später als Dionysos gekommen, aber die Makedonen sollten in Indien Rinder mit dem Brandzeichen der Keule entdecken, welche ihr Held immer geführt hatte. Diese Parallelen zu den beiden göttlichen Ahnen der makedonischen Könige dürfen auf unserer Suche nach Alexander nicht übersehen werden, und sie sollten innerhalb weniger Monate nach dem Einmarsch vor einem Hintergrund indischer Mythen deutlich Gestalt annehmen. Ein Zeussohn rivalisierte mit dem anderen. Im Frühjahr vor der Invasion gebar Alexanders erste persische Geliebte, Barsine, einen Sohn, der – vielleicht fälschlich – für Alexanders Kind gehalten wurde. Nach dem königlichen Helden der Stunde wurde das Kind Herakles genannt, wenn Alexander ihn nach seiner Heirat mit Roxane auch nicht voll anerkannte.

Inmitten seiner Mythen und Fabeln bot Indien einem Eroberer Gelegenheit zu unsterblichem Ruhm. Harte Kämpfe standen bevor – genau das, was Alexander gefiel. Seine Gegner – und solche Gegner hatte er am liebsten – waren selbständige Könige, und da der Pandschab zwischen ihren unabhängigen Stämmen aufgeteilt war, von denen viele eher eine Beziehung zum Iran als zu Indien hatten, ließen sie sich wie gewöhnlich gegeneinander aufwiegeln. Der Hinduismus hatte sich in den Ebenen durchgesetzt; bis zu den wilden Berg-Königreichen war er noch nicht gedrungen; der Buddhismus war so gut wie unbekannt – es bestand also nicht die Gefahr eines heiligen Krieges. Bei einem Erfolg würde Alexanders Name nie mehr in Vergessenheit geraten können, und sogar bei Trinkgelagen konnte dann niemand mehr behaupten, Philipp habe Größeres vollbracht; denn er hätte erobert, was allen einheimischen Königen entgangen war, und dem Westen eine völlig neue Welt eröffnet. Im Vergleich dazu waren Achilles' Taten bescheiden.

Als in Baktrien das Sommerlager aufgelöst wurde, zeigten sich an dem Heer, das er ostwärts führte, die Veränderungen der letzten beiden Jahre. Kopfmäßig war es kaum gewachsen. In den vergangenen vier Jahren waren keine neuen makedonischen Truppen hinzugekommen. Von den letztjährigen griechischen Verstärkungen blieben 14 000 Mann zurück, um die beiden Provinzen am Oxus zu sichern. Thrakische und päonische Reiter fehlten, und die thrakischen und sonstigen barbarischen Infanteristen dienten zumeist in den Garnisonen Parthiens und Hamadans. So blieben für Indien etwa 50 000 Mann, kaum mehr als bei Gaugamela, wenn es auch für die Verhältnisse klassischer Kriegführung eine sehr beachtliche Streitmacht war. Aber der Art nach waren es andere Männer; denn nur etwa 35 000 kamen aus Europa. Die Kampfgefährten zu Fuß hatten die Sarissa aufgegeben, weil sie im Gebirge zu sperrig war, und benutzten sie unter Alexander nicht wieder. Die Lanzenreiter hatten ein gleiches getan und waren mit den Berittenen Kampfgefährten verschmolzen worden, die mangels Verstärkungen aus der Heimat auf etwa 1800 Makedonen zusammengeschrumpft waren. Die Bogenschützen – eine bei indischen Truppen besonders starke Waffengattung – zählten wenigstens 3000 Mann. Die Kampfkraft der Fußtruppen blieb durch drei Brigaden neuer Söldner gewahrt, zumeist Griechen aus Europa und Asien, die jetzt jedoch von makedonischen Adligen angeführt wurden. Iranische Reiter aus Baktrien und Sogdiane erweiterten die Kavallerie, wenn sie auch von den Griechen und Makedonen getrennt eigene Einheiten bildeten. Es gab sogar tausend reitende Bogenschützen, die man aus Spitamenes' Nomaden rekrutiert hatte. Im ganzen war die Armee beweglicher, unabhängiger und mit Pfeilen und Lanzen besser ausgerüstet. Durch die Iraner war sie ausgewogener geworden, und die bewegliche Taktik ihrer nomadischen Reiter am Oxus war Alexanders Offizieren nicht verborgen geblieben.

Doch am meisten hatte sich die Kommandostruktur gewandelt. Die Kampfgefährten zu Fuß hatten neue Waffen, waren aber nach wie vor in sieben Bataillone unterteilt, deren Offiziere – sofern Wechsel stattgefunden hatten – Brüder der früheren makedonischen Adeligen waren; der Befehl über Alexanders Hochland-Infanterie war weitgehend Familiensache. Aber die Kavallerie hatte nach den Verschwörungen und Absetzungen jede Verbindung mit Philotas, Parmenion, Kleitos und der Vergangenheit verloren. Die verminderten Reiterschwadronen der Kampfgefährten waren in den letzten achtzehn Monaten in sechs oder mehr Hipparchien gegliedert worden; unter deren namentlich bekannten Kommandeuren war zuvor nur einer als Reiterführer hervorgetreten. Die anderen waren gute Freunde, wie Ptolemäos oder Hephaistion, oder Männer wie Perdikkas oder Leonnatos, die als königliche Leibwächter bekannt waren. Die königliche Leibschwadron, früher von Kleitos geführt, übernahm unter neuem Namen Alexander selbst. Sie alle hatten Freunde und Familien, wenn sich ihr schwankender Einfluß auch nicht mehr im einzelnen erkennen läßt. Die Offiziersklasse, die zuvor mit Freunden des Parmenion durchsetzt gewesen war, zeichnete sich nun durch künftige Freunde von Perdikkas aus, der nach Alexanders Tod um den Zusammenhalt des Reiches kämpfen sollte. Am klarsten ist noch der Fall der Königlichen Schildträger, die nunmehr wegen ihrer schmucken neuen Silberrüstungen in Silberschilde umgetauft wurden. Diese Eliteeinheit aus

Infanterieveteranen war zunächst einem Sohn des Parmenion unterstellt gewesen, der aber kurz vor dem Komplott seiner Familie starb, und jetzt sahen die Silberschilde zu neuen Offizieren auf, darunter Seleukos, den künftigen König Asiens, und Alexanders Kindheitsfreund Nearchos, der bald Admiral der indischen Flotte werden sollte; ihr Oberbefehlshaber war Neoptolemus, ein Mitglied der epirotischen Königsfamilie und somit ein Verwandter auf mütterlicher Seite.

Bis zum Sommer 327 hatte sich nicht nur bei den königlichen Schildträgern eine neue Gruppe von Heerführern herausgeschält. Diese Hipparchen und Schwadronführer machten das Heer beweglicher, so daß es verschiedene Angriffe gleichzeitig durchführen konnte. Solch ein Vorgehen an mehreren Fronten war seit langen ein Prinzip der Belagerungstaktik Alexanders, ansonsten jedoch neu. Spitamenes hatte gezeigt, daß zweitklassige Offiziere solchen Aufgaben nicht gewachsen waren, und Parmenion und Philotas wiederum hatten bewiesen, daß namentlich die Kavallerie keinem einzelnen anvertraut werden durfte. In den Provinzen schälte sich ein ähnliches Modell heraus; es war freilich nicht so dringlich, weil fernab.

Im Juni kehrte Alexander in gemächlichem Tempo zum Hindukusch zurück und überquerte ihn geruhsam in zehn Tagen, wahrscheinlich auf dem schon einmal benutzten Weg und nicht auf der gefährlichen Straße durch das heutige Bamian, einem künftigen Heiligtum Buddhas. Der Schnee war geschmolzen, und nach den reichen Proviantfunden in sogdianischen Festungen stand eine zweite Hungersnot nicht zu befürchten, als die Truppen durch das hohe Grasland zogen, inmitten von Lerchen, glatten Hängen und dem durchdringenden Duft von Wermut und Wildrosen. Weiter unten, nahe Begrâm, machte das neue Alexandria-im-Kaukasus Alexander zu schaffen. Der Statthalter wurde wegen Insubordination abgesetzt. Es war der achte Fall, daß sich in den seit Gaugamela eroberten Satrapien eine Ernennung als Fehlschlag erwies, und obwohl der neue Statthalter wiederum ein Orientale war, war er doch, abgesehen von Roxanes Vater, der letzte Iraner, dem Alexander einen solchen Posten übertragen sollte. Das Experiment der vier vorangegangenen Jahre, einheimische Satrapen einzusetzen, war bequem, aber riskant gewesen, und mit seinem Abzug in östlicher Richtung reizte Alexander die Zurückbleibenden zur Rebellion. Bis auf nur zwei Ausnahmen sollte er bei seiner Rückkehr Unruhen vorfinden.

»Ich möchte nach Indien ziehen«, so schrieb Alexander in einem unechten Brief, der tausend Jahre später im sassanidischen Persien verfaßt wurde, »aber ich scheue mich, meine persischen Adligen lebend zurückzulassen. Es erscheint mir ratsam, sie bis auf den letzten Mann zu vernichten, so daß ich meine Ziele in aller Ruhe angehen kann.« Aristoteles soll darauf erwidert haben: »So du das Volk von Fars vernichtest, wirst du einen der bedeutendsten Pfeiler von Qualität auf Erden stürzen. Wenn es die Adligen dieses Volkes nicht mehr gibt, wirst du das untere Volk in ihren Rang und Namen einsetzen müssen. Du darfst aber dessen gewiß sein, daß keine Schlechtigkeit, kein Unglück, keine Unruhe oder Krankheit auf der Welt so sehr korrumpiert wie der Aufstieg der Gemeinen in die Stellung des Adligen.« Niemand drückte die Ansichten des persischen Edelmanns klarer aus als der Aristoteles der persischen Legende. Aber bei der Rückkehr von Indien sollte der wirkliche Alexander Grund haben, diesen Rat in Frage zu stellen.

Die restlichen Sommermonate verbrachte man friedlich im Hindukusch. Für die Männer, die sonst in fürchterlicher Hitze nach Indien vorgedrungen wären, war es eine Erholung, und die Zeit war für die Erkundung des Geländes und das Training der neuen Einheiten nützlich. Der Radscha Sasigupta hatte seit etwa zwei Jahren im Lager gelebt, ein Mann, »der aus Indien zu Bessos geflohen war, sich den Makedonen jetzt aber als zuverlässig erwies«. In Ermangelung jeglicher Landkarten waren seine Informationen wertvoll. Alexander brach im Frühherbst von Alexandria-im-Kaukasus auf und stieg von den Ausläufern des Hindukusch herab, bis er den Laghman-Fluß erreichte und die Landschaft des Pandschab vor sich liegen sah. Am anderen Ufer des Laghman befestigte er ein Eingeborenendorf und gab ihm den zuversichtlichen Namen Nikäa, Stadt des Sieges, ein Thema, das er stets herausstrich. Dann schickte er einen Herold auf der alten, vielbenutzten Straße längs des Indus gen Osten und lud – zweifellos auf den Rat Sasiguptas – die Radschas des Tales zu einer Konferenz ein. Als die Radschahs eintrafen, war es bereits Anfang Oktober; inzwischen hatte Alexander den Feldzug durch ein Opfer für die Siegesgöttin Athene eröffnet.

Seine Erwartung eines Sieges war nicht unbegründet. Er brachte ein professionell geführtes Heer mit Katapulten, Bohrpfählen und Belagerungstürmen in eine unabhängige Welt der Grenzstämme, die zahlreich, aber einander stets feindlich waren. Die indische Kavallerie ließ sich mit Schwadronen der Kampfgefährten und Iraner nicht vergleichen. Die *yantras* ihrer epischen Helden waren nur einfache Schlingen und Katapulte. Ihr Eisen und Stahl und ihre Bogenschießkünste waren berühmt, aber ihnen mangelte die Disziplin der Schildträger. Die Könige in den Tälern verließen sich noch auf Streitwagen, eine Waffe, die die Makedonen von Gaugamela nicht sonderlich beeindruckte. Nur mit einer Gefahr war nicht zu spaßen, und Alexander erkannte sie gut – auf die ersten Nachrichten von einer Invasion würden die Radschas im Pandschab nach ihren Mahouts schicken, um wie ihre Vorväter mit Rüssel und Stoßzähnen und vom Rücken der größten bekannten Tiergattung der Erde zu kämpfen. In Indien sollte Alexander sich als erster westlicher General ernsthaft mit dem *elephas maximus* auseinandersetzen, »dem Meisterwerk der Natur, dem einzigen harmlosen Riesenwesen«.Verglichen mit der Gefahr, die ein Elefant in *musth* darstellte, fielen Katapulte kaum ins Gewicht.

Der Elefant beherrschte die indische Phantasie in solchem Maße, daß er der Hindumythologie zufolge die Erde auf seinen Schultern trägt. Aber in einem Zeitraum von fünf Jahren machte sich Alexander den Elefanten zu eigen. Elefanten bewachten sein Zelt. Abbildungen dieses Tieres schmückten seinen Begräbniswagen, während sein enger Freund Ptolemäos ihn kurz nach seinem Tode auf ägyptischen Münzen darstellen ließ, als trüge er eine Kappe aus Elefantenhaut. In der Folgezeit wurde der Elefant im Westen zum Symbol großer Ansprüche. Cäsar nahm ein Exemplar nach Britannien, Claudius zwei. Pompeius wollte auf einem von Elefanten gezogenen Triumphwagen in Rom einfahren, stellte jedoch fest, daß das Stadttor zu schmal war und er absteigen mußte. Dank Alexander verbreiteten sich erstmals genauere Kenntnisse über den Elefanten im Abendland. In seinen großen naturgeschichtlichen Studien beschrieb Aristoteles ihn mit einer Genauigkeit, die er nur einer Sezierung verdanken konnte; er wußte sogar, wie sich beim Elefanten Schlaflosigkeit, Wunden oder Magenverstimmungen heilen ließen oder wieviel Weizen oder Wein erforderlich war, um ihn in Höchstform zu halten. Wie Alexanders Offiziere aber neigte er zu dem Glauben, daß ein Elefant zweihundert Jahre alt werde.

Durch Alexanders Heer wurden die Einsatzmöglichkeiten von Elefant und indischem Mahout erstmals auch daheim in Griechenland bekannt. Die Haudah, der feste Sitz auf dem Elefantenrücken, setzte sich durch, und da ihr weder die Kunst noch verläßliche Literatur eine indische Herkunft zuschreiben, mag die Haudah eine Erfindung griechischer Ingenieure gewesen sein. Drei Jahre nach Alexanders Tod benutzten seine Offiziere Elefanten dazu, Bäume zu fällen, einen Fluß zu dämmen und eine Stadtmauer einzuebnen. Die Tiere wurden wie in Indien mit Glocken und roten Tüchern geschmückt und, ebenfalls wie in Indien, als Vollstrecker von Todesurteilen eingesetzt. Und doch waren sie vor Alexander in der ungeeigneten Landschaft Griechenlands nicht zu sehen gewesen. Auf dem Schlachtfeld erwies sich der erste Schock ihres Auftretens als kampfentscheidend, obwohl die Verteidiger rasch erkannten, daß man ihnen mit nagelbewehrten Planken beikommen konnte – sie hatten zarte Füße. Da sie nicht springen können, setzten Grabenanlagen ihrem militärischen Nutzen ein vorläufiges Ende. Als aber solche Verteidigungstaktiken die Oberhand zu gewinnen schienen, schickten die Ptolemäer Jäger in die äthiopischen Wälder aus, um dort neue, mutigere Elefanten zu rekrutieren, während das erstarkende Karthago seine westlichen Marschen nach einer passenden Antwort abzusuchen begann. Hannibal fand sie und setzte sie ein, um Italien Angst und Schrecken einzujagen; Rom, schnell von Begriff, erwiderte Makedonien das Kompliment und entsandte Männer nach Osten in die syrischen Schlammgebiete der Seleukiden, mit Geheimbefehlen, jedem auftauchenden Elefanten mit Schwerthieben die Beine zu lähmen – zwei Jahre später brach das seleukidische Reich zusammen.

Als die Feinde ausblieben, verwendeten die Römer den Elefanten für Schauzwecke. Die Tiere tanzten, spielten Zimbeln und vollführten Seilakte im Circus, und in den folgenden zweihundert Jahren schloß das Publikum sie ins Herz, was Alexander erst möglich gemacht hatte. Aber es war der Elefant, der zuletzt am lautesten trompetete. In der Mitte des vierten Jahrhunderts, als die Macht Persiens wiedererstand, trampelten Hunderte von Elefanten im gefürchteten Namen des Schapur durch Asien nach Westen – »die ungeheuerlichste und schrecklichste aller Kriegseinheiten«, wie ein römischer Augenzeuge bemerkte.

Mit dem Ende des römischen Reiches im Westen verschwand der Elefant bis auf gelegentliche Auftritte aus Europa. Sechshundert Jahre lang hatte er die offene Grenze zwischen Ost und West symbolisiert, eine Grenze, die Alexander als erster zurückgeschoben hatte. Es war vielleicht sein nachhaltigster Beitrag zum Leben der Antike.

Ohne seine indische Invasion wäre der Elefant im Mittelmeerraum zweifellos nie militärisch eingesetzt worden. Er ist schwer zu fangen und hat ernsthafte Nachteile. Winterkälte mag er nicht, und am wohlsten fühlt er sich in warmem Schlamm. Da er eine schlechte Verdauung hat, muß er doppelt soviel fressen als er wirklich braucht. Er verzehrt fünfundzwanzig Pfund Heu und trinkt bis zu zweihundertzwanzig Liter Wasser am Tag – Aristoteles wußte sogar von einem Elefanten zu berichten, der zwischen Morgengrauen und Abenddämmerung achthundert Liter trank, und in der Nacht gleich wieder zu trinken begann. Das Gehör des Elefanten ist ausgezeichnet, sein Sehvermögen dagegen miserabel. Er kann schwimmen, aber nicht springen, und als Lasttier ist er uninteressant. Er bewegt sich gleichmäßig neun Kilometer in der Stunde, stürmt selten und dann nur über kurze Strecken mit einer Stundengeschwindigkeit von gut dreißig Kilometern. In der Gefangenschaft pflegt er sich gewöhnlich nicht zu vermehren, obwohl die Männchen einige unangenehme Monate in *musth* sind, wobei sie an den Schläfen eine Flüssigkeit absondern, die sie so verdrießlich macht, daß sie kaum im Zaum zu halten sind. Was am schlimmsten ist – der Elefant kennt keinen Teamgeist.

Obwohl er seinem Herrn große Zuneigung entgegenbringt und Kindern gegenüber sanft ist, bedeuten menschliche Kriege ihm gar nichts, und er läuft unterschiedslos zwischen Freunden und Feinden Amok. Der bemerkenswerteste Elefant der griechischen Geschichte, ein Tier namens Viktor, hatte lange in Pyrrhus' Armee gedient, doch als er seinen Mahout tot vor den Stadtmauern liegen sah, raste er los, um ihn zu holen. Trotzig hob er ihn auf seine Stoßzähne und übte für den Mann, den er geliebt hatte, wild und ziellos Rache, wobei er mehr Leute der eigenen Seite als Feinde zertrampelte. Im Krieg war solche Zuneigung von äußerst zweischneidigem Nutzen.

Der Mensch jedoch tat sein Äußerstes, um dem Elefanten Mut zu machen. In Indien trieb man ihn mit Stachelstöcken an, stattete ihn mit Glocken aus und gab ihm Wein zu trinken. In Ceylon wurde er an Opiumgenuß gewöhnt. Man brachte ihm bei, Angreifer mit seinem Rüssel wegzuschleudern – bis die Soldaten zur Abwehr Stachelrüstungen trugen. Seine Stoßzähne wurden mit langen, in Gift getunkten Stahlspitzen verstärkt, sein Körper durch Kettenwamse geschützt, während sieben oder mehr Krieger von seinem gesattelten Rücken – auch ohne den Schutz der Haudah – Pfeile oder Speere verschossen. Und, ganz besonders wichtig – obwohl der Elefant sich vor Mäusen fürchtete, die an seinem Rüssel hochrennen konnten, erschreckte er Pferde zu Tode. Bei Gaugamela hatten Alexanders Berittene Kampfgefährten die wenigen gegnerischen Elefanten sicher umgangen, aber im Pandschab mußten sie in direktem Kampf mit Hunderten rechnen. Alexander war äußerst besorgt.

In Indien gab es für ihn als erstes die Neuigkeit, daß Elefanten auf seiner Seite kämpfen würden; denn Anfang Oktober waren Radschas aus dem Industal seinem Herold zur Grenze gefolgt, und sie sagten ihm ihre fünfundzwanzig Tiere zu. Eine solche Begrüßung veranlaßte Alexander zu einer Truppenteilung. Die Hauptstraße verlief entlang dem Indus bis hin zur fernen Stadt Taxila, Heimat des Radscha Ambhi, der sich, wie erwartet, ergeben hatte. Hephaistion, die Söldner und die Hälfte der Berittenen Kampfgefährten sollten ihm durch die Peschawar-Ebenen folgen und den Indus bei Hund überqueren, wo sich der Fluß wieder nach Norden wendet. In den späteren Etappen sollte Ambhi sie führen und versorgen, während sie unterwegs Städte wie Puschkalavati, Stadt des Lotus, erobern konnten, das inmitten von weiten Zuckerrohrfeldern und Sand lag; sein Statthalter jedoch leistete – und wurde für solche Anstrengungen später mit dem Tode belohnt – hinter seinen Gräben und Lehmbefestigungen einen Monat lang Widerstand. Alexander war inzwischen mit etwa 22 000 Infanteristen weit nach Norden in das Hochland von Swat vorgestoßen, um diese Flanke seiner Hauptstraße durch eine Taktik des Schreckens zu sichern; sie war seine Verbindungslinie zurück in den Iran, und als vorsichtiger Taktiker durfte er den nördlichen Stämmen keine Möglichkeit lassen, den Weg zu sperren, solange er noch auf Nachrichten und Verstärkungen aus Asien hoffte. Da sich die einheimischen Könige nicht ergeben hatten, beschloß er, sie nicht zu bestechen, sondern zu bekämpfen. Er wählte einen Weg hoch oben am Alishang-Fluß, weil der den Berichten zufolge am zugänglichsten war, und stürzte sich unter dem Geleit Sasiguptas in einen mühsamen, sechsmonatigen Feldzug. Es gab zahlreiche Bergstämme, und sie hatten sich zwischen Bergen und Flüssen, die selbst im Dezember nicht leicht zu überqueren waren, zu hartem Widerstand entschlossen. Daß sie sich ihm zu ergeben weigerten, machte Alexander nicht eben geneigt, Widerstand leistende Patrioten freundlicher als gewöhnlich zu behandeln. Es war ein schlechtes Vorzeichen für den Krieg, daß er bei der ersten Stadt verwundet wurde, und »die Makedonen töteten alle Gefangenen, aus Zorn darüber, daß sie ihrem Alexander Schmerzen bereitet hatten«.

Aber das grause Kriegshandwerk hatte auch seine angenehmen Seiten. Tief in den grünen Tälern der westlichen Swat-Berge, vielleicht nahe dem Gipfel des Koh-i-nor, hatte man an einem kühlen Dezemberabend das Lager aufgeschlagen, und die Männer begannen in etwa tausendfünfhundert Metern Höhe nach Brennholz zu suchen. Man zündete ein großes Feuer an, und als das Holz knapp wurde, zerschlugen die Soldaten rechteckige Kästen aus Zedernholz, die sie, wie gerufen, überall am Hang verstreut fanden – sie ahnten nicht, daß sie Särge der Einheimischen verbrannten.

Innerhalb kurzer Zeit traten die Feinde zum Gegenangriff an, wurden jedoch rasch zurückgeworfen, so daß sie sich zur Kapitulation bequemten. Ihre Abgesandten fanden Alexander in seinem Zelt, »noch staubig vom Marsch, aber in voller Rüstung mit Helm und Speer; sein Anblick erstaunte sie sehr, und sie fielen zu Boden und schwiegen lange Zeit«. Über Dolmetscher legte man die Übergabebedingungen fest. Zu Alexanders Freude wurde die Stadt von Aristokraten regiert, von denen dreihundert in seiner Kavallerie dienen sollten, während weitere hundert nach kurzer Auseinandersetzung zurückblieben, damit der Adel die Macht behielt. Während der Gespräche erfuhr Alexander eine verblüffende Tatsache – diesen Stamm hatte der Gott Dionysos angesiedelt, ihre Stadt war das geheimnisvolle Heiligtum Nysa, und der Berg deshalb ein heiliger Ort. In Griechenland bekränzten ekstatische Dionysosanhänger ihre Stirn mit Efeu; auf diesem indischen Berg aber – und das hatten sie auf bisher keinem anderen gesehen – wucherte der gewöhnliche Efeu. Welchen Beweis brauchte der einfache Soldat noch? Dionysos war vor ihnen hier gewesen.

Auf erschöpfte Soldaten wirkte die Erinnerung an Dionysos ermutigend, und Alexander selbst »wünschte, daß die Berichte über die Reisen des Gottes wahr seien«. Der Kult des Gottes in seinem heimatlichen Makedonien war alt und wild, und kein Sohn Olympias' durfte ihn unterschätzen. Wie immer war er auf eine Erkundung erpicht, und die Berittenen Kampfgefährten und die königliche Infanterieschwadron durften mit ihm die schattigen Baumgruppen, Myrte, Buchsbaum und Lorbeer besuchen – Symbole des Gottes und eine Wohltat für Augen, die sich an Felsformationen und trockener Salzwüste müde gesehen hatten. Der Ort war ein gärtnerisches Paradies. Die Soldaten pflückten den Efeu und flochten seine beißenden Stiele zu Kränzen. Mit Efeugewinden gekrönt, sangen sie hier am Berg Hymnen für den Gott und riefen ihn bei seinen vielen Namen, woraufhin ihm Alexander ein weihevolles Opfer darbrachte: »Viele der nicht unbedeutenden Offiziere in seiner Gesellschaft schmückten sich mit Efeu und waren – so haben mehrere berichtet – sogleich von dem Gott besessen und liefen mit dem Ruf nach Dionysos in einem trunkenen Taumel durcheinander.« *Ite Bacchai, ite Bacchai* ... – die Worte des denkwürdigsten Chors aus dem griechischen Drama, das wahrscheinlich in Makedonien verfaßt wurde, mögen auf einem pakistanischen Hügel erklungen sein.

Die Episode verdient, ernstgenommen zu werden, ist aber schwer zu deuten. Es wäre vernünftig, zunächst einen indischen Hintergrund zu vermuten, und da gibt es tatsächlich eindrucksvolle Parallelen. Alexanders Offiziere nannten den Hügel Meros – griechisch für »Lenden«, und das stellt eine Verbindung zu Dionysos her, der den Lenden des Zeus entsprungen sein soll. Doch der Name mag den Griechen auch durch indische Hinweise gekommen sein; denn der frühen Hindu-Kosmologie zufolge schwimmt die Erde wie die vier Blütenblätter einer Lotosblume um den zentralen Berg Meru, der sich aus den umliegenden Meeren zum Gipfel der heiteren Götter erhebt. Alexander mag Inder in seinem Lager von Meru reden gehört und das indische Wort wie so oft mit etwas Griechischem gleichgesetzt haben. Was den Gott selbst angeht, so wurde von späteren griechischen Indienbesuchern wiederholt ein indischer Dionysos erwähnt, und im indischen Pantheon käme dafür keiner mehr in Frage als Schiwah, der von Tänzern und Zimbelspielern angebetet wird, die wie griechische Bacchanten in die Häute wilder Tiere gekleidet sind. Efeu, Meru und Schiwah könnten also die Vorstellungskraft der Makedonen angeregt haben. Gelehrte im ägyptischen Alexandrien schrieben den Vorgang später Alexanders Vorliebe für Schmeicheleien zu, aber sie waren eben phantasielos, hatten das Hochland von Swat nie gesehen oder die Gefahren eines Indienforschers erlebt.

Aber eine solche indische Erklärung hat ihre Schwierigkeiten; denn dagegen spricht eigentlich eine noch seltsamere Geschichte, in der sich die Dionysosverehrer zusammengetan haben. Alexander weilte in der Gegend des heutigen Tschitral, in unmittelbarer Nachbarschaft von Nuristan an der Ostgrenze Afghanistans. Es ist die Heimat eines Volkes – seit langem als die Kafiri bekannt –, das in Tschirtral und im Hochland von Swat verwandte Stämme hat, die Sprache und viele Volkssagen mit den Kafiri gemein haben. Die Kafiri sind eines der am wenigsten zugänglichen und bezauberndsten Völker Asiens. Ihre Haut ist manchmal hell, ihr Haar gelegentlich blond. Sie haben Adlernasen und edle Stirnen und tragen eine wollene Kopfbekleidung, die für manchen Phantasiebegabten der *kausia* der Makedonen ähnlich zu sein scheint. In ihrer reich bewaldeten Bergwelt gibt es Efeu im Überfluß, und das Volk ist wie Dionysos auffällig dem Wein zugetan. Seine Musik und seine Gesänge sind berühmt, seine Holzschnitzbauten charakteristisch und oft reich verziert. Daß die Kafiri die Aufmerksamkeit der viktorianischen Briten auf sich zogen, war unvermeidlich; und da die Kafiri im neunzehnten Jahrhundert nicht dem Hinduismus oder dem Islam anhingen, waren sie nach Auffassung mancher Leute frühe und von der katholischen Kirche nicht verdorbene Christen, während andere der Meinung waren, es handele sich um griechische Nachkommen der Garnisonen Alexanders – daher das europäische Aussehen. Diese Geschichte ist so alt wie Marco Polo. Man hört sie wohl auch heute noch; Kipling widmete diesen Proto-Hellenen sogar eine Erzählung.

Aber es hat sich gezeigt, daß sie weder Griechisch sprachen noch daß ihnen Jesus am Herzen lag, und die Frage ihrer Herkunft verlor bald an Interesse. Aber eins ist bemerkt worden – als einziger Stamm im Hindukusch bestatten die Kafiri ihre Toten in Holzsärgen, und da kommt einem die Suche der Makedonen nach Brennholz in den Sinn. Die Soldaten hatten die Särge zerschlagen, die in bequemer

Reichweite von ihren Biwaks herumlagen. Das Brauchtum umspannt Jahrtausende, so daß die Kafiri von Nuristan tatsächlich Nachkommen jenes Volkes sind, dem Alexander begegnete. Das aber stellt eine Beziehung zwischen Dionysos und dem Hindu-Gott Schiwah in Frage.

Die Forschung hat festgestellt, daß die Sprache der Kafiri sich von den frühesten indo-europäischen Dialekten herleitet. Die Kafiri sind also Nachkommen der ersten Einwanderer, die mehrere tausend Jahre vor Alexander von Indien aus Europa überfluteten – daher ihr europäisches Aussehen, ein Charakteristikum, das in gewissem Maße auch darauf zurückzuführen ist, daß sie auf unternehmungslustige britische Damen an der Nordwestgrenze Indiens reizvoll wirkten. Vor ihrem erzwungenen Übertritt zum Islam hatten die Kafiri eine Religion, die keinen indischen Gott umfaßte, der sich mit Dionysos vergleichen ließe. Sie beteten einen Himmelsgott an, den die Griechen Zeus Ombrios genannt hätten, und einen Dämonengott in der Gestalt eines Steins, aber von Schiwah wußten sie nichts, und Hindus waren sie auch nicht. Doch pflegten sie einen äußerst lebendigen Kult um die Ibex oder Bergziege, wie es sich für ein Volk ziemte, in dessen Breiten dieses Tier überaus zahlreich vorkam; und da zur griechischen Dionysosverehrung Töten und Verzehr einer Ziege gehörte, ist die Parallele deutlich. Möglicherweise sah und hörte Alexander von diesem gleichermaßen ekstatischen Kult der Kafiri, zumal ihre natürlichen Gärten und die westliche Erscheinung ihrer Wortführer eine Verbindungslinie zu Dionysos zu bestätigen schienen.

Nach Dionysos kam Herakles. Der mit ihm wetteifernde Sohn des Zeus machte sich zunächst im fernen Norden an die mühsame Aufgabe, die Flüsse Alishang und Kunar zu überschreiten, und erstürmte eine starke Festung hoch am Katgala-Paß. Der Boden war felsig, die Mauer durch Gräben geschützt, und die Verteidiger waren um 7000 Söldner aus östlicheren Gegenden verstärkt. Bei einem ersten Scharmützel wurde Alexander durch einen Pfeil von den Befestigungen der Stadt am Fußgelenk verletzt. Als sein Fuß starr vor Schmerz herabhing, wollte ein athenischer Ringer, der seine Talente seit langem unter den Mannschaften bewiesen hatte, dem König über seine Verwundung hinweghelfen. »Ichor«, bemerkte er, »wie es den Venen der unsterblichen Götter entströmt.« – »Unsinn«, erwiderte Alexander heftig. »Das ist kein Ichor: das ist Blut.« Mit seiner Tapferkeit hatte er sich göttliche Ehren verdient, und jedermann sollte wisen, daß er bei seinem göttlichen Vater Zeus in besonderer Gunst stand. Über seine Sterblichkeit aber machte er sich keine Illusionen, und er hätte niemals den Anspruch erhoben, selbst Gott geworden zu sein.

Verwundet und zurückgeworfen, besann Alexander sich auf seine Maschinen. Wie bei Gaza ließ er einen Hügel aufwerfen, von dem aus die Katapulte und Belagerungstürme wirksam eingesetzt werden konnten, aber die Belagerten hatten zunächst das Vergnügen, die erste Ziehbrücke von einem Belagerungsturm unter dem Gewicht der Makedonen einstürzen zu sehen. Die Katapulte waren da schon unheimlicher, und als einer der Pfeilschützen den indischen Häuptling tötete, gaben die Stammesgenossen sich vor der überlegenen Technik geschlagen. Ihre Söldner ergaben sich und wurden in Alexanders Mannschaften aufgenommen, am Abend darauf allerdings massakriert, als sie zu fliehen versuchten. Die übrigen wurden verschont – einschließlich der Mutter des Häuptlings, die sich für den Verlust ihres Sohnes durch ein Katapult derart entschädigte, daß sie mit Alexander schlief und Ersatz empfing.

Der Winter war bereits ziemlich weit fortgeschritten; und die Erstürmung von zwei weiteren Festungen des Hochlands hielt die Armee bis weit in das neue Jahr hinein auf. Die Kämpfe blieben mühsam, und das Wetter war kalt. Die Versorgung jedoch stellte keine Probleme. Erst drei Monate zuvor hatte man eine Herde mit 230 000 Rindern gefangen. Die besten Tiere sonderte Alexander heraus, weil er »sie nach Makedonien senden wollte, damit sie dort im Ackerbau nützlich waren« – ein Beweis seiner regen Anteilnahme an der Landwirtschaft, von der alle antiken Wirtschaftssysteme abhingen. Es blieben genug Rinder, um die Armee über Monate mit Milch und Fleisch – beides in der klassischen Welt ein seltener Luxus – zu versorgen. Der Feldzug bewegte sich inzwischen stets weiter in östlicher Richtung. Jenseits der Swat-Berge, am Ostufer des Indus, herrschte ein Radscha, dessen Volk historisch stets mit Alexanders Feinden diesseits des Flusses verbündet gewesen war. Agitatoren und Söldnertruppen waren bereits herübergekommen, um den Widerstand gegen Alexander zu stärken, und während er am Indus eine Stadt nach der anderen einnahm und neu besiedelte, zogen sich die Überlebenden immer weiter auf diese eine Hilfsquelle zurück. Anfang März waren sie in die nordöstlichen Gebirgsgebiete abgedrängt worden, von wo aus man den Indus überblicken konnte, und sie flüchteten sich auf einen steilen Bergvorsprung nördlich von Attock, den selbst Held Herakles, so hieß es in Alexanders Armee, nicht hatte erobern können. Und damit war endlich alles für den Höhepunkt in Alexanders Laufbahn als dem größten Belagerer der Geschichte vorbereitet.

Eine mögliche Lage dieses Bergvorsprungs wurde 1926 im Rahmen der Forschungsarbeiten von Sir Aurel Stein bestimmt, und inzwischen dürfen wir seine außergewöhnlichen Untersuchungen als wahrscheinlich zutreffend akzeptieren. Aornos ist tatsächlich so eindrucksvoll, wie das Geschichtswerk des Ptolemäos ihn darstellt. Dort, wo der Indus oberhalb des Nandihar-Tals nach Westen biegt, umfließt er eine Vielzahl von Bergriegel und -rücken. Dazu gehört auch der Pir-Sar, der »Gipfel des heiligen Mannes«, ein langes, oben flaches Felsmassiv, das über 2100 Meter hoch aufragt und im Osten durch den breiten Indus geschützt ist, zu dem es über mehrere trügerisch glatte Schluchten abfällt. Genau nördlich erhebt sich, kegelförmig und schroff, der noch höhere Bar Sar. Seine grasbewachsenen Hänge fallen zum Pir-Sar hin schließlich in einer äußerst tückischen Klamm ab; im Westen stürzt ein Steilhang 600 Meter tief in einen Talstreifen hinab, um von dort zum überhaupt höchsten Gipfel der ganzen Bergkette anzusteigen. Im Süden läuft der Pir-Sar in drei schmalen Bergrücken aus, von denen einer unzugänglicher ist als der andere. Was den Pir-Sar selbst angeht, so bietet sein flaches Plateau einen so überwältigenden Ausblick, daß auch der hartgesottenste Makedone davon nicht unberührt bleiben konnte – ob er nun zu den eisverkrusteten Quellflüssen des oberen Swat hinüberschaute oder zum metallischen Grün der Ebenen um Peschawar im Süden, jenseits des Indus. Es war ein Ort für Bergsteiger, nicht aber für Krieger.

Von solchem günstigen Aussichtspunkt mußte Alexanders Marsch die Schleife des Indus längs einfach bemerkt werden. Der Fels war für das Heer von keiner Seite her leicht erreichbar; allenfalls blieb die Wahl zwischen einem Grat und einer Schlucht. Den Feind auszuhungern war unmöglich, weil der Pir-Sar eigene Wasserquellen hatte und die Verteidiger, so wie heute die Gujas, auf dem ausgedehnten Plateau für den eigenen Bedarf genug ernten konnten. Klippen und Schluchten waren viel zu steil, als daß die Katapulte in Schußweite gebracht werden konnten. Wenn die Eingeborenen von ihrem Hindugott Krischna sprachen, der von Männern in Löwenhäuten verehrt wurde, so war es nur natürlich, daß die Makedonen ihn mit ihrem eigenen königlichen Vorfahr Herakles gleichsetzten und die Kunde verbreiteten, nicht einmal Herakles sei in der Lage gewesen, den Pir-Sar zu erstürmen. Für Alexander war es ein Grund mehr, den Versuch zu wagen.

Vom Paß aus begab er sich kurz an den Indus, um Hephaistions Brückenarbeiten zu inspizieren, und näherte sich dann dem Pir-Sar flußaufwärts aus dem Süden. Im nächstgelegenen Stützpunkt wurden die schwersten Truppen und der größte Teil der Kavallerie zurückgelassen, um den notwendigen Proviant für eine lange Belagerung zu sammeln, während die Berittenen Bogenschützen und alle leichtbewaffneten Elitetruppen anderthalb Tage lang am westlichen Flußufer weiterzogen, bis ein Glücksfall entscheidend war – nahegelegene Stämme ergaben sich ihnen und erboten sich, das Heer zum besten Angriffspunkt zu geleiten. Wie gewöhnlich, wenn keine andere Möglichkeit blieb, nahm man solch ein Angebot an. Ptolemäos und Alexanders Sekretär Eumenes wurden auf Patrouille geschickt, und nach Norden vorrückend eroberten sie, direkt westlich von Pir-Sar, den Bergvorsprung von Klein-Una, dessen dichter Wuchs von Pinien und wilden Rhododendren ihnen nützte. Oben errichteten sie eine Einpfählung und gaben das vereinbarte Feuersignal. Doch außer Alexander sahen auch die Verteidiger das Zeichen, und so waren König, Sekretär und Geschichtsschreiber erst zwei Tage später – nach Scharmützeln und dank eines indischen Boten – wieder in ihrer vorgeschobenen Stellung auf dem Bergrücken vereint.

Von Klein-Una aus gewann man nun einen weitaus besseren Überblick. Pir-Sar, so berichteten die einheimischen Führer, war von seiner verborgenen Nordfront aus einnehmbar, also arbeitete sich Alexander über das Burimar-Plateau in diese Richtung vor, bis ihn der große natürliche Graben der Burimar-Kandao-Schlucht zum Halten brachte, die etwa 250 Meter tief war. Hier war er von oben her angreifbar und konnte, da die Schlucht für die Reichweite seiner Katapulte zu breit und zu tief war war, selbst nicht zurückschlagen. Unbeirrt gab er wieder einmal Befehl, die Landschaft seinen Erfordernissen anzupassen. Aus den zahlreichen Fichten der Umgegend – daß einige gestürzt waren, erleichterte die Arbeit – sollten Pfähle geschnitten werden; und eine Klamm von der Breite eines Pandschabflusses sollte durch einen Erdwall überbrückt werden, bis die Katapulte ihr Ziel erreichen konnten. Diese erstaunlichen Erdarbeiten begannen im Morgengrauen; Alexander selbst trug die ersten Haufen Erde herbei und blieb dann in der Nähe, »um zuzusehen und jene zu loben, die eifrig arbeiteten, doch jene zu strafen, die einen Augenblick innehielten«. Nach dem ersten Tag waren bereits sechzig Meter geschafft, aber mit der zunehmenden Tiefe der Schlucht verlangsamte sich die Arbeit, und erst nach drei Tagen kamen die Männer bis auf Schußweite an den ersten Ausläufer des Pir-Sar heran. Vermutlich war der Erdwall eher eine Plattform als eine voll aufgeschüttete Schlucht. Das Flechtwerk aus Stämmen und Ästen bewies die vorzüglichen Zimmererqualitäten der Truppen aufs neue.

Ein Stützpunkt auf dem Pir-Sar war leicht zu gewinnen. Alexander suchte dreißig Vorkämpfer aus, und »beim Klang der Trompete wandte er sich ihnen zu und gab ihnen Befehl, ihm zu folgen; denn er wollte als erster den Felsen hinauf«. Als er sich dem obersten Vorsprung näherte, besann er sich eines Besseren und schickte an seiner Stelle die Männer voraus – sie wurden von Felsbrocken zerschmettert, die vom Gegner herabgewälzt wurden. Alexander hatte Glück, mit dem Leben davonzukommen, und zog sich deshalb für die nächsten zwei Tage zurück. Tag und Nacht ließen die Inder die Trommeln rühren, um den Sieg zu feiern, die dritte Nacht aber brachte großes Schweigen, hellen Fackelschein – und einen überraschenden Rückzugsversuch. Alexander zog sich an einem Seil an der Felswand empor, und führte den Sturmangriff seiner Schildträger, tötete mehrere Flüchtige und säuberte den Gipfel für den Bau von Altären zur Ehre der Siegesgöttin Athene – Altäre, deren Überreste möglicherweise von Sir Aurel Stein entdeckt worden sind. Das Bergmassiv wurde von den Landvermessern abgesteckt, deren Geometrie erstaunlich präzise war, und nachdem die letzte Gefahr für seine Verbindungsstraße zwischen Balkh und dem Indus beseitigt war, wurde es Zeit zur Rückkehr in die Täler. »Ich konnte mich nur wundern«, schrieb Stein, den Beweis der Landschaft vor sich, »daß die Geschichte von Aornos

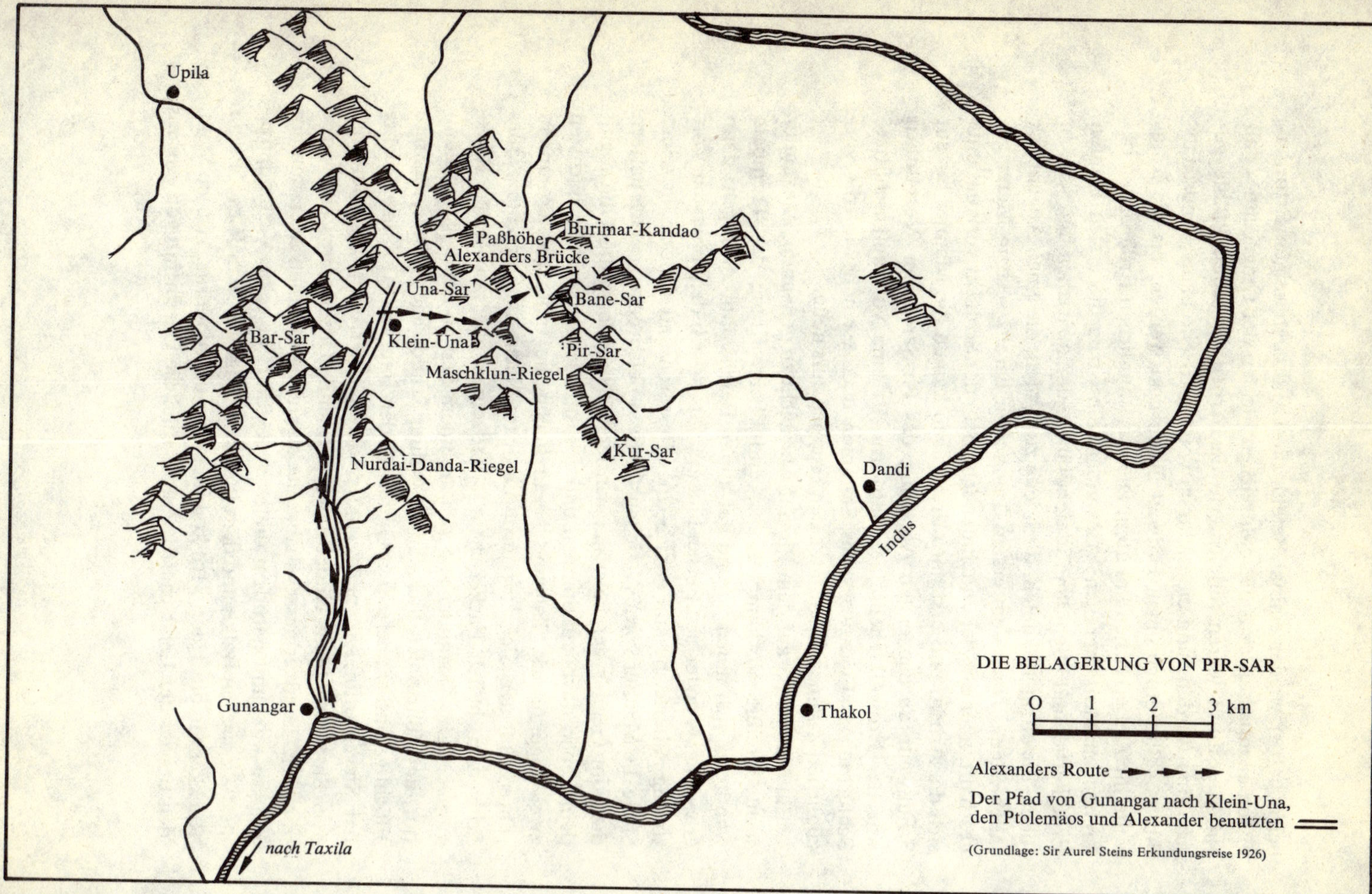
Upila
Paßhöhe
Burimar-Kandao
Alexanders Brücke
Una-Sar
Bane-Sar
Bar-Sar
Klein-Una
Pir-Sar
Maschklun-Riegel
Kur-Sar
Nurdai-Danda-Riegel
Dandi
Indus
Gunangar
Thakol
nach Taxila
DIE BELAGERUNG VON PIR-SAR
0 1 2 3 km
Alexanders Route
Der Pfad von Gunangar nach Klein-Una,
den Ptolemäos und Alexander benutzten
(Grundlage: Sir Aurel Steins Erkundungsreise 1926)

nicht überhaupt nur als Mythos angesehen wurde ... Für mich gab es keinen Sieg, der mich hätte dankbar stimmen können, und doch war ich in Versuchung, Pallas Athene ein Trankopfer darzubringen für die Erfüllung einer alten und immer wieder hinausgezögerten Gelehrtenhoffnung.«

Im Barandu-Tal schmolz der letzte Frühlingsschnee, als Alexander Pir-Sar verließ und durch Wälder aus Rhododendren, Primeln und Berg-Waldreben zur letzten indischen Stadt marschierte. Tiere, nicht Pflanzen, bereiteten ihm jetzt Sorgen; denn war er erst einmal in die große Indusebene vorgedrungen, so mußte er mit Elefanten rechnen. Zwei Einheiten Schildträger wurden abbeordert, das vor ihm liegende Land auszukundschaften. Sie hatten die besondere Aufgabe, Leute, die sie gefangennahmen, über die Zahl von Elefanten im Dienst von Radschas zu verhören. Alexander forderte die Mahouts der Umgebung auf, für ihn Tiere einzufangen. Sie gehorchten, bestiegen die frischen Tiere und führten sie nach kürzester Dressur dem Heere zu – bis auf zwei wilde Elefantenbullen, die in panischem Schrecken in einen Abgrund stürzten. Mahouts und Makedonen marschierten dann hundertfünfzig Kilometer weit den Lauf des Indus entlang auf die Furt bei Hund zu, über die der eifrige Hephaistion bereits eine Brücke geschlagen hatte.

Bei Hund fließt der Indus breit und träge dahin. Zwischen den Vorbergen des Himalaya und den Schluchten von Attock schiebt er sich bis zu einer Breite von zehn Kilometern durch die Ebene und gestattet dem Reisenden, ihn gemächlich zu überqueren. Ambhi, Radscha von Taxila, hatte Hephaistions Vorhut mit Getreide versorgt – ein weiterer Glücksfall für das Proviantkorps. Er schickte nun im voraus Geschenke ans gegenüberliegende Ufer, so 3000 Rinder, 10 000 Schafe, viele Talente Silber und dreißig Elefanten. Alexander brachte zunächst die Stiere »seinen üblichen Göttern« – darunter wahrscheinlich Ammon – als Opfer dar, »und veranstaltete athletische Spiele und eine Pferdeschau«. Die Opfer fielen günstig aus, so daß er sich Hephaistions Booten und Brücke und vielleicht auch ausgestopften Lederhäuten anvertraute und den Indus überquerte, um am anderen Ufer erneut Opfer darzubringen, aus Dankbarkeit, daß die Flöße nicht zerborsten waren. Ambhi begrüßte ihn auf der anderen Seite, »seine Elefanten wie Burgen zwischen den Soldaten«, und als sie

Freundschaft geschlossen hatten, marschierten sie auch schon in die Ebene nordwestlich von Rawalpindi, um einen ersten Vorgeschmack vom indischen Leben zu erhalten.

Im Schatten der Muree-Berge, am Ufer des Tamra-nâla gelegen, öffnete sich die Stadt Taxila dem fremdartigsten Besucher, den sie je begrüßt hatte. Im Unterschied zu den Festungen des oberen Swat – sie lag am Schnittpunkt dreier wichtiger Routen – handelte es sich um eine blühende Siedlung. Taxila war der Sitz von Hindulehrern und Ärzten; zu der Zeit hatten sich dort wohl noch keine Buddhisten niedergelassen, deren Gründer die Griechen Bouddhas nannten und als den Sohn eines Mitkämpfers von Dionysos betrachteten. Aber von dem gepflegten äußeren Bild einer Universitätsstadt hatte Taxila nichts an sich. Seine breite Hauptstraße wand sich zwischen alten und planlos hochgezogenen Häusern hindurch, deren Flachdächer vor Hitze schützten; jedes Haus war von unterschiedlicher Höhe, und ihre Mauern aus Lehm und grobbehauenen Steinen standen den Passanten im Weg. Die schlichten Zimmer hatten Fußböden aus Erde, und ihr Licht erhielten sie durch den schmalen Schlitz eines einzigen Fensters zur Straßenseite hin. In der Stadtmitte erhob sich ein einziges öffentliches Gebäude, eine lange, gewundene Halle, deren Dach auf Holzpfählen ruhte. Links und rechts davon verliefen die schmalen Gassen eines indischen Slums, wo allgemein benützte Abfallhaufen den Schmutz und die Düsternis kaum erträglicher machten. Während Alexander in die Stadt ritt, um Opfer darzubringen, die örtlichen Radschas kennenzulernen und im Rathaus ein Durbar zu halten, warfen seine Offiziere einen genaueren Blick auf die Umgebung.

»Physisch sind die Inder schlank [schrieb Alexanders Admiral Nearchos]. Sie sind groß und wiegen viel weniger als andere Menschen ... Ohrringe aus Elfenbein tragen sie (das heißt, wenigstens die Reichen); sie färben ihre Bärte, manche weißer als weiß, andere dunkelblau, rot oder purpurn, oder sogar grün. Ihre Kleidung besteht aus Leinen, das heller ist als anderes Leinen oder nur wegen der dunklen Haut der Leute so wirkt. Sie kleiden sich in eine Tunika, die bis zum halben Unterschenkel reicht, und werfen sich einen Umhang über die Schultern; ein weiterer wird um den Kopf gewunden ... Damit sie groß aussehen, tragen sie Schuhe aus weißem Leder, die kunstvoll geschmückt sind und extra dicke Sohlen haben. Und alle außer den Niedrigsten der Niedrigen tragen im Sommer Sonnenschirme.«

Wie persische Plastiken zeigen, war ihr Haar zu einem Knoten oder in einer Kopfschleife zusammengebunden, und was ihre Bräuche angeht, so bemerkt Aristobulos:

»Wer von den Indern zu arm ist, seiner Tochter zur Hochzeit eine Mitgift zu geben, stellt sie in ihrer Blütezeit auf dem Markt zum Verkauf; mit Schellen und Trommeln werden Käufer herbeigerufen. Wenn ein möglicher Käufer vortritt, wird zunächst der Rücken des Mädchens bis zu den Schulterblättern entblößt, dann die Teile vorn. Wenn sie ihm gefällt und sie sich überreden läßt, lebt sie nach vereinbarten Bedingungen mit ihm zusammen.«

Für Alexander und die fremden Kulturen Aufgeschlossenen gab es mehr zu erfahren. Bei anderen indischen Stämmen wurden mittellose Jungfrauen bei Boxkämpfen als Preise ausgesetzt; da spielte ihre Armut keine Rolle. Wenn ein Reicher um ein Mädchen warb, so brauchte er seine Absichten nur mit dem Geschenk eines Elefanten zu bekräftigen und er konnte seines Erfolges sicher sein. Wenn der Mann starb, »so verbrannte sich die Frau, wie einige Leute erzählten, mit ihm auf einem Scheiterhaufen, und alle Frauen, die sich dem verweigerten, verfielen der Schande.« Dies Brauchtum des Suttee war von einer Praxis begleitet, die Alexander bereits im Äußeren Iran zu unterbinden versucht hatte – die Leichen den Hunden und Aasgeiern zu überlassen. Nichts schien den Griechen für ein glückliches Leben nach dem Tode wichtiger als ein anständiges Begräbnis. Daß seine Untertanen das mißachteten, vermochte Alexander nicht zu ertragen.

Es gab erfreulichere Entdeckungen. Auf dem Marktplatz waren weise Männer zu sehen, die alle Passanten zum Zeichen ihrer Gunst mit Öl salbten und dann kostenlos nahmen, was sie wollten – Feigen, Weintrauben oder Honig. Alexander bemerkte zwei Sekten der Weisen – mit langem Haar die einen, die anderen kahlgeschoren –, und ihm lag an einer Begegnung mit ihren Führern. Er schickte also Oneskritos aus, seinen griechischen Steuermann der Flotte, um sie aufzuspüren. Es war eine wohlüberlegte Wahl; denn Oneskritos war mit der Philosophie ebenso vertraut wie mit dem Meer, da er bei dem Begründer der Zynischen Schule, dem großen Diogenes, studiert hatte. Östliche und westliche Weisheit begegneten sich zu höflicher Diskussion. Zum Glück verfaßte Oneskritos auch eine Chronik.

Drei Kilometer vor Taxila stieß er auf fünfzehn nackte Weise in unterschiedlichen Sitz- und Liegestellungen. Einer, den die Griechen Kalanus nannten, lachte laut auf, »als er sah, daß ihr Besucher einen Umhang, einen breitkrempigen makedonischen Hut und kniehohe Stiefel trug«. Den Oneskritos forderten sie auf, die Kleidung abzulegen und sich zu setzen, falls er ihre Lehre hören wollte: »Aber die Sonnenhitze war so sengend«, erklärte er später, »daß es niemand ertragen hätte, barfuß zu laufen, noch dazu um die Mittagsstunde.« Weniger widerstandsfähig als sein Lehrer Diogenes, zögerte er verlegen, bis sich der älteste und weiseste Guru namens Mandanis seiner erbarmte und zu sprechen anfing. »Mandanis«, berichtete Oneskritos, »rühmte Alexander, weil er die Weisheit liebte, obwohl er über ein so großes Reich herrschte. Er sei der einzige bewaffnete Philosoph, den er je gesehen habe. . . . Im weiteren erkundigte er sich nach Sokrates, Pythagoras und Diogenes und merkte an, es scheine sich hier um anständige und ruhige Männer zu handeln, obwohl sie sich zu sehr um Konventionen und zu wenig um die Natur kümmerten.« Drei Dolmetscher waren für das Gespräch erforderlich. »Da meine Dolmetscher nur die ganz einfache Sprache verstehen«, soll Mandanis gesagt haben, »kann ich dir nicht beweisen, warum die Philosophie nützlich ist. Das wäre, als wollte man von reinem Wasser verlangen, durch Schlamm zu fließen.« Aber Oneskritos filterte die dunkle Weisheit der Gurus durch seine eigenen, griechischen Vorurteile. Er vermochte die Weisen kaum zu verstehen, und als »Steuermann der Phantasie, nicht des Meeres« nahm er deshalb an, ihre Philosophie decke sich mit der seinen. Auf diese Weise bestätigten in seinem Geschichtswerk Hindus die Wahrheiten des Zynikers Diogenes.

Wenn auch mißverstanden, zwei der nackten Weisen kamen in das besetzte Taxila hinab. Dort lud sie Alexander zur Tafel und sie »aßen ihr Mahl im Stehen . . .: der jüngere und robustere von beiden hielt sich auf einem Bein und trug dabei mit beiden Händen einen etwa anderthalb Meter langen Holzbalken; wenn das Bein ermüdete, verlagerte er sein Gewicht auf das andere und stand so den ganzen Tag über da.« Zum Beweis für seine Selbstbeherrschung verließ er das Lager und widerstand allen Verlockungen zurückzukehren, da er dadurch an Alexander und seine Wünsche gebunden worden wäre. Der ältere, Kalanus, hatte seine vorgeschriebenen siebenunddreißig Jahre der Askese vollendet und war frei, seine Lebensart zu verändern. Er begleitete in den folgenden beiden Jahren das Heer von Taxila nach Susa und dozierte allen Offizieren, die sich aufgeschlossen zeigten. Als er im Alter von neunundsiebzig Jahren starb, sollte das große Aufregung hervorrufen.

Die Legende hat diese Begegnung zwischen Ost und West kaum so belassen können, wie sie wirklich stattfand. Das Thema wurde ausgeschmückt, und für zweitausend Jahre gehörte der Begriff der Gymnosophisten oder nackten Philosophen zum Kulturgut der Gebildeten. In Indien gelangte ihre Begegnung mit Alexander über seinen *Roman* in einen klassischen buddhistischen Text, die *Sprüche der Milinda*. Im Mittelmeerraum spielten sie in den Werken und Gedichten florentinischer Gelehrter während der Renaissance eine Rolle. In England konzentrierten puritanische Edelleute auch nach dem Tode Cromwells ihre revolutionäre Leidenschaft auf das Ideal der Gymnosophisten, priesen die nackten Philosophen in Pamphleten, weil sie so früh in der Geschichte schon Puritaner gewesen seien, während Alexander als Monarch vom Typ eines Karl II. gebrandmarkt wurde.

Der Ruhm der Gymnosophisten war weit über die Grenzen ihrer Stadt bei den Murree-Bergen vorgedrungen, und das nur, weil ein Schüler des Aristoteles auf der Suche nach dem östlichen Ozean den Hindukusch überquerte und ein Schüler des Diogenes die Boote seiner Heimatinsel Kos verließ, sich der Expedition anschloß und in Indien bereit war, in der Mittagssonne spazierenzugehen.

25 EIN RADSCHA WIRD BESIEGT

Ein Ereignis in Taxila sollte für Alexander bedeutsamer werden als irgendein Gymnosophist oder Elefant: die ersten Frühjahrsregen. Aber obwohl seine indischen Weisen für ihre Wetterkenntnisse berühmt waren, schenkte er dem keine Beachtung sondern wandte sich der unmittelbaren Aufgabe zu – und die war klar genug.

Unter den Radschas des Pandschab gab es die üblichen Lokalstreitigkeiten, und wie stets gedachte Alexander das zu nutzen. Ambhi von Taxila erzählte ihm von seinem Nachbar Poros, der im Südosten am anderen Ufer des Grenzflusses Jhelum regierte – er hatte Elefanten und ein großes Heer und würde wahrscheinlich Schwierigkeiten machen. Freundlicher eingestellte Radschas aus nördlicheren Gebieten kamen, wurden empfangen und in ihrer Würde bestätigt, da Alexander sich nunmehr für den Osten interessierte und nicht in die Regierung Indiens eingreifen wollte, solange seine Versorgungswege gesichert waren. Ambhi durfte das königliche Diadem tragen und freute sich über eine Belohnung von tausend Talenten in Beutestücken, Gold- und Silberwaren, persischer Kleidung und dreißig vollausgerüsteten Pferden – zum Leidwesen mindestens eines makedonischen Offiziers, der an einem dekadenten Inder nichts Gutes finden konnte.

Anfang Mai warb Alexander 5000 Inder an und verließ Taxila, um nie wieder zum Tamra-nala-Fluß und in seine Provinz zurückzukehren. Sein Feldzug im Swat hatte unmittelbar nicht mehr Erfolg gehabt als jeder andere Versuch, Bergguerillas zu beseitigen. Er hatte Mauern gebaut, makedonische Garnisonen eingerichtet und, wo immer möglich, den einheimischen Führern ihre Macht gelassen. Etwa drei Monate später aber sollten die Stämme rings um den Pir-Sar revoltieren und Alexanders Satrapen ermorden. Härtere Maßnahmen als beim ersten Male wurden erforderlich; danach hielten sie weitere acht Jahre still. Was Taxila angeht, so erhielt auch diese Stadt eine Garnison, und sie wurde mit invaliden Soldaten besiedelt; aber es sollte zweihundert Jahre dauern, bis die Stadt auf Grund von griechischer Präsenz im Iran und in Indien gezwungen wurde, mit der Vergangenheit zu brechen. Wäre Alexander dann zurückgekehrt, hätte er eine ganz andere Stadt vorgefunden – statt der wackeligen Unordnung ein sauber rechteckiges griechisches Straßensystem, geschützt durch sechs Meter dicke Steinmauern mit eckigen Türmen. Weiter nordwestlich im Tal sollte Pushkalavati einen ähnlich neuen Anstrich erhalten – breite, gerade Boulevards mit regelmäßigen Blocks aus Läden und Stadthäusern und dem gelegentlichen Buddha-Tempel. Als griechische Kultur in den Städten des nordwestlichen Pandschab einzog, war es zu sehen. Etwa 300 Jahre nach Alexander überragte ein Tempel – der Feueranbeter? – Neu-Taxila, dessen Fassade ionische Säulen zierten. Solche Veränderungen entstanden durch die griechischen Könige, die ein Jahrhundert nach Alexander in Baktrien herrschten sowie die Skythen danach, die die griechischen Stadtpläne

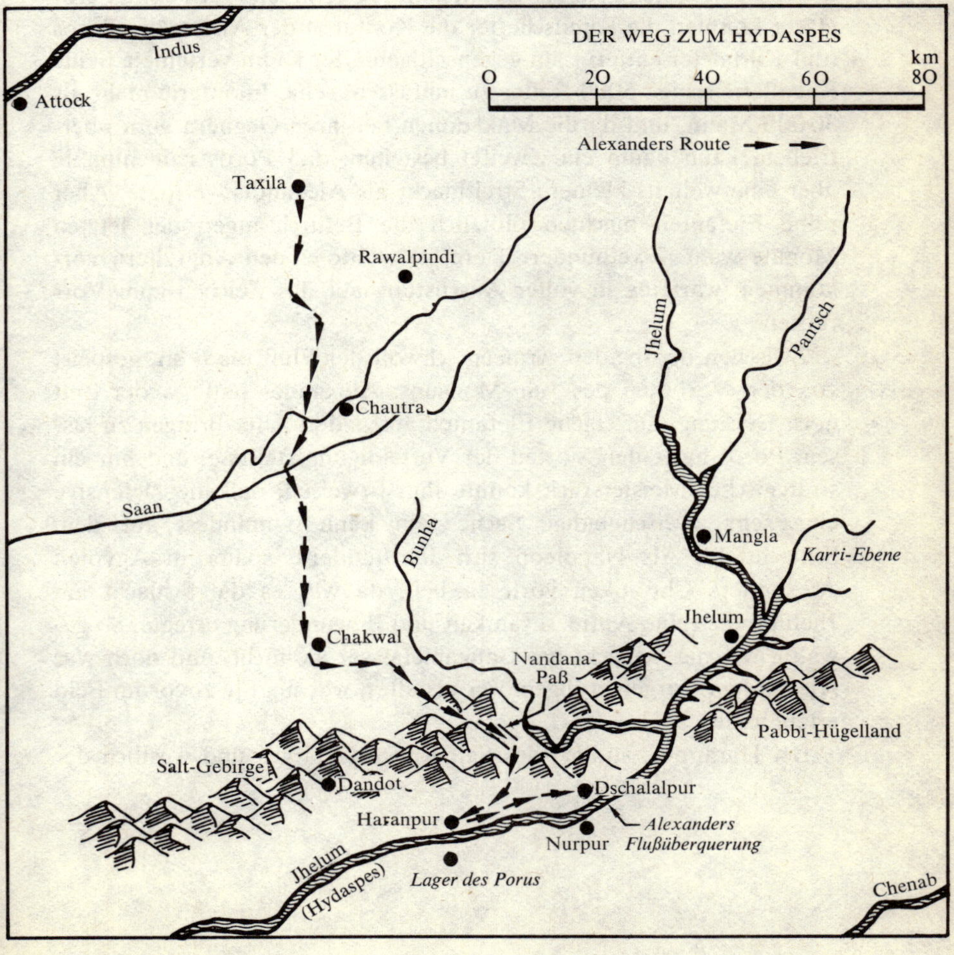

fortsetzten, welche sie auf dem Weg von Sogdiane nach Indien kennenlernten. Alexander hatte im tiefsten Asien die Ahnen von Griechen zurückgelassen, die das Stadtleben in den Ebenen bei Rawalpindi ändern sollten. Die Veränderung selbst ist ihm nicht zuzuschreiben.

Der Weg zum Jhelum war kurz, eben und problemlos. Ein Bote ging an Poros aus – er wurde aufgefordert, seinen Tribut zu überbringen und Alexander an der Flußgrenze zu treffen. Poros erwiderte, er träfe zwar gern mit Alexander zusammen, doch Tribut würde er mit den Waffen zollen.

Ein Marsch von hundertsiebzig Kilometern brachte Männer und Elefanten an einen geeigneten Ort zum Lagern, wahrscheinlich in der Nähe des heutigen Haranpur, wo 1400 Jahre später Sultan Mahmud den Jhelum überqueren sollte und wo sich heute die Flußbrücke für die von den Briten gebaute Eisenbahnlinie befindet. Auch ohne Ferngläser konnten die Kundschafter die Konturen der Armee des Poros fünf Kilometer entfernt am gegenseitigen Ufer kaum verfehlen. Seine Kavallerie schien 5000 Reiter zu umfassen, seine Infanterie mehr als 30 000 Mann, und da die Makedonen bei ihren Gegnern gern übertrieben, kann kaum ein Zweifel bestehen, daß Poros zahlenmäßig über eine weitaus kleinere Streitmacht als Alexander verfügte. Aber seine Elefanten machten plötzlich die Befürchtungen der letzten Monate wahr. Zweihundert Tiere, so wollte es den Angreifern vorkommen, warteten in voller Ausrüstung auf das Zeichen zum Vorrücken.

Zwischen den beiden Armeen schwoll der Fluß rasch an, gespeist von den Vorboten des Juni-Monsuns. Alexander hatte weder Zeit noch Deckung, um eigene Elefanten ans andere Ufer bringen zu lassen. Poros hatte den Vorteil der Verteidigungsstellung, und nur ein strategisches Meisterstück konnte ihm beweisen, daß die Defensive eine sehr zweischneidige Sache sein kann, zumindest auf dem Schlachtfeld. Als Napoleon sich Jahrhunderte später in Ägypten Alexanders Chroniken vorlesen ließ, da war es die Schlacht am Jhelum, die seine Aufmerksamkeit und Bewunderung erregte. So gewaltig wie die Schlacht bei Gaugamela war sie nicht, und doch war Alexanders Vorgehen ingeniöser als alles, was man je zuvor im Feld erlebt hatte.

Bei Haranpur, südlich des Salt-Range-Gebirges und westlich der

Pabbi-Berge, strömt der Jhelum rund achthundert Meter breit schnell dahin. Sobald Poros Alexanders Heerlager erblickte, schickte er Feldwachen weiter flußaufwärts und begab sich persönlich flußabwärts, um die nächstgelegene Furt zu bewachen. Seine Planung war ohne Überraschungen, aber sie reichte aus, um Alexander den Weitermarsch zu verwehren: »Die ungeheure Masse seiner Elefanten stand längs dem Ufer, und wenn sie vorsichtig angestachelt wurden, ermüdeten sie das Ohr mit ihrem entsetzlichen Trompeten.« Alexander vermochte keinen hochwasserführenden Fluß gegen Tiere zu überqueren, die seine Pferde derart erschreckten, daß sie wahrscheinlich mitten im Fluß von ihren Flößen springen und sich schwimmend in Sicherheit bringen würden. Er griff aus dem Grund auf eine List zurück, um Zeit für eine nähere Erkundung der Gegend zu gewinnen, während Poros keinen Grund sah, den ersten Zug zu machen. Sogar der Monsunregen sollte Alexander noch nützen.

Wie bei Gaugamela begann er die Auseinandersetzung mit einem Nervenkrieg. Täglich stießen Trupps auf Booten und Lederflößen wie zum Angriff vom Ufer ab, und fuhren außer Bogenschußweite, stromaufwärts oder -abwärts, um die Feldwachen am anderen Ufer zu ärgern. Die Armee wurde in Patrouillen aufgeteilt und erhielt Befehl, einen solchen Lärm zu machen, daß Poros im Alarmzustand leben mußte. Selbst unter den Makedonen wurde ein falscher Eindruck erweckt. Man ließ im Lager das Gerücht verbreiten, daß der Jhelum in der Monsunzeit nicht zu überschreiten wäre, und daß sich die Männer deshalb auf einen Biwak bis zum Spätherbst vorbereiten sollten. Aus dem Umland wurde in überaus offenkundiger Weise Proviant herbeigeschafft und an Stellen gelagert, die Poros' Kundschafter beobachten konnten. Aus den Vorräten schloß der Radscha, daß Alexander einen Aufschub im Sinn hatte.

Und doch konnte er sich dessen nach einer oder zwei Wochen nicht mehr sicher sein. Bei Nacht hörte er die feindliche Kavallerie am anderen Ufer auf- und abtraben und die Stille der Pandschabnacht mit ihrem *Allallalei* durchbrechen. Nahm das Geschrei zu, so mußten seine Wächter sich regen und sich auf gleicher Höhe halten; Elefanten wurden losgebunden und eilten am Ufer entlang, dem Geräusch von Alexanders Reitern folgend. Glücklicherweise sind diese Tiere mit drei Stunden Schlaf zufrieden – sie behielten also ihre Ruhe. Für die

Männer dagegen waren die Einsätze äußerst anstrengend. Kaum hatten sie den Feind ausgemacht, erstarb der Lärm, nur um sich an anderer Stelle neu zu erheben. Nacht für Nacht wurden diese Scheinangriffe fortgesetzt, bis Poros' Wächter das Spiel Alexanders nicht mehr mitmachten. Sie hatten den Proviant ihrer Gegner bemerkt und vertrauten auf den bevorstehenden Monsun – beim nächstenmal wollten sie auf ihrem Posten ausharren und eine ruhige Nacht verbringen.

Wer gegen einen Alexander kämpft und seine Ruhe haben will, ist in Gefahr. Auf seinen Erkundungsritten hatte Alexander etwa achtundzwanzig Kilometer von Haranpur entfernt eine Flußbiegung entdeckt. Das Ufer war auf beiden Seiten dicht bewaldet. Auf Alexanders Seite erhob sich das Vorgebirge des Mangal Dev bis zu einer Höhe von rund dreihundert Metern; über knapp zwei Kilometer verlief ein Graben den Fluß längs, um schließlich einzumünden, wo das Bett des Flusses sehr schmal zu sein schien, was auch daran lag, daß sich in der Mitte eine Insel erstreckte. Diese abgelegene und verborgene Stelle war genau das, was Alexander gesucht hatte. Er konnte, während andere Einheiten den Feind ablenkten, eine ausgesuchte Streitmacht herführen, sich im Gebüsch am Mandal Dev verstecken und im Schutze der Nacht heimlich über den Fluß setzen. Seine letzten Manöver hatten das Mißtrauen der Inder derart eingeschläfert, daß eine neuerliche schnelle Bewegung nicht ungewöhnlich erscheinen konnte. Poros' Feldwachen reichten nicht aus, um ihn aufzuhalten, und wenn der Radscha im Lager von den Neuigkeiten erfuhr, war Alexanders Hauptstreitmacht bereits sicher auf trockenem Boden. Diese Strategie wäre nie auch nur erwogen worden, wenn Alexander seinen Stabsoffizieren nicht höchstes Vertrauen entgegengebracht hätte. Einige sollten als Köder dienen, andere für den Transport sorgen, während inzwischen die Fluten des Jhelum weiter anschwollen und immer schneller dahinflossen.

Am Abend des großen Angriffs wurden bei Haranpur Feuer entzündet, um dem Feind ein festes Lager vorzutäuschen. Der getreue Krateros, der so oft stellvertretender Befehlshaber gewesen war, erhielt die Ordre, mit über einem Drittel des Heeres im Lager zu bleiben. Er war, je nach Verhalten der Elefanten, auf zweierlei Manöver vorbereitet:

»Falls Poros floh oder alle seine Elefanten flußaufwärts gegen Alexanders Truppe führte, sollte Krateros über den Strom setzen und das gegenüberliegende indische Lager angreifen, wie groß der dort verbliebene Truppenteil auch sein mochte. Hielt Poros jedoch auch nur einige Elefanten an dem Ort zurück, wo sie sich jetzt befanden, so sollte Krateros sich auf keinen Fall über den Fluß wagen, außer im Falle eines makedonischen Sieges.«

Eine größere Vorsicht hätte Alexander gegenüber einem Einsatz von Elefanten in der bevorstehenden Schlacht wirklich nicht an den Tag legen können.

Einige Kilometer weiter flußabwärts – zwischen Haranpur, wo Krateros sich befand, und Mangal Dev, wo der Fluß überquert werden sollte – waren die drei Söldnerführer mit sämtlichen angeworbenen Truppen postiert. Sie hatten Befehl, erst dann über den Fluß zu setzen, wenn der Kampf mit den Indern voll im Gange war. An dieser Auseinandersetzung sollten etwa 6000 Mann Infanterie und 5000 Reiter teilnehmen, die ihrer Gelassenheit und Kampferfahrung wegen ausgesucht worden waren. Schildträger, agrianische Wurfspieß-Kämpfer und Bogenschützen würden sich kaum vor dem Fluß und noch weniger vor den Elefanten fürchten; ihre Zahl läßt darauf schließen, daß die Kampfgefährten nicht in die Frontlinie beordert wurden. Bei Poros war die Kavallerie der schwächste Truppenteil; für Alexander und seinen Plan war die Reiterei ausschlaggebend – die Königliche Schwadron und drei Brigaden der Kampfgefährten sollten, die Stoßlanzen gesenkt, ihre übliche Attacke reiten, während Skythen, Berittene Bogenschützen und die Elite der iranischen Reitertruppen, die wahrscheinlich mit Wurfspießen bewaffnet waren, den Feind zunächst auf größere Entfernung binden sollten. Alexander führte die Truppen persönlich, von Leibwächtern und älteren Brigadekommandeuren begleitet. Einige berichteten, Ptolemäos sei zurückgelassen worden, um ein Ablenkungsmanöver zu beginnen, doch Ptolemäos selbst bestand darauf, daß er mit den leitenden Offizieren geritten sei und so hart gekämpft habe wie sonst wer – so ein Abenteuer verpaßt zu haben, das hätte kein Pharao gern zugegeben.

Die Vorbereitungen waren in aller Ruhe getroffen worden. Man hatte die Boote in Teile zerlegt und sie wahrscheinlich nachts zur Furt geschafft, wo sie wieder zusammengesetzt und im Gestrüpp versteckt wurden, zusammen mit den üblichen Flößen, die aus Zelthäuten zusammengenäht und mit Heu gestopft waren. Am Nachmittag vor dem Flußübertritt war Alexander in großem Bogen hinter seine Linien geritten, als ob er auf Proviantsuche wäre, und führte seine Truppen auf Umwegen in die Waldgebiete nahe der Furt bei Mangal Dev. Dort sollten sie warten und den Fluß dann bei Dunkelheit überqueren.

Das Wetter jedoch ließ sich nicht vorbestimmen. Am frühen Abend brach ein heftiges Sommergewitter los, mit lautem Donnern und klatschenden Regengüssen, so daß darin selbst der makedonische Kriegsschrei untergegangen wäre. Der Lärm war als Schutzmauer nicht unwillkommen, aber die Wolken verdeckten das Licht der Sterne. Die Männer mußten ein Nachlassen von Sturm und Regen abwarten, und vertrieben sich die Zeit, bis die Morgendämmerung gefährlich nahe heranrückte. Der Fluß rauschte schneller denn je dahin, als Alexander in einem Boot mit dreißig Rudern zum – wie er meinte – festen Land gegenüber vom Ufer abstach.

Als er an der nächstgelegenen Stelle des Ufers anlegte, entdeckten ihn Poros' Feldwachen, die kehrtmachten und achtundzwanzig Kilometer durch rauhes Gelände zum Lager ihres Radscha zurückgaloppierten. Es schien zu schön, um wahr zu sein – der Gegner konnte frühestens in anderthalb Stunden wieder auftauchen, und bis dahin konnte Alexander von seinen 11 000 Mann und 5000 Pferden genug ausgeschifft haben, um sie zurückzuwerfen. Doch auf Grund der Nachwirkungen des Unwetters war er nicht am gegenüberliegenden Ufer des Flusses, sondern auf der Insel gelandet, die mitten im Strom lag und ihn getäuscht hatte. Es gab eine Furt hinüber zum festen Land, aber der Fluß war so schnell gestiegen, daß sie zumal in der Eile nicht leicht auszumachen war. Die Boote erneut zu bemannen und das andere Ufer anzusteuern, blieb keine Zeit. Alexander mußte seinen Männern ein Beispiel geben. Er trieb Bukephalos in den Fluß und zügelte das alte Pferd, als es sich nach dem beruhigenden Geräusch eines harten Flußbettes vorantastete und sich gegen Wasser behauptete, das nun bis an seine Schultern reichte. Selbst wenn nur vier oder fünf Reiter ein Flußufer hochklettern müsen, ist es vorteilhaft, als erster den Fluß hinter sich zu lassen; wenn 5000 Pferde übersetzen, können die Nachzügler vor dem Morast, den die Vorreiter aufgewirbelt haben, nur bangen. Aber sie schafften es, sogar ohne Steigbügel, die eine Stütze bieten, wenn die Pferde den Halt verlieren. Die Infanterie folgte, bis zur Brust im Wasser; für Soldaten, die Brustpanzer trugen, war es besonders unangenehm.

Am anderen Ufer stürmte Alexander mit seiner Kavallerie gleich weiter. Es war ein kühner, doch wohlüberlegter Zug. Was immer Poros an Voraustrupps entsenden mochte, es mußte sich um seine schnellsten Heereseinheiten handeln, zweifellos um Kavallerie und Streitwagen; denn sicherlich sollten sie eintreffen, bevor die Makedonen den Fluß überquert hatten. Dieses Ziel hatten sie nicht erreicht, und deshalb wurde die leichte makedonische Infanterie nicht benötigt, um sie zurückzuschlagen. Alexander hatte mehr Reiter als Poros' gesamte Kavallerie, und für Veteranen von Gaugamela, die zudem noch durch Berittene Bogenschützen verstärkt waren, bedeuteten Streitwagen keine Gefahr. Wenn Poros seine gesamte Streitmacht, einschließlich der Elefanten, auf einmal in Bewegung setzen wollte, konnte er erst nach etlichen Stunden erscheinen. Bis dahin war die makedonische Infanterie längst wieder mit ihrem König und seinen Kampfgefährten vereinigt.

Über Poros' Gegenangriff gehen die Geschichtsschreiber nicht eins – sowohl was die Stärke seiner endlich eintreffenden Truppen angeht, als auch den Kampfausgang. Nach Ptolemäos, der dabeigewesen sein will, kamen 120 Streitwagen und 2000 Berittene im Eiltempo am Flußufer längs und stießen dort auf eine schräge Formation aus Kampfgefährten und Berittenen Bogenschützen, die in Schwadronen angriffen und den Indern rasch bewiesen, warum sie die besten Reiter der Welt waren. Die schnellen, vierspännigen Streitwagen fielen dem schlammigen Boden zum Opfer, der wegen des kürzlichen Unwetters ungewöhnlich glitschig war. Unter den Salven der Berittenen Bogenschützen rasten ihre Gespanne ohne Rücksicht auf die Lenker dahin, bis sich die Wurfspießwerfer der Wagen auf ungewohntem Gelände in Gräben wiederfanden. Wer nicht umkehren konnte, wurde vernichtet. So auch der feindliche General, bei dem es sich um Poros' Sohn oder seinen Bruder gehandelt haben soll – darüber gingen die Meinungen auseinander, und er starb, bevor er sich ausgeben konnte.

Alexanders Kavallerie hatte einen vielversprechenden Sieg erfochten. Sie hielt – die Flanken der Pferde dampften noch vom Regen –, und als die Infanterie sie einholte, konnten alle 11 000 Mann dem nächsten Kampfziel entgegensehen – Poros selbst, der etwa dreiundzwanzig Kilometer entfernt war.

Poros' Lage war zwar nicht beneidenswert, aber auch nicht hoffnungslos. Am Vormittag sah er sich nun von zwei Seiten gleichzeitig bedroht. Unmittelbar gegenüber, auf der anderen Flußseite, wartete Krateros, während Alexander den Strom bereits überquert hatte und nun das diesseitige Ufer herabrückte, um den Gegner in einem Zangenangriff zu fassen. Poros mußte sich also zuerst Alexander widmen, und es schien ratsam, sich zu einer Auseinandersetzung möglichst weit vom Lager vorzubegeben. Dort mußten Elefanten und Soldaten zurückbleiben, damit Krateros nicht hinter ihm heimlich über den Fluß setzte, aber eigentlich konnte er sich diese Aufsplitterung der Streitkräfte nicht leisten. Seine Kavallerie war zahlenmäßig geringer, womöglich im Verhältnis von drei zu eins unterlegen, und Überlebende seines Voraustrupps erzählten bedrückt von ihrer Niederlage; denn die Inder waren geübte Reiter – allerdings stand bei ihnen nicht alles zum Besten.

»Sie tragen zwei Wurfspeere und einen kleinen Schild. Ihre Pferde haben aber keinen Hufschutz, und sie verwenden kein griechisches Gebiß, sondern binden dem Pferd ein Nasenband aus genähtem Leder um Maul und Nüstern und versehen dies mit Spitzen aus Bronze, oder Eisen; die Reichen dagegen verwenden Elfenbein. Die Spitzen sind nicht sehr scharf, aber sie legen dem Pferd eine Eisenstange ins Maul, die dem Bratspieß gleicht, und an der sie die Zügel befestigen. Ziehen sie an den Zügeln, so meistert diese Stange das Pferd, und die Spitzen stechen, so daß es gehorchen muß.«

Im Unterschied zu den Kampfgefährten konnten die indischen Reiter mit ihren Wurfspießen und den primitiven Kinnketten ihrer Pferde weder eine Gegenattacke noch ein scharfes Manöver durchführen. Wie die Voraustrupps bereits festgestellt hatten, war aber beides für einen Sieg unerläßlich.

Die Infanterie wenigstens hatte den Vorteil einer zahlenmäßigen Überlegenheit. Selbst nachdem gegen Krateros Wachtruppen abgestellt worden waren, soll Poros über etwa 30 000 Fußsoldaten verfügt haben. Das bedeutete gegenüber Alexanders Infanterie ein Verhältnis von fünf zu eins; denn weder die Söldnertruppen Alexanders noch die sieben Bataillone der Kampfgefährten zu Fuß hatten den Fluß überquert, und ihre Taktik, mit Sarissen in dichtgedrängter Formation zu kämpfen, war ohnehin ausgeschlossen.

Die Kunstfertigkeit, in der die Inder es ganz besonders weit gebracht hatten, war das Bogenschießen:

»Ihre Bogen sind so groß wie die Schützen, und um einen Pfeil abzuschießen, stellen sie sie auf den Boden und setzen, während sie die Sehne weit zurückspannen, den linken Fuß darauf. Ihre Pfeile sind etwa anderthalb Meter lang, und kein Schild oder Brustpanzer, wie stark er auch sein mag, vermag gegen sie zu schützen. In ihrer Linken halten sie einen Lederschild, der schmaler ist als sie, aber fast genauso hoch.«

Andere hatten Wurfspeere, alle aber »tragen ein breites Schwert, wohl anderthalb Meter lang; sie führen diese Waffe mit beiden Händen, damit der Schlag wirksamer wird«. Trotz dieser Schwerter vermieden sie möglichst einen Kampf Mann gegen Mann. Ganz anders die Makedonen – Poros hatte keine schwere Infanterie und nichts, das sich im Nahkampf mit Alexanders Schildträgern hätte vergleichen lassen.

Beim Vormarsch vom Flußufer auf sandigen Grund formierte Poros seine Truppen zum größten Vorteil. Die Elefanten wurden, weit vor dem übrigen Heer, im Abstand von fünfzehn oder dreißig Meter postiert. Sie waren wie Bollwerke, jeder mit vier oder mehr Männern auf dem Rücken – aber, wie Ptolemäos wohl andeutet, zweihundert Tiere sind es sicherlich nicht gewesen; denn sonst hätte ihre Kette zwischen drei und sechs Kilometer breit sein müssen. Da es gefährlich war, die Soldaten zwischen den Elefanten zu postieren, war die Infanterie hinter ihnen aufmarschiert, und zwar so, daß sie etwas mehr als die Breite der Zwischenräume zwischen den Elefanten einnahmen. An den Flanken waren Kavallerie und Streitwagen massiert, weil sie dort einen ungehinderten Lauf erhofften.

Die Trommler rührten den Schlachtwirbel, und ihr Rhythmus klang angenehm in den musikalischen Ohren der Elefanten, »die aus der Ferne wie Türme in einer Mauer Bewaffneter wirkten«. In ihrer Mitte deutlich sichtbar ritt Poros mit seinem herrlichen Brustharnisch und seinem indischen Baumwollumhang. Sein Haar war der Mode entsprechend in einer Kopfschleife gebunden. Den Makedonen schien er über zwei Meter groß.

Auch Alexander hatte halten lassen, um seine Truppen neu zu formieren. Anders als seine Kavallerie war seine Infanterie in der Minderzahl. Er mußte sich also etwas einfallen lassen. Für sich genommen hatte jede Einheit ihre Grenzen; in der richtigen Kombination aber – und falls zum rechten Zeitpunkt eingesetzt – waren ihre Chancen groß. Die Kampfgefährten zu Pferde konnten die leichte indische Infanterie niederreiten und die schwächere Kavallerie des Feindes auf beiden Flügeln ausmanövrieren, aber ein Angriff der Elefanten hätte sie in Panik versetzt. Die Schildträger, Bogenschützen und Agrianer wiederum waren für einen Kampf gegen Elefanten ausgerüstet und konnten sich auf einen Nahkampf mit den indischen Schwertkämpfern einlassen, waren jedoch bei einer gegnerischen Kavallerieattacke in Gefahr. Die Berittenen Bogenschützen konnten zwar nicht gegen Elefanten, wohl aber gegen die Streitwagen angehen; denn die schwereren Pfeile der Inder hatten eine geringere Reichweite, und die indischen Schützen mochten mit dem schlüpfrigen Grund ihre Not haben. All diese Faktoren wog Alexander gegeneinander ab, bis er schließlich auf ihre Probleme eine Antwort fand. Der Plan war fertig. Er hatte einen zusätzlichen Vorteil – er war genial.

Für den Durchbruch verließ er sich völlig auf seine Reiterei. Der Elefanten wegen sollten sie die gegnerische Mittelfront meiden und sich – in der üblichen schrägen Kampflinie – auf die linke Außenflanke der Inder konzentrieren. Alexander, die Berittenen Bogenschützen, die Orientalen und zwei Schwadronen der Kampfgefährten unter Hephaistion und Perdikkas, waren am weitesten vorn. Die übrigen beiden Schwadronen waren im rechten Winkel hinter ihnen aufgestellt; sie standen unter dem Kommando des zuverlässigsten Reitergenerals, Koinos. Er hatte präzise Befehle: Während Alexander und die Hauptstreitmacht der Kavallerie weit zur indischen Linken vorritten, sollte er seine beiden rückwärtigen Einheiten in einem großen Schwenk um die indische Rechte führen. Dieses Manöver war weniger riskant als es schien. Alexanders Hauptangriff gegen den linken Flügel würde die Inder veranlassen, ihre Kavallerie beider Flügel zusammenzuziehen, um – aus Angst, umgangen zu werden – seiner Bewegung zu folgen. Das heißt, sie würde sich hastig gegen die Hauptdrohung massieren und ihre Aufmerksamkeit von der rechten Flanke abwenden, zu deren Verteidigung ihnen weitere Reiter fehlten. Koinos' Umfassungsmanöver müßte sie überraschen, und wenn er Glück hatte, mochte er im Rücken der Inder in eben dem Augenblick auftauchen, da Alexander auf der linken Flanke durchbrach. Zuerst galt es also, die gesamte feindliche Kavallerie auf eine Flanke zu ziehen; dann war sie von vorn und von hinten zugleich anzugreifen, und nachdem sie in die Flucht geschlagen worden war, sollten die Schildträger gegen die Elefanten vorgehen. Die Schlacht würde in klar festgesetzten Etappen ablaufen und von eben dem Kavalleriemanöver abhängen, das schon bei Gaugamela die Schlacht entschieden hatte.

Wie erwartet, nahmen die Inder die Herausforderung an. Als Alexander zum Galopp auf ihren äußersten linken Flügel ansetzte, warfen sie ihre gesamte Kavallerie dorthin, ihm Widerpart zu bieten, ohne in der Hast Koinos am entgegengesetzten Flügel zu beachten. Die Berittenen Bogenschützen schossen und attackierten; die Kampfgefährten setzten stürmisch nach. Die Kolonnen der Inder waren noch nicht kampfbereit und hatten keine Zeit mehr, sich zu einer Frontlinie aufzufächern. Da geschah etwas, womit sie überhaupt nicht gerechnet hatten – unbemerkt hatte Koinos im Galopp die feindlichen Truppen umritten und fiel ihnen nun auf der Rechten in den Rücken. Sie versuchten, gegen ihn ein oder zwei Schwadronen zurückfallen zu lassen, doch waren sie durch die Wucht von Alexanders Reiterattacke am linken Flügel so durcheinandergebracht, daß sie wirr in der Mitte zusammenliefen und zwischen den Elefanten Schutz suchten. Schildträger, Bogenschützen und Agrianer sahen nun ihre Chance gekommen. Als die Mahouts ihre Elefanten gegen Berittene Kampfgefährten führten, die die zurückweichende Kavallerie zu bedrängen hofften, schwärmten Alexanders beste Fußbrigaden zwischen den Tieren aus. Sie verfügten über eine Überraschungswaffe. Während Bogenschützen und agrianische Wurfspießkämpfer auf die Mahouts zielten, schwangen die 3000 Veteranen der Schildträger Äxte gegen die Beine der Elefanten und hieben mit Krummsäbeln mutig auf ihre Rüssel ein. Alexander kannte die schwachen Punkte des Elefanten und hatte seine Männer entsprechend ausgerüstet.

Etwa fünfzig Elefanten wurden so außer Gefecht gesetzt. Die übrigen rasten, erbost über solche Metzelei, panikartig los und spießten und zertrampelten unterschiedlos Freund und Feind. »Es war besonders entsetzlich zu beobachten, wie sie Männer samt Waffen mit ihren Rüsseln hochnahmen und kräftig auf den Boden schmetterten.« Die Schlacht – wie später auch die Berichterstattung – wurde nun gänzlich chaotisch, als die Kampfgefährten die flüchtigen indischen Reiter verfolgten und Krateros endlich, da die Söldnertruppen von flußaufwärts herbeiströmten, den Fluß zu überqueren begann. Das Zeichen der Kapitulation aber ist trotzdem überliefert. »Als die Elefanten müde wurden und keine Kraft mehr hatten anzugreifen, begannen sie sich unter schrillem Pfeifen schrittweise zurückzuziehen.« Die Makedonen erlebten die letzte Ausflucht der Elefanten. Wenn sie zum Trompeten zu mürrisch sind, »bekunden sie ihre Angst, indem sie mit der Rüsselspitze hart auf den Boden schlagen und bis dahin angehaltene Luft ausstoßen, die wie aus einem Hochdruckventil zischt«. Die Schlacht am Jhelum begann mit der Kavallerieattacke und endete mit dem geplagten Schreien der Elefanten.

Poros dachte überhaupt nicht an Kapitulieren. Er kämpfte persönlich im dichtesten Schlachtgetümmel, und erst nach einer Pfeilverwundung in der Schulter trieb er seinen Elefanten vom Feld. »Alexander hatte seine Stärke und seine Tapferkeit bemerkt und wünschte ihn zu retten. Er schickte deshalb den Inder Ambhi aus, ihn einzuholen und ihm eine Botschaft zu überbringen. Als Poros jedoch seinen alten Feind herankommen sah, wandte er seinen Elefanten und richtete sich auf, um einen Wurfspieß zu schleudern.« Ambhi kehrte hastig um. Ein gefangener Inder wurde ausgeschickt, dessen Anblick den Radscha weniger aufbrachte, um es auf andere Weise zu versuchen. Poros hörte dem Mann freundlicher zu und stieg sogar ab, da er Durst verspürte. »Sein Elefant«, so erzählten die phantasievolleren Geschichtsbücher, »war von gewaltiger Größe und hatte eine bemerkenswerte Klugheit und Fürsorge für seinen König gezeigt. Solange Poros tatkräftig war, drängte er die Angreifer energisch zurück, als er aber bemerkte, daß die vielen Wunden Poros erschöpften, kniete er aus Sorge, er könne herabfallen, und ließ sich vorsichtig nieder. Mit seinem Rüssel umfaßte er dann behutsam einen jeden Speer und zog ihn aus dem Körper seines Herrn.«

Alexander und einige Kampfgefährten traten vor, um ihrem königlichen Gegner zu begegnen. »Alexander! Mein edler Herr!« so sprach Poros im großen epischen Gedicht der Perser, Jahrhunderte später, »Die Schlacht hat unsere beiden Heere zerstreut. Die wilden Tiere fressen die Hirne der Männer; Pferdehufe trampeln über ihre Knochen. Aber wir beide sind Helden, mutig und jung . . . Beide Edelleute, wortgewandt und klug. Warum soll niedergemetzelt zu werden das Schicksal des Soldaten sein? Oder bloßes Überleben nach dem Kampf?«

Hier hat die Legende ausnahmsweise einen historischen Ansatzpunkt. Als Poros, ein hagerer Mann von ungewöhnlich hohem Wuchs, sich näherte, schickte ihm Alexander einen Dolmetscher entgegen mit der Frage, wie er behandelt zu werden wünsche. »Wie ein König«, erwiderte Poros und gewann damit so sehr Alexanders Achtung, daß er als Radscha bestätigt wurde und sein Königreich unversehrt behalten durfte. Ja, Alexander vergrößerte nach weiterem Vordringen Poros' Herrschaftsbereich um sieben neue Stämme und zweitausend neue Städte – für eine Niederlage eine hübsche Belohnung. Ritterlichkeit paßte in Alexanders politisches Konzept, im Pandschab unter den Radschas ein Gleichgewicht herzustellen, doch indische Historiker haben solch kluge Großzügigkeit nie verstehen können und behaupten noch immer, Indiens angebliche Niederlage am Jhelum könne, falls Poros wirklich so ehrenvoll behandelt wurde, nur eine abendländische Erfindung sein.

Mochte der Sieg eindeutig sein, so war die Freude doch in einer Hinsicht getrübt. Alexander hatte einen Radscha und ein neues Elefantenheer gewonnen – er hatte aber auch einen lebenslangen Freund verloren. Beim ersten Scharmützel mit Poros' Streitwagen wurde Bukephalos schwer verwundet, und bereits wenige Stunden später wurde der Tod des alten Pferdes gemeldet. Andere Quellen, die an seiner Unbesiegbarkeit festhielten, betonten, Bukephalos sei lediglich an Alter gestorben. Es war eine traurige Nachricht, doch immerhin konnte sie mit Ehren aufgenommen werden. Alexander hatte bereits an den Ufern des Jhelum zwei Städte zu gründen beschlossen, und die nächstgelegene bot Gelegenheit, dem Tier die letzte Ehre zu erweisen. Die östliche Stadt – auf dem Gelände der Schlacht – nannte er Nikaea, Stadt des Sieges; die westliche – nahe der Stelle, wo Bukephalos zum letzten Mal einen Fluß überquert hatte – nannte er zum Gedenken an das tapfere Pferd Bukephala. Alexander selbst führte die Grabprozession an, und die sterblichen Überreste des Pferdes wurden vermutlich in dieser Stadt beerdigt; der Ort, bald von Überschwemmungen beschädigt, ist nie genau festgestellt worden.

Bukephalos' Ruhm war jedoch nicht so leicht fortzuwaschen. Die Kunst der Diadochenzeit, von Balkh bis Ägypten, entwickelte das neuartige Motiv eines Pferdes mit Hörnern. Es läßt sich an östlichen wie westlichen Münzstätten auf den Silbermünzen Seleukos' finden, der in Asien Alexanders Nachfolge antrat; es erscheint auch auf einer Gipstafel im Ägypten der Ptolemäer. Nun war Seleukos dafür berühmt, einen Stier mit bloßen Händen erlegen zu können, und deshalb soll er auf seinen vielen Porträts Stierhörner getragen haben; auch sollte er später mit einer bemerkenswerten Statue bei Antiochia eines Pferdes gedenken, das ihm einmal das Leben gerettet hatte. Aber diese beiden Dinge erklären nicht völlig, warum sein Pferd ebenfalls gehörnt dargestellt wurde, oder warum das Ägypten der ihm verfeindeten Ptolemäer das gleiche Bild übernahmen. Ein bei Seleukiden und Ptolemäern vorkommendes Motiv muß wohl auf ihr gemeinsames Vorbild Alexander zurückgeführt werden. Bukephalos, so bemerkte eine spätere Autorität, »hatte nicht, wie manche annahmen, selbst Hörner, sondern war, wie es heißt, für die Schlacht mit goldenen Hörnern geschmückt«, und für ein Kampfpferd, dessen Name »Ochsenkopf« bedeutete, war das ein angemessenes Geschirr. In dem Fall mochten die gehörnten Pferde der Diadochen folgenden Sinn haben: Sie betonten ihre unterschiedlichen Beziehungen zu Alexander, aber sie pflegten die Erinnerung an Bukaphalos selbst auf den Seiten ihrer Münzen, die gewöhnlich für einen Gott reserviert waren, und solche Erinnerungen sterben nur langsam. Über 250 Jahre später wurde das Pferd bei Caesars römischem Reiterstandbild Bukephalos nachgestaltet. Wiederum tausend Jahre später lauschte der Weltreisende Marco Polo in Balkh Geschichten über den Herrscher von Badakhschan, eines Gebiets zwischen dem Pamir und dem Oxus, nahe dem nordöstlichsten Alexandrien. Ihre Pferde, so hieß es, stammten von Bukephalos ab und kamen demgemäß mit einem Horn auf der Stirn zur Welt; auf Grund von Eifersüchteleien innerhalb der königlichen Familie wurde der einzige Hengst jedoch getötet, und so war das Geschlecht des Bukephalos inzwischen ausgestorben. Andere Männer mochten sich mit Alexander nie messen können, aber sie konnten wenigstens seine Eigenschaften für sich beanspruchen, bis hinab zu den Hufen und zum Geschirr jenes Pferdes, das ihn zwanzig Jahre lang trug und das, ein unvergeßlicher Held, am Jhelum-Fluß gestorben war.

26 DER GANGES LOCKT

Nachdem die Schlacht am Jhelum gewonnen und Bukephala gegründet war, brachte Alexander dem Sonnengott ein Opfer dar. Die Wahl des Gottes war symbolisch für seine Ambitionen – er wollte ostwärts marschieren, dem Sonnenaufgang entgegen, und eine sonnige Unterbrechung des kommenden Monsun-Wetters wäre nützlich. »In Indien«, hatte einmal ein Grieche geschrieben, der wohlbehütet am persischen Hof weilte, »regnet es nie«; Gespräche mit weisen Männern oder Radschas hatten Alexander der Wahrheit wohl etwas nähergebracht. Im Hindukusch hatte er dem Schnee getrotzt; auf seinen Marschrouten nach Siwah und nach Sogdiane hatte er sich unbekümmert in Wüsten hineingewagt; als die Menschen in Indien von Sommerregen sprachen, meinte er, mit einem Sonnenopfer müßten die sich dämmen lassen. Die Truppen wurden durch die Erwähnung von Schätzen und Goldmünzen-Geschenke angefeuert. Alexander würde ihnen beweisen, daß ein Sohn des Zeus sich von den Elementen nicht aufhalten ließ.

Sorglos ließ er einen Monat verstreichen, und während er in Poros' Königreich verweilte und sich an den Vorräten aus dreihundert Städten des fruchtbaren Landes gütlich tat, wuchs die Gefahr. Er wäre besser beraten gewesen, ostwärts zu eilen; denn drei weitere Flüsse des Pandschab lagen auf seinem Weg, die ab Mitte Juni vom Monsun-Regen bedrohlich anschwellen mußten. Aber er hatte sich einem neuen vielversprechenden Plan zugewandt. Er glaubte nämlich, sich in der Nähe einer direkten Heimroute zu befinden, und um seine Überzeugung in die Tat umsetzen zu können, bedurfte es einer Flotte. Mit dem Auftrag, Holz für den Schiffsbau zu fällen, wurden Männer den Jhelum aufwärts geschickt, zu den dichten Tannenwäldern an den unteren Hängen des Himalaya-Gebirges. Für die Makedonen, die das beste Holz des ganzen Balkan besaßen, war das eine vertraute Aufgabe. Himalaya-Kiefern und Deodarzedern, oft sieben Meter im Umfang, gaben ihnen eine Chance, ihr Können zu zeigen, doch die Arbeit in der ihnen unvertrauten Gegend erforderte Mut. Schlangen von alarmierender Größe sahen die Männer über den Waldboden hinweggleiten; das Schnattern ferner Affen hielten sie irrtümlich für den herannahenden Feind. Auch Tiger gab es, die, wie die Inder sagten, Elefanten angriffen, und blau-grünschillernde Pfauen, die Alexander so tief beeindruckten, daß er seinen Leuten verbot, sie zu töten.

Zwei Monate zuvor hatte Alexander beim Überschreiten des Indus im Fluß Krokodile bemerkt. Jetzt, auf seinem Marsch östlich des Chenab, dem dritten der fünf Pandschab-Flüsse, fielen ihm die vielen Bohnensträucher am Flußufer auf, die ihn an Gewächse erinnerten, welche er fünf Jahre vorher in Ägypten gesehen hatte. Zusammen mit den Krokodilen brachten sie ihn auf eine amüsante Theorie – diese oberen Gewässer des Pandschabs mußten die längst verschollene Quelle des Nil darstellen, da Flora und Fauna gleich waren. Der Chenab floß, wie ihm bekannt war, in den Indus; der Indus, so vermutete er, floß südwestlich durch die Wüste und beschrieb südlich des Persischen Golfes einen Bogen nach Oberägypten hinein, wo man ihm den Namen Nil gegeben hätte. Seine Vorstellung von der Erde entsprach in zusammengedrängter Form dem kleinen Teil, den er gesehen hatte. Der Indische Ozean, die ausgedehnte Weite Arabiens und das Rote Meer waren Hindernisse, von denen er noch nichts wußte, und während seines ganzen Lebens unterschätzte er die nordsüdliche Ausdehnung des persischen Reiches und die Entfernung vom Oxus nach Westen zum Schwarzen Meer. »Nicht viel später«, schrieb seine Admiral Nearchos, »erkannte er seinen Irrtum bezüglich des Indus«; doch als er den Befehl erteilte, Schiffsholz zuzuschneiden und zu lagern, hegte er die Hoffnung, den Indus schließlich zu erforschen und sich nach Erfüllung seiner Ziele im Osten auf dem Fluß heimwärts treiben zu lassen nach Ägypten, zu seiner Stadt Alexandria.

Seine Ziele im Osten müssen im Lichte der mangelhaften geographischen Kenntnisse jener Zeit verstanden werden. Indien grenzte nach den damaligen Vorstellungen ans Ostmeer, einen Teil der Gewässer, welche, wie die Griechen glaubten, die Welt umflossen, und obwohl es noch keine Bestätigung hierfür gab, schien die Küste Indiens nicht unerreichbar weit. Falls Alexander tatsächlich zum Ostmeer wollte, weil er es für die Grenze der Welt hielt, so könnte er sich den Weg zu diesem großartigen Finale dadurch erkämpfen, daß er einen Radscha gegen den anderen ausspielte und jeden Widerstand im Keim erstickte – und seine Laufbahn würde durch einen Anblick gekrönt, von dem selbst Achilles nicht zu träumen gewagt hätte.

»Du Zeus, regiere den Olymp; ich bringe die Erde unter meine Herrschaft.« Selbst wenn er nur ostwärts marschierte, um Indien zu erforschen und zu erobern – ein Ziel das zufällig auch die Grenze der Welt bedeutete –, so mußten ihn die Schrumpfvorstellung von Indien und die falsche Auffassung vom Nil in seinen Plänen bekräftigen; denn wohin er auch marschierte, seine Heimat blieb, über eine Fahrt den Indus-Nil abwärts, immer in Reichweite. Er hatte die Ambitionen sowohl eines Entdeckers, als auch eines Eroberers, und nur für Männer, die nie an einer Forschungsreise oder an einem Kampf mit der Natur teilgenommen haben, scheint ein solcher Ehrgeiz dem Wahnsinn zu entspringen. Aber zum erstenmal seit der Schlacht bei Issos hatte Alexander sich einer schwerwiegenden Fehleinschätzung schuldig gemacht, und vom Chenab an ging gleich alles schief.

Die eingeborene Bevölkerung war zahlreich; ihre Waffen allerdings schienen überholt. Allein den Chenab längs zwang Alexander siebenunddreißig Städte und mindestens ebensoviele Dörfer zur Übergabe; ihre Einwohner – eine halbe Million – wurden Poros unterstellt. Es war für die Makedonen nichts Neues, zahlenmäßig unterlegen zu sein, aber es gab Gefahren, die gute Nerven erforderten.

»In Indien«, schrieb der Botaniker Theophrast, der die Berichte der Überlebenden hörte und dem wir seines Scharfsinns wegen wohl glauben müssen, »aßen die Makedonen eine Sorte Weizen, die so mächtig war, daß viele von ihnen tatsächlich platzten.« Von solchen Einblicken in ihre Nöte gibt es leider viel zu wenige. Die einzigen überzeugenden Verlustziffern stammen von einer Begebenheit, bei der Alexander nicht zugegen war, die aber immerhin unvergeßlich ist. Da aßen Makedonen nämlich von einem Baum, »der nicht besonders groß war, aber bohnenartige Hülsen hatte, die zehn Zoll lang waren und süß wie Honig«. Diese erste Erfahrung der Griechen mit Banane oder Mango verursachte eine derartig schwere Magenverstimmung, daß Alexander ihnen verbot, die Frucht auch nur anzufassen. Und wenn gegen seinen Befehl »man eine gegessen hätte«, schrieb Aristobulos, »so hätte man es kaum überlebt«. Andere Bäume waren weniger gefährlich, wenn auch nicht weniger unheimlich. Am Chenab staunten die Soldaten über den Banyan-Baum, das Paradestück der indischen Dendrologen. »Die Triebe eines einzigen Baumes breiten sich zu einem riesigen schattigen Laubengang aus, wie ein Zelt mit vielen Säulen«, so breit, daß »fünfzig Reiter unter ihm Schutz vor der Mittagssonne fanden.« Ein näherer Blick ergab, daß jeder einzelne »Stamm« in Wirklichkeit ein riesiger Trieb von ein und derselben Wurzel war, und die Früchte waren klein, doch wunderbar saftig. Weiter östlich entstanden Berichte von einem Banyan, der einen Schatten von fast einem Kilometer warf. Unmöglich ist das nicht – der Pracht-Banyan im Botanischen Garten von Kalkutta gleicht einem Wald, ist vier Morgen groß und mißt eine Viertelmeile im Umfang.

Aber auch ein Banyan war dem Wetter ausgeliefert. Als der Chenab in Sicht kam, wich der Hochsommer dem eigentlichen Monsun, und jetzt wurde den Soldaten klar, warum die Inder ihre Dörfer auf dem Hochufer und auf Hügeln gebaut hatten. Während der Regen in Strömen herabgoß, stieg der Fluß und wurde wie aus einem langen, zögernden Schlaf zum Leben erweckt. Die Nalas* wurden überflutet; die Gräben konnten die Wassermengen nicht mehr aufnehmen. Das Lager mußte in aller Eile verlegt werden, da die Strömung stieg, um einen, um zwei, um drei Meter, bis sie ohne Rücksicht auf die ausländischen Eindringlinge über die Ufer brach. Die Männer zogen sich in die Dörfer zurück und beobachteten, wie das Wasser über die Ebene stürzte, stellenweise höher als Elefanten, und dann merkten sie eine Gefahr, der sie nicht so leicht ausweichen konnten – mit den Fluten kam in ihren Häusern eine Schlangenplage.

»Ihre Zahl und ihre Wildheit«, schrieb Nearchos, »war äußerst überraschend. Zur Regenzeit ziehen sie sich in die höherliegenden Dörfer zurück. Die Eingeborenen sind daher gezwungen, ihre Nachtlager hoch über dem Boden aufzuschlagen. Manchmal sind sie sogar gezwungen, ihre Häuser vor dieser überwältigenden Invasion aufzugeben.«

Pythonarten, bis zu acht Meter lang, suchten sich einen trockenen Schlupfwinkel. Andere waren zu klein, um bemerkt zu werden; aber gerade die kleineren Schlangen, Skorpione und Kobras, waren die größte Gefahr. »Sie versteckten sich in den Zelten, in Kochtöpfen, Hecken und in Mauern. Wer gebissen wurde, blutete am ganzen Körper und litt große Qualen – die Opfer starben sehr schnell, wenn nicht

* nala: hindustanisch für Flußbett, Wasserlauf, Bach. D. Übers.

Hilfe gebracht werden konnte durch Medikamente und die Wurzeln der indischen Schlangenbeschwörer«, deren Fähigkeiten bemerkenswert und wirkungsvoll waren. Aus allen Lagern wurden Arzneivorräte herbeigeschafft, und die Männer hängten, wo irgend möglich, riesige Hängematten zwischen die Bäume und verbrachten unruhige Nächte über dem Boden schwebend. Nur die Überquerung des Chenab ließ auf besseres hoffen.

Aber der Chenab schäumte und toste in seinem auf zweieinhalb Kilometer verbreiterten Flußbett. Obwohl Alexander zum Übertritt die breiteste und ebenste Stelle ausgesucht hatte, wurden viele von den Soldaten, die anstatt in einem Boot auf einem der Flöße aus ausgestopftem Leder übersetzten, gegen die Felsen geschleudert, so daß »nicht wenige im Wasser verloren gingen«, wie sogar Ptolemäos zugeben mußte. Sobald er das andere Ufer erreicht hatte, wurde Hephaistion nach Norden geschickt, um es dort mit den Indern aufzunehmen, während Poros zurückkehrte, um soviele Elefanten wie möglich aufzutreiben – ein sicheres Zeichen dafür, daß Alexander mit schweren Kämpfen rechnete. Der Proviant sollte nachkommen, sobald es der Fluß ermöglichte. In der Zwischenzeit mußte das Heer von dem leben, was man im Lande vorfand.

Weiter ostwärts marschierend, watete er mit seinen leichtesten Truppen durch den Ravi und nahm die Kapitulation der nächstliegenden Stämme entgegen. Sie berichteten ihm von einem äußerst kriegerischen Stamm, Kathaioi genannt, in der Ebene von Lahore, der Widerstand leisten wollte und die Stämme weiter südlich am Indus aufwiegelte. Alexander begab sich in einem dreitägigen Eilmarsch mit nur eintägiger Unterbrechung in ihr Gebiet und erreichte Sangala, ihre größte Festung. Die Kathaioi hatten aus Karren eine dreifache Verteidigungslinie errichtet. Der Versuch der Kavallerie, sie von ihrem Hügel herunterzulocken, schlug fehl; deshalb stieß die Infanterie in die feindlichen Linien vor und trieb den Gegner hinter die massiven Backstein-Mauern Sangalas zurück. Alexander hatte keine Belagerungsmaschinen mit sich und konnte die Festung als nur umzingelt halten, während man Tunnel grub, um sie zu unterminieren. Ein im voraus erwarteter nächtlicher Ausbruchversuch kostete die Inder fünfhundert Menschenleben. Die Tunnel waren eben fertiggestellt, als Poros mit 5000 indischen Freiwilligen und Belagerungsmaschinerie zu Alexander stieß – eine beachtliche Leistung der Transportabteilung, sie durch den Schlamm des sommerlichen Monsuns herbeigeschafft zu haben. Die Maschinen wurden aber nicht mehr benötigt, da die Arbeit der Sappeure ihren Zweck erfüllte. Das Mauerwerk sackte in die Tunnel; über die Einbruchstellen wurden Leitern geworfen. Trotz tapferen Widerstands kamen 17000 Inder ums Leben und weitere 70000 laut Ptolemäos in Gefangenschaft. »Von Alexanders Truppen starben während der Belagerung weniger als hundert Männer«, aber – und es ist ungewöhnlich, daß Ptolemäos so hohe Verlustzahlen zugibt – über 1200 wurden verwundet, darunter auch viele Offiziere. Für die Kampfmoral stellten die Verwundeten eine weitere schwere Belastung dar, zumal die ganze Zeit über der Donner rollte und der Regen die ermüdeten Männer durchnäßte.

Angehörige benachbarter Stämme wurden, wenn sie flüchteten, verfolgt und getötet; begnadigt, wenn sie sich auslieferten. Alexander »verfuhr nicht streng mit ihnen, wenn sie blieben und ihn als Freund empfingen, so wie er auch andere Inder unabhängiger Fürstentümer milde behandelte, die sich freiwillig ergeben hatten«. Die fortwährende Betonung der »seit altersher bestehenden Unabhängigkeit« der Inder war eine dürftige, doch aufschlußreiche Rechtfertigung des Feldzugs. Als man das Königreich des Sopeithos bei Lahore und am Beas erreichte, besserten sich die äußeren Umstände des Heeres vorübergehend.

Der König kam ihnen entgegen, als die Belagerungsmaschinen seiner Hauptstadt näherrückten. Er war hochgewachsen, in Gold und bestickten Purpurgewändern gekleidet, und trug goldene Sandalen und Armreifen, und Halsketten aus Perlen. Er überreichte sein mit kostbarem Beryll verziertes Zepter. Die Geschichtsschreiber erwiderten das Kompliment:

»Das Eigenartigste an diesem Volk ist sein Sinn für Schönheit. Seinen schönsten Mann wählt es zum König. Wenn ein Kind geboren wird, entscheidet zwei Monate nach der Geburt der königliche Rat, ob es schön genug ist, daß es am Leben zu bleiben verdient ... Was die Erwachsenen angeht, so färben sie sich zu ihrer Verschönerung die Bärte mit allen möglichen leuchtenden Farben. Seltsam ist auch, daß Braut und Bräutigam sogar einander selbst aussuchen.«

Für diese freundlichen Erinnerungen gab es gute Gründe – der uralte Name des Landes um Lahore bedeutete »Wohlstand«, und für einige Tage schwelgte das Heer in Wohlbehagen, und zumindest die Offiziere waren in Häusern vor dem Regen geschützt. Der König amüsierte sie mit seiner berühmten Hundezucht, deren Stammbaum Tigerblut aufwies. Vier von ihnen hetzten vor aller Augen einen Löwen und ließen nicht einmal von seinen Flanken ab, als den Aufsehern befohlen wurde, eins ihrer Hinterbeine abzuhacken. Das Schauspiel sprach Alexanders Jagdleidenschaft an. Er bekam einen der Hunde geschenkt. Unterdessen bestätigte sein griechischer Oberschürfer Berichte über Gold- und Silberadern. Das Land des Wohlstands besaß enorme Salzvorkommen, »die Inder jedoch sind völlig unerfahren im Bergbau und im Gießen von Metall, und sie ahnen wenig von ihrem Reichtum«.

Östlich von Amritsar gab es im Pandschab einen großen Fluß, den Beas, zu überqueren; daß Alexander ihn überschreiten würde, war inzwischen gewiß. Und was er jenseits dieses Flusses zu tun beabsichtigte, war für sein Gefolge auch ohne viel Phantasie zu erraten. Während der vorausgehenden sechs Wochen hatten sie so viele Elefanten zusammengetrieben, wie sich hatten finden lassen, und man erwartete nunmehr auch Verstärkungen aus Griechenland und Asien, die alles übertrafen, was je zuvor zu ihnen gestoßen war.

Dem Marsch schlossen sich sowohl Inder an als auch eine große Zahl von Gefangenen, die nicht verkauft worden waren. Die Gesamtstärke des erweiterten Heeres belief sich, wie berichtet wird, auf 120 000 Mann – das Doppelte wie vorher, und groß genug für eine Expedition zum Ostmeer oder für einen Blick auf die Grenzen der bewohnten Welt. Zwar hatte man für den Bau einer Flotte auf dem Jhelum das Holz gefällt, aber es mußte erst lagern, und außerdem mußte man ja selbst die fertigen Schiffe nicht unbedingt sofort benutzen.

Aber für Alexander folgte den glücklichen Tagen die Ernüchterung. Die Offiziere hatten Berichte über Indien gehört; sie wußten sogar von Ceylon. Jedoch, es war schwer, diese Fetzen von Information mit der braunen, endlosen Ebene in Verbindung zu bringen, über die sie ihre Karren und die durchnäßte Ausrüstung weiterschleppten – durch Schlamm, der den Marsch der Elefanten zum Kriechtempo werden ließ. Alexander hatte in Taxila von einem viermonatigen Zug gesprochen. Man hatte ihm Glauben geschenkt. Doch der erste König, den man am Beas, hinter dem Land des Wohlstands, begegnete, machte sie erstmals auf das gefaßt, was wirklich vor ihnen lag. Seine Kenntnise mochten vage sein, allgemein – an einer Tatsache aber war nicht zu rütteln.

Jenseits des Beas befand sich ein fruchtbares, gut bestelltes Land des Friedens, mit vielen Elefanten, das von Adeligen regiert wurde.

Jenseits des Indus, sollte Alexander umkehren und flußabwärts marschieren, führte eine Zwölftagereise durch Wüstengebiet bis zum Ganges, »sieben Kilometer breit« und der tiefste aller indischen Flüsse, an dessen Unterlauf sich das Reich des Königs Ksandrames erstreckte, dessen Infanterie 200 000 Mann stark sein, dessen Kavallerie genauso stark, falls nicht sogar stärker sein sollte – und sie würden bis zum letzten unterstützt von 2000 Streitwagen und 4000 Elefanten.

Es war eine umwerfende Nachricht. Wie der Konquistador, der zum erstenmal ein Boot aus dem Reiche der Inkas erblickte, war Alexander von einer Welt in Kenntnis gesetzt worden, von der man im Westen bisher nichts geahnt hatte. Zum ersten Male hörte er den Namen Dhana Nandas, des letzten der neun großen Könige von Magadha, deren Geschlecht während der vorausgehenden zwei Jahrhunderte von dem prachtvollen Palast in Palimbothra aus geherrscht hatten, dort wo der Ganges sich dem östlichen Ozean zuwendet.

Es fiel schwer, einer solchen Offenbarung zu glauben. Wie es heißt, ließ Alexander bei Poros rückfragen, der die Information pflichtgemäß bestätigte und hinzufügte, daß Ksandrames ein Mann aus dem Volke war, der Sohn eines Barbiers, der nur durch eine Familienintrige an die Macht gekommen war. Für eine Invasion bot das gute Aussichten. Genauere Erkundigungen vermittelten ein deutliches Bild von der Landschaft – bis hin zu solchen Details, daß im Ganges Schildkröten schwammen. Unter den Truppen jedoch machten sich bald wilde Gerüchte breit, die Gefahren heraufbeschworen. Alexander selbst gefiel der Gedanke, ein altersschwaches Imperium, dem Persien des Darius vergleichbar, zum Kampf herauszufordern. Nur mußte er den Zeitpunkt sorgfältig wählen, wenn er sein Heer über den neuen Plan informierte. Da auch der Regen nachzulassen schien, konnte die richtige Stimmung dafür durch ganz besondere Vergünstigungen vorbereitet werden.

Also erlaubte Alexander seinen Soldaten, die Umgebung zu plündern, und in einem Land, wo die Edelsteine sozusagen auf der Straße liegen, war solch ein Freibrief immerhin einiges wert. Der Chenab beispielsweise spülte Edelsteine an die Oberfläche, so daß einem scharfen Auge die indischen Berylle und Diamanten, Onyx, Topas, Jaspis und die reinsten Amethysten der Antike gar nicht entgehen konnten. Die Männer zogen aus; unterdes wurden Frauen und Kinder im Lager zusammengerufen. Ihnen versprach man regelmäßige Getreidezuteilungen und regelmäßig Geld.

Die erwartete Wirkung blieb aus. Als nämlich die Soldaten von ihren Plünderungszügen heimkehrten, rotteten sie sich zusammen und diskutierten die Gerüchte, die über die Zukunft kursierten. Die Stimmung hatte sich nicht gebessert, als Alexander die Kommandeure rufen ließ und endlich seine Pläne darlegte.

Seine Ansprache wurde keineswegs so gut aufgenommen wie sie formuliert war. Die Offiziere hörten schweigend zu. Der peinlichen Aufforderung, sich dazu zu äußern, begegneten sie eine ganze Weile mit Verlegenheit. Schließlich wagte es der alte Koinos, für alle zu sprechen – falls Alexander auf jeden Fall zum Ganges vorrücken wolle, so müsse er ohne seine Makedonen ziehen. Es war nicht so sehr Meuterei, wie der Ausdruck einer tiefen Verzweiflung. Die Männer waren in den letzten Jahren 18 000 Kilometer marschiert, ohne Rücksicht auf Jahreszeit oder Geländebeschaffenheit. Offizielle Zahlen sollten später behaupten, daß sie mindestens eine dreiviertel Million Asiaten getötet hatten. Zweimal hatten sie gehungert. Ihre alte Kleidung war so zerfetzt, daß die meisten von ihnen indische Gewänder trugen. Die Pferde waren fußkrank, die Wagen in den Ebenen, die sich in Sümpfe verwandelt hatten, unbrauchbar. Es war das Wetter, das letzten Endes ihre Kampfmoral gebrochen hatte. In den vorhergehenden drei Monaten waren sie fortwährend völlig vom Regen durchnäßt. Ihre Schnallen und Gurte waren vom Rost zerfressen, und ihre Lebensmittelvorräte verdarben, da Mehltau das Getreide ruinierte. Ihre Stiefel waren undicht, und sie hatten ihre Waffen kaum gereinigt, so überzog die Feuchtigkeit sie erneut mit grünem Schimmel. Und all die Zeit über rauschte der Beas neben ihnen her und trotzte einer Überquerung, trotzte ihnen, die den Kampf gegen die Elefanten aufnehmen sollten – nicht zehn oder hundert Elefanten, sondern Tausende. Man hatte ihnen wahrheitsgemäß berichtet, daß die Elefanten östlich des Ganges größer und wilder waren, und es gab Gerüchte über eine noch mächtigere Rasse auf der Insel Ceylon.

Ein ehrwürdigerer Mann hätte den Standpunkt der Offiziere nicht vortragen können. Koinos diente seit zwanzig Jahren im Heer, zuletzt als Hipparch der Berittenen Kampfgefährten; ihm übertrug Alexander stets die schwierigsten Missionen. Deshalb getrauten sich rangniedrigere Generäle, seinen Worten beizupflichten. »Zum weiteren Beweis dafür, daß sie nicht bereit waren, die vor ihnen liegenden Gefahren auf sich zu nehmen, weinten viele sogar.«

Alexander war verärgert. Er warf ihnen Zaudern vor. Als Ärger keinen Eindruck auf sie machte, schickte er sie fort und fing an zu schmollen. Nichts trifft einen Mann härter, als wenn alles, was er geplant hat, infrage gestellt wird, obwohl er weiß, daß es verwirklicht werden kann – wenn nur die anderen sich seine kühnen Gedanken zu eigen machen könnten!

Am nächsten Morgen rief er die Offiziere wieder zu sich. Er teilte ihnen mit, daß »er allein weiterziehen und keinen einzigen seiner Makedonen zwingen würde zu folgen. Er würde Männer finden, die ihm freiwillig folgen würden. Was diejenigen betraf, die nach Hause wollten, so könnten sie jetzt gehen und ihren Freunden erzählen, daß sie ihren König mitten im Feind verlassen hätten.«

Aber die Offiziere beharrten auf ihrem Standpunkt und ließen sich auch durch seine beschämenden Worte nicht erweichen. Sie weigerten sich erneut. Da griff der König zu seinem letzten Mittel – der Drohung. Er zog sich im Zorn in sein Zelt zurück. Während der nächsten zwei Tage verschloß er sich seinen Gefährten in der Hoffnung, daß sein Brüten sie dazu brächte, die Sache noch einmal zu überdenken.

Ein tiefes Schweigen breitete sich über das Lager aus. Die Männer ärgerten sich über den Zornesausbruch ihres Königs, ließen sich aber dadurch nicht umstimmen. Die Stunden vergingen. Schließlich fühlten sie sich sogar mutig genug, ihn zu verachten und auszupfeifen, wenn er seinen Ärger noch länger aufrechterhielt. Ihre Hartnäckigkeit gab den Ausschlag. Alexander sah ein, daß er sich geschlagen geben mußte.

Wie sein Vorbild Achilles konnte er eine öffentliche Demütigung nicht ertragen. Er ließ die Priester und Wahrsager zu sich kommen und sagte ihnen, daß er ein Opfer darbringen wolle, um zu sehen, ob er den Beas überschreiten solle oder nicht. Man schaffte Tiere herbei. »Aber als er seine Opfer darbrachte, fielen sie nicht zu seinen Gunsten aus.« Nun, da er die Mißbilligung der Götter als Grund vorbringen konnte, ließ er seinen Stolz fallen und versammelte seine engsten Freunde und älteren Gefährten um sich, um ihnen mitzuteilen, daß alles auf einen Rückzug zu weisen schien – vor drei Jahren erst hatte er die Omen mißachtet und den Oxus allen Göttern und Propheten zum Trotz überschritten.

Als die Neuigkeit verkündet wurde, ging eine Woge der Erleichterung durch die Reihen, und viele brachen in Tränen aus darüber, daß ihr Wunsch in Erfüllung gegangen war. Bei solcher Begeisterung war Hochachtung vor den Göttern der einzige Trost für Alexanders verletzten Stolz. Das Heer wurde in zwölf Gruppen eingeteilt. Jede Gruppe erhielt Anweisung, einen Altar für die zwölf griechischen Götter des Olymp zu errichten, »als Dank an sie, die sie siegreich so weit geführt hatten und als Denkmal für das, was sie alle zusammen durchgemacht hatten«. Die Altäre sollten monumental werden, »so hoch wie die höchsten Türme und breiter noch, als Türme wären«. Alexander wollte nicht als ein König in die Geschichte eingehen, den der Fluß Beas gedemütigt hatte. Anderen Quellen zufolge ließ er ein Lager abstecken, das dreimal so groß war wie das letzte und es mit einem siebzehn Meter breiten und dreizehn Meter tiefen Graben einfassen. Innerhalb dieses Lagers sollten Hütten errichtet werden mit Betten von nahezu drei Metern Länge und doppelt so großen Krippen. Riesige Rüstungen sowie Kandaren und Zaumzeug von unmöglicher Größe wurden auf dem Boden verstreut, »um den Eingeborenen Zeichen und Spuren zu hinterlassen, die von der Größe seiner Männer und ihrer außerordentlichen Körperkraft zeugen sollten«. Späteren Legenden zufolge wurden die Altäre dem Vater Ammon, dem Bruder Apoll, der Sonne und den Kabiren – Dämonen, die seine Mutter Olympias verehrte – gewidmet waren.

Nur die Archäologie wird klären können, wieviel an diesen Gerüchten wahr ist. Es hat einige Nachforschungen gegeben; aber niemand hat das Glück gehabt, Spuren von diesen vielleicht merkwürdigsten Denkmälern der Antike zu finden. Die Altäre hat es zweifellos gegeben; das größenwahnsinnige Lager aber muß solange als posthumes Geschwätz gelten, bis man an Ort und Stelle das Gegenteil beweisen kann. Sicher ist nur, daß Alexander seine erste Niederlage erlebt hatte, und als er den Jhelum auf dem gleichen Weg erreichte, den er gekommen war, empfand er wenig Freude über das plötzliche Nachlassen des frühherbstlichen Regens. Er kehrte zurück zum Fluß Ravi, hinüber nach Amritsar und so zum Chenab, der nicht mehr so angeschwollen war wie vorher. Dort kam der Rückzug durch einen plötzlichen Verlust im Oberkommando zu einem kurzen Halt. Der Hipparch Koinos »starb an einer Krankheit, und Alexander bestattete ihn so prunkvoll, wie es die Umstände erlaubten«. Es war nur ein paar Wochen her, daß seine mutige Klage der Armee den Rückzug geschenkt hatte.

»Wie viele Male vorher, hatte Hitler einen unbequemen Verbündeten entfernt, nicht durch eine Entlassung, sondern durch Vorgabe einer Krankheit, nur um das Vertrauen des deutschen Volkes in die innere Geschlossenheit der obersten Führung zu erhalten. Noch jetzt, wo fast alles vorüber war, hielt er an diesem Grundsatz fest, der Öffentlichkeit gegenüber den Anstand zu wahren.« Parallelen zwischen Hitler und Alexander zu ziehen, ist Mode; aber nichts deutet darauf hin, daß sie begründet sind. War Koinos ein kranker Mann gewesen, so erscheint sein Plädoyer für die Kehrtwendung um so verständlicher. Es könnte die Ruhr gewesen sein, oder auch ein Schlangenbiß – fest steht, daß der Mann, der öffentlich die Pläne eines Zeussohns durchkreuzt hatte, die Folgen seines Ratschlags nicht mehr erleben durfte.

Der Rückzug, zu dem er riet, ist immer auf Verständnis gestoßen. Alexanders Pläne für den Osten sind von Historikern nicht gut aufgenommen worden. Viele haben sie ganz und gar bestritten, und manche haben die Auffassung vertreten, daß alle Erwähnungen des Ganges am besten als Legenden abgetan seien. Unabhängig von den Tatsachen gehen solche Erörterungen davon aus, kein vernünftiger Mensch hätte auch nur den Wunsch haben können weiterzumarschieren – aber solch eine Behauptung kann nicht bewiesen werden.

Gut, das Königreich Magadha war mächtig; aber die Angaben über seine Stärke waren nicht weniger phantastisch als die über die legendären Heere der epischen Heroen Indiens. So groß sein Reichtum an Elefanten auch gewesen sein mag, es zeigte schlimme Alterserscheinungen. In der Überlieferung der Jain blieb die Vorstellung von

Dhana Nanda lange wach, als dem Sohn einer einfachen Frau, der den Höflingen verhaßt war, weil er von Geburt nicht zur herrschenden Schicht gehörte. In dem Epos heißt es, er habe seinen Untertanen Berge von Gold abgenötigt und es als Geizhals in den Fluten des Ganges versteckt.

Erstaunlicherweise erfuhr Alexander genau das von seinen Informanten: nach Poros war Ksandrames »nur der Sohn eines Barbiers«, und der »Sohn eines Barbiers« ist eine geläufige indische Redewendung für einen schwachen, niedrig geborenen König. Mehr noch, in späteren indischen Geschichtsquellen wird ausgesprochen diese Wendung als Urteil über Dhana Nanda wiedergegeben. Der letzte der Nanda-Dynastie hatte weder sich selbst in der Gewalt, noch konnte er auf die Loyalität Magadhas zählen.

Wie Cortes, so hatte Alexander an der Türschwelle einer alten Zivilisation gestanden, die zwar reich, aber von inneren Unruhen zerrissen war. Der Marsch vom Beas zum Ozean über eine Königsstraße hätte nur drei Monate mehr gedauert, und seine Offiziere wußten das genausogut wie er. Und trotzdem wollten sie nicht.

Nur spätere Jahre konnten zeigen, was sie verpaßt hatten. Innerhalb von drei Jahren nach Alexanders Tod rüstete in Nordindien der Mauryane Tschandragupta ein Heer und eroberte Magadha. Dhana Nanda wurde abgesetzt, und zehn Jahre später bedrängte Tschandragupta sogar die Grenzen des Pandschabs, vielleicht mit Hilfe der aufrührerischen Hochlandstämme. Alexanders Nachfolger in Asien, der Diadoche Seleukos, mußte ihm gegen fünfhundert Elefanten die indischen Provinzen abtreten. Tschandragupta kehrte nach Palimbothra zurück, wo er sich auf seinen Minister Kautilya stützte und mit großem Pomp und Aufwand weitere zwanzig Jahre herrschte. Hinter den Holzpalisaden seines Palastes empfing er griechische Abgesandte, die über die Königsstraße von Amritsar kamen, seinen Harem bewunderten und in den Gärten lustwandelten, die seit hundert Jahren sein Eigen zu sein schienen. Als sie Tschandragupta fragten, wie er es denn geschafft hätte, soll er dem griechischen Bericht zufolge geantwortet haben: »Ich habe Alexander beobachtet, als ich noch ein junger Mann war. Alexander«, erklärte er, »hätte um ein Haar Indien erobert, weil der König sowohl aufgrund seines Charakters als auch wegen seiner niedrigen Herkunft äußerst verachtet und verhaßt war.«

Wenn dies einem indischen Nacheiferer gelungen war, dann wäre es seinem Meister zehn Jahre früher auch gelungen. Alexander hätte die Parteien gegeneinander ausspielen können und wäre doch noch zwischen Palimbothras Pfauen gewandelt, hätte die Befestigungen verstärkt und sich an den Fischteichen erfreut, auf denen seit jeher die indischen Prinzen segeln lernten. Nicht weit vor den Toren seines Königreiches breitet sich der Ganges buchtförmig aus und strömt unter Palmen durch die sandig-braunen Felder. Er lockt, seinem Lauf zu folgen – und Alexander wäre nach weniger als tausend Kilometern an die Küste gelangt um zu entdecken, daß er endlich dem Rand seiner Welt nahe war. Der Ozean lag drei Monate entfernt, aber seine Soldaten hatten ihn im Stich gelassen. Der Traum des Entdeckers war in dem Augenblick zerstört als er wußte, daß er ihn hätte verwirklichen können.

VIERTES BUCH

Pyrrhon aus Elis war anfangs ein unbekannter und armer Maler;
dann schloß er sich Alexander an und folgte ihm überallhin.
Er kam mit den Magiern in Verbindung und sprach mit den indischen Gurus.
Die Folge war eine Wandlung seiner philosophischen Betrachtungsweise.
Er begründete den Skeptizismus,
die edelste Form der Philosophie, und vertrat den Standpunkt,
daß man in seinem Urteil Zurückhaltung üben müsse
und daß alles letzten Endes unbegreiflich sei.
Er sagte, nichts sei schön oder häßlich, nichts gerecht oder ungerecht.
In Wahrheit sei nichts; es gäbe nur Gewohnheiten
und Übereinkünfte der Menschen, und diese bestimmten sein Verhalten.
Er lebte sein Leben nach diesen Prinzipien.
Er wich nichts aus und traf keine Vorsichtsmaßnahmen bei Gefahren,
mochten sie auf Straßen, an Abhängen oder von Hunden drohen.
Er ignorierte sie, da er der Macht der Sinneswahrnehmung
keinen Einfluß auf sich einräumte. Er überlebte, jedoch nur –
so heißt es – dank seinen Freunden, die ihn ständig begleiteten
und auf ihn achteten.

Diogenes Laertius: *Leben und Meinungen berühmter Philosophen,* 9.61

27 AM ENDE DER WELT

Der Rückzug vom Beas war eine Enttäuschung. Eine Gefahr beschwor er nicht herauf – die Truppen waren weniger verbittert als erschöpft, und von den Offizieren nutzte keiner die Niederlage des Königs zu einer Konspiration. Denn eine Niederlage war es, und für Alexander mußte das Gefühl der Schande etwaige Besorgnis bei weitem übertreffen. Es war nicht leicht für ihn, solchen Schlag gegen das Herzstück seiner homerischen Werte, gegen seinen Ruhm, hinzunehmen.

Als er den Jhelum erreichte, war Bukephala vom Regen weggespült. Schlimmer noch – aus dem Quartier der Frauen traf die Nachricht ein, Roxanes erstes Kind sei eine Fehlgeburt. Nur für Poros brachte die verzweifelte Stimmung Nutzen. Die »sieben Völker und zweitausend Städte« zwischen dem Jhelum und dem Beas wurden seinem Königreich angegliedert, da sie mit dem Ende des Zugs nach Osten uninteressant geworden waren. Es gab nur noch eine Richtung, die Alexander das Abenteuer versprach, das er brauchte. Auf den eigenen Spuren über den Hindukusch heimwärts zu ziehen, wäre Alexander entehrend vorgekommen. Deshalb war es an der Zeit, das Holz für den Schiffsbau zu nutzen und den Jhelum längs südwärts zum Indus vorzustoßen. Die sicherste Route heim war das nicht, doch diese Wasserstraße mochte die Eroberungen in Ost und West verbinden, und insofern wertvoll werden. Und obwohl Alexander von den Indern inzwischen erfahren hatte, das der Indus nicht in den Nil überging und ihn somit auch nicht nach Oberägypten führte, mag er es doch vorgezogen haben, den erschöpften Truppen solche Hoffnung nicht zu nehmen.

Am Jhelum warteten mehr als 35 000 Mann Verstärkung aus dem Westen, die das Heer auf 120 000 Mann anwachsen ließen – eine für antike Verhältnisse gewaltige Streitmacht. Sie hatten auch Arzneivorräte mitgebracht sowie fesche neue gold- und silberbeschlagene Rüstungen. Wichtiger noch – sie hoben die Moral. Für die Fahrt den Indus hinab wurden achthundert Schiffe verschiedener Bauart und Größe benötigt, doch die Tatkraft des neuerstarkten Heeres war so beachtlich, daß die Flotte nach zwei Monaten bereit lag für die tüchtigen Mannschaften aus Zyprioten, Ägyptern, Ioniern und Phoenikern, die, so wie früher den persischen Königen, jetzt Alexander gefolgt waren. Die Reise stromabwärts zum Ozean konnte beginnen.

Es ist ein Gemeinplatz von Predigten und Geschichtsbüchern, daß die Macht korrumpiert und ihre Ausübung Einsamkeit und wachsende Unsicherheit nach sich zieht. In Wirklichkeit geht es den Bösen recht gut, und nicht jeder Despot nimmt ein schlimmes Ende. Macht mag einem Menschen in den Kopf steigen; aber nur die Tugendhaften und die Uneigennützigen bestehen darauf, daß sie grundsätzlich seine Seele verdirbt. Zwangsläufig kommt die moralische Problematik auch bei Alexander auf – Verlor er nach dem Scheitern seiner Pläne sein Urteilsvermögen? Ließ seine Vereinsamung ihn zu einem Tyrannen werden, wie er im Buche steht?

Ein Fehlschlag macht sich oft im Führungsstil eines Feldherrn bemerkbar. Er mag es ablehnen, Aufgaben weiterhin zu delegieren und gleichzeitig die Verantwortung für die Konsequenzen von sich weisen. Er mag zu demoralisiert sein, um klare Entscheidungen treffen zu können, zu verunsichert, um sich selbst dem gemeinsten Verdacht zu verschließen. Es ist nur Legende, daß Alexander weinte, als der Philosoph Anaxarchos ihm von der unendlichen Zahl möglicher Welten berichtete, da er nicht einmal die eine, ihm bekannte Welt erobert hatte. Wenn ein Mensch vor seinem Lebensziel versagt, kann er aus einem Bedürfnis der Selbstrechtfertigung wohl alles Maß verlieren; und zumindest ein Moralist würde erwarten, daß Alexander nach dem Streik des Heeres die Wirklichkeit nicht mehr fest im Griff hatte.

Alexanders Entwicklung bestätigt das nicht. Da kein Offizier die Laune des Königs bei den Beratungen notierte, ist es in diesem Zusammenhang wie auch sonst unmöglich, die Verantwortung für die Leitung des Heeres zwischen Alexander und seinem Stab auseinanderzuhalten. Die Ereignisse jedoch verraten nichts von einem selbstherrlichen Vorgehen oder aber einer Unentschlossenheit Alexanders. Nach zwei Monaten war dank des unermüdlichen Einsatzes von Offizieren und Zimmerleuten die ganze Flotte gebaut, und Alexander eröffnete die Reise in einer für ihn typischen Weise. Nach Sport- und Musikwettbewerben gab er einem jeden Zug kostenlos Opfertiere, und dann »ging er an Bord, stellte sich am Bug auf und goß aus einer goldenen Schale ein Trankopfer in den Fluß, Poseidon und die Seenymphen, den Chenab, den Jhelum und den Indus, und das Meer, in das sie flossen, anrufend. Dann widmete er ein Trankopfer seinem Ahnen Herakles und Ammon und den übrigen Göttern, die er gewöhnlich ehrte, Poseidon, Amphytrion und den Seenymphen. Dann ließ er den Trompeter zum Aufbruch blasen.«

Die Matrosen, die der Genuß des kostenlosen Opferfleisches, und die prunkvolle, so gänzlich andersartige bevorstehende Expedition in gute Laune versetzte, reagierten begeistert. Es gab flachbödige Schiffe für die Pferde, Schiffe mit dreißig Rudern für die Offiziere, Dreiruderer, Rundflöße, und achtzig riesige Getreideprahme für den Proviant; letztere waren die berühmten *qurqurrus* des alten Babylon, die hier zum ersten Mal von Griechen benutzt wurden. Jeder Prahm faßte mehr als zweihundert Tonnen Getreide. Sie gehörten zu den wertvollsten Dingen, die Alexander aus dem Osten mitbrachte, und jahrhundertelang blieben sie ein alltäglicher Anblick auf den Flüssen Asiens und auf der großen ägyptischen Getreidestraße, dem Nil.

In der heißen Sonne ruderten die Männer nackt. Man hatte es an einer Ausschmückung der Boote nicht fehlen lassen. Zum erstenmal waren die Segel einer griechischen Flotte purpurrot gefärbt worden, und »die Offiziere wetteiferten miteinander, bis selbst die Zuschauer an den Ufern in Verwunderung gerieten, als der Wind ihre farbenprächtigen Wahrzeichen entfaltete«. Die Reihenfolge der Transportschiffe, Pferdetransporter und Kriegsschiffe war genau festgelegt. Jedes Schiff mußte einen vorgeschriebenen Abstand einhalten. Kein Schiff durfte aus der Reihe tanzen.

»Das Klatschen der Ruder war unvorstellbar, ebenso das Rufen der Steuermänner, die zu jedem Schlag das Kommando gaben. Die Uferbänke lagen höher als die Schiffe und zwängten den Lärm in einen schmalen Raum, so daß er verstärkt widerhallte von Ufer zu Ufer . . . Vereinzelte Baumgruppen zu beiden Seiten steigerten den Effekt noch.«

Der Transport der Pferde setzte die indischen Zuschauer dermaßen in Erstaunen, daß viele von ihnen »der Flotte nachliefen, andere durch die Echos herbeigelockt wurden, am Ufer entlangsprangen und ihre wilden Gesänge anstimmten. Die Inder singen und tanzen ebenso gern wie die anderen Völker der Erde.«

Alexander war daran gelegen, seine Offiziere unmittelbar an dem Unternehmen zu beteiligen. In Anlehnung an das von ihm hochgeachtete athenische Regierungssystem ernannte er zweiunddreißig Triarchen – neunzehn Makedonen, zehn Griechen, zwei Zyprioten, und seinen persischen Schützling Bagoas –, die die Führung und Finanzierung einzelner Kriegsschiffe übernehmen sollten, und wahrscheinlich die bestmögliche Instandhaltung anstrebten. Der größte Teil des Trosses sollte unter Geleit auf dem Landwege folgen. Das Ausmaß des Trosses läßt sich höchstens durch Vergleiche abschätzen. Alexander verfügte angeblich über eine Kavallerie von 15 000 Mann. Im gleichen Gebiet würde die britische Armee im neunzehnten Jahrhundert vierhundert Kamele für den Transport einer Tagesration an Getreide allein für Pferde veranschlagt haben. Alexanders Admiral Nearchos gab die Stärke der Truppe mit 120 000 Mann an, und es handelte sich dabei kaum um eine grobe Übertreibung aus Angeberei. Man muß die Familien, Konkubinen und Marketender für das wahrscheinlich neun Monate dauernde Unternehmen hinzurechnen, um sich eine Vorstellung von dem Umfang der Aufgaben machen zu können, die dem Proviantmeister oblagen. »Wir brauchen«, so erklärte ein britischer Oberst in einer Zeit, als nur Schießpulver, schwere Stiefel und Steigbügel zum Bedarf eines Soldaten hinzugekommen waren, »eine außergewöhnliche Menge Männer, Frauen und Kindern, Ponies, Maultiere, Esel, Ochsen und Karren, die mit allen möglichen und unmöglichen Dingen beladen sind – Getreide, Salz, Tuche, Süßigkeiten, Schals, Pantoffeln; Werkzeuge für die Drechsler, Zimmerleute und Schmiede; Material für die Schneider und Schuster, Parfümeure, Waffenschmiede, Kuhmägde und Heumäher. Moochees verarbeiten das Leder; Puckulias tragen Wasser; und Nagurchees beaufsichtigen die Feldküche. Welch ein Wogen von Kamelen! Welch gutturales, gurgelndes Stöhnen aus den langen Hälsen der brünstigen und kampflustigen männlichen Tiere! Welch ein Schlagen von Stöcken, wenn einige von ihnen ihre Bürde abwerfen und fortlaufen. Erschöpfte Diener werden oft erschlagen oder bleiben elendiglich hinter der Kolonne zurück. Tausende von Kamelen sterben, nicht nur an Erschöpfung, sondern auch an Mißhandlung, da sie ständig überladen sind. So sieht der Troß eines Heeres in Indien aus; allein der Markt zu Smithfield kann damit konkurrieren.«

Sicherheit und Nachschub für den größten Troß, der je im Pandschab gesehen wurde, machten es dringend erforderlich gegen jegliche Bedrohung am Ostufer vorzugehen. Im übrigen wollte Alexander alle eroberten Gebiete halten und, wie die früheren persischen Könige, den Fluß als natürliche Grenze seines Reiches sichern. Noch vor dem Rückzug vom Beas war er vor Unruhen innerhalb des benachbarten Stammes der Maller gewarnt worden. Sie hatten sich seit langem Poros widersetzt und standen für jeden feindlichen Einmarschversuch bereit. Da es nicht Alexanders Gewohnheit war, solch einen Feind ungeschoren zu lassen, bezwang er auf der Fahrt den Jhelum stromabwärts zunächst die Nachbarn der Maller, um danach sie selbst heimzusuchen. Wo der Jhelum sich mit dem Chenab vereinigt, wollte er an Land gehen. Die Bootsleute hatten sich bislang – in einer Umgebung, die ihnen so fremd war wie der Sambesi seinen ersten europäischen Besuchern – tapfer gehalten. Da aber begannen indische Schiffsinsassen plötzlich ganz nervös über die Strömung zu reden, und als der Fluß eine unerwartete Biegung machte, merkten die Forscher schlagartig, worum es ging. Zu ihrer Linken mündete der Chenab in den Indus. Sie »hörten das Tosen von Stromschnellen und hielten im Rudern inne . . . sogar die Steuermänner verfielen in ein angstvolles Schweigen, erstaunt über den Lärm vor ihnen«. Die Boote anzuhalten, bevor der Strudel sie erfaßte, war nicht mehr möglich. Die wannenähnlichen, mit Pferden und Getreide vollbeladenen Transporter wurden herumgewirbelt. Sie waren schwer genug standzuhalten, doch die leichter gebauten Kriegsschiffe wurden in Kollisionen so arg angeschlagen, daß Alexander von seinem königlichen Flaggschiff springen und um sein Leben schwimmen mußte. Daß Schiffsreparaturen bevorstanden, hob die Stimmung der Truppen auch nicht gerade.

Um nicht einen Angriff der Inder in der Zwischenzeit herauszufordern, verließ Alexander die zerstörten Boote und teilte wohlweislich seine Streitkräfte auf: Hephaistion und die verbliebene Flotte sollten weiter segeln, um Flüchtigen den Weg abzuschneiden; Ptolemäos, der Troß und alle Elefanten sollten langsam nachkommen, während Alexander seine tapfersten Krieger mitnahm, um mit nur 12 000 Mann die Maller zu überraschen, die sich bereits sammelten. Das Vorhaben entsprach Alexanders kühnstem Stil und ließ keinen Spielraum für zweifelhafte Loyalitäten. Er hatte sich vorgenommen, den Feind unvorbereitet zu treffen und schlug mit bewundernswerter

Entschlossenheit die schwierigste und am wenigsten erwartete Route ein. Einige Städte setzten sich ihm zur Wehr, und wenn sie sich ihm nicht freiwillig ergaben, wurde ihnen nicht mehr Barmherzigkeit erwiesen als gewöhnlich. Die Truppen versorgten sich am Ayek mit Wasser, durcheilten dann in einer einzigen Nacht rund fünfundsechzig Kilometer ausgedörrten Schlamms der Tschandra-Wüste und kamen rechtzeitig, um die nichtsahnende Besatzung der Festung Kot Kamalia zu überwältigen und Flüchtige aus dem sumpfigen Harapur zu verjagen. Sie trieben die Stammesangehörigen ostwärts über den Ravi und hatten leichtes Spiel mit dem steilaufragenden Tulamba, der Stadt, an der Timur später scheitern sollte. »Kühn drangen sie weiter vor«, bis sie alle Bewohner unter ihre Knechtschaft gebracht hatten. Dann hielten sie inne und begannen, sich nach dem Sinn des ganzen Abenteuers zu fragen.

Man konnte es ihnen kaum verübeln. Sie stellten eine Elitetruppe dar, die von der Flotte abgeschnitten war; unter den Infanteristen waren viele über sechzig; ihre Ausdauer war beispiellos, aber der dreitägige Eilmarsch durch die Wüste hatte sie arg strapaziert. Dennoch wollte Alexander den Mallern keine Ruhe gönnen. Von ihrer über dem Ravi gelegenen Hauptstadt aus konnten sie den herannahenden Troß anfallen. Sie hatten Truppen gegen ihn gestellt. Seine Männer konnten doch nicht erwarten, daß ein Sohn des Zeus dem Feind den Rücken kehren würde. Er wußte, daß er weitermachen mußte, und diesmal genügte eine seiner flammenden Ansprachen. Die Männer hörten ihn reden – zweifellos von Göttern und Helden, von Herakles und Dionysos und von seinem bisherigen Glück. Sie ließen sich durch die ihnen wohlvertrauten Argumente umstimmen, und »nie zuvor erhob sich ein so beschwörender Ruf aus den Mannschaften, die ihn baten, sie mit Hilfe der Götter zu führen«. Es war nicht das erste Mal, daß Alexanders Redekunst die Situation gerettet hatte – sie war eine Waffe, die er seinen Vater Philipp oft hatte anwenden sehen.

Aber vor den Toren der nahen Festung Aturi begannen die Truppen erneut zu zögern. Als die Mauern untergraben und Leitern an die Zitadelle gestellt waren, blieb Alexander nichts anderes übrig, als voranzuklettern, um »die Makedonen zu beschämen, bis einer nach dem anderen ihm folgte«.

Nach einer kurzen Ruhepause war das Marschziel erreicht: ein riesiges indisches Heer von »mindestens 50 000 Mann« hatte sich in der Nähe einer Furt am Ravi gesammelt. Hier waren endlich die Maller, die dann von zweitausend makedonischen Reitern so bedrängt wurden, daß sie sich auf die andere Flußseite zurückzogen und in ihrer mächtigsten Stadt, der Festung Multan, verbarrikadierten.

Der Name Multan prägte sich Mitte des neunzehnten Jahrhunderts tief in das Herz jedes Engländers ein, und nur die Kenntnis der Belagerung, die im Jahre 1848 Captain Edwardes gegen den Sikh Modraj durchführte, kann die Situation veranschaulichen, der sich Alexander zu diesem schicksalsschweren Zeitpunkt seiner Laufbahn gegenübersah. Wie Edwardes war er zahlenmäßig unterlegen – das Verhältnis war nicht mal eins zu zehn. Er rückte über den Fluß vor und umzingelte mit seinen Reitern die äußere Mauer, bis die Infanterie nachkam. Multan war damals, wie noch heute, eine Doppelstadt; sie hatte einen Mauerring in der Nähe des Flusses und einen inneren Schutzwall, der im Zentrum die steilaufragende Stadt-Festung abgrenzte. Ihre Lage war beherrschend, und die Aussicht von dort erstreckte sich über eine Flußebene voll von Mangobäumen, Dattelpalmen und Granatapfelbäumen. Multan bestach nicht gerade durch Wohlstand. Die Inder sagen noch heute, Multan sei berühmt für seine vier Sehenswürdigkeiten – Friedhöfe, Bettler, Staub und Hitze. Alexander griff in den ersten Monaten des Jahres 324 eine Festung an, die wegen ihrer Unwirtlichkeit verflucht war.

Alexander führte die Infanterie gegen eines der kleinen Tore, wo Jahrhunderte später Edwardes' schottische Sappeure aktiv werden sollten. Das Tor brach, und die Makedonen strömten hinein. »Die Truppen des Perdikkas zögerten in einiger Entfernung von der Stadtmauer«, schrieb Ptolemäos, einen Minuspunkt für den Rivalen verbuchend. Die folgende Attacke gab den Geschichtsschreibern noch mehr Anlaß zu Meinungsverschiedenheiten. Das Ziel war die Zitadelle selbst, die gegen Edwardes vierzehn Tage länger aushalten sollte als die äußere Stadt. Alexander setzte Grabenstecher und Tunnelbauer ein und ließ Leitern kommen. Die Männer zögerten. Da ergriff Alexander die nächste Leiter und erklomm die Brustwehr. Drei ältere Offiziere folgten. Einer von ihnen trug den geheiligten Schild des Achilles, den Alexander aus dem Tempel von Troja mitgenommen hatte. Die indischen Verteidiger wurden mit wenigen Schwertstreichen hinweggefegt, und Alexander stand da, wie bei Tyrus, alles überragend. Seine Rüstung hob sich leuchtend gegen den Himmel ab.

Unten vor den Mauern waren die Leitern gebrochen. Weitere Leibwachen konnten nicht nachkommen. Alexander war abgeschnitten und Angriffen von den nahestehenden Türmen her ausgesetzt. Ein vorsichtiger Krieger wäre zurückgesprungen zu seinen Freunden; aber aus Vorsicht verzichtete Alexander nie auf eine Ruhmestat – also sprang er in die Stadt hinein. Es war ein denkwürdiges, aber auch unverantwortliches Bravourstück. Zufällig kam er neben einem Feigenbaum auf, der ihm vor den feindlichen Speeren und Pfeilen dürftigen Schutz bot. Schon bald aber stürmten die Inder auf ihn ein. Er mußte sich wie wild verteidigen. Er hieb mit seinem Schwert um sich und schleuderte alle erreichbaren Steine gegen die anrückenden Feinde. Als seine drei Offiziere mit dem heiligen Schild zu seinem Beistand zu ihm herabsprangen, zogen die Inder sich zurück. Aber die Inder waren hervorragende Bogenschützen, und das wurde ihm zum Verhängnis.

Seine Gefährten waren verwundet, und ein ein Meter langer Pfeil traf ihn durch den Harnisch hindurch in die Brust. Als ein Inder vorwärtsstürmte, um ihm den Garaus zu machen, hatte Alexander noch eben genug Kraft, seinen Angreifer zu erstechen, bevor der ihn treffen konnte. Dann brach er, von seinem trojanischen Schild gedeckt, blutüberströmt zusammen.

Draußen vor den Mauern hatten seine Freunde inzwischen die Leitern zerschlagen und die Stücke als Tritte in die Lehmmauer gehämmert. Andere kletterten auf Schultern und erreichten die Zinnen der Brustwehr, von wo sie sich beim Anblick ihres am Boden liegenden Königs herabstürzten, um ihn zu schützen.

Die Inder hatten ihre Chance verpaßt. Als Alexanders Soldaten die Querbalken der Festungstore zerschmetterten, flohen sie in Sicherheit. – Die Makedonen strömten – zornentbrannt und rachedürstig – in die Stadt, und wie zweitausend Jahre später die Briten, die zwei Ermordete unter ihrer Zivilbevölkerung zu beklagen hatten, metzelten sie sämtliche Einwohner Multans nieder, einschließlich Frauen und Kinder.

Wie eine Untersuchung ergab, war Alexanders Wunde lebensgefährlich, und als die Makedonen ihn auf seinem Schild forttrugen, hatten sie wenig Hoffnung. Ptolemäos zufolge, der allerdings nicht dabei war, kamen »Luftbläschen und Blut aus der Wunde« – ein sicherer Beweis dafür, daß der Pfeil Alexanders Lungenfell durchstoßen hätte, gäbe es nicht eine Schwierigkeit mit der medizinischen Theorie der Griechen. Ihnen war der Blutkreislauf unbekannt, und das Herz galt bei ihnen weithin als Sitz des Verstandes. Infolgedessen konnten sie auch annehmen, daß die Adern mit Luft oder Lebensgeistern gefüllt waren und daß bei einer Wunde vor dem Blut die Luft ausströmte. Ptolemäos hat möglicherweise nichts anderes gemeint, als daß der Lebensgeist aus Alexanders Adern entströmt sei – daher auch die schnell einsetzende Ohnmacht. Wenn aber der Pfeil tatsächlich Alexanders Lunge durchstoßen hat – und das ist auf Grund seiner Länge anzunehmen –, so war seine Verwundung ein Ereignis von größter Bedeutsamkeit. Er würde ihm niemals entrinnen. Es würde ihn für den Rest seines Lebens behindern, und Gehen – vom Kämpfen ganz zu schweigen – würde er nur mit äußerster Willensanstrengung können. Es ist nicht bekannt, daß er sich nach Multan jemals wieder in einer Schlacht so kühn vorausgewagt hätte. Zwar sind keine weiteren Belagerungen im Detail beschrieben worden, doch wenn danach von Alexander die Rede ist, dann reist er immer zu Pferde, im Wagen oder zu Schiff. Die Schmerzen seiner Wunde und die möglichen Gesundheitsschäden bei einer durchstoßenen Lunge waren Handicaps, mit denen er zu leben lernen mußte. Auch seine Höflinge mußten sich an diese neue Situation gewöhnen. Aber bezeichnenderweise geht kein Geschichtsschreiber auf diese Probleme ein.

Zunächst gab es Zweifel, ob er überhaupt weiterleben würde. Sein griechischer Arzt aus der Schule des Hippokrates hatte den Pfeil herausgeschnitten. Rasch verbreitete sich das Gerücht, Alexander sei tot. Sogar Hephaistion und das Vorauslager hörten davon, und als man einen Brief mit der Nachricht Alexanders überbrachte, daß er bald zu ihnen stoßen würde, verwarfen sie ihn als Fälschung der Generäle und der Leibwache. Nach einer Woche war Alexander in der Lage, etwas zu tun. Wie notwendig das war, wußte er genau. Er befahl seinen Offizieren, ihn zum Ravi zu tragen und auf seinem Schiff stromabwärts zum Hauptteil des Heeres zu bringen. Die Szene, die nun folgte, wurde von seinem Admiral beschrieben. Sie gibt uns eine Vorstellung dessen, was es bedeutete, von einem Sohn des Zeus angeführt zu werden.

Sobald das königliche Schiff sich dem Heerlager näherte, in dem Hephaistion und die Flotte warteten,

»ordnete der König an, das Sonnensegel am Bug zu entfernen, damit er für alle sichtbar wäre. Die Truppen glaubten es aber immer noch nicht und sagten, das sei doch nur Alexanders Leichnam, der zur Bestattung hergebracht würde. Aber dann legte sein Schiff am Ufer an, und er hob seinen Arm hoch, der Menge entgegen. Sie erhoben ein Freudengeschrei und hoben ihre Arme zum Himmel empor oder Alexander entgegen. Viele vergossen sogar ungewollt Tränen über diesen wunderbaren Augenblick. Einige Schildträger wollten eine Liege bringen, auf der sie ihn vom Schiff tragen wollten; aber er lehnte es ab. Sie mußten ein Pferd herbeiführen. Als man ihn nach dem Besteigen des Pferdes wieder sehen konnte, brach das ganze Heer in endlose Begeisterungsstürme aus. Die Ufer und die nahen Wälder hallten wider von dem Lärm. Dann näherte er sich seinem Zelt und stieg vom Pferd, damit man sah, daß er auch gehen konnte. Die Männer drängten sich um ihn und versuchten, seine Hände, seine Knie oder seine Kleidung zu berühren. Andere staunten ihn nur aus der Nähe an und sagten einen frommen Spruch, bevor sie sich wieder abwandten. Einige überhäuften ihn mit Bändern, andere mit all den Blumen, die in Indien um diese Jahreszeit blühten.«

»Seine Freunde scholten ihn, weil er ein solches Risiko einging vor der ganzen Armee. Sie sagten, das zieme sich für einen Soldaten, nicht für einen General.« Der Einwand verrät sie – ihnen wurde nach Alexanders Tod nie solche Ehrerbietung von den Truppen zuteil. Ein älterer Grieche, der Alexanders Verdruß bemerkte, trat vor und sagte mit seinem harten Akzent: »Es ist die Aufgabe eines Mannes, tapfer zu sein . . .«, und er fügte eine Zeile aus einer griechischen Tragödie hinzu: »Der Mann der Tat muß den Preis für Leiden und Schmerz bezahlen.« Alexander pflichtete ihm bei und nahm ihn in seinen Freundeskreis auf. Es war ein Spruch, der den homerischen Achilles treffend charakterisierte.

Es war, als hätte die Verwundung König und Heer enger verbunden – kein Gedanke mehr an Meuterei, nur Staunen und Erleichterung. Was die ansässigen Inder betraf, so veranlaßte sie das Massaker von Multan, zum Zeichen ihrer Übergabe, Geschenke zu schikken, und sie baten gleichzeitig um ihre »uralte Unabhängigkeit, derer sie sich seit Dionysos' Zeiten erfreuten«. Zu den Geschenken gehörten Tücher, tausend viergespännige Streitwagen, indischer Stahl, riesige Löwen und Tiger, Eidechsenleder und Schildkrötenpanzer. Man begnügte sich damit, sie der Satrapie Nordwestindien anzugliedern. Das spricht dafür, daß Alexander noch immer beabsichtigte, eroberte Gebiete zu beherrschen.

Nach ein oder zwei Wochen der Rekonvaleszenz, die mit einem verschwenderischen Bankett auf hundert goldenen Sofas für die Könige der indischen Zwergstaaten abschloß, schickte Alexander die Flottte stromabwärts zu der Biegung, wo die Flüsse des Pandschab mit dem träge dahinfließenden Indus zusammentreffen. Dort stellte er, zweifellos vom Krankenbett aus, unter Beweis, daß er weiterhin für die Zukunft plante.

Als erstes teilte er die Satrapie Unterindien zwischen einem Makedonen und Roxanes Vater auf. Dann gründete er bei Sirkot ein Alexandria, in dem er zehntausend Leute aus seinen Truppen ansiedelte; ihnen befahl er, Werften zu bauen »in der Hoffnung, daß die Stadt groß und ruhmreich werden solle«. Nicht viel weiter den Indus hinab entstand eine zweite Stadt, wiederum mit dem Auftrag, für Werften und Stadtmauern zu sorgen. Obwohl er für seine vielen beschädigten Schiffe schnell Ersatz brauchte, waren diese zwei Flottenstützpunkte mehr als eine Reaktion auf eine momentane Notlage. Sie waren als dauerhafte Schlüsselpositionen in einem Projekt gedacht, das den Indus sowohl als Grenze als auch als Kommunikationslinie vorsah. Schiffe aus solchen Werften konnten auf dem Fluß patroullieren, und mit ihnen mußten die Ebenen im Norden um Taxila und Bukephala leicht zu erreichen sein.

Alexander begnügte sich nicht mit Werften. Er hatte sich bereits entschlossen, eine neue Route zu erforschen und sonderte daher seine Veteranen, Elefanten und mehrere Infanterieeinheiten ab, die auf der üblichen Route nach Susa heimmarschieren und den Unruhen ein Ende machen sollten, die, wie ihnen gemeldet worden war, unter den Iranern südwestlich des Hindukusch ausgebrochen waren. Der harte

Kern der Armee sollte ihn begleiten, wenn er, trotz seiner Verwundung, zur Mündung des Indus weiterzog, um von dort aus sich westwärts zu wenden – in die Wüste und dann heimwärts entlang der Küste des Persischen Golfs. Es war eine Landroute, die wegen ihrer Schwierigkeit berühmt war. Gleichzeitig sollte eine starke Flotte die Küste entlang fahren, um die See-Passage vom Indus zur persischen Küste zu erkunden. Es war ein bedeutsamer Plan, der hier zum erstenmal Gestalt annahm. Falls die Flotte und die Armee sich nach Babylonien und zur Mündung des Euphrat durchschlagen könnten, würden sie eine wertvolle Verbindung zwischen Asien und Indien wiederherstellen.

Der Plan war theoretisch der Mühe wert; der Entschluß, ihn durchzuführen, intelligent. Im römischen Imperium wurde diese Route das einzige schwache Bindeglied zwischen Indien und der westlichen Welt. Aber der Plan verband auch Gegenwart und Vergangenheit; denn dieser Seeweg hatte eine erstaunlich weit zurückliegende Geschichte. Zweitausend Jahre vor Alexander hatte sich der Handel vom Indus-Tal westwärts zum Persischen Golf erstreckt und Kupfer, Edelsteine, Eisen – und vielleicht auch den Pfau – zu den Häfen in der Nähe von Susa gebracht. Darius I., König von Persien und Erbe dieser langwährenden abenteuerlichen Tradition, hatte dieselben Grenzgebiete Indiens erobert und Skylax kommen lassen, den Forscher und Geographen aus Karien. Er sollte den Indus erforschen und durch den Indischen Ozean zum Persischen Golf segeln. Skylax hatte schon das Kaspische Meer durchkreuzt; er hatte die Südspitze Arabiens umsegelt, war zum Persischen Golf zurückgekehrt und hatte bei seinem Auftraggeber das Interesse geweckt, den Suezkanal der Pharaonen wiederzueröffnen. Er war ein wagemutiger Mann, und der Indus bereitete seinem kleinen Boot keine Schwierigkeiten. Er hatte einen Bericht über seine Reise in griechischer Sprache verfaßt und ihn, mitsamt den phantasievollen Erfindungen, Darius gewidmet. Es gibt keinen Grund zu der Annahme, daß Alexander ihn gelesen hatte, doch gibt es Hinweise, daß er möglicherweise Kenntnis von persischen Stadtgründungen in Indien gehabt haben kann. Sein erstes Alexandria am Indus wurde an der Stelle einer alten persischen Garnisonstadt errichtet, die vom Skylax erwähnt und zweihundert Jahre vor ihm gegründet worden war. Auch hier gebührte das Verdienst für die

Wahl des Standortes eines Alexandria nicht seinem Namengeber, sondern einem längst vergessenen persischen Statthalter, dessen Gebäude das Material für den Bau der Stadt hergaben.

All diese zukünftigen Entwicklungen mußten kriegerisch vorbereitet werden. Alexanders Flotte war nun sechs Monate oder länger auf dem Wasser, und im Frühjahr 325 war sie immer noch eine Zweimonatsreise vom Ozean entfernt. Man brauchte Proviant, und auf die Nachricht von einem wohlhabenden Königreich am Ostufer hin, dessen König noch keine Abgesandten entgegengeschickt hatten, folgten die Männer Alexander eifrig zu einem Überfall. Sie näherten sich so schnell, daß die Inder Angst bekamen und Schmuck und Elefanten brachten, um sich freizukaufen, gleichzeitig mit dem Zugeständnis, »daß sie falsch gehandelt hätten – bei Alexander die sicherste Methode, das zu bekommen, was man haben wollte«. Alexander bewunderte seine neue Eroberung. Den König ließ er an der Macht und kontrollierte ihn nur durch eine weitere Garnisons-Festung.

»Hier leben die Menschen sehr lange. Manche von ihnen erreichen ein Alter von hundertunddreißig Jahren . . . sie haben sogar eine Offiziersmesse, wie die Spartaner, wo die Männer auf Staatskosten zu Essen bekommen. Sie haben Bergwerke, verwenden aber weder Gold noch Silber. Sie studieren außer der Medizin kaum Wissenschaften. Einige der übrigen Wissenschaften, zum Beispiel Militärtheorie, gelten als kriminell.«

Dieser Versuch, eine brahmanische Gemeinschaft aus griechischer Sicht zu beschreiben, wurde im folgenden Lügen gestraft. Während das Heer nach Osten zog, um aufrührerische Städte an der Grenze niederzubrennen und zu zerstören, brach der König der Brahmanen sein Wort und gestattete seinen Untertanen die Revolte, die um so erbitterter wurde, weil sie nicht in militärischen Handbüchern, sondern in den Predigten brahmanischer Sekten begründet war. Der Widerstand wurde eine heilige Blutrache mit vergifteten Pfeilspitzen. Sie wurde erst dadurch beendet, daß die gelehrten Anstifter gehängt und alle aufrührerischen Gemeinden zerstört wurden. Bittsteller wurden im Namen der Götter verschont, aber der am stärksten übertreibenden Schätzung zufolge wurden »über 80 000 Inder« getötet – was die Gesamtzahl der in den vergangenen sechs Monaten umgebrachten Inder auf über eine Viertelmillion brachte. Die Zahlen sind nicht zuverlässig, aber die Mehrzahl der Leser dieser Chronik dürfte sie beeindruckt, wenn auch nicht entsetzt haben; das Niederbrennen und Niedermetzeln schlecht ausgerüsteter Patrioten entsprach Alexanders Kampfstil. Keineswegs aber hatte ihn Ärger über einen Fehlschlag und eine Verwundung plötzlich brutaler werden lassen. Wie in Theben, Tyrus, Gaza, Swat und ebenso in Sogdiane, zeigte er bei der Behandlung von Rebellen auch diesmal keine Barmherzigkeit, und er hatte den indischen Patrioten auch nicht Anlaß gegeben, Vergebung zu erwarten. Um aber seine Männer bei Laune zu halten, erlaubte er ihnen bei dieser Gelegenheit, das bezwungene Gebiet zu plündern.

Es wurde Mitte Juli bis das Ende der Flußfahrt in Sicht war. Das Heer biwakierte bei Patiala, in dem letzten der kleinen Königreiche, das reich genug war, Alexanders Truppen zu versorgen. Die Inder waren zum größten Teil fortgelaufen, und während sie die Dörfer befestigten und in den Schieferboden am Rande der Wüste Wasserbrunnen gruben, errichtete Alexander eine Mauer um Patialas Zitadelle und eine weitere Werft am oberen Ende des Nebenflusses des Indus. Da sie gänzlich aus Holz, dem einzig verfügbaren Baumaterial, errichtet wurde, erhielt sie den Namen Holzstadt. Als die Arbeiten zu seiner Zufriedenheit ausgeführt waren, begab Alexander sich mit seinen Gefährten an Bord der schnellsten Schiffe und nahm Kurs auf das naheliegende Meer. Für einen Verwundeten war das Risiko erheblich; denn die Inder waren geflüchtet, so daß man keine Lotsen anwerben konnte. Alexander wußte – wenn die Fahrt fortgesetzt werden sollte, mußte er mit seinem Schiff beispielhaft wirken und sich an die Spitze setzen. Doch wieder einmal sollte alles – in ihrer Unkenntnis der örtlichen Verhältnisse – am Monsun scheitern. Die Juliregen setzten ein.

Die Offiziere hatten sich an die sommerliche Hitze der großen Thar-Wüste gewöhnt, die sich am anderen Ufer des Indus ostwärts erstreckt, und die sollten sie in ihren späteren Berichten sehr genau beschreiben; sie hatten sogar im Fluß selbst Krevetten und kleinere Fische beobachtet. Aber mit Wind und Regen hatten sie nicht gerechnet. Alexander hatte die Schiffe kaum ins Delta geleitet, als ein Sturm seine stabilsten Schiffe versenkte. Obwohl sie während der Reparaturarbeiten bei den naheliegenden Stämmen schließlich Lotsen fanden, konnte auch deren Geschicklichkeit sie vor dem Wetter nicht schützen. Sobald das Delta sich ausweitete, blies der Wind so stark vom Meer her, daß die Ruderer aus dem Takt kamen und gezwungen waren, in einem Seitengewässer Schutz zu suchen. Und dann, als sie vor Anker lagen, stellten sie plötzlich fest – sie saßen auf dem Trokkenen. Zum erstenmal lernten Alexanders Matrosen die Gezeiten kennen, »und es herrschte erhebliche Bestürzung, vor allem als mit der Zeit die Flut zurückströmte und die Schiffe wieder auf dem Fluß schwammen«. Unter den makedonischen Mannschaften richtete die neue Erfahrung noch mehr Schäden an. Alexander schickte daher als Vorsichtsmaßnahme zwei seiner schwersten Flachtransporter vor, um irgendwelche weiteren Gefahren ausfindig zu machen, bevor er weiterzog. Sie berichteten von einer günstig in der Strommitte vorgelagerten Insel. Alexander folgte mit einigen seiner mutigsten Offiziere, bis endlich das Klatschen der Wellen gegen die königliche Trireme zu hören war. Er hatte das offene Meer erreicht. Aber das Ostmeer, das einmal sein Ziel gewesen, war dies nicht.

Der Erfolg ermutigte die Truppen. Zuerst »brachte Alexander auf der Insel an der Flußmündung den Göttern ein Opfer, die ihm, wie er sagte, Ammon genannt hatte«. Am darauffolgenden Tag segelte er zu einer weiter entfernten Insel und brachte mehrere Opfer verschiedenen Göttern dar, die ebenfalls »in Übereinstimmung mit Ammons Prophezeiung« erfolgten. Dann wagte er sich weiter vor auf die See, »schlachtete Stiere für den Meeresgott Poseidon und warf sie ins Meer. Er brachte Trankopfer dar und warf den goldenen Kelch und die goldenen Schalen in die Wogen«. Bei seiner Rückkehr zum Hauptlager oberhalb des Flußlaufes machte er einen westlichen Arm der Indusmündung ausfindig, den er ebenfalls erforschte und für schiffbarer befand wegen des Schutzes, den ein Binnensee bot. An Stelle von Opfern hinterließ er dort Pläne für eine Bootshalle und eine Garnison.

Diese Opfer waren nicht Dankgebete eines romantischen Forschers; Alexander suchte das äußere Meer nur zu einem bestimmten Zweck auf, und er hatte schon längst durchblicken lassen, worum es ging. Während das Heer westwärts am Ufer entlang marschierte, sollten die Schiffe die Indusmündung verlassen und durch den Indischen Ozean, mit dem Monsunwind im Rücken, in den Persischen Golf einlaufen. Für die neu zusammengestellte Flotte war solche Aussicht erschreckend; deswegen war Alexander auf den Ozean gefahren und hatte es zu seiner Aufgabe gemacht, das erste Stadium mit der gebührenden Demonstration von Frömmigkeit persönlich zu prüfen. Nur eine Lücke noch wiesen seine Pläne auf. Er selbst wollte über Land marschieren und brauchte deshalb einen Offizier, der die Expedition zur See leiten würde. Er ging seine Freunde durch und wählte glücklicherweise einen Kreter, der auch eine Chronik hinterlassen sollte.

»Alexander«, schrieb der Kreter Nearchos, der lange in Makedonien ansässig gewesen war und Zeit seines Lebens ein Freund Alexanders blieb,

»sehnte sich leidenschaftlich danach, den Ozean von Indien nach Persien zu durchfahren, aber er fürchtete die Länge der Reise und die Möglichkeit, daß die Expedition öde Landstrecken vorfinden und keine Ankergründe finden mochten oder daß ihnen der Proviant ausgehen könnte und sie so ihren Untergang fänden. Falls das einträte, so wären seine bisherigen Leistungen erheblich mit Schande befleckt, und es wäre das Ende seines Glücks. Trotz alledem siegte sein Verlangen, ständig etwas Neues und Unbekanntes zu unternehmen, über seine Befürchtungen.«

Nur ein Forscher kann die Macht solcher Gefühle verstehen. Alexander besprach die Wahl des Admirals mit Nearchos. »Aber«, schrieb sein Freund, geschickt seine Worte setzend, »gegen jeden einzelnen, der nach und nach vorgeschlagen wurde, fand Alexander einen Einwand. Einige, so meinte er, waren nicht zäh genug, andere seien nicht bereit, ein solches Risiko für ihn einzugehen, andere sehnten sich nach Hause.« Damit war der Weg frei für Nearchos. »Mein Gebieter«, begann er, »ich bin bereit, Eure Expedition anzuführen und mag wohl zu einem Gelingen des Unternehmens beitragen.« Alexander erhob Einspruch, »nicht willens, das Leben eines Freundes in solcher Bedrängnis und Gefahr aufs Spiel zu setzen«. Nearchos bettelte und flehte inständig, bis er schließlich seinen Wunsch erfüllt bekam.

Die Wahl verlief möglicherweise weniger dramatisch, als der Held es in seinen Erinnerungen wahrhaben wollte; immerhin hatte Nearchos die Flotte während der letzten zehn Monate angeführt. Die Vorbereitungen waren auch nicht gerade einfach. Viele Dreiruderer waren leck oder reparaturbedürftig, und was die Finanzen betraf –

diesen geheimnisvollsten Punkt in Alexanders Laufbahn – so weiß man, daß sie dieses eine Mal zu Sorgen veranlaßten. Die Reisekasse des Königs war leer, und das Geld, das nötig war, um Führer anzuheuern und Proviant zu kaufen, konnte nur durch eine Abgabe von seinen Freunden aufgebracht werden. Es war ein unpopulärer Beschluß, und einige versuchten, dieser Steuer zu entgehen – allen voran der königliche Schatzmeister Eumenes, von dem es heißt, er habe zwei Drittel seiner Quote abgelehnt, bis Alexander sein Zelt anstekken ließ, um seinen wahren Reichtum zutage zu fördern. Nachdem die Freunde sich einmal damit abgefunden hatten, hatte die Steuer zur Folge, daß die Offiziere sich tatkräftig um die Vorbereitungen kümmerten. »Die Pracht der Ausrüstung, die Eleganz der Schiffe und das offensichtliche Bemühen der Geldgeber um die Stabsoffiziere und die Mannschaften ermutigte sogar diejenigen, die noch kurz vorher das Unternehmen skeptisch beurteilt hatten.«

Also trotzte Alexander den Stürmen und seiner Wunde und wagte, obwohl er keine Lotsen zur Verfügung hatte, das Abenteuer auf offener See. »Zur Begeisterung der Seefahrer trug wesentlich die Tatsache bei, daß Alexander persönlich in allen Mündungsarmen des Indus den Meeresgöttern Opfer dargebracht hatte. Sie hatten immer auf Alexanders außerordentliches Glück vertraut, und nun waren sie überzeugt, daß es nichts gab, was er nicht wagen würde, und daß er immer auch Erfolg hätte.« Deshalb auch sein Ausflug auf das Meer; denn seine Verwundung änderte nichts an Alexanders Führungsstil. Die folgenden drei Monate allerdings sollten den Glauben der Männer an das gute Glück und an die Unfehlbarkeit ihres Führers erschüttern.

28 FEHLSCHLAG IN DER WÜSTE

Die neue Expedition sollte sich als die unangenehmste in Alexanders Laufbahn erweisen. Sie gibt auch die größten Rätsel auf. Die Nachwelt hat Alexander nach ihren jeweils wechselnden Geschmäckern mit den verschiedensten Tugenden ausgeschmückt, doch keine davon war weiter verbreitet, oder hielt sich hartnäckiger, als die Vorstellung von seine Unbesiegbarkeit. Sie diente römischen Kaisern als Vorbild, und noch hundertfünfzig Jahre nach seinem Tod hatte sie für die Könige und Siedler der Alexandrias im Äußeren Iran nicht an Reiz verloren.

Die letzten drei Monate des Jahres 325 vor Christus hätten die Legenden Lügen strafen müssen. Alexander, der Unbesiegbare, sollte eine vernichtende Niederlage erleiden; schlimmer noch – auf den ersten Blick scheint er sie geradezu herausgefordert zu haben. Vielen erscheint dies so unvorstellbar, daß allen Tatsachen zum Trotz die Ansicht vertreten worden ist, seine Ziele hätten ganz anderswo gelegen. Sogar der Ort des Geschehens wurde und wird hinweggedeudet, um seinen Ruf zu retten.

Während die Flotte durch widrigen Wind an der Mündung des Indus zurückgehalten wurde, brach das Heer in die unfruchtbaren, sandigen Ebenen auf, die sich nordwestlich vom heutigen Karachi erstrecken. Es war Ende August. Wasser war ungemein knapp. Am Fluß Hab wurden die oreitanischen Stämme, »seit langem ein unabhängiges Volk«, in einem Scharmützel zurückgeschlagen; Pardon wurde nicht gegeben. In der Gegend um den See Siranda konnten die Soldaten ihren Durst für kurze Zeit stillen. Sie waren bei über 38° Celsius bereits 240 Kilometer marschiert. Viele litten an einer Hautentzündung, die durch den Sand hervorgerufen wurde. Immer noch brannten und metzelten sie jeden vereinzelten Widerstand nieder. Nichts deutet darauf hin, daß sie etwa vor der Aufgabe zurückschreckten, die vor ihnen lag. Die ehrgeizigen Pläne ihres Königs verdienen daher eine nähere Betrachtung.

Sein Admiral Nearchos hat eine kurze Erklärung hinterlassen.

»Es lag mitnichten daran, daß Alexander um die Schwierigkeiten der Reise nicht gewußt hätte. Aber er hatte vernommen, daß noch niemand, der jenen Weg mit einem Heer durchzogen habe, wohlbehalten zurückgekehrt sei. Die Königin Semiramis hatte bei ihrer Rückkehr aus Indien nur zwanzig Überlebende mitgebracht, König Cyrus lediglich sieben. Diese Gerüchte erfüllten Alexander mit dem Wunsch, es mit Cyrus und Semiramis aufzunehmen. Zur gleichen Zeit wünschte er in der Nähe seiner Flotte zu verbleiben und sie mit allem Notwendigen zu versorgen.«

Die Wüstenstämme hatten fünf Jahre zuvor durch Abgesandte ihre Unterwerfung bekundet, und die Schwierigkeiten ihres Landes waren sehr wohl bekannt. Doch zu jenem Zeitpunkt wußten Alexanders Leute noch nichts von einer Legende, welche die heldenhafte babylonische Königin Semiramis mit solch einem Wüstenmarsch verknüpft hätte; und erst am anderen Ende des Reisewegs, wo Alexander und Nearchos wieder aufeinandertrafen, erinnerte der »Hügel der Semiramis« an ihren Namen. Bis man diesen Hügel erreichte, hatten die Truppen fürchterliche Verluste erlitten. Jede Rechtfertigung des Marsches war willkommen, und für die Überlebenden war es tröstlich zu wissen, auch sie sei mit ihren Mannen durch die Wüste gewandert: »Nur zwanzig«, sagten die Offiziere, hätten es geschafft, während Alexander Tausende »gerettet« habe. Bagoas und andere Perser konnten eine ähnliche Geschichte über Cyrus hinzufügen. Doch als Alexander aufbrach, da brauchte man diese Beispiele nicht, und nichts in der Landschaft verwies auf sie. Wie immer lockten ihn und seine Leute die Schwierigkeiten eines großen Abenteuers. Das Mißgeschick anderer gekrönter Häupter wurde erst am Ende der Reise erdichtet. Die Flotte aber fesselte ihn an seine schicksalhafte Route. Als er am Fluß Maxates ein weiteres Alexandria gründete, am Standort einer der alten Handelsniederlassungen der Wüste von Belutschistan, standen ihm zwei Vormarschwege in den Westen offen. Wie vor ihm Timur Lenk oder Baber* konnte er die Küste des Persischen Golfs umgehen und dem Nordwesten zusteuern, wo der Fluß Porali die fruchtbare Enklave von Welpat bewässerte; so hätte er die Gegend des heutigen Bela erreicht, von wo aus eine holprige Straße

* Zahir Ud-din Mohammed Baber (1483–1530), Begründer der Mogul-Dynastie in Indien, war ein entfernter Nachkomme Dschingis Khans und Timur Lenks (d. Übs.).

um die südlichen Küstenberge herumführt und in genau westlicher Richtung nach Kerman führt – durch eine Landschaft von Felsklippen und Sand, die bisweilen durch Datteln und Kornfelder erträglich wird. Auf diesem Weg wohlbehalten durchzukommen, wäre Wettstreit genug mit den legendären Großtaten des Cyrus und der Semiramis gewesen. Jedoch – von der Küste hätte ihn durchweg eine Bergkette abgeschnitten, und über eine Entfernung von über einhundertfünfzig Kilometern konnte er die Flotte niemals mit Proviant versorgen oder Brunnen für sie graben. Um seiner Schiffe willen schlug er die Alternativroute im Süden der Berge ein und entfernte sich bis Gwader kein einziges Mal mehr als dreißig Kilometer vom Meer. Letzten Endes ging sein Plan davon aus, daß Flotte und Heer in Verbindung bleiben mußten. Die Gedrosier, das Volk von Makran, hatten sich vor langer Zeit schon, im Herbst 330 v. Chr., unterworfen, so daß ein neuer Krieg nicht zu befürchten stand.

Der Plan war an sich lohnend. Vom Lande aus versorgt, sollte die Flotte vom Indus westwärts in See stechen, Kurs auf den Persischen Golf nehmen und von dort die Küste Babyloniens erreichen. Wasserstraßen hatten in der antiken Welt etwa die gleiche Bedeutung, die im 19. Jahrhundert in Europa den Eisenbahnen zukam, und im Falle einer erfolgreichen Navigation hätte Alexanders Flotte den schnellsten verfügbaren Verkehrsweg zwischen Asien und Indien wieder eröffnet. Die Geschwindigkeit der Schiffe war allerdings nicht im mindesten voraussehbar.

Mit dem Wind von achtern dauerte die Reise in den Westen wenigstens sechs Wochen. Eine Rückfahrt nach Indien würde erst im Frühling möglich werden, wenn der Monsun seine Richtung wechselte. Wenn die Route somit als Nachrichtenverbindung und in strategischer Sicht von beschränktem Nutzen war, so hatte sie als Handelsroute für den ausdauernden Seemann neben Gefahren doch reiche Möglichkeiten. In Indien hatte Alexander Kostbarkeiten und Rohstoffe entdeckt, die an den Höfen Asiens mit Freuden aufgenommen würden – und in der Geschichte sind es immer Luxusgegenstände und Kostbarkeiten gewesen, die Kaufleute zu ihren abenteuerlichsten Fahrten angestachelt haben. Seine Schürfer hatten Gold, Silber und Salzhügel gefunden. In den Flüssen hatten seine Soldaten nebenher wertvolle Steine wie Jaspis und Onyx aufgelesen. Nach Elfenbein,

Horn, Musselin und Baumwollballen brauchte man nur die Hand auszustrecken. Auch indische Hunde und Elefanten waren wertvoll. Und vor allem gab es dann die Gewürze – die Narden und Kassien, Kardamom, Balsam und Myrrhe, Zypergras, Bdellium-Harz und den Putschuk, der im Pandschab und im Indusdelta wuchs.

Nach Alexanders Tod war die Liste der den Griechen bekannten Gewürze fünfmal so reichhaltig wie vorher. Für Speisen, Arzneien, duftende Salben und Öle, Räucherstäbchen und Seifen standen den Reichen eine herrliche Auswahl von Gewürzen zur Verfügung. Und wenn der Handel zwischen Indien und Asien auch ein gefahrenreiches, mühsames Geschäft war, das man lieber ausländischen Unternehmern überließ, die Gewürze allein boten genug Entschädigung. Um so günstiger, wenn sie über den Seeweg eingeführt werden konnten; nur eine unschätzbare Kostbarkeit ist einem Händler wertvoll genug, das Risiko solch großer Entfernungen einzugehen.

In dieser Hinsicht hatte Alexander seine ehrgeizigen Pläne entwickelt. Er trug seinen Admirälen auf, sich nahe an die Küstenlinie zu halten und jeden scheinbar geeigneten Hafen, jede Versorgungsmöglichkeit mit Wasser und jeden Streifen fruchtbaren Landes genau zu prüfen. Er hoffte, die Küste besiedeln und damit künftigen Seefahrern das Leben erleichtern zu können. Doch selbst darin war man ihm bereits zuvorgekommen.

Der Gedanke, den Indischen Ozean und den Persischen Golf nutzbar zu machen, war nicht so neu, wie er schien. Während der vorausgegangenen zwei Jahrtausende schon waren Händler vom Indischen Ozean nach Babylon im Westen gesegelt, und an den Küstenflüssen Makrans hatten kleinere Orte sich eines blühenden Wohlstands erfreut. Die persischen Könige hatten diese Tradition geerbt, und zweihundert Jahre vor Alexander hatte Darius I. griechische und karische Seeleute an der Mündung des Euphrat seßhaft gemacht, um die dort zusammenlaufenden Schiffahrtswege aus dem Osten zu fördern. Zur Errichtung des prachtvollen persischen Palastes in Susa wurde für die Säulen Sissooholz aus dem Pandschab über eben den Seeweg angeliefert, den Alexander jetzt zu erforschen plante. Wie am Indus wußte er nichts davon, daß der Kapitän Skylax ihm um zweihundert Jahre zuvorgekommen war und seinem unternehmungsfreudigen persischen Herrn die Existenz einer langbenutzten Handelsroute bewiesen hatte.

Alexander beschloß also einer uralten Wasserstraße wegen, in Küstennähe zu marschieren. Seinem Admiral zufolge »waren ihm die Schwierigkeiten der Strecke nicht unbekannt«. Er hatte fünf Jahre früher aus dem Makran Abgesandte der Gedrosier empfangen, die ihre Unterwerfung versprachen. Das *understatement* des Nearchos jedoch läßt offen, wieviel Alexander wirklich über Makran wußte. Mit einem Marsch über jene südliche Straße ließ er sich auf die entsetzlichste Route ganz Asiens ein. Keine vergleichbare Armee hat das seitdem je wieder versucht, und die wenigen Erforscher der Wüste Makran haben so bitter gelitten, daß sie Alexanders Marsch angezweifelt haben – es sei denn, die Wüste wäre damals wesentlich freundlicher gewesen.

Doch es läßt sich nicht bestreiten – Alexander ist in Küstennähe marschiert. Und aus der Geologie ergibt sich, daß die Wüste zu keiner Zeit freundlich genannt werden konnte – obwohl zweitausend Jahre zuvor kleine Ortschaften an den Küstenflüssen entstanden. Seine Offiziere beschrieben sie als »nicht so glühend wie die Hitze Indiens«. Den Sanddünen der Wüste aber und ihrer Unfruchtbarkeit machten sie nicht ein solches Kompliment.

»Alexander waren die Schwierigkeiten nicht unbekannt ...« Nur eine Forschernatur vermag den Marsch durch Makran zu begreifen; denn in demselben Geist wurden Versuche unternommen, den steilsten Berghang des Mount Everest zur falschen Jahreszeit zu erklimmen oder den Nordpol in der unzureichenden Obhut eines Heißluftballons zu bezwingen. Den Menschen treibt es zu Wagnissen, die andere nicht für möglich gehalten haben, und Alexander hatte vorher ohnehin nichts für unmöglich gehalten. Makran zu durchqueren, war der Ehrgeiz von Männern, die einen Rekord aufstellen wollten und die nichts mehr zu bezwingen vorgefunden hatten als eine Landschaft, die von Persien ungeschoren gelassen worden war. Die Route war nicht bloß schwierig. Es war ganz schlicht der höllischste Marsch, den Alexander unternehmen konnte. Doch niemand war dagegen.

Es gibt Hinweise, daß er mehr oder weniger deutlich wußte, auf was er sich da einließ. Etwa zwei Monate vorher, als er indusabwärts auf Pattala vorgerückt war, hatte er sich bereits von allen makedonischen Veteranen getrennt; wahrscheinlich zehntausend hatte er ausmustern lassen und mit zwei Söldnerbrigaden in westlicher Richtung an den Fuß des Hindukusch geschickt, von wo aus sie durch die saftige Üppigkeit des Helmand-Tales ziehen und in das Herzland des Reiches gelangen konnten, ohne von einer Wüste behelligt zu werden. Daß die Reise durch Makran eine gnadenlose Prüfung darstellte, war demnach bekannt. Für den Rest des Heeres gab es Lichtblicke, die unter Umständen Ortskenntnisse verraten. Bis Ende August waren die Soldaten zwischen Pattala und Karachi emsig gewesen, frühestens Mitte September würden sie sich über die Sanddünen von Makran plagen, und um diese Zeit konnte man in den Hügeln mit einiger Sicherheit jene kurzen, aber regelmäßigen Regenfälle erwarten, die zur Küste hin abflossen. Wenn es in Makran überhaupt eine Jahreszeit gibt, die vergleichsweise angenehm ist, so ist es der Spätherbst. In den Küstenlandstrichen beispielsweise ist süßduftende Sterndistel *(calotropis procera)* in Überfülle zu Hause, die ihren überaus giftigen Samen von Juni bis Anfang September abwirft. Der heiße Sommerwind bläst ihn in die Gesichter der Reisenden, die darunter entsprechend zu leiden haben. Da Alexander erst Mitte September in Makran eindrang, mochte er wenigstens dem unangenehmen Wind und dem Gift aus dem Wege gehen.

Die Sorgfalt, mit der Alexander seinen Marsch vorbereitete, läßt sich am ehesten an den Vorkehrungen beurteilen, die er für Proviant und Nachschub traf; denn sie hingen nicht nur von Alexanders Fähigkeit oder Unfähigkeit als Führer ab, die ja unabhängig von historischem Beweismaterial je nach Mode unterschiedlich bewertet werden. Die Proviantfrage hing auch von seinem Stab ab. Denn wenn das Ergebnis des Marsches auch nicht beschönigt werden darf – diesen Marsch durch Makran billigten und diskutierten die gleichen Stabsoffiziere, die über 100 000 Mann den Indus flußabwärts befördert und ein Heer noch am entlegenen Beas ausgerüstet hatten. Die Soldaten hatten in der Vergangenheit wahrlich Hunger gelitten, doch war das nur ein weiterer Grund, in Zukunft für ihre Bedürfnisse vorzusorgen. Makran war als schwierige Wüste berüchtigt, und dennoch waren die Offiziere zuversichtlich, Alexander werde sie und die Truppen durchbringen – es ist undenkbar, daß er dieses Vertrauen gewonnen hatte, ohne ihnen zuvor die Proviantplanung zu erläutern. Hätte er versucht, sie lediglich durch ein Gerede vom Mißgeschick des Cyrus und der Semiramis und von der Herausforderung einer beschwerlichen

Expedition zu überrumpeln, so wären sie berechtigt gewesen, zu desertieren oder einen Anführer zu vergiften, der seinen Sinn für die Wirklichkeit eindeutig verloren hatte. Sie taten keines von beidem, und es gibt tatsächlich Beweise dafür, daß der Marsch sorgfältig überlegt worden war.

Die Gegend um Pattala war reich an Kornfeldern und Rinderherden, und Plünderungen hatten einen riesigen Haufen Getreide zusammengebracht. Bevor die Soldaten zum Fluß Hab aufbrachen, war »Proviant für vier Monate der Forschungsreise« in der Nähe des Ausgangslagers aufgehäuft worden, und vier Monate waren die zu erwartende Dauer eines Wüstenmarsches durch das Land der Oreitanen und Gedrosier.

Was mit diesen Vorräten aus Pattala geschah, ist rätselhaft. Von der Flotte wurden sie nicht an Bord genommen, auch nicht in kleinen Mengen; denn die Flotte hungerte von Anfang an. Sie standen aber auch nicht zur Verfügung, um das Heer vor dem Verhungern zu retten. Dafür muß es einen Grund geben, und bei oberflächlicher Betrachtung erscheint keiner wahrscheinlicher als schlechte Aufklärung und Erkundung. Alexanders Stab mag gewußt haben, daß Makran eine Wüste war, die Proviante für vier Monate erforderlich machte. Was den Offizieren nicht klar gewesen sein mag, ist die Tiefe und Ungewöhnlichkeit dieser Wüste. Sicherlich begleiteten Händler, Frauen und Kinder einen Marsch, für den sie in keiner Weise gerüstet waren, während die Packtiere, möglicherweise mit diesen Vorräten beladen, zu Hunderten in den Wanderdünen verlorengingen. Selbst wenn die Vorräte mit Maultieren auf die Reise geschickt worden waren, so sind sie kaum weit gekommen, und das allein könnte Alexanders Stabsarbeit einer vernichtenden Kritik aussetzen.

Es ist aber auch möglich, daß Alexanders berühmtes Glück dieses eine Mal ausblieb. Er verbrachte einen Monat im Westen von Pattala, wo er kämpfte und möglicherweise vom Proviant zehrte. Bevor er es mit der Wüste von Makran aufnahm, ließ er am Fluß Hab etliche tausend Mann Soldaten, eine Leibwache und einen Satrapen zurück, die die Unterjochung der Oreitanen vollenden und an der alten Siedlungsstelle am Fluß sein Alexandria bewohnen sollten; auch gab er dem Satrapen ganz bestimmte Befehle. Dann marschierte er in westlicher Richtung nach Makran.

Einen oder zwei Monate später vereinigten die Oreitanen um den Hab sich mit all ihren Nachbarn und revoltierten. Sie bedrängten sogar die Flotte, die 240 Kilometer weiter östlich immer noch durch den Wind auf dem Indus festgehalten wurde. Es gab eine größere Schlacht. Der Satrap wurde getötet, und mit ihm kamen seine Befehle um. Alexander war mittlerweile tief in der Wüste, und da abseits der großen Straßen des Ostens Nachrichten im Altertum ihre übliche Zeit brauchten, hörte er vom Tod seines Offiziers erst, als es bereits zu spät war. Als er nach entsetzlichen Verlusten die Wüste von Makran verließ und unverzüglich einen Befehl zur Absetzung des Satrapen der Oreitanen ausschickte, der es offenbar unterlassen hatte, seine Befehle auszuführen, da ahnte er von der Rebellion noch immer nichts. Die beiden Botschaften kreuzten sich, und nun erst erfuhr Alexander, daß der Satrap in der Schlacht gefallen war. Vielleicht fand das Rätsel um die Vorräte auf der Stelle seine Lösung. Der Mann hatte Weisung gehabt, sie im Konvoi zu begleiten – vielleicht mit Kamelen – war indessen einem Aufstand zum Opfer gefallen und hatte Alexander auf dem Trockenen sitzenlassen.

Es traten jedoch mehr Verhängnisse ein, als der Tod eines Satrapen je rechtfertigen konnte. Der Hungertod war nur einer von vielen Schrecken, und es wäre – außer mit Kamelen – völlig ausgeschlossen gewesen, den Proviant für die verbleibenden drei Monate über den unsicheren Sand an der Küstenroute zu transportieren. Alexander führte ein Landheer, das groß, wenn nicht übertrieben groß war – etwa die Hälfte der Kampfgefährten zu Fuß und drei Viertel der Schildträger, viele von ihnen mehr als sechzig Jahre alt, waren über die einfachere Route heimgeschickt worden, doch seine Expedition umfaßte immerhin noch etwa 30 000 Mann Kampftruppen, darunter 8000 Makedonen; genaue Angaben allerdings sind unmöglich, da weder die Anzahl der Schiffe noch die der Seeleute bekannt ist, die zur Flotte abkommandiert wurden.

Es wäre vielleicht gerade möglich gewesen, diese Armee ausreichend zu ernähren, hätte im Hinterland der Satrap der Oreitanen seine Befehle vollzogen und wäre Makran nicht viel schrecklicher gewesen als die Wüste um Siwah. Doch der Satrap starb, und der Marsch durch Makran war so unbeschreiblich furchtbar, daß keiner der beiden geschichtsschreibenden Offiziere, die ihn sehr wahrscheinlich mitgemacht hatten, sich dazu aufraffen konnte, ihn ehrlich zu beschreiben. Ihre Chroniken erschöpfen sich im Bericht über die besser duftenden Spielarten der Wüstenblumen und in mageren Anekdoten.

Die Beschreibung der Entbehrungen, welche die Landtruppen in Wirklichkeit hatten durchmachen müssen, blieb Nearchos überlassen, der auf dem Seeweg nachfolgte. Unverblümt mochten Alexander und seine Offiziere ihm davon erzählt haben, als er nach einiger Zeit wieder zu ihnen stieß. Was anfänglich im Gebiet der Oreitanen geschah, war nichts im Vergleich zu den anschließenden Heimsuchungen. Makran, das Land der Gedrosier, war sengend heiß, unfruchtbar und hoffnungslos. Die Männer marschierten nur bei Nacht, obgleich selbst dann die Temperaturen kaum unter 35° Celsius gefallen sein konnten, und als die wahre Beschaffenheit dieser Wüste zutage trat, wurden die Truppen in Etappen von jeweils zwanzig oder sogar fünfundzwanzig Kilometern vorangehetzt. Auf dem festen Boden einer Kieselwüste hatten sie bewiesen, daß sie dazu in der Lage waren. Doch Makran hat keinen festen Boden. Es ist unter dem Schritt nachgebender Morast aus feinem, weichem Sand, zu Dünen und Tälern verweht wie Wellen auf einem stürmischen Meer.

»Stellenweise waren die Dünen so hoch, daß man steil empor- und herniederklettern mußte, ganz abgesehen noch von der Schwierigkeit, die Beine aus den schachtähnlichen Tiefen des Sandes zu heben. Wenn ein Lager aufgeschlagen wurde, so achtete man häufig darauf, daß dies bis zu zweieinhalb Kilometern von vorhandenen Wasserstellen entfernt geschah. Dadurch sollten die Männer davor bewahrt werden, sich hineinzustürzen, um ihren Durst zu stillen. Viele pflegten sich noch in ihren Rüstungen hineinzuwerfen und wie Fische unter Wasser gierig zu trinken. Wenn sie dann aufquollen, trieben sie gewöhnlich zur Oberfläche empor. Sie hatten ihren letzten Atemzug getan, und sie verpesteten das wenige verfügbare Wasser.«

Die erwarteten sommerlichen Regenfälle, die von den Bergen abfließen würde, um »die Flüsse und Wasserlöcher zu füllen und die Ebenen zu durchtränken«, waren entlang der Küste bisher ausgeblieben. Das war Pech. Aber als dann der Regen in den Bergen außer Sichtweite fiel, biwakierte das Heer am Fuß der Berge neben einem kleinen Bach. Kurz vor Mitternacht begann der Bach durch sturzflutartigen Zufluß frischen Wassers von den Bergen zu steigen. »Er ertränkte die meisten Frauen und Kinder, die dem Zuge unverändert nachfolgten, und schwemmte die gesamte königliche Ausrüstung fort, darunter auch die verbleibenden Packtiere. Die Soldaten indessen überlebten mit knapper Not, verloren aber viele ihrer Waffen.«

Der Hunger wuchs mit der Verzweiflung. Solange es noch Packtiere gab, konnten sie von den Soldaten unter der Hand geschlachtet und roh verzehrt werden. Viele verendeten an der Dürre oder versanken im Sand »wie in Schlamm oder jungfräulichem Schnee . . .« – und diese Tiere galten selbst den Offizieren als Freiwild. Datteln und Palmherzen standen jenen zur Verfügung, deren Rang hinreichte, sie gebieterisch für sich zu beanspruchen, während Schafe und gemahlenes Mehl bei den Landesbewohnern geraubt wurden. In Jahren, da die Ernte einmal heranreifte, ohne zu verbrennen, pflegten die Menschen von Makran genügend einzulagern, um die nächsten drei Perioden überstehen zu können. Bei aller Eile, in der das Heer sich befand, mußte aber auch die Flotte versorgt werden, sosehr die Mägen der Wüstenwanderer selbst knurren mochten, und so herrschte der stehende Befehl, stets einen Teil der kläglichen Ausbeute an die Küste zu schaffen. Verständlicherweise erbrachen die Offiziere der Transportkonvois, kaum daß sie außer Sichtweite waren, die Verschlüsse ihrer Bündel und verschlangen den Inhalt. Alexander mußte ihnen verzeihen. Seine Befehle zeigten jedoch, daß er seinen großartigen Plan keinesfalls aufgeben wollte. Im Vorwärtshasten lag größere Hoffnung als in einer Umkehr.

Je enger sie sich an den Verlauf der Küste hielten, desto weniger Gutes wurde ihnen von den gedrosischen Landeskindern zuteil. Die Menschen von Makran waren »ungastlich und durch und durch viehisch. Sie ließen ihre Fingernägel von der Geburt bis ins hohe Alter ungehindert wachsen, und ihr Haar war unentwirrbar verfilzt. Ihre Haut war von der Sonne verbrannt und ausgedörrt, und sie kleideten sich in die ungegerbten Häute wilder Tiere (oder sogar der größeren Fische). Sie ernährten sich vom Fleisch gestrandeter Wale«. Sie waren ein Volk, das noch in der Steinzeit lebte, und sie gebrauchten ihre langen Nägel an Stelle von eisernen Werkzeugen. Das Heer nannte sie die »Fischfresser«, weil sie in Netzen aus Palmenrinde Fische fingen und roh verzehrten. Wie Eskimos, in einer wesentlich wärmeren Umgebung allerdings, bauten sie ihre Häuser aus Muschelschalen und Walknochen. Einige wenige Schafe trieben sich am Ufer des Meeres umher, wo die Wüste einer Landschaft aus Kieselsteinen und salzigen Felsklippen weicht. Die Tiere wurden getötet und roh gegessen, doch ihr Fleisch schmeckte entsetzlich nach Fisch. Tote Fische hatten die ganze Gegend verpestet, und in der Hitze, die selbst an einem Herbstabend niemals nachläßt, faulten sie und stanken. Es traf sich gut, daß die Soldaten das süße Nardengras gepflückt hatten, das in den Wüstentälern wuchs, denn sie konnten es als Nachtlager oder als Dachbelag für ihre Zelte verwenden, um den Geruch der Verwesung ringsum zu vertreiben.

Andere Pflanzen waren weniger willfährig. Zu Beginn des Marsches hatten levantinische Händler, die der Armee folgten, begierig die Gewürzkräuter der Wüste im Gebiet der Oreitanen und um das neue Alexandria gesammelt und auf Maultiere gepackt. Sie waren gewiß, daß Markt und Vermögen sie erwarteten, wenn sie die Pflanzen nach Hause bringen konnten. Doch die Maultiere waren größtenteils verendet, und das Kräutersammeln erwies sich als ziemlich gefährlich; denn unter die Gewürzpflanzen mischte sich ein giftiger Oleander. Seine saftigen Blätter, spitz und ledern wie Lorbeer, trieben allen, die davon aßen, ob Mensch oder Tier, Schaum vor den Mund wie bei Epilepsie. Sie wanden sich in Krämpfen und Zuckungen und starben einen qualvollen Tod. Maultieren und Pferden mußte das Weiden verwehrt werden, denn für sie war ein stacheliges Wolfsmilchgewächs gefährlich. Sobald sein weißlicher Saft, von Pygmäen für Giftpfeile verwendet, einem Tier in die Augen spritzte, mußte es erblinden. Die Früchte dieser Pflanze lagen überall verlockend herum.

Wieder einmal waren es die Schlangen, die den Männern ihre letzten Hoffnungen auf Ruhe nahmen. Sie lagen unter dem Strauchwerk auf den Abhängen der Hügel verborgen; jeder Biß war tödlich. Ein Soldat, der sich weit vom Lager entfernte, begab sich in ernste Gefahr, doch je länger der Marsch dauerte, um so weniger Soldaten gab es, die das Lager überhaupt verlassen konnten. »Manche verzweifelten am Durst und blieben in der prallen Sonne mitten auf dem Wege liegen. Andere begannen zu zittern, und ihre Beine und Arme zuckten dann krampfartig zusammen, bis sie starben, als sei es eine Erkältung oder ein Anfall von Schüttelfrost gewesen. Andere entfernten sich unerlaubt von der Truppe, wurden vom Schlaf übermannt und hatten den Anschluß an den Konvoi verloren; meist war ihr Tod die Folge.« Für die Überlebenden erwiesen sich die unreifen Datteln der Palmen als eine zu schwere Kost, und viele starben an der plötzlichen Belastung, die sie ihren Mägen zugemutet hatten. Für ihre Kameraden, die sie am Wegrand zurückließen, müssen sie im Tod glücklicher ausgesehen haben.

Der Gestank, die Sandflöhe, das unaufhörliche Steigen und Fallen von Dünen, die alle gleich aussahen – all das zermürbte die Männer, bis sie überzeugt waren, sie würden niemals lebend durchkommen. Dann, in der Nähe von Kap Ras Malan, beinahe fünfhundert Kilometer von ihrem Ausgangspunkt entfernt, gestanden die einheimischen Führer zerknirscht ein, daß sie sich verirrt hatten. Die Sandhügel boten keinen Anhaltspunkt; das Meer war längst nicht mehr in Sicht. Sie waren zu weit landeinwärts gewandert, und diesen letzten Irrtum konnten sie sich wirklich nicht leisten.

In dieser Notlage brauchten sie einen Mann mit einem klaren Kopf, der die Verantwortung übernahm und auf dem einzigen Ausweg beharrte, der die Männer noch retten konnte. Wie Alexander die Anstrengungen Makrans bislang ertragen hatte, bleibt ungewiß. Es gibt Erzählungen, die seine Selbstaufopferung betonen, aber sie gehören wahrscheinlich zu seinem früheren Marsch an den Oxus; und da seine Pfeilverwundung noch kein Jahr alt war, können Staub und Hitze seine Schmerzen nur verstärkt haben. Er wußte, daß er sich weder schonen noch verwöhnen lassen durfte, wenn er seine Truppen weiterhin anführen wollte. Doch sein Körper war nicht mehr kräftig genug, als daß er Hunger oder Durst hätte leiden können, nur um seinen Männern mit einem Beispiel voranzugehen. Er lief nicht zu Fuß; er ritt, und seine Pferde nahmen ihm die schlimmsten Anstrengungen ab. Freilich drückte er sich auch nicht – aber dann lohnt es sich in der Wüste stets, der erste zu sein, und als die Führer verkündeten, sie hätten die Richtung verloren, da setzte er sich mit seiner üblichen Autorität an die Spitze und führte eine Reitergruppe in südlicher Richtung vom Heere fort, bis er wieder die Küste erreichte. Es war die Entscheidung eines erfahrenen Heerführers – denn das Meer konnten sie mit Hilfe einer Orientierung nicht verfehlen. Und ein

Ritt war immer noch erträglicher, als im Lager langsam zu verdursten. Seine Begleiter gruben im Tonschiefer an der Meeresküste und stießen auf Trinkwasser, worauf das Heer benachrichtigt wurde. Alexander verweilte in der Zwischenzeit dankbar am Wasserloch. Wenn Not am Mann ist, hat das Kundschaften seine angenehmen Seiten.

Als das übrige Heer eintraf, konnten die Männer nur dem Entschluß beipflichten, dem Küstenverlauf folgend auf das Beste zu hoffen. Sie waren vom Weg abgekommen und halb am Verhungern, und so schleppten sie sich eine Woche lang verzweifelt über den kiesigen Strand. Doch plötzlich, in der Nähe Gwadars, begannen die Führer das Gelände zu ihrer Rechten wiederzuerkennen – die Hügel markierten die Grenzlinie des einen anerkannten Pfades, der das Tal in nördlicher Richtung durchlief, und damit hatten sie auch die Grenzen Makrans. Die Männer sammelten ihre letzten Kräfte und drangen ins Binnenland vor. Zu ihrer Erleichterung wurde die Landschaft angenehmer. Das Gestrüpp blieb, doch hier und dort bot der Boden Weidegrund für ein paar kleine Herden. Dieses eine Mal hatten die Führer also doch recht behalten. Noch dreihundertzwanzig Kilometer, und sie waren in der örtlichen Hauptstadt Pura. Von dort aus trennte sie nur mehr eine kurze Etappe vom vereinbarten Treffpunkt mit Flotte und Reserven in der Nähe Kermans. Drückend aber überschattete Alexanders Gedanken das Bewußtsein, daß seine Pläne für die Proviantversorgung fehlgeschlagen waren und daß er schwerlich hoffen durfte, die Flotte habe ihre Seefahrt überstanden.

Die Flotte indessen hatte nur sehr langsam Fahrt aufgenommen. Der Wind hatte nicht indusabwärts, sondern flußaufwärts geweht, und kaum hatte Alexander seinen Marsch gen Westen angetreten, als die Eingeborenen auch schon zurückkehrten, um Nearchos und seine Seeleute erbittert anzufallen. Erst in der zweiten Oktoberwoche, vielleicht am 13. Oktober, konnten die Schiffe ihre Segel setzen, doch auch dann wurden sie von widrigen Brisen noch beinahe fünf Wochen an der Schwelle des Indischen Ozeans zurückgehalten. Die Mannschaften bereicherten ihre Rationen um den Fang von Schermesserfischen und jene ungewöhnlich großen Muscheln und Austern, die auf den Uferbänken stiller Buchten häufig vorkamen. Als der Wind Mitte November umschlug, stachen sie endlich in See und gingen auf Westkurs, wobei sie schwerlich ahnten, daß Alexanders

Schreckensmarsch sich zu dem Zeitpunkt allmählich seinem Ende näherte. Einige der flachkieligen Kornleichter wurden vertrauensvoll den offenen Gewässern des Indischen Ozeans ausgesetzt, um Vorräte mitzuführen, die in Pattala verblieben waren, und um die Priviantstapel des Heeres entlang der Küste aufzunehmen. Zum überwiegenden Teil bestand die Flotte aus Triremen, dreibänkigen Kriegsgaleeren, weshalb sie auch nicht in der Lage war, genügend Vorräte für mehr als zwei Tage auf See zu verstauen, so daß sie sich von allem Anfang an auf Alexander verlassen mußte. Schon innerhalb der ersten Woche lief sie an der Flußmündung des Hab ein, um zehn Tagesrationen aus dem Depot abzuholen, das er ihr in der Nähe des neuen Alexandrias zurückgelassen hatte; dort vernahmen die Seeleute jene Nachricht, die ihn nicht erreicht hatten: von der großen Erhebung der Oreitanen und ihrer Nachbarn, vom Tode seines offiziellen Satrapen. Doch da ringsumher alles ruhig war, konnten sie ihre Reise getrost fortsetzen; sie ahnten auch nicht, daß der Plan zu ihrer Versorgung zusammengebrochen war und daß selbst das Heer, weit im Vorderland, bitter hungerte.

Als sie dann bei Nacht an Land gingen und weder Proviant noch das versprochene Wasser vorfanden, müssen sie das Schlimmste befürchtet haben. In den ersten beiden Wochen schon hatten sie Pfeilkatapulte gegen eine Schar von »Fischessern« gerichtet und sie von der Küste zurückgetrieben, um ihre Herden zu stehlen; hier ein paar Ziegen; dort einen Vorrat an Datteln – doch nirgendwo stießen sie auf jene Berge von Getreide, die sie erwartet hatten. Ein Dorf wurde seines Fischmehls wegen gestürmt; auf der Suche nach Kamelen, die geschlachtet und roh hinuntergeschlungen wurden, fielen sie über Hütten her. Es gab kein Getreide und kein Brennholz in einem Land, das salz- und sandverkrustet war, und das einzige Abenteuer waren die Wale, die den Griechen zum erstenmal draußen auf hoher See vor Augen kamen, »Wasser auf eine solche Weise um sich verspritzend, daß die Seeleute von Schrecken erfüllt wurden und ihre Ruder aus den Händen sinken ließen«. Nearchos führte auf den Rat einheimischer Männer einen Gegenangriff, indem er unerschrocken auf die Tiere Kurs nehmen, die Signaltrompeten schmettern, die Ruder ins Wasser klatschen und die Seeleute aus voller Kehle einen Kriegsschrei anstimmen ließ; von der Natur mit scharfem Gehör ausgestattet, nicht anders als ihre arktischen Verwandten, tauchten die Wale schleunigst unter und kamen erst weit hinter der Flotte wieder an die Wasseroberfläche, wo sie unter den Hurrarufen der Mannschaften, etwas friedlicher nun, ihren Wasserstrahl weiterhin fröhlich emporsprühen ließen. Erst zwei Monate später konnten die Männer einen Wal aus der Nähe begutachten, als sie vor der persischen Küste auf ein gestrandetes Tier stießen, »mehr als vierzig Meter lang und mit einer dicken Haut, die von Austern, Napfschnecken und Seetang umhüllt war«. Nichts gab es da, womit der Hunger hätte gestillt werden können; wie die Europäer in der Arktis, hätte Nearchos sich nie träumen lassen, daß man Wale mit Speeren erlegen und ihren Brauntran essen konnte.

Inzwischen – nach ungefähr sechshundertfünfzig Kilometern Küstenfahrt – waren bereits Dolmetscher und Lotsen unter der Landesbevölkerung angeworben worden. Nearchos verständigte sich mit ihnen über seine eigenen, persischen Dolmetscher. Ihre Berichte, zweimal übersetzt, riefen hellen Schrecken hervor. Gewisse Inseln, behaupteten sie, die vor der Küste Makrans lägen, seien von bösen Geistern verhext – welche die Griechen, die mit Homers *Odyssee* großgeworden waren, augenblicklich mit der Sonne und einer nicht näher bezeichneten Meeresnymphe gleichsetzten. Wer die Insel der Sonne betrat, werde sich einfach in Luft auflösen, während jene, die an der Meeresnymphe vorüberfuhren, auf ihren Felsen gelockt werden würden . . . nur um in Fische verwandelt zu werden. Die Fabel wurde nach dem plötzlichen Verschwinden eines Kriegsschiffes und seiner ägyptischen Besatzung um so glaubwürdiger. Die Sonne, so wurde angenommen, habe sie alle hinweggezaubert, und bildlich gesprochen, war dies zweifellos wahr. Es blieb Nearchos überlassen, die Insel zu besuchen und diese Mär dadurch Lügen zu strafen, daß er überlebte.

Wenngleich die Inseln also ihrem Ruf schließlich nicht gerecht wurden, so währte es nur wenige Tage, bis die Lotsen auf etwas noch Unerwarteteres aufmerksam machten. Dort, wo sich der Indische Ozean zur Straße von Hormuz verengt und jenseits dieser Meerenge in den Persischen Golf übergeht, deuteten sie auf das Vorgebirge von Ras Mussendam und erklärten, daß »von dieser Stelle aus Zimt und andere Gewürze nach Babylon eingeführt wurden«. Eine ungeahnte, neue Dimension tat sich auf.

Der Hinweis auf diesen Gewürzhandel war berechtigt. Er wurde schon seit über tausend Jahren betrieben, und hatte bereits Alexanders Wißbegierde erregt. Nichts aber war unter den Gewürzen seltener und kostbarer als der Zimt – eine Pflanze, deren natürliche Heimat von der klassischen Welt unglaublich weit entfernt liegt. In den Augen des griechischen Geschichtsschreibers Herodot war der Zimt ein Gewürz, das jenseits der Quellen des Nils in einem Dschungel wuchs, der von furchterregenden Riesenvögeln beschützt wurde. Die Römer, die von den Arabern im Tauschhandel so viel Zimt erwarben, wie sie nur bekommen konnten, hatten eine klarere Vorstellung. Sie spürten dem Zimthandel bis an die Südostküste Afrikas nach und fanden heraus, daß dabei die Insel Madagaskar eine Rolle spielte. Die Gerüchte aber spannen sich weiter. Der Zimt, so hieß es, werde auf Flößen über den östlichen Ozean verschifft, und die Reise dauere ganze fünf Jahre . . . und diesmal waren die geographischen Mutmaßungen des Altertums gerechtfertigt.

Der Zimt hat seine ursprüngliche Heimat nicht in Arabien und nicht einmal an den Gestaden Afrikas: er wächst wild in den unendlich fernen Tälern von Malaysia. Mit dieser einen Pflanze hatten Griechen und Römer nichtsahnend die Grenzen ihrer Welt überschritten. Eines Tages war sie aus Malaysia über den Indischen Ozean nach Madagaskar gebracht worden; von Madagaskar aus hatte sie sich die Küste Afrikas längs ihren Weg nach Norden gebahnt, nach Arabien und ans Rote Meer, somit also zu der reichen Kundschaft orientalischer Paläste. Zu Alexanders Zeit hatten die Araber den Zimt bereits in ihrem Lande heimisch gemacht, doch die Einfuhren aus dem geheimnisvollen Ursprungsland im Süden hielten an. Als den Seeleuten Alexanders die Zimtstraße vor der arabischen Küste gezeigt wurde, traten sie mit einer Pflanze in Berührung, die weiter gereist war als ihr König. Der Zimt hatte einmal jene Wahrheit gesehen, an deren Erforschung Alexander durch die Meuterei am Beas gehindert worden war. Die Welt, so wußte diese Pflanze, ging jenseits des Ganges weiter.

Für den Augenblick schenkten die Seeleute ihr keine Beachtung. Ihr Auftrag lautete, die Küste des Persischen Golfs zu erforschen, und sie hatten viel zu wenig Proviant, als daß sie über exotischen Beschreibungen hätten verweilen können. Es war Mitte Dezember. Sie befanden sich seit über zehn Wochen an Bord. Ihnen war heiß. Die Enge auf den Schiffen und der Hunger machten ihnen zu schaffen. Doch der Wind trieb sie unverändert voran, und als das Ende kam, da kam es wie immer unvermittelt.

Eine zweitägige Fahrt in den Persischen Golf, fast mühelos durch eine Brise von achtern, brachte sie endlich an eine freundlichere Küstenlandschaft. In der Nähe von Bander Abbas fanden sie Getreide und Obstbäume, und nun wußten sie, daß sie nicht länger Hunger leiden mußten. »Das Land trug alle Kulturpflanzen in verschwenderischer Fülle«, schrieb ihr Admiral, »bis auf Oliven« – die höchst aufschlußreiche Klage eines Griechen, der sich weit von alledem entfernt findet, was er daheim gewohnt war. Doch als einige Seeleute forschend ins Binnenland vordrangen, kam solche Nostalgie alsbald auf ihre Kosten. Sie stießen auf einen Mann in griechischer Kleidung, der sie auf griechisch anredete. Das schien zu wunderbar, um wahr zu sein. Der Klang ihrer Muttersprache füllte ihre Augen mit Tränen, die Tränen aber verwandelten sich in Freudenrufe, als sie den Mann sagen hörten, er gehöre zum Heer und Alexander selbst sei nicht weit.

Seit er die Binnenstraße gefunden hatte, nachdem die Führer an den Grenzen Makrans versagt hatten, war Alexander nicht müßig gewesen. Nur ein paar Tage noch, und er sollte mit seinen Überlebenden die Wüste hinter sich gebracht haben. Er brauchte unverzüglich Proviant. Also erhielten Kamelreiter den Befehl, in gestrecktem Galopp nach Norden, Nordosten und Nordwesten zu eilen und dabei so viele Provinzen zu berühren, wie sie erreichen konnten. Dort sollten sie dafür sorgen, daß augenblicklich Packtiere und abgekochte Nahrungsmittel an die Grenzen Kermans geschafft würden. Das Dromedar erreicht – besonders über die Salzkrusten der Wüste Dascht-i-Kewir – eine solche Geschwindigkeit, daß dieser Befehl sogar den Satrapen von Parthien am Kaspischen Meer erreichte. Die Nachricht erregte Aufsehen bei Männern, die nicht damit gerechnet hatten, Alexander jemals lebendig wiederzusehen – und schon gar nicht, daß er dem Fegefeuer von Makran unversehrt entrönne. Mindestens drei Satrapen kamen der Aufforderung nach, und als Alexander Mitte November die Wüste hinter sich ließ, erwarteten ihn an den Grenzen Karmaniens oder Kermans Proviant und Packtiere. Nach den wiederholten Fehlschlägen der vorausgegangenen acht Wochen war das ein Trost.

Die Landschaft Kermans bestand aus wenig mehr als struppigem Unterholz und Strauchwerk. Bemerkenswert waren nur Quellen und vereinzeltes Weideland, dazu die fündigen Adern von rotem Gold, Silber, Kupfer, Zinn und Vorkommen von gelbem Arsen. Die Menschen Kermans waren ohne Reiz, und sie verhielten sich zwangsläufig widerspenstig – besonders, da Alexander diesen Weg noch nie gekommen war:

»Weil Pferde rar sind, benützen die meisten Männer ihre Esel sogar für den Krieg. Der Kriegsgott ist der einzige Gott, den sie verehren, und sie opfern ihm desgleichen einen Esel. Sie sind ein angriffslustiges Volk. Niemand heiratet, ehe er einem Feind den Kopf abgeschnitten und dem König überbracht hat. Der König verwahrt den Schädel sodann in seinem Palast, wo er dessen Zunge fein aufhackt, sie mit Mehl vermischt und persönlich kostet. Die Reste übergibt er dem Krieger, auf daß der sie mit seiner Familie verzehre. Der Mann, der die meisten Schädel besitzt, genießt die höchste Bewunderung.«

Und dennoch hatte dieser jämmerliche Winkel des Reiches auch seine Segnungen – seine Bewohner bauten Weinreben an.

Nach sechzig Tagen in der Wüste konnten die Überlebenden nicht im Traum daran gedacht haben, sie würden je wieder einen Tropfen Wein schmecken. Sie hatten Tausende um sich sterben sehen, vielleicht die Hälfte ihrer Kameraden und beinahe alles Volk, das dem Heerlager nachgezogen war. Von den 40 000 Menschen, die Alexander in die Wüste gefolgt waren, mochten beim Einzug in Kerman 15 000 übriggeblieben sein. Und wenn solche Zahlen wie immer nur Schätzungen darstellen, kann es hinsichtlich der Verfassung der Männer keinerlei Zweifel geben. »Nicht einmal die ganze Summe der Leiden, die das Heer in Asien erdulden mußte«, darüber war man sich einig, »konnte sich mit den Entbehrungen in Makran messen.«

Die Überlebenden waren gebrochene, zutiefst verunsicherte Männer, die es bitter nötig hatten, in ihrer gemeinsamen Identität bestätigt zu werden. Es tröstete sie ein wenig, als an den Grenzen Kermans die Veteranen – unversehrt und guter Dinge nach dem Umweg durchs Heland-Tal – zu ihnen stießen. Doch selbst sie wußten von Unruhen in den östlichen Satrapien zu berichten. Und wenn die Sorgen sich schon nicht verdrängen ließen, so konnten sie wenigstens durch eine laute Demonstration der Erleichterung übertönt werden – was niemandem willkommener war als Alexander, der sich zunehmend mit dem Gedanken quälte, seine Flotte in ihren sicheren Tod geschickt zu haben. Seine engeren Freunde hatten den Marsch ausnahmslos überstanden. Das allein war Anlaß zur Dankbarkeit, wenn es auch das Schicksal der übrigen nur um so schärfer beleuchtete. »Etliche Opfer«, schrieb Aristobulos, der alles miterlebt hatte, »wurden aus Dankbarkeit für den Sieg über die Inder dargebracht und dafür, daß die Armee Makran überstand.« Eine Fülle bitterster Erfahrungen bleibt in diesen wenigen Worten unausgesprochen.

Menschen, die dem Hungertod und dem Verschmachten entkommen, pflegen sich beim Feiern nicht eben zurückzuhalten. Wenn die zivilisierte Welt endlich wieder erreicht ist, fällt es einem Entdekkungsreisenden schwer, ihr Achtung zu zollen oder sich an ihre läppischen Spielregeln zu halten. Während also athletische Wettbewerbe und Kunstfestspiele stattfanden, gab es natürlich auch ein lautstarkes Zechgelage.

»Sieben Tage lang zogen sie in einer Prozession durch Kerman. Alexander wurde in einem Wagen von acht Pferden langsam vorangezogen, während er auf einem hohen, ehrfurchtgebietenden Podium, das in der Form eines Rechtecks errichtet war, Tag und Nacht mit seinen getreuen Kampfgefährten schmauste und zechte. Dutzende von Festwagen folgen, manche mit Baldachinen aus Purpur und Stickwerk, andere mit Dächern aus Zweigen, die frisch und grün gehalten wurden, damit sie vor der Sonne schützten. Drinnen lagen seine Freunde und Truppenführer, mit Blumengewinden bekränzt, und tranken Wein. Kein Schild, kein Helm und keine einzige Sarissa war zu sehen, aber den gesamten Reiseweg entlang tranken die Soldaten fortwährend Wein aus Bechern und Trinkhörnern und reichverzierten Schüsseln. Im Gehen oder Fahren tranken sie einander ohne Pause zu. Pfeifen und Flöten und Saiteninstrumente erklangen und erfüllten die Landschaft mit ihrer Musik. Frauen ließen den Ruf zu Ehren des Dionysos erschallen und folgten dem Umzuge in einem wirren, ausgelassenen Haufen, als geleite der Gott sie auf ihrem Wege.«

Die Berichte über diesen berühmten Triumphzug sollten das königliche Gepränge jahrhundertelang beeinflussen. In der Geschichte der griechischen Monarchie rücken die Heimkehr eines siegreichen Königs und die Erscheinung eines Gottes vor seinen Gläubigen nach Alexanders Tod enger zusammen. Dionysos zu ehren war bei Alexander wie bei seinen Makedonen über alles beliebt, und die tiefempfundene Verherrlichung des Gottes nach acht leidensvollen Wochen ist verständlich. Auch Dionysos war nach Siegen in Indien zurückgekehrt, wenn auch nicht durch eine Wüste oder mit einer Lungenverletzung, die es bequemer erschienen ließ, die Prozession in einem achtspännigen Streitwagen anzuführen. Alexanders Wetteifern mit Dionysos ist keine müßige Legende. Es war ein Verhalten, in dem die Bräuche des hinduistischen Indiens ihn bestärkt hatten. Dieser Gott war das einzige Beispiel eines griechischen Sieges über die Inder; zudem war er ein Vorfahre der makedonischen Könige und Gott des Sieges, was Alexander während seiner gesamten Laufbahn betont hatte, und so lag es nahe, daß er sich bei diesem außergewöhnlichen Siegesumzug an sein Vorbild hielt. Doch was einer plötzlichen Eingebung nach dem Verhängnis entsprang, ging auf die Ptolemäer in Alexandrien und von ihnen auf die Feldherren Roms über. Es setzte sich in den Triumphzügen des Marius, Mark Antons und Kaiser Caracallas fort, der bei seinen Siegesfeiern behauptete, aus genau jenen Bechern zu trinken, die Alexander in Indien benutzt hatte.

Aber wenn Alexander auch triumphieren mochte, die Sorge um die Flotte überschattete alles. Wieder einmal waren schlechte Nachrichtenverbindungen daran schuld. Denn während Alexander feuchtfröhlich durch Kerman zog und seine schlimmsten Ängste zu vergessen suchte, konnte er nicht wissen, daß unten an der Küste ein versprengter Nachzügler der Armee bereits auf die Seeleute gestoßen war und daß seine Sorgen unbegründet waren. In Kermans Hauptstadt machte das Heer sich noch immer bange Sorgen, doch Nearchos, gar nicht so weit entfernt, pries bereits sein glückliches Schicksal und zog seine Schiffe an Land, wo sie hinter einem doppelten Staketenverhau und einer kräftigen Mauer aus Lehm repariert werden sollten.

Überraschend traf die Kunde davon im Heerlager ein. Der Statthalter der küstennahen Gebiete war mit der Nachricht landeinwärts geeilt, für die er sich reichen Lohn erhoffte. »Nearchos«, verkündete er, »befindet sich auf dem Weg von seinen Schiffen hierher.« Alexander wollte ihm ja gerne glauben; als aber die Tage verstrichen und kein

Nearchos auftauchte, fiel ihm dies immer schwerer. Als nicht einmal die vielen Suchtrupps, die er ausgesandt hatte, mit guter Botschaft zurückkehrten, begann er zu verzweifeln. Den Statthalter ließ er sogar in Ketten legen, weil seine Geschichte die Enttäuschung nur noch bitterer gemacht hatte. »In seinem Ausdruck und in seiner ganzen Haltung gab Alexander zu erkennen, daß er über alle Maßen verstört war.«

Unten an der Küste hatte einer der Suchtrupps endlich mehr Glück. Die Soldaten waren auf eine Gruppe von fünf oder sechs Männern gestoßen, »langhaarig, schmutzig, mit eingetrocknetem Salzwasser bedeckt, voller Runzeln und blaß von schlaflosen Nächten und anderen Entbehrungen«. Sie hatten nicht einmal aufgehorcht, als diese Leute fragten, wo Alexander sich aufhielt. Die Sucher wollten schon weiterreiten, dem Meer entgegen, weil sie die Männer für einheimische Vagabunden hielten. Doch als sie ihre Pferde wendeten, blickte einer der Wanderer zum anderen und sprach: »Ich denke mir, Nearchos, daß diese Männer aus keinem anderen Grunde in derselben Richtung unterwegs sind wie wir, als daß sie uns finden wollten. Doch wir sind in einer solchermaßen schäbigen Verfassung, daß sie uns nicht zu erkennen vermögen. Laßt uns ihnen sagen, wer wir sind.« Nearchos stimmte ein, und kaum hatte er gesprochen, wurde dem Suchtrupp auch schon klar, daß mit dem Verkommenen, der sie nach Alexander gefragt hatte, der Admiral der Flotte vor ihnen stand.

Boten rannten vornweg zu Alexander, doch in ihrer Aufregung brachten sie nicht mehr heraus, als daß Nearchos und fünf andere lebend aufgefunden worden waren. Er nahm sofort an, von der gesamten Seestreitmacht sei nur dieses Häuflein übriggeblieben und die Nachricht trug wenig dazu bei, seine Stimmung zu heben – eine Verzweiflung, die auch der Anblick des langhaarigen, ungepflegten Nearchos in keiner Weise lindern konnte. Er reichte dem Admiral seine rechte Hand, führte ihn beiseite und weinte bittere Tränen. »Der Umstand, daß wenigstens Ihr«, sagte er, »und diese anderen zu mir zurückgekehrt seid, ist etwas Tröstung mir im Unglück; wie aber wurden all die anderen Schiffe vernichtet?« »Nicht doch, mein Gebieter«, will Nearchos geantwortet haben, »Eure Schiffe sind wohlbehalten und heil, und auch Eure Streitkräfte sind es geblieben; wir sind mit der Nachricht ihres Überlebens zu Euch gekommen.«

Wieder weinte Alexander, während sein Admiral ihm berichtete, die Schiffe würden an der Flußmündung repariert. Dann – und dies verschafft uns einen der seltenen Einblicke in seine Denkweise – »schwor er sowohl bei Zeus, dem Gott der Griechen, als auch bei Ammon, jenem der Libyer, daß diese Nachricht ihm mehr Freude bereite als die Eroberung ganz Asiens. Bis dahin nämlich habe sein Jammer über den vermeintlichen Verlust seiner Flotte all sein anderes günstiges Geschick zerstört«. In einem Augenblick äußerster Gefühlsbewegung trat Zeus Ammon bei ihm wie selbstverständlich an die Oberfläche, und dieses eine Mal vermochte ein Freund sich der Worte Alexanders genau zu erinnern.

Der Statthalter, der die Nachricht als erster überbracht hatte, wurde freigelassen. Für die Sicherheit des Heeres wurde ein zweites Opfer angeordnet, dazu Spiele und ein Musikfest, bei dem Nearchos Ehrengast sein sollte. Von seinen Offizierskollegen stürmisch gefeiert und aus den Reihen der einfachen Soldaten mit bunten Bändern und Blumen überschüttet, nahm er seinen Ehrenplatz neben dem König ein: »Ich werde Euch nicht gestatten«, sagte Alexander, »abermals ein solch gefährliches Unterfangen zu wagen. Ein anderer soll die Flotte küstenaufwärts und den Fluß entlang nach Susa führen.« Nearchos aber widersprach. »Mein Herr und Gebieter, ich werde Euch immerdar gehorchen, wie dies meine Pflicht ist. Die schwierige und gefahrenreiche Aufgabe aber wurde mir nun einmal anvertraut. Entreißt mir daher nicht ihre leichte Fortsetzung und Beendigung, deren Ruhm so willfährig zu erringen ist, und legt sie nicht in die Hände eines anderen.« Alexander entsprach diesem Begehren, und die Flotte blieb ihrem tapferen Befehlshaber überlassen, der sie über die letzte Etappe der Monsunreise von Indien nach den persischen Palästen bringen sollte.

So saßen sie also, König und Admiral, und sahen im Königspalast von Kerman den Festspielen zu. Flöten stimmten eine Melodie für den Tanz zum Chorgesang an. Schauspieler bereiteten sich auf den Beginn ihrer Bühnenstücke und Rezitationen vor. Doch welche Begeisterung sie auch in ihre Aufführungen legten, es gab Tatsachen, denen sich niemand verschließen konnte. Die Kavallerie der Kampfgefährten war auf die Hälfte zusammengeschrumpft. Die Reihen der Kampfgefährten zu Fuß waren weit unter ihre Sollstärke gesunken.

Die Schildträger waren nur deshalb zahlreich, weil von ihnen nur wenige am Marsch durch Makran teilgenommen hatten. Die höchsten Offiziere waren noch am Leben, Alexander desgleichen, doch sie alle hatten sich mit einer qualvollen, unabweisbaren Schmach bedeckt. Sie hatten eine Armee in die mörderischste Wüste Asiens geschickt, und es war ihnen nicht gelungen, wie sie beabsichtigt und groß verkündet hatten, die Flotte zu versorgen. Ihre Irrtümer und ihr Mißgeschick lassen sich nur in Umrissen fassen. Es bleiben vielschichtige Verwicklungen, die man nie verstehen wird. Die Soldaten waren ihnen acht Wochen lang ohne Murren gefolgt, obwohl zwei Tage in der Wüste von Makran hätten reichen müssen, sie zur Rebellion zu veranlassen. Der Proviantkonvoi war im Land der Oreitanen zusammengebrochen, und umsichtigere Feldherren hätten zweifellos eine Abteilung zurückgelassen, um die Flotte zu warnen, und sich dann, als ihre Leiden augenfällig wurden, wieder an den Hab zurückbegeben. Alexander aber war weitergezogen, und überraschenderweise hatten weder Mannschaften noch Offiziere gemeutert. Vielleicht lag die Wahrheit darin, daß Alexander sich niemals von Klugheit leiten ließ, nachdem ein ruhmreicher Plan einmal bis in die Einzelheiten festgelegt war. Wie Achilles setzte er Kühnheit über guten Rat. Sein Stab war da nicht anders. Es blieb einer Wüste überlassen, jenen Überschwang zu demütigen, mit dessen Hilfe Asien erobert worden war.

Inmitten dieser bitteren Wahrheiten verließen die Schauspieler in Kermans Palast die Bühne. Musik und Tanz erstarben. Wie gewöhnlich wurden Preise vergeben, am hervorstechendsten jener, den der Perser Bagoas erhielt – der Eunuch –, der Darius gedient hatte und in der Liebe und Gunst des neuen Königs gleichermaßen hoch gestiegen war. Mit Blumengewinden und Kränzen der Ehre geschmückt, »schritt er durch das Theater und nahm als Sieger des Tanzes seinen Platz neben Alexander ein; die Makedonen sahen zu, spendeten reichen Beifall und riefen dem König beharrlich zu, er möge den Sieger küssen, bis er endlich seine Arme um Bagoas warf und ihn wieder und wieder mit Küssen bedeckte«. In einem Augenblick der Euphorie war alles beinahe vergessen – beinahe, aber nicht ganz. Der König mochte seinen persischen Favoriten küssen und ihn für einen Tanz belohnen, den nur ein Mann des Ostens so tanzen konnte ... doch Tausende der Männer, die gekämpft hatten, um Persien zu bestrafen, lagen tot und begraben unter gedrosischem Sand. Alexander, der Unbesiegbare, der neue dionysische Triumphator, hatte seine tapfersten Getreuen in den Tod geschickt, und wenn die Geschichte des persischen Reiches etwas lehren konnte, so war es die Gewißheit, daß jede Nachricht von königlichem Mißgeschick die Treulosigkeit der Menschen nährte – und daß einem Fehlschlag unweigerlich die Revolte folgte.

29 SÄUBERUNG DER PROVINZEN

Besorgten Beobachtern in Asien erschien die Makran-Katastrophe nicht so schockierend wie Alexanders Rückkehr. Von seinen Satrapen hatten nur wenige damit gerechnet, ihn je wiederzusehen; in Europa und Griechenland war solche Erwartung sogar noch schwächer. Im östlichen Iran hatte die Kunde von seiner Verwundung Unruhen hervorgerufen. Es war unglaublich, aber er war tatsächlich zurückgekehrt, und die folgenden sechs Monate seiner Laufbahn galten einem Problem, das er durch seinen Marsch gen Osten beiseitegeschoben hatte – wie sich ein so riesiges und vielfältiges Reich angesichts fremder Sprachen, der Hitze und des trägen Nachrichtensystems halten ließ.

Es fehlte nicht an Antworten auf die Frage. »Der beste Weg«, riet ihm der Aristoteles der persischen Legende aufs neue, »besteht darin, das iranische Reich unter seine Fürsten aufzuteilen und einen jeden auf den Thron zu heben, dem du eine Provinz anvertraust. Gib niemandem Macht oder Autorität über den anderen, auf daß jeder auf dem Thron seines Herrschaftsgebiets absolut herrsche ... Dann wird sich unter ihnen so große Uneinigkeit und so großer Zwist breitmachen, so viel Anmaßung und Hochmut, so viel Eifersucht um die Macht, Prahlerei mit dem Reichtum, Streit über den Rang, so viel Zerwürfnis wegen der Gefolgsleute, daß sie keine Rache suchen noch sich ihrer Vergangenheit erinnern werden. Und wenn du an den äußersten Grenzen der Erde weiltest, würde jeder seinesgleichen mit deinem Zorn drohen und sich auf deine Macht und deine Unterstützung berufen.« Machiavelli hätte diese eindeutige Perspektive eines persischen Edelmanns nicht gefallen. Er, den die langandauernde Botmäßigkeit Asiens unter den Diadochen zu Recht beeindruckte, nannte es die Kapitulation eines Königreichs, das aus Sklaven, nicht aber aus Aristokraten bestand. Im Unterschied zu Aristokraten können Sklaven nicht gegen ihre Herren ausgespielt werden, doch wenn sie fallen, fallen sie für immer, weil das Volk sie nicht liebt. Darius hatte unter Sklaven geherrscht. Nach ihrer Niederlage herrschte Alexander über ein Reich, dem es zur Revolte an Widerstandskraft fehlte.

Von den beiden Philosophen zeigte dieser Aristoteles das bessere

Verständnis für Alexanders gefährliche Situation, doch auch er übersah den Widerstandswillen der Iraner. Als Alexander den Indus hinabfuhr, wären Beobachter in Asien sich in einem Punkt einig gewesen – eigentlich mußte sein Reich in Stücke brechen.

Während seiner kurzen Ruhepause in Kerman machten sich in vierzehn von dreiundzwanzig Provinzen des Reiches Unruhen und Aufstände bemerkbar. Das Problem war nicht neu. Seit Gaugamela hatte es Alexander ständig Sorgen bereitet, und nur ein einziger seiner zahlreichen Statthalter, Antigonos der Einäugige, sollte ein und dieselbe Satrapie während der ganzen Herrschaftszeit Alexanders behalten. Die Gründe waren örtlich verschieden. In Baktrien, wo die einheimischen Bewohner in einem zweijährigen Feldzug niedergezwungen worden waren, hatten die angesiedelten griechischen Söldner rebelliert. Sie hielten Alexander für tot, wählten einen erfahrenen Athener zum König und besetzten im Herbst 325 v. Chr. Balkh. Dann hatten sie sich zerstritten, und als Alexander zurückkehrte, waren sie den ihnen verhaßten Alexandrias keineswegs entronnen. Auch in Indien lag die Schuld bei den Söldnern. Kaum hatte Alexander sich heimwärts gewandt, erhoben sie sich und ermordeten den Satrapen Philippos. Die Nachricht erreichte Alexander erst in Kerman, und er ordnete sofort an, daß die Provinz zwischen einem Thraker und dem Radscha Ambhi geteilt werde. Leibwachen hatten die Rädelsführer bereits gerichtet.

Im Hindukush war die Lage wieder anders. Im Frühling 325 v. Chr. war über Roxanes Vater die Information eingegangen, daß der iranische Statthalter des Kernlandes sich aufsässig zeigte. Es war nicht das erste Mal, daß unter diesen Gebirgsstämmen Unabhängigkeitsbestrebungen zum Problem wurden. Der Mann wurde abgesetzt, und Roxanes Vater übernahm die Verwaltung dieser für die Straßen nach Balkh und Indien so wichtigen Provinz. Unterdessen hatte südlich dieser Durchmarschrouten im Helmandtal, ein Zufall zum offenen Aufstand geführt. Als der makedonische Satrap an einer Krankheit gestorben war, hatten iranische Häuptlinge die Macht an sich zu reißen versucht, bevor Alexander die Aufforderung erreichte, einen neuen Satrapen zu ernennen. Doch Alexander war ihnen durchaus gewachsen. Als er seine Veteranen und die Elefanten vom Marsch nach Makran abgesondert hatte, schickte er sie durch das Helmand-tal, um auf ihrem bequemen Heimweg die Unruhen zu beenden. Das taten sie auch, und die iranischen Verbrecher wurden zur Hinrichtung in Ketten nach Kerman abgeführt.

Sie blieben nicht lange allein. Unter den Medern hatte ein Mann auf den Thron Anspruch erhoben, »der seine Tiara senkrecht trug und sich als König der Meder und Perser ausgab«, doch der örtliche Satrap, obgleich selbst Iranier, hatte Gründe, sich loyal zu verhalten, und ließ ihn zusammen mit seinen iranischen Gefolgsleuten in Ketten legen. Der Statthalter bei den benachbarten Bergstämmen, gleichfalls Iraniern, hatte zu wiederholten Malen Befehle verweigert und war drei Jahre zuvor einer letzten Vorladung ausgewichen und geflohen. Erst jetzt wurde er gefangengenommen und seinem König zugesandt, damit er seinen lange fälligen Tod erleide. In Kerman selbst, der Heimat von Kopfjägerstämmen, wurde der Herrscher der Insubordination angeklagt; Alexander hatte dies Land nie erobert, und die dort herrschenden aggressiven Gewohnheiten bekräftigten den Verdacht. Als Nearchos zur Flotte zurückkehrte, stellte er fest, daß der neue Statthalter die Stämme immer noch nicht befriedet hatte, die die örtlichen Festungen besetzt hielten und sich weiterhin als so lästig erwiesen, wie ihr Ruf erwarten ließ.

Nach Westen hin war die Lage ähnlich. Die Heimatprovinz der Perser war von einem adeligen Prätendenten besetzt worden; die Provinz Susa und die benachbarten Stammesgebiete waren in Händen zweier verdächtiger Iranier, ehemaliger Diener des Darius, die wahrscheinlich Alexanders Abwesenheit reizvoll fanden. Im Nordwesten – im Hochland von Armenien und Kappadokien – hatten Alexanders Statthalter nie fest Fuß fassen können, und die Macht war an die Iranier und ihre Flüchtlinge zurückgefallen. In Phrygien am Meer hatten sich angrenzende Stämme unbotmäßig gezeigt, und möglicherweise den Satrapen ermordet, während in Europa durch thrakische Stämme weite Gebiete zerstört lagen, die Philipp und Alexander während der letzten zwanzig Jahre mühevoll durch Kolonisierung und Tributzahlungen zu halten versucht hatten. Die Stämme waren durch einen ehrgeizigen Fehler, der in Alexanders Namen begangen wurde, ermutigt worden. Im vergangenen Jahr war einer seiner Generäle mit einer großen Armee von Europa aus gegen Nomaden am Schwarzen Meer zu Felde gezogen. Alexander hatte sie dem König von Khwarezm gegenüber als ein mögliches Angriffsziel erwähnt. Witterung und der Widerstand der Bevölkerung hatten zur völligen Vernichtung dieser Armee geführt, und die Katastrophe hatte einen Aufstand der Thraker nach sich gezogen, den zu bestrafen Alexander nunmehr umgekehrt sei, wie viele Beobachter annahmen. In den neun friedlicheren Provinzen waren die Schlüsselfiguren wie die Königinmutter Ada und Mazäos gestorben, und in Ägypten hatte der Versuch mit eingeborenen Statthaltern nicht lange gedauert. Der Kampf um das Reich war keineswegs mit Gaugamela abgeschlossen.

Wie stark ein Reich ist, zeigt sich in seiner Fähigkeit zu überdauern. Auf dem Papier sieht das Reich Alexanders gefährlich brüchig aus, zusammengehalten nur von einigen 40 000 Mann Provinztruppen, einigen zwei Dutzend Alexandrias und einem Oberkommando, in dem neun ehemalige Satrapen des Darius vertreten waren. Und doch war es keinem der Prätendenten oder aufsässigen Satrapen gelungen, abgesehen von einigen Hügelnestern der Gebirgsstämme, einen Volksaufstand zu organisieren. Ihre Rebellionen als nationalistisch zu bezeichnen, wäre falsch. Das Asien von damals ist mit dem Europa des 19. Jahrhunderts nicht vergleichbar. Der iranische Bauer empfand sich nicht als einer Nation zugehörig, deren Grenzen zu fixieren wert gewesen wäre. Er wußte nur, daß der größere Teil seiner Erträge – wie das heute noch zu drei Vierteln der Fall ist – seinen fernen Herren zugute kam –; wer dieser Herr war, blieb ihm jedoch mehr oder weniger gleichgültig. Bei Alexanders Rückkehr gab es kein Ringen der Nationen oder Klassen, sondern eine Auseinandersetzung innerhalb des Oberkommandos, die sich auf prominente Iraner konzentrierte. Sechs Jahre waren seit Gaugamela vergangen, und die Adeligen des Darius waren nicht ganz so untätig gewesen, wie Machiavelli unterstellte.

Eine derartige Loyalitätskrise kann man von zwei verschiedenen Seiten her betrachten, nämlich von den Provinzen her, in denen sie entstand, oder von Alexander her, der sie unterdrückte. Es stimmt, daß Alexander eben erst Makran verlassen hatte und mit der Erinnerung an eine deutliche Katastrophe weiterlebte. Unmittelbar danach war sein nervlicher Zustand delikat gewesen, weshalb er den ersten Boten, der die Nachricht von der Rückkehr Nearchos' überbrachte, hatte festnehmen lassen, weil der Mann ihm ungerechtfertigte Erfolgsnachrichten zu überbringen schien. Doch als sie sich bewahrheiteten, wurde der Bote freigesetzt, und die wochenlangen Feierlichkeiten hatten viel dazu beigetragen, die Moral der Armee zu verbessern. Einem neuen Achilles erschien durch eine Finte der Heroenlogik das Entkommen aus Makran allmählich als persönlicher Triumph, als ein Überleben, wo Semiramis versagt hatte, als Sieg im Kampf gegen die grimmigsten Kräfte der Geographie. »Die Nachricht von deiner Rückkehr hat mich mehr entzückt als die Eroberung ganz Asiens«, sagte Alexander zu Nearchos, und Asien war für ihn demgemäß auf das Marschgebiet des Heeres zusammengeschrumpft.

In unseren Tagen erscheint eine derartige Selbstrechtfertigung durchsichtig und geschmacklos. Trotzdem stünde die Annahme im glatten Widerspruch zu allem Beweismaterial, daß die Verhaftungen ausschließlich auf ein angebliches Unsicherheitsgefühl Alexanders oder auf einen neuen launenhaften Argwohn zurückzuführen seien. Verhaftungen waren für einen, der Parmenion, die Höflinge oder die Ermordung Philipps überlebt hatte – und schon gar für einen makedonischen König – keineswegs etwas Neues, und wir wissen von keinem einzigen Höfling, Gefährten des Gefolges oder Ratgeber im Stab, der im Verlauf des kommenden Jahres Stellung oder Leben verloren hätte. Wenn man für Makran einen Sündenbock nötig gehabt hätte, dann hätte die Säuberung zunächst unter diesen Chargen durchgeführt werden müssen. Die Verhaftungen betrafen den Hofstaat überhaupt nicht; sie bewegten sich am Rand des Oberkommandos der Provinzen, und von den Provinzen her müssen ihre Auswirkungen und ihr Verlauf gedeutet werden. In jedem einzelnen Fall wurden die Opfer öffentlich angeklagt, und wenn auch solche Beschuldigungen nicht notwendig der Wahrheit entsprochen haben müssen, so erscheinen sie doch oft in Lichte unabhängigen Hintergrundmaterials gerechtfertigt. Iranischen Revolten und einem Aufruhr der Satrapen wurde vorgebeugt, indem die Wünsche der Provinzbewohner wohlwollend berücksichtigt wurden; denn angesichts eines Präzedenzfalles im Iran konnte Alexander sich das Risiko nicht leisten, Satrapen und Untertanen gemeinsame Sache machen zu lassen.

Als die iranischen Rebellen zur Aburteilung in Kerman eintrafen, wurde offensichtlich, wie unwahrscheinlich ein solches Zusammengehen zwischen Satrapen und Bevölkerung war. Unter den Statthaltern, die mit dem angeforderten Proviant und den requirierten Lasttieren eintrafen, befanden sich auch die thrakischen und makedonischen Generäle aus Hamadan, die ihren König seit sechs Jahren nicht gesehen hatten. Ihr letzter bekannter Handel mit dem König war die Ermordung Parmenions gewesen, als sie, einem Brief Alexanders gehorchend, den ältlichen General beseitigt hatten; vier von ihnen hatten seither Medien nicht verlassen, dem Kernpunkt der Nachrichtenwege des Reichs in den oberen Iran, wo sie regelmäßig Befehle erhalten haben müssen, Männer und Ausrüstung zu liefern. Aus ihren Garnisonen rückten sie mit sechstausend Mann an. Bald aber schon wurden Proteste über ihr Verhalten laut. Eingeborene Kläger behaupteten nachdrücklich, die Generäle hätten die Plünderung von Tempelschätzen erlaubt – ein besonders gefühlsbeladenes Vergehen gegen die örtliche Volksmeinung. Sie waren offenbar schuldig; denn als über hundert Jahre später eine griechische Invasionsarmee in Hamadan eindrang, stellte sie fest, daß Alexanders Leute den Tempel seiner silbernen Dachziegel und seiner Edelsteine beraubt hätten – ein Sakrileg, das Alexanders eigenen friedfertigen Besuchen aber nicht angelastet werden kann. Seine Generäle müssen dafür verantwortlich gewesen sein. Man beschuldigte sie außerdem der Vergewaltigung ehrbarer Frauen, ein Verbrechen, das Alexander, Anekdoten nach zu urteilen, stets verabscheute. Der Rangälteste, der Bruder eben jenes Koinos, der am Beasfluß nicht gezögert hatte, seine Meinung zu sagen, »übertraf sie alle in seinen wilden Leidenschaften und ging sogar so weit, eine adelige Jungfrau zu vergewaltigen und sie danach seinem Sklaven als Konkubine zu schenken.«

Solche Ausbrüche von Gewalttätigkeit waren ernst zu nehmen, doch überraschend waren sie keineswegs. Zwei der Generäle waren Kommandeure thrakischer Truppen, die derartige Exzesse noch nie verabscheuenswürdig gefunden hatten. Nach den öffentlichen Anschuldigungen wurden sechshundert Mann der Truppe hingerichtet. In der Gegenwart von fünftausend straffreien Kameraden hätte sich diese Vergeltungsmaßnahme kaum durchführen lassen, wenn sie unbegründet gewesen wäre, und falls die Schuldigen nichts Besonderes verbrochen hätten. In einer ähnlichen Atmosphäre von Untersuchung und Rechtsprechung wurden die vier Generäle verhaftet und zwei von ihnen auf Befehl Alexanders hingerichtet. Beschwerden gegen einen dritten Kommandeur schienen nicht stichhaltig zu sein; er wurde nur festgehalten. Niemand zeigte wegen der Hinrichtung der Mittäter auch das geringste Bedauern. Sie hatten die Einheimischen aufgebracht und ihren Ehrgeiz am Knotenpunkt der Verkehrsadern des Reichs ins Kraut schießen lassen. Aus beiden Gründen war es besser, wenn sie verschwanden, und die überwältigende Mehrheit des Heeres billigte ihr Verschwinden.

Das Mißverhalten von vier Generälen und sechshundert Soldaten veranlaßte Alexander bald zu einem noch kühneren Befehl. Wie der letzte erfolgreiche Perserkönig »befahl er seinen Satrapen, ihre Söldnerheere aufzulösen«. Dieser nur in knapper Form überlieferte Befehl ist unklar und erfordert einige Einschränkungen. Kolonisten in den Alexandrias etwa sollten davon ausgenommen sein, da sie Bürger, nicht Söldner waren, und sie haben bis zu Alexanders Tod auf diesem Unterschied bestanden. Ob sich die stehenden Heere der Provinzen noch aus Söldnern zusammensetzten oder ob sie als Teil der Zentralarmee Alexanders dienten, ist nicht bekannt. Ferner ist der Befehl auch nicht klar auf einen der folgenden sechs Monate datiert. Nachrichten von Söldneraufständen in Indien, von der griechischen Revolte in Baktrien und von der Säuberungsaktion gegen Missetäter in Hamadan müssen Alexander die erste Veranlassung gegeben haben, solchen Plan ins Auge zu fassen; andere Motive zur Zentralisierung des Heeres waren wirtschaftlicher Natur sowie die Notwendigkeit, sein eigenes Heer zu verstärken.

Die Idee ist kritisiert worden; sie sei schlecht durchdacht gewesen. Doch Alexander muß gewußt haben, daß es sinnlos war, aus der Ferne einen Befehl zu erteilen, wenn mit seiner Beachtung nicht zu rechnen war. Im äußersten Falle würden zehntausend Söldner infolge einer solchen Verordnung marodierend herumstreifen, viele von ihnen Einheimische, nicht Griechen. Sie würden plündern, um zu leben, doch das konnte sich hauptsächlich nur in Kleinasien bemerkbar machen, wo größere Landstreicherhorden nur allzu vertraut waren. Wichtiger war, daß kein Satrap sich weigerte, dem einmal ergangenen Befehl zu gehorchen; und es fehlte nur noch ein einziger Aufruhr, und Alexander wollte die Gelegenheit nutzen und den Befehl erteilen. In Gedanken mit den Söldnern beschäftigt, nahm Alexander Abschied von Kerman, beorderte Nearchos zur Flotte zurück und begab sich auf der uralten Straße nach Fars in den Westen, zu den großen persischen Palästen im Mittelpunkt seines Reiches. Es war beinahe sieben Jahre her, daß er sich zuletzt dort aufgehalten hatte, und ihn beschäftigte wohl der Gedanke, was er dort vorfinden würde. Er bereitete sich auf den zweiten, den heikelsten Abschnitt seiner Rückkehr vor.

Die Marschroute von Kerman zur Provinz Persien ist nicht beschwerlich, und so befand sich Alexander Anfang Frühjahr 324 v. Chr. bereits in Pasargadae, kaum achtzig Kilometer von Persepolis entfernt. Ausnahmsweise können wir hier seinen Spuren genau folgen; denn in Pasargadae stand Alexander auf der Schwelle des Grabmals von Cyrus, eines Baus, den seine Offiziere bereits sechs Jahre zuvor besichtigt hatten und der heute noch ziemlich unverändert so auf seiner steinernen Plattform ruht, wie er ihn damals gesehen haben mag. Im Innern, hinter der Giebeltür, entdeckte er unverkennbare Anzeichen von Vandalismus. Nach ihrem ersten Besuch hatten die Offiziere von einem goldenen Sarkophag und einem danebenstehenden Bett mit Decke, Teppichen und Purpurdraperien gesprochen. Der Mantel des Königs, seine Beinkleider, die blaugefärbten Tuniken, seine Halsbänder und Krummsäbel, seine edelsteinbesetzten Ohrringe waren damals alle auf dem Bett ausgelegt gewesen. Nun waren sie verschwunden. Der Sarkophag war aufgebrochen und die Gebeine des Cyrus waren achtlos auf den Boden geworfen worden.

Alexander, der sich seit langem als Erben des Cyrus proklamierte, war von diesem Mangel an Ehrfurcht zutiefst beunruhigt. Er ließ die Magier foltern, die traditionsgemäß für ein Benefiz von einem Schaf und einem Pferd für das monatliche Opfer das Grabmal bewachten, doch sie nannten keine Schuldigen. Die Untersuchung wurde fallengelassen. Der Historiograph Aristobulos erhielt den Befehl, die Wiederinstandsetzung zu überwachen, die königlichen Gewänder zu ersetzen und den Eingang mit Steinen und Lehm zu verschließen, auf die Alexanders Königssiegel gepreßt wurde. Er beschrieb im Verlauf seiner Arbeiten das Gebäude so exakt, daß Archäologen es zweitausend Jahre später erkennen konnten – er schrieb sogar eine griechische Paraphrase der Grabinschrift des Königs Cyrus. Auch begriff er, was wahrscheinlich hinter der Grabräuberei lag: »Es ist ganz sichtlich nicht das Werk des Satrapen«, schrieb er, »sondern das von Räubern, da sie zurückließen, was sie nicht leicht mit sich forttragen konnten. Es war ein Beispiel mehr für die aufrührerische Unruhe während Alexanders Abwesenheit in Baktrien und Indien.« Ein Makedone wurde dann – vielleicht zu Recht – für das Vergehen hingerichtet.

Aber auch dem Satrapen sollte bald die Stunde schlagen. Der Sproß der höchsten iranischen Aristokratenfamilie hatte die Herrschaft über Persien an sich gerissen, nachdem der von Alexander ernannte Satrap gestorben war. Es war ein eigenmächtiges Vorgehen und so machte er sich dann auf und zog dem Heer mit riesigen Gaben an Gold, Münzen, Pferden, Mobiliar und juwelengeschmückten Tischgeschirr entgegen, um sich für seine Selbstbestallung zu entschuldigen. Der Empfang verlief, wie er ihn sich erhofft hatte. Er durfte mit dem König von den Hügeln nahe Pasargadae nach Persepolis ziehen, wo er vielleicht am Leben geblieben wäre, hätten nicht die Bewohner und die Gebäude wider ihn gesprochen.

Er wurde für schuldig befunden, »die Heiligtümer und die königlichen Grabstätten geplündert zu haben«, die über der Terrasse von Persepolis liegen, und »viele Perser rechtswidrig ermordet« zu haben. Außerdem war er ein Usurpator in der einzigen gefährlich nationalistischen Provinz Asiens, und diese Anschuldigungen genügten, um ihn zu hängen. Bagoas übernahm die Rolle des Dolmetschers, vielleicht auch die des Anklägers. Der Satrapensitz wurde Peukestas übertragen, dem Offizier, der in Multan Alexander das Leben zu retten geholfen hatte, und der zum Dank dafür seither zur persönlichen Leibwache des Königs gehörte. Diese Ernennung muß in einer Provinz, in der die persischen Traditionen noch am nachhaltigsten gepflegt wurden, als taktvoll betrachtet werden; denn zur großen Zufriedenheit der einheimischen Bevölkerung trug er orientalische Kleidung und lernte persisch. Das Klima der Versöhnlichkeit währte an, Alexander verteilte auf seiner Reise durch die Provinz die traditionellen Geldgeschenke an die Frauen – ein Brauch, der die Zeit des Königs Cyrus wieder heraufbeschwor, der jedoch von jüngeren persischen Königen vernachlässigt worden war. Alexander äußerte auch sein Bedauern darüber, daß der königliche Palast in Persepolis in Flammen gesetzt worden war. Es war natürlich zu spät, die Folgen einer Frau und eines Festgelages rückgängig zu machen, doch die Ehrfurcht, die Alexander dem Gedächtnis des Cyrus erwies, läßt wohl darauf schließen, daß sich sein Mythos seit den frühen Tagen der Invasion stark gewandelt hatte. Wenn die Satrapen sich irgendwie etwas hatten zuschulden kommen lassen, dann lohnte es sich – wie im Falle der Generäle aus Hamadan –, dem Gefühl für Anständigkeit in ihren Untertanen zu schmeicheln. Und in den vorausgehenden dreißig Jahren hatte sich ein regierender Perserkönig nur selten in Persien blikken lassen.

Während Nearchos die Flotte ans andere Ende des Persischen Golfs brachte, leitete Alexander Nachschub für ihn in die Wege und zog dann von Persepolis nach Westen ab, um sich in Susa mit ihm zu treffen. Er traf Ende März dort ein, und hatte erneut Probleme mit iranischen Satrapen. Der örtliche Statthalter und dessen Sohn empfingen ihn. Beide hatten Darius bei Gaugamela gedient und hatten sich danach ihre Wiedereinsetzung von Alexander erkauft. Den Sohn ließ er hinrichten – manche Quellen geben an, er habe ihn mit seiner eigenen Sarissa durchbohrt –, der Vater wurde eingekerkert, da Alexander sich beschwerte, er hätte statt Bestechungsgeldern Nachschubslieferungen für die Armee bringen müssen, ein zu allen Zeiten gravierendes Versehen, das jedoch erheblich schwerer wog nach der Katastrophe von Makran, als die Statthalter alle Nachschubdepots längs der Hauptstraßen für den Durchzug des Heeres auffüllen sollten. Dieses Versehen und ein Verdacht auf Insubordination führten zur Hinrichtung des Mannes, und zur gleichen Zeit wurde der letzte der vier Generäle aus Medien – vielleicht berechtigterweise – für schuldig befunden, die Tempelschätze Susas geraubt zu haben. Spät kam die Strafe, doch sie kam.

Mit der Exekution in Susa fand die kurze Säuberungsaktion ihr Ende. Auch daran war nichts Neues. In den drei Jahren vor dem Einmarsch in Indien waren mehr Offiziere wegen eines Putschverdachts hingerichtet worden als in den Jahren nach Makran. Vier iranische Statthalter und vier iranische Thronprätendenten nebst ihren Anhängern hatte Alexander nach der Rückkehr aus der Wüste beseitigt; endlich hatte er auch den iranischen Missetäter zur Strecke gebracht, der lange Zeit vergeblich zitiert worden war, und Alexander war mit vier auffälligen Abtrünnigen aus Hamadan fertig geworden. Wichtig war ein Grundzug. Selbst bevor er nach Indien vorstieß, hatte sich Alexander mehr und mehr davon entfernt, die iranischen Satrapen des Darius zu verwenden, die er zu Beginn so bereitwillig empfangen und wiedereingesetzt hatte. Bereits im Sommer 326 v. Chr. waren sechs von ihnen vor Gericht gestellt und für unfähig befunden worden, und zwei hatten nie die Herrschaft in ihren Satrapien fest unter Kontrolle gehabt. Nach den neuerlichen Hinrichtungen behielten außer den indischen Radschas nur vier Männer weiterhin hohe Stellungen in den Provinzen. Einer davon war Roxanes Schwiegervater. Ein zweiter war der Greis Artabazos, Barsines Vater, dessen Befehlsgewalt auf eine sogdische Festung beschränkt blieb. Der dritte, Atropater, herrschte über die Wildnis im Norden Mediens wie über ein unabhängiges Herzogtum und wurde so denkwürdig, daß die Provinz nach ihm umbenannt wurde – Aserbaidschan. Der vierte, Phrataphernes, war die auffällige Ausnahme; der einzige Satrap, der Darius gedient hatte und dennoch seine Satrapie in Parthien nahe dem Kaspischen Meer behalten durfte, zeigte sich loyal genug, auf Alexanders Bitten aus Makran Kamele mit abgekochter Nahrung und seine beiden Söhne nach Kerman zu entsenden.

Andernorts hatten Europäer den Platz verdächtiger Iranier eingenommen, deren Vergangenheit im Dienste des Darius während der Abwesenheit Alexanders nun doch nicht zu großem Vertrauen berechtigte. Ein Thraker herrschte über Inder. Ein Zypriote regierte äußerst erfolgreich die konservativen, kampferprobten Stämme der Mutterprovinz der Arier. Der Makedone Peukestas war den Persern angenehm, weil er ihre Kleidung, ihre Bräuche und ihre Sprache annahm. In diesem Zeitabschnitt, so wird berichtet, sei Alexander rascher bereit gewesen, Anklagen Gehör zu schenken und auch kleinere Missetäter schwer zu strafen, weil er der Überzeugung war, daß sie bei unveränderter Einstellung fortfahren und schwerwiegendere Verbrechen begehen würden. Unter den gegebenen Umständen war dies klug, und es mag wirklich Anlässe gegeben haben, doch waren bereits in den vier Jahren nach Gaugamela überaus zahlreiche Höflinge auf bloßen Verdacht hin zum Tode verurteilt und hingerichtet worden. Und doch genügten zwölf rasche Verhaftungen, um dem Reich eine Ruhe zurückzugeben, die über die kurze, Alexander noch verbleibende Lebensspanne hinaus vierzig weitere Jahre dauerte, die namentlich unter seinen makedonischen Erben im Westen voll waren von eigensüchtigen Zänkereien. Die Magnaten hatten ihren Höhepunkt erlebt.

Danach sah alles so aus, als sei das Reich Dienstboten abgerungen worden. In der östlichen Hälfte Asiens verblieben die neuinstallierten Regenten während der nächsten acht Jahre größtenteils an der Macht und wurden als gute Herrscher gepriesen. Die Säuberungsaktion im Osten hatte also bemerkenswerte Ergebnisse. Es sollte mehr als siebzig Jahre dauern, bevor die makedonische Herrschaft in Asien in so vielen Provinzen erneut erschüttert werden würde, und auch dann zeigt sich eine beachtliche Ähnlichkeit in der Struktur des Aufstands und in den Provinzen selbst.

Doch im Frühling 324 v. Chr. hing das Schicksal des Westens noch in der Schwebe. Von Kerman aus gelangte die Nachricht von der Wiederkehr des Königs mit Windeseile bis zur Küste. In Babylon wird die Geschwindigkeit deutlich. Der Garnisonskommandeur der Stadt war zur Begrüßung Alexanders in die Nähe von Susa gezogen. Doch »da er sah, daß er (Alexander) seine Satrapen schwer strafte, sandte er einen Brief an seinen Bruder nach Babylon, der zufällig ein Seher war. Er bangte um seine eigene Sicherheit und fürchtete besonders den König und Hephaistion.« Der Seher bat um nähere Angaben, widmete sich dann wieder seinen Geschäften und bereitete eine bedeutungsschwangere Antwort vor. Inzwischen waren die Neuigkeiten weiter gereist. Im Frühsommer erreichten sie die Forts von Kilikien und den Saum der Ägäis. Harpalos, ein Schatzmeister des Reiches, vernahm sie mit Bestürzung und zog sich in die Privatgemächer des Kastells in Tarsos zurück, um seine Lage zu überdenken. Seine Vergangenheit war schuldbefleckt, und da er zur Zeit der Ermordung Parmenions Offizier in Hamadan gewesen war, wußte er, wie in Krisenzeiten mit einem Verdächtigen verfahren wurde.

Von allen makedonischen Offizieren, die für ihre Begeisterung für Ringkämpfe, ihre Trunksucht und ihre mit Silbernägeln beschlagenen Stiefel berühmt waren, ist keiner Alexander wesensverwandter als der Schatzmeister Harpalos. Alexander mochte ihn immer gern. Sie waren zusammen aufgewachsen, doch da Harpalos lahm war, konnte er nicht in den aktiven Militärdienst eintreten. Dennoch war er dem Heer gefolgt, und war kurz vor Issos – wahrscheinlich als Spion des Königs – in einer geheimnisvollen Mission von Kleinasien nach Griechenland zurückgekehrt. Nach der Schlacht bei Issos hatte er sich wieder dem Heer angeschlossen, und als Alexander seine ersten Münzen in Asien prägen ließ, war er zu einem der Heeresschatzmeister ernannt worden. Sein Verantwortungsbereich hatte sich mit der Kriegsbeute erweitert, und zwar dermaßen, daß man ihn drei Jahre später in Hamadan zurückließ, um die Gold- und Silberbarren des Perserreiches zu sammeln. Während Alexander sich nach Indien vorkämpfte, hatte Harpalos sich dem bequemen Leben in der Etappe gewidmet. Er schickte seinem König leichte Lektüre nach Osten. Er organisierte Ersatztruppen und überwachte die Depeschierung schneidiger neuer Rüstungen in den Pandschab. Einen Großteil seiner Zeit verbrachte er im heißen Babylon, wo er den Palast der Perser durch eine griechische Säulenhalle im Innenhof verbesserte, die frivole Stukkaturen aufwies. Als Landfremder hatte er auch Trost in den Gartenkulturen gefunden. Auf Alexanders Wunsch wurden auf den Terrassen der Hängenden Gärten von Babylon griechische Pflanzen heimisch gemacht. Harpalos brachte sie selbst an ihren neuen Standort. Allerdings behagte der heiße Sandboden den Efeupflanzen nicht, sie wollten einfach nicht wachsen.

Da er zwar ein reicher Mann, aber in seinen Gärten sehr einsam war, verspürte Harpalos das Bedürfnis nach weiblicher Gesellschaft, und sein Geschmack galt – wie der des Ptolemäos – vorzugsweise den athenischen Hetären. Durch Freunde erfuhr er von der erfahrenen Pythionike, die in Athen ihr Gewerbe betrieb; er sandte ihr eine Einladung, und wie Thais stach sie von Piräus in See, um ihr Glück im Osten zu suchen. Sie zu beeindrucken, ließ Harpalos es an nichts fehlen. Er ließ sogar seltene Fische aus dem fernen Roten Meer nach Babylon schaffen. Zwei oder drei Jahre lang lebten der Schatzmeister und das Sklavenmädchen glücklich in den Hängenden Gärten. Dann stellte Harpalos fest – trotz seiner Affären mit einheimischen Frauen –, er hatte sich verliebt. Pythionike gebar ihm eine Tochter. Doch zu dem Zeitpunkt, an dem Berichten zufolge Alexander den Indus hinabfuhr, war sie bereits gestorben und hatte ihren Geliebten alleingelassen, auf daß er ihrem Andenken gerecht werde. Und Harpalos war nicht der Mann, sie darin zu enttäuschen. Dabei jedoch war er in Skandale verwickelt worden.

Natürlich hatte Alexander in den griechischen Städten des Reichs Freunde, und diese Freunde, die vielfach seiner Gunst die Rückkehr in ihre Heimat verdankten, waren nicht eben schreibfaul. Auf der

Ägäisinsel Chios lebte der Pamphletist Theopompos, ein reicher Mann, der durch Griechenland wanderte, um der Geschichtsschreibung zu dienen, der jedoch die meisten Fakten, die er gesehen oder gehört hatte, nur verleumderisch kommentierte. Zwanzig Jahre zuvor hatte er kurz am Hofe Philipps in Makedonien geweilt, und für den König und seine Höflinge kam ihm die gemeinste Form der Beschimpfung gerade recht. Bald aber wendete sich das Blatt. Philipp war Herr über Griechenland geworden, Alexander Herr über die Ägäis und Asien. Theopompos erkannte, daß er Männern Dank schuldete, die Objekte seiner Schmähungen gewesen waren. Also schrieb er auf beide eine Lobeshymne, und als Alexander aus Indien zurückkehrte, unterbreitete er ihm einen sorgfältig abgefaßten Brief, in dem untertänigst gewisse, den Westen betreffende Themen behandelt wurden. Dazu gehörte auch das Verhalten des Harpalos.

Pythionike »war eine Sklavin und eine dreifache Hure, doch nun, da sie tot ist, errichtete er für sie zwei Gedenkstätten, die mehr als zweihundert Talente kosteten. Die eine steht in Babylon, die andere in Athen«, nahe der Heiligen Straße nach Eleusis, umrahmt von der Akropolis in der Ferne. Das Grabdenkmal sei so sehr viel größer als alle übrigen, so hätten sich Leute geäußert, daß ein uneingeweihter Fremder annehmen müsse, es sei zu Ehren des Perikles oder eines ähnlichen Helden der Vergangenheit errichtet. Ihr Sarg sei von einem ungewöhnlich großen Chor berühmter Musiker zum Grabe begleitet worden, und auf daß sie nicht vergessen werde, »hat dieser Mann, der vorgab, dein Freund zu sein, der Aphrodite Pythionike, der Göttin der Liebe, einen Tempel und einen Heiligen Hain gestiftet, wodurch er nicht nur der Rache der Götter Hohn spricht, sondern auch ähnliche göttliche Ehren verhöhnt, wie sie dir dargeboten werden.«

Das hieß nichts anderes, als daß Harpalos zu einer Zeit, da andere bereits dem König Alexander göttliche Ehren erwiesen, seine Mätresse unter die Unsterblichen versetzt hatte. Außerdem hatte Harpalos eine Mode begründet, denn künftig sollten königliche Mätressen häufig den Beinamen Aphrodite erhalten und in ähnlicher Weise verehrt werden.

Aber auch Göttinnen brauchen Ersatz. Harpalos wandte sich erneut an die Athener Bordelle, lockte die wohlbekannte Prostituierte Glykera in den Osten und verließ Babylon, um sie an der Küste Kleinasiens zu treffen. Sie zogen sich nach Tarsus zurück, wo »Glykera als Königin umjubelt wurde und das Volk sich in *proskynesis* vor ihr zu Boden warf. Es war verboten, dem Harpalos eine Ehrenkrone anzubieten, ohne ihr gleichzeitig eine darzubringen. In einer nahegelegenen Stadt stellte er ein Bronzestandbild für sie auf, statt für Alexander.« Seine Liebesaffäre hielt Harpalos in großer Entfernung von der Schatzmeisterei in Babylon fest. Da Tarsus ein bedeutendes Finanzzentrum war, mit einem bedeutenden Depot in der Nähe, konnte er sich immer noch den Anschein geben, als kümmere er sich um die Finanzen. Belege seiner Verantwortungslosigkeit lassen sich jedoch heute noch anhand einer Serie von seltenen Silbermünzen finden, die in Tarsus geprägt wurden, völlig von Alexanders Prägungen abweichen und auf die alten persischen Prägungen der Zeit zurückgingen, in der die Satrapen unabhängig gewesen waren. Nachdem Alexanders Statthalter das Recht auf eigene Silbermünze verloren hatten, bedeutete eine derartige Unbotmäßigkeit offene Rebellion. Doch je länger Harpalos mit seiner Geliebten tändelte, desto näher rückte sein König heran, der »König und Königin« in Tarsos nicht dulden würde.

Ob Alexander den Brief des Theopompos auf dem Marsch zu seinen persischen Palästen erhalten hat oder nicht, ist unerheblich. Aller Wahrscheinlichkeit nach traf der Brief später ein, doch selbst unter diesen Umständen wußte Harpalos, daß ihm dergleichen Dinge vorgeworfen werden konnten. Als in Tarsus die Nachrichten von der Säuberungsaktion im Osten und von der unnachgiebigen Stimmung des Königs eintrafen, hatte er allen Grund zur Besorgnis. Auch er war einst in Hamadan gewesen, und vier Generäle und sechshundert Mann von dort waren nun wegen unsoldatischen Betragens hingerichtet worden. Harpalos hatte zwei Brüder, doch der eine konnte bei Hofe nicht mehr für ihn eintreten, da er in Westindien zurückgelassen worden war, um dort seinen Tod als Satrap zu finden; der andere, Anführer der Bogenschützen, war entweder tot oder an der Grenze Makrans im Dienst. Schlimmer noch – der König näherte sich Babylon, und einmal ganz abgesehen von dem Denkmal für Pythionike, war seine Abwesenheit dort ein ausreichender Beweis für übles Verhalten. Durch seine beiden Mätressen verfügte er in Athen über gute Beziehungen und er hatte der Stadt während ihrer anhaltenden Hungersnot ein Pro-forma-Geschenk an Getreide gemacht, so daß die Stadt ihn aus Dankbarkeit zum Ehrenbürger Athens ernannte. Es war also keineswegs überraschend, daß er seine kleine Tochter nahm, Soldaten und Geld raffte, soviel er konnte, und sich über das frühsommerliche Meer nach Athen davonmachte.

Als die Nachricht Alexander – wahrscheinlich im Mai in der Nähe von Susa – erreichte, war er erstaunt. Harpalos, so berichteten zwei Boten, sei mit 6000 Söldnern geflohen, habe ebensoviele Talente mitgenommen und strebe auf Athen zu, um vermutlich die Bürgerschaft zu bestechen, ihn zu verteidigen. Alexander wollte das nicht wahrhaben und ließ die Boten in Ketten legen, die aber ihre Freiheit wiedergewannen, als sich ihre Botschaft bestätigte.

Es war diese erneute Bedrohung durch die Söldner, die Alexander schließlich veranlaßte, die Auflösung der übrigen Söldnertruppen unter dem Befehl der Satrapen anzuordnen. Doch Harpalos durfte nicht gleichermaßen mit leichter Hand behandelt werden. Er kannte zu viele makedonische Offiziere, und im Gegensatz zu Agis oder den persischen Admirälen verfügte er über ausreichende Geldmittel. Die regierende Königin Makedoniens, Olympias, als auch der rangälteste Statthalter der Küste Kleinasiens sandten eiligst Aufforderungen nach Athen, Harpalos zu verhaften. Athen hatte schon deshalb Grund zu zögern, und Alexander hatte inzwischen eigene Gründe, sich stärker für die Vorgänge in Griechenland zu interessieren.

Gleichzeitig mit der Nachricht von der Flucht des Harpalos hatte Alexander einen Brief aus Europa erhalten, nicht von dem entrüsteten Theopompos, sondern vom Rat der verbündeten griechischen Städte. Die griechische Politik während der Zeit seiner Abwesenheit ist zu undurchsichtig, als daß man ihr im Detail folgen könnte, doch die makedonische Vorherrschaft hatte eigentlich nur die allgemeineren Trends der vorhergehenden zwei Jahrhunderte verschlimmert. Seit Philipp Griechenland erobert hatte, hatte es vor dem Hintergrund einer siebenjährigen Dürre- und Hungerperiode Staatsstreiche und Gegencoups gegeben; Philipps Verbündetenrat hatte die Verbannungen und persönlichen Denunziationen nicht unterbunden, am allerwenigsten hinsichtlich der Aufstände von Theben und Sparta; denn es paßte den Makedonen recht gut, wenn ihre Feinde des Landes verwiesen wurden. Drei Jahre Unzufriedenheit in Sparta und die daraus resultierenden Schlachten im Jahr von Gaugamela hatten die wenigen Verbündeten Spartas den Repressalien Antipaters und seiner Generäle ausgesetzt, die selbstverständlich ihren Einfluß verstärkten, indem sie die ehemaligen Rebellen absetzten und an ihre Stelle Juntas setzten, denen sie glaubten trauen zu dürfen. Unsicherheit, neue Regierungen und ein großer Krieg bedeuteten natürlich wie immer, daß die besiegten Parteien ins Exil gehen mußten; von Antipaters Generälen konnten sie keine Hilfe erwarten, denn die hatten ja zu ihrer Vertreibung beigetragen, und die Delegierten von Philipps Griechenrat konnten oder wollten trotz der Klauseln vom »allgemeinen Frieden unter den Verbündeten« nicht intervenieren. Insgesamt streiften mehr als 20 000 Griechen heimatlos, wie so oft in den letzten fünfzig Jahren, durch das griechische Festland, und in Zeiten einer schweren Hungersnot konnte ihr Elend, wenn nicht zur revolutionären Triebkraft, so doch sehr wohl bedrohlich werden. Es ist anzunehmen, daß der Brief des Rats auf diese Gefahr hinwies, und Alexander unternahm als Gegenmaßnahme eine Intervention, die als die am meisten mißverstandene Maßnahme seiner gesamten Regierungszeit zu betrachten ist. Er sandte eine Proklamation zurück, in der unter vielen anderen Punkten befohlen wurde, daß die Verbannten aus seinen griechischen Bündnisstädten nach Hause zurückkehren sollten.

Dieser überraschende Befehl bewirkte eine Aufregung, die man noch heute in den Reden der griechischen Rhetoren spüren kann. Jede Stadt war auf unterschiedliche Weise betroffen, und man ist dazu verführt, die schärfsten Kommentare als die Summe der Reaktionen auf den Befehl zu betrachten. Das Verbanntendekret erscheint in dieser Hinsicht als äußerster Exzeß eines Despoten oder aber als Bemühung eines erschrockenen Tyrannen, das Gleichgewicht wiederherzustellen, das er selbst gestört hatte. Effektiv handelte es sich um ein lokales Problem, und das Dekret hielt sich im legalen Rahmen; die größere Mehrheit begrüßte es. Alexander gab nicht jeder einzelnen Stadt einen direkten Befehl, sondern erließ ein allgemeines Dekret, das den Regierungen die Freiheit ließ, es nach den örtlichen Gesetzen durchzuführen. In der Praxis spielte der Unterschied zwischen Befehl und Proklamation keine Rolle, da hinter dem Wort des Königs die Sarissa stand. Doch über den theoretischen Unterschied waren sich die griechischen Verbündeten einig geworden, als sie den Makedonen den Gehorsamsschwur leisteten, und Alexanders Nachfolger pflegten diesen Unterschied stets dann wieder zum Leben zu erwekken, wenn sie der liberalen Einstellung der Griechen zu gefallen wünschten. Denn theoretisch besaßen die Stadtstaaten das Recht, die Proklamation zurückzuweisen, genau wie andere »entsprechend ihrem eigenen Entschluß und ihren eigenen Gesetzen« gehorchten. Technisch wurde ihr Recht auf Autokratie durch eine Proklamation nicht verletzt, deren Inhalte durch Alexanders Vollmachten als Führer der Griechen gedeckt waren. Der Bündnisrat war zwar verpflichtet, »illegale Tötungen oder Verbannungen in Mitgliedsstädten« zu verhindern, doch war dieses Ideal angesichts Spartas Rebellion und der Sicherheitsvorkehrungen eines makedonischen Marschalls und seiner Generäle, die bekanntermaßen den Juntas günstig gesonnen waren, kaum in die Praxis umzusetzen gewesen. Es blieb Alexander vorbehalten, dem Führer des Bundes, zu intervenieren und die Eidesverpflichtungen seines Bündnisses zu wahren, genau wie er früher nach dem Krieg mit den Persern in der Ägäis bei den aufrührerischen Insel-Mitgliedern des Bundes interveniert hatte. Die Entschlossenheit seiner Intervention deutet nicht auf eine neue Tyrannei mit Methode, sondern auf das Gewicht der beschworenen Verfassung seines Griechenbundes. Dieses Gewicht und seine Vollmachten waren sicherlich extrem, doch ihre Konstitution vor vierzehn Jahren war nicht das Werk Alexanders, sondern seines Vaters Philipp gewesen.

Das Dekret beschränkte sich auf die verbündeten Stadtstaaten und auf jene Personen, die während des kurzlebigen griechischen Friedens in die Verbannung geschickt wurden: Eine parallel erfolgende Forderung, daß die örtlichen Bündnisse in Griechenland zerbrochen werden sollten, obgleich sie für Alexander äußerst günstig waren, war nicht weniger im Sinn des Versprechens der Bündnispartner, daß regionale Unabhängigkeit gewahrt bleiben müsse, eine Losung, die bereits Philipp gegen die Ligen und Machtkonglomerate eingesetzt hatte.

In den meisten Stadtstaaten wurde das Dekret begrüßt, doch hatte die Gerechtigkeit wie gewöhnlich ihre Finten. Alexander wünschte nicht, daß die Thebaner in die von ihm zerstörte Stadt zurückkehrten, und da der Bündnisrat ihre Zerstörung sowieso ratifiziert hatte, gab er sich keinen Skrupeln hin, Theben als ausgenommen zu erklären. Seine Absichten reichten jedoch tiefer als bis zu derartigen netten

Annehmlichkeiten für seine Person. Viele der von ihm wiedereingesetzten Familien waren früher seine Feinde gewesen, aber sie würden zum größten Teil ihre Einstellung ändern, um ihre Dankbarkeit für diesen äußerst einschneidenden unerwarteten Glücksfall, den ihnen ein Politiker versprach, zu beweisen: der Fall Theopompos – erst Verleumder, dann Lobredner – war dafür Beweis genug. Alexander konnte mit vollem Recht behaupten, daß nicht er die Schuld an der Verbannung der Vertriebenen trage, denn ihre eigenen Städte hatten dies durch ihre Dekrete bewerkstelligt. Zugleich jedoch konnte er – unter Mithilfe Antipaters, dem er weitere Instruktionen geschrieben hatte –, ihre Rückkehr als sein Wirken für sich buchen. In der Geschichte Griechenlands waren oft genug Verbannte wieder in ihre Bürgerrechte eingesetzt worden, doch nie zuvor war ein Mann mächtig genug gewesen, seine ehemaligen Feinde aus der Verbannung heimzuholen, im sicheren Bewußtsein, daß es ihm nützen werde; solch eine einschneidende Geste mußte ihm, besonders bei den schwächeren Stadtstaaten, Sympathien einbringen. Die rasche Durchführung war kompliziert, der Gehorsam manchmal schmerzlich, doch konnte niemand Alexander beschuldigen, er habe seinen Eid als Führer des Bundes gebrochen: Er wählte einen Adoptivsohn seines Lehrers Aristoteles und ließ ihn die Proklamation nach Griechenland bringen und Anfang August bei den Olympischen Spielen den versammelten Verbannten vorlesen. Sechs Jahre des Königtums über Asien hatten aus dem Führer der Griechen und dem Zerstörer Thebens seinen Verbündeten gegenüber nicht mehr einen Despoten gemacht, als er es zuvor gewesen war.

Dieses weitreichende Dekret hing mit der Entlassung der Söldnerheere der Satrapen in keiner Weise zusammen, die zu einem großen Teil aus Nichtgriechen, und kaum aus Verbannten bestanden; und keiner der Entlassenen berief sich je auf das Dekret, um nach Hause zurückzukehren. Ein Zusammenhang ist eher mit der Nachricht über die Flucht des Harpalos gegeben. Es war einfach besser, wenn 20 000 umherstreifende Griechen nach Hause zurückkehrten, bevor Harpalos sie bestechen konnte, besser auch deshalb, weil viele darunter von den Mittelsmännern Antipaters in die Verbannung getrieben worden waren. Außerdem würde das Dekret Athen, seinem Bestimmungsort, einen Schrecken einjagen. Einundvierzig Jahre lang hatten Athener sich auf Samos an Häusern und Ländereien erfreut, deren Eigentümer von der Insel verbannt worden waren. Aber jetzt sprach Alexander offen davon, daß »Samos den Samiern« zurückerstattet werden müsse, und nur diplomatische Rücksichten ihn davon abhielten. Die Verbannten hatten die Insel vor dem Regierungsantritt Philipps verlassen, also konnten die Athener einen Sonderfall geltend machen. Doch die geringste Unterstützung ihrerseits für Harpalos hätte ihr Argument entkräftet. Sie hätten natürlich um die Insel kämpfen können doch der größte Teil Griechenlands begrüßte das Dekret, und die Athener konnten den Krieg im Einzelgang nicht riskieren; das konnten sie sich zudem auch nicht leisten. Die Geschehnisse sollten beweisen, daß Alexander das Risiko haargenau einkalkuliert hatte. Als er im Frühsommer zum Palast in Susa zog, fühlte er sich deshalb sicher genug, über die Eintracht innerhalb seiner eigenen herrschenden Schicht nachzudenken und nach der Verwirrung aufbauenden Kräften freien Lauf zu lassen. Doch ehe er seine Pläne enthüllen konnte, beanspruchte Indien – zum letztenmal in Alexanders Leben – seine Aufmerksamkeit.

Kalanos, der hinduistische Gymnosophist, war die ganze Strecke vom Pandschab aus mit dem Heer gezogen. Nie war er krank gewesen. Doch das Klima in Persien hatte ihn geschwächt, und in seinem dreiundsiebzigsten Lebensjahr teilte er Alexander mit, er ziehe es vor zu sterben, als ein Invalide zu sein. Alexander versuchte ihm das auszureden, doch der Fakir blieb hartnäckig, man solle ihm einen Scheiterhaufen errichten. Ptolemäos wurde mit der Aufgabe betraut. An der Spitze einer langen Prozession wurde Kalanos in einer Sänfte zu seinem Sterbebett getragen. Er »trug Kränze im indischen Stil und sang Hymnen in indischer Sprache«. Goldene Trinkgefäße und Dekken waren zu seinem Empfang über den Scheiterhaufen gebreitet, doch er reichte sie seinen Anhängern. Dann stieg er auf den Scheiterhaufen und ließ sich vor dem ganzen Heer zurücksinken. Alexander »konnte nur schwer zusehen, was da einem Freund geschah«, und die übrigen Zuschauer »waren erstaunt, daß er in den Flammen überhaupt nicht zuckte«. Als der Scheiterhaufen zu lodern begann, ertönten Signalhörner. Das Heer brüllte seinen Kriegsruf, die Elefanten trompeteten schrill, als gehe es in die Schlacht. »Leiber kannst du von einem Ort zum anderen bewegen«, soll Kalanos an Alexander geschrieben haben, »doch Seelen vermagst du nicht zu zwingen, ebenso wenig wie du Ziegel und Stein zum Reden zwingen kannst.« Die Fortsetzung des Briefes wurde bequemerweise vergessen.

Zu Ehren des Kalanos ließ Alexander Spiele, ein musikalisches Fest und einen »Trinkwettstreit mit ungemischtem Wein« abhalten, sagte sein Zeremonienmeister, »weil die Inder dies so liebten. Die Geldpreise waren enorm, doch von den Trinkern starben fünfunddreißig unmittelbar an einer Erkältung, während weitere sechs noch kurze Zeit in ihren Zelten dahinsiechten. Der Sieger trank über dreizehn Liter, doch auch er starb vier Tage später.« Diese monströse Ausschweifung, zu der die Trinker nur allzu bereit waren, ist ein wertvoller Hinweis auf die Lebensgewohnheiten in Alexanders Umgebung. Sie stellt fast ein Urbild der Tragödien des folgenden Jahres dar.

Aber ein einziges Fest mit unseligem Ausgang konnte Alexander nicht von noch grandioseren abhalten. Seit der Zeit in der Wüste nahmen die Amüsements bei Hofe mit Recht gründlich zu. Nach dem Einzug in Susa verbreitete sich die Kunde, daß zur Mittsommernacht Hochzeitsfeierlichkeiten stattfinden sollten. In Ermangelung makedonischer Edelfrauen war es den Offizieren während den vorausgehenden zehn Jahren unmöglich gewesen, ein derartiges Familienfest zu feiern; Einzelheiten über Bräute erwarteten sie sicherlich mit Spannung. Bei der öffentlichen Ankündigung gab es allerdings Grund zum Erstaunen, die Bräutigame waren Alexander und die makedonischen Gefährten seines Hofstaats, die Bräute iranische Damen von Familie.

Von all den zahlreichen Festen Alexanders war dies am bemerkenswertesten. Der Mensch, der schließlich alle iranischen Männer aus seiner Regierung entfernt hatte, schickte sich an, über neunzig seiner Offiziere mit iranischen Frauen zu vermählen. Die prunkvollen Veranstaltungen wurden den Palastanlagen Susas gerecht. Wie Alexanders Zeremonienmeister schrieb, wurden zweiundneunzig Brautgemächer an ein und demselben Ort bereitgemacht. Eine Halle mit hundert Schlafgemächern wurde errichtet, in jedem das Bett für ein halbes Talent Silber mit Brautkleidern und Brautschmuck geziert. Alexanders Bett hatte goldene Füße. Seine persönlichen Freunde waren alle zum Hochzeitsempfang gebeten und saßen ihm und den anderen Bräutigamen gegenüber. Die übrigen Soldaten, Matrosen und die Gesandten fremder Länder wurden im äußeren Hof bewirtet. Die Festhalle wurde ohne Rücksicht auf Kosten geschmückt und mit prachtvollen Vorhängen und linnenen Tüchern und purpurnen und scharlachroten Teppichen mit Goldstickerei ausgestattet. Um das Zelt zu tragen, wurden dreißig Fuß hohe Säulen errichtet, mit Gold- und Silberplattierung und mit kostbaren Steinen verziert. Im Wandelgang um die ganze Festhalle, fast achthundert Meter im Umfang, waren teure Vorhänge an vergoldeten und silbernen Vorhangsstangen aufgehängt; der Stoff war von Tierfiguren und goldenen Fäden durchwoben. Die Gelage wurden wie üblich vom Klang der Trompete eingeleitet: Die Hochzeitsfeierlichkeiten dauerten fünf Tage lang ununterbrochen an. Unterhaltungskünstler sowohl griechischer als fremder Abstammung zeigten ihre Künste; bemerkenswert unter ihnen waren die indischen Zauberer und berühmte Künstler aus Syrakus, Tarent und Lesbos. Es wurden Gesänge und Vorträge geboten, und es gab Künstler auf der Laute, der Flöte und der Lyra; Schauspieler der Truppe des Dionysos legten dem König reichliche Geschenke zu Füßen, während seine Lieblingsschauspieler Tragödien und Komödien für ihn spielten. Die Rechnung für diese Massenhochzeit wäre eines Schahs würdig gewesen, doch wurde der Staatssäckel durch schmeichelhafte Geschenke teilweise entlastet, denn »die Ehrenkronen, die ihm die Gesandtschaften überreichten, waren einige 15 000 Talente wert«.

Die Hochzeiten selbst waren wohlüberlegt und wurden nach persischem Brauch geschlossen. »Für die Bräutigame waren Stühle aufgestellt, und nach dem Umtrunk traten die Bräute ein und ließen sich jede neben ihrem Gatten nieder, der sie bei der Hand nahm und sie küßte. Alexander machte den Anfang. Nie bewies er mehr Höflichkeit und Rücksicht gegenüber seinen Untertanen und Gefährten.« Die Vermählungen wurden der Rangfolge entsprechend vollzogen. Alexander nahm sich neben Roxane zwei neue Frauen, die ältere Tochter des Darius und die jüngste Tochter des vorherigen Königs Artaxerxes III. Die Tochter des Darius mußte nach allgemein makedonischen Brauch ihren Mädchennamen ablegen und sich fortan wie die Gattin des Darius Stateira nennen, die Alexander als seine Gefangene so ehrenvoll behandelt hatte und die im Kindbett gestorben war. Politisch war es ein vernünftiger Entschluß, gleichzeitig in die beiden Königshäuser Persiens einzuheiraten und einen Familiennamen fortzusetzen, doch spielte auch das Gefühl mit. Hephaistion wurde mit der jüngeren Tochter des Darius verheiratet, der Schwester von Alexanders neuer Gattin, »weil Alexander wünschte, daß die Kinder Hephaistions seine eigenen Neffen und Nichten sein sollten«, ein seltener Einblick in die enge Bindung zwischen den beiden Männern.

Andere Vereinigungen waren nicht weniger paradox. Viele Bräute waren der griechischen und persischen Praxis gemäß wahrscheinlich noch Kinder, doch dienten die Verbindungen einem ausgeklügelten Plan. Ptolemäos wurde Schwager des griechischen Sekretärs Eumenes, den er schon bald verabscheute; Eumenes und Nearchos wurden durch die Hochzeit mit Töchtern der ersten Mätresse Alexanders, Barsine, Stiefschwiegersöhne des Königs; diese Töchter waren selbst Halbgriechinnen und deshalb für den Zweck bestens geeignet. Seleukos, der Kommandeur der Schildträger, ehelichte die Tochter des Spitamenes, eines rebellischen Feindes Alexanders, eine Verbindung mit weitreichenden Folgen. Doch die ironischen Begleitumstände dieser Hochzeiten verminderten die festen Absichten Alexanders in keiner Weise. Nach einer Zeit schwerer Unruhen im Reich wünschte er die Griechen und den makedonischen Adel an sich zu binden, aus deren Reihen von nun an die meisten seiner Statthalter hervorgehen sollten, und sie mit den Kindern der einheimischen Aristokratie zu verbinden, an deren Stelle sie getreten waren. Genau wie die persischen Höflinge einst Meder und Babylonier geheiratet hatten, sollten nun auch die Makedonen aus politischen Gründen die Töchter loyaler Perser ehelichen. In Susa hatte Alexander die Familie des Darius zurückgelassen, auf daß sie während seines Zuges nach Iran und Indien Griechisch lernte, und als er sie auf seinem Rückmarsch besuchte, merkte er mit Befriedigung, daß sie sich für eine zukunftsträchtige Vermählung eigneten. Nach zwei Jahrhunderten des Zerwürfnisses zwischen Persien und Griechenland war diese bewußte Verschmelzung beispiellos. Die Vermählungen wurden öffentlich gefeiert und waren mit der für Alexander typischen Mischung aus Vorbedacht und Instinkt für Effekt arrangiert worden; auch die gemeinen Soldaten durften teilnehmen. In Ermangelung von makedonischen Frauen hatten sich die Truppen während des Feldzugs asiatische Mätressen zugelegt, und eine Untersuchung ergab, daß sie sogar nach dem Marsch durch Makran noch zehntausend an der Zahl waren. Jeder Soldat erhielt nun wie die adeligen Bräutigame eine königliche Mitgift als Anerkennung für die Teilnahme am Feldzug, und die asiatische Mätresse wurde jeweils offiziell als Ehefrau legitimiert.

Eine derartige Verordnung wirkte sich in mehrfacher Weise aus. Den Frauen mußte sie am meisten nutzen; denn waren sie erst einmal legitime Gattinnen, so würden ihre Kinder anerkannt werden müssen, und die Männer konnten sie nicht mehr ganz so leicht verlassen oder sie durch Frauen höheren Standes ersetzen. Doch Alexander wendete natürlich nicht riesige Summen zur Mitgift auf, nur um den Kindern seiner Soldaten zur Legitimität zu verhelfen. Es wäre ihm sogar lieber gewesen – wie sich bald zeigen sollte –, wenn die kommende Generation aus Bastarden bestanden hätte, die sich an niemanden außer an ihren König wenden konnten. Es kam ihm vielmehr darauf an, daß diese Frauen Asiatinnen waren, so wie die Bräute seiner Gefährten Iranerinnen waren. Die Vermählungen stellten den Versuch dar, seine Untertanen in ein Reich einzubeziehen, dessen Satrapenämter ihnen größtenteils genommen waren. Asiatinnen hatte man als Mätressen gewählt, weil es keine anderen Frauen gab, doch nun erhob Alexander sie zu einer Stellung, der sich die griechischen Kolonien stets heftig widersetzt hatten. In den Griechenstädten des Auslands waren Kinder aus Verbindungen mit Barbarenfrauen in den wenigen bekannten Fällen nie als Bürger anerkannt worden. In den Militärkolonien, wo Familien Königsland als Entgelt für geleistete Heeresdienste innehatten, läßt sich nach Alexanders Tod feststellen, daß die Griechen und Makedonen eher die eigenen Schwestern und Enkelinnen heirateten, als daß sie ihren Besitz mit einer einheimischen Frau geteilt hätten. Nur im asiatischen Binnenland, wo es keine andere Wahl gab und weniger auf dem Spiel stand, waren während der nächsten Generationen unter den Diadochen Mischehen allgemein üblich. Der strittige Punkt betraf mehr Standesempfinden als Rassenvorurteile. Ein wichtiger Punkt war es trotzdem. Alexander wußte, daß es ihm nur durch die Mitgift als Bestechungspreis möglich sein würde, Mischehen in einem Umfang zu legalisieren, wie dies nie wieder versucht werden sollte. Unter den Offizieren waren alle über die Ehre erfreut, obschon einige wenige unwillig darüber waren, daß ihre Bräute Orientalinnen sein sollten. Keiner jedoch wagte abzulehnen.

Es war ein Augenblick großartiger Ritterlichkeit, doch im Hintergrund lauerte etwas, das immer noch virulent werden und alles verderben konnte. Seit dem Sommer des vorhergehenden Jahres war Alexander entschlossen, seine makedonischen Veteranen nach Hause zu schicken, und er hatte sie aus eben diesem Grund isoliert. Sie waren durch das Helmandtal aus Indien zurückmarschiert, und da sie so vor Makran verschont blieben, hatten alle zehntausend überlebt und nun waren sie den sonst überlebenden Makedonen im Verhältnis zwei zu eins überlegen. Alter und Tauglichkeit ließen es nach wie vor sinnvoll erscheinen, sie zu entlassen, doch zu einem Zeitpunkt, als Alexander seine Gefährten mit Iranerinnen vermählte und die Mischehen seiner Truppen legalisierte, mußte die Verabschiedung neue schmerzliche Ressentiments verursachen. Irgendwie mußten sie aber dazu gebracht werden, nach Hause zurückzukehren. Die Zukunft hatte keinen Platz mehr für sechzigjährige Männer, die die orientalischen Pläne ihres Königs nur zu oft mißbilligt hatten. Nichts ist gefährlicher als die Offenherzigkeit alter Freunde, besonders wenn es Rangfragen betrifft. In den nächsten Wochen sollte sich zeigen, ob solche Offenherzigkeit Konflikte heraufbeschwören konnte und ob den Veteranen Alexanders gelingen würde, was Satrapen, Verbannten und Söldnern bereits mißglückt war: ihn zu stürzen.

30 DER TOD DES FREUNDES

Aus Furcht vor seinen Veteranen gab sich Alexander wieder einmal großzügig. Das war seine älteste Taktik. Am Beasfluß hätte sie ihn beinahe gerettet. Die Hochzeitsfeierlichkeiten in Susa waren das verschwenderischste Schauspiel seiner Laufbahn, und die Gäste hatten es zweifellos genossen. Doch die einfachen Soldaten brauchten eine etwas größere Belohnung als die Mitgift für ihre Konkubinen.

Als Ausgleich zu den Festlichkeiten für die Offiziere verkündete Alexander, daß er die Schulden seiner ganzen Armee bezahlen wollte. Er war vermutlich mit den Soldzahlungen in Rückstand, da er auf keinen Fall genügend Münzgeld mitgeführt haben konnte, um in Indien die Soldzahlungen auf dem laufenden zu halten. Aber Alexander dachte nicht nur an den ausstehenden Sold. Seine Soldaten hatten wohl auch Kredit aufgenommen bei den Marketendern, bei Frauen und solchen Proviantmeistern, die nicht in Naturalien bezahlt wurden; und diese Schulden mußten bezahlt werden, sofern die Gläubiger überlegt hatten, sie einzufordern. Zunächst argwöhnten die Männer, dies erstaunliche Angebot diene nur als Vorwand, um in ihren Schulden herumzuschnüffeln. Als ihnen jedoch versichert wurde, daß ihre Namen nicht notiert werden würden, fanden sie sich bei den Zahlmeistern des Heeres ein. Alexander soll gesagt haben: »Ein König darf niemals davon abweichen, seinen Untertanen die Wahrheit zu sagen«, soll Alexander erklärt haben, »und ein Untertan darf niemals denken, daß sein König anderes als die Wahrheit spricht.« Dies war eine aufschlußreiche, wenn auch nicht eben eine taktvolle Bemerkung. Nur eine einzige Monarchie der Antike betonte die Tugend der Wahrhaftigkeit, die persische. Nach ihrer Kleidung hatte Alexander nun auch offen ihre Ideale übernommen. In einer Zeit, da das Orientalische um Alexander allzu deutlich hervortrat, konnten seine Worte den Veteranen kaum gefallen.

Ergebnis seines Versprechens war die ungeheure Abschreibung von etwa 10 000 Talenten, also etwa zwei Dritteln der jährlichen Schatzeinnahmen des Perserreiches auf seinem Höhepunkt. Neben dieser großzügigen Geste gab es die üblichen Belohnungen für Kampfgeist und Verdienste im Wettstreit; denn Alexander wußte sehr wohl vom Wert der Orden. Nearchos, Peukestas und andere Leibwächter, die den König bei Multan gerettet hatten, sowie Leonnatos, der die Oreitaner geschlagen hatte, wurden in einer öffentlichen Feierlichkeit mit Goldkränzen geehrt. Der König demonstrierte seine Großmut. Dann traf im Lager eine neue Gruppe ein, die seine maßvollen Bemühungen um Harmonie sofort zunichtemachte.

Aus den Alexandrias und den Stammesdörfern im Iran erschienen in Susa 30 000 junge Iranier. Sie trugen makedonische Kleidung und waren im makedonischen Kampfstil ausgebildet. Vor mehr als drei Jahren hatte Alexander in der Nähe von Balkh diese Truppe auszuwählen und auszubilden befohlen, doch einen explosionsgeladeneren Augenblick hätte es für ihre Ankunft nicht geben können. Als sie vor der Stadt prahlerisch ihren militärischen Drill zur Schau stellten, verbreitete sich rasch das Gerücht, Alexander habe sie als seine Nachfolge bestimmt, und es gab Tatsachen, die solchem Lagergerede Munition liefern konnten. Die Kavallerie seiner Kampfgefährten war fast vollständig mit Alexander durch Makran gezogen und hatte nahezu die Hälfte der Reiter verloren. Makedonischer Ersatz war nicht verfügbar gewesen, also hatte Alexander die Truppe durch ausgewählte Iranier ergänzt, die bislang in anderen Einheiten gedient hatten. Nach der Katastrophe entstanden vier dieser neuen gemischten Schwadronen; eine fünfte setzte sich in auffallendem Maße aus Orientalen zusammen. Nicht einmal das Königliche Bataillon bildete eine Ausnahme. Die geachtetsten Asiaten – Männer wie Roxanes Bruder oder die Söhne des Mazäos und Artabazos – wurden in seine exklusiven Reihen aufgenommen und erhielten an Stelle ihrer einheimischen Wurfspieße makedonische Speere. Vom militärischen Standpunkt aus betrachtet, war die iranische Kavallerie so tüchtig, daß der König sich nichts Besseres wünschen konnte. Doch nicht ihre Fähigkeit war das Problem. Man hatte sie in die reinste makedonische Clique eingelassen. Es war, als hätte ein britischer General indische Sepoys in die Grenadier Guards aufgenommen, und wie die meisten hochherzigen Neuerungen war auch sie von Anfang an unpopulär.

Der gewöhnliche Soldat haßte, was er da sah. Erste Anzeichen dieser Entwicklung hatte er bereits seit langem beobachtet: Alexanders wenn auch gemäßigte persische Tracht; seine Zeremonienmeister; die persischen »Gefährten« und die Proskynese, die er zumindest von Orientalen verlangte. Doch solange sein Rang im Heer gesichert war, regten diese leichten Neuerungen den gemeinen Mann nicht so sehr auf, daß er gegen sie rebelliert hätte. Er erfreute sich seiner orientalischen Geliebten, und letzten Endes war der Osten eine Quelle sagenhaften Reichtums. Doch sobald bei ihm der Argwohn kam, daß er abgeschoben werden sollte, erschien ihm plötzlich alles, was Orient bedeutete, als gefahrbringend und widerlich. Seine Konkubine war inzwischen seine legale Ehefrau. Die Atmosphäre der persischen Eheschließungen des Königs gefiel ihm so ganz und gar nicht. Er verlor alle Vernunft, verübelte es Peukestas, daß er sich in der Mutterprovinz Persiens dem persischen Lebensstil hingab, als ob der ein besonderes Vorrecht wäre. Er begann zu murren. Er fürchtete die »Nachfolger und Erben« wegen der in diesem Namen enthaltenen Implikationen – was wußten denn diese Leute von der Hungerzeit im Hindukusch, von den Elefanten im Pandschab oder von den Sanddünen in Makran?

Kurzfristig konnte sich Alexander der Konfrontation entziehen, indem er nach Westen weiterzog. Wie seine Veteranen marschierte auch er noch immer in die allgemein heimatliche Richtung, und die Berichte über die letzte Strecke der Seereise Nearchos' den Persischen Golf hinauf hatte sein Interesse an den Wasserwegen von Susa aus geweckt. Er entdeckte, daß er den Fluß Pasitigris hinuntersegeln, dann zum Meer oder zu einem Verbindungskanal vorstoßen und die Tigrismündung aufwärts zurückfahren konnte, bis er wieder auf die Königsstraße gelangte. Der Gedanke gefiel ihm, und deshalb kommandierte er seinen frischgebackenen Schwager Hephaistion ab, die Truppen auf dem Landweg herzuführen, während er selbst sich aufmachte, mit der Flotte seine Idee zu verwirklichen. Der Pasitigris war relativ bequem schiffbar, und Alexander hatte Gelegenheit, die Bewässerungsmethoden der Gegend zu inspizieren. Der Tigris allerdings war unschiffbar, weil zahlreiche Wehre ihn blockierten, »da die Perser, selbst miserable Seeleute, sie in unregelmäßigen Abständen errichtet hatten, um zu verhindern, daß irgendwelche Schiffe stromaufwärts führen und das Land unterwürfen«. Alexander sagte, daß derartige Anlagen einer siegreichen Armee unwürdig seien, und er lieferte sogleich den Beweis ihrer Nutzlosigkeit, indem er mit Leichtigkeit die Sperren überwand, die die Perser so begierig aufrecht zu erhalten bemüht waren.

In der Tigrismündung konnte Alexander sich etwas erleichtern. Die Perserkönige hatten am Zusammenfluß des Dur-Ellil-Kanals mit der östlichen Tigrismündung zweihundert Jahre zuvor eine königliche Garnison gegründet und karische Siedler, Landsleute des Seemanns Skylax, dort heimisch gemacht, die folglich für die maritimen Aufgaben im Persischen Golf bestens geeignet waren. Die Garnison war verfallen, und Alexander fühlte sich geneigt, eine neue Siedlung zu errichten. Da Nearchos den Persischen Golf erforscht hatte, konnte doch eine Stadt an der Tigrismündung sehr wohl die ehemaligen Aufgaben der karischen Seeleute übernehmen und als Hafen für die Schiffsgüter und Händler aus Indien dienen. Die Abkömmlinge der karischen Garnisonsbesatzung wurden als Kolonisten angeworben, und man gesellte ihnen so viele Heeresveteranen zu, als ohne Aufsehen möglich war. Wieder einmal wurde nahe einem alten orientalischen Außenposten ein Alexandria gegründet, und wieder einmal sollte es die Erwartungen ihres Gründers erfüllen. Das neue Alexandria wurde nach kaum hundert Jahren von Flutkatastrophen zerstört, doch griechische und parthische Könige errichteten den Ort zweimal aufs neue, und er entwickelte sich schließlich zum bedeutendsten Hafen für den kleinasiatischen Handel mit Indien. Der römische Kaiser Trajan besichtigte ihn, und tausend Jahre nach der Gründung durch Alexander hielten die Araber den Hafen noch immer instand. Erst kürzlich wurde sein klares Parallelogramm von Straßen und Häusern – als wäre es der Grundriß eines Armeelagers – von einem britischen Aufklärungsflugzeug entdeckt. Alexandria sollte – wie es ihr Initiator beabsichtigte – seinen Nachruhm am sichersten garantieren.

Nachdem Alexander also einige hundert Veteranen in seiner neuen Stadt losgeworden war, segelte er den Tigris hinauf, wobei er die Wehre entfernen ließ und seinen Landvermessern die Möglichkeit bot, die Länge des Flusses auszumachen. Bei Opis, an der Flußbiegung südlich des heutigen Bagdad, unterbrach er die Reise, um sich mit Hephaistion und dem Landheer zu treffen. Hier ließ sich sein Problem nicht länger beiseiteschieben. Von dieser Stelle an mußte er sich von den Veteranen trennen; ihre Wege gingen auseinander; denn Boote konnten unmöglich weiter den Tigris hinauffahren, und bei Opis bot das Straßennetz eine Ausweichmöglichkeit. Er konnte entweder westlich nach Babylon vorstoßen oder die große Königsstraße nach Osten, nach Medien und Hamadan, nehmen. Babylon mußte bei dem spätsommerlichen Wetter unerträglich heiß sein, und so entschloß sich Alexander wie einst die persischen Könige zu einem Besuch in Medien, um die Kühle der Jagdhütten Hulwans zu genießen. Hätte er die Veteranen mitnehmen wollen, sie hätten kehrtmachen und sich in eine der Heimat genau entgegengesetzte Richtung bewegen müssen. Sie sollten aber nach Westen weiterziehen, und in Opis wurde nun das Dilemma in aller Offenheit deutlich.

Seit Susa und dem Erscheinen der »Nachfolger« waren die Truppen ständig mürrisch und unzufrieden. In Opis rief Alexander sie zusammen und erklärte, daß die dienstalten und invaliden Soldaten nach Makedonien entlassen würden. Sie sollten großzügig belohnt werden, »so daß sowohl ihre Freunde zu Hause als auch ihre weiterhin dienenden Kameraden sie beneiden und ihnen nacheifern würden«. Ein schlimmeres Echo fand keine Deklaration in Alexanders ganzer Laufbahn. Die Truppen tobten und brüllten ihn nieder.

»Kämpfe nur weiter«, so sollen sie ihm zugerufen haben, »mit deinem Vater zusammen«, – auf den ägyptischen Ammon, nicht seinen leiblichen Vater Philipp verweisend –, »aber wenn du die Veteranen entläßt, dann mußt du uns alle entlassen.« Da die Schmähreden von Meuterern nie genau aufgezeichnet wurden, gibt es abweichende Darstellungen – doch ob die Soldaten nun auf Ammon angespielt hatten oder nicht, ihre Gehorsamsverweigerung wurde barsch aufgenommen.

In Begleitung seiner engsten Vertrauten sprang Alexander vom Podest und nannte diejenigen Unruhestifter, die er verhaftet wissen wollte. Dreizehn Männer wurden ergriffen und zum Tode geführt. Dann stieg Alexander erneut auf das Podest und hielt eine seiner überwältigenden Ansprachen und begab sich daraufhin zurück ins königliche Quartier, schloß sich ein und weigerte sich, auch nur einen seiner Gefährten zu empfangen oder sich um sich selbst zu kümmern.

Wir wissen von keinem seiner Offiziere, der die Meuterei beschrieben hätte, aber über den strittigen Punkt kann kein Zweifel bestehen. Niemand klagte darüber, Alexander habe das Maß oder die Fähigkeit verlassen, sein Reich zu regieren. Für seine Soldaten war er nicht der mißtrauische Tyrann geworden, den Moralapostel gern in ihm sehen möchten. Gewiß, sie brüllten ihn nieder, aber nicht weil er sie nach Makran geführt hatte oder weil er sie zu weiteren Schlachten führen würde, sondern weil er versuchte, sie von einer Zukunft auszuschließen, die er – und das wußten sie genau – immer noch anzubieten hatte. Es handelte sich nicht um einen Aufstand von Männern, die nach Hause drängten; denn nach einem zehnjährigen Aufenthalt in Asien hatten die heimatlichen Marschen von Obermakedonien selbst ihre geringen Reize verloren. Die ehemaligen Schafhirten hatten eine viel, viel reichere Welt kennengelernt und sie plündern dürfen. Sie wollten sich das keineswegs nehmen lassen. Sie dachten gar nicht daran, all das einem Korps orientalischer »Nachfolger« und einer gemischten Brigade persischer Kampfgefährten zu überlassen, da es ja vollkommen fähige Makedonen gab – so meinten sie jedenfalls –, die statt dessen weiterkämpfen konnten. Es war die Meuterei von Leuten, die sich gegen Veränderung sperrten. Wäre ihnen nämlich der Glaube an Alexander verloren gegangen, so hätten sie ihn trotz seiner Leibwächter und aller sonstigen Vorsichtsmaßnahmen in dem Augenblick ermorden können, als er von dem Podest heruntersprang. Doch sie taten nichts dergleichen – weil sie ihn brauchten.

Alexander allerdings betrachtete die Sache anders. Viele der Männer, die er ins Zivilleben zu entlassen wünschte, waren über sechzig, ja sogar siebzig Jahre alt. Zum großen Teil waren sie dienstuntauglich. Sie waren prinzipiell gegen Veränderungen eingestellt. Wenn Alexander hätte wissen können, daß diese Männer zurückkehren und nach seinem Tode das Schlachtfeld beherrschen würden, er hätte vielleicht gezögert. Doch in Opis dachte er nur an seine persönliche Zukunft, und dafür waren altgediente Männer von zu kurzfristigem Nutzen. Für seine ehrgeizigen Pläne reichte der makedonische Nachschub kaum aus, obwohl er diese Quelle in den letzten sieben Jahren nicht hatte anzapfen können, und so erscheint es durchaus sinnvoll, daß er seine reichen orientalischen Reserven benutzte, um die in Makran gedemütigte Armee wieder auf volle Stärke zu bringen. Allein die Provinz Persien verfügte über mehr kriegsdiensttaugliche Männer als im neuen Makedonien jemals unter dem Kommando seines Vaters gestanden hatten, und Alexander konnte sie durch einen Ruf zu den Waffen dazu zwingen, sich an den Gewinnen wie an der Verantwortung des Eroberungsfeldzugs zu beteiligen. Die Vermählungszeremonien in Susa, seine iranischen Kampfgefährten und Nachfolger sind ein Beweis dafür – und das spricht für ihn –, daß er sehr wohl erkannte, wo die herrschende Klasse der Zukunft sich befinden mußte. Er wünschte keinen Hofstaat ausschließlich aus Makedonen, doch ebensowenig wollte der Gleichheit und Brüderschaft unter den Menschen herbeiführen. Er wollte einzig und allein »aus den besten Rekruten auswählen dürfen, ob sie nun Griechen, Makedonen oder Barbaren« waren, ganz gleich. Das Aufflammen eines Nationalgefühls bei den von ihm eroberten Völkern ließ sich am besten durch die Aufforderung an ihre Führer verhindern, an seiner Regierung teilzunehmen.

Das Heer hatte ihn unter Druck gesetzt. Die Soldaten glaubten, er werde es niemals darauf ankommen lassen, daß sie ihre Drohung in die Tat umsetzten. Doch Alexander war eben Alexander, und es dauerte gar nicht lange und er verkündete, er täte es eben doch. Die Soldaten hatten ihm mitgeteilt, sie würden ihn samt und sonders verlassen und ihn seinen neuen iranischen Freunden überlassen, falls auch nur ein Veteran entlassen werden sollte. Nach einem unheilschwangeren Schweigen vom Königszelt verbreitete sich die Nachricht, daß künftig die Iraner seine perfekte und völlig ausreichende Armee bilden sollten. Es sollte iranische Schildträger, Berittene Kampfgefährten, Kampfgefährten zu Fuß und Königliche Reiterschwadronen geben. Die Heereskommandos sollten sorgfältig ausgewählten Orientalen anvertraut werden, die als dem König gleichrangig behandelt werden würden und darum auch das traditionelle Privileg genießen sollten, ihn durch einen Kuß zu begrüßen. Zwei Tage lang nach der Ankündigung hielt sich Alexander noch in seinem Zelt verborgen, empfing nur seine iranischen Offiziere, vertraute Gefährten und Leibwachen. Es war ein kühner Bluff. Doch wenn die Truppen halsstarrig geblieben wären – Alexander hätte seine Gegendrohung zweifellos wahrgemacht.

Ihre Rädelsführer waren tot, der Sold in Gefahr. Die Truppen zauderten unter dem Schock von Alexanders neuer Ankündigung. Die Lage war anders als bei der Meuterei am Beas. Auch dort hatte Alexander gedroht, er werde ohne sie weitermarschieren, doch sie hatten damals um ihre Unentbehrlichkeit gewußt. Diesmal hatten sie ihn herausgefordert, sie zu entlassen, und er hatte nur zu deutlich zu verstehen gegeben, er sei dazu bereit. Schlimmer noch, er pflegte ungehemmt Umgang mit Iranern und ernannte Männer zu Offizieren, die zu strafen er früher gekommen war. In dieser bedrohlichen Situation bekamen es die Männer mit der Angst zu tun. Sie taten alles, um ihre Zukunft zu retten:

»Sie rannten zum königlichen Quartier und warfen vor dem Eingang ihre Waffen zu Boden, zum Zeichen ihrer inbrünstigen Bitte an ihren König. Dann blieben sie stehen und begannen zu rufen, man möge ihnen Zutritt gewähren. Sie versprachen, die Rädelsführer der Meuterei preiszugeben. Weder am Tag noch bei Nacht wollten sie vom Eingang weichen, bis Alexander sich ihrer erbarmt habe.«

Nicht zum letztenmal in der Geschichte hatte eine Gruppe von Agitatoren eine Mehrheit in eine Situation manövriert, auf die sie sich schließlich am liebsten gar nicht eingelassen hätte.

Alexander »trat rasch aus dem Zelt, und als er ihre flehentliche Haltung sah und hörte, wie viele von ihnen weinten und wehklagten, traten auch ihm die Tränen ins Auge«. Ein älterer Hipparch der Berittenen Kampfgefährten trat vor, um die Bitten der Männer vorzutragen. Perser, sagte er, seien zu Alexanders Königlichen Verwandten ernannt worden und besäßen das traditionelle Recht, den König zu küssen, doch »keinem Makedonen sei bislang diese Ehre zuteil geworden«. Alexander erwiderte, von diesem Tag an werde er sie alle seine Verwandten nennen, in der besten Tradition makedonischer Könige weitete er einfach einen Titel aus, um ihnen eine Freude zu bereiten. Daraufhin »trat der Hipparch zu ihm hin und küßte ihn, wie auch viele andere, die desgleichen zu tun wünschten. Dann nahmen sie ihre Waffen auf, riefen und stimmten den Siegespäan an, während sie in ihr Lager zurückzogen«. Herr des Augenblicks, krönte Alexander seinen Erfolg klug mit einem Fest. Er brachte den üblichen Göttern, also auch Ammon, Opfer dar und kündigte ein öffentliches Bankett für die Senioren des Hofes und des Heeres an.

Dieses Bankett wurde mit dem unnachahmlichen Stilempfinden Alexanders vorbereitet. Auf dem Gras wurde eine Festtafel aufgestellt. Seine dienstältesten Makedonen saßen um ihn herum. Im äußeren Kreis saßen die Iraner. Noch weiter außen saßen vornehme Vertreter anderer Stämme des Reiches. Es war ein grandioses Schauspiel der Freude und religiösen Rituale. Griechische Priester und persische Magier hielten Zeremonien und beaufsichtigten die Trankopfer, die Alexander und die Männer um ihn gemeinsam darbrachten, wobei sie ihren Wein aus ein und demselben großen Mischkrug schöpften. Die äußeren Zirkel taten es ihnen nach, bis schließlich die gemeinsame Tafelfreude durch ein Gemeinschaftsgebet abgerundet wurde. Alexander betete in ihrer Mitte um »weitere Segnungen und um Eintracht zwischen Makedonen und Persern und eine gemeinsame Herrschaft beider über das Reich«. Alle Gäste – es waren ihrer neuntausend – brachten unter Triumphgeschrei ein gemeinsames Trankopfer dar.

In diesem denkwürdigen Augenblick gehörte der Triumph eindeutig Alexander. »Bald darauf verließen ihn alle Makedonen, die zu alt oder kampfunfähig waren, doch nun aus freien Stücken. Es waren über zehntausend Mann. Alexander gab ihnen den vollen Sold, nicht nur für die geleistete Dienstzeit, sondern auch für die Dauer ihrer Heimreise. Zusätzlich schenkte er ihnen eine Gratifikation von einem Talent.«

Bei ihrer Ankunft in Makedonien wären sie reich genug, um eine höhere Stellung in der Gesellschaft einzunehmen, als sie sich zehn Jahre zuvor erträumt hätten. Eine Gratifikation von einem Talent bedeutete mehr als der fünfzehnfache Jahressold eines gemeinen Soldaten, und zu den Gratifikationen kamen noch indisches Beutegut und die orientalischen Juwelen hinzu. »Wenn sie von ihren asiatischen Weibern Kinder hatten, sollten diese bei ihm zurückbleiben, auf daß sie nicht Streit und Hader zwischen Fremden und fremden Kindern und den einheimischen Familien und Weibern, die sie zu Hause zurückgelassen hatten, nach Makedonien brächten.« Diese verlorenen Schafe waren danach völlig auf Alexander angewiesen, da ihre Mütter nicht länger als legale Ehefrauen anerkannt waren und weil nach griechischem Gesetz die Kinder nicht anerkannter Mütter als illegitim galten. Außerdem waren sie im Lager aufgewachsen, und Alexander versprach, dafür zu sorgen, daß sie eine makedonische Erziehung erhalten und besonders für den Kriegsdienst ausgebildet werden sollten. »Wären sie erst erwachsen, so würde er sie nach Makedonien bringen und ihren Vätern übergeben.« Das Versprechen einer makedonischen Erziehung war ein geschickter Versuch, die Gefühle der Veteranen zu beschwichtigen, aber das Erscheinen mehrerer tausend asiatischer Bastarde im Leben der lange vernachlässigten makedonischen Frauen wäre eines der weniger wünschenswerten Ereignisse der Geschichte gewesen. Es wurde durch Alexanders Tod verhindert. Kein Wunder, daß »sein Versprechen vage und unbestimmt klang«.

Sein Vorgehen angesichts der Meuterei allerdings war von Anfang an meisterhaft. Seine Rede, die rasche Festnahme der Rädelsführer, die Art, in der er seine Männer mit ihren übereilten Drohungen beim Wort nahm, das zweitägige Schweigen und das Versöhnungsbankett, gewiß, niemand konnte eine Armee durch Makran führen und unverändert bleiben, doch Szenen wie diese beweisen, daß die Veränderung Alexander nicht sein erstaunliches Charisma der Menschenführung gekostet hatte. Er zeigte nicht im geringsten jene Unentschlossenheit oder Gemeinheit, die den stürzenden Despoten der Fabeln und Predigten anhaften. Als Politiker war er natürlich kühl berechnend; da er ein großer Politiker war, verfügte er über die weitaus seltenere Fähigkeit, von seinen Absichten zu überzeugen. Es wäre ihm niemals gelungen, die Rebellen zu kriecherischer Bettelei zu zwingen, wenn er nicht zunächst einmal ein Mann außergewöhnlicher Persönlichkeit gewesen wäre. Die gleiche grobe Taktik, von einem bloßen Tyrannen angewendet, hätte zum Krieg im Lager oder zu seiner Exekution durch die Leibwächter geführt. Seine Diadochen lernten dies nur zu bald.

Das Bankett allerdings war sein Meisterstreich. Es gelang ihm, Makedonen und Iraner an eine Tafel zu bringen, die Makedonen um sich auf den Ehrenplätzen, die Iraner im äußeren Kreis um sie herum, und er brachte Männer, die noch zwei Tage zuvor ein derartiges Ansinnen verlacht hätten, dazu, einhellig an gemeinsamen Trankopfern und Gebeten um Eintracht und Gemeinsamkeit der beiden Völker teilzunehmen. Eintracht war das Schlagwort der Zeit, aber die Emotionen der Teilnehmer wurden auch brillant manipuliert, und dieses Resultat geriet nicht in Vergessenheit. Acht Jahre nach Alexanders Tod ahmte ein Offizier – wiederum zu einer Zeit der Spannungen und Krisen – die Form des Festes in Opis nach; er war Zeuge der Feier gewesen. Die Gabe, eine Menschenmenge zu befehligen, kann gefährlich sein, doch in Opis wurde sie zu äußerst löblichen

Zwecken eingesetzt. Im Gefühlsüberschwang eines gemeinsamen Banketts wurden jene, die sich weigerten, das Reich mit den vornehmen orientalischen Familien und den zahlreichen Soldaten zu teilen, gründlich in die Flucht geschlagen.

Denn Alexander hatte in den Jahren zuvor nicht für eine Veränderung gekämpft, sondern für die Machtübernahme. Die königlichen Pergamente des Perserreiches ruhten noch in den gleichen Archiven. Die Straße der Könige lief an den gleichen Postenstationen mit den gleichen uralten Bedrohungen von Aushebung und Requisitionen vorüber. Es gab verdiente Freunde am Hof, Königliche Verwandte, Königliche Feuer, den königlichen Harem, Eunuchen und einen König, der geflissentlich das Diadem der Perserkönige trug. Goldspangen und Purpurkleider wurden als Rangabzeichen verliehen, und sogar die täglichen Ausgaben für die Abendmahlzeit des Königs und seiner Gefährten hielten sich auf der gleichen, vor langer Zeit von den Perserkönigen festgesetzten Stufe. In den Provinzen gab es Satrapen, »Augen des Königs« und Schatzmeister mit immer noch der gleichen alten persischen Bezeichnung. Die Alexandrias wurden größtenteils am Ort früherer persischer Außenposten errichtet, wenn auch ihre Kultur, ihr Straßenplan und ihre Verfassung verschieden waren. Die einzige merkliche Veränderung in der Regierung – abgesehen von geringfügigen Änderungen der Satrapiegrenzen – bestand darin, daß die Satrapen schrittweise das Recht verloren hatten, eigene Silbermünzen schlagen zu lassen.

Diese Kontinuität soll hier nicht kritisiert werden; denn angesichts der unabänderlichen historischen Fakten, angesichts der Entfernungen und der einheimischen Tradition wäre eine tiefgreifende Veränderung im Reich entweder ein naives Unterfangen oder aber verantwortungslos gewesen. Doch vom Standpunkt der Griechen aus war eine derartige Kontinuität an sich bereits verblüffend, und wenn sie soweit reichte, daß es plötzlich iranische Bräute und »Nachfolger« gab, dann bedeutete sie den völligen Bruch mit den Schlagwörtern bei Beginn der Invasion. Für die Griechen in der Heimat bedeutete es den denkwürdigsten Wandel in Alexander, daß er sich erhielt, was er eroberte, doch hatte sich dieser Konservativismus im Verlauf der Expedition verändert. Alexander hatte irrtümlicherweise damit begonnen, die Satrapen des Darius neu zu belehnen; zur Zeit seiner Vermählung mit Roxane plante er für die Zukunft, setzte er besondere iranische Armeeinheiten ein und dachte er bereits an jüngere iranische Rekruten. Seit der Rückkehr aus Makran hatte er mit wachsendem Eifer darauf hingearbeitet, alle in Frage kommenden Orientalen bei Hof und im Lager als gleichberechtigt zu behandeln, wenn auch nicht bei der Vergabe von Satrapien. Es wäre falsch, wollte man dieses Verhalten nur damit erklären, daß er seine schweren Verluste auf dem Marsch durch die Wüste ersetzen wollte; denn seine 30 000 iranischen »Nachfolger« waren bereits drei Jahre früher ausgewählt worden, ehe er den Angriff gegen Makran überhaupt in Erwägung gezogen hatte. Wie die persische Königin und ihre Töchter sollten diese neuen Rekruten Griechisch lernen und nach makedonischen Bräuchen ausgebildet werden. Die Kinder aus der Massenhochzeit in Susa ebenso wie die zurückgelassenen Familien der heimkehrenden Veteranen sollten in gleicher Weise erzogen werden, wobei sie noch den Vorzug gemischter Abstammung für sich buchen konnten.

Alexanders Politik der Verschmelzung erstreckte sich jedoch nicht bis zur Einführung eines neuen Lebensstils. Aus politischen Gründen wünschte er, bei seinen orientalischen Untertanen Rekruten auszuheben und sich mit ihren Familien zu vermählen, doch er handelte nicht aus irgendeinem Rassenglauben an die Vorzüge des Mischlings oder aus einem Glauben an eine Mischkultur des neuen Bluts. Alle seine Höflinge und Soldaten sollten eine griechische oder makedonische Erziehung genießen, genau wie Barsine und ihre Verwandten in griechischem Stil erzogen wurden. Die Ideale der Ausbreitung der griechischen Kultur durch Städtegründungen und der Würdigung Asiens durch eine griechische Erziehung nahm bereits einen festen Platz in den Vorstellungen der griechischen Zeitgenossen Alexanders ein. Er wurde als der Begründer der Brüderschaft unter Menschen bejubelt und gescholten, weil er die »Reinheit« der Rasse verraten habe, doch man hätte ihn als den ersten Mann beurteilen sollen, der jemals Asien zu europäisieren versuchte.

Es war nur natürlich, daß die entlassenen Veteranen nach dem Bankett von den ältesten und konservativsten Offizieren in die Heimat geleitet werden sollten. Das Oberkommando wurde Krateros, einem sehr engen Freund Alexanders, anvertraut, der für seinen verbissenen makedonischen Chauvinismus bekannt war. Er war unwohl, deshalb gab man ihm den siebzigjährigen Polyperchon als Stellvertreter. Polyperchon entstammte der königlichen Familie des hinterwäldlerischsten Bergkönigtums, das mit Makedonien verbündet war, und als ein Offizier, der einstens die persische Sitte der Proskynese lächerlich gemacht hatte, war von ihm nur wenig Sympathie für Alexanders künftigen Regierungsstil zu erwarten. Der Abmarsch von 10 000 Mann würde die Zahl der Makedonen im Heer verringern, am meisten in den Infanteriebataillonen, aus denen die dreitausend Schildträger, größtenteils Veteranen aus dem Schildträgerkorps Philipps, mit ihren narbenbedeckten Kommandeuren nach Hause aufbrachen. Bloße 6000 Mann, in etwa, der 23 000 rekrutierten Makedonen, die in den letzten zehn Jahren nach Asien gekommen waren, hatten überlebt oder dienten nun noch im Heer weiter, das nun sehr orientalisch wirkte. Alexander war vom Abschied seiner Kameraden keineswegs ungerührt: »Er nahm von ihnen allen mit Tränen in den Augen Abschied, und auch sie weinten, als sie ihn verließen.« Krateros sollte nach seiner Ankunft sich um Makedonien und »die Freiheit der Griechen« kümmern, wie das bestechende Schlagwort des Griechenbundes unter Philipp lautete, »während Antipater jungen makedonischen Rekrutennachschub herüberbringen sollte«. Alexander hatte an Antipater geschrieben, daß die Veteranen und ihre Familien bis an ihr Lebensende im Theater Ehrenplätze erhalten sollten. Nach zehnjähriger Abwesenheit wünschte er selbstverständlich seinen alternden Marschall, der jetzt über siebzig war, persönlich zu sehen, aber ob die Betrauung des Krateros mit dem Regime über Makedonien eine temporäre oder eine dauernde Maßnahme sein sollte, das ist nicht gesichert. Lagergerüchte unterstellten, daß nach so großem Hader mit der Königin Olympias Antipater nun endlich doch abgelöst werden solle, doch »ist keine offene Äußerung oder Handlung Alexanders überliefert, die darauf schließen ließe, daß Antipater nicht ebenso hoch in Gunst stand wie gewöhnlich«. Es hätte wenig Sinn gehabt, den Marschall beiläufig per Erlaß durch einen scheidenden General einzuladen, außer Antipater war mit größerer Wahrscheinlichkeit damit einverstanden. Und doch sollte es keineswegs das letztemal sein, daß der Marschall in Alexanders Geschichte auftauchte.

Als die Veteranen aus Opis abzogen – viele unter ihnen wie Krateros waren krank und zum plötzlichen Heimmarsch wenig befähigt –, blieben Alexander nur die Zerstreuungen, die ihm seine Freunde zu bieten hatten. Nach dem brisanten emotionalen Klima der vergangenen drei Monate bedeutete dies eine plötzliche Schalheit, und da zum erstenmal keine Aussicht auf einen unmittelbar drohenden Krieg bestand, scheint es wichtig festzustellen, wer diese Freunde wohl gewesen sein mochten.

Während des Expeditionszugs hatten Alter, Schlachten und Verschwörungen nahezu die Hälfte der uns bekannten Offiziersränge Alexanders ausgemerzt – einige fünfundfünfzig Gefährten und Statthalter –, doch ist es äußerst bemerkenswert, daß in den letzten drei Jahren seine engsten Freunde und Lagerkommandeure die Katastrophen fast vollzählig überlebt hatten. Seit dem Anfang des Einmarschs in Indien wissen wir nur von zwei Generälen, die vom Hof verschwanden; der eine davon war der Hipparch Koinos, ein kranker Mann. Die anderen großen Namen blieben auch nach Makran: die gleichen Kommandeure der Kampfgefährten zu Fuß, der Schildträger und von fünf Brigaden der Berittenen Kampfgefährten. Die sieben königlichen Leibwächter waren unverändert dem Mann, den sie beschützten, so eng verbunden wie immer, und sie hießen als achten in ihrer Mitte den Favoriten Peukestas herzlich willkommen. Sie waren rein makedonisch, und sie waren die Edelmänner, die Alexander liebte und denen er vertraute, gleich ob sie zäh waren wie Leonnatos, der für seine Unerbittlichkeit berühmt war, oder klug wie Ptolemäos, ein Kindheitsfreund Alexanders. Den obersten Rang nahm immer noch Hephaistion ein, der sich getreulich die iranischen Sitten seines Königs und Liebhabers zu eigen machte. Alle hatten sie ihre Familien und Favoriten; am auffälligsten war die Clique des Perdikkas, zu der auch zwei Führer der Kampfgefährten-Infanterie zählten. Alexanders eventueller Nachfolger hatte bereits seinen Einfluß bei jenen Männern, auf die es ankam, verfestigt, doch zersplittert waren die Gefolgsleute noch nicht. Wenn sie nämlich sich nicht hinter ihren König gestellt hätten, dann hätte er nie mit der Meuterei in Opis fertigwerden können; denn eine Herrschaftsschicht stürzt niemals, außer sie ist in sich selbst zerstritten.

Die Leibwachen waren nicht die einzigen intimen Freunde. Seit seiner Kindheit war Alexander den Griechen der Kolonien wohlgesonnen gewesen, und aus dem frühesten Freundeskreis lebten noch genug Männer, die mit ihm die Hoffnungen und Probleme des Alltags teilen konnten. Nearchos lebte sicher und glücklich am Hof, ein Freund fürs Leben. Der zweisprachige Laomedon, dessen noch inniger geliebter Bruder Erigyios sechs Jahre zuvor in einem Staatsbegräbnis beigesetzt worden war, war da und konnte schwelgerisch über all das berichten, was man in den letzten Dekaden durchgemacht hatte. Eumenes, der griechische Sekretär, hatte früher in Philipps Diensten gestanden und sich dann Alexanders tiefstes Vertrauen erworben: seine Ränke und Kabalen waren lange in aller Heimlichkeit gesponnen worden und hatten ihm sowohl Neid wie unverbrüchliche Verbündete eingebracht, bis sein Einfluß ihn dazu verführte, sich beständig in Bagatellquerelen mit Hephaistion zu verstricken. Andere Griechen aus der Zeit Philipps besaßen die Liebe des Königs aufgrund weniger gefährlicher Gaben. Thettalos, der Tragödienspieler, war seit langem Alexanders Freund gewesen, und diese Lebensfreundschaft hatten auch die Preiskronen, die Thettalos auf dem athenischen Theater gewonnen hatte, nicht abkühlen können. Er war in Opis immer noch an der Seite des Königs, bereit, über Euripides zu sprechen oder nach dem Mahl zu rezitieren. Der Philosoph Anaxarchos war ein zivilisierter, höflicher Gefährte, und die griechischen Ingenieure konnten immer über ihre neuen Kriegsmaschinen befragt werden. Architekten und Künstler, Musiker und Dichter aller Art bemühten sich eifrig um freundliche Gunst, während die griechischen Ärzte und Seher durch ihre unentbehrlichen Fähigkeiten einen hohen Rang beanspruchen durften. Aristander, der Prophet lebte noch und wurde vom König geliebt; Philipp der Arzt und seine Mitarbeiter praktizierten weiterhin als für einen König zwingend notwendige Freunde in diesem Land, das voll Krankheit und Gifte steckte. Pagen und Balljungs genossen die – wenn auch unbeständige – Gunst des Königs. Der griechische Zeremonienmeister Chares war in dieser Hinsicht so verständnisvoll, wie seine hohe Stellung es von ihm verlangte. Die thessalischen Adeligen waren stets zum Wein und zum Würfelspiel bereit, und entsprechend beliebt. Selbst wenn ihn seine Offiziere verlassen hätten, der König hätte sich unter seinen Griechenfreunden nicht einsam und verlassen fühlen müssen.

Nach Protokoll pflegte Alexander täglich mit sechzig bis siebzig

Gefährten die Abendmahlzeit einzunehmen, und auch hier waren es Freunde, die diesen gnadenweise erlangten Titel verdienten. Die Regimenter standen unter beeindruckend festem Kommando, besonders nachdem acht der ältesten Heerführer auf dem Weg nach Makedonien waren: Männer wie Seleukos, der künftige Beherrscher Asiens, oder Alketas, ein Bruder des Perdikkas, sympathisierten mit dem Plan einer Herrschaftsteilung mit den iranischen Adeligen. Es fiel Alexander nicht schwer, ihre Ansichten zu schätzen, und die Iraner andererseits boten neue Möglichkeiten der Geselligkeit an der Tafel – nicht nur der Günstling Bagoas, sondern auch die Familie der Roxane, die Söhne von Mazäos und der leibliche Bruder des Darius, der noch immer zu den Gefährten gehörte; für die Mutter des Darius, Sisygambis, bewies Alexander besonders große Hochachtung. Die zehntausend Veteranen waren durch zehntausend iranische Unsterbliche Garden aus Susa ersetzt worden, von denen tausend in ihren prächtigen bestickten Uniformen neben dem persönlichen Wachkorps der Makedonischen Schildträger als eine neue Ehrengarde vor dem Zelt des Königs standen. Harpalos hatte seinen Freund Alexander enttäuscht. Nun gut, doch in Anbetracht der neuen iranischen Höflinge und der alten makedonischen Intimfreunde, ganz zu schweigen von den zahlreichen Konkubinen im Königlichen Harem, den drei orientalischen Gattinnen, von Bagoas und einer Mätresse, war es sicherlich nicht ein einsamer Alexander, der über die brüskierende Desertion seines Schatzmeisters nachsann. Er lebte in einer Dreifaltigkeit von Freunden – Griechen, Makedonen und Orientalen –, und darum galt seine besondere Sorge den Eifersüchteleien und der Unverträglichkeit einer solchen gemischten Umgebung. Wenn Menschen einen mächtigen oder populären Mann lieben, so lieben sie deshalb noch nicht zwangsläufig einander, und so kann es nicht überraschen, daß etwa Krateros den Hephaistion haßte, daß Hephaistion Eumenes haßte und daß Eumenes den Anführer der Schildträger haßte. Alexander, der im Zentrum des Ganzen stand, wich keiner Mühe aus, um seinen Freunden gerecht zu werden. Er hatte demonstriert, daß der Abschied von seinen Veteranenfreunden ihn zu Tränen rührte; und nun besaß er mehr Geldmittel als irgendein anderer Mensch in der Welt und war löblicherweise bereit, sie zu verschwenden. Da er mit Gefühlen und mit Geld gleich großzügig war, hatte er jede Möglichkeit, seinen Hofstaat mit Festen zu beglücken. Und nun – nach dem Marsch durch die Wüste – mehr denn je. Sie schenkten ihm dafür ihre Ergebenheit, und mit Ausnahme des Kleitos und der Familie des Parmenion waren die meisten prominenten Höflinge seit sechs Jahren die gleichen geblieben.

Alexander verließ also Opis im August des Jahres nicht als griesgrämiger Schmoller inmitten einer zusammengeschmolzenen Armee. Im Gegenteil, wie um es ganz deutlich zu machen, erlaubte er sich auf dem Marsch nach Nordosten, nach Hamadan, ein paar touristische Abstecher. Er reiste durch den Südbezirk Hulwans, besuchte dort die Nachfahren einer Griechenkolonie, die die Perser dort vor 150 Jahren angelegt hatten. Nach kurzem Aufenthalt durchquerte er auf der Hauptstraße die offene Ebene und machte einen Abstecher nach Bisutun, wo sich die berühmte Inschrift des Königs Darius befindet, fünfhundert Fuß über dem Boden an einer Felswand: »In Gerechtigkeit bin ich gewandelt; nicht den Schwachen noch den Starken habe ich Unrecht zugefügt.« Alexander konnte die altpersische Schrift hoch über ihm sicher nicht entziffern, doch das Heiligtum hinterließ seine Spuren in der griechischen Geschichte als »ein Ort, den Göttern bestens angemessen«. Der Name Bisutun bedeutet »Ort der Götter«: die Offiziere Alexanders waren von diesem Heiligtum so beeindruckt, daß sie ihre Führer um eine Übersetzung baten.

Von Bisutun zog die Armee nach Hamadan über die Nisäischen Felder, die berühmten Weideflächen der königlichen Pferde, der »Blutschwitzenden«, wie die Chinesen sie nannten, Pferde, die von der üppigen Luzerne Mediens eine Neigung zur Schwerknochigkeit entwickelten. Man hatte mit mehr als 150 000 Tieren gerechnet, doch fand man kaum ein Drittel davon, da der Rest angeblich von Viehdieben weggeführt worden war – ein weiterer Beweis für den in Medien herrschenden Vandalismus während Alexanders Abwesenheit. Der Satrap versuchte dieses Ärgernis zu beschönigen, indem er fünfhundert mit Streitäxten und kleinen Schilden gerüstete Reiterinnen herbeiführte, doch »Alexander schickte sie fort von seinem Heer, auf daß sie nicht von seinen Makedonen mißbraucht würden«. Und zwangsläufig behauptete man von ihnen – wie später von den Frauen, die am Zweiten Kreuzzug teilnehmen wollten –, sie wären vom Stamme der Amazonen. Nur im mythischen Bild konnten die Griechen der Antike und die Europäer des Mittelalters den Anblick von kämpfenden Frauen akzeptieren. Daß er sie entließ, weil er Akte von Vergewaltigung befürchtete, ist ein erneuter klarer Beweis für die Achtung, die Alexander für Frauen empfand. Er hatte Vergewaltigung Zeit seines Lebens verabscheut.

Der Herbst war fast schon vorüber, als das Heer in bequemen Etappen schließlich die türmebewehrte Stadt Hamadan erreichte. Sie war der Sommerpalast der Perserkönige gewesen und erstreckte sich eine Meile weit rings um einen silbergeschmückten Tempel mit türkisfarbenen Ziegeln und blitzenden Edelsteinen. Die Hitzemonate des Jahres waren vorüber. Man hatte sich erholt. Es war das erstemal seit den letzten drei Kampfperioden, daß die Überlebenden in den Genuß sommerlichen Müßiggangs gerieten; Mutmaßungen darüber, wohin sie der Krieg demnächst führen werde, machten die Runde. Doch nichts Handfestes wurde publik, und es gab immer noch genug Leute, die behaupten konnten, daß das nächste Operationsziel in Griechenland liege. Inzwischen war das Dekret über die Verbannten bei den Spielen in Olympia verlesen worden, und mehr als 20 000 Verbannte hatten es begeistert begrüßt. Die Flucht des Harpalos hatte sich nach einem ersten Kontaktgespräch als Fehlschlag erwiesen, da ihm schließlich der Zutritt in die Stadt Athen verweigert wurde. Er mußte also mit seinen Söldnern auf die Insel Kreta fliehen, wo er seine Probleme erneut überdenken konnte; er ließ nur einen Bruchteil seines Geldes in den Händen athenischer Politiker zurück. Doch die Nachricht von seinem Fehlschlag sollte erst im September in Hamadan eintreffen; darum folgerte man im Lager, daß Athen Alexander stets feindlich gewesen sei und daß es nunmehr von Teilen des Verbannten-Dekrets vor den Kopf gestoßen worden sei. Immer noch wählte der athenische Stadtstaat Extremisten als jährliche Generäle. Es konnten auch aus dem Befehl an die asiatischen Satrapen zur Auflösung ihrer Söldnertruppen neue Gefahren erwachsen; denn obwohl dieser Befehl nirgendwo Rebellionen ausgelöst hatte, durchstreiften etwa zehntausend Mann marodierend die Küstengebiete Kleinasiens und mußten wohl für jeden Athener, der Kriegsgelüste hegte, ein verführerisches Rekrutenreservoir darstellen.

Man sprach in Hamadan also über einen Vergeltungsmarsch gegen Griechenland und über eine Belagerung Athens. Mancher allerdings mag sich daran erinnert haben, wie sehr Alexander stets jeden Konflikt mit dieser Stadt vermieden hatte, und sich überlegt haben, daß der Feldzug eine andere Richtung nehmen müsse – vielleicht zum Schwarzen Meer, gegen die Nomaden, die kürzlich eine makedonische Armee aufgerieben hatten; oder gegen die Skythen am Aralgebirge, wie Alexander es früher einmal hatte durchblicken lassen. Und war das Kaspische Meer wirklich ein Binnensee oder der Golf eines Meeres; und wenn es ein Binnensee war, wer lebte am anderen Ufer? Doch Alexander gab nichts von seinen Plänen preis, und als es Herbst wurde in Hamadan, da setzte er großzügige und ausgedehnte Festlichkeiten fort, indem er erneut eine Woche für athletische Wettkämpfe und künstlerischen Wettstreit, Opferspenden für die Götter und kostenlose Speisungen anbefahl.

Es gibt ein interessantes Streiflicht zu den Unterhaltungen, die folgten. Der Prolog einer Komödie ist erhalten geblieben, die möglicherweise zum erstenmal in Hamadan aufgeführt wurde und die angeblich Alexander geschrieben hat. Vielleicht hat er ja tatsächlich ein paar Zeilen hinzugefügt; der Hauptautor jedoch war Python – entweder Dramatiker aus Süditalien oder ein griechischer Sophist und für seine Körperfülle berühmt. Er hatte seit der Herrschaft Philipps in makedonischen Diensten gestanden. Das Thema des Stücks steht eindeutig fest: die Szene stellte den morastigen Eingang zur griechischen Unterwelt dar. Zur Rechten stand ein karikiertes Mausoleum: eine Gruppe asiatischer Magier trat als Chor auf und spendete dem Helden Trost, indem sie einen Geist aus dem Totenreich heraufbeschworen. Auf der griechischen Bühne stellte Nekromantie nichts Neues dar, doch in diesem Fall handelte es sich um einen aktuellen Bezug. Das Mausoleum sollte das Grabmal vorstellen, das Harpalos für seine Mätresse errichtet hatte; der Held war Harpalos selber. Er trug den Spottnamen »Sohn eines Phallos«; und der von den Magiern heraufbeschworene Geist war niemand anders als jene von ihm geliebte Pythionike. Der Dialog enthielt treffende sarkastische Bemerkungen über Athen, die Hungersnot in Griechenland, über Glykera und den rebellierenden Schatzmeister. Wie seinerzeit den Sängern in Samarkand in der Nacht nach der Ermordung des Kleitos, war auch hier den Dramatikern bewußt, wie sehr sie ihrem Gönner zu Gefallen sein konnten, wenn sie den Freund, der ihn im Stich gelassen hatte, in der

Öffentlichkeit lächerlich machten. Und doch sollte dieses Jahr, das dem Anschein nach so glücklich die Überwindung von Katastrophen und Aufständen zu bringen schien, mit einer Tragödie enden, mit der niemand gerechnet hatte.

Harpalos war in Hamadan nicht der einzige Freund, der den Festgelagen fernblieb. Der König und seine Gefährten hielten die üblichen Zechgelage ab. Hephaistion aber hatte sich ein Fieber geholt und lag krank zu Bett. Die Spiele wurden ohne ihn fortgesetzt. Sein Arzt verordnete ihm Bettruhe und eine strenge Diät. Da der Fall nicht allzu gefährlich aussah, verließ der Arzt den Kranken und ging zur Vorstellung ins Theater. Hephaistion seinerseits war wenig beunruhigt, mißachtete die ärztlichen Anordnungen, aß ein gekochtes Hühnchen und spülte es mit einer Karaffe Wein hinunter. Dieser Ungehorsam erhöhte sein Fieber, möglicherweise weil es sich um eine Typhuserkrankung handelte und jede plötzliche Nahrungsaufnahme zu ernsten Reaktionen führen mußte. Der Arzt kam zurück und fand seinen Patienten in einem kritischen Zustand. Das Fieber und die Krankheit wollten weitere sieben Tage lang nicht weichen. Wie besorgt Alexander auch gewesen sein mag, die Spiele wurden fortgesetzt. Es wurden Konzerte und Ringwettkämpfe geboten. Am achten Tag jedoch, als die Menge den Wettläufen der Knaben im Stadion zuschaute, traf in der Königsloge die Nachricht ein, Haphaistion habe einen schweren Rückfall erlitten. Alexander eilte an das Krankenlager. Er kam zu spät. Sein Hephaistion war ohne ihn gestorben. Und dieser grausame Umstand führte zum zweiten und schwersten Zusammenbruch im Leben Alexanders.

Sein Gram war so unbezähmbar wie die Gerüchte, die über ihn umliefen. Dergleichen hatte man seit den Stunden nach der Ermordung des Kleitos nicht gehört. Manche behaupteten, Alexander habe sich Tag und Nacht an den toten Körper geklammert und sich nicht fortreißen lassen; andere geben an, er habe während seines Trauerns den Arzt seiner Fahrlässigkeit wegen hängen und einen örtlichen Tempel des Gottes der Heilkunst schleifen lassen. Fest steht, daß er nach diesem Ereignis drei Tage lang Speise und Trank verweigerte, worauf Gesandte zu dem fernen Orakel des Ammon in Siwah geschickt wurden, um zu erkunden, ob es rechtens sei, den Toten als Heroen zu verehren. In diesen Stunden persönlicher Tragik wandte der König sich erneut seinen privaten Trostmitteln zu, denn er soll sich – und möglicherweise trifft dies auch zu – zum Gedenken an Hephaistion das Haar geschoren haben und den Pferden im Lager Schweife und Mähnen habe abschneiden lassen. Diese rituelle Handlung war in persischen Bräuchen vorgebildet, doch bezeichnender erscheint die Parallele aus dem Griechenland Homers: In der *Ilias* ließ Achilles zu Ehren seines toten Geliebten Patroklos die Pferde scheren, und da Hephaistion seit langer Zeit als neuer Patroklos neben Alexander-Achilles gegolten hatte, ist es völlig angemessen, daß im Gram bei Alexander zunächst Ammon und dann Homer ihr Recht forderten.

Die ungezügelten Klagen Alexanders veranschaulichten, wie viel ihm diese einzige tief verankerte zwischenmenschliche Beziehung in seinem Leben bedeutet hatte. Länger als eine Woche blieb er unfähig, Entscheidungen zu treffen. Bagoas, Roxane und der Trost, den seine Leibwächter ihm boten, bedeuteten ihm nichts. Die Bestattungsvorbereitungen wurden verzögert, bis die Entscheidung des Ammonorakels eintraf. Der Hof konnte nur abwarten und den Vorschlag unterbreiten, daß Hephaistion ein Begräbnis an Ort und Stelle haben müsse. Es dauerte zwei Wochen, bis Alexander seine Zustimmung dazu gab, so sehr war er von Schmerz überwältigt. Dann entschied er, daß Hephaistion wie die anderen gefallenen Gefährten durch eine große steinerne Löwenskulptur geehrt werden solle. Das Denkmal – der Löwe von Hamadan, steht bis auf den heutigen Tag, mehr oder weniger an der gleichen Stelle, die Alexander anbefohlen hatte. Die Löwendenkmäler sind das einzige makedonische Vermächtnis an die bildende Kunst; von einem Königreich ausgehend, in dem es noch zahlreiche Löwen gab, fanden sie bis hin nach Indien eine weite Verbreitung. Jahrhunderte später, als Hephaistion längst vergessen war, pflegten die Frauen von Hamadan in der Hoffnung auf Schwangerschaft und eine leichte Geburt noch die Nase des Löwen mit Marmelade zu bestreichen. So fand Hephaistion ein rühmliches Ende als Fruchtbarkeitssymbol.

Für Alexander bot sich nichts dergleichen als Trost. Er war seelisch zerrüttet. Alles Äußerliche war ihm bedeutungslos geworden. Er empfand den Verlust des Geliebten schmerzlicher als jedes andere Ereignis in seiner Laufbahn, und es hatte nicht den Anschein, als könnten die Zeit oder wiederaufgenommene ehrgeizige Pläne ihn jemals mit dem plötzlichen Verlust versöhnen.

Noch im gleichen Monat raffte er sich auf und verließ den Hamadan, den er zu hassen begonnen hatte, aber die Stimmung bei Hof hatte ihn aufs neue niedergedrückt. Es war begreiflich, Hephaistion war tot, Alexander in äußerster Verzweiflung, und immerhin ein Mann hatte auf höchst seltsame Art recht behalten. Fünf Monate früher hatte der Kommandant Babylons während der Säuberungsaktion unter den Satrapen seinen Bruder, den Propheten, ersucht, die Omina in der Stadt zu untersuchen. Zu gehöriger Zeit wurde ein Opfer dargebracht, zunächst, um das Schicksal Hephaistions zu erfahren. Die Leber des Opfertieres besaß erstaunlicherweise keine Lappen; der Prophet hatte seinem Bruder, der in Hamadan weilte, eiligst einen Brief gesandt und ihm geraten, vor Hephaistion keine Furcht zu haben, da dessen Ende nahe bevorstehe. Hephaistion aber war, wie vorhergesagt, einen Tag nach Eintreffen des Briefes in Hamadan gestorben. Der babylonische Kommandant war von der Weissagung seines Bruders beeindruckt, der unterdessen, ohne daß jemand davon wußte, ein weiteres Opfer darbrachte. Diesmal galt es dem Schicksal Alexanders, und wieder hatte die Leber keine Lappen. Der Brief nach Hamadan war bereits unterwegs. Er verkündete weiteres Unheil. Propheten pflegen nur in Krisenzeiten schlechte Omina zu entdecken. Tod lag in der Luft, und die Männer begannen sich daran zu erinnern, wie Kalanos der Inder auf seinen Scheiterhaufen gestiegen war und Alexander einen geheimnisvollen Abschiedsgruß zugerufen hatte. Er hatte dem König angeblich gesagt, er werde ihn in Babylon wiedersehen. Das alles war sehr merkwürdig – die Leber hatte keine Lappen, der weise Hindu hatte anscheinend vom Tod und einem Begräbnis in Babylon gesprochen, und nun, nur einen Monat später, machte sich Alexander von Hamadan zu einem Marsch auf Umwegen auf – durch die Hügel Luristans hinunter, südwestlich durch Mesopotamien und somit direkt in Richtung auf jenes Babylon, das er bislang gemieden hatte. Keiner wußte, wohin das nächste Jahr ihn führen würde, ob nach Griechenland oder zum Kaspischen Meer, ob westwärts nach Karthago oder nach Süden zu den Arabern der Hadramaut-Täler. Die Entscheidung lag bei Alexander. Doch wie sehr er sich auch gegen den Verlust Hephaistions wappnen mochte, die Orakel hatten schon angedeutet, daß er ihn nie überwinden werde.

31 DER HALBGOTT STIRBT

Nichts ist schwieriger, als Alexander nach dem Tod des Hephaistion gerecht zu beurteilen. Er lebte in horrender Maßlosigkeit, doch schließlich besaß er dazu die Mittel und die jahrelangen Erfolge rechtfertigten ihn. Psychisch war er sicherlich gebrochen, doch das sind viele nach dem Verlust eines geliebten Menschen, selbst wenn man die Erinnerung an den katastrophalen Wüstenmarsch von vor einem Jahr unberücksichtigt läßt. Eine ganz andere Frage ist, wie lange die seelische Zerrüttung anhielt. Gegen Ende des Jahres war Roxane schwanger, also war zumindest dieser eine Bereich seines Lebens intakt und der Gedanke an einen Sohn und Erben war tröstlich, bot er doch eine Perspektive von Dauer. Alexander hatte sich im Laufe der Jahre verändert, doch ist diese Veränderung nicht so sehr in den verborgenen Tiefen seiner Seele erkennbar, wo Ammon und Achilles noch immer einen Ehrenplatz einnahmen. Deutlich wird sie in seinem öffentlichen Lebensstil. Die Prachtentfaltung antiker Herrscher war nie ein so populäres Thema, wie es wünschenswert wäre, und doch ist dieser Pomp der Kernpunkt in den letzten Lebenstagen Alexanders. Es lohnt die Mühe, dies zu begreifen.

Wenn die Memoiren eines Höflings auf uns gekommen wären, so hätten wir als ersten wichtigen Kommentar darin nicht lesen können, daß Alexander sich zu einem Tyrannen entwickelt habe. Sicher aber hätten wir vernommen, daß ein Fest dem anderen gefolgt sei, wie niemals zuvor in der griechischen Geschichte; diese Tendenz hatte sowohl unter Philipps als auch unter Alexanders Herrschaft schon immer bestanden, also handelte es sich nur um eine Fortentwicklung und nicht um die Vernebelungstaktik eines Königs, der sich seiner persönlichen Unsicherheit bewußt geworden war. Seit der Rückkehr von Makran hatte der Hofstaat in Erwartung großer Ereignisse gelebt, der Hochzeiten in Susa, des Festgelages in Opis, der schicksalsschwangeren Spiele in Hamadan; nun kam der Zeitpunkt des Abschieds von Hephaistion. Dreitausend Athleten und Künstler strömten zusammen, »zu Spielen, die prunkvoller geplant waren als je irgendwelche zuvor«; in Babylon sollte ein Staatsbegräbnis stattfinden; denn bis dahin würden die Gesandten von Ammon Nachricht über die beabsichtigte Kanonisierung des Hephaistion als Heros herangebracht haben. Gerüchten zufolge würden die Untertanen und der König zu diesem Anlaß 10 000 Talente aufwenden müssen; nach dem Tod des Patroklos war es die Hauptsorge des Achilles gewesen, daß alle sahen, wie er dem Toten gebührende Ehrerbietung zollte, und zwar gleichermaßen aus Gründen seines eigenen Prestiges wie für die Seelenruhe des Verstorbenen. Die gleiche heroenhafte Einstellung trat nun auch bei Alexander zutage.

Wenn auch die Kosten übertrieben hoch waren, Alexander konnte sich seinen Anteil daran sehr wohl leisten. Seine Einstellung zum Geld unterschied sich in nichts von der seines Vaters Philipp oder, wenn man so will, von der irgendeines wohlhabenden Edelmannes des klassischen Zeitalters. Geld, soweit es überhaupt benützt wurde, war da, um ausgegeben, nicht um gehortet zu werden. Dementsprechend war die auffällige Verschwendung ein beständiges Charakteristikum im Lebenswandel der antiken Stadtaristokraten, gleichgültig ob Griechen, Römer oder Byzantiner. Für den antiken Menschen galt es als raffinierter Kunstgriff, öffentlich Bankrott zu machen, und Alexander paßte sich diesem Stil getreulich an und zwar im äußersten Maße. Die einzigen überlieferten Zahlen über seinen Finanzhaushalt sind höchstwahrscheinlich unzuverlässig, doch sollen von den 180 000 Talenten, die als Beute in den Palästen der Perser gemacht wurden, bei seinem Tode nur noch 50 000 übrig gewesen sein. Unterschlagungen spielten zweifellos eine Rolle, doch da die wenigen uns bekannten Ausgaben der letzten sechs Monate ungefähr 50 000 Talente betrugen, ist ein derartiger Kapitalabfluß wahrscheinlich nicht allzu weit von der Wahrheit entfernt, wie fragwürdig auch die Quellen und statistischen Angaben dafür sein mögen.

Ein derartiges resolutes Anzapfen der Reserven war für die damaligen Griechen nichts Ungewohntes, besonders da die doppelte Buchführung noch unbekannt war. Perikles zum Beispiel, dieser übertrieben gepriesene athenische Politiker, verfolgte eine Politik, die Athen radikal aller Geldmittel beraubt und die Stadt in den Bankrott getrieben haben würde, wäre er nicht rechtzeitig gestorben. Doch die verbleibenden 50 000 Talente und jährliche Tributeinnahmen von einigen 12 000 Talenten oder mehr machten aus Alexander den weit und breit »flüssigsten« Herrscher der damaligen Welt. Tributzahlungen in

Naturalien hatten größere Bedeutung als die in Geld, und für sie haben wir keine Zahlen; Alexander empfing außerdem Geschenke von immensem Wert von den Gesandten, und außerdem konnte er jederzeit aus den Metallbarren neue Münzen schlagen lassen, die die Perserkönige in ihren Festhallen und Schlafgemächern als Dekoration angesammelt hatten. Das Schmelzen, die Gravur, die Pressung und die Herstellung von Prägestöcken waren wohl die wesentlichen ständigen Aufgaben, mit denen sich griechische Experten auf der Schattenseite des Alexanderreiches seit langem beschäftigten. Dank ihrer Fähigkeiten mußten nicht einmal Harpalos und seine 6 000 gestohlenen Talente als gravierender Verlust abgebucht werden; die Finanzverwaltung in Babylon lag nun in den Händen eines vertrauenswürdigen Griechen von der Insel Rhodos, der sofort ein Beispiel für die typische Cleverness seiner Landsleute lieferte, indem er ein Versicherungssystem für seine Offizierskollegen entwarf, mit dem sie sich gegen Verluste durch entflohene Sklaven absichern konnten.

Im Perserreich waren Privatbestattungen zu immensen Kosten für den Staat nichts Ungewöhnliches, doch hatten die Bestattungsfeierlichkeiten für Hephaistion bei Hofe auch verführerische neue Möglichkeiten aufgetan. Hephaistion war als ein Chiliarch gestorben, also als Großwesir. Er hatte die Kontrolle über die Leibkavallerie und die Möglichkeit besessen, privatim von Alexander alles zu erbitten; es war durchaus möglich, daß Alexander den persischen Präzedenzfällen folgte und für den Fall eines Feldzuges nach Arabien oder in den Westen einen Königlichen Stellvertreter bestimmte, der sich mit ihm in die Herrschaft über ein Reich teilen würde, das – wie seine Diadochen bald herausfanden – für einen einzigen Mann zu beschwerlich zu regieren war. Die Position eines Chiliarchen war der Mühe wert, aber es überraschte wohl niemanden, als der aus königlichem Blut stammende Perdikkas mit ihr betraut wurde. Seine Freunde und Verwandten hatten bereits die wenigen noch verbliebenen wichtigen Positionen bei Hofe inne, und Perdikkas war seit langer Zeit ein loyaler Freund Alexanders und Förderer seiner. Orientpolitik gewesen. Das Kavalleriekommando des Perdikkas wurde auf Eumenes, den Sekretär, übertragen, und das war eine etwas zwiespältige Bestallung. Es gab Makedonen, die einen dermaßen gebildeten griechischen Außenseiter haßten. Mehr noch, sie konnten darauf hinweisen, wie sehr Eumenes den Hephaistion gehaßt hatte, was zu ständigem Streit zwischen den beiden geführt hatte, der sich bis auf solche Lappalien erstreckte wie die Unterbringung ihrer Sklaven oder die Gunst eines griechischen Flötenspielers. Aber auch Eumenes hatte sich den Orientplänen seines Königs angepaßt. Er war ein wertvoller, aber auch ein verschlagener Mann. Darum legte er sich eine weiße Weste zu, indem er sich selbst und seine Waffengattung dem toten Hephaistion weihte, womit er dem Anschein nach anerkannte, daß dieser nunmehr ein vergöttlichter Heros sei. Andere Kampfgefährten Alexanders fühlten sich bewogen, seinem Beispiel zu folgen. Man durfte doch dem Sekretär nicht erlauben, den andern so die Show zu stehlen.

Auch unabhängig vom Tod Hephaistions bot sich den Höflingen ein vollkommen anderes Bild. Im Heer besaßen mittlerweile die Orientalen eine Übermacht von zehn zu eins über die Makedonen, und mit dieser grundlegenden Verschiebung der Kräfte gewann der neue Stil der Königsherrschaft, der sich seit dem Tode des Darius entwickelt hatte, immer mehr an Gewicht. Alexander regierte nun von einem goldenen Thron aus, und obgleich er wie früher das Diadem, den Gürtel und die gestreifte Tunika der Perserkönige trug, schwang er jetzt ein goldenes Szepter. Sein Audienzzelt wurde von goldenen Säulen getragen. Der Baldachin darüber war reich gestirnt, während im Inneren die noch verbliebenen fünfhundert Schildträger die auf silbernen Füßen ruhenden Diwane bewachten, unterstützt von einem Tausend orientalischer Bogenschützen in brennendroter, scharlachfarbener, zinnoberroter und königsblauer Montur. Hinter ihnen standen fünfhundert persische Unsterbliche, die ihre prächtige gestickte Kleidung und ihre granatapfelförmigen Speerspitzen zur Schau stellten. Vor dem Zelt versperrte die Schwadron der Mahonts Unbefugten den Weg; sie bestand aus 1000 Makedonen, 10 000 persischen Unsterblichen geringeren Rangs und 500 privilegierten Purpurträgern. Die Magier, Konkubinen und die zweisprachigen Zeremonienmeister spielten weiterhin die Rolle, für deren Bedeutung sie in den letzten zweihundert Jahren in Persien gesorgt hatten.

Durch diese Prunkentfaltung wurden Alexander und sein Hofstaat in die alten Äußerlichkeiten der persischen Monarchie verstrickt. Wenn sie in ihren Parks, auf einem reichverzierten Sofa liegend, Audienz abhielten, folgten sie damit einem uralten persischen Vorbild.

Alexanders königliches Zelt und der Thron, den er für Audienzen benutzte, waren tief in der persischen Vergangenheit verwurzelt, ebenso wie die Weihrauchschalen, die zu seinen Seiten brannten. Besucher hatten sich vor ihm in Proskynese niederzuwerfen. Er pflegte in der Staatskarosse auszufahren, die ein Symbol für den König und Eroberer war und von jenem herrlichen Gespann medischer Schimmel gezogen wurde, das für seine Anhänger eine so deutliche Aura von Heiligkeit besaß. Als sei er ein persischer König, feierte er zwei Geburtstage und ließ sich durch ein Königliches Feuer ehren. Asiatische Höflinge brachten seinem erhabenen Geist Opfer dar, und sogar seine harten Trinkgewohnheiten standen im Zusammenhang mit den erforderlichen Tugenden persischen Königtums.

Einem uneingeweihten Besucher aus Griechenland müssen diese orientalischen königlichen Privilegien sicher schwer verständlich gewesen sein. Wenn er solche Prachtentfaltung je zuvor gesehen hatte, dann sicherlich nur auf der Bühne, wo sie von den griechischen Dramatikern als asiatische Exzesse und Eitelkeiten angeprangert wurden.

Alexanders neuerliche Prunkliebe besaß sicherlich einen entschieden theatralischen Zug, doch läßt sich diese Eitelkeit entschuldigen. Er spielte für die rasch anwachsenden orientalischen Mannschaften klugerweise den Perserkönig. Und sie erwarteten es auch von ihm. Er seinerseits genoß es zweifellos, wenn er auch bedauerlicherweise kein Verständnis für die tieferliegenden religiösen Ursachen aufbringen konnte. Es gibt keinen Beweis dafür, daß Alexander jemals das Wesen des Gottes Ahura-Mazda verstanden hätte, des Beschützers der Perserkönige. Was ihm an Persischem fehlte, war die Königsmajestät, die sich aus königlicher Abstammung herleitete, aber er gewann sie statt dessen von den Griechen. In den zu Dank verpflichteten Städten seines Reiches huldigte man ihm großzügig wegen seiner Erfolge, als sei er ein Gott.

Wie die tote Pythionike, die Geliebte des Harpalos, hatte Alexander bereits von den Griechen in Asien göttliche Verehrung genossen, ehe er überhaupt in Hamadan eintraf. Es war also kein neues Trostpflaster, das man seinen Gefühlen der Unzulänglichkeit auflegte, nachdem die Katastrophe von Makran oder der Tod des Hephaistion eingetreten waren. Es war der freie Ausdruck einer taktvollen Bewunderung. Die Städte hielten zu seinen Ehren Opferfeierlichkeiten ab, besonders an seinem Geburtstag, oder festliche Spiele, die Alexandreia genannt wurden; sie errichteten einen geheiligten Bezirk mit einem Altar zu seinen Ehren oder trugen sein Bildnis bei Prozessionen zu Ehren der anderen zwölf Götter des griechischen Olymps mit. Die Städte, nicht private Verehrer, initiierten diesen Kult zum Dank für Alexanders Wohltaten, oder weil sie darauf hofften. Für den einfachen Mann bedeutete es, daß er anläßlich der großen Prozessionen an einem vor seiner Tür errichteten Altar Trankopfer darbrachte, wenn der König oder sein Bildnis durch die Straßen geführt wurden. Die Trankopfer wurden aus einer flachen Schale oder aus einem billigen glasierten Tongefäß dargeboten, auf die das Porträt des Königs geprägt war; eine derartige Schale ist aus Alexandria in Ägypten erhalten; demnach erwies die Stadt ihrem Gründer bereits zu seinen Lebzeiten göttliche Ehren. Göttliche Ehren wurden – wie in den Anfangstagen Roms – toten Standespersonen seit langem erwiesen, und sie verschmolzen mit den vergleichbaren Heroenkulten, doch Alexander wurde bereits als Lebender dergestalt verehrt: Eine Auszeichnung, deren Entstehung und Bedeutung heftig umstritten, verurteilt oder sogar hinwegerklärt wurde.

»Es wäre als überspannt zu bezeichnen«, hatte Aristoteles kurz vorher geschrieben, »wenn ein Mann von sich sagte, er liebe Zeus.« Für den gemeinen Mann aber war Liebe zu den Göttern keine so abwegige Vorstellung. Aber den griechischen Göttern des vierten Jahrhunderts vor der Zeitrechnung kann man nicht mit den Hoffnungen und der Einstellung des modernen Christen begegnen. Wenn auch die Grenze zwischen Göttern und Menschen nicht durch Liebe überwunden werden konnte, so war sie doch prinzipiell eine offene Grenze. »Suche nicht Zeus zu werden«, heißt es in einem nur zu berühmten frühen griechischen Gedicht; Zeus zu werden war demzufolge nicht ein unmögliches Ziel, sondern gemäß der Ermahnung des Mythos ein unbesonnenes, nicht empfehlenswertes Unterfangen. Und doch vermochten echte übermenschlich hervorragende Taten einen Mann über jene Grenze hinwegzuführen; derartige Außergewöhnlichkeit war auf zwei verschiedenen Sektoren lange vor Alexander anerkannt.

Einmal gab es da die Genies und die Mystiker, die man, wenn auch vage, als Götter unter den Menschen bezeichnete. Pythagoras und Empedokles, die zwei bedeutendsten Philosophen des griechischen

Westens, hatten auf ihre Anhänger den Eindruck der Göttlichkeit gemacht. Andererseits hatten zumindest ein Künstler und ein Gesundbeter ähnlich von sich selbst gedacht, auch wenn andere ihnen darin nicht zustimmten. Dreister aufgrund ihrer größeren Popularität unternahmen erfolgreiche Männer diesen Schritt; der ungewöhnlichste von ihnen, hundertfünfzig Jahre vor Alexander, war der Faustkämpfer Euthymos. Auch er kam aus Süditalien, dem griechischen Westen, aber er hatte sich zu drei Siegen bei den Olympischen Spielen hinaufgeboxt und sich außerdem noch im Kampf gegen einen geheimnisvollen Gegner mit Namen »Held von Temesa« ausgezeichnet. Man glaubte, daß seine Statuen in Olympia und in seiner süditalienischen Vaterstadt am gleichen Tag vom Blitz getroffen worden seien, und in Anerkennung einer solchen Ehrung wurde er vom Delphischen Orakel zu Lebzeiten kanonisiert, wiederholte Opfer für ihn befohlen, die dann tatsächlich abgehalten wurden. »Es war nichts Besonderes daran, außer daß die Götter selbst dies angeordnet hatten.« Euthymos erreichte ein sehr hohes Alter, wie es einem Gott geziemt, und nach seinem Abtritt glaubte man, er habe sich dem Tod durch Verschwinden in den heimatlichen Fluß entzogen, in dem manche schon immer seinen Vater vermutet hatten. Innerhalb weniger Monate sollte sich die Frage, wie ein Gott sterben könne, für Alexander und seinen Hof auf bemerkenswert ähnliche Weise stellen.

Doch Politiker waren wie die Athleten gleichfalls Männer der Tatkraft und des Erfolges, und so wurden auch sie in bestimmten hervorstechenden Fällen wie Götter verehrt. Wiederum im griechischen Westen hatten griechische Sizilianer Dion, den anerkannten Retter des Augenblicks, gefeiert. Früher waren im griechischen Asien dem Spartanergeneral Lysander von den Verbannten gleiche Ehren gezollt worden, die er – wie Alexander – in die Heimat zurückgeführt hatte; allerdings waren diese Verbannten, die im Namen der Freiheit geschont wurden, Tyrannen und Oligarchen gewesen. Diese Vergöttlichungsprozesse waren jedoch keinesfalls auf die Enden der griechischen Welt beschränkt – auf Sizilien, das für seine Maßlosigkeiten berühmt war, oder auf die keinasiatische Küste, wo die Anbetung der römischen Kaiser später so feste und tiefe Wurzeln schlagen sollte. Die Idee war im griechischen Denken so alt wie die Epen Homers; darum konnte die Vergöttlichung zum Beispiel für Spartanerkönige oder für den Athener Perikles vorgeschlagen werden. Doch unabhängige Männer der Macht waren in der geschlossenen Welt der griechischen Städte des Festlands nicht in dem Maße aufgetreten wie in den Königtümern Siziliens und Asiens. Mit der Herrschaft Philipps hatten sich die Dinge gewandelt. König Amyntas, der Vater Philipps, wurde – möglicherweise schon bei Lebzeiten – in einer nahegelegenen griechischen Stadt in einem Tempel verehrt, und Philipp selbst starb bei einem Fest, das er gab, um die Griechen zu erfreuen, und bei dem er inmitten der Götter thronte. Es kann kein Zweifel bestehen, daß er in den Griechenstädten weit freier verehrt worden wäre, hätte er überlebt. Er hatte in Olympia ein Philippaion errichtet, in dem die Statuen der Olympias, Alexanders und seine eigene aufgestellt waren, und die runde Anlage des Baus und die Statuen aus Gold und Elfenbein lassen vielleicht darauf schließen, daß der Ort als Stätte der Anbetung gedacht war.

»Der Mann, der Persien besiegt«, hatte ein griechischer Pamphletist ihm gesagt, »hat sich göttergleichen Ruhm erworben.« Aristoteles hatte sich vorsichtiger dahingehend ausgedrückt, daß ein Mensch nur dann »ein Gott werden« könne, wenn er äußerste Vortrefflichkeit (Arete) aufweise. Er neigte nicht zu der Ansicht, daß derartige Vortrefflichkeit möglich sei, doch dann zog sein Schüler Alexander nach Osten, eroberte Persien und bewies von Babylon bis zu den Gipfeln von Pir-Sar solch außergewöhnliche Eigenschaften, daß man seine Vorbehalte allgemein für irrig erachtete.

Vor diesem Hintergrund stellt sich die Verehrung Alexanders als eines Gottes weder als beispiellos noch als eine Blasphemie dar. In weitaus größerem Maße als Dion und Lysander hatte er griechische Städte befreit und griechische Verbannte heimgeführt. Kein zurückkehrender Demokrat in Asien und kein reetablierter Verbannter in Griechenland würde die geringsten Skrupel dabei empfinden, ihn für diese Wohltat göttergleich zu verehren. Das kriecherische Wesen in der Verehrung von Herrschern der Klassik ist – häufig von Römern – stark übertrieben worden. Deutlicher wird der Fall durch die Tatsache, daß die griechischen Städte diese Verehrung nahezu immer als Dank dafür zollten, daß sie gnädig noch vorhandene Freiheiten behalten durften, und für den Mann auf der Straße bedeutete der

Staatskult um Alexander einen Festtag mehr, festliche Spiele, Arbeit bei den Bauten und die Gelegenheit, in den seltenen, luxuriösen Genuß von Fleisch zu kommen, dieses greifbarsten Segens religiöser Opferfeiern in der antiken Welt. Bisher ist uns nichts darüber bekannt, daß es zu Lebzeiten Alexanders in einer Stadt auf dem griechischen Festland einen Kult zu seiner Ehre gab, doch kamen bald griechische Gesandtschaften zu ihm, von denen einige gekleidet waren wie Gesandte zum Tempel eines Gottes. Nur eine einzige spätere Anekdote bezieht sich auf einen Brief Alexanders, in dem er eine derartige Verehrung von den Griechen verlangte, doch ist die Geschichte höchst fragwürdig und unwahrscheinlich. In Athen – der einzigen Quelle für zeitgenössische Kommentare – zog Alexanders sogenannte Göttlichkeit die üblichen Anekdoten und witzigen Epigramme auf sich, die man seinen zahlreichen athenischen Feinden zuschrieb; es ist aber durchaus möglich, daß ihm am Ende seines Lebens in der Polis nach langer hitziger Debatte göttliche Ehren erwiesen wurden. Bislang sind die Beweise noch nicht stichhaltig, aber selbst eine Weigerung der Stadt wäre nicht ein schweres prinzipielles Problem gewesen. Als Alexander zum erstenmal in Griechenland einmarschierte, hatten sich die Athener beeilt, ihm »sogar noch größere Ehren als die Philipp dargebrachten« anzubieten, und es ist schwer vorstellbar, was diese Ehrungen außer einem spontanen Akt göttlicher Verehrung hätten sein können. Nach einer Zeitspanne von nur zwanzig Jahren beeilten sie sich, einem Makedonen, der sie unbestreitbar befreit hatte, jede nur erdenkliche göttliche Ehre zu erweisen. Im Jahre 324 insbesondere erschienen die vergangenen und künftigen Benefizien Alexanders an die Stadt zweifelhaft, und selbst wenn die Fraktion, die sich gegen die Verehrung als Gott stellte, den Sieg davongetragen haben sollte, so wurde sie keineswegs von einer persönlichen Forderung Alexanders behindert. Man verehrte ihn spontan und sporadisch. Es war erwartungsvolle Schmeichelei, wo es sich nicht um echte Bewunderung handelte.

Alexander nahm dies naturgemäß freudig entgegen. Zeit seines Lebens blieb er ein gewissenhaft religiöser Mensch, der den richtigen Göttern mit Bedacht opferte und seine Orakel und Seher befragte, ehe er irgend etwas Wichtiges unternahm. Dafür gibt es zahlreiche Beispiele, doch sogar in diesen letzten Monaten beeindruckte ihn die

Erzählung von einem Griechenjungen aus einer kleinen karischen Stadt, der auf wunderbare Weise von einem Delphin gerettet und ins Meer hinausgetragen wurde, dermaßen, daß er den Knaben zu sich rufen ließ und ihn für die Priesterschaft des Meergottes Poseidon in Babylon bestimmte. Es ist unvorstellbar, daß ein solcher Mann göttliche Ehren annehmen, geschweige denn fordern würde, wenn sie im Widerspruch zu seiner eigenen traditionellen Gläubigkeit gestanden hätten. Vergöttlichung wurde seit langem in der Gedankenwelt der Griechen gebilligt. Alexander hatte das Beispiel seines Vaters vor Augen, und er war von einem Lehrer unterrichtet worden, der an Opfergaben, Tempelbezirken oder Hymnen zu Ehren eines Lebenden nichts Blasphemisches fand – sie waren hohe Ehrungen, weiter nichts, und die Antike kannte keinen Unterschied zwischen Ehrerbietung und Anbetung. Die einzige Frage war, ob jemand dies tatsächlich verdiente. Die Leistungen Alexanders hoben das über jeden Zweifel. Er war anscheinend unschlagbar, und darum erwog man in Athen und möglicherweise anderswo, ihn als einen unbesiegbaren Gott zu verehren. So fand die Legende seiner Unbesiegbarkeit, die er so lange Zeit gefördert hatte, trotz des Zuges durch Makran ihren endgültigen Ausdruck.

Diese Verehrung als Gott war mehr als nur eine verständliche Weiterentwicklung der Vergangenheit. Alexander ist – neben der einen Ausnahme Caesar – der einzige Mann in der Geschichte der Antike, dessen Göttlichkeit weithin akzeptiert und geglaubt wurde. In diesem Punkt stellt seine einzigartige Laufbahn einen vollkommenen Bruch mit seinen Vorgängern dar – er selbst wurde zu einem Präzedenzfall, und nach seinem Tod bekamen Prunk und Königtum einen völlig anderen Glanz. Die Diadochen beriefen sich auf seinen Namen, seinen Schutz oder seine Unbesiegbarkeit; sie kopierten seinen Anspruch, der durch Orakel bestätigte Sohn der Sonne zu sein, und imitierten sogar seine Kopfhaltung und die Art, wie er sein Diadem trug. Bei den Römern war die Beeinflussung durch Alexander sogar noch nachhaltiger; sie wirkte sich bei ihnen über mehr als fünfhundert Jahre aus, zunächst im Aufbau eines Kults der Siegesgöttin, möglicherweise aufgrund früher Nachrichten von seinen außergewöhnlichen Erfolgen, dann in den fortgesetzten Nachahmungen durch römische Politiker und Imperatoren – von Scipio bis Caracalla, der

Alexanders Mantel oder Brustpanzer für sich beanspruchte, seinen Schild und seine Statuen kopieren ließ und sogar sein Pferd zum Andenken an das Alexanders Bukephalos nannte. Im späten vierten Jahrhundert noch waren christliche Bischöfe in Antiochia darüber beunruhigt, daß ihre Gemeinde auf ihren Siegelringen eine Vorliebe für den Alexanderkopf zeigte. Für die Welt des klassischen Altertums war er zum Prototyp des Ruhms und übermenschlicher Vortrefflichkeit geworden, und die Menschen vergaßen ihn nur zögernd.

Es ist schwierig, diese Tendenzen in die Zeit seines Lebens zurück zu projizieren, doch ist es sicherlich richtig. Für die meisten seiner Verehrer lag um Alexander außerdem der Nimbus seiner Abwesenheit. Sie hatten ihn höchstens einmal zu Gesicht bekommen, als er sie befreite, und lebten nun mit der Erinnerung an einen jungen Mann in höchster Pracht. Wenn sie nach seiner Rückkehr an den Hof kamen, fanden sie Beweise für seine Göttlichkeit im Übermaß in seiner Erscheinung. Das Diadem der Perserkönige ließ sie – zu Unrecht – darauf schließen, daß er Zeus repräsentierte; seine safrangelben Schuhe wiesen auf Dionysos hin, und die Proskynese, wenn auch nur von Persern gefordert, hieß für unkritische Beobachter, daß er selbst ein Gott sei. Diese Themen waren in der Kunst überall fruchtbar, und es ist darum ein Fehler, wenn man sie alle auf die Jahre nach Alexanders Tod zu datieren versucht. Sein Lieblingsmaler Apelles hatte ihn bereits mit dem Zeus-Blitz in der Hand dargestellt, und ebenderselbe Künstler malte ihn zwischen den Hemisphären, dem Symbol von Kastor und Pollux, die ihrerseits vergöttlicht waren, was einen Bezug zu der angeblichen Erhöhung Alexanders in die Welt der Götter hatte.

»Ich halte die Erde«, lautete die Inschrift im Sockel seiner Statue, »du, Zeus, hältst den Olymp«, und auf einer Schaumünze, die vielleicht zum Andenken an seinen Indienfeldzug geprägt wurde, war dieser irdische Zeus zu Pferd dargestellt, wie er den Elefanten des Poros mit dem Blitz des Zeus in der Hand angriff. Das gleiche Thema taucht auf einer Gemme wieder auf, und nach seinem Tod zeigen ihn ägyptische Terrakotten mit der Ägis des Zeus über dem Arm. Diese bescheidenen Erinnerungsstücke sind möglicherweise ein Beweis dafür, wie er im Gedächtnis der einfachen Soldaten weiterlebte, und man darf annehmen, daß sie Nachbildungen eines Originals aus der

Zeit waren, in der er noch lebte. Was seinen Heros-Ahn Herakles betrifft, wurde Alexander mit einem Löwenhelm auf einem ansonsten lebensgetreuen Skulpturenfries dargestellt, der kurz nach seinem Tode für den Sarkophag seines Gefährten, des Königs von Sidon, angefertigt wurde. Der Löwenhelm war das Symbol des Herakles, und Alexander trug ihn wohl tatsächlich. Auf Münzen hatte das standardisierte makedonische Heraklesbild die Züge Alexanders angenommen. Es gab dafür Präzedenzfälle, nicht zuletzt in den goldenen Apollomünzen, die Philipp schlagen ließ und die unzweifelhaft von Alexanders Gesichtszügen beeinflußt sind. Andere Münzen zeigen Alexander längst vor dem Ableben mit den Widderhörnern Ammons auf dem Kopf, und dies war seine ganz persönliche Erfindung. In der bildenden Kunst wie in der Literatur sollten zwischen Alexander und Dionysos Parallelen gezogen werden, doch obgleich es eindeutige Ähnlichkeiten zwischen seinem Triumphzug beim Verlassen Makrans und der Epiphanie oder Offenbarung des Dionysos und auch anderer Götter gibt, ist dies doch ein Thema, das erst nach Alexanders Tod aufgegriffen wurde, insbesondere als die Ptolemäer begannen, ihre Herkunft über Philipp von Dionysos selbst abzuleiten. Durch seine orientalische Kleidung hatte Alexander unabsichtlich bestimmte Erscheinungsmerkmale des Dionysos angenommen, doch war der Zusammenhang zufällig, und obschon er – besonders in Indien – in Rivalität mit dem Gott stand, versuchte er doch nie direkt, Dionysos zu verkörpern.

Unter den Skeptikern wurde es rasch Mode, Alexanders Göttlichkeit als einen Trick abzutun, mit dem er seine Untertanen beeindrucken wollte. Historiker neigen leider allzusehr dazu, Persönlichkeiten der Vergangenheit ihren eigenen Unglauben zuzuschreiben. Es wäre besser, sich zu fragen, warum Menschen, die wie die Skeptiker in einer menschlich prekären Situation standen, diese so unglaubwürdig erscheinende Reaktion überhaupt für nötig befanden. Wenn die Schriften des Aristoteles die Stimmung seiner Zeitgenossen widerspiegeln, dann bestand damals bereits ein Gefühl, daß die Götter dem Geschick des Menschen gleichgültig gegenüberstünden und sich desinteressiert ihrer Muße hingäben. Nach Alexander wurde dieser Eindruck von einem Universum, das seiner Göttlichkeit entleert war, noch deutlicher.

»Die anderen Götter«, hieß es zwanzig Jahre später in einem athenischen Hymnus auf einen der Diadochen, »sind entweder weit weg oder haben keine Ohren; oder es gibt sie nicht; oder sie kümmern sich nicht um uns. Doch dich sehen wir vor unseren Augen, und nicht aus Stein oder Holz, sondern lebendig und wirklich.« In diesem übertriebenen Tribut steckte etwas Wahres.

Mehr als irgendeiner seiner Diadochen war Alexander die alles überragende Verkörperung der Macht auf Erden; Macht aber war lange Zeit das vorbehaltliche Kriterium der griechischen Götter gewesen. Wie die Götter war er unermeßlich reich und von königlichem Blut. Durch einen einfachen Befehl konnte er das Leben von Menschen verändern. Die göttliche Verehrung galt dieser Macht, die durch persönliche Leistung entstanden war, genau wie griechische Schmähschriften es vorausgesagt hatten; und das wenige, was über Alexanders Charakter bekannt ist, läßt darauf schließen, daß er den Vergleich mit den Göttern dankbar und in allem Ernst akzeptiert haben mag. Über ihre Auswirkungen auf ihn gegen Lebensende ist nur eine Beschreibung überliefert. Der Verfasser war ein griechischer Pamphletist, der mit den Einzelheiten bei Hofe wohlvertraut war, möglicherweise weil er selbst dort geweilt hatte. Es ist in jeder Hinsicht ein bemerkenswertes Dokument.

»Alexander«, schrieb Ephippos von Olynth in einem Pamphlet mit dem Titel *Der Tod Hephaistions und Alexanders,* »pflegte bei Gastmählern die geheiligten Kleider der Götter zu tragen, manchmal den Purpurmantel, die Pantoffeln und die Ammonshörner, manchmal das Kleid der Göttin Artemis – dieses pflegte er oft zu tragen, sogar in seinem Prunkwagen, wo er sich in persische Gewänder kleidete und einen Bogen und einen Speer über der Schulter trug. Manchmal kleidete er sich auch als Hermes, besonders bei Gelagen, wo er dann die Flügelsandalen, den Flachhut und den Caduceus des Gottes trug; oft trug er wie Herakles ein Löwenfell und eine Keule ... Er träufelte kostbare Wohlgerüche und süß duftende Weine auf den Boden seines Palastes; Myrrhe und anderer Weihrauch wurden zu seiner Lust verbrannt. Aber auf alle Anwesenden fiel ein unterdrücktes Schweigen, weil sie sich fürchteten: er war mordlüstern und ganz unerträglich: er schien außerdem ›melancholisch‹ zu sein, das heißt von hitzigem Temperament.«

Hier haben wir nicht nur die eindeutige Behauptung, daß Alexander Frauenkleider wie die der Artemis trug, sondern es handelt sich außerdem auch um die einzige erhaltene Beurteilung seines Charakters in den letzten Monaten seiner Herrschaft durch einen Zeitgenossen. Es trifft zu, daß in modernen Fällen von religiösem Wahnsinn Paranoiker, die sich für Gott halten, häufig ungeachtet ihres Geschlechts männliche oder weibliche Kostümierung tragen, um ihre Göttlichkeit zu betonen, doch seit dem Christentum sind alle derartigen modernen psychologischen Beweismittel von höchst zweifelhaftem Wert für ein Verständnis der Welt Alexanders. Wichtiger noch, Ephippos selbst ist kaum ein untadeliger Zeuge. Seine Vaterstadt, die er mit Kallisthenes und vielleicht mit Aristobulos gemein hatte, war von Philipps Makedonen zerstört worden; Alexander hatte kurz vorher in Griechenland verkünden lassen, daß er sich weigere, sie wiederaufzubauen. Das wenige, das von Ephippos' Werken überliefert ist, ist entweder satirisch oder schamlos mit Vorurteilen gegen die Makedonen belastet. Seine Biographie ist nicht gesichert: möglicherweise ist er der gleiche Ephippos, der als Komödienschreiber bekannt war, in Athen Preiskronen gewonnen hatte und dessen Stücke die vermutete Anmaßung von Göttlichkeit bei anderen wohlbekannten Griechen verspotteten – ein damals geläufiges Thema für Komödien. Er hatte sogar eine Schmähschrift gegen den Philosophen Platon verfaßt. Auf jeden Fall schrieb er mit Bosheit, und seine Urteile müssen mit äußerster Vorsicht behandelt werden.

Hinsichtlich der faktischen Angaben sind die Kommentare richtig. Das Anlegen von Götterkleidung hat eine seltsame Geschichte, die uns hilft, das Alexander unterstellte Verhalten in die richtige Perspektive zu rücken. Es gab griechische Mythen, die vor den verhängnisvollen Konsequenzen warnten, doch in der Praxis waren Herrscher und überragend begabte Persönlichkeiten seit langem anderer Ansicht gewesen. Rund neunzig Jahre vor Alexander war der Maler Parrhasios durch die Straßen Athens paradiert, angetan mit einem Pupurkleid, einem goldenen Kranz, einer weißen Binde und goldenen Schuhen; in der Hand trug er einen goldenen Stab. Er behauptete, ein Sohn Apolls zu sein, des Gottes der Künste, und er stehe in seinen Träumen mit dem Halbgott Herakles in engem Kontakt. Priester pflegten gelegentlich Götterkleidung zu tragen, ebenso wie in Syrakus beim

Schwören des heiligen Eides die Kleidung einer Göttin angelegt wurde. Im griechischen Herakleia am Schwarzen Meer hatte der Tyrann Klearchos – ein Platonschüler und Nachahmer der sizilianischen Könige – schon das Purpurgewand, die weichen Stiefel und eine Goldkrone angelegt und den goldenen Zeusadler vor sich hertragen lassen. Er schminkte sich das Gesicht rot, um Zeus darzustellen und göttliches Blut vorzutäuschen, und benannte seinen Sohn nach dem Blitz, ein Symbol, das er häufig statt des Szepters benutzte. Doch gab es einen noch merkwürdigeren Präzedenzfall, der für Alexander von größerer Bedeutung gewesen sein mag, da er ihn möglicherweise sogar selbst erlebt hatte.

In Alexanders Jugendzeit lebte in Syrakus, das schon immer eine prunkvolle Stadt gewesen war, ein berühmter Gesundbeter namens Menekrates. Er heilte die verschiedenartigsten Fälle von Epilepsie, an denen die Ärzte verzweifelt waren, und da Epilepsie als die »heilige Krankheit« galt, konnte er, der sie heilte, ohne Honorar zu fordern, füglich beanspruchen, daß er von der Gottheit inspiriert sei. Also nannte sich Menekrates Zeus, trug die entsprechenden Purpur- und Goldgewänder und umgab sich mit einer Schar von ehemaligen Patienten, die sich gleichermaßen als Götter herausputzten. Einer davon war ein General aus Argos, der in persischen Diensten hohe Gunst genossen hatte und sich nun Herakles nannte und entsprechend kostümierte. Ein weiterer war der ehemalige Tyrann einer kleinen griechischen Stadt in Kleinasien, die Alexander nach dem Granikos befreit hatte – er trug das Gewand des Hermes, die Flügel und den Caduceus. Ein dritter verkleidete sich als Apollon, ein vierter als Äskulap, der fünfte war kein anderer als Alexarchos, der Sohn des Antipater, vielleicht der ungewöhnlichste Mensch in der Generation Alexanders. Er nannte sich Helios, die Sonne, und nach dem Tode Alexanders gründete er eine Gemeinde von Exzentrikern auf dem Gipfel des Berges Athos und nannte sie Stadt der Himmel.

Da es hier einen Bezug zum makedonischen Vizekönig gibt, erscheint das Gerücht plausibel, daß die Truppe des Menekrates dem Hofe Philipps einen Besuch abstattete, wo der neue Zeus unter großer Föhlichkeit sich an einer phantastischen Tafel niederließ, während seine Aufwärter Weihrauch brannten und ihm zu Ehren Trankopfer darbrachten. Später ging das Gerücht, daß die makedonischen Tischgenossen über den Anblick dermaßen gelacht hätten, daß Menekrates vor Scham den Speisesaal fluchtartig verlassen habe, doch angesichts der Ambitionen, die Philipp selbst hegte, war Pella wohl nicht der Ort, an dem Menschen einen Aspiranten auf Göttlichkeit lächerlich machen konnten. Alexander dürfte sicherlich die göttliche Ankunft des Doktors gesehen oder von ihr gehört haben.

Wichtig ist, daß Alexander wie Menekrates nur nachgesagt wird, sie hätten sich bei Tischgelagen als Götter angezogen. Alten Bräuchen entsprechend, hatten die Griechen seit langer Zeit Festbanketts für die Götter veranstaltet, bei denen ein Tisch unbesetzt blieb und mit einem Teil der Speisen für die jeweilige Gottheit versehen wurde: in Athen wurden zwölf Tischgenossen als Repräsentanten der zwölf olympischen Götter gewählt, um in der »Gegenwart« des Herakles zu speisen. Ähnliche heilige Festmähler gab es in Delphi und überall in der griechischen Welt. Doch Alexander war selbst ein Gott: er benötigte keinen unbesetzten Tisch, da er seine Anwesenheit durch eine Epiphanie, durch das Moment der Offenbarung, bei solchen Festmählern zu seinen Ehren enthüllen konnte. Dieses Moment der Epiphanie eines lebendigen Gottes sollte bald von den Diadochen großzügig gehandhabt werden, und es ist recht glaubhaft, daß der göttliche Alexander bei einem »Festmahl der Götter«, das zu seinen Ehren stattfand, in der seiner Würde entsprechenden Kleidung auftrat. Die Ammonshörner und die Pantoffeln waren natürlich seine bevorzugte Erscheinungsform, und sie blieb ohne Nachahmer, wenn man von einer späteren Ptolemäerkönigin absieht. Die Löwenhaut des Herakles war kein Anlaß zu Tadel. Mehr als vierzig griechische Herakles-Imitatoren waren römischen Gelehrten bekannt. Hermes ist ein wenig überraschender, doch gibt es die Parallele zur Truppe des Menekrates und die Gemmen mit Ptolemäos II., auf denen der Helm mit den Hermesschwingen geschmückt ist. Und was Artemis betrifft, so handelt es sich hier um einen vorwiegend römischen Hintergrund. Kaiser Caligula soll sich angeblich lieber als Göttin denn als Gott verkleidet haben, und Heliogabalus und Gallienus, die beide nicht die Gunst der geschichtsschreibenden römischen Senatoren genossen, sollen sich als Demeter beziehungsweise als die Große Muttergöttin präsentiert haben. Unter Alexanders Nachfolgern trat Demetrios der Belagerer als Athene auf, doch nur weil die ihr anbefohlenen Athener ihn dergestalt verehrten. Ein Philosoph der Schule der Zyniker jedoch soll sich mit einem grauen Kleid bedeckt haben, um eine weibliche Erynnie darzustellen; er soll eine Krone mit den zwölf Zeichen des Zodiak getragen und seine Schüler gewarnt haben, daß er aus der Unterwelt heraufgesandt sei, um das Urteil über sie zu sprechen. Geschichten über Transvestitismus bei Königen sind größtenteils Verleumdung, und in Alexanders Fall ist dies ganz offensichtlich. Im Kleide der Artemis, trug er »persische Kleidung und einen Bogen und einen Speer« der makedonischen Form, die besonders bei der Jagd beliebt waren. Und persische Kleidung war seit langem von intoleranten Griechen als weibisch verhöhnt worden; als also Ephippos Alexander auf seinem Wagen in dieser Kleidung mit den einwandfreien Jagdwaffen sah, tat er zum Schein so, als versuche der neue Gottkönig, der sich so weibisch kleidete, wie die Göttin der Jagd auszusehen. Es war nur ein Scherz, allerdings kein sehr guter.

Das Tragen göttlicher Kleider war ebenfalls eine verbreitete Anschuldigung. So behaupteten zum Beispiel die Feinde des Augustus später, er habe sich als junger Mann wie Apollon angezogen und mit zwölf Freunden, die wie die übrigen Götter gekleidet waren, ein heiliges Mahl abgehalten. Doch in Griechenland, wenn auch nicht in Rom, gab es dafür effektiv verständliche Gründe, und trotz der Befangenheit des Ephippos kann Alexander sich sehr wohl so ausstaffiert haben, wie es die Kunstwerke, die ihn darstellen, wiederholt annehmen lassen. Für die fantastische Kopfbedeckung gab es gleichfalls östliche Vorbilder, der Bukephalos trug wahrscheinlich Hörner, und ein Standbild Philipps wurde, zweifellos mit viel Schmuck, in der Prozession der zwölf Olympgötter mitgetragen. In Umrissen hat also Ephippos wohl die Wahrheit berichtet, eine Wahrheit zudem über die göttlichen Ehren, die Alexander unter seinen Freunden genoß. Ob er daneben auch »mordlüstern, unerträglich und offenbar melancholisch« war, läßt sich nach der Aussage des Ephippos allein nicht entscheiden; Melancholie im Altertum bedeutete ein wankelmütiges, jähzorniges Temperament weit mehr als teilnahmslosen Ennui. Es gibt keine Anzeichen dafür, daß Alexander nun jähzorniger gewesen wäre als bei der Thronbesteigung. Weit entfernt davon, zu eingeschüchtertem Schweigen zu veranlassen, ging er noch immer zur Jagd, beteiligte sich an Würfelspielen und Ballspielen, scherzte und zechte zwanglos mit seinen Gefährten. Es war, wie er gesagt hatte: Blut: nicht Ichor (Götterblut) floß in seinen Adern.

Also darf Alexander nicht aufgrund bloßen Klatsches beurteilt werden. Der Tod Hephaistions hatte ihn erschüttert, und zweifellos trank er heftig, um seinen Kummer zu vergessen. Doch der einzige Hinweis darauf, daß seine Trinkgewohnheiten sich merklich verschlechtert hätten, stammt aus den Königlichen Diarien, einer sehr verdächtigen Quelle. Alexander war kein Alkoholiker, und auch wenn er noch immer Geld in großem Maßstab verschwendete, so blieb er doch ohne Frage ein fabelhaft reicher Mann. Sein Hofstaat mit den Elefanten und allem übrigen Zubehör erschien nun Außenstehenden wie Ephippos weit schrecklicher, doch für seine Freunde war er noch immer für Beratungen über die Einzelheiten eines jeden Plans zugänglich. Man muß es noch einmal betonen: wir wissen von keinem einzigen unter ihnen, der in den folgenden Monaten sein Leben oder seine Position verloren hätte, und Alexander begleitete sie noch immer demonstrativ in die Schlacht, besprach seine Pläne mit ihnen und beteiligte sich an ihren Unterhaltungen.

Innerhalb von sechs Wochen nach Hephaistions Tod hatte er Hamadan auf der Königsstraße nach Süden verlassen und einen kurzen Vormarsch zu den Nomadenstämmen unternommen, die in den Hügeln von Luristan die Pässe bewachten. Er griff sie im Winter an, was sie überraschte, und schlug sie in knapp sechs Wochen vernichtend: »Die Leute hier waren seit den frühesten Zeiten unabhängig gewesen; und sie leben in Höhlen, und ernähren sich von Eicheln und Pilzen und dem geräucherten Fleisch wilder Tiere.« Die Perserkönige waren immer bereit gewesen, diese Stämme zu bestechen, damit sie sie die Königsstraße benutzen ließen. Alexander lehnte so etwas ab und »plante, diese Nomaden in Städten anzusiedeln, auf daß sie seßhafte Ackerbauern würden«. Bei diesem ersten Zusammenstoß der griechischen Kultur mit Nomaden gelang es den Griechen nicht, diese zu begreifen, und sie versuchten sie selbstherrlich in die eigene Lebensvorstellung einzufügen. Wie Reza Schah in den dreißiger Jahren unseres Jahrhunderts erkennen mußte, bedeutete solch ein Plan persönliches Leiden für seine Opfer und die Vernichtung eines Lebensstils, der der Landschaft einzigartig angemessen war – und Alexander hatte nicht einmal bessere Medikamente oder den falschen Reiz einträglicherer

Beschäftigung anzubieten. Er wollte diese freien und stolzen Wanderstämme in Städten seßhaft machen, einzig und allein, weil sie seine Heerstraße gefährdeten. Daß ihm dies mißlang, war unvermeidlich, und sieben Jahre später blockierten eben diese Nomadenstämme die Königsstraße in einem Rachezug gegen die Diadochen.

Auf dem Rückmarsch in Richtung Babylon, der Winterresidenz der Perserkönige, trafen Gesandtschaften aus der ganzen Welt bei ihm ein. Libyer, Äthiopier und Karthager brachten ihm Kronen und beteuerten ihre Freundschaft. Kelten und Skythen machten ihm ihre ehrerbietige Aufwartung ebenso wie die spanischen Iberer, die den Griechen zuvor nur durch die Heere sizilianischer Tyrannen bekannt gewesen waren. Aus Süditalien erschienen Gesandtschaften der Stämme, mit denen sein Schwager noch vor kurzem Krieg geführt hatte; unter ihnen – geben einige Autoren an – waren Botschafter aus Rom, einer Stadt mit damals erst etwa 150 000 Einwohnern, die ihre Nachbarn im umliegenden Latium im gleichen Jahr unterworfen hatte, in dem Philipp Griechenland unterwarf, die allerdings jetzt mit den Samnitern in der Nähe Krieg führte. Alexander hatte mit den Römern bereits über Maßnahmen gegen die Piraterei in der Adria korrespondiert; sein Schwager hatte mit Rom einen Vertrag auf Zeit geschlossen, und es war verständlich, daß die Stadt auch in einer Krise Botschafter ausschickte, um ihre Position im Ausland zu bewahren. Die Römer, die späterhin ihre eigenen Helden dem Alexander vorzogen, reagierten auf die Erwähnung einer derartigen Gesandtschaft mit Unwillen. Ptolemäos hielt sie nicht einmal für besonders erwähnenswert, während für die Schüler des Aristoteles Rom ganz einfach eine Griechenstadt war.

Diese Gesandtschaften aus fernen Ländern warfen sogleich die Frage auf, was Alexander als nächstes unternehmen werde. Wenn Karthago, Libyen und Spanien ihre Freundschaftsversprechen hielten, dann gab es überhaupt nichts, was ihn daran hindern konnte, durch Ägypten nach Westen und weiter zu den Säulen des Herkules, der heutigen Straße von Gibraltar, dann die spanische Küste hinauf und nach Italien zu ziehen, wo sein Schwager im Zuge einer Expedition gefallen war. Gerüchte verbreiteten sich, Alexanders jüngste Ambition sei die Eroberung des Westens; einige behaupteten sogar, er beabsichtige, Afrika ganz zu umsegeln und dann vom Atlantik her ins Mittelmeer vorzustoßen. Diese außerordentliche Seereise hatte ein karthagischer Kapitän bereits vorexerziert; sie hatte zwei Jahre gedauert und entsetzlich leidvolle Erfahrungen eingebracht; bei Hofe war sie aus Herodots Geschichtswerk bestens bekannt. Es ist nicht unmöglich, daß Alexander dergleichen erwogen hat, denn unter Umständen gehen die Gerüchte über diesen Plan auf Nearchos zurück, mit dem er im vorigen Frühjahr in Kirman neue Pläne erörtert hatte. Fakten und Gerüchte über Afrika verbreiteten sich im Lager, aber da Erkundungsschiffe rund um Arabien in das Rote Meer hinaufgeschickt wurden, erscheint es plausibler, daß Alexander, wenn er schon Pläne für den Westen hegte, auf dem direkteren Weg durch den Suezkanal und in westlicher Richtung längs des Mittelmeeres angreifen würde. Möglichkeiten sind eine Sache, Absichten eine andere, und es ist müßig zu raten, was jemand eventuell mit seinem Leben anfängt; konkret betrachtet, war es jedenfalls so, daß er etwas vorhatte. Ein Makedone erhielt den Befehl, mit Schiffbauern in das nördliche Gurgan zu ziehen und dort in den dichten Wäldern, die er sieben Jahre früher gesehen hatte, Stämme zu schlagen. Langboote sollten gebaut werden, um mit ihnen das Kaspische Meer zu erforschen, um festzustellen, »ob es sich mit dem Schwarzen Meer vereinige oder mit dem äußeren Ozean, der die Welt umfloß und an Indien grenzte«. In Babylonien wurden Unmengen Zypressen für eine Riesenflotte neuer Kriegsschiffe geschlagen. Fünfruderer und Vierruderer wurden bereits zerlegt und aus dem Libanon und von Zypern auf dem Landweg transportiert, alles zur Unterstützung einer Expedition auf der entgegengesetzten Seite des äußeren Ozeans nach Gurgan. Es sollten sogar Siebenruderer konstruiert werden, ein Auftrag, den Alexander als erster gab. Nachdem er »ganz Asien unterworfen« hatte, wie er es ausdrückte, richtete Alexander nun seinen Ehrgeiz gegen die Araber. Angesichts solcher Vorbereitungen begriff der Hof nun wenigstens, wo man das nächste Jahr verbringen würde. Die heißen, öden Sandwüsten Südarabiens würden sie in Anspruch nehmen.

Auf einem berühmten Bild des Apelles war Alexander in einem Streitwagen dargestellt, gefolgt von einem Gefangenen mit auf den Rücken gebundenen Händen; im Rom Caesars wurde dieser Gefangene als der Krieg interpretiert und dementsprechend Alexander als der König, der über den Streit gesiegt hatte. Vergil griff diese Allegorie später auf und benutzte die Einzelheiten des Bildes für eine auf Augustus gemünzte Prophezeiung, daß unter dessen Herrschaft kein Krieg mehr sein werde. Diese römische Mode wich stark von ihrem Ursprung ab: wenn es etwas gab, das Alexander niemals hätte aufgeben können, dann war es wohl das Kämpfen, und selbst am Ende seines Lebens finden sich keinerlei Anzeichen dafür, daß er über seine Kriegslust triumphiert hätte. Die Araber waren mehreren Perserkönigen freundschaftlich verbündet gewesen, besonders als man sich um Ägypten kümmern mußte: auf dem Grabmal des Artaxerxes III., der kürzlich Ägypten zurückerobert hatte, ist ein Araber dargestellt, und er ist einer der nur zwei ausländischen Würdenträger, die das Goldhalsband und den goldenen Armreif der höchsten Ehrung tragen, wahrscheinlich weil sein Stamm die Invasion in Ägypten unterstützte. Alexander hatte »gehört, daß diese Araber nur den Himmel und Dionysos anbeteten, und er glaubte, daß er nicht unwürdig sein werde, als ihr dritter Gott verehrt zu werden, wenn er sie besiegte und ihnen dann wie den Indern das vorherige gewohnte Recht der Selbstregierung zurückgab«. Er kämpfte nicht, um die Verehrung seiner Person als Gott zu fordern; er nahm nur berechtigterweise an, daß er im Falle des Erfolgs göttliche Ehren verdienen würde, genau wie seine vergleichbaren »Befreiungsaktionen« sie ihm in den Griechenstädten Asiens eingebracht hatten. Doch nur ein schiefes Bild der Geschichte Persiens und Arabiens – ähnliches hatte bereits sein Indienfeldzug an den Tag gebracht – konnte dieses neue Ziel als die Restauration der altehrwürdigen Unabhängigkeit seiner Opfer deklarieren.

Alexanders Vorwand sei es gewesen, sagte Aristobulos, daß die Araber ihm nie eine Delegation geschickt hätten, »doch in Wirklichkeit war er von unersättlicher Eroberungslust und wünschte, Herr über jedermann zu sein«. Seine Heere waren bis nach Italien und Indien vorgedrungen, das Schwarzmeer entlang und bis in den Norden zur Donau, und es ist ein verbreiteter Irrtum, Menschen rationale Motive für einen Krieg zu unterschieben, als kämpften sie mehr für Profit als für Ruhm. Doch die arabische Expedition hatte neben dem Motiv einer Welteroberung noch eine andere Seite: im Tal von Hadramaut wuchsen Gewürze dermaßen üppig, daß die Araber die Pflanzen als Feuerholz verwendeten und den beständigen Überfluß mit

Kamelkarawanen nach Norden sandten; der Geruch dieser Pflanzen war so stark, daß die »Kameltreiber betäubt wurden und ihre Betäubtheit nur überkommen konnten, indem sie an Asphalt oder Ziegenhäuten rochen«. Auf Flößen gelangten diese Gewürze zur Euphratmündung, dann auf Flußbooten stromaufwärts nach Babylon und dann zu Lande in die Stadt selbst: es handelte sich um Myrrhe und Weihrauch, um Kassie-Oasen, um akklimatisierte Zimtsträucher und um Felder wildwachsender Ölnarden. Einem Mann, in dessen Palast der Boden mit süßen Wohlgerüchen überschwemmt wurde, mußten diese Luxusgüter unwiderstehlich erscheinen. Außerdem erregten Berichte über Häfen längs der Küste Arabiens Alexanders Interesse. Neue Alexandrias könnten gegründet werden und den Handelsweg um Arabien in das Rote Meer und den Persischen Golf bewachen, und sie mochten durch den Gewinn reich und berühmt werden. Eintausend Talente Weihrauch war einst der jährliche Tribut Südarabiens an die Perserkönige gewesen, und wenn auch ein altes Sprichwort im Osten sagte: »Zeige niemals einem Araber die See oder einem Phönizier die Wüste«, so gab es doch keinen Grund, den Transport dieser Gewürze nicht von Karawanen auf die Flotte zu übertragen.

Der Plan hatte sich spätestens seit Alexanders Begegnung mit Nearchos in Kirman entwickelt. Dort hatten sie über die Hinweise gesprochen, daß am Persischen Golf eine Gewürzstraße verlaufe, und nacheinander wurden vier Erkundungsfahrten mit dreißigrudrigen Schiffen versucht, um diese Straße bis zu ihrem Anfang zu erforschen. Der erste Kundschafter war ein Mitkapitän des Nearchos, und er segelte südlich und kam nur bis Bahrein. Der zweite, Sohn eines verbannten athenischen Generals, folgte ihm im Winter nach Hephaistions Tod und hinterließ eine höchst genaue Beschreibung der Naturgeschichte Bahreins bis hin zu den Mangrovenwäldern und den Orangenhainen, die diesen Landstrich noch heute auszeichnen. Auch dieser Mann kam nicht weiter. Gleichzeitig mit ihm hatte sich ein dritter Kapitän auf die entgegengesetzte Route begeben, vom Suezkanal das Rote Meer hinunter, um Arabien herum in den Persischen Golf. Hitze und Wassermangel zwangen ihn, auf halbem Wege umzukehren. Der vierte Kundschafter, ein Zypriote, war kühner: er segelte bis an das Vorgebirge bei Aden, »doch trotz des Befehls, es zu umsegeln und nach Ägypten weiterzufahren, bekam er es mit der Angst zu tun und kehrte mit dem Bericht zurück, daß Arabien sogar noch größer sei als Indien«. Die Route jedoch war von den örtlichen Händlern seit wenigstens zweitausend Jahren ohne viel Aufhebens furchtlos befahren worden.

Sowohl die Erforschung der Kaspischen See wie die Eroberung Arabiens waren durchführbare Ziele, und sie sprechen für Alexanders anhaltende Kunst des Möglichen. Keines der beiden Ziele war so originell, wie es ihm erschienen sein mag. Imperien konnten zwar durch die Sarissa und den Kataphrakt errichtet und gestürzt werden, aber der Handel war seit der ersten Pharaonendynastie stetig vom Roten Meer, Ägypten und dem Königreich Punt an Bahrein vorbei bis zum Persischen Golf betrieben worden. Skylax der Seefahrer, in allem, ein Vorläufer, hatte bereits das Geheimnis der Kaspischen See und ihres Ursprungs gelüftet: auch er hatte Arabien umsegelt, vom Roten Meer aus bis in den Persischen Golf, und bereitwillig davon berichtet, daß der Suezkanal des Pharao Ausbesserungen nötig habe. Dadurch ermutigt, hatte sein Auftraggeber, Darius I., den Kanal ausschachten lassen und die Wasserstraße von Persien, längs der arabischen Küsten, ins Mittelmeer wieder eröffnet, und diese Route war gleichermaßen von Gesandtschaften aus der Ägäis wie von phönikischen Handelsschiffen benutzt worden. Bestenfalls also würde Alexander Kenntnis von den Meeren des Reiches erhalten, die die Perser bereits viel früher besessen hatten; schlimmstenfalls würde er einer Handelsstraße neuen Auftrieb gegeben haben, die so alt war wie die Geschichte selbst. Wieder einmal machte er sich, ohne es zu wissen, auf, zu restaurieren und zu entwickeln, nicht zu verändern.

Es gab Leute im Lager, die zu einem etwas ungewöhnlicheren Feldzug drängten: »Bei einer Festlichkeit in Hamadan«, schrieb Ephippos, »setzte Gorgo, der Leiter des Waffenlagers und ein Grieche aus Iasos, Alexander als dem Sohne Ammons dreitausend Goldkränze auf und verkündete, daß er ihm für die Belagerung Athens zehntausend Rüstungen und ebenso viele Katapulte liefern werde.« Sicher, in Hamadan mochten die jüngeren Offiziere durchaus über einen Angriff auf Athen gesprochen haben: Harpalos war in die Polis geflohen; er war nach anfänglichem Widerstreben aufgenommen worden, und die Stadt wählte weiterhin Männer zu ihren jährlichen Generälen, von denen bekannt war, daß sie unversöhnliche Gegner der Makedonen waren – darunter auch jenen Thrasybulos, der vor zehn Jahren Alexander bei der Belagerung von Halikarnaß so immense Schwierigkeiten bereitet hatte. Daneben bestand noch das Problem der Hoheit Athens über Samos, die durch das Rückführungsdekret der Verbannten plötzlich in Gefahr geraten war. Im Lager hatte Alexander bereits verkündet, er werde »Samos den Samiern« zurückgeben, doch handelte es sich dabei möglicherweise nur um einen wohlkalkulierten Gegenschlag angesichts der Nachrichten von der Wühlarbeit des Harpalos. Wie dem auch sein mochte, die athenischen Siedlungen auf Samos hatten der persischen Flotte während des Krieges in der Ägäis als Basis gedient, und die Erinnerung daran wirkte sich für sie nicht gerade günstig aus. Wie gewöhnlich wußte Ephippos, wie man unvergessenen Groll schürt. Der Name Gorgo war den meisten Athenern verhaßt, da er bei der Debatte über Samos Kontaktleute in Athen gehabt hatte und durch sie nachdrücklich für die Seite der samischen Verbannten eingetreten war; dank Männern wie Gorgo standen die Aussichten für die athenischen Siedler auf Samos schlecht, und im Herbst 324 v. Chr. bequemten sich die gewitzteren Athener bereits zu ersten Schmeicheleien, um die Insel für sich zu retten. Unter dem drohenden Schatten des Schicksals von Samos hatten sie darüber beraten, ob Athen Alexander die göttlichen Ehren erweisen solle. Demades hatte seine Zuhörer gemahnt, »sie möchten doch nicht den Himmel beschützen, nur um festzustellen, daß sie inzwischen die Erde verloren hätten«, und Demosthenes kommentierte, daß »Alexander als Sohn des Zeus anerkannt werden könnte, soweit es darum gehe, – und als Sohn des Poseidon ebenfalls, wenn er das wirklich wolle«, wenn nur diese Anerkennung mit Wahrscheinlichkeit zur Rettung der Siedler auf Samos beitrage. Alexander, darin waren sich die Athener einig, war unbesiegbar. Doch man konnte ihm zumindest den Willen tun und ihm die Verehrung anbieten; es war schließlich bekannt, daß er solche Ehrung von Griechen überall sonst gern annahm. Keiner erhob Einwände gegen das Prinzip, daß ein lebender Mensch angebetet werden sollte; Einwände gab es nur dagegen, daß dieser Mann »ihr« Tyrann Alexander war. Aber die Diplomatie überwand den Widerwillen, und im Herbst nach Hephaistions Tod machten sich neben anderen griechischen Gesandtschaften auch athenische Boten auf, um Alexander als Gott zu huldigen. Dann legten sie ihm ihre Sache vor.

Man vergißt allzu leicht, daß Alexanders Erlaß zu einer Reinstitution der Samier von anderen griechischen Gesandtschaften mit Entzücken begrüßt worden war. Von Hamadan aus gab es für Alexander keinen Grund, überdies auch noch Athen zu belagern; Ephippos schrieb seine Verleumdungen nach dem Tod Alexanders und brachte den Namen Gorgo diesbezüglich nur ins Spiel, um einen Schein von Boshaftigkeit bei Alexander zu suggerieren. Was die Krönung als Sohn des Ammon betraf, so mußte diese Eitelkeit seinen Zeitgenossen plausibel erschienen sein, und weder Ephippos noch feindselige Athener machten sich große Sorgen um den Wahrheitsgehalt der Angelegenheit; später wurde ein Brief erfunden, als sei er mit Bezug auf die Eigentumsverhältnisse über Samos nach Athen geschrieben worden, in dem man Alexander unterschob, Philipp als nur seinen »sogenannten Vater« zu bezeichnen, und worin stillschweigend der Anspruch der Athener auf die Insel bestätigt wurde. Alexanders wahre Einstellung zu Ammon war weit weniger extrem, und jedenfalls stand es den Athenern schlecht an, über die per Gerücht verbreiteten Schmeicheleien eines Gorgo zu lästern, wenn sie selber, knapp zwanzig Jahre später, einen der Diadochen als ein wahres »Kind der Sonne und der Göttin Aphrodite« priesen.

Trotzdem, Alexanders Drohung hatte in Athen Empörung hervorgerufen, und dies in einer Zeit, da seine Position in Griechenland keineswegs mehr so sicher war wie oftmals zuvor. Ersatzeinheiten wurden in drastischem Maß aus Makedonien in den Osten beordert, um die Makranverluste auszugleichen, und nicht nur das Menschenreservoir des Landes wurde durch diese Bedürfnisse stark beansprucht, sondern Europa sollte auch einen neuen General bekommen. Antipater war über siebzig Jahre alt, und sowohl Olympias wie griechische Demokraten hatten sich in Briefen und durch Botschafter seit langem über ihn beklagt; Alexander hatte dazu geschwiegen, aber er beklagte sich doch ein einziges Mal, daß seine Mutter ihn hart büßen lasse für die bloßen neun Monate, in denen sie ihn getragen habe. Solange Olympias Königin und Antipater nur General war, konnte es zwischen beiden niemals Frieden geben. Und nun zog Krateros mit Befehlen heran, nach denen der General abgelöst werden sollte, möglicherweise nur zeitweilig, während er nach Asien fuhr, vielleicht aber auch für länger, da Alexander vielleicht wünschen mochte, ihn als rangnächsten Kommandeur in Asien zu behalten. So jedenfalls sagten die Gerüchte. Es sollte noch einige Monate dauern, bis Krateros zurückkehrte und kränkelnd mit seinen 10 000 Veteranen die Heimat sah; seine altgewordenen Mannschaften planten, in Asien zu überwintern, was Alexander ihnen von Anfang an gestattet hatte, und sie beschlossen, vorzugsweise nicht vor dem Sommer von der Küste abzusegeln, weil da die Überfahrt leichter sein würde; allerdings gab es örtliche Unruhen in Kilikien, die sie noch länger aufhalten konnten. Sie hatten sich erst in Richtung Heimat aufgemacht, nachdem sie eine Meuterei nicht hatten durchführen können, es war ihnen überhaupt nicht eilig; immerhin aber bestand das Risiko, daß Athen alle Vernunft verlieren und für das Recht auf der Insel Samos kämpfen könnte, ehe die Veteranen zurückkehrten. Nachrichten von der kürzlichen Rebellion in Thrakien und der schweren Niederlage der Makedonen an der Donau konnten eigentlich Athen nur in seiner Initiative bestärken.

Es gab einen Mann, der über die nötige Unbesonnenheit verfügte. Der Athener Leosthenes hatte seinen Vater vor Makedonen kriechen sehen; er hatte sogar erlebt, wie dieser Vater als Verbannter in der Nähe von Pella Grundbesitz empfing. Er selbst konnte dem nicht zustimmen, hatte sich deshalb als Söldnerhauptmann verdingt und war als Erwachsener zum Gegner Makedoniens geworden. Im Juli 324 war er zu einem der zehn Jahresgeneräle Athens gewählt worden; als er sein Kommando antrat, hatte Alexander seinen Satrapen befohlen, ihre Söldnertruppen aufzulösen; im Herbst 324 und im Frühling 323 strömten dann flüchtige Soldaten an der kleinasiatischen Küste zusammen. Es handelte sich nicht um große Zahlen, nicht mehr als ungefähr 8000 Mann, doch Leosthenes glaubte, damit sei seine Chance gekommen. Persische Admiräle und hohe Beamte, die vor neun Jahren der Flotte Alexanders entkommen waren, streunten noch frei herum und waren bereit, Truppen nach Griechenland zu führen. Chares und Autophradates, zwei Helden im Krieg, den Memnon in der Ägäis begonnen hatte, brannten darauf, Rache zu nehmen, und Chares hatte bereits früher schon die von den Satrapen entlassenen Truppen mit gutem Erfolg eingesetzt. Wenn er sie bis zu der wohlbekannten Söldnerbasis an der Südspitze Griechenlands bringen konnte, dann würde Leosthenes dank seiner ehemaligen beruflichen Kontakte für sie sorgen können. Es drohte Alexander also noch immer Gefahr von den gleichen Piratenführern wie in den Jahren, da er seine Invasion Asiens begann.

Das Unternehmen des Leosthenes war riskant, und es wurde keineswegs allgemein gebilligt. Athen konnte mit einer eventuellen Flotte von über 300 Schiffen rechnen, aber es hätte sie niemals finanzieren können, da Harpalos mit seinem Geld und seinen Truppen bereits aus der Stadt gewiesen war, bevor Leosthenes sein Kommando antrat. Harpalos wäre ohnehin eine vergebliche Hoffnung gewesen, denn bald trafen Nachrichten in Athen ein, daß er von einem Spartaner in seinem Stab ermordet worden sei und daß seine Truppen Nordafrika zu plündern gedächten, statt zurückzukehren. So stand also Athen mit nur einem Bruchteil der Gelder da, die es seit langem benötigte, mit der Aussicht auf etwa 8000 Söldner, die gleichfalls bezahlt werden mußten, einer unbemannten Flotte im Trockendock und seinem Problem mit Samos, das die Stadt herzlichst gern bereinigt haben würde. Ein Plan wie der des Leosthenes, nämlich Söldner anzuwerben, war bereits dem Spartanerkönig Agis mißlungen; selbst nach dem Tode Alexanders kamen nie mehr als 5000 Mann zusätzlich im Heer der Stadt zusammen. Zu Alexanders Lebzeiten waren die Aussichten gar nicht verlockend, denn ihm stand eine riesige Levanteflotte zur Verfügung, und die Silberschilde und andere makedonische Veteranen marschierten in langsamen Etappen von Opis nach Westen und waren den Küsten und schnellen Schiffen der Heimat gefährlich nahe.

Während man Leosthenes weiterhin im Hintergrund seine Pläne schmieden ließ, machte sich im Herbst eine von zwei Gesandtschaften auf, um Alexander darum zu bitten, er möge Samos von der Rücksiedelung der Verbannten ausnehmen; klugerweise hatte die Athener Versammlung erkannt, daß sie jeden nur denkbaren Ausweg suchen mußte, ehe sie isoliert einen Aufstand wagte. Während die Gesandten unterwegs waren, zog Alexander zu Wagen von den Nomaden Luristans südwärts nach Babylon, der gewohnten Winterresidenz der Perserkönige, wo er sieben Jahre früher den triumphalsten Empfang seiner ganzen Laufbahn erlebt hatte. Damals hatte er im ersten Siegesrausch befohlen, daß der heilige Tempel von E-sagila und der steilstufige Ziggurat von Etemenanki restauriert werden sollten. Doch die babylonischen Priester hatten ihre eigene Finanzpolitik vorgezogen, denn solange die Tempel nicht vollendet waren, konnten sie die Einkünfte aus dem Gottesland für ihnen sympathischere Zwecke als für Opfer und Silberpolitur verwenden, und so hatten sie nach eigenem Gutdünken die Bauarbeiten aufgeschoben. Wenn Alexander die Stadt betreten würde, dann würde er sie zornig antreiben; deshalb kamen sie ihm an den Tigris entgegen, um ihn aufzuhalten.

Als erfahrene Astrologen schreckten sie ihn mit einer Prophezeiung. Ihr Gott, sagten sie, rate ihm, auf keinen Fall von Westen her in Babylon einzuziehen. Es wird berichtet, Alexander habe nicht auf die Priester gehört, doch Aristobulos, der es besser wissen sollte, bestand darauf, er habe einen sorgfältigen Umweg den Euphrat hinauf gemacht, um die westlichen Viertel der Stadt zu vermeiden – bis ihn die Sümpfe aufhielten. Die Priester wußten dies zweifellos und hatten gehofft, ihn mit der Warnung gegen einen Anmarsch von Westen ganz von der Stadt fernhalten zu können. Wenn Alexander aber die Warnungen der Götter respektierte, so war er doch nicht bereit, auf die Tricks ihrer besorgten Diener hereinzufallen. Er marschierte herausfordernd durch das Westtor in die Stadt ein, und wenige Tage später begannen die Erdarbeiten für die neuen Fundamente des Tempels. Wieder wurde aus dem Tempelgut der Zehnte eingezogen, was für die königliche Schatztruhe eine nützliche Zugabe bedeutete.

Der Winter setzte ein. Alexander war in Babylon weiterhin von kühner Entschlußkraft erfüllt. Nearchos und die Kundschafter berichteten von ihren Entdeckungen im Persischen Golf, darunter die Inseln Bahrein und Failaka, die Alexander nach dem griechischen Helden Ikaros benannte, und sie erzählten von den Aussichten der Seefahrt gegen Arabien. Trotz der mißglückten Umsegelung Arabiens erging der Befehl, daß bei Babylon ein Hafen ausgehoben werden sollte mit Bootshäusern für eintausend Schiffe, bei weitem die größte Flotte, die in Alexanders Welt jemals ins Auge gefaßt wurde, und eine Streitmacht, die jene Gerüchte als begründet erscheinen lassen konnten, daß es nach der Eroberung Arabiens gen Afrika oder in den Westen gehen solle. Diese Flotte war aber nicht alles. Während in der Gegend Zypressen gefällt wurden, um den beträchtlichen Holzbedarf zu decken, zogen Rekrutierungsoffiziere ostwärts nach Syrien und Phönizien, »um Männer anzuheuern oder zu kaufen, die seegewohnt waren, denn Alexander beabsichtigte, die Küste des Persischen Golfs zu kolonisieren, da er glaubte, sie werde nicht weniger gesegnet sein als Phönikien selbst«. Handelsschiffe und Botschafter würden in Zukunft auf dem wiedereröffneten Seeweg an diesem neuen Phönikien vorüberkommen und diese neuen Hafenstädte anlaufen, um sich zu verproviantieren; die Kolonisten selbst würden gleichfalls Seeleute sein und den Frühjahrswinden ostwärts zum Indus folgen oder südwärts zu den Gewürzen Arabiens und den kürzlich eroberten Scheichtümern von Hadramaut fahren können. Es war ein weitreichender Plan von großartigsten Ausmaßen. In ihm verband sich der Wunsch nach Luxusgütern mit wirtschaftlichen Erwägungen, mit Strategie und mit einem zivilisatorischen Ziel, durch eine umfassende Verpflanzung von Männern, denen das Meer im Blut lag. Es ist nur allzu klar, daß Alexander keineswegs seine Energie verloren hatte, und hinter dem Konstruktionsbefehl für die tausend Schiffe argwöhnten die Offiziere, daß auf Arabien Afrika folgen sollte und daß man sie zwingen würde, den südlichen Teil der Welt zu umsegeln.

Als der Frühling kam, handelte Alexander erneut sehr rasch. Das Leben in Babylon hing schon immer von seinem komplizierten Kanalnetz ab, und während Alexander den Euphrat hinuntersegelte, um die Örtlichkeiten für seinen neuen Hafen und die neuen Siedlungen zu inspizieren, stellte er fest, daß die Bewässerung unnötigerweise blockiert war, »trotz dreimonatiger Arbeit von zehntausend Assyrern, um sie zu verbessern«. Er entdeckte steinigen Grund und erdachte eine einfachere Ableitung für die Flußüberschwemmung; so ersetzte er die Arbeit von 10 000 Männern durch eine simple Beobachtung. Dann segelte er weiter flußabwärts und erkundete die Flußmarschen und schmückte charakteristischerweise die verwahrlosten Grabmäler ihrer ehemaligen Könige und Aufseher. Ein Platz am Meerufer bot sich für eine weitere Alexandria-Siedlung an, also befahl er, daß eine ausreichende Anzahl griechischer Söldner und invalider Veteranen als Bürger ausgewählt werden sollten; doch als er von diesem seinem neuesten Werk zurückkehrte, »wobei er selbst das Boot steuerte«, passierte ihm ein kleines Mißgeschick: Teile seiner Flotte hatten sich verirrt, und dann blies ihm eine plötzliche Brise den königlichen Hut samt Diadem vom Kopf, und sie verfingen sich in einem Schilfbündel. Ein unbekannter Matrose schwamm hin, um beides zurückzuholen, doch setzte er sich unklugerweise den Hut auf, sobald er ihn losgemacht hatte. Er wurde mit einem Talent belohnt, doch nach manchen Quellen ist er auf den Rat der Propheten hin geköpft worden, bevor er sich daran hatte freuen können; andere meinen plausibler, daß er nur ausgepeitscht worden sei. Alle stimmten überein, daß er gesündigt habe, indem er das Diadem aufsetzte, das bereits als so deutliches Symbol des Königtums galt, und schon bald sollte seine Unüberlegtheit als böses Omen erscheinen.

Zurück in Babylon, widmete Alexander sich mit unverminderter Kraft seinen weiteren Plänen: diesmal handelte es sich um die endgültige Form der Armee. Entlassene Söldner aus dem westlichen Asien waren herangeströmt, um im Mittelpunkt des Reiches zu dienen; mit ihnen waren 20 000 einheimische Perser und eine Nomadengruppe erschienen. Die Perser waren von Peukestas, ihrem Satrapen, herbeigeführt worden; alle waren Bogenschützen und Speerschleuderer, leichtbewaffnete Rekruten also aus eben der Provinz, die in Asien am meisten Grund besaß, sich feindlich zu verhalten, doch Alexander nahm die Männer in seine makedonischen Brigaden auf, deren Formationen hochbezahlte makedonische Veteranen an der Spitze und im letzten Glied hatten. Dies stellte den Höhepunkt seiner Integration der Armee dar: abgesehen von seinen iranischen Gefolgsleuten, den Gefährten und der Leibkavallerie, war seine Infanterie nun doppelt so stark, und die Perser standen im Verhältnis drei zu eins zu den Makedonen. Bereits seit vier Jahren hatten die Gefährten zu Fuß in etwas offener Formation ohne ihre Sarrissen gekämpft; möglicherweise wurden jetzt die Makedonen im ersten und letzten Glied wieder mit dieser ihrer berühmten Waffe ausgestattet, während die leichtbewaffneten Perser Pfeile oder Speere über ihre Köpfe hinwegschießen sollten. Zuerst eine weitreichende Salve der aus Horn und Leder zusammengesetzten iranischen Bögen im Zentrum; dann ein Vorstoß mit drei Reihen 5,40 m langer Speere, der durch einen Kern leichtbewaffneter Soldaten Stoßkraft und Deckung erhielt. Diese gemischte persisch-makedonische Phalanx war sinnvoll, und sie war eine großmütige Anordnung, denn sie machte einen vielfältigen Gebrauch von den mittleren Stellungen.

Während die Truppen aufgestellt wurden, ließen Disziplin und Exerzierdrill keineswegs nach. Die Schiffe wurden gebaut, und »Alexander ließ sie beständig manövrieren, indem er die dreiruderigen Kriegsschiffe wieder und wieder gegen die Vierruderer antreten und um Siegeskränze kämpfen ließ«. Zum Vergnügen veranstaltete er auf dem Fluß sogar ein Scheingefecht, wobei sich die Mannschaften von den Decks der königlichen Flotte aus mit Äpfeln bewarfen; die Kampfmoral für den Angriff auf die Araber mußte groß sein, und er geizte nicht mit seinen Gunstbeweisen, um sie zu erzielen. Inzwischen trafen die griechischen Gesandtschaften, darunter auch die athenische, ein und wurden entsprechend der Wichtigkeit ihrer Angelegenheiten zur Audienz vorgelassen; zuerst kam die Religion, dann die Geschenke; dann auswärtige Streitfälle, innere Probleme und ganz zuletzt die Bitte um Rückführung der Verbannten. Manche Gesandte waren mit Kränzen auf dem Haupt erschienen, wie um einen Gott zu ehren, also haben wohl diese religiösen Gesandtschaften, die selbst vor den Geschenken den Vorzug erhielten, wahrscheinlich wohl der Verehrung Alexanders selbst gegolten. Unter diesen Anbetern standen die Botschafter der großen griechischen Heiligtümer an erster Stelle, zunächst der Olympische Zeus, dann der Ammon von Siwah, »gemäß der Bedeutung ihrer jeweiligen Heiligtümer«: für Alexander blieb der libysche Ammon ein untergeordnetes Äquivalent zu dem Zeus, den er in Griechenland gekannt hatte. Die meisten Gesandtschaften wurden zum Dank für Goldkronen großzügig beschieden, auch wenn sie nicht zu seiner Verehrung erschienen waren und darum ganz unten auf seiner Liste standen. Aber es ist ein rarer Einblick in die letzten Lebensmonate Alexanders, daß er die Verehrung seiner Person und der Götter über alle anderen griechischen Angelegenheiten setzte.

Im Spätfrühling fand diese verschwenderische Energie ihren letzten Ausdruck im Grabdenkmal für Hephaistion. Nachdem die Architekten ihre Pläne erstellt hatten, ließ Alexander die Mauer Babylons über eine Länge von zwei Kilometern niederreißen und befahl, die Backsteine zu sammeln. Dann bezeichnete er eine Fläche von 200 Ellen Seitenlänge und teilte sie in dreißig Teile; auf jedem sollten die Stockwerke des Grabmals durch Palmstämme gestützt werden. Die Außenmauern waren geschmückt, zunächst mit den Goldbugen von 240 Fünfruderern, deren jeder zwei knieende, zwei Meter hohe Bogenschützen trug, und mit bewaffneten Kriegern, die noch größer waren und zwischen denen Draperien aus scharlachrotem Filz ausgespannt waren. Im Stockwerk darüber waren sieben Meter hohe Fackeln mit Goldkränzen umwunden; an der Spitze, mitten unter den Flammen, thronten Adler mit ausgebreiteten Schwingen; um die Sockel wanden sich Schlangen. Das dritte Stockwerk zeigte eine Jagdszenerie, das vierte den Kampf goldener Kentauren, das fünfte einen Zug goldener Stiere und Löwen. Das sechste zeigte makedonische und persische Waffen, während die Spitze von hohlen Sirenen gekrönt war, in denen man einen Chor verbergen konnte, der dem Toten die Klagelieder singen konnte.

Das Ganze soll knapp siebzig Meter hoch gewesen sein; das Wort *pyra* (griech. »Scheiterhaufen«) umschrieb es, doch konnte *pyra* auch einfach ein Denkmal sein. Es brauchte nicht angezündet zu werden.

Die Maßangaben sind vielleicht bloßes Gerücht. Von dem Monument selbst konnte keine Spur gefunden werden, möglicherweise weil sein Auftraggeber starb, bevor es im Bau weit fortgeschritten war; der Wunsch, es zu vollenden, wurde unter den letzten Plänen Alexanders veröffentlicht, die möglicherweise von seinen Offizieren übertrieben wurden, damit sie auf Ablehnung stießen. Deshalb vielleicht diese riesigen Ausmaße, obwohl sie an sich keineswegs unmöglich erscheinen. Bei einem weniger mächtigen Mann wäre ein solches Denkmal als unmögliches Wahnsinnsunterfangen erschienen, doch hier paßte es zu der Sorge des Heroen, daß bekannt werde, daß er den Toten die prunkvollste Ehrerbietung überhaupt erweise, und Alexander würde nicht gerade bei Hephaistion seine homerischen Ideale aufgegeben haben. Er verfügte über die Mittel, sie zu finanzieren, und über die Architekten zu ihrer Durchführung. Seit langer Zeit hatten die Pharaonen ihre Pyramiden errichten lassen, genau wie Herzöge eines Tages Paläste bauen würden und Bischöfe immer noch größere Kathedralen, und nur ein sehr engstirniger Mensch kann die Extravaganz dieses neuen Pharao für einen definitiven »Beweis« von wildem Irrsinn ansehen. Der Bauplan war fantastisch, zweifellos von babylonischer Architektur beeinflußt; vom ästhetischen Standpunkt gesehen, war er vielleicht scheußlich, doch Häßlichkeit allein ist noch kein Beweis dafür, daß jemand den Verstand verloren hat, und außerdem gab es da immer noch das Grabmal, das Harpalos seiner Geliebten in Babylon errichtet hatte und das es zu übertreffen galt. Nicht alle großen Pläne akzeptierte Alexander. Als sein Architekt ihm vorschlug, die Klippenflanke des Berges Athos nach seinem Bild zu behauen und auf der Spitze eine Stadt zu errichten, lehnte Alexander ab: Megalomanie bewegt sich im Bereich effektiver Unmöglichkeiten, doch Alexander konnte es sich leisten, in großem Maßstab zu denken und die Erinnerung daran, wie groß die Dimensionen waren, in denen er sich bewegte und derer er sich durch Taten würdig erwies, ist ein wenig beunruhigend.

In der Hoffnung auf seine Gunst wetteiferten die Landeskinder, die Generäle, Gesandtschaften und Soldaten miteinander an Geschenken für die Trauerfeierlichkeiten, und mit ihrer Hilfe beliefen sich die Ausgaben schließlich auf über 10 000 Talente. Gold- und Elfenbeinbilder Hephaistions wurden in Unmengen gefertigt; den Provinzen wurde befohlen, das Königliche Feuer zu löschen, bis die Zeremonie vorüber war, ein bemerkenswertes Privileg, das – wenn Alexander seine Bedeutung erfaßte – darauf schließen ließe, daß Hephaistion als sein Nachfolger und königlicher Stellvertreter betrachtet worden war; denn die Königlichen Feuer wurden nur gelöscht, wenn ein König gestorben war. Eine günstige Nachricht verlieh dem Ereignis tiefere Bedeutung: Gesandte kamen aus Siwah zurück und berichteten, daß Ammon die Verehrung des Hephaistion billige, wenn schon nicht als eines Gottes, so doch als eines Heroen. Derartige Ehren für hervorragende Tote waren in der griechischen Tradition nicht ungewöhnlich, doch Alexander stürzte sich mit echter Begeisterung in den neuen Jahreskult. Zehntausend Opfertiere wurden verbrannt und dem Helden als erstes Opfer dargebracht, andere Städte des Reiches würden zweifellos in der Hoffnung auf Belohnung nachziehen. Möglicherweise waren prominente Makedonen auch früher bereits an ihrem Ort nach dem Tode als Heroen verehrt worden, genau wie Harpalos seine Geliebte verehrte; möglicherweise fühlte sich jetzt sogar Athen aus Gründen des Takts verpflichtet, Hephaistion so zu behandeln, wie es sein Liebhaber öffentlich zu erkennen gegeben hatte.

Doch sehr wahrscheinlich ist, daß die Kulthandlung aufgeschoben wurde, bis das Orakel sie bestätigt hatte: obwohl er nun selbst ein Gott war, hatte Alexander doch nichts von seiner Ehrfurcht vor den Göttern verloren, besonders wenn es sich bei dem Gott um Ammon handelte. In bezug auf die Bestattung Hephaistions sollte Alexander übrigens zum letztenmal mit Ägypten und dem dortigen Alexandria zu schaffen haben: seit seinem Abzug als Pharao hatte sich der Grieche Kleomenes vom Rang eines Schatzmeisters zu dem eines Satrapen emporgearbeitet und mehr und mehr die gleiche Neigung zum Finanzmonopol bewiesen, die sich später unter der Herrschaft der Ptolemäer entwickeln sollte. In Zeiten der Hungersnot hatte er schlau mit Korn gehandelt; dabei hatte er einige 8000 Talente in Ägyptens Schatzkammern angehäuft und die Fundamente der Staatswirtschaft des Landes gelegt. An diesen klugen Finanzmann schrieb nun Alexander einen Brief und forderte ihn auf, in Alexandria zwei Tempel für Hephaistion zu errichten und in ihrer Ausstattung keine Kosten zu scheuen: Hephaistions Name, so hieß es, müsse in Zukunft auf allen Verträgen zwischen den Kaufleuten der Stadt stehen, eine Ehrung, die später unter den Ptolemäern wieder aufgegriffen werden sollte. Als Gegenleistung, berichtete Ptolemäos selbst, der den Kleomenes recht bald ermorden lassen sollte, »würden alle vergangenen und künftigen Fehltaten des Kleomenes vergeben werden«. Man darf aus diesem sehr suspekten Angebot nicht zu viel herauslesen wollen, besonders bei einem Brief, den ein voreingenommener Zeitgenosse paraphrasierte und überlieferte; auch die Ethik hatte im alten Osten dafür ihre Beispiele. Herodot hatte geschrieben: »Ich pflichte der folgenden Sitte bei: in Persien läßt der König einen Mann nicht töten, noch bestrafen die Adeligen einen Diener aufgrund einer einzigen Anschuldigung. Statt dessen überdenken sie die Angelegenheit, und erst wenn sie erkennen, daß die Missetaten des Mannes zahlreicher oder größer sind als seine Verdienste, schreiten sie zu Strafmaßnahmen; anderenfalls lassen sie ihn frei.« Aber für Alexander konnte es jetzt keinen größeren Dienst geben als bereitwilligen Respekt für den toten Hephaistion.

Zusammengefaßt berichten die zahlreichen Entscheidungen der letzten drei Monate von lebhafter Verschwendung. Obgleich seine Pläne oftmals ehrgeizig waren, besteht doch nicht die geringste Veranlassung zu glauben, sie seien unmöglich gewesen, geschweige daß ihrer zu viele gewesen seien, sie durchführen zu können. Alexander hatte nämlich die Dinge nicht einfach willkürlich schleifen lassen. Die Pläne des Arabienfeldzuges berührten ihn zutiefst, er plante, selbst mit der Flotte zu segeln; aufbrechen wollte man Mitte Juni, der heißesten Zeit am Persischen Golf. Diese zeitliche Planung sollte ein zweites

Makran verhindern. Wenn die Flotte jemals Arabien umsegeln und ins Rote Meer vorstoßen sollte, wie es die Kundschafter vergeblich versucht hatten, dann würde sie die Ostspitze des Vorgebirges von Aden Anfang Oktober erreichen müssen, wenn die Monsunwinde wenden und die Schiffe nach Nordwesten zum Suezkanal treiben würden. Folglich war der Aufbruch im Juni wohlüberlegt. Doch sollte auch ein Landheer folgen, während die Flotte von der Insel Failaka nach Bahrein und Aden segelte. Das war alarmierend. Es ist erstaunlich, daß nach Makran überhaupt je wieder Truppen im Sommer in ein Wüstengebiet ausgeschickt wurden. Der Befehl, über dessen Aufnahme nichts bekannt ist, weist darauf hin, daß der kühne Forschungsdrang in Alexander noch immer über die Widrigkeiten der Natur zu triumphieren gedachte.

Alexanders offenkundiger Optimismus wurde nicht überall geteilt: während er mit seinen Freunden Geschäftsdinge erledigte, es war nach Beendigung der Begräbnisfeierlichkeiten für Hephaistion, verließ er seinen Thron und bewirkte so ungewollt ein Omen. Es sei nochmals gesagt, ein Omen – ist der deutlichste Hinweis auf die Stimmung der Untertanen hinter den Kulissen.

Ein Unbekannter, den einige für einen Gefangenen hielten, sah den Thron leer und die silberfüßigen Sofas von den Gefährten verlassen: er schritt durch die Eunuchenwache, trat hinauf zum Thron, ließ sich auf ihm nieder und begann sich mit dem königlichen Gewand zu bekleiden. Aber die Eunuchen zerrissen ihre Kleider und schlugen sich die Brust und weigerten sich, ihn fortzuzerren, weil dem irgendeine östliche Sitte im Wege stand. Alexander befahl, den Mann der Folter zu unterziehen, da er ein Komplott befürchtete, doch der Mann sagte nur, er habe es getan, weil ihm der Gedanke plötzlich in den Kopf gekommen sei. Daraufhin prophezeiten die Seher, daß aufgrund dieses Zeichens noch weitere Katastrophen bevorstünden.

Dieser merkwürdige Zwischenfall ist schwer zu interpretieren. Die Babylonier hatten seit alters ein urehrwürdiges Fest gefeiert, auf dem sich ein Sklave als König oder Herrscher kleidete und einen einzigen Tag lang regierte, doch dieses Fest gehörte in den Frühherbst; es kann nichts mit dem Verhalten Alexanders im späten Mai zu schaffen haben. Das Neujahrsfest in Babylon paßt zeitlich besser, doch dabei wurde der König nicht entthront; er warf sich nur vor der Statue des

Gottes Bel auf Hände und Knie nieder. Nur bei einer einzigen Gelegenheit würde der König einem gemeinen Mann Platz machen: wenn die astrologischen Tafeln Unheil für seine Zukunft verkündeten. Dann pflegte ein Ersatzmann bis zu hundert Tage lang seinen Platz einzunehmen und die Bürde des königlichen Unheils auf seine Schultern zu nehmen. Falls der König in dieser Zeit starb, wurde der Ersatzmann König, auch wenn er bloß der königliche Gärtner sein mochte. Wir wissen, daß diese Substituierung zum letztenmal vierhundert Jahre vor Alexander in den assyrischen Königreichen vorgekommen war, doch kann die babylonische Priesterschaft die Erinnerung lebendig erhalten und sogar auf Alexander angewendet haben. Wenn der Ersatzmann versehentlich agierte, dann war das nur noch schlimmer, wie die Seher erkannten, denn er würde auf diese Weise ja nicht das von den Sternen geweissagte Unheil vom König abwenden können. Vielleicht hatten ihn die Priester instruiert und man hatte ihn geschickt, sich auf den Thron zu setzen, weil man für Alexanders Zukunft fürchtete: das nahmen jedenfalls die Eunuchen an, wenn sie angesichts eines Sündenbocks für den König in Wehklagen ausbrachen, und vielleicht war ihre Klage nur zu berechtigt.

Innerhalb weniger Wochen sollte es sich erweisen, daß die Eunuchen und die Horoskope bestürzend recht hatten. Eine Atmosphäre der Unruhe hing noch immer über dem Hof, trotz der Festlichkeiten und neuen ehrgeizigen Pläne: da war einmal das Omen von der lappenlosen Leber, dann das im Fluß verlorene Diadem und nun auch noch der Ersatzmann, der so mysteriös den Thron bestiegen hatte. Vielleicht fürchteten die Mannschaften, daß Alexanders Energie einfach nicht länger anhalten werde, daß sie nur Deckmantel sei für einen König, der seinen geliebten Hephaistion verloren hatte. Andererseits waren die jüngsten Entschlüsse kaum als die eines zerrütteten Führers zu bezeichnen: Arabien, Karthago, Sizilien, das Kaspische Meer, nichts davon war von so wildem Ehrgeiz wie die erste Asieninvasion mit wenigen Schiffen, Geldmitteln und Männern. Als der reichste aller Lebenden vereinigte Alexander nun sein Reich in seiner Person allein: »In Ägypten, ein Gott und Selbstherrscher; in Persien Selbstherrscher, aber nicht Gott; unter den Griechen ein Gott, doch nicht ein Despot, und in Makedonien weder Gott noch Despot, aber quasikonstitutioneller König.« Die umfassenderen Geschichtskategorien erscheinen stets farblos und undurchsichtig; »Du, Zeus, behalte den Olymp, doch ich zwinge die Erde unter meinen Fuß . . .«; hinter diesen stolzen Worten verbarg sich ein Mann auf einem goldenen Thron, kaum wenig größer als einen Meter fünfzig, gekleidet in die Sakralgewänder einer neuen Gottheit, der Menschen göttliche Ehren erwiesen. Und dies sahen seine Offiziere täglich; er war an neun verschiedenen Stellen verwundet worden; sein Geliebter war ihm entrissen, und nun verkündeten die Propheten den unvermeidlichen Untergang; er würde bald sterben, und es gab nichts, was seine Freunde am Hof zu seiner Rettung hätten unternehmen können. Die interessanteste Frage war eine, die die Sterne nicht beantworteten: Hatten sie schließlich Maßnahmen getroffen, ihn zu beseitigen?

32 HIMMELFAHRT

Nach all den Rätseln, die Alexander uns aufgibt, wäre es geradezu ungehörig gewesen, wenn er sang- und klanglos gestorben wäre. Da er niemals einfach war, nie leicht zu begreifen, tat er nichts dergleichen. Nicht daß man seinen Tod hätte vergessen können. Ganz im Gegenteil – die Erinnerung daran war zu gefährlich, als daß man offen darüber hätte sprechen dürfen, und seine Offiziere sperrten sich zunächst gegen die Bekanntgabe von Einzelheiten; sie wußten, wieviel sie verlieren konnten – auch schon durch Verleumdungen, die sich auf die Tatsachen stützten. Doch dann nährte ihr eigenes Schweigen eine Reihe von Gerüchten, und alsbald gab es unter ihnen ernsthaften Streit. Alexanders Tod wurde in diese Streitigkeiten hineingezogen, und sie gebrauchten ihn als Verbrechen, das sie einander ohne Rücksicht auf die Wahrheit gegenseitig vorwarfen. Die letzten Tage in Babylon sagen ebensoviel über die Diadochen wie über Alexander selbst, und diese Befangenheit läßt nichts Gutes für die einzige wichtige Frage erwarten: Was verursachte den Tod Alexanders im Alter von zweiunddreißig Jahren?

Jede Antwort muß mit dem 29. Mai einsetzen. Inmitten böser Omina und düsterer Prophezeiungen hatte Alexander versucht, das unglückliche Schicksal abzuwenden – wenn schon nicht durch einen Ersatzkönig, so doch wenigstens durch eine Reihe von Opfern. Allem Anschein nach großmütig gestimmt, schob er die Bestattungsfeierlichkeiten für Hephaistion beiseite, wandte sich Vergnügungen und Festlichkeiten zu und machte dem Hof Mut für die Zukunft. Nearchos wurde zum Admiral des Feldzugs gegen Arabien gekrönt, und Vorbereitungen sollten einsetzen, damit die Reise am 4. Juni beginnen könnte. Alexander ließ die Menschenmenge zurück, die sich versammelt hatte, um ihm zu huldigen. Er speiste zu Abend, trank bis spät in die Nacht und nahm dann noch an einem Umtrunk teil, den Medios veranstaltete, ein thessalischer Kampfgefährte: Einige behaupteten, Medios habe ihn damit überrumpelt; andere meinten etwas verschmitzter, dieses Gastmahl sei seit langem im Gespräch gewesen, da es der Tag des thessalischen Festes zu Ehren des Todes von Herakles war und Medios seinen heimatlichen Traditionen die Treue gehalten habe. Alle stimmen darin überein, daß anschließend ein ausgiebiges Zechgelage folgte, doch blieb dessen Ablauf heftig umstritten; an diese Ereignisse knüpft sich die Wahrheit über Alexanders Tod.

Die früheste Darstellung, die sich mit einer gewissen Sicherheit datieren läßt, wirkt spröde und unfreundlich. Alexander verlangte im Verlauf des Festmahles bei Medios

»nach einem Dreiliterbecher Weines und brachte einen Trinkspruch auf Proteas aus. Um diesen zu erwidern, ergriff Proteas den Becher, pries den König mit feierlichen Worten und leerte den Inhalt unter allgemeinem Beifall. Ein wenig später brachte Proteas mit dem nämlichen Becher einen Trinkspruch auf den König aus. Alexander nahm das Gefäß und trank herzhaft daraus, die Anstrengung jedoch war zuviel für ihn. Er sank auf sein Kissen zurück, und der Becher entglitt seiner Hand. Daraufhin erkrankte er, und während seiner Krankheit ereilte ihn der Tod.«

Er mußte sterben, »weil Dionysos ihm zürnte, hatte er doch dessen Heimatstadt Theben belagert«. Diese abwegige Erklärung war nicht ohne Ironie. Der Zorn des Dionysos hatte bereits früher herhalten müssen, um die betrunkene Ermordung des Kleitos zu rechtfertigen: Proteas, der Alexander half, sich zu Tode zu trinken, war der Neffe des Kleitos.

Wenngleich nicht ausgeschlossen ist, daß Alexander auch zum Teil am Alkohol starb, so ist es doch unwahrscheinlich, daß diese leichtfertige Darstellung der Wahrheit entspricht; ihr Autor war wieder einmal Ephippos, der sich damit begnügte, gemeinen Klatsch zu verbreiten. Doch die Ausschweifung wurde auch von anderen Augen gesehen. »Bei jenem letzten Gastmahle mit Medios«, schrieb ein unbekannter Autor, der später Nikobul genannt wurde, »trug Alexander Teile aus der *Andromeda* des Euripides vor, die er auswendiggelernt hatte; danach trank er mit unverdünntem Weine auf die Gesundheit aller zwanzig Gäste. Sie alle tranken ihm gleichermaßen überschwenglich zu, und kurz nachdem er das Fest verlassen hatte, begann es mit ihm bergab zu gehen.« Nach wechselseitigen Trinksprüchen mit zwanzig Gästen kann dies kaum Erstaunen hervorrufen. Doch sogleich erhebt sich die Frage: Wer waren die neunzehn anderen Männer neben Medios, dem Gastgeber?

Hier gewinnt die Geschichte an Tempo, und die zwei merkwürdigsten Dokumente aus Alexanders Laufbahn kommen ins Spiel. Das erste ist ein Pamphlet, das sich in keinem Geschichtswerk wiederfindet. Es wurde in den weitgehend fiktiven *Alexanderroman* eingesponnen, jenes Werk von notorischem Einfallsreichtum, das größtenteils etwa fünfhundert Jahre nach Alexanders Tod zusammengestellt wurde. Es ist in vier unterschiedlichen Texten überliefert, von denen drei mit einem ausführlichen Bericht über seinen Tod schließen. In ihrer Anlage und ihrer persönlich gefärbten Grundhaltung gehören diese Berichte nachweislich in eine Zeitspanne von zehn Jahren nach dem Ereignis; es ist, als könne neues Beweismaterial über den Tod Stalins nur in einem postumen Buch mit russischen Kinderversen gefunden werden. Jeder Text wurde von späterer Hand verändert oder erweitert, und die Handschriften sind häufig verderbt, doch die Anlage geht auf das Originalpamphlet zurück und verdient ernstgenommen zu werden. Darin wird angeführt, was die Zeitgenossen nicht zu veröffentlichen wagten, was dieses Papier indessen eingesteht: eine vollständige Liste der Gäste beim Festmahl des Medios und eine Erläuterung ihrer Beweggründe.

Die zwanzig Namen sind überzeugend gewählt. Unter ihnen finden sich Ptolemäos, Perdikkas, der königliche Sekretär Eumenes, der Leibarzt Philipp, der griechische Ingenieur Philippos, der Admiral Nearchos und Peukestas, der Perserfreund. Von allen zwanzig Männern ist bekannt, daß sie unabhängig voneinander Anlaß hatten, in Babylon zu weilen, und die meisten mögen durchaus an Medios' Festmahl teilgenommen haben. Darüber hinaus sollen vierzehn von ihnen höchst zwingende Gründe gehabt haben, das Fest zu besuchen. Auf diese Nacht war eine vielgleisige Verschwörung angesetzt; den König zu vergiften. Sie wußten davon, und sie billigten den Plan.

Das Komplott selbst wurde angeblich Monate zuvor in Europa geschmiedet, wobei die Familie Antipaters im Mittelpunkt stand. Wie das Pamphlet ausführt, ist es nicht schwer, sich die Motive Antipaters vorzustellen: die endlosen Beleidigungen seitens der regierenden Königin Olympias, das langsame, aber bedrohliche Näherrücken Krateros' und der Veteranen, sein Marschbefehl nach Asien, die Hinrichtung alter Freunde wie Parmenion oder Verwandter wie dem Lynkesten Alexander – alle diese Kümmernisse mochten Antipater in die Selbstverteidigung gedrängt haben. Zwei seiner Söhne hielten sich bereits in Babylon auf, und kürzlich hatte er auch Kassander, den dritten und ungestümsten, an ihre Seite entsandt. Er trug, so das Pamphlet, ein kleines Eisenkästchen mit Gift bei sich, das in einen Maultierhuf eingeschlossen war – das einzige Material, das Kraft genug besaß, es festzuhalten. Viele glaubten später, dieses Gift sei eiskaltes Wasser aus dem Totenfluß Styx gewesen, der durch die Berge Arkadiens strömt, ehe er sich hinab in die Unterwelt ergießt. Arkadien indessen lag weit entfernt von Antipater, und die heutigen Mavroneri-Fälle an der Stelle des antiken Styx strafen den Glauben der Alten an die Macht seines höllischen Wassers Lügen.

Die Ankunft Kassanders während der letzten Lebensmonate Alexanders in Babylon ist eine geschichtliche Tatsache. Es trifft auch zu, daß er sich sieben Jahre später als unversöhnlicher Gegner des Andenkens an den König erwies und sogar Olympias ermordete. Der Klatsch wollte wissen, er habe nie eine Alexanderstatue betrachten können, ohne sich schwach und unbehaglich zu fühlen. Nach seinem Eintreffen, fuhr das Pamphlet fort, sollte er das Gift seinem Bruder Iollas übergeben und dessen Flucht in die Wege leiten, da Iollas des Königs Mundschenk war und das Gift unbemerkt in seinen Wein mischen konnte. Er benötigte dazu nur die rechte Gelegenheit, und nichts eignete sich da besser als die Festtafel des Medios, da dieser – so das Pamphlet – in ihn verliebt war. Wenn das Fest dem Tode des Herakles gewidmet war, so stand nicht zu befürchten, Alexander werde seine Trinksitten ändern. Nach altem Brauch machte dabei stets »ein Heraklesbecher« die Runde, und Alexander als Rivale und Abkömmling des Herakles würde sicher als erster daraus trinken. Die Verabreichung des Giftes schien gesichert.

Das Pamphlet nennt neben Medios und dem Mundschenk weitere Komplizen. Von den zwanzig Gästen werden nur sechs als unschuldig bezeichnet: Ptolemäos, Perdikkas, Eumenes und drei andere. Die übrigen vierzehn, darunter auch Nearchos und der Arzt Philipp, sollten ein angeregtes Gespräch führen, während ihr Alexander den vergifteten Wein trank. Sie alle hatten einander Verschwiegenheit geschworen und hofften, aus einem Thronwechsel persönlichen Gewinn zu ziehen.

In der Nacht des festlichen Gelages, berichtet das Pamphlet, verlief alles wie geplant. Alexander trank aus dem Becher, und »plötzlich schrie er vor Schmerz auf, als habe ein Pfeil seine Leber durchbohrt«. Nach wenigen Minuten konnte er es nicht länger ertragen. Er trug den Gästen auf, weiterzutrinken, und begab sich in sein Schlafgemach. Er war verloren. Inmitten dieser wildbewegten Einzelheiten steht nur eines fest: die Festgäste wünschten nicht, daß ihre Namen bekannt würden. Vielleicht waren sie schuldig; vielleicht fürchteten sie nur die unvermeidlichen Verleumdungen. Nur die folgenden Ereignisse können diese Frage beantworten helfen.

Wenn Alexander tatsächlich vergiftet werden sollte, so mußte die Dosis reichlich genug bemessen sein, ihn mit Gewißheit zu töten. Es wäre sinnlos gewesen, ihm halbe oder zweifelhafte Dosen zu verabreichen, und selbst ohne Zyankali verfügte die antike Welt über ausreichende Erfahrung mit Pflanzen, um ein unfehlbares Gift herstellen zu können. Strychnin etwa war seit langem aus der *nux vomica* gezogen worden – der Brechnuß, die der Schule des Aristoteles wohlbekannt war; dieses Gift hätte einen jungen Makedonen zweifellos getötet. Seine Wirkung aber ist mehr oder weniger unmittelbar, und hier gewinnt der Zeitpunkt von Alexanders Tod an Bedeutung; glücklicherweise ist das bekanntgegebene Datum der einzig verbürgte Punkt der ganzen Affäre. Aus einem zeitgenössischen babylonischen Kalender wissen wir, daß Alexander am 10. Juni starb, während das Festbankett des Medios gemäß der einzigen präzisen Angabe am 29. Mai stattfand. Der König also hatte mehr als zehn Tage lang krank gelegen, und was immer ihn umbrachte – es kann nicht Strychnin oder ein anderes schnellwirkendes Gift gewesen sein. Andere, etwas entferntere Möglichkeiten bieten sich an, und die Medizin des Altertums birgt verwirrende Details, die hier von Belang sein können. Zumal aber nichts auf ein brisantes Gift schließen läßt, verdient des zweite der Dokumente einige Beachtung. Es handelt sich um nichts Geringeres als um Alexanders Königliche Tagebücher.

Diese Tagebücher, von denen man in der Antike annahm, der königliche Sekretär Eumenes und ein gewisser Diodotos hätten sie veröffentlicht, umhüllt eine Aura unlösbarer Rätsel. Urplötzlich werden diese Diarien für die letzten Tage seiner Herrschaft von späteren Sekundärquellen als Tagesberichte von Alexanders Geschäften angeführt. Zur herben Enttäuschung der Historiker, denen heute nur noch drei längere Zitate zur Verfügung stehen, zeigen sie den König auf Vogelpirsch und Fuchsjagd, bei fröhlichen Gelagen oder Würfelspiel; und alle diese Beschäftigungen scheinen sich auf seinen letzten Lebensmonat in Babylon zu konzentrieren. Dies hatte vielleicht für das gesamte Werk gegolten, doch Zeugen, die es zur Gänze lesen konnten, hatten vermerkt, daß es beständig auf die immer wiederkehrenden Zechgelage des Herrschers zu sprechen kam, ja sogar darauf, daß er sich häufig nach einer nächtlichen Ausschweifung den ganzen Tag über im Bett erholen mußte.

Diese Offenheit ist sehr bemerkenswert. Alexanders Trinkgewohnheiten wurden rasch zu einem heiklen Thema, zum einen weil der Klatsch sich ihrer annahm, zum andern weil Kleitos' Mörder die Nüchternheit nicht immer gerade innig geliebt hatte. Etwa fünfundzwanzig Jahre später sollte Aristobulos im Widerspruch zu den Tatsachen behaupten, daß »Alexander nur um der Plauderei willen lange Stunden über dem Weine saß« wie ein behäbiger Landedelmann. Und doch gab es da diesen ehemaligen Privatsekretär Eumenes, der angeblich ein ausführliches Tagebuch über das unablässige Zechen des Königs veröffentlichte; in den uns vorliegenden drei kurzen Auszügen sind fünf Zechgelage während seines letzten Monats auf Erden beschrieben; nach jedem einzelnen davon mußte Alexander sechsunddreißig Stunden ausschlafen, bevor er wieder an die Jagd, ans Trinken und ans Würfelspiel denken konnte. Die Absicht dieser merkwürdigen Veröffentlichung läßt sich nur aus ihrem Inhalt ableiten.

Dieser Inhalt wird bis zum Überdruß ausgeschlachtet. Der Monat vor dem Tod des Königs begann angeblich mit einer Kette von Trinkgelagen: eines mit Eumenes, ein weiteres mit Perdikkas, ein drittes im »Hause des Bagoas«, nicht des Eunuchen, sondern des ehemaligen Wesirs, dessen Landsitz in der Nähe von Babylon für seine erlesenen Dattelpalmen berühmt war und als königlicher Besitz galt. Acht Jahre waren vergangen, seit Alexander den Besitz Parmenion als Belohnung übertragen hatte. Bei jeder dieser Gelegenheiten verbrachte Alexander den ganzen nächsten Tag schlafend, um wieder auf die Beine zu kommen. Nach dieser Serie nächtlicher Ausschweifungen speiste Alexander am 29. Mai sehr spät mit seinen Freunden, trank noch später bei Medios, verließ dessen Gemach unbeschadet, badete, schlief und machte sich am nächsten Tag daran, »erneut bis spät in die Nacht zu trinken«. Nach dieser Nacht brach er auf, um ein Bad zu nehmen; er aß noch ein wenig, wurde jedoch im Badezimmer vom Schlaf übermannt, »da er bereits das Fieber herannahen fühlte«. Also wurde das Gelage des Medios, das sich nunmehr keineswegs als tödlich entpuppt, gleich tags darauf unverdrossen wiederholt – und erst dann begann Alexander zu kränkeln: nicht nach einem Giftbecher, sondern nach einem Bad, einem Nickerchen und einem aufkeimenden Fieber.

Es fällt sehr schwer, die tendenziöse Voreingenommenheit im Tonfall eines solchen Tagebuchs nicht zu empfinden. Alexander – so wird hier augenscheinlich betont – tat gar nichts Ungewöhnliches, als er beim Bankett des Medios unmäßig trank, zumal er ja den ganzen vorherigen Monat über ausgiebig getrunken hatte. Mehr noch, es war nicht das Trinken, das ihn umbrachte, sondern eine zufällige Erkrankung. Auch die Berichte über die nachfolgenden Tage schweigen sich gleichermaßen über eine Vergiftung aus. Tags darauf wurde Alexander auf einer Bahre hinausgetragen, um seinen gewohnten Göttern zu opfern, darunter zweifellos auch Ammon. Danach lag er in seinem Schlafgemach und gab seinen Offizieren detaillierte Anweisungen über den Feldzug nach Arabien, den er immer noch in vier Tagen zu beginnen beabsichtigte. Später am Tag wurde er mit einem Boot in den Park am anderen Euphratufer gebracht, wo möglicherweise die Sommerresidenz des Königs Nebukadnezar gelegen hatte – im nördlichen Stadtviertel, das kühler war. Dort brachte er weitere Opfer dar, badete, plauderte mit seinen Offizieren und würfelte mit Medios, obgleich sein Fieber die ganze Nacht über anhielt.

Am nächsten Tag jedoch verschlechterte sein Zustand sich merklich, und er war nicht einmal in der Lage, seine Opferhandlungen auszuführen. Eine Übersiedlung in den »Palast nahe dem Badeteich« konnte sein Befinden nicht verbessern, wenngleich die Tagebücher sich nicht davon abbringen lassen, daß er seinen Offizieren an den nächsten beiden Tagen immer noch Anweisungen für den Feldzug erteilt habe. Schließlich erhielten sogar die Offiziere Befehl, draußen auf dem Hof zu warten, und am 7. Juni wurde ein tatsächlich schwerkranker König in einem Boot zu dem Hauptpalast zurückgebracht, wo sein Fieber ausgebrochen war. Als seine Offiziere ihn besuchen kamen, konnte er nicht mehr sprechen; am 8. und 9. Juni blieb die Lage unverändert, und am Abend des Neunten ereignete sich der einzige Zwischenfall, über den die Tagebücher und das Pamphlet einer Meinung sind – unter den einfachen Soldaten kam es zu einem Aufruhr.

Während der vergangenen zehn Tage hatten sie nur die königliche Barke den Euphrat hinauf- und hinabfahren sehen. Ihre Offiziere hatten ihnen mitgeteilt, Alexander sei krank, doch am Leben; als die Tage aber verstrichen, ohne daß er sich zeigte, wuchs allmählich die Neigung, ihnen keinen Glauben mehr zu schenken. Sie wähnten sich von den Leibwachen getäuscht, und so rotteten sie sich vor den Palasttoren zusammen und begannen die wachhabenden Offiziere mit Drohungen einzuschüchtern. Zwei Tage waren bereits vergangen, seit die niederen Chargen unter den Offizieren Alexander zuletzt gesehen hatten, und dann auch nur als stummen Invaliden; auch sie mochten ihre Vorgesetzten einer Verschwörung des Schweigens verdächtigen, und so ließen sie die Truppen ein. »Einer hinter dem anderen schritten sie in ihren Soldatenhemden an Alexanders Bett vorbei; er konnte nicht mehr sprechen, doch gab er jedem einzelnen ein Zeichen, er hob unter größten Mühen den Kopf und bedeutete ihnen so manches mit den Augen.« Schweigend zogen sie zur anderen Tür hinaus. Tags darauf – so die Tagebücher – wurde in den frühen Abendstunden bekanntgegeben, Alexander sei gestorben.

Mit Ausnahme der Mannschaftsparade, die ja schwerlich weggeleugnet werden konnte, weisen die Königlichen Tagebücher in ihrer Darstellung der Tage nach dem Gelage des Medios keinerlei Ähnlichkeit mit dem Pamphlet auf. Im Pamphlet gibt es keine Gespräche mit den Offizieren, keine Würfelspiele mit Medios und keine Bootsfahrten auf dem Euphrat; dafür finden sich hier Szenen mit Roxane und Perdikkas. Nachdem er vergiftet worden war, heißt es im Pamphlet, hatte Alexander sich unruhig und außerstande gefühlt, Freunde und Ärzte zu ertragen: er verspürte Brechreiz. Arglos bat er den Bösewicht Iollas, ihn mit einer Feder im Rachen zu kitzeln; als treuergebener Sohn Antipaters hatte Iollas diese bereits mit weiterem Gift bestrichen. Danach schickte Alexander seine Freunde fort – bis auf Perdikkas, den er zu seinem Nachfolger bestimmte. Er verbrachte einen ruhelosen Abend, und bei Einbruch der Nacht raffte er sich zu einer denkwürdigen letzten Anstrengung auf.

»Im Palast gab es ein Tor, das zum Euphrat führte; Alexander hatte befohlen, daß dieses Tor geöffnet und ohne die übliche Wache gelassen werde. Als alle seine Freunde gegangen waren und die Mitternachtsstunde hereinbrach, erhob er sich von seinem Lager, löschte die Kerze und kroch auf allen vieren durch das Tor, da er zu sehr geschwächt war, um zu gehen. Keuchend schleppte er sich so dem Fluß zu; er hatte im Sinne, sich hineinzustürzen und in seiner Strömung zu verschwinden. Doch als er näher herankam, blickte er sich um und sah seine Gemahlin Roxane auf sich zulaufen.«

Sie hatte sein Gemach leer vorgefunden und vermutet, er habe sich zu einem letzten Gang aufgemacht, der seines Mutes würdig war; indem sie seinem Stöhnen folgte, konnte sie ihn am Flußufer aufspüren, wo sie ihn umarmte und unter Tränen anflehte, von seinem Vorhaben abzulassen. Unter Klagen, daß sie seinen Ruhm geschmälert habe, ließ Alexander sich dann von seiner Frau zu seinem Lager zurückgeleiten.

Ob dies nun wahr ist oder nicht – es ist bezeichnend und von großer Bedeutung. Wie auch das Pamphlet erkennen läßt, wurde Alexander für einen Gott gehalten, und es steht Göttern nicht gut an, öffentlich zu sterben. Beim Tode Cäsars in Rom wurde dessen Leichnam öffentlich zur Schau gestellt, doch war es nicht der geringste jener Ansprüche auf Göttlichkeit, die in seinem Namen gestellt wurden, daß bald darauf ein Komet am Himmel erschien und den Menschen erlaubte, den Glauben an seine unsterbliche Seele um deren unvermittelte neue Heimat kreisen zu lassen. Wie Cäsar in den Himmel aufgefahren war, so mochte Alexander ins Wasser entrückt werden: von anderen neuen Göttern glaubte man später Ähnliches, und die Wirkung der »Entrückung« Alexanders war so gewaltig, daß noch sechshundert Jahre später christliche Bischöfe durch Andeutungen in Aufregung versetzt werden konnten, wonach Kaiser Julian Apostata nicht wirklich gestorben sei, sondern wie Alexander in den Wassern des Tigris verschwunden sei, von denen aus er sein Lebenswerk der Verfolgung eines Tages wieder aufnehmen konnte. Wieder ins Bett verbannt, heißt es ihm Pamphlet, verfaßte Alexander sein Testament und quälte sich weitere neun Tage dahin, von den Arzneien und Umschlägen Roxanes am Leben erhalten. Nachdem er seinen Soldaten

Lebwohl gesagt hatte, wobei reichlich Tränen flossen, und nachdem er Perdikkas in seinen letzten Stunden seinen Ring gegeben hatte, starb er schließlich nach einer dritten Dosis Gift: »Im Todeskampf legte er die Hand Roxanes in jene des Perdikkas und empfahl ihn ihr mit einem letzten Kopfnicken; dann, als ihn die Kräfte verließen, schloß ihm Roxane die Augen und küßte ihn auf den Mund, um seine scheidende Seele einzufangen. Auf diese Weise, die einem homerischen Helden gerecht wurde, verließ die Seele Alexanders seinen Körper, und der König schritt aus dem Leben, um sich zu den Göttern zu gesellen.«

Sowohl über Ursache als auch Verlauf dieser Krankheit Alexanders also befinden sich Pamphlet und Königliche Tagebücher in einem höchst auffälligen Widerspruch. Wo die beiden Quellen nicht übereinstimmen, wurde anscheinend der Tragweite des Namens Eumenes und den zusammenhängenden Einzelheiten der Tagebücher mehr Gewicht beigemessen, und so wird die Geschichte der letzten Tage Alexanders gewöhnlich nur anhand der Tagebücher geschrieben. Und dennoch sind weder die Tagebücher noch Eumenes und sein Mitarbeiter Diodotos untadelige Autoritäten. Sicher sind die Diarien nach dem Tode des Eumenes verändert worden; am Abend vor der Nacht, da Alexander starb, heißt es darin, habe eine Gruppe seiner Freunde den Gott Serapis in seinem babylonischen Tempel um Rat befragt, welchen Weg die ärztliche Behandlung einschlagen solle. Es ist nicht anzunehmen, daß Serapis zu jener Zeit schon existierte, da er offenbar erst runde fünfundzwanzig Jahre später von Ptolemäos als eine graeco-ägyptische Gottheit eingeführt wurde. Wenn Serapis sich in die Tagebücher einschleichen konnte, dann möglicherweise noch vieles andere mehr.

Andererseits ist es auch nicht überzeugend, alle Diarien rundweg als nachträgliche Fälschung eines der verschiedenen unbekannten Schriftsteller abzutun, denen Werke mit ähnlichem Titel zugeschrieben werden. Die Einzelheiten sind zu lebensnah, selbst noch in den Angaben zur Geographie Babylons, die zu dem wahrscheinlichen Stadtplan im Jahre von Alexanders Tod in keinerlei Gegensatz stehen. Die Unaufrichtigkeit des Textes liegt eher in seinem Tonfall. Wenn die Diarien von Eumenes stammen, dem ehemaligen Privatsekretär des Königs, so müssen sie die Billigung des Perdikkas besessen haben, der nach Alexanders Tod sein Herr war; beide erwiesen dem Andenken Alexanders als Erben seines Reiches Ehre und hätten niemals einen dermaßen kompromittierenden Bericht über die Ausschweifungen während seines letzten Lebensmonats herausgegeben – es sei denn, damit wäre etwas bezweckt worden. Und nichts in den Tagebüchern deutet darauf hin; sie könnten bestenfalls als Antwort auf die Gerüchte zu verstehen sein, wonach die Offiziere Alexander vergiftet hätten, und selbst in dieser Hinsicht sind sie eigenartig irrelevant. Nachdem sie ein monatelanges Besäufnis genüßlich ausgekostet hatten, behaupteten sie, Alexander sei lediglich am Fieber gestorben. Männer, denen daran gelegen war, den Namen Alexanders reinzuhalten und der Beschuldigung einer Vergiftung entgegenzutreten, hätten doch nur den Verlauf seiner schweren Krankheit aufzuzeichnen brauchen, ergänzt vielleicht durch ein Bulletin seiner Leibärzte. Das Trinken hätte man als Folge des Durstes hinwegerklären können, der den Kranken heimsuchte; genau dies tat der Exoffizier Aristobulos vierzig Jahre später, als er die Enthaltsamkeit seines Herrn zu verteidigen suchte. Der in den Tagebüchern beschriebene Monat der Ausschweifung entspricht keineswegs der Einstellung Eumenes' zu Alexander; diese Schilderung entkräftet auch nicht den Verdacht einer Vergiftung, die er vermutlich doch für erwiesen hielt.

Bleibt allerdings der rätselhafte Mitautor Diodotos. Angeblich stammte er aus Erythräa, einer griechischen Stadt in Kleinasien; im Leben Philipps und Alexanders ist nur ein einziger Diodotos bekannt, und dieser paßt bemerkenswert fein ins Bild. Als fähiger und gebildeter Grieche hatte er griechischen Dynasten in Kleinasien gedient, und von dort aus wurde er Antipater als Adjutant empfohlen. Der nächstgelegene Verbindungsmann der Makedonen in Asien war der Herrscher von Erythräa, weshalb es recht wahrscheinlich ist, daß sie auf diesen Diodotos zunächst durch seinen heimatlichen Tyrannen aufmerksam gemacht wurden. Es ist eine verführerische Vermutung, daß er Stabssekretär geworden sein könnte – ein Eumenes des Vizekönigs Antipaters sozusagen. Trifft dies zu, so wird er als Mitverfasser der Tagebücher einigermaßen plausibel. Diese nämlich wurden herangezogen, als stammten sie von den beiden griechischen Sekretären Perdikkas' und Antipaters; offenbar entstanden sie in den zwei Jahren nach Alexanders Tod. Anschließend wurde Eumenes mit Geschäften fern vom Hofe überhäuft, und Antipater und Perdikkas begannen einander allmählich zu bekämpfen. Demnach also hätten die Tagebücher als ein sehr frühes Werk zu gelten. Es gibt Hinweise darauf, aber keine Beweise, daß Gerüchte über eine Vergiftung Griechenland sehr rasch erreichten, und vielleicht waren die Tagebücher einfach ein voreiliges Dementi.

Dem jedoch stehen starke Einwände entgegen. Inhalt und Ton der Diarien wirken nicht wie die Selbstverteidigung eines Offiziers; daneben gibt es auch noch die tendenziöse Grundstimmung des Pamphlets. Diese Schrift wurde offenbar von Anhängern des Perdikkas verfaßt, nachdem sie sich gegen Antipater gewandt hatten: Es streicht Perdikkas als Erben Alexanders heraus, ja sogar als Alexanders erwählten Gatten der Witwe Roxane, und es beschuldigt die Familie Antipaters, Alexander vergiftet zu haben. Perdikkas kann also nicht kurz nach dem Tode des Königs durch seinen Sekretär Tagebücher veröffentlicht haben, die den nachfolgenden Verleumdungen der Offiziere im Pamphlet völlig widersprechen. Das eine hätte das andere zu unglaubwürdig gemacht, als daß es der Mühe wert gewesen wäre. Die Tagebücher erschienen offenbar nicht zu seinen Lebzeiten, eine Wahrscheinlichkeit, die durch einen Historiker erhärtet wird, der um 312 v. Chr. schrieb und einige verschiedenartige Berichte wiedergab, die er über den Tod Alexanders gelesen hatte. Er erwähnt voller Zweifel die Erzählung von Antipater und dem Gift, die er wohl im Perdikkas-Pamphlet gelesen haben mochte, doch soweit wir seine Geschichte verfolgen können, wußte er nichts von irgendwelchen Einzelheiten der Tagebücher. Wären die Diarien zu seiner Zeit bereits veröffentlicht gewesen, hätte er deren entscheidendes Gewicht inmitten der abweichenden Schilderungen unmöglich außer acht lassen können.

Die Tagebücher waren nur dazu erforderlich, Gerüchten über eine Vergiftung entgegenzutreten; folglich müssen sie mit einem Mann im Zusammenhang stehen, der von diesen Gerüchten bekanntermaßen betroffen war. Wenn dies nicht Antipater war, der von Perdikkas verleumdet wurde, dann geht es vielleicht um seinen Sohn Kassander, den Olympias sieben Jahre nach Alexanders Tod leidenschaftlich des Mordes beschuldigte. Weitere neun Jahre später wurden prominente Mitglieder der Schule des Aristoteles, die gleichfalls mit Kassander in Verbindung standen, von Alexanders Veteranenoffizier Antigonos dem Einäugigen, der damals über Asien herrschte, als die Giftmörder Alexanders angegriffen. Beide Richtungen laufen in der Person Kassanders zusammen, der am beharrlichsten als Alexanders Giftmörder genannt wurde. Vielleicht war er der erste, der die Diarien als Entgegnung in Umlauf brachte; er konnte behaupten, er habe sie unter den Papieren des Diodotos gefunden, besonders wenn dieser Adjutant seines Vaters gewesen war. Als einziger unter den Diadochen hatte Kassander es nötig, sowohl der Beschuldigung des Mordes an Alexander als auch dem ehrenvollen Angedenken des Königs entgegenzuwirken. Mit Freuden hätte er den letzten Lebensmonat Alexanders als eine einzige unablässige Ausschweifung dargestellt und gleichzeitig darauf bestanden, er sei nicht an einem Becher Wein gestorben, sondern am Fieber. Seine Freunde aus dem Kreis um Aristoteles hatten ähnliche Interessen. Viele von ihnen mochten Alexander nicht, nicht zuletzt wegen der Ermordung ihres Philosophenkollegen Kallisthenes, und obschon an der Gegenverleumdung des Antigonos, Aristoteles habe seinen königlichen Schüler vergiftet, kein Funken Wahrheit ist, blieb die Erinnerung daran fünfhundert Jahre wach und wurde sogar vom römischen Kaiser Caracalla gegen die aristotelische Schule ins Treffen geführt. Auch die Philosophen also hatten Bedarf an einer Gegendarstellung.

Unter diesen Aristotelikern ist keiner interessanter als Kassanders Parteigänger Demetrios, der nach den Verleumdungen des Antigonos, wonach Aristoteles das schicksalhafte Gift gemischt habe, aus Athen floh. Demetrios war ein fruchtbarer Autor; seine Flucht führte ihn nach Ägypten, wo er das erste Buch über den neuen Gott Serapis verfaßte, in welchem er die vielfältigen Krankenheilungen aufzählte, die der Gott durch Träume bewirkt hatte. Die Erwähnung des Serapiskultes in den Tagebüchern war immer als peinlich und störend betrachtet worden. Ein Mann wie Demetrios, den die Einzelheiten der letzten Tage Alexanders so brennend interessierten, könnte sehr wohl den Namen des neuen Gottes der Heilkunst, den er so feurig propagierte, an die Stelle einer unbekannten babylonischen Gottheit in den Text geschmuggelt haben. Ferner sind drei der vier Offiziere, von denen es hieß, sie hätten Serapis wegen der besten Behandlungsmethode für Alexander um Rat gefragt, berühmte Opfer oder auch Feinde des Antigonos, welcher der üblen Nachrede wider Demetrios und seinen

Lehrmeister Aristoteles Vorschub leistete; auch Kassander trat einem Bund gegen Antigonos bei, um die schlechte Behandlung dieser drei hohen Offiziere abzuwehren oder zu rächen. Andere Details wie zum Beispiel das »Haus des Bagoas« waren Aristotelikern im Kreis um Kassander unabhängig voneinander bekannt. Um die Verleumdungen gegen sich selbst und gegen Kassander aus der Welt zu schaffen, könnten sie sehr wahrscheinlich die Tagebücher unter dem Namen der Sekretäre der Herrscher veröffentlicht oder ausgeschmückt haben. Tonfall, Zeitpunkt, Daten und Inhalt der Diarien mochten ihren Absichten außerordentlich zustatten kommen.

Wenn das Pamphlet seinen Weg als Propaganda für Perdikkas nahm und die Diarien vielleicht von Kassander und seinem Kreis überarbeitet wurden, so kann man die verschiedenen Vermutungen über die Ursachen des Todes Alexanders nur nach ihrem Wert und nicht nach ihren Ursachen beurteilen. Trunksucht als Hauptursache kann verworfen werden, wie dies auch der ehemalige Offizier Aristobulos für richtig hielt. Die Tagebücher sind der einzige Hinweis darauf, daß Alexander vor seinem Tode unmäßiger trank, und sie wurden wahrscheinlich von Männern verfaßt, die ihn verabscheuten. Es ist wahrscheinlich nicht von Belang, daß einer seiner Leibärzte höchst fachkundig über die Trunkenheit schrieb, obschon es interessant ist, daß er die unhaltbare Überzeugung vertrat, man könne sich durch regelmäßigen Genuß von Rettichen gegen Giftanschläge schützen. Daß Fieber erscheint weit wahrscheinlicher als die Trunksucht. Alexander hatte die babylonischen Kanäle befahren, und dort war die Malaria seit langem endemisch aufgetreten – und wenngleich sein plötzlicher Verfall nach einwöchiger Krankheit dem gemeinhin üblichen Krankheitsverlauf der Malaria nicht eben entspricht, so mögen sich doch vielleicht Nachwirkungen seiner Brustverwundung bemerkbar gemacht haben. Ephippos gab an, Alexander sei »melancholisch« gewesen; es gibt eine verführerische, aber falsche Theorie, wonach die Krankheit Melancholie bei den Menschen der Antike identisch mit Malaria gewesen sein soll, deren Symptome sie häufig teilte. Aber Ephippos meinte mit diesem Wort ohnedies nur »leichte Erregbarkeit«. Dies allerdings deutet auf die Vergiftung eines Königs hin, der »unerträglich und mordlüstern« war.

Es gibt jedoch keinerlei Beweise dafür, daß die Offiziere sich untereinander oder mit Antipater vor Alexanders Tod verschworen hätten. Gewiß, der anstrengende Marsch in die Glut Arabiens lag nur noch eine Woche vor ihnen; überdies verweist das Pamphlet höchst peinsam auf die Namen der Gäste beim Bankett des Medios, »die Onesikritos, der Steuermann des Königs, zu nennen sich weigerte, weil er ihre Rache fürchtete«. Onesikritos veröffentlichte sein Buch innerhalb von zwei Jahren nach dem Ereignis, doch aus dem Text des Pamphlets geht nicht zwingend hervor, daß er unverhohlen von Gift gesprochen hätte. Er mag sehr wohl die noch seltsamere Geschichte in die Welt gesetzt haben, daß Alexander aus dem Heraklesbecher getrunken und sodann aufgeschrien habe, als sei er von einem Pfeil getroffen worden, worauf er zusammenbrach. Andere Autoren wiederholten später dieses Detail, wobei sie sich auf Onesikritos stützten. Wieder andere glaubten diese Geschichte, ohne die Gerüchte über das Gift für bare Münze zu nehmen; dies tat vielleicht auch Onesikritos, doch er mochte ebensowenig gewagt haben, von Gift zu sprechen, wie die Namen der Gäste anzugeben. Er beschränkte sein Wagnis mithin auf den Vermerk, auf dem Fest sei etwas Dramatisches geschehen. Er war Offizier und Zeitgenosse, doch ein äußerst unzuverlässiger Zeuge; er allein untermauert die Möglichkeit einer Vergiftung. Ein Wort freilich ist nicht genug.

Von einer Verschwörung abgesehen, ist außerdem das Gift auch in technischer Hinsicht unwahrscheinlich. In einem Zeitalter, dem jeglicher klare Begriff von Krankheit oder von der Gefährlichkeit verdorbener Speisen oder schlechten Wassers fehlte, erscheint es verständlich, daß plötzliche Erkrankungen so häufig auf langsam wirkende Gifte zurückgeführt wurden, die sich erst als Todesursache nachweisen ließen, nachdem eine Kette geheimnisvoller Auswirkungen ihr fatales Ende gefunden hatte. Doch nur wenn langsam wirkende Gifte raffiniert ausgeklügelt sind, verbürgen sie einen tödlichen Ausgang. Eine Säure etwa hätte Alexander veranlassen können, »laut aufzuschreien, als sei er von einem Pfeil getroffen«, und hätte dann langsam in seinem Innern weiterwirken können, bis sie schließlich seine Magenwand durchlöcherte oder seine Stimmbänder verätzte, so daß er nicht mehr sprechen konnte; doch ist es sehr zweifelhaft, ob die Medizin des Altertums mit einer Säure der nötigen Konzentration vertraut war. Die Gifte der Pflanzenkenner wirkten sehr rasch und schlossen jeglichen Heilungsversuch aus, ob es sich um Schierling, Nieswurz oder Belladonna handelte – und außer als Erklärung für geheimnisvolle Krankheiten bestand in den Giftschränken des antiken Griechenland kein Bedarf an langsam wirkenden Giften. Wäre Alexander vergiftet worden, hätte man ihm zweifellos eine dermaßen kräftige Dosis verabreicht, daß sie ihn mit absoluter Sicherheit auf der Stelle getötet hätte. Und dennoch beharren Tagebücher, Pamphlete und amtliche Kalender darauf, zwischen dem verhängnisvollen Gelage des Medios und dem Tod des Königs seien zwölf Tage verstrichen.

Dem kann man sich kaum entziehen. Die ausführliche Erzählung der Tagebücher macht nicht ganz deutlich, daß Alexander während der letzten fünf Tage seines Daseins unbestreitbare Beweise lieferte, daß er noch lebte. Am 9. Juni indessen zogen die Mannschaften an seinem Bett vorbei und sahen angeblich eine leichte Kopfbewegung und ein Zittern der Augen, während der König »ihnen ein Zeichen gab«, wobei das griechische Wort hier ganz selbstverständlich eine Bewegung der rechten Hand meint. Er sprach kein Wort; er lag bewegungslos im Bett; doch dieses Zeichen läßt durchblicken, daß er noch lebte und nicht vor so langer Zeit, am 29. Mai, Gift zu sich genommen haben konnte. Bis zum neunzehnten Jahrhundert gab es in der Geschichte zu viele angebliche Fälle von Vergiftungen, als daß der unterstellte Giftmord an Alexander unter diesen vernichtenden Widersprüchen *in casu* weiterhin aufrechterhalten werden könnte.

Wer mit den Todesursachen mächtiger Männer vertraut ist, wird nicht überrascht sein, daß der Tod Alexanders ein geheimnisvolles Rätsel ist, das nur schwerlich jenseits aller Zweifel zu lösen ist. Die Geschichte ist oft wiederholt worden, doch über Stimmung und Begleitumstände bei seinem Tod läßt sich einiges mehr aussagen, was von Nutzen ist: Alexander war als Mann gestorben, »von dem man übereinstimmend glaubte, er habe eine höhere Natur besessen, als den Sterblichen zuteil wird«.

Niemals wieder sollten alle seine göttlichen Gewänder getragen werden, und die Zeugen seines Todes blieben – obgleich ihnen der Marsch nach Arabien erspart wurde – voll Furcht und Bestürzung in einem Land zurück, das sehr weit von ihrer Heimat entfernt lag. Außerhalb der königlichen Schlafgemächer wußte niemand genau, was vorgefallen war; als am 10. Juni das Ende bekanntgegeben wurde, sank eine unheilverkündende Düsternis über die Zinnen und die breiten Straßen Babylons. Die Menschen irrten durch die Stadt und scheuten sich, ein Licht anzuzünden: Nicht daß ihr unbesiegbarer Gott gestorben wäre ... nein, sie sagten vielmehr, er habe vom »Leben unter den Menschen Abschied genommen«, und da er selbst eine sonnenähnliche Gottheit sei, habe er ihnen das Licht fortgenommen, als seine Seele in ihre neue Heimat inmitten der Sterne aufstieg. Sein Geist war unsterblich und entrückt, doch sein Leib lag schutzlos in den verödeten Hallen von Nebukadnezars Palas aufgebahrt, und während die gemeinen Soldaten sich Sorgen um ihre Zukunft machten, verbreiteten die Offiziere bereits Gerüchte über die letzten Worte ihres göttlichen Königs. »Als sie ihn fragten, wem er sein Reich zugedacht habe, antwortete er: ›Dem Stärksten‹. Und er fügte hinzu, er sei dessen gewiß, daß seine edelsten Freunde zu seinen Ehren einen großartigen Wettkampf beim Begräbnis veranstalten würden...« Ob nun durch Gift oder am Fieber – Alexander starb als ein Mensch, der seine Stimme verloren hatte, so daß man alle derartigen Äußerungen nur als Legenden ansehen kann. Doch seine Soldaten glaubten, er sehe ihnen vom Himmel aus zu, und kaum eine Woche nach seinem Tode sollte sich das zweite seiner angeblichen letzten Worte als zutreffender erweisen denn das erste. Der Wettstreit über dem Grab hatte begonnen, doch viele Jahre sollten ins Land ziehen, ehe die Menschen sehen konnten, wer sich als Stärkster erwiesen hatte.

33 DER HELLENISIERTE ORT

Die Menschen glaubten, Alexander sei in den Himmel emporgestiegen; in den folgenden zwölf Jahren aber muß es ihnen als ebenso wahrscheinlich erschienen sein, daß jeder, der ihm beigestanden hatte, unter einem Fluch stand. Die Lage in Babylon liefert den Beweis dafür, welch hohen Preis ein König für eine Politik bezahlen muß, deren Stärke darin besteht, bei der Machtübernahme alle Rivalen zu beseitigen, was den Thron für kurze Zeit festigt, den er dann aber in die Hände seiner Adeligen legt. Bei Alexanders Tod war Roxane schwanger, und das Kind wurde erst in sechs Wochen erwartet; außerdem konnte es ja ein Mädchen sein. Alexander hinterließ auch einen außerehelichen Sohn aus der Verbindung mit seiner ersten persischen Geliebten Barsine, doch der Dreijährige war nicht beachtet worden, und kein Makedone nahm ihn ernst. Prominente Offiziere wie Perdikkas, Leonnatos oder der betagte Polyperchon erhoben Anspruch auf königliche Abstammung von seiten ihrer Landesdynastien im makedonischen Hochland. Ihr Anspruch stand auf schwachen Beinen; aber da gab es noch Philipps unehelichen Sohn Arrhidäos, das einzige lebende männliche Mitglied von Alexanders königlicher Familie – erwachsen zwar, doch rechtschaffen schwachsinnig. Es mußte also eine Wahl getroffen werden, und da Alexander seinen Ring dem Wesir Perdikkas vermacht hatte, lag die erste Entscheidung bei diesem; er verschmähte den makedonischen Idioten und ermunterte Leibwache und Kavallerie, das ungeborene Kind der Roxane zu begünstigen. Doch der Brigadekommandeur Meleager schürte unter seinen Kampfgefährten zu Fuß einen Aufruhr zugunsten Arrhidäos, den sie kannten und der bei allen seinen Mängeln jedenfalls kein orientalisches Blut hatte. Der Abscheu des einfachen Soldaten gegen die orientalische Politik Alexanders war nicht mit seinem Tod verschwunden. Auch Meleager hatte sich einst darüber beschwert, daß den besiegten Indern unangemessene Ehren zuteil wurden.

Daraus ergab sich ein Streit, der sogar die Offiziere überraschte. Perdikkas und Ptolemäos flohen mit ihren Freunden in das Gemach, wo Alexander in voller Kriegsrüstung aufgebahrt lag. Dies jedoch brachte ihnen gar nichts ein, denn die Infanterie Meleagers zertrümmerte die Tür und begann sie mit Speeren zu bewerfen; die Soldaten wurden gerade noch rechtzeitig abgewehrt, und Perdikkas zog sich mit der Reiterei auf die Felder außerhalb Babylons zurück, von wo aus er einen heimtückischen Vergeltungsschlag unternahm. Er blockierte die Stadt und hungerte sie aus, bis Meleager und die Infanterie sich zu einem Kompromiß bereiterklärten, wonach Arrhidäos die Königswürde teilen sollte, wenn Roxane einem Sohn das Leben schenkte; sodann würden der Infant und der Schwachsinnige unter dem gemeinsamen Schutz von Perdikkas und Meleager stehen. Dem Brauch entsprechend wurde dann die Armee von dem Makel des Todes Alexanders gereinigt, indem sie zwischen den beiden Hälften eines ausgeweideten Hundes hindurchmarschierte. Als niemand achtgab, ließ Perdikkas dreißig Mann von Meleagers Partei festnehmen und zur Hinrichtung den Elefanten vorwerfen. Meleager beging Selbstmord, da er einsah, daß seine Sache hoffnungslos war. Es wurde nur zu deutlich, daß die Ordnung einen Zusammenbruch erlitten hatte, obgleich Alexander erst seit einer Woche tot war. Es war wirklich die »Zeit der Paradoxa«, denn auf die Nachricht von seinem Tod hin wurden die Griechen von Athen und dessen General Leosthenes zum Aufruhr bewegt, während die Perser sich den Kopf kahlschoren und das Hinscheiden eines edelmütigen Königs beweinten; Sisygambis, die Mutter des Darius, fastete sich in nur fünf Tagen zu Tode: so sehr betrauerte sie den Mann, dessen Ritterlichkeit sie stets geschätzt hatte, seit sie bei Issos in seine Gefangenschaft geraten war. Das war der vielsagendste Tribut an die Höflichkeit, mit welcher Alexander Frauen zu begegnen pflegte, und zumal das Lager in hellem Aufruhr war, konnte man Sisygambis wegen ihrer trüben Zukunftserwartungen keinen Vorwurf machen.

Innerhalb eines Jahres übertrug sich die Unruhe der makedonischen Adeligen auf ganz Asien und den Mittelmeerraum. Vielen galt das Reich als eine Einheit, und diese sollte es weiterhin bewahren, einige wenige gedachten sich Königreiche herauszuschälen – etwa Ägypten, wo Ptolemäos sich zunächst die Satrapie nahm und dann das Land für unabhängig erklärte, oder Makedonien, wo nach Antipaters Tod Hoffnungen auf ein separates Königreich aufkeimten. Während der nächsten zwanzig Jahre gewann der Separatismus die Oberhand über den Unitarismus, bis die Welt schließlich in vier Teile geteilt war: in

Ägypten unter Ptolemäos; in Asien unter Seleukos, dem ehemaligen Anführer der Schildträger Alexanders; in Thrakien unter Lysimachos, dem ehemaligen Leibwächter; und in Makedonien unter jedem König, der sich Untertanentreue zu verschaffen und aufrechtzuerhalten vermochte. Es waren Jahre des Krieges und des Mordens in großem Ausmaß, und sie rissen die Menschen mit sich dahin; sechs Jahre nach Alexanders Tod stieß in den wilden Bergen Zentralmediens, möglicherweise in der Nähe des heutigen Kangavar, ein Heer aus den oberen Satrapien auf ein Heer aus Westasien, und sie lieferten sich am Vormittag eine schwere Schlacht. Als jede Partei einen Flügel der anderen geschlagen hatte, brach bereits die Nacht herein, und die Truppen waren drei Meilen vom Schlachtfeld abgeirrt. Man sammelte sich und stellte unter allgemeiner Zustimmung die Schlachtreihen erneut auf, um im Licht des Mondes weiterzukämpfen. Erst um Mitternacht hielten sie inne, um die Toten zu bestatten; die ganze Zeit hatten auf beiden Seiten makedonische Einheiten einander abgeschlachtet.

Die Unglückswelle brach unvermittelt über alle jene herein, die mit Alexander in Verbindung gestanden hatten. In Babylon ließ Roxane seine zweite Frau zu sich rufen, die Tochter des Darius, die nun den Namen Stateira trug, und vergiftete sie mit Perdikkas Billigung. Roxanes Kind wurde ein Junge, Alexander IV., und in die Obhut des Perdikkas gegeben; drei Jahre später wurde Perdikkas von seinen Wachen erdolcht, weil er ihnen befohlen hatte, trotz der Krokodile und Untiefen den Nil zu überqueren. Krateros, den die Truppen als einen echten Makedonen liebten, wurde noch im gleichen Monat zu Tode getrampelt, als sein Pferd in der Schlacht gestolpert und zu Fall gekommen war; seine Soldaten wurden von dem Sekretär Eumenes vernichtet, der auf seinem Weg zum Sieg einen Befehlshaber der Schildträger erstach. Ptolemäos hatte bereits den Finanzmann Kleomenes ermordet und sich Ägyptens bemächtigt; als nächsten Schritt ermordete er Verwandte und Anhänger des Perdikkas, verschiedene zypriotische Könige und den Satrapen Syriens: Laomedon, einen der ältesten Freunde Alexanders. Der genügsame Anaxarchos weigerte sich, einem Zypriotenkönig zu schmeicheln; man zerstampfte ihm die Zunge in einem Mörser mit einem Stößel und tötete ihn; Peukestas wurde unter dem wütenden Protest der Perser, die ihn liebten, aus Persien abberufen; Poros wurde von einem Thraker ermordet, den es nach seinen Elefanten gelüstete; die Schildträger aus den ersten Zeiten kehrten im Alter von sechzig und mehr Jahren noch auf die Schlachtfelder Asiens zurück und kämpften mit wilder Entschlossenheit, bis einer ihrer Generäle in eine Grube geworfen und bei lebendigem Leib verbrannt wurde. Der Rest der Einheit wurde aufgelöst und dem Satrapen zu Kandahar zugeteilt, der den Befehl erhielt, sie in Zweier- und Dreiergruppen für besonders gefährliche Missionen einzusetzen, wodurch sichergestellt werden sollte, daß sie sich nie wieder gruppieren und zurückkehren konnten. Die schöne Thais indessen sah ihre Kinder zu Wohlstand und Ansehen gelangen und ihren Ptolemäos politische Ehen eingehen; der Philosoph Pyrrho, der Alexander begleitet hatte, kehrte nach Griechenland zurück und begründete die Schule der Skeptiker, deren Bekenntnis darin lag, daß sie nichts mit Sicherheit wüßten. Niemand erwähnte Bagoas jemals wieder.

In Griechenland sah es kaum erfreulicher aus. Leosthenes, der Athener, starb auf dem Schlachtfeld, und seine Rebellion brach in sich zusammen; Demosthenes nahm in der Verbannung Gift; Aristoteles wurde wegen seiner makedonischen Vergangenheit aus Athen vertrieben und verbrachte seine restlichen Lebensjahre in Nordgriechenland, wo er vermerkte, er befreunde sich in seiner Einsamkeit inniger mit den Mythen; als Antipater an Altersschwäche gestorben war, geriet Olympias augenblicklich mit seinem Sohn Kassander aneinander. Mit der Hilfe ihrer Thraker tötete sie König Arrhidäos und hundert Freunde und Verwandte Kassanders; der Großnichte Philipps, Eurydike, übersandte sie Schierling, ein Henkerseil und ein Schwert, und sie befahl ihr zu wählen. Eurydike erhängte sich mit ihrem Gürtel, woraufhin Kassander zurückschlug. Er belagerte Olympias in der Küstenstadt Pydna so unablässig, daß sie ihre Elefanten mit Sägemehl füttern mußte. Die verendeten Tiere verzehrte sie zusammen mit den Leichen ihrer Kammerzofen. Nach neun Monaten ergab sie sich und ging stolz in den Tod. Kassander brachte ihre Verwandten um und wendete sich anschließend gegen Roxane, die mit ihrem Sohn in Griechenland zu Besuch weilte; beide wurden von seinen Gefolgsleuten zwölf Monate nach ihrer Einkerkerung ermordet. Als das gewissenloseste der Kinder Antipaters tat Kassander einem Bruder und einer Schwester, die nichts mit seinen Taten zu schaffen hatten, wenig

Ehre an: sein Bruder nämlich gründete auf dem Berg Athos eine Gemeinde von Weltflüchtigen, und seine Schwester gab als einzige in diesen blutrünstigen Zeiten ein Beispiel, indem sie für Unschuldige eintrat und mittellosen Paaren das Geld für die Heirat schenkte.

Während die Welt von Fehden und ehrsüchtigen Plänen zerrissen war, ließ man auch Alexander nicht in Frieden ruhen. In Babylon wurde er von Ägyptern einbalsamiert, um der Nachwelt seine Leiche zu erhalten, und noch während seine Offiziere sich sorgenvoll fragten, wer ihnen wohlgesonnen sei, verbreiteten sie das Gerücht, daß es sein Wunsch auf dem Sterbebett gewesen sei, in Siwah bestattet zu werden, das so angenehm weit entfernt von all ihren Nebenbuhlern war. Unterdessen tauchten aus seinen Staatspapieren seine letzten Pläne hervor und wurden dem Heer mitgeteilt: Hephaistions Grabmal solle ohne Rücksicht auf die Kosten fertiggestellt werden; tausend Kriegsschiffe, größer als Triremen, sollten in der Levante für einen Feldzug auf Kiel gelegt werden, der gegen Karthago zu gehen hätte – die nordafrikanische Küste entlang, hinauf bis zur Straße von Gibraltar, zurück längs der spanischen Küste und dann nach Sizilien; sechs Tempel waren zu unermeßlichen Kosten als religiöse Zentren Griechenlands und Makedoniens bis ins Detail vorgesehen; der größtmögliche Tempel sollte in Troja errichtet werden, und für Philipp war ein Grabmal bestimmt, das der höchsten ägyptischen Pyramide gleichkommen sollte; und nicht zuletzt »sollten Städte zusammengelegt werden, und zwischen Asien und Europa und Europa und Asien sollten Sklaven und Arbeitskräfte ausgetauscht werden, um die zwei großartigsten Kontinente zu gemeinsamer Eintracht zu bewegen und durch Mischehen und die Bande von Kind und Kegel zu einer einzigen großen und freundschaftlichen Familie zu verschmelzen«.

Keiner dieser Pläne erscheint dem Geist und der Anlage nach als unwahrscheinlich. Der Bau eines Hafens für tausend Schiffe in Babylon war bereits befohlen worden, und die Eroberung Karthagos und des Westens, nach jener Arabiens, war zweifellos ein vernünftiger Plan, ja sogar ein geradezu bescheidener für einen jungen Mann, zu dessen Gunsten Zeit, Geld und eine nachweisliche sieghafte Karriere sprachen, die ihn bis weit in den Pandschab geführt hatte. Es gab keine starke Opposition, und Karthago war so heruntergekommen, daß die Stadt zwölf Jahre nach seinem Tod von sizilianischen Abenteurern angefallen und erobert wurde. Und was die Bauvorhaben betrifft: wenn Alexander sich alles leisten konnte, was er sich wünschte, dann waren doch wohl sechs große Tempel und ein gigantischer in Troja verständliche Wünsche, ganz davon zu schweigen, daß sie den Arbeitern und der Bürgerschaft der von ihm gewählten Orte willkommenen Verdienst gebracht hätten; und eine Pyramide für Philipp war sicher keine abwegige Idee für einen Sohn, der möglicherweise von seinen Veteranen ausgepfiffen wurde, weil er seit seinem Besuch im Land der Pharaonen stets seinem »Vater« Zeus Ammon den Vorzug gegeben hatte. Die Verschmelzung Asiens mit Europa jedoch sollte unser Interesse erregen: »allgemeine Eintracht« war eine politische Parole jener Zeit und besagt also wenig, doch die Pläne von die Mischehen seiner Soldaten mit Orientalinnen gebilligt und seinen angemessen, der befohlen hatte, Siedler in großen Zahlen aus der Levante für seine neuen Städte am Persischen Golf abzuziehen, der die Mischehen seiner Soldaten mit Orientalinnen gebilligt und seinen Gefährten iranische Bräute aufgedrängt hatte. Es war ein denkwürdiger, aber kein unmöglicher Plan; die Art und Weise seiner Verkündung jedoch war nicht über jeden Verdacht erhaben.

Als diese letzten Pläne den Soldaten vorgetragen wurden, hatten die Offiziere Gründe, deren Verwerfung zu wünschen. Im Westen bestand Unklarheit über Antipaters Absichten, und Krateros hatte bereits mit Alexanders Befehlen und jenen zehntausend Veteranen, die er nach Hause bringen sollte, die Küste Kleinasiens erreicht; es bestand noch kein Grund, an seinen Absichten zu zweifeln, doch er bildete das Zünglein an der Waage zwischen Asien und Makedonien, falls die beiden sehr unterschiedlichen Höfe nicht zu einer Zusammenarbeit sich bereitfinden konnten. Unterdessen trat eine Zeit der Konsolidierung ein, bis Roxane ihr Kind zur Welt brachte und ersichtlich wurde, wie die Vormundschaft sich anließ. Die Rivalen jedoch konnten behaupten, Alexander habe es anders gewünscht. Krateros oder Antipater waren die Gefahr, denn sie konnten möglicherweise Dokumente veröffentlichen, die Alexander ihnen hinterlassen hatte. Es paßte in die Pläne der Offizierskollegen in Babylon, daß alle derartigen Urkunden zunächst einmal hier veröffentlicht und als undurchführbar niedergestimmt wurden, ehe jemand sich auf ihre Autorität berufen konnte. Perdikkas, der Freund und Förderer des königlichen

Sekretärs Eumenes, verlas die einzelnen Vorhaben. Eumenes hat möglicherweise an den Plänen aus Alexanders letzten Lebenstagen die gleichen Kunstgriffe vorgenommen wie an den Tagebüchern; vielleicht übertrieb er die Maßstäbe, um sicherzustellen, daß die Truppen die übertriebenen Anforderungen zurückwiesen. Das 72 Meter hohe Grabmal für Hephaistion, die Kosten für die Tempel und die Höhe der Pyramide für Philipp sind keineswegs maßlos extravagant, auch sind sie kein Beweis dafür, daß Alexander jeden Sinn für das Mögliche verloren hätte – denn die Pharaonen hatten lange vor ihm Pyramiden erbauen lassen, und eine kolossale Architektur war für Könige in Babylon oder Susa nichts Ungewöhnliches. Doch im politischen Zusammenhang betrachtet, gehen sie wohl mehr auf eine Erfindung des Perdikkas als auf einen Wunsch Alexanders zurück; der Mann, der diese Pläne vortrug, wollte sie nicht gebilligt sehen, und »Massenumsiedlungen und Heiraten zwischen Asien und Europa« stellten für die Truppen eine starke Bedrohung dar, die soeben noch den Sohn Roxanes als ihren einzigen iranischen Erbprinzen abgelehnt hatten. Möglicherweise erfand Perdikkas die Idee auch einfach: »Es wurde ihnen klar trotz ihrer einstigen tiefen Verehrung für Alexander, daß diese Pläne maßlos waren, und daher beschlossen sie, daß keiner davon ausgeführt werden sollte.«

Doch diese Pläne müssen dennoch plausibel erschienen sein: die Eroberung des Westens, Ehrungen für die Götter Griechenlands, ein Tribut an Philipp, der vielleicht zu betont war, um ehrlich zu sein – und mehr als alles andere die befürchtete Union und Städtegründung zwischen Asien und Europa in weit größerem Maßstab als je zuvor. Dies war es, so glaubten Freunde und Soldaten, womit sich ihr König am Ende seines Lebens befaßt hatte. Es gibt keinen klareren Beweis dafür, wie Alexander allmählich von seinen Männern gesehen wurde, als jene Geisteshaltung – vielleicht sogar auch die Details dieser letzten Pläne.

Die Männer, die seine Pläne für ihre Zwecke benutzten, waren auch durchaus dazu fähig, seine sterblichen Überreste in ihr Spiel einzuflechten. Der Besitz der Leiche Alexanders bedeutete ein einzigartiges Statussymbol, und wohl kein Offizier in Babylon hätte zugelassen, daß sie aus Asien fortgebracht würde, ehe sie sich des Westens und Antipaters gewiß waren; man sprach von einer Bestattung in Siwah, um die Mannschaften zu beruhigen, und zwei Jahre lang befaßten sich Handwerker mit ausführlichen Plänen für den Leichenwagen. Unterdessen hatte man die Lage in Makedonien überprüft und für günstig befunden, und zwar so sehr, daß der Leichnam endlich in die Heimat gebracht werden konnte. Er sollte unter duftenden Kräutern in einem Sarg mit goldenem Deckel ruhen, der mit Purpurstickerei bedeckt war, darauf Alexanders Rüstung und der berühmte trojanische Schild; darüber erhob sich elf Meter hoch ein Säulenbaldachin mit einem breiten gold- und edelsteinverzierten Himmel, von dem an Ringen ein Vorhang mit Quasten und Warnglöckchen niederfiel; das Karnies war mit eingeschnitzten Reliefs von Ziegen und Hirschen geschmückt, an jeder Ecke des Baldachins waren goldene Figuren der Siegesgöttin angebracht, die Alexander von Athen quer durch Asien bis in den Pandschab begleitet hatte. Zu beiden Seiten des Baldachins hingen Gespinste herab, auf die Gemälde geheftet waren: Alexander mit seinem Szepter und den asiatischen und makedonischen Leibwachen, Alexander mit seinen Elefanten, seine Reiterei, seine Kriegsschiffe; goldene Löwen bewachten den Sarkophag, ein Purpurbanner mit einem gestickten Kranz von Olivenblättern breitete sich über dem Dach des Baldachins aus. Es gab Vorbilder für einen solchen Streitwagen, nicht zuletzt in Asien, wo man sich an die rituale Karosse des Gottes Mithras erinnerte – eine kleine Anspielung auf den Gott, die möglicherweise auf die persischen Bewunderer Alexanders abzielte; der Wagen wurde in persischem Stil gebaut, die dekorativen Elemente von Greifen, Löwen und einem Baldachin sollten die Thronornamente der persischen Könige ins Gedächtnis rufen. Vierundsechzig erlesene Maultiere zogen nach persischem Brauch vier getrennte Deichseln; die figurengeschmückten Räder und Achsen waren gegen Schlaglöcher abgefedert, und Ingenieure und Straßenarbeiter sollten den Zug begleiten.

Als das Gefährt fertiggestellt war, kämpfte der Schirmherr des Projekts, Perdikkas, gerade gegen die Eingeborenen Kappadokiens, der einzigen Lücke in Alexanders westlichem Reich; er konnte sich also nicht um die Angelegenheit kümmern, und so überschüttete der neue Satrap Ägyptens, Ptolemäos, den Offizier, der die Leitung des Trauerzuges hatte, mit Gunstbeweisen. Makedonien wurde nicht zu Rate gezogen; der Leichenwagen wurde heimlich nach Ägypten gebracht, wo Ptolemäos sich der Beute bemächtigte, die er als Rechtfertigung seiner Unabhängigkeit benötigte. Er hatte seine Rivalen um eine Nasenlänge geschlagen, die allzu wohlwollend von Siwah geredet hatten, und anstatt den Sarkophag in die Wüste zu schicken, stellte er ihn zuerst in Memphis, dann schließlich in Alexandria zur Schau, wo ihn noch dreihundert Jahre später der junge Augustus bei seinem Besuch besichtigte. Man wird ihn wohl nie wieder zu Gesicht bekommen. Trotz sporadisch auftauchender Gerüchte hat das heutige Alexandria die Stelle nicht preisgegeben, wo die sterblichen Reste ihres Gründers ruhen; wahrscheinlich wurde der Leichnam zum letztenmal von Caracalla gesehen und in den Tumulten zerstört, die im späten dritten Jahrhundert der Zeitrechnung in der Stadt herrschten.

Alexander hatte zehn ganze Jahre seines Lebens für größere Ziele gekämpft; nun, als Toter, hatte er Ptolemäos zur Unabhängigkeit verholfen. Im Gegensatz zu Ptolemäos hatte er es für möglich gehalten, daß eine einzige Macht vom Mittelmeer bis an die fernen Grenzen Indiens herrschen könne, indem das Reich sich auf Makedonien und die unerschöpflichen Reichtümer Babylons und das umliegende Akker- und Weideland stützte. Zu diesem Zweck und um den Import indischer und asiatischer Luxusgüter zu erleichtern, hatte er die Wiedereröffnung der alten Seewege geplant, die früher im Persischen Golf zusammenliefen. Sobald dies geschehen war, wollte er die besiegte iranische Aristokratie in Hof und Regierung ihres Bezwingers einbeziehen, und er glaubte daran, daß die Armee und die Zukunft des Reiches von europäisierten einheimischen Rekruten und den Söhnen aus den Mischehen seiner Soldaten abhängen würde, die makedonisch erzogen werden sollten. Vor allem jedoch war er der Überzeugung gewesen, daß Kultur und Regierung nur mit jenen Städten möglich seien, die allen Griechen wohlvertraut waren – eine Überzeugung, die auch den unendlich älteren und anpassungsfähigeren Lebensstil der Nomaden nicht ausnehmen wollte. Man hat oft gesagt, daß diese drei Prinzipien Alexanders zwangsläufig an den Vorurteilen seiner Nachfolger oder an den Realitäten der heraufkommenden Zeiten scheitern mußten. Alexander jedoch beurteilte die Dinge weder so seicht noch so weltfremd.

Politisch gesehen wurde sein Glaube an die Möglichkeit eines Reichs vom westlichen Mittelmeer bis Indien nicht damit widerlegt, daß dieses Reich innerhalb von dreißig Jahren nach seinem Tod zerbrach. Es waren chaotische Jahre, doch ist kein einziger Fall bekannt, wo die einheimische Bevölkerung sich allen Ernstes gegen die makedonische Herrschaft aufgelehnt hätte – es sei denn in den Städten auf dem griechischen Festland, die sie ohnedies nie ganz fest im Griff gehabt hatte; auch dort brachen die Aufstände nach Jahresfrist zusammen. Ägypten, ein Teil des Irans und der Pandschab waren dem Hof in Babylon verlorengegangen, doch Ägypten wurde abgetrennt, weil der neue Satrap Ptolemäos seine eigenen ehrgeizigen Pläne als unabhängiger Pharao verfolgte; etwa zwanzig Jahre nach Alexanders Tod wurden Indien, der Hindukusch und wahrscheinlich das Helmand-Tal bis Kandahar für den Preis von fünfhundert Elefanten an den neuen grausamen Herrscher Chandragupta abgetreten, einen Bewunderer Alexanders und Erben des östlichen Königreichs Magadha, dessen letzten Herrscher er gestürzt hatte; hätten Alexanders Männer am Beas nicht gemeutert, dann wäre Magadha dem Westen zugefallen, und Chandraguptas Heer hätte niemals so früh die Ostgrenze bedrängen können. Achtzig Jahre nach Alexanders Tod hatten Stämme der Parther vom Unterlauf des Oxus die neuen Weideflächen südlich und südwestlich des Stroms überrannt und so die einzige noch verbliebene Landverbindung zu der reichen Satrapie von Balkh und Sogdiane blockiert; die dortigen Generäle aus Griechenland und Makedonien legten sich die Königswürde zu, vielleicht ebensosehr aus Hilflosigkeit wie aus finsterem Ehrgeiz. Diese Parther, die später über Asien herrschen sollten, waren Nomaden und Fremdkörper – Menschen, die nur von dem unkontrollierbaren Druck der Witterung und der Weidemöglichkeiten dazu bewegt werden konnten, in Alexanders Satrapien vorzudringen; und die Könige Baktriens waren Griechen und Makedonen, trugen das Diadem wie Alexander und zogen nach Osten, um auf Feldzügen, die ebenso erstaunlich wie unverständlich sind, Alexanders indische Eroberungen für sich zu beanspruchen. Weder die Könige noch die Parther waren einheimische Untertanen; das Imperium Alexanders wurde niemals von den Untertanen oder aus seinem Inneren in Frage gestellt.

Angesichts dieser inneren Sicherheit hätte seine Idee von dem einheitlichen Reich verwirklicht werden können, wenn seine Oberkommandierenden sich jemals geeinigt hätten, denn Ptolemäos, Chandragupta und die Parther brachen sich erst dann ihre Stücke aus dem Reich, als die asiatischen Diadochen mit Kämpfen untereinander, mit ihren Brüdern und Frauen anderweitig beschäftigt waren. Es gab Repressalien, doch kamen sie in jedem Einzelfall zu spät und außerdem von Königen, die von ihren Rivalen im westlichen Asien bedrängt waren; Indien und der östliche Iran wurden nicht leichten Herzens aufgegeben, wie sich aus dem geforderten enormen Preis von fünfhundert Elefanten ablesen läßt; und es ist ein Beweis dafür, wo die Könige die Prioritäten sahen, daß diese Elefanten prompt in den Westen gebracht wurden, wo sie die Entscheidungsschlacht gewinnen halfen, die Seleukos zum Herrscher Asiens machte. In der Klemme zwischen Westen und Osten, gaben die Diadochen dem Westen und seinen Familienzwistigkeiten den Vorzug; wäre Alexander noch am Leben gewesen, hätte seine überragende Persönlichkeit das Reich zusammengehalten und jeden Angriff der Nomaden oder eines Chandragupta zurückgeworfen. Hätte er weitere zwanzig Jahre zur Verfügung gehabt, er hätte seine Söhne zu seinen Nachfolgern heranbilden können. Und was die Eroberung des fernen Westens betrifft, so zeigen die Siege des Pyrrhos aus Epiros und des Sizilianers Agathokles in den folgenden fünfzig Jahren deutlich, daß Alexanders westliche Eroberungspläne, die er durch seinen Schwager in die Wege geleitet und noch am Ende seines Lebens angedeutet hatte, keineswegs unmöglich waren. Sowohl Pyrrhos wie Agathokles stellten sich auf die Seite der Diadochen im Mittelmeer; und was diesen weniger bedeutenden Verbündeten seiner Erben zu tun möglich war, hätte Alexander sicherlich selbst erkämpfen und dann abhängigen Königen anvertrauen können. Dann hätte sich der griechische »Froschteich« von Sizilien bis zum Beas-Fluß erstreckt.

Es war also nicht der Mangel an Menschenmaterial oder etwa ein Ausbruch von Haß bei den einheimischen Bevölkerungen, die gegen Alexanders Ziele sprachen; es waren die älteren Widersacher Zeit und Entfernung, die sich gegen seine Offiziere verbanden, die nach seinem zufälligen frühen Tod noch dazu untereinander zerstritten waren. Da den Diadochen der Osten verlorenging, glaubt man oft, daß sie ihn geringgeschätzt hätten. Dies heißt jedoch ein unqualifiziertes Urteil über bekannte Fakten abgeben. Oftmals wurde behauptet, Alexanders Überzeugung, daß Hof und Heer Iraner und ein breites Spektrum hellenisierter Orientalen umfassen müßten, sei den Vorurteilen seiner Offiziere zum Opfer gefallen; auch dieser Punkt ist zu kompliziert, als daß man ihn uneingeschränkt akzeptieren sollte. Seit dem dritten Jahrhundert waren die hohen Ämter an den Höfen der Diadochen nahezu exklusiv von Griechen besetzt, die der persönliche Rang in königlichen Diensten aus der Ägäis angelockt hatte, in denen weder die soziale noch die lokale Herkunft zu ihren Ungunsten gewertet wurden; in Verwaltungspositionen außerhalb des Heeres waren die Makedonier sogar relativ selten. Diese »offene Gesellschaft« reichte jedoch nicht über begabte griechische Einwanderer hinaus. Im Ägypten des Ptolemäos fanden hellenisierte Einheimische nur selten Zutritt zu den Rängen am Hof; der Begriff »Perser« war auf eine privilegierte Klasse gemischter Siedler beschränkt. Es ist kaum ein iranischer Satrap oder Angestellter aus der westlichen Hofhaltung der Seleukiden bekannt; wir wissen nur, daß die Seleukiden Iraner nur dann im Heer verwendeten, wenn sie zu wertvoll waren, als daß man sie hätte übergehen können. Soviel – so könnte es den Anschein haben – zu Alexanders »Eintracht und Partnerschaft im Reich«. Die Abkömmlinge seiner Kolonisten retteten sich in unsaubere Inzucht, um einheimischen Frauen den Zugang zum Familienbesitz zu verwehren; es gibt nur ganz wenige Griechen in östlichen Kolonistenstädten, von denen wir wissen, daß sie Frauen mit einheimischen Namen geheiratet haben. Es waren die Vorurteile der herrschenden Klasse, die schließlich den Sieg davontrugen.

Ihr Sieg war möglicherweise nicht umfassend oder unmittelbar. Ptolemäos setzte anfangs bestimmte Einheimische auf hohe Posten und verschärfte seine Politik möglicherweise erst später unter dem Einfluß von Philosophen aus der Schule des Aristoteles. In Kleinasien waren zweiundneunzig Iranerinnen mit Gefährten vermählt worden, doch wissen wir nur von fünf, die ihre neue Stellung innehatten. Drei von diesen wurden zugunsten einer politischen Heirat mit einer europäischen Frau verlassen, doch eine der anderen zwei war die Gattin des Seleukos, die Tochter des Rebellen Spitamenes. Als Seleukos sich zum König über Asien aufschwang, ließ er sich nicht von ihr scheiden; ihr Sohn, Antiochos I., wurde als Regent in den Iran geschickt, wo sich der Adel noch an den Widerstandskampf seines Großvaters erinnerte. Es war dies kaum die Entscheidung eines Mannes, dem es an Sympathien für den Osten oder für die Förderung der Iraner fehlte. In den höheren Satrapien gab es Gründe für die Iraner und die Griechen, gemeinsam gegen die Nomaden Front zu machen, ein Trend, den die Abstammung des Antiochos bestärkt haben muß. Die Herrschaftsmethode der Seleukiden dort ist bis heute noch unbekannt, doch ist es wahrscheinlich, daß sich der Adel um diesen halb-iranischen König scharte. Die Ablehnung der »Eintracht« Alexanders hat sich vielleicht nur schrittweise breitgemacht, als seine Generation wegstarb und die Erinnerung daran mitnahm. Im oberen Iran ist sie vielleicht nie ganz ausgestorben.

Die Diadochen in Asien lebten also im Schatten Alexanders. Sie gaben seine Arabienpläne zwar auf, doch sie veränderten wahrscheinlich seine Politik bezüglich des Hofes nicht auf einen Schlag, und wie sie sich um einen halb-iranischen König scharten, folgten sie ihm in der Gründung und Umbenennung einer Vielzahl von griechischen Städten in Asien nach. Alexander war überzeugt gewesen, daß die griechische Polis es wert sei, über ganz Asien hin an den Orten der alten persischen Zitadellen eingesetzt zu werden, und dies ist sein nachhaltigster Beitrag zur Geschichte. Er hatte seine Jugend in einer Palastgesellschaft zugebracht, doch er hatte beobachtet, wie sein Vater Philipp Städte bis weit in den Osten am Schwarzen Meer gründete; er hatte auch von seinem Mentor gelernt, denn Aristoteles schrieb seine Theorie der Politik auf das Raster der griechischen Städte, die viel länger bestehen sollten als die leeren Abfolgen der Könige in Asien: sie florierten an der kleinasiatischen Küste tausend Jahre lang, bis das Auftauchen der Araber und des Islams sie zu umkämpften Festungen reduzierte. Die Kultur der griechischen Klassik entstand nur in diesen Städten, die durch holperige Straßen miteinander verbunden waren und die im Gebiet fremder ländlicher Stämme lagen; obwohl die Eroberungen Alexanders großartige neue Möglichkeiten im Osten und Süden eröffneten, bedeutete dieses neue Raumgefühl für die Alltagsangelegenheiten der Griechen ebensowenig wie der erste Mensch auf dem Mond für den lauten Nationalismus auf dem Planeten Erde. Das Zeitalter der Könige konnte den Geist der griechischen Stadtstaaten nicht töten, denn sie kämpften und protestierten ebensosehr wie zur Zeit des Perikles; politisch war es eine Zeit neuer Anfänge, umfassenderer Föderationen und engerer Bindungen, die großenteils von ihren makedonischen Oberherren mit forciertem Desinteresse gelenkt wurden. In Asien lasteten die Diadochenkönige nicht schwerer auf der Freiheit der Griechenstädte und ihrer Selbstregierung als die Imperien Athens, Spartas und des Dareios, die bereits dahin waren. Es blieb den Römern überlassen, die demokratische Freiheit der Griechen zu zertreten und ihre Literatur auf das Niveau einer schalen und nutzlosen Spielerei mit der Vergangenheit herabzuwürdigen. Für diesen Verlust an Kühnheit kann man nicht Alexander anklagen; er hatte die Zukunft der Polis vorangetrieben, nicht sie zerstört.

Östlich des Euphrat und bis in den Pandschab waren während des ersten Eroberungssturms Alexanders einige achtzehn Alexandria-Siedlungen gegründet worden; noch vor siebzig Jahren konnte man nur Vermutungen über ihre Besonderheiten anstellen, und diese Vermutungen waren zumeist pessimistisch. Ihre Bevölkerung, bestehend aus Ortsansässigen und den Kriegsverletzten Alexanders, bot nur wenigen von Intuiton bestimmten Forschern Anlaß zur Bewunderung für ihren Lebensstil, bis endlich Inschriften und archäologische Ausgrabungen von Susa bis zum Oxus allmählich ihr menschliches Gesicht freilegten. Je weiter ein Mensch von seiner Heimat entfernt zurückgelassen wird, desto festentschlossener klammert er sich an alles, was sie ihm einstmals bedeutete. In Afghanistan, wo der Kokcha-Fluß von den Bergen und den blauen Minen Badakshans herunterschießt, um sich mit dem Oberlauf des Oxus in Sichtweite der Sowjetunion und der Korridorstraße durch den Pamir nach China zu vereinigen, hat man begonnen die riesige Griechenstadt Ai Khanum auszugraben, die möglicherweise am Ort der nordöstlichsten Alexandria-Siedlung liegt, des Alexandria-in-Sogdia, das über einem persischen Grenzfort während der Monate nach Beendigung der Revolte des Spitamenes gegründet wurde. Dreitausend Meilen von der Ägäis entfernt, freuten sich hier griechische, makedonische und thrakische Bürger an ihren Tempeln, ihrem Gymnasion und der Ringkampfarena in genau der gleichen Weise wie in einer Stadt auf dem griechischen Festland; vor dem Giebel des breiten Balkendachs ihres riesigen Palastes aus Lehmziegeln stand eine elegante Vorhalle mit korinthischen Säulen mit Kapitellen griechischer Akanthusblätter. Genau wie die Radarwarnstationen des modernen Amerika an der Nordküste des arktischen Eskimolandes mit dem Segen des Papstes das heimatliche, vertraute Leben Kaliforniens zu schaffen versuchen, hatte diese Grenzstadt inmitten sogdischer Adeliger und ledergelber Wüste eine perfekte Kopie der Morallehren der Sieben Weisen aufgebaut, wie sie in Delphi, dem geheiligten Mittelpunkt ihrer heimischen griechischen Welt, aufbewahrt wurden: »In der Kindheit Schicklichkeit; in der Jugend Disziplin; in Mannesjahren Gerechtigkeit; im Alter weiser Rat; im Tode Schmerzlosigkeit.« Ausdrucksweise und Schriftduktus sind ebenso wie die Marmorskulpturen, die in der Stadt entdeckt wurden, so rein hellenisch wie ein Fragment aus dem weitentfernten Athen.

In dieser Beziehung steht Alexandria-in-Sogdia nicht ohne Beispiel da. In Kandahar, dem Alexandria-in-Arachosia, hatte Alexander Veteranen und 6000 Griechen zurückgelassen, auf daß sie sich in einem Alexandria mit ausgedehnteren Mauern rings um eine alte Perserfestung zusammen mit Einheimischen niederließen; zwanzig Jahre nach seinem Tod wurde die Stadt an den Inder Chandragupta abgetreten, und zwar mit dem ausdrücklichen Vorbehalt, daß griechische Bürger Ehen mit Indern jeglicher Kastenzugehörigkeit schließen durften. Doch die Söhne und Enkel der Griechen hatten an ihrer Lebensart so unbeirrbar festgehalten, daß der Enkel Chandraguptas, der buddhistische König Asoka, ein Edikt des Buddhaglaubens in der Nähe von Kandahar ergehen lassen konnte, das in klaren griechischen Lettern und in dem makellosen Griechisch der Philosophen abgefaßt ist. Er schrieb für die Erben Alexanders, für die griechische Bevölkerung einer Alexandria-Siedlung, die noch dreihundert Jahre danach von einem griechischen Geographen vom Persischen Golf als griechische Stadt bezeichnet werden sollte: »Die sich selbst preisen und ihre Nachbarn schmähen, suchen nur sich selbst, sie wollen hervorstechen, doch sie schaden sich nur selbst ...« Buddhistische Unterweisungen passen sich elegant einer Sprache an, wie Platon sie geschrieben haben könnte, und werden mit dem gebräuchlichen Gruß des Gläubigen an ein griechisches Orakel abgerundet. Kandahar war nicht nur ein militärischer Außenposten. Es war ein Ort mit griechischen Philosophen, Dolmetschern, Bildhauern und Lehrern, an dem man die Klassiker lesen oder ein Drama aufführen lassen konnte; in der Festung Alexanders diskutierte man über mehr als nur über den Einsatz der Gefährten bei Gaugamela oder die Vorzüge des thrakischen Jagdschwertes.

In diesen Alexandria-Siedlungen bot sich für Männer vom Balkan eine neue Startmöglichkeit, und natürlich benutzten sie sie, wie sie es in der Vergangenheit gewohnt waren. Wie die Engländer am Yangtse-Fluß Kricket-Pitches anlegten, so bauten Alexanders Siedler Gymnasien, ohne sich um die Hitze oder die Gegend zu kümmern; jede Griechenstadt im Osten mußte eines besitzen; sie standen unter der Schirmherrschaft des Herakles und des Hermes, und auf der von Nearchos im Persischen Golf entdeckten »Insel des Ikaros« wurden Athletenspiele gemäß dem griechischen Kalender bei einer Sommertemperatur ausgetragen, die körperliche Anstrengung unmöglich machen mußte. Diese Hartnäckigkeit der griechischen und makedonischen Siedler ist erstaunlich. In der Militärkolonie Dura am Euphrat können noch vierhundert Jahre nach der Gründung Familien mit rein makedonischen Namen aufgespürt werden, die noch immer im Besitz ihrer Landparzellen waren, die sie durch konsequente Inzucht bewahrt hatten. Wo es um den Besitz ging, fand eine einheimische Ehefrau nicht leicht einen Platz, denn der Hof eines Kolonisten war an ihn und seine Erben verpachtet; die Gründe für diese geschlossene Familie waren die gleichen wie die für das Festhalten an der eigenen griechischen Kultur, ohne Rücksicht auf die einheimischen Außenseiter. Um Traditionen zu wahren, pflegten Kolonisten ihre Schwestern, Nichten oder Enkelinnen zu heiraten, statt einer Fremden.

In diesen Städten gehörten die athletische Ausbildung und das Gymnasium zur Erziehung eines jeden prominenten Bürgers, denn man beugte sich nicht sklavisch unter den Willen einer weit entfernten Hofhaltung. Man diente im Magistrat und in einer Bürgerschaft, an die der König respektvolle Ersuchen richtete; die Dekrete wurden in dem gewichtigen attischen Griechisch erlassen; Beamte durften nicht zweimal hintereinander einen Posten innehaben und mußten sich, wie in Athen, bei der Aufgabe ihrer öffentlichen Pflichten einer gerichtlichen Untersuchung stellen; griechisches Recht herrschte über ihren privaten und öffentlichen Angelegenheiten, und keine der Gesetzesklauseln wäre einem Richter in der Ägäis fremd erschienen. Genausowenig wie die Feste in diesen Städten, denn über ganz Asien hin hatte Alexander Drama- und Kunstfestivals in griechischem Stil initiiert, und nach seinem Weggang verblich die griechische Literatur keineswegs; man las Sophokles in Susa; Szenen aus Stücken des Euripides inspirierten Künstler in Baktrien; mimische Farcen wurden in Alexandria-im-Kaukasus aufgeführt; Babylon besaß ein griechisches Theater, und die Geschichte mit dem Trojanischen Pferd war in Alexandria-in-Sogdia höchst beliebt, wo die Menschen sie bei den frühen griechischen Epikern gelesen haben müssen; verdientermaßen gelangte Homer, zusammen mit Platon und Aristoteles, bis nach Indien und wurde schließlich sogar in Ceylon gelesen. Die Kolonisten im Iran vermehrten diese Schätze klassischer Literatur nicht, obgleich ein Siedler in Susa eine monotone Hymne auf Apollon in Griechisch verfaßte; die Gemeinschaft von Verbannten fördert neue Autoren nicht, es sei denn, es handelt sich um Romanschreiber, und nach Homer wies kein Grieche genügend Talent auf, um den richtigen Roman zu schreiben. Die Städte im Osten konnten sich in nichts mit der Bibliothek und den Positionen für Gelehrte im ägyptischen Alexandria vergleichen, darum entwickelten sie auch niemals aus der Litaratur, an der sie sich bislang bereits erfreut hatten, eine akademische Dichterschule. Als man einen Mann der Feder ersuchte, in einer der neuen griechischen Städte Mesopotamiens zu bleiben, antwortete er: »Eine Schüssel bietet nicht Platz für einen Delphin.« Die »Schüsseln« jenseits des Euphrat können sich keines schöpferischen Schriftstellers rühmen.

Doch durch ihr Beharrungsvermögen hatten sie die Horizonte einer ausgedehnten einheitlich griechischen Welt weit offengehalten, und das hatte weitertragende Auswirkungen, war mehr als literarisches Verdienst. »Die Welt meiner Kinder ...«, verkündete der buddhistische König Asoka an der Flußgrenze Nordwest-Indiens; und zu einer Zeit der Kämpfe der Diadochen in Westasien, die die Historiker verwirren, die sich jetzt mit ihnen befassen, schrieb er von seiner Besorgnis um jeden der vier Griechenkönige, die von Babylon bis weit in den Westen im Epiros und in der Adria herrschten. Die offenen Horizonte boten den Reisenden eine neue Freiheit. Asokas buddhistische Mönchsmissionare reisten von Indien nach Syrien, wo sie möglicherweise die ersten Mönchsbewegungen in der Geschichte des Mittelmeeres angeregt haben; ionische Griechen halfen eine Stadt am Persischen Golf zu kolonisieren, und während die Diadochen Krieg führten, reisten Griechen aus Ägypten an die Südspitze des Kaspischen Meeres und ließen sich dort nieder; griechische Gesandte zogen auf der Straße von Kandahar an den Ganges und den indischen Hof in Palimbothra; die Delphischen Gebote wurden von dem Philosophen Klearchos, der möglicherweise Aristotelesschüler war, kopiert und nach Alexandria-in-Sogdia gebracht: er ging die 3000 Meilen von Delphi bis zum Oxus zu Fuß. Danach schrieb er Pamphlete, in denen er die Weisheit der Juden und Brahmanen von der der persischen Magier ableitete, und beschrieb Dialoge zwischen griechischen und orientalischen Philosophen, wobei die letzteren deutlich besser abschnitten. In der Generation nach Alexander würde dieser Aristoteliker auf seiner Wanderschaft durch den Iran von einer Alexander-Siedlung zur nächsten weitergezogen sein, hätte sich die neuen Gymnasien angesehen und mit den Männern gesprochen, die seine Richtung griechischer Philosophie teilten; die neuen Griechenstädte besaßen eine wohltuende Gleichförmigkeit: sie erhoben sich über alten persischen Festungen und Zitadellen an Flußufern oder – wo immer das möglich war – am Zusammenfluß zweier Flüsse; manche waren von Städten in Kleinasien aus kolonisiert worden, überall sprach man den gleichen Amtsdialekt, der zuerst von Philipp an seinem Hof eingeführt worden war; man lebte nach einem festen Muster, und die geraden Straßen verliefen rechtwinklig nach einem Plan, der vom Pandschab bis Süditalien aufzeigte, daß hier Griechen lebten. Nur die Ölbäume fehlten, doch in Babylon pflanzten die Makedonen immerhin Wein nach ihrer heimischen Methode an.

Dieses herausfordernde Rasterwerk ist das unmittelbare Verdienst Alexanders; es war von ihm abhängig, und sein Tod hätte es beinahe aufgelöst, denn die Griechensiedler in den oberen Satrapien rebellierten bei der Nachricht, da sie »sich nach ihrer eigenen griechischen Erziehung und Lebensgestaltung sehnten, die sie nur durch die Furcht vor Alexander zu seinen Lebzeiten aufgegeben hatten«. Die Armee des Perdikkas in Babylon war nötig, sie zurückzuweisen und so den griechischen Iran für die Geschichte zu retten; manche Griechenstädte – so etwa die Oase Merv und Alexandria-die-Äußerste – wurden eilig von Nomaden angegriffen und mußten neu aufgebaut werden; die Siedlungen in Indien fielen an Chandragupta; die im oberen Iran waren achtzig Jahre später abgeschnitten, und innerhalb von zwei Jahrhunderten war jede Griechenstadt jenseits des Euphrat von Parthern und Nomaden aus Zentralasien überrollt worden. Doch politische Geschehnisse sind nur ein Teil der Geschichte, und die Griechen und ihre Kultur verschwanden nicht, wenn neue Herrscher kamen; da Jahre wie Minuten erscheinen, wenn sie in so ferner Zeit liegen, fällt es uns heute schwer, uns vor Augen zu halten, daß die Griechenstädte im Iran von ebenso langer Dauer waren wie etwa die Herrschaft der Briten in Indien. Und wie die britische Küche noch heute ein Schandfleck in den Küchen der Karibischen See ist und in indischen Schulen bis heute Shakespeare gelehrt wird, so lassen sich die Spuren der Griechen noch siebenhundert Jahre lang feststellen, sei es in der Städteplanung ihrer ersten Nomadenherrscher oder in der Form kleiner Lehmfigurinen, die von Samarkand bis China gehandelt wurden, in Alphabeten und zentralasiatischen Schriften oder in der erstaunlichen Grabkunst der Nomaden jenseits des Oxus. Das einzige umfassende Buch über die Städte und Straßen Zentralasiens, das ein Europäer im Römerreich schrieb, bezog das Faktenmaterial von einem makedonischen Unternehmer, dessen Vater seine Kolonie in Syrien verlassen hatte und nach Baktrien gezogen war, wo er den Seidenhandel beaufsichtigte, der auf der Seidenstraße von China zum Oxus verlief.

Diese Verbreitung griechischer Kultur hatte in Alexanders Politik gepaßt; in ihrem Verlauf hatte er mit Gewalt die Grenzen des Mittelmeeres zurückgerollt, bis der »Froschteich« der Griechen dem äußeren Ozean bedrohlich nahegerückt war. Dieser neue Horizont war äußerst bedeutsam. Drei Jahrhunderte später wurde die Grenze seiner römischen Nachfolger am Euphrat beibehalten, aber auch dann war die Grenze nie absolut stabil. Ein Reisender aus der römischen Provinz Syrien zu den Gebieten des Fruchtbaren Halbmonds der Parther trat nicht in eine fremde Welt der Barbarei ein, denn die semitischen Völker bildeten eine lebensstarke Einheit, die von Festungen und Grenzen nicht gespalten werden konnte. Ähnlich war in den oberen Satrapien jenseits dieser Grenzen das Mittelmeererbe Alexanders nicht völlig erloschen. Das gemeinsame Blut des Hellenismus lebte noch in den Siedlern und in ihren Kenntnissen, und es floß auch von Alexandria-in-Ägypten um Arabien herum auf der großen Seeroute nach Indien, die Alexander hatte verwirklichen wollen. Die Menschen jenseits der Grenzen des Römischen Imperiums waren keine Barbaren; wie ein Historiker im senatorischen Italien es ausdrückte, »besaßen sie die bedauerliche Eigenschaft, nicht barbarisch genug zu sein«. Die griechische Kultur beschränkte sich nicht auf die griechischen Kolonisten; sie war überlegen und sie verführte jene dazu, sie anzunehmen, die mit ihr in Berührung kamen.

Für eine Zeit, in der zu sehen ist, wie der Iran sich den Idealen westlicher Industrie preisgibt, wie Amerika von einem Japan nachgeahmt wird, das seine eigenständige Kraft verloren hat, muß diese Wirkung der Eroberungen Alexanders als ebenso faszinierend erscheinen, wie sie irreführend ist. Jedes Gebiet reagierte nämlich anders: die weitläufigen Abschnitte Ägypten, Asia Minor, die semitischen Länder und der Iran und in den Gebieten jeder Wüstenstrich und jedes Tal, die Bergregionen und das flache Land der Bauern; die dünnen Adern der Verkehrswege oder die Nähe eines königlichen Besitztums und eines europäisierten Hofes vermochten einen Nomadenstamm aus seiner Vergangenheit herauszulösen und an die Geschicklichkeit und die Sprache der Griechen zu gewöhnen, während der Nachbarstamm tiefer im Inland weiterhin nach Art der Vorfahren am Herden- und Weidebetrieb festhielt. Das Aramäisch der Syrer, die iranischen Dialekte und die ländlichen Sprechweisen im Hinterland Asiae Monoris starben angesichts des neuen allgemeinen Griechisch nicht aus, doch sie wurden zweifellos in den Untergrund verdrängt. Im Iran gab es kein einheimisches Alphabet; im Westen bestanden Lokaldialekte weiter, doch tauchen sie selten in den uns erhaltenen Relikten auf, außer in den Namen einheimischer Götter und nur weil ein Phönizier unter der Griechenherrschaft die Vorgeschichte seines Volkes in aramäischer Prosa aufzeichnete.

Das Zurückweichen dieser Dialekte vor dem Griechisch der Herrschenden zeitigte unterschiedliche und recht selten erbauliche Ergebnisse einer Europäisierung. Die Hochblüte der Wissenschaft und Gelehrsamkeit im ptolemäischen Ägypten des dritten Jahrhunderts war größtenteils das Verdienst griechischer Einwanderer aus der alten Ägäischen Welt; sie stellte die Schlußverzierung in der Geschichte des klassischen Griechenland dar und verdankte europäisierten Ägyptern herzlich wenig, bis dann schließlich die langsame Auflösung der griechischen Elite die Lebenskraft dieser Kultur insgesamt zum Erlöschen brachte. Der Sonderfall des ägyptischen Alexandrias spiegelt sich in dem Schicksal Babylons wider. Die Diadochen begünstigten seine

Tempelgemeinden in der Art der freien Griechenstädte, und diese Toleranz beschränkte den Hellenismus auf einige wenige einheimische Statthalter und Priester; griechische Einwanderer wurden seltener und wirkten weniger formverändernd. So verlor also der Fruchtbare Halbmond seine Lebenskraft nicht; als die Parther ihn zweihundert Jahre nach Alexander in Besitz nahmen, schenkte er ihnen einen neuen religiösen Kunststil und eine blühende Architektur von Bögen und Gewölben. Doch diese Stilrichtungen entsprangen weit mehr der semitischen Kultur als dem Firnis des griechischen Geschmacks, der sie überzog und der die Einheitlichkeit der einheimischen Völker niemals unterdrücken konnte.

Die leuchtende Ausnahme bildete Syrien, um das die Heere der Diadochen beständig stritten. Die Umstände zwangen Seleukos, auf nicht erschlossenem Gelände vier Städte zu gründen, um die Karawanen-Handelsstraße vom Persischen Golf durch einen zurückgebliebenen Landstrich umzuleiten. Durch diese Städte und ihre nahegelegenen Militärkolonien entstand dort hellenische Kultur; syrische Philosophen und eine syrische Dichterschule tauchten auf, deren Mitglieder witzige Epigramme in Griechisch verfaßten und die ihre Heimatstädte als das »Athen Assyriens« bezeichneten. Sie verließen diese Siedlungen allerdings recht bald, doch war es wichtiger, daß Syrien nun in die allgemeine griechische Kultur integriert war, als daß es dem Land nicht gelang, seine brilliantesten Kinder festzuhalten. Diese Kultur war nämlich von Dauer und wurde später zur Basis für die Verbreitung des Christentums. Ohne diese allgemein verbreitete Kenntnis der griechischen Sprache hätte sich das Christentum niemals über Judäa hinaus verbreiten können.

Der Hellenismus östlich des Euphrat und unter den Iranern zog weit weniger Interesse auf sich, zum Teil wohl deshalb, weil man lange Zeit weniger über ihn wußte: nur wenige hellenisierte Perser sind in der erhaltenen griechischen Literatur namentlich erwähnt, und die Vorstellung einer offenen Zivilisation, innerhalb derer ein Mensch von Syrien bis zum Oxus Griechisch reden konnte, läßt sich nur aus dem begrenzten Gesichtswinkel griechischer Geographen und aus zufälligen Bemerkungen in europäischen Historiographien deduzieren. In jüngerer Zeit hat die Archäologie neue Zeugnisse beigebracht, doch ist dieser Prozeß noch bei weitem nicht endgültig abgeschlossen: in einer Zeit des Neubeginns verdient das grandiose Experiment von Alexanders Zivilisationsstrategie ein neuerliches Überdenken.

Die allgemeinen Umstände zunächst. Nach Alexander war die griechische Kultur die einzig mögliche für jeden einheimischen Asiaten, der Erfolg zu haben suchte, also verbreitete sich diese Kultur in den Kreisen der herrschenden Klassen in Asien. »Laßt uns mit den Heiden einen Bund schließen«, schrieb ein Jude, der Autor des einzigen historischen Werks, das sich mit der Beschreibung der Konflikte bei der Hellenisierung des Ostens befaßt, »denn da wir uns von ihnen unterschieden haben, konnten wir viel Schlimmes finden . . .« Das dringende Bedürfnis, zur Welt der Griechen zu gehören, war überall der Ansporn für Erfolgsmenschen; dabei spielte es keine große Rolle, daß ein Großteil des Alexanderreichs in knapp einem Jahrhundert in einzelne Königtümer zerbrach. Genau wie die Romanisierung Westeuropas erst vierhundert Jahre nach der Eroberung durch Cäsar durch die Bemühungen der lokalen Patronatsherren und Landbesitzer Wurzeln schlagen konnte, so dienten diese Lokalkönige der Hellenisierung des Ostens am besten, weil es für sie nötig war, daß sich die Griechenkultur auch unter ihren Untertanen weiter verbreitete, damit sie Sekretäre, Schatzmeister, Generäle und Redner zur Verfügung hätten, die ihre Sache in der weiten Welt der Griechen vertreten konnten; Alexander war es nie gelungen, die Kontrolle über Kappadokien zu gewinnen, den gebirgigen Zufluchtsort vieler Anhänger des Darius. Unter den Diadochen wurde das Gebiet ein unabhängiges Königreich unter einer iranischen Dynastie und mit iranischem Adel. Doch zweihundert Jahre nach Alexander waren diese Könige Gönner griechischer Schauspieler und gaben Münzen von rein griechischer Prägung heraus; ein kappadokischer Gelehrter hatte Verbindung zu Delphi, und eine alte assyrische Militärkolonie auf den Ebenen Kappadokiens hatte sich bereits in eine griechische Polis umgewandelt, die den Gesetzen der Königsherrschaft Alexanders gehorchte und Dekrete in einem vollkommen ausgewogenen Griechisch erließ. Der benachbarte König von Armenien erfreute sich an griechischer Literatur und schrieb auch selbst ein Stück, obgleich sein Reich die Diadochen zu keiner Zeit anerkannt hatte; die hellenisierungswilligen Familien in Jerusalem waren bereit, vom Seleukidenherrscher das Privileg zu erkaufen, ein Gymnasium zu errichten und Jerusalem in eine griechische Stadt mit dem Namen »Antiochia« zu verwandeln, da sie dem Erbe Alexanders zugehörig sein wollten, ein Wunsch, der um so gewichtiger ist, da er sich spontan äußerte.

Es ist nicht allzu abwegig, hier Alexanders Namen ins Spiel zu bringen. Von seinen unablässigen Kämpfen einmal abgesehen, hatten die Jahre, die er in den »oberen Satrapien« jenseits von Hamadan verbracht hatte, mit bewußten wohlüberlegten Schritten in die Familien der Iranier das Griechentum eingebracht: seine anhaltenden Spiele, Opfer und Feste in griechischem Stil, die Rekrutierung von 30 000 einheimischen Soldaten für eine griechische Kampfausbildung die Mischehen und die entsprechenden Pläne für die daraus hervorgehenden Kinder, die griechischen Lehrer für die Perserkönigin und ihre Töchter, der griechischsprachige Hof, der Einsatz von Griechen im Kommando über die integrierte Armee und am meisten von allem die Ansiedlung von über 20 000 Griechen und Veteranen in neugebauten Alexandria-Siedlungen, in denen sie sich unter die einheimische Bürgerschaft mischten und so durch ihre Frauen, Familien und Mitbürger ihre griechische Sprache verbreiteten. Jede Alexandria-Siedlung war eine vollblütige Polis, in der über griechische Dekrete und griechische Gesetze abgestimmt wurde; die Bürgerschaft in ihr war ein Privileg, das sich nicht auf alle Landeskinder erstreckte, die in diesen Städten Wohnung fanden, auch wurde nicht jeder Gruppe von Soldaten, die Alexander ansiedelte, eine Polis gegeben. Eine Alexandria-Siedlung war eine besondere und klar umrissene Gründung. Wie die Perserkönige Feudalpächtern als Belohnung für Militärdienste Land gewährten, bemannte Alexander Militärkolonien, die seinen Namen trugen, in denen er, als Erbe, die Kolonisten des persischen Großkönigs übernahm und seine eigenen Siedler mit ihnen verband. Wo die Provinz Medien in die Steppenwüsten übergeht, hinterließ er über ein Dutzend solcher Siedlungen als Schutz gegen die Nomaden; sie waren nicht vollberechtigte Alexandria-Siedlungen, aber die Wehrbauern lernten allmählich, sich dem Gesetz und der Sprache ihrer europäischen Grundherren anzupassen, und diese »zweitklassigen Bürger« waren es, die die bemerkenswertesten Beiträge zur Bestärkung der griechischen Kultur unter Iraniern leisteten. Keine dieser Siedlungen in den oberen Satrapien ist bisher ausgegraben worden, doch in Dura am Euphrat, einer frühen Kolonie der

Diadochen, entspricht während der nächsten vierhundert Jahre jeder rechtmäßige Vertrag dem griechischen Gesetzeskodex, obgleich die Kolonisten einheimische Orientalen waren und die Kolonie seit langem unter dem Regime der Parther stand; auf den Ebenen Lydiens an der Westküste Asiens nannte man die hyrkanischen Kolonisten allmählich »makedonische Hyrkanier«, und sogar noch unter dem römischen Imperium behielten sie ihre makedonische Militärmontur bei, während in den wilden Bergen Kurdistans bei Hamadan, wohin Alexander kaum einen Fuß gesetzt hatte, einheimische Ansiedler ein Jahrhundert, nachdem die Griechenherrschaft über Asien zusammengebrochen war, noch immer die Kaufverträge für ihre Weingärten in erträglichem Griechisch und eindeutig nach griechischem Recht abfaßten. Dies ist der bislang unwiderstehlichste Beweis für die Ausbreitung der griechischen Sprache in den unzugänglichen Winkeln des Iran.

Allein in den oberen Satrapien hatte Alexander durch seinen Hof und die Städtegründungen einigen 100 000 Orientalen die Sprache und die Gebräuche Griechenlands gebracht; diese Zahl mußte sich von einer Generation zur andern vergrößern, obschon die Ziffer der Hellenisierungswilligen unter Alexander nicht stichhaltig ist, da das Griechische die Kultur der Regierung war und deshalb zwangsläufig im Vordergrund stand. Innerhalb bestimmter Grenzen allerdings mußte die Hellenisierung komplett sein. Diese Grenzen waren jedoch nicht anspruchsvoll: es genügte, wenn ein Orientale Griechisch sprach und sich an den Spielen und Bräuchen einer griechischen Hofhaltung oder einer Griechengemeinde beteiligte, um aus ihm einen legal anerkannten Griechen zu machen. Er mußte dazu nicht die Religion wechseln, und seine Hautfarbe war bedeutungslos; das einzige Hindernis dabei war die Nacktheit, denn die Griechen absolvierten ihre Übungen im Gymnasion (gymnos = nackt) völlig unbekleidet, was für Orientalen eine abstoßende und peinliche Angewohnheit war; für hellenisierungswillige Juden in dem neuen Jerusalem war es keineswegs eine der geringsten Sorgen, daß ihre Sportkameraden sehen könnten, daß sie beschnitten waren. Doch die Bezeichnung »Grieche« oder »Makedone« wurde großzügig auf Juden, Syrer, Ägypter oder Perser angewendet, vorausgesetzt sie sprachen Griechisch und nahmen den griechischen Lebensstil, wenn schon nicht die griechischen Götter, an; für die Urchristen war jeder Heide ein »Hellene«, ungeachtet seiner Rasse oder Religionszugehörigkeit.

Gerade weil sie niemanden ausschloß, konnte sich die griechische Kultur so universell ausbreiten; doch dazu mußte sie auch gleichzeitig wirksam sein. In unserer Zeit bedeutet die lammfromme Anpassung des Ostens an die westliche »Kultur« eine Unterwerfung unter die Technologie und das Wirtschaftswachstum unter Mitwirkung (auf Umwegen) des Tourismus, der »Popkultur« und der »Wash-and-wear«-Mentalität der Geschäftemacher. In Alexanders Imperium war der Verkehr über Land quälend langsam, und nur wer Geduld besaß und abgehärtet war, konnte reisen; in wirtschaftlicher Hinsicht versprachen die Griechen keine Wunder, und obwohl Kleomenes und die Ptolemäer die königliche Wirtschaft in Ägypten wegen der Münze ankurbelten, die sie für Sold und Heuer für ihre Heere und Matrosen brauchten, war es doch die Regierung, die von dieser geschickten Umstellung profitierte, und nicht das ägyptische Volk. Die Gründung Alexandrias in Ägypten und die geplante Wiedereröffnung der Seestraße von Indien in den Westen sind ein Beweis dafür, daß Alexander (wie sein Vater) wußte, wie wertvoll der Handel sei, aber der von ihm angeregte Handel drang nicht tief genug in die agrikulturell orientierte Welt ein, die in Großteilen Asiens vorherrschte. Alexandrias Handel blühte ausschließlich durch Mittelsmänner auf dem nahegelegenen Rhodos und in Abnehmerstädten mit einem Hafen oder Flußhafen, die Güter aufzunehmen vermochten, wohingegen die Importe von Indien nur einer Minorität einen gefährlichen Lebensunterhalt boten, die die Luxusgüter zu den Höfen der Reichen im Westen brachte, nicht jedoch in die Dörfer der Nomaden und Bauern. Durch die Einrichtung einer Reihe neuer Münzpressen von Sardes bis Babylon hatte Alexander eine weitverbreitete Prägung nach dem gleichen athenischen Standardgewicht in die Wege geleitet, das bereits in den Prägeanstalten der Satrapen an der Küste Asiens sich durchgesetzt hatte; es waren also in der Zeit mehr Münzen mit Standardgewicht und königlicher Prägung, wie sie in Griechenland üblich waren, im Umlauf, und für die handeltreibende Minderheit, und die abhängige Soldateska war dies zweifellos nützlich und vorteilhaft. Doch in Anbetracht der Tatsache, daß wir es mit einer Ackerbaukultur zu tun haben, in der die meisten Menschen noch im System einer naturgegebenen Wirtschaft lebten, bedeuten die verstreuten Funde von Münzen niedriger Denomination für den Alltagsgebrauch keineswegs einen Beweis für die umfassenden Theorien über antike Prägungen, die die Sammler wertvoller goldener und silberner Stücke retrospektiv der Antike zuschreiben; man hat Alexander sogar vorgeworfen, er habe in der Ägäis die Inflation eingeführt, indem er aus den enormen Schätzen des Darius allzu überstürzt prägen ließ. Als ob die bäuerliche Gesellschaft Griechenlands jemals von der Fluktuation seiner Silberdrachmen beunruhigt worden wäre oder von dieser angeblichen Überschwemmung mit wertvollen Zeichen, für die bislang noch der Beweis aussteht. Was die Nomaden in Asien und die Dorfbewohner betrifft, sie hatten keine Verwendung für einen Münzwert, der – wenn überhaupt – nur in Städten zirkulierte. Der beachtenswerteste Fund von niedrigen Alexandermünzen im Iran sind die Oboloi aus Bronze zwischen den Kiefern von Nomadenskeletten jenseits des Oxus. Diese Münzen wurden aller Wahrscheinlichkeit nach dorthin als brauchtümliche griechische Gabe an den Fährmann Charon gelegt, der die Toten über den Fluß in die griechische Unterwelt führte.

Wenn auch die Griechen keine allgemeine Prosperität anzubieten hatten, so machten sie doch – genau wie ihre heutigen westlichen Erben – großen Eindruck mit ihren technischen Errungenschaften auf den Osten. An manchen Orten sieht es so aus, als hätten sie sich eine »unterentwickelte Dritte Welt« vorgenommen: »Als die Inder bei den Makedonen sahen, wie sie Schwämme verwendeten«, schrieb Nearchos, »machten sie diese nach, indem sie Haare und Schnüre zu einer Art Wolle zusammenpreßten; dann preßten sie diese Wolle solange, bis sie sich wie Filz anfühlte, krempelten sie und färbten sie verschiedenfarbig ein. Viele von ihnen lernten auch rasch, ›unsere Frottiertücher nachzuahmen, die wir für Massagen benutzten, und die Flakons, in denen wir unser Öl trugen‹.« Von technischen Gesichtspunkten aus konnten die Inder zwar Elefanten zähmen und die Bisse ihrer giftigen Schlangen heilen, doch war es vermutlich ein griechischer Techniker, der die erste Houdah, die erste Sänfte auf dem Rücken eines Elefanten, konstruierte, und die griechischen Ärzte wurden stets als Chirurgen für schwerwiegende Fleischwunden bemüht. »Die hiesigen Indier haben riesige Vorräte an ›Salz‹, doch sie sind sehr unbefangen mit ihrem Besitz ...«, schrieb der griechische Prospektor Alexanders kritisch über die Mineralvorkommen in jeder der Provinzen Asiens. Und obwohl der Bergbau eine alte Kunst in Asien war, haben möglicherweise die Griechen die Fertigkeit der Steinzertrümmerung durch Feuer bei Stammesgemeinschaften eingeführt, die zuvor die kostbaren Steine nur aus ihren raschfließenden Flüssen auflasen. Griechische Prospektoren legten als erste die genauen Entfernungen über Länder fest, die zuvor nur nach dem willkürlichen und variablen Maßstab einer Tagesreise bemessen worden waren; die Bewässerung war lange Zeit eine fundamentale Fähigkeit iranischer Bauern gewesen, aber in zwei Alexandria-Siedlungen fanden sich Anzeichen für ein verbessertes Bewässerungssystem, das wahrscheinlich auf griechische Bewohner zurückzuführen ist. In der Landwirtschaft haben wohl neue Kalender und neue Werkzeuge nur wenig verändert, da auf diesem Gebiet die Tradition stets autoritär ist und maßgeblich und da die fruchtbaren Erträge die griechischen Beobachter beeindruckt haben mögen. Doch kann man den Folgen der Verbreitung kostbarer asiatischer Bäume und Pflanzen über die offenen Grenzen des griechischen Asiens hinweg noch in den heftigen Anstrengungen der Ptolemäer auf die Spur kommen, die neue Feldfrüchte und Gewürzpflanzen nach Ägypten zu importieren versuchten; weniger bedeutende Könige in *Asia Graeca* folgten diesem Beispiel. In der Konstruktion von Gebäuden gelang den griechischen Architekten eine größere freischwebende Dachkonstruktion als den Baumeistern von Persepolis, und die schlichte rechtwinkelige Struktur ihrer Stadtplanung wurde in den Oasen längs des Oxus übernommen und schließlich von den Nomaden weitergeführt, die ihre Städte überrannten; die türmebewehrten Mauern und die Wallgräben waren eine zwangsläufige Schutzmaßnahme gegen ihre eigenen Belagerungswerkzeuge, die durch Torsionskraft angetrieben wurden und die seinerzeit die Nomaden am Oxus so verblüfft hatte. Und in Syrien teuften die Griechen sogar neue Häfen in Buchten aus, die die berühmten phönizischen Seefahrer abgeschreckt hatten.

Diese Erfindungskraft war um so beeindruckender, als sie einen Bruch mit der persischen Tradition darstellte. Die Perser hatten Fertigkeiten von ihren Untertanen erborgt, doch die Griechen brachten ihre eignen mit und schufen neue. Das Goldene Zeitalter der experimentellen Wissenschaft der Griechen unter der Schirmherrschaft der Ptolemäer in dem ägyptischen Alexandria ist der reinste Tribut an den erfindungsreichen Intellekt der Griechen, denn kein Perser kalibrierte je ein Katapult, studierte je die menschliche Anatomie, benutzte die Dampfkraft für Spielzeug oder teilte die Erde in klimatische Zonen ein. Wenn auch die griechische Wissenschaft allzu lange an den aristotelischen Dogmatismus gebunden blieb, der stets sehr viel mehr theoretisch verfuhr als praktisch, so war sie doch trotzdem ein Symptom einer neuen geistigen Regsamkeit. Die finanzielle Ausbeutung Ägyptens war eine Domäne der Griechen; das hatten bereits die Pharaonen bemerkt; unter den Ptolemäern in Alexandria trugen ein Steuersystem, die Agrikultur, verbesserte Kanäle, ein Währungssystem und ein Handelsrecht dazu bei, der Welt der Griechen eine neue Wirtschaft zugänglich zu machen. Reisende Griechenärzte förderten das Studium der menschlichen Anatomie und hoben es weit über die ägyptische Praxis der magischen Medizin hinaus; die königliche Bibliothek spielte Geburtshelferin für die klassische Philologie und das Entstehen der tödlichen Wortgelehrsamkeit. Babylon war zwar das geistige Zentrum Asiens gewesen, aber die Griechen nahmen sich die babylonischen astronomischen Berechnungstafeln vor und deduzierten das Vorrücken der Äquinoktien, was zuvor noch kein Kompilator entdeckt hatte; ein Babylonier verfaßte ein Buch über die magischen Eigenschaften der Steine, aber ein Grieche im neuen Babylon der Diadochen behauptete, die Erde umkreise die Sonne und die Gezeiten müßten von den Mondphasen beeinflußt sein. Die Babylonier behandelten das Besondere, doch die Griechen sahen den allgemeinen Zusammenhang, und so war damit zu rechnen, daß die lebendigste politische Kultur der damaligen Welt die verschiedenen Regierungen beeinflußte, ebenso wie die Abfassung babylonischer Dekrete und die Phrasierung jüdischer Manifeste. Die Griechen hatten eine elegante theoretische Mathematik und die Fähigkeit des abstrakten Denkens; im Babylon der Parther entdeckte man eine einfache Zelle zur Galvanisierung von Silber auf Kupfer, und es erscheint heute natürlich, diese Erfindung einem Griechen zuzuschreiben.

Den Nomadenstämmen und Dorfgemeinden im Iran müssen diese Fertigkeiten so großartig erschienen sein wie die ersten Gewehre und Teleskope den Indern. Die Griechen verfügten über wesentlich bessere Waffen, nämlich ihre Kunst und ihre Sprache, und das sind zwei Qualifikationen, die noch heute unserer Industriewelt die klassische Vergangenheit aufprägen. Griechisch zu denken und griechisch zu gestalten, das hieß in einem feineren und sensitiveren Idiom zu arbeiten; wie es ein Römer zur Zeit theologischer Dispute so gut ausdrückte: wenn er versuche auf lateinisch über die Dreifaltigkeit zu diskutieren, könne er alle drei schweren Häresien nicht vermeiden. Mit diesen ihren neuen Werkzeugen eröffneten die Griechen eine neue Welt; die Hellenisierung der oberen Satrapien ist historiographisch nicht überliefert, aber es gibt die Kunstwerke und einige wenige Inschriften, und diese letzteren sind wahrscheinlich viel aufschlußreicher als eine bloße Faktensammlung es sein könnte.

Im Iran hinterließ Alexander das Griechische als die einzige schriftlich fixierte Sprache. Kein iranischer Dialekt besaß ein Alphabet, folglich wurde das schwerfällige Aramäisch der Perser weiterhin als Behördensprache für die einheimische Bevölkerung verwendet. Mit der ärgerlichen Hartnäckigkeit eines Pidgin-Jargons wucherten in der Folge Schriftdokumente in diesem Aramäisch überall weiter fort, über den Oxus bis nach Khwarezm, wo fünfhundert Jahre nach Alexander dies als erstes Alphabet diente, das die einheimische Bevölkerung benutzte, und dann sogar auch in China, wo es Jahrhunderte später als Inschrift auf dem »Tempel des Himmels« in Peking auftaucht. Für ernsthaftes Denken schied es völlig aus. Obgleich die alte Tradition der iranischen Rhapsoden sich auch weiterhin in den berufsmäßigen *gosans* fortsetzte, die am Hof der Parther sangen, war im Iran Griechisch die einzige Sprache für schriftlich fixierte Gedichte und für den Unterricht der Soldaten in jeder einzelnen Alexandria-Siedlung; die griechischen Klassiker übten also einen solch starken Einfluß auf den Osten aus, wie er seither höchstens von der Popmusik des modernen Westens wieder erreicht wurde. Im Palast von Nisa, dem Hof der Partherkönige am Unterlauf des Oxus, wurden vor einem Publikum von früheren Nomaden griechische Schauspiele aufgeführt, und unter den aufgefundenen Palastdokumenten befindet sich eine Anleitung für die Anfertigung einer Maske für einen tragischen Schauspieler. Im benachbarten Armenien wurden Euripidesverse als Inschriften verwendet, möglicherweise als Schultexte, und dies zu einer Zeit, da die Provinz von einem unabhängigen iranischen König beherrscht wurde; im Pandschab meißelten buddhistische Mönche noch fünfhundert Jahre nach Alexander die Geschichte vom Trojanischen Pferd neben die Lebensdarstellung ihres Buddha. Wir wissen, daß dieses Thema direkt von den Erben Alexanders im benachbarten Baktrien auf sie gekommen ist. Von den Homer-Epen wurde immer behauptet, sie seien in eine der indischen Sprachen übertragen worden, und die Entdeckung ungewöhnlicher Inschriften auf Ceylon, die anscheinend Homer, gemeinsam mit Platon, Aristoteles und Alexander unter ihrem indischen Namen behandeln, und dies mehr als fünfhundert Jahre nach Beendigung der Griechenherrschaft im Iran, dürften eigentlich jeden Zweifel bereinigen, daß der Einfluß der griechischen Poesie im Osten kurz oder bedeutungslos gewesen sei. Auch als die Königreiche der Griechen zerfielen, konnten Händler im Persischen Golf doch noch immer ihr Erbe auf ihren Schiffen in den Osten bringen. Die Perserkönige hatten zunächst ionische Griechen als Seeleute in den Häfen in der Umgebung von Susa angesiedelt, und deren beharrliches Festhalten an griechischer Kultur bildet den Hintergrund für den Nachglanz im westlichen Indien.

Das gilt ebenso für die Kunst. Die Münzprägungen und die silbernen Pferdegeschirre der Griechen in Baktrien sind von höchster Kunstfertigkeit. Man kann noch heute ihren tiefwirkenden Einfluß auf die iranischen Nachbarn im Parther-Palast von Nisa bewundern. Auf iranischen Trinkgefäßen war die Legende des Dionysos eingraviert; Aphrodite, Herakles und Hera wurden in Marmor abgebildet; der Palast hatte ein Gymnasion und Säulen mit Akanthusblättern, in einem Stil, der in der Pandschab-Kunst für weitere vierhundert Jahre seine Spuren hinterlassen sollte. Diese Könige waren die Abkömmlinge iranischer Nomaden, und dennoch übernahmen sie freudig die Kunst der Griechen, wie etwa Rußland unter den Zaren die französische Höflichkeit annahm; der griechische Geschmack hatte sowohl bei der Nobilität wie bei der Gegenkultur der Nomaden eine erstaunlich lange Geschichte. Griechische Einflüsse können in den Mustern der orientalischen Teppiche Zentralasiens wiedergefunden werden, die etwa zeitlich mehr oder weniger neben Nisa einzuordnen sind, ferner in der bildhauerischen und architektonischen Gestaltung eines iranischen Palastes am Oxus, ein Jahrhundert nach der Eroberung des griechischen Baktrien durch die Nomaden, in den Oboloi, die man jenseits der Nordostgrenze des Alexanderreichs im Mund von Toten (als Lohn für den Fuhrmann Charon) fand, und in den Terrakotten, die einige siebenhundert Jahre nach dem letzten Griechenherrscher in Baktrien in Samarkand gefertigt wurden. Über die von Alexander geplante Seeroute längs des Persischen Golfs zum Indus gelangte griechische Kunst aus Alexandria-in-Ägypten bis in den Pandschab und den östlichen Iran, und dies wenigstens fünfhundert Jahre lang; ihre Formgebung mag zu der Langlebigkeit der griechischen Kunst in jenem Teil der Welt beigetragen haben, und die ersten Reliefskulpturen der buddhistischen Kunst in Nordwest-Indien sind unbezweifelbar davon beeinflußt. Auch diese Einflüsse waren über die Route eingeströmt, die Alexander neu zu eröffnen beschlossen hatte.

Und dennoch war die Hellenisierung des Iran weder tief noch weitverbreitet genug, um anhaltende Resultate zu zeitigen. Sie stand im Wettstreit mit einer Alternativkultur, nämlich der der iranischen Nobilität, für die der Begriff »Stadt« mehr die Summe der großen Familien dieser Stadt bedeutete denn eine sich selbst regierende Bürgerschaft innerhalb ausgedehnter königlicher Ländereien. Für diese Iranier war die Familie das einzige Kontinuum des Lebens, und dies wurde von starren genealogischen Prinzipien und Prioritätsregeln bestimmt; eine Kultur, die sich durch die griechische Polis und bestallte Verwalter auszubreiten versuchte, konnte sich durch die mehr lockeren Strukturen des iranischen bäuerlichen Herrschaftssystems nicht bis in die unteren Schichten hinabarbeiten. In Nisa wurden die Dokumente der Parther bereits in Aramäisch abgefaßt, nicht in Griechisch, und die Namen der Höflinge sind alle iranisch. Die alten Wortbegriffe der ländlichen iranischen Verwaltung blieben unverändert bestehen: die Abgabe für die Tafel des Königs, die Bodensteuern und der Dorfkommissionär, die Satrapien und die Burgen der Pairs. »Wenn jemand dich zwingt, mit ihm eine Meile zu gehen, gehe mit ihm derer zwei«; das Wort, das Jesus benutzte, um im hellenisierten Judäa Anhänger zu werben, war das alte persische Wort für die Zwangsarbeit auf den Stationen längs der persischen Königsstraße. Alexander war nicht gekommen, um im Hinterland Änderungen durchzuführen. Sein Imperium, das sich über riesige Räume und waldreiche Berge erstreckte, konnte von Beamten einer Zentralregierung nicht rasch und billig bereist werden, also zog er es vor, die alten persischen Formen bestehen zu lassen. Die neuen Griechenstädte waren jeweils Anlaß für ihn, die Loyalität sich selbst gegenüber zu konzentrieren, inmitten von Stammesherrschaften und Wüstenhäuptlingen, und sobald diese Städte den Nomaden oder dem stärkeren Druck der Familienbindungen anheimgefallen waren, konnte man im Iran nur auf den Relikten der Perserherrschaft aufbauen; es ist kein Zufall, daß die Gestalt des persischen Achämeniden-Throns unter dem Regime der Griechen in der Kunst am Königshof im oberen Iran weiter fortbestand. Überdies war Persien stets geneigt, sich wieder seiner Vergangenheit zuzuwenden, denn Alexanders Diadochen hatten die gebirgige Heimatprovinz der Perser an persische Unterkönige übergeben, und diese hatten natürlicherweise den Hellenismus nicht gerade propagiert. Fünfhundert Jahre nach Alexander entstand aus diesem iranischen »Tiefer-Süden«-Gefühl die große persische Renaissance unter einer neuen Königsdynastie, die als erstes die Titulaturen des Darius-Reichs wieder einführten. Doch die triumphalen Errungenschaften dieses neuen Persien wurden ebenfalls in offizieller griechischer Übersetzung auf Felswänden festgehalten. Gefangen zwischen Nomadenstämmen und Stammeshäuptlingen, machten die Erben der griechischen Alexanderstädte schließlich einem persischen Hof von Landbaronen Platz, aber noch neben dem helleren Feuer der persischen Sassaniden glommen die Funken des Hellenismus sichtlich dahin.

Die erzieherische Einwirkung des Ostens auf die Griechen während der Jahrhunderte, in denen ihr eigener Einfluß langsam abnahm, ist ein bei weitem delikateres Thema. Obwohl für Geographen im Westen die Eroberungen Alexanders anscheinend eine bessere und genauere Kenntnis des Fernen Ostens mit sich brachten, in dem Menschen Griechisch sprachen, waren doch die Ansichten eben dieser Geographen über den Osten beachtlich weniger korrekt. Der einzige Fortschritt war möglicherweise eher spiritueller als wissenschaftlicher Natur. Wie jene westlichen Intellektuellen in unserer Zeit, die das stalinistische Rußland idealisierten, produzierten damals vom Ort der Handlung weit entfernt lebende Akademiker utopische Idealvorstellungen über fernöstliche Völker, die sie nie zu Gesicht bekommen hatten; ermöglicht wurde diese Haltung dadurch, daß man fühlte, daß die Philosophie des Ostens respektheischend war. Obgleich in der griechischen Literatur Debatten zwischen weisen Männern des Ostens und griechischen Philosophen bereits vertreten waren, herrschte unter der Griechenherrschaft die Überzeugung vor, daß der Osten die ältere und verehrungswürdigere Weisheit besitze. Dementsprechend haben die Griechen keineswegs orientalische Gottheiten unterdrückt, sondern sie vielmehr zur Deckungsgleichheit mit ihren angestammten eigenen Göttern gebracht, und in dieser Götterkombination zeigt sich eine gewisse respektvolle Einstellung. In Darstellungen griechisch-orientalischer Gottheiten – besonders in jenen der vielen östlichen Muttergöttinnen – herrscht meistens das orientalische Element vor; es ist leicht, sich vorzustellen, wie die verschiedenen religiösen Bekenntnisse zu den Göttern des Olymp schließlich den mehr moralisch und mehr spirituell orientierten Glaubensvorstellungen eines Zoroaster oder Buddha und der Verehrung milderer weiblicher Gottheiten Platz machten, die für die gehorsamsbereiten Gesellschaftssysteme im Osten charakteristisch waren, aber keineswegs für die autokratischen Städte des freien Griechenlands. Andeutungen hierfür finden sich sogar in dem sehr kargen Material, das uns zur Verfügung steht; es gab Makedonen – wahrscheinlich in den Kolonien Asiae Minoris –, die sich den persischen Magiern anschlossen und die iranische Feueranbetung übernahmen, und andererseits kann in den Griechenstädten Westasiens der Einfluß der iranischen Familien, die die Priesterschaft der Göttin Artemis in diesen Städten innehatten – sie nannten sie Anahita –, nicht ohne Einfluß geblieben sein. Und als die Könige des griechischen Baktrien indische heidnische Götter auf ihre Münzen prägen ließen, war dies möglicherweise mehr als eine taktvolle Geste gegenüber den Indern in ihrem Reich; andererseits ist es sehr wahrscheinlich, daß ein Teil der Griechen, die an Chandragupta und seinen Nachfolger in Indien fielen, zum Buddhismus konvertierte, nicht zuletzt durch Einheirat in einheimische Familien. Ein Beamter in den wieder errichteten Griechen-Königtümern Nordwest-Indiens verfaßte eine Ergebenheitsadresse an Buddha in Griechisch, und zweihundert Jahre nach dem Ende der Griechenherrschaft tat ein anderer, der möglicherweise Makedone war, genau das gleiche; dergleichen hauchdünne Beweise lassen jedoch darauf schließen, daß griechische Buddhisten keineswegs ungewöhnlich waren. Wenn man heute sieht, welch große Anziehungskraft östliche Religionen auf die

Jugend des industriell dominierenden Westens ausüben, dann ist an der Konversion der alten Griechen nichts Erstaunliches.

Aber auch wenn die Griechen sich mit bestimmten östlichen Weisheiten befaßten, so interpretierten sie dennoch gemäß ihren eigenen westlichen Bedingungen. Die Griechen fanden – im Gegensatz zu den Briten, die immerhin die einheimischen indischen Kulturen erforschen ließen – in den östlichen Traditionen wenig Interessantes, es sei denn, sie konnten vorhandene Strukturen ihren eigenen Konzepten anpassen; sie sahen den Osten mit Augen, die durch Platon und Herodot geschärft waren, und die ihnen anhaftende Kultur, die eigenständig griechisch war, bestimmte, was sie sahen oder übersahen. Jeglicher Stamm im Osten und jede Gemeinschaft wurde in das griechische Korsett vorgeschichtlicher Mythen und Heroen eingepaßt, ohne daß man auf die lokalen eigenständigen Ursprünge Rücksicht nahm. Buddha wurde so zu einem Kampfgefährten bei der Indieninvasion des Dionysos umfunktioniert, genau wie thessalische Soldaten in Alexanders Heer früher bereits die Armenier zu Abkömmlingen ihres Lokal-Helden Jason machten, da sie eine dem thessalischen Stil entsprechende Kleidung trugen. Wir haben von keinem griechischen Schriftsteller Kenntnis, der einen der iranischen Dialekte beherrschte, und Asiaten, die Bücher über die Geschichte ihrer Königreiche – in Griechisch! – verfaßten, schrieben in einer auf das einem Durchschnittsgriechen angemessene Niveau zurechtgeschneiderten Erzählweise; hellenistische Autoren konnten sich nicht von den griechischen Verhaltensweisen distanzieren, die sie sich selbst ausgesucht hatten. Für Griechen war Zoroaster mehr ein Magier als ein religiöser Reformator; die Legende, derzufolge Alexander eine Übersetzung der zahlreichen zoroastrischen Schriften ins Griechische veranlaßt haben soll, die er in Persepolis fand, besitzt keinen Wert.

Wenn die Geschichte des hellenisierten Orient einmal umfassender bekannt sein sollte, wird sie noch immer als die der verpaßten Gelegenheiten erscheinen, des Neulands, das durch die Streitereien der Diadochen verlorenging. Man wird nie Gewißheit über die wirklichen Absichten Alexanders erlangen, doch scheint es plausibel, wenn man annimmt, daß die griechische Erziehung und griechisches Trachten auf dem Marsch durch die Dörfer und Ödnisse der Nomadenstämme jenseits Hamadan als eine Kraft aus einer überlegenen Welt erschienen. Der umfassende und absolute Bruch mit der Vergangenheit, der nach der Eroberung durch Alexander über den Osten hereinbrach, erschien bislang den Kunsthistorikern, die sich mit östlicher Kunst befaßten, wohl einleuchtender als den Orientalisten, die die verstreuten schriftlichen Zeugnisse untersuchten. Aber Kunst ist ein Maßstab der Gesellschaft, und je mehr wir davon erfahren, desto mehr erscheint Alexander verdientermaßen als entscheidende Größe.

Die meisten Historiker hatten ihr eigenes Alexanderbild, und diese einseitige Betrachtungsweise war zwangsläufig dazu verurteilt, an der Wahrheit vorbeizugehen. Es gibt Charakteristika, die nicht bestritten werden können: die außergewöhnliche Widerstandsfähigkeit des Mannes, der neun Verletzungen überstand, einen Knöchelbruch, einen Pfeil in die Brust und das Geschoß eines Katapults durch die Schulter. Zweimal wurde er von Steinen auf den Kopf und den Nacken getroffen, und einmal erblindete er für kurze Zeit nach solch einem Schlag. Seine fast an Tollkühnheit grenzende Tapferkeit verließ ihn in der vordersten Schlachtreihe niemals, ein Platz, den seither recht wenige Generäle als angemessen betrachtet haben; er brach auf, um sich als Held zu erweisen, und vom Granikos bis Multan hinterließ er eine Spur von heroischen Taten, die nie übertroffen wurden und die man neben all seinen anderen Leistungen vielleicht zu leicht für selbstverständlich hält. Es gibt zwei Methoden der Menschenführung: entweder alle Autorität zu delegieren und die Last des Anführers zu begrenzen oder jede Not mit den Männern zu teilen, jede Entscheidung und die schwersten Mühen auf sich zu nehmen und durchzustehen, bis alle anderen Männer mit der ihren fertig sind. Alexander verfolgte die zweite Methode, und nur wer unter der ersteren gelitten hat, kann verstehen, warum seine Männer ihn anbeteten; man wird sich auch daran erinnern, wie leicht man davon redet, ein Führer gebe ein gutes Vorbild ab, und wieviel körperliche und geistige Kraft dazu gehört, dies durchzuhalten.

Alexander war nicht nur hart, entschlossen und furchtlos. Ein tödlicher Kämpfer, besaß er doch vielfältige Interessen neben dem Kampf: seine Jagd, die Lektüre, die Förderung von Musik und Drama und die lebenslange Freundschaft mit griechischen Künstlern, Schauspielern und Architekten; er legte Wert auf seine Nahrung und kümmerte sich täglich um die Speisefolge, er schätzte Wachteln aus

Ägypten oder Äpfel aus europäischen Obstgärten; von den Naphtabrunnen Kirkuks bis zu dem indischen »Volk des Dionysos« beweis er die Wißbegierde des geborenen Forschers. Er besaß Einsicht und Verständnis für Ackerbau und Bewässerungsprobleme, die er von seinem Vater gelernt hatte; ebenfalls von Philipp hatte er die anhaltende Neigung geerbt, neue Städte zu gründen und sich mit ihren Gesetzen und ihrer äußeren Anlage zu befassen. Er war für seine Großzügigkeit berühmt und liebte es, Leute zu belohnen, die den gleichen Mut bewiesen, den er von sich selbst verlangte; er genoß die Freundschaft iranischer Adeliger, und wenn er Wert darauf legte, konnte er Frauen höflich begegnen. Genau wie die Erfahrungen der späteren Kreuzfahrer den Begriff der höfischen Liebe zuerst in die Kemenaten Europas brachten, so mag vielleicht Alexanders Bild von Asien ihm zu seiner Höflichkeit verholfen haben. Es ist erstaunlich, wie sehr die persischen Höflinge ihn bewundern lernten; sein außergewöhnlichstes Charakteristikum jedoch ist seine doppelte Sympathie für den griechischen und den persischen Lebensstil. Andererseits war er ungeduldig und oftmals eitel; die gleichen Offiziere, die ihn anbeteten, müssen ihn oft für unmöglich gehalten haben, und die Ermordung des Kleitos erinnerte auf schreckliche Weise daran, wie leicht bei ihm Gereiztheit in blinde Wut umschlagen konnte. Obwohl er trank, wie er lebte, also maßlos, war doch sein Verstand nicht durch exzessiven Genuß getrübt; er war kein Mann, dem man in die Quere kommen oder erklären durfte, was er nicht tun könne, und er wußte immer fest und ganz genau, was er wollte.

Neben seiner brüsken Art gingen Disziplin, Raschheit und ein kluger politischer Verstand einher. Er gab selten eine zweite Chance, denn gewöhnlich fiel er dabei herein; er griff Geschäfte mit Kühnheit an, sei es, als er darauf bestand, daß seine Expedition die Vergeltung der Griechen für das Sakrileg der Perser sei, obwohl die meisten Griechen sich dem widersetzten, sei es in der brillianten Erkenntnis, daß sich die herrschende Klasse seines Imperiums gemeinsam aus Iraniern und Makedonen zusammensetzen sollte und daß der Hof und die Armee jedem Untertan offenstehen sollten, der von Nutzen sein konnte. Er war großzügig, wie gesagt, doch er teilte seine Großzügigkeit so ein, daß sie seinen Zwecken nützte; er war zu erfahren, als daß er gewartet hätte, bis sicherstand, daß Verschwörer schuldig seien.

Als der große Stratege, der er war, ging er Risiken ein, weil er mußte, doch bemühte er sich stets, sich abzusichern, sei es, indem er die Perserflotte auf trockenem Land »vernichtete« oder indem er das Hochland von Swat oberhalb seiner wichtigsten Straße zum Indus terrorisierte: seine Verzögerungstaktik, bis Darius bei Gaugamela eine regelrechte Schlacht liefern konnte, war prachtvoll aggressiv, und sein Plan, den Seeweg von Indien zum Roten Meer wieder zu öffnen, war ein Beweis für sein tieferes Verständnis für wirtschaftliche Realitäten, für das sein Alexandria-in-Ägypten noch heute Zeugnis ablegt. Die gleiche Kühnheit veranlaßte ihn zu dem fatalen Marsch durch Makran; er besaß taktischen Verstand, sei es am Hydaspes oder in der babylonischen und ägyptischen Politik, doch vermochte sein Selbstvertrauen manchmal diesen zu überstimmen, und das Glück stand nicht immer auf der Seite seines Selbstvertrauens. Es ist in diesem Zusammenhang sehr aufschlußreich festzuhalten, daß hinter seiner beständigen Suche nach Eroberungen ebensowenig der rationale Gewinn stand wie hinter den meisten anderen Kriegen in der Geschichte. Durch Zeus Ammon hielt Alexander sich für vom Himmel besonders begünstigt; bei Homer hatte er sein Heroenideal gefunden, und für die Heroen Homers gab es kein Zurückweichen vor den Forderungen der Ehre. Beide Ideale, das göttliche und das heroische, setzten sein Leben auf zu großer Höhe an, als daß es lange hätte dauern können; beide waren die Ideale eines Romantikers.

Man darf Romantiker nicht romantisieren, denn sie sind selten sympathisch und meist abweisend, doch bei Alexander ist die Versuchung groß, in ihm die komplexe Natur des Romantikers zum erstenmal in der griechischen Geschichte verkörpert zu sehen. Es gibt die kleinen Einzelheiten: die plötzliche Reaktion auf edles Verhalten, seine Hochachtung für Frauen, das Verständnis und die Wertschätzung orientalischer Sitten, seine extreme Zuneigung zu seinem Hund und besonders zu seinem Pferd; seine Hofmaler schufen einen bewußt romantischen Stil für seine Porträts, und es ist wohl bezeichnend, daß das einzige Bild, das Alexander aus der Plünderung Thebens für sich behielt, das Gemälde einer gefangenen Frau war, in jenem stark gefühlsbetonten Stil gemalt, den nur ein Romantiker zu schätzen imstande ist. Er besaß die Heftigkeit und die grausame Gleichgültigkeit des Romantikers dem Leben gegenüber; er war gleichfalls ein Mann voll leidenschaftlichem Ehrgeiz, für den das Unbekannte ein großes Abenteuer bedeutete. Er glaubte nicht daran, daß etwas unmöglich sein könne; der Mensch konnte alles tun – und er lieferte dafür um ein Haar den Beweis. In die Mitte zwischen Griechenland und Europa hineingeboren, lebte er vor allem für das Ideal einer fernen Vergangenheit, bemüht, ein Zeitalter zu verwirklichen, an dem teilzuhaben er zu spät gekommen war:

»Mein Freund, wenn du und ich der Schlacht, die vor uns liegt,
Entfliehen und dadurch ewig leben könnten, alterslos,
Wir würden fliehn; ich würde nicht ganz vorne streiten,
Und dich nicht senden in den Kampf, der Männern Ehre bringt.
Doch nun, da neben uns des Todes Diener stehn, zu Tausenden,
Und kein zum Tod Gebor'ner ihnen ausweicht noch entkommt,
Laß uns denn gehn.«

Niemals mehr in der Geschichte verfolgte ein Mensch dieses Ziel so weit wie Alexander. Der Wettstreit mit den Helden Homers starb mit ihm, und ein blasser Abglanz nur liegt noch auf den Grabsteinen spätrömischer Gladiatoren, die sich Namen aus Homers Epen zulegten ... die letzten heldenhaften Streiter in einem Zeitalter, da die Bühne des Helden, die einst die ganze Welt gewesen war, auf Arena und Zirkus zusammengeschrumpft war.

Knapp fünf Jahre nach dem Tod Alexanders trafen seine Diadochen in Asien in der Nähe von Persien zusammen, um ihre Meinungsverschiedenheiten zu besprechen; sie brachten es nicht einmal fertig, sich an einen Tisch zu setzen, bis endlich jemand das königliche Zelt Alexanders als Tagungsort vorschlug, in welchem sie vor dem Szepter Alexanders, seinen königlichen Gewändern und seinem leeren Thron als ebenbürtige Partner miteinander sprechen konnten. Diese Männer waren seine Offiziere gewesen, doch sie waren nicht fähig, sich untereinander ohne seine unsichtbare Gegenwart zu beraten. Mit seinem Tod war eine Geisteshaltung vom Hofe geschieden, und sie wußten es. Nur wer Homer liebt, vermag zu fühlen, welcher Art diese Geisteshaltung gewesen sein muß.

ANMERKUNGEN

In der Alexander-Forschung haben sich deutsche Gelehrte besonders verdient gemacht. Ihre Werke aus den letzten 150 Jahren sind mir beim Studium unerläßlich gewesen. Ohne die großen Handbücher der Professoren Jacoby und Berve hätte ich eine so ausführliche Studie der Lebenszeit Alexanders nicht schreiben können. Ihre Arbeiten haben bis heute nicht an Gültigkeit verloren. Zu dieser Tradition gehören auch die Schriften von Eduard Schwartz und Hermann Strasburger, von denen ich gelernt habe, was wissenschaftliche Genauigkeit und Zurückhaltung bedeuten. Anregungen verdanke ich auch Professor Schachenmayer, dessen jüngste Studie über Alexander freilich erschien, als mein Buch bereits abgeschlossen war.

GRUNDSÄTZLICHES ÜBER DIE BENUTZTEN QUELLEN

Aus Bequemlichkeit verwende ich im ganzen Buch Zitate und Meinungen jener Historiker, die als erste über Alexander berichteten: Kallisthenes, Ptolemäos, Aristobulos, Nearchos und Onesikritos. Ich kann gar nicht stark genug betonen, daß alle diese Zitate und Meinungen nur aus zweiter oder dritter Hand bekannt sind und zwar so, wie sie von anderen klassischen Autoren oft bis zu vierhundert Jahren später neu formuliert wurden, manchmal sogar in Werken über Geldwesen, Geographie oder Grammatik. Kein Wort, kein Satz kann als aus dem Originaltext stammend gelten, zumal man weiß, daß die makedonischen Autoren keine glänzenden Stilisten waren; manchmal aber geben die Sekundärquellen ihre Originalquellen an, und bei anderen lassen sich die Originalquellen mit an Sicherheit grenzender Wahrscheinlichkeit durch Vergleiche oder verschiedene, sich überschneidende Schlußfolgerungen ermitteln. In diesen seltenen Fällen schrieb ich anstelle: »sagte Aristobulos, zitiert von Strabon, dem augusteischen Geographen«, lediglich: »sagte Aristobulos«; allerdings nur, wenn ich von der Identität der Originalquelle überzeugt bin und nur unterstelle, daß der Sinn, nicht der Wortlaut authentisch ist.

Ein paar Worte zu den Namen hinter den Zitaten: Kallisthenes wurde in Olynthos im nordöstlichen Griechenland geboren. Die Stadt wurde von Philipp zerstört. Er war ein Verwandter, wahrscheinlich ein Vetter von Alexanders Lehrer Aristoteles. Er wurde als bereits bewährter Historiker beauftragt, Alexanders Heldentaten in Asien niederzuschreiben; möglicherweise stand er schon früher in dessen Diensten. Ptolemäos war ein Freund aus Alexanders Knabenzeit und diente als Offizier bei ihm. Nach Alexanders Tod verfaßte er eine Chronik; wann sie veröffentlicht wurde, ist nicht bekannt. Er regierte nach Alexanders Tod in Ägypten und begründete die Dynastie der Ptolemäer. Nearchos war gebürtiger Kreter und lebte in der griechischen Stadt Amphipolis, die Philipp erobert und Makedonien angeschlossen hatte; auch er war ein Freund aus der Kindheit und beendete seine Karriere als Admiral Alexanders; er veröffentlichte – ebenfalls nach Alexanders Tod – einen Bericht über seine Dienstzeit. Onesikritos aus Astypalaia auf der Insel Kos hatte bei dem Philosophen Diogenes studiert und landete schließlich als hoher Offizier in der Flotte Alexanders; seine schwärmerische Arbeit war wahrscheinlich die erste, die nach Alexanders Tod erschien. Aristobulos' Herkunft ist unbekannt, obwohl der Name in Olynthos, der Heimatstadt von Kallisthenes, bekannt ist und Olynthos in der Nähe seines eventuellen Wohnsitzes in Kassandreia liegt; er diente bei Alexander, und soviel man weiß, bestand seine einzige Aufgabe darin, das Grabmal des Kyros bei Pasargadai wieder instandzusetzen. Vielleicht war er Architekt, und der apologetische Tonfall in seinem Bericht verleitet geradezu, ihn den Albert Speer des Alexanderreichs zu nennen. Mit vierundachtzig Jahren begann er zu schreiben, mindestens dreiundzwanzig Jahre nach Alexanders Tod. Und noch ein Historiker muß erwähnt werden: der wenig bekannte Kleitarchos, dessen Vater eine recht farbige Geschichte über Persien geschrieben hatte. Geboren wurde er wahrscheinlich in der ionischen Stadt Kolophon, einem Ort mit langjähriger Poetentradition. Er schrieb einen hochtrabenden, schwülstigen Stil und galt zwar als Könner, nicht aber als zuverlässige Quelle. Von ihm ist nicht bekannt, ob er zu Alexanders Gefolgsleuten gehörte oder Zeuge dessen Karriere wurde, aber er schrieb bis ungefähr 310 v. Chr., also dreizehn Jahre nach Alexanders Tod. Er hatte die Arbeiten von Kallisthenes, Onesikritos und Nearchos gelesen. Man sagt, er hätte sich im ägyptischen Alexandria niedergelassen, wo er möglicherweise mit makedonischen Offizieren und Veteranen zusammengekommen ist, denn seine Arbeit umfaßt mehr als zehn Bücher und geht sehr ins Detail.

Zu den wichtigsten Sekundärquellen zählen: Arrian Flavius, ein Grieche aus Bithynien (nordwestliche Türkei), der es unter Kaiser Hadrian bis zum römischen Konsul brachte; *Anabasis* (Die Feldzüge Alexanders des Großen) schrieb er wahrscheinlich in seinen mittleren Lebensjahren, ca. 150 n. Chr. Obwohl er sehr belesen war, griff er vorwiegend auf Ptolemäos und Aristobulos zurück und in den letzten drei Büchern auf Nearchos. Diodoros von Sizilien lebte vielleicht im Jahre 20 v. Chr. und verfaßte eine Universalgeschichte, indem er die Originalquellen äußerst nachlässig kürzte, Daten verwechselte und die Ereignisse teils wegen ihres moralischen Gehalts und ihrer Beweiskraft für die Wechselfälle des Lebens auswählte, teils nach ihrem historischen Wert; in seinem Buch 17 beschäftigt er sich mit Alexander, indem er das Werk Kleitarchos einfach zusammenkürzt und ein paar eigene Kommentare hinzufügt. Justin lebte vielleicht um 150 n. Chr. und ist eine Quelle aus dritter Hand; er raffte die Arbeit von Pompeius Trogus, einem gebildeten Gallier wahrscheinlich des Augusteischen Zeitalters (ca. 10 v. Chr.), dessen Buch nicht erhalten blieb; in seinen Quellen finden sich Spuren von Kleitarchos, Aristobulos und Kallisthenes, doch nach der Zusammenfassung Justins zu urteilen, muß es in diesen Schilderungen recht wirr zugegangen sein; eine Analyse bringt nichts mehr ein. Vielleicht stützte sich Pompeius Trogus auf einen der vielen späteren Schriftsteller, die zwischen seiner Zeit und der des eigentlichen historischen Geschehens schrieben. Der Römer Quintus Curtius schrieb eine Geschichte des Alexander; seine Bücher 3–10 sind erhalten; wie Diodoros geht er sehr stark auf Kleitarchos ein und bedient sich sogar seines Stils im Lateinischen. Er arbeitet auch noch eine weitere Quelle mit ein – wahrscheinlich eine der auch von Arrian benutzten, vielleicht Aristobulos öfter als Ptolemäos. Vermutlich las und übersetzte er die griechischen Originale. Seine Lebensdaten sind nicht bekannt, aber bei Tacitus wird ein Senator erwähnt, der er gut sein könnte; wenn das der Fall ist, so schrieb er vermutlich um 45 n. Chr. mit einer recht lebendigen Erinnerung an den verstorbenen Kaiser Caligula, dessen Vorliebe für Alexander sowie (angeblich) für orientalische Sitten und Gebräuche den zeitgenössischen Senatoren mißfiel. Hierüber wird manchmal in Worten berichtet, die genau zu Curtius' eigenen Worten über Alexander passen. Andere Anhaltspunkte in seinem Buch stützen diese Annahme; außerdem ist es interessant, seinen Bericht über die Diadochenkämpfe nach Alexanders Tod mit der Krise von 41 n. Chr. zu vergleichen, als nämlich Caligula starb und Claudius (den man wie Philipps unehelichen Sohn Arrhidaios als schwachsinnig hinstellte) die Adligen zwang, ihn als Kaiser zu akzeptieren.

Und schließlich ist da noch Plutarch, der Grieche aus Chaironäa, dessen *Leben Alexanders* gründliches Literatur- und Quellenstudium widerspiegelt und das, verfaßt in seiner eigenen Terminologie des frühen 2. Jahrhundert n. Chr., nur hin und wieder einen Schönheitsfehler im Detail aufweist. Seine Biographie gehört zu einer Reihe vergleichender Lebensbeschreibungen berühmter Griechen und Römer; Alexanders Gegenfigur ist Caesar. Er schrieb auch phrasenhafte Arbeiten, in denen er Alexander gegen den Vorwurf verteidigte, er hätte mehr Glück als Verstand gehabt.

Es gehört nicht viel dazu, die zeitgenössischen Geschichtsschreiber Alexanders wegen ihrer Unzulänglichkeit zu tadeln, doch sollte man nicht vergessen, daß kein Grieche je zuvor von den Heldentaten eines lebenden Königs auf objektive Weise berichtet hatte, und daß es weder früher noch später einen König gab, der so viel Stoff bot wie Alexander.

EINE ANMERKUNG ZU DEN ANMERKUNGEN

Die folgenden Anmerkungen stellen nur eine Auswahl ohne Anspruch auf Vollständigkeit dar, aber ich hoffe, sie tragen dazu bei, alle im Text merkwürdig oder zu knapp erscheinenden Darlegungen zu erklären. Bibliographien moderner Alexanderforschung wurden plötzlich sehr beliebt. N. J. Burich, *Alexander the Great: a bibliography* (1970) führt über tausend Publikationen auf; viele darunter sind unwesentlich; E. Badian diskutiert zahlreiche Publikationen der letzten zwanzig Jahre in *Classical World* (1971), Nr. 3 und 4. Jacob Seibert gibt in *Alexander der Große* (1972) einen weitgespannten, gründlichen Überblick, ohne jedoch auf die wesentlicheren Punkte genauer einzugehen. Wer aus der Fülle der Alexanderliteratur eine Kostprobe wünscht, den verweise ich auf Badian und Seibert. Ich glaube, ich habe jeden der von ihnen erwähnten Artikel herangezogen – bis auf vier, die mir nicht zugänglich waren –, und ich beziehe mich hier nur auf solche, die unser Wissen effektiv bereichern. Ich lasse jene aus, die sich gegenseitig angreifen, oder die nach meiner Meinung sich darauf kaprizieren, das was wir nicht wissen bzw. das Wenige, das wir wissen, mißzuverstehen. Die Gründe aufzuführen, warum ich so viele Auffassungen zurückwies, hätte einen Begleitband erforderlich gemacht und mit der eigentlichen Aufgabe des Historikers, nämlich der Erforschung Alexanders, nichts mehr zu tun gehabt.

Wer sich noch mehr Informationen zu einer weitgehend ähnlichen Sache beschaffen möchte, findet bestimmt noch etwas in den sehr sorgfältigen Anmerkungen zu Parallelpassagen in Konrad Zieglers Textausgabe über das Leben des Plutarch (Band 2 in der Teubner-Reihe, 1968). Aus dem weiten Umfeld der Grenzliteratur habe ich mich bemüht, die besten oder neuesten Arbeiten auszuwählen, und überlasse es dem Leser, in den dort genannten Bibliographien nachzuschlagen. Abgesehen von Arrian, Plutarch, Justin und Diodoros gibt es für die Alexander-Wissenschaft nur zwei notwendige Bücher, eine erfreuliche Tatsache, die das üppigste Literaturverzeichnis nicht verheimlichen darf: Felix Jacoby *Fragmente der Griechischen Hystoriker* (1929), 2 B, Nr. 177 ff., mit einem Kommentar in Band 2 D, dem besten vielleicht in der ganzen Reihe, und H. Berve *Das Alexanderreich auf prosopographischer Grundlage*, Band 1, SS. 147, 180–186, S. 276 (mit Übersichtstafel) und der gesamte, bewundernswerte Band 2 (1926). Ohne diese beiden großen Nachschlagewerke hätte ich nicht schreiben können, und jedem Kollegen, sowie allen, die auf ihre Hilfe angewiesen sind, wird klar werden, wieviel ich diesen beiden Autoren verdanke. Andernfalls wird die Alexander-Forschung nur dann fortschreiten – sofern dies überhaupt möglich ist –, wenn sich Historiker ihre eigene Meinung bilden und sich von der Art der bisherigen Meinungsbildung lösen. Ein Paradebeispiel ist das Schicksal von W. W. Tarn *Alexander the Great*, 2 Bände (1950; Deutsche Ausgabe Darmstadt 1968), das einflußreichste englischsprachige Werk sowohl für Kritiker als auch Bewunderer. Der kurze erzählende Teil in Band 1 wird in Band 2 in sechsunddreißig Anhängen erklärt, da fünfunddreißig davon jedoch einen einzigen Irrtum hinsichtlich Methode und Beweismittel darstellen, wurde das Werk bei der Arbeit an diesem Buch nicht zu Rate gezogen. Doch das Spielchen, Tarn zu glauben oder ihn zu widerlegen, wird immer noch mit Emsigkeit betrieben.

Ich hatte lange Anhänge über die Armee von 331 bis 323 vorbereitet, eine detaillierte Quellenübersicht und ausführliche Diskussionsbeiträge über die Granikos-Schlacht, die Ermordung Kleitos' des Schwarzen und vor allem über Alexanders Tod, aber ich halte es für besser, sie den gelehrten Zeitschriften zu überlassen, da die Ergebnisse meistens negativ ausfallen und nur von sich einander ausschließenden Gelehrtenmeinungen leben.

Also wähle ich hiervon u. a. die Frage aus, ob Alexander vom November 330 bis zum Winter 329/8 relativ knapp an Soldaten war. Als im Winter 329/8 der massive Nachschub eintraf, wurden, soviel ich weiß, aus strategischen Gründen sieben Reiterschwadronen aufgestellt. Gleichzeitig kamen drei neue Infanteriebrigaden, wahrscheinlich halbausgebildete makedonische Söldner dazu unter der Führung von Gorgias, Meleager und dem Weißen Kleitos (an dessen Stelle trat später Attalos Andromenes). Diese Veränderungen lagen zeitlich vor Kleitos' Ermordung; sie trugen vielleicht zu dem Streit bei, waren aber nicht der Grund dafür.

Zwar waren die »Gefährten« bis auf ca. 1900 Mann dezimiert, ich glaube jedoch nicht, daß damals Iraner in ihren Kreis aufgenommen wurden. Ich meine, 120 000 Mann ist eine recht annehmbare Zahl für den Start der Indus-Reise; in Makran werden bestenfalls 40 000 eingezogen sein, wahrscheinlich weniger, die auf die (beträchtliche?) Stärke der Nearchos-Flotte vertrauten. Ich vermute, daß die Seestreitkräfte hier stärker waren als die Landarmee. Nach Makran sind alle Zahlenangaben unmöglich.

Meiner Meinung nach ist der Bericht von Diodoros Siculos über die Vorgänge am Granikos genau im Detail, und er wird durch andere Quellen und Passagen erhärtet, die beweisen, daß er durchaus mehr zu bieten hat als DSs eigene falsche Zeitangaben; ich ziehe diesen Bericht aus verschiedenen Gründen denen von A.-Ptol.-Aristob. und Plutarch vor, und bei A. 1.14.8 ist es, so glaube ich, Ptol., der das Thema des schlechten Ratgebers Parmenion besonders ausführlich behandelte. Bei QC (Kleitarchos?) hat es den Anschein, als würden Parmenions Ratschläge fast immer befolgt werden; ebenso bei Aristob. ap. S. 21. Aber bei A. (ausgenommen bei A. 3.9.3–5, höchstwahrscheinlich auch aufgrund von Aristob.) wird Parmenion stets zurückgewiesen. Genauso wie Kallist. (wie ich glaube), den Perdikkas einmal vielleicht geringschätzte, ignorierte er Parmenion (z. B. S. 33); Ptol. trug, glaube ich, das Material gegen Parmenion zusammen, genauso wie er gegen Perdikkas arbeitete.

Was Kleitos betrifft, so habe ich das Gefühl, daß man den maßvollen Bericht von QC und J. von jenen die Tyrannei, Philosophie und orientalische Dekadenz betonenden Darstellungen A.s und P.s unterscheiden sollte (letzterer benützt Chares nicht als Hauptquelle). Gegensätzlich ihre Rollen für Kallisthenes und Anaxarchos und ihre unterschiedliche zeitliche Bestimmung dieser Episode: wie A. beweist die Einleitung zu DS 17, daß DS den Vorfall »außer der Reihe« erzählte. Ich vermute, es ist ein höchstpersönliches Vorurteil von DS und nicht von Kleitarchos. Für die Ursache des Streits gibt es keine ergiebige Quelle. Ptol. ließ die Sache ganz weg.

Bei den Quellen benützte P. meiner Meinung nach durchweg eine Sammlung von Alexander-»Briefen«, und wenn einer davon eine Fälschung ist (was bestimmt der Fall ist), sind alle anderen auch suspekt. Ich bin nicht der Auffassung, sie müßten alle im einzelnen auf ihren Wert geprüft werden; da beißt sich der Hund in den Schwanz. Ich meine, an der Feindschaft der Peripatetiker ist mehr dran als man heute annimmt; Tarn allerdings überschätzt sie sehr; ebensowenig teile ich die heute vorherrschende Meinung, Kleitarchos sei für DS 17 die einzige Quelle gewesen (die Diskrepanz zwischen F 1 und DS 17.14 läßt sich erklären) und QCs bzw. DSs weitgehende Parallelen gehen auf ihn zurück (ich will das nicht überbewerten, E. Schwarz, R–E 4, 1873 ff. hingegen maß dem zu wenig Bedeutung bei). Was Ptol. betrifft, so akzeptiere ich grundsätzlich die Argumente, die von seinen persönlichen Vorurteilen sprechen, aber einigen Details stimme ich nicht zu; ich glaube, daß seine spätere Beziehung zu Thaïs, Laomedeon, Kleomenes, Kyrene, den cyprischen Königen und der Flotte, zur griechischen »Freiheit«, Perdikkas (sogar noch weiter anwendbar als bisher gezeigt wurde), Syrien und sogar Ammon (Paus. 9.16.1) da und dort ihre Spuren bei A. hinterlassen haben.

In dem klugen Buch von A. B. Bosworth QS (1971), SS. 112 ff. gibt es Alexanders Tod betreffend viele Punkte, die ich nicht akzeptieren kann, nicht zuletzt sein angenommener »Beweis« bei DS 18 von einer Verschwörung gegen Alexander. Andere Hypothesen lassen sich anhand der Ephemeriden aufstellen, und ich habe vor, den Einfluß Kassanders (und, manche wundern sich vielleicht, manche Peripatetiker) als Alternative zu untersuchen. Serapis, vieles aus dem Alexander-Roman, das Zitat des Ailianos aus den Ephemeriden, die wahrscheinlichen Rollen des Ptol. und Aristob., sie alle bedürfen einer neuen Betrachtungsweise.

In den folgenden Anmerkungen benütze ich als wichtigste Abkürzungen:

Ail.	Ailianos
Aischyl.	Aischylos
Aischin.	Aischines
Amm.Marc.	Ammianus Marcellinus
A. P.	Anthologia Palatina
Aristob.	Aristobulos
Aristot.	Aristoteles
A.	Arrian
Athen.	Athenaios
B. E.	Babylon-Expedition der Yale-Universität, Band- und Tafelnummer
Berve	H. Berve, Das Alexanderreich auf prosopographischer Grundlage, Band 2, 1926. Jeder Name hat hier eine Nummer, die ich, falls notwendig, angebe. »Berve s. u.« bedeutet: »siehe unter Berve Namensverzeichnis, Band 2.«
Dem.	Demosthenes
DL	Diogenes von Laërte
DS	Diodoros Siculos (wenn nur mit Kapitelnummer erwähnt, z. B. DS 53, wird einzig auf Buch 17 Bezug genommen).
Eratosth.	Eratosthenes
HCPA	J. R. Hamilton, Hist. Comm. on Plutarch's Alexander (1968)
Hdt.	Herodot
Hyper.	Hypereides
Isokr.	Isokrates
Jos.	Josephus Flavius
J.	Justin
Kall.	Kallisthenes
Kleit.	Kleitarchos
Lys.	Lysias
Onesik.	Onesikritos
Paus.	Pausanias
Philostr.	Philostratos
Plin. NH	Plinius, Naturalis historia
P.	Plutarch, Leben Alexanders, wenn nur mit einer Nummer zitiert wird (z. B. P. 16). Andere Lebensbeschreibungen sind unmißverständlich abgekürzt.
P. Mor.	Plutarch oder Pseudo-Plutarch, Moralia
Polyain.	Polyainos
Polyb.	Polybios
Ptol.	Ptolemäos
QC	Quintus Curtius Rufus
S.	Strabon
Steph. Byz.	Stephanos von Byzanz
Suet.	Sueton
Theophr.	Theophrast
Thuk.	Thukydides
Tod GHI	M. N. Tod, A Selection of Greek Historical Inscriptions, Band 2
Val. Max.	Valerius Maximus
Xen.	Yenophon

Weitere Hinweise bedürfen keiner Erklärung. Inschriften und Zeitschriften werden in einer den Wissenschaftlern verständlichen Form zitiert, denn sie allein werden sie benützen wollen. Alle Fragmente beziehen sich, wenn keine weiteren Angaben gemacht werden, auf Zahlen in F. Jacoby, Fragmente der Griech. Historiker (Ephipp. 126 F 1 bedeutet Fragment 1 des Ephippus, Historiker-Nummer 126 bei Jacobys komplizierter Bearbeitung).

ANMERKUNGEN ZU KAPITEL 1 (SS. 16)

Datierung: A. 1.1.1 (Archon »Pythodemos«, sicherlich Pythodelos) nennt Juli 336; vgl. 1 G 2². 1.240. Joseph. AJ. 19.93 ist eine merkwürdig falsche Auffassung. *Nichte-Onkel-Heirat:* L. Gernet, *Anthropologie de la Grèce antique* (1968), SS. 344 ff. und die Beispiele dieser merkwürdigen Verbindung, auf die Dr. J. K. Davies in seinen Ath. Propertied Families (1970) Nr. 8792, 11672 hinweist. *Philipp als Führer:* Tod GHI, Band 2, Nr. 177 mit Anmerkungen SS. 228–9. Die Tatsache, daß Philipp »der Führer« genannt wurde, heißt für mich, daß die Neigung zu einer Allianz an sich schon von Anfang an vorhanden war, vielleicht auf Grund der individuellen Bedürfnisse, die die Städte untereinander 338/7 geschlossen hatten (C. Rcebuck CP [1948] S. 73). Für einen reinen Frieden hätte man keinen Führer gebraucht, sondern einen Präsidenten: vgl. Spartas Führung seiner peloponnesischen Bundesgenossen (G. E. M. de Sainte Croix, Origins of the Pel. War [1972], SS. 303 ff. und die Vermutung seitens N. G. L. Hammond, Epirus [1967], SS. 538 ff. einer ähnlichen Hegemonie durch die Molosser in Philipps Epirus). *Heirat mit Kleopatra:* Berve s. u. Kleopatra Nr. 434. *Ein bitterer Streit:* J. 9.7.3. P. 9.6–10, Satyr. ap. Athen. 13.557 D–E. Das Bonmot über die Illegitimität war sicherlich nicht auf Alexanders nicht ganz rein makedon. Abstammung gemünzt; Philipps eigene Mutter war illyrisch (S. 7.7.8), und das Beispiel von Dionysios II legt nahe, daß es auf die Reinheit der Abstammung vielleicht nicht ankam (vgl. aber Peisistratos' Erben: Hdt. 1.61, 5.94, Thuk. 6.55.1). Entweder bezieht sich diese Bemerkung auf die geschiedene Olympia oder – und da sind alle Quellen suspekt – auf den Unsinn mit der Schlange (P. 2.6, und bes. J. 9.5.9, wo es sich um die Vergewaltigung Olympias' handeln muß). *Kleopetras Kinder:* Karanos muß (trotz Tarn) existiert haben und die *noverca* muß, logischerweise bei J. 9.7, Kleopatra sein. Wäre er ihr Sohn aus irgendeiner früheren Ehe gewesen – wir kennen weder ihr Alter noch ihren Stamm – wäre er nicht der Rivale gewesen, der er war (J. 9.7.3, 11.23). Kleopatra hatte jedoch bestimmt eine Tochter Europe, (wahrscheinlich) mit Philipp; Athen. 13. 557 E. Aber DS 17.2.3. macht keinerlei Angaben über das Geschlecht des Kindes, das wenige Tage vor Philipps Tod geboren wurde; Paus. 8.7.7. (Verwechslung von Berve) berichtet ausdrücklich von einem *Sohn* von Kleopatra, und es ist nicht allzu tragisch, daß Satyros, wie bei Athenaios erwähnt wird, nichts von einem solchen Kind berichtet (es lebte nur einige Tage). Das Datum von Philipps Wiederverheiratung ist völlig ungewiß: es fällt möglicherweise in den Vorfrühling des Jahres 337, und Eurydike-Kleopatra (laut Satyr. eine Liebesheirat) war vielleicht schon schwanger durch Philipp. Sie gebar Europe vielleicht im Sommer 337; DS 93.9 und P. zeigen, daß sie zur Zeit von Pausanias' Überfall verheiratet war (Hamilton HCPA über P. 10.5 verwirft dies ohne Grund, er will lediglich diese ganze Geschichte als zweifelhaft hinstellen), und wenn dieser Überfall an einen illyrischen Feldzug anschloß (DS 93.6), fiel dieser wahrscheinlich in den Sommer. Alex. wird sich in diesem Sommer zurückgezogen haben und kehrte im Herbst zurück, als die Pixodaros-Affäre, ein langwieriger Vorgang mit allerlei Hin und Her, entweder in die ausgehende Segelsaison von 337 fallen konnte oder (was ich vorziehe) in die Segelsaison von 336. Karanos wird wohl im Oktober 337 gezeugt worden sein; seine Geburt und das (jüngste?) Exil von Alexanders Freunden wird Alex. im Juli 336 unter Druck gesetzt haben. Europe und Karanos sind bestimmt verschiedene Personen (J. 9.7.3, 11.2.1 und der rhetorische Plural von *fratres* bei J. 12.6.14 genauso unvereinbar mit J. 9.7.12 und Athen. 557 C), und es stört die Logik von J. 9.7, einen unbekannten Sohn, gezeugt durch Phila aus Elimeia zu vermuten (so Berve – er wäre dann älter, und noch merkwürdiger ist, daß Satyr.-Athen. kein solches Kind erwähnen). In Anbetracht der Chronologie ist Karanos bestimmt Kleopatras kleiner Sohn: auch sein Name hat einen feinen Klang von makedonischer Königswürde (J. 7.1.7) was Alex. bestimmt nur noch mehr erschreckte (vgl. den Namen Europe?). Der Nachweis des Philippeums bei Olympia ist verlockend (Paus. 5.20.9). Er hatte Statuen von Philipps Vater, Alexander, Olympias und Eurydike, wahrscheinlich im Frühjahr 337 in Auftrag gegeben. Eurydike kann natürlich Philipps Mutter sein, aber seine neue Braut wurde vor ihrer Heirat Eurydike genannt. (A. 3.6.) und Philipp war möglicherweise so verliebt in sie, daß er ihre Statue mit aufnahm. Wenn das so ist, bestätigt sich die Annahme der Hochzeit Anfang 337. *Alexander von Epirus:* Berve Nr. 38. *Aigai:* Theophr. Peri Anemon 27 ist überzeugend für eine Lage an den nördlichen Ausläufern des Olymps; Theophrast lebte in Makedonien; seine genaue Ortskenntnis vom thrakischen Philippoi zeugt von seinen Reisen (P. Collart, Philippes [1937], SS. 185 ff.). Edessa ist ein sehr moderner Name für das ältere Vodhena (wenn sich dies von dem phrygischen Wort *bedu* herleiten läßt, soviel wie Wasser – man erinnere sich an die überlieferte Geschichte der phrygischen Besetzung des Berges Bermion: Kall. F 54); es ist vielleicht nicht das antike Edessa, das auf alle Fälle vom antiken Aigai getrennt war, z. B. P. Pyrrh. 26.1. Die Königsgräber liegen immer bei Aigai, nicht bei Edessa: z. B. DS 22.12. Im Sept. 1970 beobachtete ich Theophrasts Wolkenphänomen beim modernen Vergina: zu den dortigen Grabstätten vgl. Balkan Studies (1961), SS. 85 ff. und für den andernfalls unerklärlichen Palast: Vergina, Studies in Med. Archeol. XII (Lund). Beide sind von Andronikos; trotz einer Münze des Lysimachos in einer Grundmauer, ist die Datierung des Palastes höchst ungewiß. Siehe Nachtrag. *Quellen zu Philipps Ermordung:* Aristot. Pol. 1311 B ist grundlegend und inspirierte vielleicht DS 16.92 ff. (von Diyllos, dem Athener – DS 76.5 – und man beachte die Vorurteile des Atheners etwa bei 77.3 und 92.2; der Aufsatz des Sophisten ist sehr banal). J. 9.6–7 stammt aus unbekannter Quelle, ist deshalb jedoch nicht wertlos; nur weil diese Quellen dramatisch sind, sind ihre »Fakten«, nicht die Motive, nicht notwendigerweise unwahr. *Persische Vorgeschichte:* J. 10.3, DS 76.5.3, Ail. V. H. 6.8. *Göttliches Standbild:* DS 16.92, Ail. V. H. 5.12, Athen. 6.251 B, Lukian Dial. de Mort. 1.3.2, Kallixein FGH 627 F 2. OGIS 332.1.27. S. Weinstock, HTR (1957), S. 235 Nr. 142–3 über vermutliche Verwendung durch Alex. Syll[3] 589, Zeilen 41 ff. über das bunte Gepränge dieser Monumente. O. Weinreich, Lykiens Zwölfgötterrelief, SB Heidel. (1913), SS. 1 ff. ist meisterhaft. Für Caesar vgl. Dio. 43.45.2, Cic. ad Att. 13.28.3. Wurde diese Ehrung von Philipp erfunden? *Seine göttlichen Ehren:* Tod 101, vgl. mit ihm Zeus Seleukeios und Aphrodite Stratonikis; die adjektivische Form bedeutet wahrscheinlich »Zeus als Schirmherr des Philipp« und ist keine Vergöttlichung Philipps, anders z. B. Jupiter Julius, Pythionike Achrodite oder Herakles Themison (FGH 80 F 1). Mit A. 1.17.10 ff. vgl. A. D. Nock, HSCP (1930), S. 56, Nr. 2, dessen Zweifel ich nicht teile; klarer bei C. Habicht, Gottmenschtum und die Griechischen Städte (1970), SS. 12 f. In seinen neugegründeten Städten wurde Philipp bestimmt vergöttert? DS 92.6, 93.1 zeigen, daß Philipps Motive nicht blasphemisch waren, und Suidas, s. u. Antipater, ist unwesentlich. Leser von J. Becker, De Suidae Excerptis Historicis (1915), werden zögern, bevor sie irgendeinen Eintrag in der Suidas als historisch, geschweige denn ihre Aussagen über Blasphemie akzeptieren, wenn so viel auf Excerptoren wie den christlichen Mönch Georg zurückgeht. *Pausanias' Tod:* DS 94.4 (von DS verkürzt?) deutet seine sofortige Ermordung an; Pap. Oxyrrh. 1798. FGH 148, Zeile 16 erwähnt *apotumpanismos* (hier bezieht sich in der Rekonstruktion *auton* wahrscheinlich auf Pausanias, nicht auf einen Komplicen). A. E. Keramopoullos' bemerkenswertes Ho Apotumpanismos (1923) zusammen mit der vollständigen Kritik von L. Gernet REG (1924), sowie Aristoph. Thesmoph. 930-946, Aischyl. Prometheus Band 1 ff. zeigt, wie einleuchtend das ist; J. 9.7.10 latinisiert den Brandpfahl zum Kreuz, führt jedoch richtig an, daß der Leichnam beerdigt wurde. Dies paßt genau in *Apotumpaniosmos,* und in Ketten gelegt verlangte es Pausanias bestimmt an manchen Tagen, sich auszusprechen. *Orakel:* DS 91.2, Paus. 8.7.6; vgl. Ail. V. H. 3.45 (Throphonios). *Motiv:* A. B. Bosworth, CQ (1971), SS. 93 ff. überzeugt nicht; erklärt nicht den Zeitpunkt des Mords, ein oder zwei Jahre nach Philipps Wiederverheiratung, oder warum Lynkestis (dessen Politik mehr den Illyrern verpflichtet war) sich nicht ebenso durch die epirotische Olympias »ausgeschlossen« fühlen sollte. Unter vielen anderen Bedenken auch dieses: woher wissen wir, daß Kleopatra aus den Ebenen stammte? Sie könnte ebenso aus Lynkestis kommen. *Pausanias' Unzufriedenheit:* aus DS 93.8–9 wird ersichtlich, daß sie nach Philipps zweiter Heirat auftritt; kein Grund, sie auf 44 zurückzudatieren. »Pleurias« kann Pleuratos oder Glaukias sein (A. 1.5.6), und es gibt genug Feldzüge gegen die Illyrer, von denen nichts bekannt ist (z. B. QC 8.1.25, Frontin. 2.5.10, 3.4.5), bis auf einen, der in den Sommer 337 oder sogar 336 paßt. Aber Pausanias' Stellung als Leibwächter (wenn das richtig ist) paßt merkwürdig zu seiner Jugend (vgl. J. 9.6.5). *Aristoteles' Unzuverlässigkeit:* z. B. Politik 1304 A, mit R. Well, Aristote et l'histoire (1960). *Orestiden:* DS 93.3 mit Hammond, Epirus SS. 528 ff. *Pferde:* Der Plural bedeutet »Gefährten«. Das Rachethema, das (bei Aristot.) auf Pausanias allein anwendbar ist, und sein sofortiger Tod bei DS 16 (mißverstanden?) schließen die Säuberungsaktion der Gefährten/Mittäter laut DS 17.2.1., J. 11.2.1 (vgl. A. 1.25) nicht aus; andere, z. B. Alex. Lynkestis, haben vielleicht gesprochen, und Pausanias konnte Hilfe zu seiner Flucht brauchen. Es ist falsch, von rivalisierenden Darstellungen des Mordes zu sprechen; sie greifen alle ineinander über, jedoch keine Quelle ist zuverlässig. Pausanias wurde nicht von zwei Landsleuten aus Orestis ermordet, denn Leonnatos stammt aus Lynkestis via Philipps Mutter (Berve s. u. Leonnatos irrt hier und gibt der Phantasie Auftrieb in C. B. Welles, Loeb Diodoros [1963], S. 101 Nr. 2: wir wissen nicht, um welchen Attalos es sich handelte, geschweige denn, ob der – in den mittleren Lebensjahren stehende? – Perdikkas bereits zu den Freunden Alex.s zählte). *Alexanders Mittäterschaft:* nur eine Annahme bei J. 9.7; P. 10.6 zeigt durch das verbindende *gar,* daß er nicht mehr Beweismittel besitzt als diese geistreiche Anmerkung von Euripides! J. 9.7.3 ist richtig, Karanos' Geburt kann zu der Annahme veranlassen, daß Alex. möglicherweise schuldig ist. Aber es ist kein Beweis, obwohl P. Dem Poliork[3] aktuell ist. Alex. hatte Philipp das Leben gerettet (QC 8.1.24) und die Befragung des Orakels in Siwa – z. B DS 17.51.2 – ist eine Erinnerung, daß alles ein Geheimnis blieb. Die Frage nach Alex. Schuld ist alt und immer wieder sensationell – z. B. Niebuhr 1820; es gibt keinen Beweis, und E. Badian, Phoenix (1963), S. 244 wärmte die Geschichte nur rhetorisch und ohne Karanos auf. So oder so beweist das »Schweigen« von Diodoros niemandes Unschuld. Aber für eine ähnliche Haltung gegenüber Olympias' Unschuld, ist Laodike, die Tochter des Seleukos, und der Mord an Antiochos ein anregender Vergleich: Appian Sy. 65. Phylarch. FGH 81 F 24, Polyain. 8.50 und J. 27.1.1. Demosthenes' funktionierender Nachrichtendienst im Jahr 336 (P. Demosth. 22, Aischin. 3.160) bedeutet nicht, daß er Komplice war (Mary Renault, Fire From Heaven [1970], sondern daß die »Spione« Athens, die sich im Norden aufhielten, die Nachricht rasch und selbstverständlich zuerst ihm überbrachten.

ANMERKUNGEN ZU KAPITEL 2 (SS. 31)

Werke über Makedonien s. Bibliographie. *Philipps neues Königreich:* A. Momigliano, Filippo il Macedone (1934), passim. Man beachte, wie der königliche Mythos des Hdt. 8.137 f. auf Theopomp. F 393 übergreift, um Orestis in Karanos' Erbe einzubeziehen. Livius 45.18.3, 29.11 sind gute Beweise, wie Makedonien am besten hätte geeint werden können. *Überflutung der Marschen:* Homer Ilias 21.157–8. *Fische:* z. B. Athen. 7.328; Dem. 19.229; Hdt. 5.16.4 für Paionien. *Mineralien:* gute Karte in O. Davies, Rmn Mines in Europe (1935) und DS 16.8.6–7 (wahrscheinlich Peisistratos' altes Interesse für Bergwerke). Berve s. u. Gorgo mit R. J. Hopper, BSA (1953), SS. 200–254. (1968), SS. 293–326 über mögliche Techniken; R. J. Forbes, Metallurgy in Antiquity (1953); R. Pleiner, Ironwork in ancient Greece (1969). *Entwässerung:* S. 9.2.18, Theophr. CP 5.14.6 und die Inschrift von Philipoi in CRAI (1938) S. 251. *Wälder:* Thuk. 2.100.2, Theophr. op. cit, Hdt. 7.131 und G. Glotz, REG (1916), S. 292; Theophr. H.P. 9.2.3 (lebendig). *Jagd:* z. B. Hdt. 7.125–6, Xen. Kyneg. 11. *Forelle:* Ail. Hist. Anim. 15.1. *Früchte:* z. B. Theop. 115 F 152. *Heraklion:* Ps.-Scylax 66 f. über dieses ganze Küstengebiet. *Dion:* S. 7 F 17, Livius 44,7,3, Arch. Delt. (1915), SS. 44 ff. PAE (1931), SS. 47–55, PAE (1933), SS. 59 ff., Arch D. (1966), SS. 346 ff. *Orpheus:* Paus. 9.30.5, Orphic. Frag. (Kern) F 342, Timoth. Persae 234–6. S. 7.17–18. *Küstenstädte:* U. Kahrstedt, Hermes (1953), SS. 89 ff. überzeugt nicht. *Reiche Städte*: Ps.Ar. Oec. 1350 A 22. *Stadt-Land:* DS 16.8.5, 34.5. *Mauern:* Polyain. 4.2.15, DS 13.49.1. *Momente der Freiheit:* Dein. 1.14, 1G4².94 für die Zeit um 360. *Binnenmarkt:* Meiggs und Lewis, Gk Inscr. 65 Zeile 20 f. *Gerichtshöfe:* Ps.-Dem. 7.12 ff.; A. R. W. Harrison, CQ (1960), SS. 248 ff. *Hopliten:* Thuk. 4.124. *Pella:* Ps.-Scymn. 624–5. Strabon Epitome F 20,22. P. Mor. 603C. Ph. Petsas, Balkan Studies 4 (1960), SS. 157 ff. (vollständige Bibliographie). *Mosaiken:* C. M. Robertson, JHS (1965), SS. 71 ff. noch einmal in C. Picard, RA (1963), S. 205. *Fabelwesen Löwe-Greif:* die Münzen mit diesem Emblem aus asiatischen Münzwerkstätten anläßlich der Ankunft Antipaters in Syrien 321/0 (G. F. Hill JHS [1923], SS. 160–1) bedeuten vielleicht, daß es sein Kennzeichen oder Reichssiegel war; das Motiv verschwindet meines Wissens in Makedonien nach seinem Tod. A. M. Bisi, Il Grifone (1965) ist aufschlußreich; iranische Teppichmuster könnten Hinweise geben (F. von Lorentz, Rom. Mitteil. [1937], S. 165), bes. hinsichtlich J. Boardman, Antiquity (1970), S. 143 wegen ihres Einflusses auf die makedonische Grabmalerei. *Malerei:* z. B. Ph. Petsas, Ho Taphos Tes Leukadias (1966); K. A. Romaios, Ho Taphos Tes Berginas (1951) und Dion Zeichnungen in PAE (1930)), SS. 45 ff. *Rosen:* Theophr. HP 6.6.4, Hdt. 8.138.2. Claus. Plant 1.13.11 und Rosalia in HTR (1948), SS. 153 ff. *Hochlandbewohner:* F. Papazoglou. Ziva Antika (1959), SS. 167 ff. N. G. L. Hammond, Epirus (1967). J. B. Wace, BSA (1911/12), SS. 167 ff. *Titel:* z. B. Indiké 18 oder P. Perdrizet, BCH (1897), SS. 112 ff. *Bergfestungen:* Thuk. 2.99 ff.; 4.125 f. A. E. Keramopoullos, PAE (1933), SS. 63 ff., Arch. Ephem. (1932), SS. 48–133; Stud. Pres. to Ed. Capps, SS. 196 ff. *Tymphioten:* S. 7.7.9, Hesych. Deipaturos. Steph. Byz. Tymphe. Tzetz. über Lycophron Alex. 800 (Polyperchon), Berve s. u. Amyntas, Sohn des Andromenes und seine Brüder Attalos, Simmias, Polemon. Philippos, Sohn d. Amyntas. *Orestis:* S. 7.7.8, Hammond, Epirus S. 528 (sehr sachdienlich, wenn die Datierung stimmt). Berve s. u. Perdikkas, Krateros, Amphoteros, Alketas, Pausanias Kerastou. *Lynkestis:* S. 7.7.8, Thuk. 4.125.f., Hdt. 5.92.f. über Bakchen. P. de lib. educ. 20, P. 40.1 = Phylarch. ap. Athen. 539F. *Hochland-Kleidung:* Ziva Antica (1953), SS. 226, 234. Ist es Zufall, daß der teuerste Sklave bei Meiggs and Lewis 79 und S. 347 (Hermocopid Lists) eine Makedonin ist? *Schafe:* A. 7.9.2 (verdächtige Quelle). A. M. Woodward, JHS (1913), S. 337. Bemerke von Ochsen gezogene Wagen in Obermakedonien: Thuk. 4.128.4. *Elimiotische Politik:* Schol. über Thuk. 1.57.3., Aristot. Pol. 1311 B11 und beachte die reichen elimiotischen Gräber in Arch. Eph. (1948/9), SS. 85 ff. Berve s. u. Koinos, Kleandros und möglicherweise die Söhne v. Machatas, Harpalos, Tauron, Philipp (und Kalas Harpalou?). Aber ein Machatas ist in Epiros bekannt (Polyb. 27.15 und ein weiterer in S. G. Dial. Inschr. 1371) und in den Niederungen (IG 10.1032 drittes Jahrh. v. Chr.; ein weiterer in Syll. 1³. 269 J); dies ist nur ein Beispiel, wie außerordentlich gefährlich es ist, auf Splitterparteien zu schließen einzig aufgrund geographischer Hinweise, die der Name des Vaters eines Mannes gibt. Die elimiotische

Splittergruppe bei E. Badian, JHS (1961), S. 22 z. B. beruht auf einer solchen Annahme und auf sonst nichts. *Philipps neue Städte:* z. B. DS 16.71, S. 7.6.2, Plin. NH 4.41., Etym. Magn. s. u. Bine, Suidas s. u. Doulon polis und Poneron polis. J. 8.5–6. *Feudalismus:* A. 1.16.5, P. 15.3; SIG 332 gibt den Landbesitzern die Möglichkeit, ihren ererbten Besitz zu verkaufen. Zweitwohnsitze von Ptolemäos Lagou, Aristonous, Perdikkas und v. a. bei Berve. *Sippen:* Mit aktuellem Bezug J. K. Campbell, Honour, Family and Patronage: Institutions and Moral Values in a Greek Mountain Community (1964). *Gefährten:* DS 17.16.4 (ungef. Nrs.). J. Kalleris, Les Anciens Maced. (1954) s. u. Hetairideia und Peligan (das Wort erscheint auch auf Inschriften in makedon. Kolonien in Syrien). *Titel:* W. W. Tarn, Alex. the Great, Band 2, SS. 138 ff. Kalleris (z. B. »edeatros«) bringt ein paar makedonische Höflinge zusammen, aber die Betitelung in der makedon. Monarchie während des 4. Jahrh. ist unbekannt. *Blutfehde:* QC 6.11.20, DS 19.51. *Heirat:* Hdt. 5.92 über inzestiöse Bacchanten. Für ihren Zweck im allgemeinen, im besonderen über die Rolle der Mitgift und *kyrios*, vgl. W. K. Lacey, Family in Classical Greece (1968); ebenso W. Erdmann, Die Ehe im alten Griechenland (1934). Livius 45.29 zeigt ihre Bedeutung in der makedon. Herrschaft. *Gerichtsverfahren:* QC 6.8.25 (die eigentliche Lesart des MS entspricht nicht dem, was die Deutschen daraus machen) kann sehr wohl Curtius' eigene Vermutung sein; Theorien über Staatsrecht und klar definierte Heeresversammlungen sind Belanglosigkeiten, die ich hier nicht widerlegen kann. Polyb. 5.27.6 ist zu ungenau, um etwas zu beweisen. *Speergeklirr:* QC 10.7.14 und wegen seiner Bedeutung G. E. M. de Sainte Croix, Orig. of Pel. War. (1972), S. 348 (ausgezeichnet). *Massenhochzeiten:* der zahlenmäßige Unterschied zwischen Polyb.-Kallisth., F 33 und A 1.29.4 kann an Polyb. liegen, der behauptet, Hunderte von Brautpaaren wären 334 (?) verheiratet worden. QC 7.5.27 über Könige und Geburtenziffern. *Amyntas Perdikkas:* s. u. Berve, mit Kynane, Phil. Arrhidaios (bes. P. 10.2, 77.7). *Karer-Affäre:* muß während der Segelsaison in der Ägäis gewesen sein, also Herbst 337 oder wahrscheinlicher hinsichtlich der Invasion Philipps, im Spätfrühling 336; wenn ja, ist sie beinahe ein Vorspiel zu Philipps Ermordung! P. 10 1–4, A. 3.6.5 zitieren sie; vgl. Isokr. Paneg. 162. *Nachfolge:* Hdt. 8.139.2 mit den stimulierenden Parallelen in M. Southwolds Studie über Buganda successions-pattern in Assoc. Soc. Anthrop. Monographs Nr. 7 (1968), die Bedeutung des Lebensalters bes. betonend. *Säuberungsaktionen:* vgl. Philipp in J. 8.3.10; ebenso Buch Daniel 6.24; vgl. Hdt. 3.119; J. 10.2.5; Anm. Mark. 23.6.81, 24.5.3, 17.9.5; Euseb. Praep. Evang. 8.14 und Southwolds Buganda-Parallelen. *Alexander von Lynkestis:* A. 1.25 und Berve s. u.; DS 16.93 f. ist zu kurz, um »unvereinbar« genannt zu werden mit den bei DS 17.2, A. 1.23, 2.14 erwähnten Komplicen. J. 9.6.9 gibt ihnen eine mögliche Rolle. *Airopos:* Polyain, 4.2.2; vgl. die brauchbaren Listen der makedon. Namen bei I. I. Russu, Ephemeris Dacoromana (1938). *Amyntas' Freunde:* J. R. Ellis JHS (1971) SS. 15–25 zitiert die notwendigen Inschriften, doch seine Schlußfolgerungen sind fast alle unannehmbar. Man hätte Bezug nehmen sollen auf A. Aymard, Études d'Hist. Anc. (1967), SS. 100–122, SS. 232–35 (wichtig); ich teile seine ernsten Zweifel von S. 120. Beachte anhand des Beispiels von Doson und Philipp (Aymard, SS. 234–5), wie ein Herrscher zum König stilisiert werden konnte; selbst wenn diese Lebadtia-Inschrift richtig gelesen wurde (sie ist heute verloren), wer kürzte sie, wann und wie autorisiert? Wir haben keine Ahnung (IG 1^2.71, bes. die Zeilen 25 ff. sind ein verlockendes Beweismittel für die gleichzeitige Existenz mehrerer Könige in Makedonien und nicht nur der Hochlandstämme; möglicherweise wurde das Königreich Alexanders I. unter Brüder aufgeteilt, die alle den Titel übernahmen; die Parallele mag für Philipp und Amyntas IV relevant sein). Berve s. u. Amyntas, Aristomedes (mit der neuen Inschrift von Arch. Delt. [1966], A SS. 45 ff. einleuchtend restauriert), Neoptolemos Arrhabaiou (sicherlich der bekannte Lynkester Arrhabaios?). A. 1.5.4 datiert Amyntas' Tod so annähernd genau wie wir es können. *Amyntas Arrhabaiou:* Bruder von Neoptolemos, Neffe von Alex. dem Lynkester? J. 11.5.8 kann sich auf ihn beziehen, denn die berittenen Späher waren in Asien (ich stimme mit R. D. Milns, JHS [1966], SS. 167–8 überein), und er war ihr Führer im Jahr 334 (A. 1.14.1). *Parmenions Verbindungen:* QC 6.9.17, 10.24. *Hinrichtung:* J. 11.2.2, 12.6.14. *Ansprache an das Heer:* DS 17.22.2, J. 11.1.10 (A. 1.16.5 beinhaltet, daß diese Steuererleichterung nur vorübergehend war). *Philipps Begräbnis:* DS 2.1, DS 19.52.5, Livius 40., Hesych. s. u. Xanthica. Ähnliche Feierlichkeiten kannte man in Böotien; vgl. QC 10.9.11 betr. Alexanders Tod. Über Grabstätten makedonischen Stils vgl. Ph. Petsas, Atti de 7. Congr. Internaz. di Archeol. Classica (1961), SS. 401 ff. mit ausführlicher Bibliographie. *Eurylochos' Ermordung:* Berve s. u. J. 12.5.14. *Attalos:* DS 17.2.4–5 (Befehle, ihn möglichst lebend zurückzubringen). P. Dem. 21.1. Berve s. u. *Hekataios, der griechische Führer:* DS 17.2.5 mit P. Eum. 3, DS 18.14.4 (solche Ortskenntnis von Kardia wäre unschätzbar; vielleicht war er bereits 336 Antipaters Freund? Wenn ja, wäre ein Grund für die Feindschaft zwischen Antipater und Eumenes, auch aus Kardia: P. Eum. 5.5). *Orestiden:* Berve s. u. Krateros, Perdikkas, Amphoteros, Alketas, Atalente, Pausanias, Sohn des Kerastos. *Tymphioten:* Amyntas Andromenes, Attalos, sein Bruder; Simmias, Polemon, Polyperchon, Philippos Amyntas. *Eordaia:* Ptolemäos Lagou, Aristonous. *Elimaia:* Kleander, Koinos und möglicherweise (nicht sicher) Harpalos (merke die vielen Machatai, die außerhalb Elimaias bekannt sind) und wenn dem so ist, Tauron, Philippos Machatou. Möglicherweise auch Kalas Harpalos, der später 335/4 die Voraustruppen befehligte. Ich kann nicht genug betonen, daß trotz der Ortsangaben, die ich in diesem Buch mache, diese Orte unwesentlich sein können (z. B. für Philipps Pagen, die neue Unterkunft in den Niederungen fanden) oder irreführend (z. B. Harpalos) oder einfach umstritten. Peithon Krateuas z. B.: als er 321/0 seinem Landsmann Ptolemäos aus Eordaia hilft, Perdikkas zu ermorden, konnte es den Anschein einer ganz eindrucksvollen Verbindung haben. Von Ptolemäos glaubt man jedoch, daß er den Aristonous, ebenfalls aus Eordaia, nicht mochte, was sogar bis zu einer voreingenommenen Darstellung in seiner Geschichte führte; die Eordoi wurden von den Aigai-Königen vertrieben, und ihr Land wurde vielleicht von anderen Volksstämmen besiedelt; Peithons eigene Heimatstadt ist umstritten. A. 6.28.4 beschreibt sie als Eordai: Indiké 18.6 (basiert bestimmt auf einem offiziellen Dokument) behauptet, er käme aus Alkomenai, welches, durch S. 7.326 und viele andere, zweifelsfrei von F. Papazoglou Klio (1970), S. 305 in Lynkestis liegend identifiziert wurde. Dies erklärt, warum J. 13.4.13 (basierend auf Hieronym.) ihn Peitho Illyrius nennt. Konnte ein Adliger Ländereien in zwei oder mehreren Hochlandgebieten besitzen, wie vielleicht Peithon in Lynkestis und (Argead) Eordaia? Brachten ihre Frauen Besitz mit in die Ehe? Wir wissen es nicht, und bei allen Versuchen, makedon. Splitterparteien zu konstruieren, sogar, wenn im Prinzip richtig (ich bin skeptisch) sind die Details mit einem großen Fragezeichen zu versehen. Der Vollständigkeit halber führe ich Männer mit (möglicherweise) epirotischen Verbindungen oder Namen bzw. Vätern an: Neoptolemos, der Archiphypaspist, Arybbas, der Leibwächter bis 332, möglicherweise Meleager Neoptolemou. Die unterschiedlichen Schicksale der verschiedenen Lynkester in den Jahren 336/3 sind eine Warnung vor jedem solchen Versuch. *Alexanders Erscheinung:* Gesammelte Literatur in C. de Ujfalvy, Le Type Phys. d'Alex. (1902) und eine Auswahl von T. Schreiber, Studien über das Bildnis Alex. (1903). Die Bibliographie ist umfassend (vgl. J. Seibert, Alex. der Große [1972], SS. 51–61): Die besten modernen Zusammenfassungen in E. J. von Schwarzenberg, Bonn. Jahrb. (1967), SS. 58 ff. und T. Holscher, Ideal und Wirklichkeit in den Bildnissen Alex. (1971). H. P. L'Orange, Apotheosis. in Anc. Portraiture (1947) ist faszinierend; G. Kleiner in Jahrb. der Deutsch. Inst. (1950/1), SS. 206–30 und Über Lysipp, Festschr. B. Schweizer (1954), SS. 227 ff. sind wertvoller als M. Bieber, Alex. in Greek and Roman Art (1964). *Offizielle Künstler:* P. 41–3 mit J. P. Guepin, Bull. van Antik. Beschav. (1964), S. 129. *Rasur:* vgl. Theopomp, F. 225 Zeile 32. *Haartracht:* z. B. Pomp. 2, Ail. VH. 12.14 und jedes Denkmal, ausgenommen die Jagdszene am Alexandersarkophag. Sie hatte heroische Bedeutung (Holscher SS. 27–8) bzw. leoninische (Ps.-Ar. Physiogn 806 B – vgl. E. Evans, Trans. Am. Philos. Soc. [1969] für dieses vernachlässigte Thema). Die Meinung bei Ephoros 70 F 217 ist von Bedeutung; Ps.-Kall. 1.13, Jul. Val. 1.13 Das Pella-Mosaik von der Löwenjagd gibt seine Hautfarbe wieder; vgl. Ail. VH. 12.14. *Augen:* P. 4, P. Pomp. 2 und von Schwarzenberg. S 70 f. Die Überlieferung von der Zweifarbigkeit seines Haars bei Ps.-Kall. 1.13, Jul. Val. 1.7, Tzetzes 11.368 ist sicherlich wertlos! *Duft:* Aristox. ap. P. 4.41; der Byzantiner Tzetzes unterschiebt in seiner Chiliad (zitiert von Ujfalvy S. 31) seine Meinung auch dem Theophrast, wahrscheinlich (nicht sicher) durch Mißdeutung von P. 4.4. *Größe:* QC 5.2.13 (obwohl persische Throne erhöht waren). QC 7.8.9, 6.5.29, A. 2.12.6. Ps.-Kall. 2.15 und bes. 3.4. Ich möchte den kleinen makedon. Kavalleriehelm, der sich im Ashmolean-Museum in Oxford befindet, nicht tragen. *Jugendtaten:* P. 9, mit Tod 129, Zeile 21 (wiederhergestellt) als Beispiel, wie er als ein »stellvertretender« König gekennzeichnet wurde. QC 8.1.24–25 ist verlockend. Es war nichts »Verräterisches« an der Benennung einer Stadt Alexandropolis während Philipps Regierungszeit; nichts weist darauf hin, daß es lediglich eine Kolonie war. J. 9.5.5 war vielleicht Alexanders einziger Besuch in Athen.

ANMERKUNGEN ZU KAPITEL 3 (SS. 52)

Geschichten aus der Kindheit: Suidas s. u. Marsyas Diog. Laërt. 6.4.84 mit Berve s. u. Onesikritos und Philskos (sein Onkel oder Vater?). *Geburtstag:* P. 3.5, A. 7.28.1, Ail. VH. 2.25 mit W. Schmidt, Geburtstag im Altertum (1908). Hdt. 1.131, 9.110; Plato 1 Alkb. 121 C, Genesis 40.20 (der Pharao), Esther passim. *Ephesos:* P. 3.6.7 (magi sind korrekt). *Geburtslegende:* A. 4.10.1, P. 3.3. (Erathosthenes). *Olympias:* P. 2.2, QC 8.1.26, J. 7.6.10–11, Athen. 557 B–C (chronologisch) mit Samothrake, Band 2, Teil 1. Die Inschriften, (1960), S. 13 mit Syll³ 372 Zeilen 5–6. *Ihre Porträts:* U. Scchilone, Enc. dell. arte antic. (5), S. 672 (zu unkritisch). *Mün-*

zen: W. Baege, De Macedonum Sacris (1913), S. 86 mit Duris 76 F 52 und dem (gefälschten?) Brief von Athen. 14.659 f. Cic. de Div. 2.135; E. R. Dodds, Euripides' Bacchai (Einleitung passim). Theophr. Peri Eusebeias F 8 (hrsgb. Potscher) ist sehr exakt; vgl. P. 2.2 *Dodona:* N. G. L. Hammond, Epiros, S. 438, Nr. 5. *Greueltaten:* J. 9.7, Paus. 8.7.7, DS 19.11. *Gesundheitsgelöbnis:* Hypereid. Pro Eux. 31. *Lehrer:* Berve s. u. Leonidas; Nr. 469, 470 kann derselbe Mann sein! P. 5, P. 24. Die List bei Ps.-Kall. ist verfälscht und nicht zu bestätigen; Menaichmos, Schüler des Eudoxos wird ebenso bei Stobaios (korrekt?) zitiert; Anaximenes befand sich tatsächlich am Hof (Paus. 6.18.3). *Erstes Erscheinen:* Aischin. 1.168. *Musik:* Ail. VH 3.32. Suidas s. u. Timotheos, Dio Chrys. Or. 2.26; ebenso die Münze bei C. M. Kraay-Max Hirmer, Griechische Münzen (1966), Tafel 171.565, wo Apoll Alex.s Züge trägt! *Jagd:* Xen. Über die Jagd 13.18, Hdt. 7.125–6, P. 23. *Hunde:* P. 61.3, Theophr. 115 F 340, DS 92. *Bukephalos:* Chares ap. Gell. NA 5.2, P. 6 und A. R. Anderson, AJP (1930), SS. 1–21 für seine Legende; Steph. Byz., Bukephalos ist interessant. Die Jahreszahl (345/4?) wird von P. Timol 21 angegeben, DS 76.6 gegenüber Ps.-Kall. 1.17. *Reiten:* QC 6.5.18 mit Xen. Equ. 6.16, Pollux 1.213. *Makedonische Schirmherrschaft:* Hdt. 5.22, Thuk. 2.99.3, Hesiod F 3 (West), Pindar F 120–21 (Snell), Bacchyl. F 20 B (Snell), Suidas s. u. Hippokrates und Melanippides, P. Mor. 1095 D, Timotheos F 24 (Page). Ail. VH 14.17. Athen. 8.34 D, Ail. VH 2.21. Euripid. F 232–246 (Nauck) mit Hyginus Fabulae 219 und B. Snell, Griechische Papyri der Hamburg ... (1954), SS. 1–14. Ail. VH 13.4.1. und das Epigramm des Makedonen Adaios A. O. 7.51; Gellius NA 15.20.9 ist hübsch (vgl. Amm. Marc. 27.4.8). Eurip. Bakchen, bes. die Zeilen 556 f. mit Anmerkungen von Dodd. *Einwanderer:* Paus. 7.25.6. Theopomp. F 387, Dem. 50.46, 19.196. Isokr. Philipp. 18–19, Schol. ad Aisch. 2.21, Ps.-Aisch. Ep. 2.14. X. Hell. 5.2.13. *Auswanderer:* Thuk 6.7.3. Plut Pelop. 26. *Xenophon:* Dem. 19.196; vgl. QC 5.9.1, DS 16.52.3–4. *Malerei:* die freundlich gesonnene Ratsversammlung in Sikyon bei C. M. Robertson, Greek Painting (1955) und Berve I., SS. 73–9. Im Gegensatz dazu die makedonische Stele von Vergina in M. Andronikos, BCH (1955), S. 87 und die grobe, graue minysche Keramik 4. Jahrhdt. gefunden bei Pella, Kozani und Vergina; ihre primitiven Vorfahren wurden klassifiziert durch L. A. Heurtley, Prehistoric Macedonia (1939). *Kampaspe:* Plin. NH. 35.86. Lukian Imagin. 7. Ail. VH. 12.34. *Makedonische und griechische Außenseiter:* A. 210.7, 3.22.2, 5.26.6, 7.9.4 unterscheidet Griechen und Makedonen. Indiké 18.3 und 18.7 stellt den Gegensatz bes. heraus; P. Eumen. 8 vermutet einen Rückprall. Bevor wir irgendeine bäuerliche Tradition der Makedonen idealisieren, die von Alex. verraten wurde, sollten wir die Vielfalt der obermakedonischen Stämme bedenken, die alle ihre eigene, bereits von Philipp »verratene« Tradition hatten! Wenn A. 2.14.4 in einem Brief von Alex. Griechen und Makedonen gleichsetzt, kann dies Alex.s Briefstil widerspiegeln (vgl. Hdt. 5.20 betr. Argeads Verlangen, Grieche zu sein); gleichermaßen kann dies Arrians eigene Meinung wiedergeben, denn Makedonien schien zu römischen Zeiten »ein Teil von Hellas« zu sein. Indiké 18.4–6 stellt Nearch. und andere den Griechen gegenüber; Tod 182 folgert anders, vielleicht, weil es sich um ein früheres Dokument handelt. Unter den Diadochen gilt »Makedone« bereits als Statustitel, nicht als rassische Zuordnung. *Weltbürger:* s. u. Eumenes, Kritoboulos, Hippokrates, Xenokrates, Anaxarchos, Aristonikos, Polyaidos, Gorgos, Philonides, Aristander, mit Lukian Philipp. 21–22. Narren bei Theophr. F 236. *Orientalen:* Berve s. u. Sisines, Artabazos und Barsine, DS 16. 52.3–4 mit P. Eumen. 1 und Aristob. ap. P. 21. Sie war königlichen Geblüts trotz ihrer Mutter Apama, der Tochter Artaxerxes II.; Tarn muß man hier ignorieren! *Pagen:* A. 4.13.1, Berve s. u. Perdikkas (A. Indik. 18.5–QC 10.7.8). Leonnatos (A. 6.28.4, Indik. 18.3, QC 10.7.8). Aristonous: A. Indik. 18.5 und A. 6.28.4. Ptolemäos: dto; vgl. Berve I, SS. 25 ff. über Identität der Leibwächter. *Hochlandstämme:* Menelaos in Tod, GHI. 143, 148. Xen. Hell. Suidas s. u. Antipater; Aischin. 2.43, 47. *Hephaistion:* vgl. Aristoteles' und Xenokrates' Titelliste der Werke. *Lysimachos:* A. 7.5.6, J. 15.3.6. *Harpalos:* Theophr. HP. 4.4.1. *Archaische Waren:* s. bes. die Kallipolitis-Funde aus dem 5. bis 6. Jahrhdt. bei Kozani in Elimaia, gut veröffentlicht in Arch. Eph. (1948/9), S. 85. *Goldschmiedekunst:* H. Hofmann. P. F. Davidson, Jewel. in Age of Alex. (1965). *Frauen:* Berve s. u. Thaïs, Glykera, Pythionike. *Herodot:* Ptol. F 2, Kallisth. F 38, Nearch. F 8,17,20 (obwohl A. 6.28.6 andeutet, sein Stil sei holprig und sein herodotischer Geschmack ginge nur auf A. zurück). Theopomp. F 1–4 (vorbereitet für Philipp in Asien?). Alex. selbst holt sie ab in P. 21.10, P. 34.3. Siehe jetzt auch O. Murray, CQ (1972), SS. 200 f. *Alexarchos:* O. Weinreich, Menekratos Zeus, (1933), S. 12 ff. und 108 ff. mit vollständiger Bibliographie. *Alexanders Lehrer:* Brief von Speusippos (hersg. Bickermann-Sykutris), passim. *Theopomps Lobeshymne:* F 255–6; er war Schüler von Isokrates (deshalb vielleicht Isokrates' falsche Ep. 5, die nach seiner Ablehnung für Aristoteles geschrieben wurde). Philipps Verbindungen zur Platonischen Schule gingen über Euphraios, Xenokrates, die Tyrannen von Sikyon und Hermias usw. Kein Grund, Aristot.s Wahl als eine politische zu betrachten. M. Brocker, Aristoteles als Alex.s Lehrer (1966) und W. Hertz, Gesammelte Abhandlungen (1905), SS. 1 ff. sind beide ausgezeichnet. *Sein Vater:* DL 5.1. *Stageiros:* Brocker SS. 28 ff. mit dem MS bei DS 16.52.9 und die Gehässigkeit von Demochares ap. Euseb. Praep. Evang. 15.13–15. *Seine Vergütung:* Athen. 9.398 E. Sen. Dial. 27.5, D. L. 5.12–16. Gellius NA. 3.17. Gegen Plin. NH 8.16, 44, vgl. J. D'Arcy Thompson, PCPS (1948). S. 7. *Reichtum:* DL 5.12–16 über sein Testament, mit dem übertriebenen Athen. 398 E, Gell. NA 3.17. *Weiser Mann:* DL 5.31. *Mieza:* Ph. Petsas in Makedonika (1967), SS. 33 ff. *Datierung:* DL 5.2 und Philoch. ap. Philodemos, Index. Acad. 6.28 über Aristot.s Abwesenheit von Makedonien in Speusippos' Todesjahr. *Literatur* für Alexander: Brocker S. 30, sind sämtlich nicht zu datieren und unbekannt. F 658 (Rose) kann gefälscht sein. *Philosoph in Waffen:* Onesikr. F 17 A. *Aristoteles und der Jüngling:* Rhetor. 1389 A, Polit. 1340 B 30. *Antipaters Freundschaft:* Ail. VH. 14.1, Suidas s. u. Antipater, DL 5.9, Paus. 6.4.8. *Hephaistion:* DL 5.1.12. G. A. Gerhard, Phoinix v. Kolophon (1909), SS. 140 ff., mit Briefen des Diogenes, Epist. 24 S. 241 (Teubner). Seine einzige mögliche Büste befindet sich im Museum von Istanbul, obwohl ihre Identität umstritten ist. *Homosexualität:* G. Devereux, Symbol. Osl. (1965), SS. 68 ff. ist interessant, stimmt aber nicht generell; H. Licht, Sexual Life in Anc. Greece (1932) bedarf einer Neubearbeitung; K. Bethe, Rh. Mus. (1907) SS. 438 ff. ist nur zum Teil widerlegt durch K. J. Dover, BICS (1964), SS. 31 ff.; Xen. Lac. Pol 2.12 mit H. I. Marrou, Hist. of Educ. (1965), SS. 61 ff.; Theopomp. F 225. *Alex. und Sex:* P. Mor. 717 F, 65 F und bes. 22.6 mit Aristot. Nikom. Ethik 112 B. P. 22, P. 40.2, 41.9. Theophr. ap. Athen. 435 A. *Seine Schwester:* P. Mor. 818 C. *Isokrates' Brief:* Epist. 5, den ich als authentisch akzeptiere. *Ptol.s Abstammung:* P. Mor. 458 B und de Nobil. 19. *Mieza:* Berve s. u. Peukestes. *Philipp und Homer:* Ps.-Kall. 1.35, in der revidierten Fassung zitiert von Brocker, S. 55. *Achilleus:* P. 5.8, A. 1.12, P. 8.2, S. 13.1.27, Plin. NH 7.108, Ath. 537 C, Onesikr. F 38. P. 26.1–2 (aus vielen Quellen). *Beinamen:* Perikles als Nestor (Plato Sympos. 221 C): bemerke Suet. J. Caes. 50.1 für Pompeius und Caesar. *Homer in Makedonien:* Athen. 620 (Kassander), DL 4.46 und P. Mor. 182 F. vgl. die megarische Vase in Lynkestis, aufgenommen in AJA (1934), S. 474; ebenso SEG (15) Nr. 473: eine hellenistische Vaseninschrift. *Philipp:* DS 16.87.2; Isokr. Panathen. 74–80. Hdt. 1.2 f. und der Vorgänger von Angesilaos in Xen. Hellen. 3.4.3–4. *Margites:* Aischin. 3.160, P. Dem. 23.2, Marsyas 135 F 3; vgl. vielleicht Hypereid. pro Lykoph. 6.21, Polyb. 12.4 A. Schol. an Aisch. 3.160, Aristot. Ethik 1141 A 12, Plato Alkib. 2.147 B, Suidas s. u. Margites und bes. Eustathios 1669.41 (zitiert in O. C. T., Homeri Opera, Band 5, S. 158); was die Autorenschaft des Gedichtes angeht, ist Suidas s. u. Pigres, der Karer (etwa in Philipps Alter), interessant. Kallisthenes: 125 T 10, F 10, F 15 Zeile 18, F 32, F 53; vgl. Aristot. F 6. L. Pearson, Lost. Hist. of Alex. (1960), SS. 36 ff. erkennt die Grundtatsachen, bringt aber die Details durcheinander. *Kunst:* T. Holscher, Ideal u. Wirklichkeit (1971), S. 28 und Anmerkungen 80, 82, 183; von Schwarzenberg, B. J. (1967), bes. S. 106, Anm. 65–66; C. Heyman, Antidor. Peremans (1968), S. 115 für Münzen. *Achilleus' Gesandtschaft:* A. 3.6.2. *Homers Bedeutung:* Plato Ion, passim; Republik 1–3; Dem. Reden 18 und 19, Aristot. F 495–500. A. W. H. Adkins, Merit and Responsib. (1960); Values of Mediterranien Society (1965); und vgl. die ausgezeichneten Bücher von P. M. Morales and Values (1972); bes. wichtig ist J. G. Peristiany (Hrsg.); Honour and Shame: the Leigh-Fermor, bes. Mani and Roumeli, passim. Für *to philotimo;* vgl. A. 7.14.4–5. *Makedonische Sitten:* Aristot. Pol. 1324 B (Datum?), Ptol.-A. 4.24.4 Athenae. 18 A, P. Mor. 338 D mit der ausgezeichneten Anmerkung von E. Fraenkel, Aeschylus's Agamemnon, Band 3, S. 754. *Jagd:* vgl. die Eintragung in BSA (1911/12) S. 133 über Herakles den Jäger; die Jagd war notwendig für die Fleischversorgung. *Trinksprüche:* Ephipp. 126 F 1 und 2 mit Nicobule 127 F 1; Gastfreunde bei Berve s. u. Iphikrates, Pindar; A. 2.5.9. *Gefährten:* C. A. Trypanis, Rhein. Mus. (1963), SS. 289 f. erkennt ihren Unterschied zur Verwandtschaft; vgl. F. Carrata Thomes, Gli eteri dell Aless. Magno (1955) hinsichtlich einer Zusammenstellung ihrer verschiedenen Namen. Der Ausdruck *idioxenos* wurde vielleicht auf Philipps griechische Höflinge angewendet, und es kann durchaus eine zunehmende Zahl (offizieller) Freunde gegeben haben, die Terminologie von Diodoros (trotz K.M.T.-Atkinson, Aegypt. [1952], SS. 204 ff.) reicht nicht aus, um dies zu beweisen. *Hetairideia:* Athen. 527 D. *Philipp und der Ruhm:* Speusippos' Brief, veröffentlicht von E. J. Bickermann-J. Sykutris in Abhandlung der Sächs.-Akad. Band 80 (Leipzig 1928) ist ein guter Beweis, gemeinsam mit vielem aus Isokrat., z. B. Philipp. 114, 118–120, 132–145. Vgl. die ähnlichen Fragmente des Euripides von Archelaos, hrsg. von Nauck: z. B. 236–240, 244 und 246. Für Alex.; Demades, Peri Dodekaet. 12 ist ein zeitgenössischer Beweis. *Motive des Mannes:* Thuk. 1.75.3–76, 3.82. *Alex.s homerischer Lieblingsvers:* z. B. P. De Fort. A. 1,3 (andere Quellen nennen andere Verse). Alle diese Anekdoten in ihren verschiedensten Formen sollten mit Vorsicht genossen werden wegen der Vorliebe der sophistischen Jünger für homerische Parallelen, bes. über die Pflichten des Königtums: vgl. O. Murray, JRS (1965), SS. 161 ff. mit ausführlichen Anmerkungen. Vgl. Lukian, Dial. Mort. 12. *Homerischer Traum:* P. 26.3; Steph. Byz., s. u. Alexandrea, erzählt eine ähnliche Geschichte, wobei er sich auf Jason von Argos bezieht, und macht sie suspekt, es sei denn, Jason und Herakleides übernahmen sie von einem glaubwürdigen Urmotiv (wie ich meine). Die Möglichkeit, daß ihr Erzähler Herakleides der alexandrinische Autor gewesen sein könnte, sagt nichts über ihren Wahrheitsgehalt aus; es ist sehr einfältig, lokalen Historikern wegen ihrer lokalen »Fakten« zu trauen. *Tieflandbewohner aus Kreta:* S. 6.3.2, 6; S. 7 F 11. Aristot. F 443 (alle beziehen sich auf Bottiaia). *Mykenä:* Paus. 7.25.6.

ANMERKUNGEN ZU KAPITEL 4 (SS. 88)

Thessalien: DS 17.4.1, J. 11.3, Polyain. 4.3.23. *Griechischer Staat:* merke bes. P. A. Brunt, CQ (1969), SS. 245 ff.; die offenere Gesellschaft kann in Athen gefunden werden, s. J. K. Davies, Ath. Prop. Families (1970) mit S. Perlman, Athenae (1963), S. 327 und P. del P. (1967) S. 161; merke z. B. die Herkunft Lysanders, Epaminondas', Iphikrates' und die inneren Streitigkeiten in Sparta in der Mitte d. 4. Jhdt.s *Schiedsgericht:* Tod 179 und über den Bund U. Wilcken, Sitzb. Berl. Akad. (1922), S. 97 ff., (1929), SS. 291 ff. (wohl wesentlich, muß aber kritisch gelesen werden). *Garnisonen:* P. Arat. 23.2, DS 16.87.3, 17.3.3, Ail. VH. 6.1. *Freiheit:* Polyb. 9.28 mit 18.13–14; beachte SIG³317. *Sparta:* G. E. M. de Sainte Croix, Orig. of Pel. War (1972) zitiert den Beweis; die Bündnisse mit Athen auf dem Peloponnes um 340 sollten im Zusammenhang mit Spartas Engagement in Süditalien gesehen werden; als der spartanische König zurückkehrt, blicken die peloponnesischen Staaten sofort wieder auf Makedonien. *Diogenes:* P. 14.2. A. 7.2.1, P. Mor. 331. *Unbesiegbar:* P. 14.6, DS 93.4, SIG 251 H mit Tarn Band 2, S. 338. Hyp. in Dem. 32.4. S. Weinstock, HTR (1957), SS. 211 ff. (brillant). *Philipps mil. Ausbildung:* Polyain. 4.2.1, 2.2, 2.15. Front. Strat. 4.1.6. *Diener:* Thuk. 3.17.3, 7.75.5, IG 2²1751 (*therapontes* sind Diener), Theophr. Char. 25.4, Hdt. 7.229 und 9.29 (sieben Heloten auf einen Spartisten!). *Versorgung:* Front. Strat. 4.16, Polyain. 4.2.10, Polyb. 16.24.5, 9 (über Feigen). Dem. 18.157 über die Verantwortlichkeiten der Verbündeten – ist sehr interessant (vgl. Tod 183 und Anmerkungen und wegen des Prinzips Thuk. 6.31.5, Xen. Kyrop. 6.2.38). *Philipps Ingenieure:* E. W. Marsden, Gk. and Rmn. Artillery (1969–70) ist das grundlegende Werk: Ath. Mech. W. 10.5 f. Philon. Par. 83.7. *Rechter Flügel:* Polyain. 5.16.2 (Pammenes) und so bereits 359 Philipp bekannt (DS 16.45). Vergleiche dazu der linke Flügel bei Leuktra: P. Pelop. 23.1. *Kavallerie:* Theopomp. F 225 B (welches Datum in Zeile 30?); DS 16.4.3 mit 17.17.3–5. *Stuten:* J. 9.2. Vgl. dazu Pferde auf Münzen Alex. I mit denen auf den Münzen von Philipp oder die Grabmalereien in Dion aus dem späten 4. Jhdt. (PAE [1930], S. 45) oder den Alexandersarkophag. *Gefährten:* V. von Graeve, Der Alexandersarkophag (1970), SS. 88 f.; A. Rumpf, Abh. Berl. Akad. (1943), SS. 1 ff. Zur Kunst z. B. Alketas' Grab bei Termessos. Ansonsten rate ich, die immer häufiger auftauchenden Monumente, die makedon. Soldaten zeigen, zu prüfen. *Taktik der Reitertruppen:* Hdt. 4.126–28, Thuk. 7.30, Xen. An. 6.3.7–8, Thuk. 7.78 f., Xen. Cav. Comm. 7–8. *Makedonische Reiter:* Thuk. 2.100, vgl. Xen. Hell. 5.2.41. Beachte die Münzen Alex.s I mit Reiter und zwei Speeren, einen zum Stoßen und einen zum Werfen. Es ist möglich, daß die Gefährten dies nachahmten und in der Kunst nur mit ihrem zweiten Speer dargestellt werden. *Reiterspeere:* A. 1.15.5, vgl. dazu Xen. Hell. 3.4.14 und Polyb. 6.25. *Sarissophoroi:* Berve Band 1 S. 129. M. Rostovtzeff, Iranians and Greeks in South Russia (1922), Tafel 29; J. Baradez, Tipasa, ville antique (1952), S. 18 und vielleicht die *kontophoroi* der röm. Armeen im Osten: A. Tact. 4.3, S. 10.1.12. Die Lanzen der mittelalterlichen Kreuzritter waren angeblich zwanzig Ellen lang (Ibn Munqidh 1.131); vgl. das Siegel des Pons von Tripolis bei G. Schlumberger, Sigillographie de l'Orient (1943), Tafel 18 Nr. 5. *Prodomoi:* bei Xen. Hipp. 1. Für beidhändige Sarissen vgl. das Beispiel in F. Studnicza, JDAI (1923–24), SS. 68–72. *Keilformationen:* Asklepiod. Tact. 7.3; Migne Patrol. Graeca 36.61 A; AA 1.6.3, 3.14.2; A. Techn. Tact. 16.6. *Harnisch:* J. K. Anderson, Anc. Gk. Horsemanship (1961), SS. 40–78, ebenso I. Wenedikow, Bull. de l'Inst. Arch. Bulgare (1957), SS. 153 ff.; P. Vigneron, Le Cheval dans l'antiquité (1968), Kap. 2 (ausgezeichnet). *Kampfgefährten zu Fuß:* das Wort »Phalanx« bei A. bedeutet einfach eine Infanteriereihe (z. B. A. 5.21.5), wie überall in Griechenland und sollte nur als terminus technicus nicht auf die Sarissen-Brigaden angewendet werden. *Sarisse:* M. Andronicos, BCH (1970), SS. 91 ff.; auch Theophr. HP 3.12.2 = Asklep. Tact. 5.1; Polyb. 18.29.2 (von hellenistischen Längenmaßen ausgehend). Vgl. die Pangaion-Stele in BCH (1931), S. 172 Nr. 1. Die »kurze makedon. Elle« gibt es gar nicht: vgl. Xen. Anab. 4.7.6 für eine kurze chalybische Elle! In frühen ägyptischen Chroniken gibt es Hinweise auf »fünf Ellen große« Feinde; es gab keine kurze pharaonische Elle. Die Kornelkirsche dürfte sein *Cornus mas* und möglicherweise *australis*. *Sanguinea* ist zu schwach. *Philipps Erfindung:* DS 16.3.2 (ein langer Vorgang mit Marsyas FGH 135 F 17. Speerspitzen bei D. M. Robinson, Hrsg., Olynthos Band X, SS. 378–446 sind vielleicht Sarissen, jedoch nicht so lange wie Andronicos' Funde bei Vergina. Vgl. jene gefundenen in Löwe von Chaironaia; Polyain. 4.2.2 (erwähnt *synaspismos*, ein Phalanx-Manöver) glaubt, die Kampfgefährten zu Fuß hätten in jener Schlacht gekämpft, aber seine Berichte sind ungenau und Argumente, die sich auf ein »Stillschweigen« berufen, taugen nichts. *Kolonnen und Umhänge:* Kallisth. bei Polyb. 12.19.6; A. 1.6.1 für grundsätzlich achtfache Marschtiefe gegenüber den Dekaden von A. 7.23.3 und dem Anaxim. Fragment, FGH 72 F 4. Asklep. 6.2 und Arr. 15.2 folgern, daß 16 die hellenistische Marschtiefe wurde. Plut. Aem. Paul. 18.3 (vgl. Xen. Anab. 1.2.16) über Umhänge. *Ursprünge:* DS 15.44 ($8^1/_2$ Fuß zu 13 Fuß?), Nep. Iphikr. 1.3–4, Chabr. 1; Xen. Anab. 1.8.9, Kyrop. 6.2.10; 7.1.33. Hdt. 7.8.1 (für den ägyptischen Vorgänger); Townley, Schol. to Iliad. 13.152 mit Polyb. 18.29–30. Asklepiod. Tact. 4.3 (wichtig); siehe jetzt W. K. Pritchett, Anc. Gk. Milit. Practices, Band 1 (1971), SS. 144 f. (jetzt mehr archäologisches Beweismaterial verfügbar als er über das makedonische Schild benützt und zu dogmatisch in den Voraussetzungen). *Rüstung:* G. T. Griffith P. C. Phil. Soc. (1964), SS. 3 ff. überzeugt nicht; Brustschilde mögen kostspielig sein (Aristoph. Frieden 1210 f. ist durchaus nicht absurd), aber Philipp besaß Bergwerke, konnte Leder verwenden (beachte die Verbrennung überschüssiger Waffen bei QC 9.3.22) und A. 1.20.10 bedeutet vielleicht, daß alle Makedonen einen Körperpanzer trugen? Vgl. A. Hagemann, Griechische Panzerung (1919) als umfassenderes archäologisches Beweismaterial; vgl. ebenso die ptolemäischen brustgepanzerten Fußsoldaten bei Berytus (1964) SS. 71 ff. Manchmal werden bestimmte Brigaden der Fußgefährten als »die leichtesten« bzw. »die beweglichsten« bezeichnet: z. B. A. 3.23.2. Vielleicht waren diese Zentrumsmänner, nur leicht gepanzert, ein Gedanke, der bei dem vcn Herausgebern häufig gemachten Schnitzern im Text von A. weiterhilft. Bei A 2.23.2, 4.23.1, 6.6.1 heißt das einzig verläßliche MS (A) *astheteroi*, was nicht in *pezheteroi* umkorrigiert werden darf; A. 7.10.5 hat beide Ausdrücke im MS und behauptet, sie seien verschieden! Einige dieser *astheteroi* wurden (teils) von Koinos, dem Elimioten, geführt, dann von seinem Nachfolger Peithon, und dienten im Zentrum der »Phalanx«, wo man leichtere Truppen erwarten würde; Alex. wählte häufig die Brigade von Koinos, um sie den Schildträgern bei kleineren Stoßtruppunternehmen beizugesellen (Amyntas' Brigade im Jahr 330 mag ähnlich gewesen sein). Die Bedeutung ihrer Namen ist unklar und A. unterstellt (fälschlich), daß damit alle Fußgefährten gemeint waren; es gab z. B. weder Städte noch Bürger (asthetairoi?) in Elimaia. *Makedonischer Schild:* M. Launeys Meisterstück, Recherches sur l'armée hellenist. (1949), SS. 346 ff. P. Couissin, Institut. Milit. et navales (1932), SS. 76 ff. R. Zahn, Festschr. für C. Schuchhardt, S. 48; wenn der Soldat mit einem solchen Schild auf den paionischen Münzen des Königs Patraos ein Paione ist (wahrscheinlicher ein Makedone), kann dieser Schild eine weitere Anleihe Philipps gewesen sein. Vgl. auch die kleinen, runden Schilde auf den Münzen vieler makedon. Militärkolonien in Kleinasien: z. B. L. Robert, Villes d'Asie Mineure, SS. 32–33. Asklepiod. Tact. 5.1. wegen der Größe. *Dolche:* P. Aem. Paul. 20. 5. *Kreter und Steinschleuderer:* Olynthos X, SS. 378-446. *Schildträger:* wahrscheinlich eine Schöpfung von Philipp. Theopomp. ap. Schol. Dem Olynth. II (Dindorf S. 76) ist zu konfus, um von Bedeutung zu sein. *Bewaffnung:* die makedon. Truppen auf dem Alex.-Sarkophag sind bewaffnet so wie ich es beschreibe; trotz von Graeve, SS. 93–5 kann es sich bei diesen nicht um Fußgefährten handeln, denn ihre Schilde sind zu groß, als daß man zusätzlich noch eine Sarisse in Händen halten könnte. Schildträger tragen bestimmt einen ordentlichen Schild (folgl. z. B. A. 1.1.9) und deshalb keine Sarisse, da beide Hände benötigt werden. *Ihre Beweglichkeit:* A. 2.4.3, und z. B. A. 3.18.1 und 1.18.5, 3.28.2–3 sind entscheidend. Selbstverständlich werden sie Teil der »Phalanx« genannt, weil Phalanx nicht mehr als Infanteriereihe (oder Einheit) bedeutet. *Sklaven und Ernte-Armeen:* A. W. Gomme, Hist. Comm. Thuk., Band 1, SS. 14 ff., Thuk. 1.141.3. *Bevölkerung:* Die Wiedergewinnung und Inbesitznahme der Hochlandstämme (volkreich genug, um alle oder die meisten von Alex.s Fußgefährten zu stellen – Berve 1 S. 114 mit DS 57.2; hier glaube ich, daß der Orestide Krateros und der Tymphiote Amyntas die Orestiden und Tymphioten anführten und aus jedem dieser Stämme jeweils zwei Brigaden aufstellten, die Philipp als erste unter die »Makedonen« aufnahm) und die Besetzung des neuen, dicht besiedelten »Ost-Makedonien« dürfen nicht zu Versuchen herangezogen werden, eine ansteigende Geburtenrate innerhalb Makedoniens zwischen 359 und 320 feststellen zu wollen. Ebenso könnte die mögliche Rekrutierung von Leibeigenen die Zahlen hochtreiben. *Sklaven:* z. B. Polyain. 4.2.21, J. 9.7.15, Dem. 19.305, 19.139. P. Alex. 16.2 wird erklärt von Etym. Magn. s. u. Daisios (Erntemonat); das Daisia-Fest (Ernte?) ist jetzt durch eine Inschrift aus Lynkestis bekannt, ca. 2. Jhdt. v. Chr., F. Papazoglou, Klio (1970), SS. 305 ff.

ANMERKUNGEN ZU KAPITEL 5 (SS. 103)

J. 9.1–4 ist der Hintergrund (mit QC 8.1.24?) zu A.-Ptol. 1.1.4–1.4.8 und S.-Ptol. 7.3.8 (die Anmerkungen A. 1.4.7–8 und Ptol. F 2 weichen ab, meinen aber, Ptol. habe seinen Hdt. gelesen; vgl. Hdt. 4.9.3). *Agrianer:* A. 1.5. *Dionysos:* Suet. Aug. 94.5, Macrob. Sat. 1.18, mit Aristot. Mirab. 122, Hdt. 6.125, und BCH (1961), S. 812 ff. zu dortigen Funden; vgl. die dionysische Vase und den Papyrus in Arch. Deltion (1963), SS. 192 ff. *Jagdhunde:* Polyain. 4.2.16, auch Ain. Tact. 22.14. *Flösse:* Xen. Anab. 1.5.10; ihre Geschichte reicht von assyrischen Skulpturen bis zu den *utricularii* des röm. Heeres. Hdt. 4.72 (Skythische ausgestopfte Pferde). *Illyrer:* N. G. L. Hammond, BSA (1966), S. 239. *Olympias' Mörder:* J. 9.7.12, 12.6.14, Paus. 8.7.7. *Demosthenes:* Aisch. 3.239, Dein. 1.10.18. P. Dem. 20. *Thebanischer Hintergrund:* J. 9.4.6, Paus. 4.27.5, 9.1.3. Demades Perites dodekaetias 3 f. *Heimgekehrte Böotarchen:* A. 1.7.11. *Belagerung:* A.-Ptol. 1.7.7, 1.7.10–11, 1.8.5 betont Alex.s Zögern anzugreifen (vgl. P. 11.7, D. S. 9.2). A.-Ptol. 1.8, tadelt Perdikkas, den Feind des Ptolemäos; vgl. DS 12.3 (sicherlich richtig). A. Ptol. betont die schweren Differenzen in Theben (1.8.11, vgl. P. 11.12); die Makedonen betreten die Stadt nur aufgrund thebanischer Apathie (1.8.5) und siegen mühelos (1.8.5 f.); die Böotier tun sich bei dem Massaker bes. hervor (A. 1.8.8 mit DS 13.5, J. 11.3.8, P. 11.5). Aber DS 9.1. hebt die thebanische Einmütigkeit und die Begeisterung hervor (9.5, 10.2, 10.6, 11.4) sowie heftigen Widerstand; möglicherweise sind die in 12.1 erwähnten Reserven die Streitkräfte unter Antipater, die von Polyain. 4.3.12 erwähnt werden. Alle erwähnen einstimmig den Ausfall aus der Kadmeia; nur DS berichtet über makedon. Verluste (DS 14.1). *Schicksal der Stadt:* A. 1.9.9 meint, die Zerstörung der Stadt wäre allein den Verbündeten an Ort und Stelle zuzuschreiben (überwiegend Böotier). P. 11.11 geht nicht genauer darauf ein; DS 14 beschreibt einen Erlaß der vollzähligen Bundesversammlung, vgl. J. 11.3.8, aber die Zerstörung Thebens wurde ein Lieblingsthema der Schriftsteller. Die Nachspiele in Athen etc. (A. 1.10) scheinen mir besser zu einem sofortigen Zusammentreffen zu passen. Was die Rolle der Böotier betrifft (auch von DS 13.5 betont), so ist die Frage rein akademisch; eine nachträgliche Bestätigung würde vielleicht folgen. *Verkauf der Gefangenen:* Kleit. F. 1 muß im Zusammenhang von Athen.s Sprecher (4.146–8) gelesen werden, der darauf aus ist, den griech. Wohlstand zu verkleinern und wahrscheinlich nicht direkt zitiert, sondern Kleit.s Beschreibung (unfair) zusammenfaßt. Kleit. ist bestimmt die Quelle von DS 14.4, wo nicht ganz klar wird, ob das Silber allein aus dem Verkauf der Gefangenen stammte. Die riesige (unverkaufte) Beute bei 14.1. steht nicht im Widerspruch zu Kleit. F 1 (wobei der 2. Teil wahrscheinlich nicht von Kleit. ist) hinsichtl. der Tendenz des von Athen. zitierten Sprechers, den griech. Wohlstand herunterzuspielen. Der »ganze Reichtum« bedeutet »der ganze Reichtum, den Alex. erzielte«. Über den Preis von Sklaven in kleineren Gruppen vgl. W. K. Pritchett, Hesp. (1956), S. 277. Gefangene wurden quasi im Dutzend billiger verkauft, z. B. Hellen. Oxyr. 12.4, Thuk. 8.28.4 (20 Drachm. pro Kopf). *Verluste der Thebaner:* DS 14.1 = P. 11.12. *Pindars Haus:* P. 11.6 und A. 1.9.10 mit Pindar F 106. Dio Chrys. 2.33. W. Slater, Gk. Rmn. Byz. St. (1971), S. 141 überzeugt nicht. *Getreideflotte:* bezieht sich Ps.-Dem. 17, bes. 20, auf die Herbstaktivitäten der Donauflotte Alex.s im Jahr 335? Deshalb keine Erwähnung der Theben-Katastrophe (vgl. dazu G. L. Cawkwell, Phoenix (1961), S. 74, der die Rede auf 332/1 datiert). Aber Makedonien hielt bereits Sestos und den Hellespont im Jahr 335, und die Vorausabteilungen benötigten Nahrungsmittel. *Athenische Opfer:* P. Dem. 23 (Aristob., trotz Jacoby); DS 15.1, P. Phoc. 9, Suidas s. u. Antipater (10 Opfer); A. 1.10.4 (Ptol. nicht Aristob.?) *Fest:* DS 16, A. 1.11. *Heiratsvorschlag:* DS 16.2, P. Dem. 23.5; Berve s. u. Balakros 200, Koinos 439. A. 1.24.1–2. *Parmenions Freunde:* Philotas 802, Nikanor 554, Asandros 165, Koinos 439, Hegelochos 341, Amyntas 57, Atalos 181, Polyperchon 654, Simmias 704. *Italieninvasion:* Aristot. F 614 (Rose). J. 12.2.1, 23.1.15, S. 6. 280, Livius 8.24.4. *Alex. und Rom:* S. 5.23.2 ist glaubhaft; Memnon FGH 434 F 18, 2 weniger glaubhaft (vgl. die überraschende Parallele in Ps.-Kallist. A. 1.29–30). Ebenso W. Hoffman, Rom u. die Griech. Welt im 4. Jahrhdt. (1934) wegen einer Zusammenfassung des Hintergrundes.

ANMERKUNGEN ZU KAPITEL 6 (SS. 119)

Antipater und Olympias: Berve s. u.; ebenso Berve s. u. Kleopatra hinsichtl. ihrer Streitigkeiten; Tod, GHI 196, Zeilen 10 und 21 beweisen, daß Olympias Regentin von Makedonien, Kleopatra die von Epirus war; ihre beiden Königreiche fehlen auf der Getreideliste, und daß die beiden als die einzigen Privatpersonen aufgeführt werden (mit erheblichen Bezügen) ist andernfalls absurd. *Griechische Invasion:* Philostr. VS. 1.9.4, Lys. 33, Xen. Hell. 6.1.12, Isokr. 5.119, Paus. 6.17.9, P. Mor. 1126 D. Isokr. Epist. 3.3 ist wichtig; vgl. 5.18, Panath. 10–14, Philipp. 129–131. N. H. Baynes, Byz. Studies and other Essays SS. 144–67 (ausgezeichnet) und S. Perlman, Histor. (1957), SS. 306–17. *Frieden unter den Verbündeten:* Tod, GHI 177, 183,

Ps.-Dem. 17 (sehr wichtig), Tod 179, 192 und bes. A. Momigliano, Terzo Contrib. alla Storia (1966), SS. 406 ff. *Athen:* die außerordentliche Inschrift am besten besprochen von M. Ostwald, TAPA (1955), SS. 103–28. *Siegesmünzen:* A. R. Bellinger, Studies, SS. 12–13 treffen daneben. H. A. Thompson, Ath. Stud. pres. W. S. Ferguson (1940), SS. 183 ff. können stimmen; S. Perlman NC, (1965), S. 57 ist anregend; merke DS 18.26.6 für das Nike-Thema. *Alex.s Betrachtungsweise:* Onesik. F 19, DS 62.7. *Feldzug:* nicht im Vordergrund bei Isokr. (aber vgl. 4.3.15); DS 16.89.2, J. 9.4.6–10, A. 2.14.4 mit P. Perikl. 17. und Thuk. 1.96.1. Polyb. 3.6.12–14 ist sehr interessant. *Athen:* Lykurg. in Leokrat.; Ps.-Dem. 17 passim; Hypereid. 3.29–32, vgl. jetzt F. W. Mitchel, Athens in the Age of Lycurgus (1970). Polyb. 5.10 ist irreführend: 1G2² 1628.22 über Athens Schiffe (vgl. DS 18.10.2). Ebenso U. Kahrstedt, Hermes (1936), SS. 120 ff. über das Kontingent der Athener. A. (via Ptolemäos, den eventuellen Garanten der griechischen Freiheit?) bringt die volle Stärke der Griechen und Athener nicht zum Ausdruck, Feindschaft gegenüber Makedonien ist für ihn jedenfalls eine ungewöhnliche Vorstellung. *Thespier:* A. P. 6.344. *Sizilien:* Berve s. u. Demaratos. *Einsetzung von Satrapen:* Isokr. Philipp 103–4. *Kallisthenes:* FGH 124 mit F. Jacoby, R–E (Pauly) 10.2.1680, ein ausgezeichneter Überblick, obwohl man von Kallisth. weiß, daß er nicht pro-thebanisch eingestellt oder für eine nationale Erneuerung war! T 2 ist wahrscheinlich, aber kein sicheres Beweismittel für seine tatsächliche Verwandtschaft mit Aristoteles; Chares F 15 untersucht ihre sehr engen Bindungen, wahrscheinlich Schüler–Lehrer-Verhältnis (A. B. Bosworth, Hist. [1970], SS. 407 ff. ist nur eine Spitzfindigkeit und spricht nicht gegen eine enge Bindung zwischen Kallisth. und vielen Peripatetikern). Vgl. T 23 mit F 42, F 10 (Troja), F 23, 24, 29 (frühe Dichtung, F 19, F 38 [Hdt.]) *Dummheiten:* T 5, P 54, T 20 und bes. T 21 (der gelehrte Philodemos ist wahrscheinlich zuverlässig); F 1 (Erbin), F 50 (Sparta), F 43 mit J. K. Davies, Ath. Propertied Families (1970), SS. 50–51; der Mythos von Sokrates' zwei Frauen wurde so entschieden widerlegt von E. Zeller, Die Philos. der Griechen (1963), Band 2, 1.54, daß es überrascht, wenn er bei QC (1970), S. 56, wiederauftaucht; F 46. *Panegyrikos:* T 20, F 2. Man sollte die mickerigen literarischen Vorbilder bedenken, die Kall. für seine Geschichte eines Königs zur Verfügung standen (Kyropaid. Theopomp. usw.). Der Bezug auf Dar.s Tod bei F 14, Zeile 25 beweist, daß dieser Abschnitt nicht als Direktmeldung veröffentlicht und im Jahr 331 in das rebellierende Griechenland zurückgeschickt wurde. *Athen und Ägypten:* F 51 mit Anaxim. 72 F 20 und Plato Timaios 23 D. *Feldzug:* Jacoby über F 28 ist geistreich; F 10 mag relevant sein; F 36 beweist nichts. *Homer:* T 10, vielleicht T 6, F 10A, 12, 13, 14, 32, 33, 53. L. Pearson, Lost Hist. of Alex. (1960), SS. 36 ff. stimmt im Prinzip, aber nicht im Detail. *Persien:* siehe Bibliographie am Schluß für den größten Teil des folgenden. *Grenzen des Reichs:* P. 65.6, eine beliebte Geschichte, vgl. Hdt. 1.134.2. *Darius:* Berve s. u., ebenso s. u. Bistanes Ochou, vgl. A. 2.14.5. *Nachrichtenwesen:* P. 69.1 mit dem langsamen Brief in L. Robert, Hellenica Band 7, S. 7 und A. Aymard, Rea (1949), S. 340. F. Oertel, Festschr. Braubach (1964), SS. 32 ff. behandelt Damastes FGH, 5 F 8 bezüglich einer Reise durch den Suezkanal, vgl. dazu J. Breebart, Mnemosyne (1967), SS. 422 ff. F. Lammert, R–E. 21.2, Spalten 2438–42 betont zu recht die vielen Pontonbrücken im Reich. Über Feuersignale, ein vernachlässigtes Thema, Aischyl. Agamem. 282 für das persische Wort; Aristot. Meteor. ist wesentlich. Über Kamele zitiere ich einen chinesischen Handlungsreisenden aus dem altchin. Staat Tang, der nach Baktrien kam (in E. H. Schafers bemerkenswerter Arbeit Sinologica [1950], SS. 165 ff.). *Zeremoniell des Königs:* viel früheres Beweismittel, bes. Persep. Fort., Tafel 6764; vgl. Jos. A. J. 13.4.4, Hdt. 3.84 über Spangen. Die persönliche Tradition dauerte fort, daher die Kunst des königlichen Händeschüttelns in der Sassanidenzeit. *Ehrung Gleichgestellter:* Xen. Kyrop. 2.1.3, 7.5.7 und bes. DS 17.59 für tausend königliche »Verwandte« im Heer. *Bürokratie:* für Geburtsraten, Persep. Fort. Tablets, hrsg. R. T. Hallock (1969), Nr. 1219; vgl. Hdt. 1.136. Die aramäischen Gewichte u. Maße aus Elephantine decken sich mit denen auf den Persepolistafeln. *Doppelte Rationen:* z. B. Persep. Fort. 1351, 1358, 1404. *Persische Schwäche:* Schluß zu Xen. Kyrop., wahrscheinlich echt. Isokr. 4.140–9, 5.95–100. Ihre Macht betr. vergl. die pers. Flotte im Jahr 334/3 mit ähnlichen Berichten über die ägyptische Invasion von DS 15.42 f. *Alex.s Aufseher:* beachte Tod, GHI 188 mit SEG 14.376 und H. Bengtson, Symb. Osl. (1956), SS. 35 ff. über Philonides. *Vorräte:* Xen. Kyrop. 6.2.25–40 ist grundlegend; im Jahr 396 nahm Agesilaos' kleines Heer für 6 Monate Proviant nach Asien mit (vgl. Xen. Hell. 3.4.3), ungef. dieselbe Menge wie Alexander. Xen. Anab. 1.10.18 ist entscheidend (400 Wagen für 10 000 Mann und zwei Wochen). Bäcker werden von Nikias beschrieben, für Sizilien in Thuk. 6.22; bis Issos bekochten sich die Truppen Alex.s wahrscheinlich selbst (A. 2.8.1; vgl. Xen. Hellen. 7.2.22). Dort nahmen sie Köche von Darius gefangen! Ebenso könnte man den Soldaten Geld gezahlt haben, so daß sie sich auf einem vorher organisierten Markt selbst versorgen konnten; Alex.s Vorräte wären somit weitgehend dezentralisiert gewesen. *Persische Gärten:* P. Grimal, Les Jardins romains (1943), SS. 86 ff. ist hervorragend; vgl. Xen. Oecon. 4.13–14,20; eine Art Gärtner kann vielleicht in Persep. Treas. Tabl. (hrsg. G. E. Cameron), Nrn. 14 und 31 entdeckt werden. *Zeitalter des Paradoxon:* Aischin. 3.1.32. *Hungersnot:* Tod, GHI 196, Zeile 3 mit Anmerkungen auf SS. 275–6. *Feuertempel:* K. Schippmann, Iran. Feuerheiligtümer (1968) – eine Tradition, die sich, wie jüngste Ausgrabungen beweisen, bis nach Medien zurückverfolgen läßt, vgl. die wahrscheinlich achaimenidischen Feuertempel, die in Seistan gefunden wurden und von denen Italiener in Ost und West während der letzten zehn Jahre berichten. *Lange Pacht:* B. E. 9.48, aus den Jahren um 420.

ANMERKUNGEN ZU KAPITEL 7 (SS. 142)

Ägyptischer Aufstand: F. Kienitz, Politische Geschichte Ägyptens (1953), SS. 185 ff. geht ausführlich auf die umstrittene Figur des Khabash ein; die Fortsetzung seines Aufstandes bis in die Jahre 335/4 ist noch eine Möglichkeit. *Stellungnahme:* A. 1.11.5 f., DS 17.2 = J. 11.5.10 (Kleit., und deshalb kein römischer Anachronismus). *Die Jungfrauen:* A. Momigliano, CR (1945), SS. 49–53; ebenso G. L. Huxley, Studies in hon. of V. Ehrenberg (1967), SS. 147 ff.; E. Manni, Miscell. Rostagnea (1963), SS. 166 ff.; die Datierung ist ungewiß, aber Lykophrons neues Zeitalter könnte das von Alexander sein (siehe unten). *Trojanische Opfer:* A. 1.12.1–3 (sein Wort *legousin* schließt Ptol. und Aristob. als seine Quellen nicht aus). DS 17.3; J. 11.5.12; P. 15.8; Ail. V. H. 12.7; vgl. Cic. Pro Arch. 24; Symm. Epist. 60.72, Jerome, Vita Hilar. 1, Petrarch Africa 9.51–4 gehen dem Thema nach. Ebenso Ps.-Kall. 1.42.9–12. *Menoitios:* A. 1.12.1 und beachte den unbeständigen Chares (QC 4.5.22). *Dikaiarchos:* F. Wehrli, Die Schule des Aristot. (1967), Band 1, SS. 13 ff., bes. Fragment. 23. *Xerxes:* H. U. Instinsky, Alex. am Hellespont (1949) überzeugt nicht, nicht zuletzt, weil die Details von Hdt. 7.43, 54–5 anders als bei A.; für die goldene Phiole vgl. A. 6.19.5, wo Xerxes nicht in Frage gestellt wird und für die heroischen Obertöne von *phialai* (hier sehr von Belang) H. Luschey, R. E. s. u. Phiale, mit Hinweisen auf Kult. *Thessaler:* Philostrat. Heroikos (hrsg. Teubner) S. 208, Zeile 8 f.; ebenso Heliodor. Aethiopica 3.5; blieb die gesamte Reiterei bei Parmenion (A. 1.11.6)? *Caracalla:* Dio 79.16.7, 18.2 und F. G. Millar, Studies in Cassius Dio (1964), SS. 214 ff. Ich danke Mr. C. G. Hardie, daß er mich darauf aufmerksam machte. *Homerische Straße:* Hom. Il. 6.13–15. *Alex.s Vorliebe für Troja:* S. 13.1.26–7, wo er bereits vor seinem Sieg den Tribut erläßt.

ANMERKUNGEN ZU KAPITEL 8 (SS. 150)

Truppenstärken: DS 17.3, mit P. Mor. 327 R–E (A. 1.11.3 zieht Ptol. dem Aristob. vor). P. 15.1, J. 11.6.2, Kall. ap. Polyb. 12.19.1; im Einklang mit Polyain. 5.44, DS 7.10 (nennt Makedonen bei der Vorhut), siehe z. B. P. A. Brunt, JHS (1963), SS. 34 ff., und R. D. Milns, JHS (1966), SS. 167 ff. Alle Zahlen sind spekulativ; bes. ungewiß die der Reiterei. *Kyzikos:* Polyain. 5.44.5, DS 17.7. *Memnos Feldzüge:* Ps.-Aristot. Oecon. 1359 B. *Lampsakos:* die häufigste Quelle von Paus. 6.18.2, Val. Max. 7.3.4 und Suidas s. u. Anaximenes ist wahrscheinlich nicht gut, eines ist an dieser beliebten Anekdote jedoch vielleicht wahr, nämlich daß Alex. diesen Ort zumindest besuchte. Bei A. 1.12.6 steht im einzig zuverlässigen MS. *prosaktios:* das gewöhnlich in den zweifelhaften Fluß Praktios umgeändert wurde, wodurch Alex.s Route eine merkwürdige Wendung zu einer unpassierbaren Stelle am Fluß macht (W. F. Leaf, Strabo on the Troad [1923], SS. 71 ff. mit ausführlichen geogr. Erläuterungen). Lesen wir etwas wie *par' akten,* entlang der Küste, würde Alex. selbstverständlich nach Norden gehen, zu der als wohlhabend geltenden Stadt Lampsakos: vgl. Xen. Hell. 2.1.19; merke Ps.-Ar. Oec. 1351 für persische Münzstätte. *Persische Pläne:* A. 1.12.9 = DS 18.2 = Kall. via eine persische Gefangene, vielleicht Barsine, Memnons zweisprachige Frau? *Tyrann in Zeleia:* SIG³ 279 mit Berve s. u. Nikagoras sind meiner Meinung Beweis genug. *Memnons Münzen:* A. E. M. Johnston, JHS (1967), S. 86. *Persische Besitztümer:* ein riesiges Thema. Xen. Hell. 3.1.25–7, 3.2.12, 4.1.15–16, 4.1.33. Xen. Anab. 4.4.2, 4.4.7, Oecon. 4.5, 4.20. P. Alkib. 24 und bes. Xen. An. 7.8 zeigen, daß 200 Leibeigene nur eine Handvoll waren! Wer besaß die elf *choroi* an der Quelle des Granikos – Kaibel Epigr. Graec. Nr. 335? Sicherlich Perser; vgl. E. Benveniste, Paideuma (1960), S. 199 für den pers. Namen dieser drei Domänen. Über *pyrgos – tyrsis – baris,* vgl. L. Robert, Noms indigènes en Asie Mineure (1963), SS. 14–16, mit Bibliographie. J. Keil-Premerstein, Dritte Reise, S. 102 bringt den Grundriß eines solchen »Turms«. *Daisos:* P. 16.2, Etym. Magn. s. u. Daisos. *Persische Zahlen:* A. 1.14.4, aber DS 19.5 nennt sogar weniger Kavallerie. *Persische Rüstung:* Xen. An. 1.8.7, Über die Reitkunst 12; P. Bernard, Syria (1964), S. 195 ist bemerkenswert, da er auf J. K. Anderson, JHS (1960), SS. 7–8 näher eingeht, der einen gepanzerten Thessaler auf einer Münze zitiert; vielleicht anwendbar auf Alex.s Kavalleristen? Vgl. E. Ebeling, Zeits. Assyr. (1952), SS. 203 ff. *Schlacht:* s. meine in Kürze erscheinende Studie. P. 16.15 hat Ähnlichkeit mit A. 1.13–16, trotz Anfügungen und Vergessenem; Aristob. ap. P. 16.15 = A. 1.16.4, jedoch war Aristob. bestimmt nicht Ps oder A.s einzige Quelle. A.

1.13–16 muß auch von Ptol. zugestimmt werden. DS 19–21 = Fragm. Sabbait. FGH 151 F 1 Zeilen 3–4 (lagern); QC 8.1.20 = DS 20.6, gegenüber A. und P. Beachte die Hyrkaner bei DS 19.4: stimmt genau: S. 13.629, Tac. Ann. 2.47, Plinius NH. 5.120; Head, BMC, Lydia S. 122; A. Fontrier, Mouseion (1886), S. 11 für die Lage. Ich unterstütze DS-Kleit. gegenüber A.-Ptol.-Aristob.; beachte Xen. Anab. 3.4.35, QC 3.3.8 über persische nächtliche Gebräuche, sehr sachdienlich zu einer Schlacht im Morgengrauen. *Spartas Haß:* z. B. Isokr. 5.74–5, Dem. 5.18, 6.9, 6.13–15; 19.10–11, 260–2, 303–6. Siehe jetzt G. E. M. de Sainte Croix, Origins of the Pel. War (1972), SS. 159 ff. und bes. Appendix XXX. *Schlachtruf:* A. 1.16.4, P. 16.18. Wer entwarf ihn? Kallisthenes? *Neues Jahrtausend:* Duris FGH 76 F. 41, und für mögliche homerische Zwischentöne des Monats (Thargelion = Daisos) Kall. 124 F. 10 A und B (wichtig). *Nemesis:* Kall. F. 28; vgl. J. 11.6.10. Für die Bakter in den lydisch-ionischen Streitkräften bei DS 19.4, vgl. die baktrischen Namen in Ionien bei L. Robert, Noms indigènes und »Orontel the Bactrian«, Führer der Satrapenrevolte in den 360er Jahren.

ANMERKUNGEN ZU KAPITEL 9 (SS. 162)

Kleinasien: W. Judeich, Kleinasiat. Studien (1892), G. Glotz-Cohen, Hist. Grecque 4.1, SS. 21 ff. Ebenso M. Rostowtzeff pres. to Wm. Ramsay (1923), SS. 366 ff.; über Tyrannen und persische Günstlinge sind die Listen bei H. Berve, Tyrannis bei den Griechen (1967), SS. 332 bis 340 und Band II SS. 690 ff. von unschätzbarem Wert; eine bislang noch unveröffentlichte Textstelle wurde von J. Crampa angekündigt; sie dokumentiert die Grundsteuer, die der persische König auf griech. Besitztümer außerhalb der *poleis* in Kleinasien erhob. Vgl. Xen. Hell. 3.4.25–6 für die Vorrechte der Perser; zuerst kam der Tribut. *Erste Maßnahmen:* J. 11.6.1, A. 1.17. *Troja:* S. 13.593. *Zeleia:* Berve s. u. Nikagoras mit dem (undatierbaren) Syll. 1.297. *Sardes:* A. 1.17, mit ausführlichen Belegen für die Einmischung persischer Richter und Gesetzgebung in Angelegenheiten der Provinzen: z. B. Hdt. 3.14, 3.31, 5.25, 7.194 und eine allgemeine Beurteilung bei Dar. Bis. 1.21. Weitgehender Überblick in E. B. Kraeling, Brooklyn Aramaic Pap. (1953), SS. 36 ff. In den Cowley-Papyri aus Elephantine werden pers. Richter erwähnt, die sowohl in Memphis als auch in der Kolonie tätig sind. (16.7, 20.4, 27.9, 42.2 und 7; der *typt* z. B. bei Daniel 3.2 kann Polizeibeamter sein und der *frasaka* ein Untersuchungsrichter: W. Eilers, Iran. Beamtennamen, SS. 5–43, Cowley 37 mit Eilers S. 28); ebenso in Babylonia, passim – z. B. B. E. X. 97, königliche Kanal-Richter in B. E. X. 8, 92, Richter von Parysatis' Hofhaltung, UM 133, Richter des Satrapengerichtshofs von Gobryas – B. E. X. 84, 97, 128, Richter der Küstenländer – B. E. IX. 75. Ebenso die periodisch tagenden Gerichte der »Augen des Königs«: z. B. Cowley 27.9, Xen. Kyr. 8.6.16; ebenso besitzen die Garnisonskommandeure rechtsprechende Gewalt (Cowley 1.3, 25,2, Kraeling 8.2 f.) und Sardes hatte eine 1000 Mann starke iran. Garnison und eine große Zahl hyrkanischer Siedler, die in der Nähe biwakierten. Ebenso ermutigte Persien ständig die Putschversuche von Oligarchen in griech. Städten; wenn man diese kurze Auswahl aus den Dokumenten betrachtet, sind die Bemerkungen von E. Badian, Anc. Soc. and Institut (1966), S. 45 unglücklich. Die Juden sind kein Gegenargument, denn wenn Esra die Thora anwendete, mußte er ebenso das Gesetz des Königs anwenden (Esra 7.25 f.). In Sardes führte Alex., wie angekündigt, eine Änderung durch. *Freiheit und Demokratie:* A. H. M. Jones, Greek City (1940), S. 157, mit OGI 222, 226, 229, 237. *Alex. und Aristokraten:* A. 5.2.2. *Neue Ära:* C. Habicht, Gottmenschtum (1970, 2.A.), S. 24. *Kult:* S. 14.640, P. Mor. 335 A. Habicht, SS. 18 f. und 251. Z. B. SEG 4.521 für seine Beharrlichkeit. *Vorgänger:* z. B. Lysander (Arch. Anz. [1965], S. 440 – eindeutig). *Syntaxis:* z. B. Tod 185. A. 1.17.7 implizert, er wurde ebenso in Sardes bezahlt, i. e. nicht begrenzt auf einen griech. Bund. Ob die asiatischen Griechen dem Korinthischen Bund angehörten, ist ein modernes Rätsel, dessen Bedeutung mir (und ich denke, auch Alex.) völlig entgeht; E. Badian, Anc. Soc. and Inst., SS. 43–54 formuliert den Standpunkt von A. H. M. Jones in Greek City, S. 316, Anm. 14, neu wie folgt: einige griech. Städte in Kleinasien zahlten einen Beitrag; Mitglieder des 2. Attischen Seebunds zahlten Beiträge; deshalb waren alle griech. Städte Kleinasiens Mitglieder des Korinthischen Bundes. Abgesehen davon, daß es ein Trugschluß ist, erlaubt dies nicht aus A. 1.17.7 zu schließen, die Sarder hätten auch, ohne zu irgendeinem Bund zu gehören, Beiträge gezahlt. *Alkimachos:* Berve s. u., mit W. G. Forrest, Klio (1969), SS. 201–4. Ich glaube, er ist der Makedone, der 338 nach Athen geschickt wurde. *Milet:* A. 1.18.3 f. mit DS 22 (anderes Detail). Gründe für die Flotte bei 22.5 = A. 1.20 (größtenteils) = Kall.? Mit A. 1.18.7; hier sollten wir vielleicht bedenken, daß Ptol. die cyprische Flotte nach Alex.s Tod selbst einsetzte. Ist Ptol. oder A. verantwortlich für die Nichterwähnung der zurückgehaltenen Athener (DS 22.5)? Xen. Hell. 4.1.14 ist sachdienlich für die Vorzüge des Transports auf See gegenüber dem zu Land in Kleinasien. Die Finanzierung von

Schiffen durch das verbündete Chios im Jahre 332/1 (Tod 192.9) wurde wahrscheinlich nicht von allen Bundesgenossen im Jahr 334 gefordert? *Milets Magistrat:* Inschr. von Milet 122. *Darius' Sohn:* Berve Ariobarzanes, Nr. 116. *Karien:* SIG³ 45, 46, Head. Hist. Num. S. 617 (Münzen), Pammyes' Elegien (SEG 4.191), J. M. Cook und G. E. Bean, BSA (1955), SS. 143 ff. G. Bockisch, Klio (1969), SS. 118 ff. bringt eine vollständige Geschichte der karischen Dynastien. *Ada:* S. 14.656, 635 und Berve s. u.; Alexandreia von Latmos (Steph. Byz., Alexandria) ist wahrscheinlich Alinda, denn ich kenne keine Alternative in diesem Bereich. *Halikarnassos:* G. E. Bean und J. M. Cook, BSA (1955), SS. 85 ff. ist wesentlich, betont Verdienste von DS 23.4–27. Wiederum verschweigt A. die Feindschaft der Athener (DS 25.6). Perdikkas Ausfall (A. 1.21.1) kann nicht nur eine böswillige Erfindung von Ptol. sein, denn er erscheint auch in DS 25.5 (DS-Kleit. benutzten Ptol. nicht); vielleicht stimmte es oder stand bei Kall., und inspirierte Ptol. deshalb zu seinen Lügen in Theben. *Zerstörung:* Vitruv 2.8.10–14, Plin. NH 35.172 gegenüber A. 1.24.6, DS 27.6. Ptol. hatte hier selbst im Jahr 309/8 eine Schlacht geschlagen, vielleicht wichtig für seine Geschichte? *Neue Bauten in Asien:* J. M. Cook, BSA (1958), S. 34; Plin. NH 5.117, S. 1.58 (Klazomenai); Erytrai: (Plin. NH 5.116), Ilion (DS 18.4.5) *Priene:* Tod 184/5 (wobei die Vorsilbe basileus für das Datum nicht entscheidend ist). *Landschenkungen:* der Wortlaut von Tod 186.9–13 erinnert sehr an ähnliche Wendungen in SIG 278 Zeilen 9–11, OGIS 9, 10, wonach die Diadochen ebenfalls Land an Günstlinge des Königs verteilen. K. M. T. Atkinson, Antichthon (1968), SS. 32 ff. ist ein guter Überblick, der Rostowtzeffs Unwahrscheinlichkeiten korrigiert. *Neue Besitzer:* P. Eum. 8 einziger sicherer Beweis, aber auch die Satrapen sollten hinzugerechnet werden. Ebenso makedon. Tyrannen wie Eupolemos, Antipatrides (Polyain. 5.35), Philetairos, Philomelos und die vielen anderen, die Berve aufmarschieren läßt in Tyrannis (1967), Band 1, S. 418 und Anm. zu S. 718; sie wären mit durchschnittlichem Besitz nicht zufrieden gewesen. Man beachte jedoch, daß es trotz Alex. möglich war, daß die Nachkommen des Proklos und Damaratos ihre aiolischen Besitztümer (und Tyrannei?) ungestört behalten konnten – T. Homolle, BCH (1896), SS. 505 ff. *Leibeigene:* G. Sventiskaja, VDI (1967), S. 85 ff. zitiert sehr vollständige Beweise mit der entsprechend richtigen Parteibrille. K. M. T. Atkinson SS. 37–41 wendet sich entschieden gegen Rostowtzeffs Ansicht, daß die Leibeigenen freigelassen wurden. *Hyrkaner:* S. 13.629, Xen. Anab. 7.8.15 (glänzender Beweis), DS 17.19.4 (Spithridates war auch Satrap von Lydien), die zur Zeit des Tib. entstandene Pozzuoli-Säule, taciteischer Beweis, und die Inschriften sind von L. Robert, Hellenica (6), SS. 19 ff. großartig zusammengefaßt. Wir sollten uns stets an diese Kolonien erinnern: vgl. A. Keramopoullos, Athena (1904), SS. 161 ff.; ebenso an Stätten wie Kambysene, Xerxene, Dareiou Kome, Kyrupädion. *Iranische Städter:* müßte untersucht werden. Die klugen Bemerkungen von P. Bernard, Syria (1964), SS. 211 ff. mit vollständiger Bibliographie stecken ein Thema ab, das ich an anderer Stelle ausführlich behandeln muß. *Anahita:* L. Robert, Hellenica (6), Kap. 2–4 ist der beste Bericht; der Nachweis für die Magier Kleinasiens reicht jetzt von den Daskyleion-Reliefs bis Pausanias mit einer entsprechend umfangreichen Bibliographie. Vgl. P. Herrmann, Ergebnisse einer Reise in Nordost Lydien (1962) für nähere Details. *Iranische neokoroi:* Berve s. u. Megabyzos und die bemerkenswerte, leider nicht veröffentlichte Inschrift, von der L. Robert, CRAI (1953), SS. 410–11 berichtet, soll ebenso einige »beaux noms Cariens« enthalten, die bestätigen, daß die Hellenisierung des karischen Inlandes ins 3. Jhdt. v. Chr. fällt. Beachte die Münzen des Iraniers Maiphernes bei Kelainai (noms indigènes S. 349) mit Anahita als Symbolfigur; ebenso merke die Ephesos-Magier in P. Alex. 3.7 der Artemis-Anahita.

ANMERKUNGEN ZU KAPITEL 10 (SS. 185)

Lykien-Feldzug: A. 1.24.5–29. Freya Stark, JHS (1958), SS. 102 ff. geht auf die Route, nicht auf die Qualitäten des Beweismaterials ein. *Omen:* P. 17.4, sehr interessant. *Theodectas:* P. 17.9, Onesik, F 22. *Alex. von Lynkestis:* A. 1.25. Aristob. F. 2 B, Zeilen 8 f., eine unbeachtete Passage, die wahrscheinlich von einiger Bedeutung für die Quellenforschung von Alex. ist. Alex. von Lynkestis führte die Thraker im Jahr 335 an (A. 1.25.1) und sicherlich wurde angenommen, daß er bei Theben dabei war (A. 1.7.6). In diesem Frag. 2 B Zeile 24 behauptet P., der Angeklagte wäre ein Makedone; P. Alex. 12.3 spricht von einem »Thraker«, doch ist dies nur ein Versehen aufgrund der Tatsache, daß Alex. von Lynkestis die Thraker anführte. Trotz der Häufigkeit des Namens Alexander gehe ich jede Wette ein, daß diese zwei Alexander ein und derselbe Mann sind und daß Aristob. (wieder einmal und absichtlich?) das Hinscheiden eines Verdächtigen verwechselte. DS 32.1. gibt das richtige Datum an; für Sisines vgl. QC 3.7.11, sehr ausführlich und glaubwürdig. *Der Neffe des Lynkesten:* Berve s. u. Amyntas Arrhabaiou; A. 1.28.4 mit seinem späteren Verschwinden. *Tod des Alex. von Lynkestis:*

DS 80.2, nennt eine dreijährige Gefangenschaft, i. e. eine Festnahme im Jahr 333; vgl. QC 7.1.8 (»drei ganze Jahre«). QC 8.8.6, 10.1.40 beziehen sich auf zwei Beweise gegen den Lynkester; wahrscheinlich ist dies ein Versuch von QC oder seiner Quelle, die Lesart der beiden Festnahmedarstellungen zu verschmelzen. Offensichtlich kannte QC beide Geschichten, denn das Fehlen der Festnahme in Bch 3 bedeutet, er berichtete darüber in Bch 2 unter 334, wobei er A.s Version vorzog. Seine Bevorzugung ist jedoch kein Wahrheitsbeweis! Natürlich hob A. diesen (wahrscheinlichen) Widerspruch zwischen Ptol. und Aristob. nicht hervor; unter 334 sagte Aristob. nichts, da er alles bei 335 in der Timokleia-Geschichte gesagt hat, die A. ausließ; also nahm er einfach Ptol.s Erzählung, da nur sie zur Verfügung stand. *Überschreitung des Gebirges:* Kall. F 31; vermutlich erwähnte auch Kall. göttliche Hilfe, insofern A. 1.26.2 und die allgemeine Einstimmigkeit der Alex.-Historiker in diesem Punkt, gut beobachtet von Jos. A. J. 2.2.348. *Phrygischer Marsch:* QC 3.1.1–8. *Gordischer Knoten:* A. 2.3, QC 3.1.14, J. 11.7.3, Ail. Nat. An. 13.1. *Makedonien und Phrygien:* Kall. F. 54, Marsyas, FGH 135 F 4. Vgl. E. A. Fredricksmeyer, CP (1961), SS. 160 f. *Telmesser:* A. 2.3.3. Wichtig ist, daß Alex. bis zum letzten Tag seines Aufenthalts wartete: vgl. A. 2.4.1. »am nächsten Tag«. Beachte, daß der phrygische Gott mit Zeus, dem König, identifiziert wurde (A. 2.3.6), was bes. gut paßte, als Alex. ein König war, der offensichtlich immer mehr unter dem Schutz von Zeus stand (z. B. die Regenfälle in Sardes, der Adler in Milet, Bergbesteigung etc.). Griechen kehren nach Hause zurück: QC 3.1.9.

ANMERKUNGEN ZU KAPITEL 11 (SS. 197)

Magier: Aristot. F. 6, Theopomp. ap. P. Mor. 370 C, 115 F 65, mit J. Bidez – F. Cumont, Les Mages hellenisés, Band 2.78. *Seekrieg:* DS 27.6 (auf Kos basierend). A. 2.1 (beachte Alex.s Garnison in Mitylene – 2.1.4) und DS 29 gehören größtenteils in den Mai. DS 29.4 ist vage, aber 31.4 ist vielleicht zu pessimistisch (sind diese Griechen auf dem Festland?) *Piraterie:* A. 2.1.2. *Alex.s Flotte:* QC 3.1.9 f. *Mitylene:* A. 2.1.4; vermutlich wurde mit jedem neuen Perserkönig ein neuer Friede vereinbart. Möglicherweise meinten die Admirale »seid unsere Verbündeten, frei und unabhängig wie im Jahr 386« – aber ihre Formulierung und bes. A. 2.2.3 (Tenedos) bedeuten, daß die Inseln seit 386 als Verbündete verpflichtet waren! Dies ist nicht unmöglich, denn die persischen und satrapischen Streitigkeiten in der Ägäis, 386–334, bedürfen einer neuen Untersuchung: vgl. Tod, GHI 138, 155, 165, Dem. 15.9, Polyain. 5.44.3, Theopomp. F 121, Dem. 15.3.14 und natürlich der Beweis für 336/3. *Alex. und Ankyra (Ankara):* QC 3.1.22, Kall. F 53. *Kappadokien:* S. 12.1.4 mit Geogr. Graec. Min. (Muller) 2.86. Berve s. u. Sabiktas, Abistamenes und die Truppen für Darios in A. 3.11.7. *Kilikische Tore:* Xen. An. 1.2.20, QC 3.4 (QC 3.4.10 = Kall. F 32, 33), A. 2.4.3. *Darius:* DS 30, QC 3.2.–3; die Parallelen zwischen Darius' Kleidung, der angeblichen Kleidung Caligulas (Suet. Calig. 52) sind ein weiterer Punkt, der mich für QC ein claudianisches Datum annehmen läßt. Für das Vollstreckungszeichen vgl. Xen. Anab. 1.6.10. *Seekrieg:* A. 2.2, QC 3.3.1, A. 2.2.2 zeigt, Pharnabazos ließ 190 Schiffe in Lykien. H. W. Parke, Greek Mercenary Soldiers (1933), S. 183 erarbeitet die Zahlen sehr ordentlich. *Cardaces:* S. 15.734 (diese Erklärung trifft vielleicht nicht auf sie zu – vgl. die verschiedenen Textstellen bei Stephanus' Thesaurus s. u. Kardax, Spalte 960 in Band 5 der Ausgabe von 1841; hier soll der Name lediglich Söldnertruppen bedeuten). *Babylonische Siedler:* G. Cardascia, Les Archives des Murasu (1951) ist grundlegend; über Besitztümer des Königs vgl. bes. W. Eilers, OLZ (1934), S. 95 für persische Günstlinge; Cardascia SS. 82–83; *Lehensgüter:* Cardascia S. 8, ebenso Recueils de la Soc. Jean Bodin (1958), S. 55 ff. und M. Dandamajew, Festschr. Eilers (1967), SS. 37 ff. (beweist medischen Ursprung). *Steuern und Eintreibung:* Cardascia SS. 78 ff. und bes. 98 f. *Unveräußerlichkeit:* Vgl. San Nicolo Ungnad, Neubab. Rechtsurk. 1, Nr. 10 und Hammurabi, Kodex 36–38. Ein Gläubiger darf sich die Ernte nehmen, jedoch nie das Land; eine Frau kann es auch nicht schulden. Besitzer bleibt verantwortlich trotz Verpachtung: Ur Excavation, Texts IV, Nrn. 59, 60, 101, 106. *Kontinuität des Lehens zur Zeit des Seleukiden:* Moore, Neubab. Busin. und Admin. Docs. (1935) S. 139. *Adoptierter Jude:* Cardascia SS. 180–1 mit Parallelen. Vgl. S. 29, Nr. 5 und B. E. X. 37 für Familienbesitze. Vgl. G. R. Driver, Aramaic. Docum. (1957) – z. B. Nr. 1. Über die *Waffen des Juden:* E. Ebeling, Zeit. Ass. (1952), SS. 203 ff. Da der König Silber in seine eigene Schatzkammer fließen ließ, würde Silber für den eigenen Unterhalt und *ilku* für den Soldaten knapper werden; wo waren die mesopotamischen Silberminen? *Darius' Traum:* P. 18.6, QC 3.3.2–5, DS 31.7. *Seine Zahlen:* Hamilton, HCPA S. 48. *Marsch:* QC 3.3.8 (ich nehme an, dieser genaue Bericht stammt von Kleit. – DS 31 nennt einen Ort. Sein Vater Deinon schrieb eine tadellose Geschichte Persiens). *Alex.s Krankheit:* DS 31.4 erwähnt Parmenions Brief nicht, aber sein Schweigen (!) beweist nichts. QC 3.4.15 garantiert nicht, daß

Parmenion in Tarsos blieb, ebensowenig A. 2.5 (nach einer langen Pause). J. 11.8.5 kann recht haben; vielleicht hatte Parmenion hinter Alex.s Rücken einen Spion festgenommen? In Anbetracht des Alexanderromans glaube ich QC 3.5.10, DS 31.6 nicht. Für Parmenions »Schuld« vgl. Ps.-Kall. 2.8.25. Die Textvarianten zwischen P. 19, A. 2.4.7–11, J. 11.8.3–9, QC 3.5–7 sind unbedeutend. *Seekrieg:* A. 2.2 (persisch. Kriegsschiffe brauchten täglich Versorgungsbasen, deshalb die Verzögerung bei den Kykladen). *Parmenions Mission:* A. 2.5.1, Xen. Anab. 1.4. *Anchialos:* A. 2.5.2–4 mit Kall. F 34, Aristob. F 9, Athen. 530A, S. 14.5.9. *Soloi:* A. 2.5.6, aber mit 7, vgl. 2.13.4 (fiel Kos noch einmal?). *Alexander von Lynkestis:* DS 32.1. *Harpalos' Flucht:* A. 3.6.7, mit Tauriscus, der *staleis* war (öffentlich beeinflussend). Ich vermute, Harpalos war ein Spion; wenn ja, ist dies A.s Irrtum oder ein weiteres Beispiel für Ptol.-Aristob.s Ignoranz von Beweggründen innerhalb des »Allerheiligsten«? *Marsch und Geographie:* bei Ps.-Skylax 102 liegt Mallos am Pyramos (vgl. S. 14.5.16) und Xen. Anab. 1.4.1–6 gibt 25 Parasangen (i. e. ein Fünfundzwanzig-Stunden-Marsch) bis zum Hafen von Myriandros an (fünfstündiger Marsch – d. h. auf sehr schlechten Straßen – von den Syro-kilikischen Toren, moderne Säule des Jonas). A. 2.6.2.s zweitägiger Marsch zum nahen Myriandros ist durchaus möglich in, sagen wir, 12 normalen Stunden pro Tag: vgl. M. Dieulafoy, Mem. de l'Acad. Inscr. et Bell.-Lett. (1914), S. 58 für Parallelen. Ebenso DS 18.44.2 für ein mögliches Marschtempo von 40 Meilen pro Tag über sieben Tage hinweg. *Parmenions Truppenbewegungen:* interessanterweise mischte QC 3.7–8 die Alex.-Vulgata und A.s (Elementar-)quelle zu einem zusammenhanglosen Ganzen; vgl. Plin. Epist. 5.8.12 für diese *onerosa collatio!* DS 32.2–33 weiß nicht, daß Darius in Alex.s Rücken geriet (DS 32.4, letzter Satz ist entscheidend): QC benützt diese vagen Präliminarien, deshalb 3.7.5–10, bes. 10 ignoriert den zweitägigen Marsch (3.7.5) und behauptet, Alex. wartete in Issos auf Parmenions Rat; dann folgt die Sisines-Geschichte, die A. nicht bekannt ist QC 3.8.12 würde zu DS 32.3, 31.2 passen, doch dann (trotz 3.7.10) nimmt er A.s Version auf: A. 2.7.1 = QC 3.8.13–17. Komischerweise greift er wieder auf DSs Version zurück: daß Alex. einfach in Issos wartete: 3.8.18 und bes. 19.3.8.20 bemüht, sein Durcheinander zu ordnen; 3.8.22–23 = A. 2.8.1, dann 2 (beim Morgengrauen). Trotz Kall.s 100 Stadien weicht er auf DSs 30 Stadien zurück (3.8.24 = DS 33.1), 3.8.27 – 3.9 passim = A. 3. 10.1 = DS 33.4; QC 3.10.4 = J. 11.9.3, 3.11.1–5 geht auf A.s Quelle zurück; 3.11.7 paßt wieder zu DS. Bei diesem Wirrwarr (auch bei Gaugamela festzustellen) zeigt sich Curtius von der schwächsten Seite. *Darius' Taktiken:* wenn Parmenions Umtriebe in QC 3.7.7s Durcheinander stimmen, wären diese Barbaren losgezogen, um Darius zu warnen? *Der Rat des Abtrünnigen:* A. 2.6.3 = P. 20. Die Vulgata schreibt dieselbe Rolle früher dem Charidemos zu. C. L. Murison, Historia (1972), SS. 399 ff. faßte inzwischen die zahlreichen alten Ansichten über diese Präliminarien zusammen, mit Gegenbeweisen und einer guten Karte; ich glaube, er lokalisierte Issos zu weit südlich, während er auf den SS. 420–1 einige ungerechtfertigte Schlüsse zieht, für die es keine Quellen gibt (kein Agent hätte sich aus Soli geschlichen, um Darius in Syrien zu warnen, weil sie wahrscheinlich ebenso wie Alex. keine Ahnung hatten, daß er dort war).

ANMERKUNGEN ZU KAPITEL 12 (SS. 218)

Alex.s Rede: ein sehr interessantes Problem. A. 2.7.3 muß nicht unbedingt A.s eigenes Werk sein; DS 33.1 = A. 2.7.3 über Gottes offensichtliche Gunst (vielleicht nicht die klarste Stellungnahme in Alex.s Position?). J. 11.9.2–7 kommt überraschend nahe an QC 3.10 heran, was sicherlich auf Kleit. (QC 3.10.1–2, vorausgehend, = DS 33.4 = Kleit.) zurückzuführen ist. QC bringt seine Rede dort an, wo A. seine Ermahnung in letzter Minute plaziert (A. 2.10.2), aber auch so haben sie Parallelen: z. B. greift A. QCs und J.s Thema der Zweckgebundenheit der einzelnen Einheiten auf (aber er reitet auf den weichlichen Persern herum, nicht auf Plünderung) und ebenso den Plan, ganz Asien zu erobern; A. 2.7.6 = QC 3.10.5 = J. 11.9.6 (*cumulus* nimmt A. Lieblingswort *peras* auf). Ich wüßte gern, ob Alex. diesen ungeheuren Plan tatsächlich damals bereits erwähnte (vgl. A. 2.3.7); jedenfalls kann A. seine Rede anhand von »Informationen von außen« bei Kleit. und der Vulgata zusammengestellt haben, wo das Thema der Welteroberung bereits präsent war. Bei 2.7.8 zeigt die *legetai* (von wem? Ptolemäos?), daß die Xen.-Ref. nicht A.s eigene ist. *Opfer:* Pap. Oxyrrh. FGH 148,44 Spalte 2. *Ort der Schlacht:* A. Janke, Auf Alexanders des Großen Pfaden (1904), S. 53 (akzeptiert mit schlechten Argumenten von F. W. Walbank, Hist. Comm. über Polyb. Band 2, über Polyb. 12.17.3). W. Dittberner, Issos (1908) argumentierte gut für die Payas; die zwei entscheidenden Messungen sind die 100 Stadien zwischen Darius und Alex. (Polyb.-Kall. 12.19.4: bis zu dem nördlichen Deli müßten es ca. 160 Stadien sein) und bes. das 14 Stadien breite Feld (Polyb.-Kall. 12.17.4). Stimmt nicht zu dem breiten Deli). *Persische Späher:* A. 2.8.5, QC 3.8.27–30. *Quellen über die*

Schlacht: Kall. F. 35 hat A. 2.7–11 stark beeinflußt (obwohl Ptol. phantasievoller fortfährt: A. 2.11.8–9 geht über Polyb. 12.20.4 hinaus; A. 2.10.3 besagt, Alex. war der erste, der sich in einen Angriff warf – vgl. A. 2.7.4, A. 2.10.1 für persische Feigheit; Polyb. meint, die Perser begannen den Kampf auf Alex.s rechtem Flügel, es sei denn, Polyb. verwechselte Darius' rechten Flügel mit dem von Alex. Kall.-Polyb. stimmt mit A.s Flankenschutz in Alex.s Linie überein, dem Anmarschbefehl und ihrem Ausschwärmen sowie Darius' Platz im Zentrum und seinen 30 000 griech. Söldnern (A. 2.8.6 = QC 3.9.2 = Polyb.-Kall. 12.18.2) und seiner 30 000 Mann starken Kavallerie in der Front (A. 2.8.5 = Polyb.-Kall. 12.18.2). Kall.-Polyb. nennt die Zahl der Cardaces nicht, A. jedoch nennt 60 000 und QC 3.9.3–5 40 000 plus 20 000 Fußsoldaten an Darius' linkem Flügel und linker Mitte. Vermutlich nannte also auch Kall. 60 000. A. 2.8.6. spricht von Hopliten, nicht von Peltasten, aber z. B. A. 1.1.8 (vgl. Polyain. 4.3.27, Zeile 10, Teubner Ausg. v. 1887) zeigt, daß ein Hoplite für einen römischen Gelehrten »bewaffneter Mann« bedeutete. Es konnte sogar auf einen Gefährten angewendet worden sein. A. 2.10.3 stellt Alex. auf den rechten Flügel, steht jedoch nicht im Widerspruch mit Polyb.-Kall. 12.22.2, *Alex.s Wunsch, gegenüber von Darius zu stehen;* dies braucht sich nur auf den Winkel von Alex.s Angriff auf das Zentrum zu beziehen. QC fährt fort, zwei Quellen zu kombinieren – 3.9 = A. 2.8.5–7, 2.9, 3.11.1–3 = A. 2.9.2, 2.11.2; 3.11.4–9 = DS 33.6–34.4. Die Vulgata steht in offenem Widerspruch zu Kall.: DS 33.1 = QC 3.8.23, der 30 Stadien angibt, wo Kall. 100 nannte. *Alex.-Mosaik:* A. Rumpf, AM (1962), SS. 229–41 scheint mir plausibler als B. Andreae, Das Alexandermosaik (1967). *Kriegsbeute:* QC 3.11.16, 3.13, DS 36.5, P. 20.6–8. *Persische Königinnen und Frauen:* DS 35.5 = QC 3.11.21–23 mit ähnlicher Betonung auf Schicksalsgöttin. Ptol.-Ar. – A. 2.12.3–5 = QC 3.12.1–12 = DS 37.3.4. Aber die Betonung auf Legalität in A. 2.12.5 stammt von Ptol. und/oder Aristob., ein interessanter Einblick. 2.12.6–8 = DS 37.5 = QC 3.12.13–23, schließt auch moralisierend, so daß er sich hier vermutl. nach Kleit. richtete. P. 20 folgt A; er erwähnt die Hephaistos-Geschichte nicht. Die Vulgata konzentriert sich (zu Recht) auf die Freundschaft von Alex. und Sisyg. *Alex.s Verwundung:* A. 2.12.1 = QC 3.12.2 = Chares F 6 (festgesetzt von Darius) = DS 34.5 = J. 11.9.9 = Kall. *Parmenions Brief:* Athen. 13.607F–608A – echt? *Barsine:* Aristob. ap. P. 21, P. Eum 1 – beweist, daß sie Artabazos' Tochter war und somit königlichen Geblüts durch Apame, seine Mutter. Zuerst mit Mentor verheiratet – QC 3.13.14, ihre Kinder – dann mit Memnon. Vgl. J. 11.10.2. QC 3.13.12 f. über weitere wichtige Gefangene; ebenso QC 3.12.26 = DS 38.2 über Darius' Sohn. *Freiheit der Griechen:* Theopomp. F 253 Zeite 21. *Königliche Minen:* faßt Bellinger S. 50 zusammen.

ANMERKUNGEN ZU KAPITEL 13 (SS. 232)

A. H. M. Jones, Cities of the East. Rmn. Provs. (1971, 2. Ausg.) und V. Tcherikover, Hellenistic Civiliz. of the Jews (engl. Übers. 1961), bes. SS. 40–1 und 90 ff. geben einen kulturellen Überblick; G. F. Hill, Hist. of Cyprus (1940), Band 1, SS. 125–56 und DS 16.42 ff. (falsche Datierung) sind wesentlich. *Über Belagerungsgerät:* Y. Yadin, Warfare in Biblical Lands (1963), die grundlegende Arbeit von E. W. Marsden, Greek and Rmn. Siege Artillery (1969/70), dem ich sehr viel verdanke, und die wichtige, von R. Schneider in Akad. der Wissensch. Göttingen veröffentlichte Philol.-Hist. Kl. Abhandl., XII (1912), SS. 1–87 erklären die Entwicklungen der Maschinen: zur Verteidigung vgl. F. E. Winter, Greek Fortifications (1971). *Feuerschiffe:* vgl. Thuk. 7.53.4. *Feuertöpfe:* Polyb. ap. Suidas s. u. pyrphoros. *Schiffe:* S. Casson, Ships and Seamanship (1971), s. u. quinquireme. O. Leuze, Die Satrapieneinteilung in Syrien (1935), SS. 193 ff. ist nur für Enthusiasten und durchweg pedantisch. *Quellen:* zur See, A. 2.13.4–6, QC 4.1.34–39 (DS 48.5–6 = Kleit.), QC 4.5.13–22, A. 3.2.3–7 sind kritisch, leider nicht chronologisch. A. 2.13.3 = DS 48.2 = Kall. – Kleit? über brennende Schiffe: Piraten bei A. 3.2.4, QC 4.7.18. Der Brief bei A. 2.14 = Darstellung von QC 4.1.10 und ist somit originär, obwohl neu formuliert (z. B. A.s eigenes Wort *achari:* 2.14.8). Mit 2.14.5, vgl. Hdt. 3.2 und das Überleben des Bistanes, des Sohns von Ochos (A. 3.19.5). G. T. Griffith PCPS (1968) S. 33 schildert den Beweis für Darius' Botschaften, zieht jedoch aus DS 39.2 viel zu subjektive Schlüsse; DS 39.3 = QC 4.5.1 = J. 11.12.3 = Kleit. und gehört somit zu der Belagerung von Tyros nicht zu A. 2.14 (arroganter Brief plausibel!). Die dritte Botschaft, DS 54.2 = QC 4.11 = J. 11.12.10 = Kleit, sicherlich eine Datenverwechslung, die vielleicht durch den Tod von Darius' Gemahlin verursacht wurde; P. 30.1 schreibt dies einer Niederkunft zu, d. h. sicherlich im Frühjahr 332 (trotz C. B. Welles Loeb, DS S. 277!), und A. 4.20.1 kann dieses Datum untermauern (obwohl sie zu diesem Zeitpunkt noch lebt – 4.20.2, vielleicht ein Irrtum). Bestimmt ist diese »dritte« Botschaft A.s »zweite«; QC und J. legen ihre Quellen zusammen und kommen so auf drei Botschaften, aber in Wirklichkeit ließ Kleit. die von Marathos aus und datierte die anderen falsch? Das Halys-Angebot ist die einzige Unstimmigkeit, die Alex.s Unaufrichtigkeit bei Marathos oder Tyros wiedergeben kann, aber das bezweifle ich. *Sidon:* Abdalonymos ist als Gärtner bekannt bei DS 47.4 = QC 4.1.16 = P. Moral. 340D = J. 11.10.9 = Kleit., möglicherweise. S. Smith, Practice of kingship in early Semitic kingdoms, in Myth. ritual and kingship (hrsg. S. H. Hooke, 1958), bes. SS. 58–9 sind von Bedeutung, mit H. E. Hirsch, Archiv der Orientforschung (1963) S. 5. Die sorgfältige Arbeit von V. von Graeve, Der Alexandersarkophag (1970) ist wichtig, bes. SS. 125–32; A.s Schweigen beruht möglicherweise auf Ptol. eigenen Erfahrungen in Sidon (gegenüber Abdalonymos?) im Jahr 312. *Belagerung von Tyros:* Vgl. J. 9.2.10 ff.; für die »Ursache« Polyb. ap. DS 30.18 über Kriegsgesetze. QC 4.2 ff. kommt meistens sehr nah an DS-Kleit. heran; er betont die Schwierigkeiten (4.3.7 = DS 42.5; 4.2.12 und 4.3.25–26 = DS 44.4.41 = DS 45.7). Arr.-Ptol.? läßt die Kreuzigungen weg (QC 4.1.17 = DS 46.4 = J. 18.3.18 = Kleit.); A. 2.20.4 übergeht Perdikkas (QC 4.3.1), vielleicht wegen Pto.s Vorurteile? Dem (übereinstimmend festgestellten) Heldenmut muß via Kall. beigepflichtet werden. Chares F 7 ap. P. 24.14. ist nützlich. *Belagerung von Gaza:* Bei QC bekommt Alex. drei Wunden (richtig?), bei A. nur eine. Batis in QC 4.6.29 = Kleit.; ebenso vgl. Heges. FGH 142 F 5 mit Aristot. F 495–500. E. Rohde, Psyche (1923), SS. 582 ff. ist interessant. *Erneute Ansiedlung:* J. 18.3.19 (für Tyros, mit Belagerung von Antigonos); Joseph. AJ 13.150 f. (für Gaza). *Königliche Münzen:* Bellinger, Essays, SS. 50–6 beweist, daß eine Verallgemeinerung unmöglich ist. Der attische Münzfuß wurde auch schon vor Alex. in Kilikien und Phönikien verwendet (vgl. A. Reifenberg, Jüdische Münzen [1947], SS. 8 ff.) und vielleicht von Azemilk von Tyros (F. Cross, Biblical Archeol. [1963], SS. 110 ff. – jedenfalls möglicherweise eine Münze von 332/1). Könige geben ebenfalls eigene Münzen nach Alex. heraus; selten, aber vgl. BMC, Catal. Phoenicia, SS. 19–20, S. 66. *Alex. und Cypern:* Berve Pnytagoras, mit Duris F 12; Pumiathon regierte Kition, den am wenigsten hellenisierten Hafen der Insel, deshalb würde seine Strafe hier nicht überraschen. Für die Eroberung von Tyros durch den großen Euagoras vgl. Isokr. 9.62, der betont, daß die Stadt gewaltsam genommen wurde.

ANMERKUNGEN ZU KAPITEL 14 (SS. 255)

Barathra: DS 16.46, 20.73. Berve s. u. Amyntas, Sabakes. *Ägyptische Philosophie:* DL proem. 2. *Persische Herrschaft:* G. Posener, La première domination perse en Egypte (1936); E. Seidl, Ägyptische Rechtsgeschichte (1956); F. K. Kienitz, Politische Geschichte Ägyptens (1953) bringen den größten Teil des dürftigen Quellenmaterials; die Einführung zu E. B. Kraeling, Brooklyn Aramaic Papyri (1963) ist die beste Übersicht über die aramaischen Dokumente. Für Staatsmonopole geht J. M. Wickersham, BASP (1970), S. 45 sachdienlich auf Hdt. 2.94 ein, wobei er die ptolemäischen Praktiken gegenüberstellt. Papyr. Rylands 9.7.10 (vgl. Seidl, SS. 30 f.) ist Beweis für die lange traditionelle Unterdrückung der ägypt. Landbevölkerung, keine Reform durch Persien bzw. Kleomenes oder Ptolemäos. Hdt. 2.149, 3.89, 4.166 spricht von persischem Tribut; W. Spiegelberg, Die sog. demotische Chronik (1914) ist ein unschätzbarer Text, wurde jedoch ausschließlich unter dem Aspekt eines Priesters geschrieben. *Tempelland:* Kienitz SS. 125–6 zitiert den Landbesitz des Edfu-Tempels. Für den Nachweis der Garnison s. Schluß d. Bibliographie über Persien. *Sematauitefnacht:* H. Schaefer, Festschr. für G. Ebers. SS. 92 ff. *Die Macht der Priester:* Plato Polit. 290 D mit J. Gwyn Griffith, CR (1965) SS. 150 ff.; vgl. O. Murray, JEA (1970), S. 141, eine ausgezeichnete Untersuchung. *Artaxerxes und Apis:* Deinon, ap. P. Mor. 363 C, 355 C, Ail. N. A. 10.28. *Krönung:* nur in Ps.-Kall 1.34.2, wird vielleicht von den offiziellen Titeln in den Tempeln bestätigt; vgl. die Büste Alex.s mit der Krone des Pharao bei T. Schreiber, Studien über das Bildn. Alex.s (1903), S. 149. *Die Göttlichkeit des Pharao:* G. Posener, De la divinité du Pharao (1960) überzeugt nicht, faßt jedoch das Quellenmaterial zusammen; der beste Bericht stammt immer noch von A. Moret, Charact. Relig. de la roy phar. (1902). *Äthiopien:* QC 4.8.3 mit dem Nektanebos-Mythos bei O. Weinreich, Der Trug Nektanebos (1911). *Kallisthenes und Nil:* F 12, nicht unwahrscheinlich, sogar in der extremen Form von 12 A; J. Partsch, Abh. Leipz. Akad. (1909), S. 551 bringt ebensowenig schlüssige Beweise wie P. Bolchert, Neu. Jahrb. der Kl. Alt. (1911), S. 150. *Alexandreia:* A. 3.1.5–3.2, mit P 26.5 vgl. Ps.-Kall. 1.32.4 und Steph. Byz. s. u. Alexandreia; QC 4.8.6. *Rhakotis:* S. 17.792, mit S.-Eratosth. 17.802. G. Jondet, Les Ports submergés de l'ancienne île de Pharaos (1916) vermutet einen früheren Hafen. *Motive:* P. 26.2, A. 3.1.5 f. zitieren Ruhm; Vitruv 2. bes. 4. lobt Handelsmöglichkeiten. V. Ehrenberg, Alex. u. Ägypten (1926) betont die günstige Lage des Hafens. Für die Ansicht von J. G. Milne, JEA (1939), SS. 177 ff., daß der griech. Handel mit Ägypten versiegte, sehe ich, abgesehen von relativ seltener Erwähnung, keinen Beweis; Dem. 56 und vielleicht die Naukratis-Stele (vgl.

U. Wilcken, AZ [1900], S. 133) besagen das Gegenteil. *Über alexandrinischen Handel:* S. 17.793 ist sehr aufschlußreich; über die Rolle, die Rhodos spielte, s. Übersicht und Bibliographie von E. Will, Hist. Polit. du monde hellenist. (1966), Band 1, SS. 133–86 und den sehr interessanten Nachweis für die Koiné der Kaufleute von Rhodos in einer Abh. von G. Pugliese Carratelli, Annuario 1939–40, SS. 147 ff.; nur eine davon wird versuchsweise ins 3. Jhdt. v. Chr. datiert! Der frühe ptolemäische Handel ließ sich bestimmt zunächst langsam an, so sehr er auch zu den Prioritäten des Königs zählte; vgl. E. Ziebarth, Beitr. zur Gesch. Seeraubs u. Seehandels in alt. Griech. (1929) SS. 90 ff. für anderwärtige Quellenvergleiche. *Seekrieg:* QC 4.5.13–22 ist wesentlich; A. 3.2.3–7 berichtet davon wie gewöhnlich, als es Alex. gemeldet wurde, vgl. QC 4.8.11. Tod 191 Zeilen 30–2 ist sehr anschaulich; Tod 192 ist zu ungenau, um zu gewährleisten, daß Alex.s Benehmen bei A. 3.2.7 der Zeile 15 widerspricht. Es kann nur nach der Hinrichtung der Rädelsführer durch Alex. veröffentlicht worden sein; er konnte sagen, Zeile 14, daß sie entsprechend dem Erlaß der Verbündeten festgenommen werden sollten, aber (wie die spartanischen Rädelsführer im Jahr 331/0) sie mußten von ihm persönlich verurteilt werden, vielleicht wie es sein Treueid mit den Verbündeten in gefährlichen Fällen bestimmte. Ebenso könnte die Inschrift zu einem früheren Text gehören (?), wenn in Zeile 20 *mechri an* »bis« und nicht »solange wie« bedeutet (nichts spricht unbedingt dafür). Die Kommentare von U. Wilcken, Alex. the Great, S. 120 sind sicherlich zu dogmatisch. *Besuch bei Ammon:* C. B. Welles, Histor. (1962), S. 271 muß als völlig irreführend außer acht gelassen werden; sein Argument, daß das Gründungsdatum vom 25 Tybi ein Aprildatum bedeutet, läßt sich leicht widerlegen, da Ps.-Kall. wahrscheinlich irrtümlicherweise, wie Welles vermutet, den röm. Kalender und nicht den ptolemäischen benützten. *Ammon und Legende:* A. R. Anderson, HSCP (1928), SS. 7 ff. *Motive:* Kall. F 14 (ich betone, daß dies nur in S.s Zitat und Neuformulierung erhalten blieb). Beachte jedoch, daß sich aus S.s Formulierung ergibt, daß zumindest ein Teil der Alex.-Geschichten Glauben verdient. Die Erwähnung von Darius' Tod, der von den Orakeln, um die nach Memphis geschickt wurde, vorhergesagt worden war, datiert Kall.s endgültige Version frühestens in das Jahr 330. *Perseus:* in Ägypten, Hdt. 2.91. 2.15 und A. B. Lloyd, JHS (1960), S. 79; später Nachweis für Perseus in Libyen (Schul. d. Pind. 10.47; Apoll. Rhod. 4.1513, Ovid Metam. 4.617) und vor Alex., er soll Siwah nicht befragt haben. Zu seiner Integration Hdt. 6.53–4, 7.61, 7.150; E. Babelon, Catal. des monn. grecques: Les rois de Syrie, Arménie et Commagène, S. 29 f., Tfl. 8.1, S. 38; vgl. Malalas S. 190 (Hrsg. Bonn) für Seleukiden und ähnliche Münzentypen der Mithridates-Dynastie; vgl. F. Cumont, RA (1905), S. 180 und den ausgezeichneten Überblick von G. Glotz, Dictionn. Antiqu. s. u. Perseus. Als argolischer Held würde Perseus bei Alex. Anklang finden, als argolischem König (vgl. Philipp V); als griech.-persisches Bindeglied zu Alex., dem neuen Perserkönig. *Arrians Motiv:* A. 3.3.1–2 werde ich getrennt behandeln; ich betone noch einmal, daß keine der Erläuterungen (oder irgendein anderer Teil) auf Ptol. oder Aristob, besonders bezogen werden können; A. 3.3.6 beweist A.s Belesenheit und selbst wenn Ptol. verantwortlich war, würde dies das Motiv sicherlich nicht hinsichtlich der sprechenden Schlangen legitimieren, seine eigene Rolle als Pharao und Vorliebe für Ammon (Paus. 9.16.1). Nicht ein Wort von A. 3.3.1–2 kann irgendeiner Quelle zugeschrieben werden und die angebliche Parallele mit QC 4.7.8 beeindruckt mich nicht. *Ammons Ursprünge:* A. Fakhry, The Siwa Oasis (1944), macht frühere Untersuchungen überflüssig; J. Grafton Milne, Miscell. Gregorianna (1941), S. 145 macht auf ein möglicherweise libysches Original aufmerksam; C. J. Classen, Histor. (1959), SS. 349 ff. ist unvollständig. Amasis wurde von Fakhry S. 73 entziffert; *Kyrene:* F. Chamoux, Cyrène sous les Battiades (1953), datiert den Zeus-Ammon-Tempel auf ca. 500. *Amasis' Frau:* Hdt. 2.181. Amasis' Verbindung mit Ammon gibt eine Erklärung, warum sein Freund Krösus dort Rat suchte (Hdt. 1.46). *Verbreitung in Sparta:* Paus. 3.18.2, 21.8, DS 14.13.6 (Familienverbindung). Paus. 5.15.11 für Olympia, mit F. Chamoux, Etudes 2 (1959), S. 31 und der neue Siwah-Papyrus (ca. 150 v. Chr.?) für Parammon; dieses Trio mag den in Ägypten geübten Brauch widerspiegeln. Pindar: Pyth. 4.5.9, bes. 4. Zeile 17; Fragm. 17. Paus. 9.16. Vita Pindari 1.29 (Westermann), Suidas s. u. Pindar *Lysander:* P. Lys. 20.4, Paus. 3.18.3 Steph. Byz. s. u. Aphute. DS 14.13. *Kimon:* P. Kimon 18.7 (etwas Wahres dran). P. Nikias 13.14.7. *Athen:* A. M. Woodward BSA (1962), S. 5; S. Dow, HTR (1937), S. 184. A. Dain, Inscr. grecques du Mus. du Bardo (1936), Nr. 1 (Zeus Ammon in Athen). IG $2^2$1496 Zeile 95, IG $2^2$338. Eurip. Alkestis 112 f.; Aristob. Vögel 618. Hipponikos, Sohn des Kallias, hatte den Scherznamen Ammon (aus welchem Grund auch immer). *Ammon in der Ägäis:* vgl. Head, Hist. Numm. s. u. Melos, Mitylene, Lampsakos; ebenso Münzen der lykischen Dynasten aus dem 5. und 4. Jhdt. und der östlichste Punkt seines Einflußbereichs, der Fund mesopotamischer Siegelabdrücke (von griech. Münzen) in E. Porada, Iraq (1960), SS. 220 ff. *Nektanebos:* Fakhry SS. 77–9; seine libysche Herkunft, wie Kienitz in Polit. Geschichte Ägyptens (1953) zur Diskussion stellt, mag etwas mit der von ihm initiierten Bautätigkeit zu tun haben. *Kuriosität:* A. 3.3.1–2 benutzt das Wort *pothos*, während QC 4.7.8 *ingens cupido* schreibt; man sollte ihre Wortwahl nicht überbewerten, aber das Thema eines »starken Drangs« geht auf Kall. zurück, der *philodoxia* erwähnt (Zitat in S.). *Aristoteles' Beispiel:* Aristot. Constit. Kyrene F 531 (Rose) und bes. F 103; vgl. Athen 2.44D. *Kyrene:* DS 49.2, QC 4.7.9. Seltsamerweise bezieht sich A. 7.9.8 in einer von ihm zusammengestellten Rede auf die Unterwerfung von Kyrene; ich vermute deshalb, daß es Ptol. unter 332/1 verheimlichte, denn er war mehr als ein »Freund und Verbündeter« Kyrenes! *Alex.s Route:* Bayle St. John, Adventures in the Libyan Desert (1849) ist der beste Bericht; G. Steindorff, Durch die Libysche Wüste zur Ammonsoase (1904) ist ebenfalls nützlich, obwohl seine Ortsbeschreibung in Z. für Ägypt. Sprache u. Altert. (1933), S. 1 (mit H. Ricke u. H. Aubin) inzwischen durch Fakhry korrigiert wurde. Zu den Quellen: QC 4.7.10 = DS 49.3 = Kleit., offensichtlich stark beeinflußt durch Kall. (Regen, führende Krähen, jedoch nicht die Winde). P. 27.2. zitiert Kall., 29.27.1 mag ihm vielleicht auch vorgelegen haben; der wichtigste Kommentar findet sich bei A. 3.3.6 über die Vielzahl der Geschichten. Aristob. stimmt mit den Krähen von Kall. überein; wegen Ptol.s Schlangen vgl. Theophr. HP 4.3 u. Aristot. Hist. Anim. 8.29. Ich gebe zu, daß ich nicht weiß, welchem Zweck (ob religiös oder als Wunder) diese Schlangen-Führer bei Ptol. dienten. QC 4.7.30 erwähnt Kamele; die Beschreibung bei DS 49.6 und 50 wird im Detail von St. John bestätigt und stand wahrscheinlich ebenso bei Kall. (der Alex. begleitete?) Eratosth. ap. S. 1.3.4 und 15 ist interessant; ist der 3000 Stadien lange Weg von Siwah nach Memphis der direkte Rückweg, denn die Paraetonium-Straße ist nur ca. 200 Meilen (1700 Stadien) lang? Wenn ja, stammt die Messung vielleicht von einem Bematisten. *Oase:* wir erwarten wichtige Aufschlüsse von Ausgrabungen, die Ahmed Fakhry begann und über deren erste wichtige Funde in Beitr. zur Ägypt. Bauf. und Altertumsk. (1971), SS. 17–33 und Zeitschr. für Papyr. u. Epigr. (1972), S. 68, berichtet wurde. *Wanderung der Sonne:* Hdt. 4.181, Aristot. F 153 und bes. Chares F 8 machen unterschiedliche geogr. Angaben (Zitatfehler? vgl. F 15), die jedoch sicher für Siwah von Bedeutung sind. *Bestechungen:* J. 11.11.6; vgl. seine Geschichte von Alex.s Freunden, die ihn fragen, ob sie ihn als Gott verehren sollen (11.11.11), allein auf J.s Wort hin nicht akzeptabel, da er hier so schlecht ist. *Alex.s Empfangsprivilegien:* Kall. F 14. *Begrüßung:* Ich stelle mich ganz hinter die Ansichten von U. Wilcken, Sitzungsber. Preuss. Akad. (1928), S. 576; (1930), S. 159; (1938), S. 101; sicherlich zitiert S., der Kall. anführt, die die anderen Schmeicheleien als *ta hexes* und meint, er führe sie in der richtigen Reihenfolge an. Aber bei *touto mentoi* bricht er meiner Meinung nach die Reihenfolge ab und beschließt die Liste mit der wichtigsten aller Huldigungen, der »deutlichen Äußerung« (*rhetos* bedeutet im Altgriechischen niemals »mit so vielen Worten«) daß Alex. Sohn des Zeus war. Wilckens scharfsinnige Begründung, dies als den Priestergruß anzusehen, ist entscheidend. Kall.-S.s Worte »der Priester *hypokrinamenou ton Dia*« zeigt eindeutlig, daß Kall. (und deshalb auch Alex.) Zeus und Ammon gleichsetzten; vgl. Pindar F 17 und, über jeden Zweifel erhaben, die athenische Inschrift aus den Jahren um 360, die von Opfergaben für Zeus Ammon berichtet: A. Dain, Insc. Grecques du Bardo (1936), Nr. 1. Für eine ähnliche Identifikation von Amun Ra als Zeus Thebaios, vgl. BMI, Inschr. Nr. 1088 (ebenso aus dem späten 4. Jhdt. v. Chr.). F. Taeger, Charisma (1959), Band 1, SS. 193–4 Nr. 17 führt Ammon und Zeus als austauschbare Erscheinungen an und bemerkt, daß die Griechen den Namen Zeus bevorzugten. *Orakelprozedur:* J. Cerny, BIFAO (1930), S. 491, (1936) S. 40 und bes. bei Brown, Egyptological Studies Band 4 (1962), S. 135 mit vollständigen Illustrationen; diese sind sämtlich grundlegend für DS 50.6–51.2. Vgl. Lukian De Dea Syria 7. *Innersanktum:* Fakhry, Siwah Oasis SS. 72–73. *Ablauf der Zeremonie:* viel diskutiert und wahrscheinl. unlösbar. Die Größe des Tempelhofs, zumindest so, wie er heute erkennbar ist, läßt nicht viel Raum für eine große Prozession, wie sie bei DS 50.6 geschildert wird, aber S.-Kall.s Wort *themisteia* und das »Nicken und die Gebärden« (oder bedeutet *symbola* symbolische Handlungen, wie Cerny für Ägypten zitiert?) garantieren, daß eine Prozession stattgefunden hat. R. Laqueur, Hermes (1931), S. 467 folgert, daß *themisteia* eine Prozession nach sich zieht, somit sagt S.-Kall. tatsächlich, daß das ägyptische Ritual stattfand und Alex.s Freunde das Boot nicht richtig hören konnten. *Hypokrinomenos ton Dia* bedeutet, »die Rolle von Zeus spielen«, jedoch nur im Sinn von »seine Rolle sprechen«. Ich glaube, dies ereignete sich nach der Prozession im Sanktum, wenn sich die »Jungfrauen« in dem kleinen Hof auch noch so drängten. Sicherlich halte ich DS 50.6 nicht für eine herkömmliche Beschreibung, die auf anderwärtigem ägyptischen Ritual beruht; sie hält sich eindeutig an Kall. und trifft auf Siwah zu. Wie auch Wilckens betont, hörten die Freunde den Orakelspruch bestimmt nicht, er war und blieb ein Geheimnis. *Erfreuliche Antwort:* A. 3.4.5. *Opfer:* A. 6.19.4–5. Indiké 18.11 mag von Bedeutung sein; Indik. 36.3 ist nicht Xen. Anab. 3.1.6. *Fragen der Legende:* QC 4.7.26 = DS 51.2 =

J. 11.11.9 = P. 27.4 = Kleit. und vielleicht viele andere; P. 27.5, obwohl ich bezweifle, ob dies Kall. erfaßt (die in Memphis in F 14 wiedergegebenen Fragen stellten einen Antiklimax dar, wenn diese Siwah-Fragen von Kall. berichtet worden waren; Antiklimax war jedoch ein unvermeidlicher Teil der Wahrheit und vielleicht künstlerisch befriedigend für eine Episode, die sich auf Siwah konzentrierte). Beeindruckt haben mich die beiden Opfer, die entsprechend Ammons *ephithespismos* am Indus bei A. 6.19.4–5 gebracht wurden, jedes einem verschiedenen Gott auf verschiedene Weise. Dies läßt vielleicht auf eine eingehende Unterhaltung in Siwah schließen, es sei denn, Alex. berief sich im Jahr 325 unbesonnen auf den Namen Ammons. *Unter Freunden:* P. 47.11–12, ebenso in Indien. *Übliches Opfer:* A. 6.3.2, wo das Trankopfer (keine geringere Ehre) dem Herakles, seinem Vorfahren, dem Ammon und den anderen Göttern dargebracht wurde, wie es nun einmal seine Gewohnheit war. *Tois* Mischung ist maßgebend insofern, als Ammon und Herakles ebenso Teil der »üblichen Götter« waren; der Text darf nicht umkorrigiert werden (Tarn ist hier ganz schlimm), und wenn irgend etwas aus der Erwähnung Herakles' als Propater folgt, dann ist es, daß als nächstes in der Folge Ammon *pater* ist, aber bestimmt nicht, daß er überhaupt nichts Besonderes ist! Nearchos vgl. Ind. 35.8, wo das *te* die enge Identifikation von *Zeus kai Ammon* in Alex.s Auffassung beweist. *Hephaistions Tod:* A. 7.14, P. 72.3, DS 115.6. *Siwah-Begräbnis:* DS 18.3.5, QC 10.5.4, J. 12.15.7. *Ptolemäos' Münzen:* H Kricheldorf, Münzen u. Medaillen Sammler (1969), S. 641; O. H. Zervos, Amer. Num. Soc. Mus. N. (1967), SS. 1 ff. *Lokale Münzen:* J. F. Healey, NC (1962), S. 65. *Kallisthenes' Stress:* T 21, F 14 Zeile 19 u. 24, F 37; Megasthenes (s. meine Anm. ad. loc.) bei A. 7.2.3; S. 15.1.9. *Seleukos:* J. 15.4.3, DS 19.90.4, Sokolwski, Lois sacrées (1955), Nr. 24 OGIS 212, Zeile 13, 219, Zeile 26. *Paidios:* P. 27.9. (wer waren diese *enioi?*). Nur der neue, in Z. für Papyrol u. Epigr. (1972), S. 68 veröffentlichte Papyros zeugt bisher von Griechisch in Siwah, und er gehört ungef. ins Jahr 150 v. Chr. Aber Griechisch muß seit 500 v. Chr. bekannt gewesen sein und der Name des Herrschers von Etearchos, hellenisiert bei Hdt. 2.32, mag mehr über Hdt. aussagen als über den frühen Hellenismus Siwahs vor dem ägyptischen Hintergrund: gute Zusammenfassung bei M. Gyles, Pharaonic Policies (1956), SS. 48 ff.; vgl. J. H. Breasted, Anc. Reg. of Egypt. 4.942, Hdt. 3.2–4. Aber Siwah war keine Marionette Ägyptens, und obwohl ihr Ritual ägyptisch war, hätte sie Alex. nicht unbedingt mit einem Pharaotitel begrüßen müssen. Fand die Memphis-Krönung, wenn sie stimmt, vor oder nach Siwah statt? *Meuterei in Opis:* A. 7.8.3; J. 12.11.6; keiner von beiden unanfechtbar. *Makedonien:* Hesiod (West) F 3. *Könige Spartas:* Thuk. 5.16.2, Hdt. 6.57–8, X. Lak. Pol. 15.9, Hell. 3.3. *Hermes-Abstammung:* Hellanic. 323 F 24 A, C. *Plato:* DL 3.1.2, vgl. Pythagoras: Porphyr. In Pythag. 2. *Genesis:* die zwei Beispiele von bloßem Niedergang, die von L. und S., Genesis, angeführt werden, sind unwesentlich; Hdt. 2.146, Soph. Trachin. 380. Beide meinen Vaterschaft: vgl. Kall. F 14 Zeile 24, sicherlich nicht nur S.s Wort; A. 3.3.2, 7.29.3. Dies ist ein stärkerer Ausdruck als z. B. jener, den Ptol. Philadelphos in OGIS 54 gebraucht, wo von Zeus' *apogonos* gesprochen wird. *Homerische Helden:* Ilias 24.55, 66. Vgl. Hesiod, Theog. 96; U. Wilamowitz, Glaube der Hellenen, Band 1 S. 332 ff. für Zeus' Vaterschaft. *Dionysios:* P. Mor. 338 B. *Ägäis:* Polyb. 12.12.B. (Kall. T. 20) und die Statuetten bei P. Perdrizet, Mon. Piot (1910), S. 598. *Gesandte im Jahr 324:* DS 113.4. *Löwe auf dem Schloß:* Ephor. 70 F 217 (Ephor. war wahrscheinlich im Jahr 330 schon tot oder hatte sein Werk zumindest beendet). *Donnerschlag:* P. 2.3. *Brief:* (verdächtig, bes. da er bei den meisten nicht erwähnt wurde): P. 27.8 im Gegensatz zu *hoi pleistoi*. *Kallisthenes:* A. 4.10.2: könnte eine spätere Anekdote sein, aber A. 4.10.1 könnte auch bedeuten, daß A. die Geschichte von Kallisthenes nicht gelesen hatte. Eratosthen. ap. P. 3.3. (Eratosthen. schenkte Olympias' Gerücht vielleicht keinen Glauben, aber er glaubte bestimmt, daß sie es verbreitete! P. M. Fraser, PBA [1970], S. 198 Anm. 2 ist diese Unterscheidung entgangen.) Anthol. Graec. 13.725 bietet einen interessanten Vergleich. *Margites:* Scholion an Aischin. 3.160, Tzetzes Chiliade 4.867, 6.592 (wichtig), Suidas s. u. Margites, Eustathios 1669.41 in OCT, Homeri opera, Band 5, S. 158. Beachte, wie spätere Inschriften Alex. als Sohn des Zeus oder *ho ek Dios* bezeichnen: vgl. IG 10.275, 276, 278. Kaibel, Griech. Inschr. 1088; IG 2^2 4260; alle bezeugen die Langlebigkeit des Themas. *Die Erben Dionysios I.:* P. Dion. 2, spricht von Rivalität zwischen den Frauen; Dion. 6, Theopomp. ap. Athen. 4.3.5, DS 16.6. Dionysios II. war wie Alex. der ältere Sohn. *Verleugnung Philipps:* P. 50.11, mit QC 8.1.42. Aber für einen Römer war es so selbstverständlich, dies bes. hervorzuheben, stets auf der Suche, den Leuten Stoff zum Reden zu bieten (z. B. QC 6.9.18, 6.10.26–27, 6.11.5, 8.5.5, 8.10.29 – ein enthüllendes Falschzitat von Aristob. F 47 – QC 8.7.13. Das Motiv wurde Philotas wahrscheinlich wegen seiner angeblichen Verschwörung in Ägypten angehängt, A. 3.26, sonst nach QCs Auffassung unerklärlich!) QC 8.1.23 ist ein anderes Argument, um Philipp zu verleugnen. Alex. war ohnehin bereits in Opis und Samarkand aufgebracht, so daß die Erwähnung Ammons allein nicht die Ursache seines Zorns war:

A. 7.9.2 (obwohl A.s Erfindung) besagt, A. selbst glaubte die »Verleugnungs«-Geschichte nicht. DS 18.4.5 ist der beste Beweis dafür, was die Zeitgenossen glaubten. *Athenischer Brief:* P. 28.2. Hamiltons Argumente bewegen sich, soweit sie positiv sind, im Kreis und beweisen nichts; die Formulierung, bes. das gelinde gesagt überraschende Wort *polis* für eine Kolonie paßt zu den Inschriften der nach Samos zurückkehrenden Samier, doch es garantiert nicht die Echtheit des Briefes. Sicherlich nur ein weiterer gefälschter Brief. *Nektanebos:* Onesik. F 39 mag für Ps.-Kall. kein Fehler sein; vgl. O. Weinreich, Der Trug Nektanebos (1911). *Scipio:* Livius 26.19.7. *Octavian:* Epigramm. Bobiensia 39 mit Asklepiad 617 F 2; vgl. Paus. 4.14.7–8 über den messenischen Helden Aristomenes. Die interessanteste Parallele ist die von Arsinoë II., der gern verglichen wird mit einem Gast der ägyptischen Götter und sogar »Kind des Ammon« genannt wird, vielleicht in bezug auf Alex., eher aber hinsichtlich der ägyptischen Pharaonentitel. Vgl. J. G. Milne, Studies pres. to F. U. Griffith (1932), SS 32 ff.; beachte, daß röm. Kaiser, z. B. Vespasian (Acts of Pagan Martyrs, Hrsg. Musurillo [1954], Nr. 5 B, SS. 15 ff.) ebenso »Sohn des Ammon« genannt wurden, sicher wiederum durch eine griech. Interpretation des ägyptischen Herrschertitels. Aber anderseits war Ägypten inzwischen hellenisiert und für die Außenstehenden nicht mehr ein Buch mit sieben Siegeln; ich glaube nicht, daß diese Interpretation für Alex. und seine Begleiter im Jahr 331 so wichtig war. Zumindest wünschte man sich aus griech. Sicht, daß es geglaubt wurde. *Die besten Männer:* P. 27.11, möglicherweise eine Bemerkung, die Alex. tatsächlich einmal machte. Sie ist sicherlich unabhängig von P.s vorausgegangener Anekdote. *Alex.s Rückweg:* sofern man ihn nicht als unmöglich betrachtet, wurde er zuletzt von W. Jennings-Bramley in Geogr. Journ. (1896), SS. 597 ff. beschrieben. *Justinian:* Prokop. De Aedibus 6.2. Das Opfer für Zeus Basileus in Memphis muß nichts mit Amun-Ra zu tun haben; Alex. war König und wurde von Zeus begünstigt, und deshalb war der Titel (der in der griech. Geschichte spät erscheint, häufig in Böotien) so selbstverständlich wie in Gordion, wo Zeus mit einem Donner die Lösung des Gordischen Knotens guthieß.

ANMERKUNGEN ZU KAPITEL 15 (SS. 289)

Erythreia: Paus. 2.1.5, Plin. NH 5.116 (wahrscheinlich nie vollendet); Syll. 1014 (Kult ca. 270 v. Chr.); DS 3.34.7 (wahrscheinlich Agatharchides) über Segelzeiten. *Ägypt. Verwaltung:* A. 3.5.2 mit QC 4.8.4 (verworren und kurz; so viel zu QC als genaue Quelle für Beamtentum). Nichts an dieser Verwaltung war neu. S. bes. G. R. Driver, Aram. Docs. (1957), die instruktivste Quelle für die Zeit der pers. Herrschaft in Ägypten, obwohl ich mit der Datierung nicht einverstanden bin (Arsam ist meiner Meinung nach der Sohn des Königs und war in den 460–450er Jahren aktiv; 5.7, trotz Drivers Anmerkung kann es als Inaros gelesen werden, der libysche Rebell, und somit ließe sich die Revolte datieren; ebenso können Arsams Offiziere Artavanta, Artahanta, Artachaya, Artarahya alle identifizert werden als Personen, die bei Hdt. zu diesem früheren Zeitpunkt bekannt sind). *Ober- und Unterägypten:* Driver 2.2, 5.6; und das strittige Gebiet »Tshetres« (Cowley, Papyr., z. B. 24.39, 27.9) oder Pathros (Pap. Ryland 7.13) welches wahrscheinlich (trotz J. Leibovitch, Bull. Inst. Egypt. [1934/5], S. 69) Oberägypten bedeutet. *Nomarchen:* A. E. Samuel, Essays in hon. of C. B. Welles (1966) S. 213 betont die Unbestimmtheit griechischer Begriffe; beachte jedoch den alten Pharaonentitel »Herrscher des Südens« in J. H. Breasted, Anc. Records of Egypt 1.320, 364 und den frataraka (der Vornehmste), der in Elephantine sitzt (Cowl. 27) und mehr als ein bloßer General ist (beachte bes. die vermutliche Anwendung des Titels auf den Münzen der Persepolis-Dynasten im 3. Jhdt. v. Chr.). Wenn Elephantine der Verwaltungssitz für ganz Tshetres oder Oberägypten ist, dann geben Cowl. 16.7.20 und 30 Nomarchen Persiens in den Jahren 490 bis 410 an. Doloaspis hat das iranisch-klingende »aspa« in seinem Namen. Für Petisis' Name vgl. den wichtigen Beweis von Psametich I. Petisis, Papyr. Ryland Band 3, 9.5, bes. Zeilen 13 f., mit Griffiths Anmerkungen SS. 71 ff. und 106 ff., welches ebenso von einem Petisis geschrieben wurde, einem Priester des späten 6. Jahrhunderts v. Chr. Die Verbindung von Alex.s Petisis wird von mir stark vermutet aufgrund der bekannten Teilnahme des Sematauitefnacht (zusammengefaßt bei F. K. Kienitz, Polit. Gesch. Ägypt., S. 111), dessen Herkunft aus Kerakleopolis wahrscheinlich ist und dessen namengebender Vorfahre (wie ich glaube) ebenso wie Petisis unter Psammetich und danach eine hervorragende Stellung einnahm. Für ähnliche Kontinuität vgl. J. Vercoutter, BIFAO (1950), S. 86. *Generäle und Admirale:* Vgl. die Usancen der Saïten in der zweckdienlichen Tafel bei M. Gyles, Pharaonic Policies and Admin. (1959), S. 76. Beachte, welche Vielzahl von Titeln Beamte auf sich vereinigen konnten (vgl. Kienitz S. 42). *Garnisonen:* Aram. *rab. hayla* (Cowley 1.3, 16.17 etc.). Der Aufseher könnte ein »Königsauge« sein – C. 27.9. Der Sekretär ist wahrscheinlich der Schreiber: Hdt. 3.128.3, Cowl.

17.1, Pap. Ryl. 17.2. *Kämmerer:* keine exakte Parallele zu Kleomenes, aber Cowl. 26 Buchhalter der Schatzkämmerei. Berve s. u., mit seinen Münzen bei B. Emmons, Amer. Num. Soc. Mus. Anmerkungen (1964), S. 69. E. Will, REA (1960) SS. 254 ff. bringt ihn im Kontext; vgl. B. A. van Groningens Kommentar über Ps.-Aristot. Oeconom., Buch 2 (1933). Lukian, Rhetor. Didask. 5 mag sich auf seinen Aufstieg zur Macht beziehen. *Persische Methoden:* Driver 7 und 12 sind interessant; würde Kleomenes ausschließlich ägypt. Agenten benützen? *Tempel:* A. T. Olmstead, Hist. of Pers. Emp. (1948), S. 512 für Referenzstellen. *Nektanebos:* O. Weinreich, der Trug Nektanebos (1911) ist ausgezeichnet. *Sesostris:* H. Kees, RE 2.2 (1923), 1861 f. mit F. Pfister, Stud. zum Alexanderroman, Würzb. Jahrb. für die Altertumswissensch. (1946), SS. 56 ff. *Hektor:* Berve s. u., mit Jul. Epist. 50 (Loeb) 446 A, muß im Kontext eines Briefes an einen Mann namens Nilus gelesen werden. A. 3.26.1 mag relevant sein. *Samaria:* QC 4.8.9 mit F. M. Cross, Biblic. Archaelog. (1963), SS. 110 ff. rechtfertigt die unfairerweise in Verruf gebrachten Sanballater bei Jos. A. J. 11.311–25. J. 36.3 unterstützt Curtius; F. M. Cross, HTR (1966), SS. 201 ff. bestärkt die bei Jos. A. J. 11.344 erwähnten Landverleihungen. Diesen wichtigen Punkt erwähnt Ptol. (A.) nicht, wie ich vermute wegen Perdikkas, der später in diesem Gebiet für die Diadochen eine so gefährliche Rolle spielte. Steph. Byz. s. u. Gerasa (mit Henri Seyrig, Syria [1965], S. 25; ebenso in Syria [1961], S. 75; ebenso Euseb. 2.116 und Synkell. S. 496, [Bonn], für die Städte in Samaria; vgl. Byz. s. u. Dion). Agis: A. 3.6.7 (dessen Imperfekt eindeutig gegen eine Verschiebung des Aufstands bis 330 spricht; ebenso QC 6.1.21). QC 4.1.39 über Kreta: die Diskrepanz zwischen den Flottenbefehlen bei A. und QC ist nicht schwerwiegend: beide datieren sie auf Tyros (QC 4.8.16) und jeder bringt die Hälfte der Befehle. *Verstärkungen:* DS 49.1 = QC 4.6.30, QC 5.1.40–1. Ich kann den Mutmaßungen von G. Wirth, Historia (1971), S. 629 nicht zustimmen, daß diese Männer gegen Agis kämpften und dann auf winterlicher See nach Syrien verschifft wurden! *Inselbewohner:* QC 4.7.12. *Achill:* A. 3.6.2. *Ammonias:* Ath. Pol. 61.7 mit Dein, F 14.2. Dies ist das erste Beispiel für die später übliche Benennung eines Schiffes nach einem Gott: ich glaube, dies war eine wohl überlegte Schmeichelei, die in den Monaten nach Agis und nach den Neuigkeiten von Gaugamela entstand. *Mytilene:* J. R. Healey N. C. (1962), S. 65, wo die Datierung von der plausiblen Annahme abhängt, daß Alex.s eigene Münzenprägung und eigener Münzfuß so an Einfluß gewannen, daß sie in der zweiten Hälfte seines Lebens sämtliche mytilenischen Neuprägungen ausschlossen und daß diese Ausgabe Mytilenes letzte eigene Elektrummünze war. Vgl. Tod 201 Zeilen 45–7 (ich stimme mit Welles und Bickermann über den Zeitpunkt 332/0 überein); wir sollten uns an Erigyios, Laodemon und Chares erinnern, die alle hochgeehrte Mytilenen z. Zt. Alex.s. waren. *Streit in der Armee:* Eratosth. in P. 31.1–5; sehr bemerkenswert. *Cyprioten:* P. 29 mit Berve, Stasanor, Nikokreon, Pasikrates. *Zahlen:* A. 3.12.5. *Vorräte:* QC 4.9.12s elf Tage können nicht für die ganze Strecke von Tyros bis Thapsakos sein; nur ein Teilmaß wie meistens in den Quellen. A. 3.6.8 zeigt das Problem; Xen. Anab. 1.10.18 den Maßstab. DS 19.58.2–3, 20.75.3 die Parallelen. *Darius' angebliches drittes Friedensangebot:* QC 4.11, DS 54, J. 11.12.7–16, P. 29.7 und die Geschichte von Tireos, die, wenn überhaupt irgendwohin, dann ins Jahr 332 gehört. *Zwei Routen:* E. W. Marsden, Campaign of Gaugamela (1964), S. 12 ist ein unterhaltsames Buch, aber voller Fehler. Xen. Anab. 1.4-6 mit R. D. Barnett, JHS (1963), SS. 1 ff. *Julians Feldlager:* Amm. Marc. 24.1 f. *Mazaios:* A. 3.7, DS 16.42 und J. P. Six, Num. Chron. (1884), SS. 96 ff. DS 55.1–2 und QC 4.9.12 verwechseln Euphrat und Tigris und die zwei verschiedenen Operationen, eine auf jedem Fluß: (1) Mazaios mit 3000 (A. 3.7) oder 6000 (QC 4.9.7 und 12) Reitern, um den Euphrat abzuriegeln und das Land für die Südroute zu verheeren; (2) Satropates und 1000 Mann, um die Kornspeicher am gegenüberliegenden Tigrisufer zu verbrennen. QC 4.9.7, 14 (wo Mazaios falsch sein könnte). Etwa sechs Wochen liegen zwischen diesen beiden Aufgaben. *Thapsakos:* Ich teile die Zweifel von Barnett, S. 3, Anmerkung 8 über die neue nördliche Lage, die von W. J. Farrell, JHS (1961), SS. 153 ff. angenommen wird. Beachte auch, daß es von Babylon auf dem Fluß nur 7 Etappen waren: Aristob. F 56.11 Zeile 18. *Alex.s Route:* A. 3.7.3; S. 11.9. über Goldminen; Erat. in S. 2.1.38 über die Entfernung. *Tigris:* A. 3.7.5 mit DS 55.3 = QC 9.15–21. Vgl. DS 19.17.3; auch Liban. Orat. 17.262–3, Amm. Marc. 24.8.5, 24.6–7 für Julians mißliche Lage an dieser Stelle. Marsdens Chronologie S. 75 ist falsch; seinen Mutmaßungen über persische Schlachtenzahlen liegen zu viele ungeprüfte Voraussetzungen zugrunde. *Darius' Vorhut:* A. 3.8.1, QC 4.9.24 = 4.10.10 (Satropat. und 1000 Mann in QC 4.7.9). Aristons Heldentaten bei P. 39.1 gehören hierher. *Panik:* Polyain. 4.3.26, QC 4.12.14–17, P. 31.5. *Angriff bei Tagesanbruch:* A. 3.9.2–3. *Alex.s Vergeltung:* P. 31.11 = A. 3.10.1 = QC 4.13.3 = Kall. (A.s *legousi* können Ptol. und Aristob. bedeuten).

ANMERKUNGEN ZU KAPITEL 16 (SS. 308)

Alex.s Schlaf: P. 32, DS 56, QC 4.13.17–25, J. 11.13.1–3. *Neue Waffen:* QC 4.9.3–5, DS 53.1–2. *Pfähle:* QC 4.13.36, 4.15.1, Polyain. 4.3.17 (Marsden SS. 41 ff. ist nicht überzeugend). *Alex.s Schlachtbefehl:* DS 57 = QC 4.13.26–31 = A. 3.12 (mit Ausnahme für den neuen Führer des Amyntas-Bataillons) = sicherlich Kall. *Amphistomatische Taxis:* Polyb. 2.28.6, Arr. Tact. 29.1, Asklep. Tact. 3.5. *Reserven:* Thuk. 5.9.8, Xen. Anab. 6.5.9, Xen.-Hell. 6.4.12. *Caesars Beispiel:* Dio. 41.34.1. *Diothen gegonos:* vgl. Isokr. Euagoras 13–14, 9.3. *Persische Schlachtordnung:* Aristob.-A. 3.11.3 = QC 4.12.6 f. (der Aristob.s Lücken füllt) = Kall., sicherlich A. 3.8.3 nennt die Befehlshaber, nicht ihren Schlachtbefehl, und ist deshalb keine Dublette von 3.12 oder offensichtlich von Ptol. bezogen. *Curtius' zwei Quellen:* 4.13.17–34 = DS 57; 4.14.8 = DS 59.2, 4.15.1–11 = DS 59.5–8; 4.15.12–15, 18–19 passen zu A. 3.13.3, 14.1–2. *Alex.s persönliche Heldentaten:* A. 3.14.3, DS 60.1, QC 4.15.19. *Flucht der Perser:* A. 3.14.3–6 bleibt sehr rätselhaft: wie bei Issos urteilt A. über Darius' Führung härter als DS oder QC (beachte 4.16.9 – von einem pers. Gefangenen?) *Parmenions Botschaft:* vgl. dazu Kall. ap. P. 33.10 (wieviel von diesem Zitat stammt von Kall. selbst?) mit DS 60.8, A. 3.15.1 und QC 4.16.2, 19 behaupten, daß die Botschaft befolgt wurde; DS 60.7 (Alex. war zu weit entfernt, um erreicht zu werden) übernimmt QC 4.16.3; wahrscheinlich kombinierte QC wieder beide Geschichten in einer, daher die Unbeholfenheit von 4.16.16–19. P. macht es ähnlich; P. 32.5–7 kann DSs sein (vgl. Polyain. 4.3.6), wogegen 33.9 paßt. A. Hamilton, HCPA S. 83 verteidigt die »Struktur« dieser Kapitel, ohne die absurden Straffungen in 37.8 zu erklären. *Die Verwundeten um Alex.:* QC 4.16.32 = DS 61.3 = A. 3.15.2 = Kall.? *Alex.s Brief an die Griechen:* P. 34.2. *Süditalien:* P. 34.3 mit Hdt. 8.47; Beweis, daß Alex. und sein Stab Hdt.s Werke kannten? *Berg des Sieges:* S. 16.1.4, 15.1.9, Dio 36.50.3, Suet. Aug. 18.2. Vgl. Zarathustra F 12 mit J. Bidez-F. Cumont, Les Mages hellenisés Band 2.119.

ANMERKUNGEN ZU KAPITEL 17 (SS. 324)

Motive: DS 65.5 = QC 5.2.8 = Kleit. A. 3.19.1 mag vergleichbar sein (letztlich Kall. via einen pers. Gefangenen?). *Enioi* in DS 85.5 ist sehr interessant. Ich stelle mir vor, daß dies nicht ein Ergebnis der Belesenheit von DS ist, sondern eine Wiedergabe von verschiedenen Geschichten, die Kleit. Seite für Seite berichtete. *Marsch nach Süden:* DS 64.3 = QC 5.1.11, vielleicht von Amm. Marc. 23.6.16–17 erklärt. *Das persische Babylonien:* G. Cardascia, Les Archives des Murasu (1951), ist grundlegend und eine hervorragende Arbeit; G. Driver, Aramaic. Docs. (bes. Nr. 2 und 5 mit Anmerkungen) ist wichtig. *Fruchtbarkeit:* Hdt. 1.192, 3.92–94, bes. Hdt. 1.193. Theophr. HP 3.3.5, Xen. Anab. 1.6 f. *Palmen:* E. Benveniste J. As. (1930) SS.193–225. *Ausländische Söldner:* Cardascia SS. 6–7, B. E. 9.28, 10. SS. 8 ff. *Parysatis:* Xen. Anab. 2.4.27 (Sklaven), UM 50, 60, 75 und bes. 133. Xen. Anab. 1.4.9, Ktesias F 89, Plato Alkib. 1.123B. *Bagoas' Besitz:* Theophr. 2.6.2 Ephemerides 117 F 2. *Benannte Besitztümer:* Cardascia SS. 82–3 für vier iranische Landedelleute. *Arsames' Verpachtungen:* Driver passim, nützliche Zusammenfassung der Dokumente auf SS. 88 f.; vgl. I. M. Diakonoff, VDI (1959), S. 70. *Günstlinge:* W. Eilers, Iran. Beamtennamen S. 52, 90 über einen Eunuchen aus Paphlagonien. *Garantie:* VS. 6.171. *Land des Königs:* B. E. 9.7, UM 2.16, 73.5, 58, 59 und Ernteerträge bei Cardascia S. 160. UM 133, Band 2. 1.63 (Hühner). *Kanalverpachtungen:* Cardascia SS. 77, 130, B. E. 10.84, 123. 10.54 ist eine Fischpacht. *Willkommen:* QC 5.1.17 f. (wichtig, und vgl. F. Pfister, R-E Supp. 4.277. s. u. Epiphanie für religiöse Parallelen). *Inflation:* W. Dubberstein, AJSL (1939), S. 20 sammelt geringfügiges Beweismaterial und verallgemeinert wild drauflos, ohne die Qualität der verkauften Waren zu berücksichtigen sowie die spärliche Information usw. *Zinssätze:* Cardascia S. 5: 13½% bei Nebukadnezar werden für Murasu 40–50% (B. E. IX 6, 66,68 – ihr Verleihgeschäft war jedoch riskanter, und ihre allgemeinen Unkosten waren größer). Vgl. G. R. Driver und J. C. Miles, The Babylon. Laws I, SS. 173 ff. (ca. 20% in Assyrien und den alten Perioden Babylons). Cowley Pap. 10 und 11 sind gute Parallelen: ca. 60% für Silber. Kraeling Pap. 11.3 erwähnt den wesentlich höheren Satz (50% im Monat) für Getreide: durchweg müssen jedoch bes. Faktoren berücksichtigt werden. Aber 6–8% waren im römischen Ägypten üblich, und die Achaimeniden leiteten Silber aus den Provinzen nach Susa. *Sklaven:* die *garda* auf babylonischen Besitztümern – B. E. X. 92, 127, 128, 95, 118 – sind wahrscheinlich königliche Arbeiter – W. Eilers, Iranische Beamtennamen, SS. 63–67. Ihr exakter Status ist ungewiß; russische Forscher halten sie für Sklaven und betonen die Bestimmungen gegen Sklavenflucht (keine neue Erscheinung in Babylonien – vgl. für Alex., Ps.-Aristot., Oecon. 1353A). M. A. Dandamayev, Palestin. Sbornik (1965), S. 84 geht sehr gründlich auf eine Liste geflüchteter Sklaven ein; sehr interessant. *Kallisthenes:*

Jacoby T 3 mit Theon. Alex. Comm. über Almagest. 3.1 und B. L. van der Waerden, Archiv für Orientforsch. (1963), S. 98. *Baal und Priestertum:* A. 3.16.4–5 mit I. M. Diakonoff in Festschrift B. Landsberger (1963), SS. 343 ff.; G. H. Sarkisian, VDI (1952), SS. 68 ff. und A. Aymard, REA (1938), SS. 1–42, ein hervorragender Überblick. Das Thema König und die Tempel muß ich an anderer Stelle behandeln; vgl. M. Dandamayev, VDI (1966), SS. 17–39 (ausgezeichnet) und Festschr. Franz Altheim, SS. 82 ff. (der Zehnte). Aber beachte Ps.-Aristot. Oec. 1352B für ihre Rückkehr im Jahre 323 v. Chr. *Begünstigungen:* G. H. Sarkisian, VDI (1953), SS. 59–73 mit S. Smith, Babyl. Hist. Texts (1924), SS. 150–9; auch Eos (1957), SS. 29–44. *Alex.s Gouverneure:* A. 3.16.4 mit QC 5.1.43, DS 64.6. Die silbernen Löwenmünzen bei Bellinger SS. 62–5 sind nicht annähernd so sicher datiert wie viele meinen; der attische Münzfuß war jahrelang in Phönikien gebräuchlich und trotz des Hinweises ihrer vier Münzzeichen (für jedes der vier Jahre Mazaios' im alexandrinischen Babylon?) könnten sie in die späten 340er oder frühen 330er Jahre gehören. Für eine mögliche Verbindung mit Babylon s. Berve u. Antibelos, Brochubelos oder Artiboles. Aber der Name Mazdai-Mazaios leitet sich von Ahura-Mazda her. *Babylons Sehenswürdigkeiten:* F. Wetzel/E. Schmidt/A. Mallwitz, Das Babylon der Spätzeit (1957); F. E. Ravn, Herodotos's Description of Babylon (1942) – sehr nützlich. R. Koldewey, Das wiedererstehende Bab. (1925) und bes. Die Königsburgen von Babylon (1931/2, zwei Teile); vgl. jetzt den guten Überblick bei F. Schachermeyer, Alex. in Babylon (1970), SS. 49 ff. *Hängende Gärten:* P. 38.15, Mor. 648C, Theophr. HP 4.4.1 (ist das Vertrocknen des wilden Weins ein verstohlener Hieb hinsichtlich Alex.s Parallelen mit Dionysos? vgl. den vorangehenden skeptischen Hinweis auf Meros und Dionysos). *Bezahlung:* QC 5.1.45 = DS 64.6. Dies könnten insgesamt über 2000 Talente auf einen Schlag gewesen sein. *Verstärkungen:* DS 65.1 = QC 5.1.39–42, im Gegensatz zu A. 3.17.10 (A.s Bericht über diese Phase ist sehr dürftig). *Aufstand des Agis:* datiert von QC 6.1.21 (gegenüber DS nie eine chronologische Quelle). DS 73.5 = QC 6.1 (gibt zu, daß er es an der falschen Stelle berichtet); DS 62 ist besser plaziert; 63.1 ist wichtig. *Schätze von Susa:* QC 5.2.8, P. 36. *Demaratos:* P. 37.7, P. Ages 15.4, Mor. 329 D, DS 66.3 mit QC 5.2.13–15 (beachte ihre ausführliche Korrespondenz, sogar in ihrer aufgezeichneten Rede, obwohl DS die Veränderungen und Zufälle des Glücks betont). A. Alfoldi, La Nouvelle Clio (1950), S. 357 ist nicht entscheidend; Theorien wie die von H. Montgomery, Opusc. Athen. (1969), SS. 1 ff. (daß das Heulen des Eunuchen ein Ritual war) sind absurd. *Griechische Feste:* A. 3.17.6, QC 5.2.17 = DS 67.1. *Nomaden:* DS 67.4 = QC 5.2.3. A. stimmt mit der anderen Route überein (A. 3.17.2), aber nicht mit dem Rückstoß (QC 5.3.9) oder Taurons Angriff. Ptol. ap. paßt zu QC 5.3.12, aber nicht zu 5.3.15; ich verstehe nicht recht, wieso Ptol. und Kleit. (?) teilweise übereinstimmen können ohne Aristob. (und daher nicht via Kall.?). *Persische Tore:* Aurel Stein, Geogr. Journ. (1938), SS. 314 ff., E. Herzfeld, Peterm. Mitteil. (1907), Karte 2 mit Ur-Tafel 292 für Die Schlüssel von Ansan (pers. *kleides*) und das arab. Hamdallah nuzhat 129. *Schlacht:* DS 68 = QC 5.3–4 = Kleit. A. 3.18.2 übertreibt die Zahlen, die bei DS 68.1 = QC 5.3.17 angegeben werden; A. 3.18.3 schweigt sich wie gewöhnlich über die Niederlage aus. QC 5.4.20 und 30 versteht die Rolle der Koinos-Brigaden falsch – A. 3.18.6. Der Bergmarsch hatte ein enormes Tempo: A. 18.6 spricht von *dromoi* und beweist die Geschwindigkeit der Hypaspistai. A. 3.18.9 spezifiziert diesen Ptol. nicht als Ptol. Lagou. P. 37.2 = QC 5.4.10 = Polyain. 4.3.27 über den lykischen Führer. QC 5.4.14 könnte eine Textverfälschung in bezug auf Bogenschützen *und* Reiterei sein (vgl. A. 3.18.4); Polyain. 4.3. 27 schreibt Meleagers Rolle dem Hephaistion und Philotas zu. *»Bestgehaßte Stadt«:* DS 70.1 = QC 5.6.1. *Griech. Gefangene:* J. 11.14.11–12, DS 69.2 = QC 5.5 (4000, nicht 800 Griechen, aber DS 69.8 = QC 5.5.24).

ANMERKUNGEN ZU KAPITEL 18 (SS. 344)

Persepolis: E. F. Schmidt, Persepolis (1953–7), Band 1 u. 2; G. Walser, die Völkerschaften aus den Persepolis-Reliefs (1966); die astronomischen Spekulationen von W. Lentz / W. Schlosser, ZDMG (1969), S. 957 scheinen mir unwichtig zu sein. *Bestgehaßte Stadt:* QC 5.6.1 = DS 70.1 = Kleit. *Massaker:* DS 70.2 = QC 5.6.6 = P. 37.3 (bezieht sich auf Persepolis nach einer vermeintlichen Lücke in den Manuskripten). *Kamele:* DS 71.2 = QC 5.6.9. *Pasargadai:* QC 5.6.10, A. 3.18.10; die *prote epidemia* bei Aristob. F 51 B Zeile 22 ist verschieden von der Wiederherstellung im Jahr 324, trotz der etwas vagen Reihenfolge der Ereignisse in den Zeilen 15–25. *Pers. Feldzug:* QC 5.6.12–19 (30 Tage). *Datierung:* QC 5.6.12, wo die Manuskripte verfälscht sind und das *sub* auf jeden Fall ungenau ist. Der viele Schnee läßt vermuten, daß der Feldzug Mitte März stattfand; DS 73.1 drehte die Reihenfolge um. Alex. erreichte Persepolis wahrscheinlich Mitte Januar 330 und verließ es (P. 37.6) Mitte oder Ende Mai; das Durcheinander, das sich bei C. A. Robinson, AJP (1930), SS. 22 ff. findet, ist ein weiteres

Beispiel für das Versagen der Gelehrten, sich vorstellen zu können, wie schnell eine Armee, bes. Alex.s Armee, durch die kargen mitteliranischen Steppengebiete marschieren kann, zumal, wenn sie zusammengeschmolzen und hungrig ist (vgl. R. D. Milne, Hist. [1966], S. 256 für ein weiteres diesbezügliches Beispiel). S. 15.2.10 bedeutet, was es besagt: Nov. 330, ein mögliches Datum wie mein Text zeigt. *Ernennungen:* A. 3.18.11 mit Berve s. u. Rheomithres QC 5.6.11. *Der Brand:* A. 3.18.11–12 (Ptol.?), wenn S. 15.3.6 tatsächlich von Aristob. ist, der Parmenions Rat (dank S. s. Zitat) ausläßt. Aber vor allem hier hätte A. seine Alternative angegeben, wenn Ptol. nicht mit Aristob. übereingestimmt hätte. *Alex.s Reue:* P. 38.8 (zugestimmt, und sofort); QC 5.7.11 (»zugestimmt«, und sofort). A. 6.30.1 (sechs Jahre später). Ob Alex. es auf der Stelle bedauerte und eine sofortige Löschaktion befahl, ist weit zweifelhafter (A. QC 5.7.6–8, erwähnen oder besagen dies nicht), deshalb darf auf P. 38.8s sorglose Bermerkung nicht allzuviel Gewicht gelegt werden. Selbst wenn er den Befehl gegeben hätte, beweist die Archäologie, daß eine Löschaktion keinen Erfolg hatte. *Thaïs:* Kleitarch. F. 11, folgl. QC 5.7.1 f. (betont Wein), P. 38 (ist 38.7 eine Vermutung?); DS 72 ist Drydens Quelle, der die Ausgelassenheit und die dionysische Orgie betont. Es ist wichtig, daß alle Versionen das Rachemotiv gleichermaßen hervorheben; zumindest das mag auf Kall. zurückgehen? *Thaïs und Ptolemäos:* P. 38.2. Athen. 13.567 D. SIG 314; sicherlich spielen DS und QC die heroische Rolle der Frauen hoch (Sisygambis, die Amazone, Frau des Spitamenes etc.) und ihre Quelle betont Ptol. vielleicht sogar mehr als Ptol.s Geschichte (DS 103.6 = QC 9.8.22, DS 104.5 = QC 9.10.6 = Kleitarch, der schließlich Alexandriner war), aber ich bezweifle, ob diese zwei Tendenzen zusammengenommen seine Frau zu einer Pyromanin machen. QC 5.7.10 durchschaut die A.-Geschichte und tut sie entschieden als Vorwand ab.

ANMERKUNGEN ZU KAPITEL 19 (SS. 352)

Verfolgung des Darius: G. Radet, Mélanges Glotz Band 2 (1932), S. 765; ebenso A. von Stahl, Geogr. Journ. (1924), S. 312 für das Ende. *Verstärkungen:* QC 5.7.12, verwechselt Sokrates, den Makedonen mit Plato, dem Athener! Wahrscheinlich brachten diese Truppen die Nachricht vom Aufstand des Königs Agis: ob P. Agesil. 15 irgendeinen Wahrheitsgehalt hat (wer würde davon berichten, in Medien?), kann ich nicht sagen. *Darius' Pläne:* QC 5.8.1 = A. 3.19.1, 5.8.2 = DS 73.2 = A. 3.19.3 für den zweiten. *Isfahan:* Tabae bei QC 5.13.2–3 sollte Gabai sein, denn es war an der Grenze von Medien zu Paraitakene (A. 3.19.4) und ein Palast in Gabai wird dort genannt von S. 11.1.18, DS 19.26.1, 34.7. Zwischen Persepolis und Hamadan liegen ca. 450 Meilen unwegsamsten Geländes, zu dessen Überwindung man ungef. 6 Wochen benötigt. *Ende des Feldzugs:* A. 3.19.5 gegenüber QC 6.2.17 = DS 94.3 (Kleit.). Bei Gaugamela führte Erigyios die verbündeten »Gefährten«, aber bei 3.20.1 in Hamadan, führt er die berittenen Söldnertruppeen; offensichtlich hatte sich seine Verbündeteneinheit aufgelöst. Kleit. diente damals nicht als griechischer Verbündeter, als die Verbündeten nach Hause geschickt wurden. DS 74.3–4 (QC 6.2.17) erklärt die »Freiwilligen« bei A. 3.20.6. *Parmenions Befehl:* A. 3.20.7, eine unerklärliche Passage, da er ihm anscheinend nicht gehorchte; der einzige Zweck, nach Hyrkania zu gehen, bestünde in einem Zusammentreffen mit Alex. Aber das geschah nicht. Bei 20.8 ist Kleitos der Schwarze der künftige Hipparch. *Finanzen:* A. 3.20.7 bezieht sich wahrscheinlich nur auf einen Teil des pers. Schatzes, da viel nach Susa geleitet worden war (DS 71.2); DS 80.3 widerspricht dem, fälschlicherweise? Wir wissen nicht, ob es einen Königlichen Schatzmeister gab, noch weniger, ob Harpalos dieses Amt innehatte. Wer A. R. Bellinger, Essays S. 485, A. Andreades, Annales d.'histoire économ. (1929), SS. 321 ff., R. Knapowski, Geschichte Mittelasiens im Altertum (1970, Hrsg. F. Altheim – R. Stiehl) liest, wird erkennen, daß wir Alex.s Finanzen durchaus nicht brauchbar ermitteln können, ohne dieses Problem zu bedenken. Knapowskis im einzelnen angegebenen Summen kommen der Wahrheit wohl am nächsten, stecken aber voller nicht diskutierter Annahmen; ich betone, daß wir so gut wie nichts über Sachleistungen wissen, die Verteilung der Kriegsbeute (abgesehen von der Verbrennung des Gepäcks), Alex.s Gewichtsystem (was war für ihn ein Talent?), die Besoldung seines Heeres (DS 64.6 ist nicht unbedingt der Zweimonatssold für die makedon. Truppen; Tod 183 beweist nichts; A. 7.23.3 ist der einzige Anhaltspunkt, aber nur für das Jahr 324, und wissen wir genau, daß der Stater ein attischer Stater ist?); nur wer den Zahlen in den Manuskripten blind vertraut, kann annehmen, daß J. 12.1.3 (190 000 Talente bei Hamadan) und DS 80.3, S. 15.3.9 (180 000 Talente bei Parmenion in Hamadan) bedeuten, daß Alex. mit 10 000 Talenten nach Osten gezogen ist! Für das Vorhandensein von ungemünztem Gold bei Alex. in den Jahren 330 bis 25, vgl. QC 8.12.15; Gold wäre wertvoller in Relation zum Gewicht. Mobile Münzämter sind im Iran bekannt (z. B. die Münzen von Gotarzes, dem Parther, mit dem Münzstempel *kata ten strateian*), aber wenn im Iran ohnehin eine Barren-

Währung gebräuchlich war (vgl. A. D. H. Bivar, Iran, [1971], S. 97 für diese Wahrscheinlichkeit) wäre die Münzprägung nicht notwendig gewesen. Alles in allem ein unlösbares Problem und eines, das die mühselige Einstufung von Alex.s Münzsystem nicht voranbringen kann, sondern lediglich dazu dienen kann, die sich überall eingeschlichenen Verallgemeinerungen zu modifizieren. Die Folgen von DS 74.5 = QC 6.2.10 (falls dies nicht fälschlich auf Alex.s Offiziere angewendet wurde) sind weitreichend. *Poststationen:* vgl. Persep. Fortif. Tafeln 1351, 1358, 1555. Driver 6. Ps.-Ar. Oecon. 1353 A. *Alex.s Route:* Bemerke, daß er seine Streitkräfte bei Hamadan, um schneller voranzukommen und sie leichter zu versorgen, geteilt hat. QC 5.13 ist ein hoffnungsloses Durcheinander, ignoriert seinen Aufenthalt bei Hamadan. Für neuntägige Karawanenreise nach Rhagai siehe die Vergleichszahlen bei J. Marquart, ·Philolog., Supplem. 10 (1907), SS. 191 ff.; A. 3.20.2. trifft wahrscheinlich auf sämtliche elf Tage Alex.s zu und besagt, daß er einen Umweg machte. *Darius' Gefangennahme:* QC 5.8.6–12.20 ist Rhetorik und geht nicht auf eine Söldnerquelle zurück (obwohl Bagoas und andere über diese Affäre später gesprochen haben müssen). Ihre wenigen Details sind A. (21.1, 4–5, 10) größtenteils bekannt; die Zahlen sind zu hoch (A. 16.2, 19.5). Barsaentes wird ausgelassen; Darius wird dargestellt, als beherrschte er die griech. Sprache (QC 5.11.5 – wird von Marsden, Gaugam. S. 6 tatsächlich geglaubt!), damit er eine Rede halten kann, in der er berichtet, wie ein Grieche ihn rettete (QC 5.11.9); tatsächlich brauchte er einen Dolmetscher (QC 5.13.7), dessen Gefangennahme sich mit A. 3.21.4 deckt; möglicherweise war er die Quelle von Details über den Feind bei 21.4–6? *Verfolgung:* von Stahl SS. 312 f. läßt sie bei Damghan enden, meiner Meinung nach plausibler als Radets entfernteres Sharud. In den letzten 18 Stunden legt Alex. zwischen 45 und 50 Meilen zurück; da Damghan ungef. 200 Meilen entfernt war und er 6 Tage brauchte, verbrachte er vielleicht einen Tag, um Vorräte zu ergänzen, bevor er weiterzog? J. 11.15.1 nennt das Dorf der Festnahme Thara, sicherlich Chavar (Plinius NH 6.17.2 – Choarene). *Darius' Tod* A. 3.21.10 (22.2 hat die übliche dürftige Meinung über Darius, vielleicht A.s eigene oder ebenso die seiner Quellen, obwohl es ein immer wiederkehrendes Thema ist, wird es nicht von QC–DS geteilt). A.s Bericht schließt P. 43.3–4 nicht aus, obwohl kräftig ausgeschmückt (vgl. P. 30.12, A. 4.20.3); vgl. J. 11.15, QC 5.13.24. Man fragt sich, wer die andere Version bei DS 73.4 lieferte; ist dies DS aus seiner Lektüre bekannt oder hatte es Kleit. erwähnt, der es z. B. von Onesikr. hatte? *Alex.s Verhalten:* P. 43.5, Mor. 322F. QC 6.2.7 (dieser Hystaspes ist eine sehr wichtige Figur in Alex.s Leben: vgl. A. 7.6.5). *Geschenke:* P. 74.5. QC 6.2.10, beide können auf Hamadan zurückbezogen werden. DS 78.1. *Persische Kreditaufnahmen:* Hdt. 1.135.2. *Meder-Vermächtnis:* I. M. Diakonov, Istoriya Midii (1956) ist eine bemerkenswerte Arbeit, und in W. B. Henning, Memorial Band (1968), SS. 98 ff. über Medien als Ursprung der alten Perser eine brillante Studie; M. Mayrhofer, Anzeig. der Österr. Akadem. (1968), SS. 1 ff. ist ein abenteuerlicher Versuch, die verlorene Sprache der Meder zu rekonstruieren; die Ausgrabungen bei Nush-i-Jan (Iran, 1968 ff.), Tacht-i-Suleiman (Hrsg. H. H. von der Osten, 1962) und andere Ausgrabungsstätten, die bei W. G. Culican, Medes and Persians (1965) aufgeführt werden, ein Buch, das sich besser mit den Medern als den Persern befaßt – alle tragen etwas zu diesem Thema bei. Für ihre Stämme vgl. H. von Gall, Arch. Mitt. Iran (1972), SS. 261 ff. *Ihr höfisches Leben:* das hervorragende Kapitel von W. Hinz, Iran. Funde u. Forschungen (1968), SS. 63 ff. setzte dieses in ein neues Licht; Hdt. 1.99, die beiden ersten Bücher der Kyrupädie, Hdt. 1.135, 7.61 f. sind nur einige der klassischen Quellen, die mit seinen Betrachtungen der Persepolis-Reliefs übereinstimmen. *Babylon:* vgl. D. J. Wiseman, Iraq (1966), S. 155, A. J. Sachs, Iraq (1953), S. 167, G. Widengren, Anc. Near East Relig. (1951), SS. 20 ff. »König der Könige« ist ein in Urartu bekannter Titel; wenn die Perser diese Symbolik entliehen, nahmen sie diese Elemente jemals ernst? Ihre eigenen Nomadenrituale sind eine andere Angelegenheit. Persep. Fortif., Tafeln Nr. 1807, 1810, 1821–22, 1828, 1830. *Griechen und andere:* G. Goosens, La Nouv. Clio (1949) SS. 32 ff. ist immer noch sachdienlich. Es ist seltsam, daß R. T. Hallock sein offizielles »Yauna« (PF 1800, 1810) nicht als einen Yona identifizierte, i. e. ein Grieche, wahrscheinlich ein Dolmetscher, oder sein Karkis (PF 878, 882) als Karer, dessen Landsleute von Darius I. als Seeleute am Pers. Golf angesiedelt worden waren. *Mischehe:* G. Cardascia, Murasu SS. 6–7, Rec. de Soc. J. Bodin (1958), SS. 115 ff. Clay-Hilprecht, B. E. 9., SS. 27–8, 10, SS. 8–9, 88. Kohler und Ungnad, Hundert ausgewählte Rechtsurkunden (1911), S. 73. In Kohler-Preiser, Aus dem babyl. Rechtsleben, (1898), Band 4, Teil 5 ist ein bes. schönes Beispiel. *Peitschenträger und Meder*: W. Hinz, Iranische Funde, SS. 63 ff. *Bürokratie:* Fortific. Tafel 6764 zitiert die eigenen Worte des Königs, ein geeigneter Hinweis, daß das pers. Gesetz persönlichkeitsgebunden war, trotz der großen Zahl von Arbeitern und Beschaffungsfunktionären, die sich jetzt in R. T. Hallocks Fortification Tafeln zeigen: PF 1940, 1957, 1997 werden wegen eines Arbeitsrückstands zitiert, doch ich muß betonen, daß es sich bei der Übersetzung dieser

Dokumente größtenteils um einen Glaubensakt handelt. *Isolierung:* Hdt. 1.99, 3.84. Xen. Kyr. 8.4.2, 8.3.10, Hdt. 7.16, Chares F 4. – Festessen: Esther 1 und 5, Herakleid. 689 F 2. Deinon ap. Athen. 146C, DS 11.69.1, Poseidon. F 68 (übertrieben?). *Speisenopfer:* Theopomp. F 124, eine faszinierende Ergänzung zu Corp. Inscr. Graec. 2691B, möglicherweise aus dem 5. Jhdt. v. Chr., obwohl diese Opfer wahrscheinlich auch einem Mann wie Mausolos gebracht wurden. G. Widengren, Numen Supplem. 4 (1959), S. 242 stellt interessante Vermutungen an, die nicht alle stichhaltig sind. *Königliches Gewand:* P. Themist. 16.2, Artax. 24.6, Xen. Kyrop. 1.3 und 8.3: auch G. Thompson, Iran (1965), S. 121. Anne Roes, Iran. Antiqu. (1964), S. 133 und Bibl. Or. (1951), S. 137 mit vollständigen Bibliographien. Die exakte Bedeutung der Tiara kann erörtert werden, indem man die späten Lexikographen heranzieht und das Problem der kidaris; ich glaube, die Persepolis-Reliefs zeigen den König in der »aufrechten« tiara und kidaris, und schriftliche Beweise sind zu spät oder wirr, um zu erkennen, daß sich die beiden Ausdrücke auf einen Stil beziehen. *Löwe-Greif:* G. F. Hill, JHS (1923), S. 156. *Thronbesteigungsritual:* P. Artax. 2, Nicol. Damasc. 90 F 66 mit der brillanten Analyse von A. Alfoldi, Schweiz. Archiv für Volkskunde (1951), SS. 77 ff. Es gibt keinen Beweis, daß Alex. die Kyrupädie kannte oder hätte kennen müssen, nachdem sich ihm zweisprachige Höflinge angeschlossen hatten, um von Kyros zu sprechen. *Alex.s legendäre Proklamation:* Ps.-Kall. 2.21. *Elbrus-Feldzug:* A. 3.23–24; DS 75–76 = QC 6.2–6.5 sehr ähnlich, unterscheidet sich von A. und gibt eine genaue Landschaftsbeschreibung. *Bagoas:* Indiké 18.9 (trotz Berve) ist der beste Beweis seiner Existenz und hohen Gunst; es mag richtig sein, seinen Vater mit Pharnouches, dem Lykier, zu identifizieren wie bei A. 4.3.7, (vielleicht ein griechisch sprechender?). Bagoas Haus in Babylon (Tagebücher Fl; falsch plaziert bei P. 39.6) war nicht das des Eunuchen (Plin. NH 13.41) DS 5.3–6 schreibt vorsichtig über die Todesart von Bagoas, dem Älteren, aber Alter und Aussehen schließen wahrscheinlich aus, daß es sich um denselben Mann handelt, und Nabarzanes, der wie er kapitulierte, war jedenfalls der neue Chiliarch im Wohnort des alten Bagoas. *Kaspisches Meer:* Aristot. Meteor. 2.1.10, S. 11.7.4–5 sagen nichts über Alex.s eigenen Standpunkt. J. R. Hamilton, QC (1971), SS. 106 ff. muß überarbeitet werden, nicht zuletzt weil wir wissen, daß der südl. Teil des Kasp. Meers aus Süßwasser besteht (z. B. Camb. Hist. Iran, Band 1, S. 48). *Amazonen:* P. 46, Kleit. F. 16 (via Onesik?) mit J. 12.3.5, DS 77.1 f., QC 6.5.24 und M. Rostovtzeff, Iran. and Greeks in S. Russia (1928) über Matriarchat. *Pers. Freunde:* Berve s. u. Artabazos, Phrataphernes, Nabarzanes, Bagoas, Autophradates; beachte QC 6.2.9 über ihre Zahl; die »Unterwerfung« der Waldstämme (vgl. Baeton F 1 für ihre Gebräuche) wird diese adeligen Iranier beeindruckt haben, deren Nachkommen später die arabischen Invasoren den Überfällen der Bergbewohner vorziehen würden. *Alex.s Kleidung:* Eratosth. ap. P. Mor. 330 A und der negative Kunstbeweis (auf dem Alexandermedaillon trägt Alex. seinen mit zwei Federbüschen geschmückten Helm wie auf den Mitylenischen Münzen, nicht die tiara des Königs) widerlegen zusammen mit Kleit. DS 77.5 die Auswüchse und Ungenauigkeiten von P. 45.1–2, A. 4.7.4, 8.4, 9.9, QC 6.6.4 und J. 12.3.8 f. *Träger des Purpurs:* DS 77.4–5 mit Xen. Anab. 1.2.10; der schöne makedon. Reiter in P. Couissin, Inst. mil. et naval. (1932), Tafel 1; P. Eum. 8. QCs *purpurati* haben einen präzisen Hintergrund, obwohl frei angewandt. *Geehrte Freunde:* z. B. A. 2.11.8 und 9, mit 1.17.4 (ist *en time* ein präziser Ausdruck?). Indiké 27.8 (gleicher Ausdruck in ionischer Sprache). Vgl. Welles, Royal Correspondence Nr. 44, Zeile 2, 45 für die hellenistische Kontinuität. *Konkubinen:* DS 77.6, QC 6.6.8. *Diadem:* Livius 24.5.4 für Sizilien: H. W. Ritter, Diadem und Königsherrschaft (1965); H. Brandenburg, Stud. zur Mitra (1966). *Caesar:* Dio 44.11.2, 44.15.3. Für Nuancen zu dem mit Ärmeln versehenen Umhang, den Alex. zurückwies, vgl. A. Alfoldi, Stud. in Hon. of A. M. Friend (1955), SS. 40 ff. *Briefstil:* Chares F 10, QC 6.6.6, »Siegesbeute«: QC 6.6.5. *Schwager:* Berve s. u. Alexander von Epirus. J. 12.1.4. *Hekatompylos:* DS 75.1, QC 6.2.15, Name ausgelassen bei A. 3.23.1, obwohl A. ein Buch über die Parther schrieb. Fundstätte entdeckt von J. R. Hansman, JRAS (1968), SS. 111 ff.; Eratosth. bei S. 11.8.9 nennt eine Entfernung, die zu dieser Fundstätte nicht paßt, aber Eratosth.s Zahlen sind nicht glaubhaft: z. B. die absurden Entfernungen bei S. 15.3.1. Parthische Messungen bei S. 11.9.1 aber passen zu Hansmans Fundort (seine kurze Stadie stiftet nutzlose Verwirrung, da die Zahl der Stadien nur annähernd angegeben wird); von Stahl, Geogr. Journ. (1924), SS. 312 ff. hatte die Verfolgung des Darius auf jeden Fall an Hansmans Fundstelle enden lassen; der Felsen Stiboetes (QC 6.4.3, DS 75.2) paßt gut dazu: P. Pedech, REA (1958), S. 67. *Rede und Antwort:* DS 74.3, J. 12.3.2–3, P. 47, QC 6.2.15, 4.1. stimmen weitgehend über einen Vorfall überein, den A. ausläßt – weil er die Loyalität der Männer in schlechtem Licht zeigt?

ANMERKUNGEN ZU KAPITEL 20 (SS. 375)

Aria: A. 3.25.5 hat nicht zur Folge, daß Alex. nach Süden gen Herat zog und dann das zerklüftete Hari-Rud-Tal hinauf; es wäre ein großer Umweg gewesen; die Truppen bei A. 3.24.2 hatten vielleicht nur die Außenbezirke von Aria zu bewachen, während Alex. die kürzere Straße nach Merv einschlug. *Gepäck:* QC 6.6.15 datiert dies besser (die Straßen nach Balkh sind alle schlecht!) als P. 57.1, Polyain. 4.3.10. *Herat:* Avesta Vindev, 1.9, Mithra Yasht 10.14; R. N. Frye, Heritage of Persia (1963), SS. 23 ff. S. 11.514, Plinius NH 6.61, 6.93 (wichtig). *Verstärkungen:* QC 6.6.35. *Parmenions Truppen:* ein wesentliches Problem, denn wo waren die 6000 Makedonen von A. 3.19.7, die bei Kleit. dem Schwarzen gelassen worden waren? Die Einsetzung Kleitos' als Hipparch in Seistan bedeutet, daß er und diese 4 Phalanx-Brigaden Alex. inzwischen erreicht hatten; fraglich, ob vor oder nach der Verschwörung? A. 3.25.4 sagt »nachdem er nun alle seine Truppen versammelt hatte« und meint also, daß sich Kleitos in Parthien Alex. wieder angeschlossen hatte. A. jedoch registriert die Verstärkungen von QC 6.6.35 nicht, der an dieser Stelle ankam, und das mag ihn verwirrt haben; sie allein haben sich vielleicht mit Alex. vereinigt. QC 7.3.4. besagt deutlich, daß Parmenion die 6000 Makedonen noch hatte oder bestenfalls, daß sie auf dem Weg zu Alex. waren. Die Heereskommandos unterstützen dies: die 3 Brigaden von Koinos, Krateros und Amyntas waren von Hamadan ab bei Alex., und diese drei spielen nicht nur in A.s Bericht eine führende Rolle, sondern auch in QCs Bericht vom Prozeß; auch Perdikkas wird einmal bei QC hervorgehoben, und, obwohl er eine Fußvolk-Brigade geführt hatte, die jetzt bei Kleitos geblieben war, wird er dort *armiger* genannt (QC 6.8.17), da er angeblich sein Kommando seinem Bruder Alketas übergeben hat, von dem man später erfuhr, daß er es innehatte. Wenn dem so ist, bedeutet seine Anwesenheit in Seistan nicht die Anwesenheit von Kleitos' Truppen. Dies erklärt die geringe Zahl der Makedonen, die bei QC 6.8.23 als Zuschauer bei dem Prozeß erwähnt wurden; was Parmenion betrifft, so waren seine Befehle, nach Osten zu ziehen (A. 3.19.7) wahrscheinlich geändert worden, denn wenn er sie verhöhnt hätte, wäre dies bestimmt aufgezeichnet worden, um seinen Mord zu erklären. Sicherlich hatte er die anderen, bei A. 3.19.7 erwähnten Truppen; Berve s. u. Kleander, Agathon, Sitalkes, Herakon, Menidas und vielleicht Koiranos. *Quellen:* A.-Ptol. 3.26.2–3 ist grundlegend (beachte ischuros bei 2!), aber ich habe das Gefühl, daß es zu kurz ist für den Wortlaut von 26.2, um zu beweisen, daß der einzig echte Beweis Philotas' Schweigen war; andere Beschuldigungen waren »nicht unklar«, und obwohl A. sie ausläßt, beziehen sich 26.3 und 4 zuversichtlich auf Philotas' »epiboule«. DS 79.3 ist weniger überzeugt (beachte aber das »Bekenntnis« in 80.2). Der Aufbau von QC 6.8–6.11 ist geistreich: 6.8.15 wird säuberlich wieder aufgenommen in 6.11.10 (6.11.8 ist sehr plump: warum Philotas' Tod verschieben?). Bedeutet QC benützte 2 Quellen: (1) Ptol.-A., daß Philotas öffentlich angeklagt wurde; 6.8.25 ist wahrscheinlich nur QCs Vermutung, und der echte MS-Text ist interessant. Typisch für QC ist, daß er aus etlichen früheren Fakten Reden bastelt (z. B. 9.17, die ägyptische »Verschwörung«). (2) P. 49.11: Philotas wurde geheim gefoltert: Entschuldigung für noch mehr Reden bei QC. Dies würde die doppelte Verurteilung erklären (6.11.8, 11.38), erwähnte nicht DS-Kleit. (bestimmt QC Hauptquelle) sowohl den öffentl. Prozeß als auch das durch die Folter erpreßte Geständnis (80.1–2)? Ließ Ptol. die Folterung aus oder erfand sie Kleitos als Entschuldigung? *Über Steinigung:* R. Hirzel, Die Strafe der Steinigung, Abhandl. Leipzig Akad. (1909), S. 25. *Makedonische Sprache:* 6.19.34–5, 11.4 (treffender Hinweis auf Phryger, alte Herrscher von Makedonien). *Alexander von Lynkestis:* DS 80.2, QC 7.1.7; nicht bei Ptol.-A. und ebensowenig die Unbotmäßigen (QC 7.2.35–38 = DS 80.4 = J. 12.4.4–8 = Kleit.). Nur DS 79 = QC 6.7 = Kleit. bringt die Präliminarien, und diese sind denen der Pagenverschwörung zu ähnlich. *Verdächtige:* QC 6.7.15, diese Liste hilft nicht viel, da Demetrius falsch datiert ist (A. 3.27.6). *In die Verschwörung verwickelte Personen:* Berve s. u. Antigone, Philotas (bes. P. 40.1, 48.4, DS 67.7 und die Reitereireformen bei A. 3.16.11). *Säuberungsaktion:* QC 6.11.20, wo das »Gesetz« QCs eigene Formulierung eines Brauchs ist; vgl. 8.6.28, nicht widerlegt durch 8.8.18. Diese Sippenhaft wird auch nicht dadurch widerlegt, daß Koinos, Parmenions Schwager, überlebte; er wollte mit Parmenion um so weniger zu tun haben (QC 6.9.30), als er sein eigenes Leben ordnen mußte. Kleander, der Mörder, war Koinos' Bruder. Auf der anderen Seite, Berve Nr. 165, kam Asandros (Parmenions Bruder?) im Jahr 329 unwissend ins Lager (A. 4.7.2), und wird wahrscheinlich nie wieder erwähnt. Philipp Menelaou, unter Parmenion Führer der Thessaler, verschwindet ebenso nach dem September 330. War Parmenion der Grund oder war es nur Zufall, daß die Thessaler im Jahr 339 entlassen wurden? Erigyios, der unter Parmenion den linken Flügel der Verbündeten geführt hatte, denunzierte seinen Oberbefehlshaber so viel er nur konnte: QC 6.8.17 f. So viel zu massiven Gruppen im Heer. Man fragt sich natürlich, ob sich Hinweise auf Asander im Jahr 323 (sämtlich aufgeführt bei Berve Nr. 164) teilweise auf Parmenions möglichen Bruder beziehen könnten (Nr. 165). Vielleicht überlebte auch er; es ist unmöglich, den Untergang der hinter Parmenion stehenden »Gruppe« geschweige denn die »Ausrottung« seiner Familie, was heutzutage so häufig vermutet wird, zu beweisen. *Prophthasia:* P. Mor. 328 F, Steph. Byz. s. u. Phrada. Nur eine Fehlkalkulation von Droysen enthüllte die Tatsache, daß dies das moderne Farah ist, ein von Herat ungef. 180 Meilen entfernter Ort; bis auf eine oder zwei Meilen stimmt diese Entfernung mit den 1500–1600 Stadien der Schrittmesser überein, die unkritisch und abgerundet bei S. 11.8.9 angegeben werden.

ANMERKUNGEN ZU KAPITEL 21 (SS. 394)

Alex.s Route nach Kandahar: K. Fischer BJ (1967) S. 136 geht sehr sorgfältig auf das ganze Gebiet ein, aber angenommen, Alex. beginnt in Farah, besteht kein Grund, diesen weiten Bogen nach Süden vorbei am »Verschwindenden See« zu schlagen, es sei denn, er wollte Proviant fassen, da Seistan sogar zu arabischen Zeiten ein berühmtes Korngebiet war. *Arimaspoi:* F. W. Thomas, JRAS (1906), SS. 180 ff.; Ktesias, ap. Photius wies bereits auf die *Skythes amyrgioi* in Sakastane hin, vgl. Hellanicus F 171 über diese skythische Ebene. Ich frage mich, ob ein Zustrom dieser Skythen die Stadtkultur von Seistan beendete, wie es jährlich die italienischen Archäologen melden anhand ihrer Ausgrabungen in Ost- und West-Arachosien = Hetumati (in der Avesta) = Etymandros bei Plin. NH 6.92. Bisitun Inschr. 40 f. über die Loyalität ihres Satrapen im Jahr 521; ebenso der Beweis in den Ritual Texts und Fortificat. Tabl. aus Persepolis für Kontakte mit Persepolis und Arachosia als Sitz eines Haomakults. *Satrapen:* Berve s. u. Menon mit der bewundernswerten Liste in seinem Band 1, S. 276. *Kandahar:* K. Fischer, wie oben: vgl. A. Fussmann, Arts Asiatiques (1966), S. 33. Die Asoka-Inschriften zeigen, daß im Gebiet von Kandahar der Hellenismus recht lebendig war, und widerlegen Tarns Einspruch, daß dieses Alexandria bei Ghazni lag. Die Ableitung Kandahar von Iskander ist korrekt. *Elefanten:* Elfenbein aus Harahvatis in Darius' Susa-Inschr., und die klugen Äußerungen von A. J. Toynbee, Between Oxus and Jumna (1961), SS. 71 ff. über Lashkari Bazar. *Alex.s Route:* A. Foucher, La vieille route Bactres à l'Inde (1947) ist der beste Bericht der Möglichkeiten, bes. Band 1, SS. 209 ff. über die Verbindungen zwischen Indien und Arachosien. *Landschaft u. Vorräte:* A. 3.28.1, 28.9 wird verbessert von QC 7.3.6 = DS 82–3 (landschaftlich richtig), vgl. QC 7.4.22–5 und S. 15.621. Ich zitiere aus Emil Trinkler, Durch das Herz Afghanistans, (1928). Für die nächsten zwei Jahre ist F. von Schwarz, Alex. Feldzüge in Turkestan (1893) ein unersetzlicher geogr. Führer, da er auf einer zwölfjährigen Militärdienstzeit in Sogdiane beruht (obwohl er fälschlicherweise Baktra (Balck) und Zariaspa unterscheidet; für die Bematisten, wie bei S. und Plin., waren sie identisch). *Alex. im Kaukasus:* A. 3.28.4, 4.22.4–5; DS 83 korrigiert sicherlich den Text von QC 7.3.23. Beachte Plin. NH 6.92 über Kyros und Kapisa; vgl. R. Ghirshman in Mem. Del. Arch. Fr. en Afghan. (1946). DS 83 deutet auf andere Städte in der Nähe; vgl. Ptol. Geogr. 6.18.4, eine davon vielleicht Kabul. Wir wissen nicht, ob Griechen und Einheimische gleiches Bürgerrecht genossen. *Über Prometheus:* DS 83.1 = QC 7.3.22 = Kleit. (via Onesik.?) Eratosth.s Zweifel: S. 11.5.5; A. 5.3.1–4; *uparisena* und pers. Hintergrund bei E. Herzfeld, Persian Empire (1968), SS. 336–7. Aristot. und Hindukusch: Aristot. Meteor. 350a. *Vorräte:* QC 7.4.22 f., und für Preise vgl. W. K. Pritchett, Hesperia (1956), SS. 182 ff. *Balkh* (Balck, Baktra): Avesta, Vendidad 1.7, Yasht 5 (Anahita). Wegen seiner Mauern, Monum. Preislam. d'Afghan. (DAFA Band 19, 1964). Für Dörfer, S. P. Tolstov, Drevnei Chorezmskoi Tsivil. (1948), SS. 122–33. *Wirtschaftsquellen:* W. W. Tarn, Greeks in Bactria and India (1951), SS. 78 ff. Lapislazuli bei R. J. Gettens, Alumni (Rev. du cercle des Alumni des fondations scientifiques, SS. 342 ff. G. Herrmann, Iraq [1968] S. 21). *Persische Verwaltung:* Smerdis, Sohn des Kyros, Hystaspes, Bruder von Xerxes, Msistes sind Beispiele für Satrapen aus königl. Familie; laut Ktesias gab es in Baktrien unter Artaxerxes II. einen kurzlebigen Aufstand. *Baktrische Wüste:* QC 7.5 = Prolog zu DS Buch 17 = Kleit. (landschaftlich richtig). A. übergeht die Mühsal! *Alex.s Ausdauer:* QC 7.3.17, 7.5.9 (hier plausibler als in Makran), 7.5.15. *Bessos:* A. 3.30.4, 25.8 mit A. 3.23.4. *Branchidai:* QC 7.5.28 = 5.11.11.4 = Kallisth. (trotz F 14 Zeile 22) führte seine Geschichte wahrscheinlich nicht so weit aus. Onesik. (von S. und Kleit. benützt) ist vielleicht verantwortlich (vgl. P. 60.3 für seine Pseudofeldzüge) und es ist unmöglich festzustellen, ob seine Geschichte wahr ist. Ist jedoch kein bes. wichtiger Faktor. *Unabhängigkeit der Sogder:* QC 6.3.9 über das Fehlen eines Satrapen und ihren Machtbereich, zusammen mit den unabhängigen Indern, durch Bessos bei Gaugamela (A. 3.8.3). *Alex.s Schildhalter:* QC 7.6.7 f. *Kyropolis:* E. Benveniste, Journ. As. (1943–5), SS. 163 ff. *Alexandreia Eschâte:* A. 4.1.3. 4.1. *Nomaden:* vgl. K. Dettmar, Die frühen Steppenvölker (1969); M.

Rostovtzeff, Iranians and Greeks in South Russia (1928); E. D. Phillips, Brit. Journ. of Aethetics (1969), SS. 4–18 ist eine gute Einführung in ihre Kunst; Aristot. Ptol. 1256 A. sah ihren Standpunkt. *Liebesgeschichte:* Chares F. 5 mit Jacobys Kommentar. *Spitamenes:* S. 11.8.8 nennt ihn Perser, nicht Sogder oder Baktrer. Spitam. war ein Verwandter von Zarathustra. *Verbot:* Onesik. Frag. 5. Belagerungsmaschinen bei A. 4.2.2 müssen Katapulte sein, da Gräben die Türme aufhalten würden; ebenso Steinschleudern, da sie die Mauern zertrümmern (A. 4.3.1). Die Zerstörung von Kyropolis (QC 7.6.21) wird bei A. ausgelassen, und er nennt (deshalb?) die Eingeborenen in 4.4.1 »Freiwillige«. QC 7.6.27 = J. 12.5.4 sprechen zurecht von Gefangenen. A. läßt Meleager und Perdikkas aus (QC 7.6.19); wurden sie von Ptol. verschwiegen? Neue Städte/Siedlungen in Sogdien und Baktrien: A. 4.16.3, QC 8.1.1, J. 12.5.13, S. 12.5.17 (einschl. der sieben zerstörten Städte). *Bereich des Bacchus:* QC 7.9.15, Plin. NH 6.92; vermutlich ein Haomakult an der Grenze. Verwundete werden bei QC 7.9.16 nicht erwähnt und Verluste bei A. 7.7.39 heruntergespielt; in 4.7.2 erwähnt er ebenfalls nicht die Zahlen der Verstärkungen. *Khwarezm:* S. P. Tolstov, Drevnei Chorezmskoi Tsivil (1948); vgl. M. M. Diakonovs ausgezeichneten Bericht in Po Sledam Drevnikh Kultur (1954), SS. 328 ff.; B. Rubin, Historia (1955), SS. 264 ff. beschäftigt sich mit den frühen Reitertruppen; Khwarezm-Reiter sind ebenso auf den weitverbreiteten Terrakottafunden in westlichen Palästen zu sehen (M. Rostovtzeff-Yale Classe Stud. [1935], S. 188 Tafel 7), wo sie offensichtlich als Besatzungstruppen dienten, ein Punkt, der jetzt durch die Reliefs von Koi-Kilgan-Kala in S. P. Tolstov, Po drevnim deltam Oksi (1962) bewiesen wurde. In der Persepolis-Inschr. von Artaxerxes II. oder III., erscheint uvarazmis (Khwarezm) als ein unterworfenes Gebiet; das bedeutet nicht, daß es immer noch unterworfen war. QC 7.4.5, A. 4.15.4 zeigen seine Unabhängigkeit zur Zeit Alex.s; der architektonische Einfluß des Achämenidenstils in Khwarezm, den S. P. Tolstov (1962) S. 112, 114, 128 erwähnt, muß nicht unbedingt auf eine Mitgliedschaft im Kaiserreich hinweisen. *Heereszahlen und Hipparchien:* s. meine demnächst erscheinende Arbeit.

ANMERKUNGEN ZU KAPITEL 22 (SS. 417)

Omen: P. 57.5, A. 4.15.7–8 (betont Ptol.s Rolle): QC 7.10.13–14. *Merv:* Plin. NH 6.47 bedeutet ein Alexandria hier, und Plinius' Beweis ist gut für diese Städte; QC 7.10.15 unterstützt ihn und F. Schachermeyer, Alex. der Große (1949), SS. 515–6, Anm. 187 folgert in glänzender Manier, daß Kraterοs der Befehlshaber in Merv war. *Bazeira:* QC 8.1.10–19 mit R. Merkelbach, Die Quellen des Alexanderromans (1954), SS. 48, 252; vgl. den Prolog zu DS 17, i. e. Kleit. *Quellen für Kleitos:* s. meine demnächst erscheinende Arbeit. *Seine Verbannung:* QC 8.1.20. *Sein Neffe:* Berve s. u. Proteas. *Spitamenes' Tod:* A. 4.17.7 unterstützt nicht QC 8.3.1–15, typisch romantische Auffassung. *Sogdianische Felsen:* QC 8.4. = DS Prol. = Kleit. über den Schneesturm. *Alex.s Thron:* QC 8.4.15, Val. Max. 5.5.1. Front. Strat. 4.6.3. *Geographie:* F. von Schwarz Alex. in Turkestan, SS. 75 ff., bes. über die Unüberwindlichkeit des zweiten Felsens. QC 7.11, obwohl 28–29 lebhaft ist, schildert den ersten Felsen im Winter 328; das gleiche tut der Prolog von DS 17, ein weiterer Beweis für ihr Kleben an ihrer Quelle Kleit. A. 4.18.4 (wahrscheinlich Ptol.) läßt die Kreuzigung von Ariamazes aus, aber bringt sie, sicherlich zu Recht, zu Beginn des Jahres 327. Der Sisimithres-Felsen (QC 8.2.19) trug ebenfalls den regionalen Namen Felsen von Choriene (A. 4.21): nur QC 8.2.20 erwähnt korrekt den Fluß in der Schlucht. *Roxanes Hochzeit:* A. 4.19.5 f. ist chronologisch ungenau; S. 11.517 datiert die Hochzeit zu Sisimethres' Felsen; QC 8.4.21 eine Weile später; Sisim.s Speise (QC 8.4.18 f.) bildet die wesentliche Einleitung zu diesem Hochzeitsbankett! QC 8.4.21 (den MS-Text in Oxyartes umändernd) bedeutet einen Gegenbesuch bei Oxyartes; die Hochzeit gehört wahrscheinlich hierher (nach A. 4.21.10). P. 47.2 und QC 8.4.23 machen genaue Angaben über die Liebe bei einem Bankett; A. 4.19.5 (dabei Ptol., Aristob. und zeitgenössische Meinungen zitierend) besteht auf der Liebe; P. und A. billigen Alex.s Enthaltsamkeit (ein Thema von Aristob.?). QC erklärt nicht, daß Roxane bereits eine Gefangene gewesen war; A. bringt die Zeit durcheinander, so daß die Liebe auf den ersten Blick sogar noch glaubhafter erscheint. *Hochzeitsbrauch:* M. Renard und J. Servais, Antiqu. Class. (1955) S. 29 bringt kein erwähnenswertes Argument gegen die Beobachtung dieses Brauchs durch von Schwarz in Turkestan; QC 8.4.27 ist nur eine Vermutung. *Malerei:* Lukian Imagin. 7; Plin. NH 35.34 für Aitions gleichzeitiges Datum, so daß der amouröse Duktus seines Bildes die Liebesgeschichte von Alex.s Offizieren widerspiegelt. *Oxyartes und Artabazos:* A. 3.28.10 (Oxyartes und Bessos). A. 4.17.3 und QC 8.1.10 (Kleitos' Verabredung) datieren Artabazos' Rücktritt einige Monate vor Roxanes Heirat, so daß die zwei nicht miteinander in Verbindung gebracht werden können; Barsine jedoch hatte zu dem Zeitpunkt von Alex.s Hochzeit ihren

Sohn Herakles bereits empfangen, so daß die Affäre mit Roxane ein schwerer Schlag für sie gewesen sein muß (DS 20.20.1 für das Geburtsdatum); beachte jedoch, daß Cophen (s. Berve u.) zufrieden diente, so daß es für einen Bruch mit Artabazos keinen Beweis gibt. *Nachfolger oder Epigonoi:* P. 47.6, QC 8.5.1 (wichtig). *Möglicher Chiliarch:* ich komme zu folgendem Schluß: Hephaistion und Kleitos waren im Jahr 330 gemeinsam Hipparchen gewesen; im Winter 329/8 wurden zusätzliche Hipparchen ernannt, während man, wie ich glaube, Kleitos die Provinz Baktrien anbot. Hephaistion brauchte irgendeinen neuen Rang, denn auch er war bereits Hipparch gewesen; im Jahr 327 nahm Alex.s Orientalisierung ihre erste und letzte Wende zwischen den Jahren 330 und 324; ich glaube, daß Hephaistion damals Chiliarch wurde, insbesondere als Alex. seine Frau heiratete und somit die Freundschaft seines ältesten Liebhabers riskierte. Für das Amt, das in verschiedenen Formen existierte, gab es im Griechischen keine klar umrissene Bezeichnung geschweige denn bei späteren Lexikographen und so schlechten Quellen wie Ail. VH. 1.21, vgl. 3.23.3, Nepos Conon. 2 dafür in ihrer Höchstform, obwohl geringere Heeres- und Hofbeamte ebenso »Kommandant einer Tausendschaft« genannt werden konnten: A. 1.22.7.

ANMERKUNGEN ZU KAPITEL 23 (SS. 434)

Proskynese: J. Horst, Proskynein (1932) liefert den griech. Beweis; Feodora, Prinzessin von Sachsen-Meiningen behandelt das Thema hervorragend in Geschichte der Hunnen (1963, Hrsg. Franz Altheim), Band II, SS. 125 ff. Ihr linguistisches Argument geht jedoch hinsichtl. Kall. F 31 daneben, denn Wellen können keine Küsse blasen und offensichtlich konnte das Wort *proskynein* zu Kall.s Zeit auch in einem weiteren Sinn angewendet werden. Die Audienz-Szene in Persepolis wurde von Herzfeld und anderen dahingehend erklärt, daß der medische Türhüter seinen Atem vor dem Heiligen Feuer schützt; das ist absurd, da die Brenner neben ihm ganz normales Räucherwerk sein können und durchaus nichts Heiliges, und die Adligen auf Artaxerxes' Grab vollführen dieselbe Geste, wenn weit und breit kein Brenner in Sicht ist. Die einleuchtendere Ansicht, daß die Hand anzeigt, der Meder würde gerade sprechen, wird durch die genaue Wiedergabe der Szene auf der Innenseite eines Schilds auf dem Alex.-Sarkophag in Frage gestellt, s. die Photographie in V. von Graeves ausgezeichnetem Alexandersarkophag (1870), Tafel 70. Die Hand hier entbietet definitiv *proskynesis*; vgl. den Reiter auf dem Pazyryk-Teppich, jetzt in der Hermitage (5. Jhdt. v. Chr.). E. J. Bickermann, Parola des Passato (1963), SS. 2141 ff. ist eine weitere gute Arbeit; Hamilton, HCPA SS. 150–1 ging am Wesentlichen vorbei und beachtet das oben zitierte Werk nicht; wegen des Hintergrunds B. Meissner, Berlin. Akad. (1934), SS. 2 ff. und für sassanidische Unterschiede: W. Sundermann, Mitt. des Inst. für Orientforsch. (1964), S. 275. J. P. V. D. Balsdon, Histor. (1950), SS. 363 ff. ist ebenso nützlich, obwohl seine Anmerkung 48 über Alex.s merkwürdigen Vaterkomplex einen schlechten Beweis zitiert. Daß die Griechen glaubten, die Perser erwiesen ihrem König die Proskynese, weil er ein Gott war (vgl. »Xerxes, der Zeus der Perser« bei dem extravaganten Gorgias von Leontinoi, ap. Longinus 3.2) meint Isokr. Panegyr 141 und behauptet QC 8.5.11, beide äußerst unzuverlässig (Xen. Anab. 3.2.13) und beweist daher nichts; Aristot. de Mundo S. 398, 22, Hrsg. Bekker, ist wertlos; die Griechen beklagten sich, weil sie in der Proskynese den Ausdruck sklavischer Gesinnung sahen (Xen. Hell. 4.1.35, P. Them. 27.4), aber keine Gotteslästerung: vgl. R. W. Freye, Iran. Ant. (1972), S. 102 für die Fortdauer des Brauchs. *Griechische Gesandte:* Hdt. 7.136, P. Themist. 27–8. Nepos Conon und bes. P. Artax 22.8 (wo *kupsas* den Fußfall ausschließt) sind kein Beweis, daß die Kriecherei vor dem König normalerweise üblich war, nur daß der König griechische Abgesandte für so verächtlich hielt, daß er sie manchmal, wenn sie als Gefangene oder Fürsprecher kamen, sofort zu Boden schickte. Der Scherz bei A. 4.12.2 hieß nichts anderes, als daß der Perser übertrieb! *Elefant:* Aristot. Hist. Anim. 498 A 9, verarbeitet die Ansichten von anderen: vgl. De Incess. An. 709 A 10; Hist. An. 630B und Ail. Nat. An. 13.22.1. *Persische Königin:* A. 2.12.6. *Quellen:* A. 4.10.5 f. ist völlig wertlos und läßt sich wahrscheinlich nicht einmal von einem Peripatetiker herleiten. A. 4.14.2 unterscheidet sich sehr von Aristot.s eigener Ansicht in Rhet. 1361 A 36 (eine barbarische Ehrerweisung, nicht mehr, nicht weniger). QC 8.5.13 f. teilt dieselbe breitangelegte Struktur: von Kall. eine Rede dafür, eine dagegen, ein Veto gegen den Brauch, eine Verhöhnung der Perser. Ansichten und Stil sind jedoch denen A.s nicht ähnlich: A. 4.10.3, 14.3–4 beweisen A.s Belesenheit hier, und er hat die Reden weitgehend vielleicht sogar selbst erfunden (A. 4.11.9 zieht Xenophon heran!). Die am nächsten zu findenden Parallelen sind sicher die kaiserlich-römischen: Ps.-Kall. 2.22, Claudius' Brief an die Alexandriner und Kymes Vorschlag für Labeo; vgl. M. Charlesworth, PBSR (1939), SS. 1 ff. Chares in P. 54.4 und A. 4.12.3 berichtet die Wahrheit, Ergänzungen dazu bei L. R.

Farnell, JHS (1929), SS. 79 ff.; es stimmt, daß ein *eschara* bei den Prozessionen das Heilige Feuer gehalten haben soll (Xen. Kyrop. 8.3.12), aber es ist eine deutsche Grille, ein solches Feuer hier in der Erwähnung von *hestia* zu sehen. Kall.s Haltung: F 23, 24, 42, 50 für seinen Hellenismus; T 21 ist wichtig, vgl. T 20; F 31 kommt wahrscheinlich nahe an seine eigenen Worte heran. J. 12.6.17, QC 8.8.22 (als Tröster). *Anaxarchos:* Berve mit vollständigem Beweis. Gegenüber den Vorurteilen von Klearchos ap. Ath. 548B (wichtig) vgl. Ail. VH 9.37, Timon F 58. Philodem., De Vitiis 4.5.6 ist sehr interessant; vgl. vielleicht A. 4.10.6–7 für das Feingefühl; mit 4.11.6 vgl. 4.9.7. *Kall.s Wein:* T 12. *Seine Rede:* Hermipp. ap. P. 54.1 (zweifelhaft, da Hermippos den Peripatetikern sehr nahestand). *Verspottung des Persers:* A. 4.12.2, QC 8.5.22, P. 74, jeder von einem anderen Offizier. Nur QC 8.5.20 und P. 53.1 bezeichnen den älteren Mann als bes. feindselig, aber beide Passagen sind tendenziös. *Krateros' Zähigkeit:* vgl. P. Eumen 6.2. *Zur Proskynese niederfallen:* Nur in A.s falscher Version, J. 12.7 und QC 8.5.21 stellen fest, daß zur proskynesis niedergefallen wurde; A. 4.14.2 (obwohl falsch) bedeutet eine andere Tradition. Chares' Geschichte sagt in keiner Hinsicht etwas aus. DS 18.61.1 zeigt, daß die Makedonen die Proskynese Alex. postum als Gott erwiesen; begreiflicherweise sagen Ptol. und Aristob. nichts dazu, da der Vorfall ausgenommen für Kall.s Anhänger unwichtig war. Aber ihr Schweigen (deshalb bezieht sich A. nicht auf sie) mag wohlerwogen gewesen sein. *Pagenverschwörung:* A. 4.12.7, 13.5, 14.1 zeigen hier A.s Belesenheit. Die große Ähnlichkeit von A. 4.13 mit QC 8.6.1–23 läßt hier jedoch darauf schließen, daß sie eine gemeinsame Quelle benützten; A. 4.13.4, 13.7 weicht nur gering von QC 8.6.9, 6.20 ab. In bezug auf A. 4.13.5 = 8.6.16 mag diese Quelle durchweg Aristob. gewesen sein. QC 8.6.11 ist der einzige Hinweis auf das Datum nach der Proskynese: S. 11.11.4 nennt das Dorf Kariatai, ein Name, der sich in der Nähe des Oxus findet. *Persische Jagdsitte:* Ktes. 688 F 40, Xen. Cyrop. 1.4.14, P. Mor. 173 D. *Proteste:* QC 8.7 f. greift die falsche Stelle auf bei A. 14.2. Bei 8.7.2 war Sopolis in Wirklichkeit nach Hause gegangen! (A. 4.18.3). *Väter:* Sopolis (A. 4.18.3), Asklepiodoros (A. 4.7.2 mit dem Partizip Perf. bei 4.13.4). Charikles kann der Sohn des loyalen Satrapen von Lydien sein, aber für einen anderen Menander s. P. 57.3. *Kallisthenes' Rolle:* A. 4.12.7 meint zwei verschiedene Dinge, Kall. als ein Mitschuldiger, Kall. als Anstifter. Von Ptol. und Aristob. weiß man nicht, daß sie Kall.s Mitschuld bejaht hätten (A. 4.14.1; vgl. QC 8.6.24, P. 554); dies war eine andere Lesart (A. 4.12.7). QC 8.8.20 behauptet, Kall. wäre völlig schuldlos (vgl. »manche« bei A. 4.14.1), obgleich er ihn wohl doch für einen Anstifter hält (8.6.24). *Alex.s Brief:* Wenn Hamilton aus A. 4.22 mit QC 8.5.2 und 22 in 1961 die Abwesenheit des Empfängers folgern kann, hätte das ein Fälscher des 3. Jahrhunderts mit den Originalgeschichten, und nicht A.s holpriger Erzählung vor sich viel leichter gekonnt. Ich verstehe weder, wie ein solcher Brief erhalten geblieben sein soll, noch warum Alex. derart freimütig geschrieben haben sollte. P. 55.6 sagt, »niemand kannte den Plan der Pagen«; das ist nicht mit Kall.s Anstifterrolle vereinbar? *Anaxarchos' Stellungnahme:* Diels, Vorsokr. 2., S. 239 (aus seinem Kapitel Über das Königtum). *Brief an Antipater:* P. 55.7, als ob zu Kall.s Lebzeiten; paßt nur zu der Verzögerungsaktionsgeschichte von Kall.s Tod (apologetisch und deshalb falsch?). *Sein Tod:* A. 4.14.3 Chares ap. P 55.9 (*Malloi Oxydrakai* kann P.s eigenes Versehen sein?) J. 15.3.3–7.

ANMERKUNGEN ZU KAPITEL 24 (SS. 450)

Indische Kaufleute: Aristob. F 20 und vgl. den Bdelliumhandel Theophr. HP 9.1.2 mit Plin. NH 12.35. *Indische Legenden:* J. W. McCrindle, Invasion of India by Alex. (1896) ist ein gutes Quellenwerk; Ktesias 688 F 45; Nearch. F 8, 11, 17–20 und Baiton 119 F 4; E. J. Bickermann, CP (1952), SS. 65 ff. ist hervorragend; vgl. jetzt O. Murray, CQ (1972), SS. 200 f. *Herakles und Dionysos:* A. Dahlquist, Megasthenes und Ind. Relig. (1962) bringt viel Beweismaterial und zieht falsche Schlüsse. Das »Datum« in Megasth. ap. Ind. 9.9. Der ständige Hinweis auf Indiens »althergebrachte Unabhängigkeit« und die Nichterwähnung jeglichen persischen Vorgängers ist interessant. *Herakles:* Berve Nr. 353 trotz Tarns Absicht, dies nicht zu glauben. *Alex. und Könige:* P. Alex. 4. *Heer:* s. meine demnächst erscheinende Arbeit. *Satrapen:* A. 4.22.5 und Berve I, S. 276 (Liste der Satrapen). *Sasigupta:* Berve Sisikottos Nr. 707. *Nikaia:* A. Foucher, CRAI (1939), SS. 435 f. *Indisches Heer:* z. B. B. K. Majumdar, Milit. Syst. in Anc. India (1960). *Elefanten:* P. Armandi, Hist. Mil. des Eléph. (1843); H. Bonitz, Index Aristotelicus (1961), s. u. Elephas; H. F. Osborn, Proboscoidea (1936–42), Band 1–2 und R. Carrington, Elephants (1958); ein weitreichendes Thema, und jetzt P. Goukowsky, BCH (1972), SS. 473 ff. über Haudah. *Alex.s Route:* S. 15.1.26 wegen ihrer Logik; O. Caroe, The Pathans (1958), SS. 45 ff. vervollkommnet Steins Ansichten. Die von Italienern ausgeführten Swat-Ausgrabungen lassen sich weder an Ort noch an Datum binden. *Peuke-*

laotis: M. Wheeler, Charsada (1962) vermutet eine Verbindung mit Alex. *Nysa:* A. 5.1–2, QC 8.10.7 = DS Prolog = Kleit., P. 5.8.6. *Kafiren:* E. T. Schuyler-Jones, Annotated Bibliog. of Nuristan (1966) ist sehr interessant; G. Robertson, Kafirs of the Hindu Kush (1896); Eric Newby, A Short Walk in the Hindu Kush (1972, 2. A.) ist das köstlichste Buch, auf das ich mich in diesen Anmerkungen beziehe; K. Jettmar, Proc. Amer. Philos. Soc. (1961), SS. 79 ff. behandelt Steinbockverehrung und ekstatische Tänze der Frauen (Bacchantinnen?); vgl. Robertson S. 384. G. M. Grierson, JRAS (1900), SS. 501 ff. über die Sprache von Kafiristan; F. Maraini, Where Four Worlds Meet (1964) über kafiristanische Religion. *Meru:* Polyain. 1.1.2, QC 8.10.12, A. 5.1.6. Vgl. D. C. Sircar, Ind. Stud. Past and Pres. (1967), SS. 233 f.; *Särge:* QC S.10.8. Pir *Sar:* A. Stein, On Alexander's Track to the Indus (1929), bes. SS. 100–59, ein Meisterstück; vgl. R. Fazy, Mélanges Ch. Gilliard (1944), SS. 7 ff. *Herakles-Mythos:* man sagt, er hätte Alex. belastet (A. 4.28.2) trotz Arr.s eigener Unsicherheit bezüglich des Wahrheitsgehalts (28.2). QC 8.11.5 schreibt Eumenes (Ptol.s Feind) Schwärmereien zu, die A.-Ptol. 4.29.1 auf Ptol. beschränkt. *Taxila:* Sir John Marshall, Taxila, Band 1–3 (1951) mit M. Wheeler, Flames over Persepolis, SS. 112–15 (dt. Ausgabe: Berlin 1972); vgl. die hier gefundene aramäische Inschrift von ungewissem Datum (seleukidisch?), Cowley und Barnett, JRAS (1915), S. 340. *Indische Bräuche:* Nearch. F 11, 28. Aristob. F 42. Onesik. F 5. *Gymnosophisten:* Onesik. F 17, Aristob. F 41, Nearch. F 23; A. 7.2.2 f. basiert auf Megasthenes, nicht Onesik. (vgl. 5.15.1). P. 65.3 beweist, das Kapitel ist Flickwerk (gegenüber Hamilton, HCPA, S. 180). Nur Megasthen. erwähnt das Thema »Sohn des Zeus«, nicht der Zeitgenosse Onesik.; die drastische Textverbesserung von J. Enoch Powell (JHS, 1939, S. 238) für P. 65.2 ist weder sinnvoll noch notwendig. U. Wilcken, Sitzungsber. Berl. Akad. (1923), S. 161 ff. argumentiert falsch, daß Aristob. F 23 Onesik.s ganze Geschichte widerlegt. *Ihre Legende:* A. 7.1.5 f., mit dem neuen Papyros von V. Martin und P. Photiades, Rhein. Mus. (1959), SS. 77–139; trotz J. D. M. Derrett, Class. et Med. (1960), SS. 64 ff. halte ich es nicht für ein verlorengegangenes Werk Arrians. F. Pfister, Hermes (1941), SS. 143 ff. über die Gymnosophistenlegende; vgl. J. D. M. Derrett, Zeitschr. für Relig. und Geistesgesch. (1967), SS. 33 ff., so weit bester Bericht von der Milindapanha und ihrer Verbindung zum Alexanderroman.

ANMERKUNGEN ZU KAPITEL 25 (SS. 476)

Poros' Belohnung: QC 8.12.18; S. 15.1.28. *Neue Städte:* M. Wheeler, Flames over Persepolis (1968), SS. 98–118 mit neuem Beweis. *Ort der Schlacht:* ungewiß, aber ich ziehe A. Stein vor, Arch. Reconn. in N.W.India (1937), SS. 1–36. *Schlacht:* A. 5.9–19, QC 8.13–14, DS 87–89 (schwach), P. 60 zitiert Alex.s eigenen Brief, den ich sehr bezweifle; P. 60.2 bestimmt den Zeitpunkt der Schlacht (vgl. QC 8.14.28), aber alle anderen Einzelheiten des Briefes passen zu A.s bis auf die Absurdität der vom Donner getroffenen Makedonen (P. 60.2), womit sich dieses Zitat, trotz Hamilton, HCPA, SS. 163., selbst richtet. Ptol. wird bei QC 8.13.23.27 zurückgelassen; nicht so bei A. (und vgl. QC 8.14.15)! QC 8.14.15 nennt Perdikkas; Ptol.-A. 5.15.1 läßt ihn – absichtlich? – aus. Meiner Ansicht nach erwähnt Ptol.-A. niemals die Kampfgefährten zu Fuß in der Schlacht (dagegen DS 88.2, QC 8.14.16 über ihre Sarissen im Kampf gegen die Elefanten). Bei A. 5.12.2 sind meiner Meinung nach Kleitos' und Koinos' Brigaden Hipparchien (vgl. A. 5.16.3; und bald danach, A. 5.22.6), und ich vermute, daß A. diese beiden ehemaligen Infanteriebefehlshaber mit ihren früheren Einheiten verwechselt hat; A. 5.13.4 erwähnt keine Fußgefährten in der Infanterietruppe (Phalanx heißt hier wie so oft »Schlachtlinie«); A. 5.14.1 spricht von 6000 Infanteristen (vgl. 5.18.3), und sie setzen sich zusammen aus 3000 Hypaspisten, 1000 Agrianern und 2000–3000 Bogenschützen (A. 5.12.2; vgl. ihre drei Befehlshaber bei 5.16.3); A. 5.13.4 bedeutet, Alex. hatte mehr als die 3 Hipparchien von 5.12.2, unter denen er wählen konnte. Ich nehme an, er nahm die von Kleitos und ebenso die von Koinos, und daß sie keine Phalanxführer mehr waren, obwohl A. sie unter dem neutralen Wort *taxis* durcheinanderbrachte. *Koinos' Aufgabe:* gegen den Feind richtig (A. 5.16.3); QC 8.14.18 ist verwechselt. *Waffen gegen Elefanten:* QC 8.14.29. Für Poros s. u. Berve Nr. 683. *Bukephalas:* Siegelstein bei A. D. H. Bivar, Journ. Num. Soc. Ind. (1961), SS. 314–16 mit O. Rubensohn, Hellenistisches Silbergerät in antiken Gipsabgüssen (1911), SS. 45 f. und Tafel 6. E. T. Newell, E. Seleucid Mints (1938), S. 239 und Tafel 51; E. Babelon, Les monn. des Rois de Syrie (1890), Einltg. SS. 18–25; Appian Syr. 56, Malalas S. 202 (Ausgb. Bonn). Suidas s. u. Bukephalas (verbesserter Text). *Marco Polo:* A. Ricci, Travels of Marco Polo (1939²), S. 57. *Alex.-Medaille:* vgl. auch W. B. Kaiser, JDAI (1962), SS. 227 ff. *Caesar:* Dio 37.54.2, Plin. NH 8.155 und nun S. Weinstock, Divus Julius (1972), SS. 86–7.

ANMERKUNGEN ZU KAPITEL 26 (SS. 492)

F. Schachermeyer, Innsbruck. Beitr. zur Kulturgesch. (1955), SS. 123–35 (Nachdruck in G. T. Griffith, Main Problems) ist ausgesprochen nachsichtig mit Alex.s Zielen. *Opfer:* QC 9.1.1; DS 89.3. *Wetter:* Ktesias F 45: Gegensatz A. 5.10.1 für Alex.s Kenntnis. *Holz:* DS 89.4 = QC 9.1.4 = S. 15.1.29 = Kleit. Onesik. *Pläne:* Nearch. (ap. Str.) F 20; A. 6.1.2 f.; ihre Zitate stimmen nicht überein. Theophr.: HP 8.4.5 (sicherlich sind diese unbekannten Pissatoi Inder?) *Banyan:* Onesik. und Aristob. in S. 15.21–24: Theophr. HP 4.4.4–5. Ail. Hist. An. 5.21 über Alex.s Pfauen (QC 9.1) ist sehr hübsch. *Regen:* Aristob. und Nearch. in S. 15.1.17–18: vgl. Indiké 6.5. *Schlangen:* Nearch. F 10 B, Indiké 15.11, Aristob. F 38; Onesik. F 16, 22. A. Anabasis ist unverzeihlich oberflächlich, da hier prinzipiell alle Details weggelassen werden. *Tschichab:* Ptol. ap. A. 5.20.8. *Poros' Gesandtschaft:* A. 5.21.2. *Indische Verluste:* A. 5.24.5. *Königreich des Wohlstands:* S. Levi, Journ. As. (1890), SS. 234–40. Onesik. F 21. *Hunde:* Aristob. F 38, 40 (vgl. S. 15.1.31). *Verstärkungen:* DS 95.3; QC 9.3.21. *Ceylon:* Onesik. F 12, 13. *Phegeus:* DS 93.2 = QC 9.2.1–7, P. 62. Magadha: z. B. Camb. Hist. Ind., SS. 279 ff. K. A. N. Sastri, A Hist. of S. India from Prehist. Times . . . (Oxford, 1966), SS. 82 ff. *Ksandrames:* entgegen Camb. Hist. Ind. wird der Name besser von Augrasainya, Sohn des Ugrasena, abgeleitet (B. Prakrash, Stud. in Ind. Hist. and Civ. [1962], S.. 104 ff. zeigt die Verbindung mit Magadhas Dynastie, was buddhistische Quellen jedenfalls bezeugen). *Landschaft:* A. 5.25.1 weiß von einem fruchtbaren Land jenseits des Beas zu berichten (vgl. Ail. Hist. An. 15.7!); DS 93.2 (QC 9.2) bezieht sich auf ein unbewohntes Land »jenseits des Indus«; i. e. die Thar-Wüste. D. Kienast, Hist. (1965), SS. 184 ff. möchte diesen »Indus« ebenso in Beas umkorrigieren und an Kleit.s Geographie Kritik üben. Aber auch Alex. kann sehr wohl nach dem Indus gefragt haben; vgl. S. 15.1.26, 32 für seine (ursprüngliche) Kenntnis der Thar-Wüste, die er vielleicht von Phegeus bei dieser Gelegenheit erhielt. Da sich Alex. vielleicht weiter südlich am Beas befand als Kienast glaubt (S. 15.1.32 schließt dies nicht aus), lag die Thar-Wüste vielleicht tatsächlich weiter im Süden (die Flüsse- und Steppengeographie dieses Gebiets ist bis 326 v. Chr. unbekannt). Sicherlich saugte sich Kleit. der Alexandriner (der ca. 25 Jahre vor Megasthenes schrieb) derart genaue Hinweise auf Ksandramenes nicht aus den Fingern, und ob seine Geographie nun stimmt oder nicht, Alex.s Stab jedenfalls kannte die Wahrheit über das Gebiet jenseits des Beas (vgl. A. 5.25.1). *Ganges:* Polykleit. F 10; A. 5.26.2, DS 18.6.2 dürfen nicht unberücksichtigt gelassen werden, insbesondere da eine Königliche Straße mit Meilensteinen versehen von Taxila nach Palimbothra verlief (Plin. NH 6.61 f.). *Flußjuwelen:* Plin. NH 37.1–77. *Bestechung:* DS 94.3, J. 12.4.12–11; bei A. wieder weggelassen! DS 94.1–3 ist ausgezeichnet. *Meuterei:* A. 5.28–29 (Alex. schmollt wieder »zwei Tage lang«), DS 95 = QC 9.3.19 = P. 62.7 = J. 12.8.16, und ich bezweifle, ob es nur eine Legende ist. Philostr. Vita Apoll. 2.43 ist interessant. *Dhana Nanda:* F. F. Schwarz, Die Griechen u. die Maurya-Dynastie, bei F. Altheim, Geschichte Mittelasiens im Altertum (1970), SS. 267 ff. *Sohn des Barbiers:* B. Prakash, Studies in Ind. Hist. SS. 114 ff. und der Jaina Hermacandras Parisistaparvan 6.232, 8.2–3; seine Herrschaft, z. B. das Vischnu-Purâna 4.24. *Über Zahlen:* B. K. Majumdar, Milt. Syst. in Anc. India (1960) mit epischen Parallelen; vgl. S. Digby, Warhorse and Elephant in the Delhi Sultanate (1971), SS. 55 ff. für vergleichbare Zahlen. *Tschandragupta:* P. Alex. 62.9, Mor. 542 D. B. Prakash, Studies passim. Über Kautilya zahllose Arbeiten; z. B. U. N. Goshal, Hist. of Ind. Pol. (1966); H. Scharfe, Unters. zur Staatsrechtsl. des K. (1968); Megasthenes müßte untersucht werden; R. C. Majumdar, Class. Accounts of India (1960) und JAOS (1958), S. 273, (1960), S. 248 bewegen sich in eine bessere Richtung als O. Stein, Megasthenes u. Kautil. (S–B, Wien, 1921). *Palimbothra:* L. A. Waddell, Report on Excav. at Patna (1903), M. Wheeler, Flames over Persepolis (1968); Megasth. FGH 715 F 18, 19, 32; Ail. Hist. A. 13.18.

ANMERKUNGEN ZU KAPITEL 27 (SS. 509)

Roxanes Fehlgeburt: Epit. Mett. 70. *Flotte:* vgl. Ind. 19–20 mit den verschiedenen Details und Zahlen von A. 6.2–3. Nearch. schätzt die Flottenstreitkräfte niedriger als Ptol., und wegen seiner Zahl von 120 000 Mann s. meine demnächst erscheinende Arbeit. *Qurqurrus:* S. Casson, Ships and Seamanship (1971), S. 163. Der Seetransport von Pferden ist eine Kunst für sich, die die Normannen z. B. erst von den Arabern lernten und daraufhin Kavallerie über den Kanal verschiffen konnten: Diction. des Antiquit. s. u. Hippagogoi für Beweis. Man fragt sich, wie die sassanidischen Perser Pferde auf dem Seeweg von Indien nach Persien brachten! *Troß:* Ich zitiere aus Mooltan von J. Dunlop, M. D. (1849). *Purpurne Segel:* Plin. NH 19.22. *Maller:* A. 5.22.2 ist wichtig für frühere Feindschaft. *Anlage u. Durchführung d. Feldzugs:*

A. 6.14.2, 6.20.1–2, vgl. 6.15.1, 6.6.1 und bes. 6.15.6 und Aristob. ap. A. 7.20.1–2: Wiederherstellung von Frieden und Autonomie. Bedeutet, daß die Erinnerung an pers. Herrschaft am unteren Indus recht verblaßt war (A. 6.14.2 – beachte das verblüffende QC 9.7.14, das hinsichtlich Verbindungen mit Arachosien, diskutiert von A. Foucher, La vieille Route [1947], Band 1, S. 209 f. richtig sein könnte; je mehr wir von Arachosien wissen, um so wichtiger ist es). *Greueltaten:* A. 5.24.3–5 wegen ihres Vorhandenseins vor der Meuterei. Überläufer wurden milde behandelt (DS 96.2.3, A. 6.4.2; DS 102. QC 9.8.4–7), aber Widerstand wurde bestraft: DS 96.3, QC 9.4.5–6, A. 6.6.3, 6.6.5–6, 7, 6.11.1 mit DS 99.4. *Alex.s Ziele:* M. E. L. Mallowan, Iran (1965), S. 1; W. F. Leemans, For. Trade in Old Bab. Period (1958), SS. 159 ff. setzen sie ins rechte Verhältnis. Zu Alex.-Opiane vgl. Steph. Byz. und A. 6.15.2 mit Steph. s. u. Opiai, der Hekataios (F 209) und (schließlich) Skylax zitiert; DS 1 P 2.4, QC 9.8.8 beziehen sich wahrscheinlich auch auf Alexandria, dessen Lage (unter einem falschen antiken Namen) diskutiert wird von Maj.-Gen. A. Cunningham, Ancient Geogr. of India, Band 1 (1871), SS. 170 ff. *Aufrührerische Zweifel:* A. 6.7.6, QC 9.4.16. *Multan:* A. 6.8.4 (die »größte Stadt«) und ihre Topographie unterstützt die Lage (P. Mor. 327 B, 344 C, sind mehr rhetorisch). *Alexanders Retter:* die Weglassung des Aristonous durch A. (QC 9.5.15) ist weniger auf Ptol.s Vorurteil zurückzuführen als vielmehr auf die Verleumdung Perdikkas' bei A. 6.9, die nirgendwo wiederauftaucht. Aber es paßt schlecht zu den Ansichten von Ptol.s »persönlicher« Geschichte, daß er Kleit.s Geschichte seiner ruhmreichen Anwesenheit bestreitet; die Ableugnung beweist nicht, wer von den beiden zuerst schrieb. *Frühere Frechheiten:* z. B. A. 4.3.3, 26.6; QC 4.4.10. *Medizinische Theorie:* z. B. Galen 4.708–9; F. Steckerl, Fragms. of Praxagoras (1958), SS. 17 ff. F. Lammert, Gymnas. (1953), SS. 1–7 über die Wunde. *Alex.s Genesung:* A. 6.12–13. *Friedensangebote:* QC 9.7.15, 9.8.1. *Baupläne:* A. 6.16.7, 6.17.1, 17.4, 18.1, 18.7, 20.1; 6.20.5 ist sicherlich Xylinepolis, die Hölzerne Stadt des Onesik. und Nearch. F 13. *Brahmanen:* DS 102.5 ist kürzer und unverständlicher als der glaubwürdige A. 6.15.6 f., Beweis, warum Strenge nötig war; vgl. die »80 000« Getöteten im Königreich des Sambos, QC 9.8.15 = DS 102.6 = Kleit., wo A. 6.16.4 f. subtiler und realistischer ist. A.-Ptol. läßt (Kleit.s?) schmeichelhafte Affäre von Ptol.s Kur aus: QC 9.8.25, DS 103.6, 5.15.2.7. *Abteilung des Krateros:* A. 6.15.5, wieder aufgenommen bei A. 6.17.3 (trotz Krateros' Aufgabe bei 6.15.7). Begreiflicherweise wurde das Massaker an den Brahmanen von Ptol. oder Aristob. (oder beiden) ausgelassen, und A. wechselte rasch zu einer neuen Quelle dafür über und kommt auf Krateros zurück (vgl. J. 12.10.1), als er abzog. Aber das Versehen mag rein stilistischer Natur sein, was bei mir auch häufig der Fall ist. *Opfer in Pattala:* A. 6.19.4–5, beide auf Ammons (unterschiedlichen) Befehl. Für die Gezeiten vgl. Periploi des Roten Meers 37–40. *Nearchos:* Indiké 20, bes. 20.2 (nahezu pothos) und 20.11. *Finanzierung:* P. Eumen. 2.

ANMERKUNGEN ZU KAPITEL 28 (SS. 526)

Der Marsch nach Makran wurde in dem hervorragenden modernen Artikel über Alex. glänzend behandelt: H. Strasburger, Hermes (1952), SS. 456 ff. und seine Anmerkung in Hermes (1954), S. 251. Ich bin ebenfalls der Meinung, daß A. 6.23 = Ptol.; A. 6.24–25 = S. 15.2.6–7.1 = Theophr. HP. 4.4.13 = Nearch. Aber *polloi* in A. 6.24.1 bedeutet, daß Nearchos nicht die einzige (ursprüngliche?) Quelle war, die einen freimütigen Bericht gab. *Gedrosinische Gesandtschaft im Jahr 330:* A. 3.28.1, eine wichtige Quelle für A.s »Wissen«. *Geographie:* Wir wissen inzwischen, daß die Küstenlinie ziemlich weit zurückgewichen ist (vgl. die jüngste Untersuchung des Pennsylv. Mus. Teams, worüber in ihrem Bulletin »Expedition« für 1962 berichtet wird). Die Städte des 3. Jahrtausends implizieren vielleicht eine freundlichere Vorgeschichte als Strasburger (und Sven Hedin) glauben: vgl. Antiquity (1962), S. 86, (1964), S. 307 für Berichte. Aber R. H. Raikes und E. Dyson argumentieren aufgrund ihrer Untersuchung in Americ. Anthropologist (1961),(1963), daß diese frühe Siedlung kein milderes Klima voraussetzt; beachte jedoch S. 15.2.3, wo Makran weniger »heiß« ist als Indien. Die Hitze allein war nicht das Schlimmste. *Alexandria-Rhambakeia:* A. 6.21.5, 22.3 für seine Gründung; DS 104.8 sagt, es läge »in der Nähe« des Meers; Periploi des Roten Meeres 37 weiß von einer Hauptstadt sieben Tage landeinwärts auf dem Fluß. Steph. Byz. s. u. Alexandria nennt ein Alexandria-in-Makarene (Makran) am Fluß Maxates; wahrscheinlich lag sie in der Nähe von Kokala (Ind. 23.5 für Leonnatos' Zusammentreffen mit der Flotte), vielleicht an dem heutigen Fluß Porali und zweifellos auf einem uralten Gelände. Ob der Gewürzhandel (A. 6.22.4) ausschlaggebender war als die Umgebung, kann ich nicht sagen. Die Besiedlung der Stadt durch Arachosier (QC 9.10.7) ist kein Irrtum; unter persischer Verwaltung (z. B. Darius Bisitun 47 und das Fehlen jeglicher Provinz namens Gedrosien) war Makran ein Teil von Arachosien (daher A. 3.28.1), eine Gebietseinteilung, zu der Alex. nach dem Tod seiner Satrapen wieder zurückkehrte. *Stoßtruppaktionen:* die Betonung von Ptol. bei DS 104.5 = QC 9.10.7 = Kleit. fehlt bei Ptol.-A., vgl. den sehr interessanten DS 103.6 = QC 9.8.21–28 – 5.15.2.7, wahrscheinlich Kleit.; vgl. jetzt P. Goukowsky, REA (1969), S. 320 (nicht überzeugend). Man sollte ebenso die »proptolemäische« Quelle (Kleit?) bei DS 18 bedenken. *Motive für den Marsch:* Nearch. in A. 6.24.2–4 (zu häufig falsch übersetzt), S. 15.2.5 (merke »sie sagen« – Nearch. und Kleit.?). Indiké 20.1; 32.10 (wichtig). *Semiramis:* QC 7.6.20, 9.6.23 und W. Eilers, Semiramis (1971) für ihre Legende. *Seehandel:* H. Schiwek, Bonn. Jahrb. (1962), SS. 43–86; langweilig, aber viel Bibliographisches über Nearchos' Route. N. Pigulewskaya, Byzanz auf den Wegen nach Indien (1969) ist einen Vergleich wert. *Gewürze:* J. I. Miller, Spice Trade of the Rmn. Emp. (1969) bringt viel Beweismaterial, das mit Vorsicht zu gebrauchen ist. *Persischer Seehandel:* Dar. Susa-Inschrift 30–5. *Alex. und Stab:* A.s *autoi ge* bei A. 6.23.1 ist der einzige Hinweis auf Unstimmigkeit. *Vorräte:* A. 6.20.5 mit QC 9.8.29; nicht für die Garnison, sondern die *stratia* (Expedition, aber bei A. 6.21.3 = Landheer, nicht Flotte). Einige dieser Vorräte wurden vielleicht von Nearchos während der Zeit ungünstiger Winde (die ersten 2 Monate) aufgebraucht, aber Ind. 21.13 meint, daß die Männer sehr bald hungrig wurden. *Tod des Satrapen:* Ind. 23.5, A. 6.17.1; ihn einen unschuldigen Sündenbock zu nennen, ist reine Phantasie. *Sieg seiner Truppen:* DS 106.8 verstümmelt QC 9.10.19, dessen Quelle und Reihenfolge er folgt; Ind. 23.5 (vgl. A. 7.5.5) ist Nearch.s eigener Bericht und offensichtlich richtig (R. D. Milns, Alex. the Great [1968], S. 235 ist absurd). Quellen für den Marsch: Strasb. S. 478–86 ist ausgezeichnet! *Nearchos' Reise:* Indik. 21–35. *Seine Getreideschiffe: kerkouroi* in 31.3, 23.3. *Zimt:* J. I. Miller, Spice Trade, SS. 154 f. *Alex.s Rettungs-Kamele:* DS 105.6, QC 9.1 P. 17, P. 66.3, A. 6.27.3 (C. B. Welles' Anmerkung in seinem Loeb Diodorus SS. 426–7 ist einer seiner vielen Schnitzer). *Karmanien (Harmozeia):* S. 15.2.14, Onesik. F 32. *Ausgelassene Wiedersehensfeier:* A. 6.28.2; Zweifel sind angebracht (im Gegensatz zu 5.1.2 hatten sie keine Götter, um sie zu beschwichtigen – vgl. die Ausgelassenheit bei A. 5.2.7, für A. unglaublich), aber er hatte wahrscheinlich Kleit. nicht gelesen, der diese Geschichte als erster förderte. DS 106.1 = QC 9.10.22 = P. 67.1–3. = Kleit.; obwohl Kleit. Alexandriner war (Jacoby T 12), schrieb er vielleicht bevor der Dionysos-Mythos vollends von den Ptolemäern übernommen worden war. *Ergebnisse:* vgl. A. Alfolde, Rom. Mitt. (1954), SS. 88 ff., F. Pfister, Real-Encycl. Supplem. 4.177 ff., s. u. Epiphaneia (sehr gründlich); Kallix. FGH 627 F 2; Val. Max. 3.6.6, Plin. NH 33.150; Dio 77.7.1. Ptol. und Aristob.s Schweigen ist nicht von Bedeutung: könnte dies alles nur auf Grund einer literarischen Legende begonnen haben? *Nearchos' Rückkehr:* Ind. 33–36, bes. 35.8. *Bagoas:* Dikaiarch. ap. Athen 13. 603 A–B. *Verlustzahlen:* Ungewiß, aber Strasburger SS. 486–7 ist falsch.

ANMERKUNGEN ZU KAPITEL 29 (SS. 550)

Aristoteles' Rat: Mary Boyce, trans. Letter of Tansar (1968), SS. 27 ff. Machiavelli, Il Principe, Kap. 4. *Unruhe in den Provinzen:* die Tabelle in Berves Band 1, S. 276 ist unschätzbar. *Baktrien:* QC 9.7, hier nehme ich an, daß es sich bei Berve Nr. 27 und 29 um denselben Mann handelt. Die Wahl eines Königs ist nicht vereinbar mit der Eile, in die Heimat zu ziehen, vielleicht der Versuch einer Minderheit (QC 9.7.11 ist vage). *Iranische Aufstände:* Berve s. u. Tyriaspis (vgl. Proexes), A. 6.27.2 (Indien); Menon (mit A. 6.27.3); A. 6.29.3 (wieviele Genossen?) Berve s. u. Autophradates (im Winter 328/7 doch wieder berufen: A. 4.18.2, QC 8.3.17 und der Haft entgangen; *regnum affectasse suspectus* wurde er schließlich im Jahr 325/4 nach Susa gebracht und verdientermaßen getötet; QC 10.1.40–42 ist eine gute Warnung vor QC.s eigener Rhetorik); Berve s. u. Astaspes (vgl. Indiké 36.8 – der Grund oder die Wirkung seiner Verhaftung? P. 68.6 meint, es war der Grund); Berve s. u. Orontes und Sabiktas; Zopyrion (ein sehr interessanter Marsch: J. 12.2.16, 37.3.2 über seinen Umfang; Makrob. Sat. 1.11.33 über seine Richtung und weist erneut auf Alex.s Kampfziele bei A. 4.15.6 hin; beachte, auf welche Weise Olbia mit dem »freien« Milet verbündet war, Tod 195). *Angebliche Schreckensherrschaft:* E. Badian in JHS (1961), SS. 16 ff. hat mit seinen scharfen Kommentaren ganze Bücher inspiriert; leider sind nicht nur seine Ansichten, sondern in vielen wesentlichen Punkten auch seine Beweise falsch. Eine gründliche Widerlegung ist längst fällig. Von seiner Liste der Opfer sollten Apollophanes (kein Sündenbock, aber nur hinsichtlich eines Eingeborenenaufstands und der schlechten Straßen des Ostens erklärlich), Autophradates (früher berufen), Antipater (ungewiß) und vielleicht Agathon gestrichen werden, damit blieben 8 eindeutige Absetzungen, 5 iranische, darunter vier Statthalter unter Darius. Die Statistiken für die Jahre 331–328, als am Hof Verhaftungen vorgenommen wurden, sind weitaus beeindruckender; bis dahin war A. am Fluß Beas nicht entgegengearbeitet worden. (Wir können Mazäos, Phrasaortes und andere, die zwischen 331 und 327 »rechtzeitig starben«, auslassen.) Badians Liste der Festnahmen ignoriert die Geographie (im Fall Atropates'), Beweis (Stasanor: A. 6.29.1; Peukestas: traf am Abend von Alex.s Tod ein), mögliche Verleumdung im Pamphlet über Alex.s letztes Festgelage (waren die 20 Offiziere anwesend oder wurden sie nur angeklagt, anwesend gewesen zu sein?) und, nebenbei bemerkt, der Beweis für Absentee-Satrapen, die zur persischen Zeit oft bei Hofe lebten (z. B. ein ungemein weitreichendes Thema, Driver, Aramaic Documents passim über Arsamenes und bes. Xen. Kyrop. 8.6.4–5). *Alex.s zunehmende Härte:* Indik. 36.1–2 ist interessant; A. 6.27.4 beweist nichts; 6.27.5 ist A.s eigener Kommentar; 7.4.3 greift 6.17.4 auf und ist von Bedeutung (aber wer sagte das – *legetai*?) Aristob. in 7.18.1 ist der beste Beweis, aber wieder strafte Alex. und ließ nicht seiner eigenen Frustation freien Lauf! DS 106.2 (beachte seinen Ausdruck *misoponeria,* war dieser Gedanke bei Kleit. vorhanden?) hält dies alles für gerechtfertigt; es gibt keine objektive Originalquelle, mit der sich irgendein »Schleier von Unwirklichkeit wegziehen« ließe, denn sogar Kleit. schrieb eine Eloge, und bei allen anderen vernünftigen Quellen handelt es sich um Höflinge. Es gibt lediglich die dumme Rhetorik von Curtius selbst; vgl. die Verdrehung der Festnahmen von Astaspes (absichtlich falsch datiert: QC 9.10.21 und 30), Autophradates (fehlinterpretiert) und Orxines (durcheinandergebracht, s. u.). Ich wüßte gern mehr von P. 68.7, als Alex. eigenhändig einen Satrapen mit einem Speer durchbohrte, aber beachte P. 68.3, wo Alex.s Säuberungsaktion gerechtfertigt wird. Ich kann nicht feststellen, daß er jetzt härter vorgegangen wäre als bei seinem Machtantritt (obwohl die Quellen später gern diese Veränderung nach römischer Art zum Schlechteren betonten). QC 10.9.18, DS 18.37.2, 19.51 bringen diese kurze Säuberungsaktion. *Medische Generäle:* Berve s. u. Kleander, Sitalkes der Thraker, Agathon (ehemals Führer der Thraker) und Herakon. Es ist höchst seltsam, daß Badian den Massenmord an 600 Söldnern nicht aufführt, aber anderseits berichtet er auch nicht von den Anklagen, die gegen ihre Führer erhoben wurden. *Tempelplünderung:* Polyb. 10.27 ist sehr wichtig; für die Beleidigung vgl. den Tod Antiochos III. in Persien, DS 28.6. *Vergewaltigung:* vgl. die Anekdoten in P. 22, 41 und Moral. 333 A. *Entlassung der Söldner:* vgl. Schol. über Dem. 1.19 wegen des Vorausgegangenen. DS 102.2–3, obwohl geographisch in Kerman (Jan.–Feb. 324?) meint, dieser Befehl gehörte nach (weswegen?) Harpalos' Flucht (denn wer sonst hätte Geld genug gehabt, um zu fliehen?). Harpalos floh aus Tarsos (Theopomp. F 253–4), nicht aus Babylon, unglaublich weit, um einen so großen Schatz mit sich zu schleppen. Er muß Athen am 22. Juli 324 erreicht haben; er wurde von Philokles aufgenommen, dessen Generalsstelle (wie bei Deinarch. 3.1 beschrieben) im Jahr 324/3 von einem anderen Mann besetzt gewesen sein soll (IG 2^2 1631). Badian S. 42 kommt zu derselben Ansicht, aus der falschen Ursache, und fügt ein unmöglich vages Argument aus Timokles' Delios hinzu. Ich würde annehmen, Harpalos kam ebenso wie Nikanor im Juli an; er wird mit seinen 6000 Söldnern im Juni aus Tarsos geflohen sein. Wenn das stimmt, gehört der Söldnerbefehl ungef. in die Mitte des Sommers 324; Männer in Alexandrias waren anscheinend nicht betroffen (DS 18.7.1 f. – waren diese auch Söldner oder Bürger des Königreichs?), und ich frage mich, ob z. B. Kleomenes die Führung seiner Truppen abgeben mußte? Sicherlich wären dann viele *keine* Griechen gewesen, geschweige denn Verbannte! *Pasargadai:* Aristob. ap. A. 6.29, S. 15.3.7. F 51. Der »erste Besuch« in Zeile 22 war Anfang 330; der Instandsetzungsbefehl wurde beim zweiten Besuch gegeben. P. 69.3 nennt Polymachos als Angeklagten. Aristob. F 51 B, Zeile 27 behauptet, es war nicht das Werk des Satrapen; QC 10.1.27 f. ist deshalb Gewäsch, denn wenn der Satrap der Plünderung Pasargadais angeklagt gewesen wäre, hätte der apologetische Aristob. die Anklage nicht widerlegt. Tatsache ist, daß Orxines in Persepolis wegen der Plünderung der Königlichen Gräber gehenkt wurde (H. Strasburger, Gnomon [1937], S. 492 fragt, »welche königlichen Gräber?« Antwort: alle auf dem Gelände ringsum Persepolis, wie heute noch zu sehen ist). A. 6.30.1 schließt Bagoas nicht aus dem Kreis der Ankläger aus. QC 10.1.37 f. bringt nur römisches Kolorit! *Susa:* Aboulites und Oxathres, Berve s. u. Ps.-Aristot. Oec. 1353 A ist wertvoller Hintergrund; vgl. Indiké 38.9. *Loyale Iraner:* Berve s. u. Atropates, Phrataphernes, Artabazos, Oxyartes. Wir wissen sicherlich nicht, ob ihre Ersatzmänner »Fiktion« waren. Jeder einzelne hätte ein Prinz gewesen sein können: DS 19.48.1–2 ist wegen ihrer Verdienste sehr wichtig; in bezug auf Archon den Satrapen von Babylon vgl. seine Prestige-Inschrift in BCH (1959), SS. 158–66, die von J. Bosquet datiert wurde und sich auf einen Sieg in den Spielen vor 334 bezieht. *Babylonischer Prophet:* Aristob. ap. A. 7.18. *Harpalos:* Berve s. u., mit allen Beweisen. *Babylon. Portikus:* F. Wetzel / E. Schmidt, Das Babyl. der Spätzeit (1957), SS. 24 ff. Theopomp. 115 F 255–7; 253–4, bes. 253 Zeilen 25 f. ein lebendiger Kommentar. Berve bringt auch das gesamte wertvolle Beweismaterial der Lustspieldichter. DS 108.4: wir wissen nicht, ob Harpalos königlicher Schatzmeister war oder nur einer unter vielen. Für die Pythionische Aphrodite vgl. Athen. 254 A, 588 C, 587 B und P. de Amat. 9 (Belestiche) und die vielen Beweise für Aphrodite Arsinoë. *Tarsische Münzen:* E. T. Newell, Tarsos under

Alex., SS. 16–22, sicherlich eine Spur von Harpalos. H. von Aulock, Journ. für Num. u. Geldg. (1964), S. 79 berührt dies nicht. Die nahegelegene Schatzkammer Kyinda wird von R. H. Simpson, Histor. (1957), S. 503, besprochen. *Harpalos' Brüder:* Berve s. u. Tauron, möglicherweise sind Philipp und Kalas Harpalou relevant; uns ist einfach nicht bekannt, ob Harpalos' Vater Machates Elimiote war (s. meine Gegenbeispiele in Kap. 2) oder ob diese Verbindung mit Kleander dem Elimioten mehr bedeutet hätte als, sagen wir, daß Ptolemäos den Aristinous bevorzugte, seinen eordanischen Landsmann, oder daß Krateros Perdikkas, ebenfalls Orestide, begünstigte, in dem nicht so unähnlichen Chaos bei Alex.s Tod. Alte Nachbarn können sich oft stärker hassen als Fremde. *Festnahme der Boten:* wenn Harpalos' erste »Flucht« geplant war, um zu spionieren (wie ich glaube), muß sich P. 41.8 auf die zweite beziehen. *Brief aus Griechenland:* QC 10.1.43, wo *Coeni* bestimmt nur ein Versehen im MS oder bei Curtius für *tou koinou* im griechischen Original ist. *Verbannte:* DS 18.56.3 und bes. 4–5 sind ein guter Hinweis, daß die Verbannten in den Jahren 336–334 nicht von ihrer Verbannung erlöst wurden. Arkadien, aus dem die einzige zuverlässige Inschrift über das Verbannten-dekret stammt (Tod 202), hatte Agis in den Jahren 332/1 unterstützt und sich 336/5 gegen Alex. gestellt. In jedem Fall werden die Männer verbannt worden sein; vgl. DS 18.56, der meint, seit 334 wären innerhalb Griechenlands viele in die Verbannung geschickt worden. P. A. Brunt CQ (1969), SS. 241 ff. laßt die 20 000 zu einer völlig plausiblen Zahl werden: DS 18.8.5 sagt ganz deutlich, daß sich *alle* Verbannten versammelt hatten und mehr als 20 000 Mann zählten (kein Grund, »ihre Frauen und Kinder hinzuzurechnen«, laut Badian!). *Verbannten-dekret:* steht in keinem Bezug zu Alex.s Vergöttlichung oder zu seinen Söldnern! Wenn Alex. in erster Linie gewollt hätte, daß seine sich herumtreibenden Söldner nach Hause zögen, hätte er ein Söldnerdekret erlassen; es gibt tatsächlich keinen Hinweis, daß diese Söldner eher größtenteils Verbannte waren als hungernde Landstreicher; noch weniger ist bekannt, daß sie Griechen waren. Badian SS. 25–40 bringt alles durcheinander; ich möchte hier nur darauf hinweisen, daß gegen Ende des Jahres 323 lediglich 8000 bei Tainaron lagen und lange nach dem Exil-Dekret nicht die geringsten Anstalten machten, »nach Hause« zurückzukehren (bei DS 18.9.1; 18.21.1 handelt es sich wahrscheinlich um die übriggebliebenen); daß es ganz gewiß nicht »mehr Söldner in persischen Diensten gab als jene bei Issos« (der Bezug auf Hammond, Hist. of Gr., S. 665 bringt nichts); daß nur am Granikos (wo Alex. die meisten griechischen Söldner, die unter Darius dienten, niedermetzelte) griech. Söldner waren, die als Verräter gebrandmarkt wurden, und daß diese in die makedonischen Bergwerke geschickt und nicht mit Verbannung bestraft wurden (A. 1.16.6); daß die wenigen griech. Söldner, die nach dem Granikos-Massaker und, nachdem sie bei Issos in alle Winde zerstreut worden waren, noch übriggeblieben waren, entweder bei Gaugamela starben oder im Jahr 330 zu Bedingungen erledigt wurden, die, als es bekannt wurde, keinen in die Verbannung schickten (A. 3.24.5). Man könnte hierauf näher eingehen, aber Söldner und Verbannte sind durchaus nicht dasselbe Problem; ich glaube, daß sich das Exil-Dekret nur auf die Angehörigen des Korinthischen Bundes bezog (DS 111, kaum eine »düstere und lebendige Beschreibung«, bestreitet dies nicht, vielmehr wird genau ausgeführt, daß die Betroffenen griech. Verbannte waren und keine Karer, Ägypter etc. Wie bei 106.2 nehme ich auch hier an, daß es sich nur um eine Übertreibung handelt, DS 18.8.5 ist wichtig für die Zahlen der Betroffenen – nicht mehr als die von Agis Verführten!). Wenn der Entlassungsbefehl tatsächlich zeitlich nach Harpalos' Flucht erlassen wurde kann das Exil-Dekret nach Griechenland geschickt worden sein, bevor sich überhaupt ein Söldner von der Truppe entfernte. Tod 202, Zeilen 9–16 zeigt, daß es zumindest in Tegea vielen zurückgekehrten Verbannten außerordentlich gut ging. Arkadien war wegen der Söldner berüchtigt, aber von Tegea, dem Ort mit dem eindeutigsten Beweis für die Rückkehr der Verbannten, wissen wir auch, daß nach Agis Aufstände stattfanden (QC 6.1.20), ein sehr wesentlicher Punkt. Überall müssen wir Scharen von Verbannten berücksichtigen, die sogar vor 338 vertrieben worden waren. *Das Dekret:* E. Bickermann, REA (1940), SS. 25 ff. ist eine hervorragende Abhandlung, die seine Legalität (theoretisch) und die taktvolle Wiederbelebung von *diagrammas* im Jahr 319 (DS 18.56.1 mit 56.3) hervorhebt. Einem derart grundlegenden Artikel habe ich nichts mehr hinzuzufügen. *Überbringer des Dekrets:* Berve s. u. Nikanor Nr. 557. *Datum:* R. Sealey, CR (1960), S. 185. *Kalanos:* P. 69.6–70.2 (die Orgie), A. 7.3, 18.6, DS 106. S. 15.717–8. Athen. 437 A. Ail. VH 2.41. Cic. de Div. 1.47. Val. Max. 1.8. ext. 10. Suidas s. u. Kalanos. *Heiraten:* Chares F 4 mit A. 7.4.4–8. Zu Fragen des Status vgl. z. B. W. K. Lacey, Family in Class. Greece (1968). Die Dura-Hochzeit – der Beweis ist bemerkenswert: F. Cumont, Fouilles de Dura (1926), Kap. 6, Nr. 62–67 und SS. 344–5. S. 14.5.25 ist in kultureller Hinsicht richtig; vgl. S. 17.1.12, wo *migades* sicherlich nur Griechen von gemischter griechischer Abstammung bedeutet, nicht Gräko-Ägypter.

Schulden: A. 7.5, wo sich 7.5.2 meiner Meinung nach nicht so liest, als wäre es A. eigene Erfindung (trotz A. Prol. 2), sondern wie eine unmittelbare Wiedergabe von Alex.s (angeblichen?) Worten. Nur die persische Monarchie sah in der Wahrheitsliebe eine Tugend der Herrscher. A. 7.5.3 stimmt interessanterweise mit J. 12.11.2–3 über den Betrag überein; der genaue P. 70.3 mit QC 10.2.9–11 (vgl. DS 109.2) ist vorzuziehen. A. betont, es waren Schulden *(chrea),* die über die Besoldung hinausgingen (A. 7.5.1); begreiflicherweise schuldete man den Soldaten Geld für ihre *trophe,* die sie vielleicht beliehen hatten, statt daß ihnen während des indischen Feldzugs offiziell Geld gegeben wurde. Aber die Inder benützten keine gleichwertige Währung und das griech. Rechnungswesen war dürftig. *Epigonoi:* A. 7.6, P. 71, von QC ausgelassen. *Verluste der Gefährten:* bis zum Jahr 324 scheinen die Hipparchien von 7 oder mehr auf 4 zusammengeschrumpft zu sein (A. 7.6.4); es stimmt zwar, daß Hephaistion im Herbst 324 als Chiliarch einer Kavallerie-Chiliarchie genannt wird, aber das müssen nicht 1000 Mann gewesen sein, ebensowenig wie eine makedonische *dekas* zehn Mann oder eine römische Zenturie 100 Mann umfaßte. Jedenfalls wird die Einheit nur nach der Auffüllung in Susa so genannt: ich glaube nicht, daß die Hipparchienstärke halbiert wurde, weil ihre Stärken bis zu 1000 Mann angehoben worden waren, bevor der Begriff Chiliarchie auftaucht. Den Text von 7.6.4 kann ich nicht enträtseln, wenn er tatsächlich korrupt ist. Vgl. 7.8.3 für einen ähnlichen Gebrauch von *alla gar:* ich bespreche die Hipparchien an anderer Stelle. *Pasitigris:* A. 7.7 mit S. 16.1.9. Vgl. die Karten bei G. B. Le Rider, Suse (1965). *Alexandria:* Plin. NH 6.138–9 mit J. Hansman, Iran. Antiqua (1967), SS. 21–58 (nicht alle überzeugend); E. Herzfeld, Pers. Emp. (1968), S. 9 eine glänzende Stelle; vgl. Isaiah 22.5. Der arab. Name Karkh Maisan könnte sowohl »Festung« als auch Karer bedeuten. *Treffen in Opis:* eine hintergründige Angelegenheit, ohne Wirkung auf QC 10.2.12, der die Ankunft von Epigonoi nicht einmal verzeichnete: ob Ptol. oder Aristob. darüber berichteten, wissen wir nicht; weitgehende Übereinstimmung, vielleicht auf Kleit. zurückgehend; Alex.s wütende Rede (DS 109.2, QC 10.2.14, P. 71.4, A. 7.9, J. 12.11.7; natürlich ist die eigentliche Rede bei A. A.s Eigenbau, der auf die verschiedensten Quellen zurückgreift und sie ist von keinerlei Wert, ebensowenig wie die von QC), Festnahme der Rädelsführer (A. 7.8.3, J. 12.11.8, QC 10.2.30 stimmen in der Zahl 13 überein), zweitägiges Schmollen (A. 7.11.1, P. 71.7; sehr suspekt, nach einer ähnlichen Wartezeit am Beas und nach Kleit.s Ermordung!). *Persische Ernennungen:* DS 109.3, P. 71.4, QC 10.2.5, J. 12.12.3 und A. 7.11.3, der maßgebende Text für die Existenz sowohl von *asthetairoi* und *pezhetairoi. Weinende Übergabe:* DS 109.3, J. 12.12.6, QC 10.3.5, P. 71.6–8, A. 7.11.4. *Spöttelei über Ammon:* P. 71.3 hat eine Variante, die A. 7.8.3 = J. 12. 11. 6 vielleicht unglaubwürdig macht. *Ort der Meuterei:* QC ist zu fragmentarisch, um genau zu sein; ebenso DS (trotz 110.3) und J.; P. 71 macht keine Ortsangabe, ausgenommen zwischen Susa (70) und Hamadan (72). Zweifellos begann es in Susa zu rumoren. *Festgelage:* A. 7.11.8–9 mit P. 70.3 (in falscher Reihenfolge, erwähnt aber das sehr interessante Detail vom geschenkten goldenen Becher). P. kennt das *logos* in A. 7.11.9. *Homonoia:* Dem. 14.36, Isocr. Philipp. 39–40, Panegyr. 173–4 etc. Vgl. E. Skard, Zwei religiös. polit. Begriffe (1932), eine sehr brauchbare Studie, bes. über die Tugenden des Herakles, soweit sie zu Alex. passen. DS 18.4.4–5 und Tod 201 Zeile 30 zeigen, daß A. 7.11.9 nicht nur A.s Wortwiedergabe ist: das Wort *homonoia,* obwohl ziemlich hohl, lag bestimmt in der Luft. *Versprechen an die Kinder:* A. 7.12.2; vgl. 7.8.1 mit P. 71.10. *Ethelontai ede* in A. 7.12.1 sagt viel: seit A. 6.17.3 war der Abzug der Veteranen geplant; in Opis protestierten ihre makedonischen Landsleute, falls irgendwelche Makedonen nach Hause geschickt würden, würden sie alle gehen (A. 7.8.3, P. 71.3, J. 12.11.5; QC 10.2.12 verfehlt die Nuance der persischen Verstärkungen!) *Nachahmung von Alex.s Gelage:* DS 19.22. *Alex. und persische Methoden:* z. B. S. 2.69 *(gazophylax)*; S. 2.1.6 (königliche Dokumente). *Episkopoi* in z. B. 3.22.1, 28.4 sind wahrscheinlich die alten »Augen des Königs«. Träger des Purpurs in P. Eum. 8.7. *Ursprünge der griech. Kultur:* kein anachronistisches Ideal, das in Alex. gesehen werden soll; vgl. Isok. 5.154 (vielleicht, da eingeschränkt durch S. Perlman, Histor. [1967], S. 338) und DS 1.28.9 (benützt Hekataios von Abdera, der zur Zeit Ptolemäos I. schrieb: O. Murray, JEA [1970], SS. 141 ff., bes. S. 152 für das Datum und Bedeutung). A. Diller, Race-mixture among the Greeks before Alexander (1937) ist ein sachdienlicher Hintergrund zu Alex.s Auflockerung seiner hellenistischen herrschenden Klasse und für die Zähigkeit griechischer bürgerlicher Körperschaften im Ausland (auf dem Lande mag es für Griechen, die dort lebten, anders gewesen sein). Außerhalb der ägyptischen Chora beachte die seltenen Mischehen in dem (zugegeben dürftigen) Beweismaterial über griech. »Bürger« in Ägypten; W. Peremans, Vreemdelingen en Egyptenaren (1937) ist noch der vollständigste Überblick, mit den vernünftigen Ansichten von V. Martin, Actes du 8e Congrès Int. de

Papyrol. (1955), SS. 85–90, was die Zahlen weiter senkt. F. Chamoux, Cyrène sous les Battiades, SS. 215–25 unterstreicht dies. S. 14.5.25 schließt jegliche gräko-barbarische Kultur aus; beachte den berühmten Fall des Makedonen, der eine Araberin heiratete und seine Kinder als Griechen erzog (ihren Namen nach zu urteilen): DS 32.10. Dies paßt zu A. 7.12.2; beachte die ausgesprochene Vorliebe für Artabazos zweisprachige Kinder (z. B. 7.4.6); Darius' Töchter wurden nur verheiratet, wenn sie Griechisch gelernt hatten (DS 67.1), Peukestas war die Ausnahme (A. 7.6.3 gibt nur einen Sinn, wenn er etwas Einmaliges war); Alex. war trotz Bagoas, Magi und Kronen für die Führungsrolle der hellenistischen Kultur und Klasse. *Ältere Veteranen:* A. 7.12.6 (ihre körperliche Verfassung). J. 12.12.8 (wertvoll); für Polyperchon vgl. QC 8.5.22; Antigenes war Philipps Mann (P. 70.5); Krateros (P. Eum. 6, P. 47, DS 18.4.1). *Antipater:* beachte, daß Befehle noch an ihn gerichtet waren (P. 71.8 und DS 18.8.4). A. 7.12.7 (auf A.s Belesenheit basierend?) trägt maßgeblich dazu bei, daß alle bösen Vermutungen über Antipaters' Zukunft damals und heute nur Vermutungen sind. P. 49.14 fehlt jegliche Datenangabe oder Genauigkeit (kein Grund, es lieber auf 324/3 als auf 330 oder ein anderes Jahr zu datieren); Antipater mag die Aitoler mit einem Vertrag im Jahr 332/0 losgekauft haben, um für Agis frei zu sein; vgl. DS 18.25.5 für einen ähnlich falschen Vertrag mit ihnen. Es gibt kein weiteres Zeichen (am allerwenigsten nach 323!) von irgendeiner engen Freundschaft zwischen Aitolien und Antipater. *Zurückkehrende Veteranen:* Antigenes' Anwesenheit und die von F. Schachermeyer angeführten Punkte in Alex. in Bab. ((1970), SS. 14, Anm. 10 und 160, Anm. 147 bedeuten, daß die älteren Silberschilde vollständig nach Hause zurückkehrten; DS 18.12, A. 7.12.1, DS 109.1, J. 12.12.7, alle erwähnen Zahlen zwischen zehn- und elftausend. Die Zahlen bei DS 18.16.4 beziehen sich auf Alex.s eigene Veteranen und auf Krateros' »Rekruten auf dem Marsch« (i. e. im Jahr 323/2). *Tote Generäle:* nur Demetrios (anscheinend) und Koinos, die Hipparchen. *Leibwache:* Berve I, S. 27. *Perdikkas Gefolgsleute:* Alketas und Attalos Andromenous, mit Familie: nur zwei der vier (?) verbleibenden Fußgefährten-Brigadiers. F. Schacherm., Alex. in Bab., SS. 13 ff. charakterisiert die Haltung der Untertanen bei Hofe im Jahr 323, leitet aber zu viel vom Verhalten der Männer nach Alex.s Tod ab, der alles änderte, nicht zuletzt persönliche Loyalitäten. *Aristander:* Ail. VH 12.64 (bei Berve ausgelassen). *Alex.s Mahlzeiten:* Ephippos 126, F 2. *Haß:* P. 47, A. 7.12.7, P. Eum. 10 und 55 (Antipater). *Bisitun:* DS 110.5. Die Route in 110.3–4 ist nicht unlogisch, sobald man begriffen hat, daß sich diese Stelle auf seine Reise von Susa nach Spasinou Charax (die karischen Dörfer) bezieht, dann weiter durch Sittakene (vgl. S. 16.1.17); Sambana geht zurück auf Kampanda (der alte pers. Name für den Distrikt von Bisitun); dann zu den Kelonen (Ort der im Exil lebenden Eretrier, Hdt. 6.119, nicht Böotier!), dann nach Bisitun. Die Tagesintervalle sind unvollständig und die Liste ist konfus, aber sicherlich geht diese Reisebeschreibung auf einen Augenzeugen zurück. *Nisaische Felder:* DS 110.6, abgerundet bei A. 7.13.1. *Amazonen:* A. 7.13.2 mit S. Runciman, Histor. of Crusades, Band 2 (Peregrine Ausg.), S. 262, Anm. 1; ebenso Xen. Anab. 4.4.17. *Hamadan:* DS 110.6 (beeinflußt von Hdt.s legendärer Stadt? oder von Deinon via seinen Sohn Kleit.) wird von dem deutlichen Polyb. 10.27 widerlegt. *Harpalos' Komödie:* Athen. 586 D, 595 E–596 B mit B. Snell, Scenes from Greek Drama (1964), SS. 99 f. und H. Lloyd Jones, Gnomon (1966), SS. 16 ff. *Hephaistion:* A. 7.14 beruht auf großer Belesenheit; eine sehr faire Kritik (beachte, daß die Geschichte, die in seiner Verkürzung von Epiktet 2.22.17 vorliegt, hier unglaubhaft wiederholt wird). A. 7.14.8 läßt die Rolle von Perdikkas (DS 110.8) aus, hier jedoch nicht seine Bosheit, was an A. Kürzung liegen muß. P. Pelop. 34.2 und Ail. Vh 7.8 bringen die niedergerissenen Brustwehren; Polyb. 10.27 berichtet von Hamadan als einer »mauerlosen Stadt«, was von Bedeutung sein mag. *Haarschnitt:* vgl. P. 72.3 mit Hdt. 9.24. Vgl. auch P. Eum. 2, 9.10. Polyain. 4.3.31 (mit P. 72.5s Kommentar). *Löwe von Hamadan:* al Masudi, les Prairies d'Or 9.21 (französische Übersetzung 1865), diese Möglichkeit wurde von Prof. Luschey in einem Vortrag in Teheran, der noch nicht veröffentlicht ist, dargelegt; der Löwe von Chaironäa, der Löwe von Amphipolis (für Nearchos) und sogar vielleicht die Löwen auf den Ashoka-Säulen lassen vermuten, daß dieser Stil von den Makedonen (die unter Berglöwen lebten) eingeführt und verbreitet wurde. *Omen:* Aristob. bei A. 7.18; ist P. 73.3–5 vorzuziehen.

ANMERKUNGEN ZU KAPITEL 31 (SS. 597)

Alex.s Finanzen: DS 114.4 (Beitrag zum Begräbnis von Unterworfenen) mit P. Artax. 23.5; P. Eum. 2.5 (ein weiterer persönlicher Beitr.). F. Altheim/R. Stiehl, Die Aram. Sprache unter den Achaimen. (1963), Band 1, SS. 109 ff. diskutiert den Beweis vollständig; J. 13.1.9 ist der kritische Text, ein Maßstab für die Unmöglichkeit des ganzen Themas. Wenn 30 000 Talente als jährliche Tributsumme absurd erscheint (und das tut sie), dann können wir sie nicht einfach umkorrigieren und gleichzeitig an der Zahl 50 000 für Reserven festhalten! *Alex.s Großzügigkeit:* z. B. P. 39 mit Xen. Kyrop. 8.2.7 über die traditionelle Großzügigkeit des persischen Königs: vgl. P. 69.1. Ebenso Theopomp. F 224 (tendenziös?) für Philipps Haltung. *Antimenes der Schatzmeister:* Berve s. u. mit Ps.-Ar. Oec. 1352B, 1353A. A. Andreades, BCH (1929), SS. 10–18. *Chiliarch:* J. Marquart, Philolog. Supplement. (1907), SS. 222 ff.; P. J. Junge, Klio (1940), S. 13; E. Benveniste, Titres et noms propres en Iranien (1966), SS. 68 ff.; W. Hinz, Iran. Funde (1968), SS. 63 ff., der einleuchtendste Standpunkt; F. Schachermeyer, Alex. in Bab., SS. 31 ff. *Eumenes:* P. Eum. 2.4. *Prunk:* DS 18.60.5 (Thron und Zepter – 18.27.1). Phylarch 81 F 41 (vgl. DS 17.17.4, QC 9.7.15). Polyain. 4.3.24. Duris 76 F 49 mit Chares 125 F 4 (das Audienzzelt diente auch für Hochzeiten). *Persische Parallelen:* vgl. A. Alfoldi, La Nouvelle Clio (1950), SS. 537 f.; ebenso Studies in Hon. of A. M. Friend (1955), S. 50 für das theatralische Element und das Beispiel von Dionysos. *Vergöttlichung:* Theopomp. F 253, Zeilen 27 f. sind maßgeblich für die von den Griechen überall vor 324 v. Chr. bezeigten göttlichen Ehren (die *timai* müssen dieselben sein – wegen des Sinns dieses Satzes –, wie jene, die der Pythionike erwiesen wurden; für *time* als Gottesehrung vgl. z. B. P. Mor. 804B). *Ehrungen:* Tod 201, Zeilen 45 f. (glaubhaft wiedergegeben). Ich stimme mit Welles und Bickermann überein, wenn sie dies auf das Jahr 332 datieren; man sollte sich an die Ammons-Münzen in NC (1962), S. 65 aus Mytilene erinnern. F. Salviat, PCH (1957), SS. 193 ff. schreibt über Geburtstagsspiele in Thasos ca. 300 v. Chr. C. Habicht, Gottmenschtum (1970, 2. A.) bringt spätere Beweise auf SS. 17 ff. S. Weinstock, HTR (1957), S. 234 tritt überzeugend für Alex.s Statue in Gottesprozession ein. Ich glaube, es bedarf keiner Qualifikation, um all dies für Alex.s Lebenszeit z. B. im griechischen Asien anzunehmen; das war es, was Theopomp F 253 bedeutete. *Aristoteles:* Magna Mor. 1208B, nicht widerlegt von K. Latte, Klein. Schr. S. 51 über Vorliebe für lokale Gottheiten. *Wird Zeus:* Pindar Isthm. 5.14, Olymp. 5.56, vgl. den (späten) Beweis für den Salmoneos-Mythos; Apollod. 1.89, Hyginos Fabeln 61. *Pythagoras und Empedokles:* Ail. VH 2.26, 4.17, 12.32, 13.19. Empedokles 31B, 112n, 4 f. (Diels) *Euthymos:* Plin. NH 7.152, zitiert Kallimachos; Paus. 6.6.4–12. Ail. VH 8.18, S. 6.1.5. Inschr. von Olymp. Nr. 144, vgl. der thasische Athlet bei J. Pouilloux, Thasos, Band 1, SS. 62 ff. *Dion und Lysander:* Habicht SS. 1–16, mit dem maßgebenden neuen Beweis in Archäol. Anz. (1965), S. 440. *Philippeum:* Paus. 5.20.9 mit K. Scott, TAPA (1931), SS. 101 ff., ein wertvoller Punkt, nicht ganz widerlegt von P. Herrmann, Istanb. Mitteil. (1965), S. 87, Anm. 49; vgl. das Amynteion in Pydna (Schol. Dem. Olynth. 1.5, Aristid. 1.715D). Ebenso das Timoleonteion (P. Tim. 34, DS 19.6.4); war das Mausoleum posthum? *Empfehlung der Schmähschrift:* Isokr. Philipp. 132, 137, 145 und bes. Epist. 3.5; vgl. Hesiod Theogonie 96, Isokr. an Nikokles 3.26. Aristot. Politik 1288 A 15 mit Ethik 1145 A 23, Rhet. 1361 A. *Freiheit und Gottkönige:* Habicht SS. 160 ff. und A. D. Nock, Papers pres. to F. C. Grant (1951), SS. 127 ff. *Alex. und Athen:* E. Bickermann, Athenae (1963), S. 70 mit vollständigem Beweis zu diesem unlösbaren Thema. Hyper. Epitaph. 21 steht in zu überspanntem Kontext, um maßgebend zu sein; wir wissen nicht, was Hyper. mit *ananke* meint! Das Grab für Harpalos' Frau an der Heiligen Straße könnte für den Spott über »Diener als Helden« wichtig sein. Aber Demades' Verfolgung läßt meiner Meinung nach vermuten, daß einige Ehrungen im Jahr 324/3 durchgeführt worden waren (Ail. VH 5.12, Athen. 251B). A. 1.1.3 muß überlegt werden; A. 7.23.2 beweist nichts. Für Athens spätere Haltung vgl. P. Demetr. 10.1 und DS 20.46. *Alex.s angebliche Forderung:* Ail. VH 2.19, P. Mor. 219E teilen sich die einzige erhaltene Quelle dafür und wie Hogarth (vgl. J. P. V. D. Balsdon, Histor. 1950, SS. 383 ff.) bin ich der Meinung, daß dies kein ernsthaftes Argument ist. Daß die Gesandten (wie die *theoroi*) Kronen trugen in A. 7.14.6 (wo *dethen* A.s eigene Ironie ist und nicht heißen muß, daß der Vergleich falsch war), mag griechische Verehrung bedeuten, sagt aber nichts über Alex.s Forderung aus. *Seine Religiösität:* Lukian, Wahre Geschichten (beachte Eumenes' Brief!); Val. Max. 7.3 ext. 1 (vgl. Suet. Aug. 96.2). *Dolphin:* Duris ap. Athen. 13.606, Ail. Hist. an. 6.15, Plin. NH 9.8, Pollux 9.84, meiner Meinung nach bewiesen durch die Münze in Head, Hist. Num. 528. *Seine Glaubwürdigkeit:* A. Heuss, Antike u. Abendland (1954), S. 65 (ausgezeichnet). L. C. Ruggini, Athenaeum (1965), S. 3; D. Michel, Latomus (1967), S. 139. M. Simon, Rech. d'hist. judéo chrétienne (1962). DS 18.60.61 ist grundlegend. *Safrangelbe Schuhe:* A. Afoldi, Studies for A. M. Friend (1955), SS. 60 ff.; M. Bieber, Achäol. Jahrb. (1917), S. 21. *Blitzstrahl:* Plin. NH 35.92, P. Alex. 4 und die Porosmedaille. *Kastor und Pollux:* Plin. NH 35.93 mit F. Cumont, Le Symbolisme funér. des rom. (1942), SS. 64 ff. *Neisos-Gemme:* Furtwängler, Antik. Gemm., Tafel 32.11. *Ägyptische Statuen:* P. Perdrizet, Monum. Piot (1913), SS. 59 ff.; J. Bernouilli, Erhalt. Darstell. des Alex. (1905), S. 112. Das im Bull. van der Antik. Besch. (1965), S. 80 abgebildete Fayence-Porträt läßt auf eine Kultschale schließen, ähnlich jenen, die im ptolemäischen Herrscherkult benutzt wurden. *Apollo-Münzen:* Kraay/Hirmer, Tafel 171. Vgl. Mausolos und

Artemisia als Herakles und Demeter auf Münzen. *Alex. und Dionysos:* A. D. Dock, JHS (1928), SS. 21 ff. bleibt maßgeblich, obwohl manchmal ein bißchen zu logisch. *Ferne Götter:* P. Merlan, Zeitschr. für Philos. Forschung (1967), S. 485 ist wichtig; vgl. die Demetrios-Hymne (Duris F 14). *Ephippos:* 126 F 5. Er hat überhaupt nichts mit dem Ephippos in A. 3.5.2 zu tun, dessen Patronymikum nicht ethnisch umkorrigiert werden darf! Kock, CAF, Band 2, SS. 250 ff. scheint mir derselbe Mann zu sein (wahrscheinlich); sein Sieg bei Athen in den Jahren um 360 (IG 2²23.25.145) datiert seine Geburt auf ca. 390, und selbst wenn sein F 3 und 5 Alex.s Taten im Jahr 335 allzu vorschnell zugeschrieben worden waren, sind F 14 (gegen Plato) und F 17 faszinierend. Athen. spezifiziert ihn anerkanntermaßen nicht als »Chalkideos«, wenn er ihn zitiert; ich nehme jedoch an, daß Ephippos »comicus« ebenso Prosa schreiben würde. *Göttliches Kleid:* O. Weinreich, Menekrates Zeus u. Salmoneus (1933) ist eine glänzende Arbeit mit ausführlichen Anmerkungen. *Parrhasios:* Ail. VH 9.11, Plin. NH 35.71; J. M. Edmonds, Elegy and iambus Nr. 3. *Klearchos:* J. 16.5.8, Suidas s. u., Isokr. Epist. 7.12, Memnon 434 F 11; M. Wallisch, Philolog. (1955), S. 250. *Menekrates:* Athen. 289 C, Weinreich passim und bes. SS. 92 ff. für vollst. Quellen. Isokr. Nikokles 32 ist sachdienlich hinsichtlich königlicher Exzesse in puncto Kleidung. *Göttliche Ansprüche in Makedonien:* ich glaube nicht, daß den Makedonen diese Kulte in ihrem Vaterland zuwider waren; Inschriften sind einfach zu selten, um dies zu beweisen, außerdem gab es in Makedonien wenig Städte, jedenfalls in den meisten Gebieten. P. Perdrizet, BCH (18), S. 417 ist eine gute Einführung; Leser von J. Bekker, De Suidae Excerpt. Histor. (1916) werden nicht viel Wert auf Antipaters angeblichen Schock am Anfang der Suidas legen, einem Werk, das zum Teil von einem byzantinischen Mönch aus einer Darstellung von Tugenden und Untugenden exzerpiert wurde. *Religiöse Feste:* Diodor. Comicus ap. Athen. 239B; P. Demetr. 12, Antonius 24. W. Herzog, Heilig. Gesetze von Kos, Nr. 10 (Ab. Berl. Akad. 1928). Mehr in A. B. Cook, Zeus 2.1168 f., A. D. Nock, HTR (1944), SS. 150 ff. F. Herter, Wien. Stud. (1966), S. 556 über DS 18.61; vgl. Theokrit. 17.18. Das Zalmoxis-Bankett in Thrakien sollte verglichen werden; Theopom. F 31 mit F. Pfister in Studies pres. to D. M. Robinson, SS. 1, 112 ff. Es sind diese Bräuche, die die Spötteleien bei Chariton, Chairaias und Kallirhoë 6.17.2 erklären; das beste röm. Beispiel ist die Gytheum-Inschrift für Augustus; Ehrenberg and Jones Nr. 102. Über Epiphanie vgl. F. Pfister, R. E. Supplemen., Band 4, SS. 301 ff. *Alex.s Kleidung:* E. Neuffer, Das Kostüm Alex. (1929) ist immer noch brauchbar; J. P. Tondriau, Rev. de Philol. (1949), S. 41 ist eine unschätzbare Ergänzung. *Hermes:* Athen. 289C mit Furtwängler, Antike Gemmen, Tafeln 31.24, Band II. 158.24. *Herakles:* Varro in Servius ap. Vergil, Aeneis 8.564. Vollständige Liste in R. E. 3.1109. Ebenso A. R. Anderson, HSCP (1928), SS. 8 ff.; *Artemis:* Philipps Statue im Artemistempel von Ephesos ist wahrscheinlich nicht von Bedeutung. DS 18.4.5 ist Alex.s Verbindung mit ihr. *Römische Parallelen:* in der Gytheum-Inschrift wird Drusus mit Aphrodite in Verbindung gebracht; Caligula in Dio 69.26.6, Suet. Cal. 52; Philo. Emb. an Gaius 78 f. läßt das über die Göttin weg. H. Delbrück, Antike u. Abendl. (1932), S. 21. Histor. Aug., Heliog. 28; P. Demetr. 23 f. DL 6.102 (Menedemos der Kyniker). Wie Artemis, Ephippos bezieht sich auf Alex.s *sibune:* für die makedonische Bedeutung vgl. Hesych. s. u. Sibune, DS 18.27.2; Papyr. Kairo Zenon 5 59362, Zeile 34 f. *Verhalten gegenüber der göttlichen Kleidung:* Suet. Aug 70 (eine verleumderische Geschichte). Beachte aber Suet. Aug. 94.6 Weinreich SS. 82 ff. beschäftigt sich mit Salmoneus. Weitere röm. Parallelen bei H. G. Niemayer, Stud. zur Statur. Darstell. der röm. Kaiser (1968), S. 198; die Siegelsteine bei E. Porada, Iraq (1960), SS. 220 ff. bes. Tafeln 31.3.9 sind sehr merkwürdige Parallelen, die möglicherweise alle Götter und Göttinnen darstellen. Beachte auch R. Merkelbach, Quellen des Alex.-Romans SS. 252–53. *Alex. als Melancholiker:* Ephippos F 5, Zeile 34; (s. Addenda). *Trinken:* die Tagebücher sind die fragwürdige Quelle für A.s »zunehmenden Alkoholismus«; Aristob. F 59, 62 mögen apologetisch sein, aber man entschuldigt sich nur, wenn man glaubt, Grund dafür zu haben. *Nomaden:* A. 7.15.1, DS 111.4–6, Indiké 40.7–8 (wichtig). P. 72.4 (P.s eigener Kommentar). S. 11.13.6. DS 19.19.3. *Botschaften:* A. 7.15, DS 113.2, J. 12.13.1. Kleit. F 31 spezifiziert die Römer, ein zu trivialer Punkt, um ihn in die Zeit um 310 v. Chr. hineinzudichten; das Schweigen von Ptol. und Aristob. (A. 7.15.6) läßt sich durch Desinteresse erklären oder durch die Einbeziehung Roms in den etruskischen Bereich. A. 7.15.5 zitiert zwei obskure Historiker, nicht unbedingt, weil A. Kleit. nicht gelesen hatte, sondern weil nur diese beiden Alex.s Prophezeiung über Roms künftige Bedeutung hatten (von Kleit. natürlich weggelassen). DSs Schweigen beweist nichts, obwohl dies eher an DSs eigenem Milieu liegen kann als an seiner Nachlässigkeit. S. Weinstock, HTR (1957), S. 247 neigt dazu, diese röm. Botschaft zu unterstützen; das gleiche tun die Ereignisse im südlichen Italien während der Jahre 334–29. A. 7.15.5 legt eine interessante Betonung auf die Beherrschung der Welt – vgl. *legousin,* das Ptol.-Aristob. einbezieht; vgl. »Königtum von Asien« in 15.4 Dionysios I. hatte die Griechen tatsächlich mit Kelten und Iberern zusammengebracht. Neue Pläne: Karthagos Botschaft ist wichtig: J. 21.6.1, Frontin. 1.2.3. Oros. 4.6.21. QC 10.1.17 (die folgenden Stellen über Nearchos stammen im Grunde aus der Indiké) kann ebenso auch via Kleit. auf Nearch. zurückgehen. A. 7.1.2 bezieht sich auf »einige Historiker« wegen eines Plans, der sich aufgrund des Wortes *eiso* nach Gadeira als die geplante Umsegelung ganz Afrikas herausstellt: vgl. P. 68.1 (Quelle unbekannt). Hdt. 4.42–3 stellt den Plan in Aussicht; A. 5.26.1 dürfte nur von diesem Gerücht herkommen; es stimmt nicht, daß die »Geographie nicht die Alex.s ist«, denn wir kennen Alex.s eigene Ansichten nicht, noch weniger, was er seinen Männern sagen würde, um sie zu ermutigen. A. 7.16.2 meint, er hielt das Kaspische Meer für den Okeanós. Woher konnte er die Wahrheit wissen? Er kannte kleinere Arbeiten von Aristoteles sicher nicht auswendig. *Apelles und Krieg:* Plin. NH 35.93–4. Verg. Aen. 1. 294 f. R-E 8A Kol. 2526 f. *Araber:* A. 7.20 (ein *logos*, aber in Wirklichkeit Aristob. F 56: das Zitat von S. bedeutet nicht, daß Aristob. selbst dies nur als ein *logos* berichtete). P. A. Brunt, Greece and Rome (1965), S. 211 zitiert diese Stelle als stützenden Beweis für Alex.s »Forderung« nach Anbetung; in Wirklichkeit steht hier kein Wort von irgendeiner Forderung. Bei A. 7.20.1 »findet er es nicht unpassend, daß er derart verehrt wird«; in S.s Passage »setzt er voraus, daß er so geehrt würde«. In Anbetracht seiner Verehrung im griechischen Asien war dies ein fairer (und trockener) Kommentar. Über Araber vgl. F. Altheim/R. Stiehl, Die Araber in der alten Welt (1964), Band 1. Unglücklicherweise differieren S. und A. in ihren Zitaten; S. bei Jacoby Zeile 22 sagt, Alex. »zielte darauf ab, Herrscher über jedermann« zu sein; A. 7.19.6 (der dies zitiert, wird nicht anerkannt, da er es zu seiner eigenen Ansicht macht, wie auch an anderer Stelle), daß er unersättlich war (A. 7.1.4 läßt glauben, daß S. dem Original näherkommt). S. 785C sagt, Alex. wollte seine *basileion* in Arabien errichten. *Gewürze:* A. 7.20.2, Aristob. F. 57. S. 16.4.19, Periploi des Roten Meeres 29. *Erforscher:* A. 7.20.7, S. 16.765–6, Berve s. u. Hieron, Archias und Androsthenes, Sohn des Kallistratos; ich vermute, er ist der Sohn des berühmten Atheners, der nach Thasos ins Exil ging: Dem. 50.52, Skylax 67. Dies paßt gut zu der pro-makedonischen Führung ihres Verwandten Kallimedon, Ps.-Aisch. Ep. 12.8. *Gorgos:* Ephippos F 5; SIG 312, Berve s. u. Er kann sehr wohl derselbe Mann sein wie der Erzsucher. *Samos:* SIG 312, DS 18.8.7, Anm. zu Tod 190. Beachte bei SIG 312, DS 18.8.6 wie populär diese Entscheidung bei den anderen Griechen war. *Samos im Jahr 334:* A. 1.19.8. F. W. Mitchel, Athens in the Age of Lycurgus (1970) ist für den allgemeinen Hintergrund sachdienlich. *Thrasybulos:* CIA 2. 808A, 39. *Angriff auf Athen:* J. 13.5.1 und QC 10.2.2 sind reines Geschwätz; vgl. Athen. 59 E für die Atmosphäre im Lager, die durch Harpalos verständlich wird. Als Harpalos' Versagen bekannt wurde, brach dieses Gerücht zusammen. *Vergöttlichung:* Ail. VH 5.12, Val. Max. 7.2.13. Gnom. Vatik. 236 (Sternbach). Timai. ap. Polyb. 12.12.3; Dein. in Dem. 94. Hyper. in Dem. 31, 15 f. *Alex.s Brief:* P. 28.2 (muß wegen mangelnder Beweise zurückgewiesen werden). *Athens Haltung:* Duris 76 F 13. *Krateros' Marsch:* die Zeit, die er benötigte, wirft keine Fragen auf! Sie waren kranke Männer (A. 7.12.14); sie verpaßten die Segelsaison des Jahres 324; es gab Unruhen in Kilikien (DS 18.22.1), möglicherweise im Jahr 324/3. Sie wollten im Winter rasten. *Leosthenes:* Chronologie sehr schwierig. Badian JHS (1961), S. 27 datiert falsch. DS 17.111 (unser einziger Führer zusammen mit 18.9) ist sehr klar; Alex. entließ seine Söldner (der Befehl wurde im Sommer 324 gegeben, und wurde wahrscheinlich im Juli erhalten und ausgeführt); die Söldner wurden zu einem undisziplinierten Haufen (diesen Befehl sollte man nicht verwechseln mit QC 9.7.11, einer sehr verstümmelten Stelle); »danach« *(meta tauta)* strömten sie nach Tainaron. »Schließlich« *(to teleutaion)* wählten sie Leosthenes als Führer. Es waren lediglich an die 8000 Mann (DS 18.9); sie kümmerten sich nicht um das Exil-Dekret, denn es hatte mit den meisten von ihnen nichts zu tun (vgl. weitere oder – bleibende? – 2500 Mann, laut DS 18.21 noch bei Tainaron). DS 18.9.4 glaubt, Leosthenes hätte im Frühjahr/Frühsommer 323, als er General war, verhandelt (vgl. Berve). 50 Talente (111.3) wären keine hohe Entlohnung für eine Streitmacht; beachte die dürftige Hilfe Athens im Juli 323 (DS 18.11.3). Paus. 8.52.5 ist wertlos, (wegen der Zahl vgl. QC 5.11.5, auf jeden Fall übertrieben; Alex. hatte die meisten von ihnen getötet, und der Rest nahm ein schlimmes Ende unter Agis oder Amyntas in Ägypten; die Ansicht von E. Lepore, Parol. del Pass. (1955), S. 169, daß Paus. die Zahlen von einer Votiv-Inschrift kopierte, ist absurd). Paus. 1.25.3 ist gleichermaßen chaotisch, obwohl er meint, dies fand in A.s Leben statt. Ich würde glauben, Leosthenes ging nie nach Asien, unterhielt keinen »Fähr-Dienst« und traf die Männer lediglich bei Tainaron (DS 111.2–3 bestätigt dies). Harpalos' Männer waren nach Afrika geflohen, hatten Geld (und weitere 1000 Söldner?) mitgenommen: (DS 18.19.2 mit 19.108.6; im Gegensatz dazu die 6000 Männer, die bei Arrian 156 F 9.16 f. angeführt werden). Im Frühjahr 323 waren Leosthenes' Aussichten sogar noch schlechter als die von Agis (beachte vorsichtige Unterstützung durch

Athen während des ganzen Zeitraums); selbst nach Alex.s Tod schlugen seine Bemühungen fehl, vielleicht warb er nur 5500 Söldner an (DS 18.9 weniger als DS 18.21). *Sein Vater:* Schol. über Aisch. 2.21, er sei nach seinem Exil, das auf die Niederlage durch Alexander of Thessalien folgte, nach Makedonien geflohen. *Pers. Admiräle:* die Antwort auf Badian S. 28 ist: Männer wie Autophradates (niemals gefangen oder zurückgehalten im Jahr 331) und Chares (ähnlich, P. Mor. 848E). Nach 331 hatte sich Pharnabazos seiner Verwandten Barsine und Alex. angeschlossen (P. Eumen. 7.1). *Babylonische Propheten:* Aristob. ap. A. 7.16.5 f. (vgl. Appian B. C. 2.153) erklärt, daß Alex. erst nach einem ernsthaften Versuch, den Priestern zu gehorchen, in Babylon einzog – ist dies apologetisch? J. 12.13.3 (beschreibt Borsippa genauer), DS 17.112, P. 73 (gibt sicher Nearch. als endgültige Quelle an) behauptet, die Priester hätten ihn gewarnt, Babylon erst gar nicht zu betreten. Die massive Autorität von Nearch. und Aristob. garantiert, daß Alex. wirklich versuchte, diese Warnungen (welcher Art auch immer) ernst zu nehmen. *Pläne für die Flotte:* A. 7.19.3 = Aristob. F 56, verstümmelt (doch verständlich) bei QC 10.1.19, P. 68.2. Plin. NH 7.208 (wichtig), DS 18.4.4. *Kanäle:* A. 7.21.1 mit Aristob. F 56, Zeile 12 (Arabien sein Motiv). Die Geographie hier ist sehr umstritten: vgl. R. D. Barnett, JHS (1963), SS. 1 ff. und G. B. Le Rider, Suse (Mem. de la mission archéol. en Iran, 1965), bes. die Karten. Vermutlich lag die Stadt auf einem früheren Vorposten, vielleicht das Diridotis der Indiké 41.6. *Diadem:* Aristob. in A. 7.22, vgl. App. Syr. 64, mit dem kurzen DS 116.5 (ohne chronologische Reihenfolge). Aristob. (gegenüber DS) besteht darauf, daß es der Rest der Flotte war, die verlorenging, nicht Alex.s, und daß der Mann nicht getötet wurde! Vgl. J. 15.3.11 zu dem Thema der Geschichte. *Heer:* A. 7.23, wo 23.3–4 behaupten, daß höchstens ca. 6700 Makedonen im Lager waren, wenn alle 20 000 Perser für die neue »Phalanx« angeworben worden waren. In der karischen Verstärkung mögen entlassene Söldner gewesen sein. *Feste:* Chares F 9 mit A. 7.23.5. *Botschaften:* A. 7.23.2, DS 113.3–4 (enthüllend). *Hephaistions Scheiterhaufen:* DS 115 (wegen der Kosten vgl. 7.14.8, Perdikkas' Rolle wird nicht erwähnt: DS 110.8). A. und DS führen beide aus, aus sollte ein Scheiterhaufen sein (vgl. DS 18.4.2); J. 12.12.12 hat Grabhügel, P. 72.5 ein *taphos* und manches andere. Ich bin bereit zu glauben, daß Alex. einen brennbaren Scheiterhaufen plante; DS 115.2 hat den Imperfekt, *perietithei*, und nichts weist darauf hin, daß der Scheiterhaufen jemals fertiggestellt wurde (vgl. 18.4.2 – offensichtlich noch unvollständig). Hamilton S. 188 sagt, »wir wissen, daß das Grabmal sicherlich vollendet wurde«. Wir wissen es jedenfalls nicht. Die Größe der Anlage mag durch Gerüchte stark übertrieben worden sein, einfach wohl deshalb, weil es nie vollendet wurde; vgl. die »Letzten Pläne«. Harpalos' Beispiel eines Grabes, das er in Babylon für seine verstorbene Frau errichtete, sollte nicht vergessen werden. Abgesehen von der Kubusform eines Ziggurrats wird der griech. Stil des Entwurfs von C. Picard in Manuel d'art grecque, Band 4, S. 1182 betont. *Berg Athos:* P. 72,7, Mor. 335 C. S. 14.641. Lukian pro Imagin. 9 Vitruv. 2.2.3. *Begräbnis:* DS 114.4–115–1. *Kult:* A. 7.14.7, 23.6 mit P. 72.4 (heroischer *enagismos!*). DS 115.6 mit Lukian Calumn. 17 sind mißverstanden, werden aber von E. Blickermann, Athen. (1963), SS. 81 ff. erklärt. Hyper. Epitaph. 21 ist zu vage und unklar, um zu garantieren, daß Alex. tatsächlich von den unterworfenen Städten die Anbetung Hephaistions »forderte«, und der Plural *anankazometha* mag sich auf alle Griechen beziehen, nicht nur auf die Athener. *Kleomenes:* Berve s. u. Ps.-Ar. Oec. 1352 A sollte zusammen mit van Groningens vernünftigem Kommentar gelesen werden und mit den ähnlichen Maßnahmen, die Chabrias unter Tachos ergriff (E. Will, REA [1960], S. 254). Dem. 56.7 f. ist einfach eine Beschwerde aus der Sicht eines Atheners; Hungersnot in Ägypten (Aristot. Oecon. 1352 B 14–20) ist der Hintergrund zu Kleomenes' Gaunerei. Trotz der Rhetorik von E. Badian, JHS (1961), S. 19, ist A. (wahrscheinlich Ptol.!) immer noch der beste Beweis für Kleomenes' »Sünden«; andernfalls herrschte er wie jeder andere gerissene Beamte im besetzten Ägypten, indem er Alex.s Bedürfnisse befriedigte und die Fertigkeit vieler heutiger Financiers an der Warenbörse an den Tag legte (was bis jetzt noch kein »philanthropischer« Sozialismus zu drosseln versucht hat). Der Brief bei A. ist kein Original; beachte seinen herodotischen *achari* (vgl. A. 156 F 130). Ich vermute jedenfalls, daß Ptol. hier eingriff. Zu den Verträgen vgl. Papyr. Hibeh 199, Zeilen 11 f. für eine frühe ptolemäische Parallele; ebenso Welles RC 36; wahrscheinlich schien ein solcher Befehl einen Priester von Hephaistion vorauszusetzen und deshalb glaubte Kleitarchos, ein Alexandriner, fälschlicherweise anhand der Verträge, daß Hephaistion ein richtiger Gott war. *Fremder auf dem Thron:* A.-Aristob. 7.24.1–3 (der beste Bericht, der in 24.3 Folterung durch Alex. erwähnt; anders als DS und P. sagt Aristob. nicht, daß der Mann getötet wurde. Vgl. seinen Bericht über das wiedererlangte Diadem!) DS 116.2–4 (nimmt die Alternative in A. 24.2 auf); P. 73.7–74.1, die schlimmste Version (verurteilt durch anachronistische Erwähnung der Serapis). R. Labat, Le Caractère religieux de la royauté assyrobabylonienne (1939), SS. 95–110 ist ein guter Hintergrund. Berossos 680 F 2 gibt das Datum für Sakäa an, womit er es hier ausschließt; die Beschreibung in S. 11.8.4–5 würde auch nicht zu dieser Angelegenheit passen. Dio Chrys. 4.1.26 ist vielleicht nur eine Vermutung, die auf dieser Stelle beruht. Zu Babylons Neujahrsfest vgl. Labat S. 103, hier ebenso unwichtig. *Stellvertretende Könige:* R. Labat, Rev. d'Assyr (1945/6), SS. 123–42, W. G. Lambert, Archiv f. Orientforsch. (1957/8), SS. 109-12, (1959/60), S. 119. S. Smith in Myth, Ritual and Kingship (Hrsg. S. Hook 1958), SS. 58–9. Der erst kürzlich erschienene Kommentar von Parpola in LESEA (1971), SS. 54–65, eine Referenz, die ich Prof. O. R. Gurney schulde. Zu dem persischen Brauch, der sich irrtümlich auf die Eunuchen bezog, vgl. QC 8.4.15. Es ist sehr bedeutungsvoll, daß die Chaldäer Alex. vor Babylon gewarnt hatten; Theoprast.s großer Respekt vor ihrer Todesprophezeiung (aufgezeichnet von Proklos, Plato Timai 3. S. 151, Hrsg. Diehl) mag daher kommen, auf welche Weise Alex.s Schicksal »vorhergesagt« wurde. *»In Ägypten, ein Gott«:* ich zitiere aus Tarn, Alex., Band 1, S. 138. Alex.s Fehler war, seinen Sündenbock-Stellvertreter zu beseitigen, anstatt ihn das Schicksal tragen zu lassen.

ANMERKUNGEN ZU KAPITEL 32 (SS. 634)

A. B. Bosworth CQ (1971), SS. 112 ff. ist durchweg der intelligenteste Bericht; s. jedoch meine demnächst erscheinende Arbeit. *Widerstand der Diadochen:* Onesik. F 37, DS 118.2, QC 10.10.18, J. 12.13.10. *Ephippos:* F 3 vgl. Nikobule 127 F 1 und 2, aber beachte die Zweifel in F 1 zu ihrer Identität. *Pamphlet:* sehr gut aufgemacht und behandelt in R. Merkelbach, Die Quellen des Alexanderromans (1954), SS. 220 ff., indem er aufbaut auf A. Ausfeld, Rhein. Mus. (1895), S. 339, (1901), S. 517; vgl. P. Ruggini, Athenae. (1961), S. 285. Ich behandle diese Probleme zusammen mit den Tagebüchern in einer späteren Arbeit. *Antipater:* DS 118, QC 10.10.14, A. 7.27. J. 12.14.1, P. 77 mit dem stygischen Wasser bei Paus. 8.17.6, Plin. NH 30.149. Theophrast. ap. Antig. Karyst. Mir. 158 ist irreführend zitiert von Hamilton HCPA, S. 215; Theophr. erwähnt die Wunder des giftigen Wassers, nicht seine Anwendung durch Antipater. Möglicherweise berichtete Aristot. als erster darüber, und es gelangte so in die Geschichte von Alex.s Tod. (Aristot. würde selbstverständlich nachgesagt werden, er hätte ihn durch eine tödliche aristotelische Methode vergiftet!) *Kassanders spätere Angst vor Alex.:* P. 74, Mor. 180 F, beide Geschichten sind nicht zu datieren. *Gifte:* vgl. J. Berendes, Die Pharmakologie bei den alt. Kulturvölkern (1891). Wenn R. D. Milns, Alexander (1968), S. 257 Strychnin als ein Gift erwähnt, das die alten Griechen und Römer in Wein mischten, so verwechselt er das einschläfernde *Withania somnifera* mit dem tödlichen *Datura strymonium;* Theophrast. HP 7.15.4, ebenso 9.11.5 unterscheiden sie eindeutig. Nur das erstgenannte wurde in Wein angewendet; es ist nicht letal. Strychnin, tötet dennoch sofort, niemals erst nach 10 Tagen. *Tagebücher:* U. Wilcken, Alex. the Great (neue Ausg., 1968), S. 236 erkannte als erster ihren Propagandazweck. A. E. Samuel, Histor. (1965), SS. 1 ff. zieht eine babylonische Parallele, die unwesentlich und außerdem falsch ist, da in den babylonschen Königreichen ein solches Tagebuch weder bekannt (noch möglich) ist. Viel hängt von der Datierung von F 2 A ab, denn wenn *Diou menos* als Dios gelesen wird, sollte es entsprechend richtig Oktober-November sein. S. meinen Artikel. *Die Topographie von Alex.s Krankheit:* F. Schachermeyer, Alex. in Babylon (1971), SS. 65 ff. *Immersionstaufe im Euphrat:* Hs. Pease, HSCP (1942), SS. 10 ff. mit DL 8.69, Suet. de Gramn. 26 und C. Hönn, Stud. zur Gesch. der Himmelfahrt im Altertum (1928). *Aristobulos:* F 59, vgl. dazu die Tagebücher F 3, Zeilen 24–5. *Dekret für Iollas:* Moral. 849 (ich bin sehr skeptisch). *Augenzeugen in Athen:* DS 18.9.4. *Vergiftung in der Geschichte:* David Douglas, William the Conqueror (1964), SS. 408 ff. ist ein sachdienlicher Vergleich; zu Konstantin vgl. Julian 277 D, Liban Or. 18.42 Amm. Marc. 16.2.8. *Aristoteles und Caracalla:* Dio 77.7.3. Alex. »mehr als sterblich«: Polyb. 12.23.5. *Dunkelheit:* QC 10.5.15.–16. Ich sehe nicht, daß dies etwas mit Schachermeyers geliebtem Königlichen Feuer (Alex. in Bab., S. 47) zu tun hat. *Alex.s Himmelfahrt:* DS 18.4.1, 18.56.1 und IG 12.2.645. *Alex. und Sterne:* F. Salviat, RA (1966), SS. 33 ff. für Thasos; Plin. NH 35.93; W. Wirgin, Hist. of Coins and Symb. in Anc. Israel (1958), Tafeln 6–7. *Letzte Worte:* von Ptol. und Aristob. ausgelassen – vgl. A. 7.26.3, wo *porro* wie üblich »jenseits« bedeutet, denn wir wissen, daß Aristob. (F 59) die Dinge »anders« als die Tagebücher brachte. DS 117.4, 18.1.4, QC 10.5.5 (mit einem röm. Kommentar über die Vergöttlichung!) J. 12.15.6, A. 7.26.3, Ps.-Kall. 3.33.26. Das Datum von Alex.s Tod wird von D. M. Levis, CR (1969), S. 272 endgültig festgelegt; Plutarch geht der Legende von Aristoteles' Beteiligung nach und gelangt dabei über einen gewissen Hagnothemis zu Antigonos. Das bedeutet, sie entstand um ca. 308–6, als Antigonos mit Kassander und seinen »peripatetischen« Gefolgsleuten, bes. Demetrios von Phaleron, verfeindet war; letzterer flüchtete schließlich aus Furcht vor Antigonos nach Ägypten; als Theophrastos (Kassanders Adjutant) über das Gift des »stygischen Wassers« schrieb, war die Legende ein Geschenk für Antigonos' Propaganda! Schließlich muß ich noch ausdrücklich auf Eumenes' Mitautor Diodotos hinweisen; Isokr. Brief 4 bezieht sich auf den einzigen Diodotos, der in makedonischen Kreisen zwischen 360 und 320 bekannt war, und der Mann, ein gebildeter ehemaliger Schüler, sollte von Antipater angestellt werden (4.9). Der Autor der Tagebücher kam aus Erythrä: Isokr.s Schüler hatte für »asiatische Herrscher« gearbeitet (4.7), paßt ausgezeichnet zu diesem Hinweis. Wenn Diodotos in Antipaters Stab arbeitete, mögen diese Tagebücher in der Tat so veröffentlicht worden sein, als stammten sie von Antipater und Perdikkas, und zwar im Namen ihrer jeweiligen Sekretäre. Wer die Autoren wirklich waren, ist eine andere Sache; ich tippe auf eine Überarbeitung durch den Kreis um Kassander, möglicherweise auch durch Demetrios von Phaleron, der Bücher über die Heilungen der Serapis schrieb. DS 19.56.1 mag zur Erklärung einiger Namen beitragen, die bei A. 7.26.2 wohlwollend zitiert werden.

ANMERKUNGEN ZU KAPITEL 33 (SS. 651)

Das Schicksal der Offiziere kann bei QC 10.5 (Hieronymos?) verfolgt werden sowie bei J. 13.1 f. und DS 18 und 19; E. Will, Histoire Politique du monde hellenistique, Band 1, (1966) ist der beste Überblick über die Folgerichtigkeit des Streits und gibt vollständige Bibliographien zu Daten und Ereignissen. Bei der Beschreibung des Beisetzungs-Streitwagens von Alex. (DS 18.26.3), sollten wir seinen Namen *harmamaxa* beachten, ein spezifisch persisches Fahrzeug, und die Mithras-Beispiele in A. Alfoldi, Röm. Mitteil. (1935), SS. 127 ff., mit vollständiger Bibliographie, heranziehen. Alex.s Pläne wurden von E. Badian, HSCP in erzählende Form gebracht (1968), SS. 183 ff.; A. B. Bosworth CQ (1971), SS. 112 klärte das Problem Perdikkas und Krateros. R. M. Errington, JHS (1970), SS. 49 ff. beschreibt die Diadochenkämpfe bis ins Jahr 321/0, aber wir sollten Curtius lesen (s. F. Schachermeyer, Alex. in Babylon [1970] SS. 81 ff. wegen der weniger einleuchtenden Ansicht, daß Kleit. seine Quelle war) und uns der Nachfolgekrise von 41, nicht 14 n. Chr. erinnern. J. 13.1 f. ist jedenfalls ein guter Beweis. Das große Thema von der Ausbreitung des Hellenismus kann hier nur in der Bibliographie behandelt werden; einer der wenigen hellenisierten Perser ist unter dem Namen »Boxos« bekannt in Geographi Graeci minores, Band 1, S. 111 f., 2–4, auf Agatharchides beruhend; da ist jener namenlose Perser, dessen griech. Epitaph in Alexandria in A. P. bekannt ist. Beachte auch Männer wie Mithridates (DS 19.39.2) und Orontobates den Meder (DS 19.46.5), die kurz in den Armeen der Diadochen erscheinen; am Hof der Seleukiden sowie in ihrer Verwaltung bleiben Iraner tatsächlich selten. Die Inschriften aus Griechisch-Asien und den nahegelegenen ägäischen Inseln sind die reichhaltigsten Quellen von hellenisierten Iranern, da sie von Nachkommen medischer Familiennamen bis zu hellenisierten Baktrern reichen, die in Delphi Weihegeschenke darbrachten.

ERGÄNZUNGEN

S. 18. Ich bin froh, daß die Vermutung, das alte Aigai sei das moderne Vergina, durch weitere, solidere Argumente von N. G. L. Hammond gestützt wird in seiner bemerkenswerten Geschichte von Makedonien, Band 1, die jede frühere Arbeit über die historische Geographie und die Vorgeschichte des Landes ersetzt. Dazu bringt er die höchst interessante Vermutung, daß der Thron aus dem 4. Jahrhundert, der in einem der Grabgewölbe in Vergina gefunden wurde, tatsächlich der von Philipp sein könnte; man kann nur hoffen, daß man dieser Sache am Ausgrabungsort nachgehen wird.

S. 134. Ein ausgezeichneter Bericht über die Fortdauer des Wasserkults (Anahita) im Iran, mit modernem Ritual, von M. Boyce, JRAS (1966), S. 110.

S. 265. Ich muß betonen, daß, selbst wenn die Tendenz des Motivs bei A. 3.2–3.3 für Alex.s Besuch in Siwah von Ptolemäos hergeleitet wurde, dies somit nicht bewahrheitet wird. Ptol. war sicherlich nicht »ohne Sympathie« für Alex.s Ideen über Ammon; abgesehen von seinen Münzen, die Alex. mit dem Widderhorn an der Elefantenkappe zeigen, brachte er in Siwah einen Altar als Weihegeschenk dar (Paus. 9.16.1). Das Wort *pothos* kann natürlich weder durch Aristoteles noch durch irgendeinen anderen Zeitgenossen bis zu Alex. zurückverfolgt werden. Kall., wie bei S. zitiert, benützte das Wort *philodoxia,* daher das Thema der *ingens cupido* oder *pothos,* das ihn nach Siwah trieb, wie A. und QC bestätigen. Die Anwendung von *pothos* ist vielleicht ein herodotisches Idiom (nach der Argumentation von H. Montgomery, Gedanke und Tat), und A. läßt es zu, daß herodotische Worte die Reinheit seines ohnehin schwerfälligen Stils in der Anabasis verunzieren (z. B. *acharis, atrekes*). Montgomery führt die zahlreichen Anwendungen des Wortes bei den Historikern des späten hellenistischen Zeitalters auf; dies rückt A.s Handhabung ins richtige Verhältnis mit dem einzigen Vorbehalt, daß diese früheren Anwendungen auf ein *pothos* begrenzt sind, um Städte zu gründen, König von Asien zu sein und dergleichen, also *pothoi,* die Alex.s Laufbahn entsprechen. Es wäre daher möglich, wenn auch unnötig, zu behaupten, ein Historiker Alex.s hätte das Wort eingeführt; aus vielen Gründen weigere ich mich, dies zu glauben.

Kapitel 21–24. Peter Levi, Light Garden of the Angel King (1972) ist ein scharfsichtiger und eleganter Bericht über Afghanistan, dem eine sechsmonatige Reise und eine Untersuchung möglicher griechischer Stätten zugrunde liegen.

S. 566. Ich denke, es bedarf keines Beweises (oder Beweismaterials), daß das Exil-Dekret an den Korinthischen Bund geschickt wurde; die Wiederbelebung der *diagrammata* und die Exilsaufhebungen durch die verschiedenen Nachfolger vom Jahr 319 an wurden ebenso den verbündeten Griechen zugeleitet, und ich bin sicher, sie folgten darin Alex.s Beispiel.

S. 595. H. Luscheys Vorlesung über den Löwen von Hamadan ist in Archäologische Mitteilungen aus Iran (1968), S. 115, erschienen.

Kapitel 32. W. H. S. Jones, Malaria in Ancient Greek History setzte die Symptome von »melancholia« mit denen nervöser Hysterie gleich, die er bei Malariafällen beobachtet hatte. Ich bezweifle dies, und »melancholia« könnte jedenfalls in viel weiterem Sinn angewandt werden; so sagt Aristoteles, alle großen Dichter und Philosophen hätten einen Anflug von melancholia, ein Wort, das häufig in Verbindung mit *oxutes* oder Schärfe auftaucht. Diese Unbeständigkeit oder nervöse Lebhaftigkeit ist es, die Ephippos Alex. nachsagt.

Kapitel 33. Das Thema der »Welteroberung« ist sicher keine moderne deutsche Erfindung als Motiv für Alex. A. 7.15.5 (wo das *legousi* Ptol. und Aristob. bedeuten kann), die (meiner Meinung nach zeitgenössische) Inschrift auf Lysippos' Alexander mit dem Speer und vor allem Aristob. F 56, Zeile 23 bedeuten, daß es in den Köpfen der Zeitgenossen vorhanden war. Die Fragen der Vulgata in Siwah sind zumindest Beweis für das darauffolgende Gerede, und man muß in Betracht ziehen, inwieweit spätere Bestrebungen von Demetrios, dem Besieger, der in Athen als Beherrscher der Welt gemalt wurde, auf seinen eigenen wilden Ehrgeiz zurückgehen oder eine Anspielung auf Alex.s Bestrebungen sind. Letzteres ist zumindest plausibel: S. Weinstock, Divus Julius (1972) spürt diesen Auswirkungen und vielem anderen sehr ins Detail gehend nach.

AUSGEWÄHLTE BIBLIOGRAPHIE

A. QUELLEN

Trotz häufiger, jedoch stets letztlich erfolgloser Kritik finden sich die ausführlichsten und gründlichsten Erörterungen noch immer in den Eintragungen bei Pauly-Wissowa *REAL-ENZYKLOPÄDIE DER KLASSISCHEN ALTERTUMSWISSENSCHAFT*, die F. Jacoby (über Kallisthenes und Kleitarch) und E. Schwartz (über Arrian, Aristobulos, Curtius und Diodor) verfaßt haben. Mit Ausnahme der Theorie, daß Ptolemäos die königlichen Tagebücher verwandte – was heute für unwichtig gilt –, sind Abweichungen von diesen Autoren zumeist geringfügig. P. M. Fraser, *OPUSCULA ATHENIENSIA* (1967) S. 27 ff. bleibt für die mit diesen Tagebüchern verbundenen Fragen eine wesentliche Grundlage. H. Strasburger, *PTOLEMAIOS UND ALEXANDER* (1934) hat hohen wissenschaftlichen Wert, ist in seinen Deutungen jedoch zu großzügig. Wenn A. B. Bosworths Kommentar zu Arrian abgeschlossen sein wird, wird es zweifellos möglich sein, Arrians eigene Formulierungen abzuheben. Strasburger überschätzt die Unparteilichkeit des Ptolemäos.

Was die Münzen angeht, so muß A. R. Bellinger, *ESSAYS ON THE COINAGE OF ALEXANDER THE GREAT* (1963) mit Vorbehalt benutzt werden. Ein Detail, nämlich die Datierung der Goldmünzen Alexanders, wird korrigiert bei E. Pegan, *JAHRB. FÜR NUMISM. u. GELDGESCHICHTE* (1969) S. 99, doch gibt es darüber hinaus weitere Details zu korrigieren. Vielleicht wird G. B. Le Rider eine solche gründliche Kritik vorlegen; leider sind seine Studien auf diesem Gebiet in *ANNUAIRE DE L'ECOLE PRATIQUE*, 1968/9, 1969/70 mir unzugänglich geblieben. Über die Bedeutung des Münzwesens in der Antike finden sich besonders aufschlußreiche Hinweise bei Dr. M. H. Crawford, JRS (1970) S. 40.

B. MAKEDONIEN

i. Allgemeiner Hintergrund

S. Casson, *Macedonia, Thrace and Illyria* (1926)

M. Delacoulonche, *Mémoire sur le berceau de la puissance macédonienne* (1958)

M. Dimitsas, *He Makedonia en lithois phthengomenois* (1896)

N. G. L. Hammond, *Epirus* (1967)

L. A. Heuzey und L. Daumet, *Le Mont Olympe et l'Acarnanie* (1860)

–, *Mission Archéologique en Macédoine* (1876)

Colonel W. M. Leake, *Travels in Northern Greece* (1835)

A. Struck, *Makedonische Fahrten, I und II: Zur Kunde der Balkanhalbinsel. Reise und Beobachtungen*, Nr. 4, 7 (1907/8)

ii. Handbücher

Inscriptiones Graecae, Band X, enthält in Makedonien entdeckte Inschriften, obwohl Steine, die in Häfen wie Thessalonike gefunden worden sind, anderswoher stammen können.

J. N. Kalleris, *Les anciens macédoniens* (1954): ein makedonisches Wörterbuch

I. I. Russou, *EPHEMERIS DACOROMANA* (1938): eine Sammlung makedonischer Namen

Arnold Toynbee: *Some Problems in Greek History* (1969): eine hypothetische Darstellung der makedonischen Frühgeschichte

iii. Archäologische Studien

Eine umfassende Bibliographie der meisten Ausgrabungen dieses Jahrhunderts kann in der Zeitschrift *Makedonika* (1966/7) S. 277 ff. und späteren Bänden zu Rate gezogen werden. Das ebenso nützliche Jahrbuch *BALKAN STUDIES* bietet eine gute Einführung; die Ausgabe für 1962 enthält einen Überblick. Ich nenne hier nur einige Aufsätze von besonders großem Interesse. Wir können bis heute die Ursprünge der makedonischen Kultur nicht genau bestimmen, obwohl die überlieferte phrygische Einwanderung einen Hinweis gibt: Die sogenannten »makedonischen« Gräber haben in der phrygischen Hauptstadt Gordium Vergleichsstücke –, und genauso können wir in der Verbreitung des Hellenismus in Asien makedonische Elemente nachweisen, falls es sie überhaupt gibt (obwohl das Hauptgebäude in Ai Khanum mit dem

Palast in Vergina interessante Ähnlichkeiten aufweist). D. M. Robinson, *EXCAVATIONS AT OLYNTHUS*, insbesondere Band 2 und Band 10, bleibt grundlegend.

M. Andronicos, *Bergina* (1969)

–, BCH (1955), S. 87: Grabstelen aus Vergina

C. F. Edson, CP (1951), S. 1: Der Verlauf der Via Egnatia

–, *Hesperia* (1949), S. 78: Das Grab der Olympias mit Inschriften

B. Kallipolitis, *Arch. Ephem.* (1948/9), S. 85 ff.: Funde in Kozani aus dem späten 5. Jahrhundert

A. E. Keramopoullos, *Arch. Ephem.* (1932), S. 32: Funde in Obermakedonien

–, PAE (1940), S. 2: Pfahldorf in Kastoria

G. P. Oikonomos, *Ath. Mitt.* (1926), S. 80 ff.: Bronzestatuen aus Pella

P. Perdrizet, BCH (1898), S. 335 ff.: makedonische Gräber

Ph. Petsas, *Balkan Studies* (1963), S. 150 ff.: Pella

Von den kurzen Erwähnungen der Funde, die jährlich in der BCH *Chronique des fouilles* und dem *Archaeologikon Deltion* gegeben werden, sind folgende aufschlußreich: BCH (1965), S. 808–15 (Bronzeschlüssel, Papyrus und Rüstung in Derveni), (1966), S. 864 (die Mauern von Dion), S. 867 (Mieza), S. 871 (Pella). *Archaeol. Deltion 16* (1960), S. 72 ff. erörtert Pella, 1957–60; 21 (1966), *Chronique*, S. 344 erwähnt Gräber aus dem 4. Jahrhundert in Edessa, die dort nicht hingehören.

C. PERSIEN

i. Allgemeiner Hintergrund

Gertrude Bell, *Persian Pictures* (1894)

Cambridge History of Iran, Band I (1968), geographical

G. N. Curzon, *Persia and the Persian Question* (1892)

R. N. Frye, *The Heritage of Persia* (1963)

Anne Lambton, *Landlord and Peasant in Persia* (1953)

A. T. Olmstead, *History of the Persian Empire* (1948)

G. Rawlinson, *The Seventh Oriental Monarchy* (1876)

E. H. Schafer, *The Golden Peaches of Samarkand* (1963)

Lt J. Wood, *A Journey to the Sources of the River Oxus* (1872)

ii. Native Documents

(a) In Altpersisch, eine wahrscheinlich von den Medern übernommene Sprache, die nur in offiziellen Königsinschriften bis ca. 460 vor Chr. verwendet worden ist (Alexanders Höflinge werden wohl Mittelpersisch gesprochen haben). J. Duchesne-Guillemin gibt einen Überblick über alle Studien bis auf die allerjüngsten in *Kratylos* (1963), S. 1 ff.

W. Brandenstein, *Wiener Zeitschr. für die Kunde Süd- und Ostasiens* (1964), S. 43: Altpersisch bei Aristophanes

W. Eilers, *Beitr. zur Namenforschung* (1964), S. 180: Eine Studie über den Namen Cyrus

W. Hinz, ZDMG (1963), S. 231; *Orientalia* (1967) S. 327, Emendationen im Bisitun-Text

R. G. Kent, *Old Persian Grammar, Texts and Lexicon*, (2. Auflage, 1953)

R. Schmitt, *Rivista deg. Studi Orient.* (1967), S. 27: Medisches und Persisches bei Herodot

(b) Babylonien

G. Cardascia, *Les Archives des Murasu* (1951): ausführliche Bibliographie

(c) Elamitisch

G. G. Cameron, *Persepolis Treasury Tablets* (1948)

–, JNES (1958), S. 161, (1965), S. 167: weiteres Material zum Schatzamt

R. T. Hallock, *Persepolis Fortification Tablets* (1969): wichtige, aber spärliche neue Quellen

W. Hinz, ZDMG (1960), S. 236: ein weiterer Überblick

(d) eine kleine Auswahl zum Aramäischen

R. A. Bowman, *Aramaic Ritual Texts from Persepolis* (1970)

E. Bresciani, »Le lettere aramaische di Hermopoli«, *Atti del. Acc. Naz. dei Lincei* (1966), S. 357

A. E. Cowley, *Aramaic Papyri of the Fifth Century B. C.* (1923)

G. R. Driver, *Aramaic Documents* (2. Auflage, 1957)

E. Kraeling, *Brooklyn Aramaic Papyri* (1953)

iii. Besondere Studien

L. T. Altbaum, B. Brentjes, *Die Wächter des Goldes* (1972)
F. Bergman, *Archaeological Researches in Sinkiang (Sino-Swedish Expedition, 7)* S. 120: ein iranischer Bogen
P. Bernard, *Syria* (1964), S. 195, (1965), S. 272: Pferde und Zaumzeug
M. Boyce, JRAS (1957), S. 10; Persische Hofsänger
–, JRAS (1966), S. 100, BSOAS (1969), S. 10, (1970), S. 22: Zoroaster
P. R. L. Brown, *The World of Late Antiquity* (1971), S. 160 ff.
M. A. Dandamayev, *Iran pri pervykh Akhemenidakh* (1963)
M. Echtecham, L'Iran sous les Achéménides (1946)
I. Gershevitch, BSOAS (1957), S. 317: Holz in Susa
R. Ghirshman, *Un Village perse-achéménide* (1954)
G. Gropp, *Archaeol. Mitt. Iran* (1969), S. 147: Feuertempel
E. Herzfeld, *The Persian Empire* (1968)
W. Hinz, ZDMG (1960), S. 236: Preisstabilität
S. V. Kisselev, *Artibus Asiae* (1951), S. 169: Kavallerie
B. Laufer, *Sino-Iranica*, (1919), besonders über Pflanzen
–, *Felt How it was made and used* (1937)
R. Lyddeker, *Wild Oxen Sheep and Goats of All Lands* (1898)
M. Nicol, *Iran* (1967), S. 137/8: Hinweis auf kommende Studie über die Königstraße
B. B. Porten, *Archives from Elephantine* (1968)
J. P. Roux, *Central Asiatic Journal* (1959), S. 27: Das Kamel
E. H. Schafer, *Iranian Merchants in Tang Dynasty Tales* in *Semitic and Oriental Studies Presented to William Popper* (1951), S. 403
K. Schippmann, *Iranische Feuerheiligtümer* (1968)
D. Schlumberger, *L'Argent grec dans l'empire achéménide* (1953)
M. L. West, *Early Greek Philosophy and the Orient* (1971)
G. Widengren, *Festschr. L. Brandt* (1968), S. 323: Feudalismus
F. Willmann, *Rocznik. Orient.* (1951/2, (1953), S. 250: Anahita

Der Hellenismus in Asien, besonders bei den Persern: Die künstlerischen Denkmäler werden, mit einer vollen Bibliographie, in D. Schlumbergers ausgezeichnetem *L'Orient hellénisé* (1969) diskutiert. Für den, der kein Russisch kann, sind die sowjetischen Ausgrabungen am ehesten greifbar in C. A. Frumkins *Soviet Excavations in Central Asia* (1970) und in seinem allgemeinen Überblick in der *Central Asian Review* (1969); M. A. R. Colledge, *The Parthians* (1967) führt den größten Teil der Literatur über parthische Quellen und asiatische Kunst in der Zeit der Parther auf. M. I. Rostovtzeff, *Social and Economic History of the Hellenistic World* (1953), bleibt das unvergleichliche Werk über dieses Zeitalter. Der kürzere Aufsatz von A. H. M. Jones, *Past and Present* (1963), S. 1 ist gleichermaßen anregend. Im folgenden erwähne ich nur einige Spezialstudien, die in diesen allgemeinen Werken nicht erwähnt werden.

A. PALÄSTINA UND SYRIEN

M. Avi-Yonah, *Oriental Art in Roman Palestine* (1961)
Comte du Mesnil du Buisson, *Etudes sur les dieux phoeniciens* (1970)
M. Hengel, *Judentum und Hellenismus* (1969)
B. Lifschitz, Euphrosyne (1970), S. 113: die Verbreitung des Griechischen in Palästina, ein Thema, das ebenso in M. Sevenster, *Do You Know Greek?* (1968) erörtert wird, meiner Meinung nach jedoch hier überbetont wird
H. Seyrig, *Syria* (1970), S. 290 ff.: ein glänzender Überblick über gewisse Auswirkungen der Seleukidenherrschaft
J. B. Ward-Perkins, *Proc. Brit. Acad.* (1965), S. 175: sogenannte parthische Kunst in Mesopotamien
C. B. Welles und andere berichten über Dura Europas, die Ausgrabungen (1929 und danach) und
C. B. Welles zieht das Fazit in einem wichtigen Punkt in *The Population of Roman Dura*, in *Studies Presented to A. C. Johnson* (1951), S. 251

B. BABYLONIEN

A. Al-Hail, *Sumer* (1964), S. 103: die Kernzelle

A. Aymard, *Une Ville seleucide de la Babylonie,* nachgedruckt in *Etudes d'hist. ancienne* (1967): eine glänzende Übersicht

R. A. Bowman, *Amer. Journ. Semit. Lang.* (1939), S. 235

G. Sarkisian, *Vestnik dreyney istorii* (1952), S. 68: (1953), S. 59. *Eos* (1956), S. 29

E. Unger, *Babylon, Die Heilige Stadt* (1931), besonders S. 318/19 über den griechischen Stil in babylonischen Urkunden

Die beste Studie über Berossos sowie griechische und babylonische Astronomie findet sich in *Trans. Amer. Philosoph. Soc.,* 1963; die anregendste Studie über die Wissenschaft im Hellenismus ist der Aufsatz von C. Preaux, in *Studies presented to C. B. Welles* (1966)

C. WESTPERSIEN

A. J. Festugiere, *Symb. Oslo* (1950), S.89: griechische Hymne in Susa

C. Habicht, *Hermes* (1953), S. 251: Schultext von Euripides auf Armenisch

G. B. Le Rider, *Suse sous les Seleucides et Parthes* (1965)

E. H. Minns, JHS (1915), S. 22: griechische Dokumente aus Avroman

H. S. Nyberg, *Le Monde oriental* (1923), S. 182: ditto

L. Robert, *Noms indigènes en Asie Mineure* (1963), besonders S. 457 ff. über das hellenistische Kappadokien

–, *Epistemonike Epeteris of the Philos. School at Athens* ((1962), S. 520: Griechen in Susa

J. und L. Robert, *Bulletin Epigraphique* (REG 1961), nr. 819: griechischer Sport

L. Robert, *Hellenica,* Band 7, S. 7; Band xi–xii, S. 8: griechische Inschriften im Iran

D. DIE OBEREN SATRAPIEN

R. D. Barnett, *Iran. Antiqua* (1968), S. 34: Schätze am Oxus

P. Bernard, *Syria* (1968), S. 111: Korinthische Kapitäle in Ai-Khanum

–, *Syria* (1970), S. 327: Elfenbeinthrone im Stil der Achämeniden

E. J. Bickermann, CP (1952), S. 65: hervorragender Abriß über die griechische Haltung gegenüber dem Osten

A. D. H. Bivar, JRAS (1970), S. 65: parthische Tontafeln im Iran

M. Boyce, JRAS (1957), S. 10: parthische Lieder im Iran

M. Bussagli, *Riv. dell'Instit. naz. d'Archeol.* (1953), S. 171: griechische Kunst in Zentralasien

M. L. Chaumont, *Journ. As.* (1968), S. 16: parthische Tontafeln

I. M. Diakonov, V. A. Livshitz, *Dokumenty iz Nisy* (1960)

I. M. Diakonov, V. A. Livshitz, *Sbornik I. A. Orbel* (1960): iranische Namen in Nisa

–, *Materialy i issledovaniva po arkheolog. SSSR* (1950), S. 161: Charons Münzen und Nomaden am Oxus

R. Ghirshman, *Persian Art, the Parthians and Sassanids* (1962)

–, Begram (1946), besonders über Mauern und Wasser, vgl. dazu H. Fischer *Gnomon* (1966), S. 282

W. B. Henning, Bull SAOS (1960), S. 47; »Mitteliranisch«, in *Handbuch der Orientalistik* (ed. B. Spuler), 1958, S. 22: der Gebrauch des Aramäischen in Persien unter den Seleukiden; vgl. die Inschrift in Taxila, das Chorasmische Alphabet des dritten nachchristlichen Jahrhunderts und chinesisches Material, wie erwähnt, bei A. J. Toynbee, *Between the Oxus and the Jumna* (1961)

E. Herzfeld, *Archaeological History of Iran* (1935)

–, *Iran in the Ancient East* (1941)

Sir John Marshall, *Taxila* (1951)

M. E. Masson, VDI (1951), S. 89: die griechische Stadt in der Merv-Oase; VDI (1954), S. 159: griechische Steinsiegel in Nisa; VDI (1955), S. 41: das Fehlen von Kleinmünzen bei Funden in Persien aus der Zeit vor dem 2. nachchristlichen Jahrhundert

M. E. Masson, G. A. Pugachenkova: *Parfansky ritony Nisy* (1965)

E. H. Minns, JHS (1943), S. 123: Rezension von K. V. Trever, wie unten

A. L. Mongait, *Archaeology in the USSR* (1961, pelican ed.), besonders S. 239 ff. über Nomadenstatuetten
G. A. Pugachenkova, VDI (1952), S. 26: Merv
G. A. Pugachenkova, VDI (1951), S. 128: Vase aus Termez
–, *Iran. Antiqua* (1965): Griechische Kunst in Khaltchayan
B. Rowland, *The Art Quarterly* (1955), S. 174: Hellenistische Skulptur im Iran
W. W. Tarn, *Greeks in Bactria and India* (1951): mit Vorbehalt
S. P. Tolstov, *Iran. Antiqua* (1961): französischer Bericht über Chorasmien
–, *Po drevnim deltam Oksa: Jakarta* (1962), besonders S. 125 ff.: Knochenurnen von Nomaden
K. V. Trever, *Pamyatniki greko-baktribskovo iskusstva* (1940)
L. van den Berghe, *Archéol. de l'Iran ancien* (1959)
K. Weitzmann, *The Art Bulletin* (1943), S. 289: Euripides über baktrisches Silber
M. Wheeler, *Flames over Persepolis* (1968): Indo-griechisches Material

Die bei weitem wichtigsten Quellen sind die Ashoka-Inschriften, zuerst erörtert bei L. Robert und anderen in *Journ. Asiat.* (1958), S. 1 ff. und die Funde bei Ai Khanum, über die seit 1964 regelmäßig berichtet wird in *Compte Rendu de l'Acad. des Inscript. et Belles Lettres*. Die Berichte von P. Bernard und D. Schlumberger in BCH (1965) und von P. Bernard in *Proc. Brit. Acad.* (1967) sind wichtig. Die beste Studie jedoch stammt von L. Robert, CRAI (1968), »De Delphes à l'Oxus«, S. 416, der das ganze Material griechischer Inschriften zitiert. Das Thema vom Trojanischen Pferd hat sich nun in Ai Khanum finden lassen; das bezeugt sein Vorhandensein in der Kunst Gandaras. Es gibt Hinweise von der Kenntnis griechischer Mythen im Hochland von Swat aufgrund der vielen dortigen italienischen Ausgrabungen, über die in *East and West* seit 1960 berichtet wird. S. Paranavitana *The Greeks and the Mauryas* (1971) erörtert ceylonesische Inschriften, die Homer und griechische Weisen erwähnen.

Von Ai Khanum müssen wir noch sehr viel erwarten. Seine Lage am Südufer des Oxus schließt nicht aus, daß es sich hier um Alexandria-in-Sogdiane handelt. Die Inschrift auf dem großen Gebäude Darius' des I. in Susa verweist auf Lapislazuli aus Sogdiane und nicht aus Baktrien. Die Lapislazulivorkommen befanden sich am Kokcha-Fluß, wie in Ai Khanum, das sich deshalb in Sogdiane befunden haben muß.

REGISTER

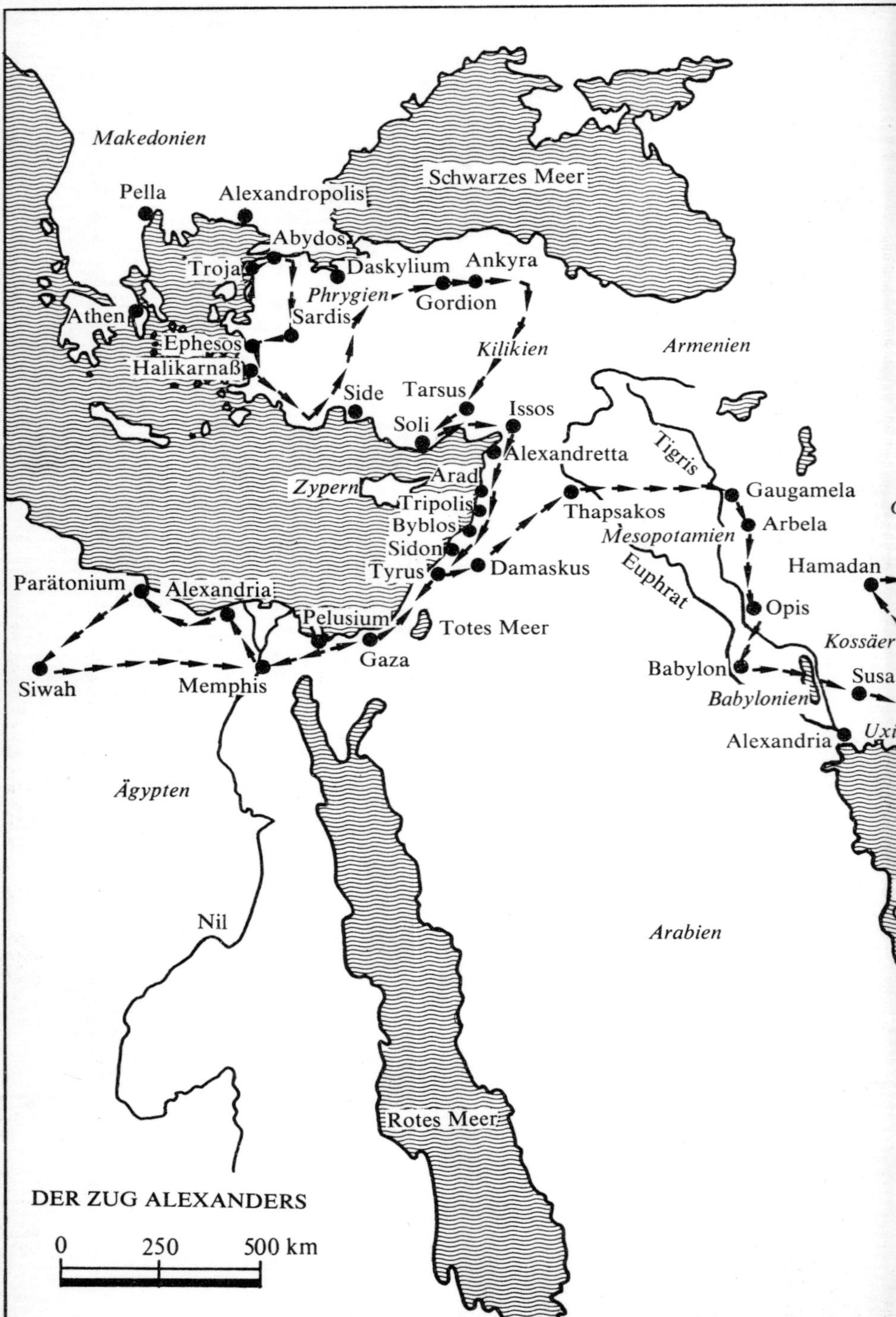

Makedonien
Schwarzes Meer
Pella
Alexandropolis
Abydos
Troja
Daskylium
Ankyra
Phrygien
Gordion
Athen
Sardis
Ephesos
Halikarnaß
Kilikien
Armenien
Side
Tarsus
Issos
Soli
Alexandretta
Tigris
Zypern
Arad
Tripolis
Byblos
Sidon
Tyrus
Thapsakos
Gaugamela
Arbela
Mesopotamien
Damaskus
Euphrat
Hamadan
Parätonium
Alexandria
Opis
Pelusium
Totes Meer
Kossäer
Gaza
Babylon
Susa
Siwah
Memphis
Babylonien
Alexandria
Uxi
Ägypten
Nil
Arabien
Rotes Meer
DER ZUG ALEXANDERS
0
250
500 km